Textsammlung

Anwaltliches Berufsrecht 2025/2026

Textsammlung

Anwaltliches Berufsrecht 2025/2026

herausgegeben von
Rechtsanwalt Martin W. Huff, Wirtschaftsjurist (Univ. Bayreuth), Singen (Hohentwiel)
Geschäftsführer der Rechtsanwaltskammer Köln a.D.
und
Rechtsanwalt Dr. Henning Löwe, LL.M. (Univ. GA, USA), Hamburg
Hauptgeschäftsführer der Hanseatischen Rechtsanwaltskammer Hamburg

Stand: 1. Juli 2025

Reguvis

Bibliografische Information der Deutschen Nationalbibliothek
Die Deutsche Nationalbibliothek verzeichnet diese Publikation in der Deutschen Nationalbibliografie; detaillierte bibliografische Daten sind im Internet über https://portal.dnb.de/opac.htm abrufbar.

Reguvis Fachmedien GmbH
Amsterdamer Str. 192
50735 Köln
service@reguvis.de
www.reguvis.de

ISBN (Print): 978-3-8462-1618-7

Bestellnummer Sonderausgabe für die Rechtsanwaltskammern: 222118194

Satz: Cicero Computer GmbH, Bonn
Druck und buchbinderische Verarbeitung: Appel & Klinger Druck und Medien GmbH, Schneckenlohe

Printed in Germany

Geleitwort

Unser Anliegen mit der vorliegenden Textsammlung ist es weiterhin, stets einen möglichst vollständigen und aktuellen Überblick über die Regelungen, die die Anwaltschaft betreffen, zu geben.

Gerade für ein Printwerk ist das angesichts des sich ständig und schnell ändernden Berufsrechts eine Herausforderung. Und die Herausforderung wird absehbar bleiben – die nächsten Änderungen sind schon beschlossen oder jedenfalls in Sicht.

Die vorliegende Auflage hat die bis zum 1.7.2025 wirksam gewordenen Änderungen – es waren schon wieder zahlreiche – eingearbeitet. So etwa die Änderungen im Rechtsanwaltsvergütungsgesetz, die überraschend auch nach dem Auseinanderbrechen der sogenannten Ampelkoalition doch noch beschlossen wurden und rasch in Kraft getreten sind.

Die in der Textsammlung befindlichen Normtexte befinden sich jetzt auf dem Stand 1.7.2025.

Nicht mehr aufgenommen werden konnten die Änderungen, die nach diesem Zeitpunkt in Kraft getreten sind oder in Kraft treten werden, diese bleiben einer Neuauflage vorbehalten. Dies betrifft auch die bereits von der Satzungsversammlung beschlossenen Änderungen der Berufsordnung (BORA) und der Fachanwältin- und Fachanwaltsordnung (FAO), die dem Bundesjustizministerium zur Genehmigung vorliegen.

Sollten Sie in der Printausgabe eine fehlerhafte Darstellung bzw. fehlerhafte Normtexte entdecken – was sich auch bei größtmöglicher Sorgfalt insbesondere angesichts der Fülle der Änderungen nicht vermeiden lässt –, sind wir für jeden Hinweis dankbar. Eine Haftung für etwaige Fehler ist ausgeschlossen.

Die vom Verlag angebotene kostenloste Datenbank mit ständig aktualisierten Texten der in dieser Sammlung enthaltenen Normtexte hat überraschenderweise nicht den erwarteten Zuspruch gefunden. Sie wird daher nur noch halbjährlich bzw. bei größeren Änderungen gepflegt. Den Zugang zur Online-Ausgabe erhalten Sie als Nutzer dieser Textsammlung nach wie vor kostenlos: sie müssen sich nur unter www.reguvis.de/anwaltliches-berufsrecht registrieren.

Besonderer Dank gilt dem Verlag für die Erstellung des Werkes und die Einarbeitung der umfassenden Änderungen sowie die Betreuung des Werkes insgesamt. An erster Stelle sei hier wieder Frau Assessorin Marieke Stöcker-Pritz genannt, die trotz ihrer vielfältigen Aufgaben im Verlag weiterhin unser Werk so hervorragend betreut. Dafür vielen herzlichen Dank.

Singen/Hamburg, im Juli 2025

Martin W. Huff — Dr. Henning Löwe

Inhaltsverzeichnis

D. Berufliche Zusammenarbeit

E. Rechtsberatungsrecht

F. Strafrecht und Geldwäsche

G. Verwaltungsverfahren

H. Sonstige Verfahren

I. Gebührenrecht und Beratungshilfe

J. Ausbildung der Fachangestellten/Fachwirtinnen und Fachwirte

K. Supranationale Regelungen

L. Anhang

A. Nationales Berufsrecht

Bundesrechtsanwaltsordnung (BRAO)

Vom 1. August 1959

Zuletzt geändert durch Art. 13 des Gesetzes vom 23. Oktober 2024, BGBl. I Nr. 323

Inhaltsübersicht

Erster Teil
Der Rechtsanwalt

§ 1 Stellung des Rechtsanwalts in der Rechtspflege

Der Rechtsanwalt ist ein unabhängiges Organ der Rechtspflege.

§ 2 Beruf des Rechtsanwalts

(1) Der Rechtsanwalt übt einen freien Beruf aus.

(2) Seine Tätigkeit ist kein Gewerbe.

§ 3 Recht zur Beratung und Vertretung

(1) Der Rechtsanwalt ist der berufene unabhängige Berater und Vertreter in allen Rechtsangelegenheiten.

(2) Sein Recht, in Rechtsangelegenheiten aller Art vor Gerichten, Schiedsgerichten oder Behörden aufzutreten, kann nur durch ein Bundesgesetz beschränkt werden.

(3) Jedermann hat im Rahmen der gesetzlichen Vorschriften das Recht, sich in Rechtsangelegenheiten aller Art durch einen Rechtsanwalt seiner Wahl beraten und vor Gerichten, Schiedsgerichten oder Behörden vertreten zu lassen.

Zweiter Teil
Zulassung und allgemeine Vorschriften

Erster Abschnitt
Zulassung zur Rechtsanwaltschaft

§ 4 Zugang zum Beruf des Rechtsanwalts

[1]Zur Rechtsanwaltschaft kann nur zugelassen werden, wer

1. die Befähigung zum Richteramt nach dem Deutschen Richtergesetz erlangt hat,
2. die Eingliederungsvoraussetzungen nach Teil 3 des Gesetzes über die Tätigkeit europäischer Rechtsanwälte in Deutschland erfüllt oder
3. über eine Bescheinigung nach § 16a Absatz 5 des Gesetzes über die Tätigkeit europäischer Rechtsanwälte in Deutschland verfügt.

[2]Das Berufsqualifikationsfeststellungsgesetz ist nicht anzuwenden.

§ 5 (weggefallen)

§ 6 Antrag auf Zulassung zur Rechtsanwaltschaft

(1) Die Zulassung zur Rechtsanwaltschaft wird auf Antrag erteilt.

(2) Ein Antrag darf nur aus den in diesem Gesetz bezeichneten Gründen abgelehnt werden.

§ 7 Versagung der Zulassung

[1]Die Zulassung zur Rechtsanwaltschaft ist zu versagen,

1. wenn die antragstellende Person nach der Entscheidung des Bundesverfassungsgerichts ein Grundrecht verwirkt hat;
2. wenn die antragstellende Person infolge strafgerichtlicher Verurteilung die Fähigkeit zur Bekleidung öffentlicher Ämter nicht besitzt;

3. wenn die antragstellende Person durch rechtskräftiges Urteil aus der Rechtsanwaltschaft ausgeschlossen ist;
4. wenn gegen die antragstellende Person im Verfahren über die Richteranklage auf Entlassung oder im Disziplinarverfahren auf Entfernung aus dem Dienst in der Rechtspflege rechtskräftig erkannt worden ist;
5. wenn die antragstellende Person sich eines Verhaltens schuldig gemacht hat, das sie unwürdig erscheinen läßt, den Beruf eines Rechtsanwalts auszuüben;
6. wenn die antragstellende Person die freiheitliche demokratische Grundordnung in strafbarer Weise bekämpft;
7. wenn die antragstellende Person aus gesundheitlichen Gründen nicht nur vorübergehend unfähig ist, den Beruf eines Rechtsanwalts ordnungsgemäß auszuüben;
8. wenn die antragstellende Person eine Tätigkeit ausübt, die mit dem Beruf des Rechtsanwalts, insbesondere seiner Stellung als unabhängiges Organ der Rechtspflege nicht vereinbar ist oder das Vertrauen in seine Unabhängigkeit gefährden kann;
9. wenn die antragstellende Person sich im Vermögensverfall befindet; ein Vermögensverfall wird vermutet, wenn ein Insolvenzverfahren über das Vermögen der antragstellenden Person eröffnet oder die antragstellende Person in das Schuldnerverzeichnis (§ 882b der Zivilprozessordnung) eingetragen ist;
10. wenn die antragstellende Person Richter, Beamter, Berufssoldat oder Soldat auf Zeit ist, es sei denn, dass sie die ihr übertragenen Aufgaben ehrenamtlich wahrnimmt oder dass ihre Rechte und Pflichten auf Grund der §§ 5, 6, 8 und 36 des Abgeordnetengesetzes oder entsprechender Rechtsvorschriften ruhen.

[2]Satz 1 Nummer 3 und 4 gilt nur, wenn seit Rechtskraft der Entscheidung noch keine acht Jahre verstrichen sind. [3]Ein Fristablauf nach Satz 2 lässt die Anwendbarkeit des Satzes 1 Nummer 5 unberührt.

§ 8 (weggefallen)

§ 9 (weggefallen)

§ 10 Aussetzung des Zulassungsverfahrens

Die Entscheidung über den Antrag auf Zulassung zur Rechtsanwaltschaft kann ausgesetzt werden, wenn gegen die antragstellende Person ein Verfahren wegen des Verdachts einer Straftat anhängig ist, in dem der Tatvorwurf eine Verurteilung erwarten lässt, die eine Versagung der Zulassung zur Folge haben würde.

§ 11 (weggefallen)

§ 12 Zulassung

(1) Die Zulassung zur Rechtsanwaltschaft wird wirksam mit der Aushändigung einer von der Rechtsanwaltskammer ausgestellten Urkunde.

(2) Die Urkunde darf erst ausgehändigt werden, wenn die Bewerberin oder der Bewerber

1. vereidigt ist und
2. den Abschluss der Berufshaftpflichtversicherung nachgewiesen oder eine vorläufige Deckungszusage vorgelegt hat.

(3) Mit der Zulassung wird der Rechtsanwalt Mitglied der zulassenden Rechtsanwaltskammer.

(4) Nach der Zulassung darf die Tätigkeit unter der Berufsbezeichnung „Rechtsanwältin" oder „Rechtsanwalt" ausgeübt werden.

§ 12a Vereidigung

(1) Der Bewerber hat folgenden Eid vor der Rechtsanwaltskammer zu leisten:
„Ich schwöre bei Gott dem Allmächtigen und Allwissenden, die verfassungsmäßige Ordnung zu wahren und die Pflichten eines Rechtsanwalts gewissenhaft zu erfüllen, so wahr mir Gott helfe."

(2) Der Eid kann auch ohne religiöse Beteuerung geleistet werden.

(3) Gestattet ein Gesetz den Mitgliedern einer Religionsgemeinschaft, an Stelle des Eides eine andere Beteuerungsformel zu gebrauchen, so kann, wer Mitglied einer solchen Religionsgemeinschaft ist, diese Beteuerungsformel sprechen.

(4) Wer aus Glaubens- oder Gewissensgründen keinen Eid leisten will, muss folgendes Gelöbnis leisten:
„Ich gelobe, die verfassungsmäßige Ordnung zu wahren und die Pflichten eines Rechtsanwalts gewissenhaft zu erfüllen."

(5) Leistet eine Bewerberin den Eid nach Absatz 1 oder das Gelöbnis nach Absatz 4, so treten an die Stelle der Wörter „eines Rechtsanwalts" die Wörter „einer Rechtsanwältin".

(6) [1]Über die Vereidigung ist ein Protokoll aufzunehmen, das auch den Wortlaut des Eides, der anderen Beteuerungsformel oder des Gelöbnisses zu enthalten hat. [2]Das Protokoll ist von dem Rechtsanwalt und einem Mitglied des Vorstands der Rechtsanwaltskammer zu unterschreiben. [3]Es ist zu der Mitgliederakte des Rechtsanwalts zu nehmen.

(7) Hat der Bewerber schon einmal den Eid nach Absatz 1 oder das Gelöbnis nach Absatz 4 geleistet, so genügt es in der Regel, wenn er auf den früheren Eid oder das frühere Gelöbnis hingewiesen wird.

§ 13 Erlöschen der Zulassung

Die Zulassung zur Rechtsanwaltschaft erlischt, wenn durch ein rechtskräftiges Urteil auf Ausschließung aus der Rechtsanwaltschaft erkannt ist oder wenn die Rücknahme oder der Widerruf der Zulassung bestandskräftig geworden ist.

§ 14 Rücknahme und Widerruf der Zulassung

(1) [1]Die Zulassung zur Rechtsanwaltschaft ist mit Wirkung für die Zukunft zurückzunehmen, wenn Tatsachen nachträglich bekannt werden, bei deren Kenntnis die Zulassung hätte versagt werden müssen. [2]Von der Rücknahme der Zulassung kann abgesehen werden, wenn die Gründe, aus denen die Zulassung hätte versagt werden müssen, nicht mehr bestehen.

(2) Die Zulassung zur Rechtsanwaltschaft ist zu widerrufen,

1. wenn der Rechtsanwalt nach der Entscheidung des Bundesverfassungsgerichts ein Grundrecht verwirkt hat;
2. wenn der Rechtsanwalt infolge strafgerichtlicher Verurteilung die Fähigkeit zur Bekleidung öffentlicher Ämter verloren hat;
3. wenn der Rechtsanwalt aus gesundheitlichen Gründen nicht nur vorübergehend unfähig ist, den Beruf eines Rechtsanwalts ordnungsgemäß auszuüben, es sei denn, dass sein Verbleiben in der Rechtsanwaltschaft die Rechtspflege nicht gefährdet;
4. wenn der Rechtsanwalt auf die Rechte aus der Zulassung zur Rechtsanwaltschaft der Rechtsanwaltskammer gegenüber schriftlich verzichtet hat;
5. wenn der Rechtsanwalt zum Richter oder Beamten auf Lebenszeit ernannt, in das Dienstverhältnis eines Berufssoldaten berufen oder nach § 6 des Abgeordnetengesetzes oder entsprechenden Rechtsvorschriften wieder in das frühere Dienstverhältnis als Richter oder Beamter auf Lebenszeit oder als Berufssoldat zurückgeführt wird und nicht auf die Rechte aus der Zulassung zur Rechtsanwaltschaft verzichtet;

6. (weggefallen)
7. wenn der Rechtsanwalt in Vermögensverfall geraten ist, es sei denn, daß dadurch die Interessen der Rechtsuchenden nicht gefährdet sind; ein Vermögensverfall wird vermutet, wenn ein Insolvenzverfahren über das Vermögen des Rechtsanwalts eröffnet oder der Rechtsanwalt in das Schuldnerverzeichnis (§ 882b der Zivilprozessordnung) eingetragen ist;
8. wenn der Rechtsanwalt eine Tätigkeit ausübt, die mit seinem Beruf, insbesondere seiner Stellung als unabhängiges Organ der Rechtspflege nicht vereinbar ist oder das Vertrauen in seine Unabhängigkeit gefährden kann; dies gilt nicht, wenn der Widerruf für ihn eine unzumutbare Härte bedeuten würde;
9. wenn der Rechtsanwalt nicht die vorgeschriebene Berufshaftpflichtversicherung (§ 51) unterhält.

(3) Die Zulassung zur Rechtsanwaltschaft kann widerrufen werden, wenn der Rechtsanwalt

1. nicht binnen drei Monaten, nachdem die Pflicht hierzu entstanden ist, im Bezirk der Rechtsanwaltskammer eine Kanzlei einrichtet;
2. nicht binnen drei Monaten eine ihm bei der Befreiung nach § 29 Abs. 1 oder § 29a Abs. 2 gemachte Auflage erfüllt;
3. nicht binnen drei Monaten, nachdem er von der Pflicht, eine Kanzlei zu unterhalten, befreit worden (§ 29 Abs. 1, § 29a Abs. 2) oder der bisherige Zustellungsbevollmächtigte weggefallen ist, einen Zustellungsbevollmächtigten benennt;
4. seine Kanzlei aufgibt, ohne dass er von der Pflicht des § 27 Abs. 1 befreit worden ist.

(4) [1]Ordnet die Rechtsanwaltskammer die sofortige Vollziehung der Verfügung an, sind § 155 Abs. 2, 4 und 5, § 156 Abs. 2, § 160 Abs. 1 Satz 2 und § 161 entsprechend anzuwenden. [2]Im Fall des Absatzes 2 Nr. 9 ist die Anordnung in der Regel zu treffen.

§ 15 Ärztliches Gutachten bei Versagung und Widerruf der Zulassung

(1) [1]Wenn dies zur Entscheidung über den Versagungsgrund des § 7 Satz 1 Nummer 7 oder über den Widerrufsgrund des § 14 Absatz 2 Nummer 3 erforderlich ist, hat die Rechtsanwaltskammer der betroffenen Person aufzugeben, ein ärztliches Gutachten über ihren Gesundheitszustand vorzulegen. [2]Die Rechtsanwaltskammer hat eine angemessene Frist für die Vorlage des Gutachtens sowie den Arzt zu bestimmen, der das Gutachten erstatten soll. [3]Das Gutachten muss auf einer Untersuchung und, wenn dies amtsärztlich als notwendig erachtet wird, auch auf einer klinischen Beobachtung der betroffenen Person beruhen. [4]Die Kosten des Gutachtens sind von der betroffenen Person zu tragen.

(2) [1]Anordnungen nach Absatz 1 sind mit Gründen zu versehen und zuzustellen. [2]Gegen sie können die Rechtsbehelfe gegen belastende Verwaltungsakte eingelegt werden. [3]Sie haben keine aufschiebende Wirkung.

(3) [1]Wird das Gutachten ohne zureichenden Grund nicht innerhalb der von der Rechtsanwaltskammer gesetzten Frist vorgelegt, so wird vermutet, dass die betroffene Person aus gesundheitlichen Gründen nicht nur vorübergehend unfähig ist, den Beruf eines Rechtsanwalts ordnungsgemäß auszuüben. [2]Die betroffene Person ist auf diese Folge bei der Fristsetzung hinzuweisen.

§ 16 (weggefallen)

§ 17 Erlöschen der Befugnis zur Führung der Berufsbezeichnung

(1) [1]Mit dem Erlöschen der Zulassung zur Rechtsanwaltschaft (§ 13) endet die Befugnis, die Berufsbezeichnung „Rechtsanwalt" oder „Rechtsanwältin" zu führen. [2]Die Bezeichnung darf auch nicht mit einem Zusatz, der auf die frühere Berechtigung hinweist, geführt werden.

(2) Die Rechtsanwaltskammer kann einem Rechtsanwalt, der wegen hohen Alters oder aus gesundheitlichen Gründen auf die Rechte aus der Zulassung zur Rechtsanwaltschaft verzichtet, die

Erlaubnis erteilen, seine Berufsbezeichnung mit dem Zusatz „im Ruhestand" weiterzuführen, der auch „i. R." abgekürzt werden kann.

(3) Die Rechtsanwaltskammer kann eine nach Absatz 2 erteilte Erlaubnis

1. zurücknehmen, wenn nachträglich Umstände bekanntwerden, die zur Versagung der Erlaubnis geführt hätten, oder
2. widerrufen, wenn nachträglich Umstände eintreten, die bei einem Rechtsanwalt das Erlöschen oder nach § 14 Absatz 2 Nummer 1 oder 2 den Widerruf der Zulassung nach sich ziehen würden.

Zweiter Abschnitt
Kanzlei und Rechtsanwaltsverzeichnis

§§ 18 bis 26 (weggefallen)

§ 27 Kanzlei

(1) Der Rechtsanwalt muss im Bezirk der Rechtsanwaltskammer, deren Mitglied er ist, eine Kanzlei einrichten und unterhalten.

(2) [1]Verlegt der Rechtsanwalt seine Kanzlei, errichtet er eine weitere Kanzlei oder eine Zweigstelle oder gibt er eine weitere Kanzlei oder eine Zweigstelle auf, hat er dies der Rechtsanwaltskammer unverzüglich anzuzeigen. [2]Die Errichtung oder Aufgabe einer weiteren Kanzlei oder einer Zweigstelle im Bezirk einer anderen Rechtsanwaltskammer ist auch dieser Rechtsanwaltskammer anzuzeigen.

(3) [1]Will der Rechtsanwalt seine Kanzlei in den Bezirk einer anderen Rechtsanwaltskammer verlegen, hat er die Aufnahme in diese Kammer zu beantragen. [2]Die Rechtsanwaltskammer nimmt den Rechtsanwalt auf, sobald er die Verlegung der Kanzlei in ihren Bezirk nachgewiesen hat. [3]Mit der Aufnahme erlischt die Mitgliedschaft in der bisherigen Rechtsanwaltskammer.

§ 28 (weggefallen)

§ 29 Befreiung von der Kanzleipflicht

(1) Im Interesse der Rechtspflege oder zur Vermeidung von Härten kann die Rechtsanwaltskammer einen Rechtsanwalt von der Pflicht des § 27 Abs. 1 befreien.

(2) Die Befreiung kann widerrufen werden, wenn es im Interesse der Rechtspflege erforderlich ist.

(3) (weggefallen)

(4) (weggefallen)

§ 29a Kanzleien in anderen Staaten

(1) Der Rechtsanwalt darf auch in anderen Staaten Kanzleien einrichten oder unterhalten.

(2) [1]Die Rechtsanwaltskammer befreit einen Rechtsanwalt, der seine Kanzleien ausschließlich in anderen Staaten einrichtet, von der Pflicht des § 27, sofern nicht überwiegende Interessen der Rechtspflege entgegenstehen. [2]Die Befreiung kann widerrufen werden, wenn es im überwiegenden Interesse der Rechtspflege erforderlich ist.

(3) Der Rechtsanwalt hat die Anschrift seiner Kanzlei in einem anderen Staat sowie deren Änderung der Rechtsanwaltskammer mitzuteilen.

§ 30 Zustellungsbevollmächtigter

(1) [1]Ist der Rechtsanwalt von der Pflicht befreit, eine Kanzlei zu unterhalten, so hat er der Rechtsanwaltskammer einen Zustellungsbevollmächtigten zu benennen, der im Inland wohnt oder dort einen Geschäftsraum hat. [2]Der Rechtsanwalt hat dem Zustellungsbevollmächtigten einen Zugang zu seinem besonderen elektronischen Anwaltspostfach einzuräumen. [3]Der Zustellungsbevollmächtigte muss zumindest befugt sein, Posteingänge zur Kenntnis zu nehmen und elektronische Empfangsbekenntnisse abzugeben.

(2) An den Zustellungsbevollmächtigten kann, auch von Anwalt zu Anwalt, wie an den Rechtsanwalt selbst zugestellt werden (§ 173 Absatz 1 und 2, §§ 175, 195 der Zivilprozessordnung).

(3) [1]Ist ein Zustellungsbevollmächtigter entgegen Absatz 1 nicht benannt, so kann die Zustellung durch Aufgabe zur Post bewirkt werden (§ 184 der Zivilprozessordnung). [2]Das Gleiche gilt, wenn eine Zustellung an den Zustellungsbevollmächtigten nicht ausführbar ist.

§ 31 Verzeichnisse der Rechtsanwaltskammern und Gesamtverzeichnis der Bundesrechtsanwaltskammer

(1) [1]Die Rechtsanwaltskammern führen elektronische Verzeichnisse der in ihren Bezirken zugelassenen Rechtsanwälte und der zugelassenen Berufsausübungsgesellschaften, deren Sitz sich in ihrem Bezirk befindet. [2]Sie können ihre Verzeichnisse als Teil des von der Bundesrechtsanwaltskammer zu führenden Gesamtverzeichnisses führen. [3]Die Rechtsanwaltskammern geben die in ihren Verzeichnissen zu speichernden Daten im automatisierten Verfahren in das Gesamtverzeichnis ein. [4]Aus dem Gesamtverzeichnis muss sich die Kammerzugehörigkeit der Rechtsanwälte und der zugelassenen Berufsausübungsgesellschaften ergeben. [5]Die Rechtsanwaltskammern nehmen Neueintragungen nur nach Durchführung eines Identifizierungsverfahrens vor. [6]Sie tragen die datenschutzrechtliche Verantwortung für die eingegebenen Daten, insbesondere für ihre Richtigkeit und die Rechtmäßigkeit ihrer Erhebung.

(2) [1]Die Verzeichnisse der Rechtsanwaltskammern und das Gesamtverzeichnis dienen der Information der Behörden und Gerichte, der Rechtsuchenden sowie anderer am Rechtsverkehr Beteiligter. [2]Die Einsicht in die Verzeichnisse und das Gesamtverzeichnis steht jedem unentgeltlich zu. [3]Die Suche in den Verzeichnissen und dem Gesamtverzeichnis wird durch ein elektronisches Suchsystem ermöglicht.

(3) Die Rechtsanwaltskammern tragen in ihre Verzeichnisse zu jedem Rechtsanwalt Folgendes ein:

1. den Familiennamen und den oder die Vornamen des Rechtsanwalts;
2. den Namen der Kanzlei und deren Anschrift; wird keine Kanzlei geführt, eine zustellfähige Anschrift;
3. den Namen und die Anschrift bestehender weiterer Kanzleien und Zweigstellen;
4. von dem Rechtsanwalt mitgeteilte Telekommunikationsdaten und Internetadressen der Kanzlei und bestehender weiterer Kanzleien und Zweigstellen;
5. die Berufsbezeichnung und Fachanwaltsbezeichnungen; bei ausländischen Rechtsanwälten zudem den Herkunftsstaat der Berufsbezeichnung sowie die Rechtsgrundlage der Aufnahme in die Rechtsanwaltskammer;
6. den Zeitpunkt der Zulassung;
7. bestehende Berufs-, Berufsausübungs- und Vertretungsverbote sowie bestehende, sofort vollziehbare Rücknahmen und Widerrufe der Zulassung;
8. die durch die Rechtsanwaltskammer erfolgte Bestellung einer Vertretung oder eines Abwicklers sowie die nach § 30 erfolgte Benennung eines Zustellungsbevollmächtigten unter Angabe von Familienname, Vorname oder Vornamen und Anschrift der Vertretung, des Abwicklers oder des Zustellungsbevollmächtigten;

9. in den Fällen des § 29 Absatz 1 oder des § 29a Absatz 2 den Inhalt der Befreiung;
10. ein von dem Rechtsanwalt angezeigtes Interesse an der Übernahme von Pflichtverteidigungen.

(4) Die Rechtsanwaltskammern tragen in ihre Verzeichnisse zu jeder zugelassenen Berufsausübungsgesellschaft Folgendes ein:

1. den Namen oder die Firma;
2. die Rechtsform;
3. die Anschrift der Kanzlei;
4. den Namen und die Anschrift bestehender weiterer Kanzleien, Zweigstellen und Zweigniederlassungen;
5. die von der Berufsausübungsgesellschaft mitgeteilten Telekommunikationsdaten und Internetadressen der Kanzlei und bestehender weiterer Kanzleien, Zweigstellen und Zweigniederlassungen;
6. folgende Angaben zu den Gesellschaftern:
   a) bei natürlichen Personen: den Familiennamen, den oder die Vornamen und den in der Berufsausübungsgesellschaft ausgeübten Beruf;
   b) bei juristischen Personen und rechtsfähigen Personengesellschaften: deren Namen oder Firma, deren Sitz und, sofern gesetzlich vorgesehen, das für sie zuständige Register und die Registernummer;
7. bei juristischen Personen: zu jedem Mitglied des zur gesetzlichen Vertretung berufenen Organs den Familiennamen, den oder die Vornamen und den Beruf;
8. bei rechtsfähigen Personengesellschaften: den Familiennamen, den oder die Vornamen und den Beruf der vertretungsberechtigten Gesellschafter;
9. den Zeitpunkt der Zulassung;
10. bei ausländischen Berufsausübungsgesellschaften: den Familiennamen, den oder die Vornamen und den Beruf der Mitglieder der Geschäftsleitung der deutschen Zweigniederlassung, den Sitz, den Ort der Hauptniederlassung und, sofern nach dem Recht des Staats ihres Sitzes vorgesehen, das für sie zuständige Register und die Registernummer;
11. bestehende Berufs- und Vertretungsverbote sowie bestehende, sofort vollziehbare Rücknahmen und Widerrufe der Zulassung;
12. die durch die Rechtsanwaltskammer erfolgte Bestellung einer Vertretung oder eines Abwicklers sowie die Benennung eines Zustellungsbevollmächtigten unter Angabe von Familienname, Vorname oder Vornamen und Anschrift der Vertretung, des Abwicklers oder des Zustellungsbevollmächtigten;
13. im Fall des § 29a Absatz 2 den Inhalt der Befreiung.

(5) [1]Die Bundesrechtsanwaltskammer hat in das Gesamtverzeichnis zusätzlich die Bezeichnung des besonderen elektronischen Anwaltspostfachs einzutragen. [2]Sie trägt die datenschutzrechtliche Verantwortung für diese Daten. [3]Die Bundesrechtsanwaltskammer hat Rechtsanwälten zudem die Eintragung von Sprachkenntnissen und Tätigkeitsschwerpunkten in das Gesamtverzeichnis zu ermöglichen.

(6) [1]Die Eintragungen zu einem Rechtsanwalt und zu einer zugelassenen Berufsausübungsgesellschaft in den Verzeichnissen der Rechtsanwaltskammern und im Gesamtverzeichnis werden gesperrt, sobald deren Mitgliedschaft in der das Verzeichnis führenden Rechtsanwaltskammer endet. [2]Die Eintragungen werden anschließend nach angemessener Zeit gelöscht. [3]Endet die Mitgliedschaft durch Wechsel der Rechtsanwaltskammer, so ist im Gesamtverzeichnis statt der Sperrung und Löschung eine Berichtigung vorzunehmen. [4]Wird ein Abwickler bestellt, erfolgt keine

Sperrung; eine bereits erfolgte Sperrung ist aufzuheben. [5]Eine Löschung erfolgt erst nach Beendigung der Abwicklung.

(7) Die in die Verzeichnisse nach Absatz 1 Satz 1 aufzunehmenden Rechtsanwälte und Berufsausübungsgesellschaften sind verpflichtet, der zuständigen Rechtsanwaltskammer unverzüglich

1. sämtliche Daten, die für die Eintragung in die Verzeichnisse nach den Absätzen 3 und 4 erforderlich sind, zu übermitteln,
2. Tatsachen mitzuteilen, die eine Änderung oder Löschung der eingetragenen Daten erforderlich machen.

§ 31a Besonderes elektronisches Anwaltspostfach

(1) [1]Die Bundesrechtsanwaltskammer richtet für jede im Gesamtverzeichnis eingetragene natürliche Person ein besonderes elektronisches Anwaltspostfach empfangsbereit ein. [2]Nach Einrichtung eines besonderen elektronischen Anwaltspostfachs übermittelt die Bundesrechtsanwaltskammer dessen Bezeichnung an die zuständige Rechtsanwaltskammer zur Speicherung in deren Verzeichnis.

(2) [1]Zum Zweck der Einrichtung des besonderen elektronischen Anwaltspostfachs übermittelt die Rechtsanwaltskammer den Familiennamen und den oder die Vornamen sowie eine zustellfähige Anschrift der Personen, die einen Antrag auf Aufnahme in die Rechtsanwaltskammer gestellt haben, an die Bundesrechtsanwaltskammer. [2]Bei Syndikusrechtsanwälten ist zusätzlich mitzuteilen, ob die Tätigkeit im Rahmen mehrerer Arbeitsverhältnisse erfolgt. [3]Die übermittelten Angaben sind zu löschen, wenn der Antrag zurückgenommen oder die Aufnahme in die Rechtsanwaltskammer unanfechtbar versagt wurde.

(3) [1]Die Bundesrechtsanwaltskammer hat sicherzustellen, dass der Zugang zu dem besonderen elektronischen Anwaltspostfach nur durch ein sicheres Verfahren mit zwei voneinander unabhängigen Sicherungsmitteln möglich ist. [2]Sie kann auch Vertretungen, Abwicklern und Zustellungsbevollmächtigten die Nutzung des besonderen elektronischen Anwaltspostfachs ermöglichen; Absatz 2 gilt sinngemäß. [3]Die Bundesrechtsanwaltskammer kann unterschiedlich ausgestaltete Zugangsberechtigungen für Kammermitglieder und andere Personen vorsehen. [4]Sie ist berechtigt, die in dem besonderen elektronischen Anwaltspostfach gespeicherten Nachrichten nach angemessener Zeit zu löschen. [5]Das besondere elektronische Anwaltspostfach soll barrierefrei ausgestaltet sein.

(4) [1]Sobald die Mitgliedschaft in einer Rechtsanwaltskammer aus anderen Gründen als dem Wechsel der Rechtsanwaltskammer erlischt, hebt die Bundesrechtsanwaltskammer die Zugangsberechtigung zu dem besonderen elektronischen Anwaltspostfach auf. [2]Sie löscht dieses, sobald es nicht mehr benötigt wird.

(5) [1]Die Bundesrechtsanwaltskammer kann auch für sich und für die Rechtsanwaltskammern besondere elektronische Anwaltspostfächer einrichten. [2]Absatz 3 Satz 1 und 5 ist anzuwenden.

(6) Der Inhaber des besonderen elektronischen Anwaltspostfachs ist verpflichtet, die für dessen Nutzung erforderlichen technischen Einrichtungen vorzuhalten sowie Zustellungen und den Zugang von Mitteilungen über das besondere elektronische Anwaltspostfach zur Kenntnis zu nehmen.

(7) [1]Die Bundesrechtsanwaltskammer hat für jede im Gesamtverzeichnis eingetragene weitere Kanzlei eines Mitglieds einer Rechtsanwaltskammer ein weiteres besonderes elektronisches Anwaltspostfach einzurichten. [2]Wird die Eintragung der weiteren Kanzlei im Gesamtverzeichnis gelöscht, hebt die Bundesrechtsanwaltskammer die Zugangsberechtigung zu dem weiteren besonderen elektronischen Anwaltspostfach auf und löscht dieses, sobald es nicht mehr benötigt wird. [3]Absatz 1 Satz 2 und die Absätze 3, 4 und 6 dieser Vorschrift sowie § 31 Absatz 5 Satz 1 und 2 gelten für das weitere besondere elektronische Anwaltspostfach entsprechend.

§ 31b Besonderes elektronisches Anwaltspostfach für Berufsausübungsgesellschaften

(1) Die Bundesrechtsanwaltskammer richtet für jede im Gesamtverzeichnis eingetragene Berufsausübungsgesellschaft ein besonderes elektronisches Anwaltspostfach empfangsbereit ein.

(2) Die Rechtsanwaltskammer übermittelt der Bundesrechtsanwaltskammer zum Zweck der Einrichtung des besonderen elektronischen Anwaltspostfachs den Namen oder die Firma, die Rechtsform und eine zustellfähige Anschrift der Berufsausübungsgesellschaft.

(3) Die Bundesrechtsanwaltskammer hebt die Zugangsberechtigung zu einem nach Absatz 1 eingerichteten besonderen elektronischen Anwaltspostfach auf, wenn die Zulassung als Berufsausübungsgesellschaft aus einem anderen Grund als dem Wechsel der Rechtsanwaltskammer erlischt.

(4) [1]Die Bundesrechtsanwaltskammer richtet für eine im Gesamtverzeichnis eingetragene Zweigstelle einer Berufsausübungsgesellschaft auf deren Antrag ein weiteres besonderes Anwaltspostfach empfangsbereit ein. [2]Der Antrag nach Satz 1 ist bei der Rechtsanwaltskammer zu stellen, bei der die Berufsausübungsgesellschaft zugelassen ist oder zugelassen werden soll. [3]Die Rechtsanwaltskammer übermittelt der Bundesrechtsanwaltskammer den Namen und die Anschrift der Zweigstelle, für die ein weiteres elektronisches Anwaltspostfach eingerichtet werden soll. [4]Die Bundesrechtsanwaltskammer hebt die Zugangsberechtigung zu einem nach Satz 1 eingerichteten weiteren besonderen elektronischen Anwaltspostfach auf, wenn die Berufsausübungsgesellschaft gegenüber der für sie zuständigen Rechtsanwaltskammer erklärt, kein weiteres besonders Anwaltspostfach für die Zweigstelle mehr zu wünschen, oder wenn die Zweigstelle aufgegeben wird; im Übrigen gilt Absatz 3 entsprechend.

(5) Im Übrigen gelten für die nach den Absätzen 1 und 4 eingerichteten besonderen elektronischen Anwaltspostfächer § 31a Absatz 1 Satz 2, Absatz 2 Satz 3, Absatz 3 und 4 Satz 2 sowie Absatz 6 und 7 entsprechend.

§ 31c Europäisches Rechtsanwaltsverzeichnis

Die Bundesrechtsanwaltskammer ermöglicht über die Suche nach § 31 Absatz 2 Satz 3 hinaus über das auf den Internetseiten der Europäischen Kommission bestehende elektronische Suchsystem (Europäisches Rechtsanwaltsverzeichnis) den Abruf derjenigen im Gesamtverzeichnis eingetragenen Angaben, die Gegenstand des Europäischen Rechtsanwaltsverzeichnisses sind.

§ 31d Verordnungsermächtigung

Das Bundesministerium der Justiz und für Verbraucherschutz regelt durch Rechtsverordnung mit Zustimmung des Bundesrates die Einzelheiten

1. der Datenerhebung für die elektronischen Verzeichnisse der Rechtsanwaltskammern, der Führung dieser Verzeichnisse und der Einsichtnahme in sie,
2. der Datenerhebung für das Gesamtverzeichnis, der Führung des Gesamtverzeichnisses und der Einsichtnahme in das Gesamtverzeichnis,
3. der besonderen elektronischen Anwaltspostfächer, insbesondere Einzelheiten
   a) ihrer Einrichtung und der hierzu erforderlichen Datenübermittlung,
   b) ihrer technischen Ausgestaltung einschließlich ihrer Barrierefreiheit,
   c) ihrer Führung,
   d) der Zugangsberechtigung und der Nutzung,
   e) des Löschens von Nachrichten und
   f) ihrer Löschung,
4. des Abrufs des Gesamtverzeichnisses über das Europäische Rechtsanwaltsverzeichnis.

Dritter Abschnitt
Verwaltungsverfahren

§ 32 Ergänzende Anwendung der Verwaltungsverfahrensgesetze

(1) [1]Für Verwaltungsverfahren nach diesem Gesetz oder nach einer auf Grund dieses Gesetzes erlassenen Rechtsverordnung gelten, soweit nichts anderes bestimmt ist, für Behörden des Bundes das Verwaltungsverfahrensgesetz des Bundes und für Behörden der Länder die Verwaltungsverfahrensgesetze der Länder. [2]Die Verwaltungsverfahren können über eine einheitliche Stelle nach den Vorschriften des Verwaltungsverfahrensgesetzes abgewickelt werden.

(2) [1]Über Anträge ist innerhalb einer Frist von drei Monaten zu entscheiden; § 42a Absatz 2 Satz 2 bis 4 des Verwaltungsverfahrensgesetzes gilt entsprechend. [2]In den Fällen des § 15 beginnt die Frist erst mit der Vorlage des ärztlichen Gutachtens. [3]§ 10 bleibt unberührt.

§ 33 Sachliche und örtliche Zuständigkeit

(1) Für die Ausführung dieses Gesetzes und der auf seiner Grundlage erlassenen Rechtsverordnungen sind die Rechtsanwaltskammern zuständig, soweit nichts anderes bestimmt ist.

(2) [1]Das Bundesministerium der Justiz und für Verbraucherschutz wird ermächtigt, die Aufgaben und Befugnisse, die ihm nach diesem Gesetz zustehen, auf den Präsidenten des Bundesgerichtshofes zu übertragen. [2]Die Landesregierungen werden ermächtigt, die Aufgaben und Befugnisse, die den Landesjustizverwaltungen nach diesem Gesetz zustehen, durch Rechtsverordnung auf diesen nachgeordnete Behörden zu übertragen. [3]Die Landesregierungen können diese Ermächtigung durch Rechtsverordnung auf die Landesjustizverwaltungen übertragen.

(3) [1]Örtlich zuständig ist die Rechtsanwaltskammer,

1. deren Mitglied der Rechtsanwalt ist,
2. bei der die Zulassung zur Rechtsanwaltschaft beantragt ist, sofern nicht eine Zuständigkeit einer anderen Rechtsanwaltskammer nach Nummer 1 gegeben ist,
3. in deren Bezirk die Berufsausübungsgesellschaft ihren Sitz oder ihre Zweigniederlassung hat oder
4. bei der die Berufsausübungsgesellschaft den Antrag auf Befreiung von der Kanzleipflicht nach § 59m Absatz 4 in Verbindung mit § 29a Absatz 2 oder den Antrag auf Befreiung von der Zweigniederlassungspflicht nach § 59m Absatz 5 in Verbindung mit § 29a Absatz 2 gestellt hat, sofern nicht die Zuständigkeit einer anderen Rechtsanwaltskammer nach Nummer 3 gegeben ist.

[2]Wird die Aufnahme in eine andere Rechtsanwaltskammer beantragt (§ 27 Absatz 3), so entscheidet diese über den Antrag.

§ 34 Zustellung

Verwaltungsakte, durch die die Zulassung zur Rechtsanwaltschaft oder die Mitgliedschaft in einer Rechtsanwaltskammer begründet oder versagt wird oder erlischt oder durch die eine Befreiung oder Erlaubnis versagt, zurückgenommen oder widerrufen wird, sind zuzustellen.

§ 35 Bestellung eines Vertreters im Verwaltungsverfahren

Wird auf Ersuchen der Rechtsanwaltskammer für das Verwaltungsverfahren ein Vertreter bestellt, soll ein Rechtsanwalt bestellt werden.

§ 36 Ermittlung des Sachverhalts und Übermittlung von Daten

(1) Die Rechtsanwaltskammer kann zur Ermittlung des Sachverhalts in Zulassungssachen eine unbeschränkte Auskunft nach § 41 Abs. 1 Nr. 11 des Bundeszentralregistergesetzes als Regelanfrage einholen.

(2) Gerichte und Behörden einschließlich der Berufskammern übermitteln der Rechtsanwaltskammer oder der für die Entscheidung zuständigen Stelle diejenigen Daten über Personen und Berufsausübungsgesellschaften, deren Kenntnis aus Sicht der übermittelnden Stelle erforderlich ist für

1. die Zulassung zur Rechtsanwaltschaft oder als Berufsausübungsgesellschaft oder die Rücknahme oder den Widerruf einer solchen Zulassung,
2. die Entstehung oder das Erlöschen der Mitgliedschaft in einer Rechtsanwaltskammer,
3. die Rücknahme oder den Widerruf einer Erlaubnis oder Befreiung oder
4. die Einleitung oder die Durchführung eines berufsaufsichtlichen Verfahrens.

(3) [1]Die Übermittlung nach Absatz 2 unterbleibt, soweit

1. sie schutzwürdige Interessen einer betroffenen Person beeinträchtigen würde und das Informationsinteresse des Empfängers das Interesse der betroffenen Person am Unterbleiben der Übermittlung nicht überwiegt oder
2. besondere gesetzliche Verwendungsregelungen entgegenstehen.

[2]Satz 1 Nummer 2 gilt nicht für die Verschwiegenheitspflichten der für eine Berufskammer eines freien Berufs im Geltungsbereich dieses Gesetzes tätigen Personen und für das Steuergeheimnis nach § 30 der Abgabenordnung.

§ 37 Ersetzung der Schriftform

[1]Ist nach diesem Gesetz für die Abgabe einer Erklärung die Schriftform vorgeschrieben, so kann die Erklärung auch über das besondere elektronische Anwaltspostfach abgegeben werden, wenn Erklärender und Empfänger über ein solches verfügen. [2]Ist die Erklärung von einer natürlichen Person abzugeben, so ist das Dokument mit einer qualifizierten elektronischen Signatur der Person zu versehen oder von ihr zu signieren und selbst zu versenden. [3]Andere Postfächer nach § 130a Absatz 4 Satz 1 Nummer 2 bis 5 der Zivilprozessordnung stehen dem besonderen elektronischen Anwaltspostfach nach Satz 1 gleich.

§§ 38 bis 42 (weggefallen)

Dritter Teil
Rechte und Pflichten des Rechtsanwalts und berufliche Zusammenarbeit der Rechtsanwälte

Erster Abschnitt
Allgemeines

§ 43 Allgemeine Berufspflicht

[1]Der Rechtsanwalt hat seinen Beruf gewissenhaft auszuüben. [2]Er hat sich innerhalb und außerhalb des Berufes der Achtung und des Vertrauens, welche die Stellung des Rechtsanwalts erfordert, würdig zu erweisen.

§ 43a Grundpflichten

(1) Der Rechtsanwalt darf keine Bindungen eingehen, die seine berufliche Unabhängigkeit gefährden.

(2) [1]Der Rechtsanwalt ist zur Verschwiegenheit verpflichtet. [2]Diese Pflicht bezieht sich auf alles, was ihm in Ausübung seines Berufes bekanntgeworden ist. [3]Dies gilt nicht für Tatsachen, die offenkundig sind oder ihrer Bedeutung nach keiner Geheimhaltung bedürfen. [4]Der Rechtsanwalt hat die von ihm beschäftigten Personen in Textform zur Verschwiegenheit zu verpflichten und sie dabei über die strafrechtlichen Folgen einer Pflichtverletzung zu belehren. [5]Zudem hat er bei ihnen in geeigneter Weise auf die Einhaltung der Verschwiegenheitspflicht hinzuwirken. [6]Den von dem

Rechtsanwalt beschäftigten Personen stehen die Personen gleich, die im Rahmen einer berufsvorbereitenden Tätigkeit oder einer sonstigen Hilfstätigkeit an seiner beruflichen Tätigkeit mitwirken. [7]Satz 4 gilt nicht für Referendare und angestellte Personen, die im Hinblick auf die Verschwiegenheitspflicht den gleichen Anforderungen wie der Rechtsanwalt unterliegen. [8]Hat sich ein Rechtsanwalt mit anderen Personen, die im Hinblick auf die Verschwiegenheitspflicht den gleichen Anforderungen unterliegen wie er, zur gemeinschaftlichen Berufsausübung zusammengeschlossen und besteht zu den Beschäftigten ein einheitliches Beschäftigungsverhältnis, so genügt auch der Nachweis, dass eine andere dieser Personen die Verpflichtung nach Satz 4 vorgenommen hat.

(3) [1]Der Rechtsanwalt darf sich bei seiner Berufsausübung nicht unsachlich verhalten. [2]Unsachlich ist insbesondere ein Verhalten, bei dem es sich um die bewußte Verbreitung von Unwahrheiten oder solche herabsetzenden Äußerungen handelt, zu denen andere Beteiligte oder der Verfahrensverlauf keinen Anlaß gegeben haben.

(4) [1]Der Rechtsanwalt darf nicht tätig werden, wenn er einen anderen Mandanten in derselben Rechtssache bereits im widerstreitenden Interesse beraten oder vertreten hat. [2]Das Tätigkeitsverbot gilt auch für Rechtsanwälte, die ihren Beruf gemeinschaftlich mit einem Rechtsanwalt ausüben, der nach Satz 1 nicht tätig werden darf. [3]Ein Tätigkeitsverbot nach Satz 2 bleibt bestehen, wenn der nach Satz 1 ausgeschlossene Rechtsanwalt die gemeinschaftliche Berufsausübung beendet. [4]Die Sätze 2 und 3 sind nicht anzuwenden, wenn die betroffenen Mandanten der Tätigkeit des Rechtsanwalts nach umfassender Information in Textform zugestimmt haben und geeignete Vorkehrungen die Einhaltung der Verschwiegenheit des Rechtsanwalts sicherstellen. [5]Ein Tätigkeitsverbot nach Satz 1, das gegenüber einer Berufsausübungsgesellschaft besteht, entfällt, wenn die Voraussetzungen des Satzes 4 erfüllt sind. [6]Soweit es für die Prüfung eines Tätigkeitsverbots nach Satz 1 oder Satz 2 erforderlich ist, dürfen der Verschwiegenheitspflicht unterliegende Tatsachen einem Rechtsanwalt auch ohne Einwilligung des Mandanten offenbart werden.

(5) [1]Absatz 4 Satz 1 gilt entsprechend für die Tätigkeit als Referendar im Vorbereitungsdienst im Rahmen der Ausbildung bei einem Rechtsanwalt. [2]Absatz 4 Satz 2 ist nicht anzuwenden, wenn dem Tätigkeitsverbot nach Absatz 4 Satz 1 eine Tätigkeit als Referendar nach Satz 1 zugrunde liegt.

(6) Absatz 4 Satz 1 gilt entsprechend für ein berufliches Tätigwerden des Rechtsanwalts außerhalb des Anwaltsberufs, wenn für ein anwaltliches Tätigwerden ein Tätigkeitsverbot nach Absatz 4 Satz 1 bestehen würde.

(7) [1]Der Rechtsanwalt ist bei der Behandlung der ihm anvertrauten Vermögenswerte zu der erforderlichen Sorgfalt verpflichtet. [2]Fremde Gelder sind unverzüglich an den Empfangsberechtigten weiterzuleiten oder auf ein Anderkonto einzuzahlen.

(8) Der Rechtsanwalt ist verpflichtet, sich fortzubilden.

§ 43b Werbung

Werbung ist dem Rechtsanwalt nur erlaubt, soweit sie über die berufliche Tätigkeit in Form und Inhalt sachlich unterrichtet und nicht auf die Erteilung eines Auftrags im Einzelfall gerichtet ist.

§ 43c Fachanwaltschaft

(1) [1]Dem Rechtsanwalt, der besondere Kenntnisse und Erfahrungen in einem Rechtsgebiet erworben hat, kann die Befugnis verliehen werden, eine Fachanwaltsbezeichnung zu führen. [2]Fachanwaltsbezeichnungen gibt es für das Verwaltungsrecht, das Steuerrecht, das Arbeitsrecht und das Sozialrecht sowie für die Rechtsgebiete, die durch Satzung in einer Berufsordnung nach § 59a Absatz 2 Nummer 2 Buchstabe a bestimmt sind. [3]Die Befugnis darf für höchstens drei Rechtsgebiete erteilt werden.

(2) Über den Antrag des Rechtsanwalts auf Erteilung der Erlaubnis entscheidet der Vorstand der Rechtsanwaltskammer, nachdem ein Ausschuß der Kammer die von dem Rechtsanwalt vorzulegenden Nachweise über den Erwerb der besonderen Kenntnisse und Erfahrungen geprüft hat.

(3) [1]Der Vorstand der Rechtsanwaltskammer bildet für jedes Fachgebiet einen Ausschuß und bestellt dessen Mitglieder. [2]Einem Ausschuß gehören mindestens drei Rechtsanwälte an; diese können Mitglieder mehrerer Ausschüsse sein. [3]Die §§ 75 und 76 Absatz 1 und 2 sind entsprechend anzuwenden. [4]Mehrere Rechtsanwaltskammern können gemeinsame Ausschüsse bilden.

(4) [1]Die Erlaubnis zum Führen der Fachanwaltsbezeichnung kann mit Wirkung für die Zukunft von dem Vorstand der Rechtsanwaltskammer zurückgenommen werden, wenn Tatsachen nachträglich bekanntwerden, bei deren Kenntnis die Erlaubnis hätte versagt werden müssen. [2]Sie kann widerrufen werden, wenn eine in der Berufsordnung vorgeschriebene Fortbildung unterlassen wird.

§ 43d Darlegungs- und Informationspflichten bei Inkassodienstleistungen

(1) Der Rechtsanwalt, der Inkassodienstleistungen erbringt, muss mit der ersten Geltendmachung einer Forderung gegenüber einer Privatperson folgende Informationen klar und verständlich in Textform übermitteln:

1. den Namen oder die Firma des Auftraggebers sowie dessen Anschrift, sofern nicht dargelegt wird, dass durch die Angabe der Anschrift überwiegende schutzwürdige Interessen des Auftraggebers beeinträchtigt würden,
2. den Forderungsgrund, bei Verträgen unter konkreter Darlegung des Vertragsgegenstands und des Datums des Vertragsschlusses, bei unerlaubten Handlungen unter Darlegung der Art und des Datums der Handlung,
3. wenn Zinsen geltend gemacht werden, eine Zinsberechnung unter Darlegung der zu verzinsenden Forderung, des Zinssatzes und des Zeitraums, für den die Zinsen berechnet werden,
4. wenn ein Zinssatz über dem gesetzlichen Verzugszinssatz geltend gemacht wird, einen gesonderten Hinweis hierauf und die Angabe, auf Grund welcher Umstände der erhöhte Zinssatz gefordert wird,
5. wenn Inkassokosten geltend gemacht werden, Angaben zu deren Art, Höhe und Entstehungsgrund,
6. wenn mit den Inkassokosten Umsatzsteuerbeträge geltend gemacht werden, eine Erklärung, dass der Auftraggeber diese Beträge nicht als Vorsteuer abziehen kann,
7. wenn die Anschrift der Privatperson nicht vom Gläubiger mitgeteilt, sondern anderweitig ermittelt wurde, einen Hinweis hierauf sowie darauf, wie eventuell aufgetretene Fehler geltend gemacht werden können,
8. Bezeichnung, Anschrift und elektronische Erreichbarkeit der für ihn zuständigen Rechtsanwaltskammer.

(2) Auf eine entsprechende Anfrage einer Privatperson hat der Inkassodienstleistungen erbringende Rechtsanwalt die folgenden ergänzenden Informationen unverzüglich in Textform mitzuteilen:

1. den Namen oder die Firma desjenigen, in dessen Person die Forderung entstanden ist,
2. bei Verträgen die wesentlichen Umstände des Vertragsschlusses.

(3) Beabsichtigt der Inkassodienstleistungen erbringende Rechtsanwalt, mit einer Privatperson eine Stundungs- oder Ratenzahlungsvereinbarung zu treffen, so hat er sie zuvor in Textform auf die dadurch entstehenden Kosten hinzuweisen.

(4) [1]Fordert der Inkassodienstleistungen erbringende Rechtsanwalt eine Privatperson zur Abgabe eines Schuldanerkenntnisses auf, so hat er sie mit der Aufforderung nach Maßgabe des Satzes 2 in Textform darauf hinzuweisen, dass sie durch das Schuldanerkenntnis in der Regel die Möglichkeit verliert, solche Einwendungen und Einreden gegen die anerkannte Forderung geltend zu machen, die zum Zeitpunkt der Abgabe des Schuldanerkenntnisses begründet waren. [2]Der Hinweis muss

1. deutlich machen, welche Teile der Forderung vom Schuldanerkenntnis erfasst werden, und
2. typische Beispiele von Einwendungen und Einreden benennen, die nicht mehr geltend gemacht werden können, wie das Nichtbestehen oder die Erfüllung oder die Verjährung der anerkannten Forderung.

(5) Privatperson im Sinne dieser Vorschrift ist jede natürliche Person, gegen die eine Forderung geltend gemacht wird, die nicht im Zusammenhang mit ihrer gewerblichen oder selbständigen beruflichen Tätigkeit steht.

§ 43e Inanspruchnahme von Dienstleistungen

(1) [1]Der Rechtsanwalt darf Dienstleistern den Zugang zu Tatsachen eröffnen, auf die sich die Verpflichtung zur Verschwiegenheit gemäß § 43a Absatz 2 Satz 1 bezieht, soweit dies für die Inanspruchnahme der Dienstleistung erforderlich ist. [2]Dienstleister ist eine andere Person oder Stelle, die vom Rechtsanwalt im Rahmen seiner Berufsausübung mit Dienstleistungen beauftragt wird.

(2) [1]Der Rechtsanwalt ist verpflichtet, den Dienstleister sorgfältig auszuwählen. [2]Er hat die Zusammenarbeit unverzüglich zu beenden, wenn die Einhaltung der dem Dienstleister gemäß Absatz 3 zu machenden Vorgaben nicht gewährleistet ist.

(3) [1]Der Vertrag mit dem Dienstleister bedarf der Textform. [2]In ihm ist

1. der Dienstleister unter Belehrung über die strafrechtlichen Folgen einer Pflichtverletzung zur Verschwiegenheit zu verpflichten,
2. der Dienstleister zu verpflichten, sich nur insoweit Kenntnis von fremden Geheimnissen zu verschaffen, als dies zur Vertragserfüllung erforderlich ist, und
3. festzulegen, ob der Dienstleister befugt ist, weitere Personen zur Erfüllung des Vertrags heranzuziehen; für diesen Fall ist dem Dienstleister aufzuerlegen, diese Personen in Textform zur Verschwiegenheit zu verpflichten.

(4) Bei der Inanspruchnahme von Dienstleistungen, die im Ausland erbracht werden, darf der Rechtsanwalt dem Dienstleister den Zugang zu fremden Geheimnissen unbeschadet der übrigen Voraussetzungen dieser Vorschrift nur dann eröffnen, wenn der dort bestehende Schutz der Geheimnisse dem Schutz im Inland vergleichbar ist, es sei denn, dass der Schutz der Geheimnisse dies nicht gebietet.

(5) Bei der Inanspruchnahme von Dienstleistungen, die unmittelbar einem einzelnen Mandat dienen, darf der Rechtsanwalt dem Dienstleister den Zugang zu fremden Geheimnissen nur dann eröffnen, wenn der Mandant darin eingewilligt hat.

(6) Die Absätze 2 und 3 gelten auch im Fall der Inanspruchnahme von Dienstleistungen, in die der Mandant eingewilligt hat, sofern der Mandant nicht ausdrücklich auf die Einhaltung der in den Absätzen 2 und 3 genannten Anforderungen verzichtet hat.

(7) [1]Die Absätze 1 bis 6 gelten nicht, soweit Dienstleistungen auf Grund besonderer gesetzlicher Vorschriften in Anspruch genommen werden. [2]Absatz 3 Satz 2 gilt nicht, soweit der Dienstleister hinsichtlich der zu erbringenden Dienstleistung gesetzlich zur Verschwiegenheit verpflichtet ist.

(8) Die Vorschriften zum Schutz personenbezogener Daten bleiben unberührt.

§ 43f Kenntnisse im Berufsrecht

(1) [1]Der Rechtsanwalt hat innerhalb des ersten Jahres nach seiner erstmaligen Zulassung zur Rechtsanwaltschaft an einer Lehrveranstaltung über das rechtsanwaltliche Berufsrecht teilzunehmen. [2]Die Lehrveranstaltung muss mindestens zehn Zeitstunden dauern und die wesentlichen Bereiche des anwaltlichen Berufsrechts umfassen.

(2) Die Pflicht nach Absatz 1 Satz 1 besteht nicht, wenn der Rechtsanwalt vor dem 1. August 2022 erstmalig zugelassen wurde oder wenn er nachweist, dass er innerhalb von sieben Jahren vor sei-

ner erstmaligen Zulassung zur Rechtsanwaltschaft an einer Lehrveranstaltung nach Absatz 1 teilgenommen hat.

§ 44 Mitteilung der Ablehnung eines Auftrags

[1]Der Rechtsanwalt, der in seinem Beruf in Anspruch genommen wird und den Auftrag nicht annehmen will, muß die Ablehnung unverzüglich erklären. [2]Er hat den Schaden zu ersetzen, der aus einer schuldhaften Verzögerung dieser Erklärung entsteht.

§ 45 Tätigkeitsverbote bei nichtanwaltlicher Vorbefassung

(1) Der Rechtsanwalt darf nicht tätig werden, wenn er

1. in derselben Rechtssache bereits tätig geworden ist als
   a) Richter, Staatsanwalt, Angehöriger des öffentlichen Dienstes oder als im Vorbereitungsdienst bei diesen Personen tätiger Referendar,
   b) Schiedsrichter, Schlichter oder Mediator oder
   c) Notar, Notarvertretung, Notariatsverwalter, Notarassessor oder als im Vorbereitungsdienst bei einem Notar tätiger Referendar,
2. in derselben Angelegenheit, mit der er bereits als Insolvenzverwalter, Nachlassverwalter, Testamentsvollstrecker oder Betreuer oder in ähnlicher Funktion befasst war, gegen den Träger des von ihm verwalteten Vermögens vorgehen soll, oder
3. in derselben Angelegenheit bereits außerhalb seiner Tätigkeit als Rechtsanwalt für eine andere Partei im widerstreitenden Interesse beruflich tätig geworden ist.

(2) [1]Ein Tätigkeitsverbot gilt auch für Rechtsanwälte, die ihren Beruf gemeinschaftlich ausüben

1. mit einem Rechtsanwalt, der nach Absatz 1 nicht tätig werden darf, oder
2. mit einem Angehörigen eines anderen Berufs nach § 59c Absatz 1 Satz 1, dem ein Tätigwerden bei entsprechender Anwendung des Absatzes 1 untersagt wäre.

[2]Satz 1 ist nicht anzuwenden, soweit dem Tätigkeitsverbot nach Absatz 1 eine Tätigkeit als Referendar im Vorbereitungsdienst nach Absatz 1 Nummer 1 Buchstabe a oder c oder als wissenschaftlicher Mitarbeiter bei einem Rechtsanwalt oder in einer Berufsausübungsgesellschaft nach Absatz 1 Nummer 3 zugrunde liegt. [3]Die Tätigkeit als wissenschaftlicher Mitarbeiter nach Satz 2 umfasst berufliche Tätigkeiten während des rechtswissenschaftlichen Studiums und in der Zeit nach dem Bestehen der ersten Prüfung bis zum Bestehen der zweiten Staatsprüfung.

(3) [1]Ein Tätigkeitsverbot nach Absatz 2 Satz 1 bleibt bestehen, wenn der nach Absatz 1 ausgeschlossene Rechtsanwalt die gemeinschaftliche Berufsausübung beendet. [2]Absatz 2 Satz 1 findet in den Fällen, in denen das Tätigkeitsverbot auf Absatz 1 Nummer 3 beruht, keine Anwendung, wenn die betroffenen Personen der Tätigkeit nach umfassender Information in Textform durch den Rechtsanwalt zugestimmt haben und geeignete Vorkehrungen die Verhinderung einer Offenbarung vertraulicher Informationen sicherstellen. [3]Soweit es für die Prüfung eines Tätigkeitsverbots erforderlich ist, dürfen der Verschwiegenheit unterliegende Tatsachen einem Rechtsanwalt auch ohne Einwilligung der betroffenen Person offenbart werden.

§ 46 Angestellte Rechtsanwälte und Syndikusrechtsanwälte

(1) Rechtsanwälte dürfen ihren Beruf als Angestellte solcher Arbeitgeber ausüben, die als Rechtsanwälte, Patentanwälte oder rechts- oder patentanwaltliche Berufsausübungsgesellschaften tätig sind.

(2) [1]Angestellte anderer als der in Absatz 1 genannten Personen oder Gesellschaften üben ihren Beruf als Rechtsanwalt aus, sofern sie im Rahmen ihres Arbeitsverhältnisses für ihren Arbeitgeber anwaltlich tätig sind (Syndikusrechtsanwälte). [2]Der Syndikusrechtsanwalt bedarf zur Ausübung seiner Tätigkeit nach Satz 1 der Zulassung zur Rechtsanwaltschaft nach § 46a.

(3) Eine anwaltliche Tätigkeit im Sinne des Absatzes 2 Satz 1 liegt vor, wenn das Arbeitsverhältnis durch folgende fachlich unabhängig und eigenverantwortlich auszuübende Tätigkeiten sowie durch folgende Merkmale geprägt ist:

1. die Prüfung von Rechtsfragen, einschließlich der Aufklärung des Sachverhalts, sowie das Erarbeiten und Bewerten von Lösungsmöglichkeiten,
2. die Erteilung von Rechtsrat,
3. die Ausrichtung der Tätigkeit auf die Gestaltung von Rechtsverhältnissen, insbesondere durch das selbständige Führen von Verhandlungen, oder auf die Verwirklichung von Rechten und
4. die Befugnis, nach außen verantwortlich aufzutreten.

(4) [1]Eine fachlich unabhängige Tätigkeit im Sinne des Absatzes 3 übt nicht aus, wer sich an Weisungen zu halten hat, die eine eigenständige Analyse der Rechtslage und eine einzelfallorientierte Rechtsberatung ausschließen. [2]Die fachliche Unabhängigkeit der Berufsausübung des Syndikusrechtsanwalts ist vertraglich und tatsächlich zu gewährleisten.

(5) [1]Die Befugnis des Syndikusrechtsanwalts zur Beratung und Vertretung beschränkt sich auf die Rechtsangelegenheiten des Arbeitgebers. [2]Diese umfassen auch

1. Rechtsangelegenheiten innerhalb verbundener Unternehmen im Sinne des § 15 des Aktiengesetzes,
2. erlaubte Rechtsdienstleistungen des Arbeitgebers gegenüber seinen Mitgliedern, sofern es sich bei dem Arbeitgeber um eine Vereinigung oder Gewerkschaft nach § 7 des Rechtsdienstleistungsgesetzes oder nach § 8 Absatz 1 Nummer 2 des Rechtsdienstleistungsgesetzes handelt, und
3. erlaubte Rechtsdienstleistungen des Arbeitgebers gegenüber Dritten, sofern es sich bei dem Arbeitgeber um einen Angehörigen der in § 59c Absatz 1 Satz 1 Nummer 1 bis 3 genannten sozietätsfähigen Berufe oder um eine Berufsausübungsgesellschaft solcher Berufe handelt.

(6) [1]Ist ein Arbeitgeber, der nicht den in § 59c Absatz 1 Satz 1 Nummer 1 bis 3 genannten Berufen angehört, zur Erbringung von Rechtsdienstleistungen berechtigt, können diese auch durch den Syndikusrechtsanwalt erbracht werden. [2]Der Syndikusrechtsanwalt muss in diesen Fällen darauf hinweisen, dass er keine anwaltliche Beratung im Sinne des § 3 erbringt und ihm kein Zeugnisverweigerungsrecht nach § 53 der Strafprozessordnung zukommt. [3]Die Erbringung von Rechtsdienstleistungen nach Satz 1 ist keine anwaltliche Tätigkeit im Sinne des Absatzes 2 Satz 1.

§ 46a Zulassung als Syndikusrechtsanwalt

(1) [1]Die Zulassung zur Rechtsanwaltschaft als Syndikusrechtsanwalt ist auf Antrag zu erteilen, wenn

1. die allgemeinen Zulassungsvoraussetzungen zum Beruf des Rechtsanwalts gemäß § 4 erfüllt sind,
2. kein Zulassungsversagungsgrund nach § 7 vorliegt und
3. die Tätigkeit den Anforderungen des § 46 Absatz 2 bis 5 entspricht.

[2]Die Zulassung nach Satz 1 kann für mehrere Arbeitsverhältnisse erteilt werden.

(2) [1]Über die Zulassung als Syndikusrechtsanwalt entscheidet die örtlich zuständige Rechtsanwaltskammer nach Anhörung des Trägers der Rentenversicherung. [2]Die Entscheidung ist zu begründen und dem Antragsteller sowie dem Träger der Rentenversicherung zuzustellen. [3]Wie dem Antragsteller steht auch dem Träger der Rentenversicherung gegen die Entscheidung nach Satz 1 Rechtsschutz gemäß § 112a Absatz 1 und 2 zu. [4]Der Träger der Rentenversicherung ist bei seiner Entscheidung über die Befreiung von der Versicherungspflicht in der gesetzlichen Rentenversicherung nach § 6 Absatz 1 Satz 1 Nummer 1 und Absatz 3 des Sechsten Buches Sozialgesetzbuch an die bestandskräftige Entscheidung der Rechtsanwaltskammer nach Satz 1 gebunden.

(3) [1]Dem Antrag auf Zulassung ist eine Ausfertigung oder eine amtlich beglaubigte Abschrift des Arbeitsvertrags oder der Arbeitsverträge beizufügen. [2]Die Rechtsanwaltskammer kann die Vorlage weiterer Nachweise verlangen.

(4) Das Zulassungsverfahren richtet sich nach den §§ 10 bis 12a mit der Maßgabe, dass

1. abweichend von § 12 Absatz 2 der Nachweis des Abschlusses einer Berufshaftpflichtversicherung oder die Vorlage einer vorläufigen Deckungszusage nicht erforderlich ist;
2. abweichend von § 12 Absatz 3 der Syndikusrechtsanwalt unbeschadet des § 12 Absatz 1, 2 Nummer 1 und Absatz 4 mit der Zulassung rückwirkend zu dem Zeitpunkt Mitglied der Rechtsanwaltskammer wird, zu dem der Antrag auf Zulassung dort eingegangen ist, sofern nicht die Tätigkeit, für die die Zulassung erfolgt, erst nach der Antragstellung begonnen hat; in diesem Fall wird die Mitgliedschaft erst mit dem Zeitpunkt des Beginns der Tätigkeit begründet;
3. abweichend von § 12 Absatz 4 die Tätigkeit unter der Berufsbezeichnung „Rechtsanwältin (Syndikusrechtsanwältin)“ oder „Rechtsanwalt (Syndikusrechtsanwalt)“ auszuüben ist.

§ 46b Erlöschen und Änderung der Zulassung als Syndikusrechtsanwalt

(1) Die Zulassung als Syndikusrechtsanwalt erlischt nach Maßgabe des § 13.

(2) [1]Für die Rücknahme und den Widerruf der Zulassung als Syndikusrechtsanwalt gelten die §§ 14 und 15 mit Ausnahme des § 14 Absatz 2 Nummer 9. [2]Die Zulassung als Syndikusrechtsanwalt ist ferner ganz oder teilweise zu widerrufen, soweit die arbeitsvertragliche Gestaltung eines Arbeitsverhältnisses oder die tatsächlich ausgeübte Tätigkeit nicht mehr den Anforderungen des § 46 Absatz 2 bis 5 entspricht. [3]§ 46a Absatz 2 gilt entsprechend. [4]Entgegen Satz 2 ist die Zulassung nicht zu widerrufen, wenn die tatsächlich ausgeübte Tätigkeit als Syndikusrechtsanwalt unterbrochen wird, die Unterbrechung infolge ihrer Eigenart oder vertraglich im Voraus zeitlich begrenzt ist und das der Zulassung als Syndikusrechtsanwalt zugrundeliegende Arbeitsverhältnis fortbesteht.

(3) Werden nach einer Zulassung nach § 46a weitere Arbeitsverhältnisse als Syndikusrechtsanwalt aufgenommen oder tritt innerhalb bereits bestehender Arbeitsverhältnisse eine wesentliche Änderung der Tätigkeit ein, ist auf Antrag die Zulassung nach Maßgabe des § 46a unter den dort genannten Voraussetzungen auf die weiteren Arbeitsverhältnisse oder auf die geänderte Tätigkeit zu erstrecken.

(4) [1]Der Syndikusrechtsanwalt hat der nach § 56 Absatz 3 zuständigen Stelle unbeschadet seiner Anzeige- und Vorlagepflichten nach § 56 Absatz 3 auch jede der folgenden tätigkeitsbezogenen Änderungen des Arbeitsverhältnisses unverzüglich anzuzeigen:

1. jede tätigkeitsbezogene Änderung des Arbeitsvertrags, dazu gehört auch die Aufnahme eines neuen Arbeitsverhältnisses,
2. jede wesentliche Änderung der Tätigkeit innerhalb des Arbeitsverhältnisses.

[2]Im Fall des Satzes 1 Nummer 1 ist der Anzeige eine Ausfertigung oder eine amtlich beglaubigte Abschrift des geänderten Arbeitsvertrags beizufügen. [3]§ 57 gilt entsprechend.

§ 46c Besondere Vorschriften für Syndikusrechtsanwälte

(1) Soweit gesetzlich nichts anderes bestimmt ist, gelten für Syndikusrechtsanwälte die Vorschriften über Rechtsanwälte.

(2) [1]Syndikusrechtsanwälte dürfen ihren Arbeitgeber nicht vertreten

1. vor den Landgerichten, Oberlandesgerichten und dem Bundesgerichtshof in zivilrechtlichen Verfahren und Verfahren der freiwilligen Gerichtsbarkeit, sofern die Parteien oder die Beteiligten sich durch einen Rechtsanwalt vertreten lassen müssen oder vorgesehen ist, dass ein Schriftsatz von einem Rechtsanwalt unterzeichnet sein muss, und

2. vor den in § 11 Absatz 4 Satz 1 des Arbeitsgerichtsgesetzes genannten Gerichten, es sei denn, der Arbeitgeber ist ein vertretungsbefugter Bevollmächtigter im Sinne des § 11 Absatz 4 Satz 2 des Arbeitsgerichtsgesetzes.

[2]In Straf- oder Bußgeldverfahren, die sich gegen den Arbeitgeber oder dessen Mitarbeiter richten, dürfen Syndikusrechtsanwälte nicht als deren Verteidiger oder Vertreter tätig werden; dies gilt, wenn Gegenstand des Straf- oder Bußgeldverfahrens ein unternehmensbezogener Tatvorwurf ist, auch in Bezug auf eine Tätigkeit als Rechtsanwalt im Sinne des § 4.

(3) Auf die Tätigkeit von Syndikusrechtsanwälten finden die §§ 44, 48 bis 49a und 50 Absatz 2 und 3 sowie die §§ 51 bis 55 keine Anwendung.

(4) [1]§ 27 findet auf Syndikusrechtsanwälte mit der Maßgabe Anwendung, dass die regelmäßige Arbeitsstätte als Kanzlei gilt. [2]Ist der Syndikusrechtsanwalt zugleich als Rechtsanwalt gemäß § 4 zugelassen oder ist er im Rahmen mehrerer Arbeitsverhältnisse als Syndikusrechtsanwalt tätig, ist für jede Tätigkeit eine weitere Kanzlei zu errichten und zu unterhalten, wovon nur eine im Bezirk der Rechtsanwaltskammer belegen sein muss, deren Mitglied er ist.

(5) [1]In die Verzeichnisse nach § 31 ist ergänzend zu den in § 31 Absatz 3 genannten Angaben aufzunehmen, dass die Zulassung zur Rechtsanwaltschaft als Syndikusrechtsanwalt erfolgt ist. [2]Ist der Syndikusrechtsanwalt zugleich als Rechtsanwalt gemäß § 4 zugelassen oder ist er im Rahmen mehrerer Arbeitsverhältnisse als Syndikusrechtsanwalt tätig, hat eine gesonderte Eintragung für jede der Tätigkeiten zu erfolgen.

(6) [1]Der Syndikusrechtsanwalt hat einen Zustellungsbevollmächtigten zu benennen, wenn er länger als eine Woche daran gehindert ist, seinen Beruf auszuüben. [2]§ 30 gilt entsprechend.

§ 47 Rechtsanwälte im öffentlichen Dienst

(1) [1]Rechtsanwälte, die als Richter oder Beamte verwendet werden, ohne auf Lebenszeit ernannt zu sein, die in das Dienstverhältnis eines Soldaten auf Zeit berufen werden oder die vorübergehend als Angestellte im öffentlichen Dienst tätig sind, dürfen ihren Beruf als Rechtsanwalt nicht ausüben, es sei denn, daß sie die ihnen übertragenen Aufgaben ehrenamtlich wahrnehmen. [2]Die Rechtsanwaltskammer kann jedoch dem Rechtsanwalt auf seinen Antrag eine Vertretung bestellen oder ihm gestatten, seinen Beruf selbst auszuüben, wenn die Interessen der Rechtspflege dadurch nicht gefährdet werden.

(2) Bekleidet ein Rechtsanwalt ein öffentliches Amt, ohne in das Beamtenverhältnis berufen zu sein, und darf er nach den für das Amt maßgebenden Vorschriften den Beruf als Rechtsanwalt nicht selbst ausüben, so kann die Rechtsanwaltskammer ihm auf seinen Antrag eine Vertretung bestellen.

(3) (weggefallen)

§ 48 Pflicht zur Übernahme der Prozessvertretung

(1) Der Rechtsanwalt muß im gerichtlichen Verfahren die Vertretung einer Partei oder die Beistandschaft übernehmen,

1. wenn er der Partei auf Grund des § 121 der Zivilprozeßordnung, des § 4a Abs. 2 der Insolvenzordnung oder auf Grund anderer gesetzlicher Vorschriften zur vorläufig unentgeltlichen Wahrnehmung ihrer Rechte beigeordnet ist;
2. wenn er der Partei auf Grund der §§ 78b, 78c der Zivilprozeßordnung beigeordnet ist;
3. wenn er dem Antragsgegner auf Grund des § 138 des Gesetzes über das Verfahren in Familiensachen und in den Angelegenheiten der freiwilligen Gerichtsbarkeit als Beistand beigeordnet ist.

(2) Der Rechtsanwalt kann beantragen, die Beiordnung aufzuheben, wenn hierfür wichtige Gründe vorliegen.

§ 49 Pflichtverteidigung und Beistandsleistung

(1) Der Rechtsanwalt muss eine Verteidigung oder Beistandsleistung übernehmen, wenn er nach den Vorschriften der Strafprozessordnung, des Gesetzes über Ordnungswidrigkeiten, des Gesetzes über die internationale Rechtshilfe in Strafsachen oder des IStGH-Gesetzes zum Verteidiger oder Beistand bestellt ist.

(2) § 48 Abs. 2 ist entsprechend anzuwenden.

§ 49a Pflicht zur Übernahme der Beratungshilfe

(1) [1]Der Rechtsanwalt ist verpflichtet, die in dem Beratungshilfegesetz vorgesehene Beratungshilfe zu übernehmen. [2]Er kann die Beratungshilfe im Einzelfall aus wichtigem Grund ablehnen.

(2) [1]Der Rechtsanwalt ist verpflichtet, bei Einrichtungen der Rechtsanwaltschaft für die Beratung von Rechtsuchenden mit geringem Einkommen mitzuwirken. [2]Er kann die Mitwirkung im Einzelfall aus wichtigem Grund ablehnen.

§ 49b Vergütung

(1) [1]Es ist unzulässig, geringere Gebühren und Auslagen zu vereinbaren oder zu fordern, als das Rechtsanwaltsvergütungsgesetz vorsieht, soweit dieses nichts anderes bestimmt. [2]Im Einzelfall darf der Rechtsanwalt besonderen Umständen in der Person des Auftraggebers, insbesondere dessen Bedürftigkeit, Rechnung tragen durch Ermäßigung oder Erlaß von Gebühren oder Auslagen nach Erledigung des Auftrags.

(2) [1]Vereinbarungen, durch die eine Vergütung oder ihre Höhe vom Ausgang der Sache oder vom Erfolg der anwaltlichen Tätigkeit abhängig gemacht wird oder nach denen der Rechtsanwalt einen Teil des erstrittenen Betrages als Honorar erhält (Erfolgshonorar), sind unzulässig, soweit das Rechtsanwaltsvergütungsgesetz nichts anderes bestimmt. [2]Vereinbarungen, durch die sich der Rechtsanwalt verpflichtet, Gerichtskosten, Verwaltungskosten oder Kosten anderer Beteiligter zu tragen, sind nur zulässig, soweit in der Angelegenheit ein Erfolgshonorar nach § 4a Absatz 1 Satz 1 Nummer 2 des Rechtsanwaltsvergütungsgesetzes vereinbart wird. [3]Ein Erfolgshonorar im Sinne des Satzes 1 liegt nicht vor, wenn lediglich vereinbart wird, dass sich die gesetzlichen Gebühren ohne weitere Bedingungen erhöhen.

(3) [1]Die Abgabe und Entgegennahme eines Teils der Gebühren oder sonstiger Vorteile für die Vermittlung von Aufträgen, gleichviel ob im Verhältnis zu einem Rechtsanwalt oder Dritten gleich welcher Art, ist unzulässig. [2]Zulässig ist es jedoch, eine über den Rahmen der Nummer 3400 der Anlage 1 zum Rechtsanwaltsvergütungsgesetz hinausgehende Tätigkeit eines anderen Rechtsanwalts angemessen zu honorieren. [3]Die Honorierung der Leistungen hat der Verantwortlichkeit sowie dem Haftungsrisiko der beteiligten Rechtsanwälte und den sonstigen Umständen Rechnung zu tragen. [4]Die Vereinbarung einer solchen Honorierung darf nicht zur Voraussetzung einer Mandatserteilung gemacht werden. [5]Mehrere beauftragte Rechtsanwälte dürfen einen Auftrag gemeinsam bearbeiten und die Gebühren in einem den Leistungen, der Verantwortlichkeit und dem Haftungsrisiko entsprechenden angemessenen Verhältnis untereinander teilen. [6]Die Sätze 2 und 3 gelten nicht für beim Bundesgerichtshof zugelassene Prozeßbevollmächtigte.

(4) [1]Die Abtretung von Vergütungsforderungen oder die Übertragung ihrer Einziehung an Rechtsanwälte oder Berufsausübungsgesellschaften nach § 59b ist zulässig. [2]Im Übrigen sind Abtretung oder Übertragung nur zulässig, wenn eine ausdrückliche Einwilligung des Mandanten in Textform vorliegt oder die Forderung rechtskräftig festgestellt ist. [3]Vor der Einwilligung ist der Mandant über die Informationspflicht des Rechtsanwalts gegenüber dem neuen Gläubiger oder Einziehungsermächtigten aufzuklären. [4]Der neue Gläubiger oder Einziehungsermächtigte ist in gleicher Weise zur Verschwiegenheit verpflichtet wie der beauftragte Rechtsanwalt.

(5) Richten sich die zu erhebenden Gebühren nach dem Gegenstandswert, hat der Rechtsanwalt vor Übernahme des Auftrags hierauf hinzuweisen.

§ 49c Einreichung von Schutzschriften

Der Rechtsanwalt ist verpflichtet, Schutzschriften ausschließlich zum Schutzschriftenregister nach § 945a der Zivilprozessordnung einzureichen.

§ 50 Handakten

(1) [1]Der Rechtsanwalt muss durch das Führen von Handakten ein geordnetes und zutreffendes Bild über die Bearbeitung seiner Aufträge geben können. [2]Er hat die Handakten für die Dauer von sechs Jahren aufzubewahren. [3]Die Frist beginnt mit Ablauf des Kalenderjahres, in dem der Auftrag beendet wurde.

(2) [1]Dokumente, die der Rechtsanwalt aus Anlass seiner beruflichen Tätigkeit von dem Auftraggeber oder für ihn erhalten hat, hat der Rechtsanwalt seinem Auftraggeber auf Verlangen herauszugeben. [2]Macht der Auftraggeber kein Herausgabeverlangen geltend, hat der Rechtsanwalt die Dokumente für die Dauer der Frist nach Absatz 1 Satz 2 und 3 aufzubewahren. [3]Diese Aufbewahrungspflicht gilt nicht, wenn der Rechtsanwalt den Auftraggeber aufgefordert hat, die Dokumente in Empfang zu nehmen, und der Auftraggeber dieser Aufforderung binnen sechs Monaten nach Zugang nicht nachgekommen ist. [4]Die Sätze 1 bis 3 gelten nicht für die Korrespondenz zwischen dem Rechtsanwalt und seinem Auftraggeber sowie für die Dokumente, die der Auftraggeber bereits in Urschrift oder Abschrift erhalten hat.

(3) [1]Der Rechtsanwalt kann seinem Auftraggeber die Herausgabe der Dokumente nach Absatz 2 Satz 1 so lange verweigern, bis er wegen der ihm vom Auftraggeber geschuldeten Gebühren und Auslagen befriedigt ist. [2]Dies gilt nicht, soweit das Vorenthalten nach den Umständen unangemessen wäre.

(4) Die Absätze 1 bis 3 gelten entsprechend, sofern sich der Rechtsanwalt zum Führen von Handakten oder zur Verwahrung von Dokumenten der elektronischen Datenverarbeitung bedient.

(5) In anderen Vorschriften getroffene Regelungen zu Aufbewahrungs- und Herausgabepflichten bleiben unberührt.

§ 51 Berufshaftpflichtversicherung

(1) [1]Der Rechtsanwalt ist verpflichtet, eine Berufshaftpflichtversicherung zur Deckung der sich aus seiner Berufstätigkeit ergebenden Haftpflichtgefahren für Vermögensschäden abzuschließen und die Versicherung während der Dauer seiner Zulassung aufrechtzuerhalten. [2]Die Versicherung muß bei einem im Inland zum Geschäftsbetrieb befugten Versicherungsunternehmen zu den nach Maßgabe des Versicherungsaufsichtsgesetzes eingereichten Allgemeinen Versicherungsbedingungen genommen werden und sich auch auf solche Vermögensschäden erstrecken, für die der Rechtsanwalt nach § 278 oder § 831 des Bürgerlichen Gesetzbuchs einzustehen hat.

(2) Der Versicherungsvertrag hat Versicherungsschutz für jede einzelne Pflichtverletzung zu gewähren, die gesetzliche Haftpflichtansprüche privatrechtlichen Inhalts gegen den Rechtsanwalt zur Folge haben könnte; dabei kann vereinbart werden, daß sämtliche Pflichtverletzungen bei Erledigung eines einheitlichen Auftrags, mögen diese auf dem Verhalten des Rechtsanwalts oder einer von ihm herangezogenen Hilfsperson beruhen, als ein Versicherungsfall gelten.

(3) Von der Versicherung kann die Haftung ausgeschlossen werden:

1. für Ersatzansprüche wegen wissentlicher Pflichtverletzung,
2. für Ersatzansprüche aus Tätigkeiten über in anderen Staaten eingerichtete oder unterhaltene Kanzleien oder Büros,
3. für Ersatzansprüche aus Tätigkeiten im Zusammenhang mit der Beratung und Beschäftigung mit außereuropäischem Recht,

4. für Ersatzansprüche aus Tätigkeiten des Rechtsanwalts vor außereuropäischen Gerichten,
5. für Ersatzansprüche wegen Veruntreuung durch Personal, Angehörige oder Mitgesellschafter des Rechtsanwalts.

(4) [1]Die Mindestversicherungssumme beträgt 250 000 Euro für jeden Versicherungsfall. [2]Die Leistungen des Versicherers für alle innerhalb eines Versicherungsjahres verursachten Schäden können auf den vierfachen Betrag der Mindestversicherungssumme begrenzt werden.

(5) Die Vereinbarung eines Selbstbehalts bis zu einem Prozent der Mindestversicherungssumme ist zulässig.

(6) [1]Im Versicherungsvertrag ist der Versicherer zu verpflichten, der zuständigen Rechtsanwaltskammer, bei Rechtsanwälten bei dem Bundesgerichtshof auch dem Bundesministerium der Justiz und für Verbraucherschutz, den Beginn und die Beendigung oder Kündigung des Versicherungsvertrages sowie jede Änderung des Versicherungsvertrages, die den vorgeschriebenen Versicherungsschutz beeinträchtigt, unverzüglich mitzuteilen. [2]Die Rechtsanwaltskammer erteilt Dritten zur Geltendmachung von Schadensersatzansprüchen auf Antrag Auskunft über den Namen und die Adresse der Berufshaftpflichtversicherung des Rechtsanwalts sowie die Versicherungsnummer, soweit der Rechtsanwalt kein überwiegendes schutzwürdiges Interesse an der Nichterteilung der Auskunft hat; dies gilt auch, wenn die Zulassung zur Rechtsanwaltschaft erloschen ist.

(7) Zuständige Stelle im Sinne des § 117 Abs. 2 des Versicherungsvertragsgesetzes ist die Rechtsanwaltskammer.

(8) (weggefallen)

§ 51a (weggefallen)

§ 52 Vertragliche Begrenzung von Ersatzansprüchen

(1) [1]Der Anspruch des Auftraggebers aus dem zwischen ihm und dem Rechtsanwalt bestehenden Vertragsverhältnis auf Ersatz eines fahrlässig verursachten Schadens kann beschränkt werden:

1. durch im Einzelfall in Textform getroffene Vereinbarung bis zur Höhe der Mindestversicherungssumme;
2. durch vorformulierte Vertragsbedingungen für Fälle einfacher Fahrlässigkeit auf den vierfachen Betrag der Mindestversicherungssumme, wenn insoweit Versicherungsschutz besteht.

[2]Für Berufsausübungsgesellschaften gilt Satz 1 entsprechend.

(2) [1]Die Mitglieder einer Berufsausübungsgesellschaft ohne Haftungsbeschränkung haften aus dem zwischen ihr und dem Auftraggeber bestehenden Vertragsverhältnis als Gesamtschuldner. [2]Die persönliche Haftung auf Schadensersatz kann auch durch vorformulierte Vertragsbedingungen beschränkt werden auf einzelne Mitglieder einer Berufsausübungsgesellschaft ohne Haftungsbeschränkung, die das Mandat im Rahmen ihrer eigenen beruflichen Befugnisse bearbeiten und namentlich bezeichnet sind. [3]Die Zustimmungserklärung zu einer solchen Beschränkung darf keine anderen Erklärungen enthalten und bedarf der Textform.

§ 53 Bestellung einer Vertretung

(1) Der Rechtsanwalt muss für seine Vertretung sorgen, wenn er

1. länger als eine Woche daran gehindert ist, seinen Beruf auszuüben, oder
2. sich länger als zwei Wochen von seiner Kanzlei entfernen will.

(2) [1]Die Vertretung soll einem anderen Rechtsanwalt übertragen werden. [2]Sie kann auch durch Personen erfolgen, die die Befähigung zum Richteramt erworben oder mindestens zwölf Monate des Vorbereitungsdienstes nach § 5b des Deutschen Richtergesetzes absolviert haben. [3]In den Fällen des Satzes 2 gilt § 7 entsprechend.

(3) [1]Soll die Vertretung einem anderen Rechtsanwalt übertragen werden, so soll der Rechtsanwalt diesen selbst bestellen. [2]Soll die Vertretung durch eine andere Person erfolgen oder findet der Rechtsanwalt keine Vertretung, so ist die Vertretung auf Antrag des Rechtsanwalts von der Rechtsanwaltskammer zu bestellen.

(4) [1]Hat es ein Rechtsanwalt in den Fällen des Absatzes 1 unterlassen, eine Vertretung zu bestellen oder deren Bestellung zu beantragen, so soll die Rechtsanwaltskammer eine Vertretung von Amts wegen bestellen. [2]Zuvor soll sie den Rechtsanwalt auffordern, die Vertretung selbst zu bestellen oder deren Bestellung zu beantragen. [3]Ein Rechtsanwalt, der von Amts wegen als Vertretung bestellt wird, kann die Vertretung nur aus wichtigem Grund ablehnen.

(5) Die Bestellung kann jederzeit widerrufen werden.

§ 54 Befugnisse der Vertretung

(1) [1]Der Vertretung stehen die anwaltlichen Befugnisse des Rechtsanwalts zu, den sie vertritt. [2]Sie wird in eigener Verantwortung, jedoch im Interesse, für Rechnung und auf Kosten des Vertretenen tätig. [3]Die §§ 666, 667 und 670 des Bürgerlichen Gesetzbuchs gelten entsprechend.

(2) [1]Der Vertretene hat der von ihm selbst bestellten Vertretung einen Zugang zu seinem besonderen elektronischen Anwaltspostfach einzuräumen. [2]Die Vertretung muss zumindest befugt sein, Posteingänge zur Kenntnis zu nehmen und elektronische Empfangsbekenntnisse abzugeben.

(3) [1]Die von Amts wegen bestellte Vertretung ist berechtigt, die Kanzleiräume des Vertretenen zu betreten und die zur Kanzlei gehörenden Gegenstände einschließlich des der anwaltlichen Verwahrung unterliegenden Treugutes in Besitz zu nehmen, herauszuverlangen und hierüber zu verfügen. [2]An Weisungen des Vertretenen ist sie nicht gebunden. [3]Der Vertretene darf die Tätigkeit der Vertretung nicht beeinträchtigen.

(4) [1]Der Vertretene hat der von Amts wegen bestellten Vertretung eine angemessene Vergütung zu zahlen, für die Sicherheit zu leisten ist, wenn die Umstände es erfordern. [2]Können sich die Beteiligten über die Höhe der Vergütung oder über die Sicherheit nicht einigen oder wird die geschuldete Sicherheit nicht geleistet, so setzt der Vorstand der Rechtsanwaltskammer auf Antrag eines Beteiligten die Vergütung fest. [3]Die Vertretung ist befugt, Vorschüsse auf die vereinbarte oder festgesetzte Vergütung zu entnehmen. [4]Für die festgesetzte Vergütung haftet die Rechtsanwaltskammer wie ein Bürge.

§ 55 Bestellung eines Abwicklers der Kanzlei

(1) [1]Ist ein Rechtsanwalt gestorben, so kann die Rechtsanwaltskammer einen Rechtsanwalt oder eine andere Person, welche die Befähigung zum Richteramt erlangt hat, zum Abwickler der Kanzlei bestellen. [2]Für weitere Kanzleien kann derselbe oder ein anderer Abwickler bestellt werden. [3]§ 7 gilt entsprechend. [4]Der Abwickler ist in der Regel nicht länger als für die Dauer eines Jahres zu bestellen. [5]Auf Antrag des Abwicklers ist die Bestellung, höchstens jeweils um ein Jahr, zu verlängern, wenn er glaubhaft macht, daß schwebende Angelegenheiten noch nicht zu Ende geführt werden konnten.

(2) [1]Dem Abwickler obliegt es, die schwebenden Angelegenheiten abzuwickeln. [2]Er führt die laufenden Aufträge fort; innerhalb der ersten sechs Monate ist er auch berechtigt, neue Aufträge anzunehmen. [3]Ihm stehen die anwaltlichen Befugnisse zu, die der verstorbene Rechtsanwalt hatte. [4]Der Abwickler gilt für die schwebenden Angelegenheiten als von der Partei bevollmächtigt, sofern diese nicht für die Wahrnehmung ihrer Rechte in anderer Weise gesorgt hat.

(3) [1]§ 53 Absatz 4 Satz 3 und § 54 Absatz 1 Satz 2 und 3, Absatz 3 und 4 gelten entsprechend. [2]Der Abwickler ist berechtigt, jedoch außer im Rahmen eines Kostenfestsetzungsverfahrens nicht verpflichtet, Kostenforderungen des verstorbenen Rechtsanwalts im eigenen Namen für Rechnung der Erben geltend zu machen.

(4) Die Bestellung kann widerrufen werden.

(5) Abwickler können auch für die Kanzlei und weitere Kanzleien eines früheren Rechtsanwalts bestellt werden, dessen Zulassung zur Rechtsanwaltschaft erloschen ist.

§ 56 Besondere Pflichten gegenüber dem Vorstand der Rechtsanwaltskammer

(1) [1]In Aufsichts- und Beschwerdesachen hat der Rechtsanwalt dem Vorstand der Rechtsanwaltskammer oder einem beauftragten Mitglied des Vorstandes Auskunft zu geben sowie auf Verlangen seine Handakten vorzulegen oder vor dem Vorstand oder dem beauftragten Mitglied zu erscheinen. [2]Das gilt nicht, wenn und soweit der Rechtsanwalt dadurch seine Verpflichtung zur Verschwiegenheit verletzen oder sich durch wahrheitsgemäße Beantwortung oder Vorlage seiner Handakten die Gefahr zuziehen würde, wegen einer Straftat, einer Ordnungswidrigkeit oder einer Berufspflichtverletzung verfolgt zu werden und er sich hierauf beruft. [3]Der Rechtsanwalt ist auf das Recht zur Auskunftsverweigerung hinzuweisen.

(2) [1]In Vermittlungsverfahren der Rechtsanwaltskammer hat der Rechtsanwalt auf Verlangen vor dem Vorstand der Rechtsanwaltskammer oder einem beauftragten Mitglied des Vorstandes zu erscheinen. [2]Das Erscheinen soll angeordnet werden, wenn der Vorstand oder das beauftragte Vorstandsmitglied nach Prüfung zu dem Ergebnis kommt, dass hierdurch eine Einigung gefördert werden kann.

(3) [1]Der Rechtsanwalt hat dem Vorstand der Rechtsanwaltskammer unverzüglich anzuzeigen,

1. daß er ein Beschäftigungsverhältnis eingeht oder daß eine wesentliche Änderung eines bestehenden Beschäftigungsverhältnisses eintritt,
2. daß er dauernd oder zeitweilig als Richter, Beamter, Berufssoldat oder Soldat auf Zeit verwendet wird,
3. daß er ein öffentliches Amt im Sinne des § 47 Abs. 2 bekleidet,
4. dass er Mitglied eines Geschäftsführungs- oder Aufsichtsorgans einer Berufsausübungsgesellschaft nach der Patentanwaltsordnung oder dem Steuerberatungsgesetz ist.

[2]Dem Vorstand der Rechtsanwaltskammer sind auf Verlangen die Unterlagen über ein Beschäftigungsverhältnis vorzulegen.

§ 57 Zwangsgeld bei Verletzung der besonderen Pflichten

(1) [1]Um einen Rechtsanwalt zur Erfüllung seiner Pflichten nach § 56 anzuhalten, kann der Vorstand der Rechtsanwaltskammer gegen ihn, auch zu wiederholten Malen, Zwangsgeld festsetzen. [2]Das einzelne Zwangsgeld darf eintausend Euro nicht übersteigen.

(2) [1]Das Zwangsgeld muß vorher durch den Vorstand oder den Präsidenten schriftlich angedroht werden. [2]Die Androhung und die Festsetzung des Zwangsgelds sind dem Rechtsanwalt zuzustellen.

(3) [1]Gegen die Androhung und gegen die Festsetzung des Zwangsgeldes kann der Rechtsanwalt innerhalb eines Monats nach der Zustellung die Entscheidung des Anwaltsgerichtshofes beantragen. [2]Der Antrag ist bei dem Vorstand der Rechtsanwaltskammer schriftlich einzureichen. [3]Erachtet der Vorstand den Antrag für begründet, so hat er ihm abzuhelfen; andernfalls ist der Antrag unverzüglich dem Anwaltsgerichtshof vorzulegen. [4]Zuständig ist der Anwaltsgerichtshof bei dem Oberlandesgericht, in dessen Bezirk die Rechtsanwaltskammer ihren Sitz hat. [5]Auf das Verfahren sind die §§ 307 bis 309 und 311a der Strafprozessordnung sinngemäß anzuwenden. [6]Die Gegenerklärung (§ 308 Abs. 1 der Strafprozeßordnung) wird vom Vorstand der Rechtsanwaltskammer abgegeben. [7]Die Staatsanwaltschaft ist an dem Verfahren nicht beteiligt. [8]Der Beschluß des Anwaltsgerichtshofes kann nicht angefochten werden. [9]§ 116 Absatz 2 gilt entsprechend.

(4) [1]Das Zwangsgeld fließt der Rechtsanwaltskammer zu. [2]Es wird auf Grund einer von dem Schatzmeister erteilten, mit der Bescheinigung der Vollstreckbarkeit versehenen beglaubigten Abschrift des Festsetzungsbescheides nach den Vorschriften beigetrieben, die für die Vollstreckung von Urteilen in bürgerlichen Rechtsstreitigkeiten gelten. [3]§ 767 der Zivilprozessordnung gilt mit der

Maßgabe, dass Einwendungen, die den Anspruch selbst betreffen, nur insoweit zulässig sind, als sie nicht in dem Verfahren nach Absatz 3 geltend gemacht werden konnten. [4]Solche Einwendungen sind im Wege der Klage bei dem in § 797 Absatz 5 der Zivilprozessordnung bezeichneten Gericht geltend zu machen.

§ 58 Mitgliederakten

(1) [1]Die Rechtsanwaltskammern führen zur Erfüllung ihrer Aufgaben Akten über ihre Mitglieder (§ 60 Absatz 2). [2]Mitgliederakten können teilweise oder vollständig elektronisch geführt werden. [3]Zu den Mitgliederakten sind insbesondere die Dokumente zu nehmen, die im Zusammenhang mit der Zulassung, der Mitgliedschaft oder der Qualifikation des Mitglieds stehen oder die in Bezug auf das Mitglied geführte berufsaufsichtliche Verfahren betreffen.

(2) [1]Die Mitglieder der Rechtsanwaltskammern haben das Recht, die über sie geführten Akten einzusehen. [2]Bei einer Einsichtnahme dürfen Aufzeichnungen über den Inhalt der Akten oder Kopien der Dokumente gefertigt werden. [3]Bei einer elektronischen Aktenführung hat die Rechtsanwaltskammer den Inhalt elektronisch oder durch Ausdrucke zugänglich zu machen. [4]Die Akteneinsicht kann verweigert werden, solange die in § 29 Absatz 1 Satz 2 und Absatz 2 des Verwaltungsverfahrensgesetzes und § 147 Absatz 2 Satz 1 der Strafprozessordnung genannten Gründe vorliegen.

(3) [1]Beantragt ein Mitglied die Aufnahme in eine andere Rechtsanwaltskammer, übersendet die abgebende Kammer der anderen Kammer dessen Mitgliederakte. [2]Ist die Aufnahme in die andere Kammer erfolgt, löscht die abgebende Kammer alle personenbezogenen Daten des Mitglieds mit Ausnahme des Hinweises auf den Wechsel und eventueller weiterer zu ihrer Aufgabenerfüllung noch erforderlicher Daten.

(4) [1]Mitgliederakten sind dreißig Jahre nach dem Ende des Jahres, in dem die Mitgliedschaft in der Rechtsanwaltskammer erloschen war, zu vernichten. [2]Davon abweichende Pflichten, Aktenbestandteile früher zu vernichten, bleiben unberührt. [3]Satz 1 gilt nicht, wenn das Mitglied in eine längere Aufbewahrung eingewilligt hat oder die Akte einem öffentlichen Archiv angeboten wird. [4]Wurde die Zulassung des Mitglieds wegen Unzuverlässigkeit, Ungeeignetheit oder Unwürdigkeit zurückgenommen oder widerrufen oder wurde das Mitglied aus der Rechtsanwaltschaft ausgeschlossen, darf die Akte nicht vernichtet werden, bevor die entsprechende Eintragung im Bundeszentralregister entfernt wurde. [5]Satz 4 gilt auch, wenn das Mitglied während eines Rücknahme- oder Widerrufsverfahrens wegen Unzuverlässigkeit, Ungeeignetheit oder Unwürdigkeit auf die Zulassung verzichtet hat. [6]Bei einer elektronischen Aktenführung tritt an die Stelle der Vernichtung der Akten die Löschung der Daten.

(5) Nach dem Tod eines Mitglieds kann die Rechtsanwaltskammer zu Zwecken wissenschaftlicher Forschung Einsicht in die Mitgliederakte gewähren, soweit das wissenschaftliche Interesse die Persönlichkeitsrechte und Interessen der von einer Einsicht betroffenen Personen überwiegt und der Zweck der Forschung auf andere Weise nicht oder nur mit unverhältnismäßigem Aufwand erreicht werden kann.

(6) [1]Auf Personen, die einen Antrag auf Zulassung zur Rechtsanwaltschaft oder als Berufsausübungsgesellschaft gestellt haben, sind die Absätze 1, 2, 4 und 5 entsprechend anzuwenden. [2]Absatz 2 gilt auch für frühere Mitglieder.

§ 59 Ausbildung von Referendaren

[1]Der Rechtsanwalt soll in angemessenem Umfang an der Ausbildung der Referendare mitwirken. [2]Er hat den Referendar, der im Vorbereitungsdienst bei ihm beschäftigt ist, in den Aufgaben eines Rechtsanwalts zu unterweisen, ihn anzuleiten und ihm Gelegenheit zu praktischen Arbeiten zu geben. [3]Gegenstand der Ausbildung soll insbesondere sein die gerichtliche und außergerichtliche Anwaltstätigkeit, der Umgang mit Mandanten, das anwaltliche Berufsrecht und die Organisation einer Anwaltskanzlei.

§ 59a Satzungskompetenz

(1) Das Nähere zu den beruflichen Rechten und Pflichten wird durch Satzung in einer Berufsordnung bestimmt.

(2) Die Berufsordnung kann im Rahmen der Vorschriften dieses Gesetzes näher regeln:

1. die allgemeinen Berufspflichten und Grundpflichten:
   a) Gewissenhaftigkeit,
   b) Wahrung der Unabhängigkeit,
   c) Verschwiegenheit,
   d) Sachlichkeit,
   e) Verbot der Vertretung widerstreitender Interessen,
   f) sorgfältiger Umgang mit fremden Vermögenswerten,
   g) Kanzleipflicht und Pflichten bei der Einrichtung und Unterhaltung von weiteren Kanzleien und Zweigstellen,
   h) Kenntnisse im Berufsrecht;
2. die besonderen Berufspflichten im Zusammenhang mit dem Führen der Fachanwaltsbezeichnung; hierbei betrifft die Regelungsbefugnis
   a) die Bestimmung der Rechtsgebiete, in denen weitere Fachanwaltsbezeichnungen verliehen werden können,
   b) die Regelung der Voraussetzungen für die Verleihung der Fachanwaltsbezeichnung und des Verfahrens der Erteilung, der Rücknahme und des Widerrufs der Erlaubnis;
3. die besonderen Berufspflichten im Zusammenhang mit der Werbung und Angaben über selbst benannte Interessenschwerpunkte;
4. die besonderen Berufspflichten im Zusammenhang mit der Versagung der Berufstätigkeit;
5. die besonderen Berufspflichten
   a) im Zusammenhang mit der Annahme, Wahrnehmung und Beendigung eines Auftrags,
   b) gegenüber Rechtsuchenden im Rahmen von Beratungs-, Verfahrenskosten- und Prozesskostenhilfe,
   c) bei der Beratung von Rechtsuchenden mit geringem Einkommen,
   d) bei der Führung der Handakten;
6. die besonderen Berufspflichten gegenüber Gerichten und Behörden:
   a) Pflichten bei der Verwendung von zur Einsicht überlassenen Akten sowie der hieraus erlangten Kenntnisse,
   b) Pflichten bei Zustellungen,
   c) Tragen der Berufstracht;
7. die besonderen Berufspflichten bei der Vereinbarung und Abrechnung der anwaltlichen Gebühren und bei deren Beitreibung;
8. die besonderen Berufspflichten gegenüber der Rechtsanwaltskammer in Fragen der Aufsicht, das berufliche Verhalten gegenüber anderen Mitgliedern der Rechtsanwaltskammer, die Pflichten bei der Zustellung von Anwalt zu Anwalt, die Pflichten bei beruflicher Zusammenarbeit, die Pflichten im Zusammenhang mit der Beschäftigung von Rechtsanwälten und der Ausbildung sowie Beschäftigung anderer Personen;
9. die besonderen Berufspflichten im grenzüberschreitenden Rechtsverkehr.

(3) [1]Die Berufsordnung muss im Einklang mit den Vorgaben des auf sie anzuwendenden europäischen Rechts stehen. [2]Insbesondere sind bei neuen oder zu ändernden Vorschriften, die dem Anwendungsbereich der Richtlinie 2005/36/EG des Europäischen Parlaments und des Rates vom 7. September 2005 über die Anerkennung von Berufsqualifikationen (ABl. L 255 vom 30.9.2005, S. 22; L 271 vom 16.10.2007, S. 18; L 93 vom 4.4.2008, S. 28; L 33 vom 3.2.2009, S. 49; L 305 vom 24.10.2014, S. 115), die zuletzt durch die Richtlinie 2013/55/EU (ABl. L 354 vom 28.12.2013, S. 132; L 268 vom 15.10.2015, S. 35; L 95 vom 9.4.2016, S. 20) geändert worden ist, in der jeweils geltenden Fassung unterfallen, die Vorgaben der Richtlinie (EU) 2018/958 des Europäischen Parlaments und des Rates vom 28. Juni 2018 über eine Verhältnismäßigkeitsprüfung vor Erlass neuer Berufsreglementierungen (ABl. L 173 vom 9.7.2018, S. 25) in der jeweils geltenden Fassung einzuhalten.

(4) [1]Eine Vorschrift im Sinne des Absatzes 3 Satz 2 ist anhand der in der Anlage 1 zu diesem Gesetz festgelegten Kriterien auf ihre Verhältnismäßigkeit zu prüfen. [2]Der Umfang der Prüfung muss im Verhältnis zu der Art, dem Inhalt und den Auswirkungen der Vorschrift stehen. [3]Die Vorschrift ist so ausführlich zu erläutern, dass ihre Übereinstimmung mit dem Verhältnismäßigkeitsgrundsatz bewertet werden kann. [4]Die Gründe, aus denen sich ergibt, dass sie gerechtfertigt und verhältnismäßig ist, sind durch qualitative und, soweit möglich und relevant, quantitative Elemente zu substantiieren. [5]Mindestens zwei Wochen vor der Beschlussfassung der Satzungsversammlung über die Vorschrift ist auf der Internetseite der Bundesrechtsanwaltskammer ein Entwurf mit der Gelegenheit zur Stellungnahme zu veröffentlichen. [6]Nach dem Erlass der Vorschrift ist ihre Übereinstimmung mit dem Verhältnismäßigkeitsgrundsatz zu überwachen und bei einer Änderung der Umstände zu prüfen, ob die Vorschrift anzupassen ist.

Zweiter Abschnitt
Berufliche Zusammenarbeit

§ 59b Berufsausübungsgesellschaften

(1) [1]Rechtsanwälte dürfen sich zur gemeinschaftlichen Ausübung ihres Berufs zu Berufsausübungsgesellschaften verbinden. [2]Sie dürfen sich zur Ausübung ihres Berufs auch in Berufsausübungsgesellschaften organisieren, deren einziger Gesellschafter sie sind.

(2) [1]Berufsausübungsgesellschaften zur gemeinschaftlichen Berufsausübung in der Bundesrepublik Deutschland können die folgenden Rechtsformen haben:

1. Gesellschaften nach deutschem Recht einschließlich der Handelsgesellschaften,
2. Europäische Gesellschaften und
3. Gesellschaften, die zulässig sind nach dem Recht
   a) eines Mitgliedstaats der Europäischen Union oder
   b) eines Vertragsstaats des Abkommens über den Europäischen Wirtschaftsraum.

[2]Für Berufsausübungsgesellschaften nach dem Gesellschaftsrecht eines Staates, der nicht Mitgliedstaat der Europäischen Union oder Vertragsstaat des Abkommens über den Europäischen Wirtschaftsraum ist, gilt § 207a.

§ 59c Berufsausübungsgesellschaften mit Angehörigen anderer Berufe

(1) [1]Die Verbindung zur gemeinschaftlichen Berufsausübung in einer Berufsausübungsgesellschaft nach § 59b ist Rechtsanwälten auch gestattet

1. mit Mitgliedern einer Rechtsanwaltskammer, Mitgliedern der Patentanwaltskammer, Steuerberatern, Steuerbevollmächtigten, Wirtschaftsprüfern und vereidigten Buchprüfern,
2. mit Angehörigen von Rechtsanwaltsberufen aus anderen Staaten, die nach dem Gesetz über die Tätigkeit europäischer Rechtsanwälte in Deutschland oder nach § 206 berechtigt wären, sich in der Bundesrepublik Deutschland niederzulassen, und mit Angehörigen von Patentanwaltsberufen aus anderen Staaten, die nach dem Gesetz über die Tätigkeit europäischer Pa-

tentanwälte in Deutschland oder nach § 157 der Patentanwaltsordnung berechtigt wären, sich in der Bundesrepublik Deutschland niederzulassen,

3. mit Steuerberatern, Steuerbevollmächtigten, Wirtschaftsprüfern und vereidigten Buchprüfern anderer Staaten, die nach dem Steuerberatungsgesetz oder der Wirtschaftsprüferordnung ihren Beruf mit Steuerberatern, Steuerbevollmächtigten, Wirtschaftsprüfern oder vereidigten Buchprüfern in der Bundesrepublik Deutschland gemeinschaftlich ausüben dürfen,

4. mit Personen, die in der Berufsausübungsgesellschaft einen freien Beruf nach § 1 Absatz 2 des Partnerschaftsgesellschaftsgesetzes ausüben, es sei denn, dass die Verbindung mit dem Beruf des Rechtsanwalts, insbesondere seiner Stellung als unabhängigem Organ der Rechtspflege, nicht vereinbar ist oder das Vertrauen in seine Unabhängigkeit gefährden kann.

[2]Eine Verbindung nach Satz 1 Nummer 4 kann insbesondere dann ausgeschlossen sein, wenn in der anderen Person ein Grund vorliegt, der bei einem Rechtsanwalt nach § 7 zur Versagung der Zulassung führen würde.

(2) [1]Unternehmensgegenstand der Berufsausübungsgesellschaft nach Absatz 1 ist die Beratung und Vertretung in Rechtsangelegenheiten. [2]Daneben kann die Ausübung des jeweiligen nichtanwaltlichen Berufs treten. [3]Die §§ 59d bis 59q gelten nur für Berufsausübungsgesellschaften, die der Ausübung des Rechtsanwaltsberufs dienen.

§ 59d Berufspflichten bei beruflicher Zusammenarbeit

(1) [1]Gesellschafter, die Angehörige eines in § 59c Absatz 1 Satz 1 genannten Berufs sind, haben bei ihrer Tätigkeit für die Berufsausübungsgesellschaft die in diesem Gesetz und die in der Berufsordnung nach § 59a bestimmten Pflichten der in der Berufsausübungsgesellschaft tätigen Rechtsanwälte sowie der Berufsausübungsgesellschaft zu beachten. [2]Sie sind insbesondere verpflichtet, die anwaltliche Unabhängigkeit der in der Berufsausübungsgesellschaft tätigen Rechtsanwälte sowie der Berufsausübungsgesellschaft zu wahren.

(2) [1]Gesellschafter, die Angehörige eines in § 59c Absatz 1 Satz 1 genannten Berufs sind, sind zur Verschwiegenheit verpflichtet. [2]Diese Pflicht bezieht sich auf alles, was ihnen bei ihrer Tätigkeit für die Berufsausübungsgesellschaft im Zusammenhang mit der Beratung und Vertretung in Rechtsangelegenheiten bekannt geworden ist. [3]§ 43a Absatz 2 Satz 3 gilt entsprechend.

(3) Die Vorschriften über Tätigkeitsverbote nach § 43a Absatz 4 Satz 2 bis 6 gelten für Gesellschafter, die Angehörige eines in § 59c Absatz 1 Satz 1 genannten Berufs sind, entsprechend.

(4) Rechtsanwälte dürfen ihren Beruf nicht mit anderen Personen ausüben, wenn diese in schwerwiegender Weise oder wiederholt gegen Pflichten, die in diesem Gesetz oder in der Berufsordnung nach § 59a bestimmt sind, verstoßen.

(5) Im Gesellschaftsvertrag ist der Ausschluss von Gesellschaftern vorzusehen, die in schwerwiegender Weise oder wiederholt gegen Pflichten, die in diesem Gesetz oder in der Berufsordnung nach § 59a bestimmt sind, verstoßen.

(6) Beteiligt sich ein Rechtsanwalt an einer Mandatsgesellschaft (§ 59f Absatz 1 Satz 2 Nummer 2), so hat er für die Einhaltung der Berufspflichten nach § 59e Absatz 1 bis 3 durch die Mandatsgesellschaft Sorge zu tragen.

§ 59e Berufspflichten der Berufsausübungsgesellschaft

(1) Die §§ 43 bis 43b, 43d, 43e, 44, 45 Absatz 1 Nummer 2 und 3, die §§ 48, 49a bis 50, 53, 54, 56 Absatz 1 und 2 und die §§ 57 bis 59a gelten für Berufsausübungsgesellschaften sinngemäß.

(2) [1]Die Berufsausübungsgesellschaft hat durch geeignete Maßnahmen sicherzustellen, dass berufsrechtliche Verstöße frühzeitig erkannt und abgestellt werden. [2]Wenn an der Berufsausübungsgesellschaft Personen beteiligt sind, die Angehörige eines in § 59c Absatz 1 Satz 1 genannten Berufs sind, ist durch geeignete gesellschaftsvertragliche Vereinbarungen sicherzustellen, dass die Berufsausübungsgesellschaft für die Erfüllung der Berufspflichten sorgen kann.

(3) Werden in der Berufsausübungsgesellschaft auch nichtanwaltliche Berufe ausgeübt, so gelten die Absätze 1 und 2 nur, soweit ein Bezug zur Beratung und Vertretung in Rechtsangelegenheiten besteht.

(4) Die persönliche berufsrechtliche Verantwortlichkeit der Gesellschafter, Organmitglieder und sonstigen Mitarbeiter der Berufsausübungsgesellschaft bleibt unberührt.

(5) [1]Beteiligt sich eine Berufsausübungsgesellschaft an einer Mandatsgesellschaft (§ 59f Absatz 1 Satz 2 Nummer 2), so hat sie für die Einhaltung der Berufspflichten nach den Absätzen 1 bis 3 durch die Mandatsgesellschaft Sorge zu tragen. [2]Absatz 4 gilt entsprechend.

§ 59f Zulassung

(1) [1]Berufsausübungsgesellschaften bedürfen der Zulassung durch die Rechtsanwaltskammer. [2]Keiner Zulassung nach Satz 1 bedürfen

1. Personengesellschaften, bei denen keine Beschränkung der Haftung der natürlichen Personen vorliegt und denen ausschließlich Rechtsanwälte oder Angehörige eines in § 59c Absatz 1 Satz 1 Nummer 1 genannten Berufs als Gesellschafter und als Mitglieder der Geschäftsführungs- und Aufsichtsorgane angehören, und
2. Berufsausübungsgesellschaften, die als Personengesellschaften von
   a) mehreren zugelassenen Berufsausübungsgesellschaften nach diesem Gesetz oder
   b) einer oder mehreren zugelassenen Berufsausübungsgesellschaften nach diesem Gesetz und einem oder mehreren Rechtsanwälten

   für die Bearbeitung eines einzelnen Mandats gegründet wurden (Mandatsgesellschaft).

[3]Die Gründung einer Mandatsgesellschaft ist durch die an ihr beteiligten Berufsausübungsgesellschaften und Rechtsanwälte denjenigen Rechtsanwaltskammern anzuzeigen, bei denen die beteiligten Berufsausübungsgesellschaften und Rechtsanwälte zugelassen sind. [4]Unberührt von Satz 2 bleibt der freiwillige Antrag auf eine Zulassung.

(2) [1]Die Zulassung ist zu erteilen, wenn

1. die Berufsausübungsgesellschaft, ihre Gesellschafter und die Mitglieder der Geschäftsführungs- und Aufsichtsorgane die Voraussetzungen der §§ 59b, 59c, des § 59d Absatz 5, der §§ 59i und 59j erfüllen,
2. die Berufsausübungsgesellschaft sich nicht in Vermögensverfall befindet und
3. der Abschluss der Berufshaftpflichtversicherung nachgewiesen ist oder eine vorläufige Deckungszusage vorliegt.

[2]Ein Vermögensverfall nach Satz 1 Nummer 2 wird vermutet, wenn ein Insolvenzverfahren über das Vermögen der Berufsausübungsgesellschaft eröffnet ist oder die Berufsausübungsgesellschaft in das Schuldnerverzeichnis (§ 882b der Zivilprozessordnung) eingetragen ist.

(3) Mit der Zulassung wird die Berufsausübungsgesellschaft Mitglied der zulassenden Rechtsanwaltskammer.

(4) Die Rechtsanwaltskammer teilt dem Berufshaftpflichtversicherer, der in der Berufshaftpflichtversicherung oder der vorläufigen Deckungszusage angegeben ist, die Zulassung mit.

§ 59g Zulassungsverfahren; Anzeigepflicht

(1) [1]Der Antrag auf Zulassung muss folgende Angaben enthalten:

1. Rechtsform, Name, Sitz und Gegenstand der Berufsausübungsgesellschaft,
2. die Geschäftsanschriften der Niederlassungen der Berufsausübungsgesellschaft sowie
3. Name und Beruf der Gesellschafter, der Mitglieder der Geschäftsführungs- und Aufsichtsorgane sowie aller mittelbar beteiligten Personen; sofern Gesellschafter eine zugelassene Berufsausübungsgesellschaft ist, müssen Name und Beruf der an ihr mittelbar beteiligten Personen nicht angegeben werden.

[2]Die zuständige Rechtsanwaltskammer kann zur Prüfung der Voraussetzungen des § 59f Absatz 2 die Vorlage geeigneter Nachweise einschließlich des Gesellschaftsvertrags oder der Satzung verlangen. [3]§ 57 gilt entsprechend.

(2) Die Entscheidung über den Antrag auf Zulassung kann ausgesetzt werden, wenn gegen einen Gesellschafter oder ein Mitglied eines Geschäftsführungs- oder Aufsichtsorgans ein auf Rücknahme oder Widerruf seiner Zulassung oder Bestellung gerichtetes Verfahren betrieben wird oder ein vorläufiges Berufs- oder Vertretungsverbot erlassen worden ist.

(3) Die Zulassung wird wirksam mit der Aushändigung einer von der Rechtsanwaltskammer ausgestellten Urkunde.

(4) [1]Die zugelassene Berufsausübungsgesellschaft hat der Rechtsanwaltskammer jede Änderung der nach Absatz 1 Satz 1 anzugebenden Verhältnisse unverzüglich anzuzeigen. [2]Absatz 1 Satz 2 und 3 gilt entsprechend.

§ 59h Erlöschen, Rücknahme und Widerruf der Zulassung; Abwickler

(1) [1]Die Zulassung einer Berufsausübungsgesellschaft erlischt durch ihre Auflösung. [2]Im Übrigen gilt § 13 entsprechend.

(2) [1]Die Zulassung ist mit Wirkung für die Zukunft zurückzunehmen, wenn sich ergibt, dass die Zulassung hätte versagt werden müssen. [2]§ 14 Absatz 1 Satz 2 ist entsprechend anzuwenden.

(3) [1]Die Zulassung ist zu widerrufen, wenn die Berufsausübungsgesellschaft

1. die Voraussetzungen der §§ 59b, 59c Absatz 1, des § 59d Absatz 5, der §§ 59i, 59j, 59n oder des § 59o nicht mehr erfüllt, es sei denn, dass sie innerhalb einer von der Rechtsanwaltskammer zu bestimmenden angemessenen Frist einen den genannten Vorschriften entsprechenden Zustand herbeiführt,
2. in Vermögensverfall geraten ist, es sei denn, dass dadurch die Interessen der Rechtsuchenden nicht gefährdet sind, oder
3. der Rechtsanwaltskammer gegenüber schriftlich auf die Rechte aus der Zulassung verzichtet hat.

[2]Ein Vermögensverfall nach Satz 1 Nummer 2 wird vermutet, wenn ein Insolvenzverfahren über das Vermögen der Berufsausübungsgesellschaft eröffnet ist oder die Berufsausübungsgesellschaft in das Schuldnerverzeichnis (§ 882b der Zivilprozessordnung) eingetragen ist.

(4) Die Zulassung kann widerrufen werden, wenn die Berufsausübungsgesellschaft

1. nicht innerhalb von drei Monaten nach der Zulassung im Bezirk der Rechtsanwaltskammer nach § 59m Absatz 1 eine Kanzlei einrichtet,
2. nicht innerhalb von drei Monaten eine ihr bei einer Befreiung nach § 59m Absatz 4 in Verbindung mit § 29a Absatz 2 erteilte Auflage erfüllt,
3. nicht innerhalb von drei Monaten einen Zustellungsbevollmächtigten bestellt, nachdem
   a) sie nach § 59m Absatz 4 in Verbindung mit § 29a Absatz 2 von der Pflicht, eine Kanzlei zu unterhalten, befreit worden ist oder
   b) ein bisheriger Zustellungsbevollmächtigter weggefallen ist, oder
4. ihre Kanzlei aufgibt, ohne dass sie von der Pflicht des § 59m befreit worden ist.

(5) [1]Ordnet die Rechtsanwaltskammer die sofortige Vollziehung an, sind § 155 Absatz 2, 4 und 5, § 156 Absatz 2 und § 161 entsprechend anzuwenden. [2]Wird die Zulassung widerrufen, weil die Berufsausübungsgesellschaft die vorgeschriebene Berufshaftpflichtversicherung nicht unterhält, ist die Anordnung der sofortigen Vollziehung in der Regel zu treffen.

(6) [1]Hat die Berufsausübungsgesellschaft die Zulassung verloren, kann für sie ein Abwickler bestellt werden, wenn die zur gesetzlichen Vertretung bestellten Personen keine hinreichende Gewähr zur ordnungsgemäßen Abwicklung der schwebenden Angelegenheiten bieten. [2]§ 55 ist ent-

sprechend anzuwenden. [3]Für die festgesetzte Vergütung des Abwicklers haften die Gesellschafter als Gesamtschuldner. [4]§ 54 Absatz 4 Satz 4 bleibt unberührt.

§ 59i Gesellschafter- und Kapitalstruktur von Berufsausübungsgesellschaften

(1) [1]Zugelassene Berufsausübungsgesellschaften nach diesem Gesetz können Gesellschafter einer Berufsausübungsgesellschaft sein. [2]Bei gesetzlichen Voraussetzungen, die in der Person der Gesellschafter oder der Mitglieder der Geschäftsführung erfüllt sein müssen, kommt es in den Fällen des Satzes 1 auf die Gesellschafter und die Geschäftsführung der beteiligten Berufsausübungsgesellschaft an. [3]Haben sich Rechtsanwälte, Angehörige eines der in § 59c Absatz 1 Satz 1 genannten Berufe sowie Berufsausübungsgesellschaften, die die Voraussetzungen dieses Abschnitts erfüllen, zu einer Gesellschaft bürgerlichen Rechts zusammengeschlossen, deren Zweck ausschließlich das Halten von Anteilen an einer zugelassenen Berufsausübungsgesellschaft ist, so werden ihnen die Anteile an der Berufsausübungsgesellschaft im Verhältnis ihrer Beteiligung an der Gesellschaft bürgerlichen Rechts zugerechnet.

(2) [1]Die Übertragung von Gesellschaftsanteilen muss an die Zustimmung der Gesellschafterversammlung gebunden sein. [2]Bei Aktiengesellschaften oder Kommanditgesellschaften auf Aktien müssen die Aktien auf Namen lauten.

(3) [1]Anteile an der Berufsausübungsgesellschaft dürfen nicht für Rechnung Dritter gehalten werden. [2]Dritte dürfen nicht am Gewinn der Berufsausübungsgesellschaft beteiligt werden.

(4) Sofern Gesellschafter die Voraussetzungen des § 59c Absatz 1 nicht erfüllen, haben sie kein Stimmrecht.

(5) Gesellschafter können nur stimmberechtigte Gesellschafter zur Ausübung von Gesellschafterrechten bevollmächtigen.

§ 59j Geschäftsführungsorgane; Aufsichtsorgane

(1) [1]Nur Rechtsanwälte oder Angehörige eines der in § 59c Absatz 1 Satz 1 genannten Berufe können Mitglieder des Geschäftsführungs- oder Aufsichtsorgans einer zugelassenen Berufsausübungsgesellschaft sein. [2]Mitbestimmungsrechtliche Regelungen bleiben unberührt. [3]Bei der Beratung und Vertretung in Rechtsangelegenheiten sind Weisungen von Personen, die keine Rechtsanwälte sind, gegenüber Rechtsanwälten unzulässig.

(2) Von der Mitgliedschaft in einem Geschäftsführungs- oder Aufsichtsorgan ist ausgeschlossen, wer einen der Versagungstatbestände des § 7 erfüllt oder gegen wen eine der in Absatz 5 Satz 3 genannten Maßnahmen verhängt wurde.

(3) Dem Geschäftsführungsorgan der Berufsausübungsgesellschaft müssen Rechtsanwälte in vertretungsberechtigter Zahl angehören.

(4) Die Mitglieder des Geschäftsführungs- und Aufsichtsorgans sind verpflichtet, für die Einhaltung des Berufsrechts in der Berufsausübungsgesellschaft zu sorgen.

(5) [1]Für diejenigen Mitglieder des Geschäftsführungs- und Aufsichtsorgans der Berufsausübungsgesellschaft, die keine Gesellschafter sind, gelten die Berufspflichten nach § 59d Absatz 1 bis 3 entsprechend. [2]Die §§ 74 und 74a, die Vorschriften des Sechsten und Siebenten Teils, die §§ 195 bis 199 sowie die Vorschriften des Elften Teils sind auf nichtanwaltliche Mitglieder des Geschäftsführungs- und Aufsichtsorgans entsprechend anzuwenden. [3]An die Stelle der Ausschließung aus der Rechtsanwaltschaft (§ 114 Absatz 1 Nummer 5) tritt

1. bei nichtanwaltlichen Mitgliedern von Geschäftsführungsorganen die Aberkennung der Eignung, eine Berufsausübungsgesellschaft zu vertreten und ihre Geschäfte zu führen, und
2. bei nichtanwaltlichen Mitgliedern eines Aufsichtsorgans die Aberkennung der Eignung, Aufsichtsfunktionen einer Berufsausübungsgesellschaft wahrzunehmen.

(6) [1]Die Unabhängigkeit der Rechtsanwälte, die dem Geschäftsführungsorgan der Berufsausübungsgesellschaften angehören oder in sonstiger Weise die Vertretung der Berufsausübungsgesellschaft wahrnehmen, bei der Ausübung ihres Rechtsanwaltsberufs ist zu gewährleisten. [2]Einflussnahmen durch die Gesellschafter, insbesondere durch Weisungen oder vertragliche Bindungen, sind unzulässig.

(7) Auf Prokuristen und Handlungsbevollmächtigte zum gesamten Geschäftsbetrieb sind die Absätze 1, 5 und 6 entsprechend anzuwenden.

§ 59k Rechtsdienstleistungsbefugnis

[1]Berufsausübungsgesellschaften sind befugt, Rechtsdienstleistungen im Sinne des § 2 des Rechtsdienstleistungsgesetzes zu erbringen. [2]Sie handeln durch ihre Gesellschafter und Vertreter, in deren Person die für die Erbringung von Rechtsdienstleistungen gesetzlich vorgeschriebenen Voraussetzungen im Einzelfall vorliegen müssen.

§ 59l Vertretung vor Gerichten und Behörden

(1) [1]Berufsausübungsgesellschaften können als Prozess- oder Verfahrensbevollmächtigte beauftragt werden. [2]Sie haben in diesem Fall die Rechte und Pflichten eines Rechtsanwalts.

(2) Berufsausübungsgesellschaften handeln durch ihre Gesellschafter und Vertreter, in deren Person die für die Erbringung von Rechtsdienstleistungen gesetzlich vorgeschriebenen Voraussetzungen im Einzelfall vorliegen müssen.

(3) Eine Berufsausübungsgesellschaft kann nicht als Verteidiger im Sinne der §§ 137 bis 149 der Strafprozessordnung gewählt oder bestellt werden.

§ 59m Kanzlei der Berufsausübungsgesellschaft

(1) Die Berufsausübungsgesellschaft muss an ihrem Sitz eine Kanzlei unterhalten, in der zumindest ein geschäftsführender Rechtsanwalt tätig ist.

(2) § 27 Absatz 2 ist entsprechend anzuwenden.

(3) Verlegt eine zugelassene Berufsausübungsgesellschaft ihren Sitz in den Bezirk einer anderen Rechtsanwaltskammer, gilt § 27 Absatz 3 entsprechend.

(4) Die §§ 29a und 30 sind entsprechend anzuwenden.

(5) [1]Berufsausübungsgesellschaften, die keinen Sitz im Inland haben, sind verpflichtet, eine Zweigniederlassung im Inland einzurichten und zu unterhalten, in der zumindest ein geschäftsführender Rechtsanwalt tätig ist. [2]Für die Befreiung von der Pflicht nach Satz 1 gelten § 29a Absatz 2 und 3 sowie § 30 entsprechend.

§ 59n Berufshaftpflichtversicherung

(1) Berufsausübungsgesellschaften sind verpflichtet, eine Berufshaftpflichtversicherung abzuschließen und während der Dauer ihrer Betätigung aufrechtzuerhalten.

(2) [1]Die Berufshaftpflichtversicherung muss die Haftpflichtgefahren für Vermögensschäden decken, die sich aus der Beratung und Vertretung in Rechtsangelegenheiten ergeben. [2]§ 51 Absatz 1 Satz 2, Absatz 2, 3 Nummer 2 bis 5 und Absatz 5 ist entsprechend anzuwenden; § 51 Absatz 6 und 7 ist mit der Maßgabe entsprechend anzuwenden, dass er nur für zugelassene Berufsausübungsgesellschaften gilt. [3]Ist die Haftung der Gesellschaft nicht rechtsformbedingt beschränkt und liegt keine Beschränkung der Haftung der natürlichen Personen vor, so ist auch § 51 Absatz 3 Nummer 1 entsprechend anzuwenden.

(3) Wird die Berufshaftpflichtversicherung nicht oder nicht in dem vorgeschriebenen Umfang unterhalten, so haften neben der Berufsausübungsgesellschaft die Gesellschafter und die Mitglieder des Geschäftsführungsorgans persönlich in Höhe des fehlenden Versicherungsschutzes.

§ 59o Mindestversicherungssumme und Jahreshöchstleistung

(1) Für Berufsausübungsgesellschaften, bei denen für Verbindlichkeiten der Berufsausübungsgesellschaft aus Schäden wegen fehlerhafter Berufsausübung rechtsformbedingt keine natürliche Person haftet oder bei denen die Haftung der natürlichen Personen beschränkt wird, beträgt die Mindestversicherungssumme der Berufshaftpflichtversicherung nach § 59n vorbehaltlich des Absatzes 2 für jeden Versicherungsfall 2 500 000 Euro.

(2) Für Berufsausübungsgesellschaften nach Absatz 1, in denen nicht mehr als zehn Personen anwaltlich oder in einem Beruf nach § 59c Absatz 1 Satz 1 tätig sind, beträgt die Mindestversicherungssumme 1 000 000 Euro.

(3) Für alle Berufsausübungsgesellschaften, die keinen rechtsformbedingten Ausschluss der Haftung und keine Beschränkung der Haftung der natürlichen Personen vorsehen, beträgt die Mindestversicherungssumme 500 000 Euro für jeden Versicherungsfall.

(4) [1]Die Leistungen des Versicherers für alle innerhalb eines Versicherungsjahres verursachten Schäden können auf den Betrag der jeweiligen Mindestversicherungssumme, vervielfacht mit der Zahl der anwaltlichen Gesellschafter, die in der Bundesrepublik Deutschland zugelassen oder niedergelassen sind, und der anwaltlichen Geschäftsführer, die nicht Gesellschafter sind, begrenzt werden. [2]Ist eine Berufsausübungsgesellschaft Gesellschafter, so ist bei der Berechnung der Jahreshöchstleistung nicht die beteiligte Berufsausübungsgesellschaft, sondern die Zahl ihrer anwaltlichen Gesellschafter, die in der Bundesrepublik Deutschland zugelassen oder niedergelassen sind, und der anwaltlichen Geschäftsführer, die nicht Gesellschafter sind, maßgeblich. [3]Handelt es sich bei der Berufsausübungsgesellschaft um eine Mandatsgesellschaft, so ist Satz 2 nicht anzuwenden und die Zahl ihrer Gesellschafter ist für die Berechnung der Jahreshöchstleistung maßgeblich. [4]Die Jahreshöchstleistung muss sich jedoch in jedem Fall mindestens auf den vierfachen Betrag der Mindestversicherungssumme belaufen.

§ 59p Rechtsanwaltsgesellschaft

Berufsausübungsgesellschaften, bei denen Rechtsanwälte die Mehrheit der Stimmrechte innehaben und bei denen die Mehrheit der Mitglieder des Geschäftsführungsorgans Rechtsanwälte sind, dürfen die Bezeichnung „Rechtsanwaltsgesellschaft" führen.

§ 59q Bürogemeinschaft

(1) Rechtsanwälte können sich zu einer Gesellschaft verbinden, die der gemeinschaftlichen Organisation der Berufstätigkeit der Gesellschafter unter gemeinschaftlicher Nutzung von Betriebsmitteln dient, jedoch nicht selbst als Vertragspartner von rechtsanwaltlichen Mandatsverträgen auftreten soll (Bürogemeinschaft).

(2) [1]Eine Bürogemeinschaft können Rechtsanwälte auch mit Personen eingehen, die nicht zur Rechtsanwaltschaft zugelassen sind, es sei denn, die Verbindung ist mit dem Beruf des Rechtsanwalts, insbesondere seiner Stellung als unabhängigem Organ der Rechtspflege, nicht vereinbar und kann das Vertrauen in seine Unabhängigkeit gefährden. [2]Eine Bürogemeinschaft nach Satz 1 kann insbesondere dann ausgeschlossen sein, wenn in der anderen Person ein Grund vorliegt, der bei einem Rechtsanwalt nach § 7 Nummer 1, 2 oder 6 zur Versagung der Zulassung führen würde.

(3) Die in der Bürogemeinschaft tätigen Rechtsanwälte sind verpflichtet, angemessene organisatorische, personelle und technische Maßnahmen zu treffen, die die Einhaltung ihrer Berufspflichten gewährleisten.

(4) § 59d Absatz 1, 2, 4 und 5 gilt für die Gesellschafter einer Bürogemeinschaft nach Absatz 2 entsprechend.

Vierter Teil
Die Rechtsanwaltskammern

Erster Abschnitt
Allgemeines

§ 60 Bildung und Zusammensetzung der Rechtsanwaltskammer

(1) [1]Für den Bezirk eines Oberlandesgerichts wird eine Rechtsanwaltskammer gebildet. [2]Sie hat ihren Sitz am Ort des Oberlandesgerichts.

(2) Mitglieder der Rechtsanwaltskammer sind

1. Personen, die von ihr zur Rechtsanwaltschaft zugelassen oder von ihr aufgenommen wurden,
2. Berufsausübungsgesellschaften, die von ihr zugelassen wurden,
3. Mitglieder von Geschäftsführungs- und Aufsichtsorganen von Berufsausübungsgesellschaften nach Nummer 2, die nicht schon
   a) nach Nummer 1 Mitglied einer Rechtsanwaltskammer sind oder
   b) Mitglied der Patentanwaltskammer oder einer Steuerberaterkammer sind, und
4. Mitglieder der Geschäftsleitung der deutschen Zweigniederlassungen von ausländischen Berufsausübungsgesellschaften (§ 207a Absatz 1 Nummer 4), die nicht schon nach Nummer 1 Mitglied einer Rechtsanwaltskammer sind.

(3) Die Mitgliedschaft in der Rechtsanwaltskammer erlischt

1. in den Fällen des Absatzes 2 Nummer 1, wenn die Voraussetzungen des § 13 oder des § 27 Absatz 3 Satz 3 vorliegen,
2. in den Fällen des Absatzes 2 Nummer 2, wenn die Voraussetzungen des § 59h Absatz 1 bis 3 oder des § 59m Absatz 3 in Verbindung mit § 27 Absatz 3 Satz 3 vorliegen,
3. in den Fällen des Absatzes 2 Nummer 3, wenn
   a) bei der Berufsausübungsgesellschaft die Voraussetzungen der Nummer 2 vorliegen,
   b) gegen das Mitglied des Geschäftsführungs- oder Aufsichtsorgans eine bestandskräftige Entscheidung im Sinne des § 59j Absatz 5 Satz 3 ergangen ist oder
   c) die Geschäftsführungstätigkeit für die Berufsausübungsgesellschaft oder die Mitgliedschaft im Aufsichtsorgan beendet ist.

§ 61 (weggefallen)

§ 62 Stellung der Rechtsanwaltskammer

(1) Die Rechtsanwaltskammer ist eine Körperschaft des öffentlichen Rechts.

(2) [1]Die Landesjustizverwaltung führt die Staatsaufsicht über die Rechtsanwaltskammer. [2]Die Aufsicht beschränkt sich darauf, daß Gesetz und Satzung beachtet, insbesondere die der Rechtsanwaltskammer übertragenen Aufgaben erfüllt werden.

Zweiter Abschnitt
Organe der Rechtsanwaltskammer

Erster Unterabschnitt
Vorstand

§ 63 Zusammensetzung des Vorstandes

(1) Die Rechtsanwaltskammer hat einen Vorstand.

(2) [1]Der Vorstand besteht aus sieben Mitgliedern. [2]Die Kammerversammlung kann eine höhere Zahl festsetzen.

(3) Der Vorstand gibt sich eine Geschäftsordnung.

§ 64 Wahlen zum Vorstand

(1) [1]Die Mitglieder des Vorstandes werden von den Mitgliedern der Kammer in geheimer und unmittelbarer Wahl durch Briefwahl gewählt. [2]Hierbei kann vorgesehen werden, dass die Stimmen auch in der Kammerversammlung abgegeben werden können. [3]Die Wahl kann auch als elektronische Wahl durchgeführt werden. [4]Gewählt sind die Bewerberinnen oder Bewerber, die die meisten Stimmen auf sich vereinigen.

(2) Das Nähere bestimmt die Geschäftsordnung der Kammer.

§ 65 Voraussetzungen der Wählbarkeit

Zum Mitglied des Vorstandes kann nur gewählt werden, wer

1. Mitglied der Kammer ist und
2. den Beruf eines Rechtsanwalts seit mindestens fünf Jahren ohne Unterbrechung ausübt.

§ 66 Verlust der Wählbarkeit

(1) Zum Mitglied des Vorstands kann nicht gewählt werden,

1. gegen wen ein Berufs- oder Vertretungsverbot (§§ 150 und 161a) verhängt ist,
2. gegen wen die sofortige Vollziehung der Rücknahme oder des Widerrufs der Zulassung angeordnet ist,
3. gegen wen in den letzten fünf Jahren ein Verweis (§ 114 Absatz 1 Nummer 2) oder eine Geldbuße (§ 114 Absatz 1 Nummer 3) verhängt wurde,
4. gegen wen in den letzten zehn Jahren ein Vertretungsverbot (§ 114 Absatz 1 Nummer 4) verhängt wurde,
5. wer in den letzten 15 Jahren aus der Rechtsanwaltschaft ausgeschlossen wurde (§ 114 Absatz 1 Nummer 5) oder
6. bei wem in den letzten fünf Jahren nach § 115b von einer anwaltsgerichtlichen Ahndung abgesehen wurde, sofern ohne die anderweitige Ahndung voraussichtlich ein Verweis oder eine Geldbuße verhängt worden wäre.

(2) Die Geschäftsordnung der Kammer kann weitere Ausschlussgründe vorsehen.

§ 67 Recht zur Ablehnung der Wahl

Die Wahl zum Mitglied des Vorstandes kann ablehnen,

1. wer das fünfundsechzigste Lebensjahr vollendet hat;
2. wer in den letzten vier Jahren Mitglied des Vorstandes gewesen ist;
3. wer aus gesundheitlichen Gründen nicht nur vorübergehend die Tätigkeit im Vorstand nicht ordnungsgemäß ausüben kann.

§ 68 Wahlperiode

(1) [1]Die Mitglieder des Vorstandes werden auf vier Jahre gewählt. [2]Die Wiederwahl ist zulässig.

(2) [1]Alle zwei Jahre scheidet die Hälfte der Mitglieder aus, bei ungerader Zahl zum ersten Mal die größere Zahl. [2]Die zum ersten Mal ausscheidenden Mitglieder werden durch das Los bestimmt.

(3) Wird die Zahl der Mitglieder des Vorstandes erhöht, so ist für die neu eintretenden Mitglieder, die mit dem Ablauf des zweiten Jahres ausscheiden, Absatz 2 Satz 2 entsprechend anzuwenden.

(4) Findet die Wahl, die auf Grund der Erhöhung der Zahl der Mitglieder des Vorstandes erforderlich wird, gleichzeitig mit einer Neuwahl statt, so sind beide Wahlen getrennt vorzunehmen.

§ 69 Vorzeitiges Ausscheiden eines Vorstandsmitgliedes

(1) Ein Rechtsanwalt scheidet als Mitglied des Vorstandes aus,

1. wenn er nicht mehr Mitglied der Kammer ist oder seine Wählbarkeit aus den in § 66 Absatz 1 Nummer 3, 4 und 6 angegebenen Gründen verliert;
2. wenn er sein Amt niederlegt.

(2) [1]Der Rechtsanwalt hat die Erklärung, daß er das Amt niederlege, dem Vorstand gegenüber schriftlich abzugeben. [2]Die Erklärung kann nicht widerrufen werden.

(3) [1]Scheidet ein Mitglied des Vorstandes vorzeitig aus, so ist es für den Rest seiner Amtszeit durch ein neues Mitglied zu ersetzen. [2]Davon kann abgesehen werden, wenn die Zahl der Mitglieder des Vorstandes nicht unter sieben sinkt. [3]Die Ersetzung kann durch das Nachrücken einer bei der letzten Wahl nicht gewählten Person oder durch eine Nachwahl erfolgen. [4]Das Nähere bestimmt die Geschäftsordnung der Kammer.

(4) [1]Wird gegen ein Mitglied des Vorstands eine der in § 66 Absatz 1 Nummer 1 oder 2 genannten Maßnahmen verhängt oder angeordnet, ruht seine Mitgliedschaft für die Dauer der Maßnahme. [2]Besteht gegen ein Mitglied des Vorstandes der Verdacht einer schuldhaften Verletzung seiner beruflichen Pflichten, so ist es von einer Tätigkeit der Rechtsanwaltskammer in dieser Angelegenheit ausgeschlossen.

(5) Die Geschäftsordnung der Kammer kann weitere Gründe vorsehen, die zum Ausscheiden aus dem Vorstand oder zum Ruhen der dortigen Mitgliedschaft führen.

§ 70 Sitzungen des Vorstandes

(1) Der Vorstand wird durch den Präsidenten einberufen.

(2) Der Präsident muß eine Sitzung anberaumen, wenn ein Viertel der Mitglieder des Vorstandes es schriftlich beantragen und hierbei den Gegenstand angeben, der behandelt werden soll.

(3) Das Nähere regelt die Geschäftsordnung des Vorstandes.

§ 71 Beschlussfähigkeit des Vorstandes

Der Vorstand ist beschlußfähig, wenn mindestens die Hälfte seiner Mitglieder anwesend ist.

§ 72 Beschlüsse des Vorstandes

(1) [1]Die Beschlüsse des Vorstandes werden mit einfacher Stimmenmehrheit gefaßt. [2]Das gleiche gilt für die von dem Vorstand vorzunehmenden Wahlen. [3]Bei Stimmengleichheit gibt die Stimme des Vorsitzenden den Ausschlag, bei Wahlen entscheidet das Los.

(2) [1]Ein Mitglied darf in eigenen Angelegenheiten nicht mitstimmen. [2]Dies gilt jedoch nicht für Wahlen.

(3) Über die Beschlüsse des Vorstandes und über die Ergebnisse von Wahlen ist ein Protokoll aufzunehmen, das von dem Vorsitzenden und dem Schriftführer zu unterzeichnen ist.

(4) 1Beschlüsse des Vorstandes können auch ohne Sitzung gefasst werden, wenn kein Vorstandsmitglied widerspricht und sich mindestens die Hälfte der Vorstandsmitglieder an der Abstimmung beteiligt. 2Abstimmungen außerhalb von Sitzungen sind schriftlich durchzuführen.

§ 73 Aufgaben des Vorstandes

(1) 1Der Vorstand hat die ihm durch Gesetz zugewiesenen Aufgaben zu erfüllen. 2Ihm obliegen auch die der Rechtsanwaltskammer in diesem Gesetz zugewiesenen Aufgaben und Befugnisse. 3Er hat die Belange der Kammer zu wahren und zu fördern.

(2) 1Dem Vorstand obliegt insbesondere,

1. die Mitglieder der Kammer in Fragen der Berufspflichten zu beraten und zu belehren;
2. auf Antrag bei Streitigkeiten unter den Mitgliedern der Kammer zu vermitteln; dies umfasst die Befugnis, Schlichtungsvorschläge zu unterbreiten;
3. auf Antrag bei Streitigkeiten zwischen Mitgliedern der Kammer und ihren Auftraggebern zu vermitteln; dies umfasst die Befugnis, Schlichtungsvorschläge zu unterbreiten;
4. die Erfüllung der den Mitgliedern der Kammer obliegenden Pflichten zu überwachen und das Recht der Rüge zu handhaben;
5. Rechtsanwälte für die Ernennung zu Mitgliedern des Anwaltsgerichts und des Anwaltsgerichtshofes vorzuschlagen;
6. Vorschläge gemäß §§ 107 und 166 der Bundesrechtsanwaltskammer vorzulegen;
7. der Kammerversammlung über die Verwaltung des Vermögens jährlich Rechnung zu legen;
8. Gutachten zu erstatten, die eine Landesjustizverwaltung, ein Gericht oder eine Verwaltungsbehörde des Landes anfordert;
9. bei der Ausbildung und Prüfung der Studierenden und der Referendare mitzuwirken, insbesondere qualifizierte Arbeitsgemeinschaftsleiter und die anwaltlichen Mitglieder der juristischen Prüfungsausschüsse vorzuschlagen.

2Ist ein Mitglied der Kammer auch Mitglied eines Geschäftsführungs- oder Aufsichtsorgans einer Berufsausübungsgesellschaft nach der Patentanwaltsordnung oder dem Steuerberatungsgesetz, so umfassen die Aufgaben des Vorstandes nach Satz 1 Nummer 1 und 4 auch die Berufspflichten des Kammermitglieds als Mitglied dieses Geschäftsführungs- oder Aufsichtsorgans (§ 52d Absatz 1 bis 3 und § 52j Absatz 4 und 5 Satz 1 der Patentanwaltsordnung oder § 51 Absatz 1 bis 3 und § 55b Absatz 4 und 5 Satz 1 des Steuerberatungsgesetzes).

(3) 1In Beschwerdeverfahren setzt der Vorstand die Person, die die Beschwerde erhoben hatte von seiner Entscheidung in Kenntnis. 2Die Mitteilung erfolgt nach Abschluss des Verfahrens einschließlich des Einspruchsverfahrens und ist mit einer kurzen Darstellung der wesentlichen Gründe für die Entscheidung zu versehen. 3§ 76 Absatz 1 bleibt unberührt. 4Die Mitteilung ist nicht anfechtbar.

(4) Der Vorstand kann die in Absatz 1 Satz 2, Absatz 2 Satz 1 Nr. 1 bis 3 und Absatz 3 bezeichneten Aufgaben einzelnen Mitgliedern des Vorstandes übertragen.

(5) 1Beantragt bei Streitigkeiten zwischen einem Mitglied der Rechtsanwaltskammer und seinem Auftraggeber der Auftraggeber ein Vermittlungsverfahren, so wird dieses eingeleitet, ohne dass es der Zustimmung des Mitglieds bedarf. 2Ein Schlichtungsvorschlag ist nur verbindlich, wenn er von beiden Seiten angenommen wird.

§ 73a Einheitliche Stelle

1Die Länder können durch Gesetz den Rechtsanwaltskammern allein oder gemeinsam mit anderen Stellen die Aufgaben einer einheitlichen Stelle im Sinne des Verwaltungsverfahrensgesetzes übertragen. 2Das Gesetz regelt die Aufsicht und kann vorsehen, dass die Rechtsanwaltskammern auch für Antragsteller tätig werden, die nicht als Rechtsanwalt tätig werden wollen.

§ 73b Verwaltungsbehörde für Ordnungswidrigkeiten

(1) Die Rechtsanwaltskammer ist im Sinne des § 36 Absatz 1 Nummer 1 des Gesetzes über Ordnungswidrigkeiten Verwaltungsbehörde für Ordnungswidrigkeiten nach § 6 der Dienstleistungs-Informationspflichten-Verordnung und nach § 56 des Geldwäschegesetzes, die durch ihre Mitglieder begangen werden.

(2) Die Geldbußen aus der Ahndung von Ordnungswidrigkeiten nach Absatz 1 fließen in die Kasse der Verwaltungsbehörde, die den Bußgeldbescheid erlassen hat.

(3) [1]Die nach Absatz 2 zuständige Kasse trägt abweichend von § 105 Absatz 2 des Gesetzes über Ordnungswidrigkeiten die notwendigen Auslagen. [2]Sie ist auch ersatzpflichtig im Sinne des § 110 Absatz 4 des Gesetzes über Ordnungswidrigkeiten.

§ 74 Rügerecht des Vorstandes

(1) [1]Der Vorstand kann das Verhalten eines Rechtsanwalts, durch das dieser ihm obliegende Pflichten verletzt hat, rügen, wenn die Schuld des Rechtsanwalts gering ist und ein Antrag auf Einleitung eines anwaltsgerichtlichen Verfahrens nicht erforderlich erscheint. [2]§ 113 Absatz 2 und 4, die §§ 115b und 118 Absatz 1 und 2 sowie die §§ 118a und 118b gelten entsprechend. [3]Für die Verjährung und deren Ruhen gilt § 115 Absatz 1 Satz 1 und 3 sowie Absatz 2. [4]Die erste Anhörung des Rechtsanwalts unterbricht die Verjährung ebenso wie die erste Vernehmung durch die Staatsanwaltschaft im anwaltsgerichtlichen Verfahren.

(2) Eine Rüge darf nicht erteilt werden,

1. wenn gegen den Rechtsanwalt ein anwaltsgerichtliches Verfahren eingeleitet wurde oder
2. während ein Verfahren nach § 123 anhängig ist.

(3) Bevor die Rüge erteilt wird, ist der Rechtsanwalt zu hören.

(4) [1]Der Bescheid des Vorstandes, durch den das Verhalten des Rechtsanwalts gerügt wird, ist zu begründen. [2]Er ist dem Rechtsanwalt zuzustellen. [3]Eine Abschrift des Bescheides ist der Staatsanwaltschaft bei dem Oberlandesgericht mitzuteilen.

(5) [1]Gegen den Bescheid kann der Rechtsanwalt binnen eines Monats nach der Zustellung bei dem Vorstand Einspruch erheben. [2]Über den Einspruch entscheidet der Vorstand; Absatz 4 ist entsprechend anzuwenden.[1]

(6) [1]Die Absätze 1 bis 5 sind auf zugelassene Berufsausübungsgesellschaften entsprechend anzuwenden, wenn in den Fällen des § 113 Absatz 3 die Bedeutung der Pflichtverletzung gering ist und ein Antrag auf Einleitung eines anwaltsgerichtlichen Verfahrens nicht erforderlich erscheint. [2]§ 113 Absatz 5, die §§ 113b und 118c Absatz 2 sowie die §§ 118d bis 118f sind entsprechend anzuwenden.

§ 74a Antrag auf anwaltsgerichtliche Entscheidung

(1) [1]Wird der Einspruch gegen den Rügebescheid durch den Vorstand der Rechtsanwaltskammer zurückgewiesen, so kann der Rechtsanwalt innerhalb eines Monats nach der Zustellung die Entscheidung des Anwaltsgerichts beantragen. [2]Zuständig ist das Anwaltsgericht am Sitz der Rechtsanwaltskammer, deren Vorstand die Rüge erteilt hat.

(2) [1]Der Antrag ist bei dem Anwaltsgericht schriftlich einzureichen. [2]Auf das Verfahren sind die §§ 308, 309 und 311a der Strafprozessordnung sinngemäß anzuwenden. [3]Die Gegenerklärung (§ 308 Abs. 1 der Strafprozeßordnung) wird von dem Vorstand der Rechtsanwaltskammer abgegeben. [4]Die Staatsanwaltschaft ist an dem Verfahren nicht beteiligt. [5]Eine mündliche Verhandlung findet statt, wenn sie der Rechtsanwalt beantragt oder das Anwaltsgericht für erforderlich hält. [6]Von Zeit und Ort der mündlichen Verhandlung sind der Vorstand der Rechtsanwaltskammer, der

1 § 74 Abs. 5 ist vereinbar mit dem GG, BVerfGE v. 10. November 1964, 1965 I 15 – 2 BvL 14/61 –.

Rechtsanwalt und sein Verteidiger zu benachrichtigen. 7Art und Umfang der Beweisaufnahme bestimmt das Anwaltsgericht. 8Es hat jedoch zur Erforschung der Wahrheit die Beweisaufnahme von Amts wegen auf alle Tatsachen und Beweismittel zu erstrecken, die für die Entscheidung von Bedeutung sind.

(3) 1Der Rügebescheid kann nicht deshalb aufgehoben werden, weil der Vorstand der Rechtsanwaltskammer zu Unrecht angenommen hat, die Schuld des Rechtsanwalts sei gering und der Antrag auf Einleitung des anwaltsgerichtlichen Verfahrens nicht erforderlich. 2Treten die Voraussetzungen, unter denen nach § 115b von einer anwaltsgerichtlichen Ahndung abzusehen ist oder nach § 118 Abs. 2 ein anwaltsgerichtliches Verfahren nicht eingeleitet oder fortgesetzt werden darf, erst ein, nachdem der Vorstand die Rüge erteilt hat, so hebt das Anwaltsgericht den Rügebescheid auf. 3Der Beschluß ist mit Gründen zu versehen. 4Er kann nicht angefochten werden.

(4) 1Das Anwaltsgericht, bei dem ein Antrag auf anwaltsgerichtliche Entscheidung eingelegt wird, teilt unverzüglich der Staatsanwaltschaft bei dem Oberlandesgericht eine Abschrift des Antrags mit. 2Der Staatsanwaltschaft ist auch eine Abschrift des Beschlusses mitzuteilen, mit dem über den Antrag entschieden wird.

(5) 1Leitet die Staatsanwaltschaft wegen desselben Verhaltens, das der Vorstand der Rechtsanwaltskammer gerügt hat, ein anwaltsgerichtliches Verfahren gegen den Rechtsanwalt ein, bevor die Entscheidung über den Antrag auf anwaltsgerichtliche Entscheidung gegen den Rügebescheid ergangen ist, so wird das Verfahren über den Antrag bis zum rechtskräftigen Abschluß des anwaltsgerichtlichen Verfahrens ausgesetzt. 2In den Fällen des § 115a Abs. 2 stellt das Anwaltsgericht nach Beendigung der Aussetzung fest, daß die Rüge unwirksam ist.

(6) 1Die Absätze 1 bis 5 sind auf zugelassene Berufsausübungsgesellschaften entsprechend anzuwenden. 2Die §§ 113b und 118c Absatz 2 sowie die §§ 118d bis 118f gelten entsprechend.

(7) § 116 Absatz 2 gilt entsprechend.

§ 75 Ehrenamtliche Tätigkeit des Vorstandes

1Die Mitglieder des Vorstandes üben ihre Tätigkeit unentgeltlich aus. 2Sie erhalten jedoch eine angemessene Entschädigung für den mit ihrer Tätigkeit verbundenen Aufwand sowie eine Reisekostenvergütung. 3Die Sätze 1 und 2 gelten auch für Rechtsanwälte, die zur Mitarbeit in der Rechtsanwaltskammer herangezogen werden.

§ 76 Verschwiegenheitspflicht; Inanspruchnahme von Dienstleistungen

(1) 1Die Mitglieder des Vorstands haben über die Angelegenheiten, die ihnen bei ihrer Tätigkeit im Vorstand über Rechtsanwälte und andere Personen bekannt werden, Verschwiegenheit zu bewahren. 2Dies gilt auch nach ihrem Ausscheiden aus dem Vorstand. 3Die Verschwiegenheitspflicht gilt nicht für Tatsachen,

1. deren Weitergabe zur Erfüllung ihrer Aufgaben erforderlich ist,
2. in deren Weitergabe die Betroffenen eingewilligt haben,
3. die offenkundig sind oder
4. die ihrer Bedeutung nach keiner Geheimhaltung bedürfen.

4Die Sätze 1 bis 3 gelten auch für Angestellte der Rechtsanwaltskammern und für Personen, die von den Rechtsanwaltskammern oder den Mitgliedern ihres Vorstands zur Mitarbeit herangezogen werden. 5Die in Satz 4 genannten Personen sind in Textform über ihre Verschwiegenheitspflicht zu belehren.

(2) 1In Verfahren vor Gerichten und Behörden dürfen die in Absatz 1 genannten Personen über Angelegenheiten, die ihrer Verschwiegenheitspflicht unterliegen, ohne Genehmigung nicht aussagen. 2Die Genehmigung zur Aussage erteilt der Vorstand der Rechtsanwaltskammer nach pflichtgemäßem Ermessen. 3Die Genehmigung soll nur versagt werden, wenn dies mit Rücksicht auf die Stellung oder die Aufgaben der Rechtsanwaltskammer oder berechtigte Belange der Personen, über

welche die Tatsachen bekannt geworden sind, unabweisbar erforderlich ist. [4]§ 28 Absatz 2 des Bundesverfassungsgerichtsgesetzes bleibt unberührt.

(3) Für die Inanspruchnahme von Dienstleistungen durch Rechtsanwaltskammern gilt in Bezug auf Angelegenheiten, die der Verschwiegenheitspflicht des Rechtsanwalts nach § 43a Absatz 2 unterliegen, § 43e Absatz 1 bis 4, 7 und 8 sinngemäß.

§ 77 Abteilungen des Vorstandes

(1) [1]Der Vorstand kann mehrere Abteilungen bilden, wenn die Geschäftsordnung der Kammer es zuläßt. [2]Er überträgt den Abteilungen die Geschäfte, die sie selbständig führen.

(2) [1]Jede Abteilung muß aus mindestens drei Mitgliedern des Vorstandes bestehen. [2]Die Mitglieder der Abteilung wählen aus ihren Reihen eine Person, die den Abteilungsvorsitz führt, eine Person, die die Protokolle der Abteilungssitzungen führt, sowie je eine Person als deren jeweilige Vertretung.

(3) [1]Vor Beginn des Kalenderjahres setzt der Vorstand die Zahl der Abteilungen und ihrer Mitglieder fest, überträgt den Abteilungen die Geschäfte und bestimmt die Mitglieder der einzelnen Abteilungen. [2]Jedes Mitglied des Vorstandes kann mehreren Abteilungen angehören. [3]Die Anordnungen können im Laufe des Jahres nur geändert werden, wenn dies wegen Überlastung der Abteilung oder infolge Wechsels oder dauernder Verhinderung einzelner Mitglieder der Abteilung erforderlich wird.

(4) Die Abteilungen besitzen innerhalb ihrer Zuständigkeit die Rechte und Pflichten des Vorstandes.

(5) An Stelle der Abteilung entscheidet der Vorstand, wenn er es für angemessen hält oder wenn die Abteilung oder ihr Vorsitzender es beantragt.

Zweiter Unterabschnitt
Präsidium

§ 78 Zusammensetzung und Wahl des Präsidiums

(1) Der Vorstand wählt aus seiner Mitte ein Präsidium.

(2) Das Präsidium besteht aus

1. dem Präsidenten,
2. dem Vizepräsidenten,
3. dem Schriftführer,
4. dem Schatzmeister.

(3) Der Vorstand kann die Zahl der Mitglieder des Präsidiums erhöhen.

(4) [1]Die Wahl des Präsidiums findet alsbald nach jeder ordentlichen Wahl des Vorstandes statt. [2]Scheidet ein Mitglied des Präsidiums vorzeitig aus, so wird für den Rest seiner Amtszeit innerhalb von drei Monaten ein neues Mitglied gewählt.

§ 79 Aufgaben des Präsidiums

(1) Das Präsidium erledigt die Geschäfte des Vorstandes, die ihm durch dieses Gesetz oder durch Beschluß des Vorstandes übertragen werden.

(2) [1]Das Präsidium beschließt über die Verwaltung des Kammervermögens. [2]Es berichtet hierüber dem Vorstand jedes Vierteljahr.

§ 80 Aufgaben des Präsidenten

(1) Der Präsident vertritt die Kammer gerichtlich und außergerichtlich.

(2) [1]Der Präsident vermittelt den geschäftlichen Verkehr der Kammer und des Vorstandes. [2]Er führt die Beschlüsse des Vorstandes und der Kammer aus.

(3) Der Präsident führt in den Sitzungen des Vorstandes und in der Kammerversammlung den Vorsitz.

(4) Durch die Geschäftsordnungen des Vorstandes und der Kammer können ihm weitere Aufgaben übertragen werden.

§ 81 Berichte über die Tätigkeit der Kammer und über Wahlergebnisse

(1) Der Präsident erstattet der Landesjustizverwaltung jährlich Bericht über die Tätigkeit der Kammer und des Vorstandes.

(2) Der Präsident zeigt das Ergebnis der Wahlen zum Vorstand und zum Präsidium alsbald der Landesjustizverwaltung und der Bundesrechtsanwaltskammer an.

§ 82 Aufgaben des Schriftführers

[1]Der Schriftführer führt das Protokoll über die Sitzungen des Vorstandes und der Kammerversammlung. [2]Er führt den Schriftwechsel des Vorstandes, soweit es sich nicht der Präsident vorbehält.

§ 83 Aufgaben des Schatzmeisters

(1) [1]Der Schatzmeister verwaltet das Vermögen der Kammer nach den Weisungen des Präsidiums. [2]Er ist berechtigt, Geld in Empfang zu nehmen.

(2) Der Schatzmeister überwacht den Eingang der Beiträge.

§ 84 Einziehung rückständiger Beiträge

(1) Rückständige Beiträge, Umlagen, Gebühren und Auslagen werden auf Grund der von dem Schatzmeister ausgestellten, mit der Bescheinigung der Vollstreckbarkeit versehenen Zahlungsaufforderung nach den Vorschriften beigetrieben, die für die Vollstreckung von Urteilen in bürgerlichen Rechtsstreitigkeiten gelten.

(2) Die Zwangsvollstreckung darf jedoch erst zwei Wochen nach Zustellung der vollstreckbaren Zahlungsaufforderung beginnen.

(3) [1]§ 767 der Zivilprozessordnung gilt mit der Maßgabe, dass Einwendungen, die den Anspruch selbst betreffen, nur insoweit zulässig sind, als sie nicht im Wege der Anfechtung der vollstreckbaren Zahlungsaufforderung in dem Verfahren nach § 112a Absatz 1 geltend gemacht werden konnten. [2]Solche Einwendungen sind im Wege der Klage bei dem in § 797 Absatz 5 der Zivilprozessordnung bezeichneten Gericht geltend zu machen.

Dritter Unterabschnitt
Kammerversammlung

§ 85 Einberufung der Kammerversammlung

(1) Die Kammerversammlung wird durch den Präsidenten einberufen.

(2) Der Präsident muß die Kammerversammlung einberufen, wenn ein Zehntel der Mitglieder es schriftlich oder elektronisch beantragt und hierbei den Gegenstand angibt, der in der Kammerversammlung behandelt werden soll.

(3) Wenn die Geschäftsordnung der Kammer nichts anderes bestimmt, soll die Kammerversammlung am Sitz der Rechtsanwaltskammer stattfinden.

§ 86 Einladung und Einberufungsfrist

[1]Die Kammerversammlung ist mindestens zwei Wochen vorher durch schriftliche oder elektronische Einladung einzuberufen. [2]Verfügt das Mitglied über eines der in § 37 Satz 1 oder 3 genannten Postfächer, so soll eine elektronische Einladung über dieses Postfach erfolgen. [3]Bei der Fristberechnung sind der Tag der Versendung und der Tag der Versammlung nicht mitzuzählen. [4]In dringenden Fällen kann die Kammerversammlung mit kürzerer Frist einberufen werden.

§ 86a Durchführung der Kammerversammlung

(1) Die Kammerversammlung findet vorbehaltlich des Absatzes 2 in Präsenz aller Beteiligten am Ort der Versammlung statt.

(2) [1]Die Geschäftsordnung der Kammer kann vorsehen, dass die Kammerversammlung auch wie folgt stattfinden kann:

1. in Präsenz und gleichzeitig online (hybride Kammerversammlung) oder
2. ausschließlich online (virtuelle Kammerversammlung).

[2]Das Nähere zu hybriden und virtuellen Kammerversammlungen bestimmt die Geschäftsordnung. [3]Die Geschäftsordnung kann dabei vorsehen, dass bestimmte Gegenstände nicht in hybriden oder virtuellen Kammerversammlungen behandelt werden dürfen. [4]In der Geschäftsordnung soll insbesondere geregelt werden, ob und gegebenenfalls unter welchen Voraussetzungen eine Aufzeichnung der Versammlung zulässig ist. [5]Sofern die Geschäftsordnung keine abweichende Regelung trifft, bestimmt der Präsident die Form der Kammerversammlung bei deren Einberufung.

(3) [1]Sieht die Geschäftsordnung der Kammer hybride oder virtuelle Kammerversammlungen vor, so dürfen diese nur abgehalten werden, wenn die folgenden Bedingungen eingehalten werden:

1. in der Einberufung muss angegeben werden, wie sich die Mitglieder online zur Versammlung zuschalten können,
2. die gesamte Versammlung muss in Bild und Ton übertragen werden,
3. die online teilnehmenden Mitglieder müssen ihr Stimmrecht entweder während der Versammlung elektronisch oder im Anschluss an die Versammlung durch schriftliche Stimmabgabe ausüben können und
4. die Rechte der Mitglieder nach diesem Gesetz und nach der Geschäftsordnung der Kammer müssen gewahrt werden.

[2]Bei einer virtuellen Kammerversammlung muss in der Einberufung darauf hingewiesen werden, dass die Versammlung ausschließlich online stattfindet. [3]§ 85 Absatz 3 ist im Falle der virtuellen Kammerversammlung nicht anzuwenden.

§ 87 Ankündigung der Tagesordnung

(1) Bei der Einberufung der Kammerversammlung ist der Gegenstand, über den in der Kammerversammlung Beschluß gefaßt werden soll, anzugeben.

(2) Über Gegenstände, deren Verhandlung nicht ordnungsmäßig angekündigt ist, dürfen keine Beschlüsse gefaßt werden.

§ 88 Wahlen und Beschlüsse der Kammerversammlung

(1) Die Voraussetzungen, unter denen die Kammerversammlung beschlußfähig ist, werden durch die Geschäftsordnung der Kammer geregelt.

(2) Die Mitglieder können ihr Wahl- oder Stimmrecht nur persönlich ausüben.

(3) [1]Die Beschlüsse der Kammerversammlung werden mit einfacher Stimmenmehrheit gefaßt. [2]Das gleiche gilt für die von der Kammerversammlung vorzunehmenden Wahlen. [3]Wird diese Mehrheit in zwei Wahlgängen nicht erreicht, so ist gewählt, wer in einem weiteren Wahlgang die meisten Stimmen erhält. [4]Bei Stimmengleichheit gibt die Stimme des Vorsitzenden den Ausschlag, bei Wahlen entscheidet das Los.

(4) [1]Ein Mitglied darf in eigenen Angelegenheiten nicht mitstimmen. [2]Dies gilt jedoch nicht für Wahlen.

(5) Über die Beschlüsse und über die Ergebnisse von Wahlen ist ein Protokoll aufzunehmen, das von dem Vorsitzenden und dem Schriftführer zu unterzeichnen ist.

§ 89 Aufgaben der Kammerversammlung

(1) [1]Die Kammerversammlung hat die ihr durch Gesetz zugewiesenen Aufgaben zu erfüllen. [2]Sie hat Angelegenheiten, die von allgemeiner Bedeutung für die Rechtsanwaltschaft sind, zu erörtern.

(2) Der Kammerversammlung obliegt insbesondere,

1. die Geschäftsordnung der Kammer zu beschließen;
2. die Höhe und die Fälligkeit des Beitrags, der Umlagen, Gebühren und Auslagen zu bestimmen;
3. Fürsorgeeinrichtungen für Rechtsanwälte und deren Hinterbliebene zu schaffen;
4. die Mittel zu bewilligen, die erforderlich sind, um den Aufwand für die gemeinschaftlichen Angelegenheiten zu bestreiten;
5. Richtlinien für die Aufwandsentschädigung und die Reisekostenvergütung aufzustellen, die
   a) den in § 43c Absatz 3 und den §§ 75, 95, 140 und 191b genannten Personen zu gewähren ist;
   b) nach Maßgabe des § 40 Absatz 6 und des § 77 Absatz 3 des Berufsbildungsgesetzes für die dort genannten Tätigkeiten zu gewähren ist;
6. die Abrechnung des Vorstandes über die Einnahmen und Ausgaben der Kammer sowie über die Verwaltung des Vermögens zu prüfen und über die Entlastung zu beschließen.

§§ 90 und 91 (weggefallen)

Fünfter Teil
Gerichte in Anwaltssachen und gerichtliches Verfahren in verwaltungsrechtlichen Anwaltssachen

Erster Abschnitt
Das Anwaltsgericht

§ 92 Bildung des Anwaltsgerichts

(1) [1]Für den Bezirk der Rechtsanwaltskammer wird ein Anwaltsgericht errichtet. [2]Es hat seinen Sitz an demselben Ort wie die Rechtsanwaltskammer.

(2) [1]Bei dem Anwaltsgericht werden nach Bedarf mehrere Kammern gebildet. [2]Die Zahl der Kammern bestimmt die Landesjustizverwaltung. [3]Der Vorstand der Rechtsanwaltskammer ist vorher zu hören.

(3) Die Aufsicht über das Anwaltsgericht führt die Landesjustizverwaltung.

§ 93 Besetzung des Anwaltsgerichts

(1) [1]Das Anwaltsgericht wird mit der erforderlichen Anzahl von Vorsitzenden und weiteren Mitgliedern besetzt. [2]Sind mehrere Vorsitzende ernannt, so wird einer von ihnen zum geschäftsleitenden Vorsitzenden bestellt. [3]Der Vorsitzende und ein weiteres Mitglied der Kammer müssen die Befähigung zum Richteramt haben.

(2) Die Landesjustizverwaltung hat den Vorstand der Rechtsanwaltskammer vor der Ernennung der Vorsitzenden und der Bestellung des geschäftsleitenden Vorsitzenden zu hören.

§ 94 Ernennung der Mitglieder des Anwaltsgerichts

(1) [1]Zu Mitgliedern des Anwaltsgerichts können nur Rechtsanwälte ernannt werden. [2]Sie müssen der Rechtsanwaltskammer angehören, für deren Bezirk das Anwaltsgericht gebildet ist.

(2) [1]Die Mitglieder des Anwaltsgerichts werden von der Landesjustizverwaltung ernannt. [2]Sie werden der Vorschlagsliste entnommen, die der Vorstand der Rechtsanwaltskammer der Landesjustizverwaltung einreicht. [3]Die Landesjustizverwaltung bestimmt, welche Zahl von Mitgliedern erforderlich ist; sie hat vorher den Vorstand der Rechtsanwaltskammer zu hören. [4]Die Vorschlagsliste des Vorstandes der Rechtsanwaltskammer muß mindestens die Hälfte mehr als die erforderliche Zahl von Rechtsanwälten enthalten.

(3) [1]Zum Mitglied des Anwaltsgerichts kann nur ein Rechtsanwalt ernannt werden, der in den Vorstand der Rechtsanwaltskammer gewählt werden kann (§§ 65, 66). [2]Die Mitglieder des Anwaltsgerichts dürfen nicht gleichzeitig

1. dem Vorstand der Rechtsanwaltskammer oder der Satzungsversammlung angehören,
2. bei der Rechtsanwaltskammer, der Bundesrechtsanwaltskammer oder der Satzungsversammlung im Haupt- oder Nebenberuf tätig sein oder
3. einem anderen Gericht der Anwaltsgerichtsbarkeit angehören.

(4) Die Mitglieder des Anwaltsgerichts werden für die Dauer von fünf Jahren ernannt; sie können nach Ablauf ihrer Amtszeit wieder berufen werden.

§ 95 Rechtsstellung der Mitglieder des Anwaltsgerichts

(1) [1]Die Mitglieder des Anwaltsgerichts sind ehrenamtliche Richter. [2]Sie haben in ihrer Eigenschaft als ehrenamtliche Richter des Anwaltsgerichts während der Dauer ihres Amtes die Stellung eines Berufsrichters. [3]Sie erhalten von der Rechtsanwaltskammer eine Entschädigung für den mit ihrer Tätigkeit verbundenen Aufwand sowie eine Reisekostenvergütung.

(1a) [1]Das Amt eines Mitglieds des Anwaltsgerichts endet, sobald die Mitgliedschaft in der Rechtsanwaltskammer endet oder nachträglich ein Umstand eintritt, der nach § 94 Abs. 3 Satz 2 der Ernennung entgegensteht, und das Mitglied jeweils zustimmt. [2]Das Mitglied und die Rechtsanwaltskammer haben Umstände nach Satz 1 der Landesjustizverwaltung und dem Anwaltsgericht unverzüglich mitzuteilen. [3]Über die Beendigung des Amtes nach Satz 1 entscheidet auf Antrag der Landesjustizverwaltung der Anwaltsgerichtshof, wenn das betroffene Mitglied der Beendigung nicht zugestimmt hat; Absatz 2 Satz 3 und 4 gilt entsprechend.

(2) [1]Ein Mitglied des Anwaltsgerichts ist auf Antrag der Landesjustizverwaltung seines Amtes zu entheben,

1. wenn nachträglich bekannt wird, daß es nicht hätte ernannt werden dürfen;
2. wenn nachträglich ein Umstand eintritt, welcher der Ernennung entgegensteht;
3. wenn es eine Amtspflicht grob verletzt.

[2]Über den Antrag entscheidet der Anwaltsgerichtshof. [3]Vor der Entscheidung sind der Rechtsanwalt und der Vorstand der Rechtsanwaltskammer zu hören. [4]Die Entscheidung ist endgültig.

(3) Die Landesjustizverwaltung kann ein Mitglied des Anwaltsgerichts auf seinen Antrag aus dem Amt entlassen, wenn es aus gesundheitlichen Gründen auf nicht absehbare Zeit gehindert oder es ihm aus gewichtigen persönlichen Gründen nicht zuzumuten ist, sein Amt weiter auszuüben.

(4) (weggefallen)

§ 96 Besetzung der Kammern des Anwaltsgerichts

Die Kammern des Anwaltsgerichts entscheiden in der Besetzung von drei Mitgliedern einschließlich des Vorsitzenden.

§ 97 Geschäftsverteilung

Für die Geschäftsverteilung bei dem Anwaltsgericht gelten die Vorschriften des Zweiten Titels sowie § 70 Abs. 1 des Gerichtsverfassungsgesetzes entsprechend.

§ 98 Geschäftsstelle und Geschäftsordnung

(1) Bei dem Anwaltsgericht wird eine Geschäftsstelle eingerichtet.

(2) Die erforderlichen Bürokräfte, die Räume und die Mittel für den sonstigen sächlichen Bedarf stellt die Rechtsanwaltskammer zur Verfügung.

(3) Die Dienstaufsicht über die Geschäftsstelle führt der Vorsitzende des Anwaltsgerichts; im Fall des § 92 Abs. 2 obliegt die Aufsicht dem geschäftsleitenden Vorsitzenden.

(4) [1]Der Geschäftsgang bei dem Anwaltsgericht wird durch eine Geschäftsordnung geregelt, die von den Mitgliedern des Anwaltsgerichts beschlossen wird. [2]Sie bedarf der Bestätigung durch die Landesjustizverwaltung.

§ 99 Amts- und Rechtshilfe

(1) Die Anwaltsgerichte haben sich gegenseitig Amts- und Rechtshilfe zu leisten.

(2) [1]Auf Ersuchen haben auch andere Gerichte und Verwaltungsbehörden dem Anwaltsgericht Amts- und Rechtshilfe zu leisten. [2]Die gleiche Verpflichtung haben die Anwaltsgerichte gegenüber anderen Gerichten und Behörden.

(3) Bei den Anwaltsgerichten können die Rechtshilfeersuchen durch ein einzelnes Mitglied erledigt werden.

Zweiter Abschnitt
Der Anwaltsgerichtshof

§ 100 Bildung des Anwaltsgerichtshofes

(1) [1]Der Anwaltsgerichtshof wird bei dem Oberlandesgericht errichtet. [2]§ 92 Abs. 3 ist entsprechend anzuwenden.

(2) [1]Bestehen in einem Land mehrere Oberlandesgerichte, so kann die Landesregierung durch Rechtsverordnung den Anwaltsgerichtshof für die Bezirke aller oder mehrerer Oberlandesgerichte bei einem oder einigen der Oberlandesgerichte oder bei dem obersten Landesgericht errichten, wenn eine solche Zusammenlegung der Rechtspflege in Anwaltssachen, insbesondere der Sicherung einer einheitlichen Rechtsprechung, dienlich ist. [2]Die Vorstände der beteiligten Rechtsanwaltskammern sind vorher zu hören.

(3) Durch Vereinbarung der beteiligten Länder können die Aufgaben, die in diesem Gesetz dem Anwaltsgerichtshof zugewiesen sind, dem hiernach zuständigen Anwaltsgerichtshof eines Landes auch für das Gebiet eines anderen Landes übertragen werden.

(4) Mehrere Länder können die Errichtung eines gemeinsamen Anwaltsgerichtshofes bei dem Oberlandesgericht oder dem obersten Landesgericht eines Landes vereinbaren.

§ 101 Besetzung des Anwaltsgerichtshofes

(1) [1]Der Anwaltsgerichtshof wird mit einem Präsidenten, der erforderlichen Anzahl von weiteren Vorsitzenden sowie mit Rechtsanwälten und Berufsrichtern als weiteren Mitgliedern besetzt. [2]Der Präsident und die weiteren Vorsitzenden müssen die Befähigung zum Richteramt haben.

(2) [1]Bei dem Anwaltsgerichtshof können nach Bedarf mehrere Senate gebildet werden. [2]Die nähere Anordnung trifft die Landesjustizverwaltung. [3]Der Vorstand der Rechtsanwaltskammer ist vorher zu hören.

(3) [1]Zum Präsidenten des Anwaltsgerichtshofes und zu Vorsitzenden der Senate sind anwaltliche Mitglieder des Anwaltsgerichtshofes zu bestellen. [2]§ 93 Abs. 2 gilt sinngemäß.

§ 102 Bestellung von Berufsrichtern zu Mitgliedern des Anwaltsgerichtshofes

(1) [1]Die Mitglieder des Anwaltsgerichtshofes, die Berufsrichter sind, werden von der Landesjustizverwaltung aus der Zahl der ständigen Mitglieder des Oberlandesgerichts für die Dauer von fünf Jahren bestellt. [2]In den Fällen des § 100 Abs. 2 können die Berufsrichter auch aus der Zahl der ständigen Mitglieder der anderen Oberlandesgerichte oder des obersten Landesgerichts bestellt werden.

(2) Die Mitglieder eines gemeinsamen Anwaltsgerichtshofes, die Berufsrichter sind, werden aus der Zahl der ständigen Mitglieder der Oberlandesgerichte der beteiligten Länder nach Maßgabe der von den Ländern getroffenen Vereinbarung (§ 100 Abs. 4) bestellt.

§ 103 Ernennung von Rechtsanwälten zu Mitgliedern des Anwaltsgerichtshofes

(1) Die anwaltlichen Mitglieder des Anwaltsgerichtshofes werden von der Landesjustizverwaltung für die Dauer von fünf Jahren ernannt.

(2) Für die Ernennung der anwaltlichen Mitglieder des Anwaltsgerichtshofes und deren Stellung gelten die §§ 94 und 95 Absatz 1 entsprechend.

(3) Für das Ende des Amtes eines anwaltlichen Mitglieds des Anwaltsgerichtshofes gilt § 95 Abs. 1a Satz 1 und 2 entsprechend mit der Maßgabe, dass keine Mitgliedschaft mehr in einer der Rechtsanwaltskammern im Bezirk der Oberlandesgerichte besteht, für deren Bezirke der Anwaltsgerichtshof errichtet ist.

(4) Für die Amtsenthebung und die Entlassung aus dem Amt ist § 95 Abs. 1a Satz 3, Abs. 2 und 3 mit der Maßgabe anzuwenden, dass über die Amtsenthebung ein Senat des Anwaltsgerichtshofes entscheidet, dem das anwaltliche Mitglied nicht angehört.

(5) [1]Im Fall des § 100 Absatz 2 soll die jeweilige Zahl der anwaltlichen Mitglieder verhältnismäßig der Mitgliederzahl der einzelnen Rechtsanwaltskammern entsprechen. [2]Die anwaltlichen Mitglieder eines gemeinsamen Anwaltsgerichtshofes, werden aus den Mitgliedern der in den beteiligten Ländern bestehenden Rechtsanwaltskammern nach Maßgabe der von den Ländern getroffenen Vereinbarung (§ 100 Abs. 4) ernannt.

(6) [1]Die anwaltlichen Mitglieder erhalten aus der Staatskasse für den mit ihrer Tätigkeit verbundenen Aufwand eine Entschädigung, die sich auf das Eineinhalbfache des in Nummer 7005 der Anlage 1 zum Rechtsanwaltsvergütungsgesetz genannten höchsten Betrages beläuft. [2]Außerdem haben die anwaltlichen Mitglieder Anspruch auf Ersatz ihrer Fahrt- und Übernachtungskosten nach Maßgabe der Nummern 7003, 7004 und 7006 der Anlage 1 zum Rechtsanwaltsvergütungsgesetz.

§ 104 Besetzung der Senate des Anwaltsgerichtshofes

[1]Die Senate des Anwaltsgerichtshofes entscheiden in der Besetzung von fünf Mitgliedern einschließlich des Vorsitzenden, soweit nicht gesetzlich bestimmt ist, dass anstelle des Senats der Vorsitzende oder der Berichterstatter entscheidet. [2]Als Beisitzer wirken zwei weitere anwaltliche Mitglieder und zwei Berufsrichter mit.

§ 105 Geschäftsverteilung und Geschäftsordnung

(1) Für die Geschäftsverteilung bei dem Anwaltsgerichtshof gelten die Vorschriften des Zweiten Titels sowie § 70 Abs. 1 des Gerichtsverfassungsgesetzes entsprechend.

(2) Der Geschäftsgang wird durch eine Geschäftsordnung geregelt, die von den Mitgliedern des Anwaltsgerichtshofes zu beschließen ist; sie bedarf der Bestätigung durch die Landesjustizverwaltung.

Dritter Abschnitt
Der Bundesgerichtshof in Anwaltssachen

§ 106 Besetzung des Senats für Anwaltssachen

(1) [1]Für Angelegenheiten, die in diesem Gesetz dem Bundesgerichtshof zugewiesen sind, wird bei dem Bundesgerichtshof ein Senat für Anwaltssachen gebildet. [2]Der Senat gilt, soweit auf das Verfahren die Vorschriften der Verwaltungsgerichtsordnung entsprechend anzuwenden sind, als Zivilsenat und, soweit für das Verfahren die Vorschriften der Strafprozeßordnung entsprechend gelten, als Strafsenat im Sinne des § 132 des Gerichtsverfassungsgesetzes.

(2) [1]Der Senat besteht aus dem Präsidenten des Bundesgerichtshofes sowie zwei Mitgliedern des Bundesgerichtshofes und zwei Rechtsanwälten als Beisitzern. [2]Den Vorsitz führt der Präsident des Bundesgerichtshofes oder in seiner Vertretung ein vom Präsidium des Bundesgerichtshofes bestimmter Vorsitzender Richter.

§ 107 Rechtsanwälte als Beisitzer

(1) [1]Die Beisitzer aus den Reihen der Rechtsanwälte werden von dem Bundesministerium der Justiz und für Verbraucherschutz auf die Dauer von fünf Jahren berufen. [2]Sie können nach Ablauf ihrer Amtszeit wieder berufen werden.

(2) [1]Die anwaltlichen Beisitzer werden der Vorschlagsliste entnommen, die das Präsidium der Bundesrechtsanwaltskammer auf Grund von Vorschlägen der Rechtsanwaltskammern dem Bundesministerium der Justiz und für Verbraucherschutz einreicht. [2]Das Bundesministerium der Justiz und für Verbraucherschutz bestimmt nach Anhörung der Bundesrechtsanwaltskammer, welche Zahl von Mitgliedern erforderlich ist. [3]Die Vorschlagsliste soll mindestens die doppelte Zahl von Rechtsanwälten enthalten.

(3) Scheidet ein anwaltlicher Beisitzer vorzeitig aus, so wird für den Rest seiner Amtszeit ein Nachfolger berufen.

(4) (weggefallen)

§ 108 Voraussetzungen für die Berufung zum Beisitzer und Recht zur Ablehnung

(1) [1]Zum Beisitzer kann nur ein Rechtsanwalt berufen werden, der in den Vorstand der Rechtsanwaltskammer gewählt werden kann (§§ 65, 66). [2]§ 94 Abs. 3 Satz 2 gilt entsprechend.

(2) Die Übernahme des Beisitzeramtes kann aus den in § 67 angeführten Gründen abgelehnt werden.

§ 109 Beendigung des Amtes als Beisitzer

(1) Für das Ende des Amtes des anwaltlichen Beisitzers gilt § 95 Abs. 1a Satz 1 und 2 entsprechend mit der Maßgabe, dass keine Mitgliedschaft in einer Rechtsanwaltskammer mehr besteht.

(2) [1]Für die Amtsenthebung und die Entlassung aus dem Amt des Beisitzers ist § 95 Abs. 1a Satz 3, Abs. 2 und 3 mit der Maßgabe anzuwenden, dass das Bundesministerium der Justiz und für Verbraucherschutz an die Stelle der Landesjustizverwaltung tritt und über die Amtsenthebung ein Zivilsenat des Bundesgerichtshofes entscheidet. [2]Bei der Entscheidung dürfen die Mitglieder

des Senats für Anwaltssachen nicht mitwirken. [3]Vor der Entscheidung sind der Rechtsanwalt und die Bundesrechtsanwaltskammer zu hören.

(3) (weggefallen)

§ 110 Stellung der Rechtsanwälte als Beisitzer und Pflicht zur Verschwiegenheit

(1) [1]Die Rechtsanwälte sind ehrenamtliche Richter. [2]Sie haben in der Sitzung, zu der sie als Beisitzer herangezogen werden, die Stellung eines Berufsrichters.

(2) [1]Die Rechtsanwälte haben über Angelegenheiten, die ihnen bei ihrer Tätigkeit als Beisitzer bekannt werden, Verschwiegenheit zu bewahren. [2]§ 76 Absatz 1 und 2 ist entsprechend anzuwenden. [3]Die Genehmigung zur Aussage erteilt der Präsident des Bundesgerichtshofes.

§ 111 Reihenfolge der Teilnahme an den Sitzungen

Die zu Beisitzern berufenen Rechtsanwälte sind zu den einzelnen Sitzungen in der Reihenfolge einer Liste heranzuziehen, die der Vorsitzende des Senats nach Anhörung der beiden ältesten der zu Beisitzern berufenen Rechtsanwälte vor Beginn des Geschäftsjahres aufstellt.

§ 112 Entschädigung der anwaltlichen Beisitzer

Für die Aufwandsentschädigung der anwaltlichen Beisitzer und für den Ersatz ihrer Reisekosten gilt § 103 Abs. 6 entsprechend.

Vierter Abschnitt
Gerichtliches Verfahren in verwaltungsrechtlichen Anwaltssachen

§ 112a Rechtsweg und sachliche Zuständigkeit

(1) Der Anwaltsgerichtshof entscheidet im ersten Rechtszug über alle öffentlich-rechtlichen Streitigkeiten nach diesem Gesetz, nach einer auf Grund dieses Gesetzes erlassenen Rechtsverordnung oder nach einer Satzung einer Rechtsanwaltskammer oder der Bundesrechtsanwaltskammer, soweit nicht die Streitigkeiten anwaltsgerichtlicher Art oder einem anderen Gericht ausdrücklich zugewiesen sind (verwaltungsrechtliche Anwaltssachen).

(2) Der Bundesgerichtshof entscheidet über das Rechtsmittel

1. der Berufung gegen Urteile des Anwaltsgerichtshofes,
2. der Beschwerde nach § 17a Abs. 4 Satz 4 des Gerichtsverfassungsgesetzes.

(3) Der Bundesgerichtshof entscheidet in erster und letzter Instanz

1. über Klagen, die Entscheidungen betreffen, die das Bundesministerium der Justiz und für Verbraucherschutz oder die Rechtsanwaltskammer bei dem Bundesgerichtshof getroffen hat oder für die das Bundesministerium der Justiz und für Verbraucherschutz oder die Rechtsanwaltskammer bei dem Bundesgerichtshof zuständig ist,
2. über die Nichtigkeit von Wahlen und Beschlüssen der Bundesrechtsanwaltskammer und der Rechtsanwaltskammer bei dem Bundesgerichtshof.

§ 112b Örtliche Zuständigkeit

[1]Örtlich zuständig ist der Anwaltsgerichtshof, der für den Oberlandesgerichtsbezirk errichtet ist, in dem der Verwaltungsakt erlassen wurde oder zu erlassen wäre; für hoheitliche Maßnahmen, die berufsrechtliche Rechte und Pflichten der Beteiligten beeinträchtigen oder verwirklichen, gilt dies sinngemäß. [2]In allen anderen Angelegenheiten ist der Anwaltsgerichtshof zuständig, der für den Oberlandesgerichtsbezirk errichtet ist, in dem der Beklagte seinen Sitz, seine Kanzlei oder ansonsten seinen Wohnsitz hat.

§ 112c Anwendung der Verwaltungsgerichtsordnung

(1) [1]Soweit dieses Gesetz keine abweichenden Bestimmungen über das gerichtliche Verfahren enthält, gelten die Vorschriften der Verwaltungsgerichtsordnung entsprechend. [2]Der Anwaltsgerichtshof steht einem Oberverwaltungsgericht gleich; § 112e bleibt unberührt.

(2) [1]Die Vorschriften der Verwaltungsgerichtsordnung über die Mitwirkung ehrenamtlicher Richter sowie die §§ 35, 36 und 47 der Verwaltungsgerichtsordnung sind nicht anzuwenden. [2]Die Fristen des § 116 Abs. 2 und des § 117 Abs. 4 der Verwaltungsgerichtsordnung betragen jeweils fünf Wochen.

(3) Die aufschiebende Wirkung der Anfechtungsklage endet abweichend von § 80b der Verwaltungsgerichtsordnung mit der Unanfechtbarkeit des Verwaltungsaktes.

§ 112d Klagegegner und Vertretung

(1) Die Klage ist gegen die Rechtsanwaltskammer, die Bundesrechtsanwaltskammer oder die Behörde zu richten,

1. die den Verwaltungsakt erlassen hat oder zu erlassen hätte; für hoheitliche Maßnahmen, die berufsrechtliche Rechte und Pflichten der Beteiligten beeinträchtigen oder verwirklichen, gilt dies sinngemäß;
2. deren Entschließung Gegenstand des Verfahrens ist.

(2) In Verfahren zwischen einem Mitglied des Präsidiums oder Vorstandes und der Rechtsanwaltskammer oder Bundesrechtsanwaltskammer wird die Rechtsanwaltskammer oder Bundesrechtsanwaltskammer durch eines ihrer Mitglieder vertreten, das der Präsident des zuständigen Gerichts besonders bestellt.

§ 112e Berufung

[1]Gegen Endurteile einschließlich der Teilurteile, Grundurteile und Zwischenurteile über die Zulässigkeit steht den Beteiligten die Berufung zu, wenn sie vom Anwaltsgerichtshof oder vom Bundesgerichtshof zugelassen wird. [2]Für das Berufungsverfahren gilt der Zwölfte Abschnitt der Verwaltungsgerichtsordnung mit der Maßgabe, dass der Anwaltsgerichtshof an die Stelle des Verwaltungsgerichts und der Bundesgerichtshof an die Stelle des Oberverwaltungsgerichts tritt.

§ 112f Klagen gegen Wahlen und Beschlüsse

(1) Für ungültig oder nichtig erklärt werden können, wenn sie unter Verletzung des Gesetzes oder der Satzung zustande gekommen sind oder wenn sie ihrem Inhalt nach mit dem Gesetz oder der Satzung nicht vereinbar sind,

1. Wahlen und Beschlüsse der Organe der Rechtsanwaltskammern und der Organe der Bundesrechtsanwaltskammer mit Ausnahme der Satzungsversammlung sowie
2. Wahlen zu Organen der Rechtsanwaltskammern und der Bundesrechtsanwaltskammer.

(2) [1]Klagen nach Absatz 1 können erhoben werden

1. durch die Behörde, die die Staatsaufsicht führt, und
2. im Fall der Klage gegen eine Rechtsanwaltskammer durch ein Mitglied der Rechtsanwaltskammer; im Fall der Klage gegen die Bundesrechtsanwaltskammer durch eine Rechtsanwaltskammer.

[2]In den Fällen des Satzes 1 Nummer 2 ist die Klage gegen einen Beschluss nur zulässig, wenn der Kläger geltend macht, durch den Beschluss in seinen Rechten verletzt zu sein.

(3) In den Fällen des Absatzes 2 Satz 1 Nummer 2 kann die Klage nur innerhalb eines Monats nach der Wahl oder Beschlussfassung erhoben werden.

§ 112g Rechtsschutz bei überlangen Gerichtsverfahren

[1]Auf den Rechtsschutz bei überlangen Gerichtsverfahren sind die Vorschriften des Siebzehnten Titels des Gerichtsverfassungsgesetzes anzuwenden. [2]Die Vorschriften dieses Gesetzes, die die Besetzung des Senats für Anwaltssachen bei dem Bundesgerichtshof regeln, sind nicht anzuwenden.

§ 112h Verwendung gefälschter Berufsqualifikationsnachweise

Wird durch den Anwaltsgerichtshof oder den Bundesgerichtshof festgestellt, dass ein Rechtsanwalt bei einem Antrag auf Anerkennung seiner Berufsqualifikation nach der Richtlinie 2005/36/EG in der jeweils geltenden Fassung einen gefälschten Berufsqualifikationsnachweis verwendet hat, hat das Gericht seine Entscheidung spätestens am Tag nach dem Eintritt der Rechtskraft der Rechtsanwaltskammer zu übermitteln.

Sechster Teil
Anwaltsgerichtliche Ahndung von Pflichtverletzungen

§ 113 Ahndung einer Pflichtverletzung

(1) [1]Gegen einen Rechtsanwalt, der schuldhaft gegen Pflichten verstößt, die in diesem Gesetz oder in der Berufsordnung nach § 59a bestimmt sind, wird eine anwaltsgerichtliche Maßnahme verhängt. [2]Gleiches gilt, wenn ein Rechtsanwalt im Fall des § 73 Absatz 2 Satz 2 dieses Gesetzes gegen Berufspflichten nach § 52d Absatz 1 bis 3 oder § 52j Absatz 4 oder 5 Satz 1 der Patentanwaltsordnung oder gegen Berufspflichten nach § 51 Absatz 1 bis 3 oder § 55b Absatz 4 oder 5 Satz 1 des Steuerberatungsgesetzes verstößt.

(2) Ein außerhalb des Berufs liegendes Verhalten eines Rechtsanwalts, das eine rechtswidrige Tat oder eine mit Geldbuße bedrohte Handlung darstellt, ist eine anwaltsgerichtlich zu ahndende Pflichtverletzung, wenn es nach den Umständen des Einzelfalls in besonderem Maße geeignet ist, Achtung und Vertrauen der Rechtsuchenden in einer für die Ausübung der Anwaltstätigkeit bedeutsamen Weise zu beeinträchtigen.

(3) Gegen eine zugelassene Berufsausübungsgesellschaft wird eine anwaltsgerichtliche Maßnahme verhängt, wenn

1. eine Leitungsperson der Berufsausübungsgesellschaft schuldhaft gegen Pflichten verstößt, die in diesem Gesetz oder in der Berufsordnung nach § 59a bestimmt sind, oder
2. eine Person, die nicht Leitungsperson ist, in Wahrnehmung der Angelegenheiten der Berufsausübungsgesellschaft gegen Pflichten verstößt, die in diesem Gesetz oder in der Berufsordnung nach § 59a bestimmt sind, wenn die Pflichtverletzung durch angemessene organisatorische, personelle oder technische Maßnahmen hätte verhindert oder wesentlich erschwert werden können.

(4) Eine anwaltsgerichtliche Maßnahme kann nicht verhängt werden, wenn der Rechtsanwalt oder die Berufsausübungsgesellschaft zur Zeit der Tat nicht der Anwaltsgerichtsbarkeit unterstand.

(5) Anwaltsgerichtliche Maßnahmen gegen einen Rechtsanwalt und gegen die Berufsausübungsgesellschaft, der dieser angehört, können nebeneinander verhängt werden.

§ 113a Leitungspersonen

Leitungspersonen einer Berufsausübungsgesellschaft sind

1. die Mitglieder eines vertretungsberechtigten Organs einer juristischen Person,
2. die vertretungsberechtigten Gesellschafter einer rechtsfähigen Personengesellschaft,
3. die Generalbevollmächtigten,
4. die Prokuristen und Handlungsbevollmächtigten, soweit sie eine leitende Stellung innehaben, sowie

5. nicht in den Nummern 1 bis 4 genannte Personen, die für die Leitung der Berufsausübungsgesellschaft verantwortlich handeln, wozu auch die Überwachung der Geschäftsführung oder die sonstige Ausübung von Kontrollbefugnissen in leitender Stellung gehört.

§ 113b Rechtsnachfolger

Im Fall einer Gesamtrechtsnachfolge oder einer partiellen Gesamtrechtsnachfolge durch Aufspaltung (§ 123 Absatz 1 des Umwandlungsgesetzes) können anwaltsgerichtliche Maßnahmen gegen den oder die Rechtsnachfolger verhängt werden.

§ 114 Anwaltsgerichtliche Maßnahmen

(1) Anwaltsgerichtliche Maßnahmen sind bei Verfahren gegen Rechtsanwälte

1. Warnung,
2. Verweis,
3. Geldbuße bis zu fünfzigtausend Euro,
4. Verbot, auf bestimmten Rechtsgebieten als Vertreter oder Beistand für die Dauer von einem Jahr bis zu fünf Jahren tätig zu werden,
5. Ausschließung aus der Rechtsanwaltschaft.

(1a) Im Fall des § 73 Absatz 2 Satz 2 tritt an die Stelle der Ausschließung aus der Rechtsanwaltschaft

1. bei Mitgliedern von Geschäftsführungsorganen die Aberkennung der Eignung, eine Berufsausübungsgesellschaft zu vertreten und ihre Geschäfte zu führen, und
2. bei Mitgliedern von Aufsichtsorganen die Aberkennung der Eignung, Aufsichtsfunktionen einer Berufsausübungsgesellschaft wahrzunehmen.

(2) Anwaltsgerichtliche Maßnahmen sind bei Verfahren gegen Berufsausübungsgesellschaften

1. Warnung,
2. Verweis,
3. Geldbuße bis zu fünfhunderttausend Euro,
4. Verbot, auf bestimmten Rechtsgebieten für die Dauer von einem Jahr bis zu fünf Jahren als Vertreter oder Beistand tätig zu werden,
5. Aberkennung der Rechtsdienstleistungsbefugnis.

(3) Die anwaltsgerichtlichen Maßnahmen des Verweises und der Geldbuße können nebeneinander verhängt werden.

§ 114a Wirkungen des Vertretungsverbots und Zuwiderhandlungen

(1) [1]Der Rechtsanwalt, gegen den ein Vertretungsverbot (§ 114 Abs. 1 Nr. 4) verhängt ist, darf auf dem ihm untersagten Rechtsgebiet nicht als Vertreter oder Beistand vor einem Gericht, vor Behörden, vor einem Schiedsgericht oder gegenüber anderen Personen tätig werden oder Vollmachten oder Untervollmachten erteilen. [2]Er darf jedoch die Angelegenheiten seines Ehegatten oder Lebenspartners und seiner minderjährigen Kinder wahrnehmen, soweit nicht eine Vertretung durch Anwälte geboten ist.

(2) [1]Die Wirksamkeit von Rechtshandlungen des Rechtsanwalts wird durch das Vertretungsverbot nicht berührt. [2]Das gleiche gilt für Rechtshandlungen, die ihm gegenüber vorgenommen werden.

(3) [1]Der Rechtsanwalt, der einem gegen ihn ergangenen Vertretungsverbot wissentlich zuwiderhandelt, wird aus der Rechtsanwaltschaft ausgeschlossen, sofern nicht wegen besonderer Umstände eine mildere anwaltsgerichtliche Maßnahme ausreichend erscheint. [2]Gerichte oder Behör-

den haben einen Rechtsanwalt, der entgegen einem Vertretungsverbot vor ihnen auftritt, zurückzuweisen.

(4) [1]Absatz 1 Satz 1 sowie die Absätze 2 und 3 sind auf Berufsausübungsgesellschaften entsprechend anzuwenden. [2]An die Stelle der Ausschließung aus der Rechtsanwaltschaft tritt die Aberkennung der Rechtsdienstleistungsbefugnis.

§ 115 Verjährung von Pflichtverletzungen

(1) [1]Die Verfolgung einer Pflichtverletzung verjährt nach fünf Jahren. [2]Abweichend davon verjährt sie

1. nach zehn Jahren, wenn die Pflichtverletzung eine Maßnahme nach § 114 Absatz 1 Nummer 4 oder Absatz 2 Nummer 4 rechtfertigt,
2. nach 20 Jahren, wenn die Pflichtverletzung eine Maßnahme nach § 114 Absatz 1 Nummer 5 oder Absatz 2 Nummer 5 rechtfertigt.

[3]Die Verjährung beginnt, sobald die Tat beendet ist.

(2) [1]Für das Ruhen der Verjährung gilt § 78b Absatz 1 bis 3 des Strafgesetzbuches entsprechend. [2]Die Verjährung ruht zudem für die Dauer

1. eines wegen desselben Verhaltens eingeleiteten Straf- oder Bußgeldverfahrens,
2. eines wegen desselben Verhaltens eingeleiteten vorrangigen berufsaufsichtlichen Verfahrens und
3. einer Aussetzung des Verfahrens nach § 118b.

(3) Für die Unterbrechung der Verjährung gilt § 78c Absatz 1 bis 4 des Strafgesetzbuches entsprechend.

§ 115a Rüge und anwaltsgerichtliche Maßnahme

(1) [1]Der Einleitung eines anwaltsgerichtlichen Verfahrens steht es nicht entgegen, daß der Vorstand der Rechtsanwaltskammer bereits wegen desselben Verhaltens eine Rüge erteilt hat (§ 74). [2]Hat das Anwaltsgericht den Rügebescheid aufgehoben (§ 74a), weil es eine Pflichtverletzung nach § 113 Absatz 1 bis 3 nicht festgestellt hat, so kann ein anwaltsgerichtliches Verfahren wegen desselben Verhaltens nur auf Grund solcher Tatsachen oder Beweismittel eingeleitet werden, die dem Anwaltsgericht bei seiner Entscheidung nicht bekannt waren.

(2) [1]Die Rüge wird mit der Rechtskraft eines anwaltsgerichtlichen Urteils unwirksam, das wegen desselben Verhaltens gegen den Rechtsanwalt oder die Berufsausübungsgesellschaft ergeht und auf Freispruch oder eine anwaltsgerichtliche Maßnahme lautet. [2]Die Rüge wird auch unwirksam, wenn rechtskräftig die Eröffnung des Hauptverfahrens abgelehnt ist, weil eine Pflichtverletzung nach § 113 Absatz 1 bis 3 nicht festzustellen ist.

§ 115b Anderweitige Ahndung

[1]Von einer anwaltsgerichtlichen Ahndung ist abzusehen, wenn

1. durch ein Gericht oder eine Behörde wegen desselben Verhaltens bereits eine Strafe, eine Geldbuße nach dem Gesetz über Ordnungswidrigkeiten oder eine berufsaufsichtliche Maßnahme verhängt worden ist oder
2. das Verhalten nach § 153a Absatz 1 Satz 5, auch in Verbindung mit Absatz 2 Satz 2, der Strafprozessordnung nicht mehr als Vergehen verfolgt werden kann.

[2]Satz 1 gilt nicht, wenn eine anwaltsgerichtliche Maßnahme zusätzlich erforderlich ist, um den Rechtsanwalt oder die Berufsausübungsgesellschaft zur Erfüllung seiner oder ihrer Pflichten anzuhalten. [3]Die Erforderlichkeit einer Maßnahme nach § 114 Absatz 1 Nummer 4 und 5 oder Absatz 2 Nummer 4 und 5 bleibt durch eine anderweitige Ahndung unberührt.

Siebenter Teil
Anwaltsgerichtliches Verfahren

Erster Abschnitt
Allgemeines

Erster Unterabschnitt
Allgemeine Verfahrensregeln

§ 116 Vorschriften für das Verfahren und den Rechtsschutz bei überlangen Gerichtsverfahren

(1) [1]Für das anwaltsgerichtliche Verfahren gelten die nachstehenden Vorschriften. [2]Ergänzend sind das Gerichtsverfassungsgesetz und die Strafprozeßordnung sinngemäß anzuwenden.

(2) [1]Auf den Rechtsschutz bei überlangen Gerichtsverfahren sind die Vorschriften des Siebzehnten Titels des Gerichtsverfassungsgesetzes anzuwenden. [2]Die Vorschriften dieses Gesetzes, die die Besetzung des Senats für Anwaltssachen bei dem Bundesgerichtshof regeln, sind nicht anzuwenden.

§ 117 Keine Verhaftung des Rechtsanwalts

[1]Der Rechtsanwalt darf zur Durchführung des anwaltsgerichtlichen Verfahrens weder vorläufig festgenommen noch verhaftet oder vorgeführt werden. [2]Er kann nicht zur Vorbereitung eines Gutachtens über seinen psychischen Zustand in ein psychiatrisches Krankenhaus gebracht werden.

§ 117a Verteidigung

Auf die Verteidigung im anwaltsgerichtlichen Verfahren ist § 140 Abs. 1 Nr. 1 bis 3, 6, 7 und 9 der Strafprozeßordnung nicht anzuwenden.

§ 117b Akteneinsicht

[1]Der Vorstand der Rechtsanwaltskammer und das Mitglied der Rechtsanwaltskammer, das einer Verletzung seiner Pflichten beschuldigt wird, sind befugt, die Akten, die dem Gericht vorliegen oder diesem im Falle der Einreichung einer Anschuldigungsschrift vorzulegen wären, einzusehen sowie amtlich verwahrte Beweisstücke zu besichtigen. [2]Für die Akteneinsicht durch das Mitglied ist § 147 Abs. 2 Satz 1, Abs. 3, 5 und 6 der Strafprozeßordnung entsprechend anzuwenden.

§ 118 Verhältnis des anwaltsgerichtlichen Verfahrens zum Straf- oder Bußgeldverfahren

(1) [1]Ist gegen ein Mitglied der Rechtsanwaltskammer, das einer Verletzung seiner Pflichten beschuldigt wird, wegen desselben Verhaltens die öffentliche Klage im Strafverfahren erhoben oder ein Bußgeldbescheid erlassen, so kann gegen das Mitglied ein anwaltsgerichtliches Verfahren eingeleitet werden, das aber bis zur Beendigung des Straf- oder Bußgeldverfahrens ausgesetzt werden muss. [2]Ebenso muß ein bereits eingeleitetes anwaltsgerichtliches Verfahren ausgesetzt werden, wenn während seines Laufes die öffentliche Klage im Strafverfahren erhoben oder ein Bußgeldbescheid erlassen wird. [3]In den Fällen der Sätze 1 und 2 ist das berufsgerichtliche Verfahren vor Beendigung des Straf- oder Bußgeldverfahrens fortzusetzen, wenn die Sachaufklärung so gesichert erscheint, dass sich widersprechende Entscheidungen nicht zu erwarten sind, oder wenn im Straf- oder Bußgeldverfahren aus Gründen nicht verhandelt werden kann, die in der Person des Mitglieds der Rechtsanwaltskammer liegen.

(2) Wird das Mitglied der Rechtsanwaltskammer im gerichtlichen Verfahren wegen einer Straftat oder einer Ordnungswidrigkeit freigesprochen, so kann wegen der Tatsachen, die Gegenstand der gerichtlichen Entscheidung waren, ein anwaltsgerichtliches Verfahren nur dann eingeleitet oder fortgesetzt werden, wenn diese Tatsachen, ohne den Tatbestand einer Strafvorschrift oder einer Bußgeldvorschrift zu erfüllen, eine Verletzung der Pflichten des Mitglieds enthalten.

(3) [1]Für die Entscheidung im anwaltsgerichtlichen Verfahren sind die tatsächlichen Feststellungen des Urteils im Straf- oder Bußgeldverfahren bindend, auf denen die Entscheidung des Gerichts beruht. [2]In dem anwaltsgerichtlichen Verfahren kann ein Gericht jedoch die nochmalige Prüfung solcher Feststellungen beschließen, deren Richtigkeit seine Mitglieder mit Stimmenmehrheit bezweifeln; dies ist in den Gründen der anwaltsgerichtlichen Entscheidung zum Ausdruck zu bringen.

(4) [1]Wird ein anwaltsgerichtliches Verfahren nach Absatz 1 Satz 3 fortgesetzt, ist die Wiederaufnahme des rechtskräftig abgeschlossenen anwaltsgerichtlichen Verfahrens auch zulässig, wenn die tatsächlichen Feststellungen, auf denen die Verurteilung oder der Freispruch im anwaltsgerichtlichen Verfahren beruht, den Feststellungen im Straf- oder Bußgeldverfahren widersprechen. [2]Den Antrag auf Wiederaufnahme des Verfahrens kann die Staatsanwaltschaft oder das Mitglied der Rechtsanwaltskammer binnen eines Monats nach Rechtskraft des Urteils im Straf- oder Bußgeldverfahren stellen.

§ 118a Verhältnis des anwaltsgerichtlichen Verfahrens zu berufsaufsichtlichen Verfahren nach anderen Berufsgesetzen

(1) [1]Über eine Pflichtverletzung eines Mitglieds der Rechtsanwaltskammer, die zugleich Pflichten eines anderen Berufs verletzt, dessen Berufsaufsicht dieses Mitglied untersteht, ist zunächst im anwaltsgerichtlichen Verfahren zu entscheiden, wenn die Pflichtverletzung überwiegend mit der Ausübung des Berufs des Rechtsanwalts in Zusammenhang steht. [2]Ist kein Schwerpunkt der Pflichtverletzung erkennbar oder besteht kein Zusammenhang der Pflichtverletzung mit der Ausübung eines Berufs, so ist zunächst im anwaltsgerichtlichen Verfahren zu entscheiden, wenn das Mitglied hauptsächlich anwaltlich tätig ist.

(2) Kommt eine Maßnahme nach § 114 Absatz 1 Nummer 4 oder 5 oder Absatz 2 Nummer 4 oder 5 in Betracht, ist stets im anwaltsgerichtlichen Verfahren zu entscheiden.

(3) Gegenstand der Entscheidung im anwaltsgerichtlichen Verfahren ist nur die Verletzung der dem Mitglied obliegenden anwaltlichen Pflichten.

§ 118b Aussetzung des anwaltsgerichtlichen Verfahrens

Das anwaltsgerichtliche Verfahren kann ausgesetzt werden, wenn in einem anderen gesetzlich geordneten Verfahren über eine Frage zu entscheiden ist, deren Beurteilung für die Entscheidung im anwaltsgerichtlichen Verfahren von wesentlicher Bedeutung ist.

Zweiter Unterabschnitt
Anwaltsgerichtliches Verfahren gegen Berufsausübungsgesellschaften

§ 118c Anwaltsgerichtliche Verfahren gegen Leitungspersonen und Berufsausübungsgesellschaften

(1) Das anwaltsgerichtliche Verfahren gegen eine Leitungsperson und das anwaltsgerichtliche Verfahren gegen eine Berufsausübungsgesellschaft können miteinander verbunden werden.

(2) Von anwaltsgerichtlichen Maßnahmen gegen eine Berufsausübungsgesellschaft kann abgesehen werden, wenn sie unter Berücksichtigung aller Umstände des Einzelfalls, insbesondere der Art der Pflichtverletzung, deren Häufigkeit und Gleichförmigkeit und des Schwerpunkts der Vorwerfbarkeit, neben der Verhängung einer anwaltsgerichtlichen Maßnahme gegen die Leitungsperson nicht erforderlich erscheinen.

§ 118d Vertretung von Berufsausübungsgesellschaften

(1) Die Berufsausübungsgesellschaft wird vorbehaltlich des § 118e Absatz 1 Satz 2 im anwaltsgerichtlichen Verfahren durch ihre gesetzlichen Vertreter vertreten.

(2) Von der Vertretung ausgeschlossen sind Personen, die einer Berufspflichtverletzung beschuldigt sind.

(3) § 51 Absatz 2 der Zivilprozessordnung gilt entsprechend.

§ 118e Besonderer Vertreter

(1) [1]Hat die Berufsausübungsgesellschaft keinen gesetzlichen Vertreter oder sind alle gesetzlichen Vertreter der Berufsausübungsgesellschaft von der Vertretung ausgeschlossen, so bestellt der Vorsitzende des Gerichts, das mit der Sache befasst ist, für die Berufsausübungsgesellschaft einen besonderen Vertreter. [2]Der besondere Vertreter hat im anwaltsgerichtlichen Verfahren bis zum Eintritt eines gesetzlichen Vertreters die Stellung eines gesetzlichen Vertreters.

(2) [1]Vor Einreichung der Anschuldigungsschrift erfolgt die Bestellung des besonderen Vertreters auf Antrag der Staatsanwaltschaft. [2]Für die Bestellung ist der Vorsitzende des Anwaltsgerichts zuständig.

§ 118f Verfahrenseintritt von Rechtsnachfolgern

Im Fall einer Rechtsnachfolge (§ 113b) treten Rechtsnachfolger der Berufsausübungsgesellschaft in diejenige Lage des anwaltsgerichtlichen Verfahrens ein, in der sich die Berufsausübungsgesellschaft zum Zeitpunkt des Wirksamwerdens der Rechtsnachfolge befunden hat.

§ 118g Vernehmung des gesetzlichen Vertreters

(1) [1]Dem gesetzlichen Vertreter der Berufsausübungsgesellschaft steht es im anwaltsgerichtlichen Verfahren frei, sich zu äußern oder nicht zur Sache auszusagen. [2]§ 133 Absatz 1 sowie die §§ 136 und 136a der Strafprozessordnung gelten für die Vernehmung des gesetzlichen Vertreters der Berufsausübungsgesellschaft entsprechend.

(2) [1]In anderen Verfahren kann der gesetzliche Vertreter der Berufsausübungsgesellschaft als Zeuge auch die Auskunft auf solche Fragen verweigern, deren Beantwortung der Berufsausübungsgesellschaft die Gefahr zuziehen würde, für eine Berufspflichtverletzung verantwortlich gemacht zu werden. [2]§ 55 Absatz 2 und § 56 der Strafprozessordnung gelten entsprechend.

Zweiter Abschnitt
Verfahren im ersten Rechtszug

Erster Unterabschnitt
Allgemeine Vorschriften

§ 119 Zuständigkeit

(1) Für das anwaltsgerichtliche Verfahren ist im ersten Rechtszug das Anwaltsgericht zuständig.

(2) Die örtliche Zuständigkeit des Anwaltsgerichts bestimmt sich nach dem Sitz der Rechtsanwaltskammer, welcher das Mitglied der Rechtsanwaltskammer zur Zeit der Einleitung des Verfahrens angehört.

§ 120 Mitwirkung der Staatsanwaltschaft

Die Staatsanwaltschaft bei dem Oberlandesgericht, in dessen Bezirk das Anwaltsgericht seinen Sitz hat (§ 119 Abs. 2), nimmt in den Verfahren vor dem Anwaltsgericht die Aufgaben der Staatsanwaltschaft wahr.

§ 120a (weggefallen)

Zweiter Unterabschnitt
Einleitung des Verfahrens

§ 121 Einleitung des anwaltsgerichtlichen Verfahrens

Das anwaltsgerichtliche Verfahren wird dadurch eingeleitet, daß die Staatsanwaltschaft bei dem Anwaltsgericht eine Anschuldigungsschrift einreicht.

§ 122 Gerichtliche Entscheidung über die Einleitung des Verfahrens

(1) Gibt die Staatsanwaltschaft einem Antrag des Vorstandes der Rechtsanwaltskammer, gegen ein Mitglied der Rechtsanwaltskammer das anwaltsgerichtliche Verfahren einzuleiten, keine Folge oder verfügt sie die Einstellung des Verfahrens, so hat sie ihre Entschließung dem Vorstand der Rechtsanwaltskammer unter Angabe der Gründe mitzuteilen.

(2) [1]Der Vorstand der Rechtsanwaltskammer kann gegen den Bescheid der Staatsanwaltschaft binnen eines Monats nach der Bekanntmachung bei dem Anwaltsgerichtshof die gerichtliche Entscheidung beantragen. [2]Der Antrag muß die Tatsachen, welche die Einleitung des anwaltsgerichtlichen Verfahrens begründen sollen, und die Beweismittel angeben. [3]Satz 1 gilt nicht, wenn das Anwaltsgericht der Einstellung zugestimmt hatte.

(3) Auf das Verfahren vor dem Anwaltsgerichtshof sind §§ 173 bis 175 der Strafprozeßordnung entsprechend anzuwenden.

(4) § 172 der Strafprozeßordnung ist nicht anzuwenden.

§ 123 Antrag des Rechtsanwalts auf Einleitung des anwaltsgerichtlichen Verfahrens

(1) [1]Das Mitglied der Rechtsanwaltskammer kann bei der Staatsanwaltschaft beantragen, das anwaltsgerichtliche Verfahren gegen sich einzuleiten, damit es sich von dem Verdacht einer Pflichtverletzung reinigen kann. [2]Wegen eines Verhaltens, wegen dessen Zwangsgeld angedroht oder festgesetzt worden ist (§ 57) oder das der Vorstand der Rechtsanwaltskammer gerügt hat (§ 74), kann das Mitglied den Antrag nicht stellen.

(2) [1]Gibt die Staatsanwaltschaft dem Antrag des Mitglieds keine Folge oder verfügt sie die Einstellung des Verfahrens, so hat sie ihre Entschließung dem Mitglied unter Angabe der Gründe mitzuteilen. [2]Das Mitglied kann beim Anwaltsgerichtshof die gerichtliche Entscheidung beantragen, wenn in den Gründen

1. eine Pflichtverletzung nach § 113 Absatz 1 bis 3 festgestellt, das anwaltsgerichtliche Verfahren aber nicht eingeleitet wird oder
2. offengelassen wird, ob eine Pflichtverletzung nach § 113 Absatz 1 bis 3 vorliegt.

[3]Der Antrag ist binnen eines Monats nach der Bekanntmachung der Entschließung der Staatsanwaltschaft zu stellen.

(3) [1]Auf das Verfahren vor dem Anwaltsgerichtshof ist § 173 Abs. 1 und 3 der Strafprozeßordnung entsprechend anzuwenden. [2]Der Anwaltsgerichtshof entscheidet durch Beschluss, ob eine Pflichtverletzung nach § 113 Absatz 1 bis 3 des Mitglieds der Rechtsanwaltskammer festzustellen ist. [3]Der Beschluß ist mit Gründen zu versehen. [4]Erachtet der Anwaltsgerichtshof das Mitglied einer anwaltsgerichtlich zu ahndenden Pflichtverletzung für hinreichend verdächtig, so beschließt er die Einleitung des anwaltsgerichtlichen Verfahrens. [5]Die Durchführung dieses Beschlusses obliegt der Staatsanwaltschaft.

(4) Erachtet der Anwaltsgerichtshof eine Pflichtverletzung nach § 113 Absatz 1 bis 3 nicht für gegeben, so kann nur auf Grund neuer Tatsachen oder Beweismittel wegen desselben Verhaltens ein Antrag auf Einleitung des anwaltsgerichtlichen Verfahrens gestellt oder eine Rüge durch den Vorstand der Rechtsanwaltskammer erteilt werden.

§§ 124 bis 129 (weggefallen)

§ 130 Inhalt der Anschuldigungsschrift

[1]In der Anschuldigungsschrift (§ 121 dieses Gesetzes sowie § 207 Abs. 3 der Strafprozeßordnung) ist die dem Mitglied der Rechtsanwaltskammer zur Last gelegte Pflichtverletzung unter Anführung der sie begründenden Tatsachen zu bezeichnen (Anschuldigungssatz). [2]Ferner sind die Beweismittel anzugeben, wenn in der Hauptverhandlung Beweise erhoben werden sollen. [3]Die Anschuldigungsschrift enthält den Antrag, das Hauptverfahren vor dem Anwaltsgericht zu eröffnen.

§ 131 Entscheidung über die Eröffnung des Hauptverfahrens vor dem Anwaltsgericht

(1) In dem Beschluß, durch den das Hauptverfahren eröffnet wird, läßt das Anwaltsgericht die Anschuldigung zur Hauptverhandlung zu.

(2) Der Beschluß, durch den das Hauptverfahren eröffnet worden ist, kann von dem Mitglied der Rechtsanwaltskammer nicht angefochten werden.

(3) [1]Der Beschluß, durch den die Eröffnung des Hauptverfahrens abgelehnt wird, ist zu begründen. [2]Gegen den Beschluß steht der Staatsanwaltschaft die sofortige Beschwerde zu.

§ 132 Rechtskraftwirkung eines ablehnenden Beschlusses

Ist die Eröffnung des Hauptverfahrens durch einen nicht mehr anfechtbaren Beschluß abgelehnt, so kann der Antrag auf Einleitung des anwaltsgerichtlichen Verfahrens nur auf Grund neuer Tatsachen oder Beweismittel und nur innerhalb von fünf Jahren, seitdem der Beschluß rechtskräftig geworden ist, erneut gestellt werden.

§ 133 Zustellung des Eröffnungsbeschlusses

[1]Der Beschluß über die Eröffnung des Hauptverfahrens ist dem Mitglied der Rechtsanwaltskammer spätestens mit der Ladung zuzustellen. [2]Entsprechendes gilt in den Fällen des § 207 Abs. 3 der Strafprozeßordnung für die nachgereichte Anschuldigungsschrift.

Dritter Unterabschnitt
Hauptverhandlung vor dem Anwaltsgericht

§ 134 Hauptverhandlung trotz Ausbleibens des Mitglieds der Rechtsanwaltskammer

[1]Die Hauptverhandlung kann gegen ein Mitglied der Rechtsanwaltskammer, das nicht erschienen ist, durchgeführt werden, wenn das Mitglied ordnungsmäßig geladen und in der Ladung darauf hingewiesen wurde, dass in seiner Abwesenheit verhandelt werden kann. [2]Eine öffentliche Ladung ist nicht zulässig.

§ 135 (weggefallen)

§ 136 (weggefallen)

§ 137 Beweisaufnahme durch einen beauftragten oder ersuchten Richter

[1]Das Anwaltsgericht kann eines seiner Mitglieder beauftragen, Zeugen oder Sachverständige zu vernehmen. [2]Es kann auch ein anderes Anwaltsgericht oder das Amtsgericht um die Vernehmung ersuchen. [3]Zeugen oder Sachverständige sind jedoch auf Antrag der Staatsanwaltschaft oder des Mitglieds der Rechtsanwaltskammer in der Hauptverhandlung zu vernehmen, es sei denn, dass sie voraussichtlich am Erscheinen in der Hauptverhandlung gehindert sind oder ihnen das Erscheinen wegen großer Entfernung nicht zugemutet werden kann.

§ 138 Verlesen von Protokollen

(1) Das Anwaltsgericht beschließt nach pflichtmäßigem Ermessen, ob die Aussagen von Zeugen oder Sachverständigen, die bereits in dem anwaltsgerichtlichen oder in einem anderen gesetzlich geordneten Verfahren vernommen worden sind, zu verlesen sind.

(2) [1]Bevor der Gerichtsbeschluss ergeht, kann die Staatsanwaltschaft oder das Mitglied der Rechtsanwaltskammer beantragen, Zeugen oder Sachverständige in der Hauptverhandlung zu vernehmen. [2]Einem solchen Antrag ist zu entsprechen, es sei denn, dass die Zeugen oder Sachverständigen voraussichtlich am Erscheinen in der Hauptverhandlung gehindert sind oder ihnen das Erscheinen wegen großer Entfernung nicht zugemutet werden kann. [3]Wird dem Antrag stattgegeben, so darf das Protokoll über die frühere Vernehmung nicht verlesen werden.

(3) [1]Sind Zeugen oder Sachverständige durch einen beauftragten oder ersuchten Richter vernommen worden (§ 137), so kann der Verlesung des Protokolls nicht widersprochen werden. [2]Die Staatsanwaltschaft oder das Mitglied der Rechtsanwaltskammer kann jedoch der Verlesung widersprechen, wenn ein Antrag gemäß § 137 Satz 3 abgelehnt worden ist und Gründe für eine Ablehnung des Antrags jetzt nicht mehr bestehen.

§ 139 Entscheidung des Anwaltsgerichts

(1) Die Hauptverhandlung schließt mit der auf die Beratung folgenden Verkündung des Urteils.

(2) Das Urteil lautet auf Freisprechung, Verurteilung oder Einstellung des Verfahrens.

(3) Das anwaltsgerichtliche Verfahren ist, abgesehen von dem Fall des § 260 Abs. 3 der Strafprozeßordnung, einzustellen,

1. wenn die Zulassung zur Rechtsanwaltschaft (§ 13) oder die Zulassung als Berufsausübungsgesellschaft (§ 59h Absatz 1) erloschen ist;
2. wenn nach § 115b von einer anwaltsgerichtlichen Ahndung abzusehen ist.

§ 140 Protokollführer

(1) [1]In der Hauptverhandlung vor dem Anwaltsgericht werden die Aufgaben des Protokollführers von einem Rechtsanwalt wahrgenommen. [2]Der Protokollführer wird von dem Vorsitzenden oder, bei einem Anwaltsgericht mit mehreren Kammern, von dem geschäftsleitenden Vorsitzenden bestellt. [3]Er ist verpflichtet, der Bestellung Folge zu leisten. [4]§ 75 gilt entsprechend.

(2) Der Vorsitzende der Kammer des Anwaltsgerichts verpflichtet den Protokollführer vor der ersten Dienstleistung durch Handschlag auf die gewissenhafte Erfüllung der Obliegenheiten eines Protokollführers.

(3) [1]Der Protokollführer hat über die Angelegenheiten, die ihm bei seiner Tätigkeit bekannt werden, Verschwiegenheit zu bewahren. [2]§ 76 Absatz 1 und 2 ist entsprechend anzuwenden. [3]Die Genehmigung zur Aussage erteilt der Vorsitzende der Kammer des Anwaltsgerichts.

§ 141 Ausfertigung der Entscheidungen

Ausfertigungen und Auszüge der Entscheidungen des Anwaltsgerichts werden von dem Vorsitzenden der Kammer des Anwaltsgerichts erteilt.

Dritter Abschnitt
Rechtsmittel

Erster Unterabschnitt
Rechtsmittel gegen Entscheidungen des Anwaltsgerichts

§ 142 Beschwerde

Soweit Beschlüsse des Anwaltsgerichts mit der Beschwerde angefochten werden können, ist für die Verhandlung und Entscheidung über dieses Rechtsmittel der Anwaltsgerichtshof zuständig.

§ 143 Berufung

(1) Gegen das Urteil des Anwaltsgerichts ist die Berufung an den Anwaltsgerichtshof zulässig.

(2) [1]Die Berufung muß binnen einer Woche nach Verkündung des Urteils bei dem Anwaltsgericht schriftlich eingelegt werden. [2]Ist das Urteil nicht in Anwesenheit des Mitglieds der Rechtsanwaltskammer verkündet worden, so beginnt für dieses die Frist mit der Zustellung.

(3) Die Berufung kann nur schriftlich gerechtfertigt werden.

(4) Die §§ 134 und 137 bis 139 sind auf das Berufungsverfahren sinngemäß anzuwenden; hierbei lässt § 134 die sinngemäße Anwendung des § 329 Absatz 1 der Strafprozessordnung unberührt.

§ 144 Mitwirkung der Staatsanwaltschaft vor dem Anwaltsgerichtshof

Die Aufgaben der Staatsanwaltschaft in den Verfahren vor dem Anwaltsgerichtshof werden von der Staatsanwaltschaft bei dem Oberlandesgericht oder dem obersten Landesgericht wahrgenommen, bei dem der Anwaltsgerichtshof errichtet ist.

Zweiter Unterabschnitt
Rechtsmittel gegen Entscheidungen des Anwaltsgerichtshofes

§ 145 Revision

(1) Gegen ein Urteil des Anwaltsgerichtshofes ist die Revision an den Bundesgerichtshof zulässig,

1. wenn das Urteil auf eine Maßnahme nach § 114 Absatz 1 Nummer 4 oder 5 oder Absatz 2 Nummer 4 oder 5 lautet;
2. wenn der Anwaltsgerichtshof entgegen einem Antrag der Staatsanwaltschaft nicht auf eine Maßnahme nach § 114 Absatz 1 Nummer 4 oder 5 oder Absatz 2 Nummer 4 oder 5 erkannt hat;
3. wenn der Anwaltsgerichtshof sie in dem Urteil zugelassen hat.

(2) Der Anwaltsgerichtshof darf die Revision nur zulassen, wenn er über Rechtsfragen oder Fragen der anwaltlichen Berufspflichten entschieden hat, die von grundsätzlicher Bedeutung sind.

(3) [1]Die Nichtzulassung der Revision kann selbständig durch Beschwerde innerhalb eines Monats nach Zustellung des Urteils angefochten werden. [2]Die Beschwerde ist bei dem Anwaltsgerichtshof einzulegen. [3]In der Beschwerdeschrift muß die grundsätzliche Rechtsfrage ausdrücklich bezeichnet werden.

(4) Die Beschwerde hemmt die Rechtskraft des Urteils.

(5) [1]Wird der Beschwerde nicht abgeholfen, so entscheidet der Bundesgerichtshof durch Beschluß. [2]Der Beschluß bedarf keiner Begründung, wenn die Beschwerde einstimmig verworfen oder zurückgewiesen wird. [3]Mit Ablehnung der Beschwerde durch den Bundesgerichtshof wird das Urteil rechtskräftig. [4]Wird der Beschwerde stattgegeben, so beginnt mit Zustellung des Beschwerdebescheides die Revisionsfrist.

§ 146 Einlegung der Revision und Verfahren

(1) [1]Die Revision ist binnen einer Woche bei dem Anwaltsgerichtshof schriftlich einzulegen. [2]Die Frist beginnt mit der Verkündung des Urteils. [3]Ist das Urteil nicht in Anwesenheit des Mitglieds der Rechtsanwaltskammer verkündet worden, so beginnt für dieses die Frist mit der Zustellung.

(2) Seitens des Mitglieds der Rechtsanwaltskammer können die Revisionsanträge und deren Begründung nur schriftlich angebracht werden.

(3) [1]§ 139 Absatz 3 ist auf das Verfahren vor dem Bundesgerichtshof sinngemäß anzuwenden. [2]In den Fällen des § 354 Absatz 2 der Strafprozessordnung kann die Sache auch an den Anwaltsgerichtshof eines anderen Landes zurückverwiesen werden.

§ 147 Mitwirkung der Staatsanwaltschaft vor dem Bundesgerichtshof

Die Aufgaben der Staatsanwaltschaft in den Verfahren vor dem Bundesgerichtshof werden von dem Generalbundesanwalt wahrgenommen.

Vierter Abschnitt
Sicherung von Beweisen

§ 148 Anordnung der Beweissicherung

(1) [1]Wird ein anwaltsgerichtliches Verfahren gegen ein Mitglied der Rechtsanwaltskammer eingestellt, weil dessen Zulassung erloschen ist, so kann in der Entscheidung auf Antrag der Staatsanwaltschaft zugleich die Sicherung der Beweise angeordnet werden, wenn dringende Gründe für die Annahme vorliegen, dass auf Ausschließung aus der Rechtsanwaltschaft oder auf Aberkennung der Rechtsdienstleistungsbefugnis erkannt worden wäre. [2]Die Anordnung kann nicht angefochten werden.

(2) [1]Die Beweise werden von dem Anwaltsgericht aufgenommen. [2]Das Anwaltsgericht kann eines seiner Mitglieder mit der Beweisaufnahme beauftragen.

§ 149 Verfahren

(1) [1]Das Anwaltsgericht hat von Amts wegen alle Beweise zu erheben, die eine Entscheidung darüber begründen können, ob das eingestellte Verfahren zur Ausschließung aus der Rechtsanwaltschaft oder zur Aberkennung der Rechtsdienstleistungsbefugnis geführt hätte. [2]Den Umfang des Verfahrens bestimmt das Anwaltsgericht nach pflichtmäßigem Ermessen, ohne an Anträge gebunden zu sein; seine Verfügungen können insoweit nicht angefochten werden.

(2) Zeugen sind, soweit nicht Ausnahmen vorgeschrieben oder zugelassen sind, eidlich zu vernehmen.

(3) [1]Die Staatsanwaltschaft und das frühere Mitglied der Rechtsanwaltskammer sind an dem Verfahren zu beteiligen. [2]Ein Anspruch auf Benachrichtigung über die Termine, die zum Zwecke der Beweissicherung anberaumt werden, steht dem früheren Mitglied nur zu, wenn dem Gericht eine zustellungsfähige Anschrift in einem Mitgliedstaat der Europäischen Union, einem anderen Vertragsstaat des Abkommens über den Europäischen Wirtschaftsraum oder der Schweiz bekannt ist.

(4) (weggefallen)

Fünfter Abschnitt
Berufs- und Vertretungsverbot als vorläufige Maßnahme

§ 150 Voraussetzung für das Verbot

(1) [1]Liegen dringende Gründe für die Annahme vor, dass gegen ein Mitglied der Rechtsanwaltskammer auf Ausschließung aus der Rechtsanwaltschaft oder Aberkennung der Rechtsdienstleistungsbefugnis erkannt werden wird, kann gegen das Mitglied durch Beschluss ein vorläufiges Berufs- oder Vertretungsverbot verhängt werden. [2]§ 118 Abs. 1 Satz 1 und 2 ist nicht anzuwenden.

(2) [1]Die Staatsanwaltschaft kann vor Einleitung des anwaltsgerichtlichen Verfahrens den Antrag auf Verhängung eines Berufs- oder Vertretungsverbotes stellen. [2]In dem Antrag sind die Pflichtverletzung, die dem Mitglied der Rechtsanwaltskammer zur Last gelegt wird, sowie die Beweismittel anzugeben.

(3) Für die Verhandlung und Entscheidung ist das Gericht zuständig, das über die Eröffnung des Hauptverfahrens gegen das Mitglied der Rechtsanwaltskammer zu entscheiden hat oder vor dem das anwaltsgerichtliche Verfahren anhängig ist.

§ 150a Verfahren zur Erzwingung des Antrags der Staatsanwaltschaft

Hat der Vorstand der Rechtsanwaltskammer gegenüber der Staatsanwaltschaft beantragt, daß diese den Antrag auf Verhängung eines Berufs- oder Vertretungsverbotes stellen solle, so ist § 122 entsprechend anzuwenden.

§ 151 Mündliche Verhandlung

(1) Der Beschluß, durch den ein Berufs- oder Vertretungsverbot verhängt wird, kann nur auf Grund mündlicher Verhandlung ergehen.

(2) Auf die Ladung und die mündliche Verhandlung sind die Vorschriften entsprechend anzuwenden, die für die Hauptverhandlung vor dem erkennenden Gericht maßgebend sind, soweit sich nicht aus den folgenden Vorschriften etwas anderes ergibt.

(3) [1]In der ersten Ladung ist die dem Mitglied der Rechtsanwaltskammer zur Last gelegte Pflichtverletzung durch Anführung der sie begründenden Tatsachen zu bezeichnen; ferner sind die Beweismittel anzugeben. [2]Dies ist jedoch nicht erforderlich, wenn dem Mitglied die Anschuldigungsschrift bereits mitgeteilt worden ist.

(4) Den Umfang der Beweisaufnahme bestimmt das Gericht nach pflichtmäßigem Ermessen, ohne an Anträge der Staatsanwaltschaft oder des Mitglieds der Rechtsanwaltskammer gebunden zu sein.

§ 152 Abstimmung über das Verbot

Zur Verhängung des Berufs- oder Vertretungsverbotes ist eine Mehrheit von zwei Dritteln der Stimmen erforderlich.

§ 153 Verbot im Anschluss an die Hauptverhandlung

[1]Hat das Gericht auf Ausschließung aus der Rechtsanwaltschaft oder auf Aberkennung der Rechtsdienstleistungsbefugnis erkannt, so kann es im unmittelbaren Anschluß an die Hauptverhandlung über die Verhängung des Berufs- oder Vertretungsverbotes verhandeln und entscheiden. [2]Dies gilt auch dann, wenn das Mitglied der Rechtsanwaltskammer zu der Hauptverhandlung nicht erschienen ist.

§ 154 Zustellung des Beschlusses

[1]Der Beschluß ist mit Gründen zu versehen. [2]Er ist dem Mitglied der Rechtsanwaltskammer zuzustellen. [3]War das Mitglied bei der Verkündung des Beschlusses nicht anwesend, ist ihm zusätzlich der Beschluß ohne Gründe unverzüglich nach der Verkündung zuzustellen.

§ 155 Wirkungen des Verbots

(1) Der Beschluß wird mit der Verkündung wirksam.

(2) [1]Der Rechtsanwalt, gegen den ein Berufsverbot verhängt ist, darf seinen Beruf nicht ausüben. [2]Die Berufsausübungsgesellschaft, gegen die ein Berufsverbot verhängt ist, darf keine Rechtsdienstleistungen erbringen.

(3) Das Mitglied der Rechtsanwaltskammer, gegen das ein Vertretungsverbot (§ 150 Absatz 1) verhängt ist, darf weder als Vertreter oder Beistand vor einem Gericht, vor Behörden, vor einem Schiedsgericht oder gegenüber anderen Personen tätig werden noch Vollmachten oder Untervollmachten erteilen.

(4) [1]Das Mitglied der Rechtsanwaltskammer, gegen das ein Berufs- oder Vertretungsverbot verhängt ist, darf jedoch seine eigenen Angelegenheiten wahrnehmen, soweit nicht eine Vertretung durch Rechtsanwälte geboten ist. [2]Satz 1 gilt für einen Rechtsanwalt auch in Bezug auf die Angelegenheiten seines Ehegatten oder Lebenspartners und seiner minderjährigen Kinder.

(5) [1]Die Wirksamkeit von Rechtshandlungen des Mitglieds der Rechtsanwaltskammer wird durch das Berufs- oder Vertretungsverbot nicht berührt. [2]Das gleiche gilt für Rechtshandlungen, die ihm gegenüber vorgenommen werden.

§ 156 Zuwiderhandlungen gegen das Verbot

(1) Gegen ein Mitglied der Rechtsanwaltskammer, das einem gegen sich ergangenen Berufs- oder Vertretungsverbot wissentlich zuwiderhandelt, wird eine Maßnahme nach § 114 Absatz 1 Nummer 5 oder Absatz 2 Nummer 5 verhängt, sofern nicht wegen besonderer Umstände eine mildere anwaltsgerichtliche Maßnahme ausreichend erscheint.

(2) Gerichte oder Behörden haben ein Mitglied der Rechtsanwaltskammer, das entgegen einem Berufs- oder Vertretungsverbot vor ihnen auftritt, zurückzuweisen.

§ 157 Beschwerde

(1) [1]Gegen den Beschluß, durch den das Anwaltsgericht oder der Anwaltsgerichtshof ein Berufs- oder Vertretungsverbot verhängt, ist die sofortige Beschwerde zulässig. [2]Die Beschwerde hat keine aufschiebende Wirkung.

(2) Gegen den Beschluß, durch den das Anwaltsgericht oder der Anwaltsgerichtshof es ablehnt, ein Berufs- oder Vertretungsverbot zu verhängen, steht der Staatsanwaltschaft die sofortige Beschwerde zu.

(3) [1]Über die sofortige Beschwerde entscheidet, sofern der angefochtene Beschluß von dem Anwaltsgericht erlassen ist, der Anwaltsgerichtshof und, sofern er vor dem Anwaltsgerichtshof ergangen ist, der Bundesgerichtshof. [2]Für das Verfahren gelten neben den Vorschriften der Strafprozeßordnung über die Beschwerde § 151 Abs. 1, 2 und 4 sowie §§ 152 und 154 dieses Gesetzes entsprechend.

§ 158 Außerkrafttreten des Verbots

Das Berufs- oder Vertretungsverbot tritt außer Kraft,

1. wenn ein nicht auf eine Maßnahme nach § 114 Absatz 1 Nummer 5 oder Absatz 2 Nummer 5 lautendes Urteil ergeht oder
2. wenn die Eröffnung des Hauptverfahrens vor dem Anwaltsgericht abgelehnt wird.

§ 159 Aufhebung des Verbots

(1) Das Berufs- oder Vertretungsverbot wird aufgehoben, wenn sich ergibt, daß die Voraussetzungen für seine Verhängung nicht oder nicht mehr vorliegen.

(2) Über die Aufhebung entscheidet das nach § 150 Abs. 3 zuständige Gericht.

(3) [1]Beantragt das Mitglied der Rechtsanwaltskammer, das Verbot aufzuheben, so kann eine erneute mündliche Verhandlung angeordnet werden. [2]Der Antrag kann nicht gestellt werden, solange über eine sofortige Beschwerde des Mitglieds der Rechtsanwaltskammer nach § 157 Abs. 1 noch nicht entschieden ist. [3]Gegen den Beschluß, durch den der Antrag abgelehnt wird, ist eine Beschwerde nicht zulässig.

§ 159a Dreimonatsfrist

(1) Solange das anwaltsgerichtliche Verfahren noch nicht eingeleitet ist, darf ein Berufs- oder Vertretungsverbot über drei Monate hinaus nur aufrechterhalten werden, wenn die besondere Schwierigkeit oder der besondere Umfang der Ermittlungen oder ein anderer wichtiger Grund die Einleitung des anwaltsgerichtlichen Verfahrens noch nicht zuläßt und die Fortdauer des Verbotes rechtfertigt.

(2) In den Fällen des Absatzes 1 ist das Verbot nach Ablauf der drei Monate aufzuheben, wenn der Anwaltsgerichtshof nicht dessen Fortdauer anordnet.

(3) Werden die Akten dem Anwaltsgerichtshof vor Ablauf der in Absatz 2 bezeichneten Frist vorgelegt, so ruht der Fristenlauf bis zu dessen Entscheidung.

§ 159b Prüfung der Fortdauer des Verbots

(1) In den Fällen des § 159a legt das Anwaltsgericht die Akten durch Vermittlung der Staatsanwaltschaft dem Anwaltsgerichtshof zur Entscheidung vor, wenn es die Fortdauer des Verbotes für erforderlich hält oder die Staatsanwaltschaft es beantragt.

(2) Vor der Entscheidung des Anwaltsgerichtshofes ist das Mitglied der Rechtsanwaltskammer zu hören.

(3) Die Prüfung der Fortdauer des Verbotes muß jeweils spätestens nach drei Monaten von dem Anwaltsgerichtshof wiederholt werden, solange das anwaltsgerichtliche Verfahren noch nicht eingeleitet ist.

§ 160 Mitteilung des Verbots

(1) [1]Der Beschluß, durch den ein Berufs- oder Vertretungsverbot verhängt wird, ist alsbald dem Präsidenten der Rechtsanwaltskammer in beglaubigter Abschrift mitzuteilen. [2]Bei einem Anwaltsnotar ist zudem der Landesjustizverwaltung und der Notarkammer alsbald eine beglaubigte Abschrift zu übersenden.

(2) Tritt das Berufs- oder Vertretungsverbot außer Kraft oder wird es aufgehoben oder abgeändert, so ist Absatz 1 entsprechend anzuwenden.

§ 161 Bestellung einer Vertretung

(1) [1]Für ein Mitglied der Rechtsanwaltskammer, gegen das ein Berufs- oder Vertretungsverbot verhängt ist, wird von der Rechtsanwaltskammer eine Vertretung bestellt, wenn hierfür ein Bedürfnis besteht. [2]Vor der Bestellung ist das Mitglied zu hören. [3]Es kann eine Vertretung vorschlagen.

(2) § 53 Absatz 2, Absatz 4 Satz 3 und Absatz 5 sowie § 54 Absatz 1, 3 und 4 sind entsprechend anzuwenden.

§ 161a Gegenständlich beschränktes Vertretungsverbot

(1) Sind dringende Gründe für die Annahme vorhanden, dass gegen ein Mitglied der Rechtsanwaltskammer auf eine Maßnahme nach § 114 Absatz 1 Nummer 4 oder Absatz 2 Nummer 4 erkannt werden wird, so kann gegen das Mitglied durch Beschluss ein vorläufiges Verbot, auf bestimmten Rechtsgebieten als Vertreter oder Beistand tätig zu werden, angeordnet werden.

(2) § 150 Abs. 1 Satz 2, Abs. 2, 3, §§ 150a bis 154, § 155 Abs. 1, 3 bis 5, §§ 156 bis 160 sind entsprechend anzuwenden.

Achter Teil
Die Rechtsanwaltschaft bei dem Bundesgerichtshof

Erster Abschnitt
Allgemeines

§ 162 Entsprechende Anwendung von Vorschriften

Für die Rechtsanwaltschaft bei dem Bundesgerichtshof gelten der Erste bis Siebente Teil dieses Gesetzes, soweit sich nicht aus den nachstehenden Vorschriften etwas Besonderes ergibt.

§ 163 Sachliche Zuständigkeit

[1]Von den Aufgaben, die nach den Vorschriften des Ersten bis Siebenten Teils dieses Gesetzes der Rechtsanwaltskammer *zugewiesen* sind, nimmt das Bundesministerium der Justiz und für Verbraucherschutz die Aufgaben wahr, die die Zulassung zur Rechtsanwaltschaft und als Berufsausübungsgesellschaft und ihr Erlöschen, die Kanzlei sowie die Bestellung einer Vertretung oder eines Abwicklers betreffen. [2]Das Bundesministerium der Justiz und für Verbraucherschutz ist die zuständige Stelle nach § 51 Absatz 7. [3]Es nimmt auch die Aufgaben wahr, die der Landesjustizverwaltung zugewiesen sind. [4]Die Wahrnehmung der übrigen Aufgaben obliegt der Rechtsanwaltskammer bei dem Bundesgerichtshof. [5]An die Stelle des Anwaltsgerichts und des Anwaltsgerichtshofes tritt in Verfahren zur Ahndung von Pflichtverletzungen der Bundesgerichtshof. [6]Der Generalbundesanwalt beim Bundesgerichtshof nimmt die Aufgaben der Staatsanwaltschaft wahr.

Zweiter Abschnitt
Zulassung als Rechtsanwalt bei dem Bundesgerichtshof

§ 164 Besondere Voraussetzung für die Zulassung

Bei dem Bundesgerichtshof kann als Rechtsanwalt nur zugelassen werden, wer durch den Wahlausschuß für Rechtsanwälte bei dem Bundesgerichtshof benannt wird.

§ 165 Wahlausschuss für Rechtsanwälte bei dem Bundesgerichtshof

(1) Der Wahlausschuß besteht aus dem Präsidenten und den Senatspräsidenten der Zivilsenate des Bundesgerichtshofes sowie aus den Mitgliedern des Präsidiums der Bundesrechtsanwaltskammer und des Präsidiums der Rechtsanwaltskammer bei dem Bundesgerichtshof.

(2) [1]Den Vorsitz in dem Wahlausschuß führt der Präsident des Bundesgerichtshofes. [2]Er beruft den Wahlausschuß ein.

(3) Die Einladung muß die Tagesordnung für die Sitzung des Wahlausschusses enthalten und den Mitgliedern mindestens eine Woche vor der Sitzung zugehen.

(4) Die Sitzungen sind nicht öffentlich.

(5) Über jede Sitzung wird ein Protokoll aufgenommen.

§ 166 Vorschlagslisten für die Wahl

(1) Die Wahl findet auf Grund von Vorschlagslisten statt.

(2) Vorschlagslisten können einreichen

1. die Bundesrechtsanwaltskammer auf Grund von Vorschlägen der Rechtsanwaltskammern,
2. die Rechtsanwaltskammer bei dem Bundesgerichtshof.

(3) In die Vorschlagslisten kann nur aufgenommen werden, wer das fünfunddreißigste Lebensjahr vollendet hat und den Beruf des Rechtsanwalts seit mindestens fünf Jahren ohne Unterbrechung ausübt.

§ 167 Prüfung des Wahlausschusses

(1) Der Wahlausschuß prüft, ob der Vorgeschlagene die sachlichen und persönlichen Voraussetzungen für die Tätigkeit als Rechtsanwalt bei dem Bundesgerichtshof besitzt.

(2) Zur Vorbereitung der Wahl bestellt der Wahlausschuß zwei seiner Mitglieder als Berichterstatter.

§ 167a Akteneinsicht

(1) Der Rechtsanwalt, der in die Vorschlagsliste aufgenommen wurde, hat das Recht, die Protokolle des Wahlausschusses einzusehen.

(2) Die persönlichen, beruflichen und wirtschaftlichen Verhältnisse des Rechtsanwalts werden in einem gesonderten Bericht dargestellt, den der Rechtsanwalt einsehen kann.

(3) § 58 Absatz 2 ist entsprechend anzuwenden.

§ 168 Entscheidung des Wahlausschusses

(1) [1]Der Wahlausschuß ist beschlußfähig, wenn die Mehrzahl sowohl der dem Bundesgerichtshof angehörenden Mitglieder als auch der Mitglieder der Präsidien der Bundesrechtsanwaltskammer und der Rechtsanwaltskammer bei dem Bundesgerichtshof anwesend ist. [2]Er entscheidet mit einfacher Stimmenmehrheit. [3]Die Abstimmung ist geheim.

(2) Der Wahlausschuß benennt aus den Vorschlagslisten die doppelte Zahl von Rechtsanwälten, die er für die Zulassung bei dem Bundesgerichtshof für angemessen hält.

(3) Durch die Benennung wird für die Bewerberin oder den Bewerber ein Anspruch auf Zulassung als Rechtsanwalt bei dem Bundesgerichtshof nicht begründet.

§ 169 Mitteilung des Wahlergebnisses

(1) Der Vorsitzende des Wahlausschusses teilt das Ergebnis der Wahlen dem Bundesministerium der Justiz und für Verbraucherschutz mit.

(2) Die Anträge der vom Wahlausschuß benannten Rechtsanwälte, sie beim Bundesgerichtshof zuzulassen, sind der Mitteilung beizufügen.

§ 170 Entscheidung über den Antrag auf Zulassung

(1) [1]Über den Antrag auf Zulassung als Rechtsanwalt bei dem Bundesgerichtshof entscheidet das Bundesministerium der Justiz und für Verbraucherschutz. [2]Die Zulassung kann aufschiebend befristet werden. [3]Die Frist soll drei Monate nicht überschreiten.

(2) Die Entscheidung über den Antrag auf Zulassung kann aus den in § 10 genannten Gründen ausgesetzt werden.

(3) Der Vorstand der Rechtsanwaltskammer bei dem Bundesgerichtshof ist nur dann zu hören, wenn gegen die Zulassung Bedenken bestehen.

(4) Für die Zulassung gilt § 166 Abs. 3 entsprechend.

§ 171 (weggefallen)

Dritter Abschnitt
Besondere Rechte und Pflichten und berufliche Zusammenarbeit der Rechtsanwälte beim Bundesgerichtshof

Erster Unterabschnitt
Besondere Rechte und Pflichten der Rechtsanwälte beim Bundesgerichtshof

§ 172 Beschränkung des Auftretens vor anderen Gerichten

(1) [1]Die bei dem Bundesgerichtshof zugelassenen Rechtsanwälte dürfen nur vor dem Bundesgerichtshof, den anderen obersten Gerichtshöfen des Bundes, dem Gemeinsamen Senat der obersten Gerichtshöfe und dem Bundesverfassungsgericht auftreten. [2]Das Recht, vor internationalen oder gemeinsamen zwischenstaatlichen Gerichten aufzutreten, wird hierdurch nicht berührt.

(2) In dem Verfahren vor dem ersuchten Richter dürfen sie auch vor einem anderen Gericht auftreten, wenn das Ersuchen von einem der in Absatz 1 genannten Gerichte ausgeht.

§ 172a Kanzlei

[1]Der beim Bundesgerichtshof zugelassene Rechtsanwalt hat seine Kanzlei am Sitz des Bundesgerichtshofes einzurichten und zu unterhalten. [2]§ 14 Abs. 3 gilt mit der Maßgabe, dass die Zulassung als Rechtsanwalt bei dem Bundesgerichtshof widerrufen werden kann.

§ 173 Bestellung einer Vertretung und eines Abwicklers der Kanzlei

(1) [1]Das Bundesministerium der Justiz und für Verbraucherschutz soll als Vertretung einen bei dem Bundesgerichtshof zugelassenen Rechtsanwalt bestellen. [2]Es kann auch einen Rechtsanwalt bestellen, der das fünfunddreißigste Lebensjahr vollendet hat und den Beruf seit mindestens fünf Jahren ohne Unterbrechung ausübt.

(2) [1]Absatz 1 gilt entsprechend für die Bestellung eines Abwicklers der Kanzlei (§ 55). [2]Weist die Rechtsanwaltskammer bei dem Bundesgerichtshof nach, dass für die Erledigung der laufenden Aufträge in einer Weise gesorgt ist, die den Rechtsuchenden nicht schlechter stellt als die Anwendung des § 55, unterbleibt die Bestellung eines Abwicklers.

(3) [1]Für die Bestellung einer Vertretung (§ 47 Absatz 2, § 53 Absatz 3 Satz 2, Absatz 4, § 161 Absatz 1 Satz 1, § 163 Satz 1) wird eine Gebühr von 25 Euro erhoben. [2]Die Gebühr wird mit der Beendigung der Amtshandlung fällig. [3]Sie kann schon vorher eingefordert werden.

Zweiter Unterabschnitt
Berufliche Zusammenarbeit der Rechtsanwälte beim Bundesgerichtshof

§ 173a Berufsausübungsgesellschaften von Rechtsanwälten beim Bundesgerichtshof

(1) [1]Rechtsanwälte, die beim Bundesgerichtshof zugelassen sind, dürfen nur untereinander eine Berufsausübungsgesellschaft im Sinne des § 59b Absatz 1 eingehen. [2]Eine solche Berufsausübungsgesellschaft darf nur zwei Rechtsanwälte umfassen.

(2) § 59h Absatz 2 und 3 ist mit der Maßgabe anzuwenden, dass die Zulassung auch zurückgenommen oder widerrufen werden kann, wenn die Voraussetzungen des Absatzes 1 nicht vorliegen.

(3) [1]§ 59m gilt mit der Maßgabe, dass die Berufsausübungsgesellschaft ihre Kanzlei am Sitz des Bundesgerichtshofes einzurichten und zu unterhalten hat. [2]§ 59m Absatz 2 bis 4 findet keine Anwendung.

(4) § 173 gilt entsprechend.

Vierter Abschnitt
Die Rechtsanwaltskammer bei dem Bundesgerichtshof

§ 174 Zusammensetzung und Vorstand

(1) [1]Die Rechtsanwälte und Berufsausübungsgesellschaften, die bei dem Bundesgerichtshof zugelassen sind, bilden die Rechtsanwaltskammer bei dem Bundesgerichtshof. [2]Für die Dauer der Zulassung bei dem Bundesgerichtshof ruht die Mitgliedschaft in der bisherigen Rechtsanwaltskammer.

(2) [1]Die Zahl der Mitglieder des Vorstandes wird durch die Geschäftsordnung der Kammer festgesetzt. [2]§ 63 Abs. 2 ist nicht anzuwenden.

Neunter Teil
Die Bundesrechtsanwaltskammer

Erster Abschnitt
Allgemeines

§ 175 Zusammensetzung und Sitz der Bundesrechtsanwaltskammer

(1) Die Rechtsanwaltskammern werden zu einer Bundesrechtsanwaltskammer zusammengeschlossen.

(2) Der Sitz der Bundesrechtsanwaltskammer wird durch ihre Satzung bestimmt.

§ 176 Stellung der Bundesrechtsanwaltskammer

(1) Die Bundesrechtsanwaltskammer ist eine Körperschaft des öffentlichen Rechts.

(2) [1]Das Bundesministerium der Justiz und für Verbraucherschutz führt die Staatsaufsicht über die Bundesrechtsanwaltskammer. [2]Die Aufsicht beschränkt sich darauf, daß Gesetz und Satzung beachtet, insbesondere die der Bundesrechtsanwaltskammer übertragenen Aufgaben erfüllt werden.

§ 177 Aufgaben der Bundesrechtsanwaltskammer

(1) Die Bundesrechtsanwaltskammer hat die ihr durch Gesetz zugewiesenen Aufgaben zu erfüllen.

(2) Der Bundesrechtsanwaltskammer obliegt insbesondere,

1. in Fragen, welche die Gesamtheit der Rechtsanwaltskammern angehen, die Auffassung der einzelnen Rechtsanwaltskammern zu ermitteln und im Wege gemeinschaftlicher Aussprache die Auffassung der Mehrheit festzustellen;
2. Richtlinien für die Fürsorgeeinrichtungen der Rechtsanwaltskammern (§ 89 Abs. 2 Nr. 3) aufzustellen;
3. in allen die Gesamtheit der Rechtsanwaltskammern berührenden Angelegenheiten die Auffassung der Bundesrechtsanwaltskammer den zuständigen Gerichten und Behörden gegenüber zur Geltung zu bringen;
4. die Gesamtheit der Rechtsanwaltskammern gegenüber Behörden und Organisationen zu vertreten;
5. Gutachten zu erstatten, die eine an der Gesetzgebung beteiligte Behörde oder Körperschaft des Bundes oder ein Bundesgericht anfordert;
6. die berufliche Fortbildung der Rechtsanwälte zu fördern;

7. die elektronische Kommunikation der Rechtsanwälte mit Gerichten, Behörden und sonstigen Dritten zu unterstützen;
8. die Rechtsanwaltskammern und die Rechtsanwälte bei der Erfüllung ihrer Pflichten im Rahmen der Geldwäschebekämpfung zu unterstützen.

§ 178 Beiträge zur Bundesrechtsanwaltskammer

(1) Die Bundesrechtsanwaltskammer erhebt von den Rechtsanwaltskammern Beiträge, die zur Deckung des persönlichen und sächlichen Bedarfs bestimmt sind.

(2) Die Höhe der Beiträge wird von der Hauptversammlung festgesetzt.

(3) Die Hauptversammlung kann einzelnen wirtschaftlich schwächeren Rechtsanwaltskammern Erleichterungen gewähren.

Zweiter Abschnitt
Organe der Bundesrechtsanwaltskammer

Erster Unterabschnitt
Präsidium

§ 179 Zusammensetzung des Präsidiums

(1) Die Bundesrechtsanwaltskammer hat ein Präsidium.

(2) Das Präsidium besteht aus

1. dem Präsidenten,
2. mindestens drei Vizepräsidenten,
3. dem Schatzmeister.

(3) Das Präsidium gibt sich eine Geschäftsordnung.

(4) Die Hauptversammlung kann weitere Vizepräsidenten bestimmen.

§ 180 Wahlen zum Präsidium

(1) [1]Das Präsidium der Bundesrechtsanwaltskammer wird von der Hauptversammlung aus ihrer Mitte gewählt. [2]In das Präsidium kann wiedergewählt werden, wer Mitglied des Vorstandes einer Rechtsanwaltskammer ist.

(2) Das Nähere bestimmt die Satzung der Bundesrechtsanwaltskammer.

§ 181 Recht zur Ablehnung der Wahl

Die Wahl zum Mitglied des Präsidiums kann ablehnen,

1. wer das fünfundsechzigste Lebensjahr vollendet hat;
2. wer in den letzten vier Jahren Mitglied des Präsidiums gewesen ist.

§ 182 Wahlperiode und vorzeitiges Ausscheiden

(1) Die Mitglieder des Präsidiums werden auf vier Jahre gewählt.

(2) Scheidet ein Mitglied vorzeitig aus, so wird für den Rest seiner Amtszeit ein neues Mitglied gewählt.

(3) [1]Ein Rechtsanwalt scheidet als Mitglied des Präsidiums vorzeitig aus,

1. wenn er nicht mehr Mitglied des Vorstandes einer Rechtsanwaltskammer ist;
2. wenn er sein Amt niederlegt.

[2]Der Rechtsanwalt hat die Erklärung, daß er das Amt niederlege, dem Präsidium gegenüber schriftlich abzugeben. [3]Die Erklärung kann nicht widerrufen werden.

(4) Die Mitgliedschaft im Präsidium ruht, solange die Mitgliedschaft im Vorstand einer Rechtsanwaltskammer ruht.

§ 183 Ehrenamtliche Tätigkeit des Präsidiums

[1]Die Mitglieder des Präsidiums üben ihre Tätigkeit unentgeltlich aus. [2]Sie erhalten jedoch eine angemessene Entschädigung für den mit ihrer Tätigkeit verbundenen Aufwand sowie eine Reisekostenvergütung.

§ 184 Verschwiegenheitspflicht; Inanspruchnahme von Dienstleistungen

(1) Für die Verschwiegenheitspflicht der Mitglieder des Präsidiums und der Angestellten der Bundesrechtsanwaltskammer sowie der Personen, die von der Bundesrechtsanwaltskammer oder den Mitgliedern ihres Präsidiums zur Mitarbeit herangezogen werden, gilt § 76 Absatz 1 und 2 entsprechend.

(2) Für die Inanspruchnahme von Dienstleistungen durch die Bundesrechtsanwaltskammer gilt in Bezug auf Angelegenheiten, die der Verschwiegenheitspflicht des Rechtsanwalts nach § 43a Absatz 2 unterliegen, § 43e Absatz 1 bis 4, 7 und 8 sinngemäß.

§ 185 Aufgaben des Präsidenten

(1) Der Präsident vertritt die Bundesrechtsanwaltskammer gerichtlich und außergerichtlich.

(2) [1]Der Präsident vermittelt den geschäftlichen Verkehr der Bundesrechtsanwaltskammer und des Präsidiums. [2]Er führt die Beschlüsse des Präsidiums und der Hauptversammlung aus.

(3) Der Präsident führt in den Sitzungen des Präsidiums und in der Hauptversammlung den Vorsitz.

(4) [1]Der Präsident erstattet dem Bundesministerium der Justiz und für Verbraucherschutz jährlich Bericht über die Tätigkeit der Bundesrechtsanwaltskammer und des Präsidiums. [2]Er zeigt ihm ferner das Ergebnis der Wahlen zum Präsidium an.

(5) Durch die Satzung der Bundesrechtsanwaltskammer können dem Präsidenten weitere Aufgaben übertragen werden.

§ 186 Aufgaben des Schatzmeisters

(1) [1]Der Schatzmeister verwaltet das Vermögen der Bundesrechtsanwaltskammer nach den Weisungen des Präsidiums. [2]Er ist berechtigt, Geld in Empfang zu nehmen.

(2) Über die Einnahmen und Ausgaben sowie über die Verwaltung des Vermögens hat er jährlich der Hauptversammlung Rechnung zu legen.

Zweiter Unterabschnitt
Hauptversammlung

§ 187 Versammlung der Mitglieder

Die Bundesrechtsanwaltskammer faßt ihre Beschlüsse regelmäßig auf Versammlungen ihrer Mitglieder (Hauptversammlungen).

§ 188 Vertretung der Rechtsanwaltskammern in der Hauptversammlung

(1) Die Rechtsanwaltskammern werden in der Hauptversammlung durch ihre Präsidenten vertreten.

(2) Der Präsident einer Rechtsanwaltskammer kann durch ein anderes Vorstandsmitglied vertreten werden.

§ 189 Einberufung der Hauptversammlung

(1) [1]Die Hauptversammlung wird durch den Präsidenten schriftlich einberufen. [2]Der Präsident muß die Hauptversammlung einberufen, wenn mindestens drei Rechtsanwaltskammern es schriftlich beantragen und hierbei den Gegenstand angeben, der in der Hauptversammlung behandelt werden soll.

(2) Bei der Einberufung ist der Gegenstand, über den in der Hauptversammlung Beschluß gefaßt werden soll, anzugeben.

(3) [1]Die Hauptversammlung ist mindestens drei Wochen vor dem Tage, an dem sie zusammentreten soll, einzuberufen. [2]Der Tag, an dem die Einberufung abgesandt ist, und der Tag der Hauptversammlung sind hierbei nicht mitzurechnen.

(4) In dringenden Fällen kann der Präsident die Hauptversammlung mit kürzerer Frist einberufen.

(5) [1]Die Satzung der Bundesrechtsanwaltskammer kann in entsprechender Anwendung des § 86a Absatz 2 vorsehen, dass die Hauptversammlung auch als hybride oder virtuelle Hauptversammlung stattfinden kann. [2]In diesem Fall gilt § 86a Absatz 3 entsprechend.

§ 190 Beschlüsse der Hauptversammlung

(1) [1]In der Hauptversammlung werden die Stimmen der Rechtsanwaltskammern wie folgt gewichtet:

1. die Stimme einer Rechtsanwaltskammer mit bis zu 1 000 Mitgliedern einfach,
2. die Stimme einer Rechtsanwaltskammer mit bis zu 3 000 Mitgliedern zweifach,
3. die Stimme einer Rechtsanwaltskammer mit bis zu 5 000 Mitgliedern dreifach,
4. die Stimme einer Rechtsanwaltskammer mit bis zu 7 000 Mitgliedern vierfach,
5. die Stimme einer Rechtsanwaltskammer mit bis zu 9 000 Mitgliedern fünffach,
6. die Stimme einer Rechtsanwaltskammer mit bis zu 12 000 Mitgliedern sechsfach,
7. die Stimme einer Rechtsanwaltskammer mit bis zu 15 000 Mitgliedern siebenfach,
8. die Stimme einer Rechtsanwaltskammer mit bis zu 20 000 Mitgliedern achtfach,
9. die Stimme einer Rechtsanwaltskammer mit mehr als 20 000 Mitgliedern neunfach.

[2]Berufsausübungsgesellschaften bleiben bei der Ermittlung der Mitgliederzahl unberücksichtigt. [3]Maßgeblich sind die zum 1. Januar des Jahres ermittelten Mitgliederzahlen.

(2) Die Voraussetzungen, unter denen die Hauptversammlung beschlußfähig ist, werden durch die Satzung geregelt.

(3) [1]Die Beschlüsse der Hauptversammlung werden, soweit nicht die Satzung etwas anderes vorschreibt, mit einfacher Stimmenmehrheit gefaßt. [2]Ein Beschluss gilt jedoch als nicht gefasst, wenn ihm mindestens 17 Rechtsanwaltskammern widersprochen haben. [3]Satz 1 gilt für die von der Hauptversammlung vorzunehmenden Wahlen entsprechend. [4]Bei Wahlen entscheidet bei Stimmengleichheit das Los.

(4) [1]Beschlüsse, welche die einzelnen Rechtsanwaltskammern wirtschaftlich belasten, kann die Hauptversammlung nur einstimmig fassen. [2]Dies gilt jedoch nicht für die Beschlüsse, durch welche die Höhe der Beiträge der Rechtsanwaltskammern sowie die Höhe der Aufwandsentschädigung und der Reisekostenvergütung für die Mitglieder des Präsidiums festgesetzt werden.

(5) Über die Beschlüsse der Hauptversammlung und über die Ergebnisse von Wahlen ist ein Protokoll aufzunehmen, das von dem Vorsitzenden und von einem Vizepräsidenten als Schriftführer zu unterzeichnen ist.

§ 191 (weggefallen)

Dritter Unterabschnitt
Satzungsversammlung

§ 191a Einrichtung und Aufgabe

(1) Bei der Bundesrechtsanwaltskammer wird eine Satzungsversammlung eingerichtet.

(2) Die Satzungsversammlung erläßt als Satzung eine Berufsordnung für die Ausübung des Rechtsanwaltsberufes unter Berücksichtigung der beruflichen Pflichten und nach Maßgabe des § 59a.

(3) Die Satzungsversammlung gibt sich eine Geschäftsordnung.

(4) Der Satzungsversammlung gehören an:

1. ohne Stimmrecht die Mitglieder des Präsidiums der Bundesrechtsanwaltskammer und die Präsidenten der Rechtsanwaltskammern;
2. mit Stimmrecht die nach § 191b gewählten Mitglieder.

§ 191b Wahl der stimmberechtigten Mitglieder der Satzungsversammlung

(1) [1]Die Zahl der stimmberechtigten Mitglieder der Satzungsversammlung bemißt sich nach der Zahl der Mitglieder der Rechtsanwaltskammern. [2]Es sind zu wählen für je angefangene 2 000 Kammermitglieder ein Mitglied der Satzungsversammlung. [3]Maßgebend ist die Zahl der Kammermitglieder am 1. Januar des Jahres, in dem die Wahl erfolgt. [4]Berufsausübungsgesellschaften bleiben bei der Bestimmung der Anzahl der Kammermitglieder nach Satz 2 unberücksichtigt.

(2) [1]Die stimmberechtigten Mitglieder der Satzungsversammlung werden von den Mitgliedern der Rechtsanwaltskammern aus dem Kreis der vorgeschlagenen Mitglieder in geheimer und unmittelbarer Wahl durch Briefwahl gewählt. [2]Die Wahl kann auch als elektronische Wahl durchgeführt werden. [3]Die Wahlvorschläge müssen von mindestens zehn Kammermitgliedern unterzeichnet sein; Wahlvorschläge bezüglich der Mitglieder der Rechtsanwaltskammer bei dem Bundesgerichtshof von mindestens drei Kammermitgliedern. [4]Gewählt sind die Bewerberinnen oder Bewerber, die die meisten Stimmen auf sich vereinigen.

(3) [1]Die §§ 65 bis 68 Absatz 1, § 69 Absatz 1, 2, 4 und 5 sowie die §§ 75 und 76 Absatz 1 und 2 gelten entsprechend. [2]Scheidet ein stimmberechtigtes Mitglied der Satzungsversammlung aus, so tritt das nicht gewählte Kammermitglied mit der nächsthöheren Stimmenzahl in die Satzungsversammlung ein.

§ 191c Einberufung und Stimmrecht

(1) Die Satzungsversammlung wird durch den Präsidenten der Bundesrechtsanwaltskammer schriftlich einberufen.

(2) [1]Der Präsident der Bundesrechtsanwaltskammer muß die Satzungsversammlung einberufen, wenn mindestens fünf Rechtsanwaltskammern oder ein Viertel der stimmberechtigten Mitglieder der Satzungsversammlung es schriftlich beantragen und hierbei den Gegenstand angeben, der in der Satzungsversammlung behandelt werden soll. [2]Im Übrigen gilt § 189 Absatz 2 bis 4 entsprechend.

(3) [1]Die Geschäftsordnung der Satzungsversammlung kann in entsprechender Anwendung des § 86a Absatz 2 vorsehen, dass die Satzungsversammlung auch als hybride oder virtuelle Satzungsversammlung stattfinden kann. [2]In diesem Fall gilt § 86a Absatz 3 entsprechend.

§ 191d Leitung der Versammlung und Beschlussfassung

(1) [1]Den Vorsitz der Satzungsversammlung führt der Präsident der Bundesrechtsanwaltskammer. [2]Der Vorsitzende bestimmt den Schriftführer aus der Mitte der Satzungsversammlung.

(2) Die Satzungsversammlung ist beschlußfähig, wenn drei Fünftel ihrer stimmberechtigten Mitglieder anwesend sind.

(3) [1]Die Beschlüsse zur Berufsordnung werden mit der Mehrheit aller stimmberechtigten Mitglieder gefaßt, sonstige Beschlüsse mit der Mehrheit der anwesenden stimmberechtigten Mitglieder. [2]Jedes Mitglied hat eine Stimme, ist an Weisungen nicht gebunden und kann seine Stimme nur persönlich abgeben. [3]Eine Vertretung findet nicht statt.

(4) Der Wortlaut der von der Satzungsversammlung gefaßten Beschlüsse ist in einer Niederschrift festzuhalten, die vom Vorsitzenden und vom Schriftführer zu unterzeichnen und bei der Geschäftsstelle der Bundesrechtsanwaltskammer zu verwahren ist.

(5) (weggefallen)

§ 191e Prüfung von Beschlüssen durch die Aufsichtsbehörde

(1) [1]Der Vorsitzende der Satzungsversammlung hat die von der Satzungsversammlung gefassten Beschlüsse zur Berufsordnung dem Bundesministerium der Justiz und für Verbraucherschutz zuzuleiten. [2]Dieses kann die Beschlüsse oder Teile derselben innerhalb von drei Monaten nach Zugang im Rahmen seiner Staatsaufsicht (§ 176 Absatz 2) aufheben. [3]Beabsichtigt es eine Aufhebung, soll es der Bundesrechtsanwaltskammer zuvor Gelegenheit zur Stellungnahme geben.

(2) [1]Das Bundesministerium der Justiz und für Verbraucherschutz hat zu prüfen, ob die Vorgaben der Richtlinie (EU) 2018/958 in der jeweils geltenden Fassung eingehalten wurden. [2]Zu diesem Zweck hat ihm der Vorsitzende der Satzungsversammlung die Unterlagen zuzuleiten, aus denen sich die Einhaltung der Vorgaben ergibt. [3]Insbesondere sind die Gründe zu übermitteln, auf Grund derer die Satzungsversammlung die Beschlüsse zur Berufsordnung als gerechtfertigt, notwendig und verhältnismäßig beurteilt hat.

(3) [1]Die von der Satzungsversammlung gefassten Beschlüsse sind nach Abschluss des aufsichtsrechtlichen Prüfverfahrens unter Angabe des Datums ihres Inkrafttretens dauerhaft auf der Internetseite der Bundesrechtsanwaltskammer zu veröffentlichen, sofern sie nicht im aufsichtsrechtlichen Prüfverfahren aufgehoben wurden. [2]Sie treten am ersten Tag des dritten auf die Veröffentlichung folgenden Monats in Kraft.

Dritter Abschnitt
Schlichtung

§ 191f Schlichtungsstelle der Rechtsanwaltschaft

(1) [1]Bei der Bundesrechtsanwaltskammer wird eine unabhängige Stelle zur Schlichtung von Streitigkeiten zwischen Mitgliedern von Rechtsanwaltskammern und deren Auftraggebern eingerichtet. [2]Die Stelle führt den Namen „Schlichtungsstelle der Rechtsanwaltschaft".

(2) [1]Der Präsident der Bundesrechtsanwaltskammer bestellt einen oder mehrere Schlichter, die allein oder als Kollegialorgan tätig werden. [2]Zum Schlichter, der allein tätig wird, darf nur bestellt werden, wer die Befähigung zum Richteramt besitzt, weder Rechtsanwalt ist noch in den letzten drei Jahren vor Amtsantritt war und weder im Haupt- noch im Nebenberuf bei der Bundesrechtsanwaltskammer, einer Rechtsanwaltskammer oder einem Verband der Rechtsanwaltschaft tätig ist oder in den letzten drei Jahren vor Amtsantritt tätig war. [3]Erfolgt die Schlichtung durch ein Kollegialorgan, muss mindestens einer der Schlichter die Befähigung zum Richteramt besitzen; höchstens die Hälfte seiner Mitglieder dürfen Rechtsanwälte sein. [4]Nichtanwaltliches Mitglied des Kollegialorgans darf nur sein, wer in den letzten drei Jahren vor Amtsantritt nicht Rechtsanwalt war und weder im Haupt- noch im Nebenberuf bei der Bundesrechtsanwaltskammer, einer Rechtsanwaltskammer oder einem Verband der Rechtsanwaltschaft tätig ist oder in den letzten drei Jahren vor

Amtsantritt tätig war. [5]Anwaltliche Mitglieder des Kollegialorgans dürfen nicht dem Vorstand einer Rechtsanwaltskammer oder eines Verbandes der Rechtsanwaltschaft angehören oder im Haupt- oder Nebenberuf bei der Bundesrechtsanwaltskammer, einer Rechtsanwaltskammer oder einem Verband der Rechtsanwaltschaft tätig sein.

(3) [1]Es wird ein Beirat errichtet, in dem die Bundesrechtsanwaltskammer, die Rechtsanwaltskammern, die Verbände der Rechtsanwaltschaft und die Verbraucherverbände vertreten sein müssen. [2]Andere Personen können in den Beirat berufen werden. [3]Höchstens die Hälfte der Mitglieder des Beirats dürfen Rechtsanwälte sein. [4]Dem Beirat ist vor der Bestellung von Schlichtern und vor Erlass und Änderung der Satzung Gelegenheit zur Stellungnahme zu geben. [5]Er kann eigene Vorschläge für die Bestellung von Schlichtern und die Ausgestaltung der Satzung unterbreiten.

(4) [1]Die Schlichtungsstelle ist Verbraucherschlichtungsstelle nach dem Verbraucherstreitbeilegungsgesetz. [2]Das Verbraucherstreitbeilegungsgesetz ist anzuwenden, soweit dieses Gesetz keine Regelungen zur Schlichtung von Streitigkeiten nach Absatz 1 Satz 1 enthält. [3]Das Bundesministerium der Justiz und für Verbraucherschutz übermittelt der Zentralen Anlaufstelle für Verbraucherschlichtung die Angaben nach § 32 Absatz 3 und 4 des Verbraucherstreitbeilegungsgesetzes. [4]Das Bundesministerium der Justiz und für Verbraucherschutz übermittelt die Evaluationsberichte der Schlichtungsstelle an die Zentrale Anlaufstelle für Verbraucherschlichtung; § 35 Absatz 2 des Verbraucherstreitbeilegungsgesetzes ist nicht anzuwenden.

(5) Die Hauptversammlung der Bundesrechtsanwaltskammer regelt die Einzelheiten der Organisation der Schlichtungsstelle, der Errichtung des Beirats einschließlich der Berufung weiterer Beiratsmitglieder, der Aufgaben des Beirats, der Bestellung der Schlichter, der Geschäftsverteilung und des Schlichtungsverfahrens durch Satzung[2] nach folgenden Grundsätzen:

1. das Schlichtungsverfahren muss für die Beteiligten unentgeltlich durchgeführt werden;
2. die Schlichtung muss jedenfalls für vermögensrechtliche Streitigkeiten bis zu einem Wert von 15 000 Euro statthaft sein;
3. die Durchführung des Schlichtungsverfahrens darf nicht von der Inanspruchnahme eines Vermittlungsverfahrens nach § 73 Absatz 2 Satz 1 Nummer 3 abhängig gemacht werden.

Zehnter Teil
Kosten in Anwaltssachen

Erster Abschnitt
Kosten in Verwaltungsverfahren der Rechtsanwaltskammern

§ 192 Erhebung von Gebühren und Auslagen

[1]Die Rechtsanwaltskammer kann für Amtshandlungen nach diesem Gesetz zur Deckung des Verwaltungsaufwands Gebühren nach festen Sätzen und Auslagen erheben. [2]Satz 1 gilt auch für den Verwaltungsaufwand, der der Bundesrechtsanwaltskammer für die Einrichtung und den Betrieb des besonderen elektronischen Anwaltspostfachs entsteht und den sie der Rechtsanwaltskammer in Rechnung stellt. [3]Das Verwaltungskostengesetz in der bis zum 14. August 2013 geltenden Fassung findet mit der Maßgabe Anwendung, dass die allgemeinen Grundsätze für Kostenverordnungen (§§ 2 bis 7 des Verwaltungskostengesetzes in der bis zum 14. August 2013 geltenden Fassung) beim Erlass von Satzungen auf Grund des § 89 Absatz 2 Nummer 2 entsprechend gelten.

2 Abgedruckt in dieser Sammlung als Nr. 24.

Zweiter Abschnitt
Kosten in gerichtlichen Verfahren in verwaltungsrechtlichen Anwaltssachen

§ 193 Gerichtskosten

[1]In verwaltungsrechtlichen Anwaltssachen werden Gebühren nach dem Gebührenverzeichnis der Anlage 2 zu diesem Gesetz erhoben. [2]Im Übrigen sind die für Kosten in Verfahren vor den Gerichten der Verwaltungsgerichtsbarkeit geltenden Vorschriften des Gerichtskostengesetzes entsprechend anzuwenden, soweit in diesem Abschnitt nichts anderes bestimmt ist.

§ 194 Streitwert

(1) [1]Der Streitwert bestimmt sich nach § 52 des Gerichtskostengesetzes. [2]Er wird von Amts wegen festgesetzt.

(2) [1]In Verfahren, die Klagen auf Zulassung zur Rechtsanwaltschaft oder deren Rücknahme oder Widerruf betreffen, ist ein Streitwert von 50 000 Euro anzunehmen. [2]Unter Berücksichtigung der Umstände des Einzelfalls, insbesondere des Umfangs und der Bedeutung der Sache sowie der Vermögens- und Einkommensverhältnisse des Klägers, kann das Gericht einen höheren oder einen niedrigeren Wert festsetzen.

(3) Die Festsetzung ist unanfechtbar; § 63 Abs. 3 des Gerichtskostengesetzes bleibt unberührt.

Dritter Abschnitt
Kosten im anwaltsgerichtlichen Verfahren und im Verfahren bei Anträgen auf anwaltsgerichtliche Entscheidung

§ 195 Gerichtskosten

[1]Im anwaltsgerichtlichen Verfahren, im Verfahren über den Antrag auf Entscheidung des Anwaltsgerichts über die Rüge (§ 74a Abs. 1) und im Verfahren über den Antrag auf Entscheidung des Anwaltsgerichtshofs gegen die Androhung oder die Festsetzung eines Zwangsgelds (§ 57 Abs. 3) werden Gebühren nach dem Gebührenverzeichnis der Anlage 2 zu diesem Gesetz erhoben. [2]Im Übrigen sind die für Kosten in Strafsachen geltenden Vorschriften des Gerichtskostengesetzes entsprechend anzuwenden.

§ 196 Kosten bei Anträgen auf Einleitung des anwaltsgerichtlichen Verfahrens

(1) Einem Mitglied der Rechtsanwaltskammer, das einen Antrag auf gerichtliche Entscheidung über die Entschließung der Staatsanwaltschaft (§ 123 Abs. 2) zurücknimmt, sind die durch dieses Verfahren entstandenen Kosten aufzuerlegen.

(2) Wird ein Antrag des Vorstandes der Rechtsanwaltskammer auf gerichtliche Entscheidung in den Fällen des § 122 Absatz 2, des § 150a oder des § 161a Abs. 2 verworfen, so sind die durch das Verfahren über den Antrag veranlaßten Kosten der Rechtsanwaltskammer aufzuerlegen.

§ 197 Kostenpflicht des Verurteilten

(1) [1]Dem Mitglied der Rechtsanwaltskammer, das im anwaltsgerichtlichen Verfahren verurteilt wird, sind zugleich die in dem Verfahren entstandenen Kosten ganz oder teilweise aufzuerlegen. [2]Dasselbe gilt, wenn das anwaltsgerichtliche Verfahren wegen Erlöschens der Zulassung eingestellt wird und nach dem Ergebnis des bisherigen Verfahrens die Verhängung einer anwaltsgerichtlichen Maßnahme gerechtfertigt gewesen wäre; zu den Kosten des anwaltsgerichtlichen Verfahrens gehören in diesem Fall auch diejenigen, die in einem anschließenden Verfahren zum Zwecke der Beweissicherung (§§ 148, 149) entstehen. [3]Wird das Verfahren nach § 139 Abs. 3 Nr. 2 eingestellt, kann das Gericht dem Mitglied die in dem Verfahren entstandenen Kosten ganz oder teilweise auferlegen, wenn es dies für angemessen erachtet.

(2) [1]Dem Mitglied der Rechtsanwaltskammer, das im anwaltsgerichtlichen Verfahren ein Rechtsmittel zurückgenommen oder ohne Erfolg eingelegt hat, sind zugleich die durch dieses Verfahren entstandenen Kosten aufzuerlegen. [2]Hatte das Rechtsmittel teilweise Erfolg, so kann dem Mitglied ein angemessener Teil dieser Kosten auferlegt werden.

(3) Für die Kosten, die durch einen Antrag auf Wiederaufnahme des durch ein rechtskräftiges Urteil abgeschlossenen Verfahrens verursacht worden sind, ist Absatz 2 entsprechend anzuwenden.

§ 197a Kostenpflicht im Verfahren bei Anträgen auf anwaltsgerichtliche Entscheidung

(1) [1]Wird der Antrag auf anwaltsgerichtliche Entscheidung gegen die Androhung oder die Festsetzung des Zwangsgelds oder über die Rüge als unbegründet zurückgewiesen, so ist § 197 Abs. 1 Satz 1 entsprechend anzuwenden. [2]Stellt das Anwaltsgericht fest, daß die Rüge wegen der Verhängung einer anwaltsgerichtlichen Maßnahme unwirksam ist (§ 74a Abs. 5 Satz 2) oder hebt es den Rügebescheid gemäß § 74a Abs. 3 Satz 2 auf, so kann es dem Mitglied der Rechtsanwaltskammer die in dem Verfahren entstandenen Kosten ganz oder teilweise auferlegen, wenn es dies für angemessen erachtet.

(2) Nimmt das Mitglied der Rechtsanwaltskammer den Antrag auf anwaltsgerichtliche Entscheidung zurück oder wird der Antrag als unzulässig verworfen, so gilt § 197 Abs. 2 Satz 1 entsprechend.

(3) [1]Wird die Androhung oder die Festsetzung des Zwangsgelds aufgehoben, so sind die notwendigen Auslagen des Mitglieds der Rechtsanwaltskammer der Rechtsanwaltskammer aufzuerlegen. [2]Das gleiche gilt, wenn der Rügebescheid, den Fall des § 74a Abs. 3 Satz 2 ausgenommen, aufgehoben wird oder wenn die Unwirksamkeit der Rüge wegen eines Freispruchs des Mitglieds im anwaltsgerichtlichen Verfahren oder aus den Gründen des § 115a Abs. 2 Satz 2 festgestellt wird (§ 74a Abs. 5 Satz 2).

§ 198 Haftung der Rechtsanwaltskammer

(1) Auslagen, die weder dem Mitglied der Rechtsanwaltskammer noch einem Dritten auferlegt noch von dem Mitglied eingezogen werden können, fallen der Rechtsanwaltskammer zur Last, welcher das Mitglied angehört.

(2) [1]In dem Verfahren vor dem Anwaltsgericht haftet die Rechtsanwaltskammer den Zeugen und Sachverständigen für die ihnen zustehende Entschädigung oder Vergütung in dem gleichen Umfang, in dem die Haftung der Staatskasse nach der Strafprozeßordnung begründet ist. [2]Bei weiterer Entfernung des Aufenthaltsorts der geladenen Personen ist ihnen auf Antrag ein Vorschuß zu bewilligen.

§ 199 Festsetzung der Kosten des Verfahrens vor dem Anwaltsgericht

(1) Die Kosten, die das Mitglied der Rechtsanwaltskammer in dem Verfahren vor dem Anwaltsgericht zu tragen hat, werden von dem Vorsitzenden der Kammer des Anwaltsgerichts durch Beschluß festgesetzt.

(2) [1]Gegen den Festsetzungsbeschluß kann das Mitglied binnen einer Notfrist von zwei Wochen, die mit der Zustellung des Beschlusses beginnt, Erinnerung einlegen. [2]Über die Erinnerung entscheidet das Anwaltsgericht, dessen Vorsitzender den Beschluß erlassen hat. [3]Gegen die Entscheidung des Anwaltsgerichts kann das Mitglied sofortige Beschwerde einlegen. [4]Die Verfahren sind gebührenfrei. [5]Kosten werden nicht erstattet.

§§ 200 bis 203 (weggefallen)

Elfter Teil
Vollstreckung anwaltsgerichtlicher Maßnahmen und Kosten sowie Tilgung

§ 204 Vollstreckung anwaltsgerichtlicher Maßnahmen

(1) Die Ausschließung aus der Rechtsanwaltschaft (§ 114 Absatz 1 Nummer 5) und die Aberkennung der Rechtsdienstleistungsbefugnis (§ 114 Absatz 2 Nummer 5) werden mit der Rechtskraft des Urteils wirksam.

(2) Warnung und Verweis (§ 114 Absatz 1 Nummer 1 und 2, Absatz 2 Nummer 1 und 2) gelten mit der Rechtskraft des Urteils als vollstreckt.

(3) [1]Die Geldbuße (§ 114 Absatz 1 Nummer 3, Absatz 2 Nummer 3) wird auf Grund einer von dem Vorsitzenden der Kammer des Anwaltsgerichts erteilten, mit der Bescheinigung der Rechtskraft versehenen beglaubigten Abschrift der Entscheidungsformel nach den Vorschriften vollstreckt, die für die Vollstreckung von Urteilen in bürgerlichen Rechtsstreitigkeiten gelten. [2]§ 767 der Zivilprozessordnung gilt mit der Maßgabe, dass Einwendungen, die den Anspruch selbst betreffen, nur insoweit zulässig sind, als sie nicht im anwaltsgerichtlichen Verfahren geltend gemacht werden konnten. [3]Solche Einwendungen sind im Wege der Klage bei dem in § 797 Absatz 5 der Zivilprozessordnung bezeichneten Gericht geltend zu machen. [4]Sie fließt der Rechtsanwaltskammer zu. [5]Die Vollstreckung wird von der Rechtsanwaltskammer betrieben.

(4) Die Beitreibung der Geldbuße wird nicht dadurch gehindert, dass die Zulassung des Mitglieds der Rechtsanwaltskammer nach rechtskräftigem Abschluss des Verfahrens erloschen ist.

(5) [1]Das Verbot, als Vertreter oder Beistand auf bestimmten Rechtsgebieten tätig zu werden (§ 114 Absatz 1 Nummer 4, Absatz 2 Nummer 4), wird mit der Rechtskraft des Urteils wirksam. [2]In die Verbotsfrist wird die Zeit eines gemäß § 150 oder § 161a angeordneten vorläufigen Verbots eingerechnet.

§ 205 Beitreibung der Kosten

(1) Die Kosten, die in dem Verfahren vor dem Anwaltsgericht entstanden sind, werden auf Grund des Festsetzungsbeschlusses (§ 199) entsprechend § 204 Abs. 3 beigetrieben.

(2) [1]Die Kosten, die vor dem Anwaltsgerichtshof oder dem Bundesgerichtshof entstanden sind, werden nach den Vorschriften eingezogen, die für die Beitreibung der Gerichtskosten gelten. [2]Die vor dem Anwaltsgerichtshof entstandenen Kosten hat die für das Oberlandesgericht zuständige Vollstreckungsbehörde beizutreiben, bei dem der Anwaltsgerichtshof errichtet ist.

(3) § 204 Abs. 4 ist entsprechend anzuwenden.

§ 205a Tilgung

(1) [1]Eintragungen in den über das Mitglied der Rechtsanwaltskammer geführten Akten über die in den Sätzen 4 und 5 genannten Maßnahmen und Entscheidungen sind nach Ablauf der in den Sätzen 4 und 5 bestimmten Fristen zu tilgen. [2]Dabei sind die über diese Maßnahmen und Entscheidungen entstandenen Vorgänge aus den Akten zu entfernen und zu vernichten. [3]Die Sätze 1 und 2 gelten sinngemäß, wenn die Akten über das Mitglied elektronisch geführt werden. [4]Die Fristen betragen

1. fünf Jahre bei
   a) Warnungen,
   b) Rügen,
   c) Belehrungen,
   d) Entscheidungen in Verfahren wegen der Verletzung von Berufspflichten nach diesem Gesetz, die nicht zu einer anwaltsgerichtlichen Maßnahme oder Rüge geführt haben,

e) Entscheidungen und nicht Satz 5 unterfallende Maßnahmen in Verfahren wegen Straftaten oder Ordnungswidrigkeiten oder in berufsaufsichtlichen Verfahren anderer Berufe;

2. zehn Jahre bei Verweisen und Geldbußen, auch wenn sie nebeneinander verhängt werden;
3. 20 Jahre bei Vertretungsverboten (§ 114 Absatz 1 Nummer 4, Absatz 2 Nummer 4) und bei einer Ausschließung aus der Rechtsanwaltschaft oder einer Aberkennung der Rechtsdienstleistungsbefugnis, nach der das Mitglied erneut zugelassen wurde.

[5]Für Maßnahmen, die in Verfahren wegen Straftaten oder Ordnungswidrigkeiten oder in berufsaufsichtlichen Verfahren anderer Berufe getroffen wurden und bei denen das zugrundeliegende Verhalten zugleich die anwaltlichen Berufspflichten verletzt hat, gelten die für die Tilgung der jeweiligen Maßnahmen geltenden Fristen entsprechend.

(2) [1]Die Frist beginnt mit dem Tage, an dem die Maßnahme oder Entscheidung unanfechtbar geworden ist. [2]Im Fall der erneuten Zulassung nach einer Ausschließung aus der Rechtsanwaltschaft oder einer Aberkennung der Rechtsdienstleistungsbefugnis beginnt die Frist mit dieser Zulassung. [3]Nach Fristablauf kann die Entfernung und Vernichtung nach Absatz 1 Satz 2 bis zum Ende des Kalenderjahres aufgeschoben werden.

(3) Die Frist endet außer in den Fällen des Absatzes 1 Satz 4 Nummer 1 Buchstabe d und e nicht, solange

1. eine andere Eintragung über eine strafrechtliche Verurteilung, eine Ordnungswidrigkeit oder eine berufsaufsichtliche Maßnahme berücksichtigt werden darf,
2. ein Verfahren anhängig ist, das eine in Nummer 1 bezeichnete Eintragung zur Folge haben kann, oder
3. ein auf Geldbuße lautendes anwaltsgerichtliches Urteil noch nicht vollstreckt ist.

(4) Nach Ablauf der Frist gilt das Mitglied der Rechtsanwaltskammer als von den Maßnahmen oder Entscheidungen nach Absatz 1 nicht betroffen.

(5) (weggefallen)

(6) (weggefallen)

Zwölfter Teil
Ausländische Rechtsanwaltsberufe und Berufsausübungsgesellschaften

§ 206 Ausländische Rechtsanwaltsberufe; Verordnungsermächtigung

(1) Angehörige solcher ausländischer Berufe, die in der Rechtsverordnung nach Absatz 2 aufgeführt sind, dürfen sich zur Erbringung von Rechtsdienstleistungen in der Bundesrepublik Deutschland niederlassen, wenn sie

1. nach dem Recht des Herkunftsstaats befugt sind, den Beruf im Herkunftsstaat auszuüben, und
2. auf Antrag in die für den Ort der Niederlassung zuständige Rechtsanwaltskammer aufgenommen wurden.

(2) [1]Das Bundesministerium der Justiz und für Verbraucherschutz kann durch Rechtsverordnung ohne Zustimmung des Bundesrates diejenigen Berufe aus Mitgliedstaaten der Welthandelsorganisation mit Ausnahme

1. der Mitgliedstaaten der Europäischen Union,
2. der Vertragsstaaten des Europäischen Wirtschaftsraums und
3. der Schweiz

festlegen, die in Bezug auf die Ausbildung zum Beruf und die Befugnisse des Berufsträgers dem Beruf des Rechtsanwalts nach diesem Gesetz entsprechen. [2]Das Bundesministerium der Justiz und für Verbraucherschutz kann durch Rechtsverordnung ohne Zustimmung des Bundesrates diejenigen Berufe aus Staaten, die nicht Mitgliedstaaten der Welthandelsorganisation sind, festlegen, die in Bezug auf die Ausbildung zum Beruf und die Befugnisse des Berufsträgers dem Beruf des Rechtsanwalts nach diesem Gesetz entsprechen und für die außerdem die Gegenseitigkeit verbürgt ist.

(3) Die Befugnis zur Erbringung von Rechtsdienstleistungen nach Absatz 1 erstreckt sich

1. für Angehörige von Berufen nach Absatz 2 Satz 1 auf die Gebiete des Rechts des Herkunftsstaats und des Völkerrechts,
2. für Angehörige von Berufen nach Absatz 2 Satz 2 auf das Gebiet des Rechts des Herkunftsstaats.

§ 207 Aufnahme in die Rechtsanwaltskammer und berufliche Stellung; Rücknahme und Widerruf

(1) [1]Dem Antrag auf Aufnahme in die Rechtsanwaltskammer (§ 206 Absatz 1 Nummer 2) ist eine Bescheinigung der im Herkunftsstaat zuständigen Behörde über die Zugehörigkeit zu dem Beruf beizufügen. [2]Eine Bescheinigung nach Satz 1 ist der Rechtsanwaltskammer jährlich vorzulegen. [3]Die Rechtsanwaltskammer kann auf die Vorlage der Bescheinigung nach den Sätzen 1 und 2 verzichten, wenn der ausländische Rechtsanwalt glaubhaft darlegt und so weit wie möglich belegt, dass er

1. trotz Vornahme aller zumutbaren Bemühungen keine Bescheinigung der in seinem Herkunftsstaat zuständigen Behörde hat erlangen können und
2. in seinem Herkunftsstaat dem Beruf des Rechtsanwalts zugehörig ist; hierbei hat er die Zugehörigkeit gegenüber der Rechtsanwaltskammer an Eides statt zu versichern.

(2) Die Aufnahme in die Rechtsanwaltskammer ist zu widerrufen, wenn

1. der niedergelassene ausländische Rechtsanwalt den Pflichten nach Absatz 1 Satz 2 nicht nachkommt oder
2. die Voraussetzungen des § 206 Absatz 1 wegfallen.

(3) [1]Für die Entscheidung über den Antrag, für die Rechtsstellung nach Aufnahme in die Rechtsanwaltskammer sowie für die Rücknahme und den Widerruf der Aufnahme in die Rechtsanwaltskammer gelten im Übrigen

1. sinngemäß der Zweite Teil mit Ausnahme der §§ 4 und 12 Absatz 2 Nummer 1 und Absatz 4 sowie der §§ 12a und 17, der Dritte Teil mit Ausnahme des § 59j Absatz 3, der Vierte Teil, der Vierte Abschnitt des Fünften Teils, der Sechste, Siebente, Zehnte, Elfte und Dreizehnte Teil und
2. die auf Grund des § 31d erlassene Rechtsverordnung.

[2]Für die Berufshaftpflichtversicherung gilt § 7 Absatz 1 und 2 des Gesetzes über die Tätigkeit europäischer Rechtsanwälte in Deutschland entsprechend. [3]Vertretungsverbote nach § 114 Absatz 1 Nummer 4 sowie nach den §§ 150 und 161a sind für den Geltungsbereich dieses Gesetzes auszusprechen. [4]An die Stelle der Ausschließung aus der Rechtsanwaltschaft (§ 114 Absatz 1 Nummer 5) tritt das Verbot, im Geltungsbereich dieses Gesetzes fremde Rechtsangelegenheiten zu besorgen; mit der Rechtskraft dieser Entscheidung verliert der Verurteilte die Mitgliedschaft in der Rechtsanwaltskammer.

(4) [1]Der niedergelassene ausländische Rechtsanwalt hat die Berufsbezeichnung nach dem Recht des Herkunftsstaats zu führen. [2]Er hat bei der Führung seiner Berufsbezeichnung den Herkunftsstaat in deutscher Sprache anzugeben. [3]Wurde er als Syndikusrechtsanwalt in die Rechtsanwaltskammer aufgenommen, so hat er seiner Berufsbezeichnung zudem die Bezeichnung „(Syndikus)" nachzustellen. [4]Der niedergelassene ausländische Rechtsanwalt ist berechtigt, im beruflichen Verkehr zugleich die Bezeichnung „Mitglied der Rechtsanwaltskammer" zu verwenden.

(5) Hinsichtlich der Anwendung der folgenden Vorschriften des Strafgesetzbuches stehen niedergelassene ausländische Rechtsanwälte den Rechtsanwälten und Anwälten gleich:

1. Straflosigkeit der Nichtanzeige geplanter Straftaten (§ 139 Absatz 3 Satz 2 des Strafgesetzbuches),
2. Verletzung von Privatgeheimnissen (§ 203 Absatz 1 Nummer 3, Absatz 3 bis 6, §§ 204 und 205 des Strafgesetzbuches),
3. Gebührenüberhebung (§ 352 des Strafgesetzbuches) und
4. Parteiverrat (§ 356 des Strafgesetzbuches).

§ 207a Ausländische Berufsausübungsgesellschaften

(1) Eine Berufsausübungsgesellschaft, die ihren Sitz in einem Mitgliedstaat der Welthandelsorganisation hat, darf über eine Zweigniederlassung in der Bundesrepublik Deutschland Rechtsdienstleistungen nach den Absätzen 3 und 4 erbringen, wenn

1. ihr Unternehmensgegenstand die Beratung und Vertretung in Rechtsangelegenheiten ist,
2. sie nach dem Recht des Staats ihres Sitzes zur Erbringung von Rechtsdienstleistungen befugt ist,
3. ihre Gesellschafter Rechtsanwälte oder Angehörige eines der in § 59c Absatz 1 Satz 1 Nummer 1 und 2 genannten Berufe sind,
4. die deutsche Zweigniederlassung eine eigene Geschäftsleitung hat, die die Gesellschaft vertreten kann und die über ausreichende Befugnisse verfügt, um die Wahrung des Berufsrechts in Bezug auf die deutsche Zweigniederlassung sicherzustellen, und
5. sie durch die für den Ort ihrer deutschen Zweigniederlassung zuständige Rechtsanwaltskammer zugelassen ist.

(2) [1]Für Berufsausübungsgesellschaften nach Absatz 1 gelten § 59c Absatz 2, die §§ 59d bis 59j und 59m bis 59o entsprechend. [2]§ 59j ist mit der Maßgabe anzuwenden, dass der Geschäftsleitung der deutschen Zweigniederlassung zur Geschäftsführung und Vertretung berechtigte Rechtsanwälte oder nach § 206 Absatz 1 niedergelassene ausländische Rechtsanwälte in vertretungsberechtigter Zahl angehören müssen. [3]§ 59o ist mit der Maßgabe anzuwenden, dass nicht auf die Zahl der Geschäftsführer, sondern auf die Zahl der Mitglieder der Geschäftsleitung nach Absatz 1 Nummer 4 abzustellen ist.

(3) Die zugelassene Berufsausübungsgesellschaft ist berechtigt, in der Bundesrepublik Deutschland durch nach § 206 Absatz 3 Nummer 1 befugte niedergelassene ausländische Rechtsanwälte Rechtsdienstleistungen auf den Gebieten des Rechts des Herkunftsstaats des für die Berufsausübungsgesellschaft handelnden niedergelassenen ausländischen Rechtsanwalts und des Völkerrechts zu erbringen.

(4) [1]Die Befugnisse nach den §§ 59k und 59l stehen der zugelassenen Berufsausübungsgesellschaft zu, wenn an ihr mindestens ein Rechtsanwalt als Gesellschafter beteiligt ist und der Geschäftsleitung der deutschen Zweigniederlassung zur Geschäftsführung und Vertretung berechtigte Rechtsanwälte in vertretungsberechtigter Zahl angehören. [2]Sie darf nur durch Gesellschafter und Vertreter handeln, in deren Person die für die Erbringung von Rechtsdienstleistungen gesetzlich vorgeschriebenen Voraussetzungen im Einzelfall vorliegen.

(5) Die Berufsausübungsgesellschaft ist verpflichtet, auf Geschäftsbriefen gleichviel welcher Form auf ihre ausländische Rechtsform unter Angabe ihres Sitzes und der maßgeblichen Rechtsordnung hinzuweisen und das Haftungsregime zu erläutern.

(6) [1]Für Berufsausübungsgesellschaften, die ihren Sitz nicht in einem Mitgliedstaat der Welthandelsorganisation haben, gelten die Absätze 1 bis 3 und 5, wenn die Gegenseitigkeit mit dem Herkunftsstaat verbürgt ist. [2]Die Rechtsdienstleistungsbefugnis nach Absatz 3 beschränkt sich auf das Gebiet des Rechts des Herkunftsstaats des für die Berufsausübungsgesellschaft handelnden niedergelassenen ausländischen Rechtsanwalts.

(7) [1]In der Bundesrepublik Deutschland nach den Absätzen 1 und 6 niedergelassene ausländische Berufsausübungsgesellschaften sind in die Verzeichnisse nach § 31 Absatz 4 einzutragen. [2]§ 31 Absatz 4 Nummer 6 ist mit der Maßgabe anzuwenden, dass nur Angaben zu solchen Gesellschaftern einzutragen sind, die zur Erbringung von Rechtsdienstleistungen in der Bundesrepublik Deutschland befugt sind.

Dreizehnter Teil
Übergangs- und Schlussvorschriften

§ 208 Landesrechtliche Beschränkungen der Parteivertretung und Beistandschaft

[1]Ist durch Landesgesetz in Verfahren vor Schiedspersonen oder vor anderen Güte- oder Sühnestellen der Ausschluss von Bevollmächtigten oder Beiständen vorgesehen, so kann er auch auf Rechtsanwälte erstreckt werden. [2]Auf Grund von landesrechtlichen Vorschriften können Rechtsanwälte nicht als Bevollmächtigte oder Beistände zurückgewiesen werden.

§ 209 Kammermitgliedschaft von Inhabern einer Erlaubnis nach dem Rechtsberatungsgesetz

(1) [1]Natürliche Personen, die im Besitz einer uneingeschränkt oder unter Ausnahme lediglich des Sozial- oder Sozialversicherungsrechts erteilten Erlaubnis zur geschäftsmäßigen Rechtsbesorgung sind, sind auf Antrag in die für den Ort ihrer Niederlassung zuständige Rechtsanwaltskammer aufzunehmen. [2]Sie dürfen im beruflichen Verkehr zugleich die Bezeichnung „Mitglied der Rechtsanwaltskammer" führen. [3]Für die Entscheidung über den Antrag, die Rechtsstellung nach Aufnahme in die Rechtsanwaltskammer sowie die Aufhebung oder das Erlöschen der Erlaubnis gelten der Zweite Teil mit Ausnahme der §§ 4 und 12 Absatz 2 Nummer 1 und Absatz 4 sowie des § 12a, der Dritte und Vierte Teil, der Vierte Abschnitt des Fünften Teils, der Sechste, Siebente, Zehnte, Elfte und Dreizehnte Teil dieses Gesetzes sinngemäß sowie die auf Grund von § 31d erlassene Rechtsverordnung. [4]Der Erlaubnisinhaber kann auf besondere Kenntnisse in einem der in § 43c Abs. 1 Satz 2 genannten Gebiete durch den Zusatz „Fachgebiet" mit höchstens zwei der in § 43c Abs. 1 Satz 2 geregelten Gebiete hinweisen.

(2) [1]Die Aufnahme in die Rechtsanwaltskammer wird auf Antrag des Erlaubnisinhabers widerrufen. [2]Die Entscheidung über den Widerruf wird ausgesetzt, solange gegen den Erlaubnisinhaber ein anwaltsgerichtliches Verfahren schwebt.

(3) [1]Bei einem Wechsel des Ortes der Niederlassung ist auf Antrag des Erlaubnisinhabers nur der in der Erlaubnis bestimmte Ort zu ändern. [2]Die Änderung wird von der Rechtsanwaltskammer verfügt, in deren Bezirk der neugewählte Ort der Niederlassung liegt. [3]Mit der Änderung wird der Erlaubnisinhaber Mitglied der nunmehr zuständigen Rechtsanwaltskammer.

(4) (weggefallen)

§ 209a Zulassung und Befugnisse bestehender Berufsausübungsgesellschaften

(1) Wenn eine Gesellschaft vor dem 1. August 2022 als Rechtsanwaltsgesellschaft zugelassen war, gilt diese Zulassung als Zulassung der Berufsausübungsgesellschaft nach § 59f Absatz 1.

(2) [1]Berufsausübungsgesellschaften, die

1. am 1. August 2022 bestanden,
2. nach § 59f Absatz 1 zulassungsbedürftig sind und
3. nicht schon nach Absatz 1 als zugelassen gelten,

müssen bis zum 1. November 2022 eine Zulassung beantragen. [2]Ihnen stehen bis zur Entscheidung der zuständigen Rechtsanwaltskammer über den Antrag auf Zulassung die Befugnisse nach den §§ 59k und 59l zu.

§ 210 Bestehenbleiben von Rechtsanwaltskammern

Am 1. September 2009 bestehende Rechtsanwaltskammern, die ihren Sitz nicht am Ort eines Oberlandesgerichts haben, bleiben bestehen.

§ 211 Befreiung von der Voraussetzung der Befähigung zum Richteramt

(1) Die Befähigung zur anwaltlichen Tätigkeit besitzen auch Personen, die bis zum 9. September 1996 die fachlichen Voraussetzungen für die Zulassung zur Rechtsanwaltschaft nach § 4 des Rechtsanwaltsgesetzes vom 13. September 1990 (GBl. I Nr. 61 S. 1504) erfüllt haben.

(2) Rechtsanwälte, die schon nach dem Rechtsanwaltsgesetz vom 13. September 1990 zugelassen waren oder die auf Grundlage des Absatzes 1 zugelassen sind, erfüllen die Voraussetzung der Befähigung zum Richteramt gemäß § 93 Abs. 1 Satz 3 und § 101 Abs. 1 Satz 2.

§ 212 Übergangsvorschrift zu aufsichtsrechtlichen Verfahren bei Wegfall der doppelten Kammermitgliedschaft

Die Zuständigkeit für am 1. Januar 2025 anhängige aufsichtsrechtliche Verfahren gegen ein Mitglied eines Geschäftsführungs- oder Aufsichtsorgans einer anwaltlichen Berufsausübungsgesellschaft, das auch Mitglied der Patentanwaltskammer oder einer Steuerberaterkammer ist, geht am 1. Januar 2025 auf diejenige Stelle über, der von diesem Tag an nach der Patentanwaltsordnung oder dem Steuerberatungsgesetz die Zuständigkeit für das Verfahren zukommt.

§§ 215 bis 237 (weggefallen)

Anlage 1 (zu § 59a Absatz 4 Satz 1) Verhältnismäßigkeitsprüfung vor Erlass neuer Berufsreglementierungen

(Fundstelle: BGBl. 2024 I Nr. 12, S. 1 – 3)

I. Begriffsbestimmungen

Im Rahmen dieser Anlage bezeichnen die Begriffe

1. „reglementierter Beruf" eine berufliche Tätigkeit oder eine Gruppe beruflicher Tätigkeiten, bei der die Aufnahme, die Ausübung oder eine der Arten der Ausübung durch Rechts- oder Verwaltungsvorschriften direkt oder indirekt an den Besitz bestimmter Berufsqualifikationen gebunden ist; eine Art der Ausübung ist insbesondere die Führung einer geschützten Berufsbezeichnung, die durch Rechts- oder Verwaltungsvorschriften auf Personen beschränkt ist, die eine bestimmte Berufsqualifikation besitzen;
2. „Berufsqualifikation" eine Qualifikation, die durch einen Ausbildungsnachweis, durch einen Befähigungsnachweis im Sinne des Artikels 11 Buchstabe a Ziffer i der Richtlinie 2005/36/EG oder durch Berufserfahrung nachgewiesen wird;
3. „geschützte Berufsbezeichnung" eine Form der Reglementierung eines Berufs, bei der die Verwendung einer Bezeichnung bei der Ausübung einer beruflichen Tätigkeit oder einer Gruppe von beruflichen Tätigkeiten auf Grund von Rechts- oder Verwaltungsvorschriften unmittelbar oder mittelbar an den Besitz einer bestimmten Berufsqualifikation gebunden ist und bei der bei einer missbräuchlichen Verwendung der Bezeichnung Sanktionen verhängt werden;
4. „vorbehaltene Tätigkeit" eine Form der Reglementierung eines Berufs, bei der der Zugang zu einer beruflichen Tätigkeit oder einer Gruppe von beruflichen Tätigkeiten auf Grund von Rechts- oder Verwaltungsvorschriften unmittelbar oder mittelbar Angehörigen eines reglementierten Berufs vorbehalten wird, die eine bestimmte Berufsqualifikation besitzen, und zwar auch dann, wenn diese Tätigkeit mit anderen reglementierten Berufen geteilt wird.

II. Zu prüfende Kriterien

Eine Vorschrift im Sinne des § 59a Absatz 3 Satz 2

1. darf weder eine direkte noch eine indirekte Diskriminierung auf Grund der Staatsangehörigkeit oder des Wohnsitzes darstellen;
2. muss durch zwingende Ziele des Allgemeininteresses objektiv gerechtfertigt sein; während Gründe, die rein wirtschaftlicher oder verwaltungstechnischer Natur sind, hierbei ausscheiden, kommen insbesondere in Betracht
   a) die öffentliche Sicherheit und Ordnung,
   b) die öffentliche Gesundheit,
   c) die geordnete Rechtspflege,
   d) der Schutz der Verbraucher und der sonstigen Dienstleistungsempfänger,
   e) der Schutz der Arbeitnehmer,
   f) die Lauterkeit des Handelsverkehrs,
   g) die Betrugsbekämpfung,
   h) die Verhinderung von Steuerhinterziehung und Steuervermeidung einschließlich der wirksamen Steueraufsicht,
   i) der Schutz des geistigen Eigentums,
   j) der Umweltschutz,
   k) die Sozialpolitik einschließlich des finanziellen Gleichgewichts der sozialen Sicherungssysteme und
   l) die Kulturpolitik einschließlich des Schutzes des Kulturerbes;

3. muss zur Erreichung des angestrebten Ziels des Allgemeininteresses geeignet sein und darf nicht über das zur Erreichung dieses Ziels erforderliche Maß hinausgehen; hierbei sind zu berücksichtigen

   a) die Eigenarten der mit dem angestrebten Ziel verbundenen Risiken, insbesondere der Risiken für Verbraucher und sonstige Dienstleistungsempfänger, für Berufsangehörige und für Dritte;

   b) die Eignung bereits bestehender spezifischer oder allgemeiner Regelungen, etwa solcher des Verbraucherschutzes, das angestrebte Ziel zu erreichen;

   c) die Eignung der Vorschrift, das angestrebte Ziel angemessen, kohärent und systematisch zu erreichen, wobei insbesondere zu beachten ist, wie solchen Risiken entgegengewirkt werden soll, die bei vergleichbaren Tätigkeiten in ähnlicher Weise identifiziert wurden;

   d) die Auswirkungen auf den freien Personen- und Dienstleistungsverkehr innerhalb der Europäischen Union, den anderen Vertragsstaaten des Europäischen Wirtschaftsraums und der Schweiz;

   e) die Auswirkungen auf die Wahlmöglichkeiten der Verbraucher;

   f) die Auswirkungen auf die Qualität der bereitgestellten Dienstleistungen;

   g) die Möglichkeit, das angestrebte Ziel mit milderen Mitteln zu erreichen; hierbei ist in dem Fall, in dem die Vorschrift nur durch den Verbraucherschutz gerechtfertigt ist und sich die identifizierten Risiken auf das Verhältnis zwischen den Berufsangehörigen und den Verbrauchern beschränken und sich deshalb nicht negativ auf Dritte auswirken, insbesondere zu prüfen, ob mildere Mittel in Betracht kommen, als eine Tätigkeit einem reglementierten Beruf vorzubehalten;

   h) die positiven oder negativen Auswirkungen der Vorschrift, wenn sie mit anderen Vorschriften kombiniert wird, die den Zugang zu reglementierten Berufen oder deren Ausübung beschränken; hierbei ist insbesondere zu prüfen, wie die Vorschrift in der Kombination mit anderen Anforderungen zur Erreichung desselben im Allgemeininteresse liegenden Ziels beiträgt und ob sie hierfür notwendig ist; dies gilt insbesondere für folgende Anforderungen:

      aa) Tätigkeitsvorbehalte, geschützte Berufsbezeichnungen und sonstige Formen der Reglementierung im Sinne des Artikels 3 Absatz 1 Buchstabe a der Richtlinie 2005/36/EG;

      bb) Verpflichtungen zur kontinuierlichen beruflichen Weiterbildung;

      cc) Vorgaben zur Berufsorganisation, zu Standesregeln und zur Aufsicht;

      dd) Pflichtmitgliedschaften in einer Berufsorganisation sowie Registrierungs- und Genehmigungsregelungen, und zwar insbesondere dann, wenn diese den Besitz einer bestimmten Berufsqualifikation implizieren;

      ee) quantitative Beschränkungen, insbesondere Anforderungen, die die Zahl der Zulassungen zur Ausübung eines Berufs begrenzen oder eine Mindest- oder Höchstzahl derjenigen Arbeitnehmer, Geschäftsführer oder Vertreter festsetzen, die bestimmte Berufsqualifikationen besitzen müssen oder dürfen;

      ff) Anforderungen an bestimmte Rechtsformen, an Beteiligungsstrukturen oder an die Geschäftsleitung eines Unternehmens, soweit diese Anforderungen unmittelbar mit der Ausübung des reglementierten Berufs zusammenhängen;

      gg) geografische Beschränkungen, einschließlich solcher Bestimmungen, die den Beruf in einigen Teilen der Bundesrepublik Deutschland in anderer Weise reglementieren als in anderen Teilen;

      hh) Anforderungen, die die gemeinschaftliche oder partnerschaftliche Ausübung eines reglementierten Berufs beschränken;

      ii) Unvereinbarkeitsregeln;

jj) Anforderungen an den Versicherungsschutz oder andere Mittel des persönlichen oder kollektiven Schutzes in Bezug auf die Berufshaftpflicht;

kk) Anforderungen an Sprachkenntnisse, die für die Ausübung des Berufs erforderlich sind;

ll) Festlegungen zu Mindest- oder Höchstpreisen;

mm) Anforderungen an die Werbung;

i) die folgenden Kriterien, sofern sie für die Art oder den Inhalt der neuen oder geänderten Vorschrift relevant sind:

aa) der Zusammenhang zwischen dem Umfang der von einem reglementierten Beruf erfassten oder ihm vorbehaltenen Tätigkeiten und der erforderlichen Berufsqualifikation;

bb) der Zusammenhang zwischen der Komplexität der betroffenen Aufgaben und der Notwendigkeit einer bestimmten Berufsqualifikation der sie wahrnehmenden Personen, insbesondere in Bezug auf das Niveau, die Eigenart und die Dauer der erforderlichen Ausbildung oder Erfahrung;

cc) die Möglichkeit, die berufliche Qualifikation auf alternativen Wegen zu erlangen;

dd) die Eignung der einem bestimmten Beruf vorbehaltenen Tätigkeiten, mit anderen Berufen geteilt zu werden;

ee) der Grad an Autonomie bei der Ausübung eines reglementierten Berufs und die Auswirkungen von Organisations- und Überwachungsmodalitäten auf die Erreichung des angestrebten Ziels, insbesondere wenn die mit dem Beruf zusammenhängenden Tätigkeiten unter der Kontrolle und Verantwortung einer ordnungsgemäß qualifizierten Fachkraft stehen;

ff) die wissenschaftlichen und technologischen Entwicklungen, die die Informationsasymmetrie zwischen Berufsangehörigen und Verbrauchern verringern oder verstärken können;

4. muss, soweit sie spezifische Anforderungen im Zusammenhang mit der vorübergehenden oder gelegentlichen Erbringung von Dienstleistungen gemäß Titel II der Richtlinie 2005/36/EG enthält, insbesondere auch im Hinblick auf diese Anforderungen verhältnismäßig sein, es sei denn, dass es sich um Maßnahmen handelt, durch die die Einhaltung geltender Arbeits- und Beschäftigungsbedingungen gewährleistet werden soll und die im Einklang mit dem Recht der Europäischen Union angewendet werden; die Verhältnismäßigkeitsprüfung umfasst vor allem

a) automatische vorübergehende Eintragungen oder Pro-forma-Mitgliedschaften bei einer Berufsorganisation im Sinne des Artikels 6 Absatz 1 Buchstabe a der Richtlinie 2005/36/EG;

b) vorherige Meldungen im Sinne des Artikels 7 Absatz 1 der Richtlinie 2005/36/EG, erforderliche Dokumente im Sinne des Artikels 7 Absatz 2 der Richtlinie 2005/36/EG und sonstige gleichwertige Anforderungen;

c) Gebühren und Entgelte, die vom Dienstleistungserbringer für Verwaltungsverfahren im Zusammenhang mit dem Zugang zu einem reglementierten Beruf oder dessen Ausübung gefordert werden.

Anlage 2 (zu § 193 Satz 1 und § 195 Satz 1) Gebührenverzeichnis

Gliederung

Teil 1 Anwaltsgerichtliche Verfahren

Abschnitt 1 **Verfahren vor dem Anwaltsgericht**

Unterabschnitt 1 *Anwaltsgerichtliches Verfahren erster Instanz*

Unterabschnitt 2 *Antrag auf gerichtliche Entscheidung über die Rüge*

Abschnitt 2 **Verfahren vor dem Anwaltsgerichtshof**

Unterabschnitt 1 *Berufung*

Unterabschnitt 2 *Beschwerde*

Unterabschnitt 3 *Antrag auf gerichtliche Entscheidung über die Androhung oder die Festsetzung eines Zwangsgelds*

Abschnitt 3 **Verfahren vor dem Bundesgerichtshof**

Unterabschnitt 1 *Revision*

Unterabschnitt 2 *Beschwerde*

Unterabschnitt 3 *Verfahren wegen bei dem Bundesgerichtshof zugelassenen Rechtsanwälten oder Berufsausübungsgesellschaften*

Abschnitt 4 **Rüge wegen Verletzung des Anspruchs auf rechtliches Gehör**

Teil 2 Gerichtliche Verfahren in verwaltungsrechtlichen Anwaltssachen

Abschnitt 1 Erster Rechtszug

Unterabschnitt 1 *Anwaltsgerichtshof*

Unterabschnitt 2 *Bundesgerichtshof*

Abschnitt 2 Zulassung und Durchführung der Berufung

Abschnitt 3 Vorläufiger Rechtsschutz

Unterabschnitt 1 *Anwaltsgerichtshof*

Unterabschnitt 2 *Bundesgerichtshof als Rechtsmittelgericht in der Hauptsache*

Unterabschnitt 3 *Bundesgerichtshof*

Abschnitt 4 Rüge wegen Verletzung des Anspruchs auf rechtliches Gehör

Teil 1
Anwaltsgerichtliche Verfahren

Nr.	Gebührentatbestand	Gebührenbetrag oder Satz der jeweiligen Gebühr 1110 bis 1112
Vorbemerkung 1:		
(1) Im anwaltsgerichtlichen Verfahren bemessen sich die Gerichtsgebühren vorbehaltlich des Absatzes 2 für alle Rechtszüge nach der rechtskräftig verhängten Maßnahme.		
(2) Wird ein Rechtsmittel oder ein Antrag auf anwaltsgerichtliche Entscheidung nur teilweise verworfen oder zurückgewiesen, so hat das Gericht die Gebühr zu ermäßigen, soweit es unbillig wäre, das Mitglied der Rechtsanwaltskammer damit zu belasten.		

Nr.	Gebührentatbestand	Gebührenbetrag oder Satz der jeweiligen Gebühr 1110 bis 1112
(3) Im Verfahren nach Wiederaufnahme werden die gleichen Gebühren wie für das wiederaufgenommene Verfahren erhoben. Wird jedoch nach Anordnung der Wiederaufnahme des Verfahrens das frühere Urteil aufgehoben, gilt für die Gebührenerhebung jeder Rechtszug des neuen Verfahrens mit dem jeweiligen Rechtszug des früheren Verfahrens zusammen als ein Rechtszug. Gebühren werden auch für Rechtszüge erhoben, die nur im früheren Verfahren stattgefunden haben.		
Abschnitt 1 **Verfahren vor dem Anwaltsgericht**		
Unterabschnitt 1 *Anwaltsgerichtliches Verfahren erster Instanz*		
1110	Verfahren mit Urteil bei Verhängung einer oder mehrerer der folgenden Maßnahmen: 1. einer Warnung, 2. eines Verweises, 3. einer Geldbuße	240,00 EUR
1111	Verfahren mit Urteil bei Verhängung eines Vertretungs- oder Beistandsverbots nach § 114 Abs. 1 Nr. 4 oder Abs. 2 Nr. 4 BRAO	360,00 EUR
1112	Verfahren mit Urteil bei Ausschließung aus der Rechtsanwaltschaft oder Aberkennung der Rechtsdienstleistungsbefugnis	480,00 EUR
Unterabschnitt 2 *Antrag auf gerichtliche Entscheidung über die Rüge*		
1120	Verfahren über den Antrag auf gerichtliche Entscheidung über die Rüge nach § 74a Abs. 1 BRAO: Der Antrag wird verworfen oder zurückgewiesen.....	160,00 EUR
Abschnitt 2 **Verfahren vor dem Anwaltsgerichtshof**		
Unterabschnitt 1 *Berufung*		
1210	Berufungsverfahren mit Urteil	1,5
1211	Erledigung des Berufungsverfahrens ohne Urteil	0,5
	Die Gebühr entfällt bei Zurücknahme der Berufung vor Ablauf der Begründungsfrist.	
Unterabschnitt 2 *Beschwerde*		
1220	Verfahren über Beschwerden im anwaltsgerichtlichen Verfahren, die nicht nach anderen Vorschriften gebührenfrei sind:	
	Die Beschwerde wird verworfen oder zurückgewiesen.....	50,00 EUR
	Von dem Mitglied der Rechtsanwaltskammer wird eine Gebühr nur erhoben, wenn gegen es rechtskräftig eine anwaltsgerichtliche Maßnahme verhängt worden ist.	

Nr.	Gebührentatbestand	Gebührenbetrag oder Satz der jeweiligen Gebühr 1110 bis 1112
	Unterabschnitt 3 *Antrag auf gerichtliche Entscheidung über die Androhung oder die Festsetzung eines Zwangsgelds*	
1230	Verfahren über den Antrag auf gerichtliche Entscheidung über die Androhung oder die Festsetzung eines Zwangsgelds nach § 57 Abs. 3 BRAO: Der Antrag wird verworfen oder zurückgewiesen.....	200,00 EUR
	Abschnitt 3 **Verfahren vor dem Bundesgerichtshof**	
	Unterabschnitt 1 *Revision*	
1310	Revisionsverfahren mit Urteil oder mit Beschluss nach § 116 Abs. 1 Satz 2 BRAO i. V. m. § 349 Abs. 2 oder Abs. 4 StPO	2,0
1311	Erledigung des Revisionsverfahrens ohne Urteil und ohne Beschluss nach § 116 Abs. 1 Satz 2 BRAO i. V. m. § 349 Abs. 2 oder Abs. 4 StPO	1,0
	Die Gebühr entfällt bei Zurücknahme der Revision vor Ablauf der Begründungsfrist.	
	Unterabschnitt 2 *Beschwerde*	
1320	Verfahren über die Beschwerde gegen die Nichtzulassung der Revision: Die Beschwerde wird verworfen oder zurückgewiesen.....	1,0
1321	Verfahren über sonstige Beschwerden im anwaltsgerichtlichen Verfahren, die nicht nach anderen Vorschriften gebührenfrei sind: Die Beschwerde wird verworfen oder zurückgewiesen.....	50,00 EUR
	Von dem Mitglied der Rechtsanwaltskammer wird eine Gebühr nur erhoben, wenn gegen es rechtskräftig eine anwaltsgerichtliche Maßnahme verhängt worden ist.	
	Unterabschnitt 3 *Verfahren wegen bei dem Bundesgerichtshof zugelassenen Rechtsanwälten oder Berufsausübungsgesellschaften*	
1330	Anwaltsgerichtliches Verfahren mit Urteil bei Verhängung einer Maßnahme	1,5
1331	Verfahren über den Antrag auf gerichtliche Entscheidung über die Androhung oder die Festsetzung eines Zwangsgelds nach § 57 Abs. 3 i. V. m. § 163 Satz 2 BRAO: Der Antrag wird verworfen oder zurückgewiesen.....	240,00 EUR

Nr.	Gebührentatbestand	Gebührenbetrag oder Satz der jeweiligen Gebühr 1110 bis 1112
1332	Verfahren über den Antrag auf gerichtliche Entscheidung über die Rüge nach § 74a Abs. 1 i. V. m. § 163 Satz 2 BRAO: Der Antrag wird verworfen oder zurückgewiesen	240,00 EUR
Abschnitt 4 **Rüge wegen Verletzung des Anspruchs auf rechtliches Gehör**		
1400	Verfahren über die Rüge wegen Verletzung des Anspruchs auf rechtliches Gehör: Die Rüge wird in vollem Umfang verworfen oder zurückgewiesen.....	50,00 EUR

Teil 2
Gerichtliche Verfahren
in verwaltungsrechtlichen Anwaltssachen

Nr.	Gebührentatbestand	Gebührenbetrag oder Satz der Gebühr nach § 34 GKG
Abschnitt 1 **Erster Rechtszug**		
Unterabschnitt 1 *Anwaltsgerichtshof*		
2110	Verfahren im Allgemeinen	4,0
2111	Beendigung des gesamten Verfahrens durch 1. Zurücknahme der Klage a) vor dem Schluss der mündlichen Verhandlung, b) wenn eine solche nicht stattfindet, vor Ablauf des Tages, an dem das Urteil, der Gerichtsbescheid oder der Beschluss in der Hauptsache der Geschäftsstelle übermittelt wird, c) im Fall des § 112c Abs. 1 Satz 1 BRAO i. V. m. § 93a Abs. 2 VwGO vor Ablauf der Erklärungsfrist nach § 93a Abs. 2 Satz 1 VwGO, 2. Anerkenntnis- oder Verzichtsurteil, 3. gerichtlichen Vergleich oder 4. Erledigungserklärungen nach § 112c Abs. 1 Satz 1 BRAO i. V. m. § 161 Abs. 2 VwGO, wenn keine Entscheidung über die Kosten ergeht oder die Entscheidung einer zuvor mitgeteilten Einigung der Beteiligten über die Kostentragung oder der Kostenübernahmeerklärung eines Beteiligten folgt,	

Nr.	Gebührentatbestand	Gebührenbetrag oder Satz der Gebühr nach § 34 GKG
	es sei denn, dass bereits ein anderes als eines der in Nummer 2 genannten Urteile, ein Gerichtsbescheid oder Beschluss in der Hauptsache vorausgegangen ist: Die Gebühr 2110 ermäßigt sich auf	2,0
	Die Gebühr ermäßigt sich auch, wenn mehrere Ermäßigungstatbestände erfüllt sind.	
	Untert 2 *Bundesgerichtshof*	
2120	Verfahren im Allgemeinen	5,0
2121	Beendigung des gesamten Verfahrens durch 1. Zurücknahme der Klage a) vor dem Schluss der mündlichen Verhandlung, b) wenn eine solche nicht stattfindet, vor Ablauf des Tages, an dem das Urteil oder der Gerichtsbescheid der Geschäftsstelle übermittelt wird, c) im Fall des § 112c Abs. 1 Satz 1 BRAO i. V. m. § 93a Abs. 2 VwGO vor Ablauf der Erklärungsfrist nach § 93a Abs. 2 Satz 1 VwGO, 2. Anerkenntnis- oder Verzichtsurteil, 3. gerichtlichen Vergleich oder 4. Erledigungserklärungen nach § 112c Abs. 1 Satz 1 BRAO i. V. m. § 161 Abs. 2 VwGO, wenn keine Entscheidung über die Kosten ergeht oder die Entscheidung einer zuvor mitgeteilten Einigung der Beteiligten über die Kostentragung oder der Kostenübernahmeerklärung eines Beteiligten folgt,	
	es sei denn, dass bereits ein anderes als eines der in Nummer 2 genannten Urteile, ein Gerichtsbescheid oder Beschluss in der Hauptsache vorausgegangen ist: Die Gebühr 2120 ermäßigt sich auf	3,0
	Die Gebühr ermäßigt sich auch, wenn mehrere Ermäßigungstatbestände erfüllt sind.	

Nr.	Gebührentatbestand	Gebührenbetrag oder Satz der Gebühr nach § 34 GKG
	Abschnitt 2 **Zulassung und Durchführung der Berufung**	
2200	Verfahren über die Zulassung der Berufung: Soweit der Antrag abgelehnt wird	1,0
2201	Verfahren über die Zulassung der Berufung: Soweit der Antrag zurückgenommen oder das Verfahren durch anderweitige Erledigung beendet wird	0,5
	Die Gebühr entsteht nicht, soweit die Berufung zugelassen wird.	
2202	Verfahren im Allgemeinen	5,0
2203	Beendigung des gesamten Verfahrens durch Zurücknahme der Berufung oder der Klage, bevor die Schrift zur Begründung der Berufung bei Gericht eingegangen ist: Die Gebühr 2202 ermäßigt sich auf	1,0
	Erledigungserklärungen nach § 112c Abs. 1 Satz 1 BRAO i. V. m. § 161 Abs. 2 VwGO stehen der Zurücknahme gleich, wenn keine Entscheidung über die Kosten ergeht oder die Entscheidung einer zuvor mitgeteilten Einigung der Beteiligten über die Kostentragung oder der Kostenübernahmeerklärung eines Beteiligten folgt.	
2204	Beendigung des gesamten Verfahrens, wenn nicht Nummer 2203 erfüllt ist, durch 1. Zurücknahme der Berufung oder der Klage a) vor dem Schluss der mündlichen Verhandlung, b) wenn eine solche nicht stattfindet, vor Ablauf des Tages, an dem das Urteil oder der Beschluss in der Hauptsache der Geschäftsstelle übermittelt wird, oder c) im Fall des § 112c Abs. 1 Satz 1 BRAO i. V. m. § 93a Abs. 2 VwGO vor Ablauf der Erklärungsfrist nach § 93a Abs. 2 Satz 1 VwGO, 2. Anerkenntnis- oder Verzichtsurteil, 3. gerichtlichen Vergleich oder 4. Erledigungserklärungen nach § 112c Abs. 1 Satz 1 BRAO i. V. m. § 161 Abs. 2 VwGO, wenn keine Entscheidung über die Kosten ergeht oder die Entscheidung einer zuvor mitgeteilten Einigung der Beteiligten über die Kostentragung oder der Kostenübernahmeerklärung eines Beteiligten folgt,	
	es sei denn, dass bereits ein anderes als eines der in Nummer 2 genannten Urteile oder ein Beschluss in der Hauptsache vorausgegangen ist: Die Gebühr 2202 ermäßigt sich auf	3,0
	Die Gebühr ermäßigt sich auch, wenn mehrere Ermäßigungstatbestände erfüllt sind.	

Nr.	Gebührentatbestand	Gebührenbetrag oder Satz der Gebühr nach § 34 GKG
Abschnitt 3 Vorläufiger Rechtsschutz		
Vorbemerkung 2.3: (1) Die Vorschriften dieses Abschnitts gelten für einstweilige Anordnungen und für Verfahren nach § 112c Abs. 1 Satz 1 BRAO i. V. m. § 80 Abs. 5 und § 80a Abs. 3 VwGO. (2) Im Verfahren über den Antrag auf Erlass und im Verfahren über den Antrag auf Aufhebung einer einstweiligen Anordnung werden die Gebühren jeweils gesondert erhoben. Mehrere Verfahren nach § 112c Abs. 1 Satz 1 BRAO i. V. m. § 80 Abs. 5 und 7 und § 80a Abs. 3 VwGO gelten innerhalb eines Rechtszugs als ein Verfahren.		
Unterabschnitt 1 Anwaltsgerichtshof		
2310	Verfahren im Allgemeinen	2,0
2311	Beendigung des gesamten Verfahrens durch 1. Zurücknahme des Antrags a) vor dem Schluss der mündlichen Verhandlung oder, b) wenn eine solche nicht stattfindet, vor Ablauf des Tages, an dem der Beschluss der Geschäftsstelle übermittelt wird, 2. gerichtlichen Vergleich oder 3. Erledigungserklärungen nach § 112c Abs. 1 Satz 1 BRAO i. V. m. § 161 Abs. 2 VwGO, wenn keine Entscheidung über die Kosten ergeht oder die Entscheidung einer zuvor mitgeteilten Einigung der Beteiligten über die Kostentragung oder der Kostenübernahmeerklärung eines Beteiligten folgt,	
	es sei denn, dass bereits ein Beschluss über den Antrag vorausgegangen ist: Die Gebühr 2310 ermäßigt sich auf	0,75
	Die Gebühr ermäßigt sich auch, wenn mehrere Ermäßigungstatbestände erfüllt sind.	
Unterabschnitt 2 Bundesgerichtshof als Rechtsmittelgericht in der Hauptsache		
2320	Verfahren im Allgemeinen	1,5
2321	Beendigung des gesamten Verfahrens durch 1. Zurücknahme des Antrags a) vor dem Schluss der mündlichen Verhandlung oder, b) wenn eine solche nicht stattfindet, vor Ablauf des Tages, an dem der Beschluss der Geschäftsstelle übermittelt wird, 2. gerichtlichen Vergleich oder 3. Erledigungserklärungen nach § 112c Abs. 1 Satz 1 BRAO i. V. m. § 161 Abs. 2 VwGO, wenn keine Entscheidung über die Kosten ergeht oder die Entscheidung einer zuvor mitgeteilten Einigung der Beteiligten über die Kostentragung oder der Kostenübernahmeerklärung eines Beteiligten folgt,	

Nr.	Gebührentatbestand	Gebührenbetrag oder Satz der Gebühr nach § 34 GKG
	es sei denn, dass bereits ein Beschluss über den Antrag vorausgegangen ist: Die Gebühr 2320 ermäßigt sich auf	0,5
	Die Gebühr ermäßigt sich auch, wenn mehrere Ermäßigungstatbestände erfüllt sind.	
	Unterabschnitt 3 *Bundesgerichtshof*	
	Vorbemerkung 2.3.3: Die Vorschriften dieses Unterabschnitts gelten, wenn der Bundesgerichtshof auch in der Hauptsache erstinstanzlich zuständig ist.	
2330	Verfahren im Allgemeinen	2,5
2331	Beendigung des gesamten Verfahrens durch 1. Zurücknahme des Antrags a) vor dem Schluss der mündlichen Verhandlung oder, b) wenn eine solche nicht stattfindet, vor Ablauf des Tages, an dem der Beschluss der Geschäftsstelle übermittelt wird, 2. gerichtlichen Vergleich oder 3. Erledigungserklärungen nach § 112c Abs. 1 Satz 1 BRAO i. V. m. § 161 Abs. 2 VwGO, wenn keine Entscheidung über die Kosten ergeht oder die Entscheidung einer zuvor mitgeteilten Einigung der Beteiligten über die Kostentragung oder der Kostenübernahmeerklärung eines Beteiligten folgt,	
	es sei denn, dass bereits ein Beschluss über den Antrag vorausgegangen ist: Die Gebühr 2330 ermäßigt sich auf	1,0
	Die Gebühr ermäßigt sich auch, wenn mehrere Ermäßigungstatbestände erfüllt sind.	
	Abschnitt 4 **Rüge wegen Verletzung des Anspruchs auf rechtliches Gehör**	
2400	Verfahren über die Rüge wegen Verletzung des Anspruchs auf rechtliches Gehör: Die Rüge wird in vollem Umfang verworfen oder zurückgewiesen	50,00 EUR

Berufsordnung (BORA)

In der Fassung vom 1. Mai 2025

Zuletzt geändert durch Beschluss der Satzungsversammlung vom 25. November 2024, veröffentlicht auf der BRAK-Homepage am 27. Februar 2025.*

Inhaltsübersicht

* Anmerkung der Herausgeber: die Inhaltsübersicht wurde in der 4. Sitzung der 7. Satzungsversammlung bei der Neufassung der BORA mitbeschlossen. In folgenden Sitzungen wurden dann weitere Änderungen an einzelnen Normen beschlossen, ohne dass aber die Inhaltsübersicht geändert wurde. Damit fallen Inhaltsübersicht und Text auseinander. Hier wird die Inhaltsübersicht redaktionell bearbeitet wiedergegeben, so dass sie mit dem beschlossenen Text übereinstimmt.

Erster Teil
Freiheit der Berufsausübung

§ 1 Freiheit der Advokatur

(1) Rechtsanwältinnen und Rechtsanwälte üben ihren Beruf frei, selbstbestimmt und unreglementiert aus,soweit Gesetz oder Berufsordnung sie nicht besonders verpflichten.

(2) [1]Die Freiheitsrechte der Rechtsanwältinnen und Rechtsanwälte gewährleisten die Teilhabe der Bürgerinnen und Bürger am Recht. [2]Anwaltliche Tätigkeit dient der Verwirklichung des Rechtsstaats.

(3) Rechtsanwältinnen und Rechtsanwälte beraten und vertreten ihre Mandantinnen und Mandanten in allen Rechtsangelegenheiten unabhängig und haben sie vor Rechtsverlusten zu schützen, rechtsgestaltend, konfliktvermeidend und streitschlichtend zu begleiten, vor Fehlentscheidungen durch Gerichte und Behörden zu bewahren und gegen verfassungswidrige Beeinträchtigung und staatliche Machtüberschreitung zu sichern.

Zweiter Teil
Pflichten bei der Berufsausübung

Erster Abschnitt
Allgemeine Berufs- und Grundpflichten

§ 2 Verschwiegenheit

(1) [1]Rechtsanwältinnen und Rechtsanwälte sind zur Verschwiegenheit verpflichtet und berechtigt. [2]Dies gilt auch nach Beendigung des Mandats.

(2) [1]Die Verschwiegenheitspflicht gebietet es der Rechtsanwältin und dem Rechtsanwalt, die zum Schutze des Mandatsgeheimnisses erforderlichen organisatorischen und technischen Maßnahmen zu ergreifen, die risikoadäquat und für den Anwaltsberuf zumutbar sind. [2]Technische Maßnahmen sind hierzu ausreichend, soweit sie im Falle der Anwendbarkeit der Vorschriften zum Schutz personenbezogener Daten deren Anforderungen entsprechen. [3]Sonstige technische Maßnahmen müssen ebenfalls dem Stand der Technik entsprechen. [4]Abs. 4 lit. c) bleibt hiervon unberührt. [5]Die Nutzung eines elektronischen oder sonstigen Kommunikationsweges, der mit Risiken für die Vertraulichkeit dieser Kommunikation verbunden ist, ist jedenfalls dann erlaubt, wenn die

Mandantin oder der Mandant ihr zustimmt. [6]Von einer Zustimmung ist auszugehen, wenn die Mandantin oder der Mandant diesen Kommunikationsweg vorschlägt oder beginnt und ihn fortsetzt, nachdem die Rechtsanwältin oder der Rechtsanwalt zumindest pauschal und ohne technische Details auf die Risiken hingewiesen hat.

(3) Ein Verstoß gegen die Pflicht zur Verschwiegenheit (§ 43a Abs. 2 Bundesrechtsanwaltsordnung) liegt nicht vor, soweit Gesetz und Recht eine Ausnahme fordern oder zulassen.

(4) Ein Verstoß ist nicht gegeben, soweit das Verhalten der Rechtsanwältin oder des Rechtsanwalts

a) mit Einwilligung erfolgt oder

b) zur Wahrnehmung berechtigter Interessen erforderlich ist, z. B. zur Durchsetzung oder Abwehr von Ansprüchen aus dem Mandatsverhältnis oder zur Verteidigung in eigener Sache, oder

c) im Rahmen der Arbeitsabläufe der Kanzlei, die außerhalb des Anwendungsbereichs des § 43e Bundesrechtsanwaltsordnung liegen, objektiv einer üblichen, von der Allgemeinheit gebilligten Verhaltensweise im sozialen Leben entspricht (Sozialadäquanz).

(5) Die Vorschriften zum Schutz personenbezogener Daten bleiben unberührt.

§ 3 Interessenwiderstreit

(1) [1]Rechtsanwältinnen und Rechtsanwälte dürfen keine widerstreitenden Interessen vertreten. [2]Sie dürfenin einem laufenden Mandat auch keine Vermögenswerte von der Mandantin oder dem Mandanten und/oder der Anspruchsgegnerin oder dem Anspruchsgegner zum Zweck der treuhänderischen Verwaltung oder Verwahrung für beide Parteien entgegennehmen.

(2) Wer erkennt, dass er entgegen § 43a Abs. 4 bis 6 BRAO tätig geworden ist, hat unverzüglich die Mandantschaft zu informieren und alle Mandate in derselben Rechtssache zu beenden.

(3) [1]Eine gemeinschaftliche Berufsausübung im Sinne von § 43a Abs. 4 Satz 2 BRAO liegt bei Bürogemeinschaften (§ 59q BRAO) nicht vor. [2]Eine Sozietätserstreckung gilt auch für individuell erteilte Mandate.

(4) [1]Rechtsanwältinnen und Rechtsanwälte dürfen in einem Mandat nach § 43a Abs. 4 Satz 4 BRAO (Befreiung von der Sozietätserstreckung mit Zustimmung der Mandantinnen und Mandanten) nur tätig werden, wenn durch getrennte Bearbeitung die Einhaltung der Verschwiegenheitspflicht sichergestellt ist. [2]Dafür ist, über die allgemeinen Anforderungen des § 2 hinaus, insbesondere erforderlich

a) die inhaltliche Bearbeitung der widerstreitenden Mandate ausschließlich durch verschiedene Personen,

b) der Ausschluss des wechselseitigen Zugriffs auf Papierakten sowie auf elektronische Daten einschließlich des besonderen elektronischen Anwaltspostfachs, und

c) das Verbot an die mandatsbearbeitenden Personen, wechselseitig über das Mandat zu kommunizieren.

[3]Die Einhaltung dieser Vorkehrungen ist zum jeweiligen Mandat zu dokumentieren.

§ 4 Fremdgelder und andere Vermögenswerte

(1) [1]Fremdgelder und sonstige Vermögenswerte, insbesondere Wertpapiere und andere geldwerte Urkunden, sind unverzüglich an die Berechtigten weiterzuleiten. [2]Solange dies nicht möglich ist, sind Fremdgelder auf Anderkonten zu verwalten; dies sind in der Regel Einzelanderkonten. [3]Die Rechtsanwältin oder der Rechtsanwalt tragen dafür Sorge, dass über Sammelanderkonten keine Zahlungen abgewickelt werden, bei denen Risiken in Bezug auf Geldwäsche oder Terrorismusfinanzierung bestehen. [4]Auf einem Sammelanderkonto dürfen Gelder nicht verwaltet werden,

a) die aus Mandaten stammen, deren Gegenstand zumindest auch ein Geschäft, eine Dienstleistung, eine Hilfeleistung, eine Transaktion oder eine Beratung im Sinne von § 2 Abs. 1 Nr. 10 des

Geldwäschegesetzes mit Ausnahme der Verwaltung von Geld nach § 2 Abs. 1 Nr. 10 Buchstabe a Doppelbuchstabe bb des Geldwäschegesetzes ist,

b) die der Rechtsanwältin oder dem Rechtsanwalt in bar übergeben wurden und die unbeschadet einer Aufteilung auf mehrere Teilbeträge den Betrag von insgesamt 1000 Euro übersteigen oder

c) die der Rechtsanwältin oder dem Rechtsanwalt von einem Bankkonto aus einem Drittstaat überwiesen wurden, der

1. zu den von der Europäischen Kommission nach Artikel 9 der Richtlinie (EU) 2015/849 des Europäischen Parlaments und des Rates vom 20. Mai 2015 ermittelten Drittstaaten mit hohem Risiko gehört, die im Anhang der Delegierten Verordnung (EU) 2016/1675 der Kommission vom 14. Juli 2016 in der jeweils geltenden Fassung aufgeführt ist, oder
2. in den jeweils aktuellen Informationsberichten „High-Risk Jurisdictions subject to a Call for Action" und „Jurisdictions under Increased Monitoring" der Financial Action Task Force als Staat mit strategischen Mängeln eingestuft wird.

[5]Gelder, die auf einem Sammelanderkonto verwaltet wurden, darf die Rechtsanwältin oder der Rechtsanwalt nicht in bar auszahlen oder auf Konten in Ländern gemäß Satz 4 Buchstabe c weiterleiten. [6]Über Fremdgelder ist unverzüglich, spätestens mit Beendigung des Mandats, abzurechnen. [7]Sonstige Vermögenswerte sind gesondert zu verwahren. [8]Die Sätze 1 und 2 gelten nicht, soweit etwas anderes in Textform vereinbart ist.

(2) Eigene Forderungen dürfen nicht mit Geldern verrechnet werden, die zweckgebunden zur Auszahlung an andere als die Mandantin oder den Mandanten bestimmt sind.

§ 5 Kanzlei, weitere Kanzlei und Zweigstelle

Rechtsanwältinnen und Rechtsanwälte sind verpflichtet, die für ihre Berufsausübung erforderlichen sachlichen, personellen und organisatorischen Voraussetzungen in Kanzlei und Zweigstelle vorzuhalten.

§ 5a Kenntnisse im Berufsrecht

Die Kenntnisse im rechtsanwaltlichen Berufsrecht gemäß § 43f BRAO müssen durch die Teilnahme an einer Lehrveranstaltung mit insgesamt mindestens zehn Zeitstunden nachgewiesen werden, die folgende Themen umfassen soll:

1. Organisation des Berufs als freier Beruf sowie der Rechtsanwaltskammern als Selbstverwaltungsorgane einschließlich der Berufsaufsicht und berufsrechtlicher Sanktionen
2. Allgemeine Berufspflicht und Grundpflichten nach §§ 43, 43a BRAO, §§ 2 bis 5a BORA
3. Überblick über die besonderen Berufspflichten nach den §§ 43b ff. [8]BRAO, §§ 6 bis 33 BORA
4. Berufsrechtliche Bezüge zum anwaltlichen Haftungsrecht.

Zweiter Abschnitt
Besondere Berufspflichten im Zusammenhang mit der Werbung

§ 6 Werbung*

(1) Rechtsanwältinnen und Rechtsanwälte dürfen über ihre Dienstleistung und ihre Person informieren, soweit die Angaben sachlich unterrichten und berufsbezogen sind.

(2) [1]Die Angabe von Erfolgs- und Umsatzzahlen ist unzulässig, wenn sie irreführend ist. [2]Hinweise auf Mandate und Mandantschaft sind nur zulässig, soweit die Einwilligung ausdrücklich erklärt ist.

* Die Satzungsversammlung hat am 26.5.2025 eine Änderung der Vorschrift beschlossen, die voraussichtlich im Herbst 2025 in Kraft treten wird. Dazu wird die Bundesrechtsanwaltskammer entsprechend informieren.

(3) Rechtsanwältinnen und Rechtsanwälte dürfen nicht daran mitwirken, dass Dritte für sie Werbung betreiben, die ihnen selbst verboten ist.

§ 7 Benennung von Teilbereichen der Berufstätigkeit

(1) [1]Unabhängig von Fachanwaltsbezeichnungen darf Teilbereiche der Berufstätigkeit nur benennen, wer den eigenen Angaben entsprechende Kenntnisse nachweisen kann, die in der Ausbildung, durch Berufstätigkeit, Veröffentlichungen oder in sonstiger Weise erworben wurden. [2]Wer qualifizierende Zusätze verwendet, muss zusätzlich über entsprechende theoretische Kenntnisse verfügen und auf dem benannten Gebiet in erheblichem Umfang tätig gewesen sein.

(2) Benennungen nach Absatz 1 sind unzulässig, soweit sie die Gefahr einer Verwechslung mit Fachanwaltschaften begründen oder sonst irreführend sind.

(3) Die vorstehenden Regelungen gelten bei gemeinschaftlicher Berufsausübung und bei anderer beruflicher Zusammenarbeit entsprechend.

§ 7a Mediation

Rechtsanwältinnen und Rechtsanwälte, die sich als Mediatorin oder Mediator bezeichnen, haben die Voraussetzungen nach § 5 Abs. 1 Mediationsgesetz im Hinblick auf Aus- und Fortbildung, theoretische Kenntnisse und praktische Erfahrungen zu erfüllen.

§ 8 Kundgabe gemeinschaftlicher Berufsausübung und anderer beruflicher Zusammenarbeit*

[1]Auf eine Verbindung zur gemeinschaftlichen Berufsausübung darf nur hingewiesen werden, wenn sie in einer Berufsausübungsgesellschaft oder in sonstiger Weise mit den in § 59c Bundesrechtsanwaltsordnung Genannten erfolgt. [2]Die Kundgabe jeder anderen Form der beruflichen Zusammenarbeit ist zulässig, sofern nicht der Eindruck einer gemeinschaftlichen Berufsausübung erweckt wird.

§ 9 Kurzbezeichnungen

Eine Kurzbezeichnung muss einheitlich geführt werden.

§ 10 Briefbögen*

(1) [1]Auf Briefbögen ist die Kanzleianschrift anzugeben. [2]Kanzleianschrift ist die im Rechtsanwaltsverzeichnis als solche eingetragene Anschrift (§ 31 Abs. 3 Nr. 2 Halbsatz 1, § 27 Abs. 1 Bundesrechtsanwaltsordnung). [3]Werden mehrere Kanzleien, eine oder mehrere Zweigstellen unterhalten, so ist für die auf den Briefbögen Genannten jeweils die Kanzleianschrift anzugeben

(2) [1]Auf Briefbögen müssen auch bei Verwendung einer Kurzbezeichnung die Namen sämtlicher Gesellschafterinnen und Gesellschafter mit mindestens einem ausgeschriebenen Vornamen aufgeführt werden. [2]Gleiches gilt für Namen anderer Personen, die in einer Kurzbezeichnung gemäß § 9 enthalten sind. [3]Es muss mindestens eine der Kurzbezeichnung entsprechende Zahl der Berufsträgerinnen und Berufsträger auf den Briefbögen namentlich aufgeführt werden

(3) Bei beruflicher Zusammenarbeit mit Angehörigen anderer Berufe sind die jeweiligen Berufsbezeichnungen anzugeben.

(4) Ausgeschiedene Berufsträgerinnen und Berufsträger können auf den Briefbögen nur weitergeführt werden, wenn ihr Ausscheiden kenntlich gemacht wird.

---

* Die Satzungsversammlung hat am 26.5.2025 eine Änderung der Vorschrift beschlossen, die voraussichtlich im Herbst 2025 in Kraft treten wird. Dazu wird die Bundesrechtsanwaltskammer entsprechend informieren.

Dritter Abschnitt
Besondere Berufspflichten bei der Annahme, Wahrnehmung und Beendigung des Mandats

§ 11 Mandatsbearbeitung und Unterrichtung der Mandantschaft

(1) [1]Rechtsanwältinnen und Rechtsanwälte sind verpflichtet, das Mandat in angemessener Zeit zu bearbeiten und die Mandantinnen und Mandanten über alle für den Fortgang der Sache wesentlichen Vorgänge und Maßnahmen unverzüglich zu unterrichten. [2]Es ist ihnen insbesondere von allen wesentlichen erhaltenen oder versandten Schriftstücken Kenntnis zu geben.

(2) Anfragen der Mandantinnen und Mandanten sind unverzüglich zu beantworten.

§ 12 Umgehungsverbot

(1) Rechtsanwältinnen und Rechtsanwälte dürfen nicht ohne Einwilligung der Rechtsanwältinnen und Rechtsanwälte anderer Beteiligter mit diesen unmittelbar Verbindung aufnehmen oder verhandeln.

(2) [1]Dieses Verbot gilt nicht bei Gefahr im Verzuge. [2]Rechtsanwältinnen und Rechtsanwälte anderer Beteiligter sind unverzüglich zu unterrichten; von schriftlichen Mitteilungen ist ihnen eine Abschrift unverzüglichzu übersenden.

§ 13 (aufgehoben)[1]

§ 14 Zustellungen

[1]Rechtsanwältinnen und Rechtsanwälte haben ordnungsgemäße Zustellungen von Gerichten, Behörden und Rechtsanwältinnen und Rechtsanwälten entgegenzunehmen und das Empfangsbekenntnis mit dem Datum versehen unverzüglich zu erteilen. [2]Wenn Rechtsanwältinnen und Rechtsanwälte bei einer nicht ordnungsgemäßen Zustellung die Mitwirkung verweigern, müssen sie dies der absendenden Stelle unverzüglich mitteilen.

§ 15 Mandatswechsel

(1) Rechtsanwältinnen und Rechtsanwälte, die das anderen Rechtsanwältinnen und Rechtsanwälten übertragene Mandat übernehmen, haben sicherzustellen, dass diese von der Mandatsübernahme unverzüglich benachrichtigt werden.

(2) Rechtsanwältinnen und Rechtsanwälte, die neben anderen Rechtsanwältinnen und Rechtsanwälten ein Mandat übernehmen, haben diese unverzüglich über die Mandatsmitübernahme zu unterrichten.

(3) Absätze 1 und 2 gelten nicht, wenn Rechtsanwältinnen und Rechtsanwälte nur beratend tätig werden.

§ 16 Prozesskostenhilfe, Verfahrenskostenhilfe und Beratungshilfe

(1) Rechtsanwältinnen und Rechtsanwälte sind verpflichtet, bei begründetem Anlass auf die Möglichkeiten von Prozesskostenhilfe, Verfahrenskostenhilfe und Beratungshilfe hinzuweisen.

(2) Rechtsanwältinnen und Rechtsanwälte dürfen nach Bewilligung von Prozesskostenhilfe, Verfahrenskostenhilfe oder bei Inanspruchnahme von Beratungshilfe von ihren Mandantinnen und Mandanten oder Dritten Zahlungen oder Leistungen nur annehmen, die freiwillig und in Kenntnis der Tatsache gegeben werden, dass keine Verpflichtung zu einer solchen Leistung besteht.

---

1 Aufgehoben durch Entscheidung des BVerfG vom 14.12.1999, BGBl 2000 I, 54 = BRAK-Mitt. 2000, 36.

§ 16a Ablehnung der Beratungshilfe

(1) (aufgehoben)

(2) Rechtsanwältinnen und Rechtsanwälte sind nicht verpflichtet, einen Beratungshilfeantrag zu stellen.

(3) [1]Rechtsanwältinnen und Rechtsanwälte können die Beratungshilfe im Einzelfall aus wichtigem Grund ablehnen oder beenden. [2]Ein wichtiger Grund kann in der Person der Rechtsanwältin oder des Rechtsanwalts selbst oder in der Person oder dem Verhalten der Mandantin oder des Mandanten liegen. [3]Ein wichtiger Grund kann auch darin liegen, dass die Beratungshilfebewilligung nicht den Voraussetzungen des Beratungshilfegesetzes entspricht. [4]Ein wichtiger Grund liegt insbesondere vor, wenn

a) die Rechtsanwältin oder der Rechtsanwalt durch eine Erkrankung oder durch berufliche Überlastung an der Beratung/Vertretung gehindert ist;

b) (aufgehoben)

c) die Beratungshilfeberechtigten ihre für die Mandatsbearbeitung erforderliche Mitarbeit verweigern;

d) das Vertrauensverhältnis zwischen Rechtsanwältin oder Rechtsanwalt und Mandantin oder Mandant aus Gründen, die im Verhalten oder in der Person der Mandantin oder des Mandanten liegen, schwerwiegend gestört ist;

e) sich herausstellt, dass die Einkommens- und/oder Vermögensverhältnisse der Mandantin oder des Mandanten die Bewilligung von Beratungshilfe nicht rechtfertigen;

f) (aufgehoben)

g) (aufgehoben).

§ 17 Zurückbehaltung von Handakten

[1]Wer die Herausgabe der Handakten (§ 50 Abs. 3 und 4 Bundesrechtsanwaltsordnung) verweigert, kann einem berechtigten Interesse der Mandantin oder des Mandanten auf Herausgabe durch die Überlassung von Kopien Rechnung tragen. [2]Richtet sich das berechtigte Interesse gerade auf die Herausgabe der Originale, darf die Rechtsanwältin oder der Rechtsanwalt anbieten, die Originale an von der Mandantschaft zu beauftragende Rechtsanwältinnen und Rechtsanwälte zu treuen Händen herauszugeben, wenn damit dem berechtigten Interesse Rechnung getragen wird.

§ 18 Vermittelnde, schlichtende oder mediative Tätigkeit

Werden Rechtsanwältinnen und Rechtsanwälte vermittelnd, schlichtend oder als Mediatorin oder Mediator tätig, so unterliegen sie den Regeln des Berufsrechts.

Vierter Abschnitt
Besondere Berufspflichten gegenüber Gerichten und Behörden

§ 19 Akteneinsicht

(1) [1]Wer Originalunterlagen von Gerichten und Behörden zur Einsichtnahme erhält, darf sie nur an Mitarbeitende aushändigen. [2]Dies gilt auch für das Überlassen der Akte im Ganzen innerhalb der Kanzlei. [3]Die Unterlagen sind sorgfältig zu verwahren und unverzüglich zurückzugeben. [4]Bei deren Ablichtung oder sonstiger Vervielfältigung ist sicherzustellen, dass Unbefugte keine Kenntnis erhalten.

(2) [1]Ablichtungen und Vervielfältigungen dürfen Mandantinnen und Mandanten überlassen werden. [2]Soweit jedoch gesetzliche Bestimmungen oder eine zulässigerweise ergangene Anordnung der die Akten aushändigenden Stelle das Akteneinsichtsrecht beschränken, haben Rechtsanwältin-

nen und Rechtsanwälte dies auch bei der Vermittlung des Akteninhalts an Mandantinnen und Mandanten oder andere Personen zu beachten.

§ 20 Berufstracht

[1]Rechtsanwältinnen und Rechtsanwälte tragen vor Gericht als Berufstracht die Robe, soweit das üblich ist. [2]Eine Berufspflicht zum Erscheinen in Robe besteht beim Amtsgericht in Zivilsachen nicht.

Fünfter Abschnitt
Besondere Berufspflichten bei Vereinbarung und Abrechnung von Gebühren

§ 21 Vergütungsvereinbarung

(1) Das Verbot, geringere als die gesetzlichen Gebühren zu fordern oder zu vereinbaren, gilt auch im Verhältnis zu Dritten, die es anstelle der Mandantschaft oder neben dieser übernehmen, die Gebühren zu bezahlen, oder die sich gegenüber den Mandantinnen oder Mandanten verpflichten, diese von anfallenden Gebühren freizustellen.

(2) (aufgehoben)[2]

§ 22 Gebühren- und Honorarteilung

Als eine angemessene Honorierung im Sinne des § 49b Abs. 3 Satz 2 und 3 Bundesrechtsanwaltsordnung ist in der Regel eine hälftige Teilung aller anfallenden gesetzlichen Gebühren ohne Rücksicht auf deren Erstattungsfähigkeit anzusehen.

§ 23 Abrechnungsverhalten

Spätestens mit Beendigung des Mandats haben Rechtsanwältinnen und Rechtsanwälte gegenüber den Mandantinnen und Mandanten und/oder Dritten im Sinne des § 21 über Vorschüsse unverzüglich abzurechnen und ein von ihnen errechnetes Guthaben auszuzahlen.

Sechster Abschnitt
Besondere Berufspflichten gegenüber der Rechtsanwaltskammer, deren Mitgliedern und gegenüber Mitarbeitenden

§ 24 (aufgehoben)

§ 25 Beanstandungen gegenüber Rechtsanwältinnen und Rechtsanwälten

Wollen Rechtsanwältinnen und Rechtsanwälte andere Rechtsanwältinnen oder Rechtsanwälte darauf hinweisen, dass sie gegen Berufspflichten verstoßen, so darf dies nur vertraulich geschehen, es sei denn, dass die Interessen der Mandantinnen und Mandanten oder eigene Interessen eine Reaktion in anderer Weise erfordern.

2 Aufgehoben durch Bescheid des Bundesministeriums der Justiz vom 07.03.1997, BAnZ vom 08.03.1997 = BRAK-Mitt.1997, 81

§ 26 Beschäftigung von Rechtsanwältinnen und Rechtsanwälten sowie anderen Mitarbeitenden

(1) [1]Rechtsanwältinnen und Rechtsanwälte dürfen nur zu angemessenen Bedingungen beschäftigt werden. [2]Angemessen sind Bedingungen, die

a) eine unter Berücksichtigung ihrer Kenntnisse und Erfahrungen und des Haftungsrisikos der beschäftigenden Rechtsanwältinnen und Rechtsanwälte sachgerechte Mandatsbearbeitung ermöglichen,

b) eine ihrer Qualifikation, ihren Leistungen und dem Umfang ihrer Tätigkeit sowie den Vorteilen der beschäftigenden Rechtsanwältinnen und Rechtsanwälte aus dieser Tätigkeit entsprechende Vergütung gewährleisten,

c) ihnen auf Verlangen angemessene Zeit zur Fortbildung einräumen und

d) bei der Vereinbarung von Wettbewerbsverboten eine angemessene Ausgleichszahlung vorsehen.

(2) Rechtsanwältinnen und Rechtsanwälte dürfen andere Mitarbeitende und Auszubildende nicht zu unangemessenen Bedingungen beschäftigen.

§ 27 Beteiligung Dritter

[1]Am wirtschaftlichen Ergebnis anwaltlicher Tätigkeit dürfen Dritte, die mit den Rechtsanwältinnen und Rechtsanwälten nicht zur gemeinschaftlichen Berufsausübung verbunden sind, nicht beteiligt sein. [2]Das gilt nicht für Vergütungen von Mitarbeitenden, Versorgungsbezüge, Vergütungen für die Übernahme der Kanzlei und Leistungen, die im Zuge einer Auseinandersetzung oder Abwicklung der beruflichen Zusammenarbeit erbracht werden.

§ 28 Ausbildungsverhältnisse

Rechtsanwältinnen und Rechtsanwälte haben zu gewährleisten, dass die Tätigkeit von Auszubildenden in der Kanzlei auf die Erreichung des Ausbildungsziels ausgerichtet ist.

Siebter Abschnitt
Besondere Berufspflichten im grenzüberschreitenden Rechtsverkehr

§ 29 (aufgehoben)

§ 29a Zwischenanwaltliche Korrespondenz im grenzüberschreitenden Rechtsverkehr

Rechtsanwältinnen und Rechtsanwälte sind verpflichtet, nach Rücksprache mit ihrer Mandantschaft die Anfrage ausländischer Rechtsanwältinnen und Rechtsanwälte zu beantworten, ob sie „vertraulich" gegenüber ihrer Mandantschaft oder „ohne Präjudiz" (d. h. ohne spätere Verwendung gegen die Anfragenden oder deren Mandantschaft) Informationen austauschen oder Gespräche führen können.

§ 29b Einschaltung ausländischer Rechtsanwältinnen und Rechtsanwälte

Wer als Rechtsanwältin oder Rechtsanwalt ausländische Rechtsanwältinnen oder Rechtsanwälte einschaltet, muss bei der Einschaltung darüber informieren, wenn eine sich aus der Einschaltung ergebende eigene Verbindlichkeit oder Haftung für das Honorar, die Kosten und die Auslagen der ausländischen Rechtsanwältinnen oder Rechtsanwälte nicht übernommen werden soll.

Achter Abschnitt
Besondere Berufspflichten bei beruflicher Zusammenarbeit

§ 30 Geltung der Berufsordnung bei beruflicher Zusammenarbeit

(1) (aufgehoben)

(2) Bei beruflicher Zusammenarbeit gleich in welcher Form hat jede Rechtsanwältin und jeder Rechtsanwalt zu gewährleisten, dass die Regeln dieser Berufsordnung auch von der Organisation eingehalten werden.

§ 31 Maßnahmen zur Einhaltung des Berufsrechts

(1) Berufsausübungsgesellschaften haben laufend ihre konkreten Risiken für Berufsrechtsverstöße zu ermitteln und zu bewerten, insbesondere solche, die sich aus ihrer Zusammensetzung und Organisationsstruktur, ihren Tätigkeitsfeldern sowie ihren Mandaten ergeben.

(2) [1]Auf Basis der Risikoanalyse nach Absatz 1 stellen Berufsausübungsgesellschaften durch geeignete Maßnahmen sicher, dass berufsrechtliche Verstöße verhindert oder zumindest frühzeitig erkannt und abgestellt werden. [2]Geeignete Maßnahmen können insbesondere sein:

- die Bestellung einer oder eines Berufsrechtsbeauftragten;
- berufsrechtliche Schulungen;
- elektronische Systeme zur Vermeidung von Interessenkollisionen;
- die elektronische Überwachung von Anderkonten zur Sicherstellung der Verpflichtungen nach § 4 BORA;
- eine interne Hinweismeldestelle für berufsrechtsbezogene Beschwerden.

(3) In Berufsausübungsgesellschaften mit regelmäßig mehr als 10 Rechtsanwältinnen und Rechtsanwälten oder anderen Angehörigen eines in § 59c Absatz 1 Satz 1 BRAO genannten Berufs sind die Risikoanalyse nach Absatz 1 und die getroffenen Maßnahmen nach Absatz 2 zu dokumentieren, die Dokumentation ist spätestens alle zwei Jahre zu aktualisieren.

§ 32 Beendigung einer gemeinschaftlichen Berufsausübung

(1) [1][Dispositive Regelung] Ausscheidende Gesellschafterinnen und Gesellschafter sollen sich mit der Berufsausübungsgesellschaft rechtzeitig hinsichtlich der Mitteilung des Ausscheidens, der Abrechnung laufender Mandate, der Mandatsakten sowie der nachlaufenden Informations- und Weiterleitungspflichten verständigen. [2]Soweit eine Verständigung nicht zustande kommt und auch keine anderweitigen vertraglichen Vereinbarungen bestehen, gelten die Absätze 2 bis 6.

(2) [1][Laufende Mandate] In laufenden Mandaten, mit denen die Ausscheidenden befasst sind, sollen die Mandantinnen und Mandanten in einer gemeinsamen Information befragt werden, durch wen die Mandate künftig geführt werden sollen. [2]Kommt eine Verständigung über die gemeinsame Information nicht zustande, können beide Teile einseitig die Entscheidung der Mandantin oder des Mandanten einholen, aber nicht früher als einen Monat vor dem Ausscheidenstermin.

(3) [Allgemeine Informationen] Die Berufsausübungsgesellschaft hat in geeigneter Weise darüber zu informieren, wie die Ausscheidenden für Rechtsuchende unter ihren neuen Kontaktdaten erreichbar sind.

(4) [1][Abrechnung] Die Ausscheidenden haben die von ihnen bearbeiteten Mandate auf den Stichtag ihres Ausscheidens abzurechnen. [2]Soweit das nicht möglich oder untunlich ist, haben sie durch geeignete Dokumentation sicherzustellen, dass die Berufsausübungsgesellschaft die bis zum Ausscheidenstermin angefallenen Honorare später abrechnen kann

(5) [1][Mitnahme von Mandanten] Beenden Mandantinnen oder Mandanten die Mandatsbeziehung zur Berufsausübungsgesellschaft und begründen eine neue mit der oder dem Ausscheidenden oder deren oder dessen neuer Berufsausübungsgesellschaft, hat die Berufsausübungsgesell-

schaft auf Verlangen der Mandantin oder des Mandanten dem Ausscheidenden vollständige Aktenkopien der laufenden Mandate in geeigneter Form zur Verfügung zu stellen. 2Das Zurückbehaltungsrecht aus § 50 Abs. 3 BRAO bleibt unberührt.

(6) 1[Weiterleitung von Nachrichten] An die Ausgeschiedenen gerichtete Nachrichten, die die Berufsausübungsgesellschaft nach dem Ausscheiden per beA oder per Gerichts- oder Behördenpost erreichen, sind unverzüglich an sie weiterzuleiten, es sei denn sie beziehen sich auf bei der Berufsausübungsgesellschaft verbliebene Mandate oder Mandatsbeziehungen. 2Erreichen die Ausgeschiedenen Nachrichten betreffend Mandate, die bei der Berufsausübungsgesellschaft verblieben sind, haben sie diese unverzüglich an die Berufsausübungsgesellschaft weiterzuleiten.

(7) [Vermittlung] Entstehen Streitigkeiten über die Abwicklung des Ausscheidens, sollen die Beteiligten vor der Einleitung gerichtlicher Schritte den Vorstand der Rechtsanwaltskammer gemäß § 73 Abs. 2 Nr. 2 BRAO um Vermittlung bitten

(8) 1[Entsprechende Geltung] Die Absätze 1 bis 7 gelten entsprechend für das Ausscheiden einer Scheingesellschafterin oder eines Scheingesellschafters, für Scheingesellschaften, sowie für die Auflösung einer Berufsausübungsgesellschaft. 2Für das Ausscheiden einer Rechtsanwältin oder eines Rechtsanwalts, die oder der nicht Gesellschafterin oder Gesellschafter oder Scheingesellschafterin oder Scheingesellschafter ist, gelten die Absätze 1 sowie 3 bis 7.

§ 33 (verschoben nach § 30)

Neunter Abschnitt
Anwendungsbereich

§ 34 Weitere Mitglieder der Rechtsanwaltskammer, ausländische Rechtsanwältinnen und Rechtsanwälte

(1) 1Für europäische Rechtsanwältinnen und Rechtsanwälte im Sinne der §§ 1 ff. 2EuRAG gelten hinsichtlich ihrer Tätigkeit in der Bundesrepublik Deutschland die §§ 1 bis 33 sowie die Anlagen entsprechend.

(2) 1Für europäische Rechtsanwältinnen und Rechtsanwälte, die nach den §§ 25 ff. 2EuRAG vorübergehend in der Bundesrepublik Deutschland tätig werden, gelten die Vorschriften der §§ 1 bis 33 nach Maßgabedes § 27 EuRAG entsprechend.

(3) Für Rechtsanwältinnen und Rechtsanwälte aus anderen Staaten, die Mitglieder einer Rechtsanwaltskammer im Sinne der §§ 206, 207 Bundesrechtsanwaltsordnung sind, gelten hinsichtlich ihrer Tätigkeit in der Bundesrepublik Deutschland die §§ 1 bis 33 sowie die Anlagen entsprechend.

(4) Für Mitglieder einer Rechtsanwaltskammer nach § 209 Bundesrechtsanwaltsordnung gelten die §§ 2 bis 19, 21 bis 33 sowie die Anlagen entsprechend.

Dritter Teil
Schlussbestimmungen

§ 35 Inkrafttreten

(1) Diese Berufsordnung ist am 11. März 1997 in Kraft getreten.

(2) Die Ausfertigung und das Inkrafttreten ändernder Beschlüsse der Satzungsversammlung richten sich nach den §§ 191d, e der Bundesrechtsanwaltsordnung.

Fachanwältin- und Fachanwaltsordnung (FAO)

In der Fassung vom 1. Mai 2025

Zuletzt geändert durch Beschluss der Satzungsversammlung vom 25. November 2024, veröffentlicht auf der BRAK-Homepage am 27. Februar 2025

Inhaltsübersicht

Erster Teil
Fachanwaltschaft

Erster Abschnitt
Fachgebiete

§ 1 Zugelassene Bezeichnungen als Fachanwältin oder Fachanwalt

[1]Bezeichnungen als Fachanwältin oder Fachanwalt können gemäß § 43c Abs. 1 Satz 2 Bundesrechtsanwaltsordnung für Verwaltungsrecht, Steuerrecht, Arbeitsrecht und Sozialrecht verliehen werden. [2]Weitere Bezeichnungen als Fachanwältin oder Fachanwalt können für Familienrecht, Strafrecht, Insolvenz- und Sanierungsrecht, Versicherungsrecht, Medizinrecht, Miet- und Wohnungseigentumsrecht, Verkehrsrecht, Bau- und Architektenrecht, Erbrecht, Transport- und Speditionsrecht, gewerblichen Rechtsschutz, Handels- und Gesellschaftsrecht, Urheber- und Medienrecht, Informationstechnologierecht, Bank- und Kapitalmarktrecht, Agrarrecht, Internationales Wirtschaftsrecht, Vergaberecht, Migrationsrecht sowie Sportrecht verliehen werden. [3]Wer die Erlaubnis zur Führung der Bezeichnung als Fachanwältin oder Fachanwalt für Insolvenzrecht besitzt, darf alternativ die Bezeichnung als Fachanwältin oder Fachanwalt für Insolvenz-und Sanierungsrecht führen.

Zweiter Abschnitt
Voraussetzungen für die Verleihung

§ 2 Besondere Kenntnisse und Erfahrungen

(1) Für die Verleihung einer Bezeichnung als Fachanwältin oder Fachanwalt sind bei Antragstellung nach Maßgabe der folgenden Bestimmungen besondere theoretische Kenntnisse und besondere praktische Erfahrungen nachzuweisen.

(2) Besondere theoretische Kenntnisse und besondere praktische Erfahrungen liegen vor, wenn diese auf dem Fachgebiet erheblich das Maß dessen übersteigen, das üblicherweise durch die berufliche Ausbildung und praktische Erfahrung im Beruf vermittelt wird.

(3) Die besonderen theoretischen Kenntnisse müssen die verfassungs-, europa- und menschenrechtlichen Bezüge des Fachgebiets erfassen.

§ 3 Anforderungen an die anwaltliche Tätigkeit

Voraussetzung für die Verleihung einer Bezeichnung als Fachanwältin oder als Fachanwalt ist eine dreijährige Zulassung und Tätigkeit innerhalb der letzten sechs Jahre vor Antragstellung.

§ 4 Erwerb der besonderen theoretischen Kenntnisse

(1) [1]Der Erwerb besonderer theoretischer Kenntnisse setzt in der Regel voraus, dass die Antragstellerin oder der Antragsteller an einem auf die Bezeichnung als Fachanwältin oder Fachanwalt vorbereitenden anwaltsspezifischen Lehrgang teilgenommen hat, der alle relevanten Bereiche des Fachgebiets umfasst. [2]Die Gesamtdauer des Lehrgangs muss, Leistungskontrollen nicht eingerechnet, mindestens 120 Zeitstunden betragen. [3]Im Fachgebiet Steuerrecht kommen für Buchhal-

tung und Bilanzwesen 40 Zeitstunden hinzu. [4]Im Fachgebiet Insolvenzrecht kommen für betriebswirtschaftliche Grundlagen 60 Zeitstunden hinzu.

(2) [1]Wird der Antrag auf Verleihung der Fachanwaltschaft nicht in dem Kalenderjahr gestellt, in dem der Lehrgang begonnen hat, ist ab diesem Jahr Fortbildung in Art und Umfang von § 15 FAO nachzuweisen.Lehrgangszeiten sind anzurechnen. [2]Kann die Fortbildung nicht vollständig nachgewiesen werden, hat die Rechtsanwaltskammer der Antragstellerin oder dem Antragsteller Gelegenheit zu geben, innerhalb einer angemessenen Frist fehlende Fortbildungsstunden nachzuholen, sofern deren Anzahl zehn nicht überschreitet. [3]In besonderen Härtefällen kann die Rechtsanwaltskammer darüber hinaus auf Antrag die Nachholung weiterer Fortbildungsstunden zulassen.

(3) [1]Außerhalb eines Lehrgangs erworbene besondere theoretische Kenntnisse müssen dem im jeweiligen Fachlehrgang zu vermittelnden Wissen entsprechen. [2]§ 4 Abs. 2 gilt entsprechend.

§ 4a Schriftliche Leistungskontrollen

(1) Die Antragstellerin oder der Antragsteller müssen sich mindestens drei schriftlichen Leistungskontrollen (Aufsichtsarbeiten) in Präsenzform aus verschiedenen Bereichen des Lehrgangs erfolgreich unterzogen haben.

(2) [1]Eine Leistungskontrolle muss mindestens eine Zeitstunde ausfüllen und darf fünf Zeitstunden nicht überschreiten. [2]Die Gesamtdauer der bestandenen Leistungskontrollen darf fünfzehn Zeitstunden nicht unterschreiten.

§ 5 Erwerb der besonderen praktischen Erfahrungen*

(1) [1]Der Erwerb besonderer praktischer Erfahrungen setzt voraus, dass die Antragstellerin oder der Antragsteller innerhalb der letzten drei Jahre vor der Antragstellung im Fachgebiet als Rechtsanwältin oder Rechtsanwalt persönlich und weisungsfrei bearbeitet haben:

a) Verwaltungsrecht: 80 Fälle, davon mindestens 30 gerichtliche Verfahren. Mindestens 60 Fälle müssen sich auf drei verschiedene Bereiche des besonderen Verwaltungsrechts beziehen, dabei auf jeden dieser drei Bereiche mindestens 5 Fälle. Von den drei Bereichen muss einer zu den in § 8 Nr. 2 aufgeführten Bereichen gehören.

b) Steuerrecht: 50 Fälle aus allen in § 9 genannten Bereichen. Dabei müssen mit jeweils mindestens 5 Fällen alle in § 9 Nr. 3 genannte Steuerarten erfasst sein. Mindestens 10 Fälle müssen rechtsförmliche Verfahren (Einspruchs- oder Klageverfahren) sein.

c) Arbeitsrecht: 100 Fälle aus allen der in § 10 Nrn. 1 a) bis e) und 2 a) und b) bestimmten Gebiete, davon mindestens 5 Fälle aus dem Bereich des § 10 Nr. 2 und mindestens die Hälfte gerichts- oder rechtsförmliche Verfahren. Als Fälle des kollektiven Arbeitsrechts gelten auch solche des Individualarbeitsrechts, in denen kollektives Arbeitsrecht eine nicht unerhebliche Rolle spielt. Beschlussverfahren sind nicht erforderlich.

d) Sozialrecht: 60 Fälle aus mindestens drei der in § 11 Nr. 2 bestimmten Gebiete, davon mindestens 20 gerichtliche Verfahren.

e) Familienrecht: 120 Fälle. Mindestens 60 der Fälle müssen gerichtliche Verfahren sein; dabei zählen gewillkürte Verbundverfahren sowie Verfahren des notwendigen Verbundes mit einstweiligen Anordnungen doppelt.

f) Strafrecht: 60 Fälle, dabei 40 Hauptverhandlungstage vor dem Schöffengericht oder einem übergeordneten Gericht.

g) Insolvenz- und Sanierungsrecht

* Die Satzungsversammlung hat am 26.5.2025 eine Änderung der Vorschrift beschlossen, die voraussichtlich im Herbst 2025 in Kraft treten wird. Dazu wird die Bundesrechtsanwaltskammer entsprechend informieren.

1. Mindestens 5 eröffnete Verfahren aus dem ersten bis sechsten Teil der InsO als Insolvenzverwalterin oder Insolvenzverwalter oder als Verfahrenskoordinatorin oder Verfahrenskoordinator gemäß § 269e InsO; in zwei Verfahren muss die Schuldnerin oder der Schuldner bei Eröffnung mehr als fünf Arbeitnehmerinnen und Arbeitnehmer beschäftigen;
2. 60 Fälle aus mindestens sieben der in § 14 Nr. 1 und 2 bestimmten Gebiete.
3. Die in Nr. 1 bezeichneten Verfahren können wie folgt ersetzt werden:
   a) Jedes Verfahren mit mehr als fünf Arbeitnehmerinnen und Arbeitnehmern durch sechs Verfahren als
      - Sachwalterin oder Sachwalter nach § 270 InsO,
      - vorläufige Insolvenzverwalterin oder vorläufiger Insolvenzverwalter,
      - vorläufige Sachwalterin oder vorläufiger Sachwalter gemäß § 270b InsO,
      - Beauftragte oder Beauftragter gemäß § 74 StaRUG oder § 78 StaRUG oder § 94 StaRUG,
      - Sanierungsgeschäftsführerin oder Sanierungsgeschäftsführer,
      - Sanierungsgeneralbevollmächtigte oder Sanierungsgeneralbevollmächtigter,
      - Vertreterin oder Vertreter der Schuldnerin oder des Schuldners im Insolvenz- oder gerichtlichen Restrukturierungsverfahren.
   b) Jedes andere Verfahren durch zwei der in Buchstabe a) genannten Verfahren.
4. Außerdem sind für jedes zu ersetzende Verfahren weitere acht Fälle aus den in § 14 Nr. 1 und 2 bestimmten Gebieten nachzuweisen.

h) Versicherungsrecht: 80 Fälle, davon mindestens 10 gerichtliche Verfahren. Die Fälle müssen sich auf mindestens drei verschiedene Bereiche des § 14a beziehen, dabei auf jeden dieser drei Bereiche mindestens 5 Fälle.

i) Medizinrecht: 60 Fälle, davon mindestens 15 rechtsförmliche Verfahren (davon mindestens 12 gerichtliche Verfahren). Die Fälle müssen sich auf mindestens 3 verschiedene Bereiche des § 14b Nr. 1 bis 8 beziehen, dabei auf jeden dieser drei Bereiche mindestens 3 Fälle.

j) Miet- und Wohnungseigentumsrecht: 120 Fälle, davon mindestens 60 gerichtliche Verfahren. Mindestens 60 Fälle müssen sich auf die in § 14c Nr. 1 bis 3 bestimmten Bereiche beziehen, dabei auf jeden dieser drei Bereiche mindestens 5 Fälle.

k) Verkehrsrecht: 160 Fälle, davon mindestens 60 gerichtliche Verfahren. Die Fälle müssen sich auf mindestens 3 verschiedene Bereiche des § 14d Nr. 1 bis 4 beziehen, dabei auf jeden dieser drei Bereiche mindestens 5 Fälle.

l) Bau- und Architektenrecht: 80 Fälle, davon mindestens 40 gerichtliche Verfahren (davon mindestens 3 selbstständige Beweisverfahren). Mindestens jeweils 5 Fälle müssen sich auf die Bereiche des § 14e Nr. 1 und 2 beziehen.

m) Erbrecht: 80 Fälle, davon mindestens 20 rechtsförmliche Verfahren (davon höchstens 15 Verfahren der freiwilligen Gerichtsbarkeit). Die Fälle müssen sich auf alle in § 14f Nr. 1 bis 5 bestimmten Bereiche beziehen, dabei aus drei Bereichen mindestens jeweils 5 Fälle.

n) Transport- und Speditionsrecht: 80 Fälle, davon mindestens 20 gerichtliche Verfahren oder Schiedsverfahren. Die Fälle müssen sich auf den in § 14g Nr. 1 bestimmten Bereich und mindestens zwei weitere Bereiche der Nr. 2 bis 8 beziehen, dabei auf jeden dieser drei Bereiche mindestens 3 Fälle.

o) Gewerblicher Rechtsschutz: 80 Fälle aus mindestens drei verschiedenen Bereichen des § 14h Nr. 1 bis 5, dabei aus jedem dieser drei Bereiche jeweils mindestens 5 Fälle. Höchstens fünf Fälle dürfen Schutzrechtsanmeldungen sein, wobei eine Sammelanmeldung als eine Anmeldung zählt. Mindestens 30 Fälle müssen rechtsförmliche, davon mindestens 15 gerichtliche Verfahren sein.

p) Handels- und Gesellschaftsrecht: 80 Fälle aus mindestens drei verschiedenen Gebieten der Bereiche des § 14i Nr. 1 und 2, davon mindestens 40 Fälle, die gerichtliche Streitverfahren, Schieds- oder Mediationsverfahren und/oder die Gestaltung von Gesellschaftsverträgen oder die Gründung oder Umwandlung von Gesellschaften zum Gegenstand haben. Von diesen 40 Fällen müssen mindestens 10 Fälle gerichtliche Streitverfahren oder Schieds- oder Mediationsverfahren und mindestens 10 Fälle die Gestaltung von Gesellschaftsverträgen oder die Gründung oder Umwandlung von Gesellschaften zum Gegenstand haben.

q) Urheber- und Medienrecht: 80 Fälle aus allen Bereichen des § 14j Nr. 1 bis 6. Von diesen Fällen müssen sich mindestens je 5 auf die in § 14j Nr. 1 bis 3 genannten Bereiche beziehen. Mindestens 20 Fälle müssen gerichtliche Verfahren sein.

r) Informationstechnologierecht (IT-Recht): 50 Fälle aus den in § 14k genannten Bereichen. Die Fälle müssen sich auf die Bereiche des § 14k Nr. 1 und 2 sowie auf einen weiteren Bereich des § 14k beziehen, dabei auf jeden dieser drei Bereiche mindestens 3 Fälle. Mindestens 10 Fälle müssen rechtsförmliche Verfahren (z. B. Gerichtsverfahren, Verwaltungsverfahren, Schlichtungs- oder Schiedsverfahren) sein. Ebensolche Verfahren vor internationalen Stellen werden angerechnet.

s) Bank- und Kapitalmarktrecht: 60 Fälle, davon mindestens 30 rechtsförmliche Verfahren. Die Fälle müssen sich auf mindestens drei verschiedene Bereiche des in § 14l Nr. 1 bis 9 beziehen, dabei auf jeden dieser drei Bereiche mindestens 5 Fälle.

t) Agrarrecht: 80 Fälle. Von diesen Fällen müssen sich mindestens jeweils 10 Fälle auf die in § 14m Nr. 1 und 2 benannten Bereiche beziehen. Mindestens 20 Fälle müssen rechtsförmliche Verfahren (Gerichtsverfahren, außergerichtliche Rechtsbehelfsverfahren, Schlichtungs- oder Schiedsverfahren) sein.

u) Internationales Wirtschaftsrecht: 50 Fälle aus den in § 14n genannten Bereichen, davon mindestens 5 rechtsförmliche Verfahren vor deutschen oder ausländischen (einschließlich EU) Gerichten und Behörden. Die Fälle müssen sich auf mindestens 3 verschiedene Bereiche des § 14n beziehen, dabei mindestens 15 Fälle aus den Bereichen des § 14n Nr. 3, 4 oder 5.

v) Vergaberecht: 40 Fälle aus den Bereichen des § 14o, davon mindestens 5 gerichtliche Verfahren oder Nachprüfungsverfahren.

w) Migrationsrecht: 80 Fälle aus den in § 14p Nr. 1 bis Nr. 6 genannten Bereichen, davon mindestens 60 aus mindestens zwei der in § 14p Nr. 1 bis Nr. 4 genannten Bereiche. Mindestens 30 Fälle müs-sen gerichtliche Verfahren sein, hiervon mindestens 15 aus den in § 14p Nr. 1 bis Nr. 4 genannten Bereichen.

x) Sportrecht: 80 Fälle, davon mindestens 20 rechtsförmliche Verfahren (Sportverbandsgerichtsverfahren, sonstige Gerichtsverfahren, außergerichtliche Rechtsbehelfsverfahren, Schlichtungs- oder Schiedsverfahren). Die Fälle müssen sich auf mindestens drei verschiedene Bereiche des § 14q Nr. 1, 3 bis 11 beziehen, dabei auf jeden dieser drei Bereiche mindestens fünf Fälle.

(2) Als Fälle im Sinne von Abs. 1 gelten auch solche, die die Rechtsanwältin oder der Rechtsanwalt als Anwaltsnotarin oder Anwaltsnotar bearbeitet hat, sofern sie auch von einer Rechtsanwältin oder einem Rechtsanwalt ohne notarielle Bestellung hätten bearbeitet werden können.

(3) [1]Der Zeitraum des § 5 Abs. 1 verlängert sich

a) um Zeiten eines Beschäftigungsverbotes nach den Mutterschutzvorschriften;

b) um Zeiten der Inanspruchnahme von Elternzeit;

c) um Zeiten, in denen wegen besonderer Härte die anwaltliche Tätigkeit eingeschränkt war. Härtefälle sind auf Antrag und bei entsprechendem Nachweis zu berücksichtigen.

[2]Eine Verlängerung ist auf 36 Monate beschränkt.

(4) Bedeutung, Umfang und Schwierigkeit einzelner Fälle können zu einer höheren oder niedrigeren Gewichtung führen.

§ 6 Nachweise durch Unterlagen

(1) Zur Prüfung der Voraussetzungen nach § 4 sind Zeugnisse, Bescheinigungen oder andere geeignete Unterlagen vorzulegen.

(2) Soweit besondere theoretische Kenntnisse durch eine erfolgreiche Lehrgangsteilnahme (§ 4 Abs. 1, § 4a) dargelegt werden sollen, sind die Zeugnisse über den Lehrgang vorzulegen, die zusammen folgende Nachweise umfassen müssen:

a) dass die Voraussetzungen der §§ 4 Abs. 1 und 4a erfüllt sind,

b) dass, wann und von wem im Lehrgang alle das Fachgebiet in § 2 Abs. 3, §§ 8 bis 14q betreffenden Bereiche unterrichtet worden sind,

c) die Aufsichtsarbeiten und ihre Bewertungen.

(3) [1]Zur Prüfung der Voraussetzungen nach § 5 sind Falllisten vorzulegen, die regelmäßig folgende Angaben enthalten müssen: Aktenzeichen, Gegenstand, Zeitraum, Art und Umfang der Tätigkeit, Stand des Verfahrens. Ferner sind auf Verlangen des Fachausschusses anonymisierte Arbeitsproben vorzulegen.

§ 7 Fachgespräch

(1) [1]Zum Nachweis der besonderen theoretischen Kenntnisse oder der praktischen Erfahrungen führt der Ausschuss ein Fachgespräch. [2]Er kann jedoch davon absehen, wenn er seine Stellungnahme gegenüber dem Vorstand hinsichtlich der besonderen theoretischen Kenntnisse oder der besonderen praktischen Erfahrungen nach dem Gesamteindruck der vorgelegten Zeugnisse und schriftlichen Unterlagen auch ohne ein Fachgespräch abgeben kann.

(2) [1]Bei der Ladung zum Fachgespräch sind Hinweise auf die Bereiche zu geben, die Gegenstand des Fachgespräches sein werden. [2]Die Fragen sollen sich an in diesen Bereichen in der Praxis überwiegend vorkommenden Fällen ausrichten. [3]Die auf die einzelne Antragstellerin oder den einzelnen Antragsteller entfallende Befragungszeit soll nicht weniger als 45 und nicht mehr als 60 Minuten betragen. [4]Über das Fachgespräch ist ein Inhaltsprotokoll zu führen.

§ 8 Nachzuweisende besondere Kenntnisse im Verwaltungsrecht

Für das Fachgebiet Verwaltungsrecht sind nachzuweisen

1. besondere Kenntnisse in den Bereichen
   a) allgemeines Verwaltungsrecht,
   b) Verfahrensrecht,
   c) Recht der öffentlich-rechtlichen Ersatzleistung.
2. besondere Kenntnisse in zwei Bereichen des besonderen Verwaltungsrechts, von denen einer aus folgenden Gebieten gewählt sein muss:
   a) öffentliches Baurecht,
   b) Abgabenrecht, soweit die Zuständigkeit der Verwaltungsgerichte gegeben ist,
   c) Wirtschaftsverwaltungsrecht (Gewerberecht, Handwerksrecht, Wirtschaftsförderungsrecht, Gaststättenrecht, Berg- und Energierecht),
   d) Umweltrecht (Immissionsschutzrecht, Abfallrecht, Wasserrecht, Natur- und Landschaftsschutzrecht),
   e) öffentliches Dienstrecht.

§ 9 Nachzuweisende besondere Kenntnisse im Steuerrecht

Für das Fachgebiet Steuerrecht sind besondere Kenntnisse nachzuweisen in den Bereichen

1. Buchführung und Bilanzwesen einschließlich des Rechts der Buchführung und des Jahresabschlusses,
2. Allgemeines Abgabenrecht einschließlich Bewertungs- und Verfahrensrecht,
3. Besonderes Steuer- und Abgabenrecht in den Gebieten:
   a) Einkommen-, Körperschaft- und Gewerbesteuer,
   b) Umsatzsteuer- und Grunderwerbsteuerrecht,
   c) Erbschaft- und Schenkungsteuerrecht.
4. Steuerstrafrecht sowie Grundzüge des Verbrauchsteuer- und internationalen Steuerrechts einschließlich des Zollrechts.

§ 10 Nachzuweisende besondere Kenntnisse im Arbeitsrecht

Für das Fachgebiet Arbeitsrecht sind besondere Kenntnisse nachzuweisen in den Bereichen:

1. Individualarbeitsrecht
   a) Abschluss, Inhalt und Änderung des Arbeits- und Berufsausbildungsvertrages,
   b) Beendigung des Arbeits- und Berufsausbildungsverhältnisses einschließlich Kündigungsschutz,
   c) Grundzüge der betrieblichen Altersversorgung,
   d) Schutz besonderer Personengruppen, insbesondere der Schwangeren und Mütter, der Schwerbehinderten und Jugendlichen,
   e) Grundzüge des Arbeitsförderungs- und des Sozialversicherungsrechts,
2. Kollektives Arbeitsrecht
   a) Tarifvertragsrecht,
   b) Personalvertretungs- und Betriebsverfassungsrecht,
   c) Grundzüge des Arbeitskampf- und Mitbestimmungsrechts,
3. Verfahrensrecht.

§ 11 Nachzuweisende besondere Kenntnisse im Sozialrecht*

Für das Fachgebiet Sozialrecht sind besondere Kenntnisse nachzuweisen in den Bereichen:

1. allgemeines Sozialrecht einschließlich Verfahrensrecht,
2. besonderes Sozialrecht
   a) Arbeitsförderungs- und Sozialversicherungsrecht (Krankenversicherung, Unfallversicherung, Rentenversicherung, Pflegeversicherung),
   b) Recht der sozialen Entschädigung bei Gesundheitsschäden,
   c) Recht des Familienlastenausgleichs,
   d) Recht der Eingliederung von Menschen mit Behinderung,
   e) Sozialhilferecht,
   f) Ausbildungsförderungsrecht.

---

* Die Satzungsversammlung hat am 26.5.2025 eine Änderung der Vorschrift beschlossen, die voraussichtlich im Herbst 2025 in Kraft treten wird. Dazu wird die Bundesrechtsanwaltskammer entsprechend informieren.

§ 12 Nachzuweisende besondere Kenntnisse im Familienrecht

Für das Fachgebiet Familienrecht sind nachzuweisen besondere Kenntnisse in den Bereichen

1. materielles Ehe-, Familien- und Kindschaftsrecht unter Einschluss familienrechtlicher Bezüge zum Erb-, Gesellschafts-, Sozial-, Schuld-, Steuer- und Vollstreckungsrecht und zum öffentlichen Recht, der nichtehelichen Lebensgemeinschaft und der eingetragenen Lebenspartnerschaft,
2. familienrechtliches Verfahrens- und Kostenrecht,
3. Internationales Privatrecht im Familienrecht,
4. Theorie und Praxis familienrechtlicher Mandatsbearbeitung und Vertragsgestaltung.

§ 13 Nachzuweisende besondere Kenntnisse im Strafrecht

Für das Fachgebiet Strafrecht sind besondere Kenntnisse nachzuweisen in den Bereichen:

1. Methodik und Recht der Strafverteidigung und Grundzüge der maßgeblichen Hilfswissenschaften,
2. materielles Strafrecht einschließlich Jugend-, Betäubungsmittel-, Verkehrs-, Wirtschafts- und Steuerstrafrecht;
3. Strafverfahrensrecht einschließlich Jugendstraf- und Ordnungswidrigkeitenverfahren sowie Strafvollstreckungs- und Strafvollzugsrecht.

§ 14 Nachzuweisende besondere Kenntnisse im Insolvenz- und Sanierungsrecht

Für das Fachgebiet Insolvenz- und Sanierungsrecht sind besondere Kenntnisse nachzuweisen in den Bereichen:

1. Materielles Insolvenz- und Sanierungsrecht
   a) Insolvenzgründe und Wirkungen des Insolvenzantrags
   b) Wirkungen der Verfahrenseröffnung
   c) Das Amt
      - der vorläufigen Insolvenzverwalterin oder des vorläufigen Insolvenzverwalters und der Insolvenzverwalterin oder des Insolvenzverwalters,
      - der vorläufigen Sachwalterin oder des vorläufigen Sachwalters,
      - der Sachwalterin oder des Sachwalters,
      - der Verfahrenskoordinatorin oder des Verfahrenskoordinators,
      - der oder des Restrukturierungsbeauftragten sowie
      - der Sanierungsmoderatorin oder des Sanierungsmoderators
   d) Vermögenssicherung und Stabilisierung sowie Verwaltung der Masse
   e) Aussonderung, Absonderung und Aufrechnung im Insolvenzverfahren
   f) Abwicklung und Gestaltung von Rechtsverhältnissen
   g) Insolvenzgläubigerinnen und Insolvenzgläubiger
   h) Insolvenzanfechtung
   i) Arbeits- und Sozialrecht in der Insolvenz
   j) Steuerrecht in der Insolvenz
   k) Gesellschaftsrecht in der Insolvenz
   l) Insolvenzstrafrecht
   m) Grundzüge des internationalen Insolvenzrechts

2. Verfahrensrecht
   a) Insolvenzeröffnungsverfahren
   b) Regelverfahren
   c) Restrukturierungs- und Insolvenzplan
   d) Verbraucherinsolvenz
   e) Restschuldbefreiungsverfahren
   f) Sonderinsolvenzen
3. Betriebswirtschaftliche Grundlagen
   a) Buchführung, Bilanzierung und Bilanzanalyse
   b) Rechnungslegung in der Insolvenz
   c) Betriebswirtschaftliche Fragen des Restrukturierungs- und Insolvenzplans, der Sanierung, der übertragenden Sanierung sowie der Liquidation.

§ 14a Nachzuweisende besondere Kenntnisse im Versicherungsrecht

Für das Fachgebiet Versicherungsrecht sind besondere Kenntnisse nachzuweisen in den Bereichen:

1. allgemeines Versicherungsvertragsrecht und Besonderheiten der Prozessführung,
2. Recht der Versicherungsaufsicht,
3. Grundzüge des internationalen Versicherungsrechts,
4. Transport- und Speditionsversicherungsrecht,
5. Sachversicherungsrecht (insbesondere das Recht der Fahrzeug-, Gebäude-, Hausrat-, Reisegepäck-, Feuer-, Einbruchdiebstahl- und Bauwesenversicherung),
6. Recht der privaten Personenversicherung (insbesondere das Recht der Lebens-, Kranken-, Reiserücktritts-, Unfall- und Berufsunfähigkeitsversicherung),
7. Haftpflichtversicherungsrecht (insbesondere das Recht der Pflichtversicherung, privaten Haftpflicht-, betrieblichen Haftpflicht-, Haftpflichtversicherung der freien Berufe, Umwelt- und Produkthaftpflicht, Bauwesenversicherung),
8. Rechtsschutzversicherungsrecht,
9. Grundzüge des Vertrauensschaden- und Kreditversicherungsrechts.

§ 14b Nachzuweisende besondere Kenntnisse im Medizinrecht

Für das Fachgebiet Medizinrecht sind besondere Kenntnisse nachzuweisen in den Bereichen:

1. Recht der medizinischen Behandlung, insbesondere
   a) zivilrechtliche Haftung,
   b) strafrechtliche Haftung,
2. Recht der privaten und gesetzlichen Krankenversicherung, insbesondere Vertragsarzt- und Vertragszahnarztrecht, sowie Grundzüge der Pflegeversicherung,
3. Berufsrecht der Heilberufe, insbesondere
   a) ärztliches Berufsrecht,
   b) Grundzüge des Berufsrechts sonstiger Heilberufe,
4. Vertrags- und Gesellschaftsrecht der Heilberufe, einschließlich Vertragsgestaltung,
5. Vergütungsrecht der Heilberufe,

6. Krankenhausrecht einschließlich Bedarfsplanung, Finanzierung und Chefarztvertragsrecht,
7. Grundzüge des Arzneimittel- und Medizinprodukterechts,
8. Grundzüge des Apothekenrechts,
9. Besonderheiten des Verfahrens- und Prozessrechts.

§ 14c Nachzuweisende besondere Kenntnisse im Miet- und Wohnungseigentumsrecht

Für das Fachgebiet Miet- und Wohnungseigentumsrecht sind besondere Kenntnisse nachzuweisen in den Bereichen:

1. Recht der Wohnraummietverhältnisse,
2. Recht der Gewerberaummietverhältnisse und Pachtrecht,
3. Wohnungseigentumsrecht,
4. Maklerrecht, Nachbarrecht und Grundzüge des Immobilienrechts,
5. Miet- und wohnungseigentumsrechtliche Bezüge zum öffentlichen Recht, einschließlich Steuerrecht,
6. Miet- und wohnungseigentumsrechtliche Besonderheiten des Verfahrens- und Vollstreckungsrechts.

§ 14d Nachzuweisende besondere Kenntnisse im Verkehrsrecht

Für das Fachgebiet Verkehrsrecht sind besondere Kenntnisse nachzuweisen in den Bereichen:

1. Verkehrszivilrecht, insbesondere das Verkehrshaftungsrecht und das Verkehrsvertragsrecht,
2. Versicherungsrecht, insbesondere das Recht der Kraftfahrtversicherung, der Kaskoversicherung sowie Grundzüge der Personenversicherungen,
3. Verkehrsstraf- und Ordnungswidrigkeitenrecht,
4. Verkehrsverwaltungsrecht,
5. Besonderheiten der Verfahrens- und Prozessführung.

§ 14e Nachzuweisende besondere Kenntnisse im Bau- und Architektenrecht

Für das Fachgebiet Bau- und Architektenrecht sind besondere Kenntnisse nachzuweisen in den Bereichen:

1. Bauvertragsrecht,
2. Architekten- und Ingenieurrecht,
3. Recht der öffentlichen Vergabe von Bauaufträgen,
4. Grundzüge des öffentlichen Baurechts,
5. Besonderheiten der Verfahrens- und Prozessführung.

§ 14f Nachzuweisende besondere Kenntnisse im Erbrecht*

Für das Fachgebiet Erbrecht sind besondere Kenntnisse nachzuweisen in den Bereichen:

1. materielles Erbrecht unter Einschluss erbrechtlicher Bezüge zum Schuld-, Familien-, Gesellschafts-, Stiftungs- und Sozialrecht,

* Die Satzungsversammlung hat am 26.5.2025 eine Änderung der Vorschrift beschlossen, die voraussichtlich im Herbst 2025 in Kraft treten wird. Dazu wird die Bundesrechtsanwaltskammer entsprechend informieren.

2. Internationales Privatrecht im Erbrecht,
3. vorweggenommene Erbfolge, Vertrags- und Testamentsgestaltung,
4. Testamentsvollstreckung, Nachlassverwaltung, Nachlassinsolvenz und Nachlasspflegschaft,
5. steuerrechtliche Bezüge zum Erbrecht,
6. Besonderheiten der Verfahrens- und Prozessführung.

§ 14g Nachzuweisende besondere Kenntnisse im Transport- und Speditionsrecht

Für das Fachgebiet Transport- und Speditionsrecht sind besondere Kenntnisse nachzuweisen in den Bereichen:

1. Recht des nationalen und grenzüberschreitenden Straßentransports einschließlich des Rechts der allgemeinen Geschäftsbedingungen und der Transportversicherungsbedingungen,
2. Recht des nationalen und grenzüberschreitenden Transports zu Wasser, auf der Schiene und in der Luft,
3. Recht des multimodalen Transports,
4. Recht des Gefahrguttransports, einschließlich diesbezüglicher Straf- und Bußgeldvorschriften,
5. Transportversicherungsrecht,
6. Lagerrecht,
7. Internationales Privatrecht,
8. Zollrecht und Zollabwicklung im grenzüberschreitenden Verkehr sowie Verkehrssteuern,
9. Besonderheiten der Prozessführung und Schiedsgerichtsbarkeit.

§ 14h Nachzuweisende besondere Kenntnisse im gewerblichen Rechtsschutz

Für das Fachgebiet gewerblicher Rechtsschutz sind besondere Kenntnisse nachzuweisen in den Bereichen:

1. Patent-, Gebrauchsmuster- und Sortenschutzrecht, einschließlich des Arbeitnehmererfindungsrechts, des Rechts der europäischen Patente und des europäischen Sortenschutzrechts,
2. Designrecht, einschließlich des Rechts der europäischen Geschmacksmuster,
3. Recht der Marken und sonstigen Kennzeichen, einschließlich des Rechts der europäischen Marken,
4. Recht gegen den unlauteren Wettbewerb,
5. Urheberrechtliche Bezüge des gewerblichen Rechtsschutzes,
6. Verfahrensrecht und Besonderheiten des Prozessrechts.

§ 14i Nachzuweisende besondere Kenntnisse im Handels- und Gesellschaftsrecht

Für das Fachgebiet Handels- und Gesellschaftsrecht sind besondere Kenntnisse nachzuweisen in den Bereichen:

1. Materielles Handelsrecht
   a) Recht des Handelsstandes (§§ 1-104 HGB),
   b) Recht der Handelsgeschäfte (§§ 343-406 HGB)
   c) internationales Kaufrecht, insbesondere UN-Kaufrecht.
2. Materielles Gesellschaftsrecht, insbesondere
   a) das Recht der Personengesellschaften,

b) das Recht der Kapitalgesellschaften,

c) internationales Gesellschaftsrecht, insbesondere Grundzüge des europäischen Gesellschaftsrechts sowie der europäischen Aktiengesellschaft,

d) Konzernrecht, insbesondere das Recht der verbundenen Unternehmen,

e) Umwandlungsrecht,

f) Grundzüge des Bilanz- und Steuerrechts,

g) Grundzüge des Dienstvertrags- und Mitbestimmungsrechts.

3. Bezüge des Handels- und Gesellschaftsrechts zum Arbeitsrecht, Kartellrecht, Handwerks- und Gewerberecht, Erb- und Familienrecht, Insolvenz- und Strafrecht sowie Bezüge des Rechts der Aktiengesellschaften zum Wertpapiererwerbs- und Übernahmerecht.
4. Besonderheiten der Verfahrens- und Prozessführung.

§ 14j Nachzuweisende[1] Kenntnisse im Urheber- und Medienrecht

Für das Fachgebiet Urheber- und Medienrecht sind besondere Kenntnisse nachzuweisen in den Bereichen:

1. Urheberrecht einschließlich des Rechts der Wahrnehmungsgesellschaften, Leistungsschutzrechte, Urhebervertragsrecht, internationale Urheberrechtsabkommen,
2. Verlagsrecht einschließlich Musikverlagsrecht, Musikvertragsrecht,
3. Recht der öffentlichen Wort- und Bildberichterstattung,
4. Rundfunkrecht,
5. wettbewerbsrechtliche und werberechtliche Bezüge des Urheber- und Medienrechts, Titelschutz,
6. Grundzüge des Mediendienste-, Teledienste- und Telekommunikationsrechts, des Rechts der Unterhaltungs- und Kulturveranstaltungen sowie des Rechts der deutschen und europäischen Kulturförderung,
7. Verfahrensrecht und Besonderheiten des Prozessrechts.

§ 14k Nachzuweisende besondere Kenntnisse im Informationstechnologierecht

Für das Fachgebiet Informationstechnologierecht sind besondere Kenntnisse nachzuweisen in den Bereichen:

1. Vertragsrecht der Informationstechnologien, einschließlich der Gestaltung individueller Verträge und AGB,
2. Recht des elektronischen Geschäftsverkehrs, einschließlich der Gestaltung von Provider-Verträgen und Nutzungsbedingungen (Online-/Mobile Business),
3. Grundzüge des Immaterialgüterrechts im Bereich der Informationstechnologien, Bezüge zum Kennzeichenrecht, insbesondere Domainrecht,
4. Recht des Datenschutzes und der Sicherheit der Informationstechnologien einschließlich Verschlüsselungen und Signaturen sowie deren berufsspezifischer Besonderheiten,
5. Das Recht der Kommunikationsnetze und -dienste, insbesondere das Recht der Telekommunikation und deren Dienste,
6. Öffentliche Vergabe von Leistungen der Informationstechnologien (einschließlich e-Government) mit Bezügen zum europäischen und deutschen Kartellrecht,

---

1 Anmerkung der Herausgeber: das Wort „besondere" fehlt in dieser Überschrift des Paragraphen.

7. Internationale Bezüge einschließlich Internationales Privatrecht,
8. Besonderheiten des Strafrechts im Bereich der Informationstechnologien,
9. Besonderheiten der Verfahrens- und Prozessführung.

§ 14l Nachzuweisende besondere Kenntnisse im Bank- und Kapitalmarktrecht*

Für das Fachgebiet Bank- und Kapitalmarktrecht sind besondere Kenntnisse nachzuweisen in den Bereichen:

1. Geschäftsverbindung zwischen Bank und Kunden, insbesondere
   a) Allgemeine Geschäftsbedingungen,
   b) Bankvertragsrecht,
   c) das Konto und dessen Sonderformen,
2. Kreditvertragsrecht und Kreditsicherung einschließlich Auslandsgeschäft,
3. Zahlungsverkehr, insbesondere
   a) Überweisungs-, Lastschrift-, Wechsel- und Scheckverkehr,
   b) EC-Karte und Electronic-/Internet-Banking,
   c) Kreditkartengeschäft,
4. sonstige Bankgeschäfte – insbesondere im Sinne von § 1 Abs. 1 Satz 2 KWG – z.B. Pfandbriefgeschäft, Finanzkommissionsgeschäft, Depotgeschäft, Garantiegeschäft, Emissionsgeschäft, Konsortialgeschäft einschließlich Auslandsgeschäft,
5. Kapitalmarkt- und Kapitalanlagerecht, insbesondere Wertpapierhandel, Investmentgeschäft, alternative Anlageformen, Vermögensverwaltung, Vermögensverwahrung,
6. Factoring/Leasing,
7. Geldwäsche, Datenschutz, Bankentgelte,
8. Recht der Bankenaufsicht, Bankenrecht der europäischen Gemeinschaft und Kartellrecht,
9. Steuerliche Bezüge zum Bank- und Kapitalmarktrecht,
10. Besonderheiten des Verfahrens- und Prozessrechts.

§ 14m Nachzuweisende besondere Kenntnisse im Agrarrecht

Für das Fachgebiet Agrarrecht sind besondere Kenntnisse nachzuweisen in den Bereichen:

1. agrarspezifisches Zivilrecht
   a) agrarspezifische Fragen des besonderen Schuldrechts (z. B. Landpachtrecht),
   b) Produkthaftungsrecht i. V. m. Grundzügen des Lebensmittelrechts,
   c) Jagd- und Jagdpachtrecht,
   d) Besonderheiten des Erb- und Familienrechts,
   e) Besonderheiten der Vertragsgestaltung und besondere Vertragstypen (z. B. landwirtschaftliche Kooperationen, Maschinengemeinschaften, Absatz- und Einkaufsverträge inkl. AGB, Gesellschaften, Bewirtschaftungsverträge, Erwerb landwirtschaftlicher Betriebe),
   f) Besonderheiten des Arbeitsrechts.

* Die Satzungsversammlung hat am 26.5.2025 eine Änderung der Vorschrift beschlossen, die voraussichtlich im Herbst 2025 in Kraft treten wird. Dazu wird die Bundesrechtsanwaltskammer entsprechend informieren.

2. agrarspezifisches Verwaltungsrecht
   a) Recht der Genehmigungsverfahren (z. B. BImSchG, BauGB, Anlagen zur Verarbeitung nachwachsender Rohstoffe und agrarrechtliche Besonderheiten erneuerbarer Energien),
   b) Grundzüge des Umweltrechts,
   c) Natur- und Pflanzenschutzrecht,
   d) Düngemittel- und Saatgutverkehrsrecht, Sortenschutzrecht,
   e) Tierschutz-, -zucht und -seuchenrecht,
   f) Flurbereinigung und Flurneuordnungsverfahren,
   g) Grundstücksverkehrs- und Landpachtverkehrsrecht,
   h) Weinrecht, Forstrecht, Jagd- und Fischereirecht,
   i) landwirtschaftliches Steuerrecht,
   j) Besonderheiten des Sozialversicherungsrechts,
   k) Staatsbeihilfenrecht, Agrarbeihilfenrecht, Cross-Compliance-Verpflichtungen.
3. agrarspezifisches Ordnungswidrigkeiten- und Strafrecht
4. agrarspezifisches EU-Recht einschließlich seiner Umsetzung in nationales Recht
   a) EG-Vertrag (Landwirtschaft, Umwelt),
   b) EG-Wettbewerbsrecht, Kartellrecht,
   c) EU-Verordnungen, Richtlinien,
5. agrarspezifisches Verfahrensrecht
   a) Landwirtschaftsverfahrensrecht,
   b) Grundzüge der EU-Gerichtsbarkeit.

§ 14n Nachzuweisende besondere Kenntnisse im internationalen Wirtschaftsrecht

Für das Fachgebiet internationales Wirtschaftsrecht sind besondere Kenntnisse nachzuweisen in den Bereichen:

1. Kollisionsrecht (IPR) der vertraglichen und außervertraglichen Schuldverhältnisse,
2. Internationales Zivilprozess- und Schiedsverfahrensrecht,
3. International vereinheitlichtes Handelsrecht,
4. International vereinheitlichtes Gesellschaftsrecht,
5. Europäisches Beihilfen- und Wettbewerbsrecht,
6. Grundzüge der Regelungen zur Korruptions-, Betrugs- und Geldwäschebekämpfung im internationalen Rechtsverkehr,
7. Grundzüge im internationalen Steuerrecht,
8. Grundzüge der Rechtsvergleichung.

§ 14o Nachzuweisende besondere Kenntnisse im Vergaberecht

Für das Fachgebiet Vergaberecht sind besondere Kenntnisse nachzuweisen in den Bereichen:

1. Europäische und deutsche Vorschriften zur öffentlichen Auftragsvergabe, insbesondere
   a) EU-Vergaberichtlinien einschließlich der jeweiligen Rechtsmittelrichtlinien,
   b) Gesetz gegen Wettbewerbsbeschränkungen (GWB),

c) Vergabeverordnung (VgV), Sektorenverordnung (SektVO), Konzessionsvergabeverordnung (KonzVgV) und Vergabeverordnung Verteidigung und Sicherheit (VSVgV),

d) Grundzüge der Vergabegesetze der einzelnen Bundesländer und (soweit vorhanden) des Bundes,

2. Besonderheiten der einzelnen Vergabeverfahren bei:
   a) der Vergabe von Liefer- und Dienstleistungen,
   b) Planungswettbewerben und der Vergabe von Architekten- und Ingenieurleistungen,
   c) der Vergabe von Bauleistungen,
   d) der Vergabe von Aufträgen im Bereich Verkehr, Trinkwasserversorgung und Energieversorgung (Sektorenaufträge),
   e) der Vergabe von Konzessionen,
   f) der Vergabe von Aufträgen im Bereich Verteidigung und Sicherheit,
3. Besonderheiten der Verfahrens- und Prozessführung:
   a) Primärrechtsschutz durch Nachprüfungs- und Beschwerdeverfahren,
   b) Grundzüge der vergaberechtlichen Verfahren vor dem EuGH,
   c) sonstiger Rechtsschutz vor Zivilgerichten und Verwaltungsgerichten im Zusammenhang mit Vergabeverfahren,
4. Vergaberechtliche Aspekte des Beihilferechts,
5. Grundzüge des öffentlichen Preisrechts.

§ 14p Nachzuweisende besondere Kenntnisse im Migrationsrecht

Für das Fachgebiet Migrationsrecht sind besondere Kenntnisse nachzuweisen in den Bereichen:

1. Staatsangehörigkeitsrecht, insbesondere
   a) Statusfeststellungen einschließlich Staatenlosigkeit,
   b) Einbürgerung,
   c) Verlusttatbestände,
   d) Vertriebenenverfahren,
2. Aufenthaltsrecht, insbesondere
   a) allgemeine Grundlagen des Erwerbs, der Verlängerung und der Verfestigung von Aufenthaltstiteln,
   b) Visumsverfahren zu kurz- und langfristigen Aufenthaltszwecken,
   c) Aufenthaltstitel und ihre unterschiedlichen Voraussetzungen,
   d) Erlöschen des Aufenthaltsrechts, insbesondere Ausweisung,
   e) Durchsetzung der Ausreisepflicht, insbesondere Duldung, Abschiebung und Abschiebungshaft,
   f) Haftung und Gebühren,
   g) Besonderheiten des Datenschutzes,
3. Unionsrecht, insbesondere
   a) Aufenthaltsrechte von Unionsbürgerinnen und Unionsbürgern sowie ihren Familienangehörigen,
   b) Aufenthaltsrechte aus dem ARB 1/80 EWG-Türkei,
   c) sonstige unionsrechtliche oder völkerrechtliche Migrationsregelungen,

4. Asylrecht, insbesondere
   a) Asylverfahren einschließlich internationaler und nationaler Verteilungsregelungen sowie Entscheidungsarten,
   b) internationaler Flüchtlingsschutz,
   c) nationaler Schutz,
   d) Rechtsschutz,
   e) Widerruf/Erlöschen,
   f) Folgeverfahren,
5. migrationsrechtliche Bezüge des Sozialrechts, insbesondere vom Aufenthaltsstatus abhängige Leistungsansprüche und Leistungsausschlüsse,
6. migrationsrechtliche Bezüge des Strafrechts,
7. rechtliche Besonderheiten der Auswanderung,
8. Besonderheiten des Verfahrens- und Prozessrechts.

§ 14q Nachzuweisende besondere Kenntnisse im Sportrecht

Für das Fachgebiet Sportrecht sind besondere Kenntnisse nachzuweisen in den Bereichen

1. selbstgesetztes Recht der Sportverbände im Rahmen der Verbandsautonomie und deren Organisationsstrukturen, insbesondere Satzungen und Statuten nationaler und internationaler Sportorganisationen,
2. nationale und internationale Sportverbands- und -schiedsgerichtsbarkeit,
3. sportrechtliche Bezüge des Ordnungswidrigkeiten- und Strafrechts, Strafprozessrecht sowie zwischenstaatliches und Völkerrecht,
4. Schutz vor Sportmanipulationen, insbesondere durch sog. Doping, sportrechtliche Bezüge des Arzneimittelrechts,
5. Vereinsrecht und Grundzüge des Gesellschaftsrechts,
6. sportrechtliche Bezüge des Medienrechts, insbesondere der Fernseh-, Internet- und Hörfunkrechte,
7. Recht des geistigen Eigentums, insbesondere Persönlichkeitsrecht sowie Urheber- und Markenrecht,
8. Recht des Sponsorings, Recht der staatlichen Sportförderung und Subventionsrecht, Sportwettrecht,
9. sportrechtliche Bezüge des nationalen und internationalen Haftungsrechts,
10. Grundzüge des Gemeinnützigkeits- und Spendenrechts,
11. Sportvertragsrecht, sportrechtliche Bezüge des Dienst- und Arbeitsvertragsrechts.

§ 15 Fortbildung[1]

(1) [1]Wer eine Bezeichnung als Fachanwältin oder als Fachanwalt führt, muss kalenderjährlich auf diesem Gebiet wissenschaftlich publizieren oder an fachspezifischen der Aus- oder Fortbildung dienenden Veranstaltungen hörend oder dozierend teilnehmen. [2]Die hörende Teilnahme setzt eine anwaltsorientierte oder interdisziplinäre Veranstaltung voraus. [3]Bei dozierender Teilnahme ist die Vorbereitungszeit in angemessenem Umfang zu berücksichtigen.

1 Der ursprüngliche § 15 FAO (BRAK-Mitt. 1996, 251) wurde durch Bescheid des Bundesministeriums der Justiz vom 07.03.1997 (BAnZ vom 08.03.1997 = BRAK-Mitt. 1997, 81) aufgehoben.

(2) Bei Fortbildungsveranstaltungen, die nicht in Präsenzform durchgeführt werden, müssen die Möglichkeiten der Interaktion der Referierenden mit den Teilnehmenden sowie der Teilnehmenden untereinander während der Dauer der Fortbildungsveranstaltung sichergestellt sein und der Nachweis der durchgängigen Teilnahme erbracht werden.

(3) Die Gesamtdauer der Fortbildung darf je Fachgebiet 15 Zeitstunden nicht unterschreiten.

(4) Bis zu fünf Zeitstunden können im Wege des Selbststudiums absolviert werden, sofern eine Lernerfolgskontrolle erfolgt.

(5) [1]Die Erfüllung der Fortbildungspflicht ist der Rechtsanwaltskammer durch Bescheinigungen oder andere geeignete Unterlagen unaufgefordert nachzuweisen. [2]Fortbildung im Sinne des Absatzes 4 ist durch Bescheinigungen und Lernerfolgskontrollen nachzuweisen. [3]Kann die Fortbildung nicht oder nicht vollständig nachgewiesen werden, hat die Rechtsanwaltskammer der Fachanwältin oder dem Fachanwalt Gelegenheit zu geben, innerhalb einer angemessenen Frist fehlende Fortbildungsstunden nachzuholen.

§ 16 Übergangsregelung

(1) [1]Anträge sind nach dem zum Zeitpunkt der Antragstellung geltenden Recht zu entscheiden, wenn dies für die Antragstellenden günstiger ist. [2]Die Fortbildungsregelung des § 4 Abs. 2 in der Fassung vom 3.4.2006 gilt ab 1.1.2007. [3]Die Fortbildungsregelungen des § 4 Abs. 2 in der Fassung vom 15.6.2009 und des § 4 Abs. 3 Satz 2 gelten ab dem 1.1. des auf das Inkrafttreten folgenden Kalenderjahres.

(2) Erfüllen ein Lehrgang oder Leistungskontrollen, die vor In-Kraft-Treten der FAO oder der Einführung neuer Bezeichnungen als Fachanwältin oder Fachanwalt absolviert worden sind, die Voraussetzungen dieser Berufsordnung nicht, kann der Nachweis der besonderen theoretischen Kenntnisse durch die erfolgreiche Teilnahme an einem Ergänzungslehrgang mit vergleichbaren Leistungskontrollen oder durch nachträglich geleistete Aufsichtsarbeiten zu den durch Leistungskontrollen nicht belegten Gebieten geführt werden.

(3) [1]Die Neufassung von § 15 Abs. 3, Abs. 4 und Abs. 5 Satz 2 in der Fassung vom 6.12.2013 wird am 1.1. des auf das Inkrafttreten folgenden Jahres wirksam.

Zweiter Teil
Verfahrensordnung

§ 17 Zusammensetzung der Ausschüsse

(1) Der Vorstand der Rechtsanwaltskammer bildet für jedes Fachgebiet mindestens einen Ausschuss und bestellt dessen Mitglieder sowie die stellvertretenden Mitglieder.

(2) Bilden mehrere Rechtsanwaltskammern gemeinsame Ausschüsse, so soll jede Rechtsanwaltskammer in jedem Ausschuss mit mindestens einem Mitglied vertreten sein.

(3) Jeder Ausschuss besteht aus mindestens drei Mitgliedern und höchstens drei stellvertretenden Mitgliedern.

(4) Der Ausschuss wählt aus seinen Mitgliedern den Vorsitz, die Stellvertretung und die Schriftführung.

(5) Der oder die Vorsitzende des Ausschusses stellt den Vertretungsfall fest.

(6) Der Ausschuss gibt sich eine Geschäftsordnung, die insbesondere das Verfahren zur Bestellung von Berichterstatterinnen und Berichterstattern und das Abstimmungsverfahren regelt.

§ 18 Gemeinsame Ausschüsse

[1]Wollen mehrere Rechtsanwaltskammern gemeinsame Ausschüsse bilden, so ist hierüber eine schriftliche, von den Präsidentinnen oder Präsidenten der Kammern zu unterzeichnende Vereinba-

rung zu treffen. ²Die Vereinbarung ist nach Maßgabe der Geschäftsordnung der jeweiligen Rechtsanwaltskammer zu veröffentlichen. ³In der Vereinbarung ist mindestens zu regeln

a) Die Fachgebiete, für die gemeinsame Ausschüsse gebildet werden.

b) Die Zahl der Mitglieder der Ausschüsse sowie deren Stellvertretung.

c) Die Zuständigkeit für die Bestimmung der Mitglieder, deren Stellvertretung und des Vorsitzes.

d) Anstelle der gemeinsamen Bestellung der Ausschussmitglieder und der Vorsitzenden kann die Vereinbarung auch einer der vertragsschließenden Kammern die Zuständigkeit für die Bestellung der Mitglieder und der Vorsitzenden in alleiniger Verantwortung zuweisen.

e) Die Bezeichnung derjenigen Kammer, deren Geschäftsstelle die Geschäftsführung des Ausschusses übernimmt.

f) Bestimmungen über die Entschädigung der Ausschussmitglieder, soweit eine entsprechend von § 103 Abs. 6 Bundesrechtsanwaltsordnung abweichende Regelung vorgesehen wird.

g) Bestimmungen über das Recht, die Vereinbarung zu kündigen.

§ 19 Bestellung der Ausschussmitglieder

(1) Die §§ 65 bis 68 Abs. 1 Bundesrechtsanwaltsordnung gelten entsprechend.

(2) Zum Mitglied oder stellvertretenden Mitglied eines Ausschusses soll in der Regel nur bestellt werden, wer berechtigt ist, die Bezeichnung als Fachanwältin oder Fachanwalt für das jeweilige Fachgebiet zu führen.

(3) Scheidet ein Mitglied oder stellvertretendes Mitglied vorzeitig aus, erfolgt eine Neubestellung für die restliche Dauer der Amtszeit der Ausgeschiedenen.

§ 20 Vorzeitiges Ausscheiden aus dem Ausschuss

Ein Mitglied scheidet aus dem Ausschuss aus, wenn

1. das Mitglied nicht mehr Mitglied der Kammer ist;
2. gegen das Mitglied ein Berufs- oder Vertretungsverbot (§§ 150, 161a BRAO) verhängt worden ist;
3. das Mitglied seine Wählbarkeit aus den in den §§ 66 Abs. 1 Nr. 3 bis 5 BRAO angegebenen Gründen verloren hat;
4. das Mitglied das Amt niederlegt;
5. das Mitglied vom Vorstand der Kammer, für die es bestellt ist, abberufen wird.

§ 21 Entschädigung

Mitglieder und stellvertretende Mitglieder des Ausschusses können von ihrer Rechtsanwaltskammer eine Aufwandsentschädigung erhalten.

§ 22 Antragstellung

(1) Der Antrag, die Führung einer Bezeichnung als Fachanwältin oder Fachanwalt zu gestatten, ist bei der Rechtsanwaltskammer einzureichen, der die Antragstellerin oder der Antragsteller angehört.

(2) Dem Antrag sind die nach § 6 erforderlichen Unterlagen beizufügen.

(3) Die Rechtsanwaltskammer hat der Antragstellerin oder dem Antragsteller auf Antrag die Zusammensetzung des Ausschusses sowie deren Änderung schriftlich mitzuteilen.

§ 23 Mitwirkungsverbote

(1) [1]Für die Ausschließung und die Ablehnung eines Ausschussmitglieds durch die Antragstellerin oder den Antragsteller gelten die §§ 41 Nr. 2 und 3, 42 Abs. 1 und 2 Zivilprozessordnung entsprechend. [2]Ein Ausschussmitglied ist darüber hinaus von der Mitwirkung ausgeschlossen, wenn es mit der Antragstellerin oder dem Antragsteller in Sozietät oder zur gemeinschaftlichen Berufsausübung in sonstiger Weise oder zu einer Bürogemeinschaft verbunden ist oder in den letzten fünf Jahren vor Antragstellung war. [3]Ausgeschlossen ist auch, wer an Bewertungen nach § 6 Abs. 2 Buchstabe c beteiligt war.

(2) Ein Ablehnungsgesuch ist innerhalb zwei Wochen nach Zugang der Mitteilung über die Zusammensetzung des Ausschusses geltend zu machen; im weiteren Verfahren unverzüglich nach Kenntnis des Ablehnungsgrundes.

(3) [1]Der Vorstand der Rechtsanwaltskammer oder die zuständige Abteilung entscheidet über das Ablehnungsgesuch sowie die Berechtigung einer Selbstablehnung nach Anhörung des Ausschussmitgliedes und der Antragstellerin oder des Antragstellers. [2]Die Entscheidung ist unanfechtbar.

§ 24 Weiteres Verfahren

(1) Der Vorsitz prüft die Vollständigkeit der von der Rechtsanwaltskammer zugegangenen Antragsunterlagen.

(2) [1]Im schriftlichen Verfahren gibt die Berichterstatterin oder der Berichterstatter nach formeller und inhaltlicher Prüfung der Nachweise eine begründete Stellungnahme darüber ab, ob die Antragstellerin oder der Antragsteller die besonderen theoretischen Kenntnisse und praktischen Erfahrungen nachgewiesen hat, ob ein Fachgespräch entbehrlich ist oder ob weitere Nachweise für erforderlich gehalten werden. [2]Diese Stellungnahme ist den anderen Ausschussmitgliedern und anschließend der oder dem Vorsitzenden jeweils zur Abgabe einer schriftlichen Stellungnahme zuzuleiten; Abs. 4 gilt entsprechend.

(3) Bei mündlicher Beratung ist ein Inhaltsprotokoll zu führen, das die Voten der Ausschussmitglieder und deren wesentliche Begründung wiedergibt.

(4) [1]Gewichtet der Ausschuss Fälle zu Ungunsten der Antragstellerin oder des Antragstellers, ist diesen Gelegenheit zu geben, Fälle nachzumelden. [2]Im Übrigen kann der Ausschuss der Antragstellerin oder dem Antragsteller zur ergänzenden Antragsbegründung Auflagen erteilen. [3]Melden die Antragstellerin oder der Antragsteller innerhalb einer angemessenen Ausschlussfrist keine Fälle nach oder erfüllen sie die Auflagen nicht, kann der Ausschuss seine Stellungnahme nach Aktenlage abgeben. [4]Auf diese Rechtsfolge ist dieAntragstellerin oder der Antragsteller bei der Fristsetzung hinzuweisen.

(5) Der Vorsitze lädt die Antragstellerin oder den Antragsteller unter Beachtung des § 7 Abs. 2 mit einer Frist von mindestens einem Monat zum Fachgespräch.

(6) [1]Das Fachgespräch ist nicht öffentlich. [2]Mitglieder des Vorstandes der Rechtsanwaltskammer und stellvertretende Ausschussmitglieder können am Fachgespräch und der Beratung zuhörend teilnehmen.

(7) Versäumt die Antragstellerin oder der Antragsteller zwei Termine für das Fachgespräch, zu dem ordnungsgemäß geladen ist, ohne ausreichende Entschuldigung, entscheidet der Ausschuss nach Lage der Akten.

(8) [1]Der Ausschuss beschließt über seine abschließende Stellungnahme mit der Mehrheit seiner Stimmen. [2]Bei Stimmengleichheit entscheidet die Stimme der oder des Vorsitzenden.

(9) [1]Der Vorsitz gibt die abschließende Stellungnahme des Ausschusses dem Vorstand der für die Antragstellerin oder den Antragsteller zuständigen Rechtsanwaltskammer schriftlich bekannt. [2]Auf Aufforderung des Vorstandes hat der Vorsitz oder die Stellvertretung die Stellungnahme mündlich zu erläutern.

(10) Für das Verfahren wird eine Verwaltungsgebühr (§ 89 Abs. 2 Nr. 2 Bundesrechtsanwaltsordnung) erhoben.

§ 25 Rücknahme und Widerruf

(1) Zuständig für die Rücknahme und den Widerruf der Erlaubnis ist der Vorstand der Rechtsanwaltskammer, welcher die Rechtsanwältin oder der Rechtsanwalt im Zeitpunkt dieser Entscheidung angehört.

(2) Die Rücknahme und der Widerruf sind nur innerhalb eines Jahres seit Kenntnis des Vorstandes der Rechtsanwaltskammer von den sie rechtfertigenden Tatsachen zulässig.

(3) [1]Vor der Entscheidung ist die Rechtsanwältin oder der Rechtsanwalt zu hören. [2]Der Bescheid ist mit Gründen zu versehen. [3]Er ist der Rechtsanwältin oder dem Rechtsanwalt zuzustellen.

Dritter Teil
Schlussbestimmungen

§ 26 Inkrafttreten

(1) Diese Fachanwältin- und Fachanwaltsordnung ist am 11. März 1997 in Kraft getreten.

(2) Die Ausfertigung und das Inkrafttreten ändernder Beschlüsse der Satzungsversammlung richten sich nach den §§ 191d, e der Bundesrechtsanwaltsordnung.

Überblick über die bestehenden Fachanwaltschaften*

	Fachgebiet	Wann beschlossen?	Veröffentlichung in den BRAK-Mitt.	Inkrafttreten
1	Verwaltungsrecht[1]	5. Sitzung 1. Satzungsversammlung (28./29.11.1996) (Beschluss der Fachanwaltsordnung)[2]	1996, 249	11.03.1997
2	Steuerrecht[3]			
3	Arbeitsrecht[4]			
4	Sozialrecht[5]			
5	Familienrecht[6]			
6	Strafrecht[7]			
7	Insolvenzrecht[8]	7. Sitzung 1. Satzungsversammlung (21./22.03.1999)	1999, 121	01.09.1999
8	Versicherungsrecht	6. Sitzung 2. Satzungsversammlung (20.03.2003)	2003, 125	01.09.2003
9	Medizinrecht	3. Sitzung 3. Satzungsversammlung (22./23.11.2004)	2005, 77	01.07.2005
10	Miet- und Wohnungseigentumsrecht			
11	Verkehrsrecht			
12	Bau- und Architektenrecht			
13	Erbrecht			
14	Transport- und Speditionsrecht			
15	Gewerblicher Rechtsschutz	5. Sitzung 3. Satzungsversammlung (07.11.2005)	2006, 79	01.07.2006
16	Handels- und Gesellschaftsrecht			
17	Urheber- und Medienrecht	6. Sitzung 3. Satzungsversammlung (03.04.2006)	2006, 168	01.11.2006
18	Informationstechnologierecht (IT-Recht)			

* Die Übersicht wurde von der Bundesrechtsanwaltskammer zur Verfügung gestellt.
1 Vgl. § 43c BRAO (in Kraft seit 02.09.1994).
2 Beschluss der Fachanwaltsordnung mit den bereits bestehenden Fachanwaltschaften Verwaltungsrecht, Steuerrecht, Arbeitsrecht, Sozialrecht, Familienrecht, Strafrecht, vgl. Fn. 2.
3 Vgl. § 43c BRAO (in Kraft seit 02.09.1994).
4 Vgl. § 43c BRAO (in Kraft seit 02.09.1994).
5 Beschlossen in der konstituierenden Sitzung der 1. Satzungsversammlung vom 07. bis 09.09.1995.
6 Beschlossen in der konstituierenden Sitzung der 1. Satzungsversammlung vom 07. bis 09.09.1995.
7 Beschlossen in der konstituierenden Sitzung der 1. Satzungsversammlung vom 07. bis 09.09.1995.
8 Jetzt: Insolvenz- und Sanierungsrecht.

	Fachgebiet	Wann beschlossen?	Veröffentlichung in den BRAK-Mitt.	Inkrafttreten
19	Bank- und Kapitalmarktrecht	7. Sitzung 3. Satzungsversammlung (11.06.2007)	2007, 162	01.01.2008
20	Agrarrecht	2. Sitzung 4. Satzungsversammlung (14.11.2008)	2009, 65	01.07.2009
21	Internationales Wirtschaftsrecht	5. Sitzung 5. Satzungsversammlung (06.12.2013)	2014, 145	01.09.2014
22	Vergaberecht	8. Sitzung 5. Satzungsversammlung (16.03.2015)	2015, 179	01.11.2015
23	Migrationsrecht	1. Sitzung 6. Satzungsversammlung (09.11.2015)	2015, 281	01.03.2016
24	Sportrecht	7. Sitzung 6. Satzungsversammlung (26.11.2018)	2019, 81	01.07.2019

Übersicht über die Fürsorgeeinrichtungen in den einzelnen Kammerbezirken

Stand: 15.04.2025[1]

Kammerbezirk	Sterbegeld	Hülfskasse deutscher Rechtsanwälte	eigenes Hilfswerk	Versorgungswerk
BGH	EUR 3.000,–	ja	nein	nein
Bamberg	nein	nein	nein	ja, gesetzliche Bayerische Rechtsanwalts- und Steuerberaterversorgung
Berlin	nein	nein	nein, jedoch existiert ein Sozialausschuss, der über Unterstützung an bedürftige Hinterbliebene und bedürftige ehemalige Rechtsanwältinnen und Rechtsanwälte befindet	ja, gesetzliches Versorgungswerk der Rechtsanwälte in Berlin
Brandenburg	EUR 1.500,– bis 2.500,– abhängig von der wirtschaftlichen Leistungsfähigkeit der Hinterbliebenen	nein	nein	ja, gesetzliches Versorgungswerk der Rechtsanwälte des Landes Brandenburg
Braunschweig	maximal EUR 2.500,–	ja	nein	ja, gesetzliche Rechtsanwaltsversorgung Niedersachsen
Bremen	nein	nein	nein	ja, gesetzliche Hanseatische Rechtsanwaltsversorgung Bremen
Celle	gestaffelt nach Dauer der Mitgliedschaft bei RAK Celle von mindestens 12 Jahren EUR 2.000,–	nein	ja, Sozialverein der Rechtsanwaltschaft e.V.	ja, gesetzliche Rechtsanwaltsversorgung Niedersachsen

1 Die Übersicht wurde von der Selbsthilfe der Rechtsanwälte e.V. zur Verfügung gestellt.

	20 Jahren EUR 2.300,– 25 Jahren EUR 2.600,– 30 Jahren und mehr EUR 3.000,–, in Härtefällen			
Düsseldorf	für Mitglieder der Kammer, die vor Vollendung des 55. Lebensjahres Mitglieder der Kammer geworden sind (ggf. zusätzlich Nachweis der Bedürftigkeit)	nein	nein, jedoch im Einzelfall Geldleistungen an bedürftige Hinterbliebene sowie Kolleginnen und Kollegen	ja, gesetzliches Versorgungswerk Nordrhein-Westfalen
Frankfurt	nein	nein	nein, jedoch im Einzelfall Geldleistungen an bedürftige Hinterbliebene und Kollegen	ja, gesetzliches Versorgungswerk Hessen
Freiburg	nur noch in Härtefällen bis maximal € 5.000,–	wird mit dem Weihnachtsaufruf regelmäßig berücksichtigt	nein,	ja, gesetzliches Versorgungswerk Baden-Württemberg
Hamburg	nein, jedoch Möglichkeit der freiwilligen Mitgliedschaft in einem Umlageverfahren des örtlichen Anwaltvereins. Daraus rund € 3.400,–	ja	nein	ja, gesetzliches Versorgungswerk Hamburg
Hamm	bis zu € 1.500,– pro Sterbefall.	nein	nein	ja, gesetzliches Versorgungswerk Nordrhein-Westfalen
Karlsruhe	nein	nein	ja, Unterstützungen in Notfällen etwa einmal jährlich	ja, gesetzliches Versorgungswerk Baden-Württemberg
Kassel	nein	nein	ja, einmalige und laufende Leistungen	ja, gesetzliches Versorgungswerk Hessen
Koblenz	EUR 15.000,– (werden im Umlageverfahren erhoben)	nein	nein, jedoch Weihnachtszuwendung an bedürftige Kollegen bzw. deren Wit-	ja, gesetzliches Versorgungswerk Rheinland-Pfalz

			wen seitens der Hülfskasse	
Köln	bis EUR 3.000,– bei sozialer Bedürftigkeit	nein	nein	ja, gesetzliches Versorgungswerk NRW
Mecklenburg-Vorpommern	nein	nein, aber im Ausnahmefall	nein	ja, gesetzliches Versorgungswerk Mecklenburg-Vorpommern
München	nach Ermessen max. EUR 7.500,–	nein	ja, Unterstützungsfonds, eine Fürsorgeeinrichtung nach § 89 II.3 BRAO – kein selbständiges Hilfswerk. Leistungen einmalig oder laufend nach Ermessen des Präsidiums	ja, gesetzliche Bayerische Rechtsanwalts- und Steuerberaterversorgung
Nürnberg	nach Ermessen des Präsidiums, max. EUR 5.000,–	nein	im Einzelfall Leistungen an Bedürftige oder in Not geratene Kammermitglieder und deren Witwen und Waisen im Rahmen des genehmigten Haushaltsplanes und nach Ermessen	ja, gesetzliche Bayerische Rechtsanwalts- und Steuerberaterversorgung
Oldenburg	Versorgungswerk der Rechtsanwalts- und Notarkammer Oldenburg, Sterbegeld nur für Mitglieder dieser Einrichtung (keine Einrichtung der Kammern)	nein	ja, Gewährung von Unterstützung an antragstellende Personen, die unverschuldet in eine Notlage geraten sind.	ja, gesetzliche Rechtsanwaltsversorgung Niedersachsen
Saarland	EUR 15.000,– werden im Umlageverfahren erhoben	nein	nein	ja, gesetzliches Versorgungswerk Saarland
Sachsen	nein	nein	ja, leistungsberechtigt sind derzeitige und ehemalige Mitglieder bzw. deren Hinterbliebene	ja, gesetzliches Versorgungswerk Sachsen
Sachsen-Anhalt	nein	nein	nein	ja, gesetzliches Versorgungswerk Sachsen-Anhalt

Schleswig-Holstein	EUR 8.700,–	ja	nein	ja, gesetzliches Versorgungswerk Schleswig- Holstein
Stuttgart	im freien Ermessen in Höhe von max. EUR 10.000,–	nein	nein	ja, gesetzliches Versorgungswerk Baden-Württemberg
Thüringen	nein	nein	nein	ja, gesetzliches Versorgungswerk der Rechtsanwälte des Landes Thüringen
Tübingen	bei nachgewiesener Bedürftigkeit bis EUR 5.200,–	nein	ja, einmalige Beihilfen bis EUR 500,–; Wiederholung möglich	ja, gesetzliches Versorgungswerk Baden-Württemberg
Zweibrücken	ca. EUR 15.000,– werden im Umlageverfahren erhoben.	nein	ja	ja, gesetzliches Versorgungswerk Rheinland-Pfalz

B. Internationales Berufsrecht

Gesetz über die Tätigkeit europäischer Rechtsanwälte in Deutschland (EuRAG)

Vom 9. März 2000, BGBl. I S. 182

Zuletzt geändert durch Artikel 24 des Gesetzes vom 22. Oktober 2024, BGBl. I Nr. 320[1]

Inhaltsübersicht

1 Das EuRAG dient der Umsetzung der Richtlinien 98/5/EG, 89/48/EWG und 77/249/EWG. Zur Umsetzung dieser Richtlinien im Europäischen Ausland und zur Tätigkeit deutscher Rechtsanwälte im Ausland wird verwiesen auf das Dokumentationszentrum für Europäisches Anwalts- und Notarrecht an der Universität zu Köln (https://legalprofession.uni-koeln.de) sowie die Dokumentation durch die CCBE (www.ccbe.org).

Teil 1
Allgemeine Vorschriften

§ 1 Persönlicher Anwendungsbereich

Dieses Gesetz regelt für natürliche Personen, die berechtigt sind, als Rechtsanwalt unter einer der in der Anlage zu dieser Vorschrift genannten Berufsbezeichnungen selbständig tätig zu sein (europäische Rechtsanwälte), die Berufsausübung und die Zulassung zur Rechtsanwaltschaft in Deutschland.

Teil 2
Berufsausübung als niedergelassener europäischer Rechtsanwalt

Abschnitt 1
Allgemeine Voraussetzungen

§ 2 Niederlassung

(1) Wer als europäischer Rechtsanwalt auf Antrag in die für den Ort seiner Niederlassung zuständige Rechtsanwaltskammer aufgenommen wurde, ist berechtigt, in Deutschland unter der Berufsbezeichnung des Herkunftsstaates die Tätigkeit eines Rechtsanwalts gemäß §§ 1 bis 3 der Bundesrechtsanwaltsordnung auszuüben (niedergelassener europäischer Rechtsanwalt).

(2) Die Aufnahme in die Rechtsanwaltskammer setzt voraus, dass die antragstellende Person bei der zuständigen Stelle des Herkunftsstaates als europäischer Rechtsanwalt eingetragen ist.

§ 3 Antrag

(1) Über den Antrag auf Aufnahme in die Rechtsanwaltskammer entscheidet die Rechtsanwaltskammer.

(2) [1]Dem Antrag ist eine Bescheinigung der im Herkunftsstaat zuständigen Stelle über die Zugehörigkeit des europäischen Rechtsanwalts zu diesem Beruf beizufügen. [2]Die Rechtsanwaltskammer kann verlangen, dass diese Bescheinigung zum Zeitpunkt ihrer Vorlage nicht älter als drei Monate ist.

(3) (weggefallen)

§ 4 Verfahren

(1) Für die Aufnahme in die Rechtsanwaltskammer gelten mit Ausnahme des § 12 Absatz 4 sowie der §§ 17 und 46a Absatz 1 Satz 1 Nummer 1 der Bundesrechtsanwaltsordnung die §§ 6 bis 36, 46a bis 46c Absatz 1, 4 und 5 der Bundesrechtsanwaltsordnung sinngemäß sowie die auf Grund von § 31d der Bundesrechtsanwaltsordnung erlassene Rechtsverordnung.

(2) [1]Die Aufnahme in die Rechtsanwaltskammer ist auch dann zu widerrufen, wenn die Berechtigung zur Berufsausübung im Herkunftsstaat dauernd entzogen wird oder die Person aus sonstigen Gründen den Status eines europäischen Rechtsanwalts verliert. [2]Wird die Berechtigung zur Berufsausübung im Herkunftsstaat vorläufig oder zeitweilig entzogen, so kann die Aufnahme in die Rechtsanwaltskammer widerrufen werden.

(3) Die Rechtsanwaltskammer setzt die zuständige Stelle des Herkunftsstaates von der Aufnahme in die Rechtsanwaltskammer sowie von der Rücknahme und dem Widerruf der Aufnahme in Kenntnis, um dieser die Ausübung der Berufsaufsicht zu ermöglichen.

Abschnitt 2
Berufliche Rechte und Pflichten

§ 5 Berufsbezeichnung

(1) [1]Der niedergelassene europäische Rechtsanwalt hat die Berufsbezeichnung zu verwenden, die er im Herkunftsstaat nach dem dort geltenden Recht zu führen berechtigt ist. [2]Wer danach berechtigt ist, die Berufsbezeichnung „Rechtsanwalt" zu führen, hat zusätzlich die Berufsorganisation anzugeben, der er im Herkunftsstaat angehört. [3]Der niedergelassene europäische Rechtsanwalt, der als Syndikusrechtsanwalt in die Rechtsanwaltskammer aufgenommen wurde, hat der Berufsbezeichnung nach den Sätzen 1 und 2 die Bezeichnung „Syndikus" in Klammern nachzustellen.

(2) [1]Der niedergelassene europäische Rechtsanwalt ist berechtigt, im beruflichen Verkehr zugleich die Bezeichnung „Mitglied der Rechtsanwaltskammer" zu verwenden. [2]Die Bezeichnung „europäischer Rechtsanwalt" darf als Berufsbezeichnung und in der Werbung nicht verwendet werden.

(3) (weggefallen)

§ 6 Berufliche Stellung

(1) Für die Rechtsstellung nach Aufnahme in die Rechtsanwaltskammer gelten die Vorschriften des Dritten, Vierten, Sechsten, Siebenten, Neunten bis Elften und Dreizehnten Teils sowie § 207a der Bundesrechtsanwaltsordnung.

(2) [1]Vertretungsverbote nach § 114 Abs. 1 Nr. 4 sowie nach den §§ 150 und 161a der Bundesrechtsanwaltsordnung sind für das Bundesgebiet auszusprechen. [2]An die Stelle der Ausschließung aus der Rechtsanwaltschaft nach § 114 Abs. 1 Nr. 5 der Bundesrechtsanwaltsordnung tritt das

Verbot, in Deutschland fremde Rechtsangelegenheiten zu besorgen; mit der Rechtskraft dieser Entscheidung endet die Mitgliedschaft der verurteilten Person in der Rechtsanwaltskammer.

(3) Der niedergelassene europäische Rechtsanwalt hat seine Berufsausübung in Deutschland einzustellen, wenn ihm seitens der zuständigen Stelle des Herkunftsstaates die Berechtigung zur Ausübung seiner beruflichen Tätigkeit vorläufig, zeitweilig oder dauernd entzogen worden ist.

§ 7 Berufshaftpflichtversicherung

(1) [1]Von der Verpflichtung, eine Berufshaftpflichtversicherung nach § 51 der Bundesrechtsanwaltsordnung zu unterhalten, ist der niedergelassene europäische Rechtsanwalt befreit, wenn er der Rechtsanwaltskammer eine nach den Vorschriften des Herkunftsstaates geschlossene Versicherung oder Garantie nachweist, die hinsichtlich der Bedingungen und des Deckungsumfangs einer Versicherung gemäß § 51 der Bundesrechtsanwaltsordnung gleichwertig ist. [2]Bei fehlender Gleichwertigkeit ist durch eine Zusatzversicherung oder ergänzende Garantie ein Schutz zu schaffen, der den Anforderungen des § 51 der Bundesrechtsanwaltsordnung gleichkommt.

(2) [1]Der niedergelassene europäische Rechtsanwalt hat im Fall des Absatzes 1 der Rechtsanwaltskammer jährlich eine Bescheinigung des Versicherers vorzulegen, aus der sich die Versicherungsbedingungen und der Deckungsumfang ergeben. [2]Darüber hinaus hat er die Beendigung oder Kündigung des Versicherungsvertrages sowie jede Änderung des Versicherungsvertrages, die den nach § 51 der Bundesrechtsanwaltsordnung vorgeschriebenen Versicherungsschutz beeinträchtigt, der Rechtsanwaltskammer unverzüglich mitzuteilen. [3]Kommt er den Pflichten gemäß Satz 1 oder Satz 2 nicht nach, so kann die Aufnahme in die Rechtsanwaltskammer widerrufen werden. [4]§ 14 Abs. 2 Nr. 9 der Bundesrechtsanwaltsordnung bleibt unberührt.

(3) Die Absätze 1 und 2 gelten für Rechtsanwälte, die nach Teil 3 oder 4 dieses Gesetzes in Verbindung mit § 4 Satz 1 Nummer 2 oder 3 der Bundesrechtsanwaltsordnung zugelassen sind, entsprechend.

§ 8 Sozietät im Herkunftsstaat

(1) [1]Gehört der niedergelassene europäische Rechtsanwalt im Herkunftsstaat einem Zusammenschluss zur gemeinschaftlichen Berufsausübung an, so hat er dies der Rechtsanwaltskammer mitzuteilen. [2]Er hat die Bezeichnung des Zusammenschlusses und die Rechtsform anzugeben. [3]Die Rechtsanwaltskammer kann ihm auferlegen, weitere zweckdienliche Auskünfte über den betreffenden Zusammenschluss zu geben.

(2) [1]Die persönliche Haftung des niedergelassenen europäischen Rechtsanwalts für Ansprüche des Auftraggebers auf Ersatz eines schuldhaft verursachten Schadens wird durch die Rechtsform eines Zusammenschlusses, dem er im Herkunftsstaat angehört, nur ausgeschlossen oder beschränkt, soweit eine Berufshaftpflichtversicherung oder Garantie besteht, die den Voraussetzungen des der §§ 59n und 59o der Bundesrechtsanwaltsordnung entspricht. [2]§ 7 gilt entsprechend.

(3) [1]Der niedergelassene europäische Rechtsanwalt kann im Rechtsverkehr die Bezeichnung eines Zusammenschlusses zur gemeinschaftlichen Berufsausübung angeben, dem er im Herkunftsstaat angehört. [2]Er hat in diesem Fall auch die Rechtsform des Zusammenschlusses im Herkunftsstaat anzugeben.

Abschnitt 3
Anwaltsgerichtliches Verfahren, Zustellungen

§ 9 Mitteilungspflichten, rechtliches Gehör

(1) [1]Für Zwecke der Prüfung, ob berufsrechtliche Maßnahmen zu ergreifen sind, teilt die ermittelnde Staatsanwaltschaft nach Abschluss der Ermittlungen und vor Einreichung der Anschuldigungsschrift bei dem Anwaltsgericht der zuständigen Stelle des Herkunftsstaates die ermittelten Tatsachen mit, soweit dies aus ihrer Sicht zur Durchführung solcher Maßnahmen erforderlich ist.

[2]Die Mitteilung wird durch unmittelbare Übersendung einer Abschrift der Anschuldigungsschrift an die zuständige Stelle des Herkunftsstaates bewirkt.

(2) [1]Für Zwecke der Prüfung, ob berufsrechtliche Maßnahmen zu ergreifen sind, sind in anwaltsgerichtlichen Verfahren der zuständigen Stelle des Herkunftsstaates mitzuteilen:

1. die Entscheidung über die Eröffnung des Hauptverfahrens,
2. die Urteile,
3. die Verhängung vorläufiger anwaltsgerichtlicher Maßnahmen, deren Außerkrafttreten und deren Aufhebung,
4. die Verteidigungsschriften,
5. die Berufungsschriften,
6. die Revisionsschriften,
7. die Beschwerdeschriften.

[2]Mitteilungspflichtig ist das Gericht, das die mitzuteilende Entscheidung gefällt hat oder bei dem der mitzuteilende Schriftsatz eingereicht worden ist. [3]Die Mitteilung wird durch unmittelbare Übersendung einer Abschrift der mitzuteilenden Entscheidung an die zuständige Stelle des Herkunftsstaates bewirkt.

(3) [1]Sind personenbezogene Daten, die nach Absatz 1 oder Absatz 2 übermittelt werden dürfen, mit weiteren personenbezogenen Daten des Betroffenen oder eines Dritten so verbunden, dass sie nicht oder nur mit unvertretbarem Aufwand getrennt werden können, ist auch die Übermittlung dieser Daten zulässig, soweit nicht berechtigte Interessen des Betroffenen oder des Dritten an deren Geheimhaltung offensichtlich überwiegen. [2]Eine Verwendung dieser Daten ist unzulässig. [3]Der Empfänger ist darauf hinzuweisen, dass eine Verwendung der Daten des Dritten unzulässig ist und die Daten des Betroffenen nur zu dem Zweck verwendet werden dürfen, der in den Absätzen 1 und 2 genannt ist.

(4) In anwaltsgerichtlichen Verfahren hat das Gericht der zuständigen Stelle des Herkunftsstaates Gelegenheit zur Äußerung zu geben.

§ 10 Zustellungen

Kann in anwaltsgerichtlichen Verfahren und in Verfahren nach den §§ 56, 57, 74, 74a der Bundesrechtsanwaltsordnung gegen einen niedergelassenen europäischen Rechtsanwalt eine Zustellung nicht in der vorgeschriebenen Weise in Deutschland bewirkt werden und erscheint die Befolgung der Vorschriften für Zustellungen im Ausland unausführbar oder voraussichtlich erfolglos, so gilt die Zustellung als erfolgt, wenn eine Abschrift des zuzustellenden Schriftstücks der zuständigen Stelle des Herkunftsstaates übersandt wird und seit der Aufgabe zur Post vier Wochen verstrichen sind.

Teil 3
Eingliederung

Abschnitt 1
Zulassung zur Rechtsanwaltschaft nach dreijähriger Tätigkeit

§ 11 Voraussetzungen

(1) [1]Wer eine mindestens dreijährige effektive und regelmäßige Tätigkeit als niedergelassener europäischer Rechtsanwalt in Deutschland auf dem Gebiet des deutschen Rechts, einschließlich des Gemeinschaftsrechts, gemäß § 12 nachweist, wird nach den Vorschriften der §§ 6 bis 36, 46a bis 46c Absatz 1, 4 und 5 der Bundesrechtsanwaltsordnung zur Rechtsanwaltschaft zugelassen. [2]Effektive und regelmäßige Tätigkeit ist die tatsächliche Ausübung des Berufs ohne Unterbrechung; Unterbrechungen auf Grund von Ereignissen des täglichen Lebens bleiben außer Betracht.

(2) [1]Unterbrechungen bis zu einer Dauer von drei Wochen sind in der Regel Unterbrechungen auf Grund von Ereignissen des täglichen Lebens. [2]Bei längeren Unterbrechungen sind die Umstände des Einzelfalls maßgeblich. [3]Bei der Beurteilung berücksichtigt die Rechtsanwaltskammer den Grund, die Dauer und die Häufigkeit der Unterbrechung.

(3) [1]Hat eine Unterbrechung stattgefunden, die nicht auf Grund von Ereignissen des täglichen Lebens eingetreten ist, so wird die bis dahin ausgeübte Tätigkeit nach Absatz 1 Satz 1 berücksichtigt, wenn insgesamt eine mindestens dreijährige Tätigkeit nachgewiesen wird und die Unterbrechung einer Beurteilung der Tätigkeit als effektiv und regelmäßig nicht entgegensteht. [2]Die Dauer einer solchen Unterbrechung wird bei der Berechnung des Dreijahreszeitraums nicht berücksichtigt.

§ 12 Nachweis der Tätigkeit

(1) [1]Die antragstellende Person hat die Anzahl und die Art der von ihr im deutschen Recht bearbeiteten Rechtssachen sowie die Dauer ihrer Tätigkeit nachzuweisen. [2]Sie erteilt der Rechtsanwaltskammer alle Auskünfte und übermittelt ihr alle Unterlagen, die für den Nachweis geeignet sind. [3]Die Rechtsanwaltskammer kann die antragstellende Person auffordern, ihre Angaben und Unterlagen zu erläutern.

(2) [1]Zum Nachweis der im deutschen Recht bearbeiteten Rechtssachen sind Falllisten vorzulegen, die regelmäßig folgende Angaben enthalten müssen: Aktenzeichen, Gegenstand, Zeitraum, Art und Umfang der Tätigkeit, Sachstand. [2]Ferner sind auf Verlangen der Rechtsanwaltskammer anonymisierte Arbeitsproben vorzulegen.

Abschnitt 2
Zulassung bei kürzerer Tätigkeit im deutschen Recht

§ 13 Voraussetzungen

(1) Wer mindestens drei Jahre effektiv und regelmäßig als niedergelassener europäischer Rechtsanwalt in Deutschland tätig war, sich dabei im deutschen Recht jedoch nur für kürzere Zeit betätigt hat, wird nach den Vorschriften der §§ 6 bis 36, 46a bis 46c Absatz 1, 4 und 5 der Bundesrechtsanwaltsordnung zur Rechtsanwaltschaft zugelassen, wenn er seine Fähigkeit, die Tätigkeit weiter auszuüben, gemäß §§ 14 und 15 nachweist.

(2) [1]Bei ihrer Entscheidung berücksichtigt die Rechtsanwaltskammer Art und Umfang der beruflichen Tätigkeit sowie sämtliche Kenntnisse und Berufserfahrungen im deutschen Recht, ferner die Teilnahme an Kursen und Seminaren über das deutsche Recht einschließlich des Berufsrechts der Rechtsanwälte. [2]§ 11 Abs. 1 Satz 2, Abs. 2, 3 gilt entsprechend.

§ 14 Nachweise

[1]Die antragstellende Person hat die Nachweise gemäß § 12 zu erbringen. [2]Darüber hinaus hat sie der Rechtsanwaltskammer alle Auskünfte zu erteilen und alle Unterlagen zu übermitteln, die als Nachweis für ihre Kenntnisse und Berufserfahrungen im deutschen Recht geeignet sind.

§ 15 Gespräch

[1]Die Rechtsanwaltskammer überprüft in einem Gespräch, ob die antragstellende Person effektiv und regelmäßig als niedergelassener europäischer Rechtsanwalt in Deutschland auf dem Gebiet des deutschen Rechts tätig war und ob sie imstande ist, diese Tätigkeit weiter auszuüben. [2]Die Gegenstände des Gesprächs sind der nachgewiesenen beruflichen Praxis der antragstellenden Person und ihren sonstigen Erfahrungen im deutschen Recht zu entnehmen.

Teil 4
Feststellung einer gleichwertigen Berufsqualifikation

§ 16 Antrag auf Feststellung einer gleichwertigen Berufsqualifikation

(1) [1]Eine Person, die eine Ausbildung abgeschlossen hat, die zum unmittelbaren Zugang zum Beruf eines europäischen Rechtsanwalts (§ 1) berechtigt, kann zum Zweck der Zulassung zur Rechtsanwaltschaft ohne Eingliederung nach Teil 3 die Feststellung beantragen, dass die von ihr erworbene Berufsqualifikation die Kenntnisse umfasst, die für die Ausübung des Berufs des Rechtsanwalts in Deutschland erforderlich sind. [2]Der Antrag kann bei jedem der nach § 18 Absatz 1 und 2 zuständigen Prüfungsämter, jedoch nicht bei mehreren gleichzeitig gestellt werden.

(2) Beruht die Zugangsberechtigung zum Beruf eines europäischen Rechtsanwalts auf einem Ausbildungsnachweis,

1. dessen zu Grunde liegende Ausbildung nicht überwiegend in einem Mitgliedstaat der Europäischen Union oder einem anderen Vertragsstaat des Europäischen Wirtschaftsraums oder der Schweiz durchgeführt wurde oder
2. der nicht von einem der in Nummer 1 genannten Staaten ausgestellt wurde,

so muss die antragstellende Person in dem Staat, in dem der Nachweis ausgestellt oder anerkannt wurde, ausweislich einer Bescheinigung der dort zuständigen Behörde den Beruf des europäischen Rechtsanwalts mindestens drei Jahre ausgeübt haben.

(3) Dem Antrag nach Absatz 1 sind beizufügen:

1. ein tabellarischer Lebenslauf;
2. ein Nachweis, der die Berechtigung zum unmittelbaren Zugang zum Beruf eines europäischen Rechtsanwalts bescheinigt, im Original oder in Kopie;
3. ein Nachweis darüber, dass mehr als die Hälfte der Mindestausbildungszeit in einem der in Absatz 2 Nummer 1 genannten Staaten durchgeführt wurde, oder in den Fällen des Absatzes 2 eine Bescheinigung über die mindestens dreijährige Berufsausübung;
4. eine Erklärung darüber, ob und gegebenenfalls bei welchen Prüfungsämtern schon einmal ein Antrag nach Absatz 1 gestellt oder eine Eignungsprüfung abgelegt wurde;
5. für den Fall, dass geltend gemacht wird, dass Unterschiede nach § 16a Absatz 3 Satz 1 Nummer 1 nach § 16a Absatz 3 Satz 1 Nummer 2 vollständig ausgeglichen wurden, geeignete Nachweise hierüber.

(4) Der Antrag und die nach Absatz 3 Nummer 1 und 4 beizufügenden Dokumente sind in deutscher Sprache abzufassen.

§ 16a Entscheidung über den Antrag

(1) [1]Das Prüfungsamt bestätigt den Eingang des Antrags nach § 16 Absatz 1 innerhalb eines Monats. [2]Innerhalb dieser Frist teilt es der antragstellenden Person auch mit, ob Dokumente fehlen oder von Dokumenten einfache oder beglaubigte Übersetzungen vorzulegen sind. [3]Das Prüfungsamt entscheidet über den Antrag spätestens vier Monate nach Eingang aller erforderlichen Dokumente.

(2) Das Prüfungsamt lehnt den Antrag ab, wenn die antragstellende Person keine Zugangsberechtigung im Sinne des § 16 Absatz 1 und 2 besitzt oder die erforderlichen Dokumente nicht vorlegt.

(3) [1]Das Prüfungsamt erlegt der antragstellenden Person die Ablegung einer Eignungsprüfung auf, wenn

1. sich ihre Ausbildung auf Fächer bezog, die sich wesentlich von denen unterscheiden, die für die Ausübung des Berufs des Rechtsanwalts in Deutschland erforderlich sind, und

2. diese Unterschiede nicht anderweitig, insbesondere durch Berufspraxis oder Weiterbildungsmaßnahmen, ausgeglichen wurden.

[2]Die Auferlegung einer Eignungsprüfung gilt als Entscheidung nach Absatz 1 Satz 3. [3]Beabsichtigt das Prüfungsamt, von der Auferlegung einer Eignungsprüfung abzusehen, so hat es zuvor eine Stellungnahme der Rechtsanwaltskammer einzuholen, in deren Bezirk es gelegen ist.

(4) Das Prüfungsamt hat die Auferlegung einer Eignungsprüfung zu begründen und der antragstellenden Person dabei mitzuteilen,

1. welchem Qualifikationsniveau nach Artikel 11 der Richtlinie 2005/36/EG des Europäischen Parlaments und des Rates vom 7. September 2005 über die Anerkennung von Berufsqualifikationen (ABl. L 255 vom 30.9.2005, S. 22; L 271 vom 16.10.2007, S. 18; L 93 vom 4.4.2008, S. 28; L 33 vom 3.2.2009, S. 49; L 305 vom 24.10.2014, S. 115), die zuletzt durch die Richtlinie 2013/55/EU (ABl. L 354 vom 28.12.2013, S. 132; L 268 vom 15.10.2015, S. 35; L 95 vom 9.4.2016, S. 20) geändert worden ist, in der jeweils geltenden Fassung zum einen die von ihr erlangte Berufsqualifikation und zum anderen die zur Erlangung der Befähigung zum Richteramt nach dem Deutschen Richtergesetz geforderte Berufsqualifikation entspricht und
2. worin die Unterschiede nach Absatz 3 Satz 1 Nummer 1 liegen und warum diese nicht nach Absatz 3 Satz 1 Nummer 2 als ausgeglichen anzusehen sind.

(5) Wer die Voraussetzungen des § 16 unmittelbar erfüllt oder die Eignungsprüfung besteht, erhält hierüber vom Prüfungsamt eine Bescheinigung und wird nach den §§ 6 bis 36 und 46a bis 46c Absatz 1, 4 und 5 der Bundesrechtsanwaltsordnung von der Rechtsanwaltskammer zur Rechtsanwaltschaft zugelassen.

(6) Das Verwaltungsverfahren nach dieser Vorschrift und § 16 kann elektronisch und über eine einheitliche Stelle nach den §§ 71a bis 71e des Verwaltungsverfahrensgesetzes abgewickelt werden.

§ 17 Zweck der Eignungsprüfung

[1]Die Eignungsprüfung ist eine staatliche Prüfung, die ausschließlich die beruflichen Kenntnisse und Kompetenzen der antragstellenden Person betrifft und mit der ihre Fähigkeit, den Beruf eines Rechtsanwalts in Deutschland auszuüben, beurteilt werden soll. [2]Die Eignungsprüfung muss dem Umstand Rechnung tragen, dass die antragstellende Person in einem Mitgliedstaat der Europäischen Union oder einem anderen Vertragsstaat des Abkommens über den Europäischen Wirtschaftsraum oder der Schweiz über eine berufliche Qualifikation zur Ausübung eines Rechtsanwaltsberufes verfügt.

§ 18 Prüfungsamt

(1) Die Eignungsprüfung wird von dem Prüfungsamt durchgeführt, das für die zweite juristische Staatsprüfung zuständig ist.

(2) [1]Mehrere Länder können durch Vereinbarung ein gemeinsames Prüfungsamt bilden. [2]Die Zuständigkeit eines Prüfungsamts kann durch Vereinbarung auf die Eignungsprüfung von antragstellenden Personen aus einzelnen Herkunftsstaaten beschränkt werden.

(3) Soweit nicht in diesem Gesetz oder in einer auf der Grundlage dieses Gesetzes erlassenen Rechtsverordnung Abweichendes bestimmt ist, gelten für die Eignungsprüfung die Vorschriften für die zweite juristische Staatsprüfung desjenigen Landes entsprechend, in dem das Prüfungsamt eingerichtet ist.

(4) [1]Die Prüfung wird von einer Kommission mit mindestens drei Prüfern abgenommen. [2]Bei Stimmengleichheit entscheidet die Stimme des Vorsitzenden. [3]Das Landesrecht kann vorsehen, dass die schriftlichen Leistungen statt von der Kommission auch von zwei Prüfern bewertet werden, die der Kommission nicht angehören müssen. [4]Können die beiden Prüfer sich nicht einigen, ob eine Aufsichtsarbeit den Anforderungen genügt, so entscheidet ein dritter Prüfer, der vom Prüfungsamt bestimmt wird.

(5) Die Prüfer sind in der Ausübung ihres Amtes unabhängig.

§ 19 (weggefallen)

§ 20 Prüfungsfächer

(1) [1]Prüfungsfächer sind das Pflichtfach Zivilrecht, zwei Wahlfächer und das Recht für das berufliche Verhalten der Rechtsanwälte. [2]Die antragstellende Person bestimmt je ein Wahlfach aus den beiden Wahlfachgruppen

1. Öffentliches Recht oder Strafrecht,
2. Handelsrecht, Arbeitsrecht, durch das Pflichtfach nicht abgedeckte weitere Bereiche des Zivilrechts, Öffentliches Recht oder Strafrecht.

Die antragstellende Person darf nicht dasselbe Wahlfach in beiden Wahlfachgruppen bestimmen.

(2) Prüfungsinhalte sind durch Rechtsverordnung näher zu bestimmende Bereiche des Pflichtfaches und der beiden Wahlfächer sowie das dazugehörige Verfahrensrecht einschließlich der Grundlagen im Gerichtsverfassungsrecht und die Grundzüge des Zwangsvollstreckungsrechts und des Insolvenzrechts.

§ 21 Prüfungsleistungen

(1) [1]Die Prüfung besteht aus einem schriftlichen und einem mündlichen Teil. [2]Sie wird in deutscher Sprache abgelegt.

(2) [1]Das Prüfungsamt erlässt der antragstellenden Person auf Antrag einzelne Prüfungsleistungen ganz oder teilweise, wenn sie nachweist, dass sie durch ihre berufliche Ausbildung oder anderweitig, insbesondere durch Berufspraxis oder Weiterbildungsmaßnahmen, in einem Prüfungsgebiet die für die Ausübung des Rechtsanwaltsberufs in Deutschland erforderlichen materiell-rechtlichen und verfahrensrechtlichen Kenntnisse im deutschen Recht erworben hat. [2]Ein Antrag nach Satz 1 soll möglichst zusammen mit dem Antrag nach § 16 Absatz 1 gestellt werden. [3]Das Prüfungsamt kann vor dem Erlass von Prüfungsleistungen eine Stellungnahme der Rechtsanwaltskammer einholen, in deren Bezirk es gelegen ist.

(3) [1]Die schriftliche Prüfung, die auch elektronisch durchgeführt werden kann, umfasst zwei Aufsichtsarbeiten. [2]Eine Aufsichtsarbeit bezieht sich auf das Pflichtfach, die andere auf das von der antragstellenden Person bestimmte Wahlfach.

(4) [1]Die antragstellende Person wird zur mündlichen Prüfung nur zugelassen, wenn mindestens eine Aufsichtsarbeit den Anforderungen genügt; andernfalls gilt die Prüfung als nicht bestanden. [2]Satz 1 gilt nicht, wenn der antragstellenden Person eine Aufsichtsarbeit nach Absatz 2 erlassen wurde.

(5) [1]Die mündliche Prüfung besteht aus einem Kurzvortrag und einem Prüfungsgespräch. [2]Sie hat zum Gegenstand das Recht für das berufliche Verhalten der Rechtsanwälte, das Wahlfach, in dem die antragstellende Person keine Aufsichtsarbeit geschrieben hat, und, falls eine Aufsichtsarbeit den Anforderungen nicht genügt, zusätzlich das Fach dieser Arbeit.

§ 22 Prüfungsentscheidung

Die Prüfungskommission entscheidet auf Grund des Gesamteindrucks der Leistungen in der schriftlichen und mündlichen Prüfung mit Stimmenmehrheit, ob die antragstellende Person über die nach § 17 erforderlichen Kenntnisse verfügt.

§ 23 Einwendungen

(1) Die antragstellende Person kann schriftlich oder elektronisch Einwendungen gegen die Bewertung ihrer Prüfungsleistungen erheben.

(2) [1]Ist die antragstellende Person zur mündlichen Prüfung zugelassen, so muss sie die Einwendungen gegen die Bewertung der schriftlichen Aufsichtsarbeiten spätestens binnen eines Monats nach Bekanntgabe der Prüfungsentscheidung, die Einwendungen gegen die Bewertung der mündlichen Prüfung unverzüglich nach Bekanntgabe der Prüfungsentscheidung beim Prüfungsamt (§ 18) geltend machen. [2]Die Einwendungen gegen die Bewertung der schriftlichen Aufsichtsarbeiten sind spätestens binnen zwei Monaten nach Bekanntgabe der Prüfungsentscheidung, die Einwendungen gegen die Bewertung der mündlichen Prüfung sind spätestens binnen eines Monats nach Bekanntgabe der Prüfungsentscheidung im Einzelnen und nachvollziehbar zu begründen.

(3) Ist die antragstellende Person nicht zur mündlichen Prüfung zugelassen, so muss sie die Einwendungen gegen die Bewertung der schriftlichen Aufsichtsarbeiten spätestens binnen eines Monats nach Bekanntgabe der Prüfungsentscheidung beim Prüfungsamt geltend machen und binnen zwei Monaten nach deren Bekanntgabe im Einzelnen und nachvollziehbar schriftlich begründen.

(4) [1]Entsprechen die Einwendungen nicht den Absätzen 1 bis 3, so werden sie vom Prüfungsamt zurückgewiesen. [2]Im Übrigen werden die Einwendungen den jeweiligen Prüfern zur Überprüfung ihrer Bewertung zugeleitet.

§ 24 Wiederholung der Prüfung

Die Prüfung kann wiederholt werden.

Teil 5
Vorübergehende Dienstleistung

§ 25 Vorübergehende Tätigkeit

(1) [1]Ein europäischer Rechtsanwalt darf die Tätigkeiten eines Rechtsanwalts in Deutschland nach den folgenden Vorschriften vorübergehend und gelegentlich ausüben (dienstleistender europäischer Rechtsanwalt). [2]Ob die Tätigkeiten vorübergehend und gelegentlich erbracht werden, ist insbesondere anhand ihrer Dauer, Häufigkeit, regelmäßigen Wiederkehr und Kontinuität zu beurteilen.

(2) [1]Absatz 1 gilt nicht für europäische Rechtsanwälte, die den Beruf des Rechtsanwalts nicht ausüben dürfen, weil

1. sie aus einem der Gründe nach § 7 Satz 1 Nummer 1, 2 oder 4 bis 6 der Bundesrechtsanwaltsordnung in nicht mehr anfechtbarer Weise zur Rechtsanwaltschaft nicht zugelassen sind oder ihre Zulassung aus einem dieser Gründe nach § 14 Abs. 1 der Bundesrechtsanwaltsordnung in nicht mehr anfechtbarer Weise zurückgenommen worden ist, solange der Grund für die Nichtzulassung oder die Rücknahme der Zulassung besteht,

2. ihre Zulassung nach § 14 Abs. 2 Nr. 1 und 2 der Bundesrechtsanwaltsordnung in nicht mehr anfechtbarer Weise widerrufen worden ist,

3. gegen sie die Maßnahme der Ausschließung aus der Rechtsanwaltschaft nach § 114 Abs. 1 Nr. 5 der Bundesrechtsanwaltsordnung rechtskräftig verhängt worden ist.

[2]Ist einem europäischen Rechtsanwalt nach § 70 des Strafgesetzbuches, § 132a der Strafprozessordnung oder § 150 der Bundesrechtsanwaltsordnung die Ausübung des Rechtsanwaltsberufs verboten, so ist Absatz 1 für die Dauer des Verbots nicht anzuwenden. [3]Ist gegen eine Person nach § 114 Abs. 1 Nr. 4, §§ 150 oder 161a der Bundesrechtsanwaltsordnung ein Vertretungsverbot verhängt worden, so ist Absatz 1 in dem Umfang nicht anzuwenden, in dem das Vertretungsverbot besteht.

§ 26 Berufsbezeichnung, Nachweis der Rechtsanwaltseigenschaft

(1) Für die Führung der Berufsbezeichnung ist § 5 Absatz 1 Satz 1 und 2 und Absatz 2 Satz 2 entsprechend anzuwenden.

(2) [1]Der dienstleistende europäische Rechtsanwalt hat der nach § 32 Abs. 4 zuständigen Rechtsanwaltskammer, dem Gericht oder der Behörde, vor der er auftritt, auf Verlangen nachzuweisen, dass er berechtigt ist, den Beruf im Staat der Niederlassung auszuüben. [2]Wird dieses Verlangen gestellt, darf er die Tätigkeiten nach diesem Teil des Gesetzes erst ausüben, wenn der Nachweis erbracht ist.

§ 27 Rechte und Pflichten

(1) [1]Der dienstleistende europäische Rechtsanwalt hat im Zusammenhang mit der Vertretung oder Verteidigung eines Mandanten im Bereich der Rechtspflege oder vor Behörden die Stellung eines Rechtsanwalts, insbesondere dessen Rechte und Pflichten, soweit diese nicht die Zugehörigkeit zu einer Rechtsanwaltskammer sowie die Kanzlei betreffen. [2]Beschränkungen der Vertretungsbefugnis, die sich aus dem Erfordernis der Zulassung bei dem Bundesgerichtshof ergeben, bleiben unberührt.

(2) [1]Bei der Ausübung sonstiger Tätigkeiten sind die für einen Rechtsanwalt geltenden Regeln einzuhalten; hierbei sind insbesondere die beruflichen Pflichten zu befolgen, die sich aus den §§ 43, 43a, 43b, 43d, 43e und 45 der Bundesrechtsanwaltsordnung ergeben. [2]Diese Regeln gelten nur insoweit, als sie nicht mit der Niederlassung in Deutschland untrennbar verbunden sind, sie wegen ihrer allgemeinen Bedeutung beachtet werden können und das Verlangen, sie einzuhalten, gerechtfertigt ist, um eine ordnungsgemäße Ausübung der Tätigkeiten des Rechtsanwalts sowie die Wahrung des Ansehens und des Vertrauens zu gewährleisten, welche die Stellung des Rechtsanwalts erfordert.

(3) [1]Der dienstleistende europäische Rechtsanwalt ist verpflichtet, eine Berufshaftpflichtversicherung zur Deckung der sich aus seiner Berufstätigkeit in Deutschland ergebenden Haftpflichtgefahren für Vermögensschäden abzuschließen, die nach Art und Umfang den durch seine berufliche Tätigkeit entstehenden Risiken angemessen ist. [2]Ist dem Rechtsanwalt der Abschluss einer solchen Versicherung nicht möglich oder unzumutbar, hat er seinen Mandanten auf diese Tatsache und deren Folgen vor seiner Mandatierung in Textform hinzuweisen. [3]Die Sätze 1 und 2 gelten nicht, soweit die Tätigkeit eines Syndikusrechtsanwalts ausgeübt wird.

§ 27a Besonderes elektronisches Anwaltspostfach

(1) [1]Der dienstleistende europäische Rechtsanwalt kann bei der nach § 32 Absatz 4 zuständigen Rechtsanwaltskammer die Einrichtung eines besonderen elektronischen Anwaltspostfachs beantragen. [2]Liegen die Voraussetzungen für die Einrichtung vor, wird er nur zu diesem Zweck in das Verzeichnis der Rechtsanwaltskammer und das Gesamtverzeichnis der Bundesrechtsanwaltskammer eingetragen. [3]Für die Eintragung in diese Verzeichnisse gilt § 31 Absatz 1 Satz 3, 5 und 6, Absatz 3 Nummer 1, 2 und 5, Absatz 5 Satz 1 und 2 sowie Absatz 6 Satz 1 und 2 der Bundesrechtsanwaltsordnung sinngemäß mit der Maßgabe, dass an die Stelle der Beendigung der Mitgliedschaft in der Rechtsanwaltskammer der Verlust der Zulassung zur Rechtsanwaltschaft im Herkunftsstaat oder der Antrag auf Löschung des besonderen elektronischen Anwaltspostfachs tritt. [4]Zudem gilt für die Eintragung in diese Verzeichnisse die auf Grund von § 31d der Bundesrechtsanwaltsordnung erlassene Rechtsverordnung.

(2) [1]Nach der Eintragung im Gesamtverzeichnis richtet die Bundesrechtsanwaltskammer für den dienstleistenden europäischen Rechtsanwalt ein besonderes elektronisches Anwaltspostfach ein. [2]§ 31a Absatz 1 Satz 2, Absatz 2 bis 4 und 6 der Bundesrechtsanwaltsordnung gilt sinngemäß mit der Maßgabe nach Absatz 1 Satz 3. [3]Zudem gilt die auf Grund von § 31d der Bundesrechtsanwaltsordnung erlassene Rechtsverordnung.

(3) [1]Die Rechtsanwaltskammer kann zur Deckung des Verwaltungsaufwands für die Einrichtung und den Betrieb des besonderen elektronischen Anwaltspostfachs von dem dienstleistenden europäischen Rechtsanwalt Gebühren nach festen Sätzen sowie Auslagen erheben. [2]Sie bestimmt die Gebühren- und Auslagentatbestände sowie die Höhe und die Fälligkeit der Gebühren und Auslagen durch Satzung; § 192 Satz 2 und 3 der Bundesrechtsanwaltsordnung gilt entsprechend. [3]Die Gebühren und Auslagen dürfen die von den Mitgliedern der Rechtsanwaltskammer für die Einrichtung

und den Betrieb des besonderen elektronischen Anwaltspostfachs erhobenen Beträge nicht übersteigen. [4]Die Höhe der Gebühren ist regelmäßig zu überprüfen. [5]Die Satzung ist der Aufsichtsbehörde anzuzeigen. [6]Für die Einziehung rückständiger Gebühren und Auslagen gilt § 84 der Bundesrechtsanwaltsordnung entsprechend. [7]Ab dem in § 84 Absatz 2 der Bundesrechtsanwaltsordnung bezeichneten Zeitpunkt sind § 31 Absatz 6 Satz 1 und 2 und § 31a Absatz 4 der Bundesrechtsanwaltsordnung sinngemäß anwendbar.

§ 28 Vertretung und Verteidigung im Bereich der Rechtspflege

(1) Der dienstleistende europäische Rechtsanwalt darf in gerichtlichen Verfahren sowie in behördlichen Verfahren wegen Straftaten, Ordnungswidrigkeiten, Dienstvergehen oder Berufspflichtverletzungen, in denen der Mandant nicht selbst den Rechtsstreit führen oder sich verteidigen kann, als Vertreter oder Verteidiger eines Mandanten nur im Einvernehmen mit einem Rechtsanwalt (Einvernehmensanwalt) handeln.

(2) [1]Der Einvernehmensanwalt muss zur Vertretung oder Verteidigung bei dem Gericht oder der Behörde befugt sein. [2]Ihm obliegt es, gegenüber dem dienstleistenden europäischen Rechtsanwalt darauf hinzuwirken, dass dieser bei der Vertretung oder Verteidigung die Erfordernisse einer geordneten Rechtspflege beachtet.

(3) Zwischen dem Einvernehmensanwalt und dem Mandanten kommt kein Vertragsverhältnis zustande, wenn die Beteiligten nichts anderes bestimmt haben.

(4) (weggefallen)

§ 29 Nachweis des Einvernehmens, Widerruf

(1) Das Einvernehmen ist bei der ersten Handlung gegenüber dem Gericht oder der Behörde schriftlich nachzuweisen.

(2) [1]Ein Widerruf des Einvernehmens ist schriftlich gegenüber dem Gericht oder der Behörde zu erklären. [2]Er hat Wirkung nur für die Zukunft.

(3) Handlungen, für die der Nachweis des Einvernehmens zum Zeitpunkt ihrer Vornahme nicht vorliegt, sind unwirksam.

§ 30 Besonderheiten bei Verteidigung

(1) [1]Der dienstleistende europäische Rechtsanwalt darf einen Mandanten, dem in einem Strafverfahren die Freiheit auf Grund gerichtlicher oder behördlicher Anordnung entzogen ist, nur in Begleitung eines Einvernehmensanwalts nach § 28 Abs. 1 besuchen und mit dem Mandanten nur über einen solchen schriftlich verkehren. [2]Mit dem Einvernehmensanwalt ist das Einvernehmen über die Ausübung des Besuchs- und Schriftverkehrs herzustellen.

(2) Das Gericht oder die Behörde kann den Besuch ohne Begleitung oder den unmittelbaren schriftlichen Verkehr gestatten, wenn eine Gefährdung der Sicherheit nicht zu besorgen ist.

(3) Die §§ 138a bis 138d, 146, 146a und 148 der Strafprozessordnung sowie die im jeweiligen Fall für den Besuch von und den Schriftwechsel mit Verteidigern geltenden Vorschriften des Strafvollzugsgesetzes oder des Justizvollzugsgesetzes des Landes sind auf den Einvernehmensanwalt entsprechend anzuwenden.

§ 31 Zustellungen in behördlichen und gerichtlichen Verfahren

(1) [1]Der dienstleistende europäische Rechtsanwalt hat einen Zustellungsbevollmächtigten, der im Inland wohnt oder dort einen Geschäftsraum hat, zu benennen, sobald er in Verfahren vor Gerichten oder Behörden tätig wird. [2]Die Benennung erfolgt gegenüber der Behörde oder dem Gericht. [3]Zustellungen, die für den dienstleistenden europäischen Rechtsanwalt bestimmt sind, sind an den Zustellungsbevollmächtigten zu bewirken. [4]An ihn kann, auch von Anwalt zu Anwalt, wie an einen Rechtsanwalt selbst zugestellt werden (§ 173 Absatz 1 und 2, §§ 175, 195 der Zivilprozessordnung).

(2) Ist ein Zustellungsbevollmächtigter nicht benannt, so gilt in den in § 28 Abs. 1 aufgeführten Verfahren der Einvernehmensanwalt als Zustellungsbevollmächtigter; kann nicht an einen Zustellungsbevollmächtigten im Geltungsbereich dieses Gesetzes zugestellt werden, so kann die Zustellung durch Aufgabe zur Post bewirkt werden (§ 184 der Zivilprozessordnung).

(3) Die Absätze 1 und 2 gelten nicht, sofern ein Gericht oder eine Behörde bei einem dienstleistenden europäischen Rechtsanwalt, der einen sicheren Übermittlungsweg für die Zustellung elektronischer Dokumente eröffnet hat, auf die Bestellung eines Zustellungsbevollmächtigten verzichtet.

§ 32 Aufsicht, zuständige Rechtsanwaltskammer

(1) [1]Dienstleistende europäische Rechtsanwälte werden durch die zuständigen Rechtsanwaltskammern beaufsichtigt. [2]Dem Vorstand der Rechtsanwaltskammer obliegt es insbesondere,

1. in Fragen der Berufspflichten eines Rechtsanwalts zu beraten und zu belehren;
2. die Erfüllung der beruflichen Pflichten zu überwachen und das Recht der Rüge zu handhaben;
3. die zuständige Stelle des Staates der Niederlassung über Entscheidungen zu unterrichten, die hinsichtlich eines dienstleistenden europäischen Rechtsanwalts getroffen worden sind;
4. die erforderlichen Auskünfte beruflicher Art über dienstleistende europäische Rechtsanwälte einzuholen;
5. auf Antrag bei Streitigkeiten zwischen dienstleistenden europäischen Rechtsanwälten und inländischen Rechtsanwälten zu vermitteln; dies umfasst die Befugnis, Schlichtungsvorschläge zu unterbreiten;
6. auf Antrag bei Streitigkeiten zwischen dienstleistenden europäischen Rechtsanwälten und ihrer Mandantschaft zu vermitteln; dies umfasst die Befugnis, Schlichtungsvorschläge zu unterbreiten.

(2) Der Vorstand kann die in Absatz 1 Nr. 1, 3 bis 6 bezeichneten Aufgaben einzelnen Mitgliedern des Vorstands übertragen.

(3) Die §§ 56 bis 58, 73 Absatz 3 sowie die §§ 74, 74a, 195, 197a bis 199, 205 und 205a der Bundesrechtsanwaltsordnung gelten entsprechend.

(4) [1]Die Zuständigkeit der Rechtsanwaltskammer für die Aufsicht nach Absatz 1 richtet sich nach dem Staat der Niederlassung des dienstleistenden europäischen Rechtsanwalts. [2]Die Aufsicht wird ausgeübt für dienstleistende europäische Rechtsanwälte aus

1. Belgien und den Niederlanden durch die Rechtsanwaltskammer Düsseldorf in Düsseldorf,
2. Frankreich und Luxemburg durch die Rechtsanwaltskammer für den Oberlandesgerichtsbezirk Koblenz in Koblenz,
3. Irland, Finnland und Schweden durch die Hanseatische Rechtsanwaltskammer in Hamburg,
4. Italien und Österreich durch die Rechtsanwaltskammer für den Oberlandesgerichtsbezirk München in München,
5. Dänemark, Norwegen und Island durch die Schleswig-Holsteinische Rechtsanwaltskammer in Schleswig,
6. Liechtenstein und der Schweiz durch die Rechtsanwaltskammer Freiburg in Freiburg,
7. Griechenland und der Republik Zypern durch die Rechtsanwaltskammer für den Oberlandesgerichtsbezirk Celle in Celle,
8. Spanien und Estland durch die Rechtsanwaltskammer Stuttgart in Stuttgart,
9. Portugal durch die Rechtsanwaltskammer für den Oberlandesgerichtsbezirk Oldenburg in Oldenburg,
10. der Tschechischen Republik und der Slowakei durch die Rechtsanwaltskammer Sachsen in Dresden,

11. Polen durch die Rechtsanwaltskammer des Landes Brandenburg in Brandenburg an der Havel,
12. Lettland und Litauen durch die Rechtsanwaltskammer Mecklenburg-Vorpommern in Schwerin,
13. Ungarn durch die Rechtsanwaltskammer Nürnberg in Nürnberg,
14. Malta durch die Rechtsanwaltskammer des Landes Sachsen-Anhalt in Magdeburg,
15. Slowenien durch die Rechtsanwaltskammer Thüringen in Erfurt,
16. Bulgarien durch die Rechtsanwaltskammer Berlin in Berlin,
17. Rumänien durch die Rechtsanwaltskammer Frankfurt am Main in Frankfurt am Main,
18. Kroatien durch die Rechtsanwaltskammer Tübingen in Tübingen.

§ 33 Anwaltsgerichtsbarkeit, Zustellungen

(1) [1]Der dienstleistende europäische Rechtsanwalt untersteht hinsichtlich der Erfüllung seiner Berufspflichten der Anwaltsgerichtsbarkeit. [2]Die örtliche Zuständigkeit des Anwaltsgerichts bestimmt sich nach dem Sitz der Rechtsanwaltskammer, welche die Aufsicht nach § 32 ausübt.

(2) § 10 gilt entsprechend.

§ 34 Anwaltsgerichtliche Ahndung von Pflichtverletzungen, vorläufige anwaltsgerichtliche Maßnahmen

Für die anwaltsgerichtliche Ahndung von Pflichtverletzungen und die Verhängung vorläufiger anwaltsgerichtlicher Maßnahmen gelten für den dienstleistenden europäischen Rechtsanwalt die Vorschriften des Sechsten und des Siebenten Teils, des Dritten Abschnitts des Zehnten Teils und des Elften Teils der Bundesrechtsanwaltsordnung mit folgenden Maßgaben:

1. das Verbot nach § 114 Abs. 1 Nr. 4 sowie die vorläufigen Maßnahmen nach § 150 Abs. 1 und § 161a dürfen nur für das Bundesgebiet ausgesprochen werden;
2. an die Stelle der Ausschließung aus der Rechtsanwaltschaft (§ 114 Absatz 1 Nummer 5) tritt das Verbot, in Deutschland Dienstleistungen zu erbringen;
3. die Mitteilung nach § 160 Abs. 1 Satz 1, § 161a Abs. 2 ist an alle Rechtsanwaltskammern zu richten;
4. § 161 ist nicht anzuwenden;
5. an die Stelle der Rechtsanwaltskammer nach § 198 tritt die nach § 32 dieses Gesetzes zuständige Rechtsanwaltskammer.

§ 34a Mitteilungspflichten

[1]Gerichte und Behörden übermitteln personenbezogene Daten, die zur Einleitung eines Rügeverfahrens oder eines anwaltsgerichtlichen Verfahrens aus der Sicht der übermittelnden Stelle erforderlich sind, den für die Einleitung dieser Verfahren zuständigen Stellen, soweit hierdurch schutzwürdige Interessen des Betroffenen nicht beeinträchtigt werden oder das öffentliche Interesse das Geheimhaltungsinteresse des Betroffenen überwiegt. [2]§ 36 Absatz 3 der Bundesrechtsanwaltsordnung gilt entsprechend.

Teil 6
Rechtsweg in verwaltungsrechtlichen Anwaltssachen und allgemeine Vorschriften für das Verwaltungsverfahren

§ 35 Rechtsweg in verwaltungsrechtlichen Anwaltssachen

Für öffentlich-rechtliche Streitigkeiten nach den Teilen 2, 3, 5 und 6 dieses Gesetzes oder nach einer in Bezug auf diese Teile erlassenen Rechtsverordnung, soweit sie nicht anwaltsgerichtlicher Art sind oder einem anderen Gericht ausdrücklich zugewiesen sind, gelten die Bestimmungen der Bundesrechtsanwaltsordnung für verwaltungsrechtliche Anwaltssachen entsprechend.

§ 36 Bescheinigungen des Heimat- oder Herkunftsstaates

Sofern für eine Entscheidung über die Aufnahme in die Rechtsanwaltskammer nach Teil 2 oder über die Zulassung zur Rechtsanwaltschaft nach den Teilen 3 oder 4 dieses Gesetzes

1. Bescheinigungen darüber, dass keine schwerwiegenden beruflichen Verfehlungen, Straftaten oder sonstigen Umstände bekannt sind, die die Eignung der Person für den Beruf des Rechtsanwalts in Frage stellen,
2. Bescheinigungen darüber, dass über das Vermögen der Person kein Insolvenzverfahren anhängig ist und die Person nicht für insolvent erklärt wurde,
3. Bescheinigungen über die körperliche oder geistige Gesundheit der Person oder
4. Bescheinigungen über das Bestehen und den Umfang einer Haftpflichtversicherung

erforderlich sind, genügen Bescheinigungen des Heimat- oder Herkunftsstaates, die den Anforderungen des Artikels 50 Absatz 1 in Verbindung mit Anhang VII Nummer 1 Buchstabe d bis f der Richtlinie 2005/36/EG entsprechen.

§ 37 Europäische Verwaltungszusammenarbeit; Bescheinigungen

(1) Für die Verwaltungszusammenarbeit mit Behörden anderer Mitgliedstaaten der Europäischen Union, anderer Vertragsstaaten des Europäischen Wirtschaftsraums und der Schweiz gelten die §§ 8a bis 8d des Verwaltungsverfahrensgesetzes mit der Maßgabe entsprechend, dass ausgehende Ersuchen auch in anderen Sprachen verfasst werden dürfen und eingehende Ersuchen auch erledigt werden dürfen, wenn sich ihr Inhalt nicht in deutscher Sprache aus den Akten ergibt.

(2) Benötigt ein Rechtsanwalt, um auf der Grundlage eines Rechtsakts der Europäischen Union in einem anderen Staat tätig sein zu können, eine Bescheinigung der Rechtsanwaltskammer, so stellt ihm die Rechtsanwaltskammer diese innerhalb eines Monats aus.

§ 38 Mitteilungspflichten gegenüber anderen Staaten

(1) [1]Ist ein Rechtsanwalt auch in einem anderen Mitgliedstaat der Europäischen Union, einem anderen Vertragsstaat des Europäischen Wirtschaftsraums oder der Schweiz tätig, so teilt die Rechtsanwaltskammer der zuständigen Stelle des anderen Staates über das Binnenmarkt-Informationssystem der Europäischen Union Folgendes mit:

1. berufsrechtliche Sanktionen,
2. strafrechtliche oder in Ordnungswidrigkeitenverfahren verhängte Sanktionen, die sich auf die Ausübung der anwaltlichen Tätigkeit auswirken können, und
3. sonstige schwerwiegende Sachverhalte, die sich auf die Ausübung der anwaltlichen Tätigkeit auswirken können.

[2]Satz 1 gilt auch für niedergelassene europäische Rechtsanwälte, sofern die Mitteilung nicht schon nach § 9 erfolgt ist. [3]Ist der Rechtsanwaltskammer nach § 112h der Bundesrechtsanwaltsordnung eine Entscheidung übermittelt worden, hat sie den anderen Mitgliedstaaten der Europäischen Union, den anderen Vertragsstaaten des Europäischen Wirtschaftsraums und der Schweiz binnen

drei Tagen nach Rechtskraft der Entscheidung über das Binnenmarkt-Informationssystem der Europäischen Union die Angaben zur Identität des Rechtsanwalts und die Tatsache, dass er einen gefälschten Berufsqualifikationsnachweis verwendet hat, mitzuteilen.

(2) [1]Unverzüglich nach einer Mitteilung nach Absatz 1 hat eine Mitteilung nach § 8d Absatz 2 des Verwaltungsverfahrensgesetzes zu erfolgen. [2]In ihr ist auf die zulässigen Rechtsbehelfe gegen die Entscheidung, die Mitteilung nach Absatz 1 zu veranlassen, hinzuweisen. [3]Wird ein Rechtsbehelf gegen die Entscheidung eingelegt, ergänzt die Rechtsanwaltskammer die Mitteilung nach Absatz 1 um einen entsprechenden Hinweis.

(3) [1]Die Vorschriften des § 9 sind entsprechend anzuwenden auf Rechtsanwälte, die in Deutschland zugelassen und in einem der anderen in Absatz 1 Satz 1 genannten Staaten unter ihrer ursprünglichen Berufsbezeichnung niedergelassen sind. [2]Absatz 1 Satz 1 gilt in diesem Fall nur insoweit, als die Mitteilung nicht schon nach Satz 1 erfolgt.

(4) Absatz 1 Satz 1 gilt für dienstleistende europäische Rechtsanwälte entsprechend.

(5) Hat die zuständige Stelle eines der anderen in Absatz 1 Satz 1 genannten Staaten der Rechtsanwaltskammer zu einem Rechtsanwalt Sanktionen oder Sachverhalte im Sinne des Absatzes 1 Satz 1 mitgeteilt, so unterrichtet die Rechtsanwaltskammer diese Stelle über die auf Grund der Mitteilung getroffenen Maßnahmen.

§ 38a Statistik

[1]Über Verfahren nach Teil 4 dieses Gesetzes wird eine Bundesstatistik durchgeführt. [2]§ 17 des Berufsqualifikationsfeststellungsgesetzes mit Ausnahme von Absatz 2 Nummer 4 ist anzuwenden.

§ 39 Gebühren und Auslagen

Auf die Erhebung und Beitreibung von Gebühren und Auslagen für Amtshandlungen nach diesem Gesetz sind die Vorschriften der Bundesrechtsanwaltsordnung entsprechend anzuwenden.

Teil 7
Ermächtigungen, Übertragung von Befugnissen

§ 40 Ermächtigungen

(1) Das Bundesministerium der Justiz und für Verbraucherschutz wird ermächtigt, durch Rechtsverordnung, die nicht der Zustimmung des Bundesrates bedarf, die Anlage zu § 1 anzupassen, wenn sich der Kreis oder die Bezeichnungen der aufgeführten Berufe oder der Kreis der Mitgliedstaaten der Europäischen Union oder der Vertragsstaaten des Abkommens über den Europäischen Wirtschaftsraum ändern.

(2) Das Bundesministerium der Justiz und für Verbraucherschutz wird ermächtigt, durch Rechtsverordnung mit Zustimmung des Bundesrates die Einzelheiten der Eignungsprüfung zu regeln, insbesondere

1. die Bereiche des Pflichtfaches und der Wahlfächer,
2. die prüfenden Personen,
3. den Ablauf des Prüfungsverfahrens,
4. die Prüfungsleistungen,
5. die Folgen eines ordnungswidrigen Verhaltens,
6. den Erlass von Prüfungsleistungen,
7. die Wiederholung der Prüfung und die Zahl der Wiederholungsmöglichkeiten,
8. die Erhebung einer Gebühr.

§ 41 Übertragung von Befugnissen

(1) [1]Die Landesregierungen werden ermächtigt, die Aufgaben und Befugnisse, die den Landesjustizverwaltungen nach diesem Gesetz zustehen, durch Rechtsverordnung auf nachgeordnete Behörden zu übertragen. [2]Die Landesregierungen können diese Ermächtigung durch Rechtsverordnung auf die Landesjustizverwaltungen übertragen.

(2) [1]Die Landesregierungen werden ermächtigt, durch Rechtsverordnung die Durchführung des Antragsverfahrens und der Eignungsprüfung nach Teil 4 dieses Gesetzes ganz oder teilweise auf die Rechtsanwaltskammern zu übertragen. [2]Die Landesregierungen können diese Ermächtigung durch Rechtsverordnung auf die Landesjustizverwaltungen übertragen. [3]In diesem Fall gilt § 73 Abs. 1 Satz 2 und Abs. 3 der Bundesrechtsanwaltsordnung entsprechend.

Teil 8
Übergangs- und Schlussbestimmungen

§ 42 Anwendung von Vorschriften des Strafgesetzbuches

(1) Für die Anwendung der Vorschriften des Strafgesetzbuches über die Straflosigkeit der Nichtanzeige geplanter Straftaten (§ 139 Abs. 3 Satz 2), Verletzung von Privatgeheimnissen (§ 203 Absatz 1 Nummer 3, Absatz 3 bis 6, §§ 204, 205), Gebührenüberhebung (§ 352) und Parteiverrat (§ 356) stehen europäische Rechtsanwälte den Rechtsanwälten und Anwälten gleich.

(2) Zum Schutz der in der Anlage zu § 1 genannten Berufsbezeichnungen ist die Vorschrift des § 132a Abs. 1 Nr. 2, Abs. 2 des Strafgesetzbuches über den Schutz der Berufsbezeichnung Rechtsanwalt entsprechend anzuwenden.

§ 43 Übergangsvorschrift zum Austritt des Vereinigten Königreichs aus der Europäischen Union

Teil 4 gilt auch für Staatsangehörige eines Mitgliedstaates der Europäischen Union, eines anderen Vertragsstaates des Europäischen Wirtschaftsraums oder der Schweiz, die vor dem 1. Januar 2021 im Vereinigten Königreich eine Ausbildung abgeschlossen haben, die dort zum unmittelbaren Zugang zu den Berufen „Advocate“, „Barrister“ oder „Solicitor“ berechtigt.

Anlage zu § 1 Rechtsanwaltsberufe in Mitgliedstaaten der Europäischen Union, anderen Vertragsstaaten des Abkommens über den Europäischen Wirtschaftsraum und der Schweiz

Fundstelle: BGBl. I 2003, 2075;
bzgl. der einzelnen Änderungen vgl. Fußnote[2]

– in Belgien:	Avocat/Advocaat/Rechtsanwalt
– in Bulgarien:	АДВОКАТ (Advokat)
– in Dänemark:	Advokat
– in Estland:	Vandeadvokaat
– in Finnland:	Asianajaja/Advokat
– in Frankreich:	Avocat
– in Griechenland:	Δικηγόρος (Dikigoros)
– in Irland:	Barrister/Solicitor
– in Island:	Lögmaur
– in Italien:	Avvocato
– in Kroatien:	Odvjetnik/Odvjetnica
– in Lettland:	Zverinats advokats
– in Liechtenstein:	Rechtsanwalt
– in Litauen:	Advokatas
– in Luxemburg:	Avocat
– in Malta:	Avukat/Prokuratur Legali
– in den Niederlanden:	Advocaat
– in Norwegen:	Advokat
– in Österreich:	Rechtsanwalt
– in Polen:	Adwokat/Radca prawny
– in Portugal:	Advogado
– in Rumänien:	Avocat
– in Schweden:	Advokat
– in der Schweiz:	Advokat, Rechtsanwalt, Anwalt, Fürsprecher, Fürsprech/Avocat/Avvocato
– in der Slowakei:	Advokat/Komercny pravnik
– in Slowenien:	Odvetnik/Odvetnica
– in Spanien:	Abogado/Advocat/Avogado/Abokatu
– in der Tschechischen Republik:	Advokat
– in Ungarn:	Ügyved
– in Zypern:	Δικηγόρος (Dikigoros)

2 Hinweis der Herausgeber: eine Fußnote ist nicht Teil des Gesetzestextes; die Anlage hat seit 2003 diverse Änderungen erfahren.

Verordnung zur Durchführung des § 206 der Bundesrechtsanwaltsordnung

Vom 18. Juli 2002, BGBl. I S. 2886

Zuletzt geändert durch Artikel 1 der Verordnung vom 7. August 2023, BGBl. 2023 I Nr. 210

Eingangsformel

Auf Grund des § 206 Abs. 1 Satz 2 der Bundesrechtsanwaltsordnung in der im Bundesgesetzblatt Teil III, Gliederungsnummer 303-8, veröffentlichten bereinigten Fassung, der zuletzt durch Artikel 2 des Gesetzes vom 9. März 2000 (BGBl. I S. 182) geändert worden ist, verordnet das Bundesministerium der Justiz:

§ 1

(1) Die in Anlage 1 aufgeführten Berufe der dort bezeichneten Staaten und Gebiete erfüllen die Voraussetzungen des § 206 Absatz 2 Satz 1 der Bundesrechtsanwaltsordnung.

(2) Die in Anlage 2 aufgeführten Berufe der dort bezeichneten Staaten und Gebiete erfüllen die Voraussetzungen des § 206 Absatz 2 Satz 2 der Bundesrechtsanwaltsordnung.

§ 2

[1]Diese Verordnung tritt am Tag nach der Verkündung in Kraft. [2]Gleichzeitig tritt die Verordnung zur Durchführung des § 206 Abs. 2 der Bundesrechtsanwaltsordnung vom 29. Januar 1995 (BGBl. I S. 142), zuletzt geändert durch die Verordnung vom 23. Juni 1999 (BGBl. I S. 1494), außer Kraft.

Anlage 1 (zu § 1 Absatz 1) Anwaltsberufe in Staaten und Gebieten, die Mitglieder der Welthandelsorganisation sind

– in Ägypten:	Muhami
– in Albanien:	Avokat
– in Argentinien:	Abogado
– in Australien:	Barrister, Solicitor, Legal Practitioner
– in Bolivien:	Abogado
– in Brasilien:	Advogado
– in Chile:	Abogado
– in China:	Lü shi
– in Chinesisch Taipei:	Lü shi
– in Ecuador:	Abogado
– in El Salvador:	Abogado
– in Georgien:	Adwokati
– in Ghana:	Lawyer, Legal Practitioner, Solicitor, Barrister
– in Hong Kong, China:	Barrister, Solicitor
– in Indien:	Advocate
– in Indonesien:	Advokat
– in Israel:	Orech-Din

– in Japan:	Bengoshi
– in Kamerun:	Avocat, Advocate
– in Kanada:	Barrister, Solicitor
– in Kasachstan:	Адвокат, Advokat, Qorğauşy
– in Kenia	Advocate
– in Kolumbien:	Abogado
– in der Demokratischen Republik Kongo:	Avocat
– in der Republik Korea:	Byeonhosa, Lawyer
– in Malaysia:	Peguambela & Peguamcara, Advocate and Solicitor
– in Marokko:	Mohamin
– in Mexiko:	Abogado
– in Moldau:	Avocat
– in Namibia:	Legal Practitioner, Advocate, Attorney
– in Neuseeland:	Barrister, Solicitor
– in Nigeria:	Legal Practitioner
– in Nordmazedonien	Advokat
– in Pakistan:	Wakeel, Advocate
– in Panama:	Abogado
– in Peru:	Abogado
– in den Philippinen:	Attorney
– in der Russischen Föderation:	Advokat
– in Singapur:	Advocate and Solicitor
– in Sri Lanka:	Attorney at law
– in Südafrika:	Attorney, Prokureur, Advocate, Advokaat
– in Thailand:	Tanaaykwaam
– in der Türkei:	Avukat
– in Tunesien:	Avocat
– in der Ukraine:	Advokat
– in Uruguay:	Abogado
– in Venezuela:	Abogado
– im Vereinigten Königreich:	Advocate, Barrister, Solicitor
– in den Vereinigten Staaten von Amerika:	Attorney at law

Anlage 2 (zu § 1 Abs. 2) Anwaltsberufe in anderen Staaten

– in Kosovo	Avokat, Advokat
– in Serbien:	Advokat

C. Elektronischer Rechtsverkehr

Verordnung über die Rechtsanwaltsverzeichnisse und die besonderen elektronischen Anwaltspostfächer (RAVPV)

Vom 23. September 2016

Zuletzt geändert durch Artikel 9 des Gesetzes vom 15. Juli 2022, BGBl. I S. 1146

Inhaltsübersicht

C. Elektronischer Rechtsverkehr

Eingangsformel

Auf Grund des § 31c der Bundesrechtsanwaltsordnung in Verbindung mit

- den §§ 31 bis 31b der Bundesrechtsanwaltsordnung, die durch Artikel 1 Nummer 1 des Gesetzes vom 21. Dezember 2015 (BGBl. I S. 2517) geändert worden sind,
- § 207 Absatz 2 Satz 1 der Bundesrechtsanwaltsordnung, der zuletzt durch Artikel 1 Nummer 63 Buchstabe b des Gesetzes vom 30. Juli 2009 (BGBl. I S. 2449) geändert worden ist,
- § 209 Absatz 1 Satz 3 der Bundesrechtsanwaltsordnung, der zuletzt durch Artikel 1 Nummer 66 Buchstabe a des Gesetzes vom 30. Juli 2009 (BGBl. I S. 2449) geändert worden ist, sowie
- § 6 Absatz 1 des Gesetzes über die Tätigkeit europäischer Rechtsanwälte in Deutschland, der durch Artikel 2 Nummer 3 des Gesetzes vom 21. Dezember 2015 (BGBl. I S. 2517) geändert worden ist,

verordnet das Bundesministerium der Justiz und für Verbraucherschutz:

Teil 1
Elektronische Verzeichnisse der Rechtsanwaltskammern

§ 1 Gegenstand des Verzeichnisses

(1) [1]Jede Rechtsanwaltskammer führt ein elektronisches Verzeichnis der in ihrem Bezirk zugelassenen Rechtsanwälte einschließlich der Syndikusrechtsanwälte. [2]In ihr Verzeichnis sind zudem die folgenden Personen einzutragen:

1. von ihr aufgenommene niedergelassene europäische Rechtsanwälte einschließlich der niedergelassenen europäischen Syndikusrechtsanwälte nach § 2 Absatz 1 des Gesetzes über die Tätigkeit europäischer Rechtsanwälte in Deutschland;
2. von ihr aufgenommene Rechtsanwälte aus anderen Staaten einschließlich der Syndikusrechtsanwälte aus anderen Staaten nach § 206 Absatz 1 der Bundesrechtsanwaltsordnung;
3. von ihr aufgenommene Inhaber einer Erlaubnis zur geschäftsmäßigen Rechtsbesorgung nach § 209 Absatz 1 Satz 1 der Bundesrechtsanwaltsordnung;
4. dienstleistende europäische Rechtsanwälte einschließlich dienstleistender europäischer Syndikusrechtsanwälte, sofern für diese ein besonderes elektronisches Anwaltspostfach einzurichten und dies nach § 27a Absatz 1 Satz 1 in Verbindung mit § 32 Absatz 4 des Gesetzes über die Tätigkeit europäischer Rechtsanwälte in Deutschland bei ihr zu beantragen ist.

(2) In das Verzeichnis nach Absatz 1 sind von den Rechtsanwaltskammern zudem die Berufsausübungsgesellschaften einzutragen, die in ihrem Bezirk

1. nach § 59f der Bundesrechtsanwaltsordnung zugelassen sind oder
2. als niedergelassene ausländische Berufsausübungsgesellschaften nach § 207a der Bundesrechtsanwaltsordnung zugelassen sind.

§ 2 Inhalt des Verzeichnisses

(1) [1]Als Zusatz zum Familiennamen werden, soweit von der eingetragenen Person geführt und mitgeteilt, akademische Grade und Ehrengrade sowie die Bezeichnung „Professor" eingetragen. [2]Nicht-juristische Grade und Bezeichnungen müssen als solche erkennbar sein. [3]Die Rechtsanwaltskammer kann die Eintragung davon abhängig machen, dass die Berechtigung zum Führen des akademischen Grades, des Ehrengrades oder der Bezeichnung „Professor" nachgewiesen wird.

(2) Führt die eingetragene Person einen Berufsnamen und teilt sie diesen mit, wird auch dieser eingetragen.

(3) Verfügt eine eingetragene Person über mehrere Vornamen, so sind diese nur insoweit einzutragen, als sie im Rahmen der Berufsausübung üblicherweise verwendet werden.

(4) 1Als Name der Kanzlei, Zweigstelle oder Berufsausübungsgesellschaft ist die Bezeichnung einzutragen, unter der die eingetragene Person oder Berufsausübungsgesellschaft am jeweiligen Standort beruflich auftritt. 2Führt eine Berufsausübungsgesellschaft eine Kurzbezeichnung, so ist diese als Name einzutragen. 3Bei Syndikusrechtsanwälten ist als Name der Arbeitgeber einzutragen. 4Wird eine weitere Kanzlei eingetragen, muss sich deren Name von dem Namen anderer für die Person eingetragener Kanzleien unterscheiden.

(5) 1An Telekommunikationsdaten werden, soweit von der eingetragenen Person oder Berufsausübungsgesellschaft mitgeteilt, jeweils eine Telefon- und eine Telefaxnummer sowie eine E-Mail-Adresse je Kanzlei und Zweigstelle eingetragen. 2Zudem wird, soweit von der eingetragenen Person oder Berufsausübungsgesellschaft mitgeteilt, eine Internetadresse je Kanzlei und Zweigstelle eingetragen.

(6) 1Als Zeitpunkt der Zulassung ist der Zeitpunkt der erstmaligen Zulassung zur Rechtsanwaltschaft oder als Berufsausübungsgesellschaft in der Bundesrepublik Deutschland einzutragen, sofern die eingetragene Person oder Berufsausübungsgesellschaft seitdem ununterbrochen Mitglied einer Rechtsanwaltskammer gewesen ist. 2Anderenfalls ist der Zeitpunkt der letzten Aufnahme in die Rechtsanwaltskammer einzutragen. 3Weist die eingetragene Person im Fall des Satzes 2 der Rechtsanwaltskammer den Zeitpunkt ihrer ersten Zulassung zur Rechtsanwaltschaft in der Bundesrepublik Deutschland nach, so ist auch dieser einzutragen. 4Bei nach § 1 Absatz 1 Satz 2 Nummer 1 und 2 in das Verzeichnis eingetragenen Personen tritt an die Stelle der Zulassung die Aufnahme in die Rechtsanwaltskammer.

(7) 1Vollziehbare Berufs-, Berufsausübungs- und Vertretungsverbote sind unter Angabe des Zeitpunkts des Beginns sowie der Dauer des Verbots einzutragen. 2Betrifft das Verbot nur einen Teilbereich der beruflichen Tätigkeit, ist auch der Umfang des Verbots einzutragen. 3Bei der Eintragung eines Berufsausübungsverbots ist zu vermerken, dass dieses für die Dauer einer Tätigkeit im öffentlichen Dienst oder einer Übernahme eines öffentlichen Amtes besteht. 4Wurde nach § 14 Absatz 4 Satz 1 der Bundesrechtsanwaltsordnung die sofortige Vollziehung der Rücknahme oder des Widerrufs der Zulassung angeordnet, so ist auch diese Maßnahme unter Angabe des Zeitpunkts des Beginns einzutragen; Absatz 6 Satz 4 gilt entsprechend.

(8) Die Eintragung einer Vertretung muss den Zeitraum erkennen lassen, für den diese bestellt ist.

(9) Im Fall der Befreiung von der Kanzleipflicht sind auch der Zeitpunkt des Beginns der Befreiung und bestehende Auflagen einzutragen.

§ 3 Eintragungen in das Verzeichnis

1Die Eintragung der nach § 1 Absatz 1 Satz 1 und 2 Nummer 1 bis 3 sowie Absatz 2 Nummer 1 und 2 in das Verzeichnis einzutragenden Personen und Berufsausübungsgesellschaften erfolgt unverzüglich nach ihrer Aufnahme in die Rechtsanwaltskammer. 2Im Fall des § 1 Absatz 1 Satz 2 Nummer 4 erfolgt die Eintragung unverzüglich nach der Feststellung der Voraussetzungen für die Einrichtung des besonderen elektronischen Anwaltspostfachs. 3Im Übrigen nimmt die Rechtsanwaltskammer Eintragungen unverzüglich vor, nachdem sie von den einzutragenden Umständen Kenntnis erlangt hat und ihr erforderliche Nachweise vorgelegt wurden.

§ 4 Berichtigungen des Verzeichnisses

(1) 1Stellt die Rechtsanwaltskammer fest, dass Eintragungen in ihrem Verzeichnis unrichtig oder unvollständig sind, hat sie diese unverzüglich zu berichtigen. 2Insbesondere sind nicht mehr bestehende Berufs-, Berufsausübungs- oder Vertretungsverbote unverzüglich aus dem Verzeichnis zu löschen. 3Bestehen Zweifel an der Richtigkeit oder Vollständigkeit des Verzeichnisses, hat die Rechtsanwaltskammer Auskünfte einzuholen und gegebenenfalls die Vorlage von Nachweisen durch die eingetragene Person oder Berufsausübungsgesellschaft zu verlangen.

(2) Stellt eine andere Rechtsanwaltskammer oder die Bundesrechtsanwaltskammer Umstände fest, die die Unrichtigkeit oder Unvollständigkeit eines von einer Rechtsanwaltskammer geführten Verzeichnisses nahelegen, unterrichtet sie die für die Führung des Verzeichnisses zuständige Rechtsanwaltskammer hiervon.

§ 5 Sperrung und Löschung von Eintragungen

(1) [1]Scheidet eine in das Verzeichnis eingetragene Person oder zugelassene Berufsausübungsgesellschaft aus der das Verzeichnis führenden Rechtsanwaltskammer aus, sperrt die Rechtsanwaltskammer unverzüglich sämtliche zu der Person oder Berufsausübungsgesellschaft eingetragenen Angaben. [2]Die Rechtsfolge des Satzes 1 gilt sinngemäß für die gesonderte Eintragung eines Syndikusrechtsanwalts nach § 46c Absatz 5 Satz 2 der Bundesrechtsanwaltsordnung, soweit dessen Zulassung widerrufen wird. [3]Für dienstleistende europäische Rechtsanwälte gilt Satz 1 mit der Maßgabe nach § 27a Absatz 1 Satz 3 des Gesetzes über die Tätigkeit europäischer Rechtsanwälte in Deutschland sinngemäß.

(2) Gesperrte Eintragungen dürfen nicht durch Einsichtnahme in das Register ersichtlich sein.

(3) [1]Gesperrte Eintragungen werden spätestens zwei Jahre nach der Sperrung gelöscht, soweit nicht die eingetragene Person oder Berufsausübungsgesellschaft einer längeren Speicherung ausdrücklich zustimmt. [2]Auf Antrag der eingetragenen Person oder Berufsausübungsgesellschaft sind gesperrte Eintragungen unverzüglich zu löschen. [3]§ 31 Absatz 6 Satz 5 der Bundesrechtsanwaltsordnung bleibt unberührt.

(4) Eine zu Unrecht erfolgte Sperrung ist unverzüglich rückgängig zu machen.

(5) Ist für die Abwicklung einer Kanzlei oder Berufsausübungsgesellschaft ein Abwickler bestellt, so ist im Verzeichnis zu vermerken, dass die eingetragene Person oder Berufsausübungsgesellschaft nicht mehr Mitglied der Rechtsanwaltskammer ist und dass ein Abwickler bestellt wurde.

§ 6 Einsichtnahme in das Verzeichnis

(1) [1]Die Einsichtnahme in das Verzeichnis der Rechtsanwaltskammer ist ausschließlich über das Internet möglich. [2]Eine Einsichtnahme muss jederzeit kostenfrei und ohne vorherige Registrierung möglich sein.

(2) Eine anstelle der Kanzleianschrift in das Verzeichnis eingetragene zustellfähige Anschrift ist nicht einsehbar.

(3) Eintragungen nach § 1 Absatz 1 Satz 2 Nummer 4 sind nicht einsehbar.

(4) Die Ausgestaltung der Möglichkeit zur Einsichtnahme soll die Anforderungen der Barrierefreiheit im Sinne der Barrierefreie-Informationstechnik-Verordnung berücksichtigen.

§ 7 Suchfunktion

(1) [1]Die Rechtsanwaltskammern haben die Einsichtnahme in ihr Verzeichnis über eine Suchfunktion zu gewährleisten. [2]Die Suchfunktion hat die alternative und die kumulative Suche anhand folgender Angaben zu ermöglichen:

1. Familienname; ist als Zusatz hierzu ein Berufsname eingetragen, muss auch dieser bei der Suche gefunden werden können;
2. Vorname;
3. Anschrift von Kanzlei oder Zweigstelle;
4. Kanzleiname, Name oder Firma der Berufsausübungsgesellschaft oder Name der Zweigstelle;
5. Berufsbezeichnung;
6. Fachanwaltsbezeichnung;
7. Interesse an der Übernahme von Pflichtverteidigungen.

(2) Die Nutzung der Suchfunktion kann von der Eingabe eines auf der Internetseite angegebenen Sicherheitscodes abhängig gemacht werden.

§ 8 Datensicherheit und Einsehbarkeit

(1) [1]Die das Verzeichnis führende Rechtsanwaltskammer hat zu gewährleisten, dass Eintragungen, Berichtigungen, Sperrungen, Entsperrungen und Löschungen allein durch sie selbst vorgenommen werden können. [2]Zudem muss nachträglich überprüft und festgestellt werden können, wer diese Maßnahmen innerhalb der Rechtsanwaltskammer zu welchem Zeitpunkt vorgenommen hat.

(2) Jede Rechtsanwaltskammer hat durch geeignete organisatorische und dem aktuellen Stand entsprechende technische Maßnahmen sicherzustellen, dass die in das Verzeichnis aufgenommenen Angaben jederzeit einsehbar sind.

(3) [1]Jede Rechtsanwaltskammer hat durch geeignete organisatorische und dem aktuellen Stand entsprechende technische Maßnahmen Vorkehrungen zu treffen, dass sie von auftretenden Fehlfunktionen des von ihr zu führenden Verzeichnisses unverzüglich Kenntnis erlangt. [2]Schwerwiegende Fehlfunktionen hat sie unverzüglich, andere Fehlfunktionen hat sie zeitnah zu beheben.

Teil 2
Gesamtverzeichnis der Bundesrechtsanwaltskammer

§ 9 Führung des Gesamtverzeichnisses

[1]Die Bundesrechtsanwaltskammer führt ein elektronisches Gesamtverzeichnis aller in den Verzeichnissen der Rechtsanwaltskammern eingetragenen Personen und Berufsausübungsgesellschaften. [2]Es trägt die Bezeichnung „Bundesweites Amtliches Anwaltsverzeichnis".

§ 10 Inhalt des Gesamtverzeichnisses

Das Gesamtverzeichnis enthält zu den einzutragenden Personen und Berufsausübungsgesellschaften

1. die in den Verzeichnissen der Rechtsanwaltskammern enthaltenen Angaben,
2. die Angabe der Kammer, der sie angehören oder die sonst für sie zuständig ist,
3. die von der Bundesrechtsanwaltskammer zusätzlich eingetragenen Angaben und
4. die Sprachkenntnisse und die Tätigkeitsschwerpunkte, die die eingetragenen Personen selbst eingetragen haben.

§ 11 Eintragungen in das Gesamtverzeichnis

(1) Sofern die Rechtsanwaltskammern die in ihren Verzeichnissen enthaltenen Angaben im automatisierten Verfahren in das Gesamtverzeichnis eingeben, sind die zu übertragenden Daten zumindest mit einer fortgeschrittenen elektronischen Signatur zu versehen.

(2) [1]Die Bundesrechtsanwaltskammer trägt zu den eingetragenen Personen und Berufsausübungsgesellschaften die Bezeichnung ihres besonderen elektronischen Anwaltspostfachs in das Gesamtverzeichnis ein. [2]Wurde für eine Vertretung, einen Abwickler oder einen Zustellungsbevollmächtigten ein besonderes elektronisches Anwaltspostfach eingerichtet, ist auch dessen Bezeichnung bei der eingetragenen Person oder Berufsausübungsgesellschaft einzutragen.

(3) [1]Die Bundesrechtsanwaltskammer ermöglicht den in § 16 Satz 2 genannten Personen durch geeignete technische Vorkehrungen für die Zwecke der Suche nach diesen Angaben über das Europäische Rechtsanwaltsverzeichnis die Eintragung von Sprachkenntnissen und Tätigkeitsschwer-

punkten in das Gesamtverzeichnis. [2]Dabei sind nur folgende Tätigkeitsschwerpunkte eintragungsfähig:

1. Insolvenzrecht;
2. Wirtschaftsrecht;
3. Verbraucherrecht;
4. Strafrecht;
5. Arbeitsrecht;
6. Umweltrecht;
7. Recht der Europäischen Union (EU);
8. Familienrecht;
9. Menschen- und Bürgerrechte;
10. Immigrations- und Asylrecht;
11. Gewerblicher Rechtsschutz und Urheberrecht;
12. Recht der Informationstechnologie (IT);
13. Prozessvertretung, Mediation und Schiedsverfahren;
14. Schadensersatzrecht;
15. Eigentumsrecht;
16. Öffentliches Recht;
17. Sozialrecht;
18. Erbrecht;
19. Steuerrecht;
20. Verkehrs- und Transportrecht.

§ 12 Berichtigung des Gesamtverzeichnisses

(1) [1]Sofern die Rechtsanwaltskammern in ihren Verzeichnissen enthaltene Angaben in das Gesamtverzeichnis eingegeben haben, erfolgen Berichtigungen, Sperrungen, Entsperrungen und Löschungen dieser Angaben durch die Rechtsanwaltskammern im automatisierten Verfahren. [2]Zu diesem Zweck zu übertragende Daten sind zumindest mit einer fortgeschrittenen elektronischen Signatur zu versehen.

(2) [1]Erlangt die Bundesrechtsanwaltskammer Kenntnis von einer von ihr zu verantwortenden Unrichtigkeit der Bezeichnung eines besonderen elektronischen Anwaltspostfachs, berichtigt sie diese unverzüglich und unterrichtet den Postfachinhaber hierüber. [2]Stellt eine Rechtsanwaltskammer Umstände fest, die eine Unrichtigkeit im Sinne des Satzes 1 nahelegen, so unterrichtet sie die Bundesrechtsanwaltskammer hiervon.

(3) Die Bundesrechtsanwaltskammer ermöglicht den eingetragenen Personen die Berichtigung und Löschung der jeweiligen von ihnen im Gesamtverzeichnis eingetragenen Sprachkenntnisse und Tätigkeitsschwerpunkte.

§ 13 Einsichtnahme in das Gesamtverzeichnis

(1) § 6 gilt entsprechend.

(2) In das Gesamtverzeichnis eingetragene Sprachkenntnisse und Tätigkeitsschwerpunkte sind ausschließlich über das Europäische Rechtsanwaltsverzeichnis einsehbar.

§ 14 Suchfunktion

[1]Die Einsichtnahme in das Gesamtverzeichnis erfolgt über eine Suchfunktion. [2]§ 7 gilt mit der Maßgabe entsprechend, dass auch eine Suche nach der Kammerzugehörigkeit zu ermöglichen ist.

§ 15 Datensicherheit und Einsehbarkeit

(1) [1]Die Bundesrechtsanwaltskammer gewährleistet, dass die von den Rechtsanwaltskammern vorzunehmenden Eingaben in das Gesamtverzeichnis allein durch die jeweils zuständige Rechtsanwaltskammer erfolgen. [2]Von der Bundesrechtsanwaltskammer vorzunehmende Eintragungen dürfen nur durch diese erfolgen. [3]Die Bundesrechtsanwaltskammer gewährleistet zudem, dass Sprachkenntnisse und Tätigkeitsschwerpunkte nur von der eingetragenen Person eingetragen, berichtigt und gelöscht werden können.

(2) [1]Die Rechtsanwaltskammern gewährleisten, dass hinsichtlich der von ihnen vorgenommenen Eingaben in das Gesamtverzeichnis nachträglich überprüft und festgestellt werden kann, wer diese vorgenommen hat. [2]Gleiches gilt für die Bundesrechtsanwaltskammer hinsichtlich der von ihr in das Gesamtverzeichnis eingetragenen Angaben.

(3) [1]Die Bundesrechtsanwaltskammer stellt durch geeignete organisatorische und dem aktuellen Stand entsprechende technische Maßnahmen sicher, dass die in das Gesamtverzeichnis aufgenommenen Angaben ständig einsehbar sind. [2]Sie hat durch solche Maßnahmen zudem Vorkehrungen zu treffen, dass sie von auftretenden Fehlfunktionen des von ihr zu führenden Verzeichnisses unverzüglich Kenntnis erlangt. [3]Schwerwiegende Fehlfunktionen hat sie unverzüglich, andere Fehlfunktionen hat sie zeitnah zu beheben.

Teil 3
Europäisches Rechtsanwaltsverzeichnis

§ 16 Abruf von Angaben über das Europäische Rechtsanwaltsverzeichnis

[1]Die Bundesrechtsanwaltskammer stellt die in § 17 genannten Angaben des Gesamtverzeichnisses für die Einsichtnahme über das auf den Internetseiten der Europäischen Kommission unter der Bezeichnung „Find a lawyer" betriebene elektronische Suchsystem, das im Deutschen die Bezeichnung „Europäisches Rechtsanwaltsverzeichnis" trägt, abrufbereit zur Verfügung. [2]Der Abruf ist bezüglich des in § 1 Absatz 1 Satz 1 und 2 Nummer 1 bis 3 genannten Personenkreises mit Ausnahme der Syndikusrechtsanwälte, der niedergelassenen europäischen Syndikusrechtsanwälte und der Syndikusrechtsanwälte aus anderen Staaten zu ermöglichen.

§ 17 Abrufbare Angaben

(1) Die Bundesrechtsanwaltskammer ermöglicht über das Europäische Rechtsanwaltsverzeichnis den Abruf der folgenden im Gesamtverzeichnis eingetragenen Angaben:

1. Familienname und Vorname oder Vornamen des Rechtsanwalts;
2. Berufsbezeichnung;
3. Name der Kanzlei und deren Anschrift;
4. Telefon- und Telefaxnummer sowie E-Mail-Adresse der Kanzlei;
5. Internetadresse der Kanzlei;
6. Kammerzugehörigkeit.

(2) § 2 Absatz 1 bis 4 Satz 1 und 2 sowie Absatz 5 ist entsprechend anwendbar.

(3) Die Bundesrechtsanwaltskammer stellt zudem die Informationen abrufbereit zur Verfügung, die für eine Suche nach Fachanwaltsbezeichnungen, Sprachkenntnissen und Tätigkeitsschwerpunkten erforderlich sind.

(4) Der Abruf von weiteren, in den Absätzen 1 bis 3 nicht genannten Eintragungen im Gesamtverzeichnis darf über das Europäische Rechtsanwaltsverzeichnis nicht ermöglicht werden.

§ 18 Abrufbarkeit

(1) Die Bundesrechtsanwaltskammer stellt durch geeignete organisatorische und dem aktuellen Stand entsprechende technische Maßnahmen sicher, dass in ihrem Verantwortungsbereich alle Voraussetzungen dafür erfüllt sind, dass die in § 17 genannten Angaben des Gesamtverzeichnisses jederzeit über das Europäische Rechtsanwaltsverzeichnis abrufbar sind.

(2) [1]Die Bundesrechtsanwaltskammer hat durch geeignete organisatorische und dem aktuellen Stand entsprechende technische Maßnahmen zu gewährleisten, dass sie von in ihrem Verantwortungsbereich auftretenden Fehlfunktionen beim Abruf über das Europäische Rechtsanwaltsverzeichnis unverzüglich Kenntnis erlangt. [2]Entsprechende schwerwiegende Fehlfunktionen hat sie unverzüglich, entsprechende andere Fehlfunktionen hat sie zeitnah zu beheben. [3]Über sonstige ihr bekannt werdende Fehlfunktionen des Europäischen Rechtsanwaltsverzeichnisses hat sie den für dessen Führung Verantwortlichen unverzüglich zu unterrichten.

Teil 4
Besonderes elektronisches Anwaltspostfach

§ 19 Besonderes elektronisches Anwaltspostfach

(1) [1]Das besondere elektronische Anwaltspostfach nach den §§ 31a und 31b der Bundesrechtsanwaltsordnung dient der elektronischen Kommunikation der in das Gesamtverzeichnis eingetragenen Mitglieder der Rechtsanwaltskammern, der Rechtsanwaltskammern und der Bundesrechtsanwaltskammer mit den Gerichten auf einem sicheren Übermittlungsweg. [2]Ebenso dient es der elektronischen Kommunikation der Mitglieder der Rechtsanwaltskammern, der Rechtsanwaltskammern und der Bundesrechtsanwaltskammer untereinander.

(2) Das besondere elektronische Anwaltspostfach kann auch der elektronischen Kommunikation mit anderen Personen oder Stellen dienen.

(3) [1]Die Bundesrechtsanwaltskammer hat den Mitgliedern der Rechtsanwaltskammern, den Rechtsanwaltskammern und sich selbst zum Zweck des Versendens von Nachrichten über das besondere elektronische Anwaltspostfach die elektronische Suche nach allen Personen und Stellen zu ermöglichen, die über das Postfach erreichbar sind. [2]Die Bundesrechtsanwaltskammer hat zudem die Daten, die eine Suche im Sinne des Satzes 1 ermöglichen, auch den Gerichten zugänglich zu machen. [3]Sie kann sie auch anderen Personen und Stellen zugänglich machen, mit denen sie nach Absatz 2 eine Kommunikation ermöglicht.

(4) Den Mitgliedern der Rechtsanwaltskammern nach den Absätzen 1 bis 3 stehen gleich:

1. Vertretungen, Abwickler und Zustellungsbevollmächtigte, die nicht bereits von Absatz 1 Satz 1 erfasst sind, und
2. nach § 1 Absatz 1 Satz 2 Nummer 4 eingetragene Personen.

§ 20 Führung der besonderen elektronischen Postfächer

(1) [1]Die Bundesrechtsanwaltskammer hat die besonderen elektronischen Anwaltspostfächer auf der Grundlage des Protokollstandards „Online Services Computer Interface – OSCI" oder einem künftig nach dem Stand der Technik an dessen Stelle tretenden Standard zu betreiben. [2]Die Bundesrechtsanwaltskammer hat fortlaufend zu gewährleisten, dass die in § 19 Absatz 1 genannten Personen und Stellen miteinander sicher elektronisch kommunizieren können.

(2) Der Zugang zum besonderen elektronischen Anwaltspostfach soll barrierefrei im Sinne der Barrierefreie-Informationstechnik-Verordnung sein.

(3) Die Bundesrechtsanwaltskammer hat zu gewährleisten, dass

1. bei der Übermittlung eines Dokuments mit einer nicht-qualifizierten elektronischen Signatur auf einem sicheren Übermittlungsweg durch einen Rechtsanwalt für den Empfänger feststellbar ist, dass die Nachricht von dem Rechtsanwalt selbst versandt wurde,
2. bei der Übermittlung eines Dokuments mit einer nicht-qualifizierten elektronischen Signatur auf einem sicheren Übermittlungsweg durch eine zugelassene Berufsausübungsgesellschaft für den Empfänger feststellbar ist, dass die Nachricht durch einen Rechtsanwalt versandt wurde, der zur Vertretung der Berufsausübungsgesellschaft berechtigt ist.

§ 21 Einrichtung eines Postfachs

(1) [1]Die Rechtsanwaltskammern unterrichten die Bundesrechtsanwaltskammer über die bevorstehende Eintragung einer Person oder einer Berufsausübungsgesellschaft in das Gesamtverzeichnis. [2]Die Bundesrechtsanwaltskammer richtet unverzüglich nach der Eintragung einer Person oder einer Berufsausübungsgesellschaft in das Gesamtverzeichnis für diese ein besonderes elektronisches Anwaltspostfach empfangsbereit ein.

(2) Absatz 1 gilt nicht, wenn die eingetragene Person oder Berufsausübungsgesellschaft von einer Rechtsanwaltskammer in eine andere wechselt.

(3) Für weitere besondere elektronische Anwaltspostfächer gelten die §§ 19, 20 und 22 bis 30 entsprechend.

(4) [1]Beantragt ein dienstleistender europäischer Rechtsanwalt die Einrichtung eines besonderen elektronischen Anwaltspostfachs, so hat er eine höchstens einen Monat alte Bescheinigung darüber vorzulegen, dass er zur Ausübung des Berufs des Rechtsanwalts in seinem Niederlassungsstaat berechtigt ist. [2]Verliert ein dienstleistender europäischer Rechtsanwalt, für den ein besonderes elektronisches Anwaltspostfach eingerichtet wurde, seine Zulassung, ist er verpflichtet, der für ihn zuständigen Rechtsanwaltskammer diesen Verlust unverzüglich mitzuteilen. [3]Hierüber ist er von der Rechtsanwaltskammer zu belehren. [4]Die Rechtsanwaltskammer hat zudem die für die Zulassung des Rechtsanwalts in seinem Niederlassungsstaat zuständige Stelle darum zu bitten, ihr einen Verlust der Zulassung unverzüglich mitzuteilen.

§ 22 Erstanmeldung am Postfach

(1) [1]Die Erstanmeldung des Postfachinhabers an seinem besonderen elektronischen Anwaltspostfach erfolgt unter Verwendung eines für ihn zu diesem Zweck erzeugten und auf einer Hardwarekomponente gespeicherten Zertifikats, das die eindeutige Bezeichnung des Postfachs enthält, sowie unter Verwendung der zugehörigen Zertifikats-PIN. [2]Eine Hardwarekomponente im Sinne des Satzes 1 und des § 23 muss vergleichbaren Anforderungen genügen, wie sie nach dem Anhang II der Verordnung (EU) Nr. 910/2014 des Europäischen Parlaments und des Rates vom 23. Juli 2014 über elektronische Identifizierung und Vertrauensdienste für elektronische Transaktionen im Binnenmarkt und zur Aufhebung der Richtlinie 1999/93/EG (ABl. L 257 vom 28.8.2014, S. 73) für qualifizierte elektronische Signaturerstellungseinheiten gelten.

(2) [1]Der Postfachinhaber erlangt das zur Erstanmeldung erforderliche Zertifikat und die zugehörige Zertifikats-PIN durch Bestellung des Zertifikats bei der Bundesrechtsanwaltskammer oder einer von ihr bestimmten Stelle. [2]Der Postfachinhaber kann auch mehrere zur Erstanmeldung geeignete Zertifikate bestellen.

(3) Die Ausgabe des zur Erstanmeldung erforderlichen Zertifikats und die Zuteilung der zugehörigen Zertifikats-PIN haben in einem Verfahren zu erfolgen, das gewährleistet, dass

1. der Postfachinhaber das Zertifikat und die Zertifikats-PIN unverzüglich, jedoch getrennt voneinander erlangt,
2. das besondere elektronische Anwaltspostfach dem Zertifikat zweifelsfrei zugeordnet ist,
3. keine unbefugte Inbesitznahme des Zertifikats durch Dritte erfolgt und
4. keine unbefugte Kenntnisnahme Dritter von der Zertifikats-PIN erfolgt.

(4) [1]Die Bundesrechtsanwaltskammer hat sich in geeigneter Weise davon zu überzeugen, dass das zur Erstanmeldung erforderliche Zertifikat dem Postfachinhaber zugegangen ist. [2]Hierzu kann sie sich einer anderen öffentlichen Stelle bedienen.

(5) Die Bundesrechtsanwaltskammer hat das zur Erstanmeldung erteilte Zertifikat unverzüglich zu sperren, wenn Anhaltspunkte dafür bestehen, dass die Voraussetzungen nach Absatz 3 Nummer 2 bis 4 nicht erfüllt sind.

§ 23 Weitere Zugangsberechtigungen zum Postfach

(1) [1]Der Postfachinhaber kann mit einem auf einer Hardwarekomponente gespeicherten Zertifikat weitere ihm zugeordnete Zertifikate berechtigen, ihm Zugang zu seinem besonderen elektronischen Anwaltspostfach zu gewähren. [2]Diese Zertifikate müssen nicht auf einer Hardwarekomponente gespeichert sein. [3]Zu ihnen muss jedoch ebenfalls eine Zertifikats-PIN gehören. [4]Zudem müssen sie von einem von der Bundesrechtsanwaltskammer anerkannten Zertifizierungsdiensteanbieter authentifiziert sein.

(2) [1]Der Postfachinhaber kann auch anderen Personen Zugang zu seinem besonderen elektronischen Anwaltspostfach gewähren. [2]Verfügen die anderen Personen nicht über ein eigenes besonderes elektronisches Anwaltspostfach, hat der Postfachinhaber für sie ein Zugangskonto anzulegen. [3]Der Zugang der anderen Personen über ihr Zugangskonto erfolgt unter Verwendung eines ihnen zugeordneten Zertifikats und einer zugehörigen Zertifikats-PIN. [4]Der Postfachinhaber kann hierzu mit einem auf einer Hardwarekomponente gespeicherten Zertifikat weitere Zertifikate berechtigen, anderen Personen Zugang zu seinem Postfach zu gewähren. [5]Für diese Zertifikate gilt Absatz 1 Satz 2 bis 4 entsprechend.

(3) [1]Der Postfachinhaber kann, wenn er mit einem auf einer Hardwarekomponente gespeicherten Zertifikat angemeldet ist, anderen Personen unterschiedlich weit reichende Zugangsberechtigungen zu seinem besonderen elektronischen Anwaltspostfach erteilen. [2]Er kann anderen Personen, deren Zertifikat auf einer Hardwarekomponente gespeichert ist, auch die Befugnis einräumen, weitere Zugangsberechtigungen zu erteilen. [3]Für die Erteilung weiterer Zugangsberechtigungen durch entsprechend ermächtigte andere Personen gelten die Absätze 1 und 2 entsprechend. [4]Der Postfachinhaber kann anderen Personen zudem die Befugnis einräumen, Nachrichten zu versenden. [5]Das Recht, nicht-qualifiziert elektronisch signierte Dokumente auf einem sicheren Übermittlungsweg zu versenden, kann er jedoch nicht auf andere Personen übertragen. [6]Satz 5 gilt nicht für die Befugnis von Vertretungen und Zustellungsbevollmächtigten, elektronische Empfangsbekenntnisse abzugeben. [7]Handelt es sich bei dem Postfachinhaber um eine Berufsausübungsgesellschaft, so darf diese das Recht, nicht-qualifiziert elektronisch signierte Dokumente für die Berufsausübungsgesellschaft auf einem sicheren Übermittlungsweg zu versenden, nur solchen vertretungsberechtigten Rechtsanwälten einräumen, die ihren Beruf in der Berufsausübungsgesellschaft ausüben.

(4) Der Postfachinhaber und die von ihm entsprechend ermächtigten anderen Personen können erteilte Zugangsberechtigungen jederzeit ändern und widerrufen.

§ 24 Zugang zum Postfach

(1) [1]Die Anmeldung des Inhabers an seinem besonderen elektronischen Anwaltspostfach erfolgt mit einem ihm zugeordneten Zertifikat und der zugehörigen Zertifikats-PIN. [2]Hat der Inhaber die Nutzung des Postfachs beendet, hat er sich abzumelden. [3]Die Bundesrechtsanwaltskammer hat für den Fall, dass der aktivierte Zugang für eine bestimmte Zeitdauer nicht genutzt wird, eine automatische Abmeldung des Postfachinhabers durch das System vorzusehen. [4]Bei der Bemessung der Zeitdauer sind die Belange des Datenschutzes gegen den Aufwand für die erneute Anmeldung abzuwägen.

(2) Die Anmeldung anderer Personen an einem besonderen elektronischen Anwaltspostfach erfolgt mit einem ihnen zugeordneten Zertifikat und der zugehörigen Zertifikats-PIN; Absatz 1 Satz 2 bis 4 gilt entsprechend.

§ 25 Vertretungen, Abwickler und Zustellungsbevollmächtigte

(1) [1]Verfügt eine Person, die für eine im Gesamtverzeichnis eingetragene Person oder Berufsausübungsgesellschaft von der Rechtsanwaltskammer als Vertretung oder Abwickler bestellt wird, nicht über ein besonderes elektronisches Anwaltspostfach, unterrichtet die für die eingetragene Person zuständige Rechtsanwaltskammer die Bundesrechtsanwaltskammer über deren Bestellung oder Benennung. [2]Sie übermittelt hierzu die Angaben zur Identität der eingetragenen Person oder Berufsausübungsgesellschaft sowie den Familiennamen, die Vornamen und eine zustellfähige Anschrift der Person, für die das Postfach einzurichten ist. [3]Die Bundesrechtsanwaltskammer richtet daraufhin für die bestellte oder benannte Person für die Dauer ihrer Tätigkeit ein besonderes elektronisches Anwaltspostfach ein.

(2) Die Rechtsanwaltskammern teilen der Bundesrechtsanwaltskammer mit, wenn aufgrund veränderter Umstände die Voraussetzungen für die Einrichtung eines besonderen elektronischen Anwaltspostfachs im Sinne des Absatzes 1 entfallen sind.

(3) [1]Bestellt die Rechtsanwaltskammer eine Vertretung oder einen Abwickler, so räumt die Bundesrechtsanwaltskammer dieser Person oder der Berufsausübungsgesellschaft für die Dauer ihrer Bestellung einen auf die Übersicht der eingegangenen Nachrichten beschränkten Zugang zum besonderen elektronischen Anwaltspostfach der Person ein, für die sie bestellt wurde. [2]Dabei müssen für die Vertretung oder den Abwickler der Absender und der Eingangszeitpunkt der Nachricht einsehbar sein; der Betreff, der Text und die Anhänge der Nachricht dürfen nicht einsehbar sein. [3]Die zur Einräumung des Zugangs erforderliche Übermittlung von Daten durch die Rechtsanwaltskammer an die Bundesrechtsanwaltskammer erfolgt im automatisierten Verfahren. [4]Zu diesem Zweck zu übertragende Daten sind zumindest mit einer fortgeschrittenen elektronischen Signatur zu versehen.

(4) [1]Hat es ein Rechtsanwalt in den Fällen des § 30, des § 46c Absatz 6 oder des § 54 Absatz 2 der Bundesrechtsanwaltsordnung unterlassen, einem von ihm benannten Zustellungsbevollmächtigten oder einer von ihm bestellten Vertretung einen Zugang zu seinem besonderen elektronischen Anwaltspostfach einzuräumen, so kann die Bundesrechtsanwaltskammer dieser Person für die Dauer ihrer Benennung oder Bestellung einen auf die Übersicht der eingegangenen Nachrichten beschränkten Zugang zum besonderen elektronischen Anwaltspostfach des Rechtsanwalts einräumen, für den sie benannt oder bestellt wurde. [2]Absatz 3 Satz 2 bis 4 gilt entsprechend. [3]Der Antrag auf Einräumung eines Zugangs nach Satz 1 ist bei der Rechtsanwaltskammer zu stellen.

(5) Hat es eine Berufsausübungsgesellschaft in den Fällen des § 59m Absatz 4 in Verbindung mit § 30 der Bundesrechtsanwaltsordnung oder des § 59e Absatz 1 in Verbindung mit § 54 Absatz 2 der Bundesrechtsanwaltsordnung unterlassen, einem von ihr benannten Zustellungsbevollmächtigten oder einer von ihr bestellten Vertretung einen Zugang zu ihrem besonderen elektronischen Anwaltspostfach einzuräumen, so gilt Absatz 4 entsprechend.

§ 26 Datensicherheit

(1) Die Inhaber eines für sie erzeugten Zertifikats dürfen dieses keiner weiteren Person überlassen und haben die dem Zertifikat zugehörige Zertifikats-PIN geheim zu halten.

(2) Der Postfachinhaber hat unverzüglich alle erforderlichen Maßnahmen zu ergreifen, um einen unbefugten Zugriff auf sein Postfach zu verhindern, sofern Anhaltspunkte dafür bestehen, dass

1. ein Zertifikat in den Besitz einer unbefugten Person gelangt ist,
2. die einem Zertifikat zugehörige Zertifikats-PIN einer unbefugten Person bekannt geworden ist,
3. ein Zertifikat unbefugt kopiert wurde oder
4. sonst von einer Person mittels eines Zertifikats auf das besondere elektronische Anwaltspostfach unbefugt zugegriffen werden könnte.

C. Elektronischer Rechtsverkehr

§ 27 Automatisches Löschen von Nachrichten

[1]Nachrichten dürfen frühestens 90 Tage nach ihrem Eingang automatisch in den Papierkorb des besonderen elektronischen Anwaltspostfachs verschoben werden. [2]Im Papierkorb befindliche Nachrichten dürfen frühestens nach 30 Tagen automatisch gelöscht werden.

§ 28 Aufhebung der Zugangsberechtigung und Sperrung

(1) [1]Die Bundesrechtsanwaltskammer sperrt ein besonderes elektronisches Anwaltspostfach, wenn die Eintragungen zum Postfachinhaber im Gesamtverzeichnis gesperrt wurden. [2]Ein für die Zweigstelle einer Berufsausübungsgesellschaft eingerichtetes weiteres besonderes elektronisches Anwaltspostfach wird zudem gesperrt, wenn die Berufsausübungsgesellschaft dieses nicht mehr wünscht. [3]Der Zugang zu einem gesperrten besonderen elektronischen Anwaltspostfach ist nicht möglich. [4]Dies gilt für den Postfachinhaber und alle anderen Personen, denen eine Zugangsberechtigung zu dem Postfach erteilt wurde. [5]Die Sätze 1 bis 4 gelten nicht, wenn der Postfachinhaber von einer Rechtsanwaltskammer in eine andere wechselt.

(2) [1]Das besondere elektronische Anwaltspostfach wird zudem gesperrt, wenn für dessen Inhaber ein Abwickler bestellt ist. [2]Der Zugang des Abwicklers nach § 25 Absatz 3 Satz 1 und 2 bleibt hiervon unberührt.

(3) Gesperrte besondere elektronische Anwaltspostfächer sind nicht adressierbar.

(4) Wird eine Sperrung der Eintragung des Postfachinhabers im Gesamtverzeichnis aufgehoben, ist auch die Sperrung des besonderen elektronischen Anwaltspostfachs unverzüglich rückgängig zu machen.

§ 29 Löschung des Postfachs

[1]Gesperrte besondere elektronische Anwaltspostfächer werden einschließlich der darin gespeicherten Nachrichten sechs Monate nach der Sperrung gelöscht. [2]Wird ein Abwickler bestellt, erfolgt die Löschung nicht vor Beendigung der Abwicklung.

Teil 5
Schlussvorschriften

§ 30 Die Rechtsanwaltschaft bei dem Bundesgerichtshof

Von den Aufgaben, die nach dieser Verordnung der Rechtsanwaltskammer zugewiesen sind, nimmt das Bundesministerium der Justiz und für Verbraucherschutz die Aufgaben wahr, die mit der Zulassung zur Rechtsanwaltschaft bei dem Bundesgerichtshof, dem Erlöschen dieser Zulassung und der Bestellung einer Vertretung oder eines Abwicklers für einen Rechtsanwalt bei dem Bundesgerichtshof verbunden sind.

§ 31 (weggefallen)

§ 32 Inkrafttreten

(1) Diese Verordnung tritt vorbehaltlich des Absatzes 2 am Tag nach der Verkündung in Kraft.

(2) § 2 Absatz 6 Satz 3, Absatz 7 bis 9, § 7 Absatz 1 Satz 2 Nummer 5 und 6, § 20 Absatz 3 sowie § 23 Absatz 3 Satz 5 treten am 1. Januar 2018 in Kraft.

Schlussformel

Der Bundesrat hat zugestimmt.

Verordnung über die technischen Rahmenbedingungen des elektronischen Rechtsverkehrs und über das besondere elektronische Behördenpostfach (ERVV)

Vom 24. November 2017, BGBl. I S. 3803

Zuletzt geändert durch Artikel 43 des Gesetzes vom 12. Juli 2024, BGBl. I Nr. 234

Inhaltsübersicht

Eingangsformel

Auf Grund[1]

- des § 130a Absatz 2 Satz 2 und Absatz 4 Nummer 3 der Zivilprozessordnung, der durch Artikel 1 Nummer 2 des Gesetzes vom 10. Oktober 2013 (BGBl. I S. 3786) neu gefasst worden ist,
- des § 46c Absatz 2 Satz 2 und Absatz 4 Nummer 3 des Arbeitsgerichtsgesetzes, der durch Artikel 3 Nummer 2 des Gesetzes vom 10. Oktober 2013 (BGBl. I S. 3786) neu gefasst worden ist,
- des § 65a Absatz 2 Satz 2 und Absatz 4 Nummer 3 des Sozialgerichtsgesetzes, der durch Artikel 4 Nummer 1 Buchstabe a des Gesetzes vom 10. Oktober 2013 (BGBl. I S. 3786) neu gefasst worden ist,

---

1 Notifiziert gemäß der Richtlinie (EU) 2015/1535 des Europäischen Parlaments und des Rates vom 9. September 2015 über ein Informationsverfahren auf dem Gebiet der technischen Vorschriften und der Vorschriften für die Dienste der Informationsgesellschaft (ABl. L 241 vom 17.9.2015, S. 1).

- des § 55a Absatz 2 Satz 2 und Absatz 4 Nummer 3 der Verwaltungsgerichtsordnung, der durch Artikel 5 Nummer 1 Buchstabe a des Gesetzes vom 10. Oktober 2013 (BGBl. I S. 3786) neu gefasst worden ist, und
- des § 52a Absatz 2 Satz 2 und Absatz 4 Nummer 3 der Finanzgerichtsordnung, der durch Artikel 6 Nummer 1 Buchstabe a des Gesetzes vom 10. Oktober 2013 (BGBl. I S. 3786) neu gefasst worden ist,

jeweils in Verbindung mit Artikel 25 des Gesetzes zur Förderung des elektronischen Rechtsverkehrs mit den Gerichten vom 10. Oktober 2013 (BGBl. I S. 3786), und auf Grund

- des § 14 Absatz 4 des Gesetzes über das Verfahren in Familiensachen und in den Angelegenheiten der freiwilligen Gerichtsbarkeit, der durch Artikel 13 Nummer 3 Buchstabe c des Gesetzes vom 5. Juli 2017 (BGBl. I S. 2208) geändert worden ist,
- des § 81 Absatz 4 der Grundbuchordnung, der durch Artikel 1 Nummer 13 des Gesetzes vom 11. August 2009 (BGBl. I S. 2713) neu gefasst worden ist, und
- des § 89 Absatz 4 der Schiffsregisterordnung, der durch Artikel 4 Absatz 5 Nummer 4 des Gesetzes vom 11. August 2009 (BGBl. I S. 2713) neu gefasst worden ist,

verordnet die Bundesregierung:

Kapitel 1
Allgemeine Vorschrift

§ 1 Anwendungsbereich

(1) [1]Diese Verordnung gilt für die Übermittlung elektronischer Dokumente an die Gerichte der Länder und des Bundes sowie die Bearbeitung elektronischer Dokumente durch diese Gerichte nach § 130a der Zivilprozessordnung, § 46c des Arbeitsgerichtsgesetzes, § 65a des Sozialgerichtsgesetzes, § 55a der Verwaltungsgerichtsordnung und § 52a der Finanzgerichtsordnung. [2]Sie gilt ferner nach Maßgabe des Kapitels 5 für die Übermittlung elektronischer Dokumente an Strafverfolgungsbehörden und Strafgerichte der Länder und des Bundes nach § 32a der Strafprozessordnung sowie die Bearbeitung elektronischer Dokumente.

(2) Besondere bundesrechtliche Vorschriften über die Übermittlung elektronischer Dokumente und strukturierter maschinenlesbarer Datensätze bleiben unberührt.

Kapitel 2
Technische Rahmenbedingungen des elektronischen Rechtsverkehrs

§ 2 Anforderungen an elektronische Dokumente

(1) [1]Das elektronische Dokument ist im Dateiformat PDF zu übermitteln. [2]Wenn bildliche Darstellungen im Dateiformat PDF nicht verlustfrei wiedergegeben werden können, darf das elektronische Dokument zusätzlich im Dateiformat TIFF übermittelt werden. [3]Die Dateiformate PDF und TIFF sollen den nach § 5 Absatz 1 Nummer 1 bekanntgemachten Versionen entsprechen.

(2) Das elektronische Dokument soll den nach § 5 Absatz 1 Nummer 1 und 6 bekanntgemachten technischen Standards entsprechen.

(3) Dem elektronischen Dokument soll ein strukturierter maschinenlesbarer Datensatz im Dateiformat XML beigefügt werden, der den nach § 5 Absatz 1 Nummer 2 bekanntgemachten Definitions- oder Schemadateien entspricht und mindestens enthält:

1. die Bezeichnung des Gerichts;
2. sofern bekannt, das Aktenzeichen des Verfahrens;
3. die Bezeichnung der Parteien oder Verfahrensbeteiligten;

4. die Angabe des Verfahrensgegenstandes;
5. sofern bekannt, das Aktenzeichen eines denselben Verfahrensgegenstand betreffenden Verfahrens und die Bezeichnung der die Akten führenden Stelle.

§ 3 Überschreitung der Höchstgrenzen

Wird glaubhaft gemacht, dass die nach § 5 Absatz 1 Nummer 3 bekanntgemachten Höchstgrenzen für die Anzahl oder das Volumen elektronischer Dokumente nicht eingehalten werden können, kann die Übermittlung als Schriftsatz nach den allgemeinen Vorschriften erfolgen, möglichst unter Beifügung des Schriftsatzes und der Anlagen als elektronische Dokumente auf einem nach § 5 Absatz 1 Nummer 4 bekanntgemachten zulässigen physischen Datenträger.

§ 4 Übermittlung elektronischer Dokumente mit qualifizierter elektronischer Signatur

(1) Ein elektronisches Dokument, das mit einer qualifizierten elektronischen Signatur der verantwortenden Person versehen ist, darf wie folgt übermittelt werden:

1. auf einem sicheren Übermittlungsweg oder
2. an das für den Empfang elektronischer Dokumente eingerichtete Elektronische Gerichts- und Verwaltungspostfach des Gerichts über eine Anwendung, die auf OSCI oder einem diesen ersetzenden, dem jeweiligen Stand der Technik entsprechenden Protokollstandard beruht.

(2) Mehrere elektronische Dokumente dürfen nicht mit einer gemeinsamen qualifizierten elektronischen Signatur übermittelt werden.

§ 5 Bekanntmachung technischer Standards[2]

(1) Die Bundesregierung macht folgende technische Standards für an die Übermittlung und Eignung zur Bearbeitung elektronischer Dokumente im Bundesanzeiger und auf der Internetseite www.justiz.de bekannt:

1. die Versionen der Dateiformate PDF und TIFF;
2. die Definitions- oder Schemadateien, die bei der Übermittlung eines strukturierten maschinenlesbaren Datensatzes im Format XML genutzt werden sollen;
3. die Höchstgrenzen für die Anzahl und das Volumen elektronischer Dokumente;
4. die zulässigen physischen Datenträger;
5. die Einzelheiten der Anbringung der qualifizierten elektronischen Signatur am elektronischen Dokument und
6. die technischen Eigenschaften der elektronischen Dokumente.

(2) [1]Die technischen Standards müssen den aktuellen Stand der Technik und die Barrierefreiheit im Sinne der Barrierefreie-Informationstechnik-Verordnung vom 12. September 2011 (BGBl. I S. 1843), die zuletzt durch Artikel 4 der Verordnung vom 25. November 2016 (BGBl. I S. 2659) geändert worden ist, in der jeweils geltenden Fassung, berücksichtigen und mit einer Mindestgültigkeitsdauer bekanntgemacht werden. [2]Die technischen Standards können mit einem Ablaufdatum nach der Mindestgültigkeitsdauer versehen werden, ab dem sie voraussichtlich durch neue bekanntgegebene Standards abgelöst sein müssen.

---

2 Anmerkung der Herausgeber: Siehe hierzu auch die Zweite Bekanntmachung zu § 5 der Elektronischer-Rechtsverkehr-Verordnung (2. Elektronischer-Rechtsverkehr-Bekanntmachung 2022 – 2. ERVB 2022 – Bek.d. BMJuVS v. 10.02.2022 (BAnz AT 18.02.2022 B2)), abgedruckt in dieser Sammlung direkt im Anschluss an diese Verordnung. Siehe hierzu auch OLG Koblenz Hinweisbeschluss v. 9.11.2020 – 3 U 844/20.

Kapitel 3
Besonderes elektronisches Behördenpostfach

§ 6 Besonderes elektronisches Behördenpostfach; Anforderungen

(1) Die Behörden sowie juristischen Personen des öffentlichen Rechts können zur Übermittlung elektronischer Dokumente auf einem sicheren Übermittlungsweg ein besonderes elektronisches Behördenpostfach verwenden,

1. das auf dem Protokollstandard OSCI oder einem diesen ersetzenden, dem jeweiligen Stand der Technik entsprechenden Protokollstandard beruht,
2. bei dem die Identität des Postfachinhabers in einem Identifizierungsverfahren geprüft und bestätigt wurde,
3. bei dem der Postfachinhaber in ein sicheres elektronisches Verzeichnis eingetragen ist und
4. bei dem feststellbar ist, dass das elektronische Dokument vom Postfachinhaber versandt wurde.

(2) Das besondere elektronische Behördenpostfach muss

1. über eine Suchfunktion verfügen, die es ermöglicht, andere Inhaber von besonderen elektronischen Postfächern aufzufinden,
2. für andere Inhaber von besonderen elektronischen Postfächern adressierbar sein und
3. barrierefrei sein im Sinne der Barrierefreie-Informationstechnik-Verordnung.

(3) Das Elektronische Gerichts- und Verwaltungspostfach eines Gerichts, einer Staatsanwaltschaft, einer Amtsanwaltschaft, einer Justizvollzugsanstalt oder einer Jugendarrestanstalt steht einem besonderen elektronischen Behördenpostfach gleich, soweit diese Stelle Aufgaben einer Behörde nach Absatz 1 wahrnimmt; § 7 findet keine Anwendung.

§ 7 Identifizierungsverfahren

(1) [1]Die von den obersten Behörden des Bundes oder den Landesregierungen für ihren Bereich bestimmten öffentlich-rechtlichen Stellen prüfen die Identität der Behörden oder juristischen Personen des öffentlichen Rechts und bestätigen dies in einem sicheren elektronischen Verzeichnis. [2]Die obersten Behörden des Bundes oder mehrere Landesregierungen können auch eine öffentlich-rechtliche Stelle gemeinsam für ihre Bereiche bestimmen.

(2) Bei der Prüfung der Identität ist zu ermitteln, ob

1. der Postfachinhaber eine inländische Behörde oder juristische Person des öffentlichen Rechts ist und
2. Name und Sitz des Postfachinhabers zutreffend bezeichnet sind.

§ 8 Zugang und Zugangsberechtigung; Verwaltung

(1) Der Postfachinhaber bestimmt die natürlichen Personen, die Zugang zum besonderen elektronischen Behördenpostfach erhalten sollen, und stellt ihnen das Zertifikat und das Zertifikats-Passwort zur Verfügung.

(2) [1]Der Zugang zum besonderen elektronischen Behördenpostfach erfolgt ausschließlich mithilfe des Zertifikats und des Zertifikats-Passworts des Postfachinhabers. [2]Die Zugangsberechtigten dürfen das Zertifikat nicht an Unbefugte weitergeben und haben das Zertifikats-Passwort geheim zu halten.

(3) Der Postfachinhaber kann die Zugangsberechtigungen zum besonderen elektronischen Behördenpostfach jederzeit aufheben oder einschränken.

(4) [1]Der Postfachinhaber hat zu dokumentieren, wer zugangsberechtigt ist, wann das Zertifikat und das Zertifikats-Passwort zur Verfügung gestellt wurden und wann die Zugangsberechtigung aufgehoben wurde. [2]Er stellt zugleich sicher, dass der Zugang zu seinem besonderen elektronischen Behördenpostfach nur den von ihm bestimmten Zugangsberechtigten möglich ist.

(5) Unbeschadet der Absätze 1, 3 und 4 kann die Verwaltung des besonderen elektronischen Behördenpostfachs behördenübergreifend automatisiert und an zentraler Stelle erfolgen.

§ 9 Änderung und Löschung

(1) Der Postfachinhaber hat Änderungen seines Namens oder Sitzes unverzüglich der nach § 7 Absatz 1 bestimmten Stelle anzuzeigen.

(2) [1]Der Postfachinhaber kann jederzeit die Löschung seines besonderen elektronischen Behördenpostfachs veranlassen. [2]Er hat die Löschung seines besonderen elektronischen Behördenpostfachs zu veranlassen, wenn seine Berechtigung zur Nutzung des besonderen elektronischen Behördenpostfachs endet.

Kapitel 4
Besonderes elektronisches Bürger- und Organisationenpostfach; Postfach- und Versanddienst eines Nutzerkontos

§ 10 Besonderes elektronisches Bürger- und Organisationenpostfach

(1) Natürliche Personen, juristische Personen sowie sonstige Vereinigungen können zur Übermittlung elektronischer Dokumente auf einem sicheren Übermittlungsweg ein besonderes elektronisches Bürger- und Organisationenpostfach verwenden,

1. das auf dem Protokollstandard OSCI oder einem diesen ersetzenden, dem jeweiligen Stand der Technik entsprechenden Protokollstandard beruht,
2. bei dem die Identität des Postfachinhabers festgestellt worden ist,
3. bei dem der Postfachinhaber in ein sicheres elektronisches Verzeichnis eingetragen ist,
4. bei dem sich der Postfachinhaber beim Versand eines elektronischen Dokuments authentisiert und
5. bei dem feststellbar ist, dass das elektronische Dokument vom Postfachinhaber versandt wurde.

(2) Das besondere elektronische Bürger- und Organisationenpostfach muss

1. über eine Suchfunktion verfügen, die es ermöglicht, Inhaber eines besonderen elektronischen Anwaltspostfachs, eines besonderen elektronischen Notarpostfachs, eines besonderen elektronischen Steuerberaterpostfachs oder eines besonderen elektronischen Behördenpostfachs aufzufinden,
2. für Inhaber besonderer elektronischer Anwaltspostfächer, besonderer elektronischer Notarpostfächer, besonderer elektronischer Steuerberaterpostfächer oder besonderer elektronischer Behördenpostfächer adressierbar sein und
3. barrierefrei sein im Sinne der Barrierefreie-Informationstechnik-Verordnung.

(3) Wird für eine rechtlich unselbständige Untergliederung einer juristischen Person oder sonstigen Vereinigung ein besonderes elektronisches Bürger- und Organisationenpostfach eingerichtet, so muss der Postfachinhaber so bezeichnet sein, dass eine Verwechslung mit der übergeordneten Organisationseinheit ausgeschlossen ist.

§ 11 Identifizierung und Authentisierung des Postfachinhabers

(1) Die Länder oder mehrere Länder gemeinsam bestimmen jeweils für ihren Bereich eine öffentlich-rechtliche Stelle, die die Freischaltung eines besonderen elektronischen Bürger- und Organisationenpostfachs veranlasst.

(2) [1]Der Postfachinhaber hat im Rahmen der Identitätsfeststellung seinen Namen und seine Anschrift nachzuweisen. [2]Der Nachweis kann nur durch eines der folgenden Identifizierungsmittel erfolgen:

1. den elektronischen Identitätsnachweis nach § 18 des Personalausweisgesetzes, nach § 12 des eID-Karte-Gesetzes oder nach § 78 Absatz 5 des Aufenthaltsgesetzes,
2. ein qualifiziertes elektronisches Siegel nach Artikel 38 der Verordnung (EU) Nr. 910/2014 des Europäischen Parlaments und des Rates vom 23. Juli 2014 über elektronische Identifizierung und Vertrauensdienste für elektronische Transaktionen im Binnenmarkt und zur Aufhebung der Richtlinie 1999/93/EG (ABl. L 257 vom 28.8.2014, S. 73; L 23 vom 29.1.2015, S. 19; L 155 vom 14.6.2016, S. 44),
3. bei öffentlich bestellten oder beeidigten Personen, die Dolmetscher- oder Übersetzungsleistungen erbringen, eine Bestätigung der nach dem Gerichtsdolmetschergesetz oder dem jeweiligen Landesrecht für die öffentliche Bestellung und Beeidigung dieser Personen zuständigen Stelle, auch hinsichtlich der Angaben zu Berufsbezeichnung sowie zur Sprache, für die die Bestellung erfolgt,
4. bei Gerichtsvollziehern eine Bestätigung der für ihre Ernennung zuständigen Stelle, auch hinsichtlich der Dienstbezeichnung, oder
5. eine in öffentlich beglaubigter Form abgegebene Erklärung über den Namen und die Anschrift des Postfachinhabers sowie die eindeutige Bezeichnung des Postfachs.

[3]Eine nach Satz 2 Nummer 5 angegebene geschäftliche Anschrift ist durch eine Bescheinigung nach § 21 Absatz 1 der Bundesnotarordnung, einen amtlichen Registerausdruck oder eine beglaubigte Registerabschrift nachzuweisen. [4]Geht eine angegebene geschäftliche Anschrift nicht aus einem öffentlichen Register hervor, so stellt die Stelle nach Absatz 1 diese durch geeignete Maßnahmen fest. [5]Die Übermittlung von Daten nach Satz 2 Nummer 3 bis 5 an die in Absatz 1 genannte öffentlich-rechtliche Stelle erfolgt in strukturierter maschinenlesbarer Form. [6]Im Fall des Satzes 2 Nummer 5 ist der öffentlich-rechtlichen Stelle zusätzlich eine öffentlich beglaubigte elektronische Abschrift der Erklärung zu übermitteln.

(3) Der Postfachinhaber hat sich beim Versand eines elektronischen Dokuments zu authentisieren durch

1. den elektronischen Identitätsnachweis nach § 18 des Personalausweisgesetzes, nach § 12 des eID-Karte-Gesetzes oder nach § 78 Absatz 5 des Aufenthaltsgesetzes,
2. ein Authentisierungszertifikat, das auf einer qualifizierten elektronischen Signaturerstellungseinheit nach dem Anhang II der Verordnung (EU) Nr. 910/2014 gespeichert ist, oder
3. ein nichtqualifiziertes Authentisierungszertifikat.

§ 12 Änderung von Angaben und Löschung des Postfachs

(1) [1]Bei Änderung seiner Daten hat der Postfachinhaber unverzüglich die Anpassung seines Postfachs bei der nach § 11 Absatz 1 bestimmten Stelle zu veranlassen. [2]Das betrifft insbesondere die Änderung seines Namens oder seiner Anschrift, bei juristischen Personen oder sonstigen Vereinigungen auch bei der Änderung des Sitzes.

(2) Der Postfachinhaber kann jederzeit die Löschung seines besonderen elektronischen Bürger- und Organisationenpostfachs veranlassen.

§ 13 Elektronische Kommunikation über den Postfach- und Versanddienst eines Nutzerkontos

(1) Zur Übermittlung elektronischer Dokumente auf einem sicheren Übermittlungsweg kann der Postfach- und Versanddienst eines Nutzerkontos im Sinne des § 2 Absatz 5 des Onlinezugangsgesetzes genutzt werden, wenn bei diesem Postfach- und Versanddienst

1. eine technische Vorrichtung besteht, die auf dem Protokollstandard OSCI oder einem diesen ersetzenden, dem jeweiligen Stand der Technik entsprechenden Protokollstandard beruht,
2. die Identität des Nutzers des Postfach- und Versanddienstes durch ein Identifizierungsmittel nach § 11 Absatz 2 Satz 2 Nummer 1 oder 2 oder für Nutzer des Organisationskontos im Sinne des § 2 Absatz 5 Satz 4 des Onlinezugangsgesetzes durch ein nach § 87a Absatz 6 der Abgabenordnung in der Steuerverwaltung eingesetztes sicheres Verfahren festgestellt ist,
3. der Nutzer des Postfach- und Versanddienstes sich beim Versand eines elektronischen Dokuments entsprechend § 11 Absatz 3 authentisiert und
4. feststellbar ist, dass das elektronische Dokument von dem Nutzer des Postfach- und Versanddienstes versandt wurde.

(2) Der Postfach- und Versanddienst muss barrierefrei sein im Sinne der Barrierefreie-Informationstechnik-Verordnung.

(3) [1]Der Nutzer des Postfach- und Versanddienstes ist in ein sicheres elektronisches Verzeichnis einzutragen, soweit dies zum Betrieb des jeweiligen Postfach- und Versanddienstes erforderlich ist. [2]In diesem Fall gilt § 10 Absatz 2 Nummer 1 und 2 entsprechend. [3]Der Nutzer kann jederzeit die Löschung des Postfach- und Versanddienstes veranlassen.

§ 13a Datenverarbeitung

(1) Zur Auffindbarkeit und Adressierung eines Postfachinhabers dürfen folgende personenbezogene Daten im sicheren elektronischen Verzeichnis (§ 10 Absatz 1 Nummer 3 und § 13 Absatz 3 Satz 1) gespeichert und aus dem Verzeichnis abgerufen werden:

1. bei einer natürlichen Person:
   a) Vor- und Nachname,
   b) Anschrift,
   c) Staat,
   d) Nutzer-ID,
   e) Verschlüsselungszertifikat;
2. bei einer juristischen Person:
   a) Name,
   b) Anschrift des Sitzes,
   c) Staat,
   d) Nutzer-ID,
   e) Verschlüsselungszertifikat.

(2) Für die Verarbeitung personenbezogener Daten im sicheren elektronischen Verzeichnis verantwortlich nach Artikel 4 Nummer 7 der Verordnung (EU) 2016/679 des Europäischen Parlaments und des Rates vom 27. April 2016 zum Schutz natürlicher Personen bei der Verarbeitung personenbezogener Daten, zum freien Datenverkehr und zur Aufhebung der Richtlinie 95/46/EG (Datenschutz-Grundverordnung) (ABl. L 119 vom 4.5.2016, S. 1; L 314 vom 22.11.2016, S. 72; L 127 vom 23.5.2018, S. 2; L 74 vom 4.3.2021, S. 35) sind die Stellen, in deren Auftrag das sichere elektronische Verzeichnis betrieben wird.

Kapitel 5
Elektronischer Rechtsverkehr mit Strafverfolgungsbehörden und Strafgerichten

§ 14 Schriftlich abzufassende, zu unterschreibende oder zu unterzeichnende Dokumente

Die Kapitel 2 bis 4 gelten im Bereich des elektronischen Rechtsverkehrs mit Strafverfolgungsbehörden und Strafgerichten für schriftlich abzufassende, zu unterschreibende oder zu unterzeichnende Dokumente, die gemäß § 32a Absatz 3 der Strafprozessordnung elektronisch eingereicht werden, mit der Maßgabe, dass der Datensatz nach § 2 Absatz 3 mindestens folgende Angaben enthält:

1. die Bezeichnung der Strafverfolgungsbehörde oder des Gerichts;
2. sofern bekannt, das Aktenzeichen des Verfahrens oder die Vorgangsnummer;
3. die Bezeichnung der beschuldigten Personen oder der Verfahrensbeteiligten; bei Verfahren gegen Unbekannt enthält der Datensatz anstelle der Bezeichnung der beschuldigten Personen die Bezeichnung „Unbekannt" sowie, sofern bekannt, die Bezeichnung der geschädigten Personen;
4. die Angabe der den beschuldigten Personen zur Last gelegten Straftat oder des Verfahrensgegenstandes;
5. sofern bekannt, das Aktenzeichen eines denselben Verfahrensgegenstand betreffenden Verfahrens und die Bezeichnung der die Akten führenden Stelle.

§ 15 Sonstige verfahrensbezogene elektronische Dokumente

(1) [1]Sonstige verfahrensbezogene elektronische Dokumente, die an Strafverfolgungsbehörden oder Strafgerichte übermittelt werden, sollen den Anforderungen des § 2 entsprechen. [2]Entsprechen sie diesen Anforderungen nicht und sind sie zur Bearbeitung durch die Behörde oder das Gericht aufgrund der dortigen technischen Ausstattung oder der dort einzuhaltenden Sicherheitsstandards nicht geeignet, so liegt ein wirksamer Eingang nicht vor. [3]In der Mitteilung nach § 32a Absatz 6 Satz 1 der Strafprozessordnung ist auf die in § 2 geregelten technischen Rahmenbedingungen hinzuweisen.

(2) Die Übermittlung kann auch auf anderen als den in § 32a Absatz 4 der Strafprozessordnung genannten Übermittlungswegen erfolgen, wenn ein solcher Übermittlungsweg für die Entgegennahme verfahrensbezogener elektronischer Dokumente generell und ausdrücklich eröffnet ist.

Schlussformel

Der Bundesrat hat zugestimmt.

Zweite Bekanntmachung zu § 5 der Elektronischer-Rechtsverkehr-Verordnung (2. Elektronischer-Rechtsverkehr-Bekanntmachung 2022 – 2. ERVB 2022)

Vom 10. Februar 2022, BAnz AT vom 18. Februar 2022 B2

Nach § 5 der Elektronischer-Rechtsverkehr-Verordnung vom 24. November 2017 (BGBl. I S. 3803), der zuletzt durch Artikel 6 des Gesetzes vom 5. Oktober 2021 (BGBl. I S. 4607) geändert worden ist, wird bekannt gemacht, dass ab dem 1. April 2022 Folgendes gilt:

1. Versionen der Dateiformate PDF und TIFF gemäß § 5 Absatz 1 Nummer 1 der Elektronischer-Rechtsverkehr-Verordnung sind bis mindestens 31. Dezember 2022

   a) PDF einschließlich PDF 2.0, PDF/A-1, PDF/A-2, PDF/UA:

   Der Dokumenteninhalt soll orts- und systemunabhängig darstellbar sein. Ein Rendering für spezifische Ausgabegeräte soll vermieden werden. Die Datei soll kein eingebundenes Objekt enthalten, da für die Darstellung der Inhalte kein externes Anwendungsprogramm oder eine weitere Instanz des PDF-Darstellungsprogramms verwendet wird. Zulässig ist das Einbinden von Inline-Signaturen und Transfervermerken. Die Datei soll keine Aufrufe von ausführbaren Anweisungsfolgen, wie z. B. Scripts, beinhalten, insbesondere soll weder innerhalb von Feldern in Formularen noch an anderer Stelle JavaScript eingebunden sein, da diese Aufrufe nicht ausgeführt werden. Zulässig sind Formularfelder ohne JavaScript. Zulässig sind Hyperlinks, auch wenn sie auf externe Ziele verweisen.

   b) TIFF Version 6.

2. Bei Übermittlung eines strukturierten maschinenlesbaren Datensatzes gemäß § 5 Absatz 1 Nummer 2 der Elektronischer-Rechtsverkehr-Verordnung ist die XJustiz-Nachricht „uebermittlungSchriftgutobjekte" des XJustiz-Standards in der jeweils gültigen XJustiz-Version zu verwenden.

   Seit dem 31. Oktober 2021 ist die Version XJustiz 3.2 gültig. Einmal jährlich wird eine neue XJustiz-Version gültig werden. Sie löst die bis dahin gültige Version ab. XJustiz-Versionen werden immer 12 Monate vor Gültigkeit auf www.xjustiz.de veröffentlicht.

3. Gemäß § 5 Absatz 1 Nummer 3 der Elektronischer-Rechtsverkehr-Verordnung werden ab dem 1. April 2022 bis 31. Dezember 2022 Anzahl und Volumen elektronischer Dokumente in einer Nachricht wie folgt begrenzt:

   a) auf höchstens 200 Dateien und

   b) auf höchstens 100 Megabyte.

   Ab dem 1. Januar 2023 bis mindestens 31. Dezember 2023 werden die Anzahl und das Volumen wie folgt begrenzt:

   a) auf höchstens 1 000 Dateien und

   c) auf höchstens 200 Megabyte.

4. Zulässige physische Datenträger gemäß § 5 Absatz 1 Nummer 4 der Elektronischer-Rechtsverkehr-Verordnung sind bis mindestens 31. Dezember 2022

   a) DVD und

   b) CD.

5. Qualifizierte elektronische Signaturen sind gemäß § 5 Absatz 1 Nummer 5 der Elektronischer-Rechtsverkehr-Verordnung bis mindestens 31. Dezember 2022 nach folgenden Vorgaben anzubringen:

   a) nach dem Standard CMS Advanced Electronic Signatures (CAdES) als angefügte Signatur („detached signature") gemäß ETSI EN 319 122-1 v1.2.1 oder ETSI TS 103 173 v2.2.1 oder,

C. Elektronischer Rechtsverkehr

b) nach dem Standard PDF Advanced Electronic Signatures (PAdES) als eingebettete Signatur („inline signature") gemäß ETSI EN 319 142-1 v1.1.1 oder ETSI TS 103 172 v2.2.2 oder

c) nach den Spezifikationen für Formate fortgeschrittener elektronischer Signaturen des Durchführungsbeschlusses (EU) 2015/1506 der Kommission vom 8. September 2015 zur Festlegung von Spezifikationen für Formate fortgeschrittener elektronischer Signaturen und fortgeschrittener Siegel, die von öffentlichen Stellen gemäß Artikel 27 Absatz 5 und Artikel 37 Absatz 5 der Verordnung (EU) Nr. 910/2014 des Europäischen Parlaments und des Rates über elektronische Identifizierung und Vertrauensdienste für elektronische Transaktionen im Binnenmarkt anerkannt werden (ABl. L 235 vom 9.9.2015, S. 37).

6. Technische Eigenschaften der Dokumente gemäß § 5 Absatz 1 Nummer 6 der Elektronischer-Rechtsverkehr-Verordnung sind bis mindestens 31. Dezember 2022:

   a) Druckbarkeit,

   b) maximale Länge von Dateinamen einschließlich der Dateiendungen: 90 Zeichen und

   c) Dateinamen bestehen ausschließlich aus:

      aa) Buchstaben des deutschen Alphabetes einschließlich der Umlaute ä, ö, ü und ß,

      bb) Ziffern und

      cc) den Zeichen Unterstrich und Minus,

      dd) Punkten, wenn sie den Dateinamen von Dateiendungen trennen, und

      ee) einer logischen Nummerierung, wenn mehrere Dateien übermittelt werden.

Diese Bekanntmachung tritt an die Stelle der Elektronischer-Rechtsverkehr-Bekanntmachung 2022 vom 22. November 2021 (BAnz AT 26.11.2021 B2).

Verordnung über den elektronischen Rechtsverkehr beim Bundesgerichtshof und Bundespatentgericht (BGH/BPatGERVV)

Vom 24. August 2007, BGBl. I S. 2130

Mit Wirkung zum 31. März 2024 aufgehoben durch Artikel 1 der Verordnung vom 20. Februar 2024, BGBl. I Nr. 55

D. Berufliche Zusammenarbeit

Gesetz über Partnerschaftsgesellschaften Angehöriger Freier Berufe (PartGG)

Vom 25. Juli 1994

Zuletzt geändert durch Artikel 11 des Gesetzes vom 22. Oktober 2024, BGBl. I Nr. 320

Inhaltsübersicht

§ 1 Voraussetzungen der Partnerschaft; Anwendbarkeit der Vorschriften über die Gesellschaft bürgerlichen Rechts

(1) [1]Die Partnerschaft ist eine Gesellschaft, in der sich Angehörige Freier Berufe zur Ausübung ihrer Berufe zusammenschließen. [2]Sie übt kein Handelsgewerbe aus. [3]Angehörige einer Partnerschaft können nur natürliche Personen sein.

(2) [1]Die Freien Berufe haben im allgemeinen auf der Grundlage besonderer beruflicher Qualifikation oder schöpferischer Begabung die persönliche, eigenverantwortliche und fachlich unabhängige Erbringung von Dienstleistungen höherer Art im Interesse der Auftraggeber und der Allgemeinheit zum Inhalt. [2]Ausübung eines Freien Berufs im Sinne dieses Gesetzes ist die selbständige Berufstätigkeit der Ärzte, Zahnärzte, Tierärzte, Heilpraktiker, Krankengymnasten, Hebammen, Heilmasseure, Diplom-Psychologen, Rechtsanwälte, Patentanwälte, Wirtschaftsprüfer, Steuerberater, beratenden Volks- und Betriebswirte, vereidigten Buchprüfer (vereidigte Buchrevisoren), Steuerbevollmächtigten, Ingenieure, Architekten, Handelschemiker, Lotsen, hauptberuflichen Sachverständigen, Journalisten, Bildberichterstatter, Dolmetscher, Übersetzer und ähnlicher Berufe sowie der Wissenschaftler, Künstler, Schriftsteller, Lehrer und Erzieher.

(3) Die Berufsausübung in der Partnerschaft kann in Vorschriften über einzelne Berufe ausgeschlossen oder von weiteren Voraussetzungen abhängig gemacht werden.

(4) Auf die Partnerschaft finden, soweit in diesem Gesetz nichts anderes bestimmt ist, die Vorschriften des Bürgerlichen Gesetzbuchs über die Gesellschaft entsprechende Anwendung.

§ 2 Name der Partnerschaft

(1) Der Name der Partnerschaft muss den Zusatz „und Partner" oder „Partnerschaft" enthalten.

(2) Die §§ 18, 21, 22 Abs. 1, §§ 23, 24, 30, 31 Abs. 2, §§ 32 und 37 des Handelsgesetzbuchs sind entsprechend anzuwenden; § 24 Abs. 2 des Handelsgesetzbuchs gilt auch bei Umwandlung einer Gesellschaft bürgerlichen Rechts in eine Partnerschaft.

§ 3 (weggefallen)

§ 4 Anmeldung der Partnerschaft; Statuswechsel

(1) [1]Auf die Anmeldung der Partnerschaft in das Partnerschaftsregister sind § 106 Absatz 1 und 7 Satz 1 und 2 des Handelsgesetzbuchs entsprechend anzuwenden. [2]Die Anmeldung hat die Angaben gemäß § 5 Absatz 1 zu enthalten. [3]Änderungen dieser Angaben sind gleichfalls zur Eintragung in das Partnerschaftsregister anzumelden.

(2) [1]In der Anmeldung ist die Zugehörigkeit jedes Partners zu dem Freien Beruf, den er in der Partnerschaft ausübt, anzugeben. [2]Das Registergericht legt bei der Eintragung die Angaben der Partner zugrunde, es sei denn, ihm ist deren Unrichtigkeit bekannt.

(3) Der Anmeldung einer Partnerschaft mit beschränkter Berufshaftung nach § 8 Absatz 4 muss eine Versicherungsbescheinigung gemäß § 113 Absatz 2 des Gesetzes über den Versicherungsvertrag beigefügt sein.

(4) Auf den Statuswechsel unter Beteiligung einer Partnerschaft ist § 107 Absatz 3 des Handelsgesetzbuchs entsprechend anzuwenden.

§ 5 Inhalt der Eintragung; anzuwendende Vorschriften

(1) Die Eintragung hat zu enthalten:

1. den Namen und den Sitz der Partnerschaft;
2. den Namen, den Vornamen, das Geburtsdatum und den Wohnort jedes Partners;
3. den in der Partnerschaft ausgeübten Beruf jedes Partners;
4. den Gegenstand der Partnerschaft;
5. die Angabe der Vertretungsbefugnis der Partner.

(2) Auf das Partnerschaftsregister und die registerrechtliche Behandlung von Zweigniederlassungen sind die §§ 8, 8a, 9, 10 bis 12, 13, 13d, 13h und 14 bis 16 des Handelsgesetzbuchs über das Handelsregister entsprechend anzuwenden; eine Pflicht zur Anmeldung einer Anschrift in einem Mitgliedstaat der Europäischen Union besteht nicht.

§ 6 Rechtsverhältnis der Partner untereinander

(1) Die Partner erbringen ihre beruflichen Leistungen unter Beachtung des für sie geltenden Berufsrechts.

(2) Ein Partner kann im Partnerschaftsvertrag nicht von der Führung solcher Geschäfte ausgeschlossen werden, die die Ausübung des eigenen Berufes betreffen.

(3) [1]Im übrigen richtet sich das Rechtsverhältnis der Partner untereinander nach dem Partnerschaftsvertrag. [2]Soweit der Partnerschaftsvertrag keine Bestimmungen enthält, sind § 116 Absatz 1, 2 Satz 1 und Absatz 3 bis 6 sowie die §§ 117, 118 und 119 des Handelsgesetzbuchs entsprechend anzuwenden.

§ 7 Wirksamkeit im Verhältnis zu Dritten, rechtliche Selbständigkeit, Vertretung

(1) Die Partnerschaft wird im Verhältnis zu Dritten mit ihrer Eintragung in das Partnerschaftsregister wirksam.

(2) Auf die Vertretung der Partnerschaft sind die Vorschriften des § 124 Absatz 1 und 2 sowie § 124 Absatz 4, 5 und 6 des Handelsgesetzbuchs entsprechend anzuwenden.

(3) Für die Angabe auf Geschäftsbriefen der Partnerschaft ist § 125 Absatz 1 Satz 1 und Absatz 2 des Handelsgesetzbuchs mit der Maßgabe entsprechend anzuwenden, dass bei einer Partnerschaft mit beschränkter Berufshaftung auch der von dieser gewählte Namenszusatz im Sinne des § 8 Absatz 4 Satz 3 anzugeben ist.

§ 8 Haftung für Verbindlichkeiten der Partnerschaft

(1) [1]Für Verbindlichkeiten der Partnerschaft haften den Gläubigern neben dem Vermögen der Partnerschaft die Partner als Gesamtschuldner. [2]Die §§ 721a und 721b des Bürgerlichen Gesetzbuchs sind entsprechend anzuwenden.

(2) Waren nur einzelne Partner mit der Bearbeitung eines Auftrags befaßt, so haften nur sie gemäß Absatz 1 für berufliche Fehler neben der Partnerschaft; ausgenommen sind Bearbeitungsbeiträge von untergeordneter Bedeutung.

(3) Durch Gesetz kann für einzelne Berufe eine Beschränkung der Haftung für Ansprüche aus Schäden wegen fehlerhafter Berufsausübung auf einen bestimmten Höchstbetrag zugelassen werden, wenn zugleich eine Pflicht zum Abschluß einer Berufshaftpflichtversicherung der Partner oder der Partnerschaft begründet wird.

(4) [1]Für Verbindlichkeiten der Partnerschaft aus Schäden wegen fehlerhafter Berufsausübung haftet den Gläubigern nur die Gesellschaft, wenn die Partnerschaft eine zu diesem Zweck durch Gesetz vorgegebene Berufshaftpflichtversicherung unterhält. [2]Für die Berufshaftpflichtversicherung gelten § 113 Absatz 3 und die §§ 114 bis 124 des Versicherungsvertragsgesetzes entsprechend. [3]Der Name der Partnerschaft muss den Zusatz „mit beschränkter Berufshaftung" oder die Abkürzung „mbB" oder eine andere allgemein verständliche Abkürzung dieser Bezeichnung enthalten; anstelle der Namenszusätze nach § 2 Absatz 1 kann der Name der Partnerschaft mit beschränkter Berufshaftung den Zusatz „Part" oder „PartG" enthalten.

§ 9 Ausscheiden eines Partners, Auflösung der Partnerschaft

(1) Auf das Ausscheiden eines Partners und die Auflösung der Partnerschaft sind, soweit im folgenden nichts anderes bestimmt ist, die §§ 130 bis 142 des Handelsgesetzbuchs entsprechend anzuwenden.

(2) (weggefallen)

(3) Verliert ein Partner eine erforderliche Zulassung zu dem Freien Beruf, den er in der Partnerschaft ausübt, so scheidet er mit deren Verlust aus der Partnerschaft aus.

(4) [1]Die Beteiligung an einer Partnerschaft ist nicht vererblich. [2]Der Partnerschaftsvertrag kann jedoch bestimmen, daß sie an Dritte vererblich ist, die Partner im Sinne des § 1 Abs. 1 und 2 sein können. [3]§ 131 des Handelsgesetzbuchs ist nur insoweit anzuwenden, als der Erbe der Beteiligung befugt ist, seinen Austritt aus der Partnerschaft zu erklären.

§ 10 Liquidation der Partnerschaft, Nachhaftung

(1) Für die Liquidation der Partnerschaft sind die Vorschriften über die Liquidation der offenen Handelsgesellschaft entsprechend anwendbar.

(2) Nach der Auflösung der Partnerschaft oder nach dem Ausscheiden des Partners bestimmt sich die Haftung der Partner aus Verbindlichkeiten der Partnerschaft nach den §§ 137 und 151 des Handelsgesetzbuchs.

§ 11 Übergangsvorschriften

(1) [1]Den Zusatz „Partnerschaft" oder „und Partner" dürfen nur Partnerschaften nach diesem Gesetz führen. [2]Gesellschaften, die eine solche Bezeichnung bei Inkrafttreten dieses Gesetzes in ihrem Namen führen, ohne Partnerschaft im Sinne dieses Gesetzes zu sein, dürfen diese Bezeichnung noch bis zum Ablauf von zwei Jahren nach Inkrafttreten dieses Gesetzes weiterverwenden. [3]Nach Ablauf dieser Frist dürfen sie eine solche Bezeichnung nur noch weiterführen, wenn sie in ihrem Namen der Bezeichnung „Partnerschaft" oder „und Partner" einen Hinweis auf die andere Rechtsform hinzufügen.

(2) [1]Die Anmeldung und Eintragung einer dem gesetzlichen Regelfall entsprechenden Vertretungsmacht der Partner und der Abwickler muss erst erfolgen, wenn eine vom gesetzlichen Regelfall abweichende Bestimmung des Partnerschaftsvertrages über die Vertretungsmacht angemeldet und eingetragen wird oder wenn erstmals die Abwickler zur Eintragung angemeldet und eingetragen werden. [2]Das Registergericht kann die Eintragung einer dem gesetzlichen Regelfall entsprechenden Vertretungsmacht auch von Amts wegen vornehmen. [3]Die Anmeldung und Eintragung des Geburtsdatums bereits eingetragener Partner muss erst bei einer Anmeldung und Eintragung bezüglich eines der Partner erfolgen.

(3) (weggefallen)

Gesetz zur Ausführung der EWG-Verordnung über die Europäische wirtschaftliche Interessenvereinigung (EWIVAG)

Vom 14. April 1988, BGBl. I S. 514

Zuletzt geändert durch Artikel 16 des Gesetzes vom 23. Oktober 2008, BGBl. I S. 2026

Inhaltsübersicht

D. Berufliche Zusammenarbeit

§ 1 Anzuwendende Vorschriften

Soweit nicht die Verordnung (EWG) Nr. 2137/85 des Rates vom 25. Juli 1985 über die Schaffung einer Europäischen wirtschaftlichen Interessenvereinigung (EWIV) - ABl. EG Nr. L 199 S. 1 - (Verordnung) gilt, sind auf eine Europäische wirtschaftliche Interessenvereinigung (EWIV) mit Sitz im Geltungsbereich dieses Gesetzes (Vereinigung) die folgenden Vorschriften, im übrigen entsprechend die für eine offene Handelsgesellschaft geltenden Vorschriften anzuwenden; die Vereinigung gilt als Handelsgesellschaft im Sinne des Handelsgesetzbuchs.

§ 2 Anmeldung zum Handelsregister

(1) Die Vereinigung ist bei dem Gericht, in dessen Bezirk sie ihren im Gründungsvertrag genannten Sitz hat, zur Eintragung in das Handelsregister anzumelden.

(2) Die Anmeldung zur Eintragung der Vereinigung in das Handelsregister hat zu enthalten:

1. die Firma der Vereinigung mit den voran- oder nachgestellten Worten „Europäische wirtschaftliche Interessenvereinigung" oder der Abkürzung „EWIV", es sei denn, daß diese Worte oder die Abkürzung bereits in der Firma enthalten sind;
2. den Sitz der Vereinigung;
3. den Unternehmensgegenstand;
4. den Namen, das Geburtsdatum, die Firma, die Rechtsform, den Wohnsitz oder den Sitz sowie gegebenenfalls die Nummer und den Ort der Registereintragung eines jeden Mitglieds der Vereinigung;
5. die Geschäftsführer mit Namen, Geburtsdatum und Wohnsitz sowie mit der Angabe, welche Vertretungsbefugnis sie haben;
6. die Dauer der Vereinigung, sofern die Dauer nicht unbestimmt ist.

(3) Zur Eintragung in das Handelsregister sind ferner anzumelden:

1. Änderungen der Angaben nach Absatz 2;
2. die Nichtigkeit der Vereinigung;
3. die Errichtung und die Aufhebung jeder Zweigniederlassung der Vereinigung;
4. die Auflösung der Vereinigung;
5. die Abwickler mit den in Absatz 2 Nr. 5 genannten Angaben sowie Änderungen der Personen der Abwickler und der Angaben;
6. der Schluß der Abwicklung der Vereinigung;
7. eine Klausel, die ein neues Mitglied gemäß Artikel 26 Abs. 2 der Verordnung von der Haftung für Verbindlichkeiten befreit, die vor seinem Beitritt entstanden sind.

(4) Die Verpflichtung zur Anmeldung weiterer Tatsachen auf Grund des § 1 bleibt unberührt.

§ 3 Besonderheiten der Handelsregisteranmeldung

(1) [1]Die Anmeldungen zur Eintragung in das Handelsregister sind von den Geschäftsführern oder den Abwicklern vorzunehmen. [2]Die Anmeldung zur Eintragung einer Vereinigung ist durch sämtliche Geschäftsführer, die Anmeldung zur Eintragung des Schlusses der Abwicklung durch sämtliche Abwickler zu bewirken.

(2) [1]Das Ausscheiden eines Mitglieds aus der Vereinigung und die Auflösung der Vereinigung durch Beschluß ihrer Mitglieder kann jeder Beteiligte anmelden. [2]Die Klausel nach § 2 Abs. 3 Nr. 7 kann auch das neue Mitglied anmelden.

(3) [1]In der Anmeldung zur Eintragung haben die Geschäftsführer zu versichern, daß keine Umstände vorliegen, die nach Artikel 19 Abs. 1 der Verordnung ihrer Bestellung entgegenstehen, und daß sie über ihre unbeschränkte Auskunftspflicht gegenüber dem Gericht belehrt worden sind. [2]Die Belehrung nach § 53 Abs. 2 des Bundeszentralregistergesetzes kann schriftlich vorgenommen werden; sie kann auch durch einen Notar oder einen im Ausland bestellten Notar, durch einen Vertreter eines vergleichbaren rechtsberatenden Berufs oder einen Konsularbeamten erfolgen.

(4) Absatz 3 gilt auch für neu bestellte Geschäftsführer.

§ 4 Bekanntmachungen

(1) Das Gericht hat einen Verlegungsplan nach Artikel 14 Abs. 1 der Verordnung sowie die Abtretung der gesamten oder eines Teils der Beteiligung an der Vereinigung durch ein Mitglied nach Artikel 22 Abs. 1 der Verordnung gemäß § 10 des Handelsgesetzbuchs durch einen Hinweis auf die Einreichung der Urkunden beim Handelsregister bekanntzumachen.

(2) Das Gericht hat die nach Artikel 11 der Verordnung im Amtsblatt der Europäischen Gemeinschaften zu veröffentlichenden Angaben binnen eines Monats nach der Bekanntmachung nach § 10 des Handelsgesetzbuchs dem Amt für amtliche Veröffentlichungen der Europäischen Gemeinschaften mitzuteilen.

§ 5 Sorgfaltspflicht und Verantwortlichkeit der Geschäftsführer

(1) [1]Die Geschäftsführer haben bei ihrer Geschäftsführung die Sorgfalt eines ordentlichen und gewissenhaften Geschäftsleiters anzuwenden. [2]Über vertrauliche Angaben und Geheimnisse der Vereinigung, namentlich Betriebs- und Geschäftsgeheimnisse, die ihnen durch ihre Tätigkeit bekanntgeworden sind, haben sie Stillschweigen zu bewahren.

(2) [1]Geschäftsführer, die ihre Pflichten verletzen, sind der Vereinigung zum Ersatz des daraus entstehenden Schadens als Gesamtschuldner verpflichtet. [2]Ist streitig, ob sie die Sorgfalt eines ordentlichen und gewissenhaften Geschäftsleiters angewandt haben, so trifft sie die Beweislast.

(3) Die Ansprüche aus Absatz 2 verjähren in fünf Jahren.

§ 6 Aufstellung des Jahresabschlusses

Die Geschäftsführer sind verpflichtet, für die ordnungsmäßige Buchführung der Vereinigung zu sorgen und den Jahresabschluß aufzustellen.

§ 7 Entlassung der Geschäftsführer

Sind die Bedingungen für die Entlassung der Geschäftsführer nicht gemäß Artikel 19 Abs. 3 der Verordnung festgelegt, so ist die Bestellung der Geschäftsführer zu jeder Zeit widerruflich, unbeschadet der Entschädigungsansprüche aus bestehenden Verträgen.

§ 8 Ausscheiden eines Mitglieds

Ein Mitglied scheidet außer aus den Gründen nach Artikel 28 Abs. 1 Satz 1 der Verordnung aus der Vereinigung aus, wenn über sein Vermögen das Insolvenzverfahren eröffnet wird.

§ 9 (weggefallen)

§ 10 Abwicklung der Vereinigung

(1) In den Fällen der Auflösung der Vereinigung außer im Fall des Insolvenzverfahrens über das Vermögen der Vereinigung erfolgt die Abwicklung durch die Geschäftsführer, wenn sie nicht durch den Gründungsvertrag oder durch Beschluß der Mitglieder der Vereinigung anderen Personen übertragen ist.

(2) Auf die Auswahl der Abwickler ist Artikel 19 Abs. 1 Satz 2 der Verordnung, auf die Anmeldung zur Eintragung in das Handelsregister § 3 Abs. 3 entsprechend anzuwenden.

§ 11 Eröffnung des Insolvenzverfahrens

[1]Den Antrag auf Eröffnung des Insolvenzverfahrens können auch die Geschäftsführer stellen. [2]Im Fall des § 15a Abs. 1 Satz 2 der Insolvenzordnung sind die Geschäftsführer und die Abwickler verpflichtet, diesen Antrag zu stellen.

§ 12 Zwangsgelder

[1]Geschäftsführer oder Abwickler, die Artikel 25 der Verordnung nicht befolgen, sind hierzu vom Registergericht durch Festsetzung von Zwangsgeld anzuhalten; § 14 des Handelsgesetzbuchs bleibt unberührt. [2]Das einzelne Zwangsgeld darf den Betrag von fünftausend Euro nicht übersteigen.

§ 13 Falsche Angaben

Mit Freiheitsstrafe bis zu drei Jahren oder mit Geldstrafe wird bestraft, wer als Geschäftsführer in der nach § 3 Abs. 3 Satz 1, auch in Verbindung mit Absatz 5, abzugebenden Versicherung oder als Abwickler in der nach § 3 Abs. 3 Satz 1 in Verbindung mit § 10 Abs. 2 zweiter Halbsatz abzugebenden Versicherung falsche Angaben macht.

§ 14 Verletzung der Geheimhaltungspflicht

(1) Mit Freiheitsstrafe bis zu einem Jahr oder mit Geldstrafe wird bestraft, wer ein Geheimnis der Vereinigung, namentlich ein Betriebs- oder Geschäftsgeheimnis, das ihm in seiner Eigenschaft als Geschäftsführer oder Abwickler bekanntgeworden ist, unbefugt offenbart.

(2) [1]Handelt der Täter gegen Entgelt oder in der Absicht, sich oder einen anderen zu bereichern oder einen anderen zu schädigen, so ist die Strafe Freiheitsstrafe bis zu zwei Jahren oder Geldstrafe. [2]Ebenso wird bestraft, wer ein Geheimnis der in Absatz 1 bezeichneten Art, namentlich ein Betriebs- oder Geschäftsgeheimnis, das ihm unter den Voraussetzungen des Absatzes 1 bekanntgeworden ist, unbefugt verwertet.

(3) [1]Die Tat wird nur auf Antrag der Vereinigung verfolgt. [2]Antragsberechtigt sind von den Mitgliedern bestellte besondere Vertreter.

§ 15 (weggefallen)

–

§ 16

–

§ 17 Berlin-Klausel

Dieses Gesetz gilt nach Maßgabe des § 13 Abs. 1 des Dritten Überleitungsgesetzes auch im Land Berlin.

§ 18 Inkrafttreten

Dieses Gesetz tritt am 1. Januar 1989 in Kraft.

E. Rechtsberatungsrecht

Gesetz über außergerichtliche Rechtsdienstleistungen (RDG)

Vom 12. Dezember 2007, BGBl. I S. 2840

Zuletzt geändert durch Artikel 2 des Gesetzes vom 10. März 2023, BGBl. I Nr. 64

Inhaltsübersicht

Teil 1
Allgemeine Vorschriften

§ 1 Anwendungsbereich

(1) [1]Dieses Gesetz regelt die Befugnis, in der Bundesrepublik Deutschland außergerichtliche Rechtsdienstleistungen zu erbringen. [2]Es dient dazu, die Rechtsuchenden, den Rechtsverkehr und die Rechtsordnung vor unqualifizierten Rechtsdienstleistungen zu schützen.

(2) Wird eine Rechtsdienstleistung ausschließlich aus einem anderen Staat heraus erbracht, gilt dieses Gesetz nur, wenn ihr Gegenstand deutsches Recht ist.

(3) Regelungen in anderen Gesetzen über die Befugnis, Rechtsdienstleistungen zu erbringen, bleiben unberührt.

§ 2 Begriff der Rechtsdienstleistung

(1) Rechtsdienstleistung ist jede Tätigkeit in konkreten fremden Angelegenheiten, sobald sie eine rechtliche Prüfung des Einzelfalls erfordert.

(2) [1]Rechtsdienstleistung ist, unabhängig vom Vorliegen der Voraussetzungen des Absatzes 1, die Einziehung fremder oder zum Zweck der Einziehung auf fremde Rechnung abgetretener Forderungen, wenn die Forderungseinziehung als eigenständiges Geschäft betrieben wird, einschließlich der auf die Einziehung bezogenen rechtlichen Prüfung und Beratung (Inkassodienstleistung). [2]Abgetretene Forderungen gelten für den bisherigen Gläubiger nicht als fremd.

(3) Rechtsdienstleistung ist nicht:

1. die Erstattung wissenschaftlicher Gutachten,
2. die Tätigkeit von Einigungs- und Schlichtungsstellen, Schiedsrichterinnen und Schiedsrichtern,
3. die Erörterung der die Beschäftigten berührenden Rechtsfragen mit ihren gewählten Interessenvertretungen, soweit ein Zusammenhang zu den Aufgaben dieser Vertretungen besteht,
4. die Mediation und jede vergleichbare Form der alternativen Streitbeilegung, sofern die Tätigkeit nicht durch rechtliche Regelungsvorschläge in die Gespräche der Beteiligten eingreift,
5. die an die Allgemeinheit gerichtete Darstellung und Erörterung von Rechtsfragen und Rechtsfällen in den Medien,
6. die Erledigung von Rechtsangelegenheiten innerhalb verbundener Unternehmen (§ 15 des Aktiengesetzes).

§ 3 Befugnis zur Erbringung außergerichtlicher Rechtsdienstleistungen

Die selbständige Erbringung außergerichtlicher Rechtsdienstleistungen ist unzulässig, soweit sie nicht erlaubt wird

1. durch § 5 Absatz 1 Satz 1, § 6 Absatz 1, § 7 Absatz 1 Satz 1, § 8 Absatz 1, § 10 Absatz 1 Satz 1 oder § 15 Absatz 1 Satz 1 oder 2 und Absatz 2 Satz 1 und 5 oder
2. durch oder aufgrund eines anderen Gesetzes.

§ 4 Unvereinbarkeit mit einer anderen Leistungspflicht

[1]Rechtsdienstleistungen, die unmittelbaren Einfluss auf die Erfüllung einer anderen Leistungspflicht haben können, dürfen nicht erbracht werden, wenn hierdurch die ordnungsgemäße Erbringung der Rechtsdienstleistung gefährdet wird. [2]Eine solche Gefährdung ist nicht schon deshalb anzunehmen, weil aufgrund eines Vertrags mit einem Prozessfinanzierer Berichtspflichten gegenüber dem Prozessfinanzierer bestehen.

§ 5 Rechtsdienstleistungen im Zusammenhang mit einer anderen Tätigkeit

(1) [1]Erlaubt sind Rechtsdienstleistungen im Zusammenhang mit einer anderen Tätigkeit, wenn sie als Nebenleistung zum Berufs- oder Tätigkeitsbild gehören. [2]Ob eine Nebenleistung vorliegt, ist nach ihrem Inhalt, Umfang und sachlichen Zusammenhang mit der Haupttätigkeit unter Berücksichtigung der Rechtskenntnisse zu beurteilen, die für die Haupttätigkeit erforderlich sind. [3]Andere Tätigkeit im Sinne des Satzes 1 kann auch eine andere Rechtsdienstleistung sein.

(2) Als erlaubte Nebenleistungen gelten Rechtsdienstleistungen, die im Zusammenhang mit einer der folgenden Tätigkeiten erbracht werden:

1. Testamentsvollstreckung,
2. Haus- und Wohnungsverwaltung,
3. Fördermittelberatung.

Teil 2
Rechtsdienstleistungen durch nicht registrierte Personen

§ 6 Unentgeltliche Rechtsdienstleistungen

(1) Erlaubt sind Rechtsdienstleistungen, die nicht im Zusammenhang mit einer entgeltlichen Tätigkeit stehen (unentgeltliche Rechtsdienstleistungen).

(2) [1]Wer unentgeltliche Rechtsdienstleistungen außerhalb familiärer, nachbarschaftlicher oder ähnlich enger persönlicher Beziehungen erbringt, muss sicherstellen, dass die Rechtsdienstleistung durch eine Person, der die entgeltliche Erbringung dieser Rechtsdienstleistung erlaubt ist, durch eine Person mit Befähigung zum Richteramt oder unter Anleitung einer solchen Person erfolgt. [2]Anleitung erfordert eine an Umfang und Inhalt der zu erbringenden Rechtsdienstleistungen ausgerichtete Einweisung und Fortbildung sowie eine Mitwirkung bei der Erbringung der Rechtsdienstleistung, soweit dies im Einzelfall erforderlich ist.

§ 7 Berufs- und Interessenvereinigungen, Genossenschaften

(1) [1]Erlaubt sind Rechtsdienstleistungen, die

1. berufliche oder andere zur Wahrung gemeinschaftlicher Interessen gegründete Vereinigungen und deren Zusammenschlüsse,
2. Genossenschaften, genossenschaftliche Prüfungsverbände und deren Spitzenverbände sowie genossenschaftliche Treuhandstellen und ähnliche genossenschaftliche Einrichtungen

im Rahmen ihres satzungsmäßigen Aufgabenbereichs für ihre Mitglieder oder für die Mitglieder der ihnen angehörenden Vereinigungen oder Einrichtungen erbringen, soweit sie gegenüber der Erfüllung ihrer übrigen satzungsmäßigen Aufgaben nicht von übergeordneter Bedeutung sind. [2]Die Rechtsdienstleistungen können durch eine im alleinigen wirtschaftlichen Eigentum der in Satz 1 genannten Vereinigungen oder Zusammenschlüsse stehende juristische Person erbracht werden.

(2) [1]Wer Rechtsdienstleistungen nach Absatz 1 erbringt, muss über die zur sachgerechten Erbringung dieser Rechtsdienstleistungen erforderliche personelle, sachliche und finanzielle Ausstattung verfügen und sicherstellen, dass die Rechtsdienstleistung durch eine Person, der die entgeltliche Erbringung dieser Rechtsdienstleistung erlaubt ist, durch eine Person mit Befähigung zum Richteramt oder unter Anleitung einer solchen Person erfolgt. [2]§ 6 Abs. 2 Satz 2 gilt entsprechend.

§ 8 Öffentliche und öffentlich anerkannte Stellen

(1) Erlaubt sind Rechtsdienstleistungen, die

1. gerichtlich oder behördlich bestellte Personen,
2. Behörden und juristische Personen des öffentlichen Rechts einschließlich der von ihnen zur Erfüllung ihrer öffentlichen Aufgaben gebildeten Unternehmen und Zusammenschlüsse,

3. nach Landesrecht als geeignet anerkannte Personen oder Stellen im Sinn des § 305 Abs. 1 Nr. 1 der Insolvenzordnung,
4. Verbraucherzentralen und andere mit öffentlichen Mitteln geförderte Verbraucherverbände,
5. Verbände der freien Wohlfahrtspflege im Sinn des § 5 des Zwölften Buches Sozialgesetzbuch, anerkannte Träger der freien Jugendhilfe im Sinn des § 75 des Achten Buches Sozialgesetzbuch und anerkannte Verbände zur Förderung der Belange von Menschen mit Behinderungen im Sinne des § 15 Absatz 3 des Behindertengleichstellungsgesetzes

im Rahmen ihres Aufgaben- und Zuständigkeitsbereichs erbringen.

(2) Für die in Absatz 1 Nr. 4 und 5 genannten Stellen gilt § 7 Abs. 2 entsprechend.

§ 9 Untersagung von Rechtsdienstleistungen

(1) [1]Das Bundesamt für Justiz kann den in den §§ 6, 7 Abs. 1 und § 8 Abs. 1 Nr. 4 und 5 genannten Personen und Vereinigungen die weitere Erbringung von Rechtsdienstleistungen für längstens fünf Jahre untersagen, wenn begründete Tatsachen die Annahme dauerhaft unqualifizierter Rechtsdienstleistungen zum Nachteil der Rechtsuchenden oder des Rechtsverkehrs rechtfertigen. [2]Das ist insbesondere der Fall, wenn erhebliche Verstöße gegen die Pflichten nach § 6 Abs. 2, § 7 Abs. 2 oder § 8 Abs. 2 vorliegen.

(2) [1]Die bestandskräftige Untersagung ist beim Bundesamt für Justiz zu registrieren und im Rechtsdienstleistungsregister nach § 16 öffentlich bekanntzumachen. [2]Bei einer bestandskräftigen Untersagung gilt § 15b entsprechend.

(3) Von der Untersagung bleibt die Befugnis, unentgeltliche Rechtsdienstleistungen innerhalb familiärer, nachbarschaftlicher oder ähnlich enger persönlicher Beziehungen zu erbringen, unberührt.

Teil 3
Rechtsdienstleistungen durch registrierte Personen

§ 10 Rechtsdienstleistungen aufgrund besonderer Sachkunde

(1) [1]Natürliche und juristische Personen sowie rechtsfähige Personengesellschaften, die beim Bundesamt für Justiz registriert sind (registrierte Personen), dürfen aufgrund besonderer Sachkunde Rechtsdienstleistungen in folgenden Bereichen erbringen:

1. Inkassodienstleistungen (§ 2 Abs. 2 Satz 1),
2. Rentenberatung auf dem Gebiet der gesetzlichen Renten- und Unfallversicherung, des sozialen Entschädigungsrechts, des übrigen Sozialversicherungs- und Schwerbehindertenrechts mit Bezug zu einer gesetzlichen Rente sowie der betrieblichen und berufsständischen Versorgung,
3. Rechtsdienstleistungen in einem ausländischen Recht; ist das ausländische Recht das Recht eines Mitgliedstaates der Europäischen Union, eines anderen Vertragsstaates des Abkommens über den Europäischen Wirtschaftsraum oder der Schweiz, darf auch auf dem Gebiet des Rechts der Europäischen Union und des Rechts des Europäischen Wirtschaftsraums beraten werden.

[2]Die Registrierung kann auf einen Teilbereich der in Satz 1 genannten Bereiche beschränkt werden, wenn sich der Teilbereich von den anderen in den Bereich fallenden Tätigkeiten trennen lässt und der Registrierung für den Teilbereich keine zwingenden Gründe des Allgemeininteresses entgegenstehen.

(2) [1]Die Registrierung erfolgt auf Antrag. [2]Soll die Registrierung nach Absatz 1 Satz 2 für einen Teilbereich erfolgen, ist dieser im Antrag zu bezeichnen.

(3) [1]Die Registrierung kann, wenn dies zum Schutz der Rechtsuchenden oder des Rechtsverkehrs erforderlich ist, von Bedingungen abhängig gemacht oder mit Auflagen verbunden werden. [2]Auflagen können jederzeit angeordnet oder geändert werden. [3]Ist die Registrierung auf einen Teilbereich

beschränkt, muss der Umfang der beruflichen Tätigkeit den Rechtsuchenden gegenüber eindeutig angegeben werden.

§ 11 Besondere Sachkunde, Berufsbezeichnungen

(1) Inkassodienstleistungen erfordern besondere Sachkunde in den für die beantragte Inkassotätigkeit bedeutsamen Gebieten des Rechts, insbesondere des Bürgerlichen Rechts, des Handels-, Wertpapier- und Gesellschaftsrechts, des Zivilprozessrechts einschließlich des Zwangsvollstreckungs- und Insolvenzrechts sowie des Kostenrechts.

(2) Rentenberatung erfordert besondere Sachkunde im Recht der gesetzlichen Renten- und Unfallversicherung und in den übrigen Teilbereichen des § 10 Abs. 1 Satz 1 Nr. 2, für die eine Registrierung beantragt wird, Kenntnisse über Aufbau, Gliederung und Strukturprinzipien der sozialen Sicherung sowie Kenntnisse der gemeinsamen, für alle Sozialleistungsbereiche geltenden Rechtsgrundsätze einschließlich des sozialrechtlichen Verwaltungsverfahrens und des sozialgerichtlichen Verfahrens.

(3) Rechtsdienstleistungen in einem ausländischen Recht erfordern besondere Sachkunde in dem ausländischen Recht oder in den Teilbereichen des ausländischen Rechts, für die eine Registrierung beantragt wird.

(4) Berufsbezeichnungen, die den Begriff „Inkasso" enthalten, sowie die Berufsbezeichnung „Rentenberaterin" oder „Rentenberater" oder diesen zum Verwechseln ähnliche Bezeichnungen dürfen nur von entsprechend registrierten Personen geführt werden.

(5) Personen, die eine Berufsqualifikation im Sinne des § 12 Absatz 3 Satz 4 besitzen und nur für einen Teilbereich nach § 10 Absatz 1 Satz 2 registriert sind, haben ihre Berufstätigkeit unter der in die deutsche Sprache übersetzten Berufsbezeichnung ihres Herkunftsstaates auszuüben.

§ 12 Registrierungsvoraussetzungen; Verordnungsermächtigung

(1) Voraussetzungen für die Registrierung sind

1. persönliche Eignung und Zuverlässigkeit; hieran fehlt es in der Regel, wenn
   a) die Person aus gesundheitlichen Gründen nicht nur vorübergehend unfähig ist, die beantragte Tätigkeit ordnungsgemäß auszuüben,
   b) die Person eine Tätigkeit ausübt, die mit der beantragten Tätigkeit nicht vereinbar ist, insbesondere weil die Wahrscheinlichkeit einer über den Einzelfall hinausgehenden Pflichtenkollision besteht,
   c) die Vermögensverhältnisse der Person ungeordnet sind,
   d) einer der in § 7 Satz 1 Nummer 1, 2 oder 6 der Bundesrechtsanwaltsordnung genannten Gründe vorliegt oder
   e) die Person in den letzten drei Jahren vor der Antragstellung
      aa) wegen eines Verbrechens oder eines die Berufsausübung betreffenden Vergehens rechtskräftig verurteilt worden ist oder
      bb) aus der Rechts- oder Patentanwaltschaft oder einem im Steuerberatungsgesetz oder in der Wirtschaftsprüferordnung geregelten Beruf ausgeschlossen, im Disziplinarverfahren aus dem notariellen Amt oder dem Dienst in der Rechtspflege entfernt oder im Verfahren über die Richteranklage entlassen worden ist oder sie einer dieser Maßnahmen durch einen Verzicht zuvorgekommen ist,
2. theoretische und praktische Sachkunde in dem Bereich oder den Teilbereichen des § 10 Abs. 1, in denen die Rechtsdienstleistungen erbracht werden sollen,
3. eine Berufshaftpflichtversicherung mit einer Mindestversicherungssumme von 250 000 Euro für jeden Versicherungsfall.

(2) [1]Die Vermögensverhältnisse einer Person sind in der Regel ungeordnet, wenn über ihr Vermögen das Insolvenzverfahren eröffnet worden oder sie in das vom Vollstreckungsgericht zu führende Verzeichnis (§ 26 Abs. 2 der Insolvenzordnung, § 882b der Zivilprozessordnung) eingetragen ist. [2]Ungeordnete Vermögensverhältnisse liegen nicht vor, wenn im Fall der Insolvenzeröffnung die Gläubigerversammlung einer Fortführung des Unternehmens auf der Grundlage eines Insolvenzplans zugestimmt und das Gericht den Plan bestätigt hat, oder wenn die Vermögensinteressen der Rechtsuchenden aus anderen Gründen nicht konkret gefährdet sind.

(3) [1]Die theoretische Sachkunde ist durch Zeugnisse nachzuweisen. [2]Praktische Sachkunde setzt in der Regel eine mindestens zwei Jahre unter Anleitung erfolgte Berufsausübung oder praktische Berufsausbildung voraus. [3]In der Regel müssen im Fall des § 10 Absatz 1 Satz 1 Nummer 1 zumindest zwölf Monate, im Fall des § 10 Absatz 1 Satz 1 Nummer 2 zumindest 18 Monate der Berufsausübung oder -ausbildung im Inland erfolgen. [4]Ist die Person berechtigt, in einem anderen Mitgliedstaat der Europäischen Union, einem anderen Vertragsstaat des Abkommens über den Europäischen Wirtschaftsraum oder der Schweiz einen der in § 10 Absatz 1 Satz 1 Nummer 1 oder 2 genannten Berufe oder einen vergleichbaren Beruf auszuüben, und liegen die Voraussetzungen des § 1 Absatz 2 und 3 des Gesetzes über die Tätigkeit europäischer Patentanwälte in Deutschland sinngemäß vor, so kann die Sachkunde unter Berücksichtigung der bestehenden Berufsqualifikation auch durch einen mindestens sechsmonatigen Anpassungslehrgang nachgewiesen werden. [5]Das Berufsqualifikationsfeststellungsgesetz ist nicht anzuwenden.

(4) [1]Juristische Personen und rechtsfähige Personengesellschaften müssen mindestens eine natürliche Person benennen, die alle nach Absatz 1 Nr. 1 und 2 erforderlichen Voraussetzungen erfüllt (qualifizierte Person). [2]Die qualifizierte Person muss in dem Unternehmen dauerhaft beschäftigt, in allen Angelegenheiten, die Rechtsdienstleistungen des Unternehmens betreffen, weisungsunabhängig und weisungsbefugt sowie zur Vertretung nach außen berechtigt sein. [3]Registrierte Einzelpersonen können qualifizierte Personen benennen.

(5) Das Bundesministerium der Justiz wird ermächtigt, durch Rechtsverordnung ohne Zustimmung des Bundesrates die Einzelheiten zu den Voraussetzungen der Registrierung nach den §§ 11 und 12 zu regeln, insbesondere die Anforderungen an die Sachkunde und ihren Nachweis einschließlich der Anerkennung und Zertifizierung privater Anbieter von Sachkundelehrgängen, an die Anerkennung ausländischer Berufsqualifikationen und den Anpassungslehrgang sowie, auch abweichend von den Vorschriften des Versicherungsvertragsgesetzes für die Pflichtversicherung, an Inhalt und Ausgestaltung der Berufshaftpflichtversicherung.

§ 13 Registrierungsverfahren; Verordnungsermächtigung

(1) [1]Der Antrag auf Registrierung ist beim Bundesamt für Justiz zu stellen. [2]Das Registrierungsverfahren kann auch über eine einheitliche Stelle nach den §§ 71a bis 71e des Verwaltungsverfahrensgesetzes abgewickelt werden. [3]Mit dem Antrag, der alle nach § 16 Absatz 2 Satz 1 Nummer 1 Buchstabe a bis d und Satz 2 in das Rechtsdienstleistungsregister einzutragenden Angaben enthalten muss, sind zur Prüfung der Voraussetzungen nach § 12 Abs. 1 Nr. 1 und 2 sowie Abs. 4 beizubringen:

1. eine zusammenfassende Darstellung des beruflichen Ausbildungsgangs und der bisherigen Berufsausübung,
2. ein Führungszeugnis nach § 30 Abs. 5 des Bundeszentralregistergesetzes,
3. bei einem Antrag auf Registrierung für den Bereich Inkassodienstleistungen eine Auskunft nach § 150 Absatz 5 der Gewerbeordnung,
4. eine Erklärung, ob ein Insolvenzverfahren anhängig ist oder in den letzten drei Jahren vor Antragstellung eine Eintragung in das Schuldnerverzeichnis (§ 882b der Zivilprozessordnung) erfolgt ist,
5. Unterlagen zum Nachweis der theoretischen und praktischen Sachkunde.

[4]In den Fällen des § 12 Abs. 4 müssen die in Satz 3 genannten Unterlagen sowie Unterlagen zum Nachweis der in § 12 Abs. 4 Satz 2 genannten Voraussetzungen für jede qualifizierte Person gesondert beigebracht werden.

(2) [1]Zur Prüfung der Voraussetzungen nach § 10 Absatz 1 Satz 1 Nummer 1, § 12 Absatz 1 Nummer 2 sowie § 5 Absatz 1 ist mit dem Antrag auf Registrierung einer Inkassodienstleistung eine inhaltliche Darstellung der beabsichtigten Tätigkeiten beizufügen. [2]Diese muss insbesondere Angaben dazu enthalten,

1. auf welchen Rechtsgebieten die Tätigkeiten erbracht werden sollen und
2. ob und gegebenenfalls welche weiteren Tätigkeiten als Nebenleistungen erbracht werden sollen.

(3) [1]Über den Antrag ist innerhalb einer Frist von drei Monaten zu entscheiden; § 42a Absatz 2 Satz 2 bis 4 des Verwaltungsverfahrensgesetzes gilt entsprechend. [2]Für Entscheidungen über den Versagungsgrund des § 12 Absatz 1 Nummer 1 Buchstabe a gilt § 15 der Bundesrechtsanwaltsordnung entsprechend. [3]Wenn die Registrierungsvoraussetzungen nach § 12 Absatz 1 Nummer 1 und 2 sowie Absatz 4 vorliegen, fordert das Bundesamt für Justiz den Antragsteller vor Ablauf der Frist nach Satz 1 auf, den Nachweis über die Berufshaftpflichtversicherung sowie über die Erfüllung von Bedingungen (§ 10 Absatz 3 Satz 1) zu erbringen. [4]Sobald diese Nachweise erbracht sind, nimmt es die Registrierung vor und veranlasst ihre öffentliche Bekanntmachung im Rechtsdienstleistungsregister. [5]Erachtet das Bundesamt für Justiz eine Nebenleistung, zu der Angaben nach Absatz 2 Satz 2 Nummer 2 erfolgt sind, als nicht zulässig, so hat es dies dem Antragsteller spätestens mit der Registrierung der Inkassodienstleistung mitzuteilen.

(4) [1]Registrierte Personen oder ihre Rechtsnachfolger müssen alle Änderungen, die sich auf die Registrierung oder den Inhalt des Rechtsdienstleistungsregisters auswirken, dem Bundesamt für Justiz unverzüglich in Textform mitteilen. [2]Dieses veranlasst die notwendigen Registrierungen und ihre öffentliche Bekanntmachung im Rechtsdienstleistungsregister.

(5) [1]Inkassodienstleister, die Tätigkeiten auf anderen als bereits zuvor mitgeteilten Rechtsgebieten erbringen wollen, haben diese Tätigkeiten unverzüglich dem Bundesamt für Justiz in Textform mitzuteilen. [2]Satz 1 gilt entsprechend, wenn andere als bereits zuvor mitgeteilte Nebenleistungen erbracht werden sollen. [3]Erachtet das Bundesamt für Justiz eine nach Satz 2 mitgeteilte Nebenleistung als nicht zulässig, so hat es dies dem Inkassodienstleister innerhalb von zwei Monaten mitzuteilen.

(6) [1]Das Bundesministerium der Justiz wird ermächtigt, durch Rechtsverordnung ohne Zustimmung des Bundesrates die Einzelheiten des Registrierungsverfahrens und des Meldeverfahrens nach § 15 zu regeln. [2]Dabei sind insbesondere Aufbewahrungs- und Löschungsfristen vorzusehen.

§ 13a Darlegungs- und Informationspflichten bei Inkassodienstleistungen gegenüber Privatpersonen

(1) Registrierte Personen, die Inkassodienstleistungen erbringen (Inkassodienstleister), müssen mit der ersten Geltendmachung einer Forderung gegenüber einer Privatperson folgende Informationen klar und verständlich in Textform übermitteln:

1. den Namen oder die Firma ihres Auftraggebers sowie dessen Anschrift, sofern nicht dargelegt wird, dass durch die Angabe der Anschrift überwiegende schutzwürdige Interessen des Auftraggebers beeinträchtigt würden,
2. den Forderungsgrund, bei Verträgen unter konkreter Darlegung des Vertragsgegenstands und des Datums des Vertragsschlusses, bei unerlaubten Handlungen unter Darlegung der Art und des Datums der Handlung,
3. wenn Zinsen geltend gemacht werden, eine Zinsberechnung unter Darlegung der zu verzinsenden Forderung, des Zinssatzes und des Zeitraums, für den die Zinsen berechnet werden,

4. wenn ein Zinssatz über dem gesetzlichen Verzugszinssatz geltend gemacht wird, einen gesonderten Hinweis hierauf und die Angabe, aufgrund welcher Umstände der erhöhte Zinssatz gefordert wird,
5. wenn Inkassokosten geltend gemacht werden, Angaben zu deren Art, Höhe und Entstehungsgrund,
6. wenn mit den Inkassokosten Umsatzsteuerbeträge geltend gemacht werden, eine Erklärung, dass der Auftraggeber diese Beträge nicht als Vorsteuer abziehen kann,
7. wenn die Anschrift der Privatperson nicht vom Gläubiger mitgeteilt, sondern anderweitig ermittelt wurde, einen Hinweis hierauf sowie darauf, wie eventuell aufgetretene Fehler geltend gemacht werden können,
8. Bezeichnung, Anschrift und elektronische Erreichbarkeit der für sie zuständigen Aufsichtsbehörde.

(2) Auf die entsprechende Anfrage einer Privatperson hat ein Inkassodienstleister die folgenden ergänzenden Informationen unverzüglich in Textform mitzuteilen:

1. den Namen oder die Firma desjenigen, in dessen Person die Forderung entstanden ist,
2. bei Verträgen die wesentlichen Umstände des Vertragsschlusses.

(3) Beabsichtigt ein Inkassodienstleister, mit einer Privatperson eine Stundungs- oder Ratenzahlungsvereinbarung zu treffen, so hat er sie zuvor in Textform auf die dadurch entstehenden Kosten hinzuweisen.

(4) [1]Fordert ein Inkassodienstleister eine Privatperson zur Abgabe eines Schuldanerkenntnisses auf, so hat er sie mit der Aufforderung nach Maßgabe des Satzes 2 in Textform darauf hinzuweisen, dass sie durch das Schuldanerkenntnis in der Regel die Möglichkeit verliert, solche Einwendungen und Einreden gegen die anerkannte Forderung geltend zu machen, die zum Zeitpunkt der Abgabe des Schuldanerkenntnisses begründet waren. [2]Der Hinweis muss

1. deutlich machen, welche Teile der Forderung vom Schuldanerkenntnis erfasst werden, und
2. typische Beispiele von Einwendungen und Einreden benennen, die nicht mehr geltend gemacht werden können, wie das Nichtbestehen, die Erfüllung oder die Verjährung der anerkannten Forderung.

(5) Privatperson im Sinne dieser Vorschrift ist jede natürliche Person, gegen die eine Forderung geltend gemacht wird, die nicht im Zusammenhang mit ihrer gewerblichen oder selbständigen beruflichen Tätigkeit steht.

§ 13b Darlegungs- und Informationspflichten bei Inkassodienstleistungen für Verbraucher

(1) Inkassodienstleister, die für einen Verbraucher tätig werden, müssen diesem vor Abgabe seiner Vertragserklärung über eine Inkassodienstleistung folgende Informationen in klarer und verständlicher Weise zur Verfügung stellen:

1. falls ein Erfolgshonorar (§ 49b Absatz 2 Satz 1 der Bundesrechtsanwaltsordnung) vereinbart werden soll, einen Hinweis darauf, welche anderen Möglichkeiten zur Durchsetzung der Forderung bestehen, insbesondere, wenn diese es dem Verbraucher im Erfolgsfall ermöglichen, seine Forderung in voller Höhe zu realisieren,
2. falls Kostenrisiken durch einen Prozessfinanzierer abgesichert werden sollen, einen Hinweis hierauf und auf die mit dem Prozessfinanzierer im Hinblick auf die Prozessführung getroffenen Vereinbarungen,
3. falls der Inkassodienstleister berechtigt sein soll, mit dem Schuldner einen Vergleich zu schließen, einen Hinweis hierauf und insbesondere Erläuterungen dazu,

a) ob der Vergleichsschluss der vorherigen Zustimmung des Verbrauchers bedarf oder ob und unter welchen Voraussetzungen er von ihm widerrufen werden kann,

b) wie sich die Ablehnung oder der Widerruf eines Vergleichsschlusses durch den Verbraucher auf die Vergütung des Inkassodienstleisters und das weitere Verfahren auswirkt,

c) wie sich ein Vergleichsschluss auf die Vergütung des Inkassodienstleisters auswirkt,

d) welche Auswirkungen es auf einen Vergleichsschluss haben kann, wenn Forderungen mehrerer Personen zum Gegenstand eines Vergleichs gemacht werden sollen, sofern dies beabsichtigt ist, sowie

4. Bezeichnung, Anschrift und elektronische Erreichbarkeit der für den Inkassodienstleister zuständigen Aufsichtsbehörde.

(2) [1]Inkassodienstleister, die für Verbraucher tätig werden, müssen Verbrauchern, für die sie im Einzelfall nicht tätig werden wollen, die hierfür wesentlichen Gründe mit der Ablehnung der Tätigkeit in Textform mitteilen. [2]In der Mitteilung ist darauf hinzuweisen, ob eine rechtliche Prüfung der Forderung stattgefunden hat und ob diese ganz oder teilweise automatisiert vorgenommen wurde. [3]Die Mitteilung ist mit einem Hinweis zu verbinden, dass die Ablehnung der Tätigkeit andere Möglichkeiten zur Durchsetzung der Forderung unberührt lässt.

§ 13c Vergütungsvereinbarungen für Inkassodienstleistungen und Rechtsdienstleistungen in einem ausländischen Recht

(1) [1]Eine Vereinbarung über die Vergütung für eine Inkassodienstleistung bedarf, soweit sich die Tätigkeit nicht auf einen mündlichen oder schriftlichen Rat oder eine Auskunft beschränkt, der Textform. [2]Die Vereinbarung muss

1. als Vergütungsvereinbarung oder in vergleichbarer Weise bezeichnet sein,
2. von anderen Vereinbarungen mit Ausnahme der Auftragserteilung deutlich abgesetzt sein,
3. von der Vollmacht getrennt sein und
4. einen Hinweis auf die Rechtsfolge des § 13e Absatz 1 enthalten.

(2) Ist eine vereinbarte Vergütung unter Berücksichtigung aller Umstände unangemessen hoch, so kann sie im Rechtsstreit auf den angemessenen Betrag herabgesetzt werden.

(3) Eine Vereinbarung über ein Erfolgshonorar muss Folgendes enthalten:

1. die Angabe, welche Vergütung bei Eintritt welcher Bedingungen verdient sein soll,
2. die Angabe, ob und gegebenenfalls welchen Einfluss die Vereinbarung auf die gegebenenfalls von dem Auftraggeber zu zahlenden Gerichtskosten, Verwaltungskosten und die von diesem zu erstattenden Kosten anderer Beteiligter haben soll,
3. die wesentlichen Gründe, die für die Bemessung des Erfolgshonorars bestimmend sind, insbesondere im Hinblick auf die Erfolgsaussichten der Rechtsdurchsetzung, den Aufwand des Inkassodienstleisters und die Möglichkeit, die Kosten für die Inkassotätigkeit vom Schuldner ersetzt zu erhalten, sowie
4. die Angabe, ob bei einer vorzeitigen Vertragsbeendigung eine Vergütung fällig wird.

(4) Die Vereinbarung eines Erfolgshonorars ist unzulässig, soweit sich die Inkassodienstleistung auf eine Forderung bezieht, die der Pfändung nicht unterworfen ist.

(5) Für Rechtsdienstleistungen in einem ausländischen Recht gelten Absatz 1 Satz 1 und 2 Nummer 1 bis 3 und die Absätze 2 bis 4 entsprechend.

§ 13d Vergütung der Rentenberater

(1) [1]Für die Vergütung der Rentenberater gilt das Rechtsanwaltsvergütungsgesetz entsprechend. [2]Richtet sich die Vergütung nach dem Gegenstandswert, so hat der Rentenberater den Auftraggeber vor der Übernahme des Auftrags hierauf hinzuweisen.

(2) [1]Rentenberatern ist es untersagt, geringere Gebühren und Auslagen zu vereinbaren oder zu fordern, als das Rechtsanwaltsvergütungsgesetz vorsieht, soweit dieses nichts anderes bestimmt. [2]Die Vereinbarung eines Erfolgshonorars (§ 49b Absatz 2 Satz 1 der Bundesrechtsanwaltsordnung) ist unzulässig, soweit das Rechtsanwaltsvergütungsgesetz nichts anderes bestimmt; Verpflichtungen, die Gerichtskosten, Verwaltungskosten oder Kosten anderer Beteiligter zu tragen, sind unzulässig. [3]Im Einzelfall darf besonderen Umständen in der Person des Auftraggebers, insbesondere dessen Bedürftigkeit, durch Ermäßigung oder Erlass von Gebühren oder Auslagen nach Erledigung des Auftrags Rechnung getragen werden.

(3) Für die Erstattung der Vergütung der Rentenberater in einem gerichtlichen Verfahren gelten die Vorschriften der Verfahrensordnungen über die Erstattung der Vergütung eines Rechtsanwalts entsprechend.

§ 13e Erstattungsfähigkeit der Kosten von Inkassodienstleistern

(1) Ein Gläubiger kann die Kosten, die ihm ein Inkassodienstleister für seine Tätigkeit berechnet hat, von seinem Schuldner nur bis zur Höhe der Vergütung als Schaden ersetzt verlangen, die einem Rechtsanwalt für diese Tätigkeit nach den Vorschriften des Rechtsanwaltsvergütungsgesetzes zustehen würde.

(2) Die Erstattung der Vergütung von Inkassodienstleistern für die Vertretung im Zwangsvollstreckungsverfahren richtet sich nach § 788 der Zivilprozessordnung.

§ 13f Beauftragung von Rechtsanwälten und Inkassodienstleistern

[1]Beauftragt der Gläubiger einer Forderung mit deren Einziehung sowohl einen Inkassodienstleister als auch einen Rechtsanwalt, so kann er die ihm dadurch entstehenden Kosten nur bis zu der Höhe als Schaden ersetzt verlangen, wie sie entstanden wären, wenn er nur einen Rechtsanwalt beauftragt hätte. [2]Dies gilt für alle außergerichtlichen und gerichtlichen Aufträge. [3]Die Sätze 1 und 2 gelten nicht, wenn der Schuldner die Forderung erst nach der Beauftragung eines Inkassodienstleisters bestritten hat und das Bestreiten Anlass für die Beauftragung eines Rechtsanwalts gegeben hat.

§ 13g Umgang mit Fremdgeldern

Inkassodienstleister haben fremde Gelder unverzüglich an eine empfangsberechtigte Person weiterzuleiten oder auf ein gesondertes Konto einzuzahlen.

§ 13h Aufsichtsmaßnahmen

(1) [1]Das Bundesamt für Justiz übt die Aufsicht über die Einhaltung dieses Gesetzes aus. [2]Die Aufsicht umfasst zudem die Einhaltung anderer Gesetze, soweit sich aus diesen Vorgaben für die berufliche Tätigkeit der registrierten Personen ergeben. [3]Das Bundesamt für Justiz ist zuständige Stelle im Sinne des § 117 Absatz 2 des Versicherungsvertragsgesetzes.

(2) [1]Das Bundesamt für Justiz trifft gegenüber registrierten Personen Maßnahmen, um die Einhaltung der in Absatz 1 genannten Gesetze sicherzustellen. [2]Es kann insbesondere anordnen, dass ein bestimmtes Verhalten zu unterlassen ist. [3]Eine solche Anordnung kommt insbesondere zur Klärung einer Rechtsfrage von grundsätzlicher Bedeutung oder bei einem erheblichen oder wiederholten Verstoß gegen Rechtsvorschriften in Betracht.

(3) Obliegt die Kontrolle der Einhaltung von Vorgaben im Sinne des Absatzes 1 Satz 2 vorrangig einer anderen Behörde oder ist in Bezug auf solche Vorgaben ein sonstiges Verfahren anhängig, so hat das Bundesamt für Justiz in der Regel den Ausgang der Prüfung der anderen Behörde oder

des sonstigen Verfahrens abzuwarten und erst im Anschluss daran zu entscheiden, ob noch Maßnahmen nach diesem Gesetz erforderlich sind.

(4) Das Bundesamt für Justiz kann einer Person, die Rechtsdienstleistungen erbringt, den Betrieb vorübergehend ganz oder teilweise untersagen, wenn begründete Tatsachen die Annahme rechtfertigen, dass

1. eine Voraussetzung für die Registrierung nach § 12 weggefallen ist oder
2. erheblich oder dauerhaft gegen Pflichten verstoßen wird.

(5) [1]Soweit es zur Erfüllung der Aufgaben der Aufsichtsbehörde erforderlich ist, hat die registrierte Person ihr und den in ihrem Auftrag handelnden Personen

1. das Betreten der Geschäftsräume während der üblichen Betriebszeiten zu gestatten,
2. auf Verlangen die in Betracht kommenden Bücher und Dokumente, auch soweit sie elektronisch geführt werden, in geeigneter Weise zur Einsicht vorzulegen,
3. Auskunft zu erteilen und
4. die sonst erforderliche Unterstützung zu gewähren.

[2]Der zur Erteilung einer Auskunft Verpflichtete kann die Auskunft verweigern, wenn er sich damit selbst oder einen der in § 383 Absatz 1 Nummer 1 bis 3 der Zivilprozessordnung bezeichneten Angehörigen der Gefahr der Verfolgung wegen einer Straftat oder eines Verfahrens nach dem Gesetz über Ordnungswidrigkeiten aussetzen würde. [3]Er ist auf dieses Recht hinzuweisen.

(6) [1]In Beschwerdeverfahren teilt die Aufsichtsbehörde dem Beschwerdeführer ihre Entscheidung mit, sobald das Verfahren bei ihr abgeschlossen ist. [2]In der Mitteilung sind die wesentlichen Gründe für die Entscheidung kurz darzustellen. [3]Die Mitteilung ist nicht anfechtbar.

§ 14 Widerruf der Registrierung

[1]Das Bundesamt für Justiz widerruft die Registrierung unbeschadet des § 49 des Verwaltungsverfahrensgesetzes oder entsprechender landesrechtlicher Vorschriften,

1. wenn begründete Tatsachen die Annahme rechtfertigen, dass die registrierte Person oder eine qualifizierte Person die erforderliche persönliche Eignung oder Zuverlässigkeit nicht mehr besitzt; dies ist in der Regel der Fall, wenn einer der in § 12 Abs. 1 Nr. 1 genannten Gründe nachträglich eintritt oder die registrierte Person beharrlich Änderungsmitteilungen nach § 13 Absatz 4 Satz 1 oder Mitteilungen nach § 13 Absatz 5 Satz 1 oder 2 unterlässt,
2. wenn die registrierte Person keine Berufshaftpflichtversicherung nach § 12 Abs. 1 Nr. 3 mehr unterhält,
3. wenn begründete Tatsachen die Annahme dauerhaft unqualifizierter Rechtsdienstleistungen zum Nachteil der Rechtsuchenden oder des Rechtsverkehrs rechtfertigen; dies ist in der Regel der Fall, wenn die registrierte Person in erheblichem Umfang Rechtsdienstleistungen über die eingetragene Befugnis hinaus erbringt oder beharrlich gegen Auflagen, Darlegungs- und Informationspflichten nach den §§ 13a oder 13b oder Pflichten nach § 13g verstößt,
4. wenn eine juristische Person oder eine rechtsfähige Personengesellschaft, die keine weitere qualifizierte Person benannt hat, bei Ausscheiden der qualifizierten Person nicht innerhalb von sechs Monaten eine qualifizierte Person benennt.

[2]Für die Entscheidung über einen Widerruf nach Satz 1 Nummer 1 in Verbindung mit § 12 Absatz 1 Nummer 1 Buchstabe a gilt § 15 der Bundesrechtsanwaltsordnung entsprechend.

§ 14a Bestellung eines Abwicklers für Rentenberater

(1) [1]Ist eine als Rentenberater registrierte Person (§ 10 Absatz 1 Satz 1 Nummer 2) verstorben oder wurde ihre Registrierung zurückgenommen oder widerrufen, so kann das Bundesamt für Jus-

tiz einen Abwickler für ihre Praxis bestellen. [2]Der Abwickler muss Rechtsanwalt sein oder eine Registrierung für denselben Bereich besitzen wie die registrierte Person, deren Praxis abzuwickeln ist.

(2) Für die Bestellung und Durchführung der Abwicklung gelten § 53 Absatz 4 Satz 3, § 54 Absatz 1 Satz 2 und 3, Absatz 3 und 4 Satz 1 bis 3 sowie § 55 Absatz 1 Satz 4 und 5, Absatz 2 Satz 1 und 4, Absatz 3 Satz 2 und Absatz 4 der Bundesrechtsanwaltsordnung entsprechend mit der Maßgabe, dass an die Stelle des Vorstands der Rechtsanwaltskammer das Bundesamt für Justiz tritt.

§ 15 Vorübergehende Rechtsdienstleistungen

(1) [1]Natürliche und juristische Personen sowie rechtsfähige Personengesellschaften, die in einem anderen Mitgliedstaat der Europäischen Union, in einem anderen Vertragsstaat des Abkommens über den Europäischen Wirtschaftsraum oder in der Schweiz zur Ausübung eines in § 10 Absatz 1 Satz 1 Nummer 1 oder 2 genannten oder eines vergleichbaren Berufs rechtmäßig niedergelassen sind, dürfen diesen Beruf in der Bundesrepublik Deutschland mit denselben Rechten und Pflichten wie eine nach § 10 Absatz 1 Satz 1 Nummer 1 oder 2 registrierte Person vorübergehend und gelegentlich ausüben (vorübergehende Rechtsdienstleistungen). [2]Wenn weder der Beruf noch die Ausbildung zu diesem Beruf im Staat der Niederlassung reglementiert sind, gilt dies nur, wenn die Person oder Gesellschaft den Beruf in den in Satz 1 genannten Staaten während der vorhergehenden zehn Jahre mindestens ein Jahr ausgeübt hat. [3]Ob Rechtsdienstleistungen vorübergehend und gelegentlich erbracht werden, ist insbesondere anhand ihrer Dauer, Häufigkeit, regelmäßigen Wiederkehr und Kontinuität zu beurteilen.

(2) [1]Vorübergehende Rechtsdienstleistungen sind nur zulässig, wenn die Person oder Gesellschaft vor der ersten Erbringung von Dienstleistungen im Inland dem Bundesamt für Justiz in Textform eine Meldung mit dem Inhalt nach Satz 3 erstattet. [2]Das Meldeverfahren kann auch über eine einheitliche Stelle nach den §§ 71a bis 71e des Verwaltungsverfahrensgesetzes abgewickelt werden. [3]Die Meldung muss neben den nach § 16 Absatz 2 Satz 1 Nummer 1 Buchstabe a bis c und Satz 2 im Rechtsdienstleistungsregister öffentlich bekanntzumachenden Angaben enthalten:

1. eine Bescheinigung darüber, dass die Person oder Gesellschaft in einem Mitgliedstaat der Europäischen Union, in einem anderen Vertragsstaat des Abkommens über den Europäischen Wirtschaftsraum oder in der Schweiz rechtmäßig zur Ausübung eines der in § 10 Absatz 1 Satz 1 Nummer 1 oder 2 genannten Berufe oder eines vergleichbaren Berufs niedergelassen ist und dass ihr die Ausübung dieser Tätigkeit zum Zeitpunkt der Vorlage der Bescheinigung nicht, auch nicht vorübergehend, untersagt ist,
2. einen Nachweis darüber, dass die Person oder Gesellschaft den Beruf in den in Nummer 1 genannten Staaten während der vorhergehenden zehn Jahre mindestens ein Jahr rechtmäßig ausgeübt hat, wenn der Beruf dort nicht reglementiert ist,
3. sofern der Beruf auf dem Gebiet der Bundesrepublik Deutschland ausgeübt wird, einen Nachweis über das Bestehen einer Berufshaftpflichtversicherung nach Absatz 5 oder Angaben dazu, warum der Abschluss einer solchen Versicherung nicht möglich oder unzumutbar ist; anderenfalls eine Erklärung darüber, dass der Beruf ausschließlich aus dem Niederlassungsstaat heraus ausgeübt wird,
4. die Angabe der Berufsbezeichnung, unter der die Tätigkeit im Inland zu erbringen ist, und
5. eine Einwilligung zur Veröffentlichung von Telefonnummer und E-Mail-Adresse im Rechtsdienstleistungsregister, falls eine solche erteilt werden soll.

[4]§ 13 Absatz 4 Satz 1 und 2 gilt entsprechend. [5]Die Meldung ist jährlich zu wiederholen, wenn die Person oder Gesellschaft nach Ablauf eines Jahres erneut vorübergehende Rechtsdienstleistungen im Inland erbringen will. [6]In diesem Fall ist der Nachweis oder die Erklärung nach Satz 3 Nummer 3 erneut beizufügen.

(3) [1]Sobald die Meldung nach Absatz 2 vollständig vorliegt, nimmt das Bundesamt für Justiz eine vorübergehende Registrierung oder ihre Verlängerung um ein Jahr vor und veranlasst die öffentliche Bekanntmachung im Rechtsdienstleistungsregister. [2]Das Verfahren ist kostenfrei.

(4) [1]Vorübergehende Rechtsdienstleistungen sind unter der in der Sprache des Niederlassungsstaats für die Tätigkeit bestehenden Berufsbezeichnung zu erbringen. [2]Eine Verwechslung mit den in § 11 Abs. 4 aufgeführten Berufsbezeichnungen muss ausgeschlossen sein.

(5) [1]Vorübergehend registrierte Personen oder Gesellschaften, die ihren Beruf auf dem Gebiet der Bundesrepublik Deutschland ausüben, sind verpflichtet, eine Berufshaftpflichtversicherung zur Deckung der sich aus ihrer Berufstätigkeit in Deutschland ergebenden Haftpflichtgefahren für Vermögensschäden abzuschließen, die nach Art und Umfang den durch ihre berufliche Tätigkeit entstehenden Risiken angemessen ist. [2]Ist der Person oder Gesellschaft der Abschluss einer solchen Versicherung nicht möglich oder unzumutbar, hat sie ihre Auftraggeberin oder ihren Auftraggeber vor ihrer Beauftragung auf diese Tatsache und deren Folgen in Textform hinzuweisen.

(6) [1]Das Bundesamt für Justiz kann einer vorübergehend registrierten Person oder Gesellschaft die weitere Erbringung von Rechtsdienstleistungen untersagen, wenn aufgrund begründeter Tatsachen anzunehmen ist, dass sie dauerhaft unqualifizierte Rechtsdienstleistungen zum Nachteil der Rechtsuchenden oder des Rechtsverkehrs erbringen wird oder wenn sie in erheblichem Maß gegen Berufspflichten verstoßen hat. [2]Die Voraussetzungen nach Satz 1 sind regelmäßig erfüllt, wenn die Person oder Gesellschaft

1. im Staat der Niederlassung nicht mehr rechtmäßig niedergelassen ist oder ihr die Ausübung der Tätigkeit dort untersagt ist,
2. in erheblichem Umfang Rechtsdienstleistungen über die eingetragene Befugnis hinaus erbringt,
3. beharrlich gegen Darlegungs- und Informationspflichten nach § 13a verstößt,
4. nicht über die für die Ausübung der Berufstätigkeit im Inland erforderlichen deutschen Sprachkenntnisse verfügt,
5. beharrlich entgegen Absatz 4 eine unrichtige Berufsbezeichnung führt oder
6. beharrlich gegen die Vorgaben des Absatzes 5 über die Berufshaftpflichtversicherung verstößt.

(7) [1]Natürliche und juristische Personen sowie rechtsfähige Personengesellschaften, die in einem in Absatz 1 Satz 1 genannten Staat zur Erbringung von Rechtsdienstleistungen in einem ausländischen Recht (§ 10 Absatz 1 Satz 1 Nummer 3) rechtmäßig niedergelassen sind, dürfen diese Rechtsdienstleistungen in der Bundesrepublik Deutschland mit denselben Befugnissen wie eine nach § 10 Absatz 1 Satz 1 Nummer 3 registrierte Person vorübergehend und gelegentlich ausüben (vorübergehende Rechtsdienstleistungen). [2]Absatz 1 Satz 2 und 3 sowie die Absätze 2 bis 6 gelten entsprechend.

§ 15a Statistik

[1]Über Verfahren nach § 12 Absatz 3 Satz 4 und § 15 wird eine Bundesstatistik durchgeführt. [2]§ 17 des Berufsqualifikationsfeststellungsgesetzes ist anzuwenden.

§ 15b Betrieb ohne Registrierung

Werden Rechtsdienstleistungen ohne erforderliche Registrierung oder vorübergehende Registrierung erbracht, so kann das Bundesamt für Justiz die Fortsetzung des Betriebs verhindern.

Teil 4
Rechtsdienstleistungsregister

§ 16 Inhalt des Rechtsdienstleistungsregisters; Verordnungsermächtigung

(1) [1]Das Rechtsdienstleistungsregister dient der Information der Rechtsuchenden, der Personen, die Rechtsdienstleistungen anbieten, des Rechtsverkehrs und öffentlicher Stellen. [2]Die Einsicht in das Rechtsdienstleistungsregister steht jedem unentgeltlich zu.

(2) [1]Im Rechtsdienstleistungsregister hat das Bundesamt für Justiz unter Angabe des Datums der jeweiligen Registrierung öffentlich bekanntzumachen:

1. die Registrierung von Personen, denen Rechtsdienstleistungen in einem oder mehreren der in § 10 Abs. 1 genannten Bereiche oder Teilbereiche erlaubt sind, unter Angabe
   a) ihres Familiennamens und Vornamens, ihres Namens oder ihrer Firma einschließlich ihrer gesetzlichen Vertreter sowie des Registergerichts und der Registernummer, unter der sie in das Handels-, Genossenschafts-, Gesellschafts-, Partnerschafts- oder Vereinsregister eingetragen sind,
   b) ihres Gründungsjahres,
   c) ihrer Geschäftsanschrift einschließlich der Anschriften aller Zweigstellen,
   d) der für sie nach § 12 Abs. 4 benannten qualifizierten Personen unter Angabe des Familiennamens und Vornamens,
   e) des Inhalts und Umfangs der Rechtsdienstleistungsbefugnis einschließlich erteilter Auflagen,
   f) gegebenenfalls des Umstands, dass es sich um eine vorübergehende Registrierung nach § 15 handelt, und der Berufsbezeichnung, unter der die Rechtsdienstleistungen nach § 15 Absatz 4 im Inland zu erbringen sind,
   g) bestehender sofort vollziehbarer Rücknahmen und Widerrufe der Registrierung,
2. die Registrierung von Personen oder Vereinigungen, denen die Erbringung von Rechtsdienstleistungen nach § 9 Abs. 1 bestandskräftig untersagt worden ist, unter Angabe
   a) ihres Familiennamens und Vornamens, ihres Namens oder ihrer Firma einschließlich ihrer gesetzlichen Vertreter sowie des Registergerichts und der Registernummer, unter der sie in das Handels-, Genossenschafts-, Gesellschafts-, Partnerschafts- oder Vereinsregister eingetragen sind,
   b) ihres Gründungsjahres,
   c) ihrer Anschrift,
   d) der Dauer der Untersagung.

[2]Bei öffentlichen Bekanntmachungen nach Satz 1 Nummer 1 und 2, die sich auf eine nicht im Gesellschaftsregister eingetragene Gesellschaft bürgerlichen Rechts beziehen, sind anstelle des Registergerichts und der Registernummer Name und Anschrift ihrer vertretungsberechtigten Gesellschafter anzugeben. [3]Bei öffentlichen Bekanntmachungen nach Satz 1 Nummer 1 werden mit der Geschäftsanschrift auch die Telefonnummer und die E-Mail-Adresse der registrierten Person veröffentlicht, wenn sie in die Veröffentlichung dieser Daten in Textform eingewilligt hat. [4]Wird ein Abwickler bestellt, ist auch dies unter Angabe von Familienname, Vorname und Anschrift des Abwicklers zu veröffentlichen.

(3) [1]Die öffentliche Bekanntmachung erfolgt durch eine Veröffentlichung im Internet unter der Adresse www.rechtsdienstleistungsregister.de. [2]Das Bundesministerium der Justiz wird ermächtigt, durch Rechtsverordnung ohne Zustimmung des Bundesrates die Einzelheiten der öffentlichen Bekanntmachung im Internet zu regeln.

§ 17 Löschung von Veröffentlichungen; Verordnungsermächtigung

(1) [1]Das Bundesamt für Justiz hat die im Rechtsdienstleistungsregister öffentlich bekanntgemachten Daten zu löschen:

1. bei registrierten Personen mit dem Verzicht auf die Registrierung,
2. bei natürlichen Personen mit ihrem Tod,
3. bei juristischen Personen und rechtsfähigen Personengesellschaften mit ihrer Beendigung,
4. bei Personen, deren Registrierung zurückgenommen oder widerrufen worden ist, mit der Bestandskraft der Entscheidung,

5. bei Personen oder Vereinigungen, denen die Erbringung von Rechtsdienstleistungen nach § 9 Abs. 1 untersagt ist, nach Ablauf der Dauer der Untersagung,
6. bei Personen oder Gesellschaften nach § 15 mit Ablauf eines Jahres nach der vorübergehenden Registrierung oder ihrer letzten Verlängerung, im Fall der Untersagung nach § 15 Absatz 6 mit Bestandskraft der Untersagung.

[2]Wird im Fall des Satzes 1 Nummer 2 oder 4 ein Abwickler bestellt, erfolgt eine Löschung erst nach Beendigung der Abwicklung.

(2) Das Bundesministerium der Justiz wird ermächtigt, durch Rechtsverordnung ohne Zustimmung des Bundesrates die Einzelheiten des Löschungsverfahrens zu regeln.

Teil 5
Datenübermittlung und Zuständigkeiten, Bußgeldvorschriften

§ 18 Umgang mit personenbezogenen Daten; Verordnungsermächtigung

(1) [1]Gerichte und Behörden dürfen dem Bundesamt für Justiz personenbezogene Daten übermitteln, soweit deren Kenntnis für folgende Zwecke erforderlich ist:

1. die Registrierung oder die Rücknahme oder den Widerruf der Registrierung,
2. eine Untersagung nach § 9 Absatz 1 oder § 15 Absatz 6,
3. eine Aufsichtsmaßnahme nach § 13h,
4. eine Maßnahme nach § 15b oder
5. die europäische Verwaltungszusammenarbeit nach Absatz 2.

[2]Satz 1 gilt nur, soweit durch die Übermittlung der Daten schutzwürdige Interessen der Person nicht beeinträchtigt werden oder soweit das öffentliche Interesse das Geheimhaltungsinteresse der Person überwiegt.

(2) [1]Für die Verwaltungszusammenarbeit mit Behörden anderer Mitgliedstaaten der Europäischen Union, anderer Vertragsstaaten des Europäischen Wirtschaftsraums und der Schweiz gelten die §§ 8a bis 8d des Verwaltungsverfahrensgesetzes entsprechend. [2]Für diese Verwaltungszusammenarbeit ist das Binnenmarkt-Informationssystem der Europäischen Union zu nutzen.

(2a) [1]Wird in einem verwaltungsgerichtlichen Verfahren festgestellt, dass eine Person bei einem Antrag auf Anerkennung ihrer Berufsqualifikation nach der Richtlinie 2005/36/EG des Europäischen Parlaments und des Rates vom 7. September 2005 über die Anerkennung von Berufsqualifikationen (ABl. L 255 vom 30.9.2005, S. 22; L 271 vom 16.10.2007, S. 18; L 93 vom 4.4.2008, S. 28; L 33 vom 3.2.2009, S. 49; L 305 vom 24.10.2014, S. 115), die zuletzt durch die Richtlinie 2013/55/EU (ABl. L 354 vom 28.12.2013, S. 132; L 268 vom 15.10.2015, S. 35; L 95 vom 9.4.2016, S. 20) geändert worden ist, in der jeweils geltenden Fassung einen gefälschten Berufsqualifikationsnachweis verwendet hat, hat das Bundesamt für Justiz die Angaben zur Identität der Person und die Tatsache, dass sie einen gefälschten Berufsqualifikationsnachweis verwendet hat, binnen drei Tagen nach Rechtskraft der gerichtlichen Entscheidung über das Binnenmarkt-Informationssystem den anderen Mitgliedstaaten der Europäischen Union, den anderen Vertragsstaaten des Abkommens über den Europäischen Wirtschaftsraum und der Schweiz mitzuteilen. [2]§ 38 Absatz 2 des Gesetzes über die Tätigkeit europäischer Rechtsanwälte in Deutschland gilt entsprechend.

(3) Das Bundesministerium der Justiz wird ermächtigt, die Einzelheiten des Umgangs mit personenbezogenen Daten, insbesondere der Veröffentlichung in dem Rechtsdienstleistungsregister, der Einsichtnahme in das Register, der Datenübermittlung einschließlich des automatisierten Datenabrufs und der Amtshilfe, durch Rechtsverordnung ohne Zustimmung des Bundesrates zu regeln.

§ 19 (weggefallen)

§ 20 Bußgeldvorschriften

(1) Ordnungswidrig handelt, wer

1. entgegen § 3 eine außergerichtliche Rechtsdienstleistung geschäftsmäßig erbringt,
2. einer vollziehbaren Anordnung nach § 9 Absatz 1 Satz 1, § 13h Absatz 2 Satz 3 oder § 15 Absatz 6 Satz 1, auch in Verbindung mit Absatz 7 Satz 2, zuwiderhandelt,
3. einer vollziehbaren Auflage nach § 10 Absatz 3 Satz 1 zuwiderhandelt,
4. entgegen § 11 Absatz 4 eine dort genannte Berufsbezeichnung oder Bezeichnung führt oder
5. entgegen § 13g fremde Gelder nicht oder nicht rechtzeitig weiterleitet und nicht oder nicht rechtzeitig einzahlt.

(2) Ordnungswidrig handelt, wer vorsätzlich oder fahrlässig

1. entgegen § 13 Absatz 4 Satz 1, auch in Verbindung mit § 15 Absatz 2 Satz 4, auch in Verbindung mit § 15 Absatz 7 Satz 2, entgegen § 13 Absatz 5 Satz 1, auch in Verbindung mit Satz 2, oder entgegen § 13a Absatz 2 eine Mitteilung nicht, nicht richtig, nicht vollständig oder nicht rechtzeitig macht,
2. entgegen § 13a Absatz 1 eine Information nicht, nicht richtig, nicht vollständig oder nicht rechtzeitig übermittelt oder
3. entgegen § 13a Absatz 3 oder 4 Satz 1 einen Hinweis nicht, nicht richtig, nicht vollständig oder nicht rechtzeitig gibt.

(3) Die Ordnungswidrigkeit kann mit einer Geldbuße bis zu fünfzigtausend Euro geahndet werden.

(4) Verwaltungsbehörde im Sinne des § 36 Absatz 1 Nummer 1 des Gesetzes über Ordnungswidrigkeiten ist das Bundesamt für Justiz.

Einführungsgesetz zum Rechtsdienstleistungsgesetz (RDGEG)

Vom 12. Dezember 2007, BGBl. I 2840

Zuletzt geändert durch Artikel 6 des Gesetzes vom 10. März 2023, BGBl. I Nr. 64

Inhaltsübersicht

§ 1 Erlaubnisinhaber nach dem Rechtsberatungsgesetz

(1) Inhaber von behördlichen Erlaubnissen zur Besorgung fremder Rechtsangelegenheiten, die nicht Mitglied einer Rechtsanwaltskammer sind, können unter Vorlage ihrer Erlaubnisurkunde die Registrierung nach § 13 des Rechtsdienstleistungsgesetzes beantragen.

(2) [1]Behördliche Erlaubnisse zur Besorgung fremder Rechtsangelegenheiten von Erlaubnisinhabern, die nach § 209 der Bundesrechtsanwaltsordnung in eine Rechtsanwaltskammer aufgenommen sind (Kammerrechtsbeistände), erlöschen mit ihrem Ausscheiden aus der Rechtsanwaltskammer. [2]Kammerrechtsbeistände, deren Aufnahme in die Rechtsanwaltskammer nach § 209 Abs. 2 der Bundesrechtsanwaltsordnung auf eigenen Antrag widerrufen wird, können die Registrierung nach § 13 des Rechtsdienstleistungsgesetzes beantragen. [3]Wird der Antrag innerhalb von drei Monaten nach dem Widerruf gestellt, bleibt die Erlaubnis abweichend von Satz 1 bis zur Entscheidung über den Antrag gültig.

(3) [1]Inhaber einer Erlaubnis nach Artikel 1 § 1 Abs. 1 Satz 2 Nr. 1, 5 oder Nr. 6 des Rechtsberatungsgesetzes werden unter Angabe des Umfangs ihrer Erlaubnis als registrierte Personen nach § 10 Abs. 1 Satz 1 Nr. 1, 2 oder Nr. 3 des Rechtsdienstleistungsgesetzes registriert. [2]Erlaubnisinhaber, deren Erlaubnis sich auf andere Bereiche erstreckt oder deren Befugnisse über die in § 10 Abs. 1 des Rechtsdienstleistungsgesetzes geregelten Befugnisse hinausgehen, werden gesondert oder zusätzlich zu ihrer Registrierung nach Satz 1 als Rechtsbeistände oder Erlaubnisinhaber registriert (registrierte Erlaubnisinhaber) und entsprechend § 16 Absatz 2 Satz 1 Nummer 1 des Rechtsdienstleistungsgesetzes in das Rechtsdienstleistungsregister eingetragen. [3]Sie dürfen unter ihrer bisher geführten Berufsbezeichnung Rechtsdienstleistungen in allen Bereichen des Rechts erbringen, auf die sich ihre Registrierung erstreckt. [4]Rechtsdienstleistungen auf den Gebieten des Steuerrechts und des gewerblichen Rechtsschutzes dürfen sie nur erbringen, soweit ihre Registrierung diese Gebiete ausdrücklich umfasst.

(4) [1]Abweichend von § 13 des Rechtsdienstleistungsgesetzes prüft das Bundesamt für Justiz vor der Registrierung nur, ob eine ausreichende Berufshaftpflichtversicherung nach § 12 Abs. 1 Nr. 3 des Rechtsdienstleistungsgesetzes besteht. [2]Als qualifizierte Personen werden die zur Zeit der Antragstellung in der Erlaubnisurkunde bezeichneten Ausübungsberechtigten registriert. [3]Kosten werden für die Registrierung und ihre öffentliche Bekanntmachung nicht erhoben. [4]Die spätere Benennung qualifizierter Personen ist nur für registrierte Personen nach § 10 Abs. 1 des Rechtsdienstleistungsgesetzes und nicht für registrierte Erlaubnisinhaber möglich.

(5) [1]Ist ein registrierter Erlaubnisinhaber, der nach Maßgabe des § 3 Absatz 2 zur gerichtlichen Vertretung oder zum Auftreten in der Verhandlung befugt ist, verstorben oder wurde seine Registrierung zurückgenommen oder widerrufen, kann das Bundesamt für Justiz einen Abwickler für seine Praxis bestellen. [2]§ 14a Absatz 1 Satz 2 und Absatz 2 des Rechtsdienstleistungsgesetzes gilt entsprechend.

§ 2 Versicherungsberater

Abweichend von § 1 Absatz 1 können Personen mit einer Erlaubnis zur Besorgung fremder Rechtsangelegenheiten auf dem Gebiet der Versicherungsberatung (Artikel 1 § 1 Abs. 1 Satz 2 Nr. 2 des Rechtsberatungsgesetzes) nur eine Erlaubnis als Versicherungsberater nach § 34d Absatz 2 der Gewerbeordnung beantragen.

§ 3 Gerichtliche Vertretung

(1) Kammerrechtsbeistände stehen in den nachfolgenden Vorschriften einem Rechtsanwalt gleich:

1. § 79 Absatz 1 Satz 2 und Absatz 2 Satz 1, § 88 Absatz 2, § 121 Absatz 2 bis 4, § 122 Absatz 1, den §§ 126, 130d und 133 Absatz 2, den §§ 135, 157 und 169 Absatz 2, den §§ 174, 195 und 317 Absatz 5 Satz 2, § 348 Absatz 1 Satz 2 Nummer 2 Buchstabe d, § 397 Absatz 2 und § 702 Absatz 2 Satz 2 der Zivilprozessordnung,
2. § 10 Absatz 2 Satz 1, § 11 Satz 4, § 13 Absatz 4, den §§ 14b und 78 Absatz 2 bis 4 des Gesetzes über das Verfahren in Familiensachen und in den Angelegenheiten der freiwilligen Gerichtsbarkeit,
3. § 11 Absatz 2 Satz 1 und § 46g des Arbeitsgerichtsgesetzes,
4. den §§ 65d und 73 Absatz 2 Satz 1 und Absatz 6 Satz 5 des Sozialgerichtsgesetzes, wenn nicht die Erlaubnis das Sozial- und Sozialversicherungsrecht ausschließt,
5. den §§ 55d und 67 Absatz 2 Satz 1 und Absatz 6 Satz 4 der Verwaltungsgerichtsordnung,
6. den §§ 52d und 62 Absatz 2 Satz 1 und Absatz 6 Satz 4 der Finanzgerichtsordnung, wenn die Erlaubnis die geschäftsmäßige Hilfeleistung in Steuersachen umfasst.

(2) [1]Registrierte Erlaubnisinhaber stehen im Sinn von § 79 Abs. 2 Satz 1 der Zivilprozessordnung, § 10 Abs. 2 Satz 1 des Gesetzes über das Verfahren in Familiensachen und in den Angelegenheiten der freiwilligen Gerichtsbarkeit, § 11 Abs. 2 Satz 1 des Arbeitsgerichtsgesetzes, § 73 Abs. 2 Satz 1 des Sozialgerichtsgesetzes, § 67 Abs. 2 Satz 1 der Verwaltungsgerichtsordnung und § 62 Abs. 2 Satz 1 der Finanzgerichtsordnung einem Rechtsanwalt gleich, soweit ihnen die gerichtliche Vertretung oder das Auftreten in der Verhandlung

1. nach dem Umfang ihrer bisherigen Erlaubnis,
2. als Prozessagent durch Anordnung der Justizverwaltung nach § 157 Abs. 3 der Zivilprozessordnung in der bis zum 30. Juni 2008 geltenden Fassung,
3. durch eine für die Erteilung der Erlaubnis zum mündlichen Verhandeln vor den Sozialgerichten zuständige Stelle,
4. nach § 67 der Verwaltungsgerichtsordnung in der bis zum 30. Juni 2008 geltenden Fassung oder
5. nach § 13 des Gesetzes über die Angelegenheiten der freiwilligen Gerichtsbarkeit in der bis zum 30. Juni 2008 geltenden Fassung

gestattet war. [2]In den Fällen des Satzes 1 Nummer 1 bis 3 ist der Umfang der Befugnis zu registrieren und im Rechtsdienstleistungsregister bekanntzumachen.

(3) [1]Das Gericht weist registrierte Erlaubnisinhaber, soweit sie nicht nach Maßgabe des Absatzes 2 zur gerichtlichen Vertretung oder zum Auftreten in der Verhandlung befugt sind, durch unanfechtbaren Beschluss zurück. [2]Prozesshandlungen eines nicht vertretungsbefugten Bevollmächtigten und Zustellungen oder Mitteilungen an diesen Bevollmächtigten sind bis zu seiner Zurückweisung wirksam. [3]Das Gericht kann registrierten Erlaubnisinhabern durch unanfechtbaren Beschluss die weitere Vertretung oder das weitere Auftreten in der Verhandlung untersagen, wenn sie nicht in der Lage sind, das Sach- und Streitverhältnis sachgerecht darzustellen.§ 335 Abs. 1 Nr. 5 der Zivilprozessordnung gilt entsprechend.

§ 4 Vergütung

(1) Für die Vergütung der registrierten Erlaubnisinhaber mit Ausnahme der Frachtprüferinnen und Frachtprüfer gilt § 13d des Rechtsdienstleistungsgesetzes entsprechend.

(2) Für die Erstattungsfähigkeit der Vergütung von Kammerrechtsbeiständen gilt § 13d Absatz 3 des Rechtsdienstleistungsgesetzes entsprechend.

§ 5 Diplom-Juristen aus dem Beitrittsgebiet

Personen, die bis zum 9. September 1996 die fachlichen Voraussetzungen für die Zulassung zur Rechtsanwaltschaft nach § 4 des Rechtsanwaltsgesetzes vom 13. September 1990 (GBl. I Nr. 61 S. 1504) erfüllt haben, stehen in den nachfolgenden Vorschriften einer Person mit Befähigung zum Richteramt gleich:

1. § 6 Abs. 2 Satz 1 und § 7 Abs. 2 Satz 1 des Rechtsdienstleistungsgesetzes,
2. § 78 Absatz 2 und § 79 Abs. 2 Satz 2 Nr. 2 der Zivilprozessordnung,
3. § 10 Abs. 2 Satz 2 Nr. 2 des Gesetzes über das Verfahren in Familiensachen und in den Angelegenheiten der freiwilligen Gerichtsbarkeit,
4. § 11 Abs. 2 Satz 2 Nr. 2, Abs. 4 Satz 3 des Arbeitsgerichtsgesetzes,
5. § 73 Abs. 2 Satz 2 Nr. 2, Abs. 4 Satz 3 und 4 des Sozialgerichtsgesetzes,
6. § 67 Abs. 2 Satz 2 Nr. 2, Abs. 4 Satz 4 der Verwaltungsgerichtsordnung,
7. § 62 Abs. 2 Satz 2 Nr. 2, Abs. 4 Satz 4 der Finanzgerichtsordnung,
8. § 97 Abs. 2 Satz 2 Nr. 2 des Patentgesetzes,
9. § 81 Abs. 2 Satz 2 Nr. 2 des Markengesetzes.

§ 6 Schutz der Berufsbezeichnung

Die Berufsbezeichnung „Rechtsbeistand" oder eine ihr zum Verwechseln ähnliche Bezeichnung darf nur von Kammerrechtsbeiständen und registrierten Rechtsbeiständen geführt werden.

§ 7 Übergangsvorschrift zur Änderung der Zuständigkeit im Rechtsdienstleistungsgesetz

(1) [1]Das Bundesamt für Justiz hat in der Zeit vom 1. Januar bis 31. August 2024 über die Landesjustizverwaltungen die von den nach § 19 des Rechtsdienstleistungsgesetzes zuständigen Behörden zur Durchführung des Rechtsdienstleistungsgesetzes geführten Akten zur Anlage eigener Akten anzufordern. [2]Die aktenführenden Behörden haben dem Bundesamt für Justiz die angeforderten Akten innerhalb von drei Monaten zusammen mit einer Liste der Akten zu übermitteln. [3]Nehmen die aktenführenden Behörden in die nach Satz 1 angeforderten Akten zwischen dem Zeitpunkt ihrer Übermittlung nach Satz 2 und dem 31. Dezember 2024 weitere Inhalte auf oder legen sie in dieser Zeit neue Akten an, so haben sie diese Inhalte oder Akten spätestens am 10. Januar 2025 dem Bundesamt für Justiz zu übermitteln. [4]Zudem haben sie dem Bundesamt für Justiz spätestens am 10. Januar 2025 Listen derjenigen Akten zu übermitteln,

1. in denen am 31. Dezember 2024 Prüfungen noch nicht abgeschlossen waren und
2. bei denen in dem in Satz 3 genannten Zeitraum der Fall des Absatzes 2 Satz 1 eingetreten ist.

[5]Die Sätze 1 bis 3 gelten nicht für Akten, die Absatz 2 Satz 1 unterfallen.

(2) [1]Die Zuständigkeit für die Aufbewahrung von Akten, bei denen die Fristen nach § 7 der Rechtsdienstleistungsverordnung vor dem 1. Januar 2025 begonnen haben, bestimmt sich nach § 19 des Rechtsdienstleistungsgesetzes in der bis zum 31. Dezember 2024 geltenden Fassung. [2]Die Zuständigkeit für vor dem 1. Januar 2025 wegen Zuwiderhandlungen nach § 20 Absatz 1 oder 2 des Rechtsdienstleistungsgesetzes eingeleitete Bußgeldverfahren verbleibt auch nach dem 31. De-

zember 2024 bei den an diesem Tag für diese Verfahren sachlich zuständigen Verwaltungsbehörden.

(3) Die nach Absatz 2 am 31. Dezember 2024 zuständigen Behörden haben dem Bundesamt für Justiz auf dessen Anforderung Auskunft über dem Absatz 2 unterfallende Akten zu erteilen und diese zur Einsichtnahme zu übermitteln, soweit dies zur Erfüllung der Aufgaben des Bundesamts für Justiz erforderlich ist.

(4) [1]Die nach § 19 des Rechtsdienstleistungsgesetzes in der bis zum 31. Dezember 2024 geltenden Fassung zuständigen Behörden haben diejenigen von ihnen zur Durchführung des Rechtsdienstleistungsgesetzes geführten Akten, die nicht Absatz 2 Satz 1 unterfallen, mit Ablauf des Jahres 2025 zu vernichten. [2]Das Bundesamt für Justiz hat diejenigen von ihm angelegten Akten, die Absatz 1 Satz 4 Nummer 2 unterfallen, mit Ablauf des Jahres 2025 zu vernichten.

(5) [1]Akten im Sinne dieser Vorschrift sind auch elektronische Akten. [2]Bei diesen tritt an die Stelle der Vernichtung die Löschung.

(6) [1]Die Zuständigkeit für vor dem 1. Januar 2025 wegen Zuwiderhandlungen nach § 160 Absatz 1 des Steuerberatungsgesetzes in der bis zum 31. Dezember 2024 geltenden Fassung eingeleitete Bußgeldverfahren bestimmt sich nach dem 31. Dezember 2024 auch dann nach § 164 des Steuerberatungsgesetzes, wenn sie einen Verstoß gegen § 5 Absatz 1 des Steuerberatungsgesetzes zum Gegenstand hatten. [2]Absatz 3 gilt entsprechend.

Verordnung zum Rechtsdienstleistungsgesetz (RDV)

Vom 19. Juni 2008, BGBl. I S. 1069

Zuletzt geändert durch Artikel 5 des Gesetzes vom 10. März 2023, BGBl. I Nr. 64

Inhaltsübersicht

Eingangsformel

Auf Grund des § 10 Abs. 1 Satz 2, § 12 Abs. 5, § 13 Abs. 4, § 16 Abs. 3 Satz 3, § 17 Abs. 2 und des § 18 Abs. 3 des Rechtsdienstleistungsgesetzes vom 12. Dezember 2007 (BGBl. I S. 2840), von denen § 18 Abs. 3 durch Artikel 6 des Gesetzes vom 12. Juni 2008 (BGBl. I S. 1000) geändert worden ist, verordnet das Bundesministerium der Justiz:

§ 1 (weggefallen)

§ 2 Nachweis der theoretischen Sachkunde

(1) [1]In den Bereichen Inkassodienstleistungen und Rentenberatung wird die nach § 12 Abs. 3 Satz 1 des Rechtsdienstleistungsgesetzes erforderliche theoretische Sachkunde in der Regel durch ein Zeugnis über einen erfolgreich abgeschlossenen Sachkundelehrgang im Sinn des § 4 nachgewiesen. [2]Zum Nachweis der theoretischen Sachkunde genügt auch das Zeugnis über die erste Prüfung nach § 5d Abs. 2 des Deutschen Richtergesetzes. [3]Das Bundesamt für Justiz kann als Nachweis der theoretischen Sachkunde auch andere Zeugnisse anerkennen, insbesondere das Abschlusszeugnis einer deutschen Hochschule oder Fachhochschule über einen mindestens dreijährigen Hochschul- oder Fachhochschulstudiengang mit überwiegend rechtlichen Studieninhalten, wenn der Studiengang die nach § 11 Abs. 1 oder 2 des Rechtsdienstleistungsgesetzes erforderlichen Rechtskenntnisse vermittelt. [4]Insbesondere in Fällen, in denen bei Inkassodienstleistungen Tätigkeiten auf in § 11 Absatz 1 des Rechtsdienstleistungsgesetzes nicht genannten Rechtsgebieten erbracht werden sollen, kann das Bundesamt für Justiz über den Sachkundelehrgang nach Satz 1 hinausgehende Nachweise der theoretischen Sachkunde wie die in den Sätzen 2 und 3 genannten Zeugnisse verlangen.

(2) [1]In den Fällen des § 12 Absatz 3 Satz 4 des Rechtsdienstleistungsgesetzes ist durch geeignete Unterlagen, insbesondere das Zeugnis einer ausländischen Behörde, nachzuweisen, dass die Voraussetzungen des § 12 Absatz 3 Satz 4 des Rechtsdienstleistungsgesetzes vorliegen. [2]Daneben ist ein gesonderter Nachweis der theoretischen Sachkunde nicht erforderlich.

(3) [1]Im Bereich der Rechtsdienstleistungen in einem ausländischen Recht wird die theoretische Sachkunde in der Regel durch das Zeugnis einer ausländischen Behörde darüber nachgewiesen, dass die zu registrierende Person in dem ausländischen Land rechtmäßig zur Ausübung des Rechtsanwaltsberufs oder eines vergleichbaren rechtsberatenden Berufs niedergelassen ist oder war. [2]Zum Nachweis der theoretischen Sachkunde genügt auch das Abschlusszeugnis einer aus-

ländischen Hochschule über den erfolgreichen Abschluss eines Studiengangs, der nach Umfang und Inhalten den in Absatz 1 Satz 3 genannten Studiengängen entspricht.

(4) Ist der Antrag in den Fällen des Absatzes 3 auf einen Teilbereich beschränkt, so genügt zum Nachweis der theoretischen Sachkunde das Zeugnis einer ausländischen Behörde darüber, dass die zu registrierende Person in dem ausländischen Staat rechtmäßig zur Ausübung eines Berufs, der den beantragten Teilbereich umfasst, niedergelassen ist oder war.

(5) Der Nachweis der Sachkunde in einem ausländischen Recht erstreckt sich nur auf das Recht, auf das sich die vorgelegten Zeugnisse beziehen.

§ 3 Nachweis der praktischen Sachkunde

(1) [1]Die nach § 12 Abs. 3 Satz 2 des Rechtsdienstleistungsgesetzes erforderliche praktische Sachkunde wird in der Regel durch Arbeitszeugnisse und sonstige Zeugnisse über die bisherige praktische Tätigkeit der zu registrierenden Person in dem Bereich des Rechts nachgewiesen, für den eine Registrierung beantragt wird. [2]Über die erforderliche praktische Sachkunde verfügt auch, wer die Befähigung zum Richteramt nach dem Deutschen Richtergesetz besitzt.

(2) [1]Im Bereich der Rechtsdienstleistungen in einem ausländischen Recht genügt zum Nachweis der praktischen Sachkunde auch das Zeugnis einer ausländischen Behörde darüber, dass die zu registrierende Person in dem ausländischen Land rechtmäßig zur Ausübung des Rechtsanwaltsberufs oder eines vergleichbaren rechtsberatenden Berufs, in den Fällen des § 2 Absatz 4 zur Ausübung eines Berufs, der den beantragten Teilbereich umfasst, niedergelassen ist oder war. [2]§ 2 Abs. 5 gilt entsprechend.

(3) In den Fällen des § 12 Absatz 3 Satz 4 des Rechtsdienstleistungsgesetzes ist das von einer registrierten Person oder einem Mitglied einer Rechtsanwaltskammer ausgestellte Zeugnis darüber vorzulegen, dass die zu registrierende Person in dem Bereich, für den sie die Registrierung beantragt, mindestens sechs Monate unter der Verantwortung der registrierten oder einer für sie tätigen qualifizierten Person oder des Mitglieds einer Rechtsanwaltskammer im Inland tätig gewesen ist.

§ 4 Sachkundelehrgang

(1) [1]Der Sachkundelehrgang muss geeignet sein, alle nach § 11 Abs. 1 oder 2 des Rechtsdienstleistungsgesetzes für die jeweilige Registrierung erforderlichen Kenntnisse zu vermitteln. [2]Die Gesamtdauer des Lehrgangs muss im Bereich Inkassodienstleistungen mindestens 120 Zeitstunden und im Bereich Rentenberatung mindestens 150 Zeitstunden betragen. [3]Erlaubnisinhaber nach dem Rechtsberatungsgesetz, deren Registrierung nach § 1 Abs. 3 des Einführungsgesetzes zum Rechtsdienstleistungsgesetz auf den Umfang ihrer bisherigen Erlaubnis zu beschränken ist, können zum Nachweis ihrer theoretischen Sachkunde in den nicht von der Erlaubnis erfassten Teilbereichen einen abgekürzten Sachkundelehrgang absolvieren, dessen Gesamtdauer 50 Zeitstunden nicht unterschreiten darf.

(2) [1]Die Anbieter von Sachkundelehrgängen müssen gewährleisten, dass nur qualifizierte Lehrkräfte eingesetzt werden. [2]Qualifiziert sind insbesondere Richterinnen und Richter aus der mit dem jeweiligen Bereich vorrangig befassten Gerichtsbarkeit, Mitglieder einer Rechtsanwaltskammer, Hochschullehrerinnen und Hochschullehrer sowie registrierte und qualifizierte Personen mit mindestens fünfjähriger Berufserfahrung in dem jeweiligen Bereich.

(3) [1]Die Lehrgangsteilnehmerinnen und -teilnehmer müssen mindestens eine schriftliche Aufsichtsarbeit ablegen und darin ihre Kenntnisse aus verschiedenen Bereichen des Lehrgangs nachweisen. [2]Die Gesamtdauer der erfolgreich abgelegten schriftlichen Aufsichtsarbeiten darf fünf Zeitstunden nicht unterschreiten.

(4) [1]Die Lehrgangsteilnehmerinnen und -teilnehmer müssen eine abschließende mündliche Prüfung erfolgreich ablegen. [2]Die mündliche Prüfung besteht aus einem Fachgespräch, das sich auf verschiedene Bereiche des Lehrgangs erstrecken muss und im Bereich Rentenberatung auch eine fallbezogene Präsentation beinhalten soll. [3]Die Prüfungskommission soll mit mindestens einer Richterin oder einem Richter aus der mit dem jeweiligen Bereich vorrangig befassten Gerichtsbar-

keit und mindestens einer registrierten oder qualifizierten Person mit mindestens fünfjähriger Berufserfahrung in dem jeweiligen Bereich besetzt sein.

(5) [1]Das Zeugnis über den erfolgreich abgelegten Sachkundelehrgang muss enthalten:

1. die Bestätigung, dass die Teilnehmerin oder der Teilnehmer an einem Lehrgang, der den Anforderungen der Absätze 1 und 2 entspricht, erfolgreich teilgenommen hat,
2. Zeitraum und Ort des Lehrgangs sowie die Namen und Berufsbezeichnungen aller Lehrkräfte,
3. Anzahl, jeweilige Dauer und Ergebnis aller abgelegten schriftlichen Aufsichtsarbeiten,
4. Zeit, Ort und Ergebnis der abschließenden mündlichen Prüfung sowie die Namen und Berufsbezeichnungen der Mitglieder der Prüfungskommission.

[2]Die schriftlichen Aufsichtsarbeiten und ihre Bewertung sowie eine detaillierte Beschreibung von Inhalten und Ablauf des Lehrgangs sind dem Zeugnis beizufügen.

§ 5 Berufshaftpflichtversicherung

(1) [1]Die nach § 12 Abs. 1 Nr. 3 des Rechtsdienstleistungsgesetzes von der registrierten Person zu unterhaltende Berufshaftpflichtversicherung muss bei einem im Inland zum Geschäftsbetrieb befugten Versicherungsunternehmen zu den nach Maßgabe des Versicherungsaufsichtsgesetzes eingereichten Allgemeinen Versicherungsbedingungen genommen werden. [2]Der Versicherungsvertrag muss Deckung für die sich aus der beruflichen Tätigkeit der registrierten Person ergebenden Haftpflichtgefahren für Vermögensschäden gewähren und sich auch auf solche Vermögensschäden erstrecken, für die die registrierte Person nach § 278 oder § 831 des Bürgerlichen Gesetzbuchs einzustehen hat.

(2) Der Versicherungsvertrag hat Versicherungsschutz für jede einzelne Pflichtverletzung zu gewähren, die gesetzliche Haftpflichtansprüche privatrechtlichen Inhalts gegen die registrierte Person zur Folge haben könnte; dabei kann vereinbart werden, dass sämtliche Pflichtverletzungen bei Erledigung eines einheitlichen Auftrags, mögen diese auf dem Verhalten der registrierten Person oder einer von ihr herangezogenen Hilfsperson beruhen, als ein Versicherungsfall gelten.

(3) Von der Versicherung kann die Haftung ausgeschlossen werden:

1. für Ersatzansprüche aus wissentlicher Pflichtverletzung,
2. für Ersatzansprüche aus Tätigkeiten über Kanzleien oder Büros, die in anderen Staaten eingerichtet sind oder unterhalten werden,
3. für Ersatzansprüche aus Tätigkeiten im Zusammenhang mit der Beratung und Beschäftigung mit einem außereuropäischem Recht, soweit sich nicht die Registrierung nach § 10 Abs. 1 Satz 1 Nr. 3 des Rechtsdienstleistungsgesetzes auf dieses Recht erstreckt,
4. für Ersatzansprüche aus Tätigkeiten vor außereuropäischen Gerichten,
5. für Ersatzansprüche wegen Veruntreuung durch Personal oder Angehörige der registrierten Person.

(4) Die Leistungen des Versicherers für alle innerhalb eines Versicherungsjahres verursachten Schäden können auf den vierfachen Betrag der gesetzlichen Mindestversicherungssumme begrenzt werden.

(5) [1]Die Vereinbarung eines Selbstbehalts bis zu 1 Prozent der Mindestversicherungssumme ist zulässig. [2]Ein Selbstbehalt des Versicherungsnehmers kann dem Dritten nicht entgegengehalten und gegenüber einer mitversicherten Person nicht geltend gemacht werden.

(6) [1]Im Versicherungsvertrag ist der Versicherer zu verpflichten, dem Bundesamt für Justiz die Beendigung oder Kündigung des Versicherungsvertrages sowie jede Änderung des Versicherungsvertrages, die den vorgeschriebenen Versicherungsschutz beeinträchtigt, unverzüglich mitzuteilen. [2]Das Bundesamt für Justiz erteilt Dritten zur Geltendmachung von Schadensersatzansprüchen auf Antrag Auskunft über den Namen und die Adresse der Berufshaftpflichtversicherung der registrier-

ten Person sowie die Versicherungsnummer, soweit das Auskunftsinteresse das schutzwürdige Interesse der registrierten Person an der Nichterteilung dieser Auskunft überwiegt.

§ 6 Registrierungsverfahren

(1) [1]Anträge nach § 13 Abs. 1 des Rechtsdienstleistungsgesetzes sind in Textform zu stellen. [2]Dabei ist anzugeben, für welchen Bereich oder Teilbereich die Registrierung erfolgen soll, und ob die Einwilligung zur Veröffentlichung von Telefonnummer und E-Mail-Adresse erteilt wird.

(2) Im Bereich der Rechtsdienstleistungen in einem ausländischen Recht ist das ausländische Recht anzugeben, auf das sich die Registrierung beziehen soll.

(3) Erlaubnisinhaber nach dem Rechtsberatungsgesetz, die eine Registrierung als registrierte Erlaubnisinhaber nach § 1 Abs. 3 Satz 2 des Einführungsgesetzes zum Rechtsdienstleistungsgesetz beantragen, haben den Umfang dieser Registrierung in dem Antrag genau zu bezeichnen.

(4) Von Zeugnissen und Nachweisen, die nicht in deutscher Sprache ausgestellt sind, kann die Vorlage einer Übersetzung verlangt werden.

§ 7 Aufbewahrungsfristen

(1) Akten und elektronische Akten über registrierte Personen sind für einen Zeitraum von zehn Jahren nach der Löschung der im Rechtsdienstleistungsregister öffentlich bekannt gemachten Daten gemäß § 17 Absatz 1 Satz 1 Nummer 1 bis 4 sowie 6 des Rechtsdienstleistungsgesetzes aufzubewahren.

(2) Akten und elektronische Akten über Personen oder Vereinigungen, denen die Erbringung von Rechtsdienstleistungen untersagt worden ist, sind für einen Zeitraum von fünf Jahren nach Ablauf der Dauer der Untersagung aufzubewahren.

(3) Akten und elektronische Akten, in denen eine beantragte Registrierung bestandskräftig abgelehnt worden oder eine Untersagung nicht erfolgt ist, sind für einen Zeitraum von fünf Jahren nach der Beendigung des Verfahrens aufzubewahren.

§ 8 Öffentliche Bekanntmachungen im Rechtsdienstleistungsregister

[1]Für öffentliche Bekanntmachungen nach § 16 Absatz 2 Satz 1 Nummer 1 des Rechtsdienstleistungsgesetzes und solche nach § 16 Absatz 2 Satz 1 Nummer 2 des Rechtsdienstleistungsgesetzes sind innerhalb des Rechtsdienstleistungsregisters zwei getrennte Bereiche vorzusehen. [2]Eine Suche nach den eingestellten Daten darf nur anhand eines oder mehrerer der folgenden Suchkriterien erfolgen:

1. Bundesland,
2. (weggefallen)
3. behördliches Aktenzeichen,
4. Datum der Veröffentlichung,
5. Registrierungsbereich in den Fällen des § 16 Absatz 2 Satz 1 Nummer 1 des Rechtsdienstleistungsgesetzes,
6. Familienname, Vorname, Firma oder Name
   a) der registrierten Person, ihrer gesetzlichen Vertreter oder einer qualifizierten Person in den Fällen des § 16 Absatz 2 Satz 1 Nummer 1 des Rechtsdienstleistungsgesetzes,
   b) der Person oder Vereinigung, der die Erbringung von Rechtsdienstleistungen untersagt ist, oder ihrer gesetzlichen Vertreter in den Fällen des § 16 Absatz 2 Satz 1 Nummer 2 des Rechtsdienstleistungsgesetzes oder
7. Anschrift.

[3]Die Angaben nach Satz 2 können unvollständig sein, sofern sie Unterscheidungskraft besitzen.

§ 9 (weggefallen)

§ 10 Inkrafttreten

Diese Verordnung tritt am 1. Juli 2008 in Kraft.

Schlussformel

Der Bundesrat hat zugestimmt.

F. Strafrecht und Geldwäsche

Strafgesetzbuch (StGB)

Vom 15. Mai 1871, RGBl. S. 127

Neugefasst durch Bekanntmachung vom 13. November 1998, BGBl. I S. 3322

Zuletzt geändert durch Artikel 2 Absatz 2 des Gesetzes vom 7. November 2024, BGBl. I Nr. 351

Inhaltsübersicht

Allgemeiner Teil

Siebenter Abschnitt Verjährung

§ 78b Ruhen

(1) Die Verjährung ruht

1. bis zur Vollendung des 30. Lebensjahres des Opfers bei Straftaten nach den §§ 174 bis 174c, 176 bis 178, 182, 184b Absatz 1 Satz 1 Nummer 3, auch in Verbindung mit Absatz 2, §§ 225, 226a und 237,
2. solange nach dem Gesetz die Verfolgung nicht begonnen oder nicht fortgesetzt werden kann; dies gilt nicht, wenn die Tat nur deshalb nicht verfolgt werden kann, weil Antrag, Ermächtigung oder Strafverlangen fehlen.

(2) Steht der Verfolgung entgegen, daß der Täter Mitglied des Bundestages oder eines Gesetzgebungsorgans eines Landes ist, so beginnt die Verjährung erst mit Ablauf des Tages zu ruhen, an dem

1. die Staatsanwaltschaft oder eine Behörde oder ein Beamter des Polizeidienstes von der Tat und der Person des Täters Kenntnis erlangt oder
2. eine Strafanzeige oder ein Strafantrag gegen den Täter angebracht wird (§ 158 der Strafprozeßordnung).

(3) Ist vor Ablauf der Verjährungsfrist ein Urteil des ersten Rechtszuges ergangen, so läuft die Verjährungsfrist nicht vor dem Zeitpunkt ab, in dem das Verfahren rechtskräftig abgeschlossen ist.

(4) Droht das Gesetz strafschärfend für besonders schwere Fälle Freiheitsstrafe von mehr als fünf Jahren an und ist das Hauptverfahren vor dem Landgericht eröffnet worden, so ruht die Verjährung in den Fällen des § 78 Abs. 3 Nr. 4 ab Eröffnung des Hauptverfahrens, höchstens jedoch für einen Zeitraum von fünf Jahren; Absatz 3 bleibt unberührt.

(5) [1]Hält sich der Täter in einem ausländischen Staat auf und stellt die zuständige Behörde ein förmliches Auslieferungsersuchen an diesen Staat, ruht die Verjährung ab dem Zeitpunkt des Zugangs des Ersuchens beim ausländischen Staat

1. bis zur Übergabe des Täters an die deutschen Behörden,
2. bis der Täter das Hoheitsgebiet des ersuchten Staates auf andere Weise verlassen hat,
3. bis zum Eingang der Ablehnung dieses Ersuchens durch den ausländischen Staat bei den deutschen Behörden oder
4. bis zur Rücknahme dieses Ersuchens.

[2]Lässt sich das Datum des Zugangs des Ersuchens beim ausländischen Staat nicht ermitteln, gilt das Ersuchen nach Ablauf von einem Monat seit der Absendung oder Übergabe an den ausländischen Staat als zugegangen, sofern nicht die ersuchende Behörde Kenntnis davon erlangt, dass das Ersuchen dem ausländischen Staat tatsächlich nicht oder erst zu einem späteren Zeitpunkt zugegangen ist. [3]Satz 1 gilt nicht für ein Auslieferungsersuchen, für das im ersuchten Staat auf Grund des Rahmenbeschlusses des Rates vom 13. Juni 2002 über den Europäischen Haftbefehl und die Übergabeverfahren zwischen den Mitgliedstaaten (ABl. EG Nr. L 190 S. 1) oder auf Grund völkerrechtlicher Vereinbarung eine § 83c des Gesetzes über die internationale Rechtshilfe in Strafsachen vergleichbare Fristenregelung besteht.

(6) In den Fällen des § 78 Absatz 3 Nummer 1 bis 3 ruht die Verjährung ab der Übergabe der Person an den Internationalen Strafgerichtshof oder den Vollstreckungsstaat bis zu ihrer Rückgabe an die deutschen Behörden oder bis zu ihrer Freilassung durch den Internationalen Strafgerichtshof oder den Vollstreckungsstaat.

§ 78c Unterbrechung

(1) [1]Die Verjährung wird unterbrochen durch

1. die erste Vernehmung des Beschuldigten, die Bekanntgabe, daß gegen ihn das Ermittlungsverfahren eingeleitet ist, oder die Anordnung dieser Vernehmung oder Bekanntgabe,
2. jede richterliche Vernehmung des Beschuldigten oder deren Anordnung,
3. jede Beauftragung eines Sachverständigen durch den Richter oder Staatsanwalt, wenn vorher der Beschuldigte vernommen oder ihm die Einleitung des Ermittlungsverfahrens bekanntgegeben worden ist,
4. jede richterliche Beschlagnahme- oder Durchsuchungsanordnung und richterliche Entscheidungen, welche diese aufrechterhalten,
5. den Haftbefehl, den Unterbringungsbefehl, den Vorführungsbefehl und richterliche Entscheidungen, welche diese aufrechterhalten,
6. die Erhebung der öffentlichen Klage,
7. die Eröffnung des Hauptverfahrens,
8. jede Anberaumung einer Hauptverhandlung,
9. den Strafbefehl oder eine andere dem Urteil entsprechende Entscheidung,
10. die vorläufige gerichtliche Einstellung des Verfahrens wegen Abwesenheit des Angeschuldigten sowie jede Anordnung des Richters oder Staatsanwalts, die nach einer solchen Einstellung des Verfahrens oder im Verfahren gegen Abwesende zur Ermittlung des Aufenthalts des Angeschuldigten oder zur Sicherung von Beweisen ergeht,

11. die vorläufige gerichtliche Einstellung des Verfahrens wegen Verhandlungsunfähigkeit des Angeschuldigten sowie jede Anordnung des Richters oder Staatsanwalts, die nach einer solchen Einstellung des Verfahrens zur Überprüfung der Verhandlungsfähigkeit des Angeschuldigten ergeht, oder
12. jedes richterliche Ersuchen, eine Untersuchungshandlung im Ausland vorzunehmen.

[2]Im Sicherungsverfahren und im selbständigen Verfahren wird die Verjährung durch die dem Satz 1 entsprechenden Handlungen zur Durchführung des Sicherungsverfahrens oder des selbständigen Verfahrens unterbrochen.

(2) [1]Die Verjährung ist bei einer schriftlichen Anordnung oder Entscheidung in dem Zeitpunkt unterbrochen, in dem die Anordnung oder Entscheidung abgefasst wird. [2]Ist das Dokument nicht alsbald nach der Abfassung in den Geschäftsgang gelangt, so ist der Zeitpunkt maßgebend, in dem es tatsächlich in den Geschäftsgang gegeben worden ist.

(3) [1]Nach jeder Unterbrechung beginnt die Verjährung von neuem. [2]Die Verfolgung ist jedoch spätestens verjährt, wenn seit dem in § 78a bezeichneten Zeitpunkt das Doppelte der gesetzlichen Verjährungsfrist und, wenn die Verjährungsfrist nach besonderen Gesetzen kürzer ist als drei Jahre, mindestens drei Jahre verstrichen sind. [3]3§ 78b bleibt unberührt.

(4) Die Unterbrechung wirkt nur gegenüber demjenigen, auf den sich die Handlung bezieht.

(5) Wird ein Gesetz, das bei der Beendigung der Tat gilt, vor der Entscheidung geändert und verkürzt sich hierdurch die Frist der Verjährung, so bleiben Unterbrechungshandlungen, die vor dem Inkrafttreten des neuen Rechts vorgenommen worden sind, wirksam, auch wenn im Zeitpunkt der Unterbrechung die Verfolgung nach dem neuen Recht bereits verjährt gewesen wäre.

Besonderer Teil

Siebenter Abschnitt
Straftaten gegen die öffentliche Ordnung

§ 132a Mißbrauch von Titeln, Berufsbezeichnungen und Abzeichen

(1) Wer unbefugt

1. inländische oder ausländische Amts- oder Dienstbezeichnungen, akademische Grade, Titel oder öffentliche Würden führt,
2. die Berufsbezeichnung Arzt, Zahnarzt, Psychologischer Psychotherapeut, Kinder- und Jugendlichenpsychotherapeut, Psychotherapeut, Tierarzt, Apotheker, Rechtsanwalt, Patentanwalt, Wirtschaftsprüfer, vereidigter Buchprüfer, Steuerberater oder Steuerbevollmächtigter führt,
3. die Bezeichnung öffentlich bestellter Sachverständiger führt oder
4. inländische oder ausländische Uniformen, Amtskleidungen oder Amtsabzeichen trägt,

wird mit Freiheitsstrafe bis zu einem Jahr oder mit Geldstrafe bestraft.

(2) Den in Absatz 1 genannten Bezeichnungen, akademischen Graden, Titeln, Würden, Uniformen, Amtskleidungen oder Amtsabzeichen stehen solche gleich, die ihnen zum Verwechseln ähnlich sind.

(3) Die Absätze 1 und 2 gelten auch für Amtsbezeichnungen, Titel, Würden, Amtskleidungen und Amtsabzeichen der Kirchen und anderen Religionsgesellschaften des öffentlichen Rechts.

(4) Gegenstände, auf die sich eine Straftat nach Absatz 1 Nr. 4, allein oder in Verbindung mit Absatz 2 oder 3, bezieht, können eingezogen werden.

Fünfzehnter Abschnitt
Verletzung des persönlichen Lebens- und Geheimbereichs

§ 203 Verletzung von Privatgeheimnissen

(1) Wer unbefugt ein fremdes Geheimnis, namentlich ein zum persönlichen Lebensbereich gehörendes Geheimnis oder ein Betriebs- oder Geschäftsgeheimnis, offenbart, das ihm als

1. Arzt, Zahnarzt, Tierarzt, Apotheker oder Angehörigen eines anderen Heilberufs, der für die Berufsausübung oder die Führung der Berufsbezeichnung eine staatlich geregelte Ausbildung erfordert,
2. Berufspsychologen mit staatlich anerkannter wissenschaftlicher Abschlußprüfung,
3. Rechtsanwalt, Kammerrechtsbeistand, Patentanwalt, Notar, Verteidiger in einem gesetzlich geordneten Verfahren, Wirtschaftsprüfer, vereidigtem Buchprüfer, Steuerberater, Steuerbevollmächtigten,

3a. Organ oder Mitglied eines Organs einer Wirtschaftsprüfungs-, Buchprüfungs- oder einer Berufsausübungsgesellschaft von Steuerberatern und Steuerbevollmächtigten, einer Berufsausübungsgesellschaft von Rechtsanwälten oder europäischen niedergelassenen Rechtsanwälten oder einer Berufsausübungsgesellschaft von Patentanwälten oder niedergelassenen europäischen Patentanwälten im Zusammenhang mit der Beratung und Vertretung der Wirtschaftsprüfungs-, Buchprüfungs- oder Berufsausübungsgesellschaft im Bereich der Wirtschaftsprüfung, Buchprüfung oder Hilfeleistung in Steuersachen oder ihrer rechtsanwaltlichen oder patentanwaltlichen Tätigkeit,

4. Ehe-, Familien-, Erziehungs- oder Jugendberater sowie Berater für Suchtfragen in einer Beratungsstelle, die von einer Behörde oder Körperschaft, Anstalt oder Stiftung des öffentlichen Rechts anerkannt ist,
5. Mitglied oder Beauftragten einer anerkannten Beratungsstelle nach den §§ 3 und 8 Absatz 1 des Schwangerschaftskonfliktgesetzes,
6. staatlich anerkanntem Sozialarbeiter oder staatlich anerkanntem Sozialpädagogen oder
7. Angehörigen eines Unternehmens der privaten Kranken-, Unfall- oder Lebensversicherung oder einer privatärztlichen, steuerberaterlichen oder anwaltlichen Verrechnungsstelle

anvertraut worden oder sonst bekanntgeworden ist, wird mit Freiheitsstrafe bis zu einem Jahr oder mit Geldstrafe bestraft.

(2) [1]Ebenso wird bestraft, wer unbefugt ein fremdes Geheimnis, namentlich ein zum persönlichen Lebensbereich gehörendes Geheimnis oder ein Betriebs- oder Geschäftsgeheimnis, offenbart, das ihm als

1. Amtsträger oder Europäischer Amtsträger,
2. für den öffentlichen Dienst besonders Verpflichteten,
3. Person, die Aufgaben oder Befugnisse nach dem Personalvertretungsrecht wahrnimmt,
4. Mitglied eines für ein Gesetzgebungsorgan des Bundes oder eines Landes tätigen Untersuchungsausschusses, sonstigen Ausschusses oder Rates, das nicht selbst Mitglied des Gesetzgebungsorgans ist, oder als Hilfskraft eines solchen Ausschusses oder Rates,
5. öffentlich bestelltem Sachverständigen, der auf die gewissenhafte Erfüllung seiner Obliegenheiten auf Grund eines Gesetzes förmlich verpflichtet worden ist, oder
6. Person, die auf die gewissenhafte Erfüllung ihrer Geheimhaltungspflicht bei der Durchführung wissenschaftlicher Forschungsvorhaben auf Grund eines Gesetzes förmlich verpflichtet worden ist,

anvertraut worden oder sonst bekanntgeworden ist. [2]Einem Geheimnis im Sinne des Satzes 1 stehen Einzelangaben über persönliche oder sachliche Verhältnisse eines anderen gleich, die für Aufgaben der öffentlichen Verwaltung erfaßt worden sind; Satz 1 ist jedoch nicht anzuwenden, soweit solche Einzelangaben anderen Behörden oder sonstigen Stellen für Aufgaben der öffentlichen Verwaltung bekanntgegeben werden und das Gesetz dies nicht untersagt.

(2a) (weggefallen)

(3) [1]Kein Offenbaren im Sinne dieser Vorschrift liegt vor, wenn die in den Absätzen 1 und 2 genannten Personen Geheimnisse den bei ihnen berufsmäßig tätigen Gehilfen oder den bei ihnen zur Vorbereitung auf den Beruf tätigen Personen zugänglich machen. [2]Die in den Absätzen 1 und 2 Genannten dürfen fremde Geheimnisse gegenüber sonstigen Personen offenbaren, die an ihrer beruflichen oder dienstlichen Tätigkeit mitwirken, soweit dies für die Inanspruchnahme der Tätigkeit der sonstigen mitwirkenden Personen erforderlich ist; das Gleiche gilt für sonstige mitwirkende Personen, wenn diese sich weiterer Personen bedienen, die an der beruflichen oder dienstlichen Tätigkeit der in den Absätzen 1 und 2 Genannten mitwirken.

(4) [1]Mit Freiheitsstrafe bis zu einem Jahr oder mit Geldstrafe wird bestraft, wer unbefugt ein fremdes Geheimnis offenbart, das ihm bei der Ausübung oder bei Gelegenheit seiner Tätigkeit als mitwirkende Person oder als bei den in den Absätzen 1 und 2 genannten Personen tätiger Datenschutzbeauftragter bekannt geworden ist. [2]Ebenso wird bestraft, wer

1. als in den Absätzen 1 und 2 genannte Person nicht dafür Sorge getragen hat, dass eine sonstige mitwirkende Person, die unbefugt ein fremdes, ihr bei der Ausübung oder bei Gelegenheit ihrer Tätigkeit bekannt gewordenes Geheimnis offenbart, zur Geheimhaltung verpflichtet wurde; dies gilt nicht für sonstige mitwirkende Personen, die selbst eine in den Absätzen 1 oder 2 genannte Person sind,
2. als im Absatz 3 genannte mitwirkende Person sich einer weiteren mitwirkenden Person, die unbefugt ein fremdes, ihr bei der Ausübung oder bei Gelegenheit ihrer Tätigkeit bekannt gewordenes Geheimnis offenbart, bedient und nicht dafür Sorge getragen hat, dass diese zur Geheimhaltung verpflichtet wurde; dies gilt nicht für sonstige mitwirkende Personen, die selbst eine in den Absätzen 1 oder 2 genannte Person sind, oder
3. nach dem Tod der nach Satz 1 oder nach den Absätzen 1 oder 2 verpflichteten Person ein fremdes Geheimnis unbefugt offenbart, das er von dem Verstorbenen erfahren oder aus dessen Nachlass erlangt hat.

(5) Die Absätze 1 bis 4 sind auch anzuwenden, wenn der Täter das fremde Geheimnis nach dem Tod des Betroffenen unbefugt offenbart.

(6) Handelt der Täter gegen Entgelt oder in der Absicht, sich oder einen anderen zu bereichern oder einen anderen zu schädigen, so ist die Strafe Freiheitsstrafe bis zu zwei Jahren oder Geldstrafe.

Einundzwanzigster Abschnitt
Begünstigung und Hehlerei

§ 258 Strafvereitelung

(1) Wer absichtlich oder wissentlich ganz oder zum Teil vereitelt, daß ein anderer dem Strafgesetz gemäß wegen einer rechtswidrigen Tat bestraft oder einer Maßnahme (§ 11 Abs. 1 Nr. 8) unterworfen wird, wird mit Freiheitsstrafe bis zu fünf Jahren oder mit Geldstrafe bestraft.

(2) Ebenso wird bestraft, wer absichtlich oder wissentlich die Vollstreckung einer gegen einen anderen verhängten Strafe oder Maßnahme ganz oder zum Teil vereitelt.

(3) Die Strafe darf nicht schwerer sein als die für die Vortat angedrohte Strafe.

(4) Der Versuch ist strafbar.

(5) Wegen Strafvereitelung wird nicht bestraft, wer durch die Tat zugleich ganz oder zum Teil vereiteln will, daß er selbst bestraft oder einer Maßnahme unterworfen wird oder daß eine gegen ihn verhängte Strafe oder Maßnahme vollstreckt wird.

(6) Wer die Tat zugunsten eines Angehörigen begeht, ist straffrei.

§ 261 Geldwäsche

(1) [1]Wer einen Gegenstand, der aus einer rechtswidrigen Tat herrührt,

1. verbirgt,
2. in der Absicht, dessen Auffinden, dessen Einziehung oder die Ermittlung von dessen Herkunft zu vereiteln, umtauscht, überträgt oder verbringt,
3. sich oder einem Dritten verschafft oder
4. verwahrt oder für sich oder einen Dritten verwendet, wenn er dessen Herkunft zu dem Zeitpunkt gekannt hat, zu dem er ihn erlangt hat,

wird mit Freiheitsstrafe bis zu fünf Jahren oder mit Geldstrafe bestraft. [2]In den Fällen des Satzes 1 Nummer 3 und 4 gilt dies nicht in Bezug auf einen Gegenstand, den ein Dritter zuvor erlangt hat, ohne hierdurch eine rechtswidrige Tat zu begehen. [3]Wer als Strafverteidiger ein Honorar für seine Tätigkeit annimmt, handelt in den Fällen des Satzes 1 Nummer 3 und 4 nur dann vorsätzlich, wenn er zu dem Zeitpunkt der Annahme des Honorars sichere Kenntnis von dessen Herkunft hatte.

(2) Ebenso wird bestraft, wer Tatsachen, die für das Auffinden, die Einziehung oder die Ermittlung der Herkunft eines Gegenstands nach Absatz 1 von Bedeutung sein können, verheimlicht oder verschleiert.

(3) Der Versuch ist strafbar.

(4) Wer eine Tat nach Absatz 1 oder Absatz 2 als Verpflichteter nach § 2 des Geldwäschegesetzes begeht, wird mit Freiheitsstrafe von drei Monaten bis zu fünf Jahren bestraft.

(5) [1]In besonders schweren Fällen ist die Strafe Freiheitsstrafe von sechs Monaten bis zu zehn Jahren. [2]Ein besonders schwerer Fall liegt in der Regel vor, wenn der Täter gewerbsmäßig handelt oder als Mitglied einer Bande, die sich zur fortgesetzten Begehung von Geldwäsche verbunden hat.

(6) [1]Wer in den Fällen des Absatzes 1 oder 2 leichtfertig nicht erkennt, dass es sich um einen Gegenstand nach Absatz 1 handelt, wird mit Freiheitsstrafe bis zu zwei Jahren oder mit Geldstrafe bestraft. [2]Satz 1 gilt in den Fällen des Absatzes 1 Satz 1 Nummer 3 und 4 nicht für einen Strafverteidiger, der ein Honorar für seine Tätigkeit annimmt.

(7) Wer wegen Beteiligung an der Vortat strafbar ist, wird nach den Absätzen 1 bis 6 nur dann bestraft, wenn er den Gegenstand in den Verkehr bringt und dabei dessen rechtswidrige Herkunft verschleiert.

(8) Nach den Absätzen 1 bis 6 wird nicht bestraft,

1. wer die Tat freiwillig bei der zuständigen Behörde anzeigt oder freiwillig eine solche Anzeige veranlasst, wenn nicht die Tat zu diesem Zeitpunkt bereits ganz oder zum Teil entdeckt war und der Täter dies wusste oder bei verständiger Würdigung der Sachlage damit rechnen musste, und
2. in den Fällen des Absatzes 1 oder des Absatzes 2 unter den in Nummer 1 genannten Voraussetzungen die Sicherstellung des Gegenstandes bewirkt.

(9) Einem Gegenstand im Sinne des Absatzes 1 stehen Gegenstände, die aus einer im Ausland begangenen Tat herrühren, gleich, wenn die Tat nach deutschem Strafrecht eine rechtswidrige Tat wäre und

1. am Tatort mit Strafe bedroht ist oder
2. nach einer der folgenden Vorschriften und Übereinkommen der Europäischen Union mit Strafe zu bedrohen ist:
   a) Artikel 2 oder Artikel 3 des Übereinkommens vom 26. Mai 1997 aufgrund von Artikel K.3 Absatz 2 Buchstabe c des Vertrags über die Europäische Union über die Bekämpfung der Be-

stechung, an der Beamte der Europäischen Gemeinschaften oder der Mitgliedstaaten der Europäischen Union beteiligt sind (BGBl. 2002 II S. 2727, 2729),

b) Artikel 1 des Rahmenbeschlusses 2002/946/JI des Rates vom 28. November 2002 betreffend die Verstärkung des strafrechtlichen Rahmens für die Bekämpfung der Beihilfe zur unerlaubten Ein- und Durchreise und zum unerlaubten Aufenthalt (ABl. L 328 vom 5.12.2002, S. 1),

c) Artikel 2 oder Artikel 3 des Rahmenbeschlusses 2003/568/JI des Rates vom 22. Juli 2003 zur Bekämpfung der Bestechung im privaten Sektor (ABl. L 192 vom 31.7.2003, S. 54),

d) Artikel 2 oder Artikel 3 des Rahmenbeschlusses 2004/757/JI des Rates vom 25. Oktober 2004 zur Festlegung von Mindestvorschriften über die Tatbestandsmerkmale strafbarer Handlungen und die Strafen im Bereich des illegalen Drogenhandels (ABl. L 335 vom 11.11.2004, S. 8), der zuletzt durch die Delegierte Richtlinie (EU) 2019/369 (ABl. L 66 vom 7.3.2019, S. 3) geändert worden ist,

e) Artikel 2 Buchstabe a des Rahmenbeschlusses 2008/841/JI des Rates vom 24. Oktober 2008 zur Bekämpfung der organisierten Kriminalität (ABl. L 300 vom 11.11.2008, S. 42),

f) Artikel 2 oder Artikel 3 der Richtlinie 2011/36/EU des Europäischen Parlaments und des Rates vom 5. April 2011 zur Verhütung und Bekämpfung des Menschenhandels und zum Schutz seiner Opfer sowie zur Ersetzung des Rahmenbeschlusses 2002/629/JI des Rates (ABl. L 101 vom 15.4.2011, S. 1),

g) den Artikeln 3 bis 8 der Richtlinie 2011/93/EU des Europäischen Parlaments und des Rates vom 13. Dezember 2011 zur Bekämpfung des sexuellen Missbrauchs und der sexuellen Ausbeutung von Kindern sowie der Kinderpornografie sowie zur Ersetzung des Rahmenbeschlusses 2004/68/JI des Rates (ABl. L 335 vom 17.12.2011, S. 1; L 18 vom 21.1.2012, S. 7) oder

h) den Artikeln 4 bis 9 Absatz 1 und 2 Buchstabe b oder den Artikeln 10 bis 14 der Richtlinie (EU) 2017/541 des Europäischen Parlaments und des Rates vom 15. März 2017 zur Terrorismusbekämpfung und zur Ersetzung des Rahmenbeschlusses 2002/475/JI des Rates und zur Änderung des Beschlusses 2005/671/JI des Rates (ABl. L 88 vom 31.3.2017, S. 6).

(10) [1]Gegenstände, auf die sich die Straftat bezieht, können eingezogen werden. [2]§ 74a ist anzuwenden. [3]Die §§ 73 bis 73e bleiben unberührt und gehen einer Einziehung nach § 74 Absatz 2, auch in Verbindung mit den §§ 74a und 74c, vor.

Dreißigster Abschnitt
Straftaten im Amt

§ 352 Gebührenüberhebung

(1) Ein Amtsträger, Anwalt oder sonstiger Rechtsbeistand, welcher Gebühren oder andere Vergütungen für amtliche Verrichtungen zu seinem Vorteil zu erheben hat, wird, wenn er Gebühren oder Vergütungen erhebt, von denen er weiß, daß der Zahlende sie überhaupt nicht oder nur in geringerem Betrag schuldet, mit Freiheitsstrafe bis zu einem Jahr oder mit Geldstrafe bestraft.

(2) Der Versuch ist strafbar.

§ 356 Parteiverrat

(1) Ein Anwalt oder ein anderer Rechtsbeistand, welcher bei den ihm in dieser Eigenschaft anvertrauten Angelegenheiten in derselben Rechtssache beiden Parteien durch Rat oder Beistand pflichtwidrig dient, wird mit Freiheitsstrafe von drei Monaten bis zu fünf Jahren bestraft.

(2) Handelt derselbe im Einverständnis mit der Gegenpartei zum Nachteil seiner Partei, so tritt Freiheitsstrafe von einem Jahr bis zu fünf Jahren ein.

Gesetz über das Aufspüren von Gewinnen aus schweren Straftaten (GwG)

Vom 23. Juni 2017, BGBl. I S. 1822

Zuletzt geändert durch Artikel 8 des Gesetzes vom 27. Dezember 2024, BGBl I Nr. 438

Inhaltsübersicht

Abschnitt 1
Begriffsbestimmungen, Verpflichtete und risikobasierter Ansatz

§ 1 Begriffsbestimmungen

(1) Geldwäsche im Sinne dieses Gesetzes ist eine Straftat nach § 261 des Strafgesetzbuchs.

(2) Terrorismusfinanzierung im Sinne dieses Gesetzes ist

1. die Bereitstellung oder Sammlung von Vermögensgegenständen mit dem Wissen oder in der Absicht, dass diese Vermögensgegenstände ganz oder teilweise dazu verwendet werden oder verwendet werden sollen, eine oder mehrere der folgenden Straftaten zu begehen:
   a) eine Tat nach § 129a des Strafgesetzbuchs, auch in Verbindung mit § 129b des Strafgesetzbuchs, oder
   b) eine andere der in den Artikeln 3, 5 bis 10 und 12 der Richtlinie (EU) 2017/541 des Europäischen Parlaments und des Rates vom 15. März 2017 zur Terrorismusbekämpfung und zur Ersetzung des Rahmenbeschlusses 2002/475/JI des Rates und zur Änderung des Beschlusses 2005/671/JI des Rates (ABl. L 88 vom 31.3.2017, S. 6) umschriebenen Straftaten,
2. die Begehung einer Tat nach § 89c des Strafgesetzbuchs oder
3. die Anstiftung oder Beihilfe zu einer Tat nach Nummer 1 oder 2.

(3) Identifizierung im Sinne dieses Gesetzes besteht aus

1. dem Erheben von Angaben zum Zweck der Identifizierung und
2. der Überprüfung dieser Angaben zum Zweck der Identifizierung.

(4) Geschäftsbeziehung im Sinne dieses Gesetzes ist jede Beziehung, die unmittelbar in Verbindung mit den gewerblichen oder beruflichen Aktivitäten der Verpflichteten steht und bei der beim Zustandekommen des Kontakts davon ausgegangen wird, dass sie von gewisser Dauer sein wird.

(5) [1]Transaktion im Sinne dieses Gesetzes ist oder sind eine oder, soweit zwischen ihnen eine Verbindung zu bestehen scheint, mehrere Handlungen, die eine Geldbewegung oder eine sonstige Vermögensverschiebung bezweckt oder bezwecken oder bewirkt oder bewirken. [2]Bei Vermittlungstätigkeiten von Verpflichteten nach § 2 Absatz 1 Nummer 14 und 16 gilt als Transaktion im Sinne dieses Gesetzes das vermittelte Rechtsgeschäft.

(6) [1]Trust im Sinne dieses Gesetzes ist eine Rechtgestaltung, die als Trust errichtet wurde, wenn das für die Errichtung anwendbare Recht das Rechtsinstitut des Trusts vorsieht. [2]Sieht das für die Errichtung anwendbare Recht ein Rechtsinstitut vor, das dem Trust nachgebildet ist, so gelten auch Rechtsgestaltungen, die unter Verwendung dieses Rechtsinstituts errichtet wurden, als Trust.

(7) Vermögensgegenstand im Sinne dieses Gesetzes ist

1. jeder Vermögenswert, ob körperlich oder nichtkörperlich, beweglich oder unbeweglich, materiell oder immateriell, sowie
2. Rechtstitel und Urkunden in jeder Form, einschließlich der elektronischen und digitalen Form, die das Eigentumsrecht oder sonstige Rechte an Vermögenswerten nach Nummer 1 verbriefen.

(7a) Immobilien im Sinne dieses Gesetzes sind Grundstücke, grundstücksgleiche Rechte und Miteigentumsanteile an Grundstücken, die im Bestandsverzeichnis eines Grundbuchblattes aufgeführt sind.

(8) Glücksspiel im Sinne dieses Gesetzes ist jedes Spiel, bei dem ein Spieler für den Erwerb einer Gewinnchance ein Entgelt entrichtet und der Eintritt von Gewinn oder Verlust ganz oder überwiegend vom Zufall abhängt.

(9) Güterhändler im Sinne dieses Gesetzes ist, wer gewerblich Güter veräußert, unabhängig davon, in wessen Namen oder auf wessen Rechnung.

(10) [1]Hochwertige Güter im Sinne dieses Gesetzes sind Gegenstände,

1. die sich aufgrund ihrer Beschaffenheit, ihres Verkehrswertes oder ihres bestimmungsgemäßen Gebrauchs von Gebrauchsgegenständen des Alltags abheben oder
2. die aufgrund ihres Preises keine Alltagsanschaffung darstellen.

[2]Zu ihnen gehören insbesondere

1. Edelmetalle wie Gold, Silber und Platin,
2. Edelsteine,
3. Schmuck und Uhren,
4. Kunstgegenstände und Antiquitäten,
5. Kraftfahrzeuge, Schiffe und Motorboote sowie Luftfahrzeuge.

(11) Immobilienmakler im Sinne dieses Gesetzes ist, wer gewerblich den Abschluss von Kauf-, Pacht- oder Mietverträgen über Grundstücke, grundstücksgleiche Rechte, gewerbliche Räume oder Wohnräume vermittelt.

(12) [1]Politisch exponierte Person im Sinne dieses Gesetzes ist jede Person, die ein hochrangiges wichtiges öffentliches Amt auf internationaler, europäischer oder nationaler Ebene ausübt oder ausgeübt hat oder ein öffentliches Amt unterhalb der nationalen Ebene, dessen politische Bedeutung vergleichbar ist, ausübt oder ausgeübt hat. [2]Zu den politisch exponierten Personen gehören insbesondere

1. Personen, die folgende Funktionen innehaben:
   a) Staatschefs, Regierungschefs, Minister, Mitglieder der Europäischen Kommission, stellvertretende Minister und Staatssekretäre,
   b) Parlamentsabgeordnete und Mitglieder vergleichbarer Gesetzgebungsorgane,
   c) Mitglieder der Führungsgremien politischer Parteien,
   d) Mitglieder von obersten Gerichtshöfen, Verfassungsgerichtshöfen oder sonstigen hohen Gerichten, gegen deren Entscheidungen im Regelfall kein Rechtsmittel mehr eingelegt werden kann,
   e) Mitglieder der Leitungsorgane von Rechnungshöfen,
   f) Mitglieder der Leitungsorgane von Zentralbanken,
   g) Botschafter, Geschäftsträger und Verteidigungsattachés,
   h) Mitglieder der Verwaltungs-, Leitungs- und Aufsichtsorgane staatseigener Unternehmen,
   i) Direktoren, stellvertretende Direktoren, Mitglieder des Leitungsorgans oder sonstige Leiter mit vergleichbarer Funktion in einer zwischenstaatlichen internationalen oder europäischen Organisation;
2. Personen, die Ämter innehaben, welche in der nach Artikel 1 Nummer 13 der Richtlinie (EU) 2018/843 des Europäischen Parlaments und des Rates vom 30. Mai 2018 zur Änderung der Richtlinie (EU) 2015/849 zur Verhinderung der Nutzung des Finanzsystems zum Zwecke der Geldwäsche und der Terrorismusfinanzierung und zur Änderung der Richtlinien 2009/138/EG und 2013/36/EU (ABl. L 156 vom 19.6.2018, S. 43) von der Europäischen Kommission veröffentlichten Liste enthalten sind.

[3]Das Bundesministerium der Finanzen erstellt, aktualisiert und übermittelt der Europäischen Kommission eine Liste gemäß Artikel 1 Nummer 13 der Richtlinie (EU) 2018/843. [4]Organisationen nach Satz 2 Nummer 1 Buchstabe i mit Sitz in Deutschland übermitteln dem Bundesministerium der Finanzen hierfür jährlich zum Jahresende eine Liste mit wichtigen öffentlichen Ämtern nach dieser Vorschrift.

(13) Familienmitglied im Sinne dieses Gesetzes ist ein naher Angehöriger einer politisch exponierten Person, insbesondere

1. der Ehepartner oder eingetragene Lebenspartner,
2. ein Kind und dessen Ehepartner oder eingetragener Lebenspartner sowie
3. jeder Elternteil.

(14) Bekanntermaßen nahestehende Person im Sinne dieses Gesetzes ist eine natürliche Person, bei der der Verpflichtete Grund zu der Annahme haben muss, dass diese Person

1. gemeinsam mit einer politisch exponierten Person
   a) wirtschaftlich Berechtigter einer Vereinigung nach § 20 Absatz 1 ist oder
   b) wirtschaftlich Berechtigter einer Rechtsgestaltung nach § 21 ist,
2. zu einer politisch exponierten Person sonstige enge Geschäftsbeziehungen unterhält oder
3. alleiniger wirtschaftlich Berechtigter
   a) einer Vereinigung nach § 20 Absatz 1 ist oder
   b) einer Rechtsgestaltung nach § 21 ist,

   bei der der Verpflichtete Grund zu der Annahme haben muss, dass die Errichtung faktisch zugunsten einer politisch exponierten Person erfolgte.

(15) [1]Mitglied der Führungsebene im Sinne dieses Gesetzes ist eine Führungskraft oder ein leitender Mitarbeiter eines Verpflichteten mit ausreichendem Wissen über die Risiken, denen der Verpflichtete in Bezug auf Geldwäsche und Terrorismusfinanzierung ausgesetzt ist, und mit der Befugnis, insoweit Entscheidungen zu treffen. [2]Ein Mitglied der Führungsebene muss nicht zugleich ein Mitglied der Leitungsebene sein.

(16) Gruppe im Sinne dieses Gesetzes ist ein Zusammenschluss von Unternehmen, der besteht aus

1. einem Mutterunternehmen,
2. den Tochterunternehmen des Mutterunternehmens,
3. den Unternehmen, an denen das Mutterunternehmen oder seine Tochterunternehmen eine Beteiligung halten, und
4. Unternehmen, die untereinander verbunden sind durch eine Beziehung im Sinne des Artikels 22 Absatz 1 der Richtlinie 2013/34/EU des Europäischen Parlaments und des Rates vom 26. Juni 2013 über den Jahresabschluss, den konsolidierten Abschluss und damit verbundene Berichte von Unternehmen bestimmter Rechtsformen und zur Änderung der Richtlinie 2006/43/EG des Europäischen Parlaments und des Rates und zur Aufhebung der Richtlinien78/660/EWG und 83/349/EWG des Rates (ABl. L 182 vom 29.6.2013, S. 19).

(17) Drittstaat im Sinne dieses Gesetzes ist ein Staat,

1. der nicht Mitgliedstaat der Europäischen Union ist und
2. der nicht Vertragsstaat des Abkommens über den Europäischen Wirtschaftsraum ist.

(18) E-Geld im Sinne dieses Gesetzes ist E-Geld nach § 1 Absatz 2 Satz 3 und 4 des Zahlungsdiensteaufsichtsgesetzes.

(19) Aufsichtsbehörde im Sinne dieses Gesetzes ist die zuständige Aufsichtsbehörde nach § 50.

(20) Die Zuverlässigkeit eines Mitarbeiters im Sinne dieses Gesetzes liegt vor, wenn der Mitarbeiter die Gewähr dafür bietet, dass er

1. die in diesem Gesetz geregelten Pflichten, sonstige geldwäscherechtliche Pflichten und die beim Verpflichteten eingeführten Strategien, Kontrollen und Verfahren zur Verhinderung von Geldwäsche und von Terrorismusfinanzierung sorgfältig beachtet,

2. Tatsachen nach § 43 Absatz 1 dem Vorgesetzten oder dem Geldwäschebeauftragten, sofern ein Geldwäschebeauftragter bestellt ist, meldet und
3. sich weder aktiv noch passiv an zweifelhaften Transaktionen oder Geschäftsbeziehungen beteiligt.

(21) Korrespondenzbeziehung im Sinne dieses Gesetzes ist eine Geschäftsbeziehung, in deren Rahmen folgende Leistungen erbracht werden:

1. Bankdienstleistungen, wie die Unterhaltung eines Kontokorrent- oder eines anderen Zahlungskontos und die Erbringung damit verbundener Leistungen wie die Verwaltung von Barmitteln, die Durchführung von internationalen Geldtransfers oder Devisengeschäften und die Vornahme von Scheckverrechnungen, durch Verpflichtete nach § 2 Absatz 1 Nummer 1 (Korrespondenten) für CRR-Kreditinstitute oder für Unternehmen in einem Drittstaat, die Tätigkeiten ausüben, die denen solcher Kreditinstitute gleichwertig sind (Respondenten), oder
2. ähnliche Dienstleistungen, soweit diese Leistungen nach den jeweiligen gesetzlichen Vorschriften durch Verpflichtete nach § 2 Absatz 1 Nummer 1 bis 3 und 6 bis 9 (Korrespondenten) erbracht werden dürfen für folgende Respondenten:
   a) andere CRR-Kreditinstitute oder Finanzinstitute im Sinne des Artikels 3 Nummer 2 der Richtlinie (EU) 2015/849 oder
   b) Unternehmen oder Personen in einem Drittstaat, die Tätigkeiten ausüben, die denen solcher Kreditinstitute oder Finanzinstitute gleichwertig sind.

   Davon umfasst sind insbesondere Beziehungen, die für Wertpapiergeschäfte oder Geldtransfers aufgenommen wurden.

(22) Bank-Mantelgesellschaft im Sinne dieses Gesetzes ist

1. ein CRR-Kreditinstitut oder ein Finanzinstitut nach Artikel 3 Nummer 2 der Richtlinie (EU) 2015/849 oder
2. ein Unternehmen,
   a) das Tätigkeiten ausübt, die denen eines solchen Kreditinstituts oder Finanzinstituts gleichwertig sind, und das in einem Land in ein Handelsregister oder ein vergleichbares Register eingetragen ist, in dem die tatsächliche Leitung und Verwaltung nicht erfolgen, und
   b) das keiner regulierten Gruppe von Kredit- oder Finanzinstituten angeschlossen ist.

(23) [1]Kunstvermittler im Sinne dieses Gesetzes ist, wer gewerblich den Abschluss von Kaufverträgen über Kunstgegenstände vermittelt, auch als Auktionator oder Galerist. [2]Kunstlagerhalter im Sinne dieses Gesetzes ist, wer gewerblich Kunstgegenstände lagert. [3]Unerheblich ist, in wessen Namen oder auf wessen Rechnung die Tätigkeit nach Satz 1 oder 2 erfolgt.

(24) [1]Finanzunternehmen im Sinne dieses Gesetzes ist ein Unternehmen, dessen Haupttätigkeit darin besteht,

1. Beteiligungen zu erwerben, zu halten oder zu veräußern,
2. Geldforderungen mit Finanzierungsfunktion entgeltlich zu erwerben,
3. mit Finanzinstrumenten auf eigene Rechnung zu handeln,
4. Finanzanlagenvermittler nach § 34f Absatz 1 Satz 1 der Gewerbeordnung und Honorar-Finanzanlagenberater nach § 34h Absatz 1 Satz 1 der Gewerbeordnung zu sein, es sei denn, die Vermittlung oder Beratung bezieht sich ausschließlich auf Anlagen, die von Verpflichteten nach diesem Gesetz vertrieben oder emittiert werden,
5. Unternehmen über die Kapitalstruktur, die industrielle Strategie und die damit verbundenen Fragen zu beraten sowie bei Zusammenschlüssen und Übernahmen von Unternehmen diese Unternehmen zu beraten und ihnen Dienstleistungen anzubieten oder
6. Darlehen zwischen Kreditinstituten zu vermitteln (Geldmaklergeschäfte).

[2]Holdinggesellschaften, die ausschließlich Beteiligungen an Unternehmen außerhalb des Kreditinstituts-, Finanzinstituts- und Versicherungssektors halten und die nicht über die mit der Verwaltung des Beteiligungsbesitzes verbundenen Aufgaben hinaus unternehmerisch tätig sind, sind keine Finanzunternehmen im Sinne dieses Gesetzes.

(25) Mutterunternehmen im Sinne dieses Gesetzes ist ein Unternehmen, dem mindestens ein anderes Unternehmen nach Absatz 16 Nummer 2 bis 4 nachgeordnet ist, und dem kein anderes Unternehmen übergeordnet ist.

(26) Finanzinformationen im Sinne dieses Gesetzes sind alle Arten von Informationen oder Daten, insbesondere Daten über finanzielle Vermögenswerte, Geldbewegungen oder finanzgeschäftliche Beziehungen, die bereits bei der Zentralstelle für Finanztransaktionsuntersuchungen oder anderen zentralen Meldestellen im Sinne des Artikels 32 der Richtlinie (EU) 2015/849 vorhanden sind, um Geldwäsche und Terrorismusfinanzierung zu verhüten, aufzudecken und zu bekämpfen.

(27) Finanzanalyse im Sinne dieses Gesetzes ist das Ergebnis der von der Zentralstelle für Finanztransaktionsuntersuchungen oder einer anderen zentralen Meldestelle im Sinne des Artikel 32 der Richtlinie (EU) 2015/849 für die Erfüllung ihrer Aufgaben nach der Richtlinie (EU) 2015/849 bereits durchgeführten operativen und strategischen Analyse.

(28) Die Bezeichnung

1. Richtlinie (EU) 2015/849 bezeichnet die Richtlinie (EU) 2015/849 des Europäischen Parlamentes und des Rates vom 20. Mai 2015 zur Verhinderung der Nutzung des Finanzsystems zum Zweck der Geldwäsche und der Terrorismusfinanzierung, zur Änderung der Verordnung (EU) Nr. 648/2012 des Europäischen Parlaments und des Rates und zur Aufhebung der Richtlinie 2005/60/EG des Europäischen Parlaments und des Rates und der Richtlinie 2006/70/EG der Kommission, die zuletzt durch die Richtlinie (EU) 2018/843 des Europäischen Parlamentes und des Rates vom 30. Mai 2018 zur Änderung der Richtlinie (EU) 2015/849 zur Verhinderung der Nutzung des Finanzsystems zum Zweck der Geldwäsche und der Terrorismusfinanzierung und zur Änderung der Richtlinien 2009/138/EG und 2013/36/EU geändert worden ist;
2. Richtlinie (EU) 2019/1153 bezeichnet die Richtlinie (EU) 2019/1153 des Europäischen Parlamentes und des Rates vom 20. Juni 2019 zur Festlegung von Vorschriften zur Erleichterung der Nutzung von Finanz- und sonstigen Informationen für die Verhütung, Aufdeckung, Untersuchung oder Verfolgung bestimmter Straftaten und zur Aufhebung des Beschlusses 2000/642/JI des Rates;
3. Verordnung (EU) 2016/794 bezeichnet die Verordnung (EU) 2016/794 des Europäischen Parlamentes und des Rates vom 11. Mai 2016 über die Agentur der Europäischen Union für die Zusammenarbeit auf dem Gebiet der Strafverfolgung (Europol) und zur Ersetzung und Aufhebung der Beschlüsse 2009/371/JI, 2009/934/JI, 2009/935/JI, 2009/936/JI und 2009/968/JI;
4. Verordnung (EU) 2023/1113 bezeichnet die Verordnung (EU) 2023/1113 des Europäischen Parlaments und des Rates vom 31. Mai 2023 über die Übermittlung von Angaben bei Geldtransfers und Transfers bestimmter Kryptowerte und zur Änderung der Richtlinie (EU) 2015/849 (ABl. L 150 vom 9.6.2023, S. 1);
5. Verordnung (EU) 2023/1114 bezeichnet die Verordnung (EU) 2023/1114 des Europäischen Parlaments und des Rates vom 31. Mai 2023 über Märkte für Kryptowerte und zur Änderung der Verordnungen (EU) Nr. 1093/2010 und (EU) Nr. 1095/2010 sowie der Richtlinien 2013/36/EU und (EU) 2019/1937 (ABl. L 150 vom 9.6.2023, S. 40).

(29) Kryptowerte im Sinne dieses Gesetzes sind Kryptowerte im Sinne des Artikels 3 Nummer 14 der Verordnung (EU) 2023/1113.

(30) Kryptowertetransfer im Sinne dieses Gesetzes ist jeder Kryptowertetransfer im Sinne des Artikels 3 Nummer 10 der Verordnung (EU) 2023/1113.

(31) Anbieter von Kryptowerte-Dienstleistungen im Sinne dieses Gesetzes sind Anbieter von Kryptowerte-Dienstleistungen im Sinne des Artikels 3 Absatz 1 Nummer 15 der Verordnung (EU) 2023/1114, wenn sie eine oder mehrere Kryptowerte-Dienstleistungen im Sinne des Artikels 3 Absatz 1

Nummer 16 der Verordnung (EU) 2023/1114 erbringen, mit Ausnahme der Beratung zu Kryptowerten im Sinne des Artikels 3 Absatz 1 Nummer 16 Buchstabe h der Verordnung (EU) 2023/1114.

(32) Emittenten vermögenswertreferenzierter Token im Sinne dieses Gesetzes sind Emittenten vermögenswertreferenzierter Token nach Artikel 16 Absatz 1 Buchstabe a der Verordnung (EU) 2023/1114, die vermögenswertreferenzierte Token nicht ausschließlich über einen Anbieter von Kryptowerte-Dienstleistungen öffentlich anbieten oder die deren Zulassung zum Handel nicht ausschließlich über einen Anbieter von Kryptowerte-Dienstleistungen beantragen.

(33) Selbst gehostete Adresse im Sinne dieses Gesetzes ist eine selbst gehostete Adresse im Sinne des Artikels 3 Nummer 20 der Verordnung (EU) 2023/1113.

§ 2 Verpflichtete, Verordnungsermächtigung

(1) Verpflichtete im Sinne dieses Gesetzes sind, soweit sie in Ausübung ihres Gewerbes oder Berufs handeln,

1. Kreditinstitute nach § 1 Absatz 1 des Kreditwesengesetzes, mit Ausnahme der in § 2 Absatz 1 Nummer 3 bis 8 des Kreditwesengesetzes genannten Unternehmen, und im Inland gelegene Zweigstellen und Zweigniederlassungen von Kreditinstituten mit Sitz im Ausland,

2. Finanzdienstleistungsinstitute nach § 1 Absatz 1a des Kreditwesengesetzes, mit Ausnahme der in § 2 Absatz 6 Satz 1 Nummer 3 bis 10 und 12 und Absatz 10 des Kreditwesengesetzes genannten Unternehmen, im Inland gelegene Zweigstellen und Zweigniederlassungen von Finanzdienstleistungsinstituten mit Sitz im Ausland, Wertpapierinstitute nach § 2 Absatz 1 des Wertpapierinstitutsgesetzes und im Inland gelegene Niederlassungen vergleichbarer Unternehmen mit Sitz im Ausland sowie Anbieter von Kryptowerte-Dienstleistungen und Emittenten vermögenswertreferenzierter Token,

3. Zahlungsinstitute und E-Geld-Institute nach § 1 Absatz 3 des Zahlungsdiensteaufsichtsgesetzes und im Inland gelegene Zweigstellen und Zweigniederlassungen von vergleichbaren Instituten mit Sitz im Ausland,

4. Agenten nach § 1 Absatz 9 des Zahlungsdiensteaufsichtsgesetzes und E-Geld-Agenten nach § 1 Absatz 10 des Zahlungsdiensteaufsichtsgesetzes sowie diejenigen Zahlungsinstitute und E-Geld-Institute mit Sitz in einem anderen Vertragsstaat des Abkommens über den Europäischen Wirtschaftsraum, die im Inland über Agenten nach § 1 Absatz 9 des Zahlungsdiensteaufsichtsgesetzes oder über E-Geld-Agenten nach § 1 Absatz 10 des Zahlungsdiensteaufsichtsgesetzes niedergelassen sind,

5. selbständige Gewerbetreibende, die E-Geld eines Kreditinstituts nach § 1 Absatz 2 Satz 1 Nummer 2 des Zahlungsdiensteaufsichtsgesetzes vertreiben oder rücktauschen,

6. Finanzunternehmen sowie im Inland gelegene Zweigstellen und Zweigniederlassungen von Finanzunternehmen mit Sitz im Ausland, soweit sie nicht bereits von den Nummern 1 bis 5, 7, 9, 10, 12 oder 13 erfasst sind,

7. Versicherungsunternehmen nach Artikel 13 Nummer 1 der Richtlinie 2009/138/EG des Europäischen Parlaments und des Rates vom 25. November 2009 betreffend die Aufnahme und Ausübung der Versicherungs- und der Rückversicherungstätigkeit (Solvabilität II) (ABl. L 335 vom 17.12.2009, S. 1) und im Inland gelegene Niederlassungen solcher Unternehmen mit Sitz im Ausland, soweit sie jeweils
   a) Lebensversicherungstätigkeiten, die unter diese Richtlinie fallen, anbieten,
   b) Unfallversicherungen mit Prämienrückgewähr anbieten,
   c) Darlehen im Sinne von § 1 Absatz 1 Satz 2 Nummer 2 des Kreditwesengesetzes vergeben oder
   d) Kapitalisierungsprodukte anbieten,

8. Versicherungsvermittler nach § 59 des Versicherungsvertragsgesetzes, soweit sie die unter Nummer 7 fallenden Tätigkeiten, Geschäfte, Produkte oder Dienstleistungen vermitteln, mit Ausnahme der gemäß § 34d Absatz 6 oder 7 Nummer 1 der Gewerbeordnung tätigen Versicherungsvermittler, und im Inland gelegene Niederlassungen entsprechender Versicherungsvermittler mit Sitz im Ausland,
9. Kapitalverwaltungsgesellschaften nach § 17 Absatz 1 des Kapitalanlagegesetzbuchs, im Inland gelegene Zweigniederlassungen von EU-Verwaltungsgesellschaften und ausländischen AIF-Verwaltungsgesellschaften sowie ausländische AIF-Verwaltungsgesellschaften, für die die Bundesrepublik Deutschland Referenzmitgliedstaat ist und die der Aufsicht der Bundesanstalt für Finanzdienstleistungsaufsicht gemäß § 57 Absatz 1 Satz 3 des Kapitalanlagegesetzbuchs unterliegen,
10. Rechtsanwälte, Kammerrechtsbeistände, Patentanwälte sowie Notare, soweit sie
    a) für den Mandanten an der Planung oder Durchführung von folgenden Geschäften mitwirken:
        aa) Kauf und Verkauf von Immobilien oder Gewerbebetrieben,
        bb) Verwaltung von Geld, Wertpapieren oder sonstigen Vermögenswerten,
        cc) Eröffnung oder Verwaltung von Bank-, Spar- oder Wertpapierkonten,
        dd) Beschaffung der zur Gründung, zum Betrieb oder zur Verwaltung von Gesellschaften erforderlichen Mittel,
        ee) Gründung, Betrieb oder Verwaltung von Treuhandgesellschaften, Gesellschaften oder ähnlichen Strukturen,
    b) im Namen und auf Rechnung des Mandanten Finanz- oder Immobilientransaktionen durchführen,
    c) den Mandanten im Hinblick auf dessen Kapitalstruktur, dessen industrielle Strategie oder damit verbundene Fragen beraten,
    d) Beratung oder Dienstleistungen im Zusammenhang mit Zusammenschlüssen oder Übernahmen erbringen oder
    e) geschäftsmäßig Hilfeleistung in Steuersachen erbringen,
11. Rechtsbeistände, die nicht Mitglied einer Rechtsanwaltskammer sind, und registrierte Personen nach § 10 des Rechtsdienstleistungsgesetzes, soweit sie Tätigkeiten nach Nummer 10 Buchstabe a bis d erbringen, ausgenommen die Erbringung von Inkassodienstleistungen im Sinne des § 2 Absatz 2 Satz 1 des Rechtsdienstleistungsgesetzes,
12. Wirtschaftsprüfer, vereidigte Buchprüfer, Steuerberater, Steuerbevollmächtigte und die in § 4 Nummer 11 des Steuerberatungsgesetzes genannten Vereine
13. Dienstleister für Gesellschaften und für Treuhandvermögen oder Treuhänder, die nicht den unter den Nummern 10 bis 12 genannten Berufen angehören, wenn sie für Dritte eine der folgenden Dienstleistungen erbringen:
    a) Gründung einer juristischen Person oder Personengesellschaft,
    b) Ausübung der Leitungs- oder Geschäftsführungsfunktion einer juristischen Person oder einer Personengesellschaft, Ausübung der Funktion eines Gesellschafters einer Personengesellschaft oder Ausübung einer vergleichbaren Funktion,
    c) Bereitstellung eines Sitzes, einer Geschäfts-, Verwaltungs- oder Postadresse und anderer damit zusammenhängender Dienstleistungen für eine juristische Person, für eine Personengesellschaft oder für eine Rechtsgestaltung nach § 3 Absatz 3,
    d) Ausübung der Funktion eines Treuhänders für eine Rechtsgestaltung nach § 3 Absatz 3,

e) Ausübung der Funktion eines nominellen Anteilseigners für eine andere Person, bei der es sich nicht um eine auf einem organisierten Markt notierte Gesellschaft nach § 2 Absatz 11 des Wertpapierhandelsgesetzes handelt, die dem Gemeinschaftsrecht entsprechenden Transparenzanforderungen im Hinblick auf Stimmrechtsanteile oder gleichwertigen internationalen Standards unterliegt,

f) Schaffung der Möglichkeit für eine andere Person, die in den Buchstaben b, d und e genannten Funktionen auszuüben,

14. Immobilienmakler,

15. Veranstalter und Vermittler von Glücksspielen, soweit es sich nicht handelt um

a) Betreiber von Geldspielgeräten nach § 33c der Gewerbeordnung,

b) Vereine, die das Unternehmen eines Totalisatoren nach § 1 des Rennwett- und Lotteriegesetzes betreiben,

c) Lotterien, für die die Veranstalter und Vermittler über eine glücksspielrechtliche Erlaubnis der in Deutschland jeweils zuständigen Behörde verfügen, und

d) (weggefallen)

16. Güterhändler, Kunstvermittler und Kunstlagerhalter, soweit die Lagerhaltung in Zollfreigebieten erfolgt.

(2) [1]Das Bundesministerium der Finanzen kann durch Rechtsverordnung ohne Zustimmung des Bundesrates Verpflichtete gemäß Absatz 1 Nummer 1 bis 9 und 16, die Finanztätigkeiten, die keinen Finanztransfer im Sinne von § 1 Absatz 1 Satz 2 Nummer 6 des Zahlungsdiensteaufsichtsgesetzes darstellen, nur gelegentlich oder in sehr begrenztem Umfang ausüben und bei denen ein geringes Risiko der Geldwäsche oder der Terrorismusfinanzierung besteht, vom Anwendungsbereich dieses Gesetzes ausnehmen, wenn

1. die Finanztätigkeit auf einzelne Transaktionen beschränkt ist, die in absoluter Hinsicht je Kunde und einzelne Transaktion den Betrag von 1 000 Euro nicht überschreitet,
2. der Umsatz der Finanztätigkeit insgesamt nicht über 5 Prozent des jährlichen Gesamtumsatzes der betroffenen Verpflichteten hinausgeht,
3. die Finanztätigkeit lediglich eine mit der ausgeübten Haupttätigkeit zusammenhängende Nebentätigkeit darstellt und
4. die Finanztätigkeit nur für Kunden der Haupttätigkeit und nicht für die allgemeine Öffentlichkeit erbracht wird.

[2]In diesem Fall hat es die Europäische Kommission zeitnah zu unterrichten.

(3) [1]Für Gerichte, die öffentliche Versteigerungen durchführen, gelten im Rahmen der Zwangsversteigerung von Grundstücken, von im Schiffsregister eingetragenen Schiffen, von Schiffsbauwerken, die im Schiffsbauregister eingetragen sind oder in dieses Register eingetragen werden können, und Luftfahrzeugen im Wege der Zwangsvollstreckung die in den Abschnitten 3, 5 und 6 genannten Identifizierungs- und Meldepflichten sowie die Pflicht zur Zusammenarbeit mit der Zentralstelle für Finanztransaktionsuntersuchungen entsprechend, soweit Transaktionen mit Barzahlungen über mindestens 10 000 Euro getätigt werden. [2]Die Identifizierung des Erstehers soll unmittelbar nach Erteilung des Zuschlags erfolgen, spätestens jedoch bei Einzahlung des Bargebots; dabei ist bei natürlichen Personen die Erhebung des Geburtsorts und der Staatsangehörigkeit sowie bei rechtsfähigen Personengesellschaften und juristischen Personen die Erhebung der Namen sämtlicher Mitglieder des Vertretungsorgans oder sämtlicher gesetzlicher Vertreter nicht erforderlich.

(4) [1]Für Behörden sowie Körperschaften und Anstalten des öffentlichen Rechts, die öffentliche Versteigerungen durchführen, gelten die in den Abschnitten 3, 5 und 6 genannten Identifizierungs- und Meldepflichten sowie die Pflicht zur Zusammenarbeit mit der Zentralstelle für Finanztransaktionsuntersuchungen entsprechend, soweit Transaktionen mit Barzahlungen über mindestens

10 000 Euro getätigt werden. [2]Satz 1 gilt nicht, soweit im Rahmen der Zwangsvollstreckung gepfändete Gegenstände verwertet werden. [3]Die Identifizierung des Erstehers soll bei Zuschlag erfolgen, spätestens jedoch bei Einzahlung des Bargebots. [4]Nach Satz 1 verpflichtete Behörden sowie Körperschaften und Anstalten des öffentlichen Rechts können bei der Erfüllung ihrer Pflichten nach Satz 1 auf Dritte zurückgreifen.

§ 3 Wirtschaftlich Berechtigter

(1) [1]Wirtschaftlich Berechtigter im Sinne dieses Gesetzes ist

1. die natürliche Person, in deren Eigentum oder unter deren Kontrolle eine juristische Person, sonstige Gesellschaft oder eine Rechtsgestaltung im Sinne des Absatzes 3 letztlich steht, oder
2. die natürliche Person, auf deren Veranlassung eine Transaktion letztlich durchgeführt oder eine Geschäftsbeziehung letztlich begründet wird.

[2]Zu den wirtschaftlich Berechtigten zählen insbesondere die in den Absätzen 2 bis 4 aufgeführten natürlichen Personen.

(2) [1]Bei juristischen Personen außer rechtsfähigen Stiftungen und bei sonstigen Gesellschaften, die nicht an einem organisierten Markt nach § 2 Absatz 11 des Wertpapierhandelsgesetzes notiert sind und keinen dem Gemeinschaftsrecht entsprechenden Transparenzanforderungen im Hinblick auf Stimmrechtsanteile oder gleichwertigen internationalen Standards unterliegen, zählt zu den wirtschaftlich Berechtigten jede natürliche Person, die unmittelbar oder mittelbar

1. mehr als 25 Prozent der Kapitalanteile hält,
2. mehr als 25 Prozent der Stimmrechte kontrolliert oder
3. auf vergleichbare Weise Kontrolle ausübt.

[2]Mittelbare Kontrolle liegt insbesondere vor, wenn entsprechende Anteile von einer oder mehreren Vereinigungen nach § 20 Absatz 1 gehalten werden, die von einer natürlichen Person kontrolliert werden. [3]Kontrolle liegt insbesondere vor, wenn die natürliche Person unmittelbar oder mittelbar einen beherrschenden Einfluss auf die Vereinigung nach § 20 Absatz 1 ausüben kann. [4]Für das Bestehen eines beherrschenden Einflusses gilt § 290 Absatz 2 bis 4 des Handelsgesetzbuchs entsprechend. [5]Wenn auch nach Durchführung umfassender Prüfungen und ohne dass Tatsachen nach § 43 Absatz 1 vorliegen von der meldepflichtigen Vereinigung nach § 20 Absatz 1 kein wirtschaftlich Berechtigter nach Absatz 1 oder nach den Sätzen 1 bis 4 ermittelt werden kann, gilt als wirtschaftlich Berechtigter der gesetzliche Vertreter, der geschäftsführende Gesellschafter oder der Partner des Vertragspartners.

(3) Bei rechtsfähigen Stiftungen und Rechtsgestaltungen, mit denen treuhänderisch Vermögen verwaltet oder verteilt oder die Verwaltung oder Verteilung durch Dritte beauftragt wird, oder bei diesen vergleichbaren Rechtsformen zählt zu den wirtschaftlich Berechtigten:

1. jede natürliche Person, die als Treugeber (Settlor), Verwalter von Trusts (Trustee) oder Protektor, sofern vorhanden, handelt,
2. jede natürliche Person, die Mitglied des Vorstands der Stiftung ist,
3. jede natürliche Person, die als Begünstigte bestimmt worden ist,
4. die Gruppe von natürlichen Personen, zu deren Gunsten das Vermögen verwaltet oder verteilt werden soll, sofern die natürliche Person, die Begünstigte des verwalteten Vermögens werden soll, noch nicht bestimmt ist,
5. jede natürliche Person, die auf sonstige Weise unmittelbar oder mittelbar beherrschenden Einfluss auf die Vermögensverwaltung oder Ertragsverteilung ausübt und
6. jede natürliche Person, die unmittelbar oder mittelbar beherrschenden Einfluss auf eine Vereinigung ausüben kann, die

a) Mitglied des Vorstands der Stiftung ist oder die als Begünstigte der Stiftung bestimmt worden ist, oder

b) als Treugeber (Settlor), Verwalter von Trusts (Trustee) oder Protektor handelt oder die als Begünstige der Rechtsgestaltung bestimmt worden ist.

(4) [1]Bei Handeln auf Veranlassung zählt zu den wirtschaftlich Berechtigten derjenige, auf dessen Veranlassung die Transaktion durchgeführt wird. [2]Soweit der Vertragspartner als Treuhänder handelt, handelt er ebenfalls auf Veranlassung.

§ 3a Risikobasierter Ansatz, nationale Risikoanalyse

(1) [1]Die Verhinderung und Bekämpfung von Geldwäsche und Terrorismusfinanzierung nach den Anforderungen dieses Gesetzes folgt einem risikobasierten Ansatz. [2]Die spezielleren Regelungen der nachfolgenden Abschnitte dieses Gesetzes bleiben hiervon unberührt.

(2) [1]Die für die Verhinderung und Bekämpfung von Geldwäsche und Terrorismusfinanzierung zuständigen Behörden des Bundes sowie die Länder wirken an der vom Bundesministerium der Finanzen koordinierten nationalen Risikoanalyse mit. [2]Die Verpflichteten nach diesem Gesetz werden bei Erstellung der nationalen Risikoanalyse eingebunden und über die Ergebnisse unterrichtet. [3]Die nationale Risikoanalyse berücksichtigt die Risikobewertung der Europäischen Kommission nach Artikel 6 der Richtlinie (EU) 2015/849 und wird regelmäßig aktualisiert. [4]Nach Bedarf werden spezifische sektorale Risikoanalysen erstellt.

Abschnitt 2
Risikomanagement

§ 4 Risikomanagement

(1) Die Verpflichteten müssen zur Verhinderung von Geldwäsche und von Terrorismusfinanzierung über ein wirksames Risikomanagement verfügen, das im Hinblick auf Art und Umfang ihrer Geschäftstätigkeit angemessen ist.

(2) Das Risikomanagement umfasst eine Risikoanalyse nach § 5 sowie interne Sicherungsmaßnahmen nach § 6.

(3) [1]Verantwortlich für das Risikomanagement sowie für die Einhaltung der geldwäscherechtlichen Bestimmungen in diesem und anderen Gesetzen sowie in den aufgrund dieses und anderer Gesetze ergangenen Rechtsverordnungen ist ein zu benennendes Mitglied der Leitungsebene. [2]Die Risikoanalyse und interne Sicherungsmaßnahmen bedürfen der Genehmigung dieses Mitglieds.

(4) Verpflichtete nach § 2 Absatz 1 Nummer 14 müssen über ein wirksames Risikomanagement einschließlich gruppenweiter Verfahren verfügen:

1. bei der Vermittlung von Kaufverträgen und
2. bei der Vermittlung von Miet- oder Pachtverträgen mit einer monatlichen Nettokaltmiete oder Nettokaltpacht in Höhe von mindestens 10 000 Euro.

(5) Verpflichtete nach § 2 Absatz 1 Nummer 16 müssen über ein wirksames Risikomanagement einschließlich gruppenweiter Verfahren verfügen:

1. als Güterhändler bei folgenden Transaktionen:
   a) Transaktionen im Wert von mindestens 10 000 Euro über Kunstgegenstände,
   b) Transaktionen über hochwertige Güter nach § 1 Absatz 10 Satz 2 Nummer 1, bei welchen sie Barzahlungen über mindestens 2 000 Euro selbst oder durch Dritte tätigen oder entgegennehmen, oder
   c) Transaktionen über sonstige Güter, bei welchen sie Barzahlungen über mindestens 10 000 Euro selbst oder durch Dritte tätigen oder entgegennehmen, und

2. als Kunstvermittler und Kunstlagerhalter bei Transaktionen im Wert von mindestens 10 000 Euro.

§ 5 Risikoanalyse

(1) [1]Die Verpflichteten haben diejenigen Risiken der Geldwäsche und der Terrorismusfinanzierung zu ermitteln und zu bewerten, die für Geschäfte bestehen, die von ihnen betrieben werden. [2]Dabei haben sie insbesondere die in den Anlagen 1 und 2 genannten Risikofaktoren sowie die Informationen, die auf Grundlage der nationalen Risikoanalyse zur Verfügung gestellt werden, zu berücksichtigen. [3]Der Umfang der Risikoanalyse richtet sich nach Art und Umfang der Geschäftstätigkeit der Verpflichteten.

(2) Die Verpflichteten haben

1. die Risikoanalyse zu dokumentieren,
2. die Risikoanalyse regelmäßig zu überprüfen und gegebenenfalls zu aktualisieren und
3. der Aufsichtsbehörde auf Verlangen die jeweils aktuelle Fassung der Risikoanalyse zur Verfügung zu stellen.

(3) Für Verpflichtete als Mutterunternehmen einer Gruppe gelten die Absätze 1 und 2 in Bezug auf die gesamte Gruppe.

(4) Die Aufsichtsbehörde kann einen Verpflichteten auf dessen Antrag von der Dokumentation der Risikoanalyse befreien, wenn der Verpflichtete darlegen kann, dass die in dem jeweiligen Bereich bestehenden konkreten Risiken klar erkennbar sind und sie verstanden werden.

§ 6 Interne Sicherungsmaßnahmen

(1) [1]Verpflichtete haben angemessene geschäfts- und kundenbezogene interne Sicherungsmaßnahmen zu schaffen, um die Risiken von Geldwäsche und von Terrorismusfinanzierung in Form von Grundsätzen, Verfahren und Kontrollen zu steuern und zu mindern. [2]Angemessen sind solche Maßnahmen, die der jeweiligen Risikosituation des einzelnen Verpflichteten entsprechen und diese hinreichend abdecken. [3]Die Verpflichteten haben die Funktionsfähigkeit der internen Sicherungsmaßnahmen zu überwachen und sie bei Bedarf zu aktualisieren.

(2) Interne Sicherungsmaßnahmen sind insbesondere:

1. die Ausarbeitung von internen Grundsätzen, Verfahren und Kontrollen in Bezug auf
   a) den Umgang mit Risiken nach Absatz 1,
   b) die Kundensorgfaltspflichten nach den §§ 10 bis 17,
   c) die Erfüllung der Meldepflicht nach § 43 Absatz 1,
   d) die Aufzeichnung von Informationen und die Aufbewahrung von Dokumenten nach § 8 und
   e) die Einhaltung der sonstigen geldwäscherechtlichen Vorschriften,
2. die Bestellung eines Geldwäschebeauftragten und seines Stellvertreters gemäß § 7,
3. für Verpflichtete, die Mutterunternehmen einer Gruppe sind, die Schaffung von gruppenweiten Verfahren gemäß § 9,
4. die Schaffung und Fortentwicklung geeigneter Maßnahmen zur Verhinderung des Missbrauchs von neuen Produkten und Technologien zur Begehung von Geldwäsche und von Terrorismusfinanzierung oder für Zwecke der Begünstigung der Anonymität von Geschäftsbeziehungen oder von Transaktionen,
5. die Überprüfung der Mitarbeiter auf ihre Zuverlässigkeit durch geeignete Maßnahmen, insbesondere durch Personalkontroll- und Beurteilungssysteme der Verpflichteten,

6. die erstmalige und laufende Unterrichtung der Mitarbeiter in Bezug auf Typologien und aktuelle Methoden der Geldwäsche und der Terrorismusfinanzierung sowie die insoweit einschlägigen Vorschriften und Pflichten, einschließlich Datenschutzbestimmungen, und
7. die Überprüfung der zuvor genannten Grundsätze und Verfahren durch eine unabhängige Prüfung, soweit diese Überprüfung angesichts der Art und des Umfangs der Geschäftstätigkeit angemessen ist.

(3) Soweit ein Verpflichteter nach § 2 Absatz 1 Nummer 10 bis 14 und 16 seine berufliche Tätigkeit als Angestellter eines Unternehmens ausübt, obliegen die Verpflichtungen nach den Absätzen 1 und 2 diesem Unternehmen.

(4) [1]Verpflichtete nach § 2 Absatz 1 Nummer 15 haben über die in Absatz 2 genannten Maßnahmen hinaus Datenverarbeitungssysteme zu betreiben, mittels derer sie in der Lage sind, sowohl Geschäftsbeziehungen als auch einzelne Transaktionen im Spielbetrieb und über ein Spielerkonto nach § 16 zu erkennen, die als zweifelhaft oder ungewöhnlich anzusehen sind aufgrund des öffentlich verfügbaren oder im Unternehmen verfügbaren Erfahrungswissens über die Methoden der Geldwäsche und der Terrorismusfinanzierung. [2]Sie haben diese Datenverarbeitungssysteme zu aktualisieren. [3]Die Aufsichtsbehörde kann Kriterien bestimmen, bei deren Erfüllung Verpflichtete nach § 2 Absatz 1 Nummer 15 vom Einsatz von Datenverarbeitungssystemen nach Satz 1 absehen können.

(4a) Anbieter von Kryptowerte-Dienstleistungen haben angemessene Maßnahmen zu treffen, die die Einhaltung der Vorgaben der Verordnung (EU) 2023/1113 gewährleisten.

(5) Die Verpflichteten haben im Hinblick auf ihre Art und Größe angemessene Vorkehrungen zu treffen, damit es ihren Mitarbeitern und Personen in einer vergleichbaren Position unter Wahrung der Vertraulichkeit ihrer Identität möglich ist, Verstöße gegen geldwäscherechtliche Vorschriften geeigneten Stellen zu berichten.

(6) [1]Die Verpflichteten treffen Vorkehrungen, um auf Anfrage der Zentralstelle für Finanztransaktionsuntersuchungen oder auf Anfrage anderer zuständiger Behörden Auskunft darüber zu geben, ob sie während eines Zeitraums von fünf Jahren vor der Anfrage mit bestimmten Personen eine Geschäftsbeziehung unterhalten haben und welcher Art diese Geschäftsbeziehung war. [2]Sie haben sicherzustellen, dass die Informationen sicher und vertraulich an die anfragende Stelle übermittelt werden. [3]Verpflichtete nach § 2 Absatz 1 Nummer 10 und 12 können die Auskunft verweigern, wenn sich die Anfrage auf Informationen bezieht, die sie im Rahmen von Tätigkeiten der Rechtsberatung oder Prozessvertretung erhalten haben. [4]Die Pflicht zur Auskunft bleibt bestehen, wenn der Verpflichtete weiß, dass die Rechtsberatung oder Prozessvertretung für den Zweck der Geldwäsche oder der Terrorismusfinanzierung genutzt wurde oder wird.

(7) [1]Die Verpflichteten dürfen die internen Sicherungsmaßnahmen im Rahmen von vertraglichen Vereinbarungen durch einen Dritten durchführen lassen, wenn sie dies vorher der Aufsichtsbehörde angezeigt haben. [2]Die Aufsichtsbehörde kann die Übertragung dann untersagen, wenn

1. der Dritte nicht die Gewähr dafür bietet, dass die Sicherungsmaßnahmen ordnungsgemäß durchgeführt werden,
2. die Steuerungsmöglichkeiten der Verpflichteten beeinträchtigt werden oder
3. die Aufsicht durch die Aufsichtsbehörde beeinträchtigt wird.

[3]Die Verpflichteten haben in ihrer Anzeige darzulegen, dass die Voraussetzungen für eine Untersagung der Übertragung nach Satz 2 nicht vorliegen. [4]Die Verantwortung für die Erfüllung der Sicherungsmaßnahmen bleibt bei den Verpflichteten.

(8) Die Aufsichtsbehörde kann im Einzelfall Anordnungen erteilen, die geeignet und erforderlich sind, damit der Verpflichtete die erforderlichen internen Sicherungsmaßnahmen schafft.

(9) Die Aufsichtsbehörde kann anordnen, dass auf einzelne Verpflichtete oder Gruppen von Verpflichteten wegen der Art der von diesen betriebenen Geschäfte und wegen der Größe des Ge-

schäftsbetriebs unter Berücksichtigung der Risiken in Bezug auf Geldwäsche oder Terrorismusfinanzierung die Vorschriften der Absätze 1 bis 6 risikoangemessen anzuwenden sind.

§ 7 Geldwäschebeauftragter

(1) [1]Verpflichtete nach § 2 Absatz 1 Nummer 1 bis 3, 6, 7, 9 und 15 haben einen Geldwäschebeauftragten auf Führungsebene sowie einen Stellvertreter zu bestellen. [2]Der Geldwäschebeauftragte ist für die Einhaltung der geldwäscherechtlichen Vorschriften zuständig; die Verantwortung der Leitungsebene bleibt hiervon unberührt. [3]Der Geldwäschebeauftragte ist der Geschäftsleitung unmittelbar nachgeordnet.

(2) Die Aufsichtsbehörde kann einen Verpflichteten von der Pflicht, einen Geldwäschebeauftragten zu bestellen, befreien, wenn sichergestellt ist, dass

1. die Gefahr von Informationsverlusten und -defiziten aufgrund arbeitsteiliger Unternehmensstruktur nicht besteht und
2. nach risikobasierter Bewertung anderweitige Vorkehrungen getroffen werden, um Geschäftsbeziehungen und Transaktionen zu verhindern, die mit Geldwäsche oder Terrorismusfinanzierung zusammenhängen.

(3) [1]Die Aufsichtsbehörde kann anordnen, dass Verpflichtete nach § 2 Absatz 1 Nummer 4, 5, 8, 10 bis 14 und 16 einen Geldwäschebeauftragten zu bestellen haben, wenn sie dies für angemessen erachtet. [2]Bei Verpflichteten nach § 2 Absatz 1 Nummer 16 soll die Anordnung erfolgen, wenn die Haupttätigkeit des Verpflichteten im Handel mit hochwertigen Gütern besteht.

(4) [1]Die Verpflichteten haben der Aufsichtsbehörde die Bestellung des Geldwäschebeauftragten und seines Stellvertreters oder ihre Entpflichtung vorab anzuzeigen. [2]Die Bestellung einer Person zum Geldwäschebeauftragten oder zu seinem Stellvertreter muss auf Verlangen der Aufsichtsbehörde widerrufen werden, wenn die Person nicht die erforderliche Qualifikation oder Zuverlässigkeit aufweist.

(5) [1]Der Geldwäschebeauftragte muss seine Tätigkeit im Inland ausüben. [2]Er muss Ansprechpartner sein für die Strafverfolgungsbehörden, für die für Aufklärung, Verhütung und Beseitigung von Gefahren zuständigen Behörden, für die Zentralstelle für Finanztransaktionsuntersuchungen und für die Aufsichtsbehörde in Bezug auf die Einhaltung der einschlägigen Vorschriften. [3]Ihm sind ausreichende Befugnisse und die für eine ordnungsgemäße Durchführung seiner Funktion notwendigen Mittel einzuräumen. [4]Insbesondere ist ihm ungehinderter Zugang zu sämtlichen Informationen, Daten, Aufzeichnungen und Systemen zu gewähren oder zu verschaffen, die im Rahmen der Erfüllung seiner Aufgaben von Bedeutung sein können. [5]Der Geldwäschebeauftragte hat der Geschäftsleitung unmittelbar zu berichten. [6]Soweit der Geldwäschebeauftragte die Erstattung einer Meldung nach § 43 Absatz 1 beabsichtigt oder ein Auskunftsersuchen der Zentralstelle für Finanztransaktionsuntersuchungen nach § 30 Absatz 3 beantwortet, unterliegt er nicht dem Direktionsrecht durch die Geschäftsleitung.

(6) Der Geldwäschebeauftragte darf Daten und Informationen ausschließlich zur Erfüllung seiner Aufgaben verwenden.

(7) [1]Dem Geldwäschebeauftragten und dem Stellvertreter darf wegen der Erfüllung ihrer Aufgaben keine Benachteiligung im Beschäftigungsverhältnis entstehen. [2]Die Kündigung des Arbeitsverhältnisses ist unzulässig, es sei denn, dass Tatsachen vorliegen, welche die verantwortliche Stelle zur Kündigung aus wichtigem Grund ohne Einhaltung einer Kündigungsfrist berechtigen. [3]Nach der Abberufung als Geldwäschebeauftragter oder als Stellvertreter ist die Kündigung innerhalb eines Jahres nach der Beendigung der Bestellung unzulässig, es sei denn, dass die verantwortliche Stelle zur Kündigung aus wichtigem Grund ohne Einhaltung einer Kündigungsfrist berechtigt ist.

§ 8 Aufzeichnungs- und Aufbewahrungspflicht

(1) [1]Vom Verpflichteten aufzuzeichnen und aufzubewahren sind

1. die im Rahmen der Erfüllung der Sorgfaltspflichten erhobenen Angaben und eingeholten Informationen
   a) über die Vertragspartner, die Vertragsparteien des vermittelten Rechtsgeschäfts nach § 11 Absatz 2 und gegebenenfalls über die für die Vertragspartner oder die Vertragsparteien des vermittelten Rechtsgeschäfts auftretenden Personen und wirtschaftlich Berechtigten,
   b) über Geschäftsbeziehungen und Transaktionen, insbesondere Transaktionsbelege, soweit sie für die Untersuchung von Transaktionen erforderlich sein können,
2. hinreichende Informationen über die Durchführung und über die Ergebnisse der Risikobewertung nach § 10 Absatz 2, § 14 Absatz 1 und § 15 Absatz 3 und über die Angemessenheit der auf Grundlage dieser Ergebnisse ergriffenen Maßnahmen,
3. die Ergebnisse der Untersuchung nach § 15 Absatz 6 Nummer 1,
4. von den Beteiligten vorgelegte Nachweise nach § 16a Absatz 2,
5. die Erwägungsgründe und eine nachvollziehbare Begründung des Bewertungsergebnisses eines Sachverhalts hinsichtlich der Meldepflicht nach § 43 Absatz 1 und
6. die Entscheidung eines Anbieters von Kryptowerte-Dienstleistungen über die Beendigung einer grenzüberschreitenden Korrespondenzbeziehung aus Gründen der Prävention von Geldwäsche oder von Terrorismusfinanzierung.

[2]Die Aufzeichnungen nach Satz 1 Nummer 1 Buchstabe a schließen Aufzeichnungen über die getroffenen Maßnahmen zur Ermittlung des wirtschaftlich Berechtigten sowie die Dokumentation der Eigentums- und Kontrollstruktur nach § 12 Absatz 4 Satz 1 ein. [3]Bei Personen, die nach § 3 Absatz 2 Satz 5 als wirtschaftlich Berechtigte gelten, sind zudem die Maßnahmen zur Überprüfung der Identität nach § 11 Absatz 5 und etwaige Schwierigkeiten, die während des Überprüfungsvorgangs aufgetreten sind, aufzuzeichnen.

(2) [1]Zur Erfüllung der Pflicht nach Absatz 1 Satz 1 Nummer 1 Buchstabe a sind in den Fällen des § 12 Absatz 1 Satz 1 Nummer 1 auch die Art, die Nummer und die Behörde, die das zur Überprüfung der Identität vorgelegte Dokument ausgestellt hat, aufzuzeichnen. [2]Soweit zur Überprüfung der Identität einer natürlichen Person Dokumente nach § 12 Absatz 1 Satz 1 Nummer 1, 4 oder 5 oder zur Überprüfung der Identität einer juristischen Person Unterlagen nach § 12 Absatz 2 vorgelegt werden oder soweit Dokumente, die aufgrund einer Rechtsverordnung nach § 12 Absatz 3 bestimmt sind, vorgelegt oder herangezogen werden, haben die Verpflichteten das Recht und die Pflicht, Kopien dieser Dokumente oder Unterlagen anzufertigen oder sie optisch digitalisiert zu erfassen oder, bei einem Vor-Ort-Auslesen nach § 18a des Personalausweisgesetzes, nach § 78 Absatz 5 Satz 2 des Aufenthaltsgesetzes oder nach § 13 des eID-Karte-Gesetzes, das dienste- und kartenspezifische Kennzeichen sowie die Tatsache aufzuzeichnen, dass die Daten im Wege des Vor-Ort-Auslesens übernommen wurden. [3]Diese gelten als Aufzeichnung im Sinne des Satzes 1. [4]Die Aufzeichnungs- und Aufbewahrungspflicht nach Absatz 1 Satz 1 Nummer 1 Buchstabe a umfasst auch die zur Erfüllung geldwäscherechtlicher Sorgfaltspflichten angefertigten Aufzeichnungen von Video- und Tonaufnahmen. [5]Wird nach § 11 Absatz 3 Satz 1 von einer erneuten Identifizierung abgesehen, so sind der Name des zu Identifizierenden und der Umstand, dass er bei früherer Gelegenheit identifiziert worden ist, aufzuzeichnen. [6]Im Fall des § 12 Absatz 1 Satz 1 Nummer 2 ist anstelle der Art, der Nummer und der Behörde, die das zur Überprüfung der Identität vorgelegte Dokument ausgestellt hat, das dienste- und kartenspezifische Kennzeichen und die Tatsache, dass die Prüfung anhand eines elektronischen Identitätsnachweises erfolgt ist, aufzuzeichnen. [7]Bei der Überprüfung der Identität anhand einer qualifizierten Signatur nach § 12 Absatz 1 Satz 1 Nummer 3 ist auch deren Validierung aufzuzeichnen. [8]Bei Einholung von Angaben und Informationen durch Einsichtnahme in elektronisch geführte Register oder Verzeichnisse gemäß § 12 Absatz 2 gilt die Anfertigung eines Ausdrucks als Aufzeichnung der darin enthaltenen Angaben oder Informationen.

(3) [1]Die Aufzeichnungen können auch digital auf einem Datenträger gespeichert werden. [2]Die Verpflichteten müssen sicherstellen, dass die gespeicherten Daten

1. mit den festgestellten Angaben und Informationen übereinstimmen,
2. während der Dauer der Aufbewahrungsfrist verfügbar sind und
3. jederzeit innerhalb einer angemessenen Frist lesbar gemacht werden können.

(4) [1]Die Aufzeichnungen und sonstigen Belege nach den Absätzen 1 bis 3 sind fünf Jahre aufzubewahren, soweit nicht andere gesetzliche Bestimmungen über Aufzeichnungs- und Aufbewahrungspflichten eine längere Frist vorsehen. [2]In jedem Fall sind die Aufzeichnungen und sonstigen Belege spätestens nach Ablauf von zehn Jahren zu vernichten. [3]Die Aufbewahrungsfrist im Fall des § 10 Absatz 3 Satz 1 Nummer 1 beginnt mit dem Schluss des Kalenderjahres, in dem die Geschäftsbeziehung endet. [4]In den übrigen Fällen beginnt sie mit dem Schluss des Kalenderjahres, in dem die jeweilige Angabe festgestellt worden ist.

(5) Soweit aufzubewahrende Unterlagen einer öffentlichen Stelle vorzulegen sind, gilt für die Lesbarmachung der Unterlagen § 147 Absatz 5 der Abgabenordnung entsprechend.

§ 9 Gruppenweite Pflichten

(1) [1]Verpflichtete, die Mutterunternehmen einer Gruppe sind, haben eine Risikoanalyse für alle Zweigstellen, Zweigniederlassungen und gruppenangehörigen Unternehmen nach § 1 Absatz 16 Nummer 2 bis 4, die geldwäscherechtlichen Pflichten unterliegen, durchzuführen. [2]Auf Grundlage dieser Risikoanalyse haben sie gruppenweit folgende Maßnahmen zu ergreifen:

1. die Einrichtung von einheitlichen internen Sicherungsmaßnahmen nach § 6 Absatz 2,
2. die Bestellung eines Geldwäschebeauftragten, der für die Erstellung einer gruppenweiten Strategie zur Verhinderung von Geldwäsche und Terrorismusfinanzierung sowie für die Koordinierung und Überwachung ihrer Umsetzung zuständig ist,
3. die Schaffung von Verfahren für den Informationsaustausch innerhalb der Gruppe zur Verhinderung von Geldwäsche und von Terrorismusfinanzierung sowie
4. die Schaffung von Vorkehrungen zum Schutz von personenbezogenen Daten.

[3]Sie haben sicherzustellen, dass die von ihnen getroffenen Maßnahmen nach Satz 2 Nummer 1, 3 und 4 von ihren Zweigstellen, Zweigniederlassungen und gruppenangehörigen Unternehmen nach § 1 Absatz 16 Nummer 2 bis 4, soweit diese geldwäscherechtlichen Pflichten und dem beherrschenden Einfluss des Mutterunternehmens unterliegen, wirksam umgesetzt werden. [4]Für die Bestellung eines Geldwäschebeauftragten nach Satz 2 Nummer 2 gelten die Regelungen des § 7 Absatz 4 bis 7 entsprechend.

(2) Verpflichtete, die Mutterunternehmen einer Gruppe sind, haben sicherzustellen, dass Zweigniederlassungen und gruppenangehörige Unternehmen nach § 1 Absatz 16 Nummer 2 bis 4, die mehrheitlich in ihrem Besitz stehen und die in einem anderen Mitgliedstaat der Europäischen Union ansässig sind, nach dessen Recht sie Pflichten zur Verhinderung von Geldwäsche und von Terrorismusfinanzierung unterliegen, die dort geltenden nationalen Rechtsvorschriften zur Umsetzung der Richtlinie (EU) 2015/849 einhalten.

(3) [1]Verpflichtete, die Mutterunternehmen einer Gruppe sind, haben sicherzustellen, dass Zweigstellen und gruppenangehörige Unternehmen nach § 1 Absatz 16 Nummer 2 bis 4, die mehrheitlich in ihrem Besitz stehen und ihren Sitz in einem Drittstaat haben, in dem die Mindestanforderungen zur Verhinderung von Geldwäsche und von Terrorismusfinanzierung geringer sind als die Anforderungen für Unternehmen mit Sitz in Deutschland, die Anforderungen nach diesem Gesetz erfüllen, soweit das Recht des Drittstaats dies zulässt. [2]Soweit eine Umsetzung der in Absatz 1 Satz 2 Nummer 1, 3 und 4 genannten Maßnahmen nach dem Recht des Drittstaats nicht zulässig ist, sind die Mutterunternehmen verpflichtet,

1. sicherzustellen, dass ihre in Satz 1 genannten Zweigstellen und gruppenangehörigen Unternehmen, die mehrheitlich in ihrem Besitz stehen, zusätzliche Maßnahmen ergreifen, um dem Risiko der Geldwäsche und der Terrorismusfinanzierung wirksam zu begegnen, und
2. die nach § 50 zuständige Aufsichtsbehörde über die getroffenen Maßnahmen zu informieren.

[3]Reichen die getroffenen Maßnahmen nicht aus, so ordnet die nach § 50 zuständige Aufsichtsbehörde an, dass die Mutterunternehmen sicherstellen, dass die in Satz 1 genannten Zweigstellen und gruppenangehörigen Unternehmen nach § 1 Absatz 16 Nummer 2 bis 4 in diesem Drittstaat weder eine Geschäftsbeziehung begründen oder fortsetzen noch Transaktionen durchführen.

(4) Die Absätze 1 bis 3 gelten entsprechend für Verpflichtete,

1. die gruppenangehörige Unternehmen nach § 1 Absatz 16 Nummer 2 bis 4 sind, soweit ihnen mindestens ein anderes Unternehmen nach § 1 Absatz 16 Nummer 2 bis 4 nachgeordnet ist und ihrem beherrschenden Einfluss unterliegt, und
2. deren Mutterunternehmen weder nach Absatz 1 noch nach dem Recht des Staates, in dem es ansässig ist, gruppenweite Maßnahmen ergreifen muss.

(5) [1]Verpflichtete, die gruppenangehörige Unternehmen nach § 1 Absatz 16 Nummer 2 bis 4 eines Mutterunternehmens im Sinne von Absatz 1 sind, haben die in Absatz 1 Satz 2 Nummer 1, 3 und 4 genannten Maßnahmen umzusetzen. [2]Alle anderen gruppenangehörigen Verpflichteten müssen die in Absatz 1 Satz 2 Nummer 3 und 4 genannten Maßnahmen umsetzen. [3]Die Pflichten nach den Sätzen 1 und 2 gelten unbeschadet der von den Verpflichteten zu beachtenden eigenen gesetzlichen Verpflichtung zur Erfüllung sonstiger geldwäscherechtlicher Vorschriften.

Abschnitt 3
Sorgfaltspflichten in Bezug auf Kunden

§ 10 Allgemeine Sorgfaltspflichten

(1) Die allgemeinen Sorgfaltspflichten sind:

1. die Identifizierung des Vertragspartners und gegebenenfalls der für ihn auftretenden Person nach Maßgabe des § 11 Absatz 4 und des § 12 Absatz 1 und 2 sowie die Prüfung, ob die für den Vertragspartner auftretende Person hierzu berechtigt ist,
2. die Abklärung, ob der Vertragspartner für einen wirtschaftlich Berechtigten handelt, und, soweit dies der Fall ist, die Identifizierung des wirtschaftlich Berechtigten nach Maßgabe des § 11 Absatz 5 und des § 12 Absatz 3 und 4; dies umfasst in Fällen, in denen der Vertragspartner keine natürliche Person ist, die Pflicht, die Eigentums- und Kontrollstruktur des Vertragspartners mit angemessenen Mitteln in Erfahrung zu bringen,
3. die Einholung und Bewertung von Informationen über den Zweck und über die angestrebte Art der Geschäftsbeziehung, soweit sich diese Informationen im Einzelfall nicht bereits zweifelsfrei aus der Geschäftsbeziehung ergeben,
4. die Feststellung mit angemessenen, risikoorientierten Verfahren, ob es sich bei dem Vertragspartner oder dem wirtschaftlich Berechtigten um eine politisch exponierte Person, um ein Familienmitglied oder um eine bekanntermaßen nahestehende Person handelt, und
5. die kontinuierliche Überwachung der Geschäftsbeziehung einschließlich der Transaktionen, die in ihrem Verlauf durchgeführt werden, zur Sicherstellung, dass diese Transaktionen übereinstimmen
   a) mit den beim Verpflichteten vorhandenen Dokumenten und Informationen über den Vertragspartner und gegebenenfalls über den wirtschaftlich Berechtigten, über deren Geschäftstätigkeit und Kundenprofil und,
   b) soweit erforderlich, mit den beim Verpflichteten vorhandenen Informationen über die Herkunft der Vermögenswerte;

im Rahmen der kontinuierlichen Überwachung haben die Verpflichteten sicherzustellen, dass die jeweiligen Dokumente, Daten oder Informationen unter Berücksichtigung des jeweiligen Risikos im angemessenen zeitlichen Abstand aktualisiert werden.

(2) [1]Der konkrete Umfang der Maßnahmen nach Absatz 1 Nummer 2 bis 5 muss dem jeweiligen Risiko der Geldwäsche oder Terrorismusfinanzierung, insbesondere in Bezug auf den Vertragspartner, die Geschäftsbeziehung oder Transaktion, entsprechen. [2]Die Verpflichteten berücksichtigen dabei insbesondere die in den Anlagen 1 und 2 genannten Risikofaktoren. [3]Darüber hinaus zu berücksichtigen haben sie bei der Bewertung der Risiken zumindest

1. den Zweck des Kontos oder der Geschäftsbeziehung,
2. die Höhe der von Kunden eingezahlten Vermögenswerte oder den Umfang der ausgeführten Transaktionen sowie
3. die Regelmäßigkeit oder die Dauer der Geschäftsbeziehung.

[4]Verpflichtete müssen gegenüber den Aufsichtsbehörden auf deren Verlangen darlegen, dass der Umfang der von ihnen getroffenen Maßnahmen im Hinblick auf die Risiken der Geldwäsche und der Terrorismusfinanzierung angemessen ist.

(3) Die allgemeinen Sorgfaltspflichten sind von Verpflichteten zu erfüllen:

1. bei der Begründung einer Geschäftsbeziehung,
2. bei Transaktionen, die außerhalb einer Geschäftsbeziehung durchgeführt werden, wenn es sich handelt um
   a) Geldtransfers nach Artikel 3 Nummer 9 der Verordnung (EU) 2015/847 des Europäischen Parlaments und des Rates vom 20. Mai 2015 über die Übermittlung von Angaben bei Geldtransfers und zur Aufhebung der Verordnung (EU) Nr. 1781/2006 (ABl. L 141 vom 5.6.2015, S. 1) und dieser Geldtransfer einen Betrag von 1 000 Euro oder mehr ausmacht,
   b) die Durchführung einer sonstigen Transaktion im Wert von 15 000 Euro oder mehr,
   c) Kryptowertetransfers, die zum Zeitpunkt der Durchführung des Kryptowertetransfers einem Gegenwert von 1 000 Euro oder mehr entsprechen,
3. ungeachtet etwaiger nach diesem Gesetz oder anderen Gesetzen bestehender Ausnahmeregelungen, Befreiungen oder Schwellenbeträge beim Vorliegen von Tatsachen, die darauf hindeuten, dass
   a) es sich bei Vermögensgegenständen, die mit einer Transaktion oder Geschäftsbeziehung im Zusammenhang stehen, um den Gegenstand von Geldwäsche handelt oder
   b) die Vermögensgegenstände im Zusammenhang mit Terrorismusfinanzierung stehen,
4. bei Zweifeln, ob die aufgrund von Bestimmungen dieses Gesetzes erhobenen Angaben zu der Identität des Vertragspartners, zu der Identität einer für den Vertragspartner auftretenden Person oder zu der Identität des wirtschaftlich Berechtigten zutreffend sind.

(3a) [1]Die Verpflichteten müssen die allgemeinen Sorgfaltspflichten bei allen neuen Kunden erfüllen. [2]Bei bereits bestehenden Geschäftsbeziehungen müssen sie die allgemeinen Sorgfaltspflichten zu geeigneter Zeit auf risikobasierter Grundlage erfüllen, insbesondere dann, wenn

1. sich bei einem Kunden maßgebliche Umstände ändern,
2. der Verpflichtete rechtlich verpflichtet ist, den Kunden im Laufe des betreffenden Kalenderjahres zu kontaktieren, um etwaige einschlägige Informationen über den wirtschaftlich Berechtigten zu überprüfen, oder
3. der Verpflichtete gemäß der Richtlinie 2011/16/EU des Rates vom 15. Februar 2011 über die Zusammenarbeit der Verwaltungsbehörden im Bereich der Besteuerung und zur Aufhebung der Richtlinie 77/799/EWG (ABl. L 64 vom 11.3.2011, S. 1) dazu verpflichtet ist.

(4) Nehmen Verpflichtete nach § 2 Absatz 1 Nummer 3 bis 5 Bargeld bei der Erbringung von Zahlungsdiensten nach § 1 Absatz 1 Satz 2 des Zahlungsdiensteaufsichtsgesetzes an, so haben sie die allgemeinen Sorgfaltspflichten nach Absatz 1 Nummer 1 und 2 zu erfüllen.

(5) [1]Verpflichtete nach § 2 Absatz 1 Nummer 15 haben die allgemeinen Sorgfaltspflichten bei Transaktionen in Form von Gewinnen oder Einsätzen eines Spielers in Höhe von 2 000 Euro oder mehr zu erfüllen, es sei denn, das Glücksspiel wird im Internet angeboten oder vermittelt. [2]Der Identifizierungspflicht kann auch dadurch nachgekommen werden, dass der Spieler bereits beim Betreten der Spielbank oder der sonstigen örtlichen Glücksspielstätte identifiziert wird, wenn vom Verpflichteten zusätzlich sichergestellt wird, dass Transaktionen im Wert von 2 000 Euro oder mehr einschließlich des Kaufs oder Rücktauschs von Spielmarken dem jeweiligen Spieler zugeordnet werden können.

(6) Verpflichtete nach § 2 Absatz 1 Nummer 14 haben die allgemeinen Sorgfaltspflichten zu erfüllen:

1. bei der Vermittlung von Kaufverträgen und
2. bei der Vermittlung von Miet- oder Pachtverträgen bei Transaktionen mit einer monatlichen Nettokaltmiete oder Nettokaltpacht in Höhe von mindestens 10 000 Euro.

(6a) Verpflichtete nach § 2 Absatz 1 Nummer 16 haben die allgemeinen Sorgfaltspflichten zu erfüllen:

1. als Güterhändler bei folgenden Transaktionen:
   a) Transaktionen im Wert von mindestens 10 000 Euro über Kunstgegenstände,
   b) Transaktionen über hochwertige Güter nach § 1 Absatz 10 Satz 2 Nummer 1, bei welchen sie Barzahlungen über mindestens 2 000 Euro selbst oder durch Dritte tätigen oder entgegennehmen oder
   c) Transaktionen über sonstige Güter, bei welchen sie Barzahlungen über mindestens 10 000 Euro selbst oder durch Dritte tätigen oder entgegennehmen, und
2. als Kunstvermittler und Kunstlagerhalter bei Transaktionen im Wert von mindestens 10 000 Euro.

(7) [1]Für Verpflichtete nach § 2 Absatz 1 Nummer 4 und 5, die bei der Ausgabe von E-Geld tätig sind, gilt § 25i Absatz 1 des Kreditwesengesetzes mit der Maßgabe, dass lediglich die Pflichten nach Absatz 1 Nummer 1 und 4 zu erfüllen sind. [2]§ 25i Absatz 2 und 4 des Kreditwesengesetzes gilt entsprechend.

(8) Versicherungsvermittler nach § 2 Absatz 1 Nummer 8, die für ein Versicherungsunternehmen nach § 2 Absatz 1 Nummer 7 Prämien einziehen, haben diesem Versicherungsunternehmen mitzuteilen, wenn Prämienzahlungen in bar erfolgen und den Betrag von 15 000 Euro innerhalb eines Kalenderjahres übersteigen.

(8a) Soweit ein Verpflichteter nach § 2 Absatz 1 Nummer 10 als Syndikusrechtsanwalt oder als Syndikuspatentanwalt oder ein Verpflichteter nach § 2 Absatz 1 Nummer 12 als Syndikussteuerberater für ein Unternehmen tätig wird, das selbst Verpflichteter nach § 2 Absatz 1 ist, obliegen die Verpflichtungen nach Absatz 1 diesem Unternehmen.

(9) [1]Ist der Verpflichtete nicht in der Lage, die allgemeinen Sorgfaltspflichten nach Absatz 1 Nummer 1 bis 4 zu erfüllen, so darf die Geschäftsbeziehung nicht begründet oder nicht fortgesetzt werden und darf keine Transaktion durchgeführt werden. [2]Soweit eine Geschäftsbeziehung bereits besteht, ist sie vom Verpflichteten ungeachtet anderer gesetzlicher oder vertraglicher Bestimmungen durch Kündigung oder auf andere Weise zu beenden. [3]Die Sätze 1 und 2 gelten für Verpflichtete nach § 2 Absatz 1 Nummer 10 und 12 nicht, wenn Tätigkeiten der Rechtsberatung oder Prozessvertretung erbracht werden sollen, es sei denn, der Verpflichtete weiß, dass die Rechtsberatung oder Prozessvertretung bewusst für den Zweck der Geldwäsche oder der Terrorismusfinanzierung genutzt wurde oder wird. [4]Solange der Vertragspartner seiner Pflicht nach § 12 Absatz 4 Satz 1, eine Vereinigung mit Sitz im Ausland ihrer Mitteilungspflicht nach § 20 Absatz 1 Satz 2 und 3 oder

ein Trustee, der außerhalb der Europäischen Union seinen Wohnsitz oder Sitz hat, seiner Mitteilungspflicht nach § 21 Absatz 1 Satz 2 Alternative 2 und Satz 3 nicht nachkommt, hat der Notar die Beurkundung abzulehnen; § 15 Absatz 2 der Bundesnotarordnung gilt insoweit entsprechend.

§ 11 Identifizierung; Erhebung von Angaben zum Zweck der Identifizierung

(1) [1]Verpflichtete haben Vertragspartner, gegebenenfalls für diese auftretende Personen und wirtschaftlich Berechtigte vor Begründung der Geschäftsbeziehung oder vor Durchführung der Transaktion zu identifizieren, indem sie die Angaben nach den Absätzen 4 und 5 erheben und diese nach § 12 überprüfen. [2]Die Identifizierung kann auch noch während der Begründung der Geschäftsbeziehung unverzüglich abgeschlossen werden, wenn dies erforderlich ist, um den normalen Geschäftsablauf nicht zu unterbrechen, und wenn ein geringes Risiko der Geldwäsche und der Terrorismusfinanzierung besteht.

(2) [1]Abweichend von Absatz 1 haben Verpflichtete nach § 2 Absatz 1 Nummer 14 die Vertragsparteien des vermittelten Rechtsgeschäfts, gegebenenfalls für diese auftretende Personen und wirtschaftlich Berechtigte zu identifizieren, sobald ein ernsthaftes Interesse der Vertragsparteien an der Durchführung des vermittelten Rechtsgeschäfts besteht und die Vertragsparteien hinreichend bestimmt sind. [2]Sind für beide Vertragsparteien des vermittelten Rechtsgeschäfts Verpflichtete nach § 2 Absatz 1 Nummer 14 tätig, so muss jeder Verpflichtete nur die Vertragspartei identifizieren, für die er handelt.

(3) [1]Von einer Identifizierung kann abgesehen werden, wenn der Verpflichtete die zu identifizierende Person bereits bei früherer Gelegenheit im Rahmen der Erfüllung seiner Sorgfaltspflichten identifiziert hat und die dabei erhobenen Angaben aufgezeichnet hat. [2]Muss der Verpflichtete aufgrund der äußeren Umstände Zweifel hegen, ob die bei der früheren Identifizierung erhobenen Angaben weiterhin zutreffend sind, hat er eine erneute Identifizierung durchzuführen.

(4) In Bezug auf Vertragspartner und gegebenenfalls für diese auftretende Personen hat der Verpflichtete zum Zweck der Identifizierung folgende Angaben zu erheben:

1. bei einer natürlichen Person:
   a) Vorname und Nachname,
   b) Geburtsort,
   c) Geburtsdatum,
   d) Staatsangehörigkeit und
   e) eine Wohnanschrift oder, sofern kein fester Wohnsitz mit rechtmäßigem Aufenthalt in der Europäischen Union besteht und die Überprüfung der Identität im Rahmen des Abschlusses eines Basiskontovertrags im Sinne von § 38 des Zahlungskontengesetzes erfolgt, die postalische Anschrift, unter der der Vertragspartner sowie die gegenüber dem Verpflichteten auftretende Person erreichbar ist;
2. bei einer juristischen Person oder bei einer Personengesellschaft:
   a) Firma, Name oder Bezeichnung,
   b) Rechtsform,
   c) Registernummer, falls vorhanden,
   d) Anschrift des Sitzes oder der Hauptniederlassung und
   e) die Namen der Mitglieder des Vertretungsorgans oder die Namen der gesetzlichen Vertreter und, sofern ein Mitglied des Vertretungsorgans oder der gesetzliche Vertreter eine juristische Person ist, von dieser juristischen Person die Daten nach den Buchstaben a bis d.

(5) [1]In Bezug auf einen wirtschaftlich Berechtigten hat der Verpflichtete zum Zweck der Identifizierung zumindest dessen Vor- und Nachnamen und, soweit dies in Ansehung des im Einzelfall bestehenden Risikos der Geldwäsche oder der Terrorismusfinanzierung angemessen ist, weitere Identi-

fizierungsmerkmale zu erheben. [2]Geburtsdatum, Geburtsort und Anschrift des wirtschaftlich Berechtigten dürfen unabhängig vom festgestellten Risiko erhoben werden. [3]Die Erhebung der Angaben hat beim Vertragspartner oder der gegebenenfalls für diesen auftretenden Personen zu erfolgen; eine Erhebung der Angaben aus dem Transparenzregister genügt zur Erfüllung der Pflicht zur Erhebung der Angaben nicht. [4]Werden bei Trusts oder anderen Rechtsgestaltungen nach § 21 die wirtschaftlich Berechtigten nach besonderen Merkmalen oder nach einer Kategorie bestimmt, so hat der Verpflichtete ausreichende Informationen über den wirtschaftlich Berechtigten einzuholen, um zum Zeitpunkt der Ausführung der Transaktion oder der Ausübung seiner Rechte die Identität des wirtschaftlich Berechtigten feststellen zu können.

(5a) (weggefallen)

(6) [1]Der Vertragspartner eines Verpflichteten hat dem Verpflichteten die Informationen und Unterlagen zur Verfügung zu stellen, die zur Identifizierung erforderlich sind. [2]Ergeben sich im Laufe der Geschäftsbeziehung Änderungen, hat er diese Änderungen unverzüglich dem Verpflichteten anzuzeigen. [3]Der Vertragspartner hat gegenüber dem Verpflichteten offenzulegen, ob er die Geschäftsbeziehung oder die Transaktion für einen wirtschaftlich Berechtigten begründen, fortsetzen oder durchführen will. [4]Mit der Offenlegung hat er dem Verpflichteten auch die Identität des wirtschaftlich Berechtigten nachzuweisen. [5]Die Sätze 1 bis 4 gelten entsprechend für die Vertragsparteien des vermittelten Rechtsgeschäfts im Sinne des Absatzes 2, die nicht Vertragspartner des Verpflichteten nach § 2 Absatz 1 Nummer 14 sind.

(7) [1]Verwalter von Rechtsgestaltungen im Sinne des § 3 Absatz 3 haben dem Verpflichteten ihre Verwaltereigenschaft offenzulegen und ihm unverzüglich die Angaben zu übermitteln, die nach Absatz 5 zur Identifizierung aller wirtschaftlich Berechtigten im Sinne des § 3 Absatz 3 erforderlich sind, wenn sie in dieser Position eine Geschäftsbeziehung aufnehmen oder eine Transaktion oberhalb der in § 10 Absatz 3 Nummer 2, Absatz 5, Absatz 6 oder Absatz 6a genannten Schwellenbeträge durchführen. [2]Im Falle von Trusts und anderen Rechtsgestaltungen nach § 21 sind dem Verpflichteten die Angaben nach § 21 Absatz 1 und 2 unverzüglich zu übermitteln.

§ 11a Verarbeitung personenbezogener Daten durch Verpflichtete

(1) Verpflichtete nach § 2 dürfen personenbezogene Daten nur verarbeiten, soweit dies auf Grundlage dieses Gesetzes für Zwecke der Verhinderung von Geldwäsche und Terrorismusfinanzierung erforderlich ist.

(2) Soweit ein den Vorschriften dieses Gesetzes unterliegender Verpflichteter nach § 2 personenbezogene Daten für Zwecke gemäß Absatz 1 an die zuständigen Aufsichtsbehörden oder die Personen und Einrichtungen, deren sich die zuständigen Aufsichtsbehörden bei der Durchführung ihrer Aufgaben bedienen, oder an die Zentralstelle für Finanztransaktionsuntersuchungen übermittelt, bestehen die Pflicht zur Information der betroffenen Person nach Artikel 13 Absatz 3 der Verordnung (EU) 2016/679 und das Recht auf Auskunft der betroffenen Person nach Artikel 15 der Verordnung (EU) 2016/679 nicht.

(3) Die Absätze 1 und 2 finden entsprechende Anwendung auf Dritte im Sinne von § 17, auf die ein Verpflichteter zur Erfüllung der allgemeinen Sorgfaltspflichten nach § 10 Absatz 1 Nummer 1 bis 4 zurückgreift.

§ 12 Überprüfung von Angaben zum Zweck der Identifizierung, Verordnungsermächtigung

(1) [1]Die Überprüfung der nach § 11 Absatz 4 erhobenen Angaben zum Vertragspartner und gegebenenfalls für diesen auftretende Personen hat bei natürlichen Personen zu erfolgen anhand

1. eines gültigen amtlichen Ausweises, der ein Lichtbild des Inhabers enthält und mit dem die Pass- und Ausweispflicht im Inland erfüllt wird, insbesondere anhand eines inländischen oder nach ausländerrechtlichen Bestimmungen anerkannten oder zugelassenen Passes, Personalausweises oder Pass- oder Ausweisersatzes,

2. eines elektronischen Identitätsnachweises nach § 18 des Personalausweisgesetzes, nach § 12 des eID-Karte-Gesetzes oder nach § 78 Absatz 5 des Aufenthaltsgesetzes,
3. einer qualifizierten elektronischen Signatur nach Artikel 3 Nummer 12 der Verordnung (EU) Nr. 910/2014 des Europäischen Parlaments und des Rates vom 23. Juli 2014 über elektronische Identifizierung und Vertrauensdienste für elektronische Transaktionen im Binnenmarkt und zur Aufhebung der Richtlinie 1999/93/EG (ABl. L 257 vom 28.8.2014, S. 73),
4. eines nach Artikel 8 Absatz 2 Buchstabe c in Verbindung mit Artikel 9 der Verordnung (EU) Nr. 910/2014 notifizierten elektronischen Identifizierungssystems oder
5. von Dokumenten nach § 1 Absatz 1 der Verordnung über die Bestimmung von Dokumenten, die zur Identifizierung einer nach dem Geldwäschegesetz zu identifizierenden Person zum Zwecke des Abschlusses eines Zahlungskontovertrags zugelassen werden.

[2]Im Fall der Identitätsüberprüfung anhand einer qualifizierten elektronischen Signatur gemäß Satz 1 Nummer 3 hat der Verpflichtete eine Validierung der qualifizierten elektronischen Signatur nach Artikel 32 Absatz 1 der Verordnung (EU) Nr. 910/2014 vorzunehmen. [3]Er hat in diesem Falle auch sicherzustellen, dass eine Transaktion unmittelbar von einem Zahlungskonto im Sinne des § 1 Absatz 17 des Zahlungsdiensteaufsichtsgesetzes erfolgt, das auf den Namen des Vertragspartners lautet, bei einem Verpflichteten nach § 2 Absatz 1 Satz 1 Nummer 1 oder Nummer 3 oder bei einem Kreditinstitut, das ansässig ist in einem

1. anderen Mitgliedstaat der Europäischen Union,
2. Vertragsstaat des Abkommens über den Europäischen Wirtschaftsraum oder
3. Drittstaat, in dem das Kreditinstitut Sorgfalts- und Aufbewahrungspflichten unterliegt, die den in der Richtlinie (EU) 2015/849 festgelegten Sorgfalts- und Aufbewahrungspflichten entsprechen und deren Einhaltung in einer mit Kapitel IV Abschnitt 2 der Richtlinie (EU) 2015/849 im Einklang stehenden Weise beaufsichtigt wird.

(2) Die Überprüfung der nach § 11 Absatz 4 erhobenen Angaben zum Vertragspartner und gegebenenfalls für diesen auftretende Personen hat bei juristischen Personen oder bei rechtsfähigen Personengesellschaften zu erfolgen anhand

1. eines Auszuges aus dem Handels- oder Genossenschaftsregister oder aus einem vergleichbaren amtlichen Register oder Verzeichnis,
2. von Gründungsdokumenten oder von gleichwertigen beweiskräftigen Dokumenten oder
3. einer eigenen dokumentierten Einsichtnahme des Verpflichteten in die Register- oder Verzeichnisdaten.

(3) [1]Zur Überprüfung der nach § 11 Absatz 5 erhobenen Angaben zu den wirtschaftlich Berechtigten hat sich der Verpflichtete durch risikoangemessene Maßnahmen zu vergewissern, dass die Angaben zutreffend sind. [2]Im Falle der Identifizierung anlässlich der Begründung einer neuen Geschäftsbeziehung mit einer Vereinigung nach § 20 oder einer Rechtsgestaltung nach § 21 hat der Verpflichtete einen Nachweis der Registrierung nach § 20 Absatz 1 oder § 21 oder einen Auszug der im Transparenzregister zugänglichen Daten einzuholen. [3]Der Verpflichtete muss bei Geschäftsbeziehungen oder Transaktionen mit Vereinigungen nach § 20 oder Rechtsgestaltungen nach § 21 keine über die Einsicht in das Transparenzregister hinausgehenden Maßnahmen zur Erfüllung seiner Pflicht nach Satz 1 ergreifen, wenn die nach § 11 Absatz 5 erhobenen Angaben mit den Angaben zu den wirtschaftlich Berechtigten im Transparenzregister übereinstimmen und keine sonstigen Anhaltspunkte bestehen, die Zweifel an der Identität der wirtschaftlich Berechtigten, ihrer Stellung als wirtschaftlich Berechtigten oder der Richtigkeit sonstiger Angaben nach § 19 Absatz 1 begründen oder die auf ein höheres Risiko der Geldwäsche und der Terrorismusfinanzierung gemäß § 15 Absatz 2 hindeuten.

(4) [1]Sofern der Vertragspartner bei einem Erwerbsvorgang nach § 1 des Grunderwerbsteuergesetzes für eine Rechtsform im Sinne von § 3 Absatz 2 oder 3 handelt, hat der beurkundende Notar vor der Beurkundung die Identität des wirtschaftlich Berechtigten anhand einer von dem jeweiligen

Vertragspartner in Textform vorzulegenden Dokumentation der Eigentums- und Kontrollstruktur auf ihre Schlüssigkeit zu überprüfen. [2]Die Dokumentation ist der Zentralstelle für Finanztransaktionsuntersuchungen sowie den Strafverfolgungsbehörden auf Verlangen zur Verfügung zu stellen.

(5) Das Bundesministerium der Finanzen kann im Einvernehmen mit dem Bundesministerium des Innern, für Bau und Heimat durch Rechtsverordnung ohne Zustimmung des Bundesrates weitere Dokumente bestimmen, die zur Überprüfung der Identität geeignet sind.

§ 13 Verfahren zur Überprüfung von Angaben zum Zweck der Identifizierung, Verordnungsermächtigung

(1) Verpflichtete überprüfen die zum Zweck der Identifizierung erhobenen Angaben bei natürlichen Personen mit einem der folgenden Verfahren:

1. durch angemessene Prüfung des vor Ort vorgelegten Dokuments oder
2. mittels eines sonstigen Verfahrens, das zur geldwäscherechtlichen Überprüfung der Identität geeignet ist und ein Sicherheitsniveau aufweist, das dem in Nummer 1 genannten Verfahren gleichwertig ist.

(2) [1]Das Bundesministerium der Finanzen kann im Einvernehmen mit dem Bundesministerium des Innern, für Bau und Heimat durch Rechtsverordnung, die nicht der Zustimmung des Bundesrates bedarf,

1. Konkretisierungen oder weitere Anforderungen an das in Absatz 1 genannte Verfahren und an die sich dieses Verfahrens bedienenden Verpflichteten sowie die Aufzeichnungs- und Aufbewahrungspflichten bei Nutzung dieses Verfahrens festlegen,
2. Verfahren bestimmen, die zur geldwäscherechtlichen Identifizierung nach Absatz 1 Nummer 2 geeignet sind und
3. Verfahren bestimmen, deren Eignung zur geldwäscherechtlichen Überprüfung der Identität erprobt wird und bei denen zu ermitteln ist, ob sie ein Sicherheitsniveau aufweisen, das dem in Absatz 1 Nummer 1 genannten Verfahren gleichwertig ist.

[2]Bei Verfahren nach Nummer 3 können die Aufsichtsbehörden nach § 50 dazu ermächtigt werden, die Nutzung der Verfahren befristet, unter Vorbehalt eines Widerrufs und unter Auflagen zuzulassen. [3]Eine Zulassung elektronischer Verfahren nach Nummer 3 erfolgt nur, wenn das Bundesamt für Sicherheit in der Informationstechnik bei einer vorherigen Überprüfung des Verfahrens das für die Erprobung notwendige Sicherheitsniveau festgestellt hat.

§ 14 Vereinfachte Sorgfaltspflichten, Verordnungsermächtigung

(1) [1]Verpflichtete müssen nur vereinfachte Sorgfaltspflichten erfüllen, soweit sie unter Berücksichtigung der in den Anlagen 1 und 2 genannten Risikofaktoren feststellen, dass in bestimmten Bereichen, insbesondere im Hinblick auf Kunden, Transaktionen und Dienstleistungen oder Produkte, nur ein geringes Risiko der Geldwäsche oder der Terrorismusfinanzierung besteht. [2]Vor der Anwendung vereinfachter Sorgfaltspflichten haben sich die Verpflichteten zu vergewissern, dass die Geschäftsbeziehung oder Transaktion tatsächlich mit einem geringeren Risiko der Geldwäsche oder Terrorismusfinanzierung verbunden ist. [3]Für die Darlegung der Angemessenheit gilt § 10 Absatz 2 Satz 4 entsprechend.

(2) [1]Bei Anwendbarkeit der vereinfachten Sorgfaltspflichten können Verpflichtete

1. den Umfang der Maßnahmen, die zur Erfüllung der allgemeinen Sorgfaltspflichten zu treffen sind, angemessen reduzieren und
2. insbesondere die Überprüfung der zum Zweck der Identifizierung nach § 11 erhobenen Angaben abweichend von den §§ 12 und 13 auf der Grundlage von sonstigen Dokumenten, Daten oder Informationen durchführen, die von einer glaubwürdigen und unabhängigen Quelle stammen und für die Überprüfung geeignet sind.

[2]Die Verpflichteten müssen in jedem Fall die Überprüfung von Transaktionen und die Überwachung von Geschäftsbeziehungen in einem Umfang sicherstellen, der es ihnen ermöglicht, ungewöhnliche oder verdächtige Transaktionen zu erkennen und zu melden.

(3) Ist der Verpflichtete nicht in der Lage, die vereinfachten Sorgfaltspflichten zu erfüllen, so gilt § 10 Absatz 9 entsprechend.

(4) [1]Das Bundesministerium der Finanzen kann im Einvernehmen mit dem Bundesministerium des Innern, für Bau und Heimat durch Rechtsverordnung ohne Zustimmung des Bundesrates Fallkonstellationen festlegen, in denen insbesondere im Hinblick auf Kunden, Produkte, Dienstleistungen, Transaktionen oder Vertriebskanäle ein geringeres Risiko der Geldwäsche oder der Terrorismusfinanzierung bestehen kann und die Verpflichteten unter den Voraussetzungen von Absatz 1 nur vereinfachte Sorgfaltspflichten in Bezug auf Kunden erfüllen müssen. [2]Bei der Festlegung sind die in den Anlagen 1 und 2 genannten Risikofaktoren zu berücksichtigen.

(5) Die Verordnung (EU) 2015/847 findet keine Anwendung auf Inlandsgeldtransfers auf ein Zahlungskonto eines Begünstigten, auf das ausschließlich Zahlungen für die Lieferung von Gütern oder Dienstleistungen vorgenommen werden können, wenn

1. der Zahlungsdienstleister des Begünstigten den Verpflichtungen dieses Gesetzes unterliegt,
2. der Zahlungsdienstleister des Begünstigten in der Lage ist, anhand einer individuellen Transaktionskennziffer über den Begünstigten den Geldtransfer bis zu der Person zurückzuverfolgen, die mit dem Begünstigten eine Vereinbarung über die Lieferung von Gütern und Dienstleistungen getroffen hat, und
3. der überwiesene Betrag höchstens 1 000 Euro beträgt.

§ 15 Verstärkte Sorgfaltspflichten, Verordnungsermächtigung

(1) Die verstärkten Sorgfaltspflichten sind zusätzlich zu den allgemeinen Sorgfaltspflichten zu erfüllen.

(2) [1]Verpflichtete haben verstärkte Sorgfaltspflichten zu erfüllen, wenn sie im Rahmen der Risikoanalyse oder im Einzelfall unter Berücksichtigung der in den Anlagen 1 und 2 genannten Risikofaktoren feststellen, dass ein höheres Risiko der Geldwäsche oder Terrorismusfinanzierung bestehen kann. [2]Die Verpflichteten bestimmen den konkreten Umfang der zu ergreifenden Maßnahmen entsprechend dem jeweiligen höheren Risiko der Geldwäsche oder der Terrorismusfinanzierung. [3]Für die Darlegung der Angemessenheit gilt § 10 Absatz 2 Satz 4 entsprechend.

(3) Ein höheres Risiko liegt insbesondere vor, wenn es sich

1. bei einem Vertragspartner des Verpflichteten oder bei einem wirtschaftlich Berechtigten um eine politisch exponierte Person, ein Familienmitglied oder um eine bekanntermaßen nahestehende Person handelt,
2. um eine Geschäftsbeziehung oder Transaktion handelt, an der ein von der Europäischen Kommission nach Artikel 9 Absatz 2 der Richtlinie (EU) 2015/849, der durch Artikel 1 Nummer 5 der Richtlinie (EU) 2018/843 geändert worden ist, ermittelter Drittstaat mit hohem Risiko oder eine in diesem Drittstaat ansässige natürliche oder juristische Person beteiligt ist; dies gilt nicht für Zweigstellen von in der Europäischen Union niedergelassenen Verpflichteten nach Artikel 2 Absatz 1 der Richtlinie (EU) 2015/849, der durch Artikel 1 Nummer 1 der Richtlinie (EU) 2018/843 geändert worden ist, und für mehrheitlich im Besitz dieser Verpflichteten befindliche Tochterunternehmen, die ihren Standort in einem Drittstaat mit hohem Risiko haben, sofern sich diese Zweigstellen und Tochterunternehmen uneingeschränkt an die von ihnen anzuwendenden gruppenweiten Strategien und Verfahren nach Artikel 45 Absatz 1 der Richtlinie (EU) 2015/849 halten,
3. um eine Transaktion handelt, die im Vergleich zu ähnlichen Fällen
   a) besonders komplex oder ungewöhnlich groß ist,
   b) einem ungewöhnlichen Transaktionsmuster folgt oder
   c) keinen offensichtlichen wirtschaftlichen oder rechtmäßigen Zweck hat, oder

4. für Verpflichtete nach § 2 Absatz 1 Nummer 1 bis 3 und 6 bis 8 um eine grenzüberschreitende Korrespondenzbeziehung mit Respondenten mit Sitz in einem Drittstaat oder, vorbehaltlich einer Beurteilung durch die Verpflichteten als erhöhtes Risiko, in einem Staat des Europäischen Wirtschaftsraums handelt.

(4) [1]In einem der in den Absätzen 2 und 3 Nummer 1 genannten Fälle sind mindestens folgende verstärkte Sorgfaltspflichten zu erfüllen:

1. die Begründung oder Fortführung einer Geschäftsbeziehung bedarf der Zustimmung eines Mitglieds der Führungsebene,
2. es sind angemessene Maßnahmen zu ergreifen, mit denen die Herkunft der Vermögenswerte bestimmt werden kann, die im Rahmen der Geschäftsbeziehung oder der Transaktion eingesetzt werden, und
3. die Geschäftsbeziehung ist einer verstärkten kontinuierlichen Überwachung zu unterziehen.

[2]Wenn im Fall des Absatzes 3 Nummer 1 der Vertragspartner oder der wirtschaftlich Berechtigte erst im Laufe der Geschäftsbeziehung ein wichtiges öffentliches Amt auszuüben begonnen hat oder der Verpflichtete erst nach Begründung der Geschäftsbeziehung von der Ausübung eines wichtigen öffentlichen Amts durch den Vertragspartner oder den wirtschaftlich Berechtigten Kenntnis erlangt, so hat der Verpflichtete sicherzustellen, dass die Fortführung der Geschäftsbeziehung nur mit Zustimmung eines Mitglieds der Führungsebene erfolgt. [3]Bei einer ehemaligen politisch exponierten Person haben die Verpflichteten für mindestens zwölf Monate nach Ausscheiden aus dem öffentlichen Amt das Risiko zu berücksichtigen, das spezifisch für politisch exponierte Personen ist, und so lange angemessene und risikoorientierte Maßnahmen zu treffen, bis anzunehmen ist, dass dieses Risiko nicht mehr besteht.

(5) In dem in Absatz 3 Nummer 2 genannten Fall haben Verpflichtete mindestens folgende verstärkte Sorgfaltspflichten zu erfüllen:

1. sie müssen einholen:
   a) zusätzliche Informationen über den Vertragspartner und den wirtschaftlich Berechtigten,
   b) zusätzliche Informationen über die angestrebte Art der Geschäftsbeziehung,
   c) Informationen über die Herkunft der Vermögenswerte und des Vermögens des Vertragspartners,
   d) Informationen über die Herkunft der Vermögenswerte und des Vermögens des wirtschaftlich Berechtigten mit Ausnahme der Person, die nach § 3 Absatz 2 Satz 5 als wirtschaftlich Berechtigter gilt,
   e) Informationen über die Gründe für die geplante oder durchgeführte Transaktion und
   f) Informationen über die geplante Verwendung der Vermögenswerte, die im Rahmen der Transaktion oder Geschäftsbeziehung eingesetzt werden, soweit dies zur Beurteilung der Gefahr von Terrorismusfinanzierung erforderlich ist,
2. die Begründung oder Fortführung einer Geschäftsbeziehung bedarf der Zustimmung eines Mitglieds der Führungsebene und
3. bei einer Geschäftsbeziehung müssen sie die Geschäftsbeziehung verstärkt überwachen durch
   a) häufigere und intensivere Kontrollen sowie
   b) die Auswahl von Transaktionsmustern, die einer weiteren Prüfung bedürfen.

(5a) [1]In dem in Absatz 3 Nummer 2 genannten Fall und zusätzlich zu den in Absatz 5 genannten verstärkten Sorgfaltspflichten können die zuständigen Aufsichtsbehörden risikoangemessen und im Einklang mit den internationalen Pflichten der Europäischen Union eine oder mehrere von den Verpflichteten zu erfüllende verstärkte Sorgfaltspflichten anordnen, die auch folgende Maßnahmen umfassen können:

1. die Meldung von Finanztransaktionen an die Zentralstelle für Finanztransaktionsuntersuchungen,
2. die Beschränkung oder das Verbot geschäftlicher Beziehungen oder Transaktionen mit natürlichen oder juristischen Personen aus Drittstaaten mit hohem Risiko,
3. das Verbot für Verpflichtete mit Sitz in einem Drittstaat mit hohem Risiko, im Inland Tochtergesellschaften, Zweigniederlassungen oder Repräsentanzen zu gründen,
4. das Verbot, Zweigniederlassungen oder Repräsentanzen in einem Drittstaat mit hohem Risiko zu gründen,
5. die Verpflichtung für Zweigniederlassungen und Tochtergesellschaften von Verpflichteten mit Sitz in einem Drittstaat mit hohem Risiko, sich einer verschärften Prüfung der Einhaltung der geldwäscherechtlichen Pflichten
   a) durch die zuständige Aufsichtsbehörde zu unterziehen oder
   b) durch einen externen Prüfer zu unterziehen,
6. die Einführung verschärfter Anforderungen in Bezug auf eine externe Prüfung nach Nummer 5 Buchstabe b,
7. für Verpflichtete nach § 2 Absatz 1 Nummer 1 bis 3 und 6 bis 9 die Überprüfung, Änderung oder erforderlichenfalls Beendigung von Korrespondenzbankbeziehungen zu Respondenten in einem Drittstaat mit hohem Risiko.

[2]Bei der Anordnung dieser Maßnahmen gilt für die zuständigen Aufsichtsbehörden Absatz 10 Satz 2 entsprechend.

(6) In dem in Absatz 3 Nummer 3 genannten Fall sind mindestens folgende verstärkte Sorgfaltspflichten zu erfüllen:

1. die Transaktion sowie deren Hintergrund und Zweck sind mit angemessenen Mitteln zu untersuchen, um das Risiko der jeweiligen Geschäftsbeziehung oder Transaktionen in Bezug auf Geldwäsche oder auf Terrorismusfinanzierung überwachen und einschätzen zu können und um gegebenenfalls prüfen zu können, ob die Pflicht zu einer Meldung nach § 43 Absatz 1 vorliegt, und
2. die der Transaktion zugrunde liegende Geschäftsbeziehung, soweit vorhanden, ist einer verstärkten kontinuierlichen Überwachung zu unterziehen, um das mit der Geschäftsbeziehung und mit einzelnen Transaktionen verbundene Risiko in Bezug auf Geldwäsche oder auf Terrorismusfinanzierung einschätzen und bei höherem Risiko überwachen zu können.

(7) [1]In dem in Absatz 3 Nummer 4 genannten Fall haben Verpflichtete nach § 2 Absatz 1 Nummer 1 bis 3 und 6 bis 9 bei Begründung einer Geschäftsbeziehung mindestens folgende verstärkte Sorgfaltspflichten zu erfüllen:

1. es sind ausreichende Informationen über den Respondenten einzuholen, um die Art seiner Geschäftstätigkeit in vollem Umfang verstehen und seine Reputation, seine Kontrollen zur Verhinderung der Geldwäsche und Terrorismusfinanzierung sowie die Qualität der Aufsicht bewerten zu können,
2. es ist vor Begründung einer Geschäftsbeziehung mit dem Respondenten die Zustimmung eines Mitglieds der Führungsebene einzuholen,
3. es sind vor Begründung einer solchen Geschäftsbeziehung die jeweiligen Verantwortlichkeiten der Beteiligten in Bezug auf die Erfüllung der Sorgfaltspflichten festzulegen und nach Maßgabe des § 8 zu dokumentieren,
4. es sind Maßnahmen zu ergreifen, um sicherzustellen, dass sie keine Geschäftsbeziehung mit einem Respondenten begründen oder fortsetzen, von dem bekannt ist, dass seine Konten von einer Bank-Mantelgesellschaft genutzt werden, und
5. es sind Maßnahmen zu ergreifen, um sicherzustellen, dass der Respondent keine Transaktionen über Durchlaufkonten zulässt.

[2]Handelt es sich um eine grenzüberschreitende Korrespondenzbeziehung zwischen Anbietern von Kryptowerte-Dienstleistungen, hat der Verpflichtete zusätzlich zu den verstärkten Sorgfaltspflichten nach Satz 1 Nummer 1 Informationen über die Zulassung oder Eintragung des Respondenten einzuholen.

(8) Liegen Tatsachen, einschlägige Evaluierungen, Berichte oder Bewertungen nationaler oder internationaler für die Verhinderung oder Bekämpfung der Geldwäsche oder der Terrorismusfinanzierung zuständiger Stellen vor, die die Annahme rechtfertigen, dass über die in Absatz 3 genannten Fälle hinaus ein höheres Risiko besteht, so kann die Aufsichtsbehörde anordnen, dass die Verpflichteten die Transaktionen oder Geschäftsbeziehungen einer verstärkten Überwachung unterziehen und zusätzliche, dem Risiko angemessene Sorgfaltspflichten sowie erforderliche Gegenmaßnahmen zu erfüllen haben.

(9) Ist der Verpflichtete nicht in der Lage, die verstärkten Sorgfaltspflichten zu erfüllen, so gilt § 10 Absatz 9 entsprechend.

(10) [1]Das Bundesministerium der Finanzen kann durch Rechtsverordnung, die nicht der Zustimmung des Bundesrates bedarf,

1. Fallkonstellationen bestimmen, in denen insbesondere im Hinblick auf Staaten, Kunden, Produkte, Dienstleistungen, Transaktionen oder Vertriebskanäle ein potenziell höheres Risiko der Geldwäsche oder der Terrorismusfinanzierung besteht und die Verpflichteten bestimmte verstärkte Sorgfaltspflichten und Gegenmaßnahmen zu erfüllen haben,
2. für Fallkonstellationen im Sinne des Absatzes 3 Nummer 2 bestimmte verstärkte Sorgfaltspflichten und Gegenmaßnahmen anordnen sowie für die Anordnung und Ausgestaltung verstärkter Sorgfaltspflichten durch die zuständigen Aufsichtsbehörden nach Absatz 5a Regelungen treffen.

[2]Das Bundesministerium der Finanzen hat bei Erlass einer Rechtsverordnung nach dieser Vorschrift einschlägige Evaluierungen, Bewertungen oder Berichte internationaler Organisationen oder von Einrichtungen für die Festlegung von Standards mit Kompetenzen im Bereich der Verhinderung von Geldwäsche und der Bekämpfung von Terrorismusfinanzierung hinsichtlich der von einzelnen Drittstaaten ausgehenden Risiken zu berücksichtigen.

§ 15a Verstärkte Sorgfaltspflichten bei der Übertragung von Kryptowerten von einer selbst gehosteten oder an eine selbst gehostete Adresse

(1) Verpflichtete, die eine Übertragung von Kryptowerten ausführen, deren Begünstigter oder Auftraggeber eine selbst gehostete Adresse ist, haben das mit der Übertragung verbundene Risiko des Missbrauchs zum Zwecke der Geldwäsche und Terrorismusfinanzierung sowie das Risiko der Nichtumsetzung und Umgehung gezielter Finanzsanktionen und gezielter Finanzsanktionen im Zusammenhang mit Proliferationsfinanzierung zu ermitteln und zu bewerten sowie angemessene Maßnahmen zur Risikominderung zu treffen.

(2) Risikomindernde Maßnahmen nach Absatz 1 umfassen mindestens eine der folgenden Maßnahmen, gegebenenfalls auch in Kombination miteinander:

1. die Erhebung, Überprüfung und Speicherung der Identität des Begünstigten oder Auftraggebers sowie des wirtschaftlich Berechtigten der selbst gehosteten Adresse,
2. Maßnahmen zur Ermittlung der Herkunft und des Ziels der zu übertragenden Kryptowerte,
3. die verstärkte, kontinuierliche Überwachung dieser Transaktionen und der mit diesen Transaktionen in Verbindung stehenden Geschäftsbeziehung oder
4. andere Maßnahmen zur Minderung und Beherrschung der Risiken von Geldwäsche und von Terrorismusfinanzierung sowie des Risikos der Nichtumsetzung und Umgehung gezielter Finanzsanktionen und gezielter Finanzsanktionen im Zusammenhang mit Proliferationsfinanzierung.

§ 16 Besondere Vorschriften für das Glücksspiel im Internet

(1) [1]Für Verpflichtete nach § 2 Absatz 1 Nummer 15 gelten, soweit sie das Glücksspiel im Internet anbieten oder vermitteln, die besonderen Vorschriften der Absätze 2 bis 8. [2]Bei der Anwendung der allgemeinen Sorgfaltspflichten findet der Schwellenbetrag nach § 10 Absatz 5 keine Anwendung.

(2) Der Verpflichtete darf einen Spieler erst zu einem Glücksspiel im Internet zulassen, wenn er zuvor für den Spieler auf dessen Namen ein Spielerkonto eingerichtet hat.

(3) [1]Der Verpflichtete darf auf dem Spielerkonto weder Einlagen noch andere rückzahlbare Gelder vom Spieler entgegennehmen. [2]Das Guthaben auf dem Spielerkonto darf nicht verzinst werden. [3]Für die entgegengenommenen Geldbeträge gilt § 3 Absatz 3 Satz 3 des Zahlungsdiensteaufsichtsgesetzes entsprechend.

(4) [1]Der Verpflichtete muss sicherstellen, dass Transaktionen des Spielers auf das Spielerkonto nur erfolgen

1. durch die Ausführung eines Zahlungsvorgangs
   a) mittels einer Lastschrift nach § 1 Absatz 1 Satz 2 Nummer 3 Buchstabe a des Zahlungsdiensteaufsichtsgesetzes,
   b) mittels einer Überweisung nach § 1 Absatz 1 Satz 2 Nummer 3 Buchstabe c des Zahlungsdiensteaufsichtsgesetzes oder
   c) mittels einer auf den Namen des Spielers ausgegebenen Zahlungskarte nach § 1 Absatz 1 Satz 2 Nummer 3 Buchstabe b des Zahlungsdiensteaufsichtsgesetzes und
2. von einem Zahlungskonto nach § 1 Absatz 17 des Zahlungsdiensteaufsichtsgesetzes, das auf den Namen des Spielers bei einem Verpflichteten nach § 2 Absatz 1 Nummer 1 oder 3 errichtet worden ist.

[2]Von der Erfüllung der Verpflichtung nach Satz 1 Nummer 1 Buchstabe c und Nummer 2 kann der Verpflichtete absehen, wenn gewährleistet ist, dass die Zahlung zur Teilnahme am Spiel für eine einzelne Transaktion 25 Euro und für mehrere Transaktionen innerhalb eines Kalendermonats 100 Euro nicht überschreitet.

(5) Der Verpflichtete hat die Aufsichtsbehörde unverzüglich zu informieren über die Eröffnung und Schließung eines Zahlungskontos nach § 1 Absatz 17 des Zahlungsdiensteaufsichtsgesetzes, das auf seinen eigenen Namen bei einem Verpflichteten nach § 2 Absatz 1 Nummer 1 oder 3 eingerichtet ist und auf dem Gelder eines Spielers zur Teilnahme an Glücksspielen im Internet entgegengenommen werden.

(6) Wenn der Verpflichtete oder ein anderer Emittent einem Spieler für Transaktionen auf einem Spielerkonto monetäre Werte ausstellt, die auf einem Instrument nach § 2 Absatz 1 Nummer 10 des Zahlungsdiensteaufsichtsgesetzes gespeichert sind, hat der Verpflichtete oder der andere Emittent sicherzustellen, dass der Inhaber des monetären Werts mit dem Inhaber des Spielerkontos identisch ist.

(7) [1]Der Verpflichtete darf Transaktionen an den Spieler nur vornehmen

1. durch die Ausführung eines Zahlungsvorgangs nach Absatz 4 und
2. auf ein Zahlungskonto, das auf den Namen des Spielers bei einem Verpflichteten nach § 2 Absatz 1 Nummer 1 oder 3 eingerichtet worden ist.

[2]Bei der Transaktion hat der Verpflichtete den Verwendungszweck dahingehend zu spezifizieren, dass für einen Außenstehenden erkennbar ist, aus welchem Grund der Zahlungsvorgang erfolgt ist. [3]Für diesen Verwendungszweck können die Aufsichtsbehörden Standardformulierungen festlegen, die vom Verpflichteten zu verwenden sind.

(8) [1]Abweichend von § 11 kann der Verpflichtete bei einem Spieler, für den er ein Spielerkonto einrichtet, eine vorläufige Identifizierung durchführen. [2]Die vorläufige Identifizierung kann anhand einer elektronisch oder auf dem Postweg übersandten Kopie eines Dokuments nach § 12 Absatz 1

Satz 1 Nummer 1 erfolgen. [3]Eine vollständige Identifizierung ist unverzüglich nachzuholen. [4]Sowohl die vorläufige als auch die vollständige Identifizierung kann auch anhand der glücksspielrechtlichen Anforderungen an Identifizierung und Authentifizierung erfolgen.

§ 16a Verbot der Barzahlung beim Erwerb von Immobilien

(1) [1]Bei Rechtsgeschäften, die auf den Kauf oder Tausch von inländischen Immobilien gerichtet sind, kann eine geschuldete Gegenleistung nur mittels anderer Mittel als Bargeld, Kryptowerten, Gold, Platin oder Edelsteinen bewirkt werden. [2]Dasselbe gilt für den Erwerb von Anteilen an Gesellschaften, zu deren Vermögen unmittelbar oder mittelbar eine inländische Immobilie gehört. [3]Übergibt der Schuldner Bargeld, Gold, Platin oder Edelsteine oder überträgt er Kryptowerte als Gegenleistung, kann er diese nach den Vorschriften des Bürgerlichen Gesetzbuchs über die Herausgabe einer ungerechtfertigten Bereicherung herausverlangen; die §§ 815 und 817 Satz 2 des Bürgerlichen Gesetzbuchs sind nicht anzuwenden.

(2) [1]Bei Rechtsgeschäften nach Absatz 1 Satz 1 haben die Beteiligten gegenüber dem Notar, der den Antrag auf Eintragung des Erwerbers als Eigentümer oder Erbbauberechtigter beim Grundbuchamt einreichen soll, nachzuweisen, dass die Gegenleistung mit anderen Mitteln als Bargeld, Kryptowerten, Gold, Platin oder Edelsteinen erbracht wurde. [2]Als Nachweis sind insbesondere Zahlungsbestätigungen von auf Veräußerer- oder Erwerberseite an der Transaktion beteiligten Kreditinstituten geeignet. [3]Bei vertraglichen Änderungen an Rechtsgeschäften nach Absatz 1 Satz 1, welche die Gegenleistung betreffen und die nach einer bindend gewordenen Auflassung vorgenommen werden, haben die Beteiligten dem Notar zum Zweck der Durchführung der Prüfung nach den Absätzen 3 und 4 übereinstimmende Erklärungen zu diesen Änderungen vorzulegen.

(3) [1]Bei Rechtsgeschäften nach Absatz 1 Satz 1 hat der mit der Einreichung des Eintragungsantrags beauftragte Notar die ihm nach Absatz 2 Satz 1 vorgelegten Nachweise auf Schlüssigkeit zu prüfen. [2]Er darf den Antrag auf Eintragung des Erwerbers als Eigentümer oder Erbbauberechtigter beim Grundbuchamt erst stellen, wenn er

1. in Bezug auf den Nachweis
   a) dessen Schlüssigkeit festgestellt hat oder
   b) in dem Fall, in dem ihm in angemessener Zeit nach der Fälligkeit der Gegenleistung kein schlüssiger Nachweis vorgelegt wurde, die Beteiligten erfolglos zur Vorlage des Nachweises innerhalb einer angemessenen Frist aufgefordert hat und
2. in dem Fall, in dem er nach § 43 Absatz 1 zu einer Meldung verpflichtet ist, diese Meldung abgegeben hat und § 46 dem mit der Maßgabe nicht entgegensteht, dass die Transaktion frühestens durchgeführt werden darf, wenn der fünfte Werktag nach dem Abgangstag der Meldung verstrichen ist.

(4) [1]Soweit bei Rechtsgeschäften nach Absatz 1 Satz 1 die Gegenleistung nach der Vereinbarung der Beteiligten vollständig oder teilweise erst nach der Einreichung des Eintragungsantrags zu erbringen ist, hat der Notar die Schlüssigkeit des Nachweises innerhalb angemessener Zeit nach Fälligkeit zu prüfen. [2]Werden innerhalb eines Jahres nach Einreichung des Eintragungsantrags mehrere Teilleistungen fällig, kann der Notar nach Ablauf eines Jahres eine Prüfung der Schlüssigkeit des Nachweises hinsichtlich der bis zu diesem Zeitpunkt fällig gewordenen Teilleistungen vornehmen. [3]Bedarf es zur Bestimmung des Datums der Fälligkeit der Kenntnis von Umständen, die dem Notar bei der Antragstellung nicht bekannt sind, haben die Beteiligten den Notar über diese Umstände nachträglich zu informieren. [4]Hinsichtlich des vor der Eintragung fällig werdenden Anteils richtet sich die Prüfpflicht nach Absatz 3. [5]Absatz 2 gilt entsprechend. [6]Wurde dem Notar in angemessener Zeit nach der Fälligkeit der Gegenleistung oder nach dem in Satz 2 geregelten Zeitpunkt kein schlüssiger Nachweis vorgelegt, so hat er die Beteiligten zur Vorlage des Nachweises innerhalb einer angemessenen Frist aufzufordern. [7]Soweit die Gegenleistung später als ein Jahr nach der Einreichung des Eintragungsantrags zu erbringen ist, entfällt die Prüfpflicht nach Satz 1.

(5) [1]Die Absätze 2 bis 4 gelten nicht, wenn die geschuldete Gegenleistung einen Betrag von 10 000 Euro nicht übersteigt oder soweit sie über ein Anderkonto des mit der Einreichung des Ein-

tragungsantrags beauftragten Notars erbracht wird. [2]Zudem gilt ein schlüssiger Nachweis im Sinne der Absätze 3 und 4 auch dann als erbracht, wenn dem Notar über einen Wert von nicht mehr als 10 000 Euro der geschuldeten Gegenleistung kein schlüssiger Nachweis nach Absatz 2 vorliegt. [3]Absatz 4 gilt nicht, wenn es nach der Vertragsgestaltung ausgeschlossen erscheint, dass die Vereinbarung der nachträglichen Erbringung der Gegenleistung darauf beruht, dass die Gegenleistung aus einer strafbaren Handlung stammt, die eine Vortat der Geldwäsche darstellen könnte, oder dass der Erwerbsvorgang im Zusammenhang mit Terrorismusfinanzierung steht.

§ 17 Ausführung der Sorgfaltspflichten durch Dritte, vertragliche Auslagerung

(1) [1]Zur Erfüllung der allgemeinen Sorgfaltspflichten nach § 10 Absatz 1 Nummer 1 bis 4 kann ein Verpflichteter auf Dritte zurückgreifen. [2]Dritte dürfen nur sein

1. Verpflichtete nach § 2 Absatz 1,
2. Verpflichtete gemäß Artikel 2 Absatz 1 der Richtlinie (EU) 2015/849 in einem anderen Mitgliedstaat der Europäischen Union oder in einem Vertragsstaat des Abkommens über den Europäischen Wirtschaftsraum,
3. Mitgliedsorganisationen oder Verbände von Verpflichteten nach Nummer 2 oder in einem Drittstaat ansässige Institute und Personen, sofern diese Sorgfalts- und Aufbewahrungspflichten unterliegen,
   a) die den in der Richtlinie (EU) 2015/849 festgelegten Sorgfalts- und Aufbewahrungspflichten entsprechen und
   b) deren Einhaltung in einer mit Kapitel VI Abschnitt 2 der Richtlinie (EU) 2015/849 im Einklang stehenden Weise beaufsichtigt wird.

[3]Die Verantwortung für die Erfüllung der allgemeinen Sorgfaltspflichten bleibt bei dem Verpflichteten.

(2) [1]Verpflichtete dürfen nicht auf einen Dritten zurückgreifen, der in einem Drittstaat mit hohem Risiko niedergelassen ist. [2]Ausgenommen hiervon sind

1. Zweigstellen von in der Europäischen Union niedergelassenen Verpflichteten nach Artikel 2 Absatz 1 der Richtlinie (EU) 2015/849, wenn die Zweigstelle sich uneingeschränkt an die gruppenweit anzuwendenden Strategien und Verfahren gemäß Artikel 45 der Richtlinie (EU) 2015/849 hält, und
2. Tochterunternehmen, die sich im Mehrheitsbesitz von in der Europäischen Union niedergelassenen Verpflichteten nach Artikel 2 Absatz 1 der Richtlinie (EU) 2015/849 befinden, wenn das Tochterunternehmen sich uneingeschränkt an die gruppenweit anzuwendenden Strategien und Verfahren gemäß Artikel 45 der Richtlinie (EU) 2015/849 hält.

(3) [1]Wenn ein Verpflichteter auf Dritte zurückgreift, muss er sicherstellen, dass die Dritten

1. bei der Identifizierung von im Inland ansässigen Personen den Vorschriften dieses Gesetzes entsprechen,
2. die Informationen einholen, die für die Durchführung der Sorgfaltspflichten nach § 10 Absatz 1 Nummer 1 bis 4 notwendig sind, und
3. ihm diese Informationen unverzüglich und unmittelbar übermitteln.

[2]Er hat zudem angemessene Schritte zu unternehmen, um zu gewährleisten, dass die Dritten ihm auf seine Anforderung hin unverzüglich Kopien derjenigen Dokumente, die maßgeblich zur Feststellung und Überprüfung der Identität des Vertragspartners, gegebenenfalls der für diesen auftretenden Personen und eines etwaigen wirtschaftlich Berechtigten sind, einschließlich Informationen, soweit diese verfügbar sind, die mittels elektronischer Mittel nach § 12 Absatz 1 Satz 1 Nummer 4 eingeholt wurden, sowie andere maßgebliche Unterlagen vorlegen. [3]Die Dritten sind befugt, zu diesem Zweck Kopien von Ausweisdokumenten zu erstellen und weiterzuleiten.

(3a) [1]Der Dritte kann zur Identifizierung des Vertragspartners, einer gegebenenfalls für ihn auftretenden Person und eines wirtschaftlich Berechtigten auch auf anlässlich einer zu einem früheren Zeitpunkt erfolgten Identifizierung dieser Person eingeholte Informationen nach Absatz 3 Satz 1 Nummer 2 zurückgreifen, sofern

1. die Identifizierung im Rahmen der Begründung einer eigenen Geschäftsbeziehung des Dritten und nicht unter Anwendung vereinfachter Sorgfaltspflichten erfolgt ist,
2. die Identifizierung oder die letzte Aktualisierung unter Einhaltung des § 12 vor nicht mehr als 24 Monaten abgeschlossen wurde,
3. für den Verpflichteten aufgrund äußerer Umstände keine Zweifel an der Richtigkeit der ihm übermittelten Informationen bestehen und
4. das Gültigkeitsdatum eines im Rahmen der Identifizierung oder der letzten Aktualisierung unter Einhaltung des § 12 gegebenenfalls verwendeten Identifikationsdokuments noch nicht abgelaufen ist.

[2]Absatz 3 Satz 2 und 3 gilt entsprechend.

(4) Die Voraussetzungen der Absätze 1 und 3 gelten als erfüllt, wenn

1. der Verpflichtete auf Dritte zurückgreift, die derselben Gruppe angehören wie er selbst,
2. die in dieser Gruppe angewandten Sorgfaltspflichten, Aufbewahrungsvorschriften, Strategien und Verfahren zur Verhinderung von Geldwäsche und von Terrorismusfinanzierung mit den Vorschriften der Richtlinie (EU) 2015/849 oder gleichwertigen Vorschriften im Einklang stehen und
3. die effektive Umsetzung dieser Anforderungen auf Gruppenebene von einer Behörde beaufsichtigt wird.

(5) [1]Ein Verpflichteter kann die Durchführung der Maßnahmen, die zur Erfüllung der Sorgfaltspflichten nach § 10 Absatz 1 Nummer 1 bis 4 erforderlich sind, auf andere geeignete Personen und Unternehmen als die in Absatz 1 genannten Dritten übertragen. [2]Die Übertragung bedarf einer vertraglichen Vereinbarung und der Verpflichtete hat sicherzustellen, dass die anderen geeigneten Personen und Unternehmen den Vorschriften dieses Gesetzes entsprechen. [3]Die Maßnahmen der Personen oder der Unternehmen werden dem Verpflichteten als eigene Maßnahmen zugerechnet. [4]Absatz 3 gilt entsprechend.

(6) Durch die Übertragung nach Absatz 5 dürfen nicht beeinträchtigt werden

1. die Erfüllung der Pflichten nach diesem Gesetz durch den Verpflichteten,
2. die Steuerungs- oder Kontrollmöglichkeiten der Geschäftsleitung des Verpflichteten und
3. die Aufsicht der Aufsichtsbehörde über den Verpflichteten.

(7) [1]Vor der Übertragung nach Absatz 5 hat sich der Verpflichtete von der Zuverlässigkeit der Personen oder der Unternehmen, denen er Maßnahmen übertragen will, zu überzeugen. [2]Während der Zusammenarbeit muss er sich durch Stichproben von der Angemessenheit und Ordnungsmäßigkeit der Maßnahmen überzeugen, die diese Personen oder Unternehmen getroffen haben.

(8) [1]Soweit eine vertragliche Vereinbarung nach Absatz 5 mit deutschen Botschaften, Auslandshandelskammern oder Konsulaten geschlossen wird, gelten diese kraft Vereinbarung als geeignet. [2]Absatz 7 findet keine Anwendung.

(9) Bei der Übertragung nach Absatz 5 bleiben die Vorschriften über die Auslagerung von Aktivitäten und Prozessen nach § 25b des Kreditwesengesetzes und nach Artikel 73 der Verordnung (EU) 2023/1114 unberührt.

Abschnitt 4
Transparenzregister

§ 18 Einrichtung des Transparenzregisters und registerführende Stelle

(1) Es wird ein Register zur Erfassung und Zugänglichmachung von Angaben über den wirtschaftlich Berechtigten (Transparenzregister) eingerichtet.

(2) [1]Das Transparenzregister wird als hoheitliche Aufgabe des Bundes von der registerführenden Stelle elektronisch geführt. [2]Daten, die im Transparenzregister gespeichert sind, werden als chronologische Datensammlung angelegt.

(3) [1]Ist eine Mitteilung nach § 20 unvollständig, unklar oder bestehen Zweifel, welcher Vereinigung nach § 20 Absatz 1 die in der Mitteilung enthaltenen Angaben zum wirtschaftlich Berechtigten zuzuordnen sind, kann die registerführende Stelle von der in der Mitteilung genannten Vereinigung verlangen, dass diese die für eine Eintragung in das Transparenzregister erforderlichen Informationen innerhalb einer angemessenen Frist übermittelt. [2]Dies gilt entsprechend für Mitteilungen von Rechtsgestaltungen nach § 21.

(3a) Die registerführende Stelle ist berechtigt, der Behörde nach § 56 Absatz 5 Satz 2 die Informationen und Unterlagen zu übermitteln, die für die Erfüllung der Aufgaben der Behörde nach § 56 Absatz 5 Satz 2 erforderlich sind.

(4) [1]Die registerführende Stelle erstellt auf Antrag Ausdrucke von Daten, die im Transparenzregister gespeichert sind, und Bestätigungen, dass im Transparenzregister keine aktuelle Eintragung aufgrund einer Mitteilung nach § 20 Absatz 1 oder § 21 vorliegt. [2]Sie beglaubigt auf Antrag, dass die übermittelten Daten mit dem Inhalt des Transparenzregisters übereinstimmen. [3]Mit der Beglaubigung ist keine Gewähr für die Richtigkeit und Vollständigkeit der Angaben zum wirtschaftlich Berechtigten verbunden. [4]Ein Antrag auf Ausdruck von Daten, die lediglich über das Transparenzregister gemäß § 22 Absatz 1 Satz 1 Nummer 4 bis 9 zugänglich gemacht werden, kann auch über das Transparenzregister an das Gericht vermittelt werden. [5]Dies gilt entsprechend für die Vermittlung eines Antrags auf Ausdruck von Daten, die gemäß § 22 Absatz 1 Satz 1 Nummer 2 und 3 zugänglich gemacht werden, an den Betreiber des Unternehmensregisters.

(5) Die registerführende Stelle erstellt ein Informationssicherheitskonzept für das Transparenzregister, aus dem sich die getroffenen technischen und organisatorischen Maßnahmen zum Datenschutz ergeben.

(6) Das Bundesministerium der Finanzen wird ermächtigt, durch Rechtsverordnung, die nicht der Zustimmung des Bundesrates bedarf, die technischen Einzelheiten zu Einrichtung und Führung des Transparenzregisters einschließlich der Speicherung historischer Datensätze sowie die Einhaltung von Löschungsfristen für die im Transparenzregister gespeicherten Daten zu regeln.

§ 19 Angaben zum wirtschaftlich Berechtigten

(1) Im Transparenzregister sind im Hinblick auf Vereinigungen nach § 20 Absatz 1 Satz 1 und Rechtsgestaltungen nach § 21 folgende Angaben zum wirtschaftlich Berechtigten nach Maßgabe des § 23 zugänglich:

1. Vor- und Nachname,
2. Geburtsdatum,
3. Wohnort,
4. Art und Umfang des wirtschaftlichen Interesses und
5. alle Staatsangehörigkeiten.

(2) [1]Für die Bestimmung des wirtschaftlich Berechtigten von Vereinigungen im Sinne des § 20 Absatz 1 Satz 1 mit Ausnahme der rechtsfähigen Stiftungen gilt § 3 Absatz 1 und 2 entsprechend.

[2]Für die Bestimmung des wirtschaftlich Berechtigten von Rechtsgestaltungen nach § 21 und rechtsfähigen Stiftungen gilt § 3 Absatz 1 und 3 entsprechend.

(3) [1]Die Angaben zu Art und Umfang des wirtschaftlichen Interesses nach Absatz 1 Nummer 4 zeigen, woraus die Stellung als wirtschaftlich Berechtigter folgt, und zwar

1. bei Vereinigungen nach § 20 Absatz 1 Satz 1 mit Ausnahme der rechtsfähigen Stiftungen aus
   a) der Beteiligung an der Vereinigung selbst, insbesondere der Höhe der Kapitalanteile oder der Stimmrechte,
   b) der Ausübung von Kontrolle auf sonstige Weise, insbesondere aufgrund von Absprachen zwischen einem Dritten und einem Anteilseigner oder zwischen mehreren Anteilseignern untereinander, oder aufgrund der einem Dritten eingeräumten Befugnis zur Ernennung von gesetzlichen Vertretern oder anderen Organmitgliedern oder
   c) der Funktion des gesetzlichen Vertreters, geschäftsführenden Gesellschafters oder Partners,
2. bei Rechtsgestaltungen nach § 21 und rechtsfähigen Stiftungen aus einer der in § 3 Absatz 3 aufgeführten Funktionen.

[2]In den Fällen des Satzes 1 Nummer 1 Buchstabe c ist anzugeben, ob ermittelt wurde, dass keine natürliche Person die Voraussetzungen eines wirtschaftlich Berechtigten nach § 3 Absatz 1 oder Absatz 2 Satz 1 bis 4 erfüllt, oder ob die Ermittlung eines wirtschaftlich Berechtigten nach § 3 Absatz 1 oder Absatz 2 Satz 1 bis 4 nach Durchführung umfassender Prüfungen nicht möglich war.

§ 19a Angaben zu Immobilien

Im Transparenzregister sind im Hinblick auf Vereinigungen nach § 20 Absatz 1, die als Berechtigte von Immobilien in Abteilung I des Grundbuchs eingetragen sind, folgende Angaben zu diesen Immobilien nach Maßgabe des § 23 zugänglich:

1. zuständiges Amtsgericht,
2. Grundbuchbezirk,
3. Nummer des Grundbuchblattes,
4. alle im Bestandsverzeichnis des Grundbuchblattes eingetragenen Grundstücke, jeweils mit
   a) Gemarkung,
   b) Flur und
   c) Flurstück,
5. Art und Umfang der Berechtigung,
6. Beginn und Ende der Berechtigung.

§ 19b Erfassung und Zuordnung von Immobilien

(1) [1]Die Grundbuchämter übermitteln der registerführenden Stelle folgende Informationen zu allen bei ihnen geführten Grundbuchblättern:

1. zuständiges Amtsgericht,
2. Grundbuchbezirk,
3. Nummer des Grundbuchblattes,
4. alle im Bestandsverzeichnis des Grundbuchblattes eingetragenen Grundstücke, jeweils mit
   a) Gemarkung,
   b) Flur und,
   c) Flurstück,

5. alle in Abteilung I geführten Eigentümer, jeweils, soweit vorhanden, mit
   a) Name oder Firma,
   b) Sitz,
   c) Registergericht,
   d) Registerart,
   e) Registernummer,
   f) Datum der Eintragung.

[2]Die Übermittlung erfolgt auf Basis bereits verfügbarer strukturierter Daten. [3]Sie erfolgt einmalig bis spätestens zum 31. Juli 2023 mit einem Stand der Daten zum 30. Juni 2023.

(2) [1]Die Grundbuchämter übermitteln der registerführenden Stelle ab dem 1. Juli 2023 in einem automatisierten Verfahren Veränderungen der grundbuchmäßigen Bezeichnung des Grundstücks und die Eintragung eines Eigentümers. [2]Die Übermittlung erfolgt in einem strukturierten Datenformat auf Basis bereits verfügbarer strukturierter Daten.

(3) [1]Die registerführende Stelle erfasst anhand der ihr aus den Grundbüchern übermittelten Informationen die Angaben nach § 19a in Bezug auf Immobilien, ordnet sie Vereinigungen nach § 20 Absatz 1 zu und speichert sie. [2]Übermittelte Daten, die für diesen Zweck nicht erforderlich sind, sind von der registerführenden Stelle unverzüglich zu löschen.

(4) [1]Abweichend von den Absätzen 1 und 2 können die Länder eine Übermittlung der Daten durch die für die Führung der Liegenschaftskataster zuständigen Behörden vorsehen. [2]Die Grundbuchämter und die für die Führung der Liegenschaftskataster zuständigen Behörden können mit der registerführenden Stelle Vereinbarungen über das zu verwendende Datenformat treffen.

§ 20 Transparenzpflichten im Hinblick auf bestimmte Vereinigungen

(1) [1]Juristische Personen des Privatrechts und eingetragene Personengesellschaften haben die in § 19 Absatz 1 aufgeführten Angaben zu den wirtschaftlich Berechtigten dieser Vereinigungen einzuholen, aufzubewahren, auf aktuellem Stand zu halten und der registerführenden Stelle unverzüglich zur Eintragung in das Transparenzregister mitzuteilen. [2]Die Pflicht nach Satz 1 gilt auch für Vereinigungen mit Sitz im Ausland, wenn sie Eigentum an einer im Inland gelegenen Immobilie halten oder sich verpflichten, solches Eigentum zu erwerben, wenn Anteile im Sinne des § 1 Absatz 3 des Grunderwerbsteuergesetzes sich bei ihr vereinigen oder auf sie übergehen, oder wenn sie im Sinne des § 1 Absatz 3a des Grunderwerbsteuergesetzes aufgrund eines Rechtsvorgangs eine wirtschaftliche Beteiligung innehaben. [3]Die Pflicht nach Satz 1 gilt nicht für in Satz 2 genannte Vereinigungen, wenn sie die Angaben nach Artikel 1 Nummer 15 Buchstabe c der Richtlinie (EU) 2018/843 und nach § 19 Absatz 1 bereits an ein anderes Register eines Mitgliedstaates der Europäischen Union übermittelt haben. [4]Die Mitteilung hat elektronisch in einer Form zu erfolgen, die ihre elektronische Zugänglichmachung ermöglicht. [5]Bei den Angaben zu Art und Umfang des wirtschaftlichen Interesses nach § 19 Absatz 1 Nummer 4 ist anzugeben, woraus nach § 19 Absatz 3 die Stellung als wirtschaftlich Berechtigter folgt.

(2) Eine juristische Person des Privatrechts oder eine eingetragene Personengesellschaft, die nach Absatz 1 Satz 1 mitteilungspflichtig ist und die nicht im Handelsregister, Genossenschaftsregister, Gesellschaftsregister, Partnerschaftsregister oder Vereinsregister eingetragen ist, hat der registerführenden Stelle unverzüglich mitzuteilen, wenn

1. sich ihre Bezeichnung oder ihr Sitz geändert hat,
2. sie verschmolzen worden ist,
3. sie aufgelöst worden ist oder
4. ihre Rechtsform geändert wurde.

(3) [1]Wirtschaftlich Berechtigte von Vereinigungen nach Absatz 1 haben diesen Vereinigungen die zur Erfüllung der Pflichten nach Absatz 1 notwendigen Angaben mitzuteilen und jede Änderung dieser Angaben unverzüglich mitzuteilen. [2]Anteilseigner, die wirtschaftlich Berechtigte sind oder die von dem wirtschaftlich Berechtigten unmittelbar kontrolliert werden, haben den Vereinigungen nach Absatz 1 die zur Erfüllung der Pflichten nach Absatz 1 notwendigen Angaben mitzuteilen und jede Änderung dieser Angaben unverzüglich mitzuteilen. [3]Kontrolliert ein Mitglied eines Vereins oder einer Genossenschaft mehr als 25 Prozent der Stimmrechte, so trifft die Mitteilungspflicht nach Satz 1 dieses Mitglied. [4]Bei Stiftungen trifft die Mitteilungspflicht nach Satz 1 die Personen nach § 3 Absatz 3.

(3a) [1]Hat die Vereinigung keine Angaben der wirtschaftlich Berechtigten nach Absatz 3 erhalten, so hat sie von ihren Anteilseignern, soweit sie ihr bekannt sind, in angemessenem Umfang Auskunft zu den wirtschaftlich Berechtigten der Vereinigung zu verlangen. [2]Die Anteilseigner sind verpflichtet, das Auskunftsersuchen innerhalb angemessener Frist zu beantworten. [3]Die Pflicht, Auskunft nach Satz 1 zu verlangen, gilt nicht, wenn der Vereinigung die Angaben zum wirtschaftlich Berechtigten nach § 19 bereits anderweitig bekannt sind. [4]Die Vereinigung hat die Auskunftsersuchen sowie die eingeholten Informationen zu dokumentieren.

(3b) [1]Gelangt der Anteilseigner zu der Erkenntnis, dass sich der wirtschaftlich Berechtigte der Vereinigung geändert hat, so muss er dies der Vereinigung innerhalb einer angemessenen Frist mitteilen. [2]Satz 1 gilt nicht, wenn

1. die Angaben zu dem neuen wirtschaftlich Berechtigten bereits über das Transparenzregister zugänglich sind, oder
2. der Anteilseigner anderweitig positive Kenntnis davon hat, dass der Vereinigung der neue wirtschaftlich Berechtigte bekannt ist.

[3]Der Anteilseigner hat die Mitteilung an die Vereinigung zu dokumentieren und aufzubewahren.

(4) Die Angabepflicht nach Absatz 3 entfällt, wenn die Anteilseigner, Mitglieder und wirtschaftlich Berechtigten die erforderlichen Angaben bereits in anderer Form mitgeteilt haben.

(5) [1]Die Zentralstelle für Finanztransaktionsuntersuchungen und die Aufsichtsbehörden können im Rahmen ihrer Aufgaben und Befugnisse die nach Absatz 1 aufbewahrten Angaben einsehen oder sich vorlegen lassen. [2]Die Angaben sind ihnen unverzüglich zur Verfügung zu stellen.

§ 20a Automatische Eintragung für Vereine

(1) [1]Für eingetragene Vereine nach § 21 des Bürgerlichen Gesetzbuchs erstellt die registerführende Stelle anhand der im Vereinsregister eingetragenen Daten eine Eintragung in das Transparenzregister, ohne dass es hierfür einer Mitteilung nach § 20 Absatz 1 Satz 1 bedarf. [2]Im Rahmen dieser Eintragung werden alle Mitglieder des Vorstands eines Vereins mit den Daten nach § 19 Absatz 1 als wirtschaftliche Berechtigte nach § 3 Absatz 2 Satz 5 im Transparenzregister erfasst. [3]Soweit diese Daten nicht im Vereinsregister vorhanden sind, wird als Wohnsitzland Deutschland und als einzige Staatsangehörigkeit die deutsche Staatsangehörigkeit angenommen. [4]Die nach Satz 1 eingetragenen Daten gelten als Angaben des Vereins, soweit der Verein der registerführenden Stelle keine abweichenden Angaben mitgeteilt hat.

(2) [1]Abweichend von § 20 Absatz 1 Satz 1 muss ein eingetragener Verein nach § 21 des Bürgerlichen Gesetzbuchs die in § 19 Absatz 1 aufgeführten Angaben zu den wirtschaftlich Berechtigten der registerführenden Stelle nur dann zur Eintragung mitteilen, wenn

1. eine Änderung des Vorstands nicht unverzüglich zur Eintragung in das Vereinsregister angemeldet worden ist,
2. mindestens ein wirtschaftlich Berechtigter nach § 3 Absatz 2 Satz 1 bis 4 vorhanden ist oder
3. die Annahmen nach Absatz 1 Satz 3 nicht zutreffen.

[2]Eine Eintragung durch die registerführende Stelle nach Absatz 1 wird nicht vorgenommen, wenn der Verein der registerführenden Stelle Angaben nach § 19 Absatz 1 zur Eintragung in das Transpa-

renzregister mitgeteilt hat. [3]Dies gilt nicht, wenn der Verein der registerführenden Stelle mitgeteilt hat, dass die mitgeteilten Angaben nach § 19 Absatz 1 nicht mehr gelten sollen. [4]Die Mitteilung nach Satz 3 hat elektronisch über die Webseite des Transparenzregisters zu erfolgen.

(3) [1]Eine Eintragung nach Absatz 1 erfolgt erstmals spätestens zum 1. Januar 2023. [2]Danach erfolgt die automatische Eintragung anlassbezogen.

(4) [1]Bei Eintragung nach Absatz 1 handelt die registerführende Stelle nach § 18 Absatz 2 im Rahmen der hoheitlichen Aufgaben des Bundes. [2]Zu diesem Zweck ist die registerführende Stelle beim Abruf von Daten aus den Vereinsregistern von der Zahlung der Gebühren nach § 2 Absatz 1 des Justizverwaltungskostengesetzes befreit.

§ 21 Transparenzpflichten im Hinblick auf bestimmte Rechtsgestaltungen

(1) [1]Verwalter von Trusts (Trustees) mit Wohnsitz oder Sitz in Deutschland haben die in § 19 Absatz 1 aufgeführten Angaben zu den wirtschaftlich Berechtigten des Trusts, den sie verwalten, einzuholen, aufzubewahren, auf aktuellem Stand zu halten und der registerführenden Stelle unverzüglich zur Eintragung in das Transparenzregister mitzuteilen. [2]Die Pflicht nach Satz 1 gilt auch für Trustees, die außerhalb der Europäischen Union ihren Wohnsitz oder Sitz haben, wenn sie für den Trust eine Geschäftsbeziehung mit einem Vertragspartner mit Sitz in Deutschland aufnehmen oder sich verpflichten, Eigentum an einer im Inland gelegenen Immobilie zu erwerben, wenn Anteile im Sinne des § 1 Absatz 3 des Grunderwerbsteuergesetzes sich bei ihr vereinigen oder auf sie übergehen, oder wenn sie im Sinne des § 1 Absatz 3a des Grunderwerbsteuergesetzes aufgrund eines Rechtsvorgangs eine wirtschaftliche Beteiligung innehaben. [3]Die Pflicht nach Satz 1 gilt nicht für die in Satz 2 genannten Trustees, wenn ein Trustee die Angaben nach Artikel 1 Nummer 16 Buchstabe a der Richtlinie (EU) 2018/843 und nach § 19 Absatz 1 bereits an ein anderes Register eines Mitgliedstaates der Europäischen Union übermittelt hat und

1. der Trustee in diesem Mitgliedstaat der Europäischen Union ebenfalls einen Wohnsitz oder Sitz unterhält oder
2. einer der Vertragspartner, zu dem ein Trust mit Wohnsitz oder Sitz außerhalb der Europäischen Union ebenfalls eine Geschäftsbeziehung unterhält, in diesem Mitgliedstaat seinen Sitz hat.

(1a) [1]Die Mitteilung hat elektronisch in einer Form zu erfolgen, die ihre elektronische Zugänglichmachung ermöglicht. [2]Der Trust ist in der Mitteilung eindeutig zu bezeichnen. [3]Bei den Angaben zu Art und Umfang des wirtschaftlichen Interesses nach § 19 Absatz 1 Nummer 4 ist anzugeben, woraus nach § 19 Absatz 3 Nummer 2 die Stellung als wirtschaftlich Berechtigter folgt.

(1b) Der registerführenden Stelle ist ferner durch den nach Absatz 1 zur Mitteilung Verpflichteten unverzüglich mitzuteilen, wenn der Trust

1. umbenannt wurde,
2. aufgelöst wurde oder
3. nicht mehr nach Absatz 1 verpflichtet ist.

(2) Die Pflichten der Absätze 1, 1a und 1b gelten entsprechend auch für Treuhänder mit Wohnsitz oder Sitz in Deutschland folgender Rechtsgestaltungen:

1. nichtrechtsfähige Stiftungen, wenn der Stiftungszweck aus Sicht des Stifters eigennützig ist, und
2. Rechtsgestaltungen, die solchen Stiftungen in ihrer Struktur oder Funktion entsprechen.

(3) [1]Die Zentralstelle für Finanztransaktionsuntersuchungen und die Aufsichtsbehörden können im Rahmen ihrer Aufgaben und Befugnisse die von Trustees nach Absatz 1 und von Treuhändern nach Absatz 2 aufbewahrten Angaben einsehen oder sich vorlegen lassen. [2]Die Angaben sind ihnen unverzüglich zur Verfügung zu stellen.

(4) Das Bundesministerium der Finanzen wird ermächtigt, im Einvernehmen mit dem Bundesministerium der Justiz und für Verbraucherschutz durch Rechtsverordnung, die nicht der Zustim-

mung des Bundesrates bedarf, die Einzelheiten zu regeln, welche Trusts und trustähnlichen Rechtsgestaltungen von § 21 Absatz 1 und 2 erfasst sind und durch welche Merkmale sich diese auszeichnen.

§ 22 Zugängliche Dokumente und Datenübermittlung an das Transparenzregister, Verordnungsermächtigung

(1) [1]Über die Internetseite des Transparenzregisters sind nach Maßgabe des § 23 zugänglich:

1. Eintragungen im Transparenzregister zu Meldungen nach § 20 Absatz 1 Satz 1 und nach § 21 sowie Immobilien nach § 19a,
2. Bekanntmachungen des Bestehens einer Beteiligung nach § 20 Absatz 6 des Aktiengesetzes,
3. Stimmrechtsmitteilungen nach den §§ 40 und 41 des Wertpapierhandelsgesetzes,
4. Listen der Gesellschafter von Gesellschaften mit beschränkter Haftung und Unternehmergesellschaften nach § 8 Absatz 1 Nummer 3, § 40 des Gesetzes betreffend die Gesellschaften mit beschränkter Haftung sowie Gesellschafterverträge gemäß § 8 Absatz 1 Nummer 1 in Verbindung mit § 2 Absatz 1a Satz 2 des Gesetzes betreffend die Gesellschaften mit beschränkter Haftung, sofern diese als Gesellschafterliste gelten, nach § 2 Absatz 1a Satz 4 des Gesetzes betreffend die Gesellschaften mit beschränkter Haftung,
5. Eintragungen im Handelsregister,
6. Eintragungen im Partnerschaftsregister,
7. Eintragungen im Genossenschaftsregister,
8. Eintragungen im Vereinsregister,
9. Eintragungen in das Gesellschaftsregister.

[2]Zugänglich in dem nach den besonderen registerrechtlichen Vorschriften für die Einsicht geregelten Umfang sind nur solche Dokumente und Eintragungen nach Satz 1 Nummer 2 bis 9, die aus dem Handelsregister, Genossenschaftsregister, Partnerschaftsregister, Unternehmensregister oder Vereinsregister elektronisch abrufbar sind.

(2) [1]Um die Eröffnung des Zugangs zu den Originaldaten nach Absatz 1 Satz 1 Nummer 2 bis 9 über die Internetseite des Transparenzregisters zu ermöglichen, sind dem Transparenzregister die dafür erforderlichen Daten (Indexdaten) zu übermitteln. [2]Der Betreiber des Unternehmensregisters übermittelt die Indexdaten zu den Originaldaten nach Absatz 1 Satz 1 Nummer 2 und 3 dem Transparenzregister. [3]Die Landesjustizverwaltungen übermitteln die Indexdaten zu den Originaldaten nach Absatz 1 Satz 1 Nummer 4 bis 8 dem Transparenzregister. [4]Die Indexdaten dienen nur der Zugangsvermittlung und dürfen nicht zugänglich gemacht werden.

(3) [1]Das Bundesministerium der Finanzen wird ermächtigt, im Benehmen mit dem Bundesministerium der Justiz und für Verbraucherschutz für die Datenübermittlung nach Absatz 2 Satz 3 durch Rechtsverordnung, die der Zustimmung des Bundesrates bedarf, technische Einzelheiten der Datenübermittlung zwischen den Behörden der Länder und dem Transparenzregister einschließlich der Vorgaben für die zu verwendenden Datenformate und zur Sicherstellung von Datenschutz und Datensicherheit zu regeln. [2]Abweichungen von den Verfahrensregelungen durch Landesrecht sind ausgeschlossen.

(4) Das Bundesministerium der Finanzen wird ermächtigt, im Benehmen mit dem Bundesministerium der Justiz und für Verbraucherschutz durch Rechtsverordnung, die nicht der Zustimmung des Bundesrates bedarf, Registrierungsverfahren für die Mitteilungsverpflichteten nach den §§ 20 und 21 sowie technische Einzelheiten der Datenübermittlung nach Absatz 2 Satz 2 sowie nach den §§ 20 und 21 einschließlich der Vorgaben für die zu verwendenden Datenformate und Formulare sowie zur Sicherstellung von Datenschutz und Datensicherheit zu regeln.

§ 23 Einsichtnahme in das Transparenzregister, Verordnungsermächtigung

(1) [1]Bei Vereinigungen nach § 20 Absatz 1 Satz 1 und Rechtsgestaltungen nach § 21 ist die Einsichtnahme gestattet:

1. den Behörden, Gerichten sowie den in § 2 Absatz 4 genannten Stellen, soweit die Einsichtnahme zur Erfüllung ihrer gesetzlichen Aufgaben erforderlich ist,
2. den Verpflichteten, sofern sie der registerführenden Stelle darlegen, dass die Einsichtnahme zur Erfüllung ihrer Sorgfaltspflichten in einem der in § 10 Absatz 3 und 3a genannten Fälle erfolgt, und
3. allen Mitgliedern der Öffentlichkeit.

[2]In diesen Fällen ist die registerführende Stelle befugt, die zugänglichen Daten an den Einsichtnehmenden zu übermitteln. [3]In den Fällen des Satzes 1 Nummer 1 und 2 übermittelt die registerführende Stelle neben den Angaben nach § 19 Absatz 1 auch die Eigentums- und Kontrollstrukturübersichten nach § 23a Absatz 3a, soweit diese zu den übermittelten Angaben nach § 19 Absatz 1 aufgrund einer abgeschlossenen Unstimmigkeitsmeldung vorhanden sind. [4]Im Fall des Satzes 1 Nummer 3 sind neben den Angaben nach § 19 Absatz 1 Nummer 1 und 4 nur Monat und Jahr der Geburt des wirtschaftlich Berechtigten, sein Wohnsitzland und alle Staatsangehörigkeiten der Einsichtnahme zugänglich und dürfen übermittelt werden. [5]Gegenüber den Behörden, Gerichten, den in § 2 Absatz 4 genannten Stellen und gegenüber Verpflichteten nach § 2 Absatz 1 Nummer 1 bis 3 und 7 sowie gegenüber Notaren sind zusätzlich die Angaben nach § 19a zu allen im Transparenzregister erfassten Immobilien der Einsichtnahme zugänglich und dürfen übermittelt werden.

(2) [1]Auf Antrag des wirtschaftlich Berechtigten beschränkt die registerführende Stelle die Einsichtnahme in das Transparenzregister und die Übermittlung der Daten nach § 19 Absatz 1 vollständig oder teilweise, wenn ihr der wirtschaftlich Berechtigte darlegt, dass der Einsichtnahme und der Übermittlung unter Berücksichtigung aller Umstände des Einzelfalls überwiegende schutzwürdige Interessen des wirtschaftlich Berechtigten entgegenstehen. [2]Schutzwürdige Interessen liegen vor, wenn

1. Tatsachen die Annahme rechtfertigen, dass die Einsichtnahme und Übermittlung den wirtschaftlich Berechtigten der Gefahr aussetzen würde, Opfer einer der folgenden Straftaten zu werden:
   a) eines Betrugs (§ 263 des Strafgesetzbuchs),
   b) eines erpresserischen Menschenraubs (§ 239a des Strafgesetzbuchs),
   c) einer Geiselnahme (§ 239b des Strafgesetzbuchs),
   d) einer Erpressung oder räuberischen Erpressung (§§ 253, 255 des Strafgesetzbuchs),
   e) einer strafbaren Handlung gegen Leib oder Leben (§§ 211, 212, 223, 224, 226, 227 des Strafgesetzbuchs),
   f) einer Nötigung (§ 240 des Strafgesetzbuchs),
   g) einer Bedrohung (§ 241 des Strafgesetzbuchs) oder
2. der wirtschaftlich Berechtigte minderjährig oder geschäftsunfähig ist.

[3]Schutzwürdige Interessen des wirtschaftlich Berechtigten liegen nicht vor, wenn sich die Daten bereits aus den in § 22 Absatz 1 genannten Registern ergeben. [4]Die Beschränkung der Einsichtnahme und Übermittlung nach Satz 1 ist nicht möglich gegenüber Behörden, Gerichten und den in § 2 Absatz 4 genannten Stellen, gegenüber Verpflichteten nach § 2 Absatz 1 Nummer 1 bis 3 und 7 sowie gegenüber Notaren. [5]Die registerführende Stelle hat jährlich eine Statistik über die Anzahl der bewilligten Beschränkungen und darüber, ob die Beschränkungen nach Satz 2 Nummer 1 oder 2 erfolgt sind, zu erstellen, auf ihrer Internetseite zu veröffentlichen und an die Europäische Kommission zu übermitteln.

(3) [1]Behörden, Gerichte und die in § 2 Absatz 4 genannte Stellen sowie diejenigen in § 23 Absatz 1 Satz 1 Nummer 2 genannten Verpflichteten, gegenüber denen die Beschränkung der Einsichtnahme und Übermittlung nach § 23 Absatz 2 Satz 4 nicht möglich ist, können die Einsichtnahme mittels eines durch die registerführende Stelle geschaffenen und nach ihren Vorgaben ausgestalteten automatisierten Einsichtnahmeverfahrens durchführen. [2]Die registerführende Stelle ist befugt, den in Satz 1 genannten Stellen die nach Maßgabe des Absatzes 1 zugänglichen Daten im automatisierten Verfahren zu übermitteln. [3]Bestehen Zweifel daran, dass die Einsichtnahme zur Erfüllung der gesetzlichen Aufgaben einer Behörde, eines Gerichts oder einer in § 2 Absatz 4 genannten Stelle erforderlich ist oder zur Erfüllung der Sorgfaltspflicht eines Verpflichteten nach Satz 1 erfolgt, ist die registerführende Stelle berechtigt, die Verfahren nach den Sätzen 1 und 2 zu sperren. [4]Sie kann die Behörde nach Satz 1 zur Bestätigung, dass die Einsichtnahme zur Erfüllung der gesetzlichen Aufgaben erforderlich ist, auffordern und den Verpflichteten nach Satz 1 dauerhaft auf das für alle Verpflichteten geltende Verfahren nach Absatz 1 verweisen. [5]Die Bestätigung nach Satz 4 hat durch den Dienstvorgesetzten zu erfolgen. [6]Die beteiligten Stellen haben zu gewährleisten, dass für Einsichtnahmen und Datenübermittlungen im automatisierten Verfahren die erforderlichen technischen und organisatorischen Maßnahmen nach den Artikeln 24, 25 und 32 der Verordnung (EU) 2016/679 des Europäischen Parlaments und des Rates vom 27. April 2016 zum Schutz natürlicher Personen bei der Verarbeitung personenbezogener Daten, zum freien Datenverkehr und zur Aufhebung der Richtlinie 95/46/EG zur Sicherstellung von Datenschutz und Datensicherheit getroffen werden, die insbesondere die Vertraulichkeit und Unversehrtheit der Daten gewährleisten.

(4) [1]Die Einsichtnahme ist nur nach vorheriger Online-Registrierung des Nutzers möglich und kann zum Zweck der Kontrolle, wer Einsicht genommen hat, protokolliert werden. [2]Die registerführende Stelle ist nicht befugt, gegenüber Vereinigungen nach § 20 und Rechtsgestaltungen nach § 21 offenzulegen, wer Einsicht in die Angaben genommen hat, die die Vereinigungen und Rechtsgestaltungen zu ihren wirtschaftlich Berechtigten gemacht haben.

(5) Das Transparenzregister erlaubt die Suche nach Vereinigungen nach § 20 Absatz 1 Satz 1 und Rechtsgestaltungen nach § 21 über alle eingestellten Daten sowie über sämtliche Indexdaten.

(6) [1]Die Einsichtnahme und Übermittlung der Daten aus dem Transparenzregister nach Absatz 1 Nummer 1 an einsichtnehmende Behörden, Gerichte und in § 2 Absatz 4 genannte Stellen erfolgt ausschließlich zum Zweck der Erfüllung der jeweiligen gesetzlichen Aufgabe. [2]Die Einsichtnahme und Übermittlung der Daten aus dem Transparenzregister an einsichtnehmende Verpflichtete erfolgt ausschließlich zur Erfüllung der Sorgfaltspflichten des jeweiligen Verpflichteten.

(7) Das Bundesministerium der Finanzen wird ermächtigt, durch Rechtsverordnung, die nicht der Zustimmung des Bundesrates bedarf, die Einzelheiten der Einsichtnahme, Datenübermittlung und Beschränkung, insbesondere der Online-Registrierung und der Protokollierung wie die zu protokollierenden Daten und die Löschungsfrist für die protokollierten Daten nach Absatz 3, der Darlegungsanforderungen für die Einsichtnahme und Übermittlung nach Absatz 1 Satz 1 Nummer 2 und 3 und der Darlegungsanforderungen für die Beschränkung der Einsichtnahme und Übermittlung nach Absatz 2 zu bestimmen.

(8) [1]Auf Antrag ist dem wirtschaftlich Berechtigten durch die registerführende Stelle Auskunft über die nach § 23 Absatz 1 Satz 1 Nummer 3 erfolgten Einsichtnahmen zu erteilen. [2]Der wirtschaftlich Berechtigte hat bei Antragstellung die Vereinigung nach § 20 oder die Rechtsgestaltung nach § 21 anzugeben, für die eine Auskunft beantragt wird. [3]Die Auskunft beinhaltet folgende Informationen:

1. die beauskunfteten personenbezogenen Daten des wirtschaftlich Berechtigten,
2. die monatsweise dargestellte Anzahl der seit der letzten Antragstellung erfolgten Einsichtnahmen,
3. der Zeitpunkt der jeweiligen Einsichtnahmen,
4. eine anonymisierte Auflistung der natürlichen Personen, die Einsicht genommen haben und
5. bei Einsichtnahme durch juristische Personen deren Bezeichnung.

[4]Die beantragte Auskunft ist mindestens einmal im Kalenderjahr, höchstens jedoch einmal im Quartal zu erteilen. [5]Der wirtschaftlich Berechtigte belegt im Rahmen der Antragstellung nach Satz 1 seine Identität und seine Stellung als wirtschaftlich Berechtigter der im Antrag in Bezug genommenen Vereinigung nach § 20 oder Rechtsgestaltung nach § 21 anhand geeigneter Nachweise. [6]Geeignete Nachweise sind solche nach § 12. [7]Die Antragstellung und Auskunftserteilung nach diesem Absatz ist ausschließlich über die Internetseite des Transparenzregisters nach den Vorgaben der registerführenden Stelle möglich.

§ 23a Meldung von Unstimmigkeiten an die registerführende Stelle

(1) [1]Verpflichtete nach § 23 Absatz 1 Satz 1 Nummer 2 haben der registerführenden Stelle Unstimmigkeiten unverzüglich zu melden, die sie zwischen den Angaben über die wirtschaftlich Berechtigten, die im Transparenzregister zugänglich sind, und den ihnen zur Verfügung stehenden Angaben und Erkenntnissen über die wirtschaftlich Berechtigten feststellen. [2]§ 43 Absatz 2 gilt entsprechend. [3]Die Aufsichtsbehörden, die Behörde nach § 25 Absatz 6 und nach § 56 Absatz 5 Satz 2 sowie die Zentralstelle für Finanztransaktionsuntersuchungen trifft die Pflicht nach Satz 1, sofern dadurch die Aufgabenwahrnehmung der Behörden nicht beeinträchtigt wird. [4]Eine Unstimmigkeit nach Satz 1 besteht, wenn Eintragungen nach § 20 Absatz 1 sowie nach § 21 Absatz 1 und 2 fehlen, einzelne Angaben zu den wirtschaftlich Berechtigten nach § 19 Absatz 1 abweichen oder wenn abweichende wirtschaftlich Berechtigte ermittelt wurden. [5]Die der Unstimmigkeitsmeldung zugrunde liegende Ermittlung der wirtschaftlich Berechtigten hat nach den Vorgaben des § 3 zu erfolgen.

(2) Die registerführende Stelle hat auf der Internetseite des Transparenzregisters deutlich sichtbar eine Vorkehrung einzurichten, über die Unstimmigkeitsmeldungen nach Absatz 1 abzugeben sind.

(3) [1]Die registerführende Stelle hat die Unstimmigkeitsmeldung nach Absatz 1 unverzüglich zu prüfen. [2]Hierzu kann sie von dem Erstatter der Unstimmigkeitsmeldung, der betroffenen Vereinigung nach § 20 oder der Rechtsgestaltung nach § 21 die zur Aufklärung erforderlichen Informationen und Unterlagen verlangen.

(3a) [1]Im Rahmen der Prüfung der Unstimmigkeitsmeldung erstellt die registerführende Stelle auf Basis der in den anderen Registern vorhandenen Informationen sowie der aufgrund von Nachfragen nach Absatz 3 erhaltenen Informationen und Unterlagen Eigentums- und Kontrollstrukturübersichten der betroffenen Vereinigung nach § 20 oder der Rechtsgestaltung nach § 21, soweit dies im Einzelfall zur Prüfung der Unstimmigkeitsmeldung erforderlich ist. [2]Sie hat diese Übersichten bis zum Ablauf von zwei Jahren nach der Auflösung der Vereinigung nach § 20 und der Rechtsgestaltung nach § 21 aufzubewahren und danach zu löschen. [3]Die Eigentums- und Kontrollstrukturübersicht wird nicht Teil der Eintragung im Transparenzregister. [4]Die Eigentums- und Kontrollstrukturübersichten sollen den Stand wiedergeben, der zum Abschluss der Prüfung der Unstimmigkeitsmeldung vorgelegen hat.

(4) Die registerführende Stelle übergibt die Unstimmigkeitsmeldung mit allen erforderlichen Unterlagen der Behörde nach § 56 Absatz 5 Satz 2 im Rahmen ihrer Zuständigkeit für die Verfolgung von Ordnungswidrigkeiten nach § 56 Absatz 1 Satz 1 Nummer 54 bis 66, wenn

1. sie zu der Erkenntnis gelangt, dass die im Transparenzregister enthaltenen Angaben zum wirtschaftlich Berechtigten nicht zutreffend sind oder
2. sie die Prüfung der Unstimmigkeitsmeldung aufgrund unklarer Sachlage nicht abschließen konnte.

(5) [1]Die registerführende Stelle hat dem Erstatter der Unstimmigkeitsmeldung die von ihr ermittelten Angaben zum wirtschaftlich Berechtigten im Sinne des § 19 Absatz 1 nach Abschluss der Prüfung unverzüglich zu übermitteln. [2]Dabei werden auch die Eigentums- und Kontrollstrukturübersichten nach Absatz 3a an den Erstatter der Meldung übermittelt. [3]Die Eigentums- und Kontrollstrukturübersichten dürfen durch den Erstatter ausschließlich im Rahmen der Erfüllung eigener Sorgfaltspflichten verwendet und nicht weitergegeben werden. [4]Das Verfahren zur Prüfung der Unstimmigkeitsmeldung gilt als abgeschlossen, wenn die registerführende Stelle oder die Behörde

nach § 56 Absatz 5 Satz 2 aufgrund der nach Absatz 3 erlangten Erkenntnisse oder aufgrund einer neuen oder berichtigenden Mitteilung der Vereinigung nach § 20 oder der Rechtsgestaltung nach § 21, die Gegenstand der Unstimmigkeitsmeldung ist, zu dem Ergebnis gekommen ist, dass die Unstimmigkeit ausgeräumt ist.

(6) [1]Nach Eingang der Unstimmigkeitsmeldung nach Absatz 1 hat die registerführende Stelle auf dem Registerauszug sichtbar zu vermerken, dass die Angaben zu den wirtschaftlich Berechtigten der Vereinigung nach § 20 oder der Rechtsgestaltung nach § 21 der Prüfung unterliegen. [2]Der Abschluss des Verfahrens zur Prüfung der Unstimmigkeitsmeldung ist auf dem Registerauszug zu vermerken.

§ 23b Meldung von Unstimmigkeiten bei der Zuordnung von Immobilien [ab 1.1.2026]

(1) *[1]Die in § 23 Absatz 1 Satz 1 Nummer 1 aufgeführten Behörden, Verpflichtete nach § 2 Absatz 1 Nummer 1 bis 3 und 7 sowie Notare haben der registerführenden Stelle Abweichungen unverzüglich zu melden, die sie zwischen den Angaben über die Immobilien, die im Transparenzregister zugänglich sind, und den ihnen zur Verfügung stehenden Angaben und Erkenntnissen über Immobilien feststellen. [2]§ 43 Absatz 2 gilt entsprechend.*

(2) *Die registerführende Stelle hat auf der Internetseite des Transparenzregisters deutlich sichtbar eine Vorkehrung einzurichten, über die Meldungen nach Absatz 1 abzugeben sind.*

(3) *[1]Die registerführende Stelle hat die Meldung nach Absatz 1 unverzüglich zu prüfen. [2]Hierzu kann sie von dem Erstatter der Meldung und von der betroffenen Vereinigung nach § 20 die zur Aufklärung erforderlichen Informationen und Unterlagen verlangen oder Einsicht in das Grundbuch der betroffenen Immobilien nehmen. [3]Die Prüfung der Meldung nach Absatz 1 stellt ein berechtigtes Interesse im Sinne des § 12 Absatz 1 der Grundbuchordnung dar.*

(4) *Die registerführende Stelle hat die Erfassung oder Zuordnung von Immobilien zu berichtigen, wenn sie zu dem Ergebnis gelangt, dass die gemeldete Abweichung zutreffend ist.*

§ 24 Gebühren und Auslagen, Verordnungsermächtigung

(1) [1]Für die Führung des Transparenzregisters erhebt die registerführende Stelle von Vereinigungen nach § 20 und von Rechtsgestaltungen nach § 21 Gebühren. [2]Dies gilt auf Antrag nicht für Vereinigungen nach § 20, die einen steuerbegünstigten Zweck im Sinne der §§ 52 bis 54 der Abgabenordnung verfolgen und dies mittels einer Bescheinigung des zuständigen Finanzamtes gegenüber der registerführenden Stelle nachweisen. [3]Ein Nachweis nach Satz 2 ist nicht erforderlich, wenn im Antrag die Verfolgung der nach den §§ 52 bis 54 der Abgabenordnung steuerbegünstigten Zwecke versichert und das Einverständnis darüber erklärt werden, dass die registerführende Stelle beim zuständigen Finanzamt eine Bestätigung der Verfolgung dieser steuerbegünstigten Zwecke einholen darf. [4]Die registerführende Stelle erhebt keine Gebühren von Vereinigungen nach § 20, wenn sich die Verfolgung der nach den §§ 52 bis 54 der Abgabenordnung steuerbegünstigten Zwecke unmittelbar aus dem Zuwendungsempfängerregister nach § 60b der Abgabenordnung ergibt. [5]Die durch die Gebührenbefreiung entstehenden Mindereinnahmen werden der registerführenden Stelle durch den Bund erstattet.

(2) [1]Für die Einsichtnahme in die dem Transparenzregister nach § 20 Absatz 1 und § 21 mitgeteilten Daten und deren Übermittlung erhebt die registerführende Stelle zur Deckung des Verwaltungsaufwands Gebühren und Auslagen. [2]Dasselbe gilt für die Erstellung von Ausdrucken, Bestätigungen und Beglaubigungen nach § 18 Absatz 4. [3]Behörden, Gerichte und die in § 2 Absatz 4 genannte Stellen haben keine Gebühren und Auslagen nach den Sätzen 1 und 2 zu entrichten. [4]§ 8 Absatz 2 Satz 1 des Bundesgebührengesetzes ist nicht anzuwenden.

(2a) Für die Registrierung und Identifizierung von wirtschaftlich Berechtigten im Zusammenhang mit einem Antrag nach § 23 Absatz 6 erhebt die registerführende Stelle zur Deckung des Verwaltungsaufwands Gebühren und Auslagen von den Antragstellern nach § 23 Absatz 6.

(3) Das Bundesministerium der Finanzen wird ermächtigt, durch Rechtsverordnung, die nicht der Zustimmung des Bundesrates bedarf, Einzelheiten zu Folgendem näher zu regeln:

1. die gebührenpflichtigen Tatbestände,
2. die Gebührenschuldner,
3. die Gebührensätze nach festen Sätzen oder als Rahmengebühren,
4. die Auslagenerstattung und
5. das Verfahren für eine Gebührenbefreiung nach Absatz 1 Satz 2.

§ 25 Übertragung der Führung des Transparenzregisters, Verordnungsermächtigung

(1) Das Bundesministerium der Finanzen wird ermächtigt, durch Rechtsverordnung, die nicht der Zustimmung des Bundesrates bedarf, eine juristische Person des Privatrechts mit den Aufgaben der registerführenden Stelle und mit den hierfür erforderlichen Befugnissen zu beleihen.

(2) [1]Eine juristische Person des Privatrechts darf nur beliehen werden, wenn sie die Gewähr für die ordnungsgemäße Erfüllung der ihr übertragenen Aufgaben, insbesondere für den langfristigen und sicheren Betrieb des Transparenzregisters, bietet. [2]Sie bietet die notwendige Gewähr, wenn

1. die natürlichen Personen, die nach Gesetz, dem Gesellschaftsvertrag oder der Satzung die Geschäftsführung und Vertretung ausüben, zuverlässig und fachlich geeignet sind,
2. sie grundlegende Erfahrungen mit der Zugänglichmachung von registerrechtlichen Informationen, insbesondere von Handelsregisterdaten, Gesellschaftsbekanntmachungen und kapitalmarktrechtlichen Informationen, hat,
3. sie die zur Erfüllung ihrer Aufgaben notwendige Organisation sowie technische und finanzielle Ausstattung hat und
4. sie sicherstellt, dass sie die Vorschriften zum Schutz personenbezogener Daten einhält.

(3) [1]Die Dauer der Beleihung ist zu befristen. [2]Sie soll fünf Jahre nicht unterschreiten. [3]Die Möglichkeit, bei Vorliegen eines wichtigen Grundes die Beleihung vor Ablauf der Frist zu beenden, ist vorzusehen. [4]Haben die Voraussetzungen für die Beleihung nicht vorgelegen oder sind sie nachträglich entfallen, soll die Beleihung jederzeit beendet werden können. [5]Es ist sicherzustellen, dass mit Beendigung der Beleihung dem Bundesministerium der Finanzen oder einer von ihm bestimmten Stelle alle für den ordnungsgemäßen Weiterbetrieb des Transparenzregisters erforderlichen Softwareprogramme und Daten unverzüglich zur Verfügung gestellt werden und die Rechte an diesen Softwareprogrammen und an der für das Transparenzregister genutzten Internetadresse übertragen werden.

(4) [1]Der Beliehene ist berechtigt, das kleine Bundessiegel zu führen. [2]Es wird vom Bundesministerium der Finanzen zur Verfügung gestellt. [3]Das kleine Bundessiegel darf ausschließlich zur Beglaubigung von Ausdrucken aus dem Transparenzregister und zu Bestätigungen nach § 18 Absatz 4 genutzt werden.

(5) [1]Der Beliehene ist befugt, die Gebühren nach § 24 zu erheben. [2]Das Gebührenaufkommen steht ihm zu. [3]In der Rechtsverordnung kann das Bundesministerium der Finanzen die Vollstreckung der Gebührenbescheide dem Beliehenen übertragen sowie die Ausgestaltung der Erstattung nach § 24 Absatz 1 Satz 5 näher regeln.

(6) [1]Der Beliehene untersteht der Rechts- und Fachaufsicht durch das Bundesverwaltungsamt. [2]Das Bundesverwaltungsamt kann sich zur Wahrnehmung seiner Aufsichtstätigkeit jederzeit über die Angelegenheiten des Beliehenen unterrichten, insbesondere durch Einholung von Auskünften und Berichten sowie durch das Verlangen nach Vorlage von Aufzeichnungen aller Art, rechtswidrige Maßnahmen beanstanden sowie entsprechende Abhilfe verlangen. [3]Der Beliehene ist verpflichtet, den Weisungen des Bundesverwaltungsamts nachzukommen. [4]Dieses kann, wenn der Beliehene den Weisungen nicht oder nicht fristgerecht nachkommt, die erforderlichen Maßnahmen an Stelle und auf Kosten des Beliehenen selbst durchführen oder durch einen anderen durchführen lassen. [5]Die Bediensteten und sonstigen Beauftragten des Bundesverwaltungsamts sind befugt, zu den Betriebs- und Geschäftszeiten Betriebsstätten, Geschäfts- und Betriebsräume des Beliehenen zu betreten, zu besichtigen und zu prüfen, soweit dies zur Erfüllung ihrer Aufgaben erforderlich

ist. [6]Gegenstände oder geschäftliche Unterlagen können im erforderlichen Umfang eingesehen und in Verwahrung genommen werden.

(7) Für den Fall, dass keine juristische Person des Privatrechts beliehen wird, oder für den Fall, dass die Beleihung beendet wird, kann das Bundesministerium der Finanzen die Führung des Transparenzregisters auf eine Bundesoberbehörde in seinem Geschäftsbereich oder im Einvernehmen mit dem zuständigen Bundesministerium auf eine Bundesoberbehörde in dessen Geschäftsbereich übertragen.

§ 26 Europäisches System der Registervernetzung, Verordnungsermächtigung

(1) [1]Die in § 22 Absatz 1 Satz 1 Nummer 1 aufgeführten Daten sind, sofern sie Vereinigungen nach § 20 sowie Rechtsgestaltungen nach § 21 betreffen, über die durch Artikel 22 Absatz 1 der Richtlinie (EU) 2017/1132 des Europäischen Parlaments und des Rates vom 14. Juni 2017 über bestimmte Aspekte des Gesellschaftsrechts geschaffene zentrale Europäische Plattform zugänglich. [2]§ 23 Absatz 1 bis 3 gilt entsprechend. [3]Zur Zugänglichmachung über die zentrale Europäische Plattform übermittelt die registerführende Stelle die dem Transparenzregister nach § 20 Absatz 1 und § 21 mitgeteilten Daten sowie die nach Maßgabe der von der Europäischen Kommission gemäß Artikel 31a der Richtlinie (EU) 2018/843 erlassenen Durchführungsakte erforderlichen Daten sowie die Indexdaten nach § 22 Absatz 2 an die zentrale Europäische Plattform nach Artikel 22 Absatz 1 der Richtlinie (EU) 2017/1132 und Artikel 4a Absatz 1 der Richtlinie 2009/101/EG des Europäischen Parlaments und des Rates vom 16. September 2009 zur Koordinierung der Schutzbestimmungen, die in den Mitgliedstaaten den Gesellschaften im Sinne des Artikels 48 Absatz 2 des Vertrags im Interesse der Gesellschafter sowie Dritter vorgeschrieben sind, um diese Bestimmungen gleichwertig zu gestalten (ABl. L 258 vom 1.10.2009, S. 11), die zuletzt durch die Richtlinie 2013/24/EU (ABl. L 158 vom 10.6.2013, S. 365) geändert worden ist, sofern die Übermittlung für die Eröffnung eines Zugangs zu den Originaldaten über den Suchdienst auf der Internetseite der zentralen Europäischen Plattform erforderlich ist.

(2) [1]Das Transparenzregister ist mit den Registern anderer Mitgliedstaaten der Europäischen Union im Sinne von Artikel 22 Absatz 2 der Richtlinie (EU) 2017/1132 über die durch Artikel 22 Absatz 1 der Richtlinie (EU) 2017/1132 geschaffene zentrale Europäische Plattform zu vernetzen. [2]Die Vernetzung der Register der Mitgliedstaaten über die Plattform erfolgt nach Maßgabe der technischen Spezifikationen und Verfahren, die durch von der Europäischen Kommission gemäß Artikel 24 der Richtlinie (EU) 2017/1132 und Artikel 1 Nummer 17 der Richtlinie (EU) 2018/843 erlassene Durchführungsrechtsakte festgelegt werden.

(3) Daten nach § 22 Absatz 1 Satz 1, soweit sie Vereinigungen nach § 20 oder Rechtsgestaltungen nach § 21 betreffen, sind nach Abschluss der Abwicklung und, soweit sie registerlich geführt sind, nach Löschung im Register der juristischen Personen des Privatrechts, eingetragenen Personengesellschaften oder Rechtsgestaltungen noch für einen Zeitraum von mindestens fünf und höchstens zehn Jahren über das Transparenzregister und die durch Artikel 22 Absatz 1 der Richtlinie (EU) 2017/1132 geschaffene zentrale Europäische Plattform zugänglich.

(4) Das Bundesministerium der Finanzen wird im Benehmen mit dem Bundesministerium der Justiz und für Verbraucherschutz ermächtigt, durch Rechtsverordnung, die der Zustimmung des Bundesrates bedarf, die erforderlichen Bestimmungen über die Einzelheiten des elektronischen Datenverkehrs und seiner Abwicklung nach Absatz 1 einschließlich Vorgaben über Datenformate und Zahlungsmodalitäten zu treffen, soweit keine Regelungen in den von der Europäischen Kommission gemäß Artikel 24 der Richtlinie (EU) 2017/1132 und Artikel 31a der Richtlinie (EU) 2018/843 erlassenen Durchführungsrechtsakten enthalten sind.

§ 26a Abruf durch bestimmte Behörden

(1) Die registerführende Stelle übermittelt die erforderlichen Informationen aus dem Transparenzregister an

1. die Zentralstelle für Finanztransaktionsuntersuchungen für Zwecke nach § 28 Absatz 1 Satz 3 Nummer 2, 4 und 8,
2. die Strafverfolgungsbehörden für ihre Aufgabenerfüllung,
3. die Aufsichtsbehörden, soweit dies im Einzelfall für die Erfüllung ihrer Aufgaben nach § 51 erforderlich ist,
4. das Bundeszentralamt für Steuern und die örtlichen Finanzbehörden nach § 6 Absatz 2 Nummer 5 der Abgabenordnung, soweit dies im Einzelfall für die Erfüllung ihrer jeweiligen Aufgaben erforderlich ist,
5. die Verfassungsschutzbehörden des Bundes und der Länder, soweit dies im Einzelfall zur Erfüllung ihrer Aufgaben erforderlich ist,
6. das Zollkriminalamt, soweit dies im Einzelfall zur Erfüllung seiner Aufgaben nach § 4 Absatz 2 und 3 des Zollfahndungsdienstgesetzes erforderlich ist,
7. die nach § 13 des Außenwirtschaftsgesetzes zuständigen Behörden, soweit dies im Einzelfall zur Erfüllung ihrer Aufgaben erforderlich ist,
8. den Bundesnachrichtendienst, soweit dies erforderlich ist
   a) zur politischen Unterrichtung der Bundesregierung, wenn durch die Auskunft Informationen über das Ausland gewonnen werden können, die von außen- und sicherheitspolitischer Bedeutung für die Bundesrepublik Deutschland sind und zu deren Aufklärung das Bundeskanzleramt den Bundesnachrichtendienst beauftragt hat, oder
   b) zur Früherkennung von aus dem Ausland drohenden Gefahren von internationaler Bedeutung, wenn durch die Auskunft Erkenntnisse gewonnen werden können mit Bezug zu den in § 4 Absatz 3 Nummer 1 des BND-Gesetzes genannten Gefahrenbereichen oder zum Schutz der in § 4 Absatz 3 Nummer 2 und 3 des BND-Gesetzes genannten Rechtsgüter,
9. die Zentralstelle für Sanktionsdurchsetzung, soweit dies im Einzelfall zur Erfüllung ihrer Aufgaben erforderlich ist.

(2) [1]Die Übermittlung erfolgt im Wege des automatisierten Abrufs. [2]Die registerführende Stelle richtet für Abfragen nach Absatz 1 einen nach den Vorgaben der registerführenden Stelle ausgestalteten automatisierten Zugriff auf die im Transparenzregister gespeicherten Daten ein, der auch die Suche nach

1. wirtschaftlich Berechtigten einer Vereinigung nach § 20 oder einer Rechtsgestaltung nach § 21 über die Angaben „Name" und „Vorname" sowie zusätzlich „Geburtsdatum", „Wohnort" oder „Staatsangehörigkeit" des wirtschaftlich Berechtigten oder
2. Immobilien über alle Angaben nach § 19a

erlaubt. [3]§ 23 bleibt unberührt.

(3) Die beteiligten Stellen haben zu gewährleisten, dass für Abfragen nach Absatz 1 dem jeweiligen Stand der Technik entsprechende Maßnahmen zur Sicherstellung von Datenschutz und Datensicherheit getroffen werden, die insbesondere die Vertraulichkeit und Unversehrtheit der Daten gewährleisten.

Abschnitt 5
Zentralstelle für Finanztransaktionsuntersuchungen

§ 27 Zentrale Meldestelle

(1) Zentrale Meldestelle zur Verhinderung, Aufdeckung und Unterstützung bei der Bekämpfung von Geldwäsche und Terrorismusfinanzierung nach Artikel 32 Absatz 1 der Richtlinie (EU) 2015/849 ist die Zentralstelle für Finanztransaktionsuntersuchungen.

(2) Die Zentralstelle für Finanztransaktionsuntersuchungen ist organisatorisch eigenständig und arbeitet im Rahmen ihrer Aufgaben und Befugnisse fachlich unabhängig.

§ 28 Aufgaben, Aufsicht und Zusammenarbeit

(1) [1]Die Zentralstelle für Finanztransaktionsuntersuchungen hat die Aufgabe der Erhebung und Analyse von Informationen im Zusammenhang mit Geldwäsche oder Terrorismusfinanzierung und der Weitergabe dieser Informationen an die zuständigen inländischen öffentlichen Stellen zum Zwecke der Aufklärung, Verhinderung oder Verfolgung solcher Taten. [2]Bei der Wahrnehmung ihrer Aufgaben folgt die Zentralstelle für Finanztransaktionsuntersuchungen einem risikobasierten Ansatz. [3]Ihr obliegen in diesem Zusammenhang:

1. die Entgegennahme und Sammlung von Meldungen nach diesem Gesetz,
2. die Durchführung von operativen Analysen einschließlich der Bewertung von Meldungen und sonstigen Informationen,
3. der Informationsaustausch und die Koordinierung mit inländischen Aufsichtsbehörden,
4. die Zusammenarbeit und der Informationsaustausch mit zentralen Meldestellen anderer Staaten,
5. die Untersagung von Transaktionen und die Anordnung von sonstigen Sofortmaßnahmen,
6. die Übermittlung der sie betreffenden Ergebnisse der operativen Analyse nach Nummer 2 und zusätzlicher relevanter Informationen an die zuständigen inländischen öffentlichen Stellen,
7. die Rückmeldung an den Verpflichteten, der eine Meldung nach § 43 Absatz 1 abgegeben hat,
8. die Durchführung von strategischen Analysen und Erstellung von Berichten aufgrund dieser Analysen,
9. der Austausch mit den Verpflichteten sowie mit den inländischen Aufsichtsbehörden und für die Aufklärung, Verhinderung oder Verfolgung der Geldwäsche und der Terrorismusfinanzierung zuständigen inländischen öffentlichen Stellen insbesondere über entsprechende Typologien und Methoden,
10. die Erstellung von Statistiken zu den in Artikel 44 Absatz 2 der Richtlinie (EU) 2015/849 genannten Zahlen und Angaben und die Veröffentlichung einer konsolidierten Statistik auf Jahresbasis in einem Jahresbericht,
11. die Veröffentlichung eines Jahresberichts über die erfolgten operativen Analysen,
12. die Teilnahme an Treffen nationaler und internationaler Arbeitsgruppen und
13. die Wahrnehmung der Aufgaben, die ihr darüber hinaus nach anderen Bestimmungen übertragen worden sind.

(1a) [1]Bei Erfüllung der ihr nach Absatz 1 Satz 1 übertragenen Aufgabe wirkt die Zentralstelle für Finanztransaktionsuntersuchungen auch an der Feststellung von Geldern und wirtschaftlichen Ressourcen bestimmter Personen oder Personengesellschaften mit, die aufgrund eines im Amtsblatt der Europäischen Gemeinschaften oder der Europäischen Union veröffentlichten unmittelbar geltenden Rechtsaktes der Europäischen Gemeinschaften oder der Europäischen Union, die der Durchführung einer vom Rat der Europäischen Union im Bereich der Gemeinsamen Außen- und Sicherheitspolitik beschlossenen wirtschaftlichen Sanktionsmaßnahme dient, einer Verfügungsbeschränkung unterliegen. [2]Absatz 1 Satz 2 gilt entsprechend.

(2) [1]Die Zentralstelle für Finanztransaktionsuntersuchungen untersteht der Aufsicht des Bundesministeriums der Finanzen. [2]Bei der Wahrnehmung der Aufsicht ist die fachliche Unabhängigkeit der Zentralstelle für Finanztransaktionsuntersuchungen nach § 27 Absatz 2 zu berücksichtigen. [3]In den Fällen des Absatzes 1 Satz 3 Nummer 1, 2, 5 und 6 ist die Aufsicht auf die Rechtsaufsicht beschränkt.

(3) Die Zentralstelle für Finanztransaktionsuntersuchungen sowie die sonstigen für die Aufklärung, Verhütung und Verfolgung der Geldwäsche, Terrorismusfinanzierung und sonstiger Straftaten sowie die zur Gefahrenabwehr zuständigen inländischen öffentlichen Stellen und die inländischen Aufsichtsbehörden arbeiten zur Durchführung dieses Gesetzes zusammen und unterstützen sich gegenseitig.

(4) Die Zentralstelle für Finanztransaktionsuntersuchungen informiert, soweit erforderlich, die für das Besteuerungsverfahren oder den Schutz der sozialen Sicherungssysteme zuständigen Behörden über Sachverhalte, die ihr bei der Wahrnehmung ihrer Aufgaben bekannt werden und die sie nicht an eine andere zuständige staatliche Stelle übermittelt hat.

§ 28a Unterrichtung des Deutschen Bundestages

(1) Das Bundesministerium der Finanzen unterrichtet in Abständen von höchstens sechs Monaten ein Gremium des Deutschen Bundestages über die Erfüllung der Aufgaben der Zentralstelle für Finanztransaktionsuntersuchungen gemäß § 28 Absatz 1 und 1a.

(2) [1]Der Deutsche Bundestag bestimmt die Zahl der Mitglieder, die Zusammensetzung und die Arbeitsweise des Gremiums. [2]Das Bundesministerium der Finanzen und die Zentralstelle für Finanztransaktionsuntersuchungen sind ständig vertreten. [3]Das Gremium beschließt anlassbezogen über die Hinzuziehung weiterer Stellen, soweit deren gesetzliche Zuständigkeiten betroffen sind.

(3) [1]Die Mitglieder des Gremiums sind zur Geheimhaltung aller Angelegenheiten verpflichtet, die ihnen bei ihrer Tätigkeit bekannt geworden sind. [2]Dies gilt auch für die Vertreterinnen und Vertreter der hinzugezogenen weiteren Stellen.

§ 29 Verarbeitung personenbezogener Daten durch die Zentralstelle für Finanztransaktionsuntersuchungen

(1) Die Zentralstelle für Finanztransaktionsuntersuchungen darf personenbezogene Daten verarbeiten, die aufgrund dieses Gesetzes übermittelt, erhoben oder abgefragt werden, soweit dies zur Erfüllung ihrer Aufgaben erforderlich ist.

(2) Die Zentralstelle für Finanztransaktionsuntersuchungen darf personenbezogene Daten, die sie zur Erfüllung ihrer Aufgaben gespeichert hat, mit anderen Daten abgleichen, wenn dies nach diesem Gesetz oder nach einem anderen Gesetz zulässig ist.

(2a) [1]Die Zentralstelle für Finanztransaktionsuntersuchungen darf bei der Verarbeitung personenbezogener Daten nach Absatz 1 und beim Abgleich dieser personenbezogenen Daten mit anderen Daten nach Absatz 2 automatisierte Anwendungen zur Datenanalyse einsetzen

1. zur Risikobewertung nach § 30 Absatz 2 Satz 3,
2. bei der operativen Analyse nach § 28 Absatz 1 Satz 3 Nummer 2 und
3. bei der strategischen Analyse nach § 28 Absatz 1 Satz 3 Nummer 8

von Meldungen und sonstigen Informationen nach diesem Gesetz. [2]Folgende personenbezogene Daten dürfen in automatisierten Anwendungen zur Datenanalyse nach Satz 1 nicht verarbeitet werden:

1. Daten, die ursprünglich durch den Bundesnachrichtendienst, das Bundesamt für Verfassungsschutz, die Verfassungsschutzbehörden der Länder oder den Militärischen Abschirmdienst erhoben wurden;
2. Daten, die durch eine Maßnahme nach den §§ 100a, 100b, 100c, 100f, 100g, 100h, 100i, 100k Absatz 1 Satz 2, den §§ 110a, 163f der Strafprozessordnung oder aus vergleichbar schwerwiegenden Eingriffen in die informationelle Selbstbestimmung gewonnen wurden;
3. biometrische Daten.

[4]Folgende Datenarten dürfen mittels einer automatisierten Anwendung zur Datenanalyse verarbeitet werden: der Familienname, die Vornamen, frühere Namen, andere Namen, Aliaspersonalien,

F. Strafrecht und Geldwäsche

abweichende Namensschreibweisen, Name der juristischen Person, das Geschlecht, das Geburtsdatum, der Geburtsort, der Geburtsstaat, der Familienstand, die aktuellen und bisherigen Staatsangehörigkeiten, die gegenwärtigen und bisherigen Anschriften, die Nummer eines Legitimationsdokumentes einschließlich der ausstellenden öffentlichen Stelle, eigene oder jeweils genutzte Telekommunikationsanschlüsse sowie Adressen für elektronische Post, elektronische Adressen für neue Zahlungsmethoden (Wallet-Adressen), sonstige Angaben zur beruflichen Erreichbarkeit und Daten über die Geschäftsbeziehung gemäß § 1 Absatz 4 einer Person mit einem Verpflichteten nach § 2, insbesondere Daten eines bei einem Verpflichteten geführten Kontos. [5]Personenbezogene Daten aus allgemein zugänglichen Quellen dürfen nicht automatisiert in die Verarbeitung personenbezogener Daten in automatisierten Anwendungen zur Datenanalyse einbezogen werden.

(2b) [1]Durch den Einsatz automatisierter Anwendungen zur Datenanalyse nach Absatz 2a können Meldungen und sonstige Informationen im Datenbestand der Zentralstelle für Finanztransaktionsuntersuchungen dahingehend bewertet und identifiziert werden, ob relevante Anhaltspunkte bestehen, dass ein Vermögensgegenstand mit Geldwäsche, mit Terrorismusfinanzierung oder mit einer sonstigen Straftat im Zusammenhang steht. [2]Hierzu können Beziehungen zwischen Personen, Personengruppierungen, Institutionen, Organisationen, Objekten und Sachen hergestellt, unbedeutende Informationen und Erkenntnisse ausgeschlossen und die eingehenden Erkenntnisse bekannten Sachverhalten zugeordnet werden. [3]Hierzu werden die von den Verpflichteten bei der Abgabe einer Meldung anzugebenden Informationen und sonstige Informationen im Datenbestand der Zentralstelle für Finanztransaktionsuntersuchungen mit den Parametern für die Risikobewertung nach § 30 Absatz 2 Satz 2 bis 8 oder Parametern für die operative und strategische Analyse automatisiert auf Beziehungen und mögliche Übereinstimmungen abgeglichen. [4]Selbstlernende und automatisierte Systeme, die eigenständig Gefährlichkeitsaussagen über Personen treffen können, sind unzulässig.

(2c) Die Zentralstelle für Finanztransaktionsuntersuchungen darf zur Erfüllung ihrer Aufgaben nach diesem Gesetz Informationen nach § 28 Absatz 1 Satz 3 Nummer 2 erheben, verarbeiten und mit anderen Daten abgleichen.

(3) Die Zentralstelle für Finanztransaktionsuntersuchungen darf personenbezogene Daten, die bei ihr vorhanden sind, zu Fortbildungszwecken oder zu statistischen Zwecken verarbeiten, soweit eine Verarbeitung anonymisierter Daten zu diesen Zwecken nicht möglich ist.

(4) Die Zentralstelle für Finanztransaktionsuntersuchungen darf personenbezogene Daten, die bei ihr vorhanden sind, verarbeiten, um den Einsatz automatisierter Anwendungen zur Datenanalyse vorzubereiten, die sie zur Erfüllung ihrer Aufgaben nach diesem Gesetz einsetzt.

(5) [1]Die Zentralstelle für Finanztransaktionsuntersuchungen stellt durch organisatorische und technische Maßnahmen sicher, dass Daten nur gemäß ihrer rechtlichen Verwendbarkeit verarbeitet werden. [2]Hierbei sind auch Begrenzungen der Zugriffsmöglichkeiten auf die automatisierten Anwendungen zur Datenanalyse vorzusehen.

(6) Die Zentralstelle für Finanztransaktionsuntersuchungen stellt durch Schulungen sicher, dass das eingesetzte Personal mit den geltenden europäischen und nationalen Datenschutzbestimmungen vertraut ist.

(7) [1]Die oder der Bundesbeauftragte für den Datenschutz und die Informationsfreiheit führt mindestens alle zwei Jahre Kontrollen der Datenverarbeitung im Zusammenhang mit der Verarbeitung von personenbezogenen Daten nach Absatz 1 durch. [2]Diese Kontrollen erfolgen unbeschadet ihrer oder seiner in § 14 des Bundesdatenschutzgesetzes genannten Aufgaben.

(8) Sofern die oder der Bundesbeauftragte für den Datenschutz und die Informationsfreiheit Verstöße nach § 16 Absatz 2 des Bundesdatenschutzgesetzes beanstandet hat, kann sie oder er geeignete Maßnahmen anordnen, wenn dies zur Beseitigung eines erheblichen Verstoßes gegen datenschutzrechtliche Vorschriften erforderlich ist.

§ 30 Analyse von Meldungen und Informationen

(1) Die Zentralstelle für Finanztransaktionsuntersuchungen hat zur Erfüllung ihrer Aufgaben folgende Meldungen und Informationen entgegenzunehmen und zu verarbeiten:

1. Meldungen von Verpflichteten nach § 43 sowie Meldungen von Aufsichtsbehörden nach § 44,
2. Mitteilungen von Finanzbehörden nach § 31b der Abgabenordnung,
3. Informationen, die ihr übermittelt werden
   a) nach Artikel 5 Absatz 1 der Verordnung (EG) Nr. 1889/2005 des Europäischen Parlaments und des Rates vom 26. Oktober 2005 über die Überwachung von Barmitteln, die in die Gemeinschaft oder aus der Gemeinschaft verbracht werden (ABl. L 309 vom 25.11.2005, S. 9), und
   b) nach § 12a des Zollverwaltungsgesetzes, und
4. sonstige Informationen aus öffentlichen und nicht öffentlichen Quellen im Rahmen ihres Aufgabenbereiches.

(2) [1]Die Zentralstelle für Finanztransaktionsuntersuchungen analysiert verdächtige Transaktionen und sonstige Informationen, die im Hinblick auf Geldwäsche, damit zusammenhängende Vortaten oder Terrorismusfinanzierung von Belang sind, mit dem Ziel der Verhinderung, Aufdeckung und Unterstützung bei der Bekämpfung von Geldwäsche und Terrorismusfinanzierung. [2]Art und Umfang der Analyse haben sich am Risiko der Geldwäsche oder Terrorismusfinanzierung zu orientieren. [3]Für die risikogerechte Identifikation relevanter Meldungen und Informationen kann die Zentralstelle für Finanztransaktionsuntersuchungen automatisierte Anwendungen zur Datenanalyse nach § 29 Absatz 2a (Risikobewertungssysteme) einsetzen. [4]Dabei soll auch der Grundsatz der Wirtschaftlichkeit der Verwaltung berücksichtigt werden. [5]Die Übermittlung von Sachverhalten nach § 32 Absatz 2 Satz 1 wird durch einen Amtsträger veranlasst. [6]Die Risikobewertungssysteme sind regelmäßig auf ihre Zielerfüllung einschließlich einer Zufallsauswahl zu überprüfen. [7]Die Zentralstelle für Finanztransaktionsuntersuchungen legt die Parameter der Prüfung in automatisierten Anwendungen zur Datenanalyse nach § 29 Absatz 2a Satz 1 Nummer 1 im Benehmen mit Vertretern der Strafverfolgungsbehörden, des Bundesamtes für Verfassungsschutz, des Bundesnachrichtendienstes und des Militärischen Abschirmdienstes des Bundesministeriums der Verteidigung fest. [8]Die Zentralstelle für Finanztransaktionsuntersuchungen kann hierbei über die Analysepflicht nach Satz 1 hinaus Parameter für die Identifikation von Meldungen und Informationen, die im Hinblick auf sonstige Straftaten von Belang sind, berücksichtigen. [9]Für die Bereiche Inneres, Justiz und Finanzen bestimmt das jeweils zuständige Landesministerium oder die jeweils zuständige Senatsverwaltung die Vertreter der Strafverfolgungsbehörden des jeweiligen Landes, für den Generalbundesanwalt beim Bundesgerichtshof das Bundesministerium der Justiz. [10]Einzelheiten der Risikobewertungssysteme dürfen nicht veröffentlicht werden, soweit die Veröffentlichung die gesetzliche Aufgabenerfüllung der Zentralstelle für Finanztransaktionsuntersuchungen, der Strafverfolgungsbehörden, des Bundesamtes für Verfassungsschutz, des Bundesnachrichtendienstes oder des Militärischen Abschirmdienstes des Bundesministeriums der Verteidigung gefährden könnte.

(2a) Die Zentralstelle für Finanztransaktionsuntersuchungen ist befugt, unabhängig vom Vorliegen einer Meldung nach den §§ 43 und 44 Analysen durchzuführen, soweit dies zur Erfüllung ihrer Aufgaben erforderlich ist.

(3) [1]Die Zentralstelle für Finanztransaktionsuntersuchungen kann unabhängig vom Vorliegen einer Meldung Informationen von Verpflichteten einholen, soweit dies zur Erfüllung ihrer Aufgaben erforderlich ist. [2]Zur Beantwortung ihres Auskunftsverlangens gewährt sie dem Verpflichteten eine angemessene Frist. [3]Verpflichtete nach § 2 Absatz 1 Nummer 10 und 12 können die Auskunft verweigern, soweit sich das Auskunftsverlangen auf Informationen bezieht, die sie im Rahmen der Rechtsberatung oder der Prozessvertretung des Vertragspartners erhalten haben. [4]Die Auskunftspflicht bleibt jedoch bestehen, wenn der Verpflichtete weiß, dass der Vertragspartner die Rechtsbe-

ratung für den Zweck der Geldwäsche oder der Terrorismusfinanzierung in Anspruch genommen hat oder nimmt.

§ 31 Auskunftsrecht gegenüber inländischen öffentlichen Stellen, Datenzugriffsrecht, Verordnungsermächtigung

(1) [1]Die Zentralstelle für Finanztransaktionsuntersuchungen kann, soweit es zur Erfüllung ihrer Aufgaben erforderlich ist, bei inländischen öffentlichen Stellen Daten erheben; zu den inländischen öffentlichen Stellen zählt auch die inländische benannte Behörde im Sinne des Artikel 3 Absatz 2 der Richtlinie (EU) 2019/1153. [2]Die inländischen öffentlichen Stellen erteilen der Zentralstelle für Finanztransaktionsuntersuchungen zur Erfüllung von deren Aufgaben auf deren Ersuchen Auskunft, soweit der Auskunft keine in diesem oder in anderen Gesetzen geregelten Übermittlungsbeschränkungen entgegenstehen.

(2) [1]Die Anfragen sind von der inländischen öffentlichen Stelle unverzüglich zu beantworten. [2]Daten, die mit der Anfrage im Zusammenhang stehen, sind zur Verfügung zu stellen.

(3) [1]Die Zentralstelle für Finanztransaktionsuntersuchungen soll ein automatisiertes Verfahren für die Übermittlung personenbezogener Daten, die bei anderen inländischen öffentlichen Stellen gespeichert sind und zu deren Erhalt die Zentralstelle für Finanztransaktionsuntersuchungen gesetzlich berechtigt ist, durch Abruf einrichten, soweit gesetzlich nichts anderes bestimmt ist und diese Form der Datenübermittlung unter Berücksichtigung der schutzwürdigen Interessen der betroffenen Personen wegen der Vielzahl der Übermittlungen oder wegen ihrer besonderen Eilbedürftigkeit angemessen ist. [2]Zur Kontrolle der Zulässigkeit des automatisierten Abrufverfahrens hat die Zentralstelle für Finanztransaktionsuntersuchungen schriftlich festzulegen:

1. den Anlass und den Zweck des Abgleich- oder Abrufverfahrens,
2. die Dritten, an die übermittelt wird,
3. die Art der zu übermittelnden Daten und
4. die technischen und organisatorischen Maßnahmen zur Gewährleistung des Datenschutzes.

(4) [1]Die Zentralstelle für Finanztransaktionsuntersuchungen ist berechtigt, soweit dies zur Erfüllung ihrer Aufgaben nach § 28 Absatz 1 Satz 3 Nummer 2 erforderlich ist, die in ihrem Informationssystem gespeicherten, personenbezogenen Daten mit den im polizeilichen Informationsverbund nach § 29 Absatz 1 und 2 des Bundeskriminalamtgesetzes enthaltenen, personenbezogenen Daten automatisiert abzugleichen. [2]Wird im Zuge des Abgleichs nach Satz 1 eine Übereinstimmung übermittelter Daten mit im polizeilichen Informationsverbund gespeicherten Daten festgestellt, so erhält die Zentralstelle für Finanztransaktionsuntersuchungen automatisiert die Information über das Vorliegen eines Treffers und ist berechtigt, die dazu im polizeilichen Informationsverbund vorhandenen Daten automatisiert abzurufen. [3]Haben die Teilnehmer am polizeilichen Informationsverbund Daten als besonders schutzwürdig eingestuft und aus diesem Grund einen Datenabruf der Zentralstelle für Finanztransaktionsuntersuchungen nach Satz 2 ausgeschlossen, erhält der datenbesitzende Teilnehmer am polizeilichen Informationsverbund automatisiert die Information über das Vorliegen eines Treffers. [4]Zugleich erhält die Zentralstelle für Finanztransaktionsuntersuchungen in den Fällen nach Satz 3 die Information über das Vorliegen eines Treffers sowie die Information, wer datenbesitzender Teilnehmer am polizeilichen Informationsverbund ist. [5]Bei Information über das Vorliegen eines Treffers nach Satz 3 obliegt es dem jeweiligen datenbesitzenden Teilnehmer des polizeilichen Informationsverbunds, mit der Zentralstelle für Finanztransaktionsuntersuchungen unverzüglich Kontakt aufzunehmen und ihr die Daten zu übermitteln, soweit dem keine Übermittlungsbeschränkungen entgegenstehen. [6]Die Regelungen der Sätze 1 bis 5 gehen der Regelung des § 29 Absatz 8 des Bundeskriminalamtgesetzes vor. [7]Die Einrichtung eines weitergehenden automatisierten Abrufverfahrens für die Zentralstelle für Finanztransaktionsuntersuchungen ist mit Zustimmung des Bundesministeriums des Innern, für Bau und Heimat, des Bundesministeriums der Finanzen und der Innenministerien und Senatsinnenverwaltungen der Länder zulässig, soweit diese Form der Datenübermittlung unter Berücksichtigung der schutz-

würdigen Interessen der Betroffenen wegen der Vielzahl der Übermittlungen oder wegen der besonderen Eilbedürftigkeit angemessen ist.

(4a) [1]Die Zentralstelle für Finanztransaktionsuntersuchungen ist berechtigt, soweit dies zur Erfüllung ihrer Aufgaben nach § 28 Absatz 1 Satz 3 Nummer 2 erforderlich ist, unter Angabe des Vornamens, des Nachnamens sowie zusätzlich des Geburtsdatums, des Geburtsortes oder der letzten bekannten Anschrift einer natürlichen Person Auskunft aus dem Zentralen Staatsanwaltschaftlichen Verfahrensregister automatisiert einzuholen. [2]Wird im Zuge der Auskunftseinholung nach Satz 1 eine Übereinstimmung übermittelter Daten mit den im Zentralen Staatsanwaltschaftlichen Verfahrensregister gespeicherten Daten festgestellt, so erhält die Zentralstelle für Finanztransaktionsuntersuchungen automatisiert die Information über das Vorliegen eines Treffers und ist berechtigt, die dazu im Zentralen Staatsanwaltschaftlichen Verfahrensregister vorhandenen Daten automatisiert abzurufen. [3]Die aus dem Zentralen Staatsanwaltschaftlichen Verfahrensregister erhobenen personenbezogenen Daten dürfen nur für die Zwecke der operativen Analyse verwendet werden.

(5) [1]Finanzbehörden erteilen der Zentralstelle für Finanztransaktionsuntersuchungen nach Maßgabe des § 31b Absatz 1 Nummer 5 der Abgabenordnung Auskunft und teilen ihr nach § 31b Absatz 2 der Abgabenordnung die dort genannten Informationen mit. [2]Die Zentralstelle für Finanztransaktionsuntersuchungen darf zur Wahrnehmung ihrer Aufgaben nach § 28 Absatz 1 Satz 3 Nummer 2 folgende, nach § 30 der Abgabenordnung dem Steuergeheimnis unterliegende Daten im automatisierten Verfahren abrufen, soweit aufgrund der Analyse einer Meldung, Mitteilung oder Information nach § 30 Absatz 1 vorliegender Tatsachen diese Daten für die weitere Analyse erforderlich sind:

1. beim Bundeszentralamt für Steuern die nach § 5 Absatz 1 Nummer 13 des Finanzverwaltungsgesetzes vorgehaltenen Daten,
2. bei den Landesfinanzbehörden die zu einem Steuerpflichtigen gespeicherten Grundinformationen, die die Steuernummer, die Gewerbekennzahl, die Grund- und Zusatzkennbuchstaben, die Bankverbindung, die vergebene Umsatzsteuer-Identifikationsnummer, sowie das zuständige Finanzamt umfassen.

[3]Bei Abrufen nach Satz 2 sind hinsichtlich natürlicher Personen der Vorname, der Nachname und die Anschrift oder das Geburtsdatum, hinsichtlich juristischer Personen und Personenvereinigungen der Name oder die Firma sowie der Ort der Geschäftsleitung oder des Sitzes anzugeben. [4]Die Verantwortung für die Zulässigkeit eines Datenabrufs nach Satz 2 trägt die Zentralstelle für Finanztransaktionsuntersuchungen. [5]Die Zentralstelle für Finanztransaktionsuntersuchungen prüft unverzüglich, inwieweit sie die als Antwort übermittelten Daten im konkreten Einzelfall benötigt; nicht benötigte Daten löscht sie unverzüglich. [6]Wird das Ergebnis der Analyse nicht nach § 32 Absatz 2 Satz 1 an die zuständige Strafverfolgungsbehörde übermittelt, werden die nach den Sätzen 1 und 2 erhobenen Daten unverzüglich gelöscht. [7]Im Übrigen gilt für die Verarbeitung der Daten, die die Zentralstelle für Finanztransaktionsuntersuchungen nach Satz 1 oder Satz 2 erhält, § 29 Absatz 1; eine Übermittlung der nach den Sätzen 1 oder 2 erhobenen Daten an die für Verfahren im Sinne des § 32 Absatz 3 Satz 2 Nummer 2 und 3 zuständigen Stellen ist nicht zulässig. [8]Soweit zu befürchten ist, dass ein Datenabruf nach Satz 2 Nummer 1 den Untersuchungszweck eines Ermittlungsverfahrens im Sinne des § 30 Absatz 2 Nummer 1 Buchstabe b der Abgabenordnung gefährdet, so kann die für dieses Verfahren zuständige Finanzbehörde oder die zuständige Staatsanwaltschaft anordnen, dass kein Datenabruf nach Satz 2 erfolgen darf. [9]§ 480 Absatz 1 Satz 1 und 2 der Strafprozessordnung findet Anwendung, soweit die Daten Verfahren betreffen, die zu einem Strafverfahren geführt haben. [10]Weitere Einzelheiten des Abrufverfahrens nach Satz 2, insbesondere zu den technischen Formaten der abrufbaren Daten, zur Erteilung und zum Umfang der Abrufberechtigungen, zur Protokollierung und zur Prüfung der Abrufe und sonstiger datenschutzrechtlich erforderlicher technischer und organisatorischer Maßnahmen, regelt eine Rechtsverordnung des Bundesministeriums der Finanzen im Einvernehmen mit dem Bundesministerium der Justiz und für Verbraucherschutz, die der Zustimmung des Bundesrates bedarf. [11]Ein Abruf anderer als der in Satz 2 genannten Daten, die bei den Finanzbehörden gespeichert sind und die nach § 30 der Abga-

benordnung dem Steuergeheimnis unterliegen, durch die Zentralstelle für Finanztransaktionsuntersuchungen ist nur zulässig, soweit dies nach § 31b der Abgabenordnung oder sonst in den Steuergesetzen zugelassen ist. [12]Abweichend von den Sätzen 2 bis 9 findet für den Abruf von Daten, die bei den Finanzbehörden der Zollverwaltung gespeichert sind und für deren Erhalt die Zentralstelle für Finanztransaktionsuntersuchungen die gesetzliche Berechtigung hat, Absatz 3 Anwendung.

(5a) [1]Wird von der Verordnungsermächtigung des § 22a des Grunderwerbsteuergesetzes zur elektronischen Übermittlung der Anzeige im Sinne des § 18 des Grunderwerbsteuergesetzes Gebrauch gemacht, darf die Zentralstelle für Finanztransaktionsuntersuchungen unter den Voraussetzungen des Absatzes 5 Satz 2 bei den Landesfinanzbehörden die dort hierzu eingegangenen Datensätze erheben und in sonstiger Weise verarbeiten, soweit Tatsachen die Annahme rechtfertigen, dass die Transaktion einen Zusammenhang mit einem nach § 18 Absatz 1 Satz 1 des Grunderwerbsteuergesetzes anzuzeigenden Vorgang aufweist. [2]Absatz 5 Satz 3 bis 5, 7 und 10 gilt entsprechend.

(6) [1]Verpflichtete nach § 2 Absatz 1 Nummer 1 haben das nach § 24c Absatz 1 des Kreditwesengesetzes zu führende Dateisystem auch für Abrufe der Zentralstelle für Finanztransaktionsuntersuchungen zu führen. [2]Entsprechendes gilt für Verpflichtete nach § 2 Absatz 1 Nummer 3 in Bezug auf das nach § 27 des Zahlungsdiensteaufsichtsgesetzes zu führende Dateisystem sowie für Verpflichtete nach § 2 Absatz 1 Nummer 9 in Bezug auf das nach § 28 des Kapitalanlagegesetzbuchs zu führende Dateisystem. [3]Die Zentralstelle für Finanztransaktionen darf zur Erfüllung ihrer Aufgaben Daten aus diesen Dateisystemen im automatisierten Verfahren abrufen. [4]§ 24c Absatz 4 bis 8 des Kreditwesengesetzes gilt entsprechend.

(7) [1]Soweit zur Überprüfung der Personalien des Betroffenen erforderlich, darf die Zentralstelle für Finanztransaktionsuntersuchungen im automatisierten Abrufverfahren nach den §§ 34a und 38 des Bundesmeldegesetzes über die in § 34 Absatz 1 Satz 1 des Bundesmeldegesetzes aufgeführten Daten hinaus folgende Daten abrufen:

1. Ausstellungsbehörde, Ausstellungsdatum, Gültigkeitsdauer, Seriennummer des Personalausweises, vorläufigen Personalausweises oder Ersatzpersonalausweises, des anerkannten Passes oder Passersatzpapiers,
2. Tatsachen zu den Pass- und Ausweisdaten nach § 3 Absatz 2 Nummer 4 des Bundesmeldegesetzes sowie
3. Daten zum Wohnungsgeber nach § 3 Absatz 2 Nummer 10 des Bundesmeldegesetzes.

[2]Entsprechendes gilt, soweit konkrete Anhaltspunkte dafür bestehen, dass dies zur Erfüllung der Aufgaben nach § 28 Absatz 1 Satz 3 Nummer 2 erforderlich ist. [3]In den Fällen des Satzes 2 sind die nach Satz 1 abgerufenen Daten unverzüglich zu löschen, wenn sich nach Abschluss der operativen Analyse ergibt, dass die Voraussetzungen für eine Übermittlung nach § 32 Absatz 2 Satz 1 nicht vorliegen.

§ 32 Datenübermittlungsverpflichtung an inländische öffentliche Stellen

(1) Meldungen nach § 43 Absatz 1, § 44 sind von der Zentralstelle für Finanztransaktionsuntersuchungen unverzüglich an das Bundesamt für Verfassungsschutz zu übermitteln, soweit tatsächliche Anhaltspunkte dafür bestehen, dass die Übermittlung dieser Informationen für die Erfüllung der Aufgaben des Bundesamtes für Verfassungsschutz erforderlich ist.

(2) [1]Stellt die Zentralstelle für Finanztransaktionsuntersuchungen bei der operativen Analyse fest, dass ein Vermögensgegenstand mit Geldwäsche, mit Terrorismusfinanzierung oder mit einer sonstigen Straftat im Zusammenhang steht, übermittelt sie das Ergebnis ihrer Analyse sowie alle sachdienlichen Informationen unverzüglich an die zuständigen Strafverfolgungsbehörden. [2]Die in Satz 1 genannten Informationen sind außerdem an den Bundesnachrichtendienst zu übermitteln, soweit tatsächliche Anhaltspunkte vorliegen, dass diese Übermittlung für die Erfüllung der Aufgaben des Bundesnachrichtendienstes erforderlich ist. [3]Im Fall von Absatz 1 übermittelt die Zentralstelle für Finanztransaktionsuntersuchungen außerdem dem Bundesamt für Verfassungsschutz

zu der zuvor übermittelten Meldung auch das entsprechende Ergebnis ihrer operativen Analyse sowie alle sachdienlichen Informationen. [4]Anstelle der Übermittlung an die zuständigen Strafverfolgungsbehörden nach Satz 1 kann die Zentralstelle für Finanztransaktionsuntersuchungen die Informationen zu sonstigen Straftaten zum automatisierten Datenabruf nach Absatz 4 bereitstellen.

(3) [1]Die Zentralstelle für Finanztransaktionsuntersuchungen übermittelt von Amts wegen oder auf Ersuchen Daten aus Finanzinformationen und Finanzanalysen, auch soweit sie personenbezogene Daten enthalten, an die Strafverfolgungsbehörden, das Bundesamt für Verfassungsschutz, den Bundesnachrichtendienst oder den Militärischen Abschirmdienst des Bundesministeriums der Verteidigung, soweit dies erforderlich ist für

1. die Aufklärung von Geldwäsche und Terrorismusfinanzierung oder die Durchführung von diesbezüglichen Strafverfahren oder
2. die Aufklärung sonstiger Gefahren und die Durchführung von anderen, nicht von Nummer 1 erfassten Strafverfahren.

[2]Die Zentralstelle für Finanztransaktionsuntersuchungen übermittelt von Amts wegen oder auf Ersuchen Daten aus Finanzinformationen und Finanzanalysen, auch soweit sie personenbezogene Daten enthalten, an andere als in Satz 1 benannte, zuständige inländische öffentliche Stellen, soweit dies erforderlich ist für

1. Besteuerungsverfahren,
2. Verfahren zum Schutz der sozialen Sicherungssysteme oder
3. die Aufgabenwahrnehmung der Aufsichtsbehörden.

(3a) Die Zentralstelle für Finanztransaktionsuntersuchungen übermittelt auf Ersuchen unverzüglich Daten aus Finanzinformationen und Finanzanalysen, auch soweit sie personenbezogene Daten enthalten, an die inländische benannte Behörde im Sinne des Artikel 3 Absatz 2 der Richtlinie (EU) 2019/1153, soweit dies zur Erfüllung ihrer gesetzlichen Aufgaben bei der Verhinderung oder Verfolgung und Ahndung schwerer Straftaten im Sinne des Anhangs I der VO (EU) 2016/794 erforderlich ist.

(3b) Die Zentralstelle für Finanztransaktionsuntersuchungen übermittelt darüber hinaus von Amts wegen oder auf Ersuchen unverzüglich Daten aus Finanzinformationen und Finanzanalysen, auch soweit sie personenbezogene Daten enthalten, an die zuständigen inländischen öffentlichen Stellen, soweit dies für die Überwachung der Einhaltung von durch den Rat der Europäischen Union im Bereich der Gemeinsamen Außen- und Sicherheitspolitik beschlossenen wirtschaftlichen Sanktionsmaßnahmen erforderlich ist.

(4) [1]In den Fällen des Absatzes 3 Satz 1 Nummer 1 und 2 sind die Strafverfolgungsbehörden und das Bundesamt für Verfassungsschutz sowie die inländische benannte Behörde im Sinne des Artikel 3 Absatz 2 der Richtlinie (EU) 2019/1153 berechtigt, die Daten zur Erfüllung ihrer Aufgaben automatisiert bei der Zentralstelle für Finanztransaktionsuntersuchungen abzurufen, soweit dem keine Übermittlungsbeschränkungen entgegenstehen. [2]Zur Kontrolle der Zulässigkeit des automatisierten Abrufverfahrens hat die abrufende Behörde schriftlich festzulegen:

1. den Anlass und den Zweck des Abrufverfahrens,
2. die Dritten, an die übermittelt wird,
3. die Art der zu übermittelnden Daten und
4. die technischen und organisatorischen Maßnahmen zur Gewährleistung des Datenschutzes.

(5) [1]Die Übermittlung nach den Absätzen 3 bis 3b unterbleibt, soweit

1. sich die Bereitstellung der Daten negativ auf den Erfolg laufender Ermittlungen oder Analysen der zuständigen inländischen öffentlichen Stellen auswirken könnte oder
2. die Weitergabe der Daten unverhältnismäßig wäre.

[2]In den Fällen des Absatzes 3a begründet die Zentralstelle für Finanztransaktionsuntersuchungen das Unterbleiben einer Übermittlung gegenüber der ersuchenden Stelle. [3]Soweit ein Abruf nach Absatz 4 zu Daten erfolgt, zu denen Übermittlungsbeschränkungen dem automatisierten Abruf grundsätzlich entgegenstehen, wird die Zentralstelle für Finanztransaktionsuntersuchungen automatisiert durch Übermittlung aller Anfragedaten über die Abfrage unterrichtet. [4]Ihr obliegt es in diesem Fall, unverzüglich mit der anfragenden Behörde Kontakt aufzunehmen, um im Einzelfall zu klären, ob Erkenntnisse nach Absatz 3 übermittelt werden können.

(6) [1]Falls die Strafverfolgungsbehörde ein Strafverfahren aufgrund eines nach Absatz 2 übermittelten Sachverhalts eingeleitet hat, teilt sie den Sachverhalt zusammen mit den zugrunde liegenden Tatsachen der zuständigen Finanzbehörde mit, wenn eine Transaktion festgestellt wird, die für die Finanzverwaltung für die Einleitung oder Durchführung von Besteuerungs- oder Steuerstrafverfahren Bedeutung haben könnte. [2]Zieht die Strafverfolgungsbehörde im Strafverfahren Aufzeichnungen nach § 11 Absatz 1 heran, dürfen auch diese der Finanzbehörde übermittelt werden. [3]Die Mitteilungen und Aufzeichnungen dürfen für Besteuerungsverfahren und für Strafverfahren wegen Steuerstraftaten verwendet werden.

(7) [1]Der Empfänger darf die ihm übermittelten personenbezogenen Daten nur zu dem Zweck verwenden, zu dem sie ihm übermittelt worden sind. [2]Eine Verwendung für andere Zwecke ist zulässig, soweit die Daten auch dafür hätten übermittelt werden dürfen. [3]Im Falle einer Übermittlung nach Absatz 3a ist eine Verwendung für andere Zwecke zulässig, soweit die Daten auch dafür hätten übermittelt werden dürfen und die Zentralstelle für Finanztransaktionsuntersuchungen dieser Verwendung zuvor zugestimmt hat.

§ 32a Datenübermittlung an Europol

(1) [1]Die Zentralstelle für Finanztransaktionsuntersuchungen ist befugt, auf ordnungsgemäß begründete Ersuchen von Europol Finanzinformationen und Finanzanalysen, auch soweit sie personenbezogene Daten enthalten, zu übermitteln, soweit dies in einem Einzelfall im Rahmen der Zuständigkeiten von Europol und zur Erfüllung der Aufgaben von Europol gemäß Artikel 4 der Verordnung (EU) 2016/794 erforderlich und nach Artikel 18 der Verordnung (EU) 2016/794 zulässig ist. [2]Sie übermittelt diese Informationen zeitnah über das Bundeskriminalamt in seiner Aufgabe als nationale Stelle nach § 1 Nummer 1 des Europol-Gesetzes.

(2) [1]Die Übermittlung kann verweigert werden, soweit

1. sich die Bereitstellung der Daten negativ auf den Erfolg laufender Ermittlungen oder Analysen der zuständigen inländischen öffentlichen Stellen auswirken könnte oder
2. die Weitergabe der Daten unverhältnismäßig wäre oder
3. die angeforderten Finanzinformationen und Finanzanalysen Daten enthalten, die von einer zentralen Meldestelle eines ausländischen Staates übermittelt wurden und diese einer Weiterübermittlung nicht zugestimmt hat, es sei denn, die Informationen stammen aus öffentlich zugänglichen Quellen.

[2]Sie unterbleibt darüber hinaus in den in Artikel 7 Absatz 7 der Verordnung (EU) 2016/794 genannten Fällen.

(3) Die Zentralstelle für Finanztransaktionsuntersuchungen hat die Verweigerung einer Übermittlung gegenüber Europol zu begründen.

(4) [1]Die Übermittlung ist mit der Bedingung zu verbinden, dass Europol die ihm übermittelten personenbezogenen Daten nur zu dem Zweck verwenden darf, zu dem sie ihm übermittelt worden sind. [2]Eine Verwendung zu anderen Zwecken bedarf der Zustimmung der Zentralstelle für Finanztransaktionsuntersuchungen.

§ 33 Datenaustausch mit Mitgliedstaaten der Europäischen Union

(1) [1]Der Datenaustausch mit den für die Verhinderung, Aufdeckung und Bekämpfung von Geldwäsche und von Terrorismusfinanzierung zuständigen zentralen Meldestellen anderer Mitgliedstaaten der Europäischen Union ist unabhängig von der Art der Vortat der Geldwäsche und auch dann, wenn die Art der Vortat nicht feststeht, zu gewährleisten. [2]Insbesondere steht eine im Einzelfall abweichende Definition der Steuerstraftaten, die nach nationalem Recht eine taugliche Vortat zur Geldwäsche sein können, einem Informationsaustausch mit zentralen Meldestellen anderer Mitgliedstaaten der Europäischen Union nicht entgegen. [3]Geht bei der Zentralstelle für Finanztransaktionsuntersuchungen eine Meldung nach § 43 Absatz 1 ein, die die Zuständigkeit eines anderen Mitgliedstaates betrifft, so leitet sie diese Meldung umgehend an die zentrale Meldestelle des betreffenden Mitgliedstaates weiter. [4]Hierzu kann die Zentralstelle für Finanztransaktionsuntersuchungen mit den Zentralstellen anderer Mitgliedstaaten ein System zur verschlüsselten automatisierten Weiterleitung einrichten und betreiben.

(2) [1]Für die Übermittlung der Daten gelten die Vorschriften über die Datenübermittlung im internationalen Bereich nach § 35 Absatz 2 bis 6 entsprechend. [2]§ 35 Absatz 2 gilt mit der Maßgabe, dass die Zentralstelle für Finanztransaktionsuntersuchungen bei der Beantwortung eines Auskunftsersuchens die ihr nach diesem Gesetz zur Erhebung und Weiterleitung von Informationen zustehenden Befugnisse zu nutzen hat. [3]§ 35 Absatz 2 Satz 4 gilt mit der Maßgabe, dass die Zentralstelle für Finanztransaktionsuntersuchungen die Anfrage zeitnah zu beantworten hat; richtet sich die Anfrage auf Finanzinformationen oder Finanzanalysen, die im Zusammenhang mit Terrorismus oder mit organisierter Kriminalität mit Bezug zu Terrorismus von Belang sein können, so hat sich die Zentralstelle für Finanztransaktionsuntersuchungen um eine umgehende Beantwortung zu bemühen. [4]Die Verantwortung für die Zulässigkeit der Datenübermittlung trägt die Zentralstelle für Finanztransaktionsuntersuchungen. [5]Für den Datenaustausch mit zentralen Meldestellen anderer Mitgliedstaaten nutzt die Zentralstelle für Finanztransaktionsuntersuchungen gesicherte Kommunikationskanäle.

(3) [1]Sind zusätzliche Informationen über einen in Deutschland tätigen Verpflichteten, der in einem anderen Mitgliedstaat der Europäischen Union in einem öffentlichen Register eingetragen ist, erforderlich, richtet die Zentralstelle für Finanztransaktionsuntersuchungen ihr Ersuchen an die zentrale Meldestelle dieses anderen Mitgliedstaates der Europäischen Union. [2]Geht bei der Zentralstelle für Finanztransaktionsuntersuchungen ein Ersuchen einer zentralen Meldestelle eines anderen Mitgliedstaates um zusätzliche Informationen über einen in ihrem Hoheitsgebiet tätigen Verpflichteten ein, der in Deutschland eingetragen ist, so nutzt die Zentralstelle für Finanztransaktionsuntersuchen die ihr nach diesem Gesetz zur Erhebung und Weiterleitung von Informationen zustehenden Befugnisse. [3]Die Übermittlung von Anfragen und Antworten nach den Sätzen 1 und 2 hat unverzüglich zu erfolgen.

(4) [1]Die Zentralstelle für Finanztransaktionsuntersuchungen darf ein Ersuchen um Informationsübermittlung, das eine zentrale Meldestelle eines Mitgliedstaates der Europäischen Union im Rahmen ihrer Aufgabenerfüllung an sie gerichtet hat, nur ablehnen, wenn

1. durch die Informationsübermittlung die innere oder äußere Sicherheit oder andere wesentliche Interessen der Bundesrepublik Deutschland gefährdet werden könnten,
2. im Einzelfall die Informationsübermittlung, auch unter Berücksichtigung des öffentlichen Interesses an der Datenübermittlung, mit den Grundprinzipien des deutschen Rechts nicht in Einklang zu bringen ist,
3. durch die Informationsübermittlung strafrechtliche Ermittlungen oder die Durchführung eines Gerichtsverfahrens behindert oder gefährdet werden könnten oder
4. rechtshilferechtliche Bedingungen ausländischer Stellen entgegenstehen, die von den zuständigen Behörden zu beachten sind.

[2]Die Gründe für die Ablehnung des Informationsersuchens legt die Zentralstelle für Finanztransaktionsuntersuchungen der ersuchenden zentralen Meldestelle angemessen schriftlich dar, außer

wenn die operative Analyse noch nicht abgeschlossen ist oder soweit die Ermittlungen hierdurch gefährdet werden könnten.

(5) [1]Übermittelt die Zentralstelle für Finanztransaktionsuntersuchungen einer zentralen Meldestelle eines Mitgliedstaates der Europäischen Union auf deren Ersuchen Informationen, so soll sie in der Regel umgehend und unabhängig von der Art der Vortaten, die damit in Zusammenhang stehen können, ihre Einwilligung dazu erklären, dass diese Informationen an andere Behörden dieses Mitgliedstaates weitergeleitet werden dürfen. [2]Die Zentralstelle für Finanztransaktionsuntersuchungen darf ihre Einwilligung nur aus den in Absatz 4 genannten Gründen verweigern. [3]Die Gründe für die Verweigerung der Einwilligung legt die Zentralstelle für Finanztransaktionsuntersuchungen angemessen dar. [4]Die Verwendung der Informationen zu anderen Zwecken bedarf der vorherigen Zustimmung der Zentralstelle für Finanztransaktionsuntersuchungen.

(6) Die Zentralstelle für Finanztransaktionsuntersuchungen benennt eine zentrale Kontaktstelle, die für die Annahme von Informationsersuchen der zentralen Meldestellen anderer Mitgliedstaaten nach dieser Vorschrift zuständig ist.

§ 34 Informationsersuchen im Rahmen der internationalen Zusammenarbeit

(1) Die Zentralstelle für Finanztransaktionsuntersuchungen kann die zentralen Meldestellen anderer Staaten, die mit der Verhinderung, Aufdeckung und Bekämpfung von Geldwäsche, von Vortaten der Geldwäsche sowie von Terrorismusfinanzierung befasst sind, um die Erteilung von Auskünften einschließlich der personenbezogenen Daten oder der Übermittlung von Unterlagen ersuchen, wenn diese Informationen und Unterlagen erforderlich sind zur Erfüllung ihrer Aufgaben.

(2) Für ein Ersuchen kann die Zentralstelle für Finanztransaktionsuntersuchungen personenbezogene Daten übermitteln, soweit dies erforderlich ist, um ein berechtigtes Interesse an der begehrten Information glaubhaft zu machen und wenn überwiegende berechtigte Interessen des Betroffenen nicht entgegenstehen.

(3) [1]In dem Ersuchen muss die Zentralstelle für Finanztransaktionsuntersuchungen den Zweck der Datenerhebung offenlegen und die beabsichtigte Weitergabe der Daten an andere inländische öffentliche Stellen mitteilen. [2]Die Zentralstelle für Finanztransaktionsuntersuchungen darf die von einer zentralen Meldestelle eines anderen Staates übermittelten Daten nur verwenden

1. zu den Zwecken, zu denen um die Daten ersucht wurde, und
2. zu den Bedingungen, unter denen die Daten zur Verfügung gestellt wurden.

[3]Sollen die übermittelten Daten nachträglich an eine andere öffentliche Stelle weitergegeben werden oder für einen Zweck genutzt werden, der über die ursprünglichen Zwecke hinausgeht, so ist vorher die Zustimmung der übermittelnden zentralen Meldestelle einzuholen.

§ 35 Datenübermittlung im Rahmen der internationalen Zusammenarbeit

(1) [1]Geht bei der Zentralstelle für Finanztransaktionsuntersuchungen eine Meldung nach § 43 Absatz 1 ein, die die Zuständigkeit eines anderen Staates betrifft, so kann sie diese Meldung umgehend an die zentrale Meldestelle des betreffenden Staates weiterleiten. [2]Sie weist die zentrale Meldestelle des betreffenden Staates darauf hin, dass die personenbezogenen Daten nur zu dem Zweck genutzt werden dürfen, zu dem sie übermittelt worden sind.

(2) [1]Die Zentralstelle für Finanztransaktionsuntersuchungen kann einer zentralen Meldestelle eines anderen Staates auf deren Ersuchen personenbezogene Daten übermitteln

1. für eine von der zentralen Meldestelle des anderen Staates durchzuführende operative Analyse,
2. im Rahmen einer beabsichtigten Sofortmaßnahme nach § 40, soweit Tatsachen darauf hindeuten, dass der Vermögensgegenstand
   a) sich in Deutschland befindet und
   b) im Zusammenhang steht mit einem Sachverhalt, der der zentralen Meldestelle des anderen Staates vorliegt, oder

3. zur Erfüllung der Aufgaben einer anderen ausländischen öffentlichen Stelle, die der Verhinderung, Aufdeckung und Bekämpfung von Geldwäsche oder von Vortaten der Geldwäsche oder von Terrorismusfinanzierung dient.

[2]Sie kann hierbei auf ihr vorliegende Informationen zurückgreifen. [3]Enthalten diese Informationen auch Daten, die von anderen in- oder ausländischen Behörden erhoben oder von diesen übermittelt wurden, so ist eine Weitergabe dieser Daten nur mit Zustimmung dieser Behörden zulässig, es sei denn, die Informationen stammen aus öffentlich zugänglichen Quellen. [4]Die Ersuchen einer zentralen Meldestelle eines anderen Staates sind in angemessener Zeit zu beantworten. [5]Die Zentralstelle für Finanztransaktionsuntersuchungen kann nach Maßgabe der §§ 28, 30 und 31 andere inländische öffentliche Stellen um Auskunft ersuchen oder von Verpflichteten Auskunft verlangen.

(3) Die Übermittlung personenbezogener Daten an eine zentrale Meldestelle eines anderen Staates ist nur zulässig, wenn das Ersuchen mindestens folgende Angaben enthält:

1. die Bezeichnung, die Anschrift und sonstige Kontaktdaten der ersuchenden Behörde,
2. die Gründe des Ersuchens und die Benennung des Zwecks, zu dem die Daten verwendet werden sollen, nach Absatz 2,
3. erforderliche Einzelheiten zur Identität der betroffenen Person, sofern sich das Ersuchen auf eine bekannte Person bezieht,
4. die Beschreibung des Sachverhalts, der dem Ersuchen zugrunde liegt, sowie die Behörde, an die die Daten gegebenenfalls weitergeleitet werden sollen, und
5. die Angabe, inwieweit der Sachverhalt mit Geldwäsche oder mit Terrorismusfinanzierung im Zusammenhang steht.

(4) [1]Die Zentralstelle für Finanztransaktionsuntersuchungen kann auch ohne Ersuchen personenbezogene Daten an eine zentrale Meldestelle eines anderen Staates übermitteln, wenn Tatsachen darauf hindeuten, dass natürliche oder juristische Personen auf dem Hoheitsgebiet dieses Staates Handlungen, die wegen Geldwäsche oder Terrorismusfinanzierung strafbar sind, begangen haben. [2]Dies gilt unabhängig von der Art der Vortat der Geldwäsche und auch, wenn die Art der Vortat nicht feststeht.

(5) [1]Die Verantwortung für die Zulässigkeit der Übermittlung trägt die Zentralstelle für Finanztransaktionsuntersuchungen. [2]Sie kann bei der Übermittlung von Daten an eine ausländische zentrale Meldestelle Einschränkungen und Auflagen für die Verwendung der übermittelten Daten festlegen.

(6) [1]Der Empfänger personenbezogener Daten ist darauf hinzuweisen, dass die personenbezogenen Daten nur zu dem Zweck genutzt werden dürfen, zu dem sie übermittelt worden sind. [2]Sollen die Daten von der ersuchenden ausländischen zentralen Meldestelle an eine andere Behörde in dem Staat weitergeleitet werden, muss die Zentralstelle für Finanztransaktionsuntersuchungen dem unter Berücksichtigung des Zwecks und der schutzwürdigen Interessen des Betroffenen an den Daten zuvor zustimmen. [3]Soweit die Informationen als Beweismittel in einem Strafverfahren verwendet werden sollen, gelten die Regeln der grenzüberschreitenden Zusammenarbeit in Strafsachen.

(7) [1]Die Übermittlung personenbezogener Daten an eine ausländische zentrale Meldestelle unterbleibt, soweit

1. durch die Übermittlung die innere oder äußere Sicherheit oder andere wesentliche Interessen der Bundesrepublik Deutschland verletzt werden könnten,
2. einer Übermittlung besondere bundesgesetzliche Übermittlungsvorschriften entgegenstehen oder
3. im Einzelfall, auch unter Berücksichtigung des besonderen öffentlichen Interesses an der Datenübermittlung, die schutzwürdigen Interessen der betroffenen Person überwiegen.

[2]Zu den schutzwürdigen Interessen der betroffenen Person gehört auch das Vorhandensein eines angemessenen Datenschutzniveaus im Empfängerstaat. [3]Die schutzwürdigen Interessen der be-

troffenen Person können auch dadurch gewahrt werden, dass der Empfängerstaat oder die empfangende zwischen- oder überstaatliche Stelle im Einzelfall einen angemessenen Schutz der übermittelten Daten garantiert.

(8) Die Übermittlung personenbezogener Daten soll unterbleiben, wenn

1. strafrechtliche Ermittlungen oder die Durchführung eines Gerichtsverfahrens durch die Übermittlung behindert oder gefährdet werden könnten oder
2. nicht gewährleistet ist, dass die ersuchende ausländische zentrale Meldestelle einem gleichartigen deutschen Ersuchen entsprechen würde.

(9) Die Gründe für die Ablehnung eines Informationsersuchens sollen der ersuchenden zentralen Meldestelle angemessen dargelegt werden.

(10) [1]Die Zentralstelle für Finanztransaktionsuntersuchungen hat den Zeitpunkt, die übermittelten Daten sowie die empfangende zentrale Meldestelle aufzuzeichnen. [2]Unterbleibt die Datenübermittlung, so ist dies entsprechend aufzuzeichnen. [3]Sie hat diese Daten drei Jahre aufzubewahren und danach zu löschen.

§ 36 Automatisierter Datenabgleich im europäischen Verbund

[1]Die Zentralstelle für Finanztransaktionsuntersuchungen kann im Verbund mit zentralen Meldestellen anderer Mitgliedstaaten der Europäischen Union ein System zum verschlüsselten automatisierten Abgleich von dazu geeigneten Daten, die die nationalen zentralen Meldestellen im Rahmen ihrer Aufgabenerfüllung erhoben haben, einrichten und betreiben. [2]Zweck dieses Systems ist es, Kenntnis davon zu erlangen, ob zu einer betreffenden Person bereits durch zentrale Meldestellen anderer Mitgliedstaaten der Europäischen Union eine Analyse nach § 30 durchgeführt wurde oder anderweitige Informationen zu dieser Person dort vorliegen.

§ 37 Berichtigung, Einschränkung der Verarbeitung und Löschung personenbezogener Daten aus automatisierter Verarbeitung und bei Speicherung in automatisierten Dateien

(1) Die Zentralstelle für Finanztransaktionsuntersuchungen berichtigt unrichtig gespeicherte personenbezogene Daten, die sie automatisiert verarbeitet.

(2) Die Zentralstelle für Finanztransaktionsuntersuchungen löscht gespeicherte personenbezogene Daten, wenn die Speicherung dieser Daten unzulässig ist oder die Kenntnis dieser Daten für die Aufgabenerfüllung nicht mehr erforderlich ist.

(3) [1]An die Stelle einer Löschung tritt eine Einschränkung der Verarbeitung der gespeicherten personenbezogenen Daten, wenn

1. Anhaltspunkte vorliegen, dass durch die Löschung schutzwürdige Interessen eines Betroffenen beeinträchtigt würden,
2. die Daten für laufende Forschungsarbeiten benötigt werden oder
3. eine Löschung wegen der besonderen Art der Speicherung nur mit unverhältnismäßigem Aufwand möglich ist.

[2]Der eingeschränkten Verarbeitung unterliegende Daten dürfen nur für den Zweck verarbeitet werden, für den die Löschung unterblieben ist. [3]Sie dürfen auch verarbeitet werden, soweit dies zur Durchführung eines laufenden Strafverfahrens unerlässlich ist oder der Betroffene einer Verarbeitung zustimmt.

(4) Die Zentralstelle für Finanztransaktionsuntersuchungen prüft bei der Einzelfallbearbeitung und nach festgesetzten Fristen, ob gespeicherte personenbezogene Daten zu berichtigen, zu löschen oder in der Verarbeitung einzuschränken sind.

(5) Die Fristen beginnen mit dem Tag, an dem die Zentralstelle für Finanztransaktionsuntersuchungen die operative Analyse nach § 30 abgeschlossen hat.

(6) [1]Die Zentralstelle für Finanztransaktionsuntersuchungen ergreift angemessene Maßnahmen, um zu gewährleisten, dass personenbezogene Daten, die unrichtig, unvollständig oder in der Verarbeitung eingeschränkt sind, nicht übermittelt werden. [2]Zu diesem Zweck überprüft sie, soweit durchführbar, die Qualität der Daten vor ihrer Übermittlung. [3]Bei jeder Übermittlung von personenbezogenen Daten fügt sie nach Möglichkeit Informationen bei, die es dem Empfänger gestatten, die Richtigkeit, die Vollständigkeit und die Zuverlässigkeit der personenbezogenen Daten zu beurteilen.

(7) Stellt die Zentralstelle für Finanztransaktionsuntersuchungen fest, dass sie unrichtige, zu löschende oder in der Verarbeitung einzuschränkende personenbezogene Daten übermittelt hat, so teilt sie dem Empfänger dieser Daten die Berichtigung, Löschung oder Einschränkung der Verarbeitung mit, wenn eine Mitteilung erforderlich ist, um schutzwürdige Interessen des Betroffenen zu wahren.

§ 38 Berichtigung, Einschränkung der Verarbeitung und Vernichtung personenbezogener Daten, die weder automatisiert verarbeitet werden noch in einer automatisierten Datei gespeichert sind

(1) Die Zentralstelle für Finanztransaktionsuntersuchungen hält in geeigneter Weise fest, wenn

1. sie feststellt, dass personenbezogene Daten, die weder automatisiert verarbeitet werden noch in einer automatisierten Datei gespeichert sind, unrichtig sind, oder
2. die Richtigkeit der personenbezogenen Daten, die weder automatisiert verarbeitet werden noch in einer automatisierten Datei gespeichert sind, von dem Betroffenen bestritten wird.

(2) [1]Die Zentralstelle für Finanztransaktionsuntersuchungen schränkt die Verarbeitung personenbezogener Daten, die weder automatisiert verarbeitet werden noch in einer automatisierten Datei gespeichert sind, ein, wenn sie im Einzelfall feststellt, dass

1. ohne die Einschränkung der Verarbeitung schutzwürdige Interessen des Betroffenen beeinträchtigt würden und
2. die Daten für die Aufgabenerfüllung nicht mehr erforderlich sind.

[2]Die personenbezogenen Daten sind auch dann in der Verarbeitung einzuschränken, wenn für sie eine Löschungsverpflichtung nach § 37 Absatz 2 besteht.

(3) Die Zentralstelle für Finanztransaktionsuntersuchungen vernichtet die Unterlagen mit personenbezogenen Daten entsprechend den Bestimmungen über die Aufbewahrung von Akten, wenn diese Unterlagen insgesamt zur Erfüllung der Aufgaben der Zentralstelle für Finanztransaktionsuntersuchungen nicht mehr erforderlich sind.

(4) [1]Die Vernichtung unterbleibt, wenn

1. Anhaltspunkte vorliegen, dass anderenfalls schutzwürdige Interessen des Betroffenen beeinträchtigt würden, oder
2. die Daten für laufende Forschungsarbeiten benötigt werden.

[2]In diesen Fällen schränkt die Zentralstelle für Finanztransaktionsuntersuchungen die Verarbeitung der Daten ein und versieht die Unterlagen mit einem Einschränkungsvermerk. [3]Für die Einschränkung gilt § 37 Absatz 3 Satz 2 und 3 entsprechend.

(5) Anstelle der Vernichtung nach Absatz 3 sind die Unterlagen an das zuständige Archiv abzugeben, sofern diesen Unterlagen ein bleibender Wert nach § 3 des Bundesarchivgesetzes vom 10. März 2017 (BGBl. I S. 410), das zuletzt durch Artikel 1 des Gesetzes vom 9. April 2021 (BGBl. I S. 750) geändert worden ist, in der jeweils geltenden Fassung zukommt.

(6) Für den Fall, dass unrichtige, zu löschende oder in der Verarbeitung einzuschränkende personenbezogene Daten übermittelt worden sind, gilt § 37 Absatz 7 entsprechend.

§ 38a Protokollierung von Informationsersuchen, Statistik, Verordnungsermächtigung

(1) Die Zentralstelle für Finanztransaktionsuntersuchungen protokolliert Ersuchen um Auskunft in den Fällen des § 32 Absatz 3a, des § 32a, des § 33 Absatz 2 Satz 3 Halbsatz 2 sowie in den Fällen des § 31, wenn die Zentralstelle für Finanztransaktionsuntersuchungen Daten bei der inländischen benannten Behörde im Sinne des Artikels 3 Absatz 2 der Richtlinie (EU) 2019/1153 erhebt.

(2) Die Protokolle enthalten mindestens folgende Angaben:

1. Die Bezeichnung und Kontaktdaten derjenigen Behörde sowie den Namen derjenigen Person, die das Ersuchen an die Zentralstelle für Finanztransaktionsuntersuchungen gerichtet hat sowie – sofern bekannt – den Namen derjenigen Person, die das Ergebnis des Ersuchens empfängt;
2. das Aktenzeichen des nationalen Falles, hinsichtlich dessen das Ersuchen an die Zentralstelle für Finanztransaktionsuntersuchungen gerichtet wird;
3. den Gegenstand des Ersuchens und
4. alle Maßnahmen, die getroffen werden, um dem Ersuchen nachzukommen.

(3) [1]Die Protokolle werden über einen Zeitraum von fünf Jahren nach ihrer Erstellung zugriffsgeschützt aufbewahrt. [2]Sie dienen ausschließlich dem Zweck der Datenschutzkontrolle. [3]Die Zentralstelle für Finanztransaktionsuntersuchungen stellt auf Anforderung der oder dem Bundesbeauftragten für den Datenschutz und die Informationssicherheit alle erforderlichen Protokolle zur Verfügung. [4]Nach Ablauf der Aufbewahrungsfrist sind die Protokolle unverzüglich zu löschen, sofern sie nicht für laufende Kontrollverfahren erforderlich sind.

(4) [1]Die Zentralstelle für Finanztransaktionsuntersuchungen führt eine Statistik über Ersuchen um Auskunft in den Fällen des § 33 Absatz 2 Satz 3 Halbsatz 2. [2]Sie erhebt hierfür die Zahl der Ersuchen sowie die Reaktionszeit sowie nach Möglichkeit die Kosten der Bearbeitung der Ersuchen und stellt die Daten dem Bundesministerium der Finanzen zur Verfügung. [3]Das Bundesministerium der Finanzen wird ermächtigt, durch Rechtsverordnung, die nicht der Zustimmung des Bundesrates bedarf, das Nähere zu den zu erhebenden Daten, deren Aufbereitung, Auswertung und Bereitstellung zu regeln.

§ 39 Errichtungsanordnung

(1) [1]Die Zentralstelle für Finanztransaktionsuntersuchungen erlässt für jedes automatisierte Verfahren zur Verarbeitung personenbezogener Daten nach § 29 Absatz 2a, das sie zur Erfüllung ihrer Aufgaben führt, eine Errichtungsanordnung. [2]Die Errichtungsanordnung bedarf der Zustimmung des Bundesministeriums der Finanzen. [3]Vor Erlass einer Errichtungsanordnung ist die oder der Bundesbeauftragte für den Datenschutz und die Informationsfreiheit anzuhören.

(2) In der Errichtungsanordnung sind festzulegen:

1. Bezeichnung der verantwortlichen Stelle,
2. Rechtsgrundlage und Zweck der Verarbeitung,
3. Personenkreis, über den Daten gespeichert werden,
4. Arten der zu speichernden personenbezogenen Daten,
5. Arten der personenbezogenen Daten, die der Erschließung der Sammlung dienen,
6. Anlieferung oder Eingabe der zu speichernden Daten,
7. Voraussetzungen, unter denen gespeicherte personenbezogene Daten an welche Empfänger und in welchen Verfahren übermittelt werden,
8. Prüffristen und Speicherungsdauer sowie
9. Protokollierung.

(3) [1]Ist im Hinblick auf die Dringlichkeit der Aufgabenerfüllung der Zentralstelle für Finanztransaktionsuntersuchungen eine Mitwirkung der in Absatz 1 genannten Stellen nicht möglich, so kann die Generalzolldirektion eine Sofortanordnung treffen. [2]Gleichzeitig unterrichtet die Generalzolldirektion das Bundesministerium der Finanzen und legt ihm die Sofortanordnung vor. [3]Das Verfahren nach Absatz 1 ist unverzüglich nachzuholen.

(4) In angemessenen Abständen ist die Notwendigkeit der Weiterführung oder der Änderung der Errichtungsanordnung zu überprüfen.

§ 40 Sofortmaßnahmen

(1) [1]Liegen der Zentralstelle für Finanztransaktionsuntersuchungen Anhaltspunkte dafür vor, dass eine Transaktion im Zusammenhang mit Geldwäsche oder einer Straftat nach § 18 Absatz 1 des Außenwirtschaftsgesetzes steht oder der Terrorismusfinanzierung dient, so kann sie die Durchführung der Transaktion untersagen, um diesen Anhaltspunkten nachzugehen und die Transaktion zu analysieren. [2]Außerdem kann sie unter den Voraussetzungen des Satzes 1

1. einem Verpflichteten nach § 2 Absatz 1 Nummer 1 bis 3 untersagen,
   a) Verfügungen von einem bei ihm geführten Konto oder Depot auszuführen und
   b) sonstige Finanztransaktionen durchzuführen,
2. einen Verpflichteten nach § 2 Absatz 1 Nummer 1 anweisen, dem Vertragspartner und allen sonstigen Verfügungsberechtigten den Zugang zu einem Schließfach zu verweigern, oder
3. gegenüber einem Verpflichteten anderweitige Anordnungen in Bezug auf eine Transaktion treffen.

(2) [1]Maßnahmen nach Absatz 1 können von der Zentralstelle für Finanztransaktionsuntersuchungen aufgrund des Ersuchens einer zentralen Meldestelle eines anderen Staates getroffen werden. [2]Ein Ersuchen hat die Angaben entsprechend § 35 Absatz 3 zu enthalten. [3]Die Zentralstelle für Finanztransaktionsuntersuchungen soll die Gründe für die Ablehnung eines Ersuchens angemessen darlegen.

(3) Maßnahmen nach Absatz 1 werden von der Zentralstelle für Finanztransaktionsuntersuchungen aufgehoben, sobald oder soweit die Voraussetzungen für die Maßnahmen nicht mehr vorliegen.

(4) Maßnahmen nach Absatz 1 enden

1. spätestens mit Ablauf eines Monats nach Anordnung der Maßnahmen durch die Zentralstelle für Finanztransaktionsuntersuchungen,
2. mit Ablauf des fünften Werktages nach Abgabe des Sachverhalts an die zuständige Strafverfolgungsbehörde, wobei der Samstag nicht als Werktag gilt, oder
3. zu einem früheren Zeitpunkt, wenn ein solcher von der Zentralstelle für Finanztransaktionsuntersuchungen festgelegt wurde.

(5) Die Zentralstelle für Finanztransaktionsuntersuchungen kann Vermögensgegenstände, die einer Maßnahme nach Absatz 1 Satz 2 unterliegen, auf Antrag der betroffenen Person oder einer Personenvereinigung freigeben, soweit diese Vermögensgegenstände einem der folgenden Zwecke dienen:

1. der Deckung des notwendigen Lebensunterhalts der Person oder ihrer Familienmitglieder,
2. der Bezahlung von Versorgungsleistungen oder Unterhaltsleistungen oder
3. vergleichbaren Zwecken.

(6) [1]Gegen Maßnahmen nach Absatz 1 kann der Verpflichtete oder ein anderer Beschwerter Widerspruch erheben. [2]Der Widerspruch hat keine aufschiebende Wirkung.

§ 41 Rückmeldung an Verpflichtete und Behörden

(1) Die Zentralstelle für Finanztransaktionsuntersuchungen bestätigt dem Verpflichteten, der eine Meldung nach § 43 Absatz 1 durch elektronische Datenübermittlung abgegeben hat, unverzüglich den Eingang seiner Meldung.

(2) [1]Die Zentralstelle für Finanztransaktionsuntersuchungen gibt dem Verpflichteten in angemessener Zeit Rückmeldung zur Relevanz seiner Meldung. [2]Der Verpflichtete darf hierdurch erlangte personenbezogene Daten nur zur Verbesserung seines Risikomanagements, der Erfüllung seiner Sorgfaltspflichten und seines Meldeverhaltens nutzen. [3]Er hat diese Daten zu löschen, wenn sie für den jeweiligen Zweck nicht mehr erforderlich sind, spätestens jedoch nach einem Jahr.

(3) Die Absätze 1 und 2 Satz 1 gelten auch im Falle des § 44 dieses Gesetzes und des § 31b Absatz 2 der Abgabenordnung.

§ 42 Benachrichtigung von inländischen öffentlichen Stellen an die Zentralstelle für Finanztransaktionsuntersuchungen

(1) [1]In Strafverfahren, in denen die Zentralstelle für Finanztransaktionsuntersuchungen Informationen weitergeleitet hat, teilt die zuständige Staatsanwaltschaft der Zentralstelle für Finanztransaktionsuntersuchungen die Erhebung der öffentlichen Klage und den Ausgang des Verfahrens einschließlich aller Einstellungsentscheidungen mit. [2]Die Mitteilung erfolgt durch Übersendung einer Kopie der Anklageschrift, der begründeten Einstellungsentscheidung oder des Urteils.

(2) [1]Leitet die Zentralstelle für Finanztransaktionsuntersuchungen Informationen an sonstige inländische öffentliche Stellen weiter, so benachrichtigt die empfangende Stelle die Zentralstelle für Finanztransaktionsuntersuchungen über die abschließende Verwendung der bereitgestellten Informationen und über die Ergebnisse der auf Grundlage der bereitgestellten Informationen durchgeführten Maßnahmen, soweit andere Rechtsvorschriften der Benachrichtigung nicht entgegenstehen. [2]§ 30 Absatz 1 der *Abgabenordung*[1] steht dem nicht entgegen.

Abschnitt 6
Pflichten im Zusammenhang mit Meldungen von Sachverhalten

§ 43 Meldepflicht von Verpflichteten, Verordnungsermächtigung

(1) [1]Liegen Tatsachen vor, die darauf hindeuten, dass

1. ein Vermögensgegenstand, der mit einer Geschäftsbeziehung, einem Maklergeschäft oder einer Transaktion im Zusammenhang steht, aus einer strafbaren Handlung stammt, die eine Vortat der Geldwäsche darstellen könnte,
2. ein Geschäftsvorfall, eine Transaktion oder ein Vermögensgegenstand im Zusammenhang mit Terrorismusfinanzierung steht oder
3. der Vertragspartner seine Pflicht nach § 11 Absatz 6 Satz 3, gegenüber dem Verpflichteten offenzulegen, ob er die Geschäftsbeziehung oder die Transaktion für einen wirtschaftlich Berechtigten begründen, fortsetzen oder durchführen will, nicht erfüllt hat,

so hat der Verpflichtete diesen Sachverhalt unabhängig vom Wert des betroffenen Vermögensgegenstandes oder der Transaktionshöhe unverzüglich der Zentralstelle für Finanztransaktionsuntersuchungen zu melden. [2]Gibt der Verpflichtete zusätzlich zu der Meldung eines nach Satz 1 meldepflichtigen Sachverhalts auch eine Strafanzeige oder einen Strafantrag ab, so teilt er dies der Zentralstelle für Finanztransaktionsuntersuchungen mit Abgabe der Meldung mit.

(2) [1]Abweichend von Absatz 1 sind Verpflichtete nach § 2 Absatz 1 Nummer 10 und 12 nicht zur Meldung verpflichtet, wenn sich der meldepflichtige Sachverhalt auf Informationen bezieht, die sie

1 Schreibfehler des Gesetzgebers.

im Rahmen von Tätigkeiten der Rechtsberatung oder Prozessvertretung erhalten haben. [2]Die Meldepflicht bleibt jedoch bestehen, wenn der Verpflichtete weiß, dass der Vertragspartner die Rechtsberatung oder Prozessvertretung für den Zweck der Geldwäsche, der Terrorismusfinanzierung oder einer anderen Straftat genutzt hat oder nutzt, oder ein Fall des Absatzes 6 vorliegt.

(3) Ein Mitglied der Führungsebene eines Verpflichteten hat eine Meldung nach Absatz 1 an die Zentralstelle für Finanztransaktionsuntersuchungen abzugeben, wenn

1. der Verpflichtete über eine Niederlassung in Deutschland verfügt und
2. der zu meldende Sachverhalt im Zusammenhang mit einer Tätigkeit der deutschen Niederlassung steht.

(4) [1]Wenn ein nach Absatz 1 gegenüber der Zentralstelle für Finanztransaktionsuntersuchungen gemeldeter Sachverhalt zugleich die für eine Anzeige nach § 261 Absatz 8 des Strafgesetzbuches erforderlichen Angaben enthält, gilt die Meldung zugleich als Selbstanzeige im Sinne von § 261 Absatz 8 des Strafgesetzbuches. [2]Die Pflicht zur Meldung nach Absatz 1 schließt die Freiwilligkeit der Anzeige nach § 261 Absatz 8 des Strafgesetzbuches nicht aus.

(5) [1]Die Zentralstelle für Finanztransaktionsuntersuchungen kann im Benehmen mit Aufsichtsbehörden typisierte Transaktionen bestimmen, die stets nach Absatz 1 zu melden sind. [2]Sie kann im Benehmen mit Strafverfolgungsbehörden, Aufsichtsbehörden und sonstigen Behörden nach diesem Gesetz auch typisierte Transaktionen bestimmen, die nicht von der Meldepflicht nach Absatz 1 erfasst sind. [3]§ 30 Absatz 2 Satz 9 gilt entsprechend.

(6) Das Bundesministerium der Finanzen kann im Einvernehmen mit dem Bundesministerium der Justiz und für Verbraucherschutz durch Rechtsverordnung ohne Zustimmung des Bundesrates Sachverhalte bei Erwerbsvorgängen nach § 1 des Grunderwerbsteuergesetzes bestimmen, die von Verpflichteten nach § 2 Absatz 1 Nummer 10 und 12 stets nach Absatz 1 zu melden sind.

§ 44 Meldepflicht von Aufsichtsbehörden

(1) [1]Liegen Tatsachen vor, die darauf hindeuten, dass ein Vermögensgegenstand mit Geldwäsche oder mit Terrorismusfinanzierung im Zusammenhang steht, meldet die Aufsichtsbehörde diese Tatsachen unverzüglich der Zentralstelle für Finanztransaktionsuntersuchungen. [2]Dies gilt nicht, wenn Verpflichtete nach § 2 Absatz 1 Nummer 10 und 12 gemäß § 43 Absatz 2 nicht zur Meldung verpflichtet sind und daher von einer Meldung abgesehen haben.

(2) Absatz 1 gilt entsprechend für Behörden, die für die Überwachung der Aktien-, Devisen- und Finanzderivatemärkte zuständig sind.

§ 45 Form der Meldung, Registrierungspflicht, Ausführung durch Dritte, Verordnungsermächtigung

(1) [1]Die Meldung nach § 43 Absatz 1 oder § 44 hat elektronisch zu erfolgen. [2]Verpflichtete nach § 2 Absatz 1 haben sich unabhängig von der Abgabe einer Verdachtsmeldung bei der Zentralstelle für Finanztransaktionsuntersuchungen elektronisch zu registrieren. [3]Bei einer Störung der elektronischen Datenübermittlung ist die Übermittlung auf dem Postweg zulässig. [4]Dies gilt auch für die aufsichtführenden Landesbehörden.

(2) [1]Auf Antrag kann die Zentralstelle für Finanztransaktionsuntersuchungen zur Vermeidung von unbilligen Härten auf die elektronische Übermittlung einer Meldung eines Verpflichteten verzichten und die Übermittlung auf dem Postweg genehmigen. [2]Die Ausnahmegenehmigung kann befristet werden.

(3) Für die Übermittlung auf dem Postweg ist der amtliche Vordruck zu verwenden.

(4) Bei Erfüllung der Meldepflicht nach § 43 Absatz 1 kann ein Verpflichteter entsprechend § 6 Absatz 7 auf Dritte zurückgreifen.

(5) [1]Das Bundesministerium der Finanzen kann durch Rechtsverordnung ohne Zustimmung des Bundesrates nähere Bestimmungen über die erforderlichen Angaben und die Form der Meldung

nach § 43 Absatz 1 oder § 44 erlassen. [2]Von Absatz 1 und den Regelungen einer Rechtsverordnung nach Satz 1 kann durch Landesrecht nicht abgewichen werden.

§ 46 Durchführung von Transaktionen

(1) [1]Eine Transaktion, wegen der eine Meldung nach § 43 Absatz 1 erfolgt ist, darf frühestens durchgeführt werden, wenn

1. dem Verpflichteten die Zustimmung der Zentralstelle für Finanztransaktionsuntersuchungen oder der Staatsanwaltschaft zur Durchführung übermittelt wurde oder
2. der dritte Werktag nach dem Abgangstag der Meldung verstrichen ist, ohne dass die Durchführung der Transaktion durch die Zentralstelle für Finanztransaktionsuntersuchungen oder die Staatsanwaltschaft untersagt worden ist.

[2]Für die Berechnung der Frist gilt der Samstag nicht als Werktag. [3]Die Zentralstelle für Finanztransaktionsuntersuchungen bestimmt im Benehmen mit Vertretern der Strafverfolgungsbehörden Kriterien, bei deren Vorliegen sie einen Sachverhalt grundsätzlich innerhalb der Frist nach Satz 1 Nummer 2 analysiert. [4]Hierbei können solche Sachverhalte bestimmt werden, die bereits vor Ablauf der Frist nach Satz 1 Nummer 2 mit vereinfachter Analyse an die zuständigen Strafverfolgungsbehörden übermittelt werden. [5]§ 30 Absatz 2 Satz 9 gilt entsprechend.

(2) [1]Ist ein Aufschub der Transaktion, bei der Tatsachen vorliegen, die auf einen Sachverhalt nach § 43 Absatz 1 hindeuten, nicht möglich oder könnte durch den Aufschub die Verfolgung einer mutmaßlichen strafbaren Handlung behindert werden, so darf die Transaktion durchgeführt werden. [2]Die Meldung nach § 43 Absatz 1 ist vom Verpflichteten unverzüglich nachzuholen.

§ 47 Verbot der Informationsweitergabe, Verordnungsermächtigung

(1) Ein Verpflichteter darf den Vertragspartner, den Auftraggeber der Transaktion und sonstige Dritte nicht in Kenntnis setzen von

1. einer beabsichtigten oder erstatteten Meldung nach § 43 Absatz 1,
2. einem Ermittlungsverfahren, das aufgrund einer Meldung nach § 43 Absatz 1 eingeleitet worden ist, und
3. einem Auskunftsverlangen nach § 30 Absatz 3 Satz 1.

(2) [1]Das Verbot gilt nicht für eine Informationsweitergabe

1. an staatliche Stellen,
2. zwischen Verpflichteten nach § 2 Absatz 1 Nummer 1 bis 3 und 6 bis 8, die derselben Unternehmensgruppe angehören,
3. zwischen Verpflichteten nach § 2 Absatz 1 Nummer 1 bis 3 und 6 bis 8, die Mutterunternehmen nach § 9 Absatz 1 sind, und ihren in Drittstaaten ansässigen und dort geldwäscherechtlichen Pflichten unterliegenden Zweigstellen und gruppenangehörigen Unternehmen gemäß § 1 Absatz 16 Nummer 2, sofern diese die Maßnahmen nach § 9 Absatz 1 Satz 2 Nummer 1, 3 und 4 wirksam umgesetzt haben,
4. zwischen Verpflichteten nach § 2 Absatz 1 Nummer 10 bis 12 aus Mitgliedstaaten der Europäischen Union oder aus Drittstaaten, in denen die Anforderungen an ein System zur Verhinderung von Geldwäsche und von Terrorismusfinanzierung denen der Richtlinie (EU) 2015/849 entsprechen, sofern die betreffenden Personen ihre berufliche Tätigkeit
   a) selbständig ausüben,
   b) angestellt in derselben juristischen Person ausüben oder
   c) angestellt in einer Struktur ausüben, die einen gemeinsamen Eigentümer oder eine gemeinsame Leitung hat oder über eine gemeinsame Kontrolle in Bezug auf die Einhaltung der Vorschriften zur Verhinderung der Geldwäsche oder der Terrorismusfinanzierung verfügt,

5. zwischen Verpflichteten nach § 2 Absatz 1 Nummer 1 bis 3, 6, 7, 9, 10 und 12 in Fällen, die sich auf denselben Vertragspartner und auf dieselbe Transaktion beziehen, an der zwei oder mehr Verpflichtete beteiligt sind, wenn
   a) die Verpflichteten ihren Sitz in einem Mitgliedstaat der Europäischen Union oder in einem Drittstaat haben, in dem die Anforderungen an ein System zur Verhinderung von Geldwäsche und Terrorismusfinanzierung den Anforderungen der Richtlinie (EU) 2015/849 entsprechen,
   b) die Verpflichteten derselben Berufskategorie angehören und
   c) für die Verpflichteten vergleichbare Verpflichtungen in Bezug auf das Berufsgeheimnis und auf den Schutz personenbezogener Daten gelten.

[2]Nach Satz 1 Nummer 2 bis 5 weitergegebene Informationen dürfen ausschließlich zum Zweck der Verhinderung der Geldwäsche oder der Terrorismusfinanzierung verwendet werden.

(3) [1]Soweit in diesem oder anderen Gesetzen nicht etwas anderes geregelt ist, dürfen andere staatliche Stellen als die Zentralstelle für Finanztransaktionsuntersuchungen, die Kenntnis von einer nach § 43 Absatz 1 abgegebenen Meldung erlangt haben, diese Informationen nicht weitergeben an

1. den Vertragspartner des Verpflichteten,
2. den Auftraggeber der Transaktion,
3. den wirtschaftlich Berechtigten,
4. eine Person, die von einer der in den Nummern 1 bis 3 genannten Personen als Vertreter oder Bote eingesetzt worden ist, und
5. den Rechtsbeistand, der von einer der in den Nummern 1 bis 4 genannten Personen mandatiert worden ist.

[2]Eine Weitergabe dieser Informationen an diese Personen ist nur zulässig, wenn die Zentralstelle für Finanztransaktionsuntersuchungen vorher ihr Einverständnis erklärt hat und durch die Weitergabe dieser Informationen der ursprüngliche Zweck der Verdachtsmeldung nicht verändert wird.

(4) Nicht als Informationsweitergabe gilt, wenn sich Verpflichtete nach § 2 Absatz 1 Nummer 10 bis 12 bemühen, einen Mandanten davon abzuhalten, eine rechtswidrige Handlung zu begehen.

(5) [1]Verpflichtete nach § 2 Absatz 1 Nummer 1 bis 9 dürfen einander andere als die in Absatz 1 genannten Informationen über konkrete Sachverhalte, die auf Geldwäsche, eine ihrer Vortaten oder Terrorismusfinanzierung hindeutende Auffälligkeiten oder Ungewöhnlichkeiten enthalten, zur Kenntnis geben, wenn sie davon ausgehen können, dass andere Verpflichtete diese Informationen benötigen für

1. die Risikobeurteilung einer entsprechenden oder ähnlichen Transaktion oder Geschäftsbeziehung oder
2. die Beurteilung, ob eine Meldung nach § 43 Absatz 1 oder eine Strafanzeige nach § 158 der Strafprozessordnung erstattet werden sollte.

[2]Die Informationen dürfen auch unter Verwendung von Datenbanken zur Kenntnis gegeben werden, unabhängig davon, ob diese Datenbanken von den Verpflichteten nach § 2 Absatz 1 Nummer 1 bis 9 selbst oder von Dritten betrieben werden. [3]Die weitergegebenen Informationen dürfen ausschließlich zum Zweck der Verhinderung der Geldwäsche, ihrer Vortaten oder der Terrorismusfinanzierung und nur unter den durch den übermittelnden Verpflichteten vorgegebenen Bedingungen verwendet werden.

(6) Das Bundesministerium der Finanzen kann im Einvernehmen mit dem Bundesministerium des Innern, für Bau und Heimat, dem Bundesministerium der Justiz und für Verbraucherschutz und dem Bundesministerium für Wirtschaft und Energie durch Rechtsverordnung ohne Zustimmung des Bundesrates weitere Regelungen treffen, nach denen in Bezug auf Verpflichtete aus Drittstaa-

ten mit erhöhtem Risiko nach Artikel 9 der Richtlinie (EU) 2015/849 keine Informationen weitergegeben werden dürfen.

§ 48 Freistellung von der Verantwortlichkeit

(1) Wer Sachverhalte nach § 43 meldet oder eine Strafanzeige nach § 158 der Strafprozessordnung erstattet, darf deshalb nicht nach zivilrechtlichen oder strafrechtlichen Vorschriften verantwortlich gemacht oder disziplinarrechtlich verfolgt werden, es sei denn, die Meldung oder Strafanzeige ist vorsätzlich oder grob fahrlässig unwahr erstattet worden.

(2) Absatz 1 gilt auch, wenn

1. ein Beschäftigter einen Sachverhalt nach § 43 Absatz 1 seinem Vorgesetzten meldet oder einer Stelle meldet, die unternehmensintern für die Entgegennahme einer solchen Meldung zuständig ist, und

2. ein Verpflichteter oder einer seiner Beschäftigten einem Auskunftsverlangen der Zentralstelle für Finanztransaktionsuntersuchungen nach § 30 Absatz 3 Satz 1 nachkommt.

§ 49 Informationszugang und Schutz der meldenden Beschäftigten

(1) [1]Ist die Analyse aufgrund eines nach § 43 gemeldeten Sachverhalts noch nicht abgeschlossen, so kann die Zentralstelle für Finanztransaktionsuntersuchungen dem Betroffenen auf Anfrage Auskunft über die zu ihm vorliegenden Informationen geben, wenn dadurch der Analysezweck nicht beeinträchtigt wird. [2]Gibt sie dem Betroffenen Auskunft, so macht sie die personenbezogenen Daten der Einzelperson, die die Meldung nach § 43 Absatz 1 abgegeben hat, unkenntlich.

(2) [1]Ist die Analyse aufgrund eines nach § 43 gemeldeten Sachverhalts abgeschlossen, aber nicht an die Strafverfolgungsbehörde übermittelt worden, so kann die Zentralstelle für Finanztransaktionsuntersuchungen auf Anfrage des Betroffenen über die zu ihm vorliegenden Informationen Auskunft geben. [2]Sie verweigert die Auskunft, wenn ein Bekanntwerden dieser Informationen negative Auswirkungen hätte auf

1. internationale Beziehungen,

2. Belange der inneren oder äußeren Sicherheit der Bundesrepublik Deutschland,

3. die Durchführung eines anderen strafrechtlichen Ermittlungsverfahrens oder

4. die Durchführung eines laufenden Gerichtsverfahrens.

[3]In der Auskunft macht sie personenbezogene Daten der Einzelperson, die eine Meldung nach § 43 Absatz 1 abgegeben hat oder die einem Auskunftsverlangen der Zentralstelle für Finanztransaktionsuntersuchungen nachgekommen ist, unkenntlich. [4]Auf Antrag des Betroffenen kann sie Ausnahmen von Satz 3 zulassen, wenn schutzwürdige Interessen des Betroffenen überwiegen.

(3) [1]Die Zentralstelle für Finanztransaktionsuntersuchungen ist nicht mehr befugt, dem Betroffenen Auskunft zu geben, nachdem sie den jeweiligen Sachverhalt an die Strafverfolgungsbehörde übermittelt hat. [2]Ist das Verfahren durch die Staatsanwaltschaft oder das Gericht abgeschlossen worden, ist die Zentralstelle für Finanztransaktionsuntersuchungen wieder befugt, dem Betroffenen Auskunft zu erteilen. [3]In diesem Fall gilt Absatz 2 entsprechend.

(4) Steht die Person, die eine Meldung nach § 43 Absatz 1 abgegeben hat oder die dem Verpflichteten intern einen solchen Sachverhalt gemeldet hat, in einem Beschäftigungsverhältnis zum Verpflichteten, so darf ihr aus der Meldung keine Benachteiligung im Beschäftigungsverhältnis entstehen.

(5) [1]Einer Person, die aufgrund der Abgabe einer Meldung nach § 43 Absatz 1 oder aufgrund der internen Meldung eines solchen Sachverhalts an den Verpflichteten entgegen dem Benachteiligungsverbot des Absatzes 4 einer Benachteiligung im Zusammenhang mit ihrem Beschäftigungsverhältnis ausgesetzt ist, steht bei der zuständigen Aufsichtsbehörde nach § 50 das Recht der Beschwerde zu. [2]Der Rechtsweg bleibt von dem Beschwerdeverfahren unberührt. [3]Dem Beschwerde-

führer steht für die Einreichung der Beschwerde nach Satz 1 das vertrauliche Informationssystem der Aufsichtsbehörde nach § 53 Absatz 1 Satz 2 zur Verfügung.

Abschnitt 7
Aufsicht, Zusammenarbeit, Bußgeldvorschriften, Datenschutz

§ 50 Zuständige Aufsichtsbehörde

Zuständige Aufsichtsbehörde für die Durchführung dieses Gesetzes ist

1. die Bundesanstalt für Finanzdienstleistungsaufsicht für
   a) Kreditinstitute mit Ausnahme der Deutschen Bundesbank,
   b) Finanzdienstleistungsinstitute sowie Zahlungsinstitute nach § 1 Absatz 1 Satz 1 Nummer 1 des Zahlungsdiensteaufsichtsgesetzes, E-Geld-Institute nach § 1 Absatz 2 Satz 1 Nummer 1 des Zahlungsdiensteaufsichtsgesetzes, Wertpapierinstitute nach § 2 Absatz 1 des Wertpapierinstitutsgesetzes, Anbieter von Kryptowerte-Dienstleistungen und Emittenten vermögenswertreferenzierter Token
   c) im Inland gelegene Zweigstellen und Zweigniederlassungen von Kreditinstituten mit Sitz im Ausland, von Finanzdienstleistungsinstituten mit Sitz im Ausland, von Zahlungsinstituten mit Sitz im Ausland und von Wertpapierinstituten mit Sitz im Ausland,
   d) Kapitalverwaltungsgesellschaften nach § 17 Absatz 1 des Kapitalanlagegesetzbuchs,
   e) im Inland gelegene Zweigniederlassungen von EU-Verwaltungsgesellschaften nach § 1 Absatz 17 des Kapitalanlagegesetzbuchs sowie von ausländischen AIF-Verwaltungsgesellschaften nach § 1 Absatz 18 des Kapitalanlagegesetzbuchs,
   f) ausländische AIF-Verwaltungsgesellschaften, für die die Bundesrepublik Deutschland Referenzmitgliedstaat ist und die der Aufsicht der Bundesanstalt für Finanzdienstleistungsaufsicht nach § 57 Absatz 1 Satz 3 des Kapitalanlagegesetzbuchs unterliegen,
   g) Zahlungsinstitute und E-Geld-Institute mit Sitz in einem anderen Vertragsstaat des Abkommens über den Europäischen Wirtschaftsraum, Agenten und E-Geld-Agenten nach § 2 Absatz 1 Nummer 4,
   h) Unternehmen und Personen nach § 2 Absatz 1 Nummer 5 und
   i) die Kreditanstalt für Wiederaufbau,
2. für Versicherungsunternehmen nach § 2 Absatz 1 Nummer 7 die jeweils zuständige Aufsichtsbehörde für das Versicherungswesen,
3. für Rechtsanwälte und Kammerrechtsbeistände nach § 2 Absatz 1 Nummer 10 die jeweils örtlich zuständige Rechtsanwaltskammer (§§ 60, 163 Satz 4 der Bundesrechtsanwaltsordnung),
4. für Patentanwälte nach § 2 Absatz 1 Nummer 10 die Patentanwaltskammer (§ 53 der Patentanwaltsordnung),
5. für Notare nach § 2 Absatz 1 Nummer 10
   a) der jeweilige Präsident des Landgerichts, in dessen Bezirk der Notar seinen Sitz hat (§ 92 Absatz 1 Nummer 1 der Bundesnotarordnung),
   b) im Fall des § 92 Absatz 3 der Bundesnotarordnung der jeweilige Präsident des Landgerichts, dem die Zuständigkeit zugewiesen wurde,

5a. für Verpflichtete nach § 2 Absatz 1 Nummer 11 das Bundesamt für Justiz,

6. für Wirtschaftsprüfer und vereidigte Buchprüfer nach § 2 Absatz 1 Nummer 12 die Wirtschaftsprüferkammer (§ 57 Absatz 2 Nummer 17 der Wirtschaftsprüferordnung),
7. für Steuerberater und Steuerbevollmächtigte nach § 2 Absatz 1 Nummer 12 die jeweils örtlich zuständige Steuerberaterkammer (§ 76 des Steuerberatungsgesetzes),

7a. für Vereine nach § 4 Nummer 11 des Steuerberatungsgesetzes die für die Aufsicht nach § 27 des Steuerberatungsgesetzes zuständige Behörde,

8. für die Veranstalter und Vermittler von Glücksspielen nach § 2 Absatz 1 Nummer 15, soweit das Landesrecht nichts anderes bestimmt, die für die glücksspielrechtliche Aufsicht zuständige Behörde und

9. im Übrigen die jeweils nach Bundes- oder Landesrecht zuständige Stelle.

§ 51 Aufsicht

(1) Die Aufsichtsbehörden üben die Aufsicht über die Verpflichteten aus.

(2) [1]Die Aufsichtsbehörden können im Rahmen der ihnen gesetzlich zugewiesenen Aufgaben die geeigneten und erforderlichen Maßnahmen und Anordnungen treffen, um die Einhaltung der in diesem Gesetz und der in aufgrund dieses Gesetzes ergangenen Rechtsverordnungen festgelegten Anforderungen sicherzustellen. [2]Insbesondere können die Aufsichtsbehörden in diesem Rahmen durch erforderliche Maßnahmen und Anordnungen sicherstellen, dass die Verpflichteten diese Anforderungen auch im Einzelfall einhalten und nicht entgegen diesen Anforderungen Geschäftsbeziehungen begründen oder fortsetzen und Transaktionen durchführen. [3]Sie können hierzu auch die ihnen für sonstige Aufsichtsaufgaben eingeräumten Befugnisse ausüben. [4]Widerspruch und Anfechtungsklage gegen diese Maßnahmen haben keine aufschiebende Wirkung.

(2a) [1]Die Aufsichtsbehörde nach § 50 Nummer 1 übt, unbeschadet der Aufsicht nach Absatz 1, die Aufsicht über die Einhaltung der Verordnung (EU) 2023/1113 durch Anbieter von Kryptowerte-Dienstleistungen aus. [2]Sie kann die erforderlichen Anordnungen treffen, um die Einhaltung der Verordnung (EU) 2023/1113 durch Anbieter von Kryptowerte-Dienstleistungen sicherzustellen.

(3) [1]Die Aufsichtsbehörde nach § 50 Nummer 1, soweit sich die Aufsichtstätigkeit auf die in § 50 Nummer 1 Buchstabe g und h genannten Verpflichteten oder die in § 50 Nummer 1 Buchstabe b genannten Verpflichteten, soweit sie die Voraussetzungen des § 2 Absatz 6 Nummer 16 des Kreditwesengesetzes erfüllen, bezieht, und die Aufsichtsbehörden nach § 50 Nummer 3 bis 9 können bei den Verpflichteten Prüfungen zur Einhaltung der in diesem Gesetz festgelegten Anforderungen durchführen. [2]Die Prüfungen können ohne besonderen Anlass vor Ort und anderswo erfolgen. [3]Die Aufsichtsbehörden können die Durchführung der Prüfungen vertraglich auf sonstige Personen und Einrichtungen übertragen. [4]Häufigkeit und Intensität der Prüfungen haben sich am Risikoprofil der Verpflichteten im Hinblick auf Geldwäsche und Terrorismusfinanzierung zu orientieren, das in regelmäßigen Abständen und bei Eintritt wichtiger Ereignisse oder Entwicklungen in deren Geschäftsleitung und Geschäftstätigkeit neu zu bewerten ist.

(4) Für Maßnahmen und Anordnungen nach dieser Vorschrift kann die Aufsichtsbehörde nach § 50 Nummer 8 und 9 zur Deckung des Verwaltungsaufwands Kosten erheben.

(5) [1]Die Aufsichtsbehörde nach § 50 Nummer 1, soweit sich die Aufsichtstätigkeit auf die in § 50 Nummer 1 Buchstabe g und h genannten Verpflichteten oder die in § 50 Nummer 1 Buchstabe b genannten Verpflichteten, soweit sie die Voraussetzungen des § 2 Absatz 6 Nummer 16 des Kreditwesengesetzes erfüllen, bezieht, und die Aufsichtsbehörden nach § 50 Nummer 3 bis 9 können einem Verpflichteten, dessen Tätigkeit einer Zulassung bedarf und durch die Aufsichtsbehörde zugelassen wurde, die Ausübung des Geschäfts oder Berufs vorübergehend untersagen oder ihm gegenüber die Zulassung widerrufen, wenn der Verpflichtete vorsätzlich oder fahrlässig

1. gegen die Bestimmungen dieses Gesetzes, gegen die zur Durchführung dieses Gesetzes erlassenen Verordnungen oder gegen Anordnungen der zuständigen Aufsichtsbehörde verstoßen hat,

2. trotz Verwarnung durch die zuständige Aufsichtsbehörde dieses Verhalten fortsetzt und

3. der Verstoß nachhaltig ist.

[2]Hat ein Mitglied der Führungsebene oder ein anderer Beschäftigter eines Verpflichteten vorsätzlich oder fahrlässig einen Verstoß nach Satz 1 begangen, kann die Aufsichtsbehörde nach § 50 Nummer 1, soweit sich die Aufsichtstätigkeit auf die in § 50 Nummer 1 Buchstabe g und h genann-

ten Verpflichteten oder die in § 50 Nummer 1 Buchstabe b genannten Verpflichteten, soweit sie die Voraussetzungen des § 2 Absatz 6 Nummer 16 des Kreditwesengesetzes erfüllen, bezieht, und können die Aufsichtsbehörden nach § 50 Nummer 3 bis 9 dem Verstoßenden gegenüber ein vorübergehendes Verbot zur Ausübung einer Leitungsposition bei Verpflichteten nach § 2 Absatz 1 aussprechen. [3]Handelt es sich bei der Aufsichtsbehörde nicht um die Behörde, die dem Verpflichteten für die Ausübung seiner Tätigkeit die Zulassung erteilt hat, führt die Zulassungsbehörde auf Verlangen derjenigen Aufsichtsbehörde, die einen Verstoß nach Satz 1 festgestellt hat, das Verfahren entsprechend Satz 1 oder 2 durch.

(5a) [1]Ist die für die Aufsicht über einen Verpflichteten nach § 50 Nummer 1 Buchstabe g und h oder die in § 50 Nummer 1 Buchstabe b genannten Verpflichteten, soweit sie die Voraussetzungen des § 2 Absatz 6 Nummer 16 des Kreditwesengesetzes erfüllen, zuständige Behörde eine Behörde in einem anderen Mitgliedstaat der Europäischen Union oder in einem anderen Vertragsstaat des Abkommens über den Europäischen Wirtschaftsraum, kann die Aufsichtsbehörde nach § 50 Nummer 1, wenn die ausländische Behörde selbst keine Maßnahmen ergreift oder sich die von ihr ergriffenen Maßnahmen als unzureichend erweisen und eine sofortige Abhilfe geboten ist, nach Unterrichtung der zuständigen ausländischen Behörde die zur Behebung eines schweren Verstoßes erforderlichen Maßnahmen ergreifen. [2]Soweit erforderlich, kann sie die Durchführung neuer Geschäfte im Inland untersagen. [3]In dringenden Fällen kann die Aufsichtsbehörde nach § 50 Nummer 1 vor Unterrichtung die erforderlichen Maßnahmen ergreifen. [4]Die Maßnahmen müssen befristet und im Hinblick auf den mit ihnen verfolgten Zweck, der Abwendung schwerer Verstöße gegen die Bestimmungen dieses Gesetzes, gegen die zur Durchführung dieses Gesetzes erlassenen Verordnungen oder gegen Anordnungen der zuständigen Aufsichtsbehörden, angemessen sein. [5]Sie sind zu beenden, wenn die festgestellten schweren Verstöße abgewendet wurden. [6]In dringenden Fällen des Satzes 3 ist die ausländische Behörde über die ergriffenen Maßnahmen unverzüglich zu unterrichten.

(5b) [1]Verpflichtete nach § 2 Absatz 1 Nummer 13 haben sich unter Angabe ihrer konkreten Tätigkeit bei der Aufsichtsbehörde zu registrieren, wenn sie nicht bereits nach anderen Vorschriften einer Anmeldung, Eintragung, Erlaubnis oder Zulassung bedürfen. [2]Soweit nicht nach anderen Vorschriften die Befugnis hierzu besteht, kann die Aufsichtsbehörde Mitglieder der Führungs- und Leitungsebene des Verpflichteten abberufen, soweit begründete Tatsachen die Annahme rechtfertigen, dass diese nicht die erforderliche Eignung oder Zuverlässigkeit besitzen. [3]Die Aufsichtsbehörde kann Verpflichteten, bei denen begründete Tatsachen die Annahme rechtfertigen, dass der wirtschaftlich Berechtigte die erforderliche Eignung oder Zuverlässigkeit nicht besitzt, die Ausübung der Dienstleistung nach § 2 Absatz 1 Nummer 13 untersagen. [4]Absatz 5 Satz 1 und 2 gilt entsprechend.

(6) Die nach § 50 Nummer 9 zuständige Aufsichtsbehörde übt zudem die Aufsicht aus, die ihr übertragen ist nach Artikel 55 Absatz 1 der Verordnung (EU) Nr. 1031/2010 der Kommission vom 12. November 2010 über den zeitlichen und administrativen Ablauf sowie sonstige Aspekte der Versteigerung von Treibhausgasemissionszertifikaten gemäß der Richtlinie 2003/87/EG des Europäischen Parlaments und des Rates über ein System für den Handel mit Treibhausgasemissionszertifikaten in der Gemeinschaft (ABl. L 302 vom 18.11.2010, S. 1).

(7) Die nach § 50 Nummer 8 und 9 zuständige Aufsichtsbehörde für Verpflichtete nach § 2 Absatz 1 Nummer 15 kann zur Erfüllung ihrer Aufgaben im Einzelfall bei einem Verpflichteten nach § 2 Absatz 1 Nummer 1 oder Nummer 3 Auskünfte einholen zu Zahlungskonten nach § 1 Absatz 17 des Zahlungsdiensteaufsichtsgesetzes und zu darüber ausgeführten Zahlungsvorgängen

1. eines Veranstalters oder Vermittlers von Glücksspielen im Internet, unabhängig davon, ob er im Besitz einer glücksspielrechtlichen Erlaubnis ist, sowie
2. eines Spielers.

(8) [1]Die Aufsichtsbehörde stellt den Verpflichteten regelmäßig aktualisierte Auslegungs- und Anwendungshinweise für die Umsetzung der Sorgfaltspflichten und der internen Sicherungsmaßnahmen nach den gesetzlichen Bestimmungen zur Verhinderung von Geldwäsche und von Terroris-

musfinanzierung zur Verfügung. [2]Sie kann diese Pflicht auch dadurch erfüllen, dass sie solche Hinweise, die durch Verbände der Verpflichteten erstellt worden sind, genehmigt.

(9) [1]Die Aufsichtsbehörden haben zur Dokumentation ihrer Aufsichtstätigkeit folgende Daten in Form einer Statistik vorzuhalten:

1. Daten zur Aufsichtstätigkeit pro Kalenderjahr, insbesondere:
   a) die Anzahl der in der Aufsichtsbehörde beschäftigten Personen, gemessen in Vollzeitäquivalenten, die mit der Aufsicht über die Verpflichteten nach § 2 Absatz 1 betraut sind;
   b) die Anzahl der durchgeführten Vor-Ort-Prüfungen und der sonstigen ergriffenen Prüfungsmaßnahmen, differenziert nach den betroffenen Verpflichteten nach § 2 Absatz 1;
   c) die Anzahl der Maßnahmen nach Buchstabe b, bei denen die Aufsichtsbehörde eine Pflichtverletzung nach diesem Gesetz oder nach einer auf der Grundlage dieses Gesetzes erlassenen Rechtsverordnung festgestellt hat, sowie die Anzahl der Fälle, in denen die Aufsichtsbehörde anderweitig Kenntnis von einer solchen Pflichtverletzung erlangt hat, und
   d) Art und Umfang der daraufhin von der Aufsichts- und Verwaltungsbehörde rechtskräftig ergriffenen Maßnahmen; dazu gehören die Anzahl
      aa) der erteilten Verwarnungen,
      bb) der festgesetzten Bußgelder einschließlich der jeweiligen Höhe, differenziert danach, ob und inwieweit eine Bekanntmachung nach § 57 erfolgte,
      cc) der angeordneten Abberufungen von Geldwäschebeauftragten oder Mitgliedern der Geschäftsführung,
      dd) der angeordneten Erlaubnisentziehungen,
      ee) der sonstigen ergriffenen Maßnahmen;
   e) Art und Umfang der Maßnahmen, um die Verpflichteten nach § 2 Absatz 1 über die von ihnen einzuhaltenden Sorgfaltspflichten und internen Sicherungsmaßnahmen zu informieren;
2. die Anzahl der von der Aufsichtsbehörde nach § 44 abgegebenen Verdachtsmeldungen pro Kalenderjahr, differenziert nach den betroffenen Verpflichteten nach § 2 Absatz 1.

[2]Die Aufsichtsbehörden haben dem Bundesministerium der Finanzen und der Zentralstelle für Finanztransaktionsuntersuchungen die Daten nach Satz 1 mit Stand zum 31. Dezember des Berichtsjahres bis zum 31. März des Folgejahres in elektronischer Form zu übermitteln. [3]Das Bundesministerium der Finanzen und die Zentralstelle für Finanztransaktionsuntersuchungen können dazu einen gemeinsamen Vordruck vorsehen. [4]Die Aufsichtsbehörden teilen der Zentralstelle für Finanztransaktionsuntersuchungen ihre Kontaktdaten, ihre Angaben zu ihrem Zuständigkeitsbereich und ihre Änderungen der Daten unverzüglich mit.

(10) [1]Die zuständigen Aufsichtsbehörden unterrichten das Bundesministerium der Finanzen vor der Anordnung oder der Anwendung der in § 15 Absatz 5a genannten Maßnahmen. [2]Das Bundesministerium der Finanzen unterrichtet die Europäische Kommission vor der Anordnung oder der Anwendung der in § 15 Absatz 5a genannten Maßnahmen durch die zuständigen Aufsichtsbehörden sowie über den Erlass einer Rechtsverordnung nach § 15 Absatz 10 Satz 1 Nummer 2.

§ 51a Verarbeitung personenbezogener Daten durch Aufsichtsbehörden

(1) Die nach diesem Gesetz zuständigen Aufsichtsbehörden sind befugt, personenbezogene Daten zu verarbeiten, soweit dies zur Erfüllung ihrer gesetzlichen Aufgaben erforderlich ist.

(2) [1]Verarbeiten die nach diesem Gesetz zuständigen Aufsichtsbehörden im Zuge einer aufsichtsrechtlichen Maßnahme nach diesem Gesetz oder auf Grundlage der nach diesem Gesetz ergangenen Rechtsverordnungen personenbezogene Daten, stehen den betroffenen Personen die Rechte aus den Artikeln 15 bis 18 und 20 bis 22 der Verordnung (EU) 2016/679 nicht zu, soweit die Erfüllung der Rechte der betroffenen Personen Folgendes gefährden würde:

1. den Zweck der Maßnahme,
2. die Stabilität der Finanzmärkte der Bundesrepublik Deutschland oder eines oder mehrerer Mitgliedstaaten des Europäischen Wirtschaftsraums,
3. ein sonstiges wichtiges Ziel des allgemeinen öffentlichen Interesses der Bundesrepublik Deutschland oder eines oder mehrerer Mitgliedstaaten des Europäischen Wirtschaftsraums, insbesondere ein wichtiges wirtschaftliches oder finanzielles Interesse oder
4. die Verhütung, Ermittlung, Aufdeckung oder Verfolgung von Straftaten oder die Strafvollstreckung, einschließlich des Schutzes vor und der Abwehr von Gefahren für die öffentliche Sicherheit.

[2]Unter diesen Voraussetzungen ist die zuständige Aufsichtsbehörde auch von den Pflichten nach den Artikeln 12 bis 14, 19 und 34 sowie den Transparenzpflichten nach Artikel 5 der Verordnung (EU) 2016/679 befreit. [3]Die Sätze 1 und 2 gelten entsprechend für Personen und Einrichtungen, derer sich die zuständige Aufsichtsbehörde bei der Durchführung ihrer Aufgaben bedient sowie für die registerführende Stelle.

(3) Die betroffene Person ist über den Wegfall der Beschränkung zu informieren, sofern dies nicht dem Zweck der Beschränkung abträglich ist.

(4) [1]Wird der betroffenen Person in den Fällen des Absatzes 2 Satz 1 bis 3 keine Auskunft erteilt, so ist auf ihr Verlangen je nach Zuständigkeit dem Bundesbeauftragten für den Datenschutz und die Informationsfreiheit oder der nach Landesrecht für den Datenschutz zuständigen Aufsichtsbehörde die Auskunft zu erteilen, soweit nicht im Einzelfall festgestellt wird, dass dadurch die öffentliche Sicherheit des Bundes oder eines Landes oder die Stabilität und Integrität der Finanzmärkte gefährdet würde. [2]Die Mitteilung des Bundesbeauftragten für den Datenschutz und die Informationsfreiheit oder der nach Landesrecht für den Datenschutz zuständigen Aufsichtsbehörde an die betroffene Person über das Ergebnis der datenschutzrechtlichen Prüfung darf keine Rückschlüsse auf den Erkenntnisstand der zuständigen Aufsichtsbehörde und der Personen und Einrichtungen, derer sich die zuständige Aufsichtsbehörde bei der Durchführung ihrer Aufgaben bedient, zulassen, sofern diese nicht einer weitergehenden Auskunft zustimmt.

§ 52 Mitwirkungspflichten

(1) [1]Ein Verpflichteter, die Mitglieder seiner Organe und seine Beschäftigten haben der nach § 50 Nummer 1 zuständigen Aufsichtsbehörde, soweit sich die Aufsichtstätigkeit auf die in § 50 Nummer 1 Buchstabe g und h genannten Verpflichteten bezieht, der nach § 50 Nummer 3 bis 9 zuständigen Aufsichtsbehörde sowie den Personen und Einrichtungen, derer sich diese Aufsichtsbehörden zur Durchführung ihrer Aufgaben bedienen, auf Verlangen unentgeltlich

1. Auskunft über alle Geschäftsangelegenheiten und Transaktionen zu erteilen und
2. Unterlagen vorzulegen,

die für die Einhaltung der in diesem Gesetz festgelegten Anforderungen von Bedeutung sind. [2]Im Rahmen der Pflicht nach Satz 1 Nummer 2 hat der Verpflichtete der Behörde die vorzulegenden Unterlagen im Original, in Form von Kopien oder in digitaler Form auf elektronischem Wege oder auf einem digitalen Speichermedium zur Verfügung zu stellen.

(2) Bei den Prüfungen nach § 51 Absatz 3 ist es den Bediensteten der Aufsichtsbehörde und den sonstigen Personen, derer sich die zuständige Aufsichtsbehörde bei der Durchführung der Prüfungen bedient, gestattet, die Geschäftsräume des Verpflichteten innerhalb der üblichen Betriebs- und Geschäftszeiten zu betreten und zu besichtigen.

(3) Die Betroffenen haben Maßnahmen nach Absatz 2 zu dulden.

(4) Der zur Erteilung einer Auskunft Verpflichtete kann die Auskunft auf solche Fragen verweigern, deren Beantwortung ihn selbst oder einen der in § 383 Absatz 1 Nummer 1 bis 3 der Zivilprozessordnung bezeichneten Angehörigen der Gefahr strafrechtlicher Verfolgung oder eines Verfahrens nach dem Gesetz über Ordnungswidrigkeiten aussetzen würde.

(5) [1]Verpflichtete nach § 2 Absatz 1 Nummer 10 und 12 können die Auskunft auch auf Fragen verweigern, wenn sich diese Fragen auf Informationen beziehen, die sie im Rahmen der Rechtsberatung oder der Prozessvertretung des Vertragspartners erhalten haben. [2]Die Pflicht zur Auskunft bleibt bestehen, wenn der Verpflichtete weiß, dass sein Mandant seine Rechtsberatung für den Zweck der Geldwäsche oder der Terrorismusfinanzierung in Anspruch genommen hat oder nimmt.

(6) [1]Personen, bei denen aufgrund ihrer Geschäftstätigkeit Tatsachen die Annahme rechtfertigen, dass sie Verpflichtete nach § 2 Absatz 1 sind, haben der nach § 50 zuständigen Aufsichtsbehörde auf Verlangen unentgeltlich Auskunft über alle Geschäftsangelegenheiten zu erteilen und Unterlagen vorzulegen, soweit dies für die Feststellung der Verpflichteteneigenschaft erforderlich ist. [2]Absatz 1 Satz 2 sowie die Absätze 4 und 5 gelten entsprechend.

§ 53 Hinweise auf Verstöße

(1) [1]Die Aufsichtsbehörden errichten ein System zur Annahme von Hinweisen zu potenziellen oder tatsächlichen Verstößen gegen dieses Gesetz und gegen auf Grundlage dieses Gesetzes erlassene Rechtsverordnungen und gegen andere Bestimmungen zur Verhinderung von Geldwäsche und von Terrorismusfinanzierung, bei denen es die Aufgabe der Aufsichtsbehörde ist, die Einhaltung der genannten Rechtsvorschriften sicherzustellen oder Verstöße gegen die genannten Rechtsvorschriften zu ahnden. [2]Das System hat die Abgabe von Hinweisen über einen geschützten Kommunikationsweg zu ermöglichen. [3]Die Hinweise können auch anonym abgegeben werden.

(2) Die Aufsichtsbehörden sind zu diesem Zweck befugt, personenbezogene Daten zu verarbeiten, soweit dies zur Erfüllung ihrer Aufgaben erforderlich ist.

(3) [1]Die Aufsichtsbehörden machen die Identität einer Person, die einen Hinweis abgegeben hat, nur bekannt, wenn sie zuvor die ausdrückliche Zustimmung dieser Person eingeholt haben. [2]Sie geben die Identität einer Person, die Gegenstand eines Hinweises ist, nicht bekannt. [3]Die Sätze 1 und 2 gelten nicht, wenn

1. eine Weitergabe der Information im Kontext weiterer Ermittlungen oder nachfolgender Verwaltungs- oder Gerichtsverfahren aufgrund eines Gesetzes erforderlich ist oder
2. die Offenlegung durch einen Gerichtsbeschluss oder in einem Gerichtsverfahren angeordnet wird.

(4) Das Informationsfreiheitsgesetz findet auf die Vorgänge nach dieser Vorschrift keine Anwendung.

(5) [1]Mitarbeiter, die bei Unternehmen und Personen beschäftigt sind, die von den zuständigen Aufsichtsbehörden nach Absatz 1 beaufsichtigt werden, oder bei anderen Unternehmen oder Personen beschäftigt sind, auf die Tätigkeiten von beaufsichtigten Unternehmen oder Personen ausgelagert wurden, und die einen Hinweis nach Absatz 1 abgeben, dürfen wegen dieses Hinweises weder nach arbeitsrechtlichen oder nach strafrechtlichen Vorschriften verantwortlich gemacht noch zum Ersatz von Schäden herangezogen oder anderweitig benachteiligt werden. [2]Satz 1 gilt nicht, wenn der Hinweis vorsätzlich unwahr oder grob fahrlässig unwahr abgegeben worden ist.

(5a) [1]Mitarbeitern im Sinne des Absatzes 5, die aufgrund der Abgabe eines Hinweises nach Absatz 1 und entgegen dem Benachteiligungsverbot des Absatzes 5 einer Benachteiligung im Zusammenhang mit ihrem Beschäftigungsverhältnis ausgesetzt sind, steht bei der zuständigen Aufsichtsbehörde das Recht der Beschwerde zu. [2]Der Rechtsweg bleibt von dem Beschwerdeverfahren unberührt. [3]Dem Beschwerdeführer steht für die Einreichung der Beschwerde nach Satz 1 der geschützte Kommunikationsweg nach Absatz 1 Satz 2 zur Verfügung.

(6) [1]Nicht vertraglich eingeschränkt werden darf die Berechtigung zur Abgabe von Hinweisen nach Absatz 1 durch Mitarbeiter, die beschäftigt sind bei

1. Unternehmen und Personen, die von den Aufsichtsbehörden nach Absatz 1 beaufsichtigt werden, oder
2. anderen Unternehmen oder Personen, auf die Tätigkeiten von beaufsichtigten Unternehmen oder Personen ausgelagert wurden.

[2]Dem entgegenstehende Vereinbarungen sind unwirksam.

(7) Durch die Einrichtung und Führung des Systems zur Abgabe von Hinweisen zu Verstößen werden die Rechte einer Person, die Gegenstand eines Hinweises ist, nicht eingeschränkt, insbesondere nicht die Rechte nach den

1. §§ 28 und 29 des Verwaltungsverfahrensgesetzes,
2. §§ 68 bis 71 der Verwaltungsgerichtsordnung und
3. §§ 137, 140, 141 und 147 der Strafprozessordnung.

(8) [1]Soweit die Bundesanstalt für Finanzdienstleistungsaufsicht als zuständige Behörde im Sinne des § 50 für die Errichtung eines Systems im Sinne von Absatz 1 zuständig ist, richten sich die Errichtung und der Betrieb nach § 4d des Finanzdienstleistungsaufsichtsgesetzes. [2]Die Absätze 3 bis 7 finden insoweit keine Anwendung.

§ 54 Verschwiegenheitspflicht

(1) [1]Soweit Personen, die bei den zuständigen Aufsichtsbehörden nach § 50 beschäftigt sind oder für diese Aufsichtsbehörden tätig sind, Aufgaben nach § 51 Absatz 1 erfüllen, dürfen sie die ihnen bei ihrer Tätigkeit bekannt gewordenen Tatsachen nicht unbefugt offenbaren oder verwerten, wenn die Geheimhaltung dieser Tatsachen, insbesondere Geschäfts- und Betriebsgeheimnisse, im Interesse eines von ihnen beaufsichtigten Verpflichteten oder eines Dritten liegt. [2]Satz 1 gilt auch, wenn sie nicht mehr im Dienst sind oder ihre Tätigkeit beendet ist. [3]Die datenschutzrechtlichen Bestimmungen, die von den beaufsichtigten Verpflichteten zu beachten sind, bleiben unberührt.

(2) Absatz 1 gilt auch für andere Personen, die durch dienstliche Berichterstattung Kenntnis von den in Absatz 1 Satz 1 bezeichneten Tatsachen erhalten.

(3) Ein unbefugtes Offenbaren oder Verwerten liegt insbesondere nicht vor, wenn Tatsachen im Sinne von Absatz 1 weitergegeben werden, soweit der Weitergabe keine anderen Rechtsvorschriften entgegenstehen,

1. in zusammengefasster oder aggregierter Form, so dass einzelne Verpflichtete nicht identifiziert werden können, oder
2. an eine der folgenden Stellen, soweit diese Stellen die Informationen zur Erfüllung ihrer Aufgaben benötigen:
   a) an die Strafverfolgungsbehörden, an die für Straf- und Bußgeldsachen zuständigen Behörden und Gerichte,
   b) an andere Stellen, die kraft Gesetzes oder im öffentlichen Auftrag mit der Aufklärung und Verhinderung von Geldwäsche oder von Terrorismusfinanzierung oder mit der Aufsicht über Kredit- und Finanzinstitute im Sinne von Artikel 3 der Richtlinie (EU) 2015/849 betraut sind, sowie an Personen, die von diesen Stellen beauftragt werden,
   c) an die Europäische Zentralbank, soweit sie im Einklang mit der Verordnung (EU) Nr. 1024/2013 des Rates vom 15. Oktober 2013 zur Übertragung besonderer Aufgaben im Zusammenhang mit der Aufsicht über Kreditinstitute auf die Europäische Zentralbank tätig wird,
   d) an die zentralen Meldestellen im Sinne von Artikel 32 Absatz 1 der Richtlinie (EU) 2015/849 und
   e) an andere Stellen, die kraft Gesetzes oder im öffentlichen Auftrag mit der Aufsicht über das allgemeine Risikomanagement oder über die Compliance von Verpflichteten betraut sind, sowie an Personen, die von diesen Stellen beauftragt sind.

(4) [1]Befindet sich eine der in Absatz 3 genannten Stellen in einem anderen Staat oder handelt es sich um eine supranationale Stelle, so dürfen Tatsachen im Sinne von Absatz 1 nur weitergegeben werden, wenn die bei dieser Stelle beschäftigten Personen oder die im Auftrag dieser Stelle handelnden Personen einer Verschwiegenheitspflicht unterliegen, die der Verschwiegenheitspflicht nach den Absätzen 1 bis 3 weitgehend entspricht. [2]Die ausländische oder supranationale Stelle ist

von der weitergebenden Stelle darauf hinzuweisen, dass sie die Tatsachen nur zu dem Zweck verwenden darf, zu dessen Erfüllung ihr diese übermittelt werden. [3]Tatsachen, die aus einem anderen Staat stammen, dürfen nur weitergegeben werden

1. mit ausdrücklicher Zustimmung der zuständigen Behörden, die diese Tatsachen mitgeteilt haben, und
2. für solche Zwecke, denen die zuständigen Behörden zugestimmt haben.

§ 55 Zusammenarbeit mit anderen Behörden

(1) [1]Die Aufsichtsbehörden arbeiten zur Verhinderung und zur Bekämpfung von Geldwäsche und von Terrorismusfinanzierung bei der Wahrnehmung ihrer Aufgaben nach § 51 untereinander sowie mit den in § 54 Absatz 3 genannten Stellen umfassend zusammen. [2]Im Rahmen dieser Zusammenarbeit sind die Aufsichtsbehörden verpflichtet, einander von Amts wegen und auf Ersuchen Informationen einschließlich personenbezogener Daten und die Ergebnisse der Prüfungen zu übermitteln, soweit deren Kenntnis für die Erfüllung der Aufgaben der Aufsichtsbehörden nach § 51 erforderlich ist. [3]Die zuständige Aufsichtsbehörde übermittelt im Einzelfall von Amts wegen sämtliche Informationen an die zuständige Verwaltungsbehörde, soweit diese für die Erfüllung der Aufgaben der Verwaltungsbehörde erforderlich sind. [4]Bei Anhaltspunkten für strafrechtliche Verstöße informieren die Aufsichtsbehörden unverzüglich die zuständigen Strafverfolgungsbehörden.

(2) Die nach § 155 Absatz 2 der Gewerbeordnung in Verbindung mit dem jeweiligen Landesrecht nach § 14 Absatz 1 der Gewerbeordnung zuständigen Behörden übermitteln auf Ersuchen den nach § 50 Nummer 9 zuständigen Aufsichtsbehörden kostenfrei die Daten aus der Gewerbeanzeige gemäß den Anlagen 1 bis 3 der Gewerbeanzeigenverordnung über Verpflichtete nach § 2 Absatz 1, soweit die Kenntnis dieser Daten zur Wahrnehmung der Aufgaben der Aufsichtsbehörden nach § 51 erforderlich ist.

(3) Die Registerbehörde nach § 11a Absatz 1 der Gewerbeordnung übermittelt auf Ersuchen den nach § 50 Nummer 9 zuständigen Aufsichtsbehörden kostenfrei die in § 6 der Finanzanlagenvermittlungsverordnung und die in § 8 der Versicherungsvermittlungsverordnung genannten Daten, soweit die Kenntnis dieser Daten zur Wahrnehmung der Aufgaben der Aufsichtsbehörden nach § 51 erforderlich ist.

(3b) [1]Zur Aufgabenwahrnehmung nach § 50c Absatz 2 Nummer 5 sind die Koordinierenden Stellen der Länder befugt, bei den zuständigen Finanzbehörden die Mitteilung von Name und Anschrift zu den durch die Aufsichtsbehörden des Landes nach § 50 Nummer 9 zu beaufsichtigenden Verpflichteten im Sinne des § 2 Absatz 1 Nummer 13, 14 oder 16, geordnet nach Wirtschaftszweigen und Betriebsgrößenklassen, zu verlangen. [2]Sammelersuchen sind zulässig.

(4) Weitergehende Befugnisse der Aufsichtsbehörden zur Verarbeitung von personenbezogenen Daten nach anderen Rechtsvorschriften bleiben unberührt.

(5) [1]In grenzüberschreitenden Fällen koordinieren die zusammenarbeitenden Aufsichtsbehörden und die in § 54 Absatz 3 genannten Stellen ihre Maßnahmen. [2]Unterhält ein Verpflichteter, der seinen Sitz in einem anderen Mitgliedstaat der Europäischen Union hat, eine oder mehrere Zweigstellen oder Zweigniederlassungen in Deutschland, so arbeiten die in Satz 1 genannten Aufsichtsbehörden und Stellen mit den zuständigen Behörden des Mitgliedstaats zusammen, in dem der Verpflichtete seinen Hauptsitz hat.

(6) [1]Soweit die Aufsichtsbehörden die Aufsicht über die Verpflichteten nach § 2 Absatz 1 Nummer 1 bis 3 und 6 bis 9 ausüben, stellen sie der Europäischen Bankenaufsichtsbehörde auf deren Verlangen alle Informationen zur Verfügung, die erforderlich sind zur Durchführung von ihren Aufgaben aufgrund der Richtlinie (EU) 2015/849 sowie der Verordnung (EU) Nr. 1093/2010 des Europäischen Parlaments und des Rates vom 24. November 2010 zur Errichtung einer Europäischen Aufsichtsbehörde (Europäische Bankenaufsichtsbehörde), zur Änderung des Beschlusses Nr. 716/2009/EG und zur Aufhebung des Beschlusses 2009/78/EG der Kommission (ABl. L 331 vom 15.12.2010, S. 12). [2]Die Informationen sind zur Verfügung zu stellen nach Maßgabe des Artikels 35 der Verordnung (EU) Nr. 1093/2010.

(6a) Die zuständigen Aufsichtsbehörden unterrichten die Europäische Bankenaufsichtsbehörde über Fälle, in denen bei Verpflichteten nach § 2 Absatz 1 Nummer 1 bis 3 und 6 bis 9, die Mutterunternehmen einer Gruppe sind, eine Umsetzung der in § 9 Absatz 1 Satz 2 Nummer 1, 3 und 4 genannten Maßnahmen nach dem Recht des Drittstaates nicht zulässig ist.

(6b) Die Aufsichtsbehörde nach § 50 Nummer 1 dient in Kooperation mit den weiteren Aufsichtsbehörden nach § 50 Nummer 2 und 9 als Kontaktstelle für die Europäische Bankenaufsichtsbehörde hinsichtlich der Verpflichteten nach § 2 Absatz 1 Nummer 1 bis 3 und 6 bis 9.

(7) Dem Informationsaustausch mit den zuständigen Aufsichtsbehörden anderer Mitgliedstaaten der Europäischen Union stehen nicht entgegen:

1. ein Bezug des Ersuchens zu steuerlichen Belangen,
2. Vorgaben des nationalen Rechts, nach denen die Verpflichteten die Vertraulichkeit oder Geheimhaltung zu wahren haben, außer in Fällen, in denen
   a) die einschlägigen Informationen, auf die sich das Ersuchen bezieht, durch ein Zeugnisverweigerungsrecht geschützt werden oder
   b) ein Berufsgeheimnis gemäß § 43 Absatz 2 Satz 1 greift,
3. die Anhängigkeit eines Ermittlungsverfahrens, einer Untersuchung oder eines Verfahrens in dem ersuchenden Mitgliedstaat, es sei denn, das Ermittlungsverfahren, die Untersuchung oder das Verfahren würde durch die Amtshilfe beeinträchtigt,
4. Unterschiede in der Art und Stellung der ersuchenden und der ersuchten Behörde.

(8) [1]Die zuständigen Aufsichtsbehörden gemäß § 50 Nummer 1 und 2 können mit den zuständigen Behörden von Drittstaaten, die diesen zuständigen Aufsichtsbehörden entsprechen, Kooperationsvereinbarungen zur Zusammenarbeit und zum Austausch von Tatsachen im Sinne von § 54 Absatz 1 schließen. [2]Solche Kooperationsvereinbarungen werden auf Basis der Gegenseitigkeit und nur dann geschlossen, wenn gewährleistet ist, dass die übermittelten Tatsachen zumindest den in § 54 Absatz 1 enthaltenen Anforderungen unterliegen. [3]Die gemäß diesen Kooperationsvereinbarungen weitergegebenen Tatsachen müssen der Erfüllung der aufsichtsrechtlichen Aufgaben dieser Behörden dienen. [4]§ 54 Absatz 4 gilt entsprechend.

§ 56 Bußgeldvorschriften

(1) [1]Ordnungswidrig handelt, wer vorsätzlich oder leichtfertig

1. entgegen § 5 Absatz 1 Satz 1 Risiken nicht ermittelt oder nicht bewertet,
2. entgegen § 5 Absatz 2 Nummer 1 und Nummer 2 die Risikoanalyse nicht dokumentiert oder regelmäßig überprüft und gegebenenfalls aktualisiert,
3. entgegen § 6 Absatz 1 keine angemessenen geschäfts- und kundenbezogenen internen Sicherungsmaßnahmen schafft oder entgegen § 6 Absatz 1 Satz 3 die Funktionsfähigkeit der Sicherungsmaßnahmen nicht überwacht oder wer geschäfts- und kundenbezogene interne Sicherungsmaßnahmen nicht regelmäßig oder nicht bei Bedarf aktualisiert,
4. entgegen § 6 Absatz 4 keine Datenverarbeitungssysteme betreibt oder sie nicht aktualisiert,
5. einer vollziehbaren Anordnung nach § 6 Absatz 9 nicht nachkommt,
6. entgegen § 8 Absatz 1 und 2 eine Angabe, eine Information, Ergebnisse der Untersuchung, Erwägungsgründe oder eine nachvollziehbare Begründung des Bewertungsergebnisses nicht, nicht richtig oder nicht vollständig aufzeichnet oder aufbewahrt,
7. entgegen § 8 Absatz 4 Satz 1 eine Aufzeichnung oder einen sonstigen Beleg nicht fünf Jahre aufbewahrt,
8. entgegen § 9 Absatz 1 Satz 2, auch in Verbindung mit Absatz 4, keine gruppenweit einheitlichen Vorkehrungen, Verfahren und Maßnahmen schafft,

9. entgegen § 9 Absatz 1 Satz 3, auch in Verbindung mit Absatz 4, nicht die wirksame Umsetzung der gruppenweit einheitlichen Pflichten und Maßnahmen sicherstellt,
10. entgegen § 9 Absatz 2, auch in Verbindung mit Absatz 4, nicht sicherstellt, dass die in einem anderen Mitgliedstaat der Europäischen Union befindlichen gruppenangehörigen Unternehmen gemäß § 1 Absatz 16 Nummer 2 bis 4, die dort Pflichten zur Verhinderung von Geldwäsche und Terrorismusfinanzierung unterliegen, die geltenden nationalen Rechtsvorschriften zur Umsetzung der Richtlinie (EU) 2015/849 einhalten,
11. entgegen § 9 Absatz 3 Satz 2, auch in Verbindung mit Absatz 4, nicht sicherstellt, dass die in einem Drittstaat ansässigen Zweigstellen und gruppenangehörigen Unternehmen nach § 1 Absatz 16 Nummer 2 zusätzliche Maßnahmen ergreifen, um dem Risiko der Geldwäsche oder der Terrorismusfinanzierung wirksam zu begegnen, oder die nach § 50 zuständige Aufsichtsbehörde nicht über die getroffenen Maßnahmen informiert,
12. einer vollziehbaren Anordnung nach § 9 Absatz 3 Satz 3, auch in Verbindung mit Absatz 4, zuwiderhandelt,
13. entgegen § 9 Absatz 5 Satz 1 die in Absatz 1 Satz 2 Nummer 1, 3 und 4 genannten Maßnahmen nicht umsetzt,
14. entgegen § 9 Absatz 5 Satz 2 die in Absatz 1 Satz 2 Nummer 3 und 4 genannten Maßnahmen nicht umsetzt.
15. entgegen § 10 Absatz 1 Nummer 1 eine Identifizierung des Vertragspartners oder einer für den Vertragspartner auftretenden Person nicht, nicht richtig, nicht vollständig oder nicht in der vorgeschriebenen Weise vornimmt oder nicht prüft, ob die für den Vertragspartner auftretende Person hierzu berechtigt ist,
16. entgegen § 10 Absatz 1 Nummer 2 nicht prüft, ob der Vertragspartner für einen wirtschaftlich Berechtigten handelt,
17. entgegen § 10 Absatz 1 Nummer 2 den wirtschaftlich Berechtigten nicht identifiziert,
18. entgegen § 10 Absatz 1 Nummer 3 keine Informationen über den Zweck und die angestrebte Art der Geschäftsbeziehung einholt oder diese Informationen nicht bewertet,
19. entgegen § 10 Absatz 1 Nummer 4 nicht oder nicht richtig feststellt, ob es sich bei dem Vertragspartner oder bei dem wirtschaftlich Berechtigten um eine politisch exponierte Person, um ein Familienmitglied oder um eine bekanntermaßen nahestehende Person handelt,
20. entgegen § 10 Absatz 1 Nummer 5 die Geschäftsbeziehung, einschließlich der in ihrem Verlauf durchgeführten Transaktionen, nicht oder nicht richtig kontinuierlich überwacht,
21. entgegen § 10 Absatz 2 Satz 1 den konkreten Umfang der allgemeinen Sorgfaltspflichten nicht entsprechend dem jeweiligen Risiko der Geldwäsche oder Terrorismusfinanzierung bestimmt,
22. entgegen § 10 Absatz 2 Satz 4 oder entgegen § 14 Absatz 1 Satz 2 nicht darlegt, dass der Umfang der von ihm getroffenen Maßnahmen im Hinblick auf die Risiken der Geldwäsche und der Terrorismusfinanzierung als angemessen anzusehen ist,
23. entgegen § 10 Absatz 6 oder Absatz 6a den Sorgfaltspflichten nicht nachkommt,
24. entgegen § 10 Absatz 8 keine Mitteilung macht,
25. entgegen § 10 Absatz 9, § 14 Absatz 3 oder § 15 Absatz 9 in Verbindung mit § 15 Absatz 3 Nummer 1, 3 und 4 die Geschäftsbeziehung begründet, fortsetzt, sie nicht kündigt oder nicht auf andere Weise beendet oder die Transaktion durchführt,
26. entgegen § 11 Absatz 1 Vertragspartner, für diese auftretenden Personen oder wirtschaftlich Berechtigte nicht rechtzeitig identifiziert,
27. entgegen § 11 Absatz 2 die Vertragsparteien für diese auftretende Personen oder wirtschaftlich Berechtigte nicht oder nicht rechtzeitig identifiziert,
28. entgegen § 11 Absatz 3 Satz 2 keine erneute Identifizierung durchführt,

29. entgegen § 11 Absatz 4 Nummer 1 oder 2 die Angaben nicht oder nicht vollständig erhebt,
30. entgegen § 11 Absatz 5 Satz 1 zur Feststellung der Identität des wirtschaftlich Berechtigten dessen Namen nicht erhebt,
31. entgegen § 14 Absatz 2 Satz 2 nicht die Überprüfung von Transaktionen und die Überwachung von Geschäftsbeziehungen in einem Umfang sicherstellt, der es ermöglicht, ungewöhnliche oder verdächtige Transaktionen zu erkennen und zu melden,
32. entgegen § 15 Absatz 2 keine verstärkten Sorgfaltspflichten erfüllt,
33. entgegen § 15 Absatz 4 Satz 1 Nummer 1 in Verbindung mit Absatz 2 oder Absatz 3 Nummer 1 vor der Begründung oder Fortführung einer Geschäftsbeziehung nicht die Zustimmung eines Mitglieds der Führungsebene einholt,
34. entgegen § 15 Absatz 4 Satz 1 Nummer 2 in Verbindung mit Absatz 2 oder Absatz 3 Nummer 1 keine Maßnahmen ergreift,
35. entgegen § 15 Absatz 4 Satz 1 Nummer 3 in Verbindung mit Absatz 2 oder Absatz 3 Nummer 1 die Geschäftsbeziehung keiner verstärkten kontinuierlichen Überwachung unterzieht,
36. entgegen § 15 Absatz 5 Nummer 1 Buchstabe a bis f in Verbindung mit Absatz 3 Nummer 2 keine Informationen einholt,
37. entgegen § 15 Absatz 5 Nummer 2 in Verbindung mit Absatz 3 Nummer 2 nicht die Zustimmung eines Mitglieds der Führungsebene einholt,
38. entgegen § 15 Absatz 5 Nummer 3 in Verbindung mit Absatz 3 Nummer 2 die Geschäftsbeziehung nicht einer verstärkten Überwachung unterzieht,
39. entgegen § 15 Absatz 6 Nummer 1 in Verbindung mit Absatz 3 Nummer 3 die Transaktion nicht untersucht,
40. entgegen § 15 Absatz 6 Nummer 2 in Verbindung mit Absatz 3 Nummer 3 die zugrunde liegende Geschäftsbeziehung keiner verstärkten kontinuierlichen Überwachung unterzieht,
41. entgegen § 15 Absatz 7 Nummer 1 in Verbindung mit Absatz 3 Nummer 4 keine ausreichenden Informationen einholt,
42. entgegen § 15 Absatz 7 Nummer 2 in Verbindung mit Absatz 3 Nummer 4 nicht die Zustimmung eines Mitglieds der Führungsebene einholt,
43. entgegen § 15 Absatz 7 Nummer 3 in Verbindung mit Absatz 3 Nummer 4 die Verantwortlichkeiten nicht festlegt oder nicht dokumentiert,
44. entgegen § 15 Absatz 7 Nummer 4 oder Nummer 5 in Verbindung mit Absatz 3 Nummer 4 keine Maßnahmen ergreift,

44a. entgegen § 15a keine Maßnahmen zur Risikoermittlung, Risikobewertung oder zur Risikominderung trifft,

45. entgegen § 15 Absatz 5a und 8 einer vollziehbaren Anordnung der Aufsichtsbehörde zuwiderhandelt,
46. entgegen § 16 Absatz 2 einen Spieler zum Glücksspiel zulässt,
47. entgegen § 16 Absatz 3 Einlagen oder andere rückzahlbare Gelder entgegennimmt,
48. entgegen § 16 Absatz 4 Transaktionen des Spielers an den Verpflichteten auf anderen als den in § 16 Absatz 4 Nummer 1 und 2 genannten Wegen zulässt,
49. entgegen § 16 Absatz 5 seinen Informationspflichten nicht nachkommt,
50. entgegen § 16 Absatz 7 Satz 1 Nummer 2 Transaktionen auf ein Zahlungskonto vornimmt,
51. entgegen § 16 Absatz 7 Satz 2 trotz Aufforderung durch die Aufsichtsbehörde den Verwendungszweck nicht hinreichend spezifiziert,

52. entgegen § 16 Absatz 8 Satz 3 die vollständige Identifizierung nicht oder nicht rechtzeitig durchführt,
53. entgegen § 17 Absatz 2 die Erfüllung der Sorgfaltspflichten durch einen Dritten ausführen lässt, der in einem Drittstaat mit hohem Risiko ansässig ist,
54. entgegen § 18 Absatz 3 Informationen nicht oder nicht rechtzeitig zur Verfügung stellt,
55. entgegen § 20 Absatz 1 Angaben zu den wirtschaftlich Berechtigten
    a) nicht einholt,
    b) nicht, nicht richtig oder nicht vollständig aufbewahrt,
    c) nicht auf aktuellem Stand hält oder
    d) nicht, nicht richtig, nicht vollständig oder nicht rechtzeitig der registerführenden Stelle mitteilt,
56. entgegen § 20 Absatz 2 seine Mitteilungspflicht nicht, nicht richtig, nicht vollständig oder nicht rechtzeitig erfüllt,
57. ohne von der mitteilungspflichtigen Vereinigung dazu ermächtigt worden zu sein, der registerführenden Stelle Angaben zu den wirtschaftlich Berechtigten zur Eintragung in das Transparenzregister elektronisch mitteilt,
58. entgegen § 20 Absatz 3 seine Mitteilungspflicht nicht, nicht richtig, nicht vollständig oder nicht rechtzeitig erfüllt,
59. entgegen § 20 Absatz 3a Satz 1 bis 3 oder Absatz 3b Satz 1 seine Mitteilungspflicht nicht, nicht richtig, nicht vollständig oder nicht rechtzeitig erfüllt,
60. entgegen § 20 Absatz 3a Satz 4 oder Absatz 3b Satz 3 seiner Dokumentationspflicht nicht nachkommt,
61. entgegen § 21 Absatz 1 oder 2 Angaben zu den wirtschaftlich Berechtigten
    a) nicht einholt,
    b) nicht, nicht richtig oder nicht vollständig aufbewahrt,
    c) nicht auf aktuellem Stand hält oder
    d) nicht, nicht richtig, nicht vollständig oder nicht rechtzeitig der registerführenden Stelle mitteilt,
62. entgegen § 21 Absatz 1b seine Mitteilungspflicht nicht, nicht richtig, nicht vollständig oder nicht rechtzeitig erfüllt,
63. eine unrichtige Mitteilung nach § 20 Absatz 1 oder § 21 Absatz 1 nicht berichtigt,
64. die Einsichtnahme in das Transparenzregister entgegen § 23 Absatz 1 Satz 1 Nummer 2 unter Vorspiegelung falscher Tatsachen erschleicht oder sich auf sonstige Weise widerrechtlich Zugriff auf das Transparenzregister verschafft,
65. entgegen § 23a Absatz 1 Satz 1 seine Mitteilungspflicht nicht erfüllt,
66. als Verpflichteter entgegen § 23a Absatz 3 Informationen oder Dokumente nicht oder nicht rechtzeitig zur Verfügung stellt,
67. entgegen § 30 Absatz 3 einem Auskunftsverlangen nicht, nicht richtig, nicht vollständig oder nicht rechtzeitig nachkommt,
68. entgegen § 40 Absatz 1 Satz 1 oder 2 einer Anordnung oder Weisung nicht, nicht rechtzeitig oder nicht vollständig nachkommt,
69. entgegen § 43 Absatz 1 eine Meldung nicht, nicht richtig, nicht vollständig oder nicht rechtzeitig abgibt,
70. entgegen § 46 Absatz 2 Satz 2 die Meldung nicht unverzüglich nachholt,

71. eine Untersagung nach § 51 Absatz 5 nicht beachtet,
72. Auskünfte nach § 51 Absatz 7 nicht, nicht richtig, nicht vollständig oder nicht rechtzeitig gibt,
73. entgegen § 52 Absatz 1 und 6
    a) Auskünfte nicht, nicht richtig, nicht vollständig oder nicht rechtzeitig erteilt oder
    b) Unterlagen nicht, nicht richtig, nicht vollständig oder nicht rechtzeitig vorlegt oder
74. entgegen § 52 Absatz 3 eine Prüfung nicht duldet.

²Die Ordnungswidrigkeit kann bei vorsätzlicher Begehung mit einer Geldbuße bis zu einhundertfünfzigtausend Euro, im Übrigen mit einer Geldbuße bis zu einhunderttausend Euro geahndet werden.

(2) ¹Ordnungswidrig handelt, wer vorsätzlich oder fahrlässig

1. entgegen § 4 Absatz 3 Satz 1 kein Mitglied der Leitungsebene benennt,
2. entgegen § 7 Absatz 1 keinen Geldwäschebeauftragten oder keinen Stellvertreter bestellt,
3. einer vollziehbaren Anordnung nach § 7 Absatz 3 nicht oder nicht rechtzeitig nachkommt,
4. entgegen § 9 Absatz 1 Satz 2, auch in Verbindung mit Absatz 4, keinen Gruppengeldwäschebeauftragten bestellt,
5. entgegen § 15 Absatz 9 in Verbindung mit § 15 Absatz 3 Nummer 2 die Geschäftsbeziehung begründet, fortsetzt, sie nicht kündigt oder nicht auf andere Weise beendet oder die Transaktion durchführt,
6. entgegen § 46 Absatz 1 Satz 1 eine Transaktion durchführt,
7. entgegen § 47 Absatz 1 in Verbindung mit Absatz 2 den Vertragspartner, den Auftraggeber oder einen Dritten in Kenntnis setzt und
8. einer vollziehbaren Anordnung nach § 51 Absatz 2a Satz 2 nicht oder nicht rechtzeitig nachkommt.

²Die Ordnungswidrigkeit kann bei vorsätzlicher Begehung mit einer Geldbuße bis zu einhundertfünfzigtausend Euro, bei leichtfertiger Begehung mit einer Geldbuße bis zu einhunderttausend Euro, im Übrigen mit einer Geldbuße bis zu fünfzigtausend Euro geahndet werden.

(3) ¹Die Ordnungswidrigkeit nach Absatz 1 und bei vorsätzlicher oder leichtfertiger Begehung nach Absatz 2 kann geahndet werden mit einer

1. Geldbuße bis zu einer Million Euro oder
2. Geldbuße bis zum Zweifachen des aus dem Verstoß gezogenen wirtschaftlichen Vorteils,

wenn es sich um einen schwerwiegenden, wiederholten oder systematischen Verstoß handelt. ²Der wirtschaftliche Vorteil umfasst erzielte Gewinne und vermiedene Verluste und kann geschätzt werden. ³Gegenüber Verpflichteten gemäß § 2 Absatz 1 Nummer 1 bis 3 und 6 bis 9, die juristische Personen oder Personenvereinigungen sind, kann über Satz 1 hinaus eine höhere Geldbuße verhängt werden. ⁴In diesen Fällen darf die Geldbuße den höheren der folgenden Beträge nicht übersteigen:

1. fünf Millionen Euro oder
2. 10 Prozent des Gesamtumsatzes, den die juristische Person oder die Personenvereinigung im Geschäftsjahr, das der Behördenentscheidung vorausgegangen ist, erzielt hat.

⁶Gegenüber Verpflichteten gemäß § 2 Absatz 1 Nummer 1 bis 3 und 6 bis 9, die natürliche Personen sind, kann über Satz 1 hinaus eine Geldbuße bis zu fünf Millionen Euro verhängt werden.

(4) ¹Gesamtumsatz im Sinne des Absatzes 3 Satz 4 Nummer 2 ist

1. bei Kreditinstituten, Zahlungsinstituten, Wertpapierinstituten und Finanzdienstleistungsinstituten nach § 340 des Handelsgesetzbuchs der Gesamtbetrag, der sich ergibt aus dem auf das

Institut anwendbaren nationalen Recht im Einklang mit Artikel 27 Nummer 1, 3, 4, 6 und 7 oder Artikel 28 Abschnitt B Nummer 1 bis 4 und 7 der Richtlinie 86/635/EWG des Rates vom 8. Dezember 1986 über den Jahresabschluss und den konsolidierten Abschluss von Banken und anderen Finanzinstituten (ABl. L 372 vom 31.12.1986, S. 1), abzüglich der Umsatzsteuer und sonstiger direkt auf diese Erträge erhobener Steuern,

2. bei Versicherungsunternehmen der Gesamtbetrag, der sich ergibt aus dem auf das Versicherungsunternehmen anwendbaren nationalen Recht im Einklang mit Artikel 63 der Richtlinie 91/674/EWG des Rates vom 19. Dezember 1991 über den Jahresabschluss und den konsolidierten Abschluss von Versicherungsunternehmen (ABl. L 374 vom 31.12.1991, S. 7), abzüglich der Umsatzsteuer und sonstiger direkt auf diese Erträge erhobener Steuern,

3. im Übrigen der Betrag der Nettoumsatzerlöse nach Maßgabe des auf das Unternehmen anwendbaren nationalen Rechts im Einklang mit Artikel 2 Nummer 5 der Richtlinie 2013/34/EU.

[2]Handelt es sich bei der juristischen Person oder Personenvereinigung um ein Mutterunternehmen oder um ein Tochterunternehmen, so ist anstelle des Gesamtumsatzes der juristischen Person oder Personenvereinigung der jeweilige Gesamtbetrag in demjenigen Konzernabschluss des Mutterunternehmens maßgeblich, der für den größten Kreis von Unternehmen aufgestellt wird. [3]Wird der Konzernabschluss für den größten Kreis von Unternehmen nicht nach den in Satz 1 genannten Vorschriften aufgestellt, ist der Gesamtumsatz nach Maßgabe der den in Satz 1 Nummer 1 bis 3 vergleichbaren Posten des Konzernabschlusses zu ermitteln. [4]Ist ein Jahresabschluss oder Konzernabschluss für das maßgebliche Geschäftsjahr nicht verfügbar, so ist der Jahresabschluss oder Konzernabschluss für das unmittelbar vorausgehende Geschäftsjahr maßgeblich. [5]Ist auch der Jahresabschluss oder Konzernabschluss für das unmittelbar vorausgehende Geschäftsjahr nicht verfügbar, so kann der Gesamtumsatz geschätzt werden.

(5) [1]Die jeweils nach § 50 Nummer 1, 5a und 7a bis 9 zuständige Aufsichtsbehörde ist auch Verwaltungsbehörde nach § 36 Absatz 1 Nummer 1 des Gesetzes über Ordnungswidrigkeiten. [2]Für Ordnungswidrigkeiten nach Absatz 1 Satz 1 Nummer 54 bis 66 ist Verwaltungsbehörde nach § 36 Absatz 1 Nummer 1 des Gesetzes über Ordnungswidrigkeiten das Bundesverwaltungsamt.

(5a) Soweit nach Absatz 5 Satz 1 die Finanzbehörde Verwaltungsbehörde ist, gelten § 387 Absatz 2, § 410 Absatz 1 Nummer 2, 6 bis 11, Absatz 2 und § 412 der Abgabenordnung sinngemäß.

(6) Die zuständige Verwaltungsbehörde übermittelt, sofern sie nicht zugleich zuständige Aufsichtsbehörde ist, auf Ersuchen sämtliche Informationen einschließlich personenbezogener Daten an die zuständige Aufsichtsbehörde, soweit die Informationen für die Erfüllung der Aufgaben der Aufsichtsbehörde, insbesondere für die Vorhaltung der Statistik nach § 51 Absatz 9, erforderlich sind.

(7) Die Aufsichtsbehörden überprüfen im Bundeszentralregister, ob eine einschlägige Verurteilung der betreffenden Person vorliegt.

(8) Die zuständigen Aufsichtsbehörden nach § 50 Nummer 1, 2 und 9 informieren die Europäische Bankenaufsichtsbehörde hinsichtlich der Verpflichteten nach § 2 Absatz 1 Nummer 1 bis 3 und 6 bis 9 über

1. die gegen diese Verpflichteten verhängten Geldbußen,

2. sonstige Maßnahmen aufgrund von Verstößen gegen Vorschriften dieses Gesetzes oder anderer Gesetze zur Verhinderung von Geldwäsche oder von Terrorismusfinanzierung und

3. diesbezügliche Rechtsmittelverfahren und deren Ergebnisse.

§ 57 Bekanntmachung von bestandskräftigen Maßnahmen und von unanfechtbaren Bußgeldentscheidungen

(1) [1]Die zuständigen Aufsichts- und Verwaltungsbehörden und die Behörde nach § 56 Absatz 5 Satz 2 haben bestandskräftige Maßnahmen und unanfechtbare Bußgeldentscheidungen, die sie wegen eines Verstoßes gegen dieses Gesetz oder die auf seiner Grundlage erlassenen Rechtsver-

ordnungen verhängt haben, nach Unterrichtung des Adressaten der Maßnahme oder Bußgeldentscheidung auf ihrer Internetseite oder auf einer gemeinsamen Internetseite bekannt zu machen. [2]Dies gilt auch für gerichtliche Entscheidungen, soweit diese unanfechtbar geworden sind und die Verhängung eines Bußgeldes zum Gegenstand haben. [3]In der Bekanntmachung sind Art und Charakter des Verstoßes und die für den Verstoß verantwortlichen natürlichen Personen und juristischen Personen oder Personenvereinigungen zu benennen.

(2) [1]Die Bekanntmachung nach Absatz 1 ist aufzuschieben, solange die Bekanntmachung

1. das Persönlichkeitsrecht natürlicher Personen verletzen würde oder eine Bekanntmachung personenbezogener Daten aus sonstigen Gründen unverhältnismäßig wäre,
2. die Stabilität der Finanzmärkte der Bundesrepublik Deutschland oder eines oder mehrerer Vertragsstaaten des Abkommens über den Europäischen Wirtschaftsraum gefährden würde oder
3. laufende Ermittlungen gefährden würde.

[2]Anstelle einer Aufschiebung kann die Bekanntmachung auf anonymisierter Basis erfolgen, wenn hierdurch ein wirksamer Schutz nach Satz 1 Nummer 1 gewährleistet ist. [3]Ist vorhersehbar, dass die Gründe der anonymisierten Bekanntmachung innerhalb eines überschaubaren Zeitraums wegfallen werden, so kann die Bekanntmachung der Informationen nach Satz 1 Nummer 1 entsprechend aufgeschoben werden. [4]Die Bekanntmachung erfolgt, wenn die Gründe für den Aufschub entfallen sind.

(3) Eine Bekanntmachung darf nicht erfolgen, wenn die Maßnahmen nach Absatz 2 nicht ausreichend sind, um eine Gefährdung der Finanzmarktstabilität auszuschließen oder die Verhältnismäßigkeit der Bekanntmachung sicherzustellen.

(4) [1]Eine Bekanntmachung muss fünf Jahre auf der Internetseite der Aufsichtsbehörde veröffentlicht bleiben. [2]Abweichend von Satz 1 sind personenbezogene Daten zu löschen, sobald die Bekanntmachung nicht mehr erforderlich ist.

§ 58 (weggefallen)

§ 59 Übergangsregelung

(1) Die Mitteilungen nach § 20 Absatz 1 und § 21 haben erstmals bis zum 1. Oktober 2017 an das Transparenzregister zu erfolgen.

(2) [1]Die Eröffnung des Zugangs zu Eintragungen im Vereinsregister, welche § 22 Absatz 1 Satz 1 Nummer 8 vorsieht, erfolgt ab dem 26. Juni 2018. [2]Bis zum 25. Juni 2018 werden die technischen Voraussetzungen geschaffen, um diejenigen Indexdaten nach § 22 Absatz 2 zu übermitteln, welche für die Eröffnung des Zugangs zu den Originaldaten nach § 22 Absatz 1 Satz 1 Nummer 8 erforderlich sind. [3]Für den Übergangszeitraum vom 26. Juni 2017 bis zum 25. Juni 2018 enthält das Transparenzregister stattdessen einen Link auf das gemeinsame Registerportal der Länder.

(3) § 23 Absatz 3 findet ab dem 1. Januar 2023 Anwendung.

(4) Gewährte Befreiungen der Aufsichtsbehörden nach § 50 Nummer 8 gegenüber Verpflichteten nach § 2 Absatz 1 Nummer 15, soweit sie Glücksspiele im Internet veranstalten oder vermitteln, bleiben in Abweichung zu § 16 bis zum 30. Juni 2018 wirksam.

(5) Ist am 25. Juni 2015 ein Gerichtsverfahren betreffend die Verhinderung, Aufdeckung, Ermittlung oder Verfolgung von mutmaßlicher Geldwäsche oder Terrorismusfinanzierung anhängig gewesen und besitzt ein Verpflichteter Informationen oder Unterlagen im Zusammenhang mit diesem anhängigen Verfahren, so darf der Verpflichtete diese Informationen oder Unterlagen bis zum 25. Juni 2020 aufbewahren.

(6) [1]Die Pflicht zur Registrierung nach § 45 Absatz 1 Satz 2 besteht mit Inbetriebnahme des neuen Informationsverbundes der Zentralstelle für Finanztransaktionsuntersuchungen, spätestens jedoch ab dem 1. Januar 2024. [2]Das Bundesministerium der Finanzen gibt den Tag der Inbetriebnahme des neuen Informationsverbundes der Zentralstelle für Finanztransaktionsuntersuchungen

im Bundesgesetzblatt bekannt. [3]Für Güterhändler, die nicht mit Kunst, Schmuck, Uhren, Edelmetall, Edelsteinen, Kraftfahrzeugen, Schiffen, Motorbooten oder Luftfahrzeugen handeln, besteht die Pflicht zur Registrierung spätestens ab dem 1. Januar 2027. [4]Die Registrierungspflicht gilt nicht für Annahmestellen, die nach Maßgabe des § 29 Absatz 6 des Glücksspielstaatsvertrages 2021 Sportwetten vermitteln.

(7) [1]Bis zur technischen Umsetzung des Verfahrens nach § 31 Absatz 6, längstens jedoch bis zum 31. Dezember 2027, darf die Zentralstelle für Finanztransaktionsuntersuchungen das Bundeszentralamt für Steuern ersuchen, bei den Kreditinstituten die in § 93b Absatz 1 und 1a der Abgabenordnung bezeichneten Daten, ausgenommen die Identifikationsnummer nach § 139b der Abgabenordnung, abzurufen (§ 93 Absatz 8 der Abgabenordnung). [2]Bei einem Ersuchen nach Satz 1 gilt § 93 Absatz 8a bis 10 der Abgabenordnung entsprechend. [3]Das Bundeszentralamt übermittelt der Zentralstelle für Finanztransaktionsuntersuchungen in Beantwortung des Ersuchens nur solche Daten, die die Zentralstelle nach § 31 Absatz 6 abrufen darf.

(8) Juristische Personen des Privatrechts und eingetragene Personengesellschaften nach § 20 Absatz 1, deren Pflicht zur Mitteilung an das Transparenzregister am 31. Juli 2021 nach der bis einschließlich zum 31. Juli 2021 geltenden Fassung des § 20 Absatz 2 als erfüllt galt, haben die in § 19 Absatz 1 aufgeführten Angaben,

1. sofern es sich um eine Aktiengesellschaft, SE, Kommanditgesellschaft auf Aktien handelt bis zum 31. März 2022,
2. sofern es sich um eine Gesellschaft mit beschränkter Haftung, Genossenschaft, Europäische Genossenschaft oder Partnerschaft handelt bis zum 30. Juni 2022,
3. in allen anderen Fällen bis spätestens zum 31. Dezember 2022

der registerführenden Stelle zur Eintragung in das Transparenzregister mitzuteilen.

(9) § 56 Absatz 1 Nummer 55 und 58 bis 60 sind nicht anwendbar auf juristische Personen des Privatrechts oder eingetragene Personengesellschaften nach § 20 Absatz 1, deren Pflicht zur Mitteilung an das Transparenzregister am 31. Juli 2021 nach der bis einschließlich zum 31. Juli 2021 geltenden Fassung des § 20 Absatz 2 als erfüllt galt,

1. sofern es sich um eine Aktiengesellschaft, SE, Kommanditgesellschaft auf Aktien handelt bis zum 31. März 2023,
2. sofern es sich um eine Gesellschaft mit beschränkter Haftung, Genossenschaft, Europäische Genossenschaft oder Partnerschaft handelt bis zum 30. Juni 2023,
3. in allen anderen Fällen bis spätestens zum 31. Dezember 2023.

(10) Abweichend von § 23a Absatz 1 sind Unstimmigkeitsmeldungen wegen des Fehlens einer Eintragung nach § 20 bis zum 1. April 2023 nicht abzugeben, wenn nach der bis einschließlich zum 31. Juli 2021 geltenden Fassung des § 23a Absatz 1 in Verbindung mit § 20 Absatz 2 keine Pflicht zur Abgabe einer Unstimmigkeitsmeldung an das Transparenzregister bestanden hätte.

(11) § 16a findet keine Anwendung auf Rechtsgeschäfte, die vor dem 1. April 2023 geschlossen wurden.

(12) [1]§ 19 Absatz 3 Satz 2 findet ab dem 1. Januar 2023 Anwendung auf Mitteilungen nach § 20. [2]Soweit Vereinigungen vor diesem Zeitpunkt Angaben zur Eintragung in das Transparenzregister mitgeteilt haben, ist eine Aktualisierung nur zu Art und Umfang des wirtschaftlichen Interesses gemäß § 19 Absatz 3 Satz 2 nicht erforderlich.

(13) Soweit Vereinigungen mit Sitz im Ausland von der Pflicht des § 20 Absatz 1 Satz 2 erfasst sind, weil sie seit einem Zeitpunkt vor dem 1. Januar 2020 Eigentum an einer im Inland gelegenen Immobilie halten oder weil sich seit einem Zeitpunkt vor dem 1. August 2021 Anteile im Sinne des § 1 Absatz 3 des Grunderwerbsteuergesetzes bei ihr vereinigen oder sie seit einem Zeitpunkt vor dem 1. August 2021 im Sinne des § 1 Absatz 3a des Grunderwerbsteuergesetzes aufgrund eines Rechtsvorgangs eine wirtschaftliche Beteiligung innehaben, sind die in § 19 Absatz 1 aufgeführten

Angaben bis zum 30. Juni 2023 der registerführenden Stelle zur Eintragung in das Transparenzregister mitzuteilen.

(14) [1]§ 23 Absatz 1 Satz 3 und § 23a Absatz 5 Satz 2 findet nur auf solche Eigentums- und Kontrollstrukturübersichten Anwendung, bei denen die Prüfung der Unstimmigkeitsmeldung nach dem 30. Juni 2023 abgeschlossen wurde. [2]Die Übermittlung von Eigentums- und Kontrollübersichten aufgrund von Einzelanfragen einer Behörde außerhalb des Einsichtnahmeverfahrens bleibt unberührt.

(15) [1]Informationen können erstmalig nach § 32 Absatz 2 Satz 4 zum automatisierten Datenabruf bereitgestellt werden, sobald das Verfahren zum automatisierten Datenabruf es ermöglicht, dass die Zentralstelle für Finanztransaktionsuntersuchungen Informationen spezifisch für den Abruf durch eine oder mehrere Strafverfolgungsbehörden kennzeichnet. [2]Ab diesem Zeitpunkt werden für die Dauer von zwei Jahren die Informationen für Strafverfolgungsbehörden, die am automatisierten Abruf nach § 32 Absatz 4 teilnehmen, anstelle einer Übermittlung nur automatisiert bereitgestellt. [3]Nach Ablauf dieser Frist kann die Zentralstelle für Finanztransaktionsuntersuchungen gegenüber allen Strafverfolgungsbehörden von einer Übermittlung absehen, wenn eine Evaluierung des Bundesministeriums der Finanzen im Einvernehmen mit dem Bundesministerium des Innern und für Heimat und dem Bundesministerium der Justiz ergibt, dass sich eine Bereitstellung zum automatisierten Abruf anstelle der Übermittlung in der Praxis bewährt hat.

Anlage 1 (zu den §§ 5, 10, 14, 15) Faktoren für ein potenziell geringeres Risiko

(Fundstelle: BGBl. I 2017, 1858;
bzgl. der einzelnen Änderungen vgl. Fußnote[2])

Die Liste ist eine nicht abschließende Aufzählung von Faktoren und möglichen Anzeichen für ein potenziell geringeres Risiko nach § 14:

1. Faktoren bezüglich des Kundenrisikos:
   a) öffentliche, an einer Börse notierte Unternehmen, die (aufgrund von Börsenordnungen oder von Gesetzes wegen oder aufgrund durchsetzbarer Instrumente) solchen Offenlegungspflichten unterliegen, die Anforderungen an die Gewährleistung einer angemessenen Transparenz hinsichtlich des wirtschaftlichen Eigentümers auferlegen,
   b) öffentliche Verwaltungen oder Unternehmen,
   c) Kunden mit Wohnsitz in geografischen Gebieten mit geringerem Risiko nach Nummer 3.
2. Faktoren bezüglich des Produkt-, Dienstleistungs-, Transaktions- oder Vertriebskanalrisikos:
   a) Lebensversicherungspolicen mit niedriger Prämie,
   b) Versicherungspolicen für Rentenversicherungsverträge, sofern die Verträge weder eine Rückkaufklausel enthalten noch als Sicherheit für Darlehen dienen können,
   c) Rentensysteme und Pensionspläne oder vergleichbare Systeme, die den Arbeitnehmern Altersversorgungsleistungen bieten, wobei die Beiträge vom Gehalt abgezogen werden und die Regeln des Systems den Begünstigten nicht gestatten, ihre Rechte zu übertragen,
   d) Finanzprodukte oder -dienste, die bestimmten Kunden angemessen definierte und begrenzte Dienstleistungen mit dem Ziel der Einbindung in das Finanzsystem („financial inclusion“) anbieten,
   e) Produkte, bei denen die Risiken der Geldwäsche und der Terrorismusfinanzierung durch andere Faktoren wie etwa Beschränkungen der elektronischen Geldbörse oder die Transparenz der Eigentumsverhältnisse gesteuert werden (z. B. bestimmte Arten von E-Geld).
3. Faktoren bezüglich des geografischen Risikos – Registrierung, Niederlassung, Wohnsitz in:
   a) Mitgliedstaaten,
   b) Drittstaaten mit gut funktionierenden Systemen zur Verhinderung, Aufdeckung und Bekämpfung von Geldwäsche und von Terrorismusfinanzierung,
   c) Drittstaaten, in denen Korruption und andere kriminelle Tätigkeiten laut glaubwürdigen Quellen schwach ausgeprägt sind,
   d) Drittstaaten, deren Anforderungen an die Verhinderung, Aufdeckung und Bekämpfung von Geldwäsche und von Terrorismusfinanzierung laut glaubwürdigen Quellen (z. B. gegenseitige Evaluierungen, detaillierte Bewertungsberichte oder veröffentlichte Follow-up-Berichte) den überarbeiteten FATF (Financial Action Task Force)-Empfehlungen entsprechen und die diese Anforderungen wirksam umsetzen.

2 Hinweis der Herausgeber: eine Fußnote ist nicht Teil des Gesetzestextes. Zuletzt geändert durch Artikel 1 des Gesetzes vom 12.12.2019 BGBl. I 2602.

Anlage 2 (zu den §§ 5, 10, 14, 15) Faktoren für ein potenziell höheres Risiko

(Fundstelle: BGBl. I 2017, 1859;
bzgl. der einzelnen Änderungen vgl. Fußnote[3])

Die Liste ist eine nicht erschöpfende Aufzählung von Faktoren und möglichen Anzeichen für ein potenziell höheres Risiko nach § 15:

1. Faktoren bezüglich des Kundenrisikos:
   a) außergewöhnliche Umstände der Geschäftsbeziehung,
   b) Kunden, die in geografischen Gebieten mit hohem Risiko gemäß Nummer 3 ansässig sind,
   c) juristische Personen oder Rechtsvereinbarungen, die als Instrumente für die private Vermögensverwaltung dienen,
   d) Unternehmen mit nominellen Anteilseignern oder als Inhaberpapiere emittierten Aktien,
   e) bargeldintensive Unternehmen,
   f) angesichts der Art der Geschäftstätigkeit als ungewöhnlich oder übermäßig kompliziert erscheinende Eigentumsstruktur des Unternehmens,
   g) der Kunde ist ein Drittstaatsangehöriger, der Aufenthaltsrechte oder die Staatsbürgerschaft eines Mitgliedstaats im Austausch gegen die Übertragung von Kapital, den Kauf von Immobilien oder Staatsanleihen oder Investitionen in Gesellschaften in diesem Mitgliedstaat beantragt;
2. Faktoren bezüglich des Produkt-, Dienstleistungs-, Transaktions- oder Vertriebskanalrisikos:
   a) Betreuung vermögender Privatkunden,
   b) Produkte oder Transaktionen, die Anonymität begünstigen könnten,
   c) Geschäftsbeziehungen oder Transaktionen ohne persönliche Kontakte und ohne bestimmte Sicherungsmaßnahmen wie elektronische Mittel für die Identitätsfeststellung, einschlägige Vertrauensdienste gemäß der Definition in der Verordnung (EU) Nr. 910/2014 oder andere von den einschlägigen nationalen Behörden regulierte, anerkannte, gebilligte oder akzeptierte sichere Verfahren zur Identifizierung aus der Ferne oder auf elektronischem Weg,
   d) Eingang von Zahlungen unbekannter oder nicht verbundener Dritter,
   e) neue Produkte und neue Geschäftsmodelle einschließlich neuer Vertriebsmechanismen sowie Nutzung neuer oder in der Entwicklung begriffener Technologien für neue oder bereits bestehende Produkte,
   f) Transaktionen in Bezug auf Öl, Waffen, Edelmetalle, Tabakerzeugnisse, Kulturgüter und andere Artikel von *archäoloischer*[4], historischer, kultureller oder religiöser Bedeutung oder von außergewöhnlichem wissenschaftlichem Wert sowie Elfenbein und geschützte Arten;
3. Faktoren bezüglich des geografischen Risikos:
   a) unbeschadet des Artikels 9 der Richtlinie (EU) 2015/849 ermittelte Länder, deren Finanzsysteme laut glaubwürdigen Quellen (z. B. gegenseitige Evaluierungen, detaillierte Bewertungsberichte oder veröffentlichte Follow-up-Berichte) nicht über hinreichende Systeme zur Verhinderung, Aufdeckung und Bekämpfung von Geldwäsche und Terrorismusfinanzierung verfügen,
   b) Drittstaaten, in denen Korruption oder andere kriminelle Tätigkeiten laut glaubwürdigen Quellen signifikant stark ausgeprägt sind,

3 Hinweis der Herausgeber: eine Fußnote ist nicht Teil des Gesetzestextes. Zuletzt geändert durch Artikel 1 des Gesetzes vom 12.12.2019 BGBl. I 2602.

4 Schreibfehler des Gesetzgebers.

c) Staaten, gegen die beispielsweise die Europäische Union oder die Vereinten Nationen Sanktionen, Embargos oder ähnliche Maßnahmen verhängt hat oder haben,

d) Staaten, die terroristische Aktivitäten finanziell oder anderweitig unterstützen oder in denen bekannte terroristische Organisationen aktiv sind.

Verordnung zu den nach dem Geldwäschegesetz meldepflichtigen Sachverhalten im Immobilienbereich (GwGMeldV-Immobilien)

Vom 20. August 2020, BGBl. I S. 1965

Zuletzt geändert durch Artikel 1 der Verordnung vom 15. Januar 2025, BGBl. I Nr. 13

Inhaltsübersicht

Eingangsformel

Auf Grund des § 43 Absatz 6 des Geldwäschegesetzes, der durch Artikel 1 Nummer 33 Buchstabe d des Gesetzes vom 12. Dezember 2019 (BGBl. I S. 2602) eingefügt worden ist, verordnet das Bundesministerium der Finanzen im Einvernehmen mit dem Bundesministerium der Justiz und für Verbraucherschutz:

§ 1 Regelungsbereich

[1]Diese Verordnung bestimmt in den §§ 3 bis 6 Sachverhalte bei Erwerbsvorgängen nach § 1 des Grunderwerbsteuergesetzes, die von Verpflichteten nach § 2 Absatz 1 Nummer 10 und 12 des Geldwäschegesetzes stets nach § 43 Absatz 1 des Geldwäschegesetzes zu melden sind. [2]Sie begründet für diese Verpflichteten keine eigenständigen Pflichten zur Ermittlung von Tatsachen, die eine Meldepflicht begründen können.

§ 2 Begriffsbestimmungen

Im Sinne dieser Rechtsverordnung sind

1. Verpflichtete: Verpflichtete nach § 2 Absatz 1 Nummer 10 und 12 des Geldwäschegesetzes;
2. am Erwerbsvorgang Beteiligte: Die Vertragspartner des Verpflichteten, die Vertragsparteien des Erwerbsvorgangs nach § 1 des Grunderwerbsteuergesetzes sowie die für diese auftretenden Personen;
3. wirtschaftlich Berechtigte: Wirtschaftlich Berechtigte nach § 3 des Geldwäschegesetzes;
4. Geschäftsgegenstände: Grundstücke oder Gesellschaftsanteile, auf die sich Erwerbsvorgänge nach § 1 des Grunderwerbsteuergesetzes beziehen;
5. Drittstaaten: Solche nach § 1 Absatz 17 des Geldwäschegesetzes;
6. Erwerbsvorgänge: Rechtsvorgänge nach § 1 des Grunderwerbsteuergesetzes einschließlich deren Vorbereitung.

§ 3 Meldepflichten wegen eines Bezugs zu Risikostaaten oder Sanktionslisten

(1) Der Verpflichtete hat zu melden, wenn ein an dem Erwerbsvorgang Beteiligter oder ein wirtschaftlich Berechtigter ansässig ist in oder einen gleichermaßen engen Bezug aufweist zu

1. einem von der Europäischen Kommission nach Artikel 9 der Richtlinie (EU) 2015/849 des Europäischen Parlaments und des Rates vom 20. Mai 2015 zur Verhinderung der Nutzung des Finanzsystems zum Zwecke der Geldwäsche und der Terrorismusfinanzierung, zur Änderung der Verordnung (EU) Nr. 648/2012 des Europäischen Parlaments und des Rates und zur Aufhebung der Richtlinie 2005/60/EG des Europäischen Parlaments und des Rates und der Richtlinie 2006/70/EG der Kommission (ABl. L 141 vom 5.6.2015, S. 73) ermittelten Drittstaat mit hohem Risiko, der im Anhang der Delegierten Verordnung (EU) 2016/1675 der Kommission vom 14. Juli 2016 zur Ergänzung der Richtlinie (EU) 2015/849 des Europäischen Parlaments und des Rates durch Ermittlung von Drittländern mit hohem Risiko, die strategische Mängel aufweisen (ABl. L 254 vom 20.9.2016, S. 1) in der jeweils geltenden Fassung aufgeführt ist, oder
2. einem sonstigen Staat, der in den jeweils aktuellen Informationsberichten „High-Risk Jurisdictions subject to a Call for Action" und „Jurisdictions under Increased Monitoring" der Financial Action Task Force als Staat mit strategischen Mängeln eingestuft wird.

(2) Der Verpflichtete hat zu melden, wenn ein Geschäftsgegenstand oder ein Bankkonto, das im Rahmen des Erwerbsvorgangs eingesetzt wird oder werden soll, einen engen Bezug zu einem in Absatz 1 genannten Staat aufweist.

(3) Der Verpflichtete hat zu melden, wenn ein an dem Erwerbsvorgang Beteiligter oder ein wirtschaftlich Berechtigter in einer der folgenden Quellen aufgeführt ist:

1. In einem Anhang zu einem unmittelbar geltenden Rechtsakt der Europäischen Gemeinschaften oder der Europäischen Union, der der Durchführung einer vom Rat der Europäischen Union im Bereich der Gemeinsamen Außen- und Sicherheitspolitik beschlossenen wirtschaftlichen Sanktionsmaßnahme dient, oder
2. in einer im Bundesanzeiger veröffentlichten Allgemeinverfügung des Bundesministeriums für Wirtschaft und Energie nach § 6 Absatz 1 Satz 2 in Verbindung mit § 4 Absatz 1 Nummer 2 und 3 und Absatz 2 Nummer 3 des Außenwirtschaftsgesetzes.[5]

(4) Die Zentralstelle für Finanztransaktionsuntersuchungen stellt den Verpflichteten eine Liste der nach Absatz 1 Nummer 2 zu berücksichtigenden Staaten in deutscher Übersetzung sowie Informationen zu den nach Absatz 3 zu berücksichtigenden Personen über ihre Internetseite zur Verfügung.

§ 4 Meldepflichten wegen Auffälligkeiten im Zusammenhang mit den beteiligten Personen oder dem wirtschaftlich Berechtigten

(1) Der Verpflichtete hat zu melden, wenn ein an dem Erwerbsvorgang Beteiligter seine Mitwirkungspflicht nach § 11 Absatz 6 Satz 1 des Geldwäschegesetzes oder seine Auskunfts- und Nachweispflicht nach § 11 Absatz 6 Satz 3 und 4 des Geldwäschegesetzes nicht erfüllt hat.

(2) Der Verpflichtete hat zu melden, wenn Tatsachen darauf hindeuten, dass wissentlich nicht richtige oder nicht vollständige Angaben zur Identität eines am Erwerbsvorgang Beteiligten oder eines wirtschaftlich Berechtigten gemacht worden sind.

(3) Der Verpflichtete hat zu melden, wenn Tatsachen darauf hindeuten, dass

1. der Geschäftsgegenstand treuhänderisch gehalten wird oder gehalten werden soll oder
2. ein Treuhandverhältnis anlässlich des Rechtsgeschäfts beendet wird oder werden soll,

und das Treuhandverhältnis keinen offensichtlichen wirtschaftlichen oder sonstigen rechtmäßigen Zweck hat.

5 https://www.zoll.de/fiu-international-gelistete-risikostaaten.

(4) [1]Der Verpflichtete hat zu melden, wenn

1. gegen einen an dem Erwerbsvorgang Beteiligten oder einen wirtschaftlich Berechtigten wegen einer rechtswidrigen Tat nach § 261 des Strafgesetzbuches ermittelt wird oder ein Strafverfahren anhängig oder rechtshängig ist oder eine solche Person wegen einer solchen Tat innerhalb der letzten fünf Jahre verurteilt wurde und ein Zusammenhang zwischen der Tat und dem Erwerbsvorgang nicht ausgeschlossen werden kann oder
2. gegen einen an dem Erwerbsvorgang Beteiligten oder einen wirtschaftlich Berechtigten wegen einer rechtswidrigen Tat, bei der es sich um die Vortat einer Geldwäschestraftat nach § 261 des Strafgesetzbuchs handeln könnte, ermittelt wird oder ein Strafverfahren anhängig oder rechtshängig ist oder eine solche Person wegen einer solchen Tat innerhalb der letzten fünf Jahre verurteilt wurde und ein Zusammenhang zwischen dem Tatertrag oder dem Tatprodukt der Tat und dem Erwerbsvorgang nicht ausgeschlossen werden kann.

[2]Die Meldepflicht besteht nicht, wenn sich der an dem Erwerbsvorgang Beteiligte oder der wirtschaftlich Berechtigte im Rahmen des Ermittlungs- oder Strafverfahrens des Verpflichteten als Verteidiger bedient oder bedient hat oder der Verpflichtete an der Verteidigung im Ermittlungs- oder Strafverfahren mitwirkende Person im Sinne von § 203 Absatz 3 des Strafgesetzbuches ist.

(5) Der Verpflichtete hat zu melden, wenn Tatsachen darauf hindeuten, dass der Erwerbsvorgang in einem groben Missverhältnis zu dem legalen Einkommen und Vermögen eines Veräußerers, Erwerbers oder wirtschaftlich Berechtigten steht.

(6) Der Verpflichtete hat zu melden, wenn die Stellung als wirtschaftlich Berechtigter über eine Gesellschaft mit Sitz in einem Drittstaat vermittelt wird oder werden soll, der wirtschaftlich Berechtigte nicht in diesem Drittstaat ansässig ist und die Zwischenschaltung der Gesellschaft keinen offensichtlichen wirtschaftlichen oder sonstigen rechtmäßigen Zweck hat.

(7) Der Verpflichtete hat zu melden, wenn der Erwerbsvorgang mit einer grenzüberschreitenden Steuergestaltung im Sinne des § 138d Absatz 2 der Abgabenordnung in Zusammenhang steht, die ein Kennzeichen im Sinne des § 138e Absatz 2 Nummer 2 Buchstabe f oder Nummer 3 der Abgabenordnung aufweist, und der Verpflichtete als Intermediär nach § 138d Absatz 1 der Abgabenordnung mitteilungspflichtig ist.

§ 5 Meldepflichten wegen Auffälligkeiten im Zusammenhang mit Stellvertretung

Der Verpflichtete hat zu melden, wenn ein an dem Erwerbsvorgang Beteiligter

1. aufgrund einer Vollmacht handelt, die nicht der Schriftform genügt, und dem Verpflichteten die Vollmacht nicht innerhalb von zwei Monaten nach dessen Aufforderung schriftlich nachgewiesen wird,
2. eine Vollmachtsurkunde vorlegt, die unecht oder verfälscht ist,
3. aufgrund einer Vollmacht handelt, deren Grundverhältnis für den Verpflichteten nicht erkennbar ist, oder
4. aufgrund einer Vollmacht handelt, die durch Mitarbeiter der konsularischen Vertretung der Bundesrepublik Deutschland in einem Staat nach § 3 Absatz 1 beglaubigt wurde.

§ 6 Meldepflichten wegen Auffälligkeiten im Zusammenhang mit dem Preis oder einer Kauf- oder Zahlungsmodalität

(1) [1]Der Verpflichtete hat zu melden, wenn die Gegenleistung

1. vollständig oder teilweise wie folgt erbracht wurde oder erbracht werden soll:
   a) abweichend von § 16a Absatz 1 des Geldwäschegesetzes mittels Bargeld, Gold, Platin oder Edelsteinen, sofern der durch Bargeld, Gold, Platin oder Edelsteine erbrachte oder zu erbringende Betrag einen Gegenwert von 10.000 Euro überschreitet,

b) mittels anderer Barmittel im Sinne des Artikels 2 Absatz 1 Buchstabe a der Verordnung (EU) 2018/1672 des Europäischen Parlaments und des Rates vom 23. Oktober 2018 über die Überwachung von Barmitteln, die in die Union oder aus der Union verbracht werden, und zur Aufhebung der Verordnung (EG) Nr. 1889/2005 (ABl. L 284 vom 12.11.2018, S. 6) oder mittels gleichgestellter Zahlungsmittel im Sinne des § 1 Absatz 4 Satz 4 des Zollverwaltungsgesetzes, sofern der durch diese Barmittel oder gleichgestellte Zahlungsmittel erbrachte oder zu erbringende Betrag einen Gegenwert von 10.000 Euro überschreitet

c) abweichend von § 16a Absatz 1 des Geldwäschegesetzes mittels Kryptowerten im Sinne des Artikels 3 Absatz 1 Nummer 5 der Verordnung (EU) 2023/1114 des Europäischen Parlaments und des Rates vom 31. Mai 2023 über Märkte für Kryptowerte und zur Änderung der Verordnungen (EU) Nr. 1093/2010 und (EU) Nr. 1095/2010 sowie der Richtlinien 2013/36/EU und (EU) 2019/1937 (ABl. L 150 vom 9.6.2023, S. 40), sofern der durch die Kryptowerte erbrachte oder zu erbringende Betrag einen Gegenwert von 10.000 Euro überschreitet, oder

d) über ein Bankkonto in einem Staat im Sinne des § 3 Absatz 1, es sei denn, die Vertragspartei, die das Bankkonto verwendet, ist in diesem Staat ansässig,

2. um mehr als 25 Prozent von dem tatsächlichen Verkehrswert des Geschäftsgegenstandes abweicht, soweit die Differenz nicht auf einer dem Verpflichteten offengelegten unentgeltlichen Zuwendung beruht, es sei denn, die veräußernde Person

   a) ist Partei kraft Amtes,

   b) ist ein verbundenes Unternehmen im Sinne des § 15 des Aktiengesetzes,

   c) c) ist ein im Grundbuch eingetragener und abzulösender Gläubiger oder ein abzulösender Gläubiger, dem nach § 10 Absatz 1 Nummer 1, 1a oder 2 des Gesetzes über die Zwangsversteigerung und die Zwangsverwaltung bei einer Zwangsvollstreckung ein Recht auf Befriedigung aus dem Geschäftsgegenstand gewährt werden würde,

   d) ist eine juristische Person des öffentlichen Rechts oder

   e) unterliegt der Aufsicht der zuständigen Aufsichtsbehörde nach § 50 Nummer 1 oder 2 des Geldwäschegesetzes,

3. vollständig oder teilweise bereits vor Abschluss des Rechtsgeschäftes erbracht wurde oder erbracht werden soll, es sei denn,

   a) der erbrachte oder zu erbringende Betrag beträgt nicht mehr als 20.000 Euro oder

   b) die veräußernde Person ist eine Person im Sinne der Nummer 2 Buchstabe a bis e,

4. vollständig oder teilweise von einer oder an eine Person erbracht wird oder werden soll, die weder am Erwerbsvorgang Beteiligter noch wirtschaftlich Berechtigter ist, und der erbrachte oder zu erbringende Betrag mehr als 20.000 Euro beträgt, es sei denn, diese Person

   a) ist Partei kraft Amtes,

   b) ist Verpflichteter nach § 2 Absatz 1 Nummer 10 oder 12 des Geldwäschegesetzes und die Zahlung erfolgt über ein Anderkonto,

   c) ist der derzeitige oder frühere Ehepartner oder eingetragene Lebenspartner einer Vertragspartei des Erwerbsvorgangs,

   d) ist ein Verwandter ersten Grades, dessen Ehepartner oder eingetragener Lebenspartner einer Vertragspartei des Erwerbsvorgangs,

   e) ist ein Verwandter zweiten Grades, dessen Ehepartner oder eingetragener Lebenspartner einer Vertragspartei des Erwerbsvorgangs,

   f) ist ein verbundenes Unternehmen im Sinne des § 15 des Aktiengesetzes,

   g) ist ein im Grundbuch eingetragener und abzulösender Gläubiger oder ein abzulösender Gläubiger, dem nach § 10 Absatz 1 Nummer 1, 1a oder 2 des Gesetzes über die Zwangsversteigerung und die Zwangsverwaltung bei einer Zwangsvollstreckung ein Recht auf Befriedigung aus dem Geschäftsgegenstand gewährt werden würde,

h) ist eine juristische Person des öffentlichen Rechts oder

i) unterliegt der Aufsicht der zuständigen Aufsichtsbehörde nach § 50 Nummer 1 und 2 des Geldwäschegesetzes, oder

5. vollständig oder teilweise später als ein Jahr nach Stellung des Antrages auf Eintragung beim Grundbuchamt erbracht werden soll, ohne dass dafür ein nachvollziehbarer Grund besteht.

(2) [1]Der Verpflichtete hat zu melden, wenn der Geschäftsgegenstand

1. innerhalb von zwei Jahren nach vorangegangenem Erwerb zu einem Preis weiterveräußert wurde oder werden soll, der erheblich von dem vorherigen Preis abweicht, ohne dass dafür ein nachvollziehbarer Grund besteht, oder
2. innerhalb von drei Jahren nach vorangegangenem Erwerb wieder an den vorherigen Eigentümer oder einen vorherigen Anteilsinhaber veräußert wurde oder werden soll, ohne dass dafür ein nachvollziehbarer Grund besteht.

[2]Für die Fristbestimmung nach Satz 1 ist maßgeblich

1. für den Erwerb der Zeitpunkt des dinglichen Rechtserwerbs und
2. für die Veräußerung der Zeitpunkt des Abschlusses des zugrundeliegenden Rechtsgeschäfts.

[3]Erfolgt die Veräußerung vor dem dinglichen Rechtserwerb, so ist für den Erwerb der Zeitpunkt des Abschlusses des vorhergehenden Rechtsgeschäfts maßgeblich.

(3) [1]Der Verpflichtete hat zu melden, wenn die Gegenleistung über ein Anderkonto erbracht werden soll, ohne dass ein berechtigtes Sicherungsinteresse besteht. [2]Satz 1 gilt nicht für Anderkonten des Notars.

(4) Der Verpflichtete hat zu melden, wenn ein am Erwerbsvorgang Beteiligter seine Nachweispflicht nach § 16a Absatz 2 Satz 1 des Geldwäschegesetzes trotz Aufforderung nach § 16a Absatz 3 Satz 2 Nummer 1 Buchstabe b des Geldwäschegesetzes gegenüber dem Notar nicht erfüllt hat.

§ 7 Ausnahme von der Meldepflicht

[1]Liegen Tatsachen vor, die die bei den in den §§ 3 bis 6 bestimmten Sachverhalten vorhandenen Anzeichen entkräften, dass ein Vermögensgegenstand aus einer strafbaren Handlung stammt, die eine Vortat der Geldwäsche darstellen könnte, oder dass der Erwerbsvorgang im Zusammenhang mit Terrorismusfinanzierung steht, so besteht keine Pflicht zur Meldung. [2]Die Tatsachen, aufgrund derer nach Satz 1 von einer Meldung abgesehen wird, sind nach § 8 Absatz 1 Satz 1 Nummer 5 des Geldwäschegesetzes aufzuzeichnen. [3]Die Dokumentation ist für Zwecke der aufsichtlichen Prüfung aufzubewahren.

§ 8 Inkrafttreten

Diese Verordnung tritt am 1. Oktober 2020 in Kraft.

G. Verwaltungsverfahren

Verwaltungsverfahrensgesetz (VwVfG Bund)[1] – Auszug –

Vom 25. Mai 1976, BGBl. I S. 1253

Neugefasst durch Bekanntmachung vom 23. Januar 2003, BGBl. I S. 102

Zuletzt geändert durch Artikel 2 des Gesetzes vom 15. Juli 2024, BGBl. I Nr. 236

Inhaltsübersicht

1 Anmerkung der Herausgeber: beachte dazu die Verweisvorschrift in § 32 Abs.1 BRAO.

Teil I
Anwendungsbereich, örtliche Zuständigkeit, elektronische Kommunikation, Amtshilfe, europäische Verwaltungszusammenarbeit

Abschnitt 1
Anwendungsbereich, örtliche Zuständigkeit, elektronische Kommunikation

§ 1 Anwendungsbereich

(1) Dieses Gesetz gilt für die öffentlich-rechtliche Verwaltungstätigkeit der Behörden

1. des Bundes, der bundesunmittelbaren Körperschaften, Anstalten und Stiftungen des öffentlichen Rechts,

2. der Länder, der Gemeinden und Gemeindeverbände, der sonstigen der Aufsicht des Landes unterstehenden juristischen Personen des öffentlichen Rechts, wenn sie Bundesrecht im Auftrag des Bundes ausführen,

soweit nicht Rechtsvorschriften des Bundes inhaltsgleiche oder entgegenstehende Bestimmungen enthalten.

(2) [1]Dieses Gesetz gilt auch für die öffentlich-rechtliche Verwaltungstätigkeit der in Absatz 1 Nr. 2 bezeichneten Behörden, wenn die Länder Bundesrecht, das Gegenstände der ausschließlichen oder konkurrierenden Gesetzgebung des Bundes betrifft, als eigene Angelegenheit ausführen, soweit nicht Rechtsvorschriften des Bundes inhaltsgleiche oder entgegenstehende Bestimmungen enthalten. [2]Für die Ausführung von Bundesgesetzen, die nach Inkrafttreten dieses Gesetzes erlassen werden, gilt dies nur, soweit die Bundesgesetze mit Zustimmung des Bundesrates dieses Gesetz für anwendbar erklären.

(3) Für die Ausführung von Bundesrecht durch die Länder gilt dieses Gesetz nicht, soweit die öffentlich-rechtliche Verwaltungstätigkeit der Behörden landesrechtlich durch ein Verwaltungsverfahrensgesetz geregelt ist.

(4) Behörde im Sinne dieses Gesetzes ist jede Stelle, die Aufgaben der öffentlichen Verwaltung wahrnimmt.

§ 2 Ausnahmen vom Anwendungsbereich

(1) Dieses Gesetz gilt nicht für die Tätigkeit der Kirchen, der Religionsgesellschaften und Weltanschauungsgemeinschaften sowie ihrer Verbände und Einrichtungen.

(2) Dieses Gesetz gilt ferner nicht für

1. Verfahren der Bundes- oder Landesfinanzbehörden nach der Abgabenordnung,

2. die Strafverfolgung, die Verfolgung und Ahndung von Ordnungswidrigkeiten, die Rechtshilfe für das Ausland in Straf- und Zivilsachen und, unbeschadet des § 80 Abs. 4, für Maßnahmen des Richterdienstrechts,
3. Verfahren vor dem Deutschen Patent- und Markenamt und den bei diesem errichteten Schiedsstellen,
4. Verfahren nach dem Sozialgesetzbuch,
5. das Recht des Lastenausgleichs,
6. das Recht der Wiedergutmachung.

(3) Für die Tätigkeit

1. der Gerichtsverwaltungen und der Behörden der Justizverwaltung einschließlich der ihrer Aufsicht unterliegenden Körperschaften des öffentlichen Rechts gilt dieses Gesetz nur, soweit die Tätigkeit der Nachprüfung durch die Gerichte der Verwaltungsgerichtsbarkeit oder durch die in verwaltungsrechtlichen Anwalts-, Patentanwalts- und Notarsachen zuständigen Gerichte unterliegt;
2. der Behörden bei Leistungs-, Eignungs- und ähnlichen Prüfungen von Personen gelten nur die §§ 3a bis 13, 20 bis 27, 29 bis 38, 40 bis 52, 79, 80 und 96;
3. der Vertretungen des Bundes im Ausland gilt dieses Gesetz nicht.

§ 3 Örtliche Zuständigkeit

(1) Örtlich zuständig ist

1. in Angelegenheiten, die sich auf unbewegliches Vermögen oder ein ortsgebundenes Recht oder Rechtsverhältnis beziehen, die Behörde, in deren Bezirk das Vermögen oder der Ort liegt;
2. in Angelegenheiten, die sich auf den Betrieb eines Unternehmens oder einer seiner Betriebsstätten, auf die Ausübung eines Berufs oder auf eine andere dauernde Tätigkeit beziehen, die Behörde, in deren Bezirk das Unternehmen oder die Betriebsstätte betrieben oder der Beruf oder die Tätigkeit ausgeübt wird oder werden soll;
3. in anderen Angelegenheiten, die
   a) eine natürliche Person betreffen, die Behörde, in deren Bezirk die natürliche Person ihren gewöhnlichen Aufenthalt hat oder zuletzt hatte,
   b) eine juristische Person oder eine Vereinigung betreffen, die Behörde, in deren Bezirk die juristische Person oder die Vereinigung ihren Sitz hat oder zuletzt hatte;
4. in Angelegenheiten, bei denen sich die Zuständigkeit nicht aus den Nummern 1 bis 3 ergibt, die Behörde, in deren Bezirk der Anlass für die Amtshandlung hervortritt.

(2) [1]Sind nach Absatz 1 mehrere Behörden zuständig, so entscheidet die Behörde, die zuerst mit der Sache befasst worden ist, es sei denn, die gemeinsame fachlich zuständige Aufsichtsbehörde bestimmt, dass eine andere örtlich zuständige Behörde zu entscheiden hat. [2]Sie kann in den Fällen, in denen eine gleiche Angelegenheit sich auf mehrere Betriebsstätten eines Betriebs oder Unternehmens bezieht, eine der nach Absatz 1 Nr. 2 zuständigen Behörden als gemeinsame zuständige Behörde bestimmen, wenn dies unter Wahrung der Interessen der Beteiligten zur einheitlichen Entscheidung geboten ist. [3]Diese Aufsichtsbehörde entscheidet ferner über die örtliche Zuständigkeit, wenn sich mehrere Behörden für zuständig oder für unzuständig halten oder wenn die Zuständigkeit aus anderen Gründen zweifelhaft ist. [4]Fehlt eine gemeinsame Aufsichtsbehörde, so treffen die fachlich zuständigen Aufsichtsbehörden die Entscheidung gemeinsam.

(3) Ändern sich im Lauf des Verwaltungsverfahrens die die Zuständigkeit begründenden Umstände, so kann die bisher zuständige Behörde das Verwaltungsverfahren fortführen, wenn dies unter Wahrung der Interessen der Beteiligten der einfachen und zweckmäßigen Durchführung des Verfahrens dient und die nunmehr zuständige Behörde zustimmt.

(4) [1]Bei Gefahr im Verzug ist für unaufschiebbare Maßnahmen jede Behörde örtlich zuständig, in deren Bezirk der Anlass für die Amtshandlung hervortritt. [2]Die nach Absatz 1 Nr. 1 bis 3 örtlich zuständige Behörde ist unverzüglich zu unterrichten.

§ 3a Elektronische Kommunikation

(1) Die Übermittlung elektronischer Dokumente ist zulässig, soweit der Empfänger hierfür einen Zugang eröffnet.

(2) [1]Eine durch Rechtsvorschrift angeordnete Schriftform kann, soweit nicht durch Rechtsvorschrift etwas anderes bestimmt ist, durch die elektronische Form ersetzt werden. [2]Der elektronischen Form genügt ein elektronisches Dokument, das mit einer qualifizierten elektronischen Signatur versehen ist. [3]Die Signierung mit einem Pseudonym, das die Identifizierung der Person des Signaturschlüsselinhabers nicht unmittelbar durch die Behörde ermöglicht, ist nicht zulässig.

(3) Die Schriftform kann auch ersetzt werden

1. durch unmittelbare Abgabe der Erklärung in einem elektronischen Formular, das von der Behörde in einem Eingabegerät oder über öffentlich zugängliche Netze zur Verfügung gestellt wird; bei einer Eingabe über öffentlich zugängliche Netze muss ein elektronischer Identitätsnachweis nach § 18 des Personalausweisgesetzes, nach § 12 des eID-Karte-Gesetzes oder nach § 78 Absatz 5 des Aufenthaltsgesetzes erfolgen;
2. durch Übermittlung einer von dem Erklärenden elektronisch signierten Erklärung an die Behörde
   a) aus einem besonderen elektronischen Anwaltspostfach nach den §§ 31a und 31b der Bundesrechtsanwaltsordnung oder aus einem entsprechenden, auf gesetzlicher Grundlage errichteten elektronischen Postfach;
   b) aus einem elektronischen Postfach einer Behörde oder einer juristischen Person des öffentlichen Rechts, das nach Durchführung eines Identifizierungsverfahrens nach den Regelungen der auf Grund des § 130a Absatz 2 Satz 2 der Zivilprozessordnung erlassenen Rechtsverordnung eingerichtet wurde;
   c) aus einem elektronischen Postfach einer natürlichen oder juristischen Person oder einer sonstigen Vereinigung, das nach Durchführung eines Identifizierungsverfahrens nach den Regelungen der auf Grund des § 130a Absatz 2 Satz 2 der Zivilprozessordnung erlassenen Rechtsverordnung eingerichtet wurde;
   d) mit der Versandart nach § 5 Absatz 5 des De-Mail-Gesetzes;
3. bei elektronischen Verwaltungsakten oder sonstigen elektronischen Dokumenten der Behörde,
   a) indem diese mit dem qualifizierten elektronischen Siegel der Behörde versehen werden;
   b) durch Versendung einer De-Mail-Nachricht nach § 5 Absatz 5 des De-Mail-Gesetzes, bei der die Bestätigung des akkreditierten Diensteanbieters die erlassende Behörde als Nutzer des De-Mail-Kontos erkennen lässt.

(4) [1]Ist ein der Behörde übermitteltes elektronisches Dokument für sie zur Bearbeitung nicht geeignet, teilt sie dies dem Absender unter Angabe der für sie geltenden technischen Rahmenbedingungen unverzüglich mit. [2]Macht ein Empfänger geltend, er könne das von der Behörde übermittelte elektronische Dokument nicht bearbeiten, hat sie es ihm erneut in einem geeigneten elektronischen Format oder als Schriftstück zu übermitteln.

(5) [1]Ermöglicht die Behörde die unmittelbare Abgabe einer Erklärung in einem elektronischen Formular, das von der Behörde in einem Eingabegerät oder über öffentlich zugängliche Netze zur Verfügung gestellt wird, so hat sie dem Erklärenden vor Abgabe der Erklärung Gelegenheit zu geben, die gesamte Erklärung auf Vollständigkeit und Richtigkeit zu prüfen. [2]Nach der Abgabe ist dem Erklärenden eine Kopie der Erklärung zur Verfügung zu stellen.

Abschnitt 2
Amtshilfe

§ 4 Amtshilfepflicht

(1) Jede Behörde leistet anderen Behörden auf Ersuchen ergänzende Hilfe (Amtshilfe).

(2) Amtshilfe liegt nicht vor, wenn

1. Behörden einander innerhalb eines bestehenden Weisungsverhältnisses Hilfe leisten;
2. die Hilfeleistung in Handlungen besteht, die der ersuchten Behörde als eigene Aufgabe obliegen.

§ 5 Voraussetzungen und Grenzen der Amtshilfe

(1) Eine Behörde kann um Amtshilfe insbesondere dann ersuchen, wenn sie

1. aus rechtlichen Gründen die Amtshandlung nicht selbst vornehmen kann;
2. aus tatsächlichen Gründen, besonders weil die zur Vornahme der Amtshandlung erforderlichen Dienstkräfte oder Einrichtungen fehlen, die Amtshandlung nicht selbst vornehmen kann;
3. zur Durchführung ihrer Aufgaben auf die Kenntnis von Tatsachen angewiesen ist, die ihr unbekannt sind und die sie selbst nicht ermitteln kann;
4. zur Durchführung ihrer Aufgaben Urkunden oder sonstige Beweismittel benötigt, die sich im Besitz der ersuchten Behörde befinden;
5. die Amtshandlung nur mit wesentlich größerem Aufwand vornehmen könnte als die ersuchte Behörde.

(2) [1]Die ersuchte Behörde darf Hilfe nicht leisten, wenn

1. sie hierzu aus rechtlichen Gründen nicht in der Lage ist;
2. durch die Hilfeleistung dem Wohl des Bundes oder eines Landes erhebliche Nachteile bereitet würden.

[2]Die ersuchte Behörde ist insbesondere zur Vorlage von Urkunden oder Akten sowie zur Erteilung von Auskünften nicht verpflichtet, wenn die Vorgänge nach einem Gesetz oder ihrem Wesen nach geheim gehalten werden müssen.

(3) Die ersuchte Behörde braucht Hilfe nicht zu leisten, wenn

1. eine andere Behörde die Hilfe wesentlich einfacher oder mit wesentlich geringerem Aufwand leisten kann;
2. sie die Hilfe nur mit unverhältnismäßig großem Aufwand leisten könnte;
3. sie unter Berücksichtigung der Aufgaben der ersuchenden Behörde durch die Hilfeleistung die Erfüllung ihrer eigenen Aufgaben ernstlich gefährden würde.

(4) Die ersuchte Behörde darf die Hilfe nicht deshalb verweigern, weil sie das Ersuchen aus anderen als den in Absatz 3 genannten Gründen oder weil sie die mit der Amtshilfe zu verwirklichende Maßnahme für unzweckmäßig hält.

(5) [1]Hält die ersuchte Behörde sich zur Hilfe nicht für verpflichtet, so teilt sie der ersuchenden Behörde ihre Auffassung mit. [2]Besteht diese auf der Amtshilfe, so entscheidet über die Verpflichtung zur Amtshilfe die gemeinsame fachlich zuständige Aufsichtsbehörde oder, sofern eine solche nicht besteht, die für die ersuchte Behörde fachlich zuständige Aufsichtsbehörde.

§ 6 Auswahl der Behörde

Kommen für die Amtshilfe mehrere Behörden in Betracht, so soll nach Möglichkeit eine Behörde der untersten Verwaltungsstufe des Verwaltungszweigs ersucht werden, dem die ersuchende Behörde angehört.

§ 7 Durchführung der Amtshilfe

(1) Die Zulässigkeit der Maßnahme, die durch die Amtshilfe verwirklicht werden soll, richtet sich nach dem für die ersuchende Behörde, die Durchführung der Amtshilfe nach dem für die ersuchte Behörde geltenden Recht.

(2) [1]Die ersuchende Behörde trägt gegenüber der ersuchten Behörde die Verantwortung für die Rechtmäßigkeit der zu treffenden Maßnahme. [2]Die ersuchte Behörde ist für die Durchführung der Amtshilfe verantwortlich.

§ 8 Kosten der Amtshilfe

(1) [1]Die ersuchende Behörde hat der ersuchten Behörde für die Amtshilfe keine Verwaltungsgebühr zu entrichten. [2]Auslagen hat sie der ersuchten Behörde auf Anforderung zu erstatten, wenn sie im Einzelfall 35 Euro übersteigen. [3]Leisten Behörden desselben Rechtsträgers einander Amtshilfe, so werden die Auslagen nicht erstattet.

(2) Nimmt die ersuchte Behörde zur Durchführung der Amtshilfe eine kostenpflichtige Amtshandlung vor, so stehen ihr die von einem Dritten hierfür geschuldeten Kosten (Verwaltungsgebühren, Benutzungsgebühren und Auslagen) zu.

Abschnitt 3
Europäische Verwaltungszusammenarbeit

§ 8a Grundsätze der Hilfeleistung

(1) Jede Behörde leistet Behörden anderer Mitgliedstaaten der Europäischen Union auf Ersuchen Hilfe, soweit dies nach Maßgabe von Rechtsakten der Europäischen Gemeinschaft geboten ist.

(2) [1]Behörden anderer Mitgliedstaaten der Europäischen Union können um Hilfe ersucht werden, soweit dies nach Maßgabe von Rechtsakten der Europäischen Gemeinschaft zugelassen ist. [2]Um Hilfe ist zu ersuchen, soweit dies nach Maßgabe von Rechtsakten der Europäischen Gemeinschaft geboten ist.

(3) Die §§ 5, 7 und 8 Absatz 2 sind entsprechend anzuwenden, soweit Rechtsakte der Europäischen Gemeinschaft nicht entgegenstehen.

§ 8b Form und Behandlung der Ersuchen

(1) [1]Ersuchen sind in deutscher Sprache an Behörden anderer Mitgliedstaaten der Europäischen Union zu richten; soweit erforderlich, ist eine Übersetzung beizufügen. [2]Die Ersuchen sind gemäß den gemeinschaftsrechtlichen Vorgaben und unter Angabe des maßgeblichen Rechtsakts zu begründen.

(2) [1]Ersuchen von Behörden anderer Mitgliedstaaten der Europäischen Union dürfen nur erledigt werden, wenn sich ihr Inhalt in deutscher Sprache aus den Akten ergibt. [2]Soweit erforderlich, soll bei Ersuchen in einer anderen Sprache von der ersuchenden Behörde eine Übersetzung verlangt werden.

(3) Ersuchen von Behörden anderer Mitgliedstaaten der Europäischen Union können abgelehnt werden, wenn sie nicht ordnungsgemäß und unter Angabe des maßgeblichen Rechtsakts begründet sind und die erforderliche Begründung nach Aufforderung nicht nachgereicht wird.

(4) [1]Einrichtungen und Hilfsmittel der Kommission zur Behandlung von Ersuchen sollen genutzt werden. [2]Informationen sollen elektronisch übermittelt werden.

§ 8c Kosten der Hilfeleistung

Ersuchende Behörden anderer Mitgliedstaaten der Europäischen Union haben Verwaltungsgebühren oder Auslagen nur zu erstatten, soweit dies nach Maßgabe von Rechtsakten der Europäischen Gemeinschaft verlangt werden kann.

§ 8d Mitteilungen von Amts wegen

(1) [1]Die zuständige Behörde teilt den Behörden anderer Mitgliedstaaten der Europäischen Union und der Kommission Angaben über Sachverhalte und Personen mit, soweit dies nach Maßgabe von Rechtsakten der Europäischen Gemeinschaft geboten ist. [2]Dabei sollen die hierzu eingerichteten Informationsnetze genutzt werden.

(2) Übermittelt eine Behörde Angaben nach Absatz 1 an die Behörde eines anderen Mitgliedstaats der Europäischen Union, unterrichtet sie den Betroffenen über die Tatsache der Übermittlung, soweit Rechtsakte der Europäischen Gemeinschaft dies vorsehen; dabei ist auf die Art der Angaben sowie auf die Zweckbestimmung und die Rechtsgrundlage der Übermittlung hinzuweisen.

§ 8e Anwendbarkeit

[1]Die Regelungen dieses Abschnitts sind mit Inkrafttreten des jeweiligen Rechtsaktes der Europäischen Gemeinschaft, wenn dieser unmittelbare Wirkung entfaltet, im Übrigen mit Ablauf der jeweiligen Umsetzungsfrist anzuwenden. [2]Sie gelten auch im Verhältnis zu den anderen Vertragsstaaten des Abkommens über den Europäischen Wirtschaftsraum, soweit Rechtsakte der Europäischen Gemeinschaft auch auf diese Staaten anzuwenden sind.

Teil II
Allgemeine Vorschriften über das Verwaltungsverfahren

Abschnitt 1
Verfahrensgrundsätze

§ 9 Begriff des Verwaltungsverfahrens

Das Verwaltungsverfahren im Sinne dieses Gesetzes ist die nach außen wirkende Tätigkeit der Behörden, die auf die Prüfung der Voraussetzungen, die Vorbereitung und den Erlass eines Verwaltungsaktes oder auf den Abschluss eines öffentlich-rechtlichen Vertrags gerichtet ist; es schließt den Erlass des Verwaltungsaktes oder den Abschluss des öffentlich-rechtlichen Vertrags ein.

§ 10 Nichtförmlichkeit des Verwaltungsverfahrens

[1]Das Verwaltungsverfahren ist an bestimmte Formen nicht gebunden, soweit keine besonderen Rechtsvorschriften für die Form des Verfahrens bestehen. [2]Es ist einfach, zweckmäßig und zügig durchzuführen.

§ 11 Beteiligungsfähigkeit

Fähig, am Verfahren beteiligt zu sein, sind

1. natürliche und juristische Personen,
2. Vereinigungen, soweit ihnen ein Recht zustehen kann,
3. Behörden.

§ 12 Handlungsfähigkeit

(1) Fähig zur Vornahme von Verfahrenshandlungen sind

1. natürliche Personen, die nach bürgerlichem Recht geschäftsfähig sind,

2. natürliche Personen, die nach bürgerlichem Recht in der Geschäftsfähigkeit beschränkt sind, soweit sie für den Gegenstand des Verfahrens durch Vorschriften des bürgerlichen Rechts als geschäftsfähig oder durch Vorschriften des öffentlichen Rechts als handlungsfähig anerkannt sind,
3. juristische Personen und Vereinigungen (§ 11 Nr. 2) durch ihre gesetzlichen Vertreter oder durch besonders Beauftragte,
4. Behörden durch ihre Leiter, deren Vertreter oder Beauftragte.

(2) Betrifft ein Einwilligungsvorbehalt nach § 1825 des Bürgerlichen Gesetzbuchs den Gegenstand des Verfahrens, so ist ein geschäftsfähiger Betreuter nur insoweit zur Vornahme von Verfahrenshandlungen fähig, als er nach den Vorschriften des bürgerlichen Rechts ohne Einwilligung des Betreuers handeln kann oder durch Vorschriften des öffentlichen Rechts als handlungsfähig anerkannt ist.

(3) Die §§ 53 und 55 der Zivilprozessordnung gelten entsprechend.

§ 13 Beteiligte

(1) Beteiligte sind

1. Antragsteller und Antragsgegner,
2. diejenigen, an die die Behörde den Verwaltungsakt richten will oder gerichtet hat,
3. diejenigen, mit denen die Behörde einen öffentlich-rechtlichen Vertrag schließen will oder geschlossen hat,
4. diejenigen, die nach Absatz 2 von der Behörde zu dem Verfahren hinzugezogen worden sind.

(2) [1]Die Behörde kann von Amts wegen oder auf Antrag diejenigen, deren rechtliche Interessen durch den Ausgang des Verfahrens berührt werden können, als Beteiligte hinzuziehen. [2]Hat der Ausgang des Verfahrens rechtsgestaltende Wirkung für einen Dritten, so ist dieser auf Antrag als Beteiligter zu dem Verfahren hinzuzuziehen; soweit er der Behörde bekannt ist, hat diese ihn von der Einleitung des Verfahrens zu benachrichtigen.

(3) Wer anzuhören ist, ohne dass die Voraussetzungen des Absatzes 1 vorliegen, wird dadurch nicht Beteiligter.

§ 14 Bevollmächtigte und Beistände

(1) [1]Ein Beteiligter kann sich durch einen Bevollmächtigten vertreten lassen. [2]Die Vollmacht ermächtigt zu allen das Verwaltungsverfahren betreffenden Verfahrenshandlungen, sofern sich aus ihrem Inhalt nicht etwas anderes ergibt. [3]Der Bevollmächtigte hat auf Verlangen seine Vollmacht schriftlich nachzuweisen. [4]Ein Widerruf der Vollmacht wird der Behörde gegenüber erst wirksam, wenn er ihr zugeht.

(2) Die Vollmacht wird weder durch den Tod des Vollmachtgebers noch durch eine Veränderung in seiner Handlungsfähigkeit oder seiner gesetzlichen Vertretung aufgehoben; der Bevollmächtigte hat jedoch, wenn er für den Rechtsnachfolger im Verwaltungsverfahren auftritt, dessen Vollmacht auf Verlangen schriftlich beizubringen.

(3) [1]Ist für das Verfahren ein Bevollmächtigter bestellt, so soll sich die Behörde an ihn wenden. [2]Sie kann sich an den Beteiligten selbst wenden, soweit er zur Mitwirkung verpflichtet ist. [3]Wendet sich die Behörde an den Beteiligten, so soll der Bevollmächtigte verständigt werden. [4]Vorschriften über die Zustellung an Bevollmächtigte bleiben unberührt.

(4) [1]Ein Beteiligter kann zu Verhandlungen und Besprechungen mit einem Beistand erscheinen. [2]Das von dem Beistand Vorgetragene gilt als von dem Beteiligten vorgebracht, soweit dieser nicht unverzüglich widerspricht.

(5) Bevollmächtigte und Beistände sind zurückzuweisen, wenn sie entgegen § 3 des Rechtsdienstleistungsgesetzes Rechtsdienstleistungen erbringen.

(6) [1]Bevollmächtigte und Beistände können vom Vortrag zurückgewiesen werden, wenn sie hierzu ungeeignet sind; vom mündlichen Vortrag können sie nur zurückgewiesen werden, wenn sie zum sachgemäßen Vortrag nicht fähig sind. [2]Nicht zurückgewiesen werden können Personen, die nach § 67 Abs. 2 Satz 1 und 2 Nr. 3 bis 7 der Verwaltungsgerichtsordnung zur Vertretung im verwaltungsgerichtlichen Verfahren befugt sind.

(7) [1]Die Zurückweisung nach den Absätzen 5 und 6 ist auch dem Beteiligten, dessen Bevollmächtigter oder Beistand zurückgewiesen wird, mitzuteilen. [2]Verfahrenshandlungen des zurückgewiesenen Bevollmächtigten oder Beistands, die dieser nach der Zurückweisung vornimmt, sind unwirksam.

§ 15 Bestellung eines Empfangsbevollmächtigten

[1]Ein Beteiligter ohne Wohnsitz oder gewöhnlichen Aufenthalt, Sitz oder Geschäftsleitung im Inland hat der Behörde auf Verlangen innerhalb einer angemessenen Frist einen Empfangsbevollmächtigten im Inland zu benennen. [2]Unterlässt er dies, gilt ein an ihn gerichtetes Schriftstück am siebenten Tage nach der Aufgabe zur Post und ein elektronisch übermitteltes Dokument am vierten Tage nach der Absendung als zugegangen. [3]Dies gilt nicht, wenn feststeht, dass das Dokument den Empfänger nicht oder zu einem späteren Zeitpunkt erreicht hat. [4]Auf die Rechtsfolgen der Unterlassung ist der Beteiligte hinzuweisen.

§ 16 Bestellung eines Vertreters von Amts wegen

(1) Ist ein Vertreter nicht vorhanden, so hat das Betreuungsgericht, für einen minderjährigen Beteiligten das Familiengericht auf Ersuchen der Behörde einen geeigneten Vertreter zu bestellen

1. für einen Beteiligten, dessen Person unbekannt ist;
2. für einen abwesenden Beteiligten, dessen Aufenthalt unbekannt ist oder der an der Besorgung seiner Angelegenheiten verhindert ist;
3. für einen Beteiligten ohne Aufenthalt im Inland, wenn er der Aufforderung der Behörde, einen Vertreter zu bestellen, innerhalb der ihm gesetzten Frist nicht nachgekommen ist;
4. für einen Beteiligten, der infolge einer psychischen Krankheit oder körperlichen, geistigen oder seelischen Behinderung nicht in der Lage ist, in dem Verwaltungsverfahren selbst tätig zu werden;
5. bei herrenlosen Sachen, auf die sich das Verfahren bezieht, zur Wahrung der sich in Bezug auf die Sache ergebenden Rechte und Pflichten.

(2) Für die Bestellung des Vertreters ist in den Fällen des Absatzes 1 Nr. 4 das Gericht zuständig, in dessen Bezirk der Beteiligte seinen gewöhnlichen Aufenthalt hat; im Übrigen ist das Gericht zuständig, in dessen Bezirk die ersuchende Behörde ihren Sitz hat.

(3) [1]Der Vertreter hat gegen den Rechtsträger der Behörde, die um seine Bestellung ersucht hat, Anspruch auf eine angemessene Vergütung und auf die Erstattung seiner baren Auslagen. [2]Die Behörde kann von dem Vertretenen Ersatz ihrer Aufwendungen verlangen. [3]Sie bestimmt die Vergütung und stellt die Auslagen und Aufwendungen fest.

(4) Im Übrigen gelten für die Bestellung und für das Amt des Vertreters in den Fällen des Absatzes 1 Nr. 4 die Vorschriften über die Betreuung, in den übrigen Fällen die Vorschriften über die Pflegschaft entsprechend.

§ 17 Vertreter bei gleichförmigen Eingaben

(1) [1]Bei Anträgen und Eingaben, die in einem Verwaltungsverfahren von mehr als 50 Personen auf Unterschriftslisten unterzeichnet oder in Form vervielfältigter gleichlautender Texte eingereicht worden sind (gleichförmige Eingaben), gilt für das Verfahren derjenige Unterzeichner als Vertreter der übrigen Unterzeichner, der darin mit seinem Namen, seinem Beruf und seiner Anschrift als Ver-

treter bezeichnet ist, soweit er nicht von ihnen als Bevollmächtigter bestellt worden ist. [2]Vertreter kann nur eine natürliche Person sein.

(2) [1]Die Behörde kann gleichförmige Eingaben, die die Angaben nach Absatz 1 Satz 1 nicht deutlich sichtbar auf jeder mit einer Unterschrift versehenen Seite enthalten oder dem Erfordernis des Absatzes 1 Satz 2 nicht entsprechen, unberücksichtigt lassen. [2]Will die Behörde so verfahren, so hat sie dies durch ortsübliche Bekanntmachung mitzuteilen. [3]Die Behörde kann ferner gleichförmige Eingaben insoweit unberücksichtigt lassen, als Unterzeichner ihren Namen oder ihre Anschrift nicht oder unleserlich angegeben haben.

(3) [1]Die Vertretungsmacht erlischt, sobald der Vertreter oder der Vertretene dies der Behörde schriftlich erklärt; der Vertreter kann eine solche Erklärung nur hinsichtlich aller Vertretenen abgeben. [2]Gibt der Vertretene eine solche Erklärung ab, so soll er der Behörde zugleich mitteilen, ob er seine Eingabe aufrechterhält und ob er einen Bevollmächtigten bestellt hat.

(4) [1]Endet die Vertretungsmacht des Vertreters, so kann die Behörde die nicht mehr Vertretenen auffordern, innerhalb einer angemessenen Frist einen gemeinsamen Vertreter zu bestellen. [2]Sind mehr als 50 Personen aufzufordern, so kann die Behörde die Aufforderung ortsüblich bekannt machen. [3]Wird der Aufforderung nicht fristgemäß entsprochen, so kann die Behörde von Amts wegen einen gemeinsamen Vertreter bestellen.

§ 18 Vertreter für Beteiligte bei gleichem Interesse

(1) [1]Sind an einem Verwaltungsverfahren mehr als 50 Personen im gleichen Interesse beteiligt, ohne vertreten zu sein, so kann die Behörde sie auffordern, innerhalb einer angemessenen Frist einen gemeinsamen Vertreter zu bestellen, wenn sonst die ordnungsmäßige Durchführung des Verwaltungsverfahrens beeinträchtigt wäre. [2]Kommen sie der Aufforderung nicht fristgemäß nach, so kann die Behörde von Amts wegen einen gemeinsamen Vertreter bestellen. [3]Vertreter kann nur eine natürliche Person sein.

(2) [1]Die Vertretungsmacht erlischt, sobald der Vertreter oder der Vertretene dies der Behörde schriftlich erklärt; der Vertreter kann eine solche Erklärung nur hinsichtlich aller Vertretenen abgeben. [2]Gibt der Vertretene eine solche Erklärung ab, so soll er der Behörde zugleich mitteilen, ob er seine Eingabe aufrechterhält und ob er einen Bevollmächtigten bestellt hat.

§ 19 Gemeinsame Vorschriften für Vertreter bei gleichförmigen Eingaben und bei gleichem Interesse

(1) [1]Der Vertreter hat die Interessen der Vertretenen sorgfältig wahrzunehmen. [2]Er kann alle das Verwaltungsverfahren betreffenden Verfahrenshandlungen vornehmen. [3]An Weisungen ist er nicht gebunden.

(2) § 14 Abs. 5 bis 7 gilt entsprechend.

(3) [1]Der von der Behörde bestellte Vertreter hat gegen deren Rechtsträger Anspruch auf angemessene Vergütung und auf Erstattung seiner baren Auslagen. [2]Die Behörde kann von den Vertretenen zu gleichen Anteilen Ersatz ihrer Aufwendungen verlangen. [3]Sie bestimmt die Vergütung und stellt die Auslagen und Aufwendungen fest.

§ 20 Ausgeschlossene Personen

(1) [1]In einem Verwaltungsverfahren darf für eine Behörde nicht tätig werden,

1. wer selbst Beteiligter ist;
2. wer Angehöriger eines Beteiligten ist;
3. wer einen Beteiligten kraft Gesetzes oder Vollmacht allgemein oder in diesem Verwaltungsverfahren vertritt;
4. wer Angehöriger einer Person ist, die einen Beteiligten in diesem Verfahren vertritt;

5. wer bei einem Beteiligten gegen Entgelt beschäftigt ist oder bei ihm als Mitglied des Vorstands, des Aufsichtsrates oder eines gleichartigen Organs tätig ist; dies gilt nicht für den, dessen Anstellungskörperschaft Beteiligte ist;
6. wer außerhalb seiner amtlichen Eigenschaft in der Angelegenheit ein Gutachten abgegeben hat oder sonst tätig geworden ist.

[2]Dem Beteiligten steht gleich, wer durch die Tätigkeit oder durch die Entscheidung einen unmittelbaren Vorteil oder Nachteil erlangen kann. [3]Dies gilt nicht, wenn der Vor- oder Nachteil nur darauf beruht, dass jemand einer Berufs- oder Bevölkerungsgruppe angehört, deren gemeinsame Interessen durch die Angelegenheit berührt werden.

(2) Absatz 1 gilt nicht für Wahlen zu einer ehrenamtlichen Tätigkeit und für die Abberufung von ehrenamtlich Tätigen.

(3) Wer nach Absatz 1 ausgeschlossen ist, darf bei Gefahr im Verzug unaufschiebbare Maßnahmen treffen.

(4) [1]Hält sich ein Mitglied eines Ausschusses (§ 88) für ausgeschlossen oder bestehen Zweifel, ob die Voraussetzungen des Absatzes 1 gegeben sind, ist dies dem Vorsitzenden des Ausschusses mitzuteilen. [2]Der Ausschuss entscheidet über den Ausschluss. [3]Der Betroffene darf an dieser Entscheidung nicht mitwirken. [4]Das ausgeschlossene Mitglied darf bei der weiteren Beratung und Beschlussfassung nicht zugegen sein.

(5) [1]Angehörige im Sinne des Absatzes 1 Nr. 2 und 4 sind:

1. der Verlobte,
2. der Ehegatte,
2a. der Lebenspartner,
3. Verwandte und Verschwägerte gerader Linie,
4. Geschwister,
5. Kinder der Geschwister,
6. Ehegatten der Geschwister und Geschwister der Ehegatten,
6a. Lebenspartner der Geschwister und Geschwister der Lebenspartner,
7. Geschwister der Eltern,
8. Personen, die durch ein auf längere Dauer angelegtes Pflegeverhältnis mit häuslicher Gemeinschaft wie Eltern und Kind miteinander verbunden sind (Pflegeeltern und Pflegekinder).

[2]Angehörige sind die in Satz 1 aufgeführten Personen auch dann, wenn

1. in den Fällen der Nummern 2, 3 und 6 die die Beziehung begründende Ehe nicht mehr besteht;
1a. in den Fällen der Nummern 2a, 3 und 6a die die Beziehung begründende Lebenspartnerschaft nicht mehr besteht;
2. in den Fällen der Nummern 3 bis 7 die Verwandtschaft oder Schwägerschaft durch Annahme als Kind erloschen ist;
3. im Falle der Nummer 8 die häusliche Gemeinschaft nicht mehr besteht, sofern die Personen weiterhin wie Eltern und Kind miteinander verbunden sind.

§ 21 Besorgnis der Befangenheit

(1) [1]Liegt ein Grund vor, der geeignet ist, Misstrauen gegen eine unparteiische Amtsausübung zu rechtfertigen, oder wird von einem Beteiligten das Vorliegen eines solchen Grundes behauptet, so hat, wer in einem Verwaltungsverfahren für eine Behörde tätig werden soll, den Leiter der Behörde oder den von diesem Beauftragten zu unterrichten und sich auf dessen Anordnung der Mitwirkung

zu enthalten. [2]Betrifft die Besorgnis der Befangenheit den Leiter der Behörde, so trifft diese Anordnung die Aufsichtsbehörde, sofern sich der Behördenleiter nicht selbst einer Mitwirkung enthält.

(2) Für Mitglieder eines Ausschusses (§ 88) gilt § 20 Abs. 4 entsprechend.

§ 22 Beginn des Verfahrens

[1]Die Behörde entscheidet nach pflichtgemäßem Ermessen, ob und wann sie ein Verwaltungsverfahren durchführt. [2]Dies gilt nicht, wenn die Behörde auf Grund von Rechtsvorschriften

1. von Amts wegen oder auf Antrag tätig werden muss;
2. nur auf Antrag tätig werden darf und ein Antrag nicht vorliegt.

§ 23 Amtssprache

(1) Die Amtssprache ist deutsch.

(2) [1]Werden bei einer Behörde in einer fremden Sprache Anträge gestellt oder Eingaben, Belege, Urkunden oder sonstige Dokumente vorgelegt, soll die Behörde unverzüglich die Vorlage einer Übersetzung verlangen. [2]In begründeten Fällen kann die Vorlage einer beglaubigten oder von einem öffentlich bestellten oder beeidigten Dolmetscher oder Übersetzer angefertigten Übersetzung verlangt werden. [3]Wird die verlangte Übersetzung nicht unverzüglich vorgelegt, so kann die Behörde auf Kosten des Beteiligten selbst eine Übersetzung beschaffen. [4]Hat die Behörde Dolmetscher oder Übersetzer herangezogen, erhalten diese in entsprechender Anwendung des Justizvergütungs- und -entschädigungsgesetzes eine Vergütung.

(3) Soll durch eine Anzeige, einen Antrag oder die Abgabe einer Willenserklärung eine Frist in Lauf gesetzt werden, innerhalb deren die Behörde in einer bestimmten Weise tätig werden muss, und gehen diese in einer fremden Sprache ein, so beginnt der Lauf der Frist erst mit dem Zeitpunkt, in dem der Behörde eine Übersetzung vorliegt.

(4) [1]Soll durch eine Anzeige, einen Antrag oder eine Willenserklärung, die in fremder Sprache eingehen, zugunsten eines Beteiligten eine Frist gegenüber der Behörde gewahrt, ein öffentlich-rechtlicher Anspruch geltend gemacht oder eine Leistung begehrt werden, so gelten die Anzeige, der Antrag oder die Willenserklärung als zum Zeitpunkt des Eingangs bei der Behörde abgegeben, wenn auf Verlangen der Behörde innerhalb einer von dieser zu setzenden angemessenen Frist eine Übersetzung vorgelegt wird. [2]Andernfalls ist der Zeitpunkt des Eingangs der Übersetzung maßgebend, soweit sich nicht aus zwischenstaatlichen Vereinbarungen etwas anderes ergibt. [3]Auf diese Rechtsfolge ist bei der Fristsetzung hinzuweisen.

§ 24 Untersuchungsgrundsatz

(1) [1]Die Behörde ermittelt den Sachverhalt von Amts wegen. [2]Sie bestimmt Art und Umfang der Ermittlungen; an das Vorbringen und an die Beweisanträge der Beteiligten ist sie nicht gebunden. [3]Setzt die Behörde automatische Einrichtungen zum Erlass von Verwaltungsakten ein, muss sie für den Einzelfall bedeutsame tatsächliche Angaben des Beteiligten berücksichtigen, die im automatischen Verfahren nicht ermittelt würden.

(2) Die Behörde hat alle für den Einzelfall bedeutsamen, auch die für die Beteiligten günstigen Umstände zu berücksichtigen.

(3) Die Behörde darf die Entgegennahme von Erklärungen oder Anträgen, die in ihren Zuständigkeitsbereich fallen, nicht deshalb verweigern, weil sie die Erklärung oder den Antrag in der Sache für unzulässig oder unbegründet hält.

§ 25 Beratung, Auskunft, frühe Öffentlichkeitsbeteiligung

(1) [1]Die Behörde soll die Abgabe von Erklärungen, die Stellung von Anträgen oder die Berichtigung von Erklärungen oder Anträgen anregen, wenn diese offensichtlich nur versehentlich oder aus Unkenntnis unterblieben oder unrichtig abgegeben oder gestellt worden sind. [2]Sie erteilt, soweit erfor-

derlich, Auskunft über die den Beteiligten im Verwaltungsverfahren zustehenden Rechte und die ihnen obliegenden Pflichten.

(2) [1]Die Behörde erörtert, soweit erforderlich, bereits vor Stellung eines Antrags mit dem zukünftigen Antragsteller, welche Nachweise und Unterlagen von ihm zu erbringen sind und in welcher Weise das Verfahren beschleunigt werden kann. [2]Soweit es der Verfahrensbeschleunigung dient, soll sie dem Antragsteller nach Eingang des Antrags unverzüglich Auskunft über die voraussichtliche Verfahrensdauer und die Vollständigkeit der Antragsunterlagen geben.

(3) [1]Die Behörde wirkt darauf hin, dass der Träger bei der Planung von Vorhaben, die nicht nur unwesentliche Auswirkungen auf die Belange einer größeren Zahl von Dritten haben können, die betroffene Öffentlichkeit frühzeitig über die Ziele des Vorhabens, die Mittel, es zu verwirklichen, und die voraussichtlichen Auswirkungen des Vorhabens unterrichtet (frühe Öffentlichkeitsbeteiligung). [2]Die frühe Öffentlichkeitsbeteiligung soll möglichst bereits vor Stellung eines Antrags stattfinden. [3]Der betroffenen Öffentlichkeit soll Gelegenheit zur Äußerung und zur Erörterung gegeben werden. [4]Das Ergebnis der vor Antragstellung durchgeführten frühen Öffentlichkeitsbeteiligung soll der betroffenen Öffentlichkeit und der Behörde spätestens mit der Antragstellung, im Übrigen unverzüglich mitgeteilt werden. [5]Satz 1 gilt nicht, soweit die betroffene Öffentlichkeit bereits nach anderen Rechtsvorschriften vor der Antragstellung zu beteiligen ist. [6]Beteiligungsrechte nach anderen Rechtsvorschriften bleiben unberührt.

§ 26 Beweismittel

(1) [1]Die Behörde bedient sich der Beweismittel, die sie nach pflichtgemäßem Ermessen zur Ermittlung des Sachverhalts für erforderlich hält. [2]Sie kann insbesondere

1. Auskünfte jeder Art einholen,
2. Beteiligte anhören, Zeugen und Sachverständige vernehmen oder die schriftliche oder elektronische Äußerung von Beteiligten, Sachverständigen und Zeugen einholen,
3. Urkunden und Akten beiziehen,
4. den Augenschein einnehmen.

(2) [1]Die Beteiligten sollen bei der Ermittlung des Sachverhalts mitwirken. [2]Sie sollen insbesondere ihnen bekannte Tatsachen und Beweismittel angeben. [3]Eine weitergehende Pflicht, bei der Ermittlung des Sachverhalts mitzuwirken, insbesondere eine Pflicht zum persönlichen Erscheinen oder zur Aussage, besteht nur, soweit sie durch Rechtsvorschrift besonders vorgesehen ist.

(3) [1]Für Zeugen und Sachverständige besteht eine Pflicht zur Aussage oder zur Erstattung von Gutachten, wenn sie durch Rechtsvorschrift vorgesehen ist. [2]Falls die Behörde Zeugen und Sachverständige herangezogen hat, erhalten sie auf Antrag in entsprechender Anwendung des Justizvergütungs- und -entschädigungsgesetzes eine Entschädigung oder Vergütung.

§ 27 Versicherung an Eides statt

(1) [1]Die Behörde darf bei der Ermittlung des Sachverhalts eine Versicherung an Eides statt nur verlangen und abnehmen, wenn die Abnahme der Versicherung über den betreffenden Gegenstand und in dem betreffenden Verfahren durch Gesetz oder Rechtsverordnung vorgesehen und die Behörde durch Rechtsvorschrift für zuständig erklärt worden ist. [2]Eine Versicherung an Eides statt soll nur gefordert werden, wenn andere Mittel zur Erforschung der Wahrheit nicht vorhanden sind, zu keinem Ergebnis geführt haben oder einen unverhältnismäßigen Aufwand erfordern. [3]Von eidesunfähigen Personen im Sinne des § 393 der Zivilprozessordnung darf eine eidesstattliche Versicherung nicht verlangt werden.

(2) [1]Wird die Versicherung an Eides statt von einer Behörde zur Niederschrift aufgenommen, so sind zur Aufnahme nur der Behördenleiter, sein allgemeiner Vertreter sowie Angehörige des öffentlichen Dienstes befugt, welche die Befähigung zum Richteramt haben. [2]Andere Angehörige des öffentlichen Dienstes kann der Behördenleiter oder sein allgemeiner Vertreter hierzu allgemein oder im Einzelfall schriftlich ermächtigen.

(3) Die Versicherung besteht darin, dass der Versichernde die Richtigkeit seiner Erklärung über den betreffenden Gegenstand bestätigt und erklärt: „Ich versichere an Eides statt, dass ich nach bestem Wissen die reine Wahrheit gesagt und nichts verschwiegen habe." Bevollmächtigte und Bei stände sind berechtigt, an der Aufnahme der Versicherung an Eides statt teilzunehmen.

(4) [1]Vor der Aufnahme der Versicherung an Eides statt ist der Versichernde über die Bedeutung der eidesstattlichen Versicherung und die strafrechtlichen Folgen einer unrichtigen oder unvollständigen eidesstattlichen Versicherung zu belehren. [2]Die Belehrung ist in der Niederschrift zu vermerken.

(5) [1]Die Niederschrift hat ferner die Namen der anwesenden Personen sowie den Ort und den Tag der Niederschrift zu enthalten. [2]Die Niederschrift ist demjenigen, der die eidesstattliche Versicherung abgibt, zur Genehmigung vorzulesen oder auf Verlangen zur Durchsicht vorzulegen. [3]Die erteilte Genehmigung ist zu vermerken und von dem Versichernden zu unterschreiben. [4]Die Niederschrift ist sodann von demjenigen, der die Versicherung an Eides statt aufgenommen hat, sowie von dem Schriftführer zu unterschreiben.

§ 27a Bekanntmachung im Internet

(1) [1]Ist durch Rechtsvorschrift eine öffentliche oder ortsübliche Bekanntmachung angeordnet, so ist diese dadurch zu bewirken, dass der Inhalt der Bekanntmachung auch auf einer Internetseite der Behörde oder ihres Verwaltungsträgers zugänglich gemacht wird. [2]Soweit durch Rechtsvorschrift nichts anderes bestimmt ist, ist für die Einhaltung einer vorgeschriebenen Frist die Zugänglichmachung im Internet nach Satz 1 maßgeblich.

(2) Absatz 1 gilt nicht, wenn eine Zugänglichmachung im Internet, insbesondere aus technischen Gründen, nicht möglich ist.

§ 27b Zugänglichmachung auszulegender Dokumente

(1) [1]Ist durch Rechtsvorschrift die Auslegung von Dokumenten zur Einsicht angeordnet, so ist sie dadurch zu bewirken, dass die Dokumente zugänglich gemacht werden

1. auf einer Internetseite der für die Auslegung zuständigen Behörde oder ihres Verwaltungsträgers und
2. auf mindestens eine andere Weise.

[2]Ist eine Veröffentlichung der auszulegenden Unterlagen im Internet, insbesondere aus technischen Gründen, nicht möglich, so wird die angeordnete Auslegung zur Einsicht durch die andere Zugangsmöglichkeit nach Satz 1 Nummer 2 bewirkt.

(2) In der Bekanntmachung der Auslegung sind anzugeben

1. der Zeitraum der Auslegung,
2. die Internetseite, auf der die Zugänglichmachung erfolgt, sowie
3. Art und Ort der anderen Zugangsmöglichkeit.

(3) Die Behörde kann verlangen, dass die Dokumente, die für die Auslegung einzureichen sind, in einem verkehrsüblichen elektronischen Format eingereicht werden.

(4) Sind in den auszulegenden Dokumenten Geheimnisse nach § 30 enthalten, so ist derjenige, der diese Dokumente einreichen muss, verpflichtet,

1. diese Geheimnisse zu kennzeichnen und
2. der Behörde zum Zwecke der Auslegung zusätzlich eine Darstellung vorzulegen, die den Inhalt der betreffenden Teile der Dokumente ohne Preisgabe der Geheimnisse beschreibt.

§ 27c Erörterung mit Verfahrensbeteiligten oder der Öffentlichkeit

(1) Ist durch Rechtsvorschrift eine Erörterung, insbesondere ein Erörterungstermin, eine mündliche Verhandlung oder eine Antragskonferenz angeordnet, kann sie ersetzt werden

1. durch eine Onlinekonsultation oder
2. mit Einwilligung der zur Teilnahme Berechtigten durch eine Video- oder Telefonkonferenz.

(2) [1]Bei einer Onlinekonsultation ist den zur Teilnahme Berechtigten innerhalb einer vorher bekannt zu machenden Frist Gelegenheit zu geben, sich schriftlich oder elektronisch zu äußern. [2]Die Frist soll mindestens eine Woche betragen. [3]Werden für die Onlinekonsultation Informationen zur Verfügung gestellt, so gilt § 27b Absatz 4 entsprechend.

(3) Sonstige Regelungen, die die Durchführung einer Erörterung nach Absatz 1 betreffen, bleiben unberührt.

§ 28 Anhörung Beteiligter

(1) Bevor ein Verwaltungsakt erlassen wird, der in Rechte eines Beteiligten eingreift, ist diesem Gelegenheit zu geben, sich zu den für die Entscheidung erheblichen Tatsachen zu äußern.

(2) Von der Anhörung kann abgesehen werden, wenn sie nach den Umständen des Einzelfalls nicht geboten ist, insbesondere wenn

1. eine sofortige Entscheidung wegen Gefahr im Verzug oder im öffentlichen Interesse notwendig erscheint;
2. durch die Anhörung die Einhaltung einer für die Entscheidung maßgeblichen Frist in Frage gestellt würde;
3. von den tatsächlichen Angaben eines Beteiligten, die dieser in einem Antrag oder einer Erklärung gemacht hat, nicht zu seinen Ungunsten abgewichen werden soll;
4. die Behörde eine Allgemeinverfügung oder gleichartige Verwaltungsakte in größerer Zahl oder Verwaltungsakte mit Hilfe automatischer Einrichtungen erlassen will;
5. Maßnahmen in der Verwaltungsvollstreckung getroffen werden sollen.

(3) Eine Anhörung unterbleibt, wenn ihr ein zwingendes öffentliches Interesse entgegensteht.

§ 29 Akteneinsicht durch Beteiligte

(1) [1]Die Behörde hat den Beteiligten Einsicht in die das Verfahren betreffenden Akten zu gestatten, soweit deren Kenntnis zur Geltendmachung oder Verteidigung ihrer rechtlichen Interessen erforderlich ist. [2]Satz 1 gilt bis zum Abschluss des Verwaltungsverfahrens nicht für Entwürfe zu Entscheidungen sowie die Arbeiten zu ihrer unmittelbaren Vorbereitung. [3]Soweit nach den §§ 17 und 18 eine Vertretung stattfindet, haben nur die Vertreter Anspruch auf Akteneinsicht.

(2) Die Behörde ist zur Gestattung der Akteneinsicht nicht verpflichtet, soweit durch sie die ordnungsgemäße Erfüllung der Aufgaben der Behörde beeinträchtigt, das Bekanntwerden des Inhalts der Akten dem Wohl des Bundes oder eines Landes Nachteile bereiten würde oder soweit die Vorgänge nach einem Gesetz oder ihrem Wesen nach, namentlich wegen der berechtigten Interessen der Beteiligten oder dritter Personen, geheim gehalten werden müssen.

(3) [1]Die Akteneinsicht erfolgt bei der Behörde, die die Akten führt. [2]Im Einzelfall kann die Einsicht auch bei einer anderen Behörde oder bei einer diplomatischen oder berufskonsularischen Vertretung der Bundesrepublik Deutschland im Ausland erfolgen; weitere Ausnahmen kann die Behörde, die die Akten führt, gestatten.

§ 30 Geheimhaltung

Die Beteiligten haben Anspruch darauf, dass ihre Geheimnisse, insbesondere die zum persönlichen Lebensbereich gehörenden Geheimnisse sowie die Betriebs- und Geschäftsgeheimnisse, von der Behörde nicht unbefugt offenbart werden.

Abschnitt 2
Fristen, Termine, Wiedereinsetzung

§ 31 Fristen und Termine

(1) Für die Berechnung von Fristen und für die Bestimmung von Terminen gelten die §§ 187 bis 193 des Bürgerlichen Gesetzbuchs entsprechend, soweit nicht durch die Absätze 2 bis 5 etwas anderes bestimmt ist.

(2) Der Lauf einer Frist, die von einer Behörde gesetzt wird, beginnt mit dem Tag, der auf die Bekanntgabe der Frist folgt, außer wenn dem Betroffenen etwas anderes mitgeteilt wird.

(3) [1]Fällt das Ende einer Frist auf einen Sonntag, einen gesetzlichen Feiertag oder einen Sonnabend, so endet die Frist mit dem Ablauf des nächstfolgenden Werktags. [2]Dies gilt nicht, wenn dem Betroffenen unter Hinweis auf diese Vorschrift ein bestimmter Tag als Ende der Frist mitgeteilt worden ist.

(4) Hat eine Behörde Leistungen nur für einen bestimmten Zeitraum zu erbringen, so endet dieser Zeitraum auch dann mit dem Ablauf seines letzten Tages, wenn dieser auf einen Sonntag, einen gesetzlichen Feiertag oder einen Sonnabend fällt.

(5) Der von einer Behörde gesetzte Termin ist auch dann einzuhalten, wenn er auf einen Sonntag, gesetzlichen Feiertag oder Sonnabend fällt.

(6) Ist eine Frist nach Stunden bestimmt, so werden Sonntage, gesetzliche Feiertage oder Sonnabende mitgerechnet.

(7) [1]Fristen, die von einer Behörde gesetzt sind, können verlängert werden. [2]Sind solche Fristen bereits abgelaufen, so können sie rückwirkend verlängert werden, insbesondere wenn es unbillig wäre, die durch den Fristablauf eingetretenen Rechtsfolgen bestehen zu lassen. [3]Die Behörde kann die Verlängerung der Frist nach § 36 mit einer Nebenbestimmung verbinden.

§ 32 Wiedereinsetzung in den vorigen Stand

(1) [1]War jemand ohne Verschulden verhindert, eine gesetzliche Frist einzuhalten, so ist ihm auf Antrag Wiedereinsetzung in den vorigen Stand zu gewähren. [2]Das Verschulden eines Vertreters ist dem Vertretenen zuzurechnen.

(2) [1]Der Antrag ist innerhalb von zwei Wochen nach Wegfall des Hindernisses zu stellen. [2]Die Tatsachen zur Begründung des Antrags sind bei der Antragstellung oder im Verfahren über den Antrag glaubhaft zu machen. [3]Innerhalb der Antragsfrist ist die versäumte Handlung nachzuholen. [4]Ist dies geschehen, so kann Wiedereinsetzung auch ohne Antrag gewährt werden.

(3) Nach einem Jahr seit dem Ende der versäumten Frist kann die Wiedereinsetzung nicht mehr beantragt oder die versäumte Handlung nicht mehr nachgeholt werden, außer wenn dies vor Ablauf der Jahresfrist infolge höherer Gewalt unmöglich war.

(4) Über den Antrag auf Wiedereinsetzung entscheidet die Behörde, die über die versäumte Handlung zu befinden hat.

(5) Die Wiedereinsetzung ist unzulässig, wenn sich aus einer Rechtsvorschrift ergibt, dass sie ausgeschlossen ist.

Abschnitt 3
Amtliche Beglaubigung

§ 33 Beglaubigung von Dokumenten

(1) [1]Jede Behörde ist befugt, Abschriften von Urkunden, die sie selbst ausgestellt hat, zu beglaubigen. [2]Darüber hinaus sind die von der Bundesregierung durch Rechtsverordnung bestimmten Behörden im Sinne des § 1 Abs. 1 Nr. 1 und die nach Landesrecht zuständigen Behörden befugt, Abschriften zu beglaubigen, wenn die Urschrift von einer Behörde ausgestellt ist oder die Abschrift zur Vorlage bei einer Behörde benötigt wird, sofern nicht durch Rechtsvorschrift die Erteilung beglaubigter Abschriften aus amtlichen Registern und Archiven anderen Behörden ausschließlich vorbehalten ist; die Rechtsverordnung bedarf nicht der Zustimmung des Bundesrates.

(2) Abschriften dürfen nicht beglaubigt werden, wenn Umstände zu der Annahme berechtigen, dass der ursprüngliche Inhalt des Schriftstücks, dessen Abschrift beglaubigt werden soll, geändert worden ist, insbesondere wenn dieses Schriftstück Lücken, Durchstreichungen, Einschaltungen, Änderungen, unleserliche Wörter, Zahlen oder Zeichen, Spuren der Beseitigung von Wörtern, Zahlen und Zeichen enthält oder wenn der Zusammenhang eines aus mehreren Blättern bestehenden Schriftstücks aufgehoben ist.

(3) [1]Eine Abschrift wird beglaubigt durch einen Beglaubigungsvermerk, der unter die Abschrift zu setzen ist. [2]Der Vermerk muss enthalten

1. die genaue Bezeichnung des Schriftstücks, dessen Abschrift beglaubigt wird,
2. die Feststellung, dass die beglaubigte Abschrift mit dem vorgelegten Schriftstück übereinstimmt,
3. den Hinweis, dass die beglaubigte Abschrift nur zur Vorlage bei der angegebenen Behörde erteilt wird, wenn die Urschrift nicht von einer Behörde ausgestellt worden ist,
4. den Ort und den Tag der Beglaubigung, die Unterschrift des für die Beglaubigung zuständigen Bediensteten und das Dienstsiegel.

(4) Die Absätze 1 bis 3 gelten entsprechend für die Beglaubigung von

1. Ablichtungen, Lichtdrucken und ähnlichen in technischen Verfahren hergestellten Vervielfältigungen,
2. auf fototechnischem Wege von Schriftstücken hergestellten Negativen, die bei einer Behörde aufbewahrt werden,
3. Ausdrucken elektronischer Dokumente,
4. elektronischen Dokumenten,
   a) die zur Abbildung eines Schriftstücks hergestellt wurden,
   b) die ein anderes technisches Format als das Ausgangsdokument, das verbunden ist mit einer qualifizierten elektronischen Signatur oder einem qualifizierten elektronischen Siegel einer Behörde, erhalten haben.

(5) [1]Der Beglaubigungsvermerk muss zusätzlich zu den Angaben nach Absatz 3 Satz 2 bei der Beglaubigung

1. des Ausdrucks eines elektronischen Dokuments, das mit einer qualifizierten elektronischen Signatur oder einem qualifizierten elektronischen Siegel einer Behörde verbunden ist, die Feststellungen enthalten,
   a) wen die Signaturprüfung als Inhaber der Signatur ausweist oder welche Behörde die Signaturprüfung als Inhaber des Siegels ausweist,
   b) welchen Zeitpunkt die Signaturprüfung für die Anbringung der Signatur oder des Siegels ausweist und

c) welche Zertifikate mit welchen Daten dieser Signatur oder diesem Siegel zu Grunde lagen;

2. eines elektronischen Dokuments den Namen des für die Beglaubigung zuständigen Bediensteten und die Bezeichnung der Behörde, die die Beglaubigung vornimmt, enthalten; die Unterschrift des für die Beglaubigung zuständigen Bediensteten und das Dienstsiegel nach Absatz 3 Satz 2 Nummer 4 werden durch eine dauerhaft überprüfbare qualifizierte elektronische Signatur oder durch ein dauerhaft überprüfbares qualifiziertes elektronisches Siegel der Behörde ersetzt.

[2]Wird ein elektronisches Dokument, das ein anderes technisches Format erhalten hat als das Ausgangsdokument, das mit einer qualifizierten elektronischen Signatur oder mit einem qualifizierten elektronischen Siegel einer Behörde verbunden ist, nach Satz 1 Nummer 2 beglaubigt, so muss der Beglaubigungsvermerk zusätzlich die Feststellungen nach Satz 1 Nummer 1 für das Ausgangsdokument enthalten.

(6) Die nach Absatz 4 hergestellten Dokumente stehen, sofern sie beglaubigt sind, beglaubigten Abschriften gleich.

(7) Jede Behörde soll von Urkunden, die sie selbst ausgestellt hat, auf Verlangen ein elektronisches Dokument nach Absatz 4 Nummer 4 Buchstabe a oder eine elektronische Abschrift fertigen und beglaubigen.

§ 34 Beglaubigung von Unterschriften

(1) [1]Die von der Bundesregierung durch Rechtsverordnung bestimmten Behörden im Sinne des § 1 Abs. 1 Nr. 1 und die nach Landesrecht zuständigen Behörden sind befugt, Unterschriften zu beglaubigen, wenn das unterzeichnete Schriftstück zur Vorlage bei einer Behörde oder bei einer sonstigen Stelle, der auf Grund einer Rechtsvorschrift das unterzeichnete Schriftstück vorzulegen ist, benötigt wird. [2]Dies gilt nicht für

1. Unterschriften ohne zugehörigen Text,

2. Unterschriften, die der öffentlichen Beglaubigung (§ 129 des Bürgerlichen Gesetzbuchs) bedürfen.

(2) Eine Unterschrift soll nur beglaubigt werden, wenn sie in Gegenwart des beglaubigenden Bediensteten vollzogen oder anerkannt wird.

(3) [1]Der Beglaubigungsvermerk ist unmittelbar bei der Unterschrift, die beglaubigt werden soll, anzubringen. [2]Er muss enthalten

1. die Bestätigung, dass die Unterschrift echt ist,

2. die genaue Bezeichnung desjenigen, dessen Unterschrift beglaubigt wird, sowie die Angabe, ob sich der für die Beglaubigung zuständige Bedienstete Gewissheit über diese Person verschafft hat und ob die Unterschrift in seiner Gegenwart vollzogen oder anerkannt worden ist,

3. den Hinweis, dass die Beglaubigung nur zur Vorlage bei der angegebenen Behörde oder Stelle bestimmt ist,

4. den Ort und den Tag der Beglaubigung, die Unterschrift des für die Beglaubigung zuständigen Bediensteten und das Dienstsiegel.

(4) Die Absätze 1 bis 3 gelten für die Beglaubigung von Handzeichen entsprechend.

(5) Die Rechtsverordnungen nach Absatz 1 und 4 bedürfen nicht der Zustimmung des Bundesrates.

Teil III
Verwaltungsakt

Abschnitt 1
Zustandekommen des Verwaltungsaktes

§ 35 Begriff des Verwaltungsaktes

[1]Verwaltungsakt ist jede Verfügung, Entscheidung oder andere hoheitliche Maßnahme, die eine Behörde zur Regelung eines Einzelfalls auf dem Gebiet des öffentlichen Rechts trifft und die auf unmittelbare Rechtswirkung nach außen gerichtet ist. [2]Allgemeinverfügung ist ein Verwaltungsakt, der sich an einen nach allgemeinen Merkmalen bestimmten oder bestimmbaren Personenkreis richtet oder die öffentlich-rechtliche Eigenschaft einer Sache oder ihre Benutzung durch die Allgemeinheit betrifft.

§ 35a Vollständig automatisierter Erlass eines Verwaltungsaktes

Ein Verwaltungsakt kann vollständig durch automatische Einrichtungen erlassen werden, sofern dies durch Rechtsvorschrift zugelassen ist und weder ein Ermessen noch ein Beurteilungsspielraum besteht.

§ 36 Nebenbestimmungen zum Verwaltungsakt

(1) Ein Verwaltungsakt, auf den ein Anspruch besteht, darf mit einer Nebenbestimmung nur versehen werden, wenn sie durch Rechtsvorschrift zugelassen ist oder wenn sie sicherstellen soll, dass die gesetzlichen Voraussetzungen des Verwaltungsaktes erfüllt werden.

(2) Unbeschadet des Absatzes 1 darf ein Verwaltungsakt nach pflichtgemäßem Ermessen erlassen werden mit

1. einer Bestimmung, nach der eine Vergünstigung oder Belastung zu einem bestimmten Zeitpunkt beginnt, endet oder für einen bestimmten Zeitraum gilt (Befristung);
2. einer Bestimmung, nach der der Eintritt oder der Wegfall einer Vergünstigung oder einer Belastung von dem ungewissen Eintritt eines zukünftigen Ereignisses abhängt (Bedingung);
3. einem Vorbehalt des Widerrufs

oder verbunden werden mit

4. einer Bestimmung, durch die dem Begünstigten ein Tun, Dulden oder Unterlassen vorgeschrieben wird (Auflage);
5. einem Vorbehalt der nachträglichen Aufnahme, Änderung oder Ergänzung einer Auflage.

(3) Eine Nebenbestimmung darf dem Zweck des Verwaltungsaktes nicht zuwiderlaufen.

§ 37 Bestimmtheit und Form des Verwaltungsaktes; Rechtsbehelfsbelehrung

(1) Ein Verwaltungsakt muss inhaltlich hinreichend bestimmt sein.

(2) [1]Ein Verwaltungsakt kann schriftlich, elektronisch, mündlich oder in anderer Weise erlassen werden. [2]Ein mündlicher Verwaltungsakt ist schriftlich oder elektronisch zu bestätigen, wenn hieran ein berechtigtes Interesse besteht und der Betroffene dies unverzüglich verlangt. [3]Ein elektronischer Verwaltungsakt ist unter denselben Voraussetzungen schriftlich zu bestätigen; § 3a Absatz 2 und 3 findet insoweit keine Anwendung.

(3) [1]Ein schriftlicher oder elektronischer Verwaltungsakt muss die erlassende Behörde erkennen lassen und die Unterschrift oder die Namenswiedergabe des Behördenleiters, seines Vertreters oder seines Beauftragten enthalten. [2]Wird für einen Verwaltungsakt, für den durch Rechtsvorschrift die Schriftform angeordnet ist, die elektronische Form verwendet, muss auch das der Signatur zugrunde liegende qualifizierte Zertifikat oder ein zugehöriges qualifiziertes Attributzertifikat die er-

lassende Behörde erkennen lassen. [3]Im Fall des § 3a Absatz 3 Nummer 3 Buchstabe b muss die Bestätigung nach § 5 Absatz 5 des De-Mail-Gesetzes die erlassende Behörde als Nutzer des De-Mail-Kontos erkennen lassen.

(4) Für einen Verwaltungsakt kann für die nach § 3a Absatz 2 erforderliche Signatur oder für das nach § 3a Absatz 3 Nummer 3 Buchstabe a erforderliche Siegel durch Rechtsvorschrift die dauerhafte Überprüfbarkeit vorgeschrieben werden.

(5) [1]Bei einem schriftlichen Verwaltungsakt, der mit Hilfe automatischer Einrichtungen erlassen wird, können abweichend von Absatz 3 Unterschrift und Namenswiedergabe fehlen. [2]Zur Inhaltsangabe können Schlüsselzeichen verwendet werden, wenn derjenige, für den der Verwaltungsakt bestimmt ist oder der von ihm betroffen wird, auf Grund der dazu gegebenen Erläuterungen den Inhalt des Verwaltungsaktes eindeutig erkennen kann.

(6) [1]Einem schriftlichen oder elektronischen Verwaltungsakt, der der Anfechtung unterliegt, ist eine Erklärung beizufügen, durch die der Beteiligte über den Rechtsbehelf, der gegen den Verwaltungsakt gegeben ist, über die Behörde oder das Gericht, bei denen der Rechtsbehelf einzulegen ist, den Sitz und über die einzuhaltende Frist belehrt wird (Rechtsbehelfsbelehrung). [2]Die Rechtsbehelfsbelehrung ist auch der schriftlichen oder elektronischen Bestätigung eines Verwaltungsaktes und der Bescheinigung nach § 42a Absatz 3 beizufügen.

§ 38 Zusicherung

(1) [1]Eine von der zuständigen Behörde erteilte Zusage, einen bestimmten Verwaltungsakt später zu erlassen oder zu unterlassen (Zusicherung), bedarf zu ihrer Wirksamkeit der schriftlichen Form. [2]Ist vor dem Erlass des zugesicherten Verwaltungsaktes die Anhörung Beteiligter oder die Mitwirkung einer anderen Behörde oder eines Ausschusses auf Grund einer Rechtsvorschrift erforderlich, so darf die Zusicherung erst nach Anhörung der Beteiligten oder nach Mitwirkung dieser Behörde oder des Ausschusses gegeben werden.

(2) Auf die Unwirksamkeit der Zusicherung finden, unbeschadet des Absatzes 1 Satz 1, § 44, auf die Heilung von Mängeln bei der Anhörung Beteiligter und der Mitwirkung anderer Behörden oder Ausschüsse § 45 Abs. 1 Nr. 3 bis 5 sowie Abs. 2, auf die Rücknahme § 48, auf den Widerruf, unbeschadet des Absatzes 3, § 49 entsprechende Anwendung.

(3) Ändert sich nach Abgabe der Zusicherung die Sach- oder Rechtslage derart, dass die Behörde bei Kenntnis der nachträglich eingetretenen Änderung die Zusicherung nicht gegeben hätte oder aus rechtlichen Gründen nicht hätte geben dürfen, ist die Behörde an die Zusicherung nicht mehr gebunden.

§ 39 Begründung des Verwaltungsaktes

(1) [1]Ein schriftlicher oder elektronischer sowie ein schriftlich oder elektronisch bestätigter Verwaltungsakt ist mit einer Begründung zu versehen. [2]In der Begründung sind die wesentlichen tatsächlichen und rechtlichen Gründe mitzuteilen, die die Behörde zu ihrer Entscheidung bewogen haben. [3]Die Begründung von Ermessensentscheidungen soll auch die Gesichtspunkte erkennen lassen, von denen die Behörde bei der Ausübung ihres Ermessens ausgegangen ist.

(2) Einer Begründung bedarf es nicht,

1. soweit die Behörde einem Antrag entspricht oder einer Erklärung folgt und der Verwaltungsakt nicht in Rechte eines anderen eingreift;
2. soweit demjenigen, für den der Verwaltungsakt bestimmt ist oder der von ihm betroffen wird, die Auffassung der Behörde über die Sach- und Rechtslage bereits bekannt oder auch ohne Begründung für ihn ohne weiteres erkennbar ist;
3. wenn die Behörde gleichartige Verwaltungsakte in größerer Zahl oder Verwaltungsakte mit Hilfe automatischer Einrichtungen erlässt und die Begründung nach den Umständen des Einzelfalls nicht geboten ist;

4. wenn sich dies aus einer Rechtsvorschrift ergibt;
5. wenn eine Allgemeinverfügung öffentlich bekannt gegeben wird.

§ 40 Ermessen

Ist die Behörde ermächtigt, nach ihrem Ermessen zu handeln, hat sie ihr Ermessen entsprechend dem Zweck der Ermächtigung auszuüben und die gesetzlichen Grenzen des Ermessens einzuhalten.

§ 41 Bekanntgabe des Verwaltungsaktes

(1) [1]Ein Verwaltungsakt ist demjenigen Beteiligten bekannt zu geben, für den er bestimmt ist oder der von ihm betroffen wird. [2]Ist ein Bevollmächtigter bestellt, so kann die Bekanntgabe ihm gegenüber vorgenommen werden.

(2) [1]Ein schriftlicher Verwaltungsakt, der im Inland durch die Post übermittelt wird, gilt am vierten Tag nach der Aufgabe zur Post als bekannt gegeben. [2]Ein Verwaltungsakt, der im Inland oder in das Ausland elektronisch übermittelt wird, gilt am vierten Tag nach der Absendung als bekannt gegeben. [3]Dies gilt nicht, wenn der Verwaltungsakt nicht oder zu einem späteren Zeitpunkt zugegangen ist; im Zweifel hat die Behörde den Zugang des Verwaltungsaktes und den Zeitpunkt des Zugangs nachzuweisen.

(2a) [1]Mit Einwilligung des Beteiligten kann ein elektronischer Verwaltungsakt dadurch bekannt gegeben werden, dass er vom Beteiligten oder von seinem Bevollmächtigten über öffentlich zugängliche Netze abgerufen wird. [2]Die Behörde hat zu gewährleisten, dass der Abruf nur nach Authentifizierung der berechtigten Person möglich ist und der elektronische Verwaltungsakt von ihr gespeichert werden kann. [3]Der Verwaltungsakt gilt am Tag nach dem Abruf als bekannt gegeben. [4]Wird der Verwaltungsakt nicht innerhalb von zehn Tagen nach Absendung einer Benachrichtigung über die Bereitstellung abgerufen, wird diese beendet. [5]In diesem Fall ist die Bekanntgabe nicht bewirkt; die Möglichkeit einer erneuten Bereitstellung zum Abruf oder der Bekanntgabe auf andere Weise bleibt unberührt.

(3) [1]Ein Verwaltungsakt darf öffentlich bekannt gegeben werden, wenn dies durch Rechtsvorschrift zugelassen ist. [2]Eine Allgemeinverfügung darf auch dann öffentlich bekannt gegeben werden, wenn eine Bekanntgabe an die Beteiligten untunlich ist.

(4) [1]Die öffentliche Bekanntgabe eines schriftlichen oder elektronischen Verwaltungsaktes wird dadurch bewirkt, dass sein verfügender Teil ortsüblich bekannt gemacht wird. [2]In der ortsüblichen Bekanntmachung ist anzugeben, wo der Verwaltungsakt und seine Begründung eingesehen werden können. [3]Der Verwaltungsakt gilt zwei Wochen nach der ortsüblichen Bekanntmachung als bekannt gegeben. [4]In einer Allgemeinverfügung kann ein hiervon abweichender Tag, jedoch frühestens der auf die Bekanntmachung folgende Tag bestimmt werden.

(5) Vorschriften über die Bekanntgabe eines Verwaltungsaktes mittels Zustellung bleiben unberührt.

§ 42 Offenbare Unrichtigkeiten im Verwaltungsakt

[1]Die Behörde kann Schreibfehler, Rechenfehler und ähnliche offenbare Unrichtigkeiten in einem Verwaltungsakt jederzeit berichtigen. [2]Bei berechtigtem Interesse des Beteiligten ist zu berichtigen. [3]Die Behörde ist berechtigt, die Vorlage des Dokuments zu verlangen, das berichtigt werden soll.

§ 42a Genehmigungsfiktion

(1) [1]Eine beantragte Genehmigung gilt nach Ablauf einer für die Entscheidung festgelegten Frist als erteilt (Genehmigungsfiktion), wenn dies durch Rechtsvorschrift angeordnet und der Antrag hinreichend bestimmt ist. [2]Die Vorschriften über die Bestandskraft von Verwaltungsakten und über das Rechtsbehelfsverfahren gelten entsprechend.

(2) [1]Die Frist nach Absatz 1 Satz 1 beträgt drei Monate, soweit durch Rechtsvorschrift nichts Abweichendes bestimmt ist. [2]Die Frist beginnt mit Eingang der vollständigen Unterlagen. [3]Sie kann einmal angemessen verlängert werden, wenn dies wegen der Schwierigkeit der Angelegenheit gerechtfertigt ist. [4]Die Fristverlängerung ist zu begründen und rechtzeitig mitzuteilen.

(3) Auf Verlangen ist demjenigen, dem der Verwaltungsakt nach § 41 Abs. 1 hätte bekannt gegeben werden müssen, der Eintritt der Genehmigungsfiktion schriftlich zu bescheinigen.

Abschnitt 2
Bestandskraft des Verwaltungsaktes

§ 43 Wirksamkeit des Verwaltungsaktes

(1) [1]Ein Verwaltungsakt wird gegenüber demjenigen, für den er bestimmt ist oder der von ihm betroffen wird, in dem Zeitpunkt wirksam, in dem er ihm bekannt gegeben wird. [2]Der Verwaltungsakt wird mit dem Inhalt wirksam, mit dem er bekannt gegeben wird.

(2) Ein Verwaltungsakt bleibt wirksam, solange und soweit er nicht zurückgenommen, widerrufen, anderweitig aufgehoben oder durch Zeitablauf oder auf andere Weise erledigt ist.

(3) Ein nichtiger Verwaltungsakt ist unwirksam.

§ 44 Nichtigkeit des Verwaltungsaktes

(1) Ein Verwaltungsakt ist nichtig, soweit er an einem besonders schwerwiegenden Fehler leidet und dies bei verständiger Würdigung aller in Betracht kommenden Umstände offensichtlich ist.

(2) Ohne Rücksicht auf das Vorliegen der Voraussetzungen des Absatzes 1 ist ein Verwaltungsakt nichtig,

1. der schriftlich oder elektronisch erlassen worden ist, die erlassende Behörde aber nicht erkennen lässt;
2. der nach einer Rechtsvorschrift nur durch die Aushändigung einer Urkunde erlassen werden kann, aber dieser Form nicht genügt;
3. den eine Behörde außerhalb ihrer durch § 3 Abs. 1 Nr. 1 begründeten Zuständigkeit erlassen hat, ohne dazu ermächtigt zu sein;
4. den aus tatsächlichen Gründen niemand ausführen kann;
5. der die Begehung einer rechtswidrigen Tat verlangt, die einen Straf- oder Bußgeldtatbestand verwirklicht;
6. der gegen die guten Sitten verstößt.

(3) Ein Verwaltungsakt ist nicht schon deshalb nichtig, weil

1. Vorschriften über die örtliche Zuständigkeit nicht eingehalten worden sind, außer wenn ein Fall des Absatzes 2 Nr. 3 vorliegt;
2. eine nach § 20 Abs. 1 Satz 1 Nr. 2 bis 6 ausgeschlossene Person mitgewirkt hat;
3. ein durch Rechtsvorschrift zur Mitwirkung berufener Ausschuss den für den Erlass des Verwaltungsaktes vorgeschriebenen Beschluss nicht gefasst hat oder nicht beschlussfähig war;
4. die nach einer Rechtsvorschrift erforderliche Mitwirkung einer anderen Behörde unterblieben ist.

(4) Betrifft die Nichtigkeit nur einen Teil des Verwaltungsaktes, so ist er im Ganzen nichtig, wenn der nichtige Teil so wesentlich ist, dass die Behörde den Verwaltungsakt ohne den nichtigen Teil nicht erlassen hätte.

(5) Die Behörde kann die Nichtigkeit jederzeit von Amts wegen feststellen; auf Antrag ist sie festzustellen, wenn der Antragsteller hieran ein berechtigtes Interesse hat.

§ 45 Heilung von Verfahrens- und Formfehlern

(1) Eine Verletzung von Verfahrens- oder Formvorschriften, die nicht den Verwaltungsakt nach § 44 nichtig macht, ist unbeachtlich, wenn

1. der für den Erlass des Verwaltungsaktes erforderliche Antrag nachträglich gestellt wird;
2. die erforderliche Begründung nachträglich gegeben wird;
3. die erforderliche Anhörung eines Beteiligten nachgeholt wird;
4. der Beschluss eines Ausschusses, dessen Mitwirkung für den Erlass des Verwaltungsaktes erforderlich ist, nachträglich gefasst wird;
5. die erforderliche Mitwirkung einer anderen Behörde nachgeholt wird.

(2) Handlungen nach Absatz 1 können bis zum Abschluss der letzten Tatsacheninstanz eines verwaltungsgerichtlichen Verfahrens nachgeholt werden.

(3) [1]Fehlt einem Verwaltungsakt die erforderliche Begründung oder ist die erforderliche Anhörung eines Beteiligten vor Erlass des Verwaltungsaktes unterblieben und ist dadurch die rechtzeitige Anfechtung des Verwaltungsaktes versäumt worden, so gilt die Versäumung der Rechtsbehelfsfrist als nicht verschuldet. [2]Das für die Wiedereinsetzungsfrist nach § 32 Abs. 2 maßgebende Ereignis tritt im Zeitpunkt der Nachholung der unterlassenen Verfahrenshandlung ein.

§ 46 Folgen von Verfahrens- und Formfehlern

Die Aufhebung eines Verwaltungsaktes, der nicht nach § 44 nichtig ist, kann nicht allein deshalb beansprucht werden, weil er unter Verletzung von Vorschriften über das Verfahren, die Form oder die örtliche Zuständigkeit zustande gekommen ist, wenn offensichtlich ist, dass die Verletzung die Entscheidung in der Sache nicht beeinflusst hat.

§ 47 Umdeutung eines fehlerhaften Verwaltungsaktes

(1) Ein fehlerhafter Verwaltungsakt kann in einen anderen Verwaltungsakt umgedeutet werden, wenn er auf das gleiche Ziel gerichtet ist, von der erlassenden Behörde in der geschehenen Verfahrensweise und Form rechtmäßig hätte erlassen werden können und wenn die Voraussetzungen für dessen Erlass erfüllt sind.

(2) [1]Absatz 1 gilt nicht, wenn der Verwaltungsakt, in den der fehlerhafte Verwaltungsakt umzudeuten wäre, der erkennbaren Absicht der erlassenden Behörde widerspräche oder seine Rechtsfolgen für den Betroffenen ungünstiger wären als die des fehlerhaften Verwaltungsaktes. [2]Eine Umdeutung ist ferner unzulässig, wenn der fehlerhafte Verwaltungsakt nicht zurückgenommen werden dürfte.

(3) Eine Entscheidung, die nur als gesetzlich gebundene Entscheidung ergehen kann, kann nicht in eine Ermessensentscheidung umgedeutet werden.

(4) § 28 ist entsprechend anzuwenden.

§ 48 Rücknahme eines rechtswidrigen Verwaltungsaktes

(1) [1]Ein rechtswidriger Verwaltungsakt kann, auch nachdem er unanfechtbar geworden ist, ganz oder teilweise mit Wirkung für die Zukunft oder für die Vergangenheit zurückgenommen werden. [2]Ein Verwaltungsakt, der ein Recht oder einen rechtlich erheblichen Vorteil begründet oder bestätigt hat (begünstigender Verwaltungsakt), darf nur unter den Einschränkungen der Absätze 2 bis 4 zurückgenommen werden.

(2) [1]Ein rechtswidriger Verwaltungsakt, der eine einmalige oder laufende Geldleistung oder teilbare Sachleistung gewährt oder hierfür Voraussetzung ist, darf nicht zurückgenommen werden, soweit der Begünstigte auf den Bestand des Verwaltungsaktes vertraut hat und sein Vertrauen unter Abwägung mit dem öffentlichen Interesse an einer Rücknahme schutzwürdig ist. [2]Das Vertrauen ist in der Regel schutzwürdig, wenn der Begünstigte gewährte Leistungen verbraucht oder eine Ver-

mögensdisposition getroffen hat, die er nicht mehr oder nur unter unzumutbaren Nachteilen rückgängig machen kann. [3]Auf Vertrauen kann sich der Begünstigte nicht berufen, wenn er

1. den Verwaltungsakt durch arglistige Täuschung, Drohung oder Bestechung erwirkt hat;
2. den Verwaltungsakt durch Angaben erwirkt hat, die in wesentlicher Beziehung unrichtig oder unvollständig waren;
3. die Rechtswidrigkeit des Verwaltungsaktes kannte oder infolge grober Fahrlässigkeit nicht kannte.

[4]In den Fällen des Satzes 3 wird der Verwaltungsakt in der Regel mit Wirkung für die Vergangenheit zurückgenommen.

(3) [1]Wird ein rechtswidriger Verwaltungsakt, der nicht unter Absatz 2 fällt, zurückgenommen, so hat die Behörde dem Betroffenen auf Antrag den Vermögensnachteil auszugleichen, den dieser dadurch erleidet, dass er auf den Bestand des Verwaltungsaktes vertraut hat, soweit sein Vertrauen unter Abwägung mit dem öffentlichen Interesse schutzwürdig ist. [2]Absatz 2 Satz 3 ist anzuwenden. [3]Der Vermögensnachteil ist jedoch nicht über den Betrag des Interesses hinaus zu ersetzen, das der Betroffene an dem Bestand des Verwaltungsaktes hat. [4]Der auszugleichende Vermögensnachteil wird durch die Behörde festgesetzt. [5]Der Anspruch kann nur innerhalb eines Jahres geltend gemacht werden; die Frist beginnt, sobald die Behörde den Betroffenen auf sie hingewiesen hat.

(4) [1]Erhält die Behörde von Tatsachen Kenntnis, welche die Rücknahme eines rechtswidrigen Verwaltungsaktes rechtfertigen, so ist die Rücknahme nur innerhalb eines Jahres seit dem Zeitpunkt der Kenntnisnahme zulässig. [2]Dies gilt nicht im Falle des Absatzes 2 Satz 3 Nr. 1.

(5) Über die Rücknahme entscheidet nach Unanfechtbarkeit des Verwaltungsaktes die nach § 3 zuständige Behörde; dies gilt auch dann, wenn der zurückzunehmende Verwaltungsakt von einer anderen Behörde erlassen worden ist.

§ 49 Widerruf eines rechtmäßigen Verwaltungsaktes

(1) Ein rechtmäßiger nicht begünstigender Verwaltungsakt kann, auch nachdem er unanfechtbar geworden ist, ganz oder teilweise mit Wirkung für die Zukunft widerrufen werden, außer wenn ein Verwaltungsakt gleichen Inhalts erneut erlassen werden müsste oder aus anderen Gründen ein Widerruf unzulässig ist.

(2) [1]Ein rechtmäßiger begünstigender Verwaltungsakt darf, auch nachdem er unanfechtbar geworden ist, ganz oder teilweise mit Wirkung für die Zukunft nur widerrufen werden,

1. wenn der Widerruf durch Rechtsvorschrift zugelassen oder im Verwaltungsakt vorbehalten ist;
2. wenn mit dem Verwaltungsakt eine Auflage verbunden ist und der Begünstigte diese nicht oder nicht innerhalb einer ihm gesetzten Frist erfüllt hat;
3. wenn die Behörde auf Grund nachträglich eingetretener Tatsachen berechtigt wäre, den Verwaltungsakt nicht zu erlassen, und wenn ohne den Widerruf das öffentliche Interesse gefährdet würde;
4. wenn die Behörde auf Grund einer geänderten Rechtsvorschrift berechtigt wäre, den Verwaltungsakt nicht zu erlassen, soweit der Begünstigte von der Vergünstigung noch keinen Gebrauch gemacht oder auf Grund des Verwaltungsaktes noch keine Leistungen empfangen hat, und wenn ohne den Widerruf das öffentliche Interesse gefährdet würde;
5. um schwere Nachteile für das Gemeinwohl zu verhüten oder zu beseitigen.

[2]§ 48 Abs. 4 gilt entsprechend.

(3) [1]Ein rechtmäßiger Verwaltungsakt, der eine einmalige oder laufende Geldleistung oder teilbare Sachleistung zur Erfüllung eines bestimmten Zwecks gewährt oder hierfür Voraussetzung ist, kann, auch nachdem er unanfechtbar geworden ist, ganz oder teilweise auch mit Wirkung für die Vergangenheit widerrufen werden,

1. wenn die Leistung nicht, nicht alsbald nach der Erbringung oder nicht mehr für den in dem Verwaltungsakt bestimmten Zweck verwendet wird;
2. wenn mit dem Verwaltungsakt eine Auflage verbunden ist und der Begünstigte diese nicht oder nicht innerhalb einer ihm gesetzten Frist erfüllt hat.

[2]§ 48 Abs. 4 gilt entsprechend.

(4) Der widerrufene Verwaltungsakt wird mit dem Wirksamwerden des Widerrufs unwirksam, wenn die Behörde keinen anderen Zeitpunkt bestimmt.

(5) Über den Widerruf entscheidet nach Unanfechtbarkeit des Verwaltungsaktes die nach § 3 zuständige Behörde; dies gilt auch dann, wenn der zu widerrufende Verwaltungsakt von einer anderen Behörde erlassen worden ist.

(6) [1]Wird ein begünstigender Verwaltungsakt in den Fällen des Absatzes 2 Nr. 3 bis 5 widerrufen, so hat die Behörde den Betroffenen auf Antrag für den Vermögensnachteil zu entschädigen, den dieser dadurch erleidet, dass er auf den Bestand des Verwaltungsaktes vertraut hat, soweit sein Vertrauen schutzwürdig ist. [2]§ 48 Abs. 3 Satz 3 bis 5 gilt entsprechend. [3]Für Streitigkeiten über die Entschädigung ist der ordentliche Rechtsweg gegeben.

§ 49a Erstattung, Verzinsung

(1) [1]Soweit ein Verwaltungsakt mit Wirkung für die Vergangenheit zurückgenommen oder widerrufen worden oder infolge Eintritts einer auflösenden Bedingung unwirksam geworden ist, sind bereits erbrachte Leistungen zu erstatten. [2]Die zu erstattende Leistung ist durch schriftlichen Verwaltungsakt festzusetzen.

(2) [1]Für den Umfang der Erstattung mit Ausnahme der Verzinsung gelten die Vorschriften des Bürgerlichen Gesetzbuchs über die Herausgabe einer ungerechtfertigten Bereicherung entsprechend. [2]Auf den Wegfall der Bereicherung kann sich der Begünstigte nicht berufen, soweit er die Umstände kannte oder infolge grober Fahrlässigkeit nicht kannte, die zur Rücknahme, zum Widerruf oder zur Unwirksamkeit des Verwaltungsaktes geführt haben.

(3) [1]Der zu erstattende Betrag ist vom Eintritt der Unwirksamkeit des Verwaltungsaktes an mit fünf Prozentpunkten über dem Basiszinssatz jährlich zu verzinsen. [2]Von der Geltendmachung des Zinsanspruchs kann insbesondere dann abgesehen werden, wenn der Begünstigte die Umstände, die zur Rücknahme, zum Widerruf oder zur Unwirksamkeit des Verwaltungsaktes geführt haben, nicht zu vertreten hat und den zu erstattenden Betrag innerhalb der von der Behörde festgesetzten Frist leistet.

(4) [1]Wird eine Leistung nicht alsbald nach der Auszahlung für den bestimmten Zweck verwendet, so können für die Zeit bis zur zweckentsprechenden Verwendung Zinsen nach Absatz 3 Satz 1 verlangt werden. [2]Entsprechendes gilt, soweit eine Leistung in Anspruch genommen wird, obwohl andere Mittel anteilig oder vorrangig einzusetzen sind. [3]§ 49 Abs. 3 Satz 1 Nr. 1 bleibt unberührt.

§ 50 Rücknahme und Widerruf im Rechtsbehelfsverfahren

§ 48 Abs. 1 Satz 2 und Abs. 2 bis 4 sowie § 49 Abs. 2 bis 4 und 6 gelten nicht, wenn ein begünstigender Verwaltungsakt, der von einem Dritten angefochten worden ist, während des Vorverfahrens oder während des verwaltungsgerichtlichen Verfahrens aufgehoben wird, soweit dadurch dem Widerspruch oder der Klage abgeholfen wird.

§ 51 Wiederaufgreifen des Verfahrens

(1) Die Behörde hat auf Antrag des Betroffenen über die Aufhebung oder Änderung eines unanfechtbaren Verwaltungsaktes zu entscheiden, wenn

1. sich die dem Verwaltungsakt zugrunde liegende Sach- oder Rechtslage nachträglich zugunsten des Betroffenen geändert hat;

2. neue Beweismittel vorliegen, die eine dem Betroffenen günstigere Entscheidung herbeigeführt haben würden;

3. Wiederaufnahmegründe entsprechend § 580 der Zivilprozessordnung gegeben sind.

(2) Der Antrag ist nur zulässig, wenn der Betroffene ohne grobes Verschulden außerstande war, den Grund für das Wiederaufgreifen in dem früheren Verfahren, insbesondere durch Rechtsbehelf, geltend zu machen.

(3) [1]Der Antrag muss binnen drei Monaten gestellt werden. [2]Die Frist beginnt mit dem Tage, an dem der Betroffene von dem Grund für das Wiederaufgreifen Kenntnis erhalten hat.

(4) Über den Antrag entscheidet die nach § 3 zuständige Behörde; dies gilt auch dann, wenn der Verwaltungsakt, dessen Aufhebung oder Änderung begehrt wird, von einer anderen Behörde erlassen worden ist.

(5) Die Vorschriften des § 48 Abs. 1 Satz 1 und des § 49 Abs. 1 bleiben unberührt.

§ 52 Rückgabe von Urkunden und Sachen

[1]Ist ein Verwaltungsakt unanfechtbar widerrufen oder zurückgenommen oder ist seine Wirksamkeit aus einem anderen Grund nicht oder nicht mehr gegeben, so kann die Behörde die auf Grund dieses Verwaltungsaktes erteilten Urkunden oder Sachen, die zum Nachweis der Rechte aus dem Verwaltungsakt oder zu deren Ausübung bestimmt sind, zurückfordern. [2]Der Inhaber und, sofern er nicht der Besitzer ist, auch der Besitzer dieser Urkunden oder Sachen sind zu ihrer Herausgabe verpflichtet. [3]Der Inhaber oder der Besitzer kann jedoch verlangen, dass ihm die Urkunden oder Sachen wieder ausgehändigt werden, nachdem sie von der Behörde als ungültig gekennzeichnet sind; dies gilt nicht bei Sachen, bei denen eine solche Kennzeichnung nicht oder nicht mit der erforderlichen Offensichtlichkeit oder Dauerhaftigkeit möglich ist.

Abschnitt 3
Verjährungsrechtliche Wirkungen des Verwaltungsaktes

§ 53 Hemmung der Verjährung durch Verwaltungsakt

(1) [1]Ein Verwaltungsakt, der zur Feststellung oder Durchsetzung des Anspruchs eines öffentlich-rechtlichen Rechtsträgers erlassen wird, hemmt die Verjährung dieses Anspruchs. [2]Die Hemmung endet mit Eintritt der Unanfechtbarkeit des Verwaltungsaktes oder sechs Monate nach seiner anderweitigen Erledigung.

(2) [1]Ist ein Verwaltungsakt im Sinne des Absatzes 1 unanfechtbar geworden, beträgt die Verjährungsfrist 30 Jahre. [2]Soweit der Verwaltungsakt einen Anspruch auf künftig fällig werdende regelmäßig wiederkehrende Leistungen zum Inhalt hat, bleibt es bei der für diesen Anspruch geltenden Verjährungsfrist.

Teil IV
Öffentlich-rechtlicher Vertrag

[Vom Abdruck wurde abgesehen.]

Teil V
Besondere Verfahrensarten

Abschnitt 1
Förmliches Verwaltungsverfahren

§ 63 Anwendung der Vorschriften über das förmliche Verwaltungsverfahren

(1) Das förmliche Verwaltungsverfahren nach diesem Gesetz findet statt, wenn es durch Rechtsvorschrift angeordnet ist.

(2) Für das förmliche Verwaltungsverfahren gelten die §§ 64 bis 71 und, soweit sich aus ihnen nichts Abweichendes ergibt, die übrigen Vorschriften dieses Gesetzes.

(3) [1]Die Mitteilung nach § 17 Abs. 2 Satz 2 und die Aufforderung nach § 17 Abs. 4 Satz 2 sind im förmlichen Verwaltungsverfahren öffentlich bekannt zu machen. [2]Die öffentliche Bekanntmachung wird dadurch bewirkt, dass die Behörde die Mitteilung oder die Aufforderung in ihrem amtlichen Veröffentlichungsblatt und außerdem in örtlichen Tageszeitungen, die in dem Bereich verbreitet sind, in dem sich die Entscheidung voraussichtlich auswirken wird, bekannt macht.

§ 64 Form des Antrags

Setzt das förmliche Verwaltungsverfahren einen Antrag voraus, so ist er schriftlich oder zur Niederschrift bei der Behörde zu stellen.

§ 65 Mitwirkung von Zeugen und Sachverständigen

(1) [1]Im förmlichen Verwaltungsverfahren sind Zeugen zur Aussage und Sachverständige zur Erstattung von Gutachten verpflichtet. [2]Die Vorschriften der Zivilprozessordnung über die Pflicht, als Zeuge auszusagen oder als Sachverständiger ein Gutachten zu erstatten, über die Ablehnung von Sachverständigen sowie über die Vernehmung von Angehörigen des öffentlichen Dienstes als Zeugen oder Sachverständige gelten entsprechend.

(2) [1]Verweigern Zeugen oder Sachverständige ohne Vorliegen eines der in den §§ 376, 383 bis 385 und 408 der Zivilprozessordnung bezeichneten Gründe die Aussage oder die Erstattung des Gutachtens, so kann die Behörde das für den Wohnsitz oder den Aufenthaltsort des Zeugen oder des Sachverständigen zuständige Verwaltungsgericht um die Vernehmung ersuchen. [2]Befindet sich der Wohnsitz oder der Aufenthaltsort des Zeugen oder des Sachverständigen nicht am Sitz eines Verwaltungsgerichts oder einer besonders errichteten Kammer, so kann auch das zuständige Amtsgericht um die Vernehmung ersucht werden. [3]In dem Ersuchen hat die Behörde den Gegenstand der Vernehmung darzulegen sowie die Namen und Anschriften der Beteiligten anzugeben. [4]Das Gericht hat die Beteiligten von den Beweisterminen zu benachrichtigen.

(3) Hält die Behörde mit Rücksicht auf die Bedeutung der Aussage eines Zeugen oder des Gutachtens eines Sachverständigen oder zur Herbeiführung einer wahrheitsgemäßen Aussage die Beeidigung für geboten, so kann sie das nach Absatz 2 zuständige Gericht um die eidliche Vernehmung ersuchen.

(4) Das Gericht entscheidet über die Rechtmäßigkeit einer Verweigerung des Zeugnisses, des Gutachtens oder der Eidesleistung.

(5) Ein Ersuchen nach Absatz 2 oder 3 an das Gericht darf nur von dem Behördenleiter, seinem allgemeinen Vertreter oder einem Angehörigen des öffentlichen Dienstes gestellt werden, der die Befähigung zum Richteramt hat.

§ 66 Verpflichtung zur Anhörung von Beteiligten

(1) Im förmlichen Verwaltungsverfahren ist den Beteiligten Gelegenheit zu geben, sich vor der Entscheidung zu äußern.

(2) Den Beteiligten ist Gelegenheit zu geben, der Vernehmung von Zeugen und Sachverständigen und der Einnahme des Augenscheins beizuwohnen und hierbei sachdienliche Fragen zu stellen; ein schriftlich oder elektronisch vorliegendes Gutachten soll ihnen zugänglich gemacht werden.

§ 67 Erfordernis der mündlichen Verhandlung

(1) [1]Die Behörde entscheidet nach mündlicher Verhandlung. [2]Hierzu sind die Beteiligten mit angemessener Frist schriftlich zu laden. [3]Bei der Ladung ist darauf hinzuweisen, dass bei Ausbleiben eines Beteiligten auch ohne ihn verhandelt und entschieden werden kann. [4]Sind mehr als 50 Ladungen vorzunehmen, so können sie durch öffentliche Bekanntmachung ersetzt werden. [5]Die öffentliche Bekanntmachung wird dadurch bewirkt, dass der Verhandlungstermin mindestens zwei Wochen vorher im amtlichen Veröffentlichungsblatt der Behörde und außerdem in örtlichen Tageszeitungen, die in dem Bereich verbreitet sind, in dem sich die Entscheidung voraussichtlich auswirken wird, mit dem Hinweis nach Satz 3 bekannt gemacht wird. [6]Maßgebend für die Frist nach Satz 5 ist die Bekanntgabe im amtlichen Veröffentlichungsblatt.

(2) Die Behörde kann ohne mündliche Verhandlung entscheiden, wenn

1. einem Antrag im Einvernehmen mit allen Beteiligten in vollem Umfang entsprochen wird;
2. kein Beteiligter innerhalb einer hierfür gesetzten Frist Einwendungen gegen die vorgesehene Maßnahme erhoben hat;
3. die Behörde den Beteiligten mitgeteilt hat, dass sie beabsichtige, ohne mündliche Verhandlung zu entscheiden, und kein Beteiligter innerhalb einer hierfür gesetzten Frist Einwendungen dagegen erhoben hat;
4. alle Beteiligten auf sie verzichtet haben;
5. wegen Gefahr im Verzug eine sofortige Entscheidung notwendig ist.

(3) Die Behörde soll das Verfahren so fördern, dass es möglichst in einem Verhandlungstermin erledigt werden kann.

§ 68 Verlauf der mündlichen Verhandlung

(1) [1]Die mündliche Verhandlung ist nicht öffentlich. [2]An ihr können Vertreter der Aufsichtsbehörden und Personen, die bei der Behörde zur Ausbildung beschäftigt sind, teilnehmen. [3]Anderen Personen kann der Verhandlungsleiter die Anwesenheit gestatten, wenn kein Beteiligter widerspricht.

(2) [1]Der Verhandlungsleiter hat die Sache mit den Beteiligten zu erörtern. [2]Er hat darauf hinzuwirken, dass unklare Anträge erläutert, sachdienliche Anträge gestellt, ungenügende Angaben ergänzt sowie alle für die Feststellung des Sachverhalts wesentlichen Erklärungen abgegeben werden.

(3) [1]Der Verhandlungsleiter ist für die Ordnung verantwortlich. [2]Er kann Personen, die seine Anordnungen nicht befolgen, entfernen lassen. [3]Die Verhandlung kann ohne diese Personen fortgesetzt werden.

(4) [1]Über die mündliche Verhandlung ist eine Niederschrift zu fertigen. [2]Die Niederschrift muss Angaben enthalten über

1. den Ort und den Tag der Verhandlung,
2. die Namen des Verhandlungsleiters, der erschienenen Beteiligten, Zeugen und Sachverständigen,
3. den behandelten Verfahrensgegenstand und die gestellten Anträge,
4. den wesentlichen Inhalt der Aussagen der Zeugen und Sachverständigen,
5. das Ergebnis eines Augenscheines.

[3]Die Niederschrift ist von dem Verhandlungsleiter und, soweit ein Schriftführer hinzugezogen worden ist, auch von diesem zu unterzeichnen. [4]Der Aufnahme in die Verhandlungsniederschrift steht

die Aufnahme in eine Schrift gleich, die ihr als Anlage beigefügt und als solche bezeichnet ist; auf die Anlage ist in der Verhandlungsniederschrift hinzuweisen.

§ 69 Entscheidung

(1) Die Behörde entscheidet unter Würdigung des Gesamtergebnisses des Verfahrens.

(2) [1]Verwaltungsakte, die das förmliche Verfahren abschließen, sind schriftlich zu erlassen, schriftlich zu begründen und den Beteiligten zuzustellen; in den Fällen des § 39 Abs. 2 Nr. 1 und 3 bedarf es einer Begründung nicht. [2]Ein elektronischer Verwaltungsakt nach Satz 1 ist mit einer dauerhaft überprüfbaren qualifizierten elektronischen Signatur zu versehen. [3]Sind mehr als 50 Zustellungen vorzunehmen, so können sie durch öffentliche Bekanntmachung ersetzt werden. [4]Die öffentliche Bekanntmachung wird dadurch bewirkt, dass der verfügende Teil des Verwaltungsaktes und die Rechtsbehelfsbelehrung im amtlichen Veröffentlichungsblatt der Behörde und außerdem in örtlichen Tageszeitungen bekannt gemacht werden, die in dem Bereich verbreitet sind, in dem sich die Entscheidung voraussichtlich auswirken wird. [5]Der Verwaltungsakt gilt mit dem Tage als zugestellt, an dem seit dem Tage der Bekanntmachung in dem amtlichen Veröffentlichungsblatt zwei Wochen verstrichen sind; hierauf ist in der Bekanntmachung hinzuweisen. [6]Nach der öffentlichen Bekanntmachung kann der Verwaltungsakt bis zum Ablauf der Rechtsbehelfsfrist von den Beteiligten schriftlich oder elektronisch angefordert werden; hierauf ist in der Bekanntmachung gleichfalls hinzuweisen.

(3) [1]Wird das förmliche Verwaltungsverfahren auf andere Weise abgeschlossen, so sind die Beteiligten hiervon zu benachrichtigen. [2]Sind mehr als 50 Benachrichtigungen vorzunehmen, so können sie durch öffentliche Bekanntmachung ersetzt werden; Absatz 2 Satz 4 gilt entsprechend.

§ 70 Anfechtung der Entscheidung

Vor Erhebung einer verwaltungsgerichtlichen Klage, die einen im förmlichen Verwaltungsverfahren erlassenen Verwaltungsakt zum Gegenstand hat, bedarf es keiner Nachprüfung in einem Vorverfahren.

§ 71 Besondere Vorschriften für das förmliche Verfahren vor Ausschüssen

(1) [1]Findet das förmliche Verwaltungsverfahren vor einem Ausschuss (§ 88) statt, so hat jedes Mitglied das Recht, sachdienliche Fragen zu stellen. [2]Wird eine Frage von einem Beteiligten beanstandet, so entscheidet der Ausschuss über ihre Zulässigkeit.

(2) [1]Bei der Beratung und Abstimmung dürfen nur Ausschussmitglieder zugegen sein, die an der mündlichen Verhandlung teilgenommen haben. [2]Ferner dürfen Personen zugegen sein, die bei der Behörde, bei der der Ausschuss gebildet ist, zur Ausbildung beschäftigt sind, soweit der Vorsitzende ihre Anwesenheit gestattet. [3]Die Abstimmungsergebnisse sind festzuhalten.

(3) [1]Jeder Beteiligte kann ein Mitglied des Ausschusses ablehnen, das in diesem Verwaltungsverfahren nicht tätig werden darf (§ 20) oder bei dem die Besorgnis der Befangenheit besteht (§ 21). [2]Eine Ablehnung vor der mündlichen Verhandlung ist schriftlich oder zur Niederschrift zu erklären. [3]Die Erklärung ist unzulässig, wenn sich der Beteiligte, ohne den ihm bekannten Ablehnungsgrund geltend zu machen, in die mündliche Verhandlung eingelassen hat. [4]Für die Entscheidung über die Ablehnung gilt § 20 Abs. 4 Satz 2 bis 4.

Abschnitt 1a
Verfahren über eine einheitliche Stelle

§ 71a Anwendbarkeit

(1) Ist durch Rechtsvorschrift angeordnet, dass ein Verwaltungsverfahren über eine einheitliche Stelle abgewickelt werden kann, so gelten die Vorschriften dieses Abschnitts und, soweit sich aus ihnen nichts Abweichendes ergibt, die übrigen Vorschriften dieses Gesetzes.

(2) Der zuständigen Behörde obliegen die Pflichten aus § 71b Abs. 3, 4 und 6, § 71c Abs. 2 und § 71e auch dann, wenn sich der Antragsteller oder Anzeigepflichtige unmittelbar an die zuständige Behörde wendet.

§ 71b Verfahren

(1) Die einheitliche Stelle nimmt Anzeigen, Anträge, Willenserklärungen und Unterlagen entgegen und leitet sie unverzüglich an die zuständigen Behörden weiter.

(2) [1]Anzeigen, Anträge, Willenserklärungen und Unterlagen gelten am dritten Tag nach Eingang bei der einheitlichen Stelle als bei der zuständigen Behörde eingegangen. [2]Fristen werden mit Eingang bei der einheitlichen Stelle gewahrt.

(3) [1]Soll durch die Anzeige, den Antrag oder die Abgabe einer Willenserklärung eine Frist in Lauf gesetzt werden, innerhalb deren die zuständige Behörde tätig werden muss, stellt die zuständige Behörde eine Empfangsbestätigung aus. [2]In der Empfangsbestätigung ist das Datum des Eingangs bei der einheitlichen Stelle mitzuteilen und auf die Frist, die Voraussetzungen für den Beginn des Fristlaufs und auf eine an den Fristablauf geknüpfte Rechtsfolge sowie auf die verfügbaren Rechtsbehelfe hinzuweisen.

(4) [1]Ist die Anzeige oder der Antrag unvollständig, teilt die zuständige Behörde unverzüglich mit, welche Unterlagen nachzureichen sind. [2]Die Mitteilung enthält den Hinweis, dass der Lauf der Frist nach Absatz 3 erst mit Eingang der vollständigen Unterlagen beginnt. [3]Das Datum des Eingangs der nachgereichten Unterlagen bei der einheitlichen Stelle ist mitzuteilen.

(5) [1]Soweit die einheitliche Stelle zur Verfahrensabwicklung in Anspruch genommen wird, sollen Mitteilungen der zuständigen Behörde an den Antragsteller oder Anzeigepflichtigen über sie weitergegeben werden. [2]Verwaltungsakte werden auf Verlangen desjenigen, an den sich der Verwaltungsakt richtet, von der zuständigen Behörde unmittelbar bekannt gegeben.

(6) [1]Ein schriftlicher Verwaltungsakt, der durch die Post in das Ausland übermittelt wird, gilt einen Monat nach Aufgabe zur Post als bekannt gegeben. [2]§ 41 Abs. 2 Satz 3 gilt entsprechend. [3]Von dem Antragsteller oder Anzeigepflichtigen kann nicht nach § 15 verlangt werden, einen Empfangsbevollmächtigten zu bestellen.

§ 71c Informationspflichten

(1) [1]Die einheitliche Stelle erteilt auf Anfrage unverzüglich Auskunft über die maßgeblichen Vorschriften, die zuständigen Behörden, den Zugang zu den öffentlichen Registern und Datenbanken, die zustehenden Verfahrensrechte und die Einrichtungen, die den Antragsteller oder Anzeigepflichtigen bei der Aufnahme oder Ausübung seiner Tätigkeit unterstützen. [2]Sie teilt unverzüglich mit, wenn eine Anfrage zu unbestimmt ist.

(2) [1]Die zuständigen Behörden erteilen auf Anfrage unverzüglich Auskunft über die maßgeblichen Vorschriften und deren gewöhnliche Auslegung. [2]Nach § 25 erforderliche Anregungen und Auskünfte werden unverzüglich gegeben.

§ 71d Gegenseitige Unterstützung

[1]Die einheitliche Stelle und die zuständigen Behörden wirken gemeinsam auf eine ordnungsgemäße und zügige Verfahrensabwicklung hin; alle einheitlichen Stellen und zuständigen Behörden sind hierbei zu unterstützen. [2]Die zuständigen Behörden stellen der einheitlichen Stelle insbesondere die erforderlichen Informationen zum Verfahrensstand zur Verfügung.

§ 71e Elektronisches Verfahren

[1]Das Verfahren nach diesem Abschnitt wird auf Verlangen in elektronischer Form abgewickelt. [2]§ 3a Abs. 2 Satz 2 und 3 und Abs. 3 bleibt unberührt.

Abschnitt 2
Planfeststellungsverfahren

[Vom Abdruck wurde abgesehen.]

Teil VI
Rechtsbehelfsverfahren

§ 79 Rechtsbehelfe gegen Verwaltungsakte

Für förmliche Rechtsbehelfe gegen Verwaltungsakte gelten die Verwaltungsgerichtsordnung und die zu ihrer Ausführung ergangenen Rechtsvorschriften, soweit nicht durch Gesetz etwas anderes bestimmt ist; im Übrigen gelten die Vorschriften dieses Gesetzes.

§ 80 Erstattung von Kosten im Vorverfahren

(1) [1]Soweit der Widerspruch erfolgreich ist, hat der Rechtsträger, dessen Behörde den angefochtenen Verwaltungsakt erlassen hat, demjenigen, der Widerspruch erhoben hat, die zur zweckentsprechenden Rechtsverfolgung oder Rechtsverteidigung notwendigen Aufwendungen zu erstatten. [2]Dies gilt auch, wenn der Widerspruch nur deshalb keinen Erfolg hat, weil die Verletzung einer Verfahrens- oder Formvorschrift nach § 45 unbeachtlich ist. [3]Soweit der Widerspruch erfolglos geblieben ist, hat derjenige, der den Widerspruch eingelegt hat, die zur zweckentsprechenden Rechtsverfolgung oder Rechtsverteidigung notwendigen Aufwendungen der Behörde, die den angefochtenen Verwaltungsakt erlassen hat, zu erstatten; dies gilt nicht, wenn der Widerspruch gegen einen Verwaltungsakt eingelegt wird, der im Rahmen

1. eines bestehenden oder früheren öffentlich-rechtlichen Dienst- oder Amtsverhältnisses oder
2. einer bestehenden oder früheren gesetzlichen Dienstpflicht oder einer Tätigkeit, die an Stelle der gesetzlichen Dienstpflicht geleistet werden kann,

erlassen wurde. [4]Aufwendungen, die durch das Verschulden eines Erstattungsberechtigten entstanden sind, hat dieser selbst zu tragen; das Verschulden eines Vertreters ist dem Vertretenen zuzurechnen.

(2) Die Gebühren und Auslagen eines Rechtsanwalts oder eines sonstigen Bevollmächtigten im Vorverfahren sind erstattungsfähig, wenn die Zuziehung eines Bevollmächtigten notwendig war.

(3) [1]Die Behörde, die die Kostenentscheidung getroffen hat, setzt auf Antrag den Betrag der zu erstattenden Aufwendungen fest; hat ein Ausschuss oder Beirat (§ 73 Abs. 2 der Verwaltungsgerichtsordnung) die Kostenentscheidung getroffen, so obliegt die Kostenfestsetzung der Behörde, bei der der Ausschuss oder Beirat gebildet ist. [2]Die Kostenentscheidung bestimmt auch, ob die Zuziehung eines Rechtsanwalts oder eines sonstigen Bevollmächtigten notwendig war.

(4) Die Absätze 1 bis 3 gelten auch für Vorverfahren bei Maßnahmen des Richterdienstrechts.

Teil VII
Ehrenamtliche Tätigkeit, Ausschüsse

[Vom Abdruck wurde abgesehen.]

Teil VIII
Schlussvorschriften

[Vom Abdruck wurde abgesehen.]

Verwaltungszustellungsgesetz (VwZG)

Vom 12. August 2005, BGBl. I S.2354

Zuletzt geändert durch Artikel 3 des Gesetzes vom 15. Juli 2024, BGBl. I Nr. 236

Inhaltsübersicht

§ 1 Anwendungsbereich

(1) Die Vorschriften dieses Gesetzes gelten für das Zustellungsverfahren der Bundesbehörden, der bundesunmittelbaren Körperschaften, Anstalten und Stiftungen des öffentlichen Rechts und der Landesfinanzbehörden.

(2) Zugestellt wird, soweit dies durch Rechtsvorschrift oder behördliche Anordnung bestimmt ist.

§ 2 Allgemeines

(1) Zustellung ist die Bekanntgabe eines schriftlichen oder elektronischen Dokuments in der in diesem Gesetz bestimmten Form.

(2) [1]Die Zustellung wird durch einen Erbringer von Postdienstleistungen (Post), einen nach § 17 des De-Mail-Gesetzes akkreditierten Diensteanbieter oder durch die Behörde ausgeführt. [2]Daneben gelten die in den §§ 9 und 10 geregelten Sonderarten der Zustellung.

(3) [1]Die Behörde hat die Wahl zwischen den einzelnen Zustellungsarten. [2]§ 5 Absatz 5 Satz 2 bleibt unberührt.

§ 3 Zustellung durch die Post mit Zustellungsurkunde

(1) Soll durch die Post mit Zustellungsurkunde zugestellt werden, übergibt die Behörde der Post den Zustellungsauftrag, das zuzustellende Dokument in einem verschlossenen Umschlag und einen vorbereiteten Vordruck einer Zustellungsurkunde.

(2) [1]Für die Ausführung der Zustellung gelten die §§ 177 bis 182 der Zivilprozessordnung entsprechend. [2]Im Fall des § 181 Abs. 1 der Zivilprozessordnung kann das zuzustellende Dokument bei einer von der Post dafür bestimmten Stelle am Ort der Zustellung oder am Ort des Amtsgerichts, in dessen Bezirk der Ort der Zustellung liegt, niedergelegt werden oder bei der Behörde, die den Zustellungsauftrag erteilt hat, wenn sie ihren Sitz an einem der vorbezeichneten Orte hat. [3]Für die Zustellungsurkunde, den Zustellungsauftrag, den verschlossenen Umschlag nach Absatz 1 und die schriftliche Mitteilung nach § 181 Abs. 1 Satz 3 der Zivilprozessordnung sind die Vordrucke nach der Zustellungsvordruckverordnung zu verwenden.

§ 4 Zustellung durch die Post mittels Einschreiben

(1) Ein Dokument kann durch die Post mittels Einschreiben durch Übergabe oder mittels Einschreiben mit Rückschein zugestellt werden.

(2) [1]Zum Nachweis der Zustellung genügt der Rückschein. [2]Im Übrigen gilt das Dokument am vierten Tag nach der Aufgabe zur Post als zugestellt, es sei denn, dass es nicht oder zu einem späteren Zeitpunkt zugegangen ist. [3]Im Zweifel hat die Behörde den Zugang und dessen Zeitpunkt nachzuweisen. [4]Der Tag der Aufgabe zur Post ist in den Akten zu vermerken.

§ 5 Zustellung durch die Behörde gegen Empfangsbekenntnis; elektronische Zustellung

(1) [1]Bei der Zustellung durch die Behörde händigt der zustellende Bedienstete das Dokument dem Empfänger in einem verschlossenen Umschlag aus. [2]Das Dokument kann auch offen ausgehändigt werden, wenn keine schutzwürdigen Interessen des Empfängers entgegenstehen. [3]Der Empfänger hat ein mit dem Datum der Aushändigung versehenes Empfangsbekenntnis zu unterschreiben. [4]Der Bedienstete vermerkt das Datum der Zustellung auf dem Umschlag des auszuhändigenden Dokuments oder bei offener Aushändigung auf dem Dokument selbst.

(2) [1]Die §§ 177 bis 181 der Zivilprozessordnung sind anzuwenden. [2]Zum Nachweis der Zustellung ist in den Akten zu vermerken:

1. im Fall der Ersatzzustellung in der Wohnung, in Geschäftsräumen und Einrichtungen nach § 178 der Zivilprozessordnung der Grund, der diese Art der Zustellung rechtfertigt,
2. im Fall der Zustellung bei verweigerter Annahme nach § 179 der Zivilprozessordnung, wer die Annahme verweigert hat und dass das Dokument am Ort der Zustellung zurückgelassen oder an den Absender zurückgesandt wurde sowie der Zeitpunkt und der Ort der verweigerten Annahme,
3. in den Fällen der Ersatzzustellung nach den §§ 180 und 181 der Zivilprozessordnung der Grund der Ersatzzustellung sowie wann und wo das Dokument in einen Briefkasten eingelegt oder sonst niedergelegt und in welcher Weise die Niederlegung schriftlich mitgeteilt wurde.

[3]Im Fall des § 181 Abs. 1 der Zivilprozessordnung kann das zuzustellende Dokument bei der Behörde, die den Zustellungsauftrag erteilt hat, niedergelegt werden, wenn diese Behörde ihren Sitz am Ort der Zustellung oder am Ort des Amtsgerichts hat, in dessen Bezirk der Ort der Zustellung liegt.

(3) [1]Zur Nachtzeit, an Sonntagen und allgemeinen Feiertagen darf nach den Absätzen 1 und 2 im Inland nur mit schriftlicher oder elektronischer Erlaubnis des Behördenleiters zugestellt werden. [2]Die Nachtzeit umfasst die Stunden von 21 bis 6 Uhr. [3]Die Erlaubnis ist bei der Zustellung abschriftlich mitzuteilen. [4]Eine Zustellung, bei der diese Vorschriften nicht beachtet sind, ist wirksam, wenn die Annahme nicht verweigert wird.

(4) Das Dokument kann an Behörden, Körperschaften, Anstalten und Stiftungen des öffentlichen Rechts, an Rechtsanwälte, Patentanwälte, Notare, Steuerberater, Steuerbevollmächtigte, Wirtschaftsprüfer, vereidigte Buchprüfer, Berufsausübungsgesellschaften im Sinne der Bundesrechtsanwaltsordnung, der Patentanwaltsordnung und des Steuerberatungsgesetzes, Wirtschaftsprüfungsgesellschaften und Buchprüfungsgesellschaften auch auf andere Weise, auch elektronisch, gegen Empfangsbekenntnis zugestellt werden.

(5) [1]Ein elektronisches Dokument kann im Übrigen unbeschadet des Absatzes 4 elektronisch zugestellt werden, soweit der Empfänger hierfür einen Zugang eröffnet. [2]Es ist elektronisch zuzustellen, wenn auf Grund einer Rechtsvorschrift ein Verfahren auf Verlangen des Empfängers in elektronischer Form abgewickelt wird. [3]Für die Übermittlung ist das Dokument mit einer qualifizierten elektronischen Signatur zu versehen und gegen unbefugte Kenntnisnahme Dritter zu schützen.

(6) [1]Bei der elektronischen Zustellung ist die Übermittlung mit dem Hinweis „Zustellung gegen Empfangsbekenntnis" einzuleiten. [2]Die Übermittlung muss die absendende Behörde, den Namen und die Anschrift des Zustellungsadressaten sowie den Namen des Bediensteten erkennen lassen, der das Dokument zur Übermittlung aufgegeben hat.

(7) [1]Zum Nachweis der Zustellung nach den Absätzen 4 und 5 genügt das mit Datum und Unterschrift versehene Empfangsbekenntnis, das an die Behörde durch die Post oder elektronisch zurückzusenden ist. [2]Ein elektronisches Dokument gilt in den Fällen des Absatzes 5 Satz 2 am vierten

Tag nach der Absendung an den vom Empfänger hierfür eröffneten Zugang als zugestellt, wenn der Behörde nicht spätestens an diesem Tag ein Empfangsbekenntnis nach Satz 1 zugeht. [3]Satz 2 gilt nicht, wenn der Empfänger nachweist, dass das Dokument nicht oder zu einem späteren Zeitpunkt zugegangen ist. [4]Der Empfänger ist in den Fällen des Absatzes 5 Satz 2 vor der Übermittlung über die Rechtsfolgen nach den Sätzen 2 und 3 zu belehren. [5]Zum Nachweis der Zustellung ist von der absendenden Behörde in den Akten zu vermerken, zu welchem Zeitpunkt und an welchen Zugang das Dokument gesendet wurde. [6]Der Empfänger ist über den Eintritt der Zustellungsfiktion nach Satz 2 zu benachrichtigen.

§ 5a Elektronische Zustellung gegen Abholbestätigung über De-Mail-Dienste

(1) [1]Die elektronische Zustellung kann unbeschadet des § 5 Absatz 4 und 5 Satz 1 und 2 durch Übermittlung der nach § 17 des De-Mail-Gesetzes akkreditierten Diensteanbieter gegen Abholbestätigung nach § 5 Absatz 9 des De-Mail-Gesetzes an das De-Mail-Postfach des Empfängers erfolgen. [2]Für die Zustellung nach Satz 1 ist § 5 Absatz 4 und 6 mit der Maßgabe anzuwenden, dass an die Stelle des Empfangsbekenntnisses die Abholbestätigung tritt.

(2) [1]Der nach § 17 des De-Mail-Gesetzes akkreditierte Diensteanbieter hat eine Versandbestätigung nach § 5 Absatz 7 des De-Mail-Gesetzes und eine Abholbestätigung nach § 5 Absatz 9 des De-Mail-Gesetzes zu erzeugen. [2]Er hat diese Bestätigungen unverzüglich der absendenden Behörde zu übermitteln.

(3) [1]Zum Nachweis der elektronischen Zustellung genügt die Abholbestätigung nach § 5 Absatz 9 des De-Mail-Gesetzes. [2]Für diese gelten § 371 Absatz 1 Satz 2 und § 371a Absatz 3 der Zivilprozessordnung.

(4) [1]Ein elektronisches Dokument gilt in den Fällen des § 5 Absatz 5 Satz 2 am vierten Tag nach der Absendung an das De-Mail-Postfach des Empfängers als zugestellt, wenn er dieses Postfach als Zugang eröffnet hat und der Behörde nicht spätestens an diesem Tag eine elektronische Abholbestätigung nach § 5 Absatz 9 des De-Mail-Gesetzes zugeht. [2]Satz 1 gilt nicht, wenn der Empfänger nachweist, dass das Dokument nicht oder zu einem späteren Zeitpunkt zugegangen ist. [3]Der Empfänger ist in den Fällen des § 5 Absatz 5 Satz 2 vor der Übermittlung über die Rechtsfolgen nach den Sätzen 1 und 2 zu belehren. [4]Als Nachweis der Zustellung nach Satz 1 dient die Versandbestätigung nach § 5 Absatz 7 des De-Mail-Gesetzes oder ein Vermerk der absendenden Behörde in den Akten, zu welchem Zeitpunkt und an welches De-Mail-Postfach das Dokument gesendet wurde. [5]Der Empfänger ist über den Eintritt der Zustellungsfiktion nach Satz 1 elektronisch zu benachrichtigen.

§ 6 Zustellung an gesetzliche Vertreter

(1) [1]Bei Geschäftsunfähigen oder beschränkt Geschäftsfähigen ist an ihre gesetzlichen Vertreter zuzustellen. [2]Gleiches gilt bei Personen, für die ein Betreuer bestellt ist, soweit der Aufgabenkreis des Betreuers reicht. [3]Das zugestellte Dokument ist der betreuten Person nach Wahl der Behörde abschriftlich mitzuteilen oder elektronisch zu übermitteln.

(2) [1]Bei Behörden wird an den Behördenleiter, bei juristischen Personen, nicht rechtsfähigen Personenvereinigungen und Zweckvermögen an ihre gesetzlichen Vertreter zugestellt. [2]§ 34 Abs. 2 der Abgabenordnung bleibt unberührt.

(3) Bei mehreren gesetzlichen Vertretern oder Behördenleitern genügt die Zustellung an einen von ihnen.

(4) Der zustellende Bedienstete braucht nicht zu prüfen, ob die Anschrift den Vorschriften der Absätze 1 bis 3 entspricht.

§ 7 Zustellung an Bevollmächtigte

(1) [1]Zustellungen können an den allgemeinen oder für bestimmte Angelegenheiten bestellten Bevollmächtigten gerichtet werden. [2]Sie sind an ihn zu richten, wenn er schriftliche Vollmacht vorge-

legt hat. [3]Ist ein Bevollmächtigter für mehrere Beteiligte bestellt, so genügt die Zustellung eines Dokuments an ihn für alle Beteiligten.

(2) Einem Zustellungsbevollmächtigten mehrerer Beteiligter sind so viele Ausfertigungen oder Abschriften zuzustellen, als Beteiligte vorhanden sind.

(3) Auf § 180 Abs. 2 der Abgabenordnung beruhende Regelungen und die §§ 183 und 183a der Abgabenordnung bleiben unberührt.

§ 8 Heilung von Zustellungsmängeln

Lässt sich die formgerechte Zustellung eines Dokuments nicht nachweisen oder ist es unter Verletzung zwingender Zustellungsvorschriften zugegangen, gilt es als in dem Zeitpunkt zugestellt, in dem es dem Empfangsberechtigten tatsächlich zugegangen ist, im Fall des § 5 Abs. 5 in dem Zeitpunkt, in dem der Empfänger das Empfangsbekenntnis zurückgesendet hat.

§ 9 Zustellung im Ausland

(1) Eine Zustellung im Ausland erfolgt

1. durch Einschreiben mit Rückschein, soweit die Zustellung von Dokumenten unmittelbar durch die Post völkerrechtlich zulässig ist,
2. auf Ersuchen der Behörde durch die Behörden des fremden Staates oder durch die zuständige diplomatische oder konsularische Vertretung der Bundesrepublik Deutschland,
3. auf Ersuchen der Behörde durch das Auswärtige Amt an eine Person, die das Recht der Immunität genießt und zu einer Vertretung der Bundesrepublik Deutschland im Ausland gehört, sowie an Familienangehörige einer solchen Person, wenn diese das Recht der Immunität genießen, oder
4. durch Übermittlung elektronischer Dokumente, soweit dies völkerrechtlich zulässig ist.

(2) [1]Zum Nachweis der Zustellung nach Absatz 1 Nr. 1 genügt der Rückschein. [2]Die Zustellung nach Absatz 1 Nr. 2 und 3 wird durch das Zeugnis der ersuchten Behörde nachgewiesen. [3]Der Nachweis der Zustellung gemäß Absatz 1 Nr. 4 richtet sich nach § 5 Abs. 7 Satz 1 bis 3 und 5 sowie nach § 5a Absatz 3 und 4 Satz 1, 2 und 4.

(3) [1]Die Behörde kann bei der Zustellung nach Absatz 1 Nr. 2 und 3 anordnen, dass die Person, an die zugestellt werden soll, innerhalb einer angemessenen Frist einen Zustellungsbevollmächtigten benennt, der im Inland wohnt oder dort einen Geschäftsraum hat. [2]Wird kein Zustellungsbevollmächtigter benannt, können spätere Zustellungen bis zur nachträglichen Benennung dadurch bewirkt werden, dass das Dokument unter der Anschrift der Person, an die zugestellt werden soll, zur Post gegeben wird. [3]Das Dokument gilt am siebenten Tag nach Aufgabe zur Post als zugestellt, wenn nicht feststeht, dass es den Empfänger nicht oder zu einem späteren Zeitpunkt erreicht hat. [4]Die Behörde kann eine längere Frist bestimmen. [5]In der Anordnung nach Satz 1 ist auf diese Rechtsfolgen hinzuweisen. [6]Zum Nachweis der Zustellung ist in den Akten zu vermerken, zu welcher Zeit und unter welcher Anschrift das Dokument zur Post gegeben wurde. [7]Ist durch Rechtsvorschrift angeordnet, dass ein Verwaltungsverfahren über eine einheitliche Stelle nach den Vorschriften des Verwaltungsverfahrensgesetzes abgewickelt werden kann, finden die Sätze 1 bis 6 keine Anwendung.

§ 10 Öffentliche Zustellung

(1) [1]Die Zustellung kann durch öffentliche Bekanntmachung erfolgen, wenn

1. der Aufenthaltsort des Empfängers unbekannt ist und eine Zustellung an einen Vertreter oder Zustellungsbevollmächtigten nicht möglich ist,
2. bei juristischen Personen, die zur Anmeldung einer inländischen Geschäftsanschrift zum Handelsregister verpflichtet sind, eine Zustellung weder unter der eingetragenen Anschrift noch unter einer im Handelsregister eingetragenen Anschrift einer für Zustellungen empfangsberech-

tigten Person oder einer ohne Ermittlungen bekannten anderen inländischen Anschrift möglich ist,

3. bei eingetragenen Personengesellschaften eine Zustellung weder unter der eingetragenen Anschrift noch unter einer im Handels- oder Gesellschaftsregister eingetragenen Anschrift einer für Zustellungen empfangsberechtigten Person oder einer ohne Ermittlungen bekannten anderen Anschrift innerhalb eines Mitgliedstaates der Europäischen Union möglich ist oder
4. sie im Fall des § 9 nicht möglich ist oder keinen Erfolg verspricht.

[2]Die Anordnung über die öffentliche Zustellung trifft ein zeichnungsberechtigter Bediensteter.

(2) [1]Die öffentliche Zustellung erfolgt durch Bekanntmachung einer Benachrichtigung an der Stelle, die von der Behörde hierfür allgemein bestimmt ist, oder durch Veröffentlichung einer Benachrichtigung im Bundesanzeiger. [2]Die Benachrichtigung muss

1. die Behörde, für die zugestellt wird,
2. den Namen und die letzte bekannte Anschrift des Zustellungsadressaten,
3. das Datum und das Aktenzeichen des Dokuments sowie
4. die Stelle, wo das Dokument eingesehen werden kann,

erkennen lassen. [3]Die Benachrichtigung muss den Hinweis enthalten, dass das Dokument öffentlich zugestellt wird und Fristen in Gang gesetzt werden können, nach deren Ablauf Rechtsverluste drohen können. [4]Bei der Zustellung einer Ladung muss die Benachrichtigung den Hinweis enthalten, dass das Dokument eine Ladung zu einem Termin enthält, dessen Versäumung Rechtsnachteile zur Folge haben kann. [5]In den Akten ist zu vermerken, wann und wie die Benachrichtigung bekannt gemacht wurde. [6]Das Dokument gilt als zugestellt, wenn seit dem Tag der Bekanntmachung der Benachrichtigung zwei Wochen vergangen sind.

Verwaltungskostengesetz (VwKostG)

Vom 23. Juni 1970, BGBl. I S. 821

Mit Wirkung zum 15. August 2013 aufgehoben durch Artikel 5 des Gesetzes vom 7. August 2013, BGBl. I S. 3154

Inhaltsübersicht

Eingangsformel

Der Bundestag hat mit Zustimmung des Bundesrates das folgende Gesetz beschlossen:

1. Abschnitt Anwendungsbereich

§ 1 Anwendungsbereich

(1) [1]Dieses Gesetz gilt für die Kosten (Gebühren und Auslagen) öffentlich-rechtlicher Verwaltungstätigkeit der Behörden

1. des Bundes, der bundesunmittelbaren Körperschaften, Anstalten und Stiftungen des öffentlichen Rechts,
2. der Länder, der Gemeinden und Gemeindeverbände, der sonstigen der Aufsicht des Landes unterstehenden juristischen Personen des öffentlichen Rechts, wenn sie Bundesrecht ausführen,

soweit die bei Inkrafttreten dieses Gesetzes geltenden bundesrechtlichen Vorschriften für eine besondere Inanspruchnahme oder Leistung der öffentlichen Verwaltung (kostenpflichtige Amtshandlung) die Erhebung von Verwaltungsgebühren oder die Erstattung von Auslagen vorsehen und keine inhaltsgleichen oder entgegenstehenden Bestimmungen enthalten oder zulassen.

(2) [1]Dieses Gesetz gilt ferner für Kosten auf Grund von Bundesgesetzen, die nach Inkrafttreten dieses Gesetzes erlassen werden,

1. wenn die Gesetze von den in Absatz 1 Nr. 1 bezeichneten Behörden ausgeführt werden,
2. wenn die Gesetze von den in Absatz 1 Nr. 2 bezeichneten Behörden im Auftrag des Bundes ausgeführt werden.

[2]Im übrigen gilt dieses Gesetz nur, soweit es durch Bundesgesetz mit Zustimmung des Bundesrates für anwendbar erklärt wird.

(3) Dieses Gesetz gilt nicht für die Kosten

1. des Auswärtigen Amtes und der Vertretungen des Bundes im Ausland,
2. der Gerichte,
3. der Behörden der Justizverwaltung und der Gerichtsverwaltungen sowie des Deutschen Patentamtes,
4. der Behörden nach Absatz 1, soweit sie in den in § 51 des Sozialgerichtsgesetzes bezeichneten Angelegenheiten tätig werden,
5. der Bundes- und Landesfinanzbehörden im Verwaltungsvollstreckungsverfahren nach der Abgabenordnung,
6. (aufgehoben)
7. der Industrie- und Handelskammern, der Handwerkskammern, Handwerksinnungen und Kreishandwerkerschaften.

(4) Behörde im Sinne dieses Gesetzes ist jede Stelle, die Aufgaben der öffentlichen Verwaltung wahrnimmt.

2. Abschnitt
Allgemeine Grundsätze für Kostenverordnungen

§ 2 Bindung des Verordnungsgebers

Beim Erlaß von Rechtsverordnungen, die auf Grund bundesrechtlicher Ermächtigung gebührenpflichtige Tatbestände, Gebührensätze sowie die Auslagenerstattung regeln, hat der Verordnungsgeber sich im Rahmen der Vorschriften dieses Abschnitts zu halten.

§ 3 Gebührengrundsätze

[1]Die Gebührensätze sind so zu bemessen, daß zwischen der den Verwaltungsaufwand berücksichtigenden Höhe der Gebühr einerseits und der Bedeutung, dem wirtschaftlichen Wert oder dem sonstigen Nutzen der Amtshandlung andererseits ein angemessenes Verhältnis besteht. [2]Ist gesetzlich vorgesehen, daß Gebühren nur zur Deckung des Verwaltungsaufwandes erhoben werden, sind die Gebührensätze so zu bemessen, daß das geschätzte Gebührenaufkommen den auf die Amtshandlungen entfallenden durchschnittlichen Personal- und Sachaufwand für den betreffenden Verwaltungszweig nicht übersteigt.

§ 4 Gebührenarten

Die Gebühren sind durch feste Sätze, Rahmensätze oder nach dem Wert des Gegenstandes zu bestimmen.

§ 5 Pauschgebühren

[1]Zur Abgeltung mehrfacher gleichartiger Amtshandlungen für denselben Gebührenschuldner können Pauschgebühren vorgesehen werden. [2]Bei der Bemessung der Pauschgebührensätze ist der geringere Umfang des Verwaltungsaufwandes zu berücksichtigen.

§ 6 Kostenermäßigung und Kostenbefreiung

Für bestimmte Arten von Amtshandlungen können aus Gründen der Billigkeit oder des öffentlichen Interesses Gebührenermäßigung und Auslagenermäßigung sowie Gebührenbefreiung und Auslagenbefreiung vorgesehen oder zugelassen werden.

§ 7 Sachliche Gebührenfreiheit

Gebühren sind nicht vorzusehen für

1. mündliche und einfache schriftliche Auskünfte,
2. Amtshandlungen in Gnadensachen und bei Dienstaufsichtsbeschwerden,
3. Amtshandlungen, die sich aus einem bestehenden oder früheren Dienst- oder Arbeitsverhältnis von Bediensteten im öffentlichen Dienst oder aus einem bestehenden oder früheren öffentlich-rechtlichen Amtsverhältnis ergeben,
4. Amtshandlungen, die sich aus einer bestehenden oder früheren gesetzlichen Dienstpflicht oder einer Tätigkeit ergeben, die an Stelle der gesetzlichen Dienstpflicht geleistet werden kann.

3. Abschnitt
Allgemeine kostenrechtliche Vorschriften

§ 8 Persönliche Gebührenfreiheit

(1) Von der Zahlung der Gebühren für Amtshandlungen sind befreit:

1. Die Bundesrepublik Deutschland und die bundesunmittelbaren juristischen Personen des öffentlichen Rechts, deren Ausgaben ganz oder teilweise auf Grund gesetzlicher Verpflichtung aus dem Haushalt des Bundes getragen werden,
2. die Länder und die juristischen Personen des öffentlichen Rechts, die nach den Haushaltsplänen eines Landes für Rechnung eines Landes verwaltet werden,
3. die Gemeinden und Gemeindeverbände, sofern die Amtshandlungen nicht ihre wirtschaftlichen Unternehmen betreffen.

(2) Die Befreiung tritt nicht ein, soweit die in Absatz 1 Genannten berechtigt sind, die Gebühren Dritten aufzuerlegen.

(3) Gebührenfreiheit nach Absatz 1 besteht nicht für Sondervermögen und Bundesbetriebe im Sinne des Artikels 110 Abs. 1 des Grundgesetzes, für gleichartige Einrichtungen der Länder sowie für öffentlich-rechtliche Unternehmen, an denen der Bund oder ein Land beteiligt ist.

(4) Zur Zahlung von Gebühren bleiben die in Absatz 1 genannten Rechtsträger für Amtshandlungen folgender Behörden verpflichtet:

1. Bundesanstalt für Bodenforschung,
2. Physikalisch-Technische Bundesanstalt,
3. Bundesanstalt für Materialprüfung,

4. Bundessortenamt,
5. Deutsches Hydrographisches Institut,
6. Bundesamt für Schiffsvermessung,
7. See-Berufsgenossenschaft,
8. Bundesamt für Strahlenschutz,
9. Akkreditierungsstelle.

§ 9 Gebührenbemessung

(1) Sind Rahmensätze für Gebühren vorgesehen, so sind bei der Festsetzung der Gebühr im Einzelfall zu berücksichtigen

1. der mit der Amtshandlung verbundene Verwaltungsaufwand, soweit Aufwendungen nicht als Auslagen gesondert berechnet werden, und
2. die Bedeutung, der wirtschaftliche Wert oder der sonstige Nutzen der Amtshandlung für den Gebührenschuldner sowie dessen wirtschaftliche Verhältnisse.

(2) Ist eine Gebühr nach dem Wert des Gegenstandes zu berechnen, so ist der Wert zum Zeitpunkt der Beendigung der Amtshandlung für die Berechnung maßgebend.

(3) Pauschgebühren werden nur auf Antrag festgesetzt; sie sind im voraus festzusetzen.

§ 10 Auslagen

(1) Soweit die Auslagen nicht bereits in die Gebühr einbezogen sind und die Erstattung von Auslagen vorgesehen ist, die im Zusammenhang mit einer Amtshandlung entstehen, werden vom Gebührenschuldner folgende Auslagen erhoben:

1. Fernsprechgebühren im Fernverkehr, Telegrafen- und Fernschreibgebühren,
2. Aufwendungen für weitere Ausfertigungen, Abschriften und Auszüge, die auf besonderen Antrag erteilt werden; für die Berechnung der Auslagen gelten die Vorschriften der Nummer 9000 der Anlage 1 des Gerichtskostengesetzes in der jeweils geltenden Fassung,
3. Aufwendungen für Übersetzungen, die auf besonderen Antrag gefertigt werden,
4. Kosten, die durch öffentliche Bekanntmachung entstehen, mit Ausnahme der hierbei erwachsenden Postgebühren,
5. die in entsprechender Anwendung des Justizvergütungs- und -entschädigungsgesetzes zu zahlenden Beträge; erhält ein Sachverständiger auf Grund des § 1 Abs. 2 Satz 2 jenes Gesetzes keine Vergütung, so ist der Betrag zu erheben, der ohne diese Vorschrift nach dem Gesetz zu zahlen wäre,
6. die bei Geschäften außerhalb der Dienststelle den Verwaltungsangehörigen auf Grund gesetzlicher oder vertraglicher Bestimmungen gewährten Vergütungen (Reisekostenvergütung, Auslagenersatz) und die Kosten für die Bereitstellung von Räumen,
7. die Beträge, die anderen in- und ausländischen Behörden, öffentlichen Einrichtungen oder Beamten zustehen; und zwar auch dann, wenn aus Gründen der Gegenseitigkeit, der Verwaltungsvereinfachung und dergleichen an die Behörden, Einrichtungen oder Beamten keine Zahlungen zu leisten sind,
8. die Kosten für die Beförderung von Sachen, mit Ausnahme der hierbei erwachsenden Postgebühren, und die Verwahrung von Sachen.

(2) Die Erstattung der in Absatz 1 aufgeführten Auslagen kann auch verlangt werden, wenn für eine Amtshandlung Gebührenfreiheit besteht oder von der Gebührenerhebung abgesehen wird.

§ 11 Entstehung der Kostenschuld

(1) Die Gebührenschuld entsteht, soweit ein Antrag notwendig ist, mit dessen Eingang bei der zuständigen Behörde, im übrigen mit der Beendigung der gebührenpflichtigen Amtshandlung.

(2) Die Verpflichtung zur Erstattung von Auslagen entsteht mit der Aufwendung des zu erstattenden Betrages, in den Fällen des § 10 Abs. 1 Nr. 5 zweiter Halbsatz und Nr. 7 zweiter Halbsatz mit der Beendigung der kostenpflichtigen Amtshandlung.

§ 12 Kostengläubiger

Kostengläubiger ist der Rechtsträger, dessen Behörde eine kostenpflichtige Amtshandlung vornimmt.

§ 13 Kostenschuldner

(1) Zur Zahlung der Kosten ist verpflichtet,

1. wer die Amtshandlung veranlaßt oder zu wessen Gunsten sie vorgenommen wird,
2. wer die Kosten durch eine vor der zuständigen Behörde abgegebene oder ihr mitgeteilte Erklärung übernommen hat,
3. wer für die Kostenschuld eines anderen kraft Gesetzes haftet.

(2) Mehrere Kostenschuldner haften als Gesamtschuldner.

§ 14 Kostenentscheidung

(1) [1]Die Kosten werden von Amts wegen festgesetzt. [2]Die Entscheidung über die Kosten soll, soweit möglich, zusammen mit der Sachentscheidung ergehen. [3]Aus der Kostenentscheidung müssen mindestens hervorgehen

1. die kostenerhebende Behörde,
2. der Kostenschuldner,
3. die kostenpflichtige Amtshandlung,
4. die als Gebühren und Auslagen zu zahlenden Beträge sowie
5. wo, wann und wie die Gebühren und die Auslagen zu zahlen sind.

[4]Die Kostenentscheidung kann mündlich ergehen; sie ist auf Antrag schriftlich zu bestätigen. [5]Soweit sie schriftlich ergeht oder schriftlich bestätigt wird, ist auch die Rechtsgrundlage für die Erhebung der Kosten sowie deren Berechnung anzugeben.

(2) [1]Kosten, die bei richtiger Behandlung der Sache durch die Behörde nicht entstanden wären, werden nicht erhoben. [2]Das gleiche gilt für Auslagen, die durch eine von Amts wegen veranlaßte Verlegung eines Termins oder Vertagung einer Verhandlung entstanden sind.

§ 15 Gebühren in besonderen Fällen

(1) Wird ein Antrag ausschließlich wegen Unzuständigkeit der Behörde abgelehnt, so wird keine Gebühr erhoben.

(2) Wird ein Antrag auf Vornahme einer Amtshandlung zurückgenommen, nachdem mit der sachlichen Bearbeitung begonnen, die Amtshandlung aber noch nicht beendet ist, oder wird ein Antrag aus anderen Gründen als wegen Unzuständigkeit abgelehnt, oder wird eine Amtshandlung zurückgenommen oder widerrufen, so ermäßigt sich die vorgesehene Gebühr um ein Viertel; sie kann bis zu einem Viertel der vorgesehenen Gebühr ermäßigt oder es kann von ihrer Erhebung abgesehen werden, wenn dies der Billigkeit entspricht.

§ 16 Vorschußzahlung und Sicherheitsleistung

Eine Amtshandlung, die auf Antrag vorzunehmen ist, kann von der Zahlung eines angemessenen Vorschusses oder von einer angemessenen Sicherheitsleistung bis zur Höhe der voraussichtlich entstehenden Kosten abhängig gemacht werden.

§ 17 Fälligkeit

Kosten werden mit der Bekanntgabe der Kostenentscheidung an den Kostenschuldner fällig, wenn nicht die Behörde einen späteren Zeitpunkt bestimmt.

§ 18 Säumniszuschlag

(1) Werden bis zum Ablauf eines Monats nach dem Fälligkeitstag Gebühren oder Auslagen nicht entrichtet, so kann für jeden angefangenen Monat der Säumnis ein Säumniszuschlag von eins vom Hundert des rückständigen Betrages erhoben werden, wenn dieser 100 Deutsche Mark übersteigt.

(2) Absatz 1 gilt nicht, wenn Säumniszuschläge nicht rechtzeitig entrichtet werden.

(3) Für die Berechnung des Säumniszuschlages wird der rückständige Betrag auf volle 100 Deutsche Mark nach unten abgerundet.

(4) Als Tag, an dem eine Zahlung entrichtet worden ist, gilt

1. bei Übergabe oder Übersendung von Zahlungsmitteln an die für den Kostengläubiger zuständige Kasse der Tag des Eingangs;
2. bei Überweisung oder Einzahlung auf ein Konto der für den Kostengläubiger zuständigen Kasse und bei Einzahlung mit Zahlkarte oder Postanweisung der Tag, an dem der Betrag der Kasse gutgeschrieben wird.

§ 19 Stundung, Niederschlagung und Erlaß

[1]Für die Stundung, die Niederschlagung und den Erlaß von Forderungen des Bundes auf Zahlung von Gebühren, Auslagen und sonstigen Nebenleistungen gelten die Vorschriften der Bundeshaushaltsordnung. [2]In Fällen, in denen ein anderer Rechtsträger als der Bund Kostengläubiger ist, gelten die für ihn verbindlichen entsprechenden Vorschriften.

§ 20 Verjährung

(1) [1]Der Anspruch auf Zahlung von Kosten verjährt nach drei Jahren, spätestens mit dem Ablauf des vierten Jahres nach der Entstehung. [2]Die Verjährung beginnt mit Ablauf des Kalenderjahres, in dem der Anspruch fällig geworden ist. [3]Mit dem Ablauf dieser Frist erlischt der Anspruch.

(2) Die Verjährung ist gehemmt, solange der Anspruch innerhalb der letzten sechs Monate der Frist wegen höherer Gewalt nicht verfolgt werden kann.

(3) Die Verjährung wird unterbrochen durch schriftliche Zahlungsaufforderung, durch Zahlungsaufschub, durch Stundung, durch Aussetzen der Vollziehung, durch Sicherheitsleistung, durch eine Vollstreckungsmaßnahme, durch Vollstreckungsaufschub, durch Anmeldung im Insolvenzverfahren und durch Ermittlungen des Kostengläubigers über Wohnsitz oder Aufenthalt des Zahlungspflichtigen.

(4) Mit Ablauf des Kalenderjahres, in dem die Unterbrechung endet, beginnt eine neue Verjährung.

(5) Die Verjährung wird nur in Höhe des Betrages unterbrochen, auf den sich die Unterbrechungshandlung bezieht.

(6) Wird eine Kostenentscheidung angefochten, so erlöschen Ansprüche aus ihr nicht vor Ablauf von sechs Monaten, nachdem die Kostenentscheidung unanfechtbar geworden ist oder das Verfahren sich auf andere Weise erledigt hat.

§ 21 Erstattung

(1) Überzahlte oder zu Unrecht erhobene Kosten sind unverzüglich zu erstatten, zu Unrecht erhobene Kosten jedoch nur, soweit eine Kostenentscheidung noch nicht unanfechtbar geworden ist; nach diesem Zeitpunkt können zu Unrecht erhobene Kosten nur aus Billigkeitsgründen erstattet werden.

(2) Der Erstattungsanspruch erlischt durch Verjährung, wenn er nicht bis zum Ablauf des dritten Kalenderjahres geltend gemacht wird, das auf die Entstehung des Anspruchs folgt; die Verjährung beginnt jedoch nicht vor der Unanfechtbarkeit der Kostenentscheidung.

§ 22 Rechtsbehelf

(1) Die Kostenentscheidung kann zusammen mit der Sachentscheidung oder selbständig angefochten werden; der Rechtsbehelf gegen eine Sachentscheidung erstreckt sich auf die Kostenentscheidung.

(2) Wird eine Kostenentscheidung selbständig angefochten, so ist das Rechtsbehelfsverfahren kostenrechtlich als selbständiges Verfahren zu behandeln.

4. Abschnitt
Schlußvorschriften

§ 23 Verwaltungsvorschriften

Der Bundesminister des Innern wird ermächtigt, zur Durchführung dieses Gesetzes mit Zustimmung des Bundesrates allgemeine Verwaltungsvorschriften zu erlassen.

§ 24 (Gesetzesänderungen)

§ 25 Berlin-Klausel

[1]Dieses Gesetz gilt nach Maßgabe des § 13 Abs. 1 des Dritten Überleitungsgesetzes vom 4. Januar 1952 (Bundesgesetzbl. [2]I S. 1) auch im Land Berlin.

§ 26 Inkrafttreten

Dieses Gesetz tritt am Tage nach der Verkündung in Kraft.

Verwaltungsgerichtsordnung (VwGO) – Auszug –

Vom 21. Januar 1960, BGBl. I S. 17

Neugefasst durch Bekanntmachung vom 19. März 1991, BGBl. I S. 686

Zuletzt geändert durch Artikel 5 des Gesetzes vom 24. Oktober 2024, BGBl. I Nr. 328

Inhaltsübersicht

Teil I
Gerichtsverfassung

1. bis 5. Abschnitt

[Vom Abdruck wurde abgesehen.]

6. Abschnitt
Verwaltungsrechtsweg und Zuständigkeit

§ 40

(1) [1]Der Verwaltungsrechtsweg ist in allen öffentlich-rechtlichen Streitigkeiten nichtverfassungsrechtlicher Art gegeben, soweit die Streitigkeiten nicht durch Bundesgesetz einem anderen Gericht ausdrücklich zugewiesen sind. [2]Öffentlich-rechtliche Streitigkeiten auf dem Gebiet des Landesrechts können einem anderen Gericht auch durch Landesgesetz zugewiesen werden.

(2) [1]Für vermögensrechtliche Ansprüche aus Aufopferung für das gemeine Wohl und aus öffentlich-rechtlicher Verwahrung sowie für Schadensersatzansprüche aus der Verletzung öffentlichrechtlicher Pflichten, die nicht auf einem öffentlich-rechtlichen Vertrag beruhen, ist der ordentliche Rechtsweg gegeben; dies gilt nicht für Streitigkeiten über das Bestehen und die Höhe eines Ausgleichsanspruchs im Rahmen des Artikels 14 Abs. 1 Satz 2 des Grundgesetzes. [2]Die besonderen Vorschriften des Beamtenrechts sowie über den Rechtsweg bei Ausgleich von Vermögensnachteilen wegen Rücknahme rechtswidriger Verwaltungsakte bleiben unberührt.

§ 41 (weggefallen)

§ 42

(1) Durch Klage kann die Aufhebung eines Verwaltungsakts (Anfechtungsklage) sowie die Verurteilung zum Erlaß eines abgelehnten oder unterlassenen Verwaltungsakts (Verpflichtungsklage) begehrt werden.

(2) Soweit gesetzlich nichts anderes bestimmt ist, ist die Klage nur zulässig, wenn der Kläger geltend macht, durch den Verwaltungsakt oder seine Ablehnung oder Unterlassung in seinen Rechten verletzt zu sein.

§ 43

(1) Durch Klage kann die Feststellung des Bestehens oder Nichtbestehens eines Rechtsverhältnisses oder der Nichtigkeit eines Verwaltungsakts begehrt werden, wenn der Kläger ein berechtigtes Interesse an der baldigen Feststellung hat (Feststellungsklage).

(2) [1]Die Feststellung kann nicht begehrt werden, soweit der Kläger seine Rechte durch Gestaltungs- oder Leistungsklage verfolgen kann oder hätte verfolgen können. [2]Dies gilt nicht, wenn die Feststellung der Nichtigkeit eines Verwaltungsakts begehrt wird.

§ 44

Mehrere Klagebegehren können vom Kläger in einer Klage zusammen verfolgt werden, wenn sie sich gegen denselben Beklagten richten, im Zusammenhang stehen und dasselbe Gericht zuständig ist.

§ 44a

[1]Rechtsbehelfe gegen behördliche Verfahrenshandlungen können nur gleichzeitig mit den gegen die Sachentscheidung zulässigen Rechtsbehelfen geltend gemacht werden. [2]Dies gilt nicht, wenn behördliche Verfahrenshandlungen vollstreckt werden können oder gegen einen Nichtbeteiligten ergehen.

§ 45

Das Verwaltungsgericht entscheidet im ersten Rechtszug über alle Streitigkeiten, für die der Verwaltungsrechtsweg offensteht.

§ 46

Das Oberverwaltungsgericht entscheidet über das Rechtsmittel

1. der Berufung gegen Urteile des Verwaltungsgerichts und
2. der Beschwerde gegen andere Entscheidungen des Verwaltungsgerichts.
3. (weggefallen)

§ 47 bis 53

[Vom Abdruck wurde abgesehen.]

Teil II
Verfahren

7. Abschnitt
Allgemeine Verfahrensvorschriften

§ 54

(1) Für die Ausschließung und Ablehnung der Gerichtspersonen gelten §§ 41 bis 49 der Zivilprozeßordnung entsprechend.

(2) Von der Ausübung des Amtes als Richter oder ehrenamtlicher Richter ist auch ausgeschlossen, wer bei dem vorausgegangenen Verwaltungsverfahren mitgewirkt hat.

(3) Besorgnis der Befangenheit nach § 42 der Zivilprozeßordnung ist stets dann begründet, wenn der Richter oder ehrenamtliche Richter der Vertretung einer Körperschaft angehört, deren Interessen durch das Verfahren berührt werden.

§ 55

§§ 169, 171a bis 198 des Gerichtsverfassungsgesetzes über die Öffentlichkeit, Sitzungspolizei, Gerichtssprache, Beratung und Abstimmung finden entsprechende Anwendung.

§ 55a

(1) Vorbereitende Schriftsätze und deren Anlagen, schriftlich einzureichende Anträge und Erklärungen der Beteiligten sowie schriftlich einzureichende Auskünfte, Aussagen, Gutachten, Übersetzungen, Anträge und Erklärungen Dritter können nach Maßgabe der Absätze 2 bis 6 als elektronische Dokumente bei Gericht eingereicht werden.

(2) [1]Das elektronische Dokument muss für die Bearbeitung durch das Gericht geeignet sein. [2]Die Bundesregierung bestimmt durch Rechtsverordnung mit Zustimmung des Bundesrates technische Rahmenbedingungen für die Übermittlung und die Eignung zur Bearbeitung durch das Gericht sowie das Nähere zur Verarbeitung von Daten der Postfachinhaber nach Absatz 4 Satz 1 Nummer 4 und 5 in einem sicheren elektronischen Verzeichnis.

(3) [1]Das elektronische Dokument muss mit einer qualifizierten elektronischen Signatur der verantwortenden Person versehen sein oder von der verantwortenden Person signiert und auf einem sicheren Übermittlungsweg eingereicht werden. [2]Satz 1 gilt nicht für Anlagen, die vorbereitenden Schriftsätzen beigefügt sind. [3]Soll ein schriftlich einzureichender Antrag oder eine schriftlich einzureichende Erklärung eines Beteiligten oder eines Dritten als elektronisches Dokument eingereicht werden, so kann der unterschriebene Antrag oder die unterschriebene Erklärung in ein elektronisches Dokument übertragen und durch den Bevollmächtigten, den Vertreter oder den Beistand nach Satz 1 übermittelt werden.

(4) [1]Sichere Übermittlungswege sind

1. der Postfach- und Versanddienst eines De-Mail-Kontos, wenn der Absender bei Versand der Nachricht sicher im Sinne des § 4 Absatz 1 Satz 2 des De-Mail-Gesetzes angemeldet ist und er sich die sichere Anmeldung gemäß § 5 Absatz 5 des De-Mail-Gesetzes bestätigen lässt,
2. der Übermittlungsweg zwischen den besonderen elektronischen Anwaltspostfächern nach den §§ 31a und 31b der Bundesrechtsanwaltsordnung oder einem entsprechenden, auf gesetzlicher Grundlage errichteten elektronischen Postfach und der elektronischen Poststelle des Gerichts,
3. der Übermittlungsweg zwischen einem nach Durchführung eines Identifizierungsverfahrens eingerichteten Postfach einer Behörde oder einer juristischen Person des öffentlichen Rechts und der elektronischen Poststelle des Gerichts,
4. der Übermittlungsweg zwischen einem nach Durchführung eines Identifizierungsverfahrens eingerichteten elektronischen Postfach einer natürlichen oder juristischen Person oder einer sonstigen Vereinigung und der elektronischen Poststelle des Gerichts,
5. der Übermittlungsweg zwischen einem nach Durchführung eines Identifizierungsverfahrens genutzten Postfach- und Versanddienst eines Nutzerkontos im Sinne des § 2 Absatz 5 des Onlinezugangsgesetzes und der elektronischen Poststelle des Gerichts,
6. sonstige bundeseinheitliche Übermittlungswege, die durch Rechtsverordnung der Bundesregierung mit Zustimmung des Bundesrates festgelegt werden, bei denen die Authentizität und Integrität der Daten sowie die Barrierefreiheit gewährleistet sind.

[2]Das Nähere zu den Übermittlungswegen gemäß Satz 1 Nummer 3 bis 5 regelt die Rechtsverordnung nach Absatz 2 Satz 2.

(5) [1]Ein elektronisches Dokument ist eingegangen, sobald es auf der für den Empfang bestimmten Einrichtung des Gerichts gespeichert ist. [2]Dem Absender ist eine automatisierte Bestätigung über den Zeitpunkt des Eingangs zu erteilen. [3]Die Vorschriften dieses Gesetzes über die Beifügung von Abschriften für die übrigen Beteiligten finden keine Anwendung.

(6) [1]Ist ein elektronisches Dokument für das Gericht zur Bearbeitung nicht geeignet, ist dies dem Absender unter Hinweis auf die Unwirksamkeit des Eingangs unverzüglich mitzuteilen. [2]Das Dokument gilt als zum Zeitpunkt der früheren Einreichung eingegangen, sofern der Absender es unverzüglich in einer für das Gericht zur Bearbeitung geeigneten Form nachreicht und glaubhaft macht, dass es mit dem zuerst eingereichten Dokument inhaltlich übereinstimmt.

(7) [1]Soweit eine handschriftliche Unterzeichnung durch den Richter oder den Urkundsbeamten der Geschäftsstelle vorgeschrieben ist, genügt dieser Form die Aufzeichnung als elektronisches Dokument, wenn die verantwortenden Personen am Ende des Dokuments ihren Namen hinzufügen und das Dokument mit einer qualifizierten elektronischen Signatur versehen. [2]Der in Satz 1 genannten Form genügt auch ein elektronisches Dokument, in welches das handschriftlich unterzeichnete Schriftstück gemäß § 55b Absatz 6 Satz 4 übertragen worden ist.

§ 55b

(1) [1]Die Prozessakten können elektronisch geführt werden. [2]Die Bundesregierung und die Landesregierungen bestimmen jeweils für ihren Bereich durch Rechtsverordnung den Zeitpunkt, von dem an die Prozessakten elektronisch geführt werden. [3]In der Rechtsverordnung sind die organisatorisch-technischen Rahmenbedingungen für die Bildung, Führung und Verwahrung der elektronischen Akten festzulegen. [4]Die Landesregierungen können die Ermächtigung auf die für die Verwaltungsgerichtsbarkeit zuständigen obersten Landesbehörden übertragen. [5]Die Zulassung der elektronischen Akte kann auf einzelne Gerichte oder Verfahren beschränkt werden; wird von dieser Möglichkeit Gebrauch gemacht, kann in der Rechtsverordnung bestimmt werden, dass durch Verwaltungsvorschrift, die öffentlich bekanntzumachen ist, geregelt wird, in welchen Verfahren die Prozessakten elektronisch zu führen sind. [6]Die Rechtsverordnung der Bundesregierung bedarf nicht der Zustimmung des Bundesrates.

(1a) [1]Die Prozessakten werden ab dem 1. Januar 2026 elektronisch geführt. [2]Die Bundesregierung und die Landesregierungen bestimmen jeweils für ihren Bereich durch Rechtsverordnung die organisatorischen und dem Stand der Technik entsprechenden technischen Rahmenbedingungen für die Bildung, Führung und Verwahrung der elektronischen Akten einschließlich der einzuhaltenden Anforderungen der Barrierefreiheit. [3]Die Bundesregierung und die Landesregierungen können jeweils für ihren Bereich durch Rechtsverordnung bestimmen, dass Akten, die in Papierform angelegt wurden, in Papierform weitergeführt werden. [4]Die Landesregierungen können die Ermächtigungen nach den Sätzen 2 und 3 auf die für die Verwaltungsgerichtsbarkeit zuständigen obersten Landesbehörden übertragen. [5]Die Rechtsverordnungen der Bundesregierung bedürfen nicht der Zustimmung des Bundesrates.

(1b) [1]Die Bundesregierung und die Landesregierungen können jeweils für ihren Bereich durch Rechtsverordnung bestimmen, dass Akten, die vor dem 1. Januar 2026 in Papierform angelegt wurden, ab einem bestimmten Stichtag oder Ereignis in elektronischer Form weitergeführt werden. [2]Die Zulassung der Weiterführung in elektronischer Form kann auf einzelne Gerichte oder Verfahren beschränkt werden; wird von dieser Möglichkeit Gebrauch gemacht, kann in der Rechtsverordnung bestimmt werden, dass durch Verwaltungsvorschrift, die öffentlich bekanntzumachen ist, geregelt wird, in welchen Verfahren Akten in elektronischer Form weitergeführt werden. [3]Die Rechtsverordnung der Bundesregierung bedarf nicht der Zustimmung des Bundesrates. [4]Die Ermächtigung kann durch Rechtsverordnung auf die zuständige oberste Bundesbehörde oder auf die für die Verwaltungsgerichtsbarkeit zuständigen obersten Landesbehörden übertragen werden.

(2) [1]Werden die Akten in Papierform geführt, ist von einem elektronischen Dokument ein Ausdruck für die Akten zu fertigen. [2]Kann dies bei Anlagen zu vorbereitenden Schriftsätzen nicht oder nur mit unverhältnismäßigem Aufwand erfolgen, so kann ein Ausdruck unterbleiben. [3]Die Daten sind in diesem Fall dauerhaft zu speichern; der Speicherort ist aktenkundig zu machen.

(3) Wird das elektronische Dokument auf einem sicheren Übermittlungsweg eingereicht, so ist dies aktenkundig zu machen.

(4) Ist das elektronische Dokument mit einer qualifizierten elektronischen Signatur versehen und nicht auf einem sicheren Übermittlungsweg eingereicht, muss der Ausdruck einen Vermerk darüber enthalten,

1. welches Ergebnis die Integritätsprüfung des Dokumentes ausweist,
2. wen die Signaturprüfung als Inhaber der Signatur ausweist,
3. welchen Zeitpunkt die Signaturprüfung für die Anbringung der Signatur ausweist.

(5) Ein eingereichtes elektronisches Dokument kann im Falle von Absatz 2 nach Ablauf von sechs Monaten gelöscht werden.

(6) [1]Werden die Prozessakten elektronisch geführt, sind in Papierform vorliegende Schriftstücke und sonstige Unterlagen nach dem Stand der Technik zur Ersetzung der Urschrift in ein elektronisches Dokument zu übertragen. [2]Es ist sicherzustellen, dass das elektronische Dokument mit den vorliegenden Schriftstücken und sonstigen Unterlagen bildlich und inhaltlich übereinstimmt. [3]Das

elektronische Dokument ist mit einem Übertragungsnachweis zu versehen, der das bei der Übertragung angewandte Verfahren und die bildliche und inhaltliche Übereinstimmung dokumentiert. [4]Wird ein von den verantwortenden Personen handschriftlich unterzeichnetes gerichtliches Schriftstück übertragen, ist der Übertragungsnachweis mit einer qualifizierten elektronischen Signatur des Urkundsbeamten der Geschäftsstelle zu versehen. [5]Die in Papierform vorliegenden Schriftstücke und sonstigen Unterlagen können sechs Monate nach der Übertragung vernichtet werden, sofern sie nicht rückgabepflichtig sind.

(7) Die Bundesregierung kann durch Rechtsverordnung mit Zustimmung des Bundesrates die für die Übermittlung elektronischer Akten zwischen Behörden und Gerichten geltenden Standards bestimmen.

§ 55c Formulare; Verordnungsermächtigung

[1]Das Bundesministerium der Justiz und für Verbraucherschutz kann durch Rechtsverordnung mit Zustimmung des Bundesrates elektronische Formulare einführen. [2]Die Rechtsverordnung kann bestimmen, dass die in den Formularen enthaltenen Angaben ganz oder teilweise in strukturierter maschinenlesbarer Form zu übermitteln sind. [3]Die Formulare sind auf einer in der Rechtsverordnung zu bestimmenden Kommunikationsplattform im Internet zur Nutzung bereitzustellen. [4]Die Rechtsverordnung kann bestimmen, dass eine Identifikation des Formularverwenders abweichend von § 55a Absatz 3 auch durch Nutzung des elektronischen Identitätsnachweises nach § 18 des Personalausweisgesetzes, § 12 des eID-Karte-Gesetzes oder § 78 Absatz 5 des Aufenthaltsgesetzes erfolgen kann.

§ 55d Nutzungspflicht für Rechtsanwälte, Behörden und vertretungsberechtigte Personen

[1]Vorbereitende Schriftsätze und deren Anlagen sowie schriftlich einzureichende Anträge und Erklärungen, die durch einen Rechtsanwalt, durch eine Behörde oder durch eine juristische Person des öffentlichen Rechts einschließlich der von ihr zur Erfüllung ihrer öffentlichen Aufgaben gebildeten Zusammenschlüsse eingereicht werden, sind als elektronisches Dokument zu übermitteln. [2]Gleiches gilt für die nach diesem Gesetz vertretungsberechtigten Personen, für die ein sicherer Übermittlungsweg nach § 55a Absatz 4 Satz 1 Nummer 2 zur Verfügung steht. [3]Ist eine Übermittlung aus technischen Gründen vorübergehend nicht möglich, bleibt die Übermittlung nach den allgemeinen Vorschriften zulässig. [4]Die vorübergehende Unmöglichkeit ist bei der Ersatzeinreichung oder unverzüglich danach glaubhaft zu machen; auf Anforderung ist ein elektronisches Dokument nachzureichen.

§ 56

(1) Anordnungen und Entscheidungen, durch die eine Frist in Lauf gesetzt wird, sowie Terminbestimmungen und Ladungen sind zuzustellen, bei Verkündung jedoch nur, wenn es ausdrücklich vorgeschrieben ist.

(2) Zugestellt wird von Amts wegen nach den Vorschriften der Zivilprozessordnung.

(3) Wer nicht im Inland wohnt, hat auf Verlangen einen Zustellungsbevollmächtigten zu bestellen.

§ 56a

(1) [1]Sind gleiche Bekanntgaben an mehr als fünfzig Personen erforderlich, kann das Gericht für das weitere Verfahren die Bekanntgabe durch öffentliche Bekanntmachung anordnen. [2]In dem Beschluß muß bestimmt werden, in welchen Tageszeitungen die Bekanntmachungen veröffentlicht werden; dabei sind Tageszeitungen vorzusehen, die in dem Bereich verbreitet sind, in dem sich die Entscheidung voraussichtlich auswirken wird. [3]Der Beschluß ist den Beteiligten zuzustellen. [4]Die Beteiligten sind darauf hinzuweisen, auf welche Weise die weiteren Bekanntgaben bewirkt werden und wann das Dokument als zugestellt gilt. [5]Der Beschluß ist unanfechtbar. [6]Das Gericht kann den

Beschluß jederzeit aufheben; es muß ihn aufheben, wenn die Voraussetzungen des Satzes 1 nicht vorlagen oder nicht mehr vorliegen.

(2) [1]Die öffentliche Bekanntmachung erfolgt durch Aushang an der Gerichtstafel oder durch Veröffentlichung in einem elektronischen Informations- und Kommunikationssystem, das im Gericht öffentlich zugänglich ist und durch Veröffentlichung im Bundesanzeiger sowie in den im Beschluss nach Absatz 1 Satz 2 bestimmten Tageszeitungen. [2]Bei einer Entscheidung genügt die öffentliche Bekanntmachung der Entscheidungsformel und der Rechtsbehelfsbelehrung. [3]Statt des bekannt zu machenden Dokuments kann eine Benachrichtigung öffentlich bekannt gemacht werden, in der angegeben ist, wo das Dokument eingesehen werden kann. [4]Eine Terminbestimmung oder Ladung muss im vollständigen Wortlaut öffentlich bekannt gemacht werden.

(3) [1]Das Dokument gilt als an dem Tage zugestellt, an dem seit dem Tage der Veröffentlichung im Bundesanzeiger zwei Wochen verstrichen sind; darauf ist in jeder Veröffentlichung hinzuweisen. [2]Nach der öffentlichen Bekanntmachung einer Entscheidung können die Beteiligten eine Ausfertigung schriftlich anfordern; darauf ist in der Veröffentlichung gleichfalls hinzuweisen.

§ 57

(1) Der Lauf einer Frist beginnt, soweit nichts anderes bestimmt ist, mit der Zustellung oder, wenn diese nicht vorgeschrieben ist, mit der Eröffnung oder Verkündung.

(2) Für die Fristen gelten die Vorschriften der §§ 222, 224 Abs. 2 und 3, §§ 225 und 226 der Zivilprozeßordnung.

§ 58

(1) Die Frist für ein Rechtsmittel oder einen anderen Rechtsbehelf beginnt nur zu laufen, wenn der Beteiligte über den Rechtsbehelf, die Verwaltungsbehörde oder das Gericht, bei denen der Rechtsbehelf anzubringen ist, den Sitz und die einzuhaltende Frist schriftlich oder elektronisch belehrt worden ist.

(2) [1]Ist die Belehrung unterblieben oder unrichtig erteilt, so ist die Einlegung des Rechtsbehelfs nur innerhalb eines Jahres seit Zustellung, Eröffnung oder Verkündung zulässig, außer wenn die Einlegung vor Ablauf der Jahresfrist infolge höherer Gewalt unmöglich war oder eine schriftliche oder elektronische Belehrung dahin erfolgt ist, daß ein Rechtsbehelf nicht gegeben sei. [2]§ 60 Abs. 2 gilt für den Fall höherer Gewalt entsprechend.

§ 59 (weggefallen)

§ 60

(1) Wenn jemand ohne Verschulden verhindert war, eine gesetzliche Frist einzuhalten, so ist ihm auf Antrag Wiedereinsetzung in den vorigen Stand zu gewähren.

(2) [1]Der Antrag ist binnen zwei Wochen nach Wegfall des Hindernisses zu stellen; bei Versäumung der Frist zur Begründung der Berufung, des Antrags auf Zulassung der Berufung, der Revision, der Nichtzulassungsbeschwerde oder der Beschwerde beträgt die Frist einen Monat. [2]Die Tatsachen zur Begründung des Antrags sind bei der Antragstellung oder im Verfahren über den Antrag glaubhaft zu machen. [3]Innerhalb der Antragsfrist ist die versäumte Rechtshandlung nachzuholen. [4]Ist dies geschehen, so kann die Wiedereinsetzung auch ohne Antrag gewährt werden.

(3) Nach einem Jahr seit dem Ende der versäumten Frist ist der Antrag unzulässig, außer wenn der Antrag vor Ablauf der Jahresfrist infolge höherer Gewalt unmöglich war.

(4) Über den Wiedereinsetzungsantrag entscheidet das Gericht, das über die versäumte Rechtshandlung zu befinden hat.

(5) Die Wiedereinsetzung ist unanfechtbar.

§ 61

Fähig, am Verfahren beteiligt zu sein, sind

1. natürliche und juristische Personen,
2. Vereinigungen, soweit ihnen ein Recht zustehen kann,
3. Behörden, sofern das Landesrecht dies bestimmt.

§ 62

(1) Fähig zur Vornahme von Verfahrenshandlungen sind

1. die nach bürgerlichem Recht Geschäftsfähigen,
2. die nach bürgerlichem Recht in der Geschäftsfähigkeit Beschränkten, soweit sie durch Vorschriften des bürgerlichen oder öffentlichen Rechts für den Gegenstand des Verfahrens als geschäftsfähig anerkannt sind.

(2) Betrifft ein Einwilligungsvorbehalt nach § 1825 des Bürgerlichen Gesetzbuchs den Gegenstand des Verfahrens, so ist ein geschäftsfähiger Betreuter nur insoweit zur Vornahme von Verfahrenshandlungen fähig, als er nach den Vorschriften des bürgerlichen Rechts ohne Einwilligung des Betreuers handeln kann oder durch Vorschriften des öffentlichen Rechts als handlungsfähig anerkannt ist.

(3) Für Vereinigungen sowie für Behörden handeln ihre gesetzlichen Vertreter und Vorstände.

(4) §§ 53 bis 58 der Zivilprozeßordnung gelten entsprechend.

§ 63

Beteiligte am Verfahren sind

1. der Kläger,
2. der Beklagte,
3. der Beigeladene (§ 65),
4. der Vertreter des Bundesinteresses beim Bundesverwaltungsgericht oder der Vertreter des öffentlichen Interesses, falls er von seiner Beteiligungsbefugnis Gebrauch macht.

§ 64

Die Vorschriften der §§ 59 bis 63 der Zivilprozeßordnung über die Streitgenossenschaft sind entsprechend anzuwenden.

§ 65

(1) Das Gericht kann, solange das Verfahren noch nicht rechtskräftig abgeschlossen oder in höherer Instanz anhängig ist, von Amts wegen oder auf Antrag andere, deren rechtliche Interessen durch die Entscheidung berührt werden, beiladen.

(2) Sind an dem streitigen Rechtsverhältnis Dritte derart beteiligt, daß die Entscheidung auch ihnen gegenüber nur einheitlich ergehen kann, so sind sie beizuladen (notwendige Beiladung).

(3) [1]Kommt nach Absatz 2 die Beiladung von mehr als fünfzig Personen in Betracht, kann das Gericht durch Beschluß anordnen, daß nur solche Personen beigeladen werden, die dies innerhalb einer bestimmten Frist beantragen. [2]Der Beschluß ist unanfechtbar. [3]Er ist im Bundesanzeiger bekanntzumachen. [4]Er muß außerdem in Tageszeitungen veröffentlicht werden, die in dem Bereich verbreitet sind, in dem sich die Entscheidung voraussichtlich auswirken wird. [5]Die Bekanntmachung kann zusätzlich in einem von dem Gericht für Bekanntmachungen bestimmten Informations- und Kommunikationssystem erfolgen. [6]Die Frist muß mindestens drei Monate seit Veröffentlichung im Bundesanzeiger betragen. [7]In der Veröffentlichung in Tageszeitungen ist mitzuteilen, an

welchem Tage die Frist abläuft. [8]Für die Wiedereinsetzung in den vorigen Stand bei Versäumung der Frist gilt § 60 entsprechend. [9]Das Gericht soll Personen, die von der Entscheidung erkennbar in besonderem Maße betroffen werden, auch ohne Antrag beiladen.

(4) [1]Der Beiladungsbeschluß ist allen Beteiligten zuzustellen. [2]Dabei sollen der Stand der Sache und der Grund der Beiladung angegeben werden. [3]Die Beiladung ist unanfechtbar.

§ 66

[1]Der Beigeladene kann innerhalb der Anträge eines Beteiligten selbständig Angriffs- und Verteidigungsmittel geltend machen und alle Verfahrenshandlungen wirksam vornehmen. [2]Abweichende Sachanträge kann er nur stellen, wenn eine notwendige Beiladung vorliegt.

§ 67

(1) Die Beteiligten können vor dem Verwaltungsgericht den Rechtsstreit selbst führen.

(2) [1]Die Beteiligten können sich durch einen Rechtsanwalt oder einen Rechtslehrer an einer staatlichen oder staatlich anerkannten Hochschule eines Mitgliedstaates der Europäischen Union, eines anderen Vertragsstaates des Abkommens über den Europäischen Wirtschaftsraum oder der Schweiz, der die Befähigung zum Richteramt besitzt, als Bevollmächtigten vertreten lassen. [2]Darüber hinaus sind als Bevollmächtigte vor dem Verwaltungsgericht vertretungsbefugt nur

1. Beschäftigte des Beteiligten oder eines mit ihm verbundenen Unternehmens (§ 15 des Aktiengesetzes); Behörden und juristische Personen des öffentlichen Rechts einschließlich der von ihnen zur Erfüllung ihrer öffentlichen Aufgaben gebildeten Zusammenschlüsse können sich auch durch Beschäftigte anderer Behörden oder juristischer Personen des öffentlichen Rechts einschließlich der von ihnen zur Erfüllung ihrer öffentlichen Aufgaben gebildeten Zusammenschlüsse vertreten lassen,
2. volljährige Familienangehörige (§ 15 der Abgabenordnung, § 11 des Lebenspartnerschaftsgesetzes), Personen mit Befähigung zum Richteramt und Streitgenossen, wenn die Vertretung nicht im Zusammenhang mit einer entgeltlichen Tätigkeit steht,
3. Steuerberater, Steuerbevollmächtigte, Wirtschaftsprüfer und vereidigte Buchprüfer, Personen und Vereinigungen im Sinne der §§ 3a und 3c des Steuerberatungsgesetzes im Rahmen ihrer Befugnisse nach § 3a des Steuerberatungsgesetzes, zu beschränkter geschäftsmäßiger Hilfeleistung in Steuersachen nach den §§ 3d und 3e des Steuerberatungsgesetzes berechtigte Personen im Rahmen dieser Befugnisse sowie Gesellschaften im Sinne des § 3 Satz 1 Nummer 2 und 3 des Steuerberatungsgesetzes, die durch Personen im Sinne des § 3 Satz 2 des Steuerberatungsgesetzes handeln, in Abgabenangelegenheiten,

3a. Steuerberater, Steuerbevollmächtigte, Wirtschaftsprüfer und vereidigte Buchprüfer, Personen und Vereinigungen im Sinne der §§ 3a und 3c des Steuerberatungsgesetzes im Rahmen ihrer Befugnisse nach § 3a des Steuerberatungsgesetzes, zu beschränkter geschäftsmäßiger Hilfeleistung in Steuersachen nach den §§ 3d und 3e des Steuerberatungsgesetzes berechtigte Personen im Rahmen dieser Befugnisse sowie Gesellschaften im Sinne des § 3 Satz 1 Nummer 2 und 3 des Steuerberatungsgesetzes, die durch Personen im Sinne des § 3 Satz 2 des Steuerberatungsgesetzes handeln, in Angelegenheiten finanzieller Hilfeleistungen im Rahmen staatlicher Hilfsprogramme zur Abmilderung der Folgen der COVID-19-Pandemie, wenn und soweit diese Hilfsprogramme eine Einbeziehung der Genannten als prüfende Dritte vorsehen,

4. berufsständische Vereinigungen der Landwirtschaft für ihre Mitglieder,
5. Gewerkschaften und Vereinigungen von Arbeitgebern sowie Zusammenschlüsse solcher Verbände für ihre Mitglieder oder für andere Verbände oder Zusammenschlüsse mit vergleichbarer Ausrichtung und deren Mitglieder,
6. Vereinigungen, deren satzungsgemäße Aufgaben die gemeinschaftliche Interessenvertretung, die Beratung und Vertretung von Menschen mit Behinderungen wesentlich umfassen und die unter Berücksichtigung von Art und Umfang ihrer Tätigkeit sowie ihres Mitgliederkreises die Ge-

währ für eine sachkundige Prozessvertretung bieten, für ihre Mitglieder in Angelegenheiten des Schwerbehindertenrechts sowie der damit im Zusammenhang stehenden Angelegenheiten,

7. juristische Personen, deren Anteile sämtlich im wirtschaftlichen Eigentum einer der in den Nummern 5 und 6 bezeichneten Organisationen stehen, wenn die juristische Person ausschließlich die Rechtsberatung und Prozessvertretung dieser Organisation und ihrer Mitglieder oder anderer Verbände oder Zusammenschlüsse mit vergleichbarer Ausrichtung und deren Mitglieder entsprechend deren Satzung durchführt, und wenn die Organisation für die Tätigkeit der Bevollmächtigten haftet.

[3]Bevollmächtigte, die keine natürlichen Personen sind, handeln durch ihre Organe und mit der Prozessvertretung beauftragten Vertreter.

(3) [1]Das Gericht weist Bevollmächtigte, die nicht nach Maßgabe des Absatzes 2 vertretungsbefugt sind, durch unanfechtbaren Beschluss zurück. [2]Prozesshandlungen eines nicht vertretungsbefugten Bevollmächtigten und Zustellungen oder Mitteilungen an diesen Bevollmächtigten sind bis zu seiner Zurückweisung wirksam. [3]Das Gericht kann den in Absatz 2 Satz 2 Nr. 1 und 2 bezeichneten Bevollmächtigten durch unanfechtbaren Beschluss die weitere Vertretung untersagen, wenn sie nicht in der Lage sind, das Sach- und Streitverhältnis sachgerecht darzustellen.

(4) [1]Vor dem Bundesverwaltungsgericht und dem Oberverwaltungsgericht müssen sich die Beteiligten, außer im Prozesskostenhilfeverfahren, durch Prozessbevollmächtigte vertreten lassen. [2]Dies gilt auch für Prozesshandlungen, durch die ein Verfahren vor dem Bundesverwaltungsgericht oder einem Oberverwaltungsgericht eingeleitet wird. [3]Als Bevollmächtigte sind nur die in Absatz 2 Satz 1 bezeichneten Personen zugelassen. [4]Behörden und juristische Personen des öffentlichen Rechts einschließlich der von ihnen zur Erfüllung ihrer öffentlichen Aufgaben gebildeten Zusammenschlüsse können sich durch eigene Beschäftigte mit Befähigung zum Richteramt oder durch Beschäftigte mit Befähigung zum Richteramt anderer Behörden oder juristischer Personen des öffentlichen Rechts einschließlich der von ihnen zur Erfüllung ihrer öffentlichen Aufgaben gebildeten Zusammenschlüsse vertreten lassen. [5]Vor dem Bundesverwaltungsgericht sind auch die in Absatz 2 Satz 2 Nr. 5 bezeichneten Organisationen einschließlich der von ihnen gebildeten juristischen Personen gemäß Absatz 2 Satz 2 Nr. 7 als Bevollmächtigte zugelassen, jedoch nur in Angelegenheiten, die Rechtsverhältnisse im Sinne des § 52 Nr. 4 betreffen, in Personalvertretungsangelegenheiten und in Angelegenheiten, die in einem Zusammenhang mit einem gegenwärtigen oder früheren Arbeitsverhältnis von Arbeitnehmern im Sinne des § 5 des Arbeitsgerichtsgesetzes stehen, einschließlich Prüfungsangelegenheiten. [6]Die in Satz 5 genannten Bevollmächtigten müssen durch Personen mit der Befähigung zum Richteramt handeln. [7]Vor dem Oberverwaltungsgericht sind auch die in Absatz 2 Satz 2 Nr. 3 bis 7 bezeichneten Personen und Organisationen als Bevollmächtigte zugelassen. [8]Ein Beteiligter, der nach Maßgabe der Sätze 3, 5 und 7 zur Vertretung berechtigt ist, kann sich selbst vertreten.

(5) [1]Richter dürfen nicht als Bevollmächtigte vor dem Gericht auftreten, dem sie angehören. [2]Ehrenamtliche Richter dürfen, außer in den Fällen des Absatzes 2 Satz 2 Nr. 1, nicht vor einem Spruchkörper auftreten, dem sie angehören. [3]Absatz 3 Satz 1 und 2 gilt entsprechend.

(6) [1]Die Vollmacht ist schriftlich zu den Gerichtsakten einzureichen. [2]Sie kann nachgereicht werden; hierfür kann das Gericht eine Frist bestimmen. [3]Der Mangel der Vollmacht kann in jeder Lage des Verfahrens geltend gemacht werden. [4]Das Gericht hat den Mangel der Vollmacht von Amts wegen zu berücksichtigen, wenn nicht als Bevollmächtigter ein Rechtsanwalt auftritt. [5]Ist ein Bevollmächtigter bestellt, sind die Zustellungen oder Mitteilungen des Gerichts an ihn zu richten.

(7) [1]In der Verhandlung können die Beteiligten mit Beiständen erscheinen. [2]Beistand kann sein, wer in Verfahren, in denen die Beteiligten den Rechtsstreit selbst führen können, als Bevollmächtigter zur Vertretung in der Verhandlung befugt ist. [3]Das Gericht kann andere Personen als Beistand zulassen, wenn dies sachdienlich ist und hierfür nach den Umständen des Einzelfalls ein Bedürfnis besteht. [4]Absatz 3 Satz 1 und 3 und Absatz 5 gelten entsprechend. [5]Das von dem Beistand Vorgetragene gilt als von dem Beteiligten vorgebracht, soweit es nicht von diesem sofort widerrufen oder berichtigt wird.

§ 67a

(1) [1]Sind an einem Rechtsstreit mehr als zwanzig Personen im gleichen Interesse beteiligt, ohne durch einen Prozeßbevollmächtigten vertreten zu sein, kann das Gericht ihnen durch Beschluß aufgeben, innerhalb einer angemessenen Frist einen gemeinsamen Bevollmächtigten zu bestellen, wenn sonst die ordnungsgemäße Durchführung des Rechtsstreits beeinträchtigt wäre. [2]Bestellen die Beteiligten einen gemeinsamen Bevollmächtigten nicht innerhalb der ihnen gesetzten Frist, kann das Gericht einen Rechtsanwalt als gemeinsamen Vertreter durch Beschluß bestellen. [3]Die Beteiligten können Verfahrenshandlungen nur durch den gemeinsamen Bevollmächtigten oder Vertreter vornehmen. [4]Beschlüsse nach den Sätzen 1 und 2 sind unanfechtbar.

(2) [1]Die Vertretungsmacht erlischt, sobald der Vertreter oder der Vertretene dies dem Gericht schriftlich oder zu Protokoll des Urkundsbeamten der Geschäftsstelle erklärt; der Vertreter kann die Erklärung nur hinsichtlich aller Vertretenen abgeben. [2]Gibt der Vertretene eine solche Erklärung ab, so erlischt die Vertretungsmacht nur, wenn zugleich die Bestellung eines anderen Bevollmächtigten angezeigt wird.

8. Abschnitt
Besondere Vorschriften für Anfechtungs- und Verpflichtungsklagen

§ 68

(1) [1]Vor Erhebung der Anfechtungsklage sind Rechtmäßigkeit und Zweckmäßigkeit des Verwaltungsakts in einem Vorverfahren nachzuprüfen. [2]Einer solchen Nachprüfung bedarf es nicht, wenn ein Gesetz dies bestimmt oder wenn

1. der Verwaltungsakt von einer obersten Bundesbehörde oder von einer obersten Landesbehörde erlassen worden ist, außer wenn ein Gesetz die Nachprüfung vorschreibt, oder
2. der Abhilfebescheid oder der Widerspruchsbescheid erstmalig eine Beschwer enthält.

(2) Für die Verpflichtungsklage gilt Absatz 1 entsprechend, wenn der Antrag auf Vornahme des Verwaltungsakts abgelehnt worden ist.

§ 69

Das Vorverfahren beginnt mit der Erhebung des Widerspruchs.

§ 70

(1) [1]Der Widerspruch ist innerhalb eines Monats, nachdem der Verwaltungsakt dem Beschwerten bekanntgegeben worden ist, schriftlich, in elektronischer Form nach § 3a Absatz 2 des Verwaltungsverfahrensgesetzes, schriftformersetzend nach § 3a Absatz 3 des Verwaltungsverfahrensgesetzes und § 9a Absatz 5 des Onlinezugangsgesetzes oder zur Niederschrift bei der Behörde zu erheben, die den Verwaltungsakt erlassen hat. [2]Die Frist wird auch durch Einlegung bei der Behörde, die den Widerspruchsbescheid zu erlassen hat, gewahrt.

(2) §§ 58 und 60 Abs. 1 bis 4 gelten entsprechend.

§ 71 Anhörung

Ist die Aufhebung oder Änderung eines Verwaltungsakts im Widerspruchsverfahren erstmalig mit einer Beschwer verbunden, soll der Betroffene vor Erlaß des Abhilfebescheids oder des Widerspruchsbescheids gehört werden.

§ 72

Hält die Behörde den Widerspruch für begründet, so hilft sie ihm ab und entscheidet über die Kosten.

§ 73

(1) [1]Hilft die Behörde dem Widerspruch nicht ab, so ergeht ein Widerspruchsbescheid. [2]Diesen erläßt

1. die nächsthöhere Behörde, soweit nicht durch Gesetz eine andere höhere Behörde bestimmt wird,
2. wenn die nächsthöhere Behörde eine oberste Bundes- oder oberste Landesbehörde ist, die Behörde, die den Verwaltungsakt erlassen hat,
3. in Selbstverwaltungsangelegenheiten die Selbstverwaltungsbehörde, soweit nicht durch Gesetz anderes bestimmt wird.

[3]Abweichend von Satz 2 Nr. 1 kann durch Gesetz bestimmt werden, dass die Behörde, die den Verwaltungsakt erlassen hat, auch für die Entscheidung über den Widerspruch zuständig ist.

(2) [1]Vorschriften, nach denen im Vorverfahren des Absatzes 1 Ausschüsse oder Beiräte an die Stelle einer Behörde treten, bleiben unberührt. [2]Die Ausschüsse oder Beiräte können abweichend von Absatz 1 Nr. 1 auch bei der Behörde gebildet werden, die den Verwaltungsakt erlassen hat.

(3) [1]Der Widerspruchsbescheid ist zu begründen, mit einer Rechtsmittelbelehrung zu versehen und zuzustellen. [2]Zugestellt wird von Amts wegen nach den Vorschriften des Verwaltungszustellungsgesetzes. [3]Der Widerspruchsbescheid bestimmt auch, wer die Kosten trägt.

§ 74

(1) [1]Die Anfechtungsklage muß innerhalb eines Monats nach Zustellung des Widerspruchsbescheids erhoben werden. [2]Ist nach § 68 ein Widerspruchsbescheid nicht erforderlich, so muß die Klage innerhalb eines Monats nach Bekanntgabe des Verwaltungsakts erhoben werden.

(2) Für die Verpflichtungsklage gilt Absatz 1 entsprechend, wenn der Antrag auf Vornahme des Verwaltungsakts abgelehnt worden ist.

§ 75

[1]Ist über einen Widerspruch oder über einen Antrag auf Vornahme eines Verwaltungsakts ohne zureichenden Grund in angemessener Frist sachlich nicht entschieden worden, so ist die Klage abweichend von § 68 zulässig. [2]Die Klage kann nicht vor Ablauf von drei Monaten seit der Einlegung des Widerspruchs oder seit dem Antrag auf Vornahme des Verwaltungsakts erhoben werden, außer wenn wegen besonderer Umstände des Falles eine kürzere Frist geboten ist. [3]Liegt ein zureichender Grund dafür vor, daß über den Widerspruch noch nicht entschieden oder der beantragte Verwaltungsakt noch nicht erlassen ist, so setzt das Gericht das Verfahren bis zum Ablauf einer von ihm bestimmten Frist, die verlängert werden kann, aus. [4]Wird dem Widerspruch innerhalb der vom Gericht gesetzten Frist stattgegeben oder der Verwaltungsakt innerhalb dieser Frist erlassen, so ist die Hauptsache für erledigt zu erklären.

§ 76 (weggefallen)

§ 77

(1) Alle bundesrechtlichen Vorschriften in anderen Gesetzen über Einspruchs- oder Beschwerdeverfahren sind durch die Vorschriften dieses Abschnitts ersetzt.

(2) Das gleiche gilt für landesrechtliche Vorschriften über Einspruchs- oder Beschwerdeverfahren als Voraussetzung der verwaltungsgerichtlichen Klage.

§ 78

(1) Die Klage ist zu richten

1. gegen den Bund, das Land oder die Körperschaft, deren Behörde den angefochtenen Verwaltungsakt erlassen oder den beantragten Verwaltungsakt unterlassen hat; zur Bezeichnung des Beklagten genügt die Angabe der Behörde,
2. sofern das Landesrecht dies bestimmt, gegen die Behörde selbst, die den angefochtenen Verwaltungsakt erlassen oder den beantragten Verwaltungsakt unterlassen hat.

(2) Wenn ein Widerspruchsbescheid erlassen ist, der erstmalig eine Beschwer enthält (§ 68 Abs. 1 Satz 2 Nr. 2), ist Behörde im Sinne des Absatzes 1 die Widerspruchsbehörde.

§ 79

(1) Gegenstand der Anfechtungsklage ist

1. der ursprüngliche Verwaltungsakt in der Gestalt, die er durch den Widerspruchsbescheid gefunden hat,
2. der Abhilfebescheid oder Widerspruchsbescheid, wenn dieser erstmalig eine Beschwer enthält.

(2) [1]Der Widerspruchsbescheid kann auch dann alleiniger Gegenstand der Anfechtungsklage sein, wenn und soweit er gegenüber dem ursprünglichen Verwaltungsakt eine zusätzliche selbständige Beschwer enthält. [2]Als eine zusätzliche Beschwer gilt auch die Verletzung einer wesentlichen Verfahrensvorschrift, sofern der Widerspruchsbescheid auf dieser Verletzung beruht. [3]§ 78 Abs. 2 gilt entsprechend.

§ 80

(1) [1]Widerspruch und Anfechtungsklage haben aufschiebende Wirkung. [2]Das gilt auch bei rechtsgestaltenden und feststellenden Verwaltungsakten sowie bei Verwaltungsakten mit Doppelwirkung (§ 80a).

(2) [1]Die aufschiebende Wirkung entfällt nur

1. bei der Anforderung von öffentlichen Abgaben und Kosten,
2. bei unaufschiebbaren Anordnungen und Maßnahmen von Polizeivollzugsbeamten,
3. in anderen durch Bundesgesetz oder für Landesrecht durch Landesgesetz vorgeschriebenen Fällen, insbesondere für Widersprüche und Klagen Dritter gegen Verwaltungsakte, die Investitionen oder die Schaffung von Arbeitsplätzen betreffen,

3a. für Widersprüche und Klagen Dritter gegen Verwaltungsakte, die die Zulassung von Vorhaben betreffend Bundesverkehrswege und Mobilfunknetze zum Gegenstand haben und die nicht unter Nummer 3 fallen,

4. in den Fällen, in denen die sofortige Vollziehung im öffentlichen Interesse oder im überwiegenden Interesse eines Beteiligten von der Behörde, die den Verwaltungsakt erlassen oder über den Widerspruch zu entscheiden hat, besonders angeordnet wird.

[2]Die Länder können auch bestimmen, daß Rechtsbehelfe keine aufschiebende Wirkung haben, soweit sie sich gegen Maßnahmen richten, die in der Verwaltungsvollstreckung durch die Länder nach Bundesrecht getroffen werden.

(3) [1]In den Fällen des Absatzes 2 Satz 1 Nummer 4 ist das besondere Interesse an der sofortigen Vollziehung des Verwaltungsakts schriftlich zu begründen. [2]Einer besonderen Begründung bedarf es nicht, wenn die Behörde bei Gefahr im Verzug, insbesondere bei drohenden Nachteilen für Leben, Gesundheit oder Eigentum vorsorglich eine als solche bezeichnete Notstandsmaßnahme im öffentlichen Interesse trifft.

(4) [1]Die Behörde, die den Verwaltungsakt erlassen oder über den Widerspruch zu entscheiden hat, kann in den Fällen des Absatzes 2 die Vollziehung aussetzen, soweit nicht bundesgesetzlich etwas

anderes bestimmt ist. [2]Bei der Anforderung von öffentlichen Abgaben und Kosten kann sie die Vollziehung auch gegen Sicherheit aussetzen. [3]Die Aussetzung soll bei öffentlichen Abgaben und Kosten erfolgen, wenn ernstliche Zweifel an der Rechtmäßigkeit des angegriffenen Verwaltungsakts bestehen oder wenn die Vollziehung für den Abgaben- oder Kostenpflichtigen eine unbillige, nicht durch überwiegende öffentliche Interessen gebotene Härte zur Folge hätte.

(5) [1]Auf Antrag kann das Gericht der Hauptsache die aufschiebende Wirkung in den Fällen des Absatzes 2 Satz 1 Nummer 1 bis 3a ganz oder teilweise anordnen, im Falle des Absatzes 2 Satz 1 Nummer 4 ganz oder teilweise wiederherstellen. [2]Der Antrag ist schon vor Erhebung der Anfechtungsklage zulässig. [3]Ist der Verwaltungsakt im Zeitpunkt der Entscheidung schon vollzogen, so kann das Gericht die Aufhebung der Vollziehung anordnen. [4]Die Wiederherstellung der aufschiebenden Wirkung kann von der Leistung einer Sicherheit oder von anderen Auflagen abhängig gemacht werden. [5]Sie kann auch befristet werden.

(6) [1]In den Fällen des Absatzes 2 Satz 1 Nummer 1 ist der Antrag nach Absatz 5 nur zulässig, wenn die Behörde einen Antrag auf Aussetzung der Vollziehung ganz oder zum Teil abgelehnt hat. [2]Das gilt nicht, wenn

1. die Behörde über den Antrag ohne Mitteilung eines zureichenden Grundes in angemessener Frist sachlich nicht entschieden hat oder
2. eine Vollstreckung droht.

(7) [1]Das Gericht der Hauptsache kann Beschlüsse über Anträge nach Absatz 5 jederzeit ändern oder aufheben. [2]Jeder Beteiligte kann die Änderung oder Aufhebung wegen veränderter oder im ursprünglichen Verfahren ohne Verschulden nicht geltend gemachter Umstände beantragen.

(8) In dringenden Fällen kann der Vorsitzende entscheiden.

§ 80a

(1) Legt ein Dritter einen Rechtsbehelf gegen den an einen anderen gerichteten, diesen begünstigenden Verwaltungsakt ein, kann die Behörde

1. auf Antrag des Begünstigten nach § 80 Absatz 2 Satz 1 Nummer 4 die sofortige Vollziehung anordnen,
2. auf Antrag des Dritten nach § 80 Abs. 4 die Vollziehung aussetzen und einstweilige Maßnahmen zur Sicherung der Rechte des Dritten treffen.

(2) Legt ein Betroffener gegen einen an ihn gerichteten belastenden Verwaltungsakt, der einen Dritten begünstigt, einen Rechtsbehelf ein, kann die Behörde auf Antrag des Dritten nach § 80 Absatz 2 Satz 1 Nummer 4 die sofortige Vollziehung anordnen.

(3) [1]Das Gericht kann auf Antrag Maßnahmen nach den Absätzen 1 und 2 ändern oder aufheben oder solche Maßnahmen treffen. [2]§ 80 Abs. 5 bis 8 gilt entsprechend.

§ 80b

(1) [1]Die aufschiebende Wirkung des Widerspruchs und der Anfechtungsklage endet mit der Unanfechtbarkeit oder, wenn die Anfechtungsklage im ersten Rechtszug abgewiesen worden ist, drei Monate nach Ablauf der gesetzlichen Begründungsfrist des gegen die abweisende Entscheidung gegebenen Rechtsmittels. [2]Dies gilt auch, wenn die Vollziehung durch die Behörde ausgesetzt oder die aufschiebende Wirkung durch das Gericht wiederhergestellt oder angeordnet worden ist, es sei denn, die Behörde hat die Vollziehung bis zur Unanfechtbarkeit ausgesetzt.

(2) Das Rechtsmittelgericht kann auf Antrag anordnen, daß die aufschiebende Wirkung fortdauert.

(3) § 80 Abs. 5 bis 8 und die §§ 80a und 80c gelten entsprechend.

§ 80c

(1) [1]In Verfahren nach § 48 Absatz 1 Satz 1 Nummer 3 bis 15 und § 50 Absatz 1 Nummer 6 gelten für die Anordnung oder Wiederherstellung der aufschiebenden Wirkung (§§ 80 und 80a) ergänzend die Absätze 2 bis 4. [2]Von Satz 1 ausgenommen sind in § 48 Absatz 1 Satz 1 Nummer 6 das Anlegen von Verkehrsflughäfen und von Verkehrslandeplätzen mit beschränktem Bauschutzbereich sowie in § 48 Absatz 1 Satz 1 Nummer 13 Planfeststellungsverfahren für Braunkohletagebaue.

(2) [1]Das Gericht kann einen Mangel des angefochtenen Verwaltungsaktes außer Acht lassen, wenn offensichtlich ist, dass dieser in absehbarer Zeit behoben sein wird. [2]Ein solcher Mangel kann insbesondere sein

1. eine Verletzung von Verfahrens- oder Formvorschriften oder
2. ein Mangel bei der Abwägung im Rahmen der Planfeststellung oder der Plangenehmigung.

[3]Das Gericht soll eine Frist zur Behebung des Mangels setzen. [4]Verstreicht die Frist, ohne dass der Mangel behoben worden ist, gilt § 80 Absatz 7 entsprechend. [5]Satz 1 gilt grundsätzlich nicht für Verfahrensfehler gemäß § 4 Absatz 1 des Umwelt-Rechtsbehelfsgesetzes.

(3) [1]Entscheidet das Gericht im Rahmen einer Vollzugsfolgenabwägung, soll es die Anordnung oder Wiederherstellung der aufschiebenden Wirkung in der Regel auf diejenigen Maßnahmen des angefochtenen Verwaltungsaktes beschränken, bei denen dies erforderlich ist, um anderenfalls drohende irreversible Nachteile zu verhindern. [2]Es kann die beschränkte Anordnung oder Wiederherstellung der aufschiebenden Wirkung von der Leistung einer Sicherheit durch den Begünstigten des angefochtenen Verwaltungsaktes abhängig machen.

(4) Das Gericht hat im Rahmen einer Vollzugsfolgenabwägung die Bedeutung von Vorhaben besonders zu berücksichtigen, wenn ein Bundesgesetz feststellt, dass diese im überragenden öffentlichen Interesse liegen.

9. Abschnitt
Verfahren im ersten Rechtszug

§ 81

(1) [1]Die Klage ist bei dem Gericht schriftlich zu erheben. [2]Bei dem Verwaltungsgericht kann sie auch zu Protokoll des Urkundsbeamten der Geschäftsstelle erhoben werden. [3]§ 129a Absatz 2 der Zivilprozessordnung gilt entsprechend.

(2) Der Klage und allen Schriftsätzen sollen vorbehaltlich des § 55a Absatz 5 Satz 3 Abschriften für die übrigen Beteiligten beigefügt werden.

§ 82

(1) [1]Die Klage muß den Kläger, den Beklagten und den Gegenstand des Klagebegehrens bezeichnen. [2]Sie soll einen bestimmten Antrag enthalten. [3]Die zur Begründung dienenden Tatsachen und Beweismittel sollen angegeben, die angefochtene Verfügung und der Widerspruchsbescheid sollen in Abschrift beigefügt werden.

(2) [1]Entspricht die Klage diesen Anforderungen nicht, hat der Vorsitzende oder der nach § 21g des Gerichtsverfassungsgesetzes zuständige Berufsrichter (Berichterstatter) den Kläger zu der erforderlichen Ergänzung innerhalb einer bestimmten Frist aufzufordern. [2]Er kann dem Kläger für die Ergänzung eine Frist mit ausschließender Wirkung setzen, wenn es an einem der in Absatz 1 Satz 1 genannten Erfordernisse fehlt. [3]Für die Wiedereinsetzung in den vorigen Stand gilt § 60 entsprechend.

§ 83

[1]Für die sachliche und örtliche Zuständigkeit gelten die §§ 17 bis 17b des Gerichtsverfassungsgesetzes entsprechend. [2]Beschlüsse entsprechend § 17a Abs. 2 und 3 des Gerichtsverfassungsgesetzes sind unanfechtbar.

§ 84

(1) [1]Das Gericht kann ohne mündliche Verhandlung durch Gerichtsbescheid entscheiden, wenn die Sache keine besonderen Schwierigkeiten tatsächlicher oder rechtlicher Art aufweist und der Sachverhalt geklärt ist. [2]Die Beteiligten sind vorher zu hören. [3]Die Vorschriften über Urteile gelten entsprechend.

(2) Die Beteiligten können innerhalb eines Monats nach Zustellung des Gerichtsbescheids,

1. Berufung einlegen, wenn sie zugelassen worden ist (§ 124a),
2. Zulassung der Berufung oder mündliche Verhandlung beantragen; wird von beiden Rechtsbehelfen Gebrauch gemacht, findet mündliche Verhandlung statt,
3. Revision einlegen, wenn sie zugelassen worden ist,
4. Nichtzulassungsbeschwerde einlegen oder mündliche Verhandlung beantragen, wenn die Revision nicht zugelassen worden ist; wird von beiden Rechtsbehelfen Gebrauch gemacht, findet mündliche Verhandlung statt,
5. mündliche Verhandlung beantragen, wenn ein Rechtsmittel nicht gegeben ist.

(3) Der Gerichtsbescheid wirkt als Urteil; wird rechtzeitig mündliche Verhandlung beantragt, gilt er als nicht ergangen.

(4) Wird mündliche Verhandlung beantragt, kann das Gericht in dem Urteil von einer weiteren Darstellung des Tatbestandes und der Entscheidungsgründe absehen, soweit es der Begründung des Gerichtsbescheides folgt und dies in seiner Entscheidung feststellt.

§ 85

[1]Der Vorsitzende verfügt die Zustellung der Klage an den Beklagten. [2]Zugleich mit der Zustellung ist der Beklagte aufzufordern, sich schriftlich zu äußern; § 81 Abs. 1 Satz 2 gilt entsprechend. [3]Hierfür kann eine Frist gesetzt werden.

§ 86

(1) [1]Das Gericht erforscht den Sachverhalt von Amts wegen; die Beteiligten sind dabei heranzuziehen. [2]Es ist an das Vorbringen und an die Beweisanträge der Beteiligten nicht gebunden.

(2) Ein in der mündlichen Verhandlung gestellter Beweisantrag kann nur durch einen Gerichtsbeschluß, der zu begründen ist, abgelehnt werden.

(3) Der Vorsitzende hat darauf hinzuwirken, daß Formfehler beseitigt, unklare Anträge erläutert, sachdienliche Anträge gestellt, ungenügende tatsächliche Angaben ergänzt, ferner alle für die Feststellung und Beurteilung des Sachverhalts wesentlichen Erklärungen abgegeben werden.

(4) [1]Die Beteiligten sollen zur Vorbereitung der mündlichen Verhandlung Schriftsätze einreichen. [2]Hierzu kann sie der Vorsitzende unter Fristsetzung auffordern. [3]Die Schriftsätze sind den Beteiligten von Amts wegen zu übermitteln.

(5) [1]Den Schriftsätzen sind die Urkunden oder elektronischen Dokumente, auf die Bezug genommen wird, in Abschrift ganz oder im Auszug beizufügen. [2]Sind die Urkunden dem Gegner bereits bekannt oder sehr umfangreich, so genügt die genaue Bezeichnung mit dem Anerbieten, Einsicht bei Gericht zu gewähren.

§ 86a (weggefallen)

§ 87

(1) [1]Der Vorsitzende oder der Berichterstatter hat schon vor der mündlichen Verhandlung alle Anordnungen zu treffen, die notwendig sind, um den Rechtsstreit möglichst in einer mündlichen Verhandlung zu erledigen. [2]Er kann insbesondere

1. die Beteiligten zur Erörterung des Sach- und Streitstandes und zur gütlichen Beilegung des Rechtsstreits laden und einen Vergleich entgegennehmen;
2. den Beteiligten die Ergänzung oder Erläuterung ihrer vorbereitenden Schriftsätze, die Vorlegung von Urkunden, die Übermittlung von elektronischen Dokumenten und die Vorlegung von anderen zur Niederlegung bei Gericht geeigneten Gegenständen aufgeben, insbesondere eine Frist zur Erklärung über bestimmte klärungsbedürftige Punkte setzen;
3. Auskünfte einholen;
4. die Vorlage von Urkunden oder die Übermittlung von elektronischen Dokumenten anordnen;
5. das persönliche Erscheinen der Beteiligten anordnen; § 95 gilt entsprechend;
6. Zeugen und Sachverständige zur mündlichen Verhandlung laden.
7. (weggefallen)

(2) Die Beteiligten sind von jeder Anordnung zu benachrichtigen.

(3) [1]Der Vorsitzende oder der Berichterstatter kann einzelne Beweise erheben. [2]Dies darf nur insoweit geschehen, als es zur Vereinfachung der Verhandlung vor dem Gericht sachdienlich und von vornherein anzunehmen ist, daß das Gericht das Beweisergebnis auch ohne unmittelbaren Eindruck von dem Verlauf der Beweisaufnahme sachgemäß zu würdigen vermag.

§ 87a

(1) Der Vorsitzende entscheidet, wenn die Entscheidung im vorbereitenden Verfahren ergeht,

1. über die Aussetzung und das Ruhen des Verfahrens;
2. bei Zurücknahme der Klage, Verzicht auf den geltend gemachten Anspruch oder Anerkenntnis des Anspruchs, auch über einen Antrag auf Prozesskostenhilfe;
3. bei Erledigung des Rechtsstreits in der Hauptsache, auch über einen Antrag auf Prozesskostenhilfe;
4. über den Streitwert;
5. über Kosten;
6. über die Beiladung.

(2) Im Einverständnis der Beteiligten kann der Vorsitzende auch sonst anstelle der Kammer oder des Senats entscheiden.

(3) Ist ein Berichterstatter bestellt, so entscheidet dieser anstelle des Vorsitzenden.

§ 87b

(1) [1]Der Vorsitzende oder der Berichterstatter kann dem Kläger eine Frist setzen zur Angabe der Tatsachen, durch deren Berücksichtigung oder Nichtberücksichtigung im Verwaltungsverfahren er sich beschwert fühlt. [2]Die Fristsetzung nach Satz 1 kann mit der Fristsetzung nach § 82 Abs. 2 Satz 2 verbunden werden.

(2) Der Vorsitzende oder der Berichterstatter kann einem Beteiligten unter Fristsetzung aufgeben, zu bestimmten Vorgängen

1. Tatsachen anzugeben oder Beweismittel zu bezeichnen,

2. Urkunden oder andere bewegliche Sachen vorzulegen sowie elektronische Dokumente zu übermitteln, soweit der Beteiligte dazu verpflichtet ist.

(3) [1]Das Gericht kann Erklärungen und Beweismittel, die erst nach Ablauf einer nach den Absätzen 1 und 2 gesetzten Frist vorgebracht werden, zurückweisen und ohne weitere Ermittlungen entscheiden, wenn

1. ihre Zulassung nach der freien Überzeugung des Gerichts die Erledigung des Rechtsstreits verzögern würde und
2. der Beteiligte die Verspätung nicht genügend entschuldigt und
3. der Beteiligte über die Folgen einer Fristversäumung belehrt worden ist.

[2]Der Entschuldigungsgrund ist auf Verlangen des Gerichts glaubhaft zu machen. [3]Satz 1 gilt nicht, wenn es mit geringem Aufwand möglich ist, den Sachverhalt auch ohne Mitwirkung des Beteiligten zu ermitteln.

(4) [1]Abweichend von Absatz 3 hat das Gericht in Verfahren nach § 48 Absatz 1 Satz 1 Nummer 3 bis 15 und § 50 Absatz 1 Nummer 6 Erklärungen und Beweismittel, die erst nach Ablauf einer nach den Absätzen 1 und 2 gesetzten Frist vorgebracht werden, zurückzuweisen und ohne weitere Ermittlungen zu entscheiden, wenn der Beteiligte

1. die Verspätung nicht genügend entschuldigt und
2. über die Folgen einer Fristversäumung belehrt worden ist.

[2]Absatz 3 Satz 2 und 3 gilt entsprechend.

§ 87c

(1) [1]Verfahren nach § 48 Absatz 1 Satz 1 Nummer 3 bis 15 und § 50 Absatz 1 Nummer 6 sollen vorrangig und beschleunigt durchgeführt werden. [2]Dies gilt auch

1. für Verfahren nach § 47 Absatz 1 Nummer 1, wenn sie Bauleitpläne mit Darstellungen oder Festsetzungen von Flächen für die in § 48 Absatz 1 Satz 1 Nummer 3, 3a, 3b oder 5 genannten Vorhaben zum Gegenstand haben und
2. für Verfahren nach § 47 Absatz 1 Nummer 2, wenn sie Raumordnungspläne mit Festlegungen von Gebieten zur Nutzung von Windenergie zum Gegenstand haben.

[3]Besonders zu priorisieren sind Verfahren über Vorhaben, wenn ein Bundesgesetz feststellt, dass diese im überragenden öffentlichen Interesse liegen. [4]Von Satz 1 ausgenommen sind in § 48 Absatz 1 Satz 1 Nummer 6 das Anlegen von Verkehrsflughäfen und von Verkehrslandeplätzen mit beschränktem Bauschutzbereich sowie in § 48 Absatz 1 Satz 1 Nummer 13 Planfeststellungsverfahren für Braunkohletagebaue.

(2) [1]In den in Absatz 1 genannten Verfahren soll der Vorsitzende oder der Berichterstatter in geeigneten Fällen die Beteiligten zu einem frühen ersten Termin zur Erörterung des Sach- und Streitstandes und zur gütlichen Beilegung des Rechtsstreits laden. [2]Kommt es in diesem Termin nicht zu einer gütlichen Beilegung des Rechtsstreits, erörtert der Vorsitzende oder der Berichterstatter mit den Beteiligten den weiteren Ablauf des Verfahrens und die mögliche Terminierung der mündlichen Verhandlung.

§ 88

Das Gericht darf über das Klagebegehren nicht hinausgehen, ist aber an die Fassung der Anträge nicht gebunden.

§ 89

(1) [1]Bei dem Gericht der Klage kann eine Widerklage erhoben werden, wenn der Gegenanspruch mit dem in der Klage geltend gemachten Anspruch oder mit den gegen ihn vorgebrachten Verteidi-

gungsmitteln zusammenhängt. [2]Dies gilt nicht, wenn in den Fällen des § 52 Nr. 1 für die Klage wegen des Gegenanspruchs ein anderes Gericht zuständig ist.

(2) Bei Anfechtungs- und Verpflichtungsklagen ist die Widerklage ausgeschlossen.

§ 90

[1]Durch Erhebung der Klage wird die Streitsache rechtshängig. [2]In Verfahren nach dem Siebzehnten Titel des Gerichtsverfassungsgesetzes wegen eines überlangen Gerichtsverfahrens wird die Streitsache erst mit Zustellung der Klage rechtshängig.

§ 91

(1) Eine Änderung der Klage ist zulässig, wenn die übrigen Beteiligten einwilligen oder das Gericht die Änderung für sachdienlich hält.

(2) Die Einwilligung des Beklagten in die Änderung der Klage ist anzunehmen, wenn er sich, ohne ihr zu widersprechen, in einem Schriftsatz oder in einer mündlichen Verhandlung auf die geänderte Klage eingelassen hat.

(3) Die Entscheidung, daß eine Änderung der Klage nicht vorliegt oder zuzulassen sei, ist nicht selbständig anfechtbar.

§ 92

(1) [1]Der Kläger kann bis zur Rechtskraft des Urteils seine Klage zurücknehmen. [2]Die Zurücknahme nach Stellung der Anträge in der mündlichen Verhandlung setzt die Einwilligung des Beklagten und, wenn ein Vertreter des öffentlichen Interesses an der mündlichen Verhandlung teilgenommen hat, auch seine Einwilligung voraus. [3]Die Einwilligung gilt als erteilt, wenn der Klagerücknahme nicht innerhalb von zwei Wochen seit Zustellung des die Rücknahme enthaltenden Schriftsatzes widersprochen wird; das Gericht hat auf diese Folge hinzuweisen.

(2) [1]Die Klage gilt als zurückgenommen, wenn der Kläger das Verfahren trotz Aufforderung des Gerichts länger als zwei Monate nicht betreibt. [2]Absatz 1 Satz 2 und 3 gilt entsprechend. [3]Der Kläger ist in der Aufforderung auf die sich aus Satz 1 und § 155 Abs. 2 ergebenden Rechtsfolgen hinzuweisen. [4]Das Gericht stellt durch Beschluß fest, daß die Klage als zurückgenommen gilt.

(3) [1]Ist die Klage zurückgenommen oder gilt sie als zurückgenommen, so stellt das Gericht das Verfahren durch Beschluß ein und spricht die sich nach diesem Gesetz ergebenden Rechtsfolgen der Zurücknahme aus. [2]Der Beschluß ist unanfechtbar.

§ 93

[1]Das Gericht kann durch Beschluß mehrere bei ihm anhängige Verfahren über den gleichen Gegenstand zu gemeinsamer Verhandlung und Entscheidung verbinden und wieder trennen. [2]Es kann anordnen, daß mehrere in einem Verfahren erhobene Ansprüche in getrennten Verfahren verhandelt und entschieden werden.

§ 93a

(1) [1]Ist die Rechtmäßigkeit einer behördlichen Maßnahme Gegenstand von mehr als zwanzig Verfahren, kann das Gericht eines oder mehrere geeignete Verfahren vorab durchführen (Musterverfahren) und die übrigen Verfahren aussetzen. [2]Die Beteiligten sind vorher zu hören. [3]Der Beschluß ist unanfechtbar.

(2) [1]Ist über die durchgeführten Verfahren rechtskräftig entschieden worden, kann das Gericht nach Anhörung der Beteiligten über die ausgesetzten Verfahren durch Beschluß entscheiden, wenn es einstimmig der Auffassung ist, daß die Sachen gegenüber rechtskräftig entschiedenen Musterverfahren keine wesentlichen Besonderheiten tatsächlicher oder rechtlicher Art aufweisen und der Sachverhalt geklärt ist. [2]Das Gericht kann in einem Musterverfahren erhobene Beweise

einführen; es kann nach seinem Ermessen die wiederholte Vernehmung eines Zeugen oder eine neue Begutachtung durch denselben oder andere Sachverständige anordnen. 3Beweisanträge zu Tatsachen, über die bereits im Musterverfahren Beweis erhoben wurde, kann das Gericht ablehnen, wenn ihre Zulassung nach seiner freien Überzeugung nicht zum Nachweis neuer entscheidungserheblicher Tatsachen beitragen und die Erledigung des Rechtsstreits verzögern würde. 4Die Ablehnung kann in der Entscheidung nach Satz 1 erfolgen. 5Den Beteiligten steht gegen den Beschluß nach Satz 1 das Rechtsmittel zu, das zulässig wäre, wenn das Gericht durch Urteil entschieden hätte. 6Die Beteiligten sind über dieses Rechtsmittel zu belehren.

§ 94

Das Gericht kann, wenn die Entscheidung des Rechtsstreits ganz oder zum Teil von dem Bestehen oder Nichtbestehen eines Rechtsverhältnisses abhängt, das den Gegenstand eines anderen anhängigen Rechtsstreits bildet oder von einer Verwaltungsbehörde festzustellen ist, anordnen, daß die Verhandlung bis zur Erledigung des anderen Rechtsstreits oder bis zur Entscheidung der Verwaltungsbehörde auszusetzen sei.

§ 95

(1) 1Das Gericht kann das persönliche Erscheinen eines Beteiligten anordnen. 2Als persönliches Erscheinen gilt auch die nach § 102a Absatz 2 Satz 1 gestattete Teilnahme per Bild- und Tonübertragung. 3Für den Fall des Ausbleibens kann es Ordnungsgeld wie gegen einen im Vernehmungstermin nicht erschienenen Zeugen androhen. 4Bei schuldhaftem Ausbleiben setzt das Gericht durch Beschluß das angedrohte Ordnungsgeld fest. 5Androhung und Festsetzung des Ordnungsgelds können wiederholt werden.

(2) Ist Beteiligter eine juristische Person oder eine Vereinigung, so ist das Ordnungsgeld dem nach Gesetz oder Satzung Vertretungsberechtigten anzudrohen und gegen ihn festzusetzen.

(3) Das Gericht kann einer beteiligten öffentlich-rechtlichen Körperschaft oder Behörde aufgeben, zur mündlichen Verhandlung einen Beamten oder Angestellten zu entsenden, der mit einem schriftlichen Nachweis über die Vertretungsbefugnis versehen und über die Sach- und Rechtslage ausreichend unterrichtet ist.

§ 96

(1) 1Das Gericht erhebt Beweis in der mündlichen Verhandlung. 2Es kann insbesondere Augenschein einnehmen, Zeugen, Sachverständige und Beteiligte vernehmen und Urkunden heranziehen.

(2) Das Gericht kann in geeigneten Fällen schon vor der mündlichen Verhandlung durch eines seiner Mitglieder als beauftragten Richter Beweis erheben lassen oder durch Bezeichnung der einzelnen Beweisfragen ein anderes Gericht um die Beweisaufnahme ersuchen.

§ 97

1Die Beteiligten werden von allen Beweisterminen benachrichtigt und können der Beweisaufnahme beiwohnen. 2Sie können an Zeugen und Sachverständige sachdienliche Fragen richten. 3Wird eine Frage beanstandet, so entscheidet das Gericht.

§ 98

Soweit dieses Gesetz nicht abweichende Vorschriften enthält, sind auf die Beweisaufnahme §§ 358 bis 444 und 450 bis 494 der Zivilprozeßordnung entsprechend anzuwenden.

§ 99

(1) 1Behörden sind zur Vorlage von Urkunden oder Akten, zur Übermittlung elektronischer Dokumente und zu Auskünften verpflichtet. 2Führen Behörden die Akten elektronisch, sind diese als digital durchsuchbare Dokumente vorzulegen, soweit dies technisch möglich ist. 3Wenn das Bekannt-

werden des Inhalts dieser Urkunden, Akten, elektronischen Dokumente oder dieser Auskünfte dem Wohl des Bundes oder eines Landes Nachteile bereiten würde oder wenn die Vorgänge nach einem Gesetz oder ihrem Wesen nach geheim gehalten werden müssen, kann die zuständige oberste Aufsichtsbehörde die Vorlage von Urkunden oder Akten, die Übermittlung der elektronischen Dokumente und die Erteilung der Auskünfte verweigern.

(2) [1]Auf Antrag eines Beteiligten stellt das Oberverwaltungsgericht ohne mündliche Verhandlung durch Beschluss fest, ob die Verweigerung der Vorlage der Urkunden oder Akten, der Übermittlung der elektronischen Dokumente oder der Erteilung von Auskünften rechtmäßig ist. [2]Verweigert eine oberste Bundesbehörde die Vorlage, Übermittlung oder Auskunft mit der Begründung, das Bekanntwerden des Inhalts der Urkunden, der Akten, der elektronischen Dokumente oder der Auskünfte würde dem Wohl des Bundes Nachteile bereiten, entscheidet das Bundesverwaltungsgericht; Gleiches gilt, wenn das Bundesverwaltungsgericht nach § 50 für die Hauptsache zuständig ist. [3]Der Antrag ist bei dem für die Hauptsache zuständigen Gericht zu stellen. [4]Dieses gibt den Antrag und die Hauptsacheakten an den nach § 189 zuständigen Spruchkörper ab. [5]Die oberste Aufsichtsbehörde hat die nach Absatz 1 Satz 2 verweigerten Urkunden oder Akten auf Aufforderung dieses Spruchkörpers vorzulegen, die elektronischen Dokumente zu übermitteln oder die verweigerten Auskünfte zu erteilen. [6]Sie ist zu diesem Verfahren beizuladen. [7]Das Verfahren unterliegt den Vorschriften des materiellen Geheimschutzes. [8]Können diese nicht eingehalten werden oder macht die zuständige Aufsichtsbehörde geltend, dass besondere Gründe der Geheimhaltung oder des Geheimschutzes der Übergabe der Urkunden oder Akten oder der Übermittlung der elektronischen Dokumente an das Gericht entgegenstehen, wird die Vorlage oder Übermittlung nach Satz 5 dadurch bewirkt, dass die Urkunden, Akten oder elektronischen Dokumente dem Gericht in von der obersten Aufsichtsbehörde bestimmten Räumlichkeiten zur Verfügung gestellt werden. [9]Für die nach Satz 5 vorgelegten Akten, elektronischen Dokumente und für die gemäß Satz 8 geltend gemachten besonderen Gründe gilt § 100 nicht. [10]Die Mitglieder des Gerichts sind zur Geheimhaltung verpflichtet; die Entscheidungsgründe dürfen Art und Inhalt der geheim gehaltenen Urkunden, Akten, elektronischen Dokumente und Auskünfte nicht erkennen lassen. [11]Für das nichtrichterliche Personal gelten die Regelungen des personellen Geheimschutzes. [12]Soweit nicht das Bundesverwaltungsgericht entschieden hat, kann der Beschluss selbständig mit der Beschwerde angefochten werden. [13]Über die Beschwerde gegen den Beschluss eines Oberverwaltungsgerichts entscheidet das Bundesverwaltungsgericht. [14]Für das Beschwerdeverfahren gelten die Sätze 4 bis 11 sinngemäß.

§ 100

(1) [1]Die Beteiligten können die Gerichtsakten und die dem Gericht vorgelegten Akten einsehen. [2]Beteiligte können sich auf ihre Kosten durch die Geschäftsstelle Ausfertigungen, Auszüge, Ausdrucke und Abschriften erteilen lassen.

(2) [1]Werden die Prozessakten elektronisch geführt, wird Akteneinsicht durch Bereitstellung des Inhalts der Akten zum Abruf oder durch Übermittlung des Inhalts der Akten auf einem sicheren Übermittlungsweg gewährt. [2]Auf besonderen Antrag wird Akteneinsicht durch Einsichtnahme in die Akten in Diensträumen gewährt. [3]Ein Aktenausdruck oder ein Datenträger mit dem Inhalt der Akten wird auf besonders zu begründenden Antrag nur übermittelt, wenn der Antragsteller hieran ein berechtigtes Interesse darlegt. [4]Stehen der Akteneinsicht in der nach Satz 1 vorgesehenen Form wichtige Gründe entgegen, kann die Akteneinsicht in der nach den Sätzen 2 und 3 vorgesehenen Form auch ohne Antrag gewährt werden. [5]Über einen Antrag nach Satz 3 entscheidet der Vorsitzende; die Entscheidung ist unanfechtbar. [6]§ 87a Absatz 3 gilt entsprechend.

(3) [1]Werden die Prozessakten in Papierform geführt, wird Akteneinsicht durch Einsichtnahme in die Akten in Diensträumen gewährt. [2]Die Akteneinsicht kann, soweit nicht wichtige Gründe entgegenstehen, auch durch Bereitstellung des Inhalts der Akten zum Abruf oder durch Übermittlung des Inhalts der Akten auf einem sicheren Übermittlungsweg gewährt werden. [3]Nach dem Ermessen des Vorsitzenden kann der nach § 67 Absatz 2 Satz 1 und 2 Nummer 3 bis 6 bevollmächtigten Person die Mitnahme der Akten in die Wohnung oder Geschäftsräume gestattet werden. [4]§ 87a Absatz 3 gilt entsprechend.

(4) In die Entwürfe zu Urteilen, Beschlüssen und Verfügungen, die Arbeiten zu ihrer Vorbereitung und die Dokumente, die Abstimmungen betreffen, wird Akteneinsicht nach den Absätzen 1 bis 3 nicht gewährt.

§ 101

(1) [1]Das Gericht entscheidet, soweit nichts anderes bestimmt ist, auf Grund mündlicher Verhandlung. [2]Die mündliche Verhandlung soll so früh wie möglich stattfinden.

(2) Mit Einverständnis der Beteiligten kann das Gericht ohne mündliche Verhandlung entscheiden.

(3) Entscheidungen des Gerichts, die nicht Urteile sind, können ohne mündliche Verhandlung ergehen, soweit nichts anderes bestimmt ist.

§ 102

(1) [1]Sobald der Termin zur mündlichen Verhandlung bestimmt ist, sind die Beteiligten mit einer Ladungsfrist von mindestens zwei Wochen, bei dem Bundesverwaltungsgericht von mindestens vier Wochen, zu laden. [2]In dringenden Fällen kann der Vorsitzende die Frist abkürzen.

(2) Bei der Ladung ist darauf hinzuweisen, daß beim Ausbleiben eines Beteiligten auch ohne ihn verhandelt und entschieden werden kann.

(3) Die Gerichte der Verwaltungsgerichtsbarkeit können Sitzungen auch außerhalb des Gerichtssitzes abhalten, wenn dies zur sachdienlichen Erledigung notwendig ist.

(4) § 227 Abs. 3 Satz 1 der Zivilprozeßordnung ist nicht anzuwenden.

§ 102a

(1) [1]Die mündliche Verhandlung kann in geeigneten Fällen und soweit ausreichende Kapazitäten zur Verfügung stehen als Videoverhandlung stattfinden. [2]Eine mündliche Verhandlung findet als Videoverhandlung statt, wenn an ihr mindestens ein Verfahrensbeteiligter per Bild- und Tonübertragung teilnimmt. [3]Verfahrensbeteiligte nach dieser Vorschrift sind die Beteiligten, ihre Bevollmächtigten und Beistände.

(2) [1]Das Gericht kann unter den Voraussetzungen des Absatzes 1 Satz 1 auf Antrag eines Verfahrensbeteiligten oder von Amts wegen die Teilnahme per Bild- und Tonübertragung für einen Verfahrensbeteiligten, mehrere oder alle Verfahrensbeteiligte gestatten. [2]Die Ablehnung eines Antrags auf Teilnahme per Bild- und Tonübertragung ist kurz zu begründen.

(3) [1]Das Gericht kann auf Antrag oder von Amts wegen die Vernehmung eines Zeugen, Sachverständigen oder Beteiligten per Bild- und Tonübertragung gestatten. [2]Das Antragsrecht steht den Verfahrensbeteiligten, Zeugen und Sachverständigen zu. [3]Absatz 1 gilt entsprechend.

(4) [1]Den Verfahrensbeteiligten und Dritten ist es untersagt, die Übertragung aufzuzeichnen. [2]Hierauf sind sie zu Beginn der Verhandlung hinzuweisen. [3]Das Gericht kann die Videoverhandlung oder die Bild- und Tonübertragung nach Absatz 3 für die Zwecke des § 160a der Zivilprozessordnung ganz oder teilweise aufzeichnen. [4]Über Beginn und Ende der Aufzeichnung hat das Gericht die Verfahrensbeteiligten und im Falle von Absatz 3 auch die Zeugen und Sachverständigen zu informieren.

(5) Entscheidungen nach dieser Vorschrift sind unanfechtbar.

(6) Die Absätze 1 bis 5 gelten entsprechend für Erörterungstermine (§ 87 Absatz 1 Satz 2 Nummer 1 und § 87c Absatz 2 Satz 1).

§ 103

(1) Der Vorsitzende eröffnet und leitet die mündliche Verhandlung.

(2) Nach Aufruf der Sache trägt der Vorsitzende oder der Berichterstatter den wesentlichen Inhalt der Akten vor.

(3) Hierauf erhalten die Beteiligten das Wort, um ihre Anträge zu stellen und zu begründen.

§ 104

(1) Der Vorsitzende hat die Streitsache mit den Beteiligten tatsächlich und rechtlich zu erörtern.

(2) [1]Der Vorsitzende hat jedem Mitglied des Gerichts auf Verlangen zu gestatten, Fragen zu stellen. [2]Wird eine Frage beanstandet, so entscheidet das Gericht.

(3) [1]Nach Erörterung der Streitsache erklärt der Vorsitzende die mündliche Verhandlung für geschlossen. [2]Das Gericht kann die Wiedereröffnung beschließen.

§ 105

Für das Protokoll gelten die §§ 159 bis 165 der Zivilprozeßordnung entsprechend.

§ 106

[1]Um den Rechtsstreit vollständig oder zum Teil zu erledigen, können die Beteiligten zu Protokoll des Gerichts oder des beauftragten oder ersuchten Richters einen Vergleich schließen, soweit sie über den Gegenstand des Vergleichs verfügen können. [2]Ein gerichtlicher Vergleich kann auch dadurch geschlossen werden, daß die Beteiligten einen in der Form eines Beschlusses ergangenen Vorschlag des Gerichts, des Vorsitzenden oder des Berichterstatters schriftlich oder durch Erklärung zu Protokoll in der mündlichen Verhandlung gegenüber dem Gericht annehmen.

10. Abschnitt
Urteile und andere Entscheidungen

§ 107

Über die Klage wird, soweit nichts anderes bestimmt ist, durch Urteil entschieden.

§ 108

(1) [1]Das Gericht entscheidet nach seiner freien, aus dem Gesamtergebnis des Verfahrens gewonnenen Überzeugung. [2]In dem Urteil sind die Gründe anzugeben, die für die richterliche Überzeugung leitend gewesen sind.

(2) Das Urteil darf nur auf Tatsachen und Beweisergebnisse gestützt werden, zu denen die Beteiligten sich äußern konnten.

§ 109

Über die Zulässigkeit der Klage kann durch Zwischenurteil vorab entschieden werden.

§ 110

Ist nur ein Teil des Streitgegenstands zur Entscheidung reif, so kann das Gericht ein Teilurteil erlassen.

§ 111

[1]Ist bei einer Leistungsklage ein Anspruch nach Grund und Betrag streitig, so kann das Gericht durch Zwischenurteil über den Grund vorab entscheiden. [2]Das Gericht kann, wenn der Anspruch für begründet erklärt ist, anordnen, daß über den Betrag zu verhandeln ist.

§ 112

Das Urteil kann nur von den Richtern und ehrenamtlichen Richtern gefällt werden, die an der dem Urteil zugrunde liegenden Verhandlung teilgenommen haben.

§ 113

(1) [1]Soweit der Verwaltungsakt rechtswidrig und der Kläger dadurch in seinen Rechten verletzt ist, hebt das Gericht den Verwaltungsakt und den etwaigen Widerspruchsbescheid auf. [2]Ist der Verwaltungsakt schon vollzogen, so kann das Gericht auf Antrag auch aussprechen, daß und wie die Verwaltungsbehörde die Vollziehung rückgängig zu machen hat. [3]Dieser Ausspruch ist nur zulässig, wenn die Behörde dazu in der Lage und diese Frage spruchreif ist. [4]Hat sich der Verwaltungsakt vorher durch Zurücknahme oder anders erledigt, so spricht das Gericht auf Antrag durch Urteil aus, daß der Verwaltungsakt rechtswidrig gewesen ist, wenn der Kläger ein berechtigtes Interesse an dieser Feststellung hat.

(2) [1]Begehrt der Kläger die Änderung eines Verwaltungsakts, der einen Geldbetrag festsetzt oder eine darauf bezogene Feststellung trifft, kann das Gericht den Betrag in anderer Höhe festsetzen oder die Feststellung durch eine andere ersetzen. [2]Erfordert die Ermittlung des festzusetzenden oder festzustellenden Betrags einen nicht unerheblichen Aufwand, kann das Gericht die Änderung des Verwaltungsakts durch Angabe der zu Unrecht berücksichtigten oder nicht berücksichtigten tatsächlichen oder rechtlichen Verhältnisse so bestimmen, daß die Behörde den Betrag auf Grund der Entscheidung errechnen kann. [3]Die Behörde teilt den Beteiligten das Ergebnis der Neuberechnung unverzüglich formlos mit; nach Rechtskraft der Entscheidung ist der Verwaltungsakt mit dem geänderten Inhalt neu bekanntzugeben.

(3) [1]Hält das Gericht eine weitere Sachaufklärung für erforderlich, kann es, ohne in der Sache selbst zu entscheiden, den Verwaltungsakt und den Widerspruchsbescheid aufheben, soweit nach Art oder Umfang die noch erforderlichen Ermittlungen erheblich sind und die Aufhebung auch unter Berücksichtigung der Belange der Beteiligten sachdienlich ist. [2]Auf Antrag kann das Gericht bis zum Erlaß des neuen Verwaltungsakts eine einstweilige Regelung treffen, insbesondere bestimmen, daß Sicherheiten geleistet werden oder ganz oder zum Teil bestehen bleiben und Leistungen zunächst nicht zurückgewährt werden müssen. [3]Der Beschluß kann jederzeit geändert oder aufgehoben werden. [4]Eine Entscheidung nach Satz 1 kann nur binnen sechs Monaten seit Eingang der Akten der Behörde bei Gericht ergehen.

(4) Kann neben der Aufhebung eines Verwaltungsakts eine Leistung verlangt werden, so ist im gleichen Verfahren auch die Verurteilung zur Leistung zulässig.

(5) [1]Soweit die Ablehnung oder Unterlassung des Verwaltungsakts rechtswidrig und der Kläger dadurch in seinen Rechten verletzt ist, spricht das Gericht die Verpflichtung der Verwaltungsbehörde aus, die beantragte Amtshandlung vorzunehmen, wenn die Sache spruchreif ist. [2]Andernfalls spricht es die Verpflichtung aus, den Kläger unter Beachtung der Rechtsauffassung des Gerichts zu bescheiden.

§ 114

[1]Soweit die Verwaltungsbehörde ermächtigt ist, nach ihrem Ermessen zu handeln, prüft das Gericht auch, ob der Verwaltungsakt oder die Ablehnung oder Unterlassung des Verwaltungsakts rechtswidrig ist, weil die gesetzlichen Grenzen des Ermessens überschritten sind oder von dem Ermessen in einer dem Zweck der Ermächtigung nicht entsprechenden Weise Gebrauch gemacht ist. [2]Die Verwaltungsbehörde kann ihre Ermessenserwägungen hinsichtlich des Verwaltungsaktes auch noch im verwaltungsgerichtlichen Verfahren ergänzen.

§ 115

§§ 113 und 114 gelten entsprechend, wenn nach § 79 Abs. 1 Nr. 2 und Abs. 2 der Widerspruchsbescheid Gegenstand der Anfechtungsklage ist.

§ 116

(1) [1]Das Urteil wird, wenn eine mündliche Verhandlung stattgefunden hat, in der Regel in dem Termin, in dem die mündliche Verhandlung geschlossen wird, verkündet, in besonderen Fällen in einem sofort anzuberaumenden Termin, der nicht über zwei Wochen hinaus angesetzt werden soll.

[2]Das Urteil ist den Beteiligten zuzustellen. [3]Der Vorsitzende kann den Beteiligten, ihren Bevollmächtigten und Beiständen gestatten, an der Urteilsverkündung per Bild- und Tonübertragung teilzunehmen.

(2) Statt der Verkündung ist die Zustellung des Urteils zulässig; dann ist das Urteil binnen zwei Wochen nach der mündlichen Verhandlung der Geschäftsstelle zu übermitteln.

(3) Entscheidet das Gericht ohne mündliche Verhandlung, so wird die Verkündung durch Zustellung an die Beteiligten ersetzt.

§ 117

(1) [1]Das Urteil ergeht „Im Namen des Volkes". [2]Es ist schriftlich abzufassen und von den Richtern, die bei der Entscheidung mitgewirkt haben, zu unterzeichnen. [3]Ist ein Richter verhindert, seine Unterschrift beizufügen, so wird dies mit dem Hinderungsgrund vom Vorsitzenden oder, wenn er verhindert ist, vom dienstältesten beisitzenden Richter unter dem Urteil vermerkt. [4]Der Unterschrift der ehrenamtlichen Richter bedarf es nicht.

(2) Das Urteil enthält

1. die Bezeichnung der Beteiligten, ihrer gesetzlichen Vertreter und der Bevollmächtigten nach Namen, Beruf, Wohnort und ihrer Stellung im Verfahren,
2. die Bezeichnung des Gerichts und die Namen der Mitglieder, die bei der Entscheidung mitgewirkt haben,
3. die Urteilsformel,
4. den Tatbestand,
5. die Entscheidungsgründe,
6. die Rechtsmittelbelehrung.

(3) [1]Im Tatbestand ist der Sach- und Streitstand unter Hervorhebung der gestellten Anträge seinem wesentlichen Inhalt nach gedrängt darzustellen. [2]Wegen der Einzelheiten soll auf Schriftsätze, Protokolle und andere Unterlagen verwiesen werden, soweit sich aus ihnen der Sach- und Streitstand ausreichend ergibt.

(4) [1]Ein Urteil, das bei der Verkündung noch nicht vollständig abgefaßt war, ist vor Ablauf von zwei Wochen, vom Tag der Verkündung an gerechnet, vollständig abgefaßt der Geschäftsstelle zu übermitteln. [2]Kann dies ausnahmsweise nicht geschehen, so ist innerhalb dieser zwei Wochen das von den Richtern unterschriebene Urteil ohne Tatbestand, Entscheidungsgründe und Rechtsmittelbelehrung der Geschäftsstelle zu übermitteln; Tatbestand, Entscheidungsgründe und Rechtsmittelbelehrung sind alsbald nachträglich niederzulegen, von den Richtern besonders zu unterschreiben und der Geschäftsstelle zu übermitteln.

(5) Das Gericht kann von einer weiteren Darstellung der Entscheidungsgründe absehen, soweit es der Begründung des Verwaltungsakts oder des Widerspruchsbescheids folgt und dies in seiner Entscheidung feststellt.

(6) [1]Der Urkundsbeamte der Geschäftsstelle hat auf dem Urteil den Tag der Zustellung und im Falle des § 116 Abs. 1 Satz 1 den Tag der Verkündung zu vermerken und diesen Vermerk zu unterschreiben. [2]Werden die Akten elektronisch geführt, hat der Urkundsbeamte der Geschäftsstelle den Vermerk in einem gesonderten Dokument festzuhalten. [3]Das Dokument ist mit dem Urteil untrennbar zu verbinden.

§ 118

(1) Schreibfehler, Rechenfehler und ähnliche offenbare Unrichtigkeiten im Urteil sind jederzeit vom Gericht zu berichtigen.

(2) [1]Über die Berichtigung kann ohne vorgängige mündliche Verhandlung entschieden werden. [2]Der Berichtigungsbeschluß wird auf dem Urteil und den Ausfertigungen vermerkt. [3]Ist das Urteil

elektronisch abgefasst, ist auch der Beschluss elektronisch abzufassen und mit dem Urteil untrennbar zu verbinden.

§ 119

(1) Enthält der Tatbestand des Urteils andere Unrichtigkeiten oder Unklarheiten, so kann die Berichtigung binnen zwei Wochen nach Zustellung des Urteils beantragt werden.

(2) [1]Das Gericht entscheidet ohne Beweisaufnahme durch Beschluß. [2]Der Beschluß ist unanfechtbar. [3]Bei der Entscheidung wirken nur die Richter mit, die beim Urteil mitgewirkt haben. [4]Ist ein Richter verhindert, so entscheidet bei Stimmengleichheit die Stimme des Vorsitzenden. [5]Der Berichtigungsbeschluß wird auf dem Urteil und den Ausfertigungen vermerkt. [6]Ist das Urteil elektronisch abgefasst, ist auch der Beschluss elektronisch abzufassen und mit dem Urteil untrennbar zu verbinden.

§ 120

(1) Wenn ein nach dem Tatbestand von einem Beteiligten gestellter Antrag oder die Kostenfolge bei der Entscheidung ganz oder zum Teil übergangen ist, so ist auf Antrag das Urteil durch nachträgliche Entscheidung zu ergänzen.

(2) Die Entscheidung muß binnen zwei Wochen nach Zustellung des Urteils beantragt werden.

(3) [1]Die mündliche Verhandlung hat nur den nicht erledigten Teil des Rechtsstreits zum Gegenstand. [2]Von der Durchführung einer mündlichen Verhandlung kann abgesehen werden, wenn mit der Ergänzung des Urteils nur über einen Nebenanspruch oder über die Kosten entschieden werden soll und wenn die Bedeutung der Sache keine mündliche Verhandlung erfordert.

§ 121

Rechtskräftige Urteile binden, soweit über den Streitgegenstand entschieden worden ist,

1. die Beteiligten und ihre Rechtsnachfolger und
2. im Fall des § 65 Abs. 3 die Personen, die einen Antrag auf Beiladung nicht oder nicht fristgemäß gestellt haben.

§ 122

(1) §§ 88, 108 Abs. 1 Satz 1, §§ 118, 119 und 120 gelten entsprechend für Beschlüsse.

(2) [1]Beschlüsse sind zu begründen, wenn sie durch Rechtsmittel angefochten werden können oder über einen Rechtsbehelf entscheiden. [2]Beschlüsse über die Aussetzung der Vollziehung (§§ 80, 80a) und über einstweilige Anordnungen (§ 123) sowie Beschlüsse nach Erledigung des Rechtsstreits in der Hauptsache (§ 161 Abs. 2) sind stets zu begründen. [3]Beschlüsse, die über ein Rechtsmittel entscheiden, bedürfen keiner weiteren Begründung, soweit das Gericht das Rechtsmittel aus den Gründen der angefochtenen Entscheidung als unbegründet zurückweist.

11. Abschnitt
Einstweilige Anordnung

§ 123

(1) [1]Auf Antrag kann das Gericht, auch schon vor Klageerhebung, eine einstweilige Anordnung in bezug auf den Streitgegenstand treffen, wenn die Gefahr besteht, daß durch eine Veränderung des bestehenden Zustands die Verwirklichung eines Rechts des Antragstellers vereitelt oder wesentlich erschwert werden könnte. [2]Einstweilige Anordnungen sind auch zur Regelung eines vorläufigen Zustands in bezug auf ein streitiges Rechtsverhältnis zulässig, wenn diese Regelung, vor allem bei dauernden Rechtsverhältnissen, um wesentliche Nachteile abzuwenden oder drohende Gewalt zu verhindern oder aus anderen Gründen nötig erscheint.

(2) [1]Für den Erlaß einstweiliger Anordnungen ist das Gericht der Hauptsache zuständig. [2]Dies ist das Gericht des ersten Rechtszugs und, wenn die Hauptsache im Berufungsverfahren anhängig ist, das Berufungsgericht. [3]§ 80 Abs. 8 ist entsprechend anzuwenden.

(3) Für den Erlaß einstweiliger Anordnungen gelten §§ 920, 921, 923, 926, 928 bis 932, 938, 939, 941 und 945 der Zivilprozeßordnung entsprechend.

(4) Das Gericht entscheidet durch Beschluß.

(5) Die Vorschriften der Absätze 1 bis 3 gelten nicht für die Fälle der §§ 80 und 80a.

Teil III
Rechtsmittel und Wiederaufnahme des Verfahrens

12. Abschnitt
Berufung

§ 124

(1) Gegen Endurteile einschließlich der Teilurteile nach § 110 und gegen Zwischenurteile nach den §§ 109 und 111 steht den Beteiligten die Berufung zu, wenn sie von dem Verwaltungsgericht oder dem Oberverwaltungsgericht zugelassen wird.

(2) Die Berufung ist nur zuzulassen,

1. wenn ernstliche Zweifel an der Richtigkeit des Urteils bestehen,
2. wenn die Rechtssache besondere tatsächliche oder rechtliche Schwierigkeiten aufweist,
3. wenn die Rechtssache grundsätzliche Bedeutung hat,
4. wenn das Urteil von einer Entscheidung des Oberverwaltungsgerichts, des Bundesverwaltungsgerichts, des Gemeinsamen Senats der obersten Gerichtshöfe des Bundes oder des Bundesverfassungsgerichts abweicht und auf dieser Abweichung beruht oder
5. wenn ein der Beurteilung des Berufungsgerichts unterliegender Verfahrensmangel geltend gemacht wird und vorliegt, auf dem die Entscheidung beruhen kann.

§ 124a

(1) [1]Das Verwaltungsgericht lässt die Berufung in dem Urteil zu, wenn die Gründe des § 124 Abs. 2 Nr. 3 oder Nr. 4 vorliegen. [2]Das Oberverwaltungsgericht ist an die Zulassung gebunden. [3]Zu einer Nichtzulassung der Berufung ist das Verwaltungsgericht nicht befugt.

(2) [1]Die Berufung ist, wenn sie von dem Verwaltungsgericht zugelassen worden ist, innerhalb eines Monats nach Zustellung des vollständigen Urteils bei dem Verwaltungsgericht einzulegen. [2]Die Berufung muss das angefochtene Urteil bezeichnen.

(3) [1]Die Berufung ist in den Fällen des Absatzes 2 innerhalb von zwei Monaten nach Zustellung des vollständigen Urteils zu begründen. [2]Die Begründung ist, sofern sie nicht zugleich mit der Einlegung der Berufung erfolgt, bei dem Oberverwaltungsgericht einzureichen. [3]Die Begründungsfrist kann auf einen vor ihrem Ablauf gestellten Antrag von dem Vorsitzenden des Senats verlängert werden. [4]Die Begründung muss einen bestimmten Antrag enthalten sowie die im Einzelnen anzuführenden Gründe der Anfechtung (Berufungsgründe). [5]Mangelt es an einem dieser Erfordernisse, so ist die Berufung unzulässig.

(4) [1]Wird die Berufung nicht in dem Urteil des Verwaltungsgerichts zugelassen, so ist die Zulassung innerhalb eines Monats nach Zustellung des vollständigen Urteils zu beantragen. [2]Der Antrag ist bei dem Verwaltungsgericht zu stellen. [3]Er muss das angefochtene Urteil bezeichnen. [4]Innerhalb von zwei Monaten nach Zustellung des vollständigen Urteils sind die Gründe darzulegen, aus denen die Berufung zuzulassen ist. [5]Die Begründung ist, soweit sie nicht bereits mit dem Antrag

vorgelegt worden ist, bei dem Oberverwaltungsgericht einzureichen. [6]Die Stellung des Antrags hemmt die Rechtskraft des Urteils.

(5) [1]Über den Antrag entscheidet das Oberverwaltungsgericht durch Beschluss. [2]Die Berufung ist zuzulassen, wenn einer der Gründe des § 124 Abs. 2 dargelegt ist und vorliegt. [3]Der Beschluss soll kurz begründet werden. [4]Mit der Ablehnung des Antrags wird das Urteil rechtskräftig. [5]Lässt das Oberverwaltungsgericht die Berufung zu, wird das Antragsverfahren als Berufungsverfahren fortgesetzt; der Einlegung einer Berufung bedarf es nicht.

(6) [1]Die Berufung ist in den Fällen des Absatzes 5 innerhalb eines Monats nach Zustellung des Beschlusses über die Zulassung der Berufung zu begründen. [2]Die Begründung ist bei dem Oberverwaltungsgericht einzureichen. [3]Absatz 3 Satz 3 bis 5 gilt entsprechend.

§ 125

(1) [1]Für das Berufungsverfahren gelten die Vorschriften des Teils II entsprechend, soweit sich aus diesem Abschnitt nichts anderes ergibt. [2]§ 84 findet keine Anwendung.

(2) [1]Ist die Berufung unzulässig, so ist sie zu verwerfen. [2]Die Entscheidung kann durch Beschluß ergehen. [3]Die Beteiligten sind vorher zu hören. [4]Gegen den Beschluß steht den Beteiligten das Rechtsmittel zu, das zulässig wäre, wenn das Gericht durch Urteil entschieden hätte. [5]Die Beteiligten sind über dieses Rechtsmittel zu belehren.

§ 126

(1) [1]Die Berufung kann bis zur Rechtskraft des Urteils zurückgenommen werden. [2]Die Zurücknahme nach Stellung der Anträge in der mündlichen Verhandlung setzt die Einwilligung des Beklagten und, wenn ein Vertreter des öffentlichen Interesses an der mündlichen Verhandlung teilgenommen hat, auch seine Einwilligung voraus.

(2) [1]Die Berufung gilt als zurückgenommen, wenn der Berufungskläger das Verfahren trotz Aufforderung des Gerichts länger als drei Monate nicht betreibt. [2]Absatz 1 Satz 2 gilt entsprechend. [3]Der Berufungskläger ist in der Aufforderung auf die sich aus Satz 1 und § 155 Abs. 2 ergebenden Rechtsfolgen hinzuweisen. [4]Das Gericht stellt durch Beschluß fest, daß die Berufung als zurückgenommen gilt.

(3) [1]Die Zurücknahme bewirkt den Verlust des eingelegten Rechtsmittels. [2]Das Gericht entscheidet durch Beschluß über die Kostenfolge.

§ 127

(1) [1]Der Berufungsbeklagte und die anderen Beteiligten können sich der Berufung anschließen. [2]Die Anschlussberufung ist bei dem Oberverwaltungsgericht einzulegen.

(2) [1]Die Anschließung ist auch statthaft, wenn der Beteiligte auf die Berufung verzichtet hat oder die Frist für die Berufung oder den Antrag auf Zulassung der Berufung verstrichen ist. [2]Sie ist zulässig bis zum Ablauf eines Monats nach der Zustellung der Berufungsbegründungsschrift.

(3) [1]Die Anschlussberufung muss in der Anschlussschrift begründet werden. [2]§ 124a Abs. 3 Satz 2, 4 und 5 gilt entsprechend.

(4) Die Anschlussberufung bedarf keiner Zulassung.

(5) Die Anschließung verliert ihre Wirkung, wenn die Berufung zurückgenommen oder als unzulässig verworfen wird.

§ 128

[1]Das Oberverwaltungsgericht prüft den Streitfall innerhalb des Berufungsantrags im gleichen Umfang wie das Verwaltungsgericht. [2]Es berücksichtigt auch neu vorgebrachte Tatsachen und Beweismittel.

§ 128a

(1) [1]Neue Erklärungen und Beweismittel, die im ersten Rechtszug entgegen einer hierfür gesetzten Frist (§ 87b Abs. 1 und 2) nicht vorgebracht worden sind, sind nur zuzulassen, wenn nach der freien Überzeugung des Gerichts ihre Zulassung die Erledigung des Rechtsstreits nicht verzögern würde oder wenn der Beteiligte die Verspätung genügend entschuldigt. [2]Der Entschuldigungsgrund ist auf Verlangen des Gerichts glaubhaft zu machen. [3]Satz 1 gilt nicht, wenn der Beteiligte im ersten Rechtszug über die Folgen einer Fristversäumung nicht nach § 87b Abs. 3 Nr. 3 belehrt worden ist oder wenn es mit geringem Aufwand möglich ist, den Sachverhalt auch ohne Mitwirkung des Beteiligten zu ermitteln.

(2) Erklärungen und Beweismittel, die das Verwaltungsgericht zu Recht zurückgewiesen hat, bleiben auch im Berufungsverfahren ausgeschlossen.

§ 129

Das Urteil des Verwaltungsgerichts darf nur soweit geändert werden, als eine Änderung beantragt ist.

§ 130

(1) Das Oberverwaltungsgericht hat die notwendigen Beweise zu erheben und in der Sache selbst zu entscheiden.

(2) Das Oberverwaltungsgericht darf die Sache, soweit ihre weitere Verhandlung erforderlich ist, unter Aufhebung des Urteils und des Verfahrens an das Verwaltungsgericht nur zurückverweisen,

1. soweit das Verfahren vor dem Verwaltungsgericht an einem wesentlichen Mangel leidet und aufgrund dieses Mangels eine umfangreiche oder aufwändige Beweisaufnahme notwendig ist oder
2. wenn das Verwaltungsgericht noch nicht in der Sache selbst entschieden hat

und ein Beteiligter die Zurückverweisung beantragt.

(3) Das Verwaltungsgericht ist an die rechtliche Beurteilung der Berufungsentscheidung gebunden.

§ 130a

[1]Das Oberverwaltungsgericht kann über die Berufung durch Beschluß entscheiden, wenn es sie einstimmig für begründet oder einstimmig für unbegründet hält und eine mündliche Verhandlung nicht für erforderlich hält. [2]§ 125 Abs. 2 Satz 3 bis 5 gilt entsprechend.

§ 130b

[1]Das Oberverwaltungsgericht kann in dem Urteil über die Berufung auf den Tatbestand der angefochtenen Entscheidung Bezug nehmen, wenn es sich die Feststellungen des Verwaltungsgerichts in vollem Umfange zu eigen macht. [2]Von einer weiteren Darstellung der Entscheidungsgründe kann es absehen, soweit es die Berufung aus den Gründen der angefochtenen Entscheidung als unbegründet zurückweist.

§ 131 (weggefallen)

13. Abschnitt
Revision

[Vom Abdruck wurde abgesehen.]

14. Abschnitt
Beschwerde, Erinnerung, Anhörungsrüge

§ 146

(1) Gegen die Entscheidungen des Verwaltungsgerichts, des Vorsitzenden oder des Berichterstatters, die nicht Urteile oder Gerichtsbescheide sind, steht den Beteiligten und den sonst von der Entscheidung Betroffenen die Beschwerde an das Oberverwaltungsgericht zu, soweit nicht in diesem Gesetz etwas anderes bestimmt ist.

(2) Prozeßleitende Verfügungen, Aufklärungsanordnungen, Beschlüsse über eine Vertagung oder die Bestimmung einer Frist, Beweisbeschlüsse, Beschlüsse über Ablehnung von Beweisanträgen, über Verbindung und Trennung von Verfahren und Ansprüchen und über die Ablehnung von Gerichtspersonen sowie Beschlüsse über die Ablehnung der Prozesskostenhilfe, wenn das Gericht ausschließlich die persönlichen oder wirtschaftlichen Voraussetzungen der Prozesskostenhilfe verneint, können nicht mit der Beschwerde angefochten werden.

(3) Außerdem ist vorbehaltlich einer gesetzlich vorgesehenen Beschwerde gegen die Nichtzulassung der Revision die Beschwerde nicht gegeben in Streitigkeiten über Kosten, Gebühren und Auslagen, wenn der Wert des Beschwerdegegenstands zweihundert Euro nicht übersteigt.

(4) [1]Die Beschwerde gegen Beschlüsse des Verwaltungsgerichts in Verfahren des vorläufigen Rechtsschutzes (§§ 80, 80a und 123) ist innerhalb eines Monats nach Bekanntgabe der Entscheidung zu begründen. [2]Die Begründung ist, sofern sie nicht bereits mit der Beschwerde vorgelegt worden ist, bei dem Oberverwaltungsgericht einzureichen. [3]Sie muss einen bestimmten Antrag enthalten, die Gründe darlegen, aus denen die Entscheidung abzuändern oder aufzuheben ist, und sich mit der angefochtenen Entscheidung auseinander setzen. [4]Mangelt es an einem dieser Erfordernisse, ist die Beschwerde als unzulässig zu verwerfen. [5]Das Verwaltungsgericht legt die Beschwerde unverzüglich vor; § 148 Abs. 1 findet keine Anwendung. [6]Das Oberverwaltungsgericht prüft nur die dargelegten Gründe.

(5) u. (6) (weggefallen)

§ 147

(1) [1]Die Beschwerde ist bei dem Gericht, dessen Entscheidung angefochten wird, schriftlich oder zu Protokoll des Urkundsbeamten der Geschäftsstelle innerhalb von zwei Wochen nach Bekanntgabe der Entscheidung einzulegen. [2]§ 67 Abs. 4 bleibt unberührt.

(2) Die Beschwerdefrist ist auch gewahrt, wenn die Beschwerde innerhalb der Frist bei dem Beschwerdegericht eingeht.

§ 148

(1) Hält das Verwaltungsgericht, der Vorsitzende oder der Berichterstatter, dessen Entscheidung angefochten wird, die Beschwerde für begründet, so ist ihr abzuhelfen; sonst ist sie unverzüglich dem Oberverwaltungsgericht vorzulegen.

(2) Das Verwaltungsgericht soll die Beteiligten von der Vorlage der Beschwerde an das Oberverwaltungsgericht in Kenntnis setzen.

§ 149

(1) [1]Die Beschwerde hat nur dann aufschiebende Wirkung, wenn sie die Festsetzung eines Ordnungs- oder Zwangsmittels zum Gegenstand hat. [2]Das Gericht, der Vorsitzende oder der Berichterstatter, dessen Entscheidung angefochten wird, kann auch sonst bestimmen, daß die Vollziehung der angefochtenen Entscheidung einstweilen auszusetzen ist.

(2) §§ 178 und 181 Abs. 2 des Gerichtsverfassungsgesetzes bleiben unberührt.

§ 150

Über die Beschwerde entscheidet das Oberverwaltungsgericht durch Beschluß.

§ 151

[1]Gegen die Entscheidungen des beauftragten oder ersuchten Richters oder des Urkundsbeamten kann innerhalb von zwei Wochen nach Bekanntgabe die Entscheidung des Gerichts beantragt werden. [2]Der Antrag ist schriftlich oder zu Protokoll des Urkundsbeamten der Geschäftsstelle des Gerichts zu stellen. [3]§§ 147 bis 149 gelten entsprechend.

§ 152

(1) Entscheidungen des Oberverwaltungsgerichts können vorbehaltlich des § 99 Abs. 2 und des § 133 Abs. 1 dieses Gesetzes sowie des § 17a Abs. 4 Satz 4 des Gerichtsverfassungsgesetzes nicht mit der Beschwerde an das Bundesverwaltungsgericht angefochten werden.

(2) Im Verfahren vor dem Bundesverwaltungsgericht gilt für Entscheidungen des beauftragten oder ersuchten Richters oder des Urkundsbeamten der Geschäftsstelle § 151 entsprechend.

§ 152a

(1) [1]Auf die Rüge eines durch eine gerichtliche Entscheidung beschwerten Beteiligten ist das Verfahren fortzuführen, wenn

1. ein Rechtsmittel oder ein anderer Rechtsbehelf gegen die Entscheidung nicht gegeben ist und
2. das Gericht den Anspruch dieses Beteiligten auf rechtliches Gehör in entscheidungserheblicher Weise verletzt hat.

[2]Gegen eine der Endentscheidung vorausgehende Entscheidung findet die Rüge nicht statt.

(2) [1]Die Rüge ist innerhalb von zwei Wochen nach Kenntnis von der Verletzung des rechtlichen Gehörs zu erheben; der Zeitpunkt der Kenntniserlangung ist glaubhaft zu machen. [2]Nach Ablauf eines Jahres seit Bekanntgabe der angegriffenen Entscheidung kann die Rüge nicht mehr erhoben werden. [3]Formlos mitgeteilte Entscheidungen gelten mit dem vierten Tag nach Aufgabe zur Post als bekannt gegeben. [4]Die Rüge ist schriftlich oder zu Protokoll des Urkundsbeamten der Geschäftsstelle bei dem Gericht zu erheben, dessen Entscheidung angegriffen wird. [5]§ 67 Abs. 4 bleibt unberührt. [6]Die Rüge muss die angegriffene Entscheidung bezeichnen und das Vorliegen der in Absatz 1 Satz 1 Nr. 2 genannten Voraussetzungen darlegen.

(3) Den übrigen Beteiligten ist, soweit erforderlich, Gelegenheit zur Stellungnahme zu geben.

(4) [1]Ist die Rüge nicht statthaft oder nicht in der gesetzlichen Form oder Frist erhoben, so ist sie als unzulässig zu verwerfen. [2]Ist die Rüge unbegründet, weist das Gericht sie zurück. [3]Die Entscheidung ergeht durch unanfechtbaren Beschluss. [4]Der Beschluss soll kurz begründet werden.

(5) [1]Ist die Rüge begründet, so hilft ihr das Gericht ab, indem es das Verfahren fortführt, soweit dies aufgrund der Rüge geboten ist. [2]Das Verfahren wird in die Lage zurückversetzt, in der es sich vor dem Schluss der mündlichen Verhandlung befand. [3]In schriftlichen Verfahren tritt an die Stelle des Schlusses der mündlichen Verhandlung der Zeitpunkt, bis zu dem Schriftsätze eingereicht werden können. [4]Für den Ausspruch des Gerichts ist § 343 der Zivilprozessordnung entsprechend anzuwenden.

(6) § 149 Abs. 1 Satz 2 ist entsprechend anzuwenden.

15. Abschnitt
Wiederaufnahme des Verfahrens

§ 153

(1) Ein rechtskräftig beendetes Verfahren kann nach den Vorschriften des Vierten Buchs der Zivilprozeßordnung wiederaufgenommen werden.

(2) Die Befugnis zur Erhebung der Nichtigkeitsklage und der Restitutionsklage steht auch dem Vertreter des öffentlichen Interesses, im Verfahren vor dem Bundesverwaltungsgericht im ersten und letzten Rechtszug auch dem Vertreter des Bundesinteresses beim Bundesverwaltungsgericht zu.

Teil IV
Kosten und Vollstreckung

16. Abschnitt
Kosten

§ 154

(1) Der unterliegende Teil trägt die Kosten des Verfahrens.

(2) Die Kosten eines ohne Erfolg eingelegten Rechtsmittels fallen demjenigen zur Last, der das Rechtsmittel eingelegt hat.

(3) Dem Beigeladenen können Kosten nur auferlegt werden, wenn er Anträge gestellt oder Rechtsmittel eingelegt hat; § 155 Abs. 4 bleibt unberührt.

(4) Die Kosten des erfolgreichen Wiederaufnahmeverfahrens können der Staatskasse auferlegt werden, soweit sie nicht durch das Verschulden eines Beteiligten entstanden sind.

(5) [1]Soweit der Antragsteller allein auf Grund von § 80c Absatz 2 unterliegt, fallen die Gerichtskosten dem obsiegenden Teil zur Last. [2]Absatz 3 bleibt unberührt.

§ 155

(1) [1]Wenn ein Beteiligter teils obsiegt, teils unterliegt, so sind die Kosten gegeneinander aufzuheben oder verhältnismäßig zu teilen. [2]Sind die Kosten gegeneinander aufgehoben, so fallen die Gerichtskosten jedem Teil zur Hälfte zur Last. [3]Einem Beteiligten können die Kosten ganz auferlegt werden, wenn der andere nur zu einem geringen Teil unterlegen ist.

(2) Wer einen Antrag, eine Klage, ein Rechtsmittel oder einen anderen Rechtsbehelf zurücknimmt, hat die Kosten zu tragen.

(3) Kosten, die durch einen Antrag auf Wiedereinsetzung in den vorigen Stand entstehen, fallen dem Antragsteller zur Last.

(4) Kosten, die durch Verschulden eines Beteiligten entstanden sind, können diesem auferlegt werden.

§ 156

Hat der Beklagte durch sein Verhalten keine Veranlassung zur Erhebung der Klage gegeben, so fallen dem Kläger die Prozeßkosten zur Last, wenn der Beklagte den Anspruch sofort anerkennt.

§ 157 (weggefallen)

§ 158

(1) Die Anfechtung der Entscheidung über die Kosten ist unzulässig, wenn nicht gegen die Entscheidung in der Hauptsache ein Rechtsmittel eingelegt wird.

(2) Ist eine Entscheidung in der Hauptsache nicht ergangen, so ist die Entscheidung über die Kosten unanfechtbar.

§ 159

[1]Besteht der kostenpflichtige Teil aus mehreren Personen, so gilt § 100 der Zivilprozeßordnung entsprechend. [2]Kann das streitige Rechtsverhältnis dem kostenpflichtigen Teil gegenüber nur einheitlich entschieden werden, so können die Kosten den mehreren Personen als Gesamtschuldnern auferlegt werden.

§ 160

[1]Wird der Rechtsstreit durch Vergleich erledigt und haben die Beteiligten keine Bestimmung über die Kosten getroffen, so fallen die Gerichtskosten jedem Teil zur Hälfte zur Last. [2]Die außergerichtlichen Kosten trägt jeder Beteiligte selbst.

§ 161

(1) Das Gericht hat im Urteil oder, wenn das Verfahren in anderer Weise beendet worden ist, durch Beschluß über die Kosten zu entscheiden.

(2) [1]Ist der Rechtsstreit in der Hauptsache erledigt, so entscheidet das Gericht außer in den Fällen des § 113 Abs. 1 Satz 4 nach billigem Ermessen über die Kosten des Verfahrens durch Beschluß; der bisherige Sach- und Streitstand ist zu berücksichtigen. [2]Der Rechtsstreit ist auch in der Hauptsache erledigt, wenn der Beklagte der Erledigungserklärung des Klägers nicht innerhalb von zwei Wochen seit Zustellung des die Erledigungserklärung enthaltenden Schriftsatzes widerspricht und er vom Gericht auf diese Folge hingewiesen worden ist.

(3) In den Fällen des § 75 fallen die Kosten stets dem Beklagten zur Last, wenn der Kläger mit seiner Bescheidung vor Klageerhebung rechnen durfte.

§ 162

(1) Kosten sind die Gerichtskosten (Gebühren und Auslagen) und die zur zweckentsprechenden Rechtsverfolgung oder Rechtsverteidigung notwendigen Aufwendungen der Beteiligten einschließlich der Kosten des Vorverfahrens.

(2) [1]Die Gebühren und Auslagen eines Rechtsanwalts oder eines Rechtsbeistands, in den in § 67 Absatz 2 Satz 2 Nummer 3 und 3a genannten Angelegenheiten auch einer der dort genannten Personen, sind stets erstattungsfähig. [2]Soweit ein Vorverfahren geschwebt hat, sind Gebühren und Auslagen erstattungsfähig, wenn das Gericht die Zuziehung eines Bevollmächtigten für das Vorverfahren für notwendig erklärt. [3]Juristische Personen des öffentlichen Rechts und Behörden können an Stelle ihrer tatsächlichen notwendigen Aufwendungen für Post- und Telekommunikationsdienstleistungen den in Nummer 7002 der Anlage 1 zum Rechtsanwaltsvergütungsgesetz bestimmten Höchstsatz der Pauschale fordern.

(3) Die außergerichtlichen Kosten des Beigeladenen sind nur erstattungsfähig, wenn sie das Gericht aus Billigkeit der unterliegenden Partei oder der Staatskasse auferlegt.

§ 163 (weggefallen)

§ 164

Der Urkundsbeamte des Gerichts des ersten Rechtszugs setzt auf Antrag den Betrag der zu erstattenden Kosten fest.

§ 165

[1]Die Beteiligten können die Festsetzung der zu erstattenden Kosten anfechten. [2]§ 151 gilt entsprechend.

§ 165a

§ 110 der Zivilprozessordnung gilt entsprechend.

§ 166

(1) [1]Die Vorschriften der Zivilprozeßordnung über die Prozesskostenhilfe sowie § 569 Abs. 3 Nr. 2 der Zivilprozessordnung gelten entsprechend. [2]Einem Beteiligten, dem Prozesskostenhilfe bewilligt worden ist, kann auch ein Steuerberater, Steuerbevollmächtigter, Wirtschaftsprüfer oder vereidigter Buchprüfer beigeordnet werden. [3]Die Vergütung richtet sich nach den für den beigeordneten Rechtsanwalt geltenden Vorschriften des Rechtsanwaltsvergütungsgesetzes.

(2) [1]Die Prüfung der persönlichen und wirtschaftlichen Verhältnisse nach den §§ 114 bis 116 der Zivilprozessordnung einschließlich der in § 118 Absatz 2 der Zivilprozessordnung bezeichneten Maßnahmen, der Beurkundung von Vergleichen nach § 118 Absatz 1 Satz 3 der Zivilprozessordnung und der Entscheidungen nach § 118 Absatz 2 Satz 4 der Zivilprozessordnung obliegt dem Urkundsbeamten der Geschäftsstelle des jeweiligen Rechtszugs, wenn der Vorsitzende ihm das Verfahren insoweit überträgt. [2]Liegen die Voraussetzungen für die Bewilligung der Prozesskostenhilfe hiernach nicht vor, erlässt der Urkundsbeamte die den Antrag ablehnende Entscheidung; anderenfalls vermerkt der Urkundsbeamte in den Prozessakten, dass dem Antragsteller nach seinen persönlichen und wirtschaftlichen Verhältnissen Prozesskostenhilfe gewährt werden kann und in welcher Höhe gegebenenfalls Monatsraten oder Beträge aus dem Vermögen zu zahlen sind.

(3) Dem Urkundsbeamten obliegen im Verfahren über die Prozesskostenhilfe ferner die Bestimmung des Zeitpunkts für die Einstellung und eine Wiederaufnahme der Zahlungen nach § 120 Absatz 3 der Zivilprozessordnung sowie die Änderung und die Aufhebung der Bewilligung der Prozesskostenhilfe nach den §§ 120a und 124 Absatz 1 Nummer 2 bis 5 der Zivilprozessordnung.

(4) [1]Der Vorsitzende kann Aufgaben nach den Absätzen 2 und 3 zu jedem Zeitpunkt an sich ziehen. [2]§ 5 Absatz 1 Nummer 1, die §§ 6, 7, 8 Absatz 1 bis 4 und § 9 des Rechtspflegergesetzes gelten entsprechend mit der Maßgabe, dass an die Stelle des Rechtspflegers der Urkundsbeamte der Geschäftsstelle tritt.

(5) § 87a Absatz 3 gilt entsprechend.

(6) Gegen Entscheidungen des Urkundsbeamten nach den Absätzen 2 und 3 kann innerhalb von zwei Wochen nach Bekanntgabe die Entscheidung des Gerichts beantragt werden.

(7) Durch Landesgesetz kann bestimmt werden, dass die Absätze 2 bis 6 für die Gerichte des jeweiligen Landes nicht anzuwenden sind.

17. Abschnitt
Vollstreckung

§ 167

(1) [1]Soweit sich aus diesem Gesetz nichts anderes ergibt, gilt für die Vollstreckung das Achte Buch der Zivilprozeßordnung entsprechend. [2]Vollstreckungsgericht ist das Gericht des ersten Rechtszugs.

(2) Urteile auf Anfechtungs- und Verpflichtungsklagen können nur wegen der Kosten für vorläufig vollstreckbar erklärt werden.

§ 168

(1) Vollstreckt wird

1. aus rechtskräftigen und aus vorläufig vollstreckbaren gerichtlichen Entscheidungen,
2. aus einstweiligen Anordnungen,
3. aus gerichtlichen Vergleichen,
4. aus Kostenfestsetzungsbeschlüssen,
5. aus den für vollstreckbar erklärten Schiedssprüchen öffentlich-rechtlicher Schiedsgerichte, sofern die Entscheidung über die Vollstreckbarkeit rechtskräftig oder für vorläufig vollstreckbar erklärt ist.

(2) Für die Vollstreckung können den Beteiligten auf ihren Antrag Ausfertigungen des Urteils ohne Tatbestand und ohne Entscheidungsgründe erteilt werden, deren Zustellung in den Wirkungen der Zustellung eines vollständigen Urteils gleichsteht.

§ 169

(1) [1]Soll zugunsten des Bundes, eines Landes, eines Gemeindeverbands, einer Gemeinde oder einer Körperschaft, Anstalt oder Stiftung des öffentlichen Rechts vollstreckt werden, so richtet sich die Vollstreckung nach dem Verwaltungsvollstreckungsgesetz. [2]Vollstreckungsbehörde im Sinne des Verwaltungsvollstreckungsgesetzes ist der Vorsitzende des Gerichts des ersten Rechtszugs; er kann für die Ausführung der Vollstreckung eine andere Vollstreckungsbehörde oder einen Gerichtsvollzieher in Anspruch nehmen.

(2) Wird die Vollstreckung zur Erzwingung von Handlungen, Duldungen und Unterlassungen im Wege der Amtshilfe von Organen der Länder vorgenommen, so ist sie nach landesrechtlichen Bestimmungen durchzuführen.

§ 170

(1) [1]Soll gegen den Bund, ein Land, einen Gemeindeverband, eine Gemeinde, eine Körperschaft, eine Anstalt oder Stiftung des öffentlichen Rechts wegen einer Geldforderung vollstreckt werden, so verfügt auf Antrag des Gläubigers das Gericht des ersten Rechtszugs die Vollstreckung. [2]Es bestimmt die vorzunehmenden Vollstreckungsmaßnahmen und ersucht die zuständige Stelle um deren Vornahme. [3]Die ersuchte Stelle ist verpflichtet, dem Ersuchen nach den für sie geltenden Vollstreckungsvorschriften nachzukommen.

(2) [1]Das Gericht hat vor Erlaß der Vollstreckungsverfügung die Behörde oder bei Körperschaften, Anstalten und Stiftungen des öffentlichen Rechts, gegen die vollstreckt werden soll, die gesetzlichen Vertreter von der beabsichtigten Vollstreckung zu benachrichtigen mit der Aufforderung, die Vollstreckung innerhalb einer vom Gericht zu bemessenden Frist abzuwenden. [2]Die Frist darf einen Monat nicht übersteigen.

(3) [1]Die Vollstreckung ist unzulässig in Sachen, die für die Erfüllung öffentlicher Aufgaben unentbehrlich sind oder deren Veräußerung ein öffentliches Interesse entgegensteht. [2]Über Einwendun-

gen entscheidet das Gericht nach Anhörung der zuständigen Aufsichtsbehörde oder bei obersten Bundes- oder Landesbehörden des zuständigen Ministers.

(4) Für öffentlich-rechtliche Kreditinstitute gelten die Absätze 1 bis 3 nicht.

(5) Der Ankündigung der Vollstreckung und der Einhaltung einer Wartefrist bedarf es nicht, wenn es sich um den Vollzug einer einstweiligen Anordnung handelt.

§ 171

In den Fällen der §§ 169, 170 Abs. 1 bis 3 bedarf es einer Vollstreckungsklausel nicht.

§ 172

[1]Kommt die Behörde in den Fällen des § 113 Abs. 1 Satz 2 und Abs. 5 und des § 123 der ihr im Urteil oder in der einstweiligen Anordnung auferlegten Verpflichtung nicht nach, so kann das Gericht des ersten Rechtszugs auf Antrag unter Fristsetzung gegen sie ein Zwangsgeld bis zehntausend Euro durch Beschluß androhen, nach fruchtlosem Fristablauf festsetzen und von Amts wegen vollstrecken. [2]Das Zwangsgeld kann wiederholt angedroht, festgesetzt und vollstreckt werden.

Teil V
Schluß- und Übergangsbestimmungen

§ 173

[1]Soweit dieses Gesetz keine Bestimmungen über das Verfahren enthält, sind das Gerichtsverfassungsgesetz und die Zivilprozeßordnung einschließlich § 278 Absatz 5 und § 278a entsprechend anzuwenden, wenn die grundsätzlichen Unterschiede der beiden Verfahrensarten dies nicht ausschließen; das Leitentscheidungsverfahren nach den §§ 552b und 565 der Zivilprozessordnung ist nicht anzuwenden. [2]Die Vorschriften des Siebzehnten Titels des Gerichtsverfassungsgesetzes sind mit der Maßgabe entsprechend anzuwenden, dass an die Stelle des Oberlandesgerichts das Oberverwaltungsgericht, an die Stelle des Bundesgerichtshofs das Bundesverwaltungsgericht und an die Stelle der Zivilprozessordnung die Verwaltungsgerichtsordnung tritt. [3]Gericht im Sinne des § 1062 der Zivilprozeßordnung ist das zuständige Verwaltungsgericht, Gericht im Sinne des § 1065 der Zivilprozeßordnung das zuständige Oberverwaltungsgericht.

§ 174 bis § 195

[Vom Abdruck wurde abgesehen.]

Gesetz über Ordnungswidrigkeiten (OWiG) – Auszug –

Vom 24. Mai 1968, BGBl. I S. 481

Neugefasst durch Bekanntmachung vom 19. Febrar 1987, BGBl. I S. 602

Zuletzt geändert durch Artikel 10 des Gesetzes vom 12. Juli 2024, BGBl. I Nr. 234

Inhaltsübersicht

Erster Teil
Allgemeine Vorschriften

Erster Abschnitt
Geltungsbereich

§ 1 Begriffsbestimmung

(1) Eine Ordnungswidrigkeit ist eine rechtswidrige und vorwerfbare Handlung, die den Tatbestand eines Gesetzes verwirklicht, das die Ahndung mit einer Geldbuße zuläßt.

(2) Eine mit Geldbuße bedrohte Handlung ist eine rechtswidrige Handlung, die den Tatbestand eines Gesetzes im Sinne des Absatzes 1 verwirklicht, auch wenn sie nicht vorwerfbar begangen ist.

§ 2 Sachliche Geltung

Dieses Gesetz gilt für Ordnungswidrigkeiten nach Bundesrecht und nach Landesrecht.

§ 3 Keine Ahndung ohne Gesetz

Eine Handlung kann als Ordnungswidrigkeit nur geahndet werden, wenn die Möglichkeit der Ahndung gesetzlich bestimmt war, bevor die Handlung begangen wurde.

§ 4 Zeitliche Geltung

(1) Die Geldbuße bestimmt sich nach dem Gesetz, das zur Zeit der Handlung gilt.

(2) Wird die Bußgelddrohung während der Begehung der Handlung geändert, so ist das Gesetz anzuwenden, das bei Beendigung der Handlung gilt.

(3) Wird das Gesetz, das bei Beendigung der Handlung gilt, vor der Entscheidung geändert, so ist das mildeste Gesetz anzuwenden.

(4) [1]Ein Gesetz, das nur für eine bestimmte Zeit gelten soll, ist auf Handlungen, die während seiner Geltung begangen sind, auch dann anzuwenden, wenn es außer Kraft getreten ist. [2]Dies gilt nicht, soweit ein Gesetz etwas anderes bestimmt.

(5) Für Nebenfolgen einer Ordnungswidrigkeit gelten die Absätze 1 bis 4 entsprechend.

§ 5 Räumliche Geltung

Wenn das Gesetz nichts anderes bestimmt, können nur Ordnungswidrigkeiten geahndet werden, die im räumlichen Geltungsbereich dieses Gesetzes oder außerhalb dieses Geltungsbereichs auf einem Schiff oder in einem Luftfahrzeug begangen werden, das berechtigt ist, die Bundesflagge oder das Staatszugehörigkeitszeichen der Bundesrepublik Deutschland zu führen.

§ 6 Zeit der Handlung

[1]Eine Handlung ist zu der Zeit begangen, zu welcher der Täter tätig geworden ist oder im Falle des Unterlassens hätte tätig werden müssen. [2]Wann der Erfolg eintritt, ist nicht maßgebend.

§ 7 Ort der Handlung

(1) Eine Handlung ist an jedem Ort begangen, an dem der Täter tätig geworden ist oder im Falle des Unterlassens hätte tätig werden müssen oder an dem der zum Tatbestand gehörende Erfolg eingetreten ist oder nach der Vorstellung des Täters eintreten sollte.

(2) Die Handlung eines Beteiligten ist auch an dem Ort begangen, an dem der Tatbestand des Gesetzes, das die Ahndung mit einer Geldbuße zuläßt, verwirklicht worden ist oder nach der Vorstellung des Beteiligten verwirklicht werden sollte.

Zweiter Abschnitt
Grundlagen der Ahndung

§ 8 Begehen durch Unterlassen

Wer es unterläßt, einen Erfolg abzuwenden, der zum Tatbestand einer Bußgeldvorschrift gehört, handelt nach dieser Vorschrift nur dann ordnungswidrig, wenn er rechtlich dafür einzustehen hat, daß der Erfolg nicht eintritt, und wenn das Unterlassen der Verwirklichung des gesetzlichen Tatbestandes durch ein Tun entspricht.

§ 9 Handeln für einen anderen

(1) Handelt jemand

1. als vertretungsberechtigtes Organ einer juristischen Person oder als Mitglied eines solchen Organs,
2. als vertretungsberechtigter Gesellschafter einer rechtsfähigen Personengesellschaft oder

3. als gesetzlicher Vertreter eines anderen,

so ist ein Gesetz, nach dem besondere persönliche Eigenschaften, Verhältnisse oder Umstände (besondere persönliche Merkmale) die Möglichkeit der Ahndung begründen, auch auf den Vertreter anzuwenden, wenn diese Merkmale zwar nicht bei ihm, aber bei dem Vertretenen vorliegen.

(2) [1]Ist jemand von dem Inhaber eines Betriebes oder einem sonst dazu Befugten

1. beauftragt, den Betrieb ganz oder zum Teil zu leiten, oder
2. ausdrücklich beauftragt, in eigener Verantwortung Aufgaben wahrzunehmen, die dem Inhaber des Betriebes obliegen,

und handelt er auf Grund dieses Auftrages, so ist ein Gesetz, nach dem besondere persönliche Merkmale die Möglichkeit der Ahndung begründen, auch auf den Beauftragten anzuwenden, wenn diese Merkmale zwar nicht bei ihm, aber bei dem Inhaber des Betriebes vorliegen. [2]Dem Betrieb im Sinne des Satzes 1 steht das Unternehmen gleich. [3]Handelt jemand auf Grund eines entsprechenden Auftrages für eine Stelle, die Aufgaben der öffentlichen Verwaltung wahrnimmt, so ist Satz 1 sinngemäß anzuwenden.

(3) Die Absätze 1 und 2 sind auch dann anzuwenden, wenn die Rechtshandlung, welche die Vertretungsbefugnis oder das Auftragsverhältnis begründen sollte, unwirksam ist.

§ 10 Vorsatz und Fahrlässigkeit

Als Ordnungswidrigkeit kann nur vorsätzliches Handeln geahndet werden, außer wenn das Gesetz fahrlässiges Handeln ausdrücklich mit Geldbuße bedroht.

§ 11 Irrtum

(1) [1]Wer bei Begehung einer Handlung einen Umstand nicht kennt, der zum gesetzlichen Tatbestand gehört, handelt nicht vorsätzlich. [2]Die Möglichkeit der Ahndung wegen fahrlässigen Handelns bleibt unberührt.

(2) Fehlt dem Täter bei Begehung der Handlung die Einsicht, etwas Unerlaubtes zu tun, namentlich weil er das Bestehen oder die Anwendbarkeit einer Rechtsvorschrift nicht kennt, so handelt er nicht vorwerfbar, wenn er diesen Irrtum nicht vermeiden konnte.

§ 12 Verantwortlichkeit

(1) [1]Nicht vorwerfbar handelt, wer bei Begehung einer Handlung noch nicht vierzehn Jahre alt ist. [2]Ein Jugendlicher handelt nur unter den Voraussetzungen des § 3 Satz 1 des Jugendgerichtsgesetzes vorwerfbar.

(2) Nicht vorwerfbar handelt, wer bei Begehung der Handlung wegen einer krankhaften seelischen Störung, wegen einer tiefgreifenden Bewußtseinsstörung oder wegen einer Intelligenzminderung oder einer schweren anderen seelischen Störung unfähig ist, das Unerlaubte der Handlung einzusehen oder nach dieser Einsicht zu handeln.

§ 13 Versuch

(1) Eine Ordnungswidrigkeit versucht, wer nach seiner Vorstellung von der Handlung zur Verwirklichung des Tatbestandes unmittelbar ansetzt.

(2) Der Versuch kann nur geahndet werden, wenn das Gesetz es ausdrücklich bestimmt.

(3) [1]Der Versuch wird nicht geahndet, wenn der Täter freiwillig die weitere Ausführung der Handlung aufgibt oder deren Vollendung verhindert. [2]Wird die Handlung ohne Zutun des Zurücktretenden nicht vollendet, so genügt sein freiwilliges und ernsthaftes Bemühen, die Vollendung zu verhindern.

(4) [1]Sind an der Handlung mehrere beteiligt, so wird der Versuch desjenigen nicht geahndet, der freiwillig die Vollendung verhindert. [2]Jedoch genügt sein freiwilliges und ernsthaftes Bemühen, die

Vollendung der Handlung zu verhindern, wenn sie ohne sein Zutun nicht vollendet oder unabhängig von seiner früheren Beteiligung begangen wird.

§ 14 Beteiligung

(1) [1]Beteiligen sich mehrere an einer Ordnungswidrigkeit, so handelt jeder von ihnen ordnungswidrig. [2]Dies gilt auch dann, wenn besondere persönliche Merkmale (§ 9 Abs. 1), welche die Möglichkeit der Ahndung begründen, nur bei einem Beteiligten vorliegen.

(2) Die Beteiligung kann nur dann geahndet werden, wenn der Tatbestand eines Gesetzes, das die Ahndung mit einer Geldbuße zuläßt, rechtswidrig verwirklicht wird oder in Fällen, in denen auch der Versuch geahndet werden kann, dies wenigstens versucht wird.

(3) [1]Handelt einer der Beteiligten nicht vorwerfbar, so wird dadurch die Möglichkeit der Ahndung bei den anderen nicht ausgeschlossen. [2]Bestimmt das Gesetz, daß besondere persönliche Merkmale die Möglichkeit der Ahndung ausschließen, so gilt dies nur für den Beteiligten, bei dem sie vorliegen.

(4) Bestimmt das Gesetz, daß eine Handlung, die sonst eine Ordnungswidrigkeit wäre, bei besonderen persönlichen Merkmalen des Täters eine Straftat ist, so gilt dies nur für den Beteiligten, bei dem sie vorliegen.

§ 15 Notwehr

(1) Wer eine Handlung begeht, die durch Notwehr geboten ist, handelt nicht rechtswidrig.

(2) Notwehr ist die Verteidigung, die erforderlich ist, um einen gegenwärtigen rechtswidrigen Angriff von sich oder einem anderen abzuwenden.

(3) Überschreitet der Täter die Grenzen der Notwehr aus Verwirrung, Furcht oder Schrecken, so wird die Handlung nicht geahndet.

§ 16 Rechtfertigender Notstand

[1]Wer in einer gegenwärtigen, nicht anders abwendbaren Gefahr für Leben, Leib, Freiheit, Ehre, Eigentum oder ein anderes Rechtsgut eine Handlung begeht, um die Gefahr von sich oder einem anderen abzuwenden, handelt nicht rechtswidrig, wenn bei Abwägung der widerstreitenden Interessen, namentlich der betroffenen Rechtsgüter und des Grades der ihnen drohenden Gefahren, das geschützte Interesse das beeinträchtigte wesentlich überwiegt. [2]Dies gilt jedoch nur, soweit die Handlung ein angemessenes Mittel ist, die Gefahr abzuwenden.

Dritter Abschnitt
Geldbuße

§ 17 Höhe der Geldbuße

(1) Die Geldbuße beträgt mindestens fünf Euro und, wenn das Gesetz nichts anderes bestimmt, höchstens eintausend Euro.

(2) Droht das Gesetz für vorsätzliches und fahrlässiges Handeln Geldbuße an, ohne im Höchstmaß zu unterscheiden, so kann fahrlässiges Handeln im Höchstmaß nur mit der Hälfte des angedrohten Höchstbetrages der Geldbuße geahndet werden.

(3) [1]Grundlage für die Zumessung der Geldbuße sind die Bedeutung der Ordnungswidrigkeit und der Vorwurf, der den Täter trifft. [2]Auch die wirtschaftlichen Verhältnisse des Täters kommen in Betracht; bei geringfügigen Ordnungswidrigkeiten bleiben sie jedoch in der Regel unberücksichtigt.

(4) [1]Die Geldbuße soll den wirtschaftlichen Vorteil, den der Täter aus der Ordnungswidrigkeit gezogen hat, übersteigen. [2]Reicht das gesetzliche Höchstmaß hierzu nicht aus, so kann es überschritten werden.

§ 18 Zahlungserleichterungen

[1]Ist dem Betroffenen nach seinen wirtschaftlichen Verhältnissen nicht zuzumuten, die Geldbuße sofort zu zahlen, so wird ihm eine Zahlungsfrist bewilligt oder gestattet, die Geldbuße in bestimmten Teilbeträgen zu zahlen. [2]Dabei kann angeordnet werden, daß die Vergünstigung, die Geldbuße in bestimmten Teilbeträgen zu zahlen, entfällt, wenn der Betroffene einen Teilbetrag nicht rechtzeitig zahlt.

Vierter Abschnitt
Zusammentreffen mehrerer Gesetzesverletzungen

§ 19 Tateinheit

(1) Verletzt dieselbe Handlung mehrere Gesetze, nach denen sie als Ordnungswidrigkeit geahndet werden kann, oder ein solches Gesetz mehrmals, so wird nur eine einzige Geldbuße festgesetzt.

(2) [1]Sind mehrere Gesetze verletzt, so wird die Geldbuße nach dem Gesetz bestimmt, das die höchste Geldbuße androht. [2]Auf die in dem anderen Gesetz angedrohten Nebenfolgen kann erkannt werden.

§ 20 Tatmehrheit

Sind mehrere Geldbußen verwirkt, so wird jede gesondert festgesetzt.

§ 21 Zusammentreffen von Straftat und Ordnungswidrigkeit

(1) [1]Ist eine Handlung gleichzeitig Straftat und Ordnungswidrigkeit, so wird nur das Strafgesetz angewendet. [2]Auf die in dem anderen Gesetz angedrohten Nebenfolgen kann erkannt werden.

(2) Im Falle des Absatzes 1 kann die Handlung jedoch als Ordnungswidrigkeit geahndet werden, wenn eine Strafe nicht verhängt wird.

Fünfter Abschnitt
Einziehung von Gegenständen

§ 22 Einziehung von Gegenständen

(1) Als Nebenfolge einer Ordnungswidrigkeit dürfen Gegenstände nur eingezogen werden, soweit das Gesetz es ausdrücklich zuläßt.

(2) Die Einziehung ist nur zulässig, wenn

1. die Gegenstände zur Zeit der Entscheidung dem Täter gehören oder zustehen oder
2. die Gegenstände nach ihrer Art und den Umständen die Allgemeinheit gefährden oder die Gefahr besteht, daß sie der Begehung von Handlungen dienen werden, die mit Strafe oder mit Geldbuße bedroht sind.

(3) Unter den Voraussetzungen des Absatzes 2 Nr. 2 ist die Einziehung der Gegenstände auch zulässig, wenn der Täter nicht vorwerfbar gehandelt hat.

§ 23 Erweiterte Voraussetzungen der Einziehung

Verweist das Gesetz auf diese Vorschrift, so dürfen die Gegenstände abweichend von § 22 Abs. 2 Nr. 1 auch dann eingezogen werden, wenn derjenige, dem sie zur Zeit der Entscheidung gehören oder zustehen,

1. wenigstens leichtfertig dazu beigetragen hat, daß die Sache oder das Recht Mittel oder Gegenstand der Handlung oder ihrer Vorbereitung gewesen ist, oder

2. die Gegenstände in Kenntnis der Umstände, welche die Einziehung zugelassen hätten, in verwerflicher Weise erworben hat.

§ 24 Grundsatz der Verhältnismäßigkeit

(1) Die Einziehung darf in den Fällen des § 22 Abs. 2 Nr. 1 und des § 23 nicht angeordnet werden, wenn sie zur Bedeutung der begangenen Handlung und zum Vorwurf, der den von der Einziehung betroffenen Täter oder in den Fällen des § 23 den Dritten trifft, außer Verhältnis steht.

(2) [1]In den Fällen der §§ 22 und 23 wird angeordnet, daß die Einziehung vorbehalten bleibt, und eine weniger einschneidende Maßnahme getroffen, wenn der Zweck der Einziehung auch durch sie erreicht werden kann. [2]In Betracht kommt namentlich die Anweisung,

1. die Gegenstände unbrauchbar zu machen,
2. an den Gegenständen bestimmte Einrichtungen oder Kennzeichen zu beseitigen oder die Gegenstände sonst zu ändern oder
3. über die Gegenstände in bestimmter Weise zu verfügen.

[3]Wird die Anweisung befolgt, so wird der Vorbehalt der Einziehung aufgehoben; andernfalls wird die Einziehung nachträglich angeordnet.

(3) Die Einziehung kann auf einen Teil der Gegenstände beschränkt werden.

§ 25 Einziehung des Wertersatzes

(1) Hat der Täter den Gegenstand, der ihm zur Zeit der Handlung gehörte oder zustand und dessen Einziehung hätte angeordnet werden können, vor der Anordnung der Einziehung verwertet, namentlich veräußert oder verbraucht, oder hat er die Einziehung des Gegenstandes sonst vereitelt, so kann die Einziehung eines Geldbetrages gegen den Täter bis zu der Höhe angeordnet werden, die dem Wert des Gegenstandes entspricht.

(2) Eine solche Anordnung kann auch neben der Einziehung eines Gegenstandes oder an deren Stelle getroffen werden, wenn ihn der Täter vor der Anordnung der Einziehung mit dem Recht eines Dritten belastet hat, dessen Erlöschen ohne Entschädigung nicht angeordnet werden kann oder im Falle der Einziehung nicht angeordnet werden könnte (§ 26 Abs. 2, § 28); wird die Anordnung neben der Einziehung getroffen, so bemißt sich die Höhe des Wertersatzes nach dem Wert der Belastung des Gegenstandes.

(3) Der Wert des Gegenstandes und der Belastung kann geschätzt werden.

(4) Ist die Anordnung der Einziehung eines Gegenstandes nicht ausführbar oder unzureichend, weil nach der Anordnung eine der in den Absätzen 1 oder 2 bezeichneten Voraussetzungen eingetreten oder bekanntgeworden ist, so kann die Einziehung des Wertersatzes nachträglich angeordnet werden.

(5) Für die Bewilligung von Zahlungserleichterungen gilt § 18.

§ 26 Wirkung der Einziehung

(1) Wird ein Gegenstand eingezogen, so geht das Eigentum an der Sache oder das eingezogene Recht mit der Rechtskraft der Entscheidung auf den Staat oder, soweit das Gesetz dies bestimmt, auf die Körperschaft oder Anstalt des öffentlichen Rechts über, deren Organ oder Stelle die Einziehung angeordnet hat.

(2) [1]Rechte Dritter an dem Gegenstand bleiben bestehen. [2]Das Erlöschen dieser Rechte wird jedoch angeordnet, wenn die Einziehung darauf gestützt wird, daß die Voraussetzungen des § 22 Abs. 2 Nr. 2 vorliegen. [3]Das Erlöschen des Rechts eines Dritten kann auch dann angeordnet werden, wenn diesem eine Entschädigung nach § 28 Abs. 2 Nr. 1 oder 2 nicht zu gewähren ist.

(3) [1]Vor der Rechtskraft wirkt die Anordnung der Einziehung als Veräußerungsverbot im Sinne des § 136 des Bürgerlichen Gesetzbuches; das Verbot umfaßt auch andere Verfügungen als Veräuße-

rungen. [2]Die gleiche Wirkung hat die Anordnung des Vorbehalts der Einziehung, auch wenn sie noch nicht rechtskräftig ist.

§ 27 Selbständige Anordnung

(1) Kann wegen der Ordnungswidrigkeit aus tatsächlichen Gründen keine bestimmte Person verfolgt oder eine Geldbuße gegen eine bestimmte Person nicht festgesetzt werden, so kann die Einziehung des Gegenstandes oder des Wertersatzes selbständig angeordnet werden, wenn die Voraussetzungen, unter denen die Maßnahme zugelassen ist, im übrigen vorliegen.

(2) [1]Unter den Voraussetzungen des § 22 Abs. 2 Nr. 2 oder Abs. 3 ist Absatz 1 auch dann anzuwenden, wenn

1. die Verfolgung der Ordnungswidrigkeit verjährt ist oder
2. sonst aus rechtlichen Gründen keine bestimmte Person verfolgt werden kann und das Gesetz nichts anderes bestimmt.

[2]Die Einziehung darf jedoch nicht angeordnet werden, wenn Antrag oder Ermächtigung fehlen.

(3) Absatz 1 ist auch anzuwenden, wenn nach § 47 die Verfolgungsbehörde von der Verfolgung der Ordnungswidrigkeit absieht oder das Gericht das Verfahren einstellt.

§ 28 Entschädigung

(1) [1]Stand das Eigentum an der Sache oder das eingezogene Recht zur Zeit der Rechtskraft der Entscheidung über die Einziehung einem Dritten zu oder war der Gegenstand mit dem Recht eines Dritten belastet, das durch die Entscheidung erloschen oder beeinträchtigt ist, so wird der Dritte unter Berücksichtigung des Verkehrswertes angemessen in Geld entschädigt. [2]Die Entschädigungspflicht trifft den Staat oder die Körperschaft oder Anstalt des öffentlichen Rechts, auf die das Eigentum an der Sache oder das eingezogene Recht übergegangen ist.

(2) Eine Entschädigung wird nicht gewährt, wenn

1. der Dritte wenigstens leichtfertig dazu beigetragen hat, daß die Sache oder das Recht Mittel oder Gegenstand der Handlung oder ihrer Vorbereitung gewesen ist,
2. der Dritte den Gegenstand oder das Recht an dem Gegenstand in Kenntnis der Umstände, welche die Einziehung zulassen, in verwerflicher Weise erworben hat oder
3. es nach den Umständen, welche die Einziehung begründet haben, auf Grund von Rechtsvorschriften außerhalb des Ordnungswidrigkeitenrechts zulässig wäre, den Gegenstand dem Dritten ohne Entschädigung dauernd zu entziehen.

(3) In den Fällen des Absatzes 2 kann eine Entschädigung gewährt werden, soweit es eine unbillige Härte wäre, sie zu versagen.

§ 29 Sondervorschrift für Organe und Vertreter

(1) Hat jemand

1. als vertretungsberechtigtes Organ einer juristischen Person oder als Mitglied eines solchen Organs,
2. als Vorstand eines nicht rechtsfähigen Vereins oder als Mitglied eines solchen Vorstandes,
3. als vertretungsberechtigter Gesellschafter einer rechtsfähigen Personengesellschaft,
4. als Generalbevollmächtigter oder in leitender Stellung als Prokurist oder Handlungsbevollmächtigter einer juristischen Person oder einer in Nummer 2 oder 3 genannten Personenvereinigung oder
5. als sonstige Person, die für die Leitung des Betriebs oder Unternehmens einer juristischen Person oder einer in Nummer 2 oder 3 genannten Personenvereinigung verantwortlich handelt,

wozu auch die Überwachung der Geschäftsführung oder die sonstige Ausübung von Kontrollbefugnissen in leitender Stellung gehört,

eine Handlung vorgenommen, die ihm gegenüber unter den übrigen Voraussetzungen der §§ 22 bis 25 und 28 die Einziehung eines Gegenstandes oder des Wertersatzes zulassen oder den Ausschluß der Entschädigung begründen würde, so wird seine Handlung bei Anwendung dieser Vorschriften dem Vertretenen zugerechnet.

(2) § 9 Abs. 3 gilt entsprechend.

Sechster Abschnitt
Einziehung des Wertes von Taterträgen, Geldbuße gegen juristische Personen und Personenvereinigungen

§ 29a Einziehung des Wertes von Taterträgen

(1) Hat der Täter durch eine mit Geldbuße bedrohte Handlung oder für sie etwas erlangt und wird gegen ihn wegen der Handlung eine Geldbuße nicht festgesetzt, so kann gegen ihn die Einziehung eines Geldbetrages bis zu der Höhe angeordnet werden, die dem Wert des Erlangten entspricht.

(2) [1]Die Anordnung der Einziehung eines Geldbetrages bis zu der in Absatz 1 genannten Höhe kann sich gegen einen anderen, der nicht Täter ist, richten, wenn

1. er durch eine mit Geldbuße bedrohte Handlung etwas erlangt hat und der Täter für ihn gehandelt hat,
2. ihm das Erlangte
   a) unentgeltlich oder ohne rechtlichen Grund übertragen wurde oder
   b) übertragen wurde und er erkannt hat oder hätte erkennen müssen, dass das Erlangte aus einer mit Geldbuße bedrohten Handlung herrührt, oder
3. das Erlangte auf ihn
   a) als Erbe übergegangen ist oder
   b) als Pflichtteilsberechtigter oder Vermächtnisnehmer übertragen worden ist.

[2]Satz 1 Nummer 2 und 3 findet keine Anwendung, wenn das Erlangte zuvor einem Dritten, der nicht erkannt hat oder hätte erkennen müssen, dass das Erlangte aus einer mit Geldbuße bedrohten Handlung herrührt, entgeltlich und mit rechtlichem Grund übertragen wurde.

(3) [1]Bei der Bestimmung des Wertes des Erlangten sind die Aufwendungen des Täters oder des anderen abzuziehen. [2]Außer Betracht bleibt jedoch das, was für die Begehung der Tat oder für ihre Vorbereitung aufgewendet oder eingesetzt worden ist.

(4) [1]Umfang und Wert des Erlangten einschließlich der abzuziehenden Aufwendungen können geschätzt werden. [2]§ 18 gilt entsprechend.

(5) Wird gegen den Täter ein Bußgeldverfahren nicht eingeleitet oder wird es eingestellt, so kann die Einziehung selbständig angeordnet werden.

§ 30 Geldbuße gegen juristische Personen und Personenvereinigungen

(1) Hat jemand

1. als vertretungsberechtigtes Organ einer juristischen Person oder als Mitglied eines solchen Organs,
2. als Vorstand eines nicht rechtsfähigen Vereins oder als Mitglied eines solchen Vorstandes,
3. als vertretungsberechtigter Gesellschafter einer rechtsfähigen Personengesellschaft,

4. als Generalbevollmächtigter oder in leitender Stellung als Prokurist oder Handlungsbevollmächtigter einer juristischen Person oder einer in Nummer 2 oder 3 genannten Personenvereinigung oder
5. als sonstige Person, die für die Leitung des Betriebs oder Unternehmens einer juristischen Person oder einer in Nummer 2 oder 3 genannten Personenvereinigung verantwortlich handelt, wozu auch die Überwachung der Geschäftsführung oder die sonstige Ausübung von Kontrollbefugnissen in leitender Stellung gehört,

eine Straftat oder Ordnungswidrigkeit begangen, durch die Pflichten, welche die juristische Person oder die Personenvereinigung treffen, verletzt worden sind oder die juristische Person oder die Personenvereinigung bereichert worden ist oder werden sollte, so kann gegen diese eine Geldbuße festgesetzt werden.

(2) [1]Die Geldbuße beträgt

1. im Falle einer vorsätzlichen Straftat bis zu zehn Millionen Euro,
2. im Falle einer fahrlässigen Straftat bis zu fünf Millionen Euro.

[2]Im Falle einer Ordnungswidrigkeit bestimmt sich das Höchstmaß der Geldbuße nach dem für die Ordnungswidrigkeit angedrohten Höchstmaß der Geldbuße. [3]Verweist das Gesetz auf diese Vorschrift, so verzehnfacht sich das Höchstmaß der Geldbuße nach Satz 2 für die im Gesetz bezeichneten Tatbestände. [4]Satz 2 gilt auch im Falle einer Tat, die gleichzeitig Straftat und Ordnungswidrigkeit ist, wenn das für die Ordnungswidrigkeit angedrohte Höchstmaß der Geldbuße das Höchstmaß nach Satz 1 übersteigt.

(2a) [1]Im Falle einer Gesamtrechtsnachfolge oder einer partiellen Gesamtrechtsnachfolge durch Aufspaltung (§ 123 Absatz 1 des Umwandlungsgesetzes) kann die Geldbuße nach Absatz 1 und 2 gegen den oder die Rechtsnachfolger festgesetzt werden. [2]Die Geldbuße darf in diesen Fällen den Wert des übernommenen Vermögens sowie die Höhe der gegenüber dem Rechtsvorgänger angemessenen Geldbuße nicht übersteigen. [3]Im Bußgeldverfahren tritt der Rechtsnachfolger oder treten die Rechtsnachfolger in die Verfahrensstellung ein, in der sich der Rechtsvorgänger zum Zeitpunkt des Wirksamwerdens der Rechtsnachfolge befunden hat.

(3) § 17 Abs. 4 und § 18 gelten entsprechend.

(4) [1]Wird wegen der Straftat oder Ordnungswidrigkeit ein Straf- oder Bußgeldverfahren nicht eingeleitet oder wird es eingestellt oder wird von Strafe abgesehen, so kann die Geldbuße selbständig festgesetzt werden. [2]Durch Gesetz kann bestimmt werden, daß die Geldbuße auch in weiteren Fällen selbständig festgesetzt werden kann. [3]Die selbständige Festsetzung einer Geldbuße gegen die juristische Person oder Personenvereinigung ist jedoch ausgeschlossen, wenn die Straftat oder Ordnungswidrigkeit aus rechtlichen Gründen nicht verfolgt werden kann; § 33 Abs. 1 Satz 2 bleibt unberührt.

(5) Die Festsetzung einer Geldbuße gegen die juristische Person oder Personenvereinigung schließt es aus, gegen sie wegen derselben Tat die Einziehung nach den §§ 73 oder 73c des Strafgesetzbuches oder nach § 29a anzuordnen.

(6) Bei Erlass eines Bußgeldbescheids ist zur Sicherung der Geldbuße § 111e Absatz 2 der Strafprozessordnung mit der Maßgabe anzuwenden, dass an die Stelle des Urteils der Bußgeldbescheid tritt.

Siebenter Abschnitt
Verjährung

§ 31 Verfolgungsverjährung

(1) [1]Durch die Verjährung werden die Verfolgung von Ordnungswidrigkeiten und die Anordnung von Nebenfolgen ausgeschlossen. [2]§ 27 Abs. 2 Satz 1 Nr. 1 bleibt unberührt.

(2) Die Verfolgung von Ordnungswidrigkeiten verjährt, wenn das Gesetz nichts anderes bestimmt,

1. in drei Jahren bei Ordnungswidrigkeiten, die mit Geldbuße im Höchstmaß von mehr als fünfzehntausend Euro bedroht sind,
2. in zwei Jahren bei Ordnungswidrigkeiten, die mit Geldbuße im Höchstmaß von mehr als zweitausendfünfhundert bis zu fünfzehntausend Euro bedroht sind,
3. in einem Jahr bei Ordnungswidrigkeiten, die mit Geldbuße im Höchstmaß von mehr als eintausend bis zu zweitausendfünfhundert Euro bedroht sind,
4. in sechs Monaten bei den übrigen Ordnungswidrigkeiten.

(3) [1]Die Verjährung beginnt, sobald die Handlung beendet ist. [2]Tritt ein zum Tatbestand gehörender Erfolg erst später ein, so beginnt die Verjährung mit diesem Zeitpunkt.

§ 32 Ruhen der Verfolgungsverjährung

(1) [1]Die Verjährung ruht, solange nach dem Gesetz die Verfolgung nicht begonnen oder nicht fortgesetzt werden kann. [2]Dies gilt nicht, wenn die Handlung nur deshalb nicht verfolgt werden kann, weil Antrag oder Ermächtigung fehlen.

(2) Ist vor Ablauf der Verjährungsfrist ein Urteil des ersten Rechtszuges oder ein Beschluß nach § 72 ergangen, so läuft die Verjährungsfrist nicht vor dem Zeitpunkt ab, in dem das Verfahren rechtskräftig abgeschlossen ist.

§ 33 Unterbrechung der Verfolgungsverjährung

(1) [1]Die Verjährung wird unterbrochen durch

1. die erste Vernehmung des Betroffenen, die Bekanntgabe, daß gegen ihn das Ermittlungsverfahren eingeleitet ist, oder die Anordnung dieser Vernehmung oder Bekanntgabe,
2. jede richterliche Vernehmung des Betroffenen oder eines Zeugen oder die Anordnung dieser Vernehmung,
3. jede Beauftragung eines Sachverständigen durch die Verfolgungsbehörde oder den Richter, wenn vorher der Betroffene vernommen oder ihm die Einleitung des Ermittlungsverfahrens bekanntgegeben worden ist,
4. jede Beschlagnahme- oder Durchsuchungsanordnung der Verfolgungsbehörde oder des Richters und richterliche Entscheidungen, welche diese aufrechterhalten,
5. die vorläufige Einstellung des Verfahrens wegen Abwesenheit des Betroffenen durch die Verfolgungsbehörde oder den Richter sowie jede Anordnung der Verfolgungsbehörde oder des Richters, die nach einer solchen Einstellung des Verfahrens zur Ermittlung des Aufenthalts des Betroffenen oder zur Sicherung von Beweisen ergeht,
6. jedes Ersuchen der Verfolgungsbehörde oder des Richters, eine Untersuchungshandlung im Ausland vorzunehmen,
7. die gesetzlich bestimmte Anhörung einer anderen Behörde durch die Verfolgungsbehörde vor Abschluß der Ermittlungen,
8. die Abgabe der Sache durch die Staatsanwaltschaft an die Verwaltungsbehörde nach § 43,
9. den Erlaß des Bußgeldbescheides, sofern er binnen zwei Wochen zugestellt wird, ansonsten durch die Zustellung,
10. den Eingang der Akten beim Amtsgericht gemäß § 69 Abs. 3 Satz 1 und Abs. 5 Satz 2 und die Zurückverweisung der Sache an die Verwaltungsbehörde nach § 69 Abs. 5 Satz 1,
11. jede Anberaumung einer Hauptverhandlung,
12. den Hinweis auf die Möglichkeit, ohne Hauptverhandlung zu entscheiden (§ 72 Abs. 1 Satz 2),
13. die Erhebung der öffentlichen Klage,

14. die Eröffnung des Hauptverfahrens,

15. den Strafbefehl oder eine andere dem Urteil entsprechende Entscheidung.

[2]Im selbständigen Verfahren wegen der Anordnung einer Nebenfolge oder der Festsetzung einer Geldbuße gegen eine juristische Person oder Personenvereinigung wird die Verjährung durch die dem Satz 1 entsprechenden Handlungen zur Durchführung des selbständigen Verfahrens unterbrochen.

(2) [1]Die Verjährung ist bei einer schriftlichen Anordnung oder Entscheidung in dem Zeitpunkt unterbrochen, in dem die Anordnung oder Entscheidung abgefasst wird. [2]Ist das Dokument nicht alsbald nach der Abfassung in den Geschäftsgang gelangt, so ist der Zeitpunkt maßgebend, in dem es tatsächlich in den Geschäftsgang gegeben worden ist.

(3) [1]Nach jeder Unterbrechung beginnt die Verjährung von neuem. [2]Die Verfolgung ist jedoch spätestens verjährt, wenn seit dem in § 31 Abs. 3 bezeichneten Zeitpunkt das Doppelte der gesetzlichen Verjährungsfrist, mindestens jedoch zwei Jahre verstrichen sind. [3]Wird jemandem in einem bei Gericht anhängigen Verfahren eine Handlung zur Last gelegt, die gleichzeitig Straftat und Ordnungswidrigkeit ist, so gilt als gesetzliche Verjährungsfrist im Sinne des Satzes 2 die Frist, die sich aus der Strafdrohung ergibt. [4]§ 32 bleibt unberührt.

(4) [1]Die Unterbrechung wirkt nur gegenüber demjenigen, auf den sich die Handlung bezieht. [2]Die Unterbrechung tritt in den Fällen des Absatzes 1 Satz 1 Nr. 1 bis 7, 11 und 13 bis 15 auch dann ein, wenn die Handlung auf die Verfolgung der Tat als Straftat gerichtet ist.

§ 34 Vollstreckungsverjährung

(1) Eine rechtskräftig festgesetzte Geldbuße darf nach Ablauf der Verjährungsfrist nicht mehr vollstreckt werden.

(2) Die Verjährungsfrist beträgt

1. fünf Jahre bei einer Geldbuße von mehr als eintausend Euro,
2. drei Jahre bei einer Geldbuße bis zu eintausend Euro.

(3) Die Verjährung beginnt mit der Rechtskraft der Entscheidung.

(4) Die Verjährung ruht, solange

1. nach dem Gesetz die Vollstreckung nicht begonnen oder nicht fortgesetzt werden kann,
2. die Vollstreckung ausgesetzt ist oder
3. eine Zahlungserleichterung bewilligt ist.

(5) [1]Die Absätze 1 bis 4 gelten entsprechend für Nebenfolgen, die zu einer Geldzahlung verpflichten. [2]Ist eine solche Nebenfolge neben einer Geldbuße angeordnet, so verjährt die Vollstreckung der einen Rechtsfolge nicht früher als die der anderen.

Zweiter Teil
Bußgeldverfahren

Erster Abschnitt
Zuständigkeit zur Verfolgung und Ahndung von Ordnungswidrigkeiten

§ 35 Verfolgung und Ahndung durch die Verwaltungsbehörde

(1) Für die Verfolgung von Ordnungswidrigkeiten ist die Verwaltungsbehörde zuständig, soweit nicht hierzu nach diesem Gesetz die Staatsanwaltschaft oder an ihrer Stelle für einzelne Verfolgungshandlungen der Richter berufen ist.

(2) Die Verwaltungsbehörde ist auch für die Ahndung von Ordnungswidrigkeiten zuständig, soweit nicht hierzu nach diesem Gesetz das Gericht berufen ist.

§ 36 Sachliche Zuständigkeit der Verwaltungsbehörde

(1) Sachlich zuständig ist

1. die Verwaltungsbehörde, die durch Gesetz bestimmt wird,
2. mangels einer solchen Bestimmung
   a) die fachlich zuständige oberste Landesbehörde oder
   b) das fachlich zuständige Bundesministerium, soweit das Gesetz von Bundesbehörden ausgeführt wird.

(2) [1]Die Landesregierung kann die Zuständigkeit nach Absatz 1 Nr. 2 Buchstabe a durch Rechtsverordnung auf eine andere Behörde oder sonstige Stelle übertragen. [2]Die Landesregierung kann die Ermächtigung auf die oberste Landesbehörde übertragen.

(3) Das nach Absatz 1 Nr. 2 Buchstabe b zuständige Bundesministerium kann seine Zuständigkeit durch Rechtsverordnung, die nicht der Zustimmung des Bundesrates bedarf, auf eine andere Behörde oder sonstige Stelle übertragen.

§ 37 Örtliche Zuständigkeit der Verwaltungsbehörde

(1) Örtlich zuständig ist die Verwaltungsbehörde, in deren Bezirk

1. die Ordnungswidrigkeit begangen oder entdeckt worden ist oder
2. der Betroffene zur Zeit der Einleitung des Bußgeldverfahrens seinen Wohnsitz hat.

(2) Ändert sich der Wohnsitz des Betroffenen nach Einleitung des Bußgeldverfahrens, so ist auch die Verwaltungsbehörde örtlich zuständig, in deren Bezirk der neue Wohnsitz liegt.

(3) Hat der Betroffene im räumlichen Geltungsbereich dieses Gesetzes keinen Wohnsitz, so wird die Zuständigkeit auch durch den gewöhnlichen Aufenthaltsort bestimmt.

(4) [1]Ist die Ordnungswidrigkeit auf einem Schiff, das berechtigt ist, die Bundesflagge zu führen, außerhalb des räumlichen Geltungsbereichs dieses Gesetzes begangen worden, so ist auch die Verwaltungsbehörde örtlich zuständig, in deren Bezirk der Heimathafen oder der Hafen im räumlichen Geltungsbereich dieses Gesetzes liegt, den das Schiff nach der Tat zuerst erreicht. [2]Satz 1 gilt entsprechend für Luftfahrzeuge, die berechtigt sind, das Staatszugehörigkeitszeichen der Bundesrepublik Deutschland zu führen.

§ 38 Zusammenhängende Ordnungswidrigkeiten

[1]Bei zusammenhängenden Ordnungswidrigkeiten, die einzeln nach § 37 zur Zuständigkeit verschiedener Verwaltungsbehörden gehören würden, ist jede dieser Verwaltungsbehörden zuständig. [2]Zwischen mehreren Ordnungswidrigkeiten besteht ein Zusammenhang, wenn jemand mehrerer Ordnungswidrigkeiten beschuldigt wird oder wenn hinsichtlich derselben Tat mehrere Personen einer Ordnungswidrigkeit beschuldigt werden.

§ 39 Mehrfache Zuständigkeit

(1) [1]Sind nach den §§ 36 bis 38 mehrere Verwaltungsbehörden zuständig, so gebührt der Vorzug der Verwaltungsbehörde, die wegen der Tat den Betroffenen zuerst vernommen hat, ihn durch die Polizei zuerst hat vernehmen lassen oder der die Akten von der Polizei nach der Vernehmung des Betroffenen zuerst übersandt worden sind. [2]Diese Verwaltungsbehörde kann in den Fällen des § 38 das Verfahren wegen der zusammenhängenden Tat wieder abtrennen.

(2) [1]In den Fällen des Absatzes 1 Satz 1 kann die Verfolgung und Ahndung jedoch einer anderen der zuständigen Verwaltungsbehörden durch eine Vereinbarung dieser Verwaltungsbehörden übertragen werden, wenn dies zur Beschleunigung oder Vereinfachung des Verfahrens oder aus anderen Gründen sachdienlich erscheint. [2]Sind mehrere Verwaltungsbehörden sachlich zuständig,

so soll die Verwaltungsbehörde, der nach Absatz 1 Satz 1 der Vorzug gebührt, die anderen sachlich zuständigen Verwaltungsbehörden spätestens vor dem Abschluß der Ermittlungen hören.

(3) Kommt eine Vereinbarung nach Absatz 2 Satz 1 nicht zustande, so entscheidet auf Antrag einer der beteiligten Verwaltungsbehörden

1. die gemeinsame nächsthöhere Verwaltungsbehörde,
2. wenn eine gemeinsame höhere Verwaltungsbehörde fehlt, das nach § 68 zuständige gemeinsame Gericht und,
3. wenn nach § 68 verschiedene Gerichte zuständig wären, das für diese Gerichte gemeinsame obere Gericht.

(4) In den Fällen der Absätze 2 und 3 kann die Übertragung in gleicher Weise wieder aufgehoben werden.

§ 40 Verfolgung durch die Staatsanwaltschaft

Im Strafverfahren ist die Staatsanwaltschaft für die Verfolgung der Tat auch unter dem rechtlichen Gesichtspunkt einer Ordnungswidrigkeit zuständig, soweit ein Gesetz nichts anderes bestimmt.

§ 41 Abgabe an die Staatsanwaltschaft

(1) Die Verwaltungsbehörde gibt die Sache an die Staatsanwaltschaft ab, wenn Anhaltspunkte dafür vorhanden sind, daß die Tat eine Straftat ist.

(2) Sieht die Staatsanwaltschaft davon ab, ein Strafverfahren einzuleiten, so gibt sie die Sache an die Verwaltungsbehörde zurück.

§ 42 Übernahme durch die Staatsanwaltschaft

(1) [1]Die Staatsanwaltschaft kann bis zum Erlaß des Bußgeldbescheides die Verfolgung der Ordnungswidrigkeit übernehmen, wenn sie eine Straftat verfolgt, die mit der Ordnungswidrigkeit zusammenhängt. [2]Zwischen einer Straftat und einer Ordnungswidrigkeit besteht ein Zusammenhang, wenn jemand sowohl einer Straftat als auch einer Ordnungswidrigkeit oder wenn hinsichtlich derselben Tat eine Person einer Straftat und eine andere einer Ordnungswidrigkeit beschuldigt wird.

(2) Die Staatsanwaltschaft soll die Verfolgung nur übernehmen, wenn dies zur Beschleunigung des Verfahrens oder wegen des Sachzusammenhangs oder aus anderen Gründen für die Ermittlungen oder die Entscheidung sachdienlich erscheint.

§ 43 Abgabe an die Verwaltungsbehörde

(1) Stellt die Staatsanwaltschaft in den Fällen des § 40 das Verfahren nur wegen der Straftat ein oder übernimmt sie in den Fällen des § 42 die Verfolgung nicht, sind aber Anhaltspunkte dafür vorhanden, daß die Tat als Ordnungswidrigkeit verfolgt werden kann, so gibt sie die Sache an die Verwaltungsbehörde ab.

(2) Hat die Staatsanwaltschaft die Verfolgung übernommen, so kann sie die Sache an die Verwaltungsbehörde abgeben, solange das Verfahren noch nicht bei Gericht anhängig ist; sie hat die Sache abzugeben, wenn sie das Verfahren nur wegen der zusammenhängenden Straftat einstellt.

§ 44 Bindung der Verwaltungsbehörde

Die Verwaltungsbehörde ist an die Entschließung der Staatsanwaltschaft gebunden, ob eine Tat als Straftat verfolgt wird oder nicht.

§ 45 Zuständigkeit des Gerichts

Verfolgt die Staatsanwaltschaft die Ordnungswidrigkeit mit einer zusammenhängenden Straftat, so ist für die Ahndung der Ordnungswidrigkeit das Gericht zuständig, das für die Strafsache zuständig ist.

Zweiter Abschnitt
Allgemeine Verfahrensvorschriften

§ 46 Anwendung der Vorschriften über das Strafverfahren

(1) Für das Bußgeldverfahren gelten, soweit dieses Gesetz nichts anderes bestimmt, sinngemäß die Vorschriften der allgemeinen Gesetze über das Strafverfahren, namentlich der Strafprozeßordnung, des Gerichtsverfassungsgesetzes und des Jugendgerichtsgesetzes.

(2) Die Verfolgungsbehörde hat, soweit dieses Gesetz nichts anderes bestimmt, im Bußgeldverfahren dieselben Rechte und Pflichten wie die Staatsanwaltschaft bei der Verfolgung von Straftaten.

(3) [1]Anstaltsunterbringung, Verhaftung und vorläufige Festnahme, Beschlagnahme von Postsendungen und Telegrammen sowie Auskunftsersuchen über Umstände, die dem Post- und Fernmeldegeheimnis unterliegen, sind unzulässig. [2]§ 160 Abs. 3 Satz 2 der Strafprozeßordnung über die Gerichtshilfe ist nicht anzuwenden. [3]Ein Klageerzwingungsverfahren findet nicht statt. [4]Die Vorschriften über die Beteiligung des Verletzten am Verfahren und über das länderübergreifende staatsanwaltschaftliche Verfahrensregister sind nicht anzuwenden; dies gilt nicht für § 406e der Strafprozeßordnung.

(4) [1]§ 81a Abs. 1 Satz 2 der Strafprozeßordnung ist mit der Einschränkung anzuwenden, daß nur die Entnahme von Blutproben und andere geringfügige Eingriffe zulässig sind. [2]Die Entnahme einer Blutprobe bedarf abweichend von § 81a Absatz 2 Satz 1 der Strafprozessordnung keiner richterlichen Anordnung, wenn bestimmte Tatsachen den Verdacht begründen, dass eine Ordnungswidrigkeit begangen worden ist

1. nach den §§ 24a und 24c des Straßenverkehrsgesetzes oder
2. nach § 7 Absatz 1 des Binnenschifffahrtsaufgabengesetzes in Verbindung mit einer Vorschrift einer auf Grund des § 3 Absatz 1 Satz 1 Nummer 1 des Binnenschifffahrtsaufgabengesetzes erlassenen Rechtsverordnung, sofern diese Vorschrift das Verhalten im Verkehr im Sinne des § 3 Absatz 1 Satz 1 Nummer 1 Buchstabe a Doppelbuchstabe aa des Binnenschifffahrtsaufgabengesetzes regelt.

[3]In einem Strafverfahren entnommene Blutproben und sonstige Körperzellen, deren Entnahme im Bußgeldverfahren nach Satz 1 zulässig gewesen wäre, dürfen verwendet werden. [4]Die Verwendung von Blutproben und sonstigen Körperzellen zur Durchführung einer Untersuchung im Sinne des § 81e der Strafprozeßordnung ist unzulässig.

(4a) § 100j Absatz 1 Satz 1 Nummer 2 der Strafprozessordnung, auch in Verbindung mit § 100j Absatz 2 der Strafprozessordnung, ist mit der Einschränkung anzuwenden, dass die Erhebung von Bestandsdaten nur zur Verfolgung von Ordnungswidrigkeiten zulässig ist, die gegenüber natürlichen Personen mit Geldbußen im Höchstmaß von mehr als fünfzehntausend Euro bedroht sind.

(5) [1]Die Anordnung der Vorführung des Betroffenen und der Zeugen, die einer Ladung nicht nachkommen, bleibt dem Richter vorbehalten. [2]Die Haft zur Erzwingung des Zeugnisses (§ 70 Abs. 2 der Strafprozessordnung) darf sechs Wochen nicht überschreiten.

(6) Im Verfahren gegen Jugendliche und Heranwachsende kann von der Heranziehung der Jugendgerichtshilfe (§ 38 des Jugendgerichtsgesetzes) abgesehen werden, wenn ihre Mitwirkung für die sachgemäße Durchführung des Verfahrens entbehrlich ist.

(7) Im gerichtlichen Verfahren entscheiden beim Amtsgericht Abteilungen für Bußgeldsachen, beim Landgericht Kammern für Bußgeldsachen und beim Oberlandesgericht sowie beim Bundesgerichtshof Senate für Bußgeldsachen.

(8) Die Vorschriften zur Durchführung des § 191a Absatz 1 Satz 1 bis 4 des Gerichtsverfassungsgesetzes im Bußgeldverfahren sind in der Rechtsverordnung nach § 191a Abs. 2 des Gerichtsverfassungsgesetzes zu bestimmen.

§ 47 Verfolgung von Ordnungswidrigkeiten

(1) [1]Die Verfolgung von Ordnungswidrigkeiten liegt im pflichtgemäßen Ermessen der Verfolgungsbehörde. [2]Solange das Verfahren bei ihr anhängig ist, kann sie es einstellen.

(2) [1]Ist das Verfahren bei Gericht anhängig und hält dieses eine Ahndung nicht für geboten, so kann es das Verfahren mit Zustimmung der Staatsanwaltschaft in jeder Lage einstellen. [2]Die Zustimmung ist nicht erforderlich, wenn durch den Bußgeldbescheid eine Geldbuße bis zu einhundert Euro verhängt worden ist und die Staatsanwaltschaft erklärt hat, sie nehme an der Hauptverhandlung nicht teil. [3]Der Beschluß ist nicht anfechtbar.

(3) Die Einstellung des Verfahrens darf nicht von der Zahlung eines Geldbetrages an eine gemeinnützige Einrichtung oder sonstige Stelle abhängig gemacht oder damit in Zusammenhang gebracht werden.

§ 48 (weggefallen)

§ 49 Akteneinsicht des Betroffenen und der Verwaltungsbehörde

(1) [1]Die Verwaltungsbehörde gewährt dem Betroffenen auf Antrag Einsicht in die Akten, soweit der Untersuchungszweck, auch in einem anderen Straf- oder Bußgeldverfahren, nicht gefährdet werden kann und nicht überwiegende schutzwürdige Interessen Dritter entgegenstehen. [2]Werden die Akten nicht elektronisch geführt, können an Stelle der Einsichtnahme in die Akten Kopien aus den Akten übermittelt werden.

(2) [1]Ist die Staatsanwaltschaft Verfolgungsbehörde, so ist die sonst zuständige Verwaltungsbehörde befugt, die Akten, die dem Gericht vorliegen oder im gerichtlichen Verfahren vorzulegen wären, einzusehen sowie sichergestellte und beschlagnahmte Gegenstände zu besichtigen. [2]Akten, die in Papierform geführt werden, werden der Verwaltungsbehörde auf Antrag zur Einsichtnahme übersandt.

§ 49a Verfahrensübergreifende Mitteilungen von Amts wegen

(1) [1]Von Amts wegen dürfen Gerichte, Staatsanwaltschaften und Verwaltungsbehörden personenbezogene Daten aus Bußgeldverfahren den zuständigen Behörden und Gerichten übermitteln, soweit dies aus Sicht der übermittelnden Stelle erforderlich ist für

1. die Verfolgung von Straftaten oder von anderen Ordnungswidrigkeiten,
2. Entscheidungen in anderen Bußgeldsachen einschließlich der Entscheidungen bei der Vollstreckung von Bußgeldentscheidungen oder in Gnadensachen oder
3. sonstige Entscheidungen oder Maßnahmen nach § 477 Absatz 2 der Strafprozessordnung;

[2]Gleiches gilt für die Behörden des Polizeidienstes, soweit dies die entsprechende Anwendung von § 480 Absatz 1 der Strafprozessordnung gestattet. [3]Die §§ 478, 479 Absatz 1, 2 und 4 Satz 1 sowie Absatz 5 und § 480 Absatz 1 und 2 der Strafprozessordnung gelten sinngemäß.

(2) Die Übermittlung ist auch zulässig, wenn besondere Umstände des Einzelfalls die Übermittlung für die in § 14 Abs. 1 Nr. 4 bis 9 des Einführungsgesetzes zum Gerichtsverfassungsgesetz genannten Zwecke in Verbindung mit Absatz 2 Satz 2 und 4 jener Vorschrift in sinngemäßer Anwendung erfordern.

(3) Eine Übermittlung nach den Absätzen 1 und 2 unterbleibt, soweit für die übermittelnde Stelle offensichtlich ist, dass schutzwürdige Interessen des Betroffenen an dem Ausschluss der Übermittlung überwiegen.

(4) [1]Für die Übermittlung durch Verwaltungsbehörden sind zusätzlich sinngemäß anzuwenden

1. die §§ 12, 13, 16, 17 Nr. 2 bis 5 und §§ 18 bis 21 des Einführungsgesetzes zum Gerichtsverfassungsgesetz und
2. § 22 des Einführungsgesetzes zum Gerichtsverfassungsgesetz mit der Maßgabe, daß an die Stelle des Verfahrens nach den §§ 23 bis 30 dieses Gesetzes das Verfahren nach § 62 Abs. 1 Satz 1, Abs. 2 und an die Stelle des in § 25 des Einführungsgesetzes zum Gerichtsverfassungsgesetz bezeichneten Gerichts das in § 68 bezeichnete Gericht tritt.

[2]Die für das Bußgeldverfahren zuständige Behörde darf darüber hinaus die dieses Verfahren abschließende Entscheidung derjenigen Verwaltungsbehörde übermitteln, die das Bußgeldverfahren veranlaßt oder sonst an dem Verfahren mitgewirkt hat, wenn dies aus der Sicht der übermittelnden Stelle zur Erfüllung einer in der Zuständigkeit des Empfängers liegenden Aufgabe, die im Zusammenhang mit dem Gegenstand des Verfahrens steht, erforderlich ist; ist mit der Entscheidung ein Rechtsmittel verworfen worden, so darf auch die angefochtene Entscheidung übermittelt werden. [3]Das Bundesministerium, das für bundesrechtliche Bußgeldvorschriften in seinem Geschäftsbereich zuständig ist, kann insoweit mit Zustimmung des Bundesrates allgemeine Verwaltungsvorschriften im Sinne des § 12 Abs. 5 des Einführungsgesetzes zum Gerichtsverfassungsgesetz erlassen.

(5) [1]§ 481 der Strafprozessordnung ist sinngemäß anzuwenden. [2]Eine Übermittlung entsprechend § 481 Abs. 1 Satz 2 der Strafprozessordnung unterbleibt unter der Voraussetzung des Absatzes 3. [3]Von § 482 der Strafprozessordnung ist nur Absatz 1 sinngemäß anzuwenden, wobei die Mitteilung des Aktenzeichens auch an eine andere Verwaltungsbehörde, die das Bußgeldverfahren veranlasst oder sonst an dem Verfahren mitgewirkt hat, erfolgt.

§ 49b Verfahrensübergreifende Mitteilungen auf Ersuchen; sonstige Verwendung von Daten für verfahrensübergreifende Zwecke

Für die Erteilung von Auskünften und Gewährung von Akteneinsicht auf Ersuchen sowie die sonstige Verwendung von Daten aus Bußgeldverfahren für verfahrensübergreifende Zwecke gelten die §§ 474 bis 476, 478 bis 481 und 498 Absatz 2 der Strafprozessordnung sinngemäß, wobei

1. in § 474 Absatz 2 Satz 1 Nummer 1 der Strafprozessordnung an die Stelle der Straftat die Ordnungswidrigkeit tritt,
2. in § 474 Absatz 2 Satz 1 Nummer 2 und 3 und § 481 der Strafprozessordnung an die Stelle besonderer Vorschriften über die Übermittlung oder Verwendung personenbezogener Informationen aus Strafverfahren solche über die Übermittlung oder Verwendung personenbezogener Daten aus Bußgeldverfahren treten,
3. in § 479 Absatz 1 der Strafprozessordnung an die Stelle der Zwecke des Strafverfahrens die Zwecke des Bußgeldverfahrens treten,
4. in § 479 Absatz 3 Nummer 2 der Strafprozessordnung an die Stelle der Frist von zwei Jahren eine Frist von einem Jahr tritt und
5. § 480 Absatz 3 Satz 1 der Strafprozessordnung mit der Maßgabe anzuwenden ist, dass für die Übermittlung durch Verwaltungsbehörden über den Antrag auf gerichtliche Entscheidung das in § 68 bezeichnete Gericht im Verfahren nach § 62 Abs. 1 Satz 1, Abs. 2 entscheidet.

§ 49c Dateiregelungen

(1) Für die Verarbeitung und Nutzung personenbezogener Daten in Dateien gelten vorbehaltlich des § 496 Absatz 3 der Strafprozessordnung und besonderer Regelungen in anderen Gesetzen die

Vorschriften des Zweiten Abschnitts des Achten Buches der Strafprozessordnung nach Maßgabe der folgenden Vorschriften sinngemäß.

(2) [1]Die Speicherung, Veränderung und Nutzung darf vorbehaltlich des Absatzes 3 nur bei Gerichten, Staatsanwaltschaften und Verwaltungsbehörden einschließlich Vollstreckungsbehörden sowie den Behörden des Polizeidienstes erfolgen, soweit dies entsprechend den §§ 483, 484 Abs. 1 und § 485 der Strafprozessordnung zulässig ist; dabei treten an die Stelle der Zwecke des Strafverfahrens die Zwecke des Bußgeldverfahrens. [2]Personenbezogene Daten aus Bußgeldverfahren dürfen auch verwendet werden, soweit es für Zwecke eines Strafverfahrens, Gnadenverfahrens oder der internationalen Rechts- und Amtshilfe in Straf- und Bußgeldsachen erforderlich ist. [3]Die Speicherung personenbezogener Daten von Personen, die zur Tatzeit nicht strafmündig waren, für Zwecke künftiger Bußgeldverfahren ist unzulässig.

(3) Die Errichtung einer gemeinsamen automatisierten Datei entsprechend § 486 der Strafprozessordnung für die in Absatz 2 genannten Stellen, die den Geschäftsbereichen verschiedener Bundes- oder Landesministerien angehören, ist nur zulässig, wenn sie zur ordnungsgemäßen Aufgabenerfüllung erforderlich und unter Berücksichtigung der schutzwürdigen Interessen der Betroffenen angemessen ist.

(4) [1]§ 487 Abs. 1 Satz 1 der Strafprozessordnung ist mit der Maßgabe anzuwenden, dass die nach den Absätzen 1 bis 3 gespeicherten Daten den zuständigen Stellen nur für die in Absatz 2 genannten Zwecke übermittelt werden dürfen; § 49a Abs. 3 gilt für Übermittlungen von Amts wegen entsprechend. [2]§ 487 Abs. 2 der Strafprozessordnung ist mit der Maßgabe anzuwenden, dass die Übermittlung erfolgen kann, soweit sie nach diesem Gesetz aus den Akten erfolgen könnte.

(5) Soweit personenbezogene Daten für Zwecke der künftigen Verfolgung von Ordnungswidrigkeiten gespeichert werden, darf die Frist im Sinne von § 489 Absatz 3 Satz 2 Nummer 1 der Strafprozessordnung bei einer Geldbuße von mehr als 250 Euro fünf Jahre, in allen übrigen Fällen des § 489 Absatz 3 Satz 2 Nummer 1 bis 3 der Strafprozessordnung zwei Jahre nicht übersteigen.

§ 49d Schutz personenbezogener Daten in einer elektronischen Akte

§ 496 Absatz 1 und 2 sowie die §§ 497 und 498 Absatz 1 der Strafprozessordnung gelten entsprechend, wobei in § 496 Absatz 1 und § 498 Absatz 1 der Strafprozessordnung an die Stelle des jeweiligen Strafverfahrens das jeweilige Bußgeldverfahren tritt.

§ 50 Bekanntmachung von Maßnahmen der Verwaltungsbehörde

(1) [1]Anordnungen, Verfügungen und sonstige Maßnahmen der Verwaltungsbehörde werden der Person, an die sich die Maßnahme richtet, formlos bekanntgemacht. [2]Ist gegen die Maßnahme ein befristeter Rechtsbehelf zulässig, so wird sie in einem Bescheid durch Zustellung bekanntgemacht.

(2) Bei der Bekanntmachung eines Bescheides der Verwaltungsbehörde, der durch einen befristeten Rechtsbehelf angefochten werden kann, ist die Person, an die sich die Maßnahme richtet, über die Möglichkeit der Anfechtung und die dafür vorgeschriebene Frist und Form zu belehren.

§ 51 Verfahren bei Zustellungen der Verwaltungsbehörde

(1) [1]Für das Zustellungsverfahren der Verwaltungsbehörde gelten die Vorschriften des Verwaltungszustellungsgesetzes, wenn eine Verwaltungsbehörde des Bundes das Verfahren durchführt, sonst die entsprechenden landesrechtlichen Vorschriften, soweit die Absätze 2 bis 5 nichts anderes bestimmen. [2]Wird ein Dokument mit Hilfe automatischer Einrichtungen erstellt, so wird das so hergestellte Dokument zugestellt.

(2) Ein Bescheid (§ 50 Abs. 1 Satz 2) wird dem Betroffenen zugestellt und, wenn er einen gesetzlichen Vertreter hat, diesem mitgeteilt.

(3) [1]Der gewählte Verteidiger, dessen Bevollmächtigung nachgewiesen ist, sowie der bestellte Verteidiger gelten als ermächtigt, Zustellungen und sonstige Mitteilungen für den Betroffenen in Emp-

fang zu nehmen; für die Zustellung einer Ladung des Betroffenen gilt dies nur, wenn der Verteidiger in der Vollmacht ausdrücklich zur Empfangnahme von Ladungen ermächtigt ist. [2]Zum Nachweis der Bevollmächtigung genügt die Übermittlung einer Kopie der Vollmacht durch den Verteidiger. [3]Die Nachreichung der Vollmacht im Original kann verlangt werden; hierfür kann eine Frist bestimmt werden. [4]Wird ein Bescheid dem Verteidiger nach Satz 1 Halbsatz 1 zugestellt, so wird der Betroffene hiervon zugleich unterrichtet; dabei erhält er formlos eine Abschrift des Bescheides. [5]Wird ein Bescheid dem Betroffenen zugestellt, so wird der Verteidiger hiervon zugleich unterrichtet, auch wenn eine Vollmacht bei den Akten nicht vorliegt; dabei erhält er formlos eine Abschrift des Bescheides.

(4) Wird die für den Beteiligten bestimmte Zustellung an mehrere Empfangsberechtigte bewirkt, so richtet sich die Berechnung einer Frist nach der zuletzt bewirkten Zustellung.

(5) [1]§ 6 Abs. 1 des Verwaltungszustellungsgesetzes und die entsprechenden landesrechtlichen Vorschriften sind nicht anzuwenden. [2]Hat der Betroffene einen Verteidiger, so sind auch § 7 Abs. 1 Satz 1 und 2 und Abs. 2 des Verwaltungszustellungsgesetzes und die entsprechenden landesrechtlichen Vorschriften nicht anzuwenden.

§ 52 Wiedereinsetzung in den vorigen Stand

(1) Für den befristeten Rechtsbehelf gegen den Bescheid der Verwaltungsbehörde gelten die §§ 44, 45, 46 Abs. 2 und 3 und § 47 der Strafprozeßordnung über die Wiedereinsetzung in den vorigen Stand entsprechend, soweit Absatz 2 nichts anderes bestimmt.

(2) [1]Über die Gewährung der Wiedereinsetzung in den vorigen Stand und den Aufschub der Vollstreckung entscheidet die Verwaltungsbehörde. [2]Ist das Gericht, das bei rechtzeitigem Rechtsbehelf zur Entscheidung in der Sache selbst zuständig gewesen wäre, mit dem Rechtsbehelf befaßt, so entscheidet es auch über die Gewährung der Wiedereinsetzung in den vorigen Stand und den Aufschub der Vollstreckung. [3]Verwirft die Verwaltungsbehörde den Antrag auf Wiedereinsetzung in den vorigen Stand, so ist gegen den Bescheid innerhalb von zwei Wochen nach Zustellung der Antrag auf gerichtliche Entscheidung nach § 62 zulässig.

Dritter Abschnitt
Vorverfahren

I.
Allgemeine Vorschriften

§ 53 Aufgaben der Polizei

(1) [1]Die Behörden und Beamten des Polizeidienstes haben nach pflichtgemäßem Ermessen Ordnungswidrigkeiten zu erforschen und dabei alle unaufschiebbaren Anordnungen zu treffen, um die Verdunkelung der Sache zu verhüten. [2]Sie haben bei der Erforschung von Ordnungswidrigkeiten, soweit dieses Gesetz nichts anderes bestimmt, dieselben Rechte und Pflichten wie bei der Verfolgung von Straftaten. [3]Ihre Akten übersenden sie unverzüglich der Verwaltungsbehörde, in den Fällen des Zusammenhangs (§ 42) der Staatsanwaltschaft.

(2) Die Beamten des Polizeidienstes, die zu Ermittlungspersonen der Staatsanwaltschaft bestellt sind (§ 152 des Gerichtsverfassungsgesetzes), können nach den für sie geltenden Vorschriften der Strafprozeßordnung Beschlagnahmen, Durchsuchungen, Untersuchungen und sonstige Maßnahmen anordnen.

§ 54 (weggefallen)

§ 55 Anhörung des Betroffenen

(1) § 163a Abs. 1 der Strafprozeßordnung ist mit der Einschränkung anzuwenden, daß es genügt, wenn dem Betroffenen Gelegenheit gegeben wird, sich zu der Beschuldigung zu äußern.

(2) [1]Der Betroffene braucht nicht darauf hingewiesen zu werden, daß er auch schon vor seiner Vernehmung einen von ihm zu wählenden Verteidiger befragen kann. [2]§ 136 Absatz 1 Satz 3 bis 5 der Strafprozeßordnung ist nicht anzuwenden.

II.
Verwarnungsverfahren

§ 56 Verwarnung durch die Verwaltungsbehörde

(1) [1]Bei geringfügigen Ordnungswidrigkeiten kann die Verwaltungsbehörde den Betroffenen verwarnen und ein Verwarnungsgeld von fünf bis fünfundfünfzig Euro erheben. [2]Sie kann eine Verwarnung ohne Verwarnungsgeld erteilen.

(2) [1]Die Verwarnung nach Absatz 1 Satz 1 ist nur wirksam, wenn der Betroffene nach Belehrung über sein Weigerungsrecht mit ihr einverstanden ist und das Verwarnungsgeld entsprechend der Bestimmung der Verwaltungsbehörde entweder sofort zahlt oder innerhalb einer Frist, die eine Woche betragen soll, bei der hierfür bezeichneten Stelle oder bei der Post zur Überweisung an diese Stelle einzahlt. [2]Eine solche Frist soll bewilligt werden, wenn der Betroffene das Verwarnungsgeld nicht sofort zahlen kann oder wenn es höher ist als zehn Euro.

(3) [1]Über die Verwarnung nach Absatz 1 Satz 1, die Höhe des Verwarnungsgeldes und die Zahlung oder die etwa bestimmte Zahlungsfrist wird eine Bescheinigung erteilt. [2]Kosten (Gebühren und Auslagen) werden nicht erhoben.

(4) Ist die Verwarnung nach Absatz 1 Satz 1 wirksam, so kann die Tat nicht mehr unter den tatsächlichen und rechtlichen Gesichtspunkten verfolgt werden, unter denen die Verwarnung erteilt worden ist.

§ 57 Verwarnung durch Beamte des Außen- und Polizeidienstes

(1) Personen, die ermächtigt sind, die Befugnis nach § 56 für die Verwaltungsbehörde im Außendienst wahrzunehmen, haben sich entsprechend auszuweisen.

(2) Die Befugnis nach § 56 steht auch den hierzu ermächtigten Beamten des Polizeidienstes zu, die eine Ordnungswidrigkeit entdecken oder im ersten Zugriff verfolgen und sich durch ihre Dienstkleidung oder in anderer Weise ausweisen.

§ 58 Ermächtigung zur Erteilung der Verwarnung

(1) [1]Die Ermächtigung nach § 57 Abs. 2 erteilt die oberste Dienstbehörde des Beamten oder die von ihr bestimmte Stelle. [2]Die oberste Dienstbehörde soll sich wegen der Frage, bei welchen Ordnungswidrigkeiten Ermächtigungen erteilt werden sollen, mit der zuständigen Behörde ins Benehmen setzen. [3]Zuständig ist bei Ordnungswidrigkeiten, für deren Verfolgung und Ahndung eine Verwaltungsbehörde des Bundes zuständig ist, das fachlich zuständige Bundesministerium, sonst die fachlich zuständige oberste Landesbehörde.

(2) Soweit bei bestimmten Ordnungswidrigkeiten im Hinblick auf ihre Häufigkeit und Gleichartigkeit eine möglichst gleichmäßige Behandlung angezeigt ist, sollen allgemeine Ermächtigungen an Verwaltungsangehörige und Beamte des Polizeidienstes zur Erteilung einer Verwarnung nähere Bestimmungen darüber enthalten, in welchen Fällen und unter welchen Voraussetzungen die Verwarnung erteilt und in welcher Höhe das Verwarnungsgeld erhoben werden soll.

III.
Verfahren der Verwaltungsbehörde

§ 59 Vergütung von Sachverständigen, Dolmetschern und Übersetzern, Entschädigung von Zeugen und Dritten

Für die Vergütung von Sachverständigen, Dolmetschern und Übersetzern sowie die Entschädigung von Zeugen und Dritten (§ 23 des Justizvergütungs- und -entschädigungsgesetzes) ist das Justizvergütungs- und -entschädigungsgesetz anzuwenden.

§ 60 Verteidigung

[1]Ist die Mitwirkung eines Verteidigers im Verfahren der Verwaltungsbehörde geboten (§ 140 Absatz 2 der Strafprozeßordnung), so ist für dessen Bestellung die Verwaltungsbehörde zuständig. [2]Sie entscheidet auch über die Zulassung anderer Personen als Verteidiger und die Zurückweisung eines Verteidigers (§ 138 Abs. 2, § 146a Abs. 1 Satz 1, 2 der Strafprozeßordnung).

§ 61 Abschluß der Ermittlungen

Sobald die Verwaltungsbehörde die Ermittlungen abgeschlossen hat, vermerkt sie dies in den Akten, wenn sie die weitere Verfolgung der Ordnungswidrigkeit erwägt.

§ 62 Rechtsbehelf gegen Maßnahmen der Verwaltungsbehörde

(1) [1]Gegen Anordnungen, Verfügungen und sonstige Maßnahmen, die von der Verwaltungsbehörde im Bußgeldverfahren getroffen werden, können der Betroffene und andere Personen, gegen die sich die Maßnahme richtet, gerichtliche Entscheidung beantragen. [2]Dies gilt nicht für Maßnahmen, die nur zur Vorbereitung der Entscheidung, ob ein Bußgeldbescheid erlassen oder das Verfahren eingestellt wird, getroffen werden und keine selbständige Bedeutung haben.

(2) [1]Über den Antrag entscheidet das nach § 68 zuständige Gericht. [2]Die §§ 297 bis 300, 302, 306 bis 309 und 311a der Strafprozeßordnung sowie die Vorschriften der Strafprozeßordnung über die Auferlegung der Kosten des Beschwerdeverfahrens gelten sinngemäß. [3]Die Entscheidung des Gerichts ist nicht anfechtbar, soweit das Gesetz nichts anderes bestimmt.

IV.
Verfahren der Staatsanwaltschaft

§ 63 Beteiligung der Verwaltungsbehörde

(1) [1]Hat die Staatsanwaltschaft die Verfolgung der Ordnungswidrigkeit übernommen (§ 42), so haben die mit der Ermittlung von Ordnungswidrigkeiten betrauten Angehörigen der sonst zuständigen Verwaltungsbehörde dieselben Rechte und Pflichten wie die Beamten des Polizeidienstes im Bußgeldverfahren. [2]Die sonst zuständige Verwaltungsbehörde kann Beschlagnahmen, Notveräußerungen, Durchsuchungen und Untersuchungen nach den für Ermittlungspersonen der Staatsanwaltschaft geltenden Vorschriften der Strafprozeßordnung anordnen.

(2) Der sonst zuständigen Verwaltungsbehörde sind die Anklageschrift und der Antrag auf Erlaß eines Strafbefehls mitzuteilen, soweit sie sich auf eine Ordnungswidrigkeit beziehen.

(3) [1]Erwägt die Staatsanwaltschaft, in den Fällen des § 40 oder § 42 das Verfahren wegen der Ordnungswidrigkeit einzustellen, so hat sie die sonst zuständige Verwaltungsbehörde zu hören. [2]Sie kann davon absehen, wenn für die Entschließung die besondere Sachkunde der Verwaltungsbehörde entbehrt werden kann.

§ 64 Erstreckung der öffentlichen Klage auf die Ordnungswidrigkeit

Erhebt die Staatsanwaltschaft in den Fällen des § 42 wegen der Straftat die öffentliche Klage, so erstreckt sie diese auf die Ordnungswidrigkeit, sofern die Ermittlungen hierfür genügenden Anlaß bieten.

Vierter Abschnitt
Bußgeldbescheid

§ 65 Allgemeines

Die Ordnungswidrigkeit wird, soweit dieses Gesetz nichts anderes bestimmt, durch Bußgeldbescheid geahndet.

§ 66 Inhalt des Bußgeldbescheides

(1) Der Bußgeldbescheid enthält

1. die Angaben zur Person des Betroffenen und etwaiger Nebenbeteiligter,
2. den Namen und die Anschrift des Verteidigers,
3. die Bezeichnung der Tat, die dem Betroffenen zur Last gelegt wird, Zeit und Ort ihrer Begehung, die gesetzlichen Merkmale der Ordnungswidrigkeit und die angewendeten Bußgeldvorschriften,
4. die Beweismittel,
5. die Geldbuße und die Nebenfolgen.

(2) Der Bußgeldbescheid enthält ferner

1. den Hinweis, daß
   a) der Bußgeldbescheid rechtskräftig und vollstreckbar wird, wenn kein Einspruch nach § 67 eingelegt wird,
   b) bei einem Einspruch auch eine für den Betroffenen nachteiligere Entscheidung getroffen werden kann,
2. die Aufforderung an den Betroffenen, spätestens zwei Wochen nach Rechtskraft oder einer etwa bestimmten späteren Fälligkeit (§ 18)
   a) die Geldbuße oder die bestimmten Teilbeträge an die zuständige Kasse zu zahlen oder
   b) im Falle der Zahlungsunfähigkeit der Vollstreckungsbehörde (§ 92) schriftlich oder zur Niederschrift darzutun, warum ihm die fristgemäße Zahlung nach seinen wirtschaftlichen Verhältnissen nicht zuzumuten ist, und
3. die Belehrung, daß Erzwingungshaft (§ 96) angeordnet werden kann, wenn der Betroffene seiner Pflicht nach Nummer 2 nicht genügt.

(3) Über die Angaben nach Absatz 1 Nr. 3 und 4 hinaus braucht der Bußgeldbescheid nicht begründet zu werden.

Fünfter Abschnitt
Einspruch und gerichtliches Verfahren

I.
Einspruch

§ 67 Form und Frist

(1) [1]Der Betroffene kann gegen den Bußgeldbescheid innerhalb von zwei Wochen nach Zustellung schriftlich oder zur Niederschrift bei der Verwaltungsbehörde, die den Bußgeldbescheid erlassen

hat, Einspruch einlegen. [2]Die §§ 297 bis 300 und 302 der Strafprozeßordnung über Rechtsmittel gelten entsprechend.

(2) Der Einspruch kann auf bestimmte Beschwerdepunkte beschränkt werden.

§ 68 Zuständiges Gericht

(1) [1]Bei einem Einspruch gegen den Bußgeldbescheid entscheidet das Amtsgericht, in dessen Bezirk die Verwaltungsbehörde ihren Sitz hat. [2]Der Richter beim Amtsgericht entscheidet allein.

(2) Im Verfahren gegen Jugendliche und Heranwachsende ist der Jugendrichter zuständig.

(3) [1]Sind in dem Bezirk der Verwaltungsbehörde eines Landes mehrere Amtsgerichtsbezirke oder mehrere Teile solcher Bezirke vorhanden, so kann die Landesregierung durch Rechtsverordnung die Zuständigkeit des Amtsgerichts abweichend von Absatz 1 danach bestimmen, in welchem Bezirk

1. die Ordnungswidrigkeit oder eine der Ordnungswidrigkeiten begangen worden ist (Begehungsort) oder
2. der Betroffene seinen Wohnsitz hat (Wohnort),

soweit es mit Rücksicht auf die große Zahl von Verfahren oder die weite Entfernung zwischen Begehungs- oder Wohnort und dem Sitz des nach Absatz 1 zuständigen Amtsgerichts sachdienlich erscheint, die Verfahren auf mehrere Amtsgerichte aufzuteilen; § 37 Abs. 3 gilt entsprechend. [2]Der Bezirk, von dem die Zuständigkeit des Amtsgerichts nach Satz 1 abhängt, kann die Bezirke mehrerer Amtsgerichte umfassen. [3]Die Landesregierung kann die Ermächtigung auf die Landesjustizverwaltung übertragen.

§ 69 Zwischenverfahren

(1) [1]Ist der Einspruch nicht rechtzeitig, nicht in der vorgeschriebenen Form oder sonst nicht wirksam eingelegt, so verwirft ihn die Verwaltungsbehörde als unzulässig. [2]Gegen den Bescheid ist innerhalb von zwei Wochen nach Zustellung der Antrag auf gerichtliche Entscheidung nach § 62 zulässig.

(2) [1]Ist der Einspruch zulässig, so prüft die Verwaltungsbehörde, ob sie den Bußgeldbescheid aufrechterhält oder zurücknimmt. [2]Zu diesem Zweck kann sie

1. weitere Ermittlungen anordnen oder selbst vornehmen,
2. von Behörden und sonstigen Stellen die Abgabe von Erklärungen über dienstliche Wahrnehmungen, Untersuchungen und Erkenntnisse (§ 77a Abs. 2) verlangen.

[3]Die Verwaltungsbehörde kann auch dem Betroffenen Gelegenheit geben, sich innerhalb einer zu bestimmenden Frist dazu zu äußern, ob und welche Tatsachen und Beweismittel er im weiteren Verfahren zu seiner Entlastung vorbringen will; dabei ist er darauf hinzuweisen, daß es ihm nach dem Gesetz freistehe, sich zu der Beschuldigung zu äußern oder nicht zur Sache auszusagen.

(3) [1]Die Verwaltungsbehörde übersendet die Akten über die Staatsanwaltschaft an das Amtsgericht, wenn sie den Bußgeldbescheid nicht zurücknimmt und nicht nach Absatz 1 Satz 1 verfährt; sie vermerkt die Gründe dafür in den Akten, soweit dies nach der Sachlage angezeigt ist. [2]Die Entscheidung über einen Antrag auf Akteneinsicht und deren Gewährung (§ 49 Abs. 1 dieses Gesetzes, § 147 der Strafprozessordnung) erfolgen vor Übersendung der Akten.

(4) [1]Mit dem Eingang der Akten bei der Staatsanwaltschaft gehen die Aufgaben der Verfolgungsbehörde auf sie über. [2]Die Staatsanwaltschaft legt die Akten dem Richter beim Amtsgericht vor, wenn sie weder das Verfahren einstellt noch weitere Ermittlungen durchführt.

(5) [1]Bei offensichtlich ungenügender Aufklärung des Sachverhalts kann der Richter beim Amtsgericht die Sache unter Angabe der Gründe mit Zustimmung der Staatsanwaltschaft an die Verwaltungsbehörde zurückverweisen; diese wird mit dem Eingang der Akten wieder für die Verfolgung und Ahndung zuständig. [2]Verneint der Richter beim Amtsgericht bei erneuter Übersendung den

hinreichenden Tatverdacht einer Ordnungswidrigkeit, so kann er die Sache durch Beschluß endgültig an die Verwaltungsbehörde zurückgeben. [3]Der Beschluß ist unanfechtbar.

§ 70 Entscheidung des Gerichts über die Zulässigkeit des Einspruchs

(1) Sind die Vorschriften über die Einlegung des Einspruchs nicht beachtet, so verwirft das Gericht den Einspruch als unzulässig.

(2) Gegen den Beschluß ist die sofortige Beschwerde zulässig.

II.
Hauptverfahren

§ 71 Hauptverhandlung

(1) Das Verfahren nach zulässigem Einspruch richtet sich, soweit dieses Gesetz nichts anderes bestimmt, nach den Vorschriften der Strafprozeßordnung, die nach zulässigem Einspruch gegen einen Strafbefehl gelten.

(2) [1]Zur besseren Aufklärung der Sache kann das Gericht

1. einzelne Beweiserhebungen anordnen,
2. von Behörden und sonstigen Stellen die Abgaben von Erklärungen über dienstliche Wahrnehmungen, Untersuchungen und Erkenntnisse (§ 77a Abs. 2) verlangen.

[2]Zur Vorbereitung der Hauptverhandlung kann das Gericht auch dem Betroffenen Gelegenheit geben, sich innerhalb einer zu bestimmenden Frist dazu zu äußern, ob und welche Tatsachen und Beweismittel er zu seiner Entlastung vorbringen will; § 69 Abs. 2 Satz 3 Halbsatz 2 ist anzuwenden.

§ 72 Entscheidung durch Beschluß

(1) [1]Hält das Gericht eine Hauptverhandlung nicht für erforderlich, so kann es durch Beschluß entscheiden, wenn der Betroffene und die Staatsanwaltschaft diesem Verfahren nicht widersprechen. [2]Das Gericht weist sie zuvor auf die Möglichkeit eines solchen Verfahrens und des Widerspruchs hin und gibt ihnen Gelegenheit, sich innerhalb von zwei Wochen nach Zustellung des Hinweises zu äußern; § 145a Abs. 1 und 3 der Strafprozeßordnung gilt entsprechend. [3]Das Gericht kann von einem Hinweis an den Betroffenen absehen und auch gegen seinen Widerspruch durch Beschluß entscheiden, wenn es den Betroffenen freispricht.

(2) [1]Geht der Widerspruch erst nach Ablauf der Frist ein, so ist er unbeachtlich. [2]In diesem Falle kann jedoch gegen den Beschluß innerhalb einer Woche nach Zustellung die Wiedereinsetzung in den vorigen Stand unter den gleichen Voraussetzungen wie gegen die Versäumung einer Frist beantragt werden; hierüber ist der Betroffene bei der Zustellung des Beschlusses zu belehren.

(3) [1]Das Gericht entscheidet darüber, ob der Betroffene freigesprochen, gegen ihn eine Geldbuße festgesetzt, eine Nebenfolge angeordnet oder das Verfahren eingestellt wird. [2]Das Gericht darf von der im Bußgeldbescheid getroffenen Entscheidung nicht zum Nachteil des Betroffenen abweichen.

(4) [1]Wird eine Geldbuße festgesetzt, so gibt der Beschluß die Ordnungswidrigkeit an; hat der Bußgeldtatbestand eine gesetzliche Überschrift, so soll diese zur Bezeichnung der Ordnungswidrigkeit verwendet werden. [2]§ 260 Abs. 5 Satz 1 der Strafprozeßordnung gilt entsprechend. [3]Die Begründung des Beschlusses enthält die für erwiesen erachteten Tatsachen, in denen das Gericht die gesetzlichen Merkmale der Ordnungswidrigkeit sieht. [4]Soweit der Beweis aus anderen Tatsachen gefolgert wird, sollen auch diese Tatsachen angegeben werden. [5]Ferner sind die Umstände anzuführen, die für die Zumessung der Geldbuße und die Anordnung einer Nebenfolge bestimmend sind.

(5) [1]Wird der Betroffene freigesprochen, so muß die Begründung ergeben, ob der Betroffene für nicht überführt oder ob und aus welchen Gründen die als erwiesen angenommene Tat nicht als Ordnungswidrigkeit angesehen worden ist. [2]Kann der Beschluß nicht mit der Rechtsbeschwerde

angefochten werden, so braucht nur angegeben zu werden, ob die dem Betroffenen zur Last gelegte Ordnungswidrigkeit aus tatsächlichen oder rechtlichen Gründen nicht festgestellt worden ist.

(6) [1]Von einer Begründung kann abgesehen werden, wenn die am Verfahren Beteiligten hierauf verzichten. [2]In diesem Fall reicht der Hinweis auf den Inhalt des Bußgeldbescheides; das Gericht kann unter Berücksichtigung der Umstände des Einzelfalls nach seinem Ermessen zusätzliche Ausführungen machen. [3]Die vollständigen Gründe sind innerhalb von fünf Wochen zu den Akten zu bringen, wenn gegen den Beschluß Rechtsbeschwerde eingelegt wird.

§ 73 Anwesenheit des Betroffenen in der Hauptverhandlung

(1) Der Betroffene ist zum Erscheinen in der Hauptverhandlung verpflichtet.

(2) Das Gericht entbindet ihn auf seinen Antrag von dieser Verpflichtung, wenn er sich zur Sache geäußert oder erklärt hat, daß er sich in der Hauptverhandlung nicht zur Sache äußern werde, und seine Anwesenheit zur Aufklärung wesentlicher Gesichtspunkte des Sachverhalts nicht erforderlich ist.

(3) Hat das Gericht den Betroffenen von der Verpflichtung zum persönlichen Erscheinen entbunden, so kann er sich durch einen mit nachgewiesener Vollmacht versehenen Verteidiger vertreten lassen.

§ 74 Verfahren bei Abwesenheit

(1) [1]Die Hauptverhandlung wird in Abwesenheit des Betroffenen durchgeführt, wenn er nicht erschienen ist und von der Verpflichtung zum persönlichen Erscheinen entbunden war. [2]Frühere Vernehmungen des Betroffenen und seine protokollierten und sonstigen Erklärungen sind durch Mitteilung ihres wesentlichen Inhalts oder durch Verlesung in die Hauptverhandlung einzuführen. [3]Es genügt, wenn die nach § 265 Abs. 1 und 2 der Strafprozeßordnung erforderlichen Hinweise dem Verteidiger gegeben werden.

(2) Bleibt der Betroffene ohne genügende Entschuldigung aus, obwohl er von der Verpflichtung zum Erscheinen nicht entbunden war, hat das Gericht den Einspruch ohne Verhandlung zur Sache durch Urteil zu verwerfen.

(3) Der Betroffene ist in der Ladung über die Absätze 1 und 2 und die §§ 73 und 77b Abs. 1 Satz 1 und 3 zu belehren.

(4) [1]Hat die Hauptverhandlung nach Absatz 1 oder Absatz 2 ohne den Betroffenen stattgefunden, so kann er gegen das Urteil binnen einer Woche nach Zustellung die Wiedereinsetzung in den vorigen Stand unter den gleichen Voraussetzungen wie gegen die Versäumung einer Frist nachsuchen. [2]Hierüber ist er bei der Zustellung des Urteils zu belehren.

§ 75 Teilnahme der Staatsanwaltschaft an der Hauptverhandlung

(1) [1]Die Staatsanwaltschaft ist zur Teilnahme an der Hauptverhandlung nicht verpflichtet. [2]Das Gericht macht der Staatsanwaltschaft Mitteilung, wenn es ihre Mitwirkung für angemessen hält.

(2) Nimmt die Staatsanwaltschaft an der Hauptverhandlung nicht teil, so bedarf es ihrer Zustimmung zur Einstellung des Verfahrens (§ 47 Abs. 2) und zur Rücknahme des Einspruchs in der Hauptverhandlung nicht.

§ 76 Beteiligung der Verwaltungsbehörde

(1) [1]Das Gericht gibt der Verwaltungsbehörde Gelegenheit, die Gesichtspunkte vorzubringen, die von ihrem Standpunkt für die Entscheidung von Bedeutung sind. [2]Dies gilt auch, wenn das Gericht erwägt, das Verfahren nach § 47 Abs. 2 einzustellen. [3]Der Termin zur Hauptverhandlung wird der Verwaltungsbehörde mitgeteilt. [4]Ihr Vertreter erhält in der Hauptverhandlung auf Verlangen das Wort.

(2) Das Gericht kann davon absehen, die Verwaltungsbehörde nach Absatz 1 zu beteiligen, wenn ihre besondere Sachkunde für die Entscheidung entbehrt werden kann.

(3) Erwägt die Staatsanwaltschaft, die Klage zurückzunehmen, so gilt § 63 Abs. 3 entsprechend.

(4) Das Urteil und andere das Verfahren abschließende Entscheidungen sind der Verwaltungsbehörde mitzuteilen.

§ 77 Umfang der Beweisaufnahme

(1) [1]Das Gericht bestimmt, unbeschadet der Pflicht, die Wahrheit von Amts wegen zu erforschen, den Umfang der Beweisaufnahme. [2]Dabei berücksichtigt es auch die Bedeutung der Sache.

(2) Hält das Gericht den Sachverhalt nach dem bisherigen Ergebnis der Beweisaufnahme für geklärt, so kann es außer in den Fällen des § 244 Abs. 3 der Strafprozeßordnung einen Beweisantrag auch dann ablehnen, wenn

1. nach seinem pflichtgemäßen Ermessen die Beweiserhebung zur Erforschung der Wahrheit nicht erforderlich ist oder
2. nach seiner freien Würdigung das Beweismittel oder die zu beweisende Tatsache ohne verständigen Grund so spät vorgebracht wird, daß die Beweiserhebung zur Aussetzung der Hauptverhandlung führen würde.

(3) Die Begründung für die Ablehnung eines Beweisantrages nach Absatz 2 Nr. 1 kann in dem Gerichtsbeschluß (§ 244 Abs. 6 der Strafprozeßordnung) in der Regel darauf beschränkt werden, daß die Beweiserhebung zur Erforschung der Wahrheit nicht erforderlich ist.

§ 77a Vereinfachte Art der Beweisaufnahme

(1) Die Vernehmung eines Zeugen, Sachverständigen oder Mitbetroffenen darf durch Verlesung von Protokollen über eine frühere Vernehmung sowie von Urkunden, die eine von ihnen stammende Äußerung enthalten, ersetzt werden.

(2) Erklärungen von Behörden und sonstigen Stellen über ihre dienstlichen Wahrnehmungen, Untersuchungen und Erkenntnisse sowie über diejenigen ihrer Angehörigen dürfen auch dann verlesen werden, wenn die Voraussetzungen des § 256 der Strafprozeßordnung nicht vorliegen.

(3) [1]Das Gericht kann eine behördliche Erklärung (Absatz 2) auch fernmündlich einholen und deren wesentlichen Inhalt in der Hauptverhandlung bekanntgeben. [2]Der Inhalt der bekanntgegebenen Erklärung ist auf Antrag in das Protokoll aufzunehmen.

(4) [1]Das Verfahren nach den Absätzen 1 bis 3 bedarf der Zustimmung des Betroffenen, des Verteidigers und der Staatsanwaltschaft, soweit sie in der Hauptverhandlung anwesend sind. [2]§ 251 Absatz 1 Nummer 3 und 4, Abs. 2 Nr. 1 und 2, Abs. 3 und 4 sowie die §§ 252 und 253 der Strafprozeßordnung bleiben unberührt.

§ 77b Absehen von Urteilsgründen

(1) [1]Von einer schriftlichen Begründung des Urteils kann abgesehen werden, wenn alle zur Anfechtung Berechtigten auf die Einlegung der Rechtsbeschwerde verzichten oder wenn innerhalb der Frist Rechtsbeschwerde nicht eingelegt wird. [2]Hat die Staatsanwaltschaft an der Hauptverhandlung nicht teilgenommen, so ist ihre Verzichterklärung entbehrlich; eine schriftliche Begründung des Urteils ist jedoch erforderlich, wenn die Staatsanwaltschaft dies vor der Hauptverhandlung beantragt hat. [3]Die Verzichtserklärung des Betroffenen ist entbehrlich, wenn er von der Verpflichtung zum Erscheinen in der Hauptverhandlung entbunden worden ist, im Verlaufe der Hauptverhandlung von einem Verteidiger vertreten worden ist und im Urteil lediglich eine Geldbuße von nicht mehr als zweihundertfünfzig Euro festgesetzt worden ist.

(2) Die Urteilsgründe sind innerhalb der in § 275 Abs. 1 Satz 2 der Strafprozeßordnung vorgesehenen Frist zu den Akten zu bringen, wenn gegen die Versäumung der Frist für die Rechtsbeschwerde Wiedereinsetzung in den vorigen Stand gewährt, in den Fällen des Absatzes 1 Satz 2 erster Halb-

satz von der Staatsanwaltschaft oder in den Fällen des Absatzes 1 Satz 3 von dem Betroffenen Rechtsbeschwerde eingelegt wird.

§ 78 Weitere Verfahrensvereinfachungen

(1) [1]Statt der Verlesung einer Urkunde kann das Gericht dessen wesentlichen Inhalt bekanntgeben; dies gilt jedoch nicht, soweit es auf den Wortlaut der Urkunde ankommt. [2]Haben der Betroffene, der Verteidiger und der in der Hauptverhandlung anwesende Vertreter der Staatsanwaltschaft von dem Wortlaut der Urkunde Kenntnis genommen oder dazu Gelegenheit gehabt, so genügt es, die Feststellung hierüber in das Protokoll aufzunehmen. [3]Soweit die Verlesung von Urkunden von der Zustimmung der Verfahrensbeteiligten abhängig ist, gilt dies auch für das Verfahren nach den Sätzen 1 und 2.

(2) § 243 Absatz 4 der Strafprozessordnung gilt nur, wenn eine Erörterung stattgefunden hat; § 273 Absatz 1a Satz 3 und Absatz 2 der Strafprozessordnung ist nicht anzuwenden.

(3) Im Verfahren gegen Jugendliche gilt § 78 Abs. 3 des Jugendgerichtsgesetzes entsprechend.

(4) Wird gegen einen Jugendlichen oder Heranwachsenden eine Geldbuße festgesetzt, so kann der Jugendrichter zugleich eine Vollstreckungsanordnung nach § 98 Abs. 1 treffen.

(5) (weggefallen)

III.
Rechtsmittel

§ 79 Rechtsbeschwerde

(1) [1]Gegen das Urteil und den Beschluß nach § 72 ist Rechtsbeschwerde zulässig, wenn

1. gegen den Betroffenen eine Geldbuße von mehr als zweihundertfünfzig Euro festgesetzt worden ist,
2. eine Nebenfolge angeordnet worden ist, es sei denn, daß es sich um eine Nebenfolge vermögensrechtlicher Art handelt, deren Wert im Urteil oder im Beschluß nach § 72 auf nicht mehr als zweihundertfünfzig Euro festgesetzt worden ist,
3. der Betroffene wegen einer Ordnungswidrigkeit freigesprochen oder das Verfahren eingestellt oder von der Verhängung eines Fahrverbotes abgesehen worden ist und wegen der Tat im Bußgeldbescheid oder Strafbefehl eine Geldbuße von mehr als sechshundert Euro festgesetzt, ein Fahrverbot verhängt oder eine solche Geldbuße oder ein Fahrverbot von der Staatsanwaltschaft beantragt worden war,
4. der Einspruch durch Urteil als unzulässig verworfen worden ist oder
5. durch Beschluß nach § 72 entschieden worden ist, obwohl der Beschwerdeführer diesem Verfahren rechtzeitig widersprochen hatte oder ihm in sonstiger Weise das rechtliche Gehör versagt wurde.

[2]Gegen das Urteil ist die Rechtsbeschwerde ferner zulässig, wenn sie zugelassen wird (§ 80).

(2) Hat das Urteil oder der Beschluß nach § 72 mehrere Taten zum Gegenstand und sind die Voraussetzungen des Absatzes 1 Satz 1 Nr. 1 bis 3 oder Satz 2 nur hinsichtlich einzelner Taten gegeben, so ist die Rechtsbeschwerde nur insoweit zulässig.

(3) [1]Für die Rechtsbeschwerde und das weitere Verfahren gelten, soweit dieses Gesetz nichts anderes bestimmt, die Vorschriften der Strafprozeßordnung und des Gerichtsverfassungsgesetzes über die Revision entsprechend. [2]§ 342 der Strafprozeßordnung gilt auch entsprechend für den Antrag auf Wiedereinsetzung in den vorigen Stand nach § 72 Abs. 2 Satz 2 Halbsatz 1.

(4) Die Frist für die Einlegung der Rechtsbeschwerde beginnt mit der Zustellung des Beschlusses nach § 72 oder des Urteils, wenn es in Abwesenheit des Beschwerdeführers verkündet und dieser

dabei auch nicht nach § 73 Abs. 3 durch einen mit nachgewiesener Vollmacht versehenen Verteidiger vertreten worden ist.

(5) [1]Das Beschwerdegericht entscheidet durch Beschluß. [2]Richtet sich die Rechtsbeschwerde gegen ein Urteil, so kann das Beschwerdegericht auf Grund einer Hauptverhandlung durch Urteil entscheiden.

(6) Hebt das Beschwerdegericht die angefochtene Entscheidung auf, so kann es abweichend von § 354 der Strafprozeßordnung in der Sache selbst entscheiden oder sie an das Amtsgericht, dessen Entscheidung aufgehoben wird, oder an ein anderes Amtsgericht desselben Landes zurückverweisen.

§ 80 Zulassung der Rechtsbeschwerde

(1) Das Beschwerdegericht läßt die Rechtsbeschwerde nach § 79 Abs. 1 Satz 2 auf Antrag zu, wenn es geboten ist,

1. die Nachprüfung des Urteils zur Fortbildung des Rechts oder zur Sicherung einer einheitlichen Rechtsprechung zu ermöglichen, soweit Absatz 2 nichts anderes bestimmt, oder
2. das Urteil wegen Versagung des rechtlichen Gehörs aufzuheben.

(2) Die Rechtsbeschwerde wird wegen der Anwendung von Rechtsnormen über das Verfahren nicht und wegen der Anwendung von anderen Rechtsnormen nur zur Fortbildung des Rechts zugelassen, wenn

1. gegen den Betroffenen eine Geldbuße von nicht mehr als einhundert Euro festgesetzt oder eine Nebenfolge vermögensrechtlicher Art angeordnet worden ist, deren Wert im Urteil auf nicht mehr als einhundert Euro festgesetzt worden ist, oder
2. der Betroffene wegen einer Ordnungswidrigkeit freigesprochen oder das Verfahren eingestellt worden ist und wegen der Tat im Bußgeldbescheid oder im Strafbefehl eine Geldbuße von nicht mehr als einhundertfünfzig Euro festgesetzt oder eine solche Geldbuße von der Staatsanwaltschaft beantragt worden war.

(3) [1]Für den Zulassungsantrag gelten die Vorschriften über die Einlegung der Rechtsbeschwerde entsprechend. [2]Der Antrag gilt als vorsorglich eingelegte Rechtsbeschwerde. [3]Die Vorschriften über die Anbringung der Beschwerdeanträge und deren Begründung (§§ 344, 345 der Strafprozeßordnung) sind zu beachten. [4]Bei der Begründung der Beschwerdeanträge soll der Antragsteller zugleich angeben, aus welchen Gründen die in Absatz 1 bezeichneten Voraussetzungen vorliegen. [5]§ 35a der Strafprozeßordnung gilt entsprechend.

(4) [1]Das Beschwerdegericht entscheidet über den Antrag durch Beschluß. [2]Die §§ 346 bis 348 der Strafprozeßordnung gelten entsprechend. [3]Der Beschluß, durch den der Antrag verworfen wird, bedarf keiner Begründung. [4]Wird der Antrag verworfen, so gilt die Rechtsbeschwerde als zurückgenommen.

(5) Stellt sich vor der Entscheidung über den Zulassungsantrag heraus, daß ein Verfahrenshindernis besteht, so stellt das Beschwerdegericht das Verfahren nur dann ein, wenn das Verfahrenshindernis nach Erlaß des Urteils eingetreten ist.

§ 80a Besetzung der Bußgeldsenate der Oberlandesgerichte

(1) Die Bußgeldsenate der Oberlandesgerichte sind mit einem Richter besetzt, soweit nichts anderes bestimmt ist.

(2) [1]Die Bußgeldsenate der Oberlandesgerichte sind mit drei Richtern einschließlich des Vorsitzenden besetzt in Verfahren über Rechtsbeschwerden in den in § 79 Abs. 1 Satz 1 bezeichneten Fällen, wenn eine Geldbuße von mehr als fünftausend Euro oder eine Nebenfolge vermögensrechtlicher Art im Wert von mehr als fünftausend Euro festgesetzt oder beantragt worden ist. [2]Der Wert einer Geldbuße und der Wert einer vermögensrechtlichen Nebenfolge werden gegebenenfalls zusammengerechnet.

(3) [1]In den in Absatz 1 bezeichneten Fällen überträgt der Richter die Sache dem Bußgeldsenat in der Besetzung mit drei Richtern, wenn es geboten ist, das Urteil oder den Beschluss nach § 72 zur Fortbildung des Rechts oder zur Sicherung einer einheitlichen Rechtsprechung nachzuprüfen. [2]Dies gilt auch in Verfahren über eine zugelassene Rechtsbeschwerde, nicht aber in Verfahren über deren Zulassung.

Sechster Abschnitt
Bußgeld- und Strafverfahren

§ 81 Übergang vom Bußgeld- zum Strafverfahren

(1) [1]Das Gericht ist im Bußgeldverfahren an die Beurteilung der Tat als Ordnungswidrigkeit nicht gebunden. [2]Jedoch darf es auf Grund eines Strafgesetzes nur entscheiden, wenn der Betroffene zuvor auf die Veränderung des rechtlichen Gesichtspunktes hingewiesen und ihm Gelegenheit zur Verteidigung gegeben worden ist.

(2) [1]Der Betroffene wird auf die Veränderung des rechtlichen Gesichtspunktes auf Antrag der Staatsanwaltschaft oder von Amts wegen hingewiesen. [2]Mit diesem Hinweis erhält er die Rechtsstellung des Angeklagten. [3]Die Verhandlung wird unterbrochen, wenn das Gericht es für erforderlich hält oder wenn der Angeklagte es beantragt. [4]Über sein Recht, die Unterbrechung zu beantragen, wird der Angeklagte belehrt.

(3) [1]In dem weiteren Verfahren sind die besonderen Vorschriften dieses Gesetzes nicht mehr anzuwenden. [2]Jedoch kann die bisherige Beweisaufnahme, die in Anwesenheit des Betroffenen stattgefunden hat, auch dann verwertet werden, wenn sie nach diesen Vorschriften durchgeführt worden ist; dies gilt aber nicht für eine Beweisaufnahme nach den §§ 77a und 78 Abs. 1.

§ 82 Bußgelderkenntnis im Strafverfahren

(1) Im Strafverfahren beurteilt das Gericht die in der Anklage bezeichnete Tat zugleich unter dem rechtlichen Gesichtspunkt einer Ordnungswidrigkeit.

(2) Läßt das Gericht die Anklage zur Hauptverhandlung nur unter dem rechtlichen Gesichtspunkt einer Ordnungswidrigkeit zu, so sind in dem weiteren Verfahren die besonderen Vorschriften dieses Gesetzes anzuwenden.

§ 83 Verfahren bei Ordnungswidrigkeiten und Straftaten

(1) Hat das Verfahren Ordnungswidrigkeiten und Straftaten zum Gegenstand und werden einzelne Taten nur als Ordnungswidrigkeiten verfolgt, so gelten für das Verfahren wegen dieser Taten auch § 46 Abs. 3, 4, 5 Satz 2 und Abs. 7, die §§ 47, 49, 55, 76 bis 78, 79 Abs. 1 bis 3 sowie § 80.

(2) [1]Wird in den Fällen des Absatzes 1 gegen das Urteil, soweit es nur Ordnungswidrigkeiten betrifft, Rechtsbeschwerde und im übrigen Berufung eingelegt, so wird eine rechtzeitig und in der vorgeschriebenen Form eingelegte Rechtsbeschwerde, solange die Berufung nicht zurückgenommen oder als unzulässig verworfen ist, als Berufung behandelt. [2]Die Beschwerdeanträge und deren Begründung sind gleichwohl in der vorgeschriebenen Form anzubringen und dem Gegner zuzustellen (§§ 344 bis 347 der Strafprozeßordnung); einer Zulassung nach § 79 Abs. 1 Satz 2 bedarf es jedoch nicht. [3]Gegen das Berufungsurteil ist die Rechtsbeschwerde nach § 79 Abs. 1 und 2 sowie § 80 zulässig.

(3) Hebt das Beschwerdegericht das Urteil auf, soweit es nur Ordnungswidrigkeiten betrifft, so kann es in der Sache selbst entscheiden.

Siebenter Abschnitt
Rechtskraft und Wiederaufnahme des Verfahrens

§ 84 Wirkung der Rechtskraft

(1) Ist der Bußgeldbescheid rechtskräftig geworden oder hat das Gericht über die Tat als Ordnungswidrigkeit oder als Straftat rechtskräftig entschieden, so kann dieselbe Tat nicht mehr als Ordnungswidrigkeit verfolgt werden.

(2) [1]Das rechtskräftige Urteil über die Tat als Ordnungswidrigkeit steht auch ihrer Verfolgung als Straftat entgegen. [2]Dem rechtskräftigen Urteil stehen der Beschluß nach § 72 und der Beschluß des Beschwerdegerichts über die Tat als Ordnungswidrigkeit gleich.

§ 85 Wiederaufnahme des Verfahrens

(1) Für die Wiederaufnahme eines durch rechtskräftige Bußgeldentscheidung abgeschlossenen Verfahrens gelten die §§ 359 bis 373a der Strafprozeßordnung entsprechend, soweit die nachstehenden Vorschriften nichts anderes bestimmen.

(2) [1]Die Wiederaufnahme des Verfahrens zugunsten des Betroffenen, die auf neue Tatsachen oder Beweismittel gestützt wird (§ 359 Nr. 5 der Strafprozeßordnung), ist nicht zulässig, wenn

1. gegen den Betroffenen lediglich eine Geldbuße bis zu zweihundertfünfzig Euro festgesetzt ist oder
2. seit Rechtskraft der Bußgeldentscheidung drei Jahre verstrichen sind.

[2]Satz 1 Nr. 1 gilt entsprechend, wenn eine Nebenfolge vermögensrechtlicher Art angeordnet ist, deren Wert zweihundertfünfzig Euro nicht übersteigt.

(3) [1]Die Wiederaufnahme des Verfahrens zuungunsten des Betroffenen ist unter den Voraussetzungen des § 362 der Strafprozeßordnung nur zu dem Zweck zulässig, die Verurteilung nach einem Strafgesetz herbeizuführen. [2]Zu diesem Zweck ist sie auch zulässig, wenn neue Tatsachen oder Beweismittel beigebracht sind, die allein oder in Verbindung mit den früher erhobenen Beweisen geeignet sind, die Verurteilung des Betroffenen wegen eines Verbrechens zu begründen.

(4) [1]Im Wiederaufnahmeverfahren gegen den Bußgeldbescheid entscheidet das nach § 68 zuständige Gericht. [2]Wird ein solches Wiederaufnahmeverfahren von dem Betroffenen beantragt oder werden der Verwaltungsbehörde Umstände bekannt, die eine Wiederaufnahme des Verfahrens zulassen, so übersendet sie die Akten der Staatsanwaltschaft. [3]§ 69 Abs. 4 Satz 1 gilt entsprechend.

§ 86 Aufhebung des Bußgeldbescheides im Strafverfahren

(1) [1]Ist gegen den Betroffenen ein Bußgeldbescheid ergangen und wird er später wegen derselben Handlung in einem Strafverfahren verurteilt, so wird der Bußgeldbescheid insoweit aufgehoben. [2]Dasselbe gilt, wenn es im Strafverfahren nicht zu einer Verurteilung kommt, jedoch die Feststellungen, die das Gericht in der abschließenden Entscheidung trifft, dem Bußgeldbescheid entgegenstehen.

(2) Geldbeträge, die auf Grund des aufgehobenen Bußgeldbescheides gezahlt oder beigetrieben worden sind, werden zunächst auf eine erkannte Geldstrafe, dann auf angeordnete Nebenfolgen, die zu einer Geldzahlung verpflichten, und zuletzt auf die Kosten des Strafverfahrens angerechnet.

(3) Die Entscheidungen nach den Absätzen 1 und 2 werden in dem Urteil oder in der sonstigen abschließenden Entscheidung getroffen.

Achter Abschnitt
Verfahren bei Anordnung von Nebenfolgen oder der Festsetzung einer Geldbuße gegen eine juristische Person oder Personenvereinigung Nebenfolgen

§ 87 Anordnung der Einziehung

(1) Hat die Verwaltungsbehörde im Bußgeldverfahren über die Einziehung eines Gegenstandes zu entscheiden, so ist sie auch für die Anordnung der Verfahrensbeteiligung, die Beiordnung eines Rechtsanwalts oder einer anderen Person, die als Verteidiger bestellt werden darf, und die Entscheidung über die Entschädigung zuständig (§§ 424, 425, 428 Absatz 2, § 430 Absatz 3, § 438 Absatz 1 und 2 der Strafprozessordnung); § 60 Satz 2 gilt entsprechend.

(2) [1]Vom Erlaß des Bußgeldbescheides an hat der Einziehungsbeteiligte, soweit das Gesetz nichts anderes bestimmt, die Befugnisse, die einem Betroffenen zustehen. [2]Ihm wird der Bußgeldbescheid, in dem die Einziehung angeordnet wird, zugestellt. [3]Zugleich wird er darauf hingewiesen, daß über die Einziehung auch ihm gegenüber entschieden ist.

(3) [1]Im selbständigen Verfahren wird die Einziehung in einem selbständigen Einziehungsbescheid angeordnet; § 66 Abs. 1, Abs. 2 Nr. 1 Buchstabe a und Abs 3 gilt entsprechend. [2]Der Einziehungsbescheid steht einem Bußgeldbescheid gleich. [3]Zuständig ist die Verwaltungsbehörde, die im Falle der Verfolgung einer bestimmten Person zuständig wäre; örtlich zuständig ist auch die Verwaltungsbehörde, in deren Bezirk der Gegenstand sichergestellt worden ist.

(4) [1]Das Nachverfahren (§ 433 der Strafprozessordnung) gegen einen Bußgeldbescheid ist bei der Verwaltungsbehörde zu beantragen, welche die Einziehung angeordnet hat. [2]Die Entscheidung trifft das nach § 68 zuständige Gericht. [3]Die Verwaltungsbehörde übersendet die Akten der Staatsanwaltschaft, die sie dem Gericht vorlegt; § 69 Abs. 4 Satz 1 gilt entsprechend.

(5) Die Entscheidung des Gerichts über die Einziehung eines Gegenstandes, dessen Wert zweihundertfünfzig Euro nicht übersteigt, ist nicht anfechtbar.

(6) Absatz 2 Satz 3, Absatz 3 Satz 3 zweiter Halbsatz und Absatz 4 gelten nicht im Verfahren bei Anordnung der Einziehung nach § 29a.

§ 88 Festsetzung der Geldbuße gegen juristische Personen und Personenvereinigungen

(1) Hat die Verwaltungsbehörde im Bußgeldverfahren über die Festsetzung einer Geldbuße gegen eine juristische Person oder eine Personenvereinigung zu entscheiden (§ 30), so ist sie auch für die Anordnung der Verfahrensbeteiligung und die Beiordnung eines Rechtsanwalts oder einer anderen Person, die als Verteidiger bestellt werden darf, zuständig (§ 444 Abs. 1, § 428 Absatz 2 der Strafprozeßordnung); § 60 Satz 2 gilt entsprechend.

(2) [1]Im selbständigen Verfahren setzt die Verwaltungsbehörde die Geldbuße in einem selbständigen Bußgeldbescheid fest. [2]Zuständig ist die Verwaltungsbehörde, die im Falle der Verfolgung einer bestimmten Person zuständig wäre; örtlich zuständig ist auch die Verwaltungsbehörde, in deren Bezirk die juristische Person oder Personenvereinigung ihren Sitz oder eine Zweigniederlassung hat.

(3) § 87 Abs. 2 Satz 1 und 2 sowie Abs. 5 gilt entsprechend.

Neunter Abschnitt
Vollstreckung der Bußgeldentscheidungen

§ 89 Vollstreckbarkeit der Bußgeldentscheidungen

Bußgeldentscheidungen sind vollstreckbar, wenn sie rechtskräftig geworden sind.

§ 90 Vollstreckung des Bußgeldbescheides

(1) Der Bußgeldbescheid wird, soweit das Gesetz nichts anderes bestimmt, nach den Vorschriften des Verwaltungs-Vollstreckungsgesetzes vom 27. April 1953 (BGBl. I S. 157) in der jeweils geltenden Fassung vollstreckt, wenn eine Verwaltungsbehörde des Bundes den Bußgeldbescheid erlassen hat, sonst nach den entsprechenden landesrechtlichen Vorschriften.

(2) [1]Die Geldbußen fließen, soweit das Gesetz nichts anderes bestimmt, in die Bundeskasse, wenn eine Verwaltungsbehörde des Bundes den Bußgeldbescheid erlassen hat, sonst in die Landeskasse. [2]Satz 1 gilt für Nebenfolgen, die zu einer Geldzahlung verpflichten, entsprechend.

(3) [1]Ist die Einziehung eines Gegenstandes oder Unbrauchbarmachung einer Sache angeordnet worden, so wird die Anordnung dadurch vollstreckt, daß die Sache dem Betroffenen oder dem Einziehungsbeteiligten weggenommen wird. [2]Wird die Sache bei diesen Personen nicht vorgefunden, so haben sie auf Antrag der Verwaltungsbehörde bei dem Amtsgericht eine eidesstattliche Versicherung über den Verbleib der Sache abzugeben. [3]§ 883 Abs. 2 und 3 der Zivilprozeßordnung gilt entsprechend.

(4) Absatz 1 gilt für die Vollstreckung eines von der Verwaltungsbehörde festgesetzten Ordnungsgeldes entsprechend.

§ 91 Vollstreckung der gerichtlichen Bußgeldentscheidung

Für die Vollstreckung der gerichtlichen Bußgeldentscheidung gelten § 451 Abs. 1 und 2, die §§ 459 und 459g Abs. 1 sowie Abs. 2 in Verbindung mit § 459 der Strafprozeßordnung, im Verfahren gegen Jugendliche und Heranwachsende auch § 82 Abs. 1, § 83 Abs. 2 sowie die §§ 84 und 85 Abs. 5 des Jugendgerichtsgesetzes sinngemäß.

§ 92 Vollstreckungsbehörde

Vollstreckungsbehörde im Sinne der nachfolgenden Vorschriften dieses Abschnitts ist in den Fällen des § 90 die Verwaltungsbehörde, die den Bußgeldbescheid erlassen hat, sonst die Stelle, der nach § 91 die Vollstreckung obliegt.

§ 93 Zahlungserleichterungen

(1) Nach Rechtskraft der Bußgeldentscheidung entscheidet über die Bewilligung von Zahlungserleichterungen (§ 18) die Vollstreckungsbehörde.

(2) [1]Die Vollstreckungsbehörde kann eine Entscheidung über Zahlungserleichterungen nach Absatz 1 oder nach § 18 nachträglich ändern oder aufheben. [2]Dabei darf sie von einer vorausgegangenen Entscheidung zum Nachteil des Betroffenen nur auf Grund neuer Tatsachen oder Beweismittel abweichen.

(3) [1]Für Entscheidungen über Zahlungserleichterungen gilt § 66 Abs. 2 Nr. 2 und 3 sinngemäß. [2]Die Entscheidung erstreckt sich auch auf die Kosten des Verfahrens; sie kann auch allein hinsichtlich der Kosten getroffen werden.

(4) [1]Entfällt die Vergünstigung nach § 18 Satz 2, die Geldbuße in bestimmten Teilbeträgen zu zahlen, so wird dies in den Akten vermerkt. [2]Die Vollstreckungsbehörde kann dem Betroffenen erneut eine Zahlungserleichterung bewilligen.

§ 94 Verrechnung von Teilbeträgen

Teilbeträge werden, wenn der Betroffene bei der Zahlung keine Bestimmung trifft, zunächst auf die Geldbuße, dann auf die etwa angeordneten Nebenfolgen, die zu einer Geldzahlung verpflichten, und zuletzt auf die Kosten des Verfahrens angerechnet.

§ 95 Beitreibung der Geldbuße

(1) Die Geldbuße oder der Teilbetrag einer Geldbuße wird vor Ablauf von zwei Wochen nach Eintritt der Fälligkeit nur beigetrieben, wenn auf Grund bestimmter Tatsachen erkennbar ist, daß sich der Betroffene der Zahlung entziehen will.

(2) Ergibt sich, daß dem Betroffenen nach seinen wirtschaftlichen Verhältnissen die Zahlung in absehbarer Zeit nicht möglich ist, so kann die Vollstreckungsbehörde anordnen, daß die Vollstreckung unterbleibt.

§ 96 Anordnung von Erzwingungshaft

(1) Nach Ablauf der in § 95 Abs. 1 bestimmten Frist kann das Gericht auf Antrag der Vollstreckungsbehörde oder, wenn ihm selbst die Vollstreckung obliegt, von Amts wegen Erzwingungshaft anordnen, wenn

1. die Geldbuße oder der bestimmte Teilbetrag einer Geldbuße nicht gezahlt ist,
2. der Betroffene seine Zahlungsunfähigkeit nicht dargetan hat (§ 66 Abs. 2 Nr. 2 Buchstabe b),
3. er nach § 66 Abs. 2 Nr. 3 belehrt ist und
4. keine Umstände bekannt sind, welche seine Zahlungsunfähigkeit ergeben.

(2) [1]Ergibt sich, daß dem Betroffenen nach seinen wirtschaftlichen Verhältnissen nicht zuzumuten ist, den zu zahlenden Betrag der Geldbuße sofort zu entrichten, so bewilligt das Gericht eine Zahlungserleichterung oder überläßt die Entscheidung darüber der Vollstreckungsbehörde. [2]Eine bereits ergangene Anordnung der Erzwingungshaft wird aufgehoben.

(3) [1]Die Dauer der Erzwingungshaft wegen einer Geldbuße darf sechs Wochen, wegen mehrerer in einer Bußgeldentscheidung festgesetzter Geldbußen drei Monate nicht übersteigen. [2]Sie wird, auch unter Berücksichtigung des zu zahlenden Betrages der Geldbuße, nach Tagen bemessen und kann nachträglich nicht verlängert, jedoch abgekürzt werden. [3]Wegen desselben Betrages darf die Erzwingungshaft nicht wiederholt werden.

§ 97 Vollstreckung der Erzwingungshaft

(1) Für die Vollstreckung der Erzwingungshaft gilt § 451 Abs. 1 und 2 der Strafprozeßordnung, im Verfahren gegen Jugendliche und Heranwachsende gelten auch § 82 Abs. 1, § 83 Abs. 2 sowie die §§ 84 und 85 Abs. 5 des Jugendgerichtsgesetzes sinngemäß.

(2) Der Betroffene kann die Vollstreckung der Erzwingungshaft jederzeit dadurch abwenden, daß er den zu zahlenden Betrag der Geldbuße entrichtet.

(3) [1]Macht der Betroffene nach Anordnung der Erzwingungshaft geltend, daß ihm nach seinen wirtschaftlichen Verhältnissen nicht zuzumuten ist, den zu zahlenden Betrag der Geldbuße sofort zu entrichten, so wird dadurch die Vollziehung der Anordnung nicht gehemmt. [2]Das Gericht kann jedoch die Vollziehung aussetzen.

§ 98 Vollstreckung gegen Jugendliche und Heranwachsende

(1) [1]Wird die gegen einen Jugendlichen festgesetzte Geldbuße auch nach Ablauf der in § 95 Abs. 1 bestimmten Frist nicht gezahlt, so kann der Jugendrichter auf Antrag der Vollstreckungsbehörde oder, wenn ihm selbst die Vollstreckung obliegt, von Amts wegen dem Jugendlichen auferlegen, an Stelle der Geldbuße

1. Arbeitsleistungen zu erbringen,
2. nach Kräften den durch die Handlung verursachten Schaden wiedergutzumachen,
3. bei einer Verletzung von Verkehrsvorschriften an einem Verkehrsunterricht teilzunehmen,
4. sonst eine bestimmte Leistung zu erbringen,

wenn die Bewilligung einer Zahlungserleichterung, die Beitreibung der Geldbuße oder die Anordnung der Erzwingungshaft nicht möglich oder angebracht erscheint. [2]Der Jugendrichter kann die Anordnungen nach Satz 1 nebeneinander treffen und nachträglich ändern.

(2) [1]Kommt der Jugendliche einer Anordnung nach Absatz 1 schuldhaft nicht nach und zahlt er auch nicht die Geldbuße, so kann Jugendarrest (§ 16 Jugendgerichtsgesetz) gegen ihn verhängt werden, wenn er entsprechend belehrt worden ist. [2]Hiernach verhängter Jugendarrest darf bei einer Bußgeldentscheidung eine Woche nicht übersteigen. [3]Vor der Verhängung von Jugendarrest ist dem Jugendlichen Gelegenheit zur mündlichen Äußerung vor dem Richter zu geben.

(3) [1]Wegen desselben Betrags darf Jugendarrest nicht wiederholt angeordnet werden. [2]Der Richter sieht von der Vollstreckung des Jugendarrestes ab, wenn der Jugendliche nach Verhängung der Weisung nachkommt oder die Geldbuße zahlt. [3]Ist Jugendarrest vollstreckt worden, so kann der Jugendrichter die Vollstreckung der Geldbuße ganz oder zum Teil für erledigt erklären.

(4) Die Absätze 1 bis 3 gelten auch für die Vollstreckung der gegen einen Heranwachsenden festgesetzten Geldbuße.

§ 99 Vollstreckung von Nebenfolgen, die zu einer Geldzahlung verpflichten

(1) Für die Vollstreckung von Nebenfolgen, die zu einer Geldzahlung verpflichten, gelten die §§ 93 und 95 entsprechend, für die Vollstreckung der Geldbuße gegen eine juristische Person oder eine Personenvereinigung gelten auch die §§ 94, 96 und 97.

(2) [1]Ist die Einziehung eines Geldbetrages (§ 29a) rechtskräftig angeordnet worden und legt der Betroffene oder der Einziehungsbeteiligte eine rechtskräftige Entscheidung vor, in der gegen ihn wegen der mit Geldbuße bedrohten Handlung ein dem Verletzten erwachsener Anspruch festgestellt ist, so ordnet die Vollstreckungsbehörde an, daß die Anordnung der Einziehung insoweit nicht mehr vollstreckt wird. [2]Ist der eingezogene Geldbetrag bereits gezahlt oder beigetrieben worden und wird die Zahlung auf Grund der rechtskräftigen Entscheidung an den Verletzten nachgewiesen, so ordnet die Vollstreckungsbehörde insoweit die Rückerstattung an den Betroffenen oder den Einziehungsbeteiligten an.

§ 100 Nachträgliche Entscheidungen über die Einziehung

(1) Über die Aufhebung des Vorbehalts der Einziehung und die nachträgliche Anordnung der Einziehung eines Gegenstandes oder des Wertersatzes (§ 24 Abs. 2 Satz 3, § 25 Abs. 4) entscheidet

1. die Verwaltungsbehörde, die den Bußgeldbescheid erlassen hat,
2. bei einer gerichtlichen Bußgeldentscheidung das Gericht.

(2) [1]Gegen die nachträgliche Anordnung der Einziehung ist in den Fällen des Absatzes 1 Nr. 1 innerhalb von zwei Wochen nach Zustellung des Bescheides der Antrag auf gerichtliche Entscheidung nach § 62 zulässig. [2]Gegen die Entscheidung des Gerichts ist sofortige Beschwerde zulässig, wenn der Wert des Beschwerdegegenstandes zweihundertfünfzig Euro übersteigt.

§ 101 Vollstreckung in den Nachlaß

In den Nachlaß des Betroffenen darf eine Geldbuße nicht vollstreckt werden.

§ 102 Nachträgliches Strafverfahren

(1) Wird nach Rechtskraft des Bußgeldbescheides wegen derselben Handlung die öffentliche Klage erhoben, so soll die Vollstreckungsbehörde die Vollstreckung des Bußgeldbescheides insoweit aussetzen.

(2) Sind die Entscheidungen nach § 86 Abs. 1 und 2 im Strafverfahren unterblieben, so sind sie von dem Gericht nachträglich zu treffen.

§ 103 Gerichtliche Entscheidung

(1) Über Einwendungen gegen

1. die Zulässigkeit der Vollstreckung,
2. die von der Vollstreckungsbehörde nach den §§ 93, 99 Abs. 2 und § 102 Abs. 1 getroffenen Anordnungen,
3. die sonst bei der Vollstreckung eines Bußgeldbescheides getroffenen Maßnahmen

entscheidet das Gericht.

(2) [1]Durch Einwendungen nach Absatz 1 wird die Vollstreckung nicht gehemmt. [2]Das Gericht kann jedoch die Vollstreckung aussetzen.

§ 104 Verfahren bei gerichtlicher Entscheidung

(1) Die bei der Vollstreckung notwendig werdenden gerichtlichen Entscheidungen werden erlassen

1. von dem nach § 68 zuständigen Gericht, wenn ein Bußgeldbescheid zu vollstrecken ist,
2. von dem Gericht des ersten Rechtszuges, wenn eine gerichtliche Bußgeldentscheidung zu vollstrecken ist,
3. von dem Jugendrichter, dem die Vollstreckung einer gerichtlichen Bußgeldentscheidung obliegt, soweit nicht eine Entscheidung nach § 100 Abs. 1 Nr. 2 zu treffen ist,
4. von dem Gericht des ersten Rechtszuges im Strafverfahren, wenn eine Entscheidung nach § 102 Abs. 2 zu treffen ist.

(2) [1]Die Entscheidung ergeht ohne mündliche Verhandlung. [2]Vor der Entscheidung ist den Beteiligten Gelegenheit zu geben, Anträge zu stellen und zu begründen.

(3) [1]Die sofortige Beschwerde ist zulässig gegen die

1. Anordnung der Erzwingungshaft und die Verhängung des Jugendarrestes,
2. nachträgliche Entscheidung über die Einziehung (§ 100 Abs. 1 Nr. 2),
3. gerichtliche Entscheidung in den Fällen des § 103 Abs. 1 Nr. 2 in Verbindung mit § 99 Abs. 2;

dies gilt in den Fällen der Nummern 2 und 3 jedoch nur dann, wenn der Wert des Beschwerdegegenstandes zweihundertfünfzig Euro übersteigt. [2]In den übrigen Fällen ist die Entscheidung nicht anfechtbar.

Zehnter Abschnitt
Kosten

I.
Verfahren der Verwaltungsbehörde

§ 105 Kostenentscheidung

(1) Im Verfahren der Verwaltungsbehörde gelten § 464 Abs. 1 und 2, § 464a, § 464c, soweit die Kosten für Gebärdensprachdolmetscher betroffen sind, die §§ 464d, 465, 466, 467a Abs. 1 und 2, § 469 Abs. 1 und 2, sowie die §§ 470, 472b und 473 Abs. 7 der Strafprozeßordnung sinngemäß, im Verfahren gegen Jugendliche und Heranwachsende ferner § 74 des Jugendgerichtsgesetzes.

(2) Die notwendigen Auslagen, die nach Absatz 1 in Verbindung mit § 465 Abs. 2, § 467a Abs. 1 und 2 sowie den §§ 470 und 472b der Strafprozeßordnung die Staatskasse zu tragen hat, werden, soweit das Gesetz nichts anderes bestimmt, der Bundeskasse auferlegt, wenn eine Verwaltungsbehörde des Bundes das Verfahren durchführt, sonst der Landeskasse.

§ 106 Kostenfestsetzung

(1) [1]Die Höhe der Kosten und Auslagen, die ein Beteiligter einem anderen zu erstatten hat, wird auf Antrag durch die Verwaltungsbehörde festgesetzt. [2]Auf Antrag ist auszusprechen, daß die festgesetzten Kosten und Auslagen von der Anbringung des Festsetzungsantrages an entsprechend § 104 Abs. 1 Satz 2 der Zivilprozessordnung zu verzinsen sind. [3]Dem Festsetzungsantrag sind eine Berechnung der dem Antragsteller entstandenen Kosten, eine zur Mitteilung an den anderen Beteiligten bestimmte Abschrift und die Belege zur Rechtfertigung der einzelnen Ansätze beizufügen. [4]Zur Berücksichtigung eines Ansatzes genügt es, daß er glaubhaft gemacht ist. [5]Hinsichtlich der einem Rechtsanwalt erwachsenen Auslagen für Post- und Telekommunikationsdienstleistungen genügt die Versicherung des Rechtsanwalts, daß die Auslagen entstanden sind.

(2) [1]Für die Zwangsvollstreckung aus dem Kostenfestsetzungsbescheid gelten die Vorschriften der Zivilprozeßordnung über die Zwangsvollstreckung aus Kostenfestsetzungsbeschlüssen sinngemäß. [2]Die Zwangsvollstreckung ist erst zulässig, wenn der Kostenfestsetzungsbescheid unanfechtbar geworden ist. [3]Die vollstreckbare Ausfertigung wird vom Urkundsbeamten der Geschäftsstelle des nach § 68 zuständigen Gerichts erteilt.

§ 107 Gebühren und Auslagen

(1) [1]Im Verfahren der Verwaltungsbehörde bemißt sich die Gebühr nach der Geldbuße, die gegen den Betroffenen im Bußgeldbescheid festgesetzt ist. [2]Wird gegen eine juristische Person oder eine Personenvereinigung eine Geldbuße nach § 30 festgesetzt, so ist von der juristischen Person oder der Personenvereinigung eine Gebühr zu erheben, die sich nach der gegen sie festgesetzten Geldbuße bemißt. [3]Als Gebühr werden bei der Festsetzung einer Geldbuße fünf vom Hundert des Betrages der festgesetzten Geldbuße erhoben, jedoch mindestens 25 Euro und höchstens 7 500 Euro.

(2) Hat die Verwaltungsbehörde im Falle des § 25a des Straßenverkehrsgesetzes eine abschließende Entscheidung getroffen, so beträgt die Gebühr 20 Euro.

(3) Als Auslagen werden erhoben

1. Entgelte für Telegramme;
2. für jede Zustellung mit Zustellungsurkunde, Einschreiben gegen Rückschein oder durch Bedienstete der Verwaltungsbehörde pauschal 3,50 Euro;
3. (weggefallen)
4. Auslagen für öffentliche Bekanntmachungen; Auslagen werden nicht erhoben für die Bekanntmachung in einem elektronischen Informations- und Kommunikationssystem, wenn das Entgelt nicht für den Einzelfall oder nicht für ein einzelnes Verfahren berechnet wird;
5. nach dem Justizvergütungs- und -entschädigungsgesetz zu zahlende Beträge, und zwar auch dann, wenn aus Gründen der Gegenseitigkeit, der Verwaltungsvereinfachung oder aus vergleichbaren Gründen keine Zahlungen zu leisten sind; ist aufgrund des § 1 Abs. 2 Satz 2 des Justizvergütungs- und -entschädigungsgesetzes keine Vergütung zu zahlen, ist der Betrag zu erheben, der ohne diese Vorschrift zu zahlen wäre; sind die Auslagen durch verschiedene Rechtssachen veranlasst, werden sie auf die einzelnen Rechtssachen angemessen verteilt; Auslagen für Übersetzer, die zur Erfüllung der Rechte blinder oder sehbehinderter Personen herangezogen werden (§ 191a Abs. 1 des Gerichtsverfassungsgesetzes), sowie für Sachverständige, die durch die Untersuchung eines Beschuldigten nach § 43 Absatz 2 des Jugendgerichtsgesetzes entstanden sind, werden nicht, Auslagen für Gebärdensprachdolmetscher werden nur entsprechend den §§ 464c, 467a Abs. 1 Satz 2 in Verbindung mit § 467 Abs. 2 Satz 1 der Strafprozessordnung erhoben;
6. bei Geschäften außerhalb der Dienststelle
   a) die den Bediensteten der Verwaltungsbehörde aufgrund gesetzlicher Vorschriften gewährte Vergütung (Reisekosten, Auslagenersatz),
   b) die Auslagen für die Bereitstellung von Räumen,

c) für den Einsatz von Dienstkraftfahrzeugen für jeden gefahrenen Kilometer von 0,30 Euro;

sind die Auslagen durch verschiedene Rechtssachen veranlasst, werden sie auf die einzelnen Rechtssachen angemessen verteilt;

7. an Rechtsanwälte zu zahlende Beträge;
8. Auslagen für die Beförderung von Personen;
9. Beträge, die mittellosen Personen für die Reise zum Ort einer Verhandlung, Vernehmung oder Untersuchung und für die Rückreise gezahlt werden, bis zur Höhe der nach dem Justizvergütungs- und -entschädigungsgesetz an Zeugen zu zahlenden Beträge;
10. an Dritte zu zahlende Beträge für
    a) die Beförderung von Tieren und Sachen mit Ausnahme der für Postdienstleistungen zu zahlenden Entgelte, die Verwahrung von Tieren und Sachen sowie die Fütterung von Tieren;
    b) die Durchsuchung oder Untersuchung von Räumen und Sachen einschließlich der die Durchsuchung oder Untersuchung vorbereitenden Maßnahmen;
    c) die Bewachung von Schiffen und Luftfahrzeugen;
11. Kosten einer Erzwingungshaft;
12. nach § 12 des Bundesgebührengesetzes, dem 5. Abschnitt des Konsulargesetzes und der Besonderen Gebührenverordnung des Auswärtigen Amts nach § 22 Absatz 4 des Bundesgebührengesetzes im Rahmen der Amtshilfe zu zahlende Beträge;
13. Gebühren, die an deutsche Behörden für die Erfüllung von deren eigenen Aufgaben zu zahlen sind, und Beträge, die diesen Behörden, öffentlichen Einrichtungen oder deren Bediensteten als Ersatz für Auslagen der in den Nummern 1 bis 11 bezeichneten Art zustehen, und zwar auch dann, wenn aus Gründen der Gegenseitigkeit, der Verwaltungsvereinfachung oder aus vergleichbaren Gründen keine Zahlungen zu leisten sind; die Auslagen sind in ihrer Höhe durch die Höchstsätze für die bezeichneten Auslagen begrenzt;
14. Beträge, die ausländischen Behörden, Einrichtungen oder Personen im Ausland zustehen, sowie Kosten des Amts- und Rechtshilfeverkehrs mit dem Ausland, und zwar auch dann, wenn aus Gründen der Gegenseitigkeit, der Verwaltungsvereinfachung oder aus vergleichbaren Gründen keine Zahlungen zu leisten sind.

(4) Hat eine Verwaltungsbehörde des Bundes den Bußgeldbescheid erlassen, so sind für die Niederschlagung der Kosten bei unrichtiger Sachbehandlung sowie die Niederschlagung, den Erlaß, die Verjährung und die Erstattung von Kosten § 14 Abs. 2 sowie die §§ 19 bis 21 des Verwaltungskostengesetzes vom 23. Juni 1970 (BGBl. I S. 821) in der bis zum 14. August 2013 geltenden Fassung anzuwenden, sonst die entsprechenden landesrechtlichen Vorschriften.

(5) [1]Von demjenigen, der die Versendung von Akten beantragt, werden je durchgeführte Sendung einschließlich der Rücksendung durch Behörden pauschal 12 Euro als Auslagen erhoben. [2]Wird die Akte elektronisch geführt und erfolgt ihre Übermittlung elektronisch, wird eine Pauschale nicht erhoben.

§ 108 Rechtsbehelf und Vollstreckung

(1) [1]Im Verfahren der Verwaltungsbehörde ist gegen den

1. selbständigen Kostenbescheid,
2. Kostenfestsetzungsbescheid (§ 106) und
3. Ansatz der Gebühren und Auslagen

der Antrag auf gerichtliche Entscheidung nach § 62 zulässig. [2]In den Fällen der Nummern 1 und 2 ist der Antrag innerhalb von zwei Wochen nach Zustellung des Bescheides zu stellen; gegen die Entscheidung des Gerichts ist in den Fällen der Nummer 2 sofortige Beschwerde zulässig, wenn der Wert des Beschwerdegegenstandes zweihundert Euro übersteigt.

(2) Für die Vollstreckung der Kosten des Bußgeldverfahrens gelten die §§ 89 und 90 Abs. 1 entsprechend.

II.
Verfahren der Staatsanwaltschaft

§ 108a

(1) Stellt die Staatsanwaltschaft nach Einspruch gegen den Bußgeldbescheid das Verfahren ein, bevor sie die Akten dem Gericht vorlegt, so trifft sie die Entscheidungen nach § 467a Abs. 1 und 2 der Strafprozeßordnung.

(2) Gegen die Entscheidung der Staatsanwaltschaft kann innerhalb von zwei Wochen nach Zustellung gerichtliche Entscheidung beantragt werden; § 50 Abs. 2 sowie die §§ 52 und 62 Abs. 2 gelten entsprechend.

(3) [1]Die Entscheidung über den Festsetzungsantrag (§ 464b Satz 1 der Strafprozeßordnung) trifft der Urkundsbeamte der Geschäftsstelle der Staatsanwaltschaft. [2]Über die Erinnerung gegen den Festsetzungsbeschluß des Urkundsbeamten der Geschäftsstelle entscheidet das nach § 68 zuständige Gericht.

III.
Verfahren über die Zulässigkeit des Einspruchs

§ 109

(1) Wird der Bescheid der Verwaltungsbehörde über die Verwerfung

1. des Einspruchs (§ 69 Abs. 1) oder
2. des Antrags auf Wiedereinsetzung in den vorigen Stand wegen Versäumung der Einspruchsfrist

im Verfahren nach § 62 aufgehoben, so gilt auch für die Kosten und Auslagen dieses Verfahrens die abschließende Entscheidung nach § 464 Abs. 1 und 2 der Strafprozeßordnung.

(2) Wird der Einspruch des Betroffenen gegen den Bußgeldbescheid verworfen (§§ 70, 74 Abs. 2), so trägt er auch die Kosten des gerichtlichen Verfahrens.

IV.
Auslagen des Betroffenen

§ 109a

(1) War gegen den Betroffenen in einem Bußgeldbescheid wegen einer Tat lediglich eine Geldbuße bis zu zehn Euro festgesetzt worden, so gehören die Gebühren und Auslagen eines Rechtsanwalts nur dann zu den notwendigen Auslagen (§ 464a Abs. 2 Nr. 2 der Strafprozeßordnung), wenn wegen der schwierigen Sach- oder Rechtslage oder der Bedeutung der Sache für den Betroffenen die Beauftragung eines Rechtsanwalts geboten war.

(2) Soweit dem Betroffenen Auslagen entstanden sind, die er durch ein rechtzeitiges Vorbringen entlastender Umstände hätte vermeiden können, kann davon abgesehen werden, diese der Staatskasse aufzuerlegen.

Elfter Abschnitt
Entschädigung für Verfolgungsmaßnahmen

§ 110

(1) Die Entscheidung über die Entschädigungspflicht für einen Vermögensschaden, der durch eine Verfolgungsmaßnahme im Bußgeldverfahren verursacht worden ist (§ 8 des Gesetzes über die Entschädigung für Strafverfolgungsmaßnahmen), trifft die Verwaltungsbehörde, wenn sie das Bußgeldverfahren abgeschlossen hat, in einem selbständigen Bescheid.

(2) [1]Gegen den Bescheid ist innerhalb von zwei Wochen nach Zustellung der Antrag auf gerichtliche Entscheidung nach § 62 zulässig. [2]Gegen die Entscheidung des Gerichts ist sofortige Beschwerde zulässig.

(3) Über den Anspruch auf Entschädigung (§ 10 des Gesetzes über die Entschädigung für Strafverfolgungsmaßnahmen) entscheidet in den Fällen des Absatzes 1 die Verwaltungsbehörde.

(4) Ersatzpflichtig ist (§ 15 des Gesetzes über die Entschädigung für Strafverfolgungsmaßnahmen) in den Fällen des Absatzes 1, soweit das Gesetz nichts anderes bestimmt, der Bund, wenn eine Verwaltungsbehörde des Bundes das Verfahren durchführt, sonst das Land.

Zwölfter Abschnitt
Aktenführung und Kommunikation im Verfahren

§ 110a Elektronische Aktenführung; Verordnungsermächtigungen

(1) [1]Die Akten können elektronisch geführt werden. [2]Die Bundesregierung und die Landesregierungen bestimmen jeweils für ihren Bereich durch Rechtsverordnung den Zeitpunkt, von dem an die Akten elektronisch geführt werden. [3]Sie können die Einführung der elektronischen Aktenführung dabei auf einzelne Gerichte oder Behörden oder auf allgemein bestimmte Verfahren beschränken und bestimmen, dass Akten, die in Papierform angelegt wurden, auch nach Einführung der elektronischen Aktenführung in Papierform weitergeführt werden; wird von der Beschränkungsmöglichkeit Gebrauch gemacht, kann in der Rechtsverordnung bestimmt werden, dass durch Verwaltungsvorschrift, die öffentlich bekanntzumachen ist, geregelt wird, in welchen Verfahren die Akten elektronisch zu führen sind. [4]Die Ermächtigung kann durch Rechtsverordnung auf die zuständigen Bundes- oder Landesministerien übertragen werden.

(1a) [1]Die Bundesregierung und die Landesregierungen können jeweils für ihren Bereich durch Rechtsverordnung bestimmen, dass Akten, die vor dem 1. Januar 2026 in Papierform angelegt wurden, ab einem bestimmten Stichtag oder Ereignis in elektronischer Form weitergeführt werden. [2]Die Zulassung der Weiterführung in elektronischer Form kann auf einzelne Gerichte oder Behörden oder auf allgemein bestimmte Verfahren beschränkt werden; wird von dieser Möglichkeit Gebrauch gemacht, kann in der Rechtsverordnung bestimmt werden, dass durch Verwaltungsvorschrift, die öffentlich bekanntzumachen ist, geregelt wird, in welchen Verfahren Akten in elektronischer Form weitergeführt werden. [3]Die Rechtsverordnung der Bundesregierung bedarf nicht der Zustimmung des Bundesrates. [4]Die Ermächtigung kann durch Rechtsverordnung auf die zuständigen Bundes- oder Landesministerien übertragen werden.

(1b) [1]Dokumente und Aktenteile, die nach den Verschlusssachenanweisungen des Bundes oder der Länder als Verschlusssache höher als VS-NUR FÜR DEN DIENSTGEBRAUCH eingestuft sind, dürfen bis zum 31. Dezember 2035 in Papierform erstellt, geführt und übermittelt werden. [2]Dokumente und Aktenteile, die nach den Verschlusssachenanweisungen des Bundes oder der Länder als Verschlusssache VS-NUR FÜR DEN DIENSTGEBRAUCH eingestuft sind, dürfen bis zum 31. Dezember 2035 in Papierform übermittelt werden. [3]Die für die Handhabung von Verschlusssachen geltenden Geheimschutzvorschriften bleiben unberührt.

*(1c) [1]Die Bundesregierung und die Landesregierungen können jeweils für ihren Bereich durch Rechtsverordnung bestimmen, dass Akten, die elektronisch angelegt wurden, ab einem bestimmten Ereignis bis zum 31. Dezember 2025 in Papierform weitergeführt werden. [2]Die Zulassung der Weiterführung in Papierform kann auf einzelne Gerichte oder Behörden oder auf allgemein bestimmte Verfahren beschränkt werden; wird von dieser Möglichkeit Gebrauch gemacht, kann in der Rechtsverordnung bestimmt werden, dass durch Verwaltungsvorschrift, die öffentlich bekanntzumachen ist, geregelt wird, in welchen Verfahren Akten in elektronischer Form weitergeführt werden. [3]Die Rechtsverordnung der Bundesregierung bedarf nicht der Zustimmung des Bundesrates. [4]Die Ermächtigung kann durch Rechtsverordnung auf die zuständigen Bundes- oder Landesministerien übertragen werden.**

(2) [1]Die Bundesregierung und die Landesregierungen bestimmen jeweils für ihren Bereich durch Rechtsverordnung die für die elektronische Aktenführung geltenden organisatorischen und dem Stand der Technik entsprechenden technischen Rahmenbedingungen einschließlich der einzuhaltenden Anforderungen des Datenschutzes, der Datensicherheit und der Barrierefreiheit. [2]Sie können die Ermächtigung durch Rechtsverordnung auf die zuständigen Bundes- oder Landesministerien übertragen.

(3) [1]Die Bundesregierung bestimmt durch Rechtsverordnung mit Zustimmung des Bundesrates die für die Übermittlung elektronischer Akten zwischen Behörden und Gerichten geltenden Standards. [2]Sie kann die Ermächtigung durch Rechtsverordnung ohne Zustimmung des Bundesrates auf die zuständigen Bundesministerien übertragen.

(4) Behörden im Sinne dieses Abschnitts sind die Staatsanwaltschaften und Verwaltungsbehörden einschließlich der Vollstreckungsbehörden sowie die Behörden des Polizeidienstes, soweit diese Aufgaben im Bußgeldverfahren wahrnehmen.

§ 110b Elektronische Formulare; Verordnungsermächtigung

[1]Die Bundesregierung kann durch Rechtsverordnung mit Zustimmung des Bundesrates elektronische Formulare einführen. [2]Die Rechtsverordnung kann bestimmen, dass die in den Formularen enthaltenen Angaben ganz oder teilweise in strukturierter maschinenlesbarer Form zu übermitteln sind. [3]Die Formulare sind auf einer in der Rechtsverordnung zu bestimmenden Kommunikationsplattform im Internet zur Nutzung bereitzustellen. [4]Die Rechtsverordnung kann bestimmen, dass eine Identifikation des Formularverwenders abweichend von § 32a Absatz 3 der Strafprozessordnung durch Nutzung des elektronischen Identitätsnachweises nach § 18 des Personalausweisgesetzes, § 12 des eID-Karte-Gesetzes oder § 78 Absatz 5 des Aufenthaltsgesetzes erfolgen kann. [5]Die Bundesregierung kann die Ermächtigung durch Rechtsverordnung ohne Zustimmung des Bundesrates auf die zuständigen Bundesministerien übertragen.

§ 110c Entsprechende Geltung der Strafprozessordnung für Aktenführung und Kommunikation im Verfahren

[1]Im Übrigen gelten die §§ 32a, 32b und 32d bis 32f der Strafprozessordnung sowie die auf der Grundlage des § 32a Absatz 2 Satz 2 und Absatz 4 Satz 1 Nummer 6, des § 32b Absatz 5 und des § 32f Absatz 6 der Strafprozessordnung erlassenen Rechtsverordnungen entsprechend. [2]Abweichend von § 32b Absatz 1 Satz 2 der Strafprozessordnung ist bei der automatisierten Herstellung eines zu signierenden elektronischen Dokuments statt seiner die begleitende Verfügung zu signieren. [3]Abweichend von § 32e Absatz 4 Satz 1 der Strafprozessordnung müssen Ausgangsdokumente nicht gespeichert oder aufbewahrt werden, wenn die übertragenen Dokumente zusätzlich einen mit einer qualifizierten elektronischen Signatur versehenen Vermerk darüber enthalten, dass das Ausgangsdokument mit dem zur Akte zu nehmenden Dokument inhaltlich und bildlich übereinstimmt.

* Mit Wirkung zum 1.1.2026 aufgehoben.

Dritter Teil
Einzelne Ordnungswidrigkeiten

Erster Abschnitt
Verstöße gegen staatliche Anordnungen

§ 111 bis 114

[Vom Abdruck wurde abgesehen.]

§ 115 Verkehr mit Gefangenen

(1) Ordnungswidrig handelt, wer unbefugt

1. einem Gefangenen Sachen oder Nachrichten übermittelt oder sich von ihm übermitteln läßt oder
2. sich mit einem Gefangenen, der sich innerhalb einer Vollzugsanstalt befindet, von außen durch Worte oder Zeichen verständigt.

(2) Gefangener ist, wer sich auf Grund strafgerichtlicher Entscheidung oder als vorläufig Festgenommener in behördlichem Gewahrsam befindet.

(3) Die Ordnungswidrigkeit und der Versuch einer Ordnungswidrigkeit können mit einer Geldbuße geahndet werden.

Zweiter Abschnitt

[Vom Abdruck wurde abgesehen.]

Dritter Abschnitt

[Vom Abdruck wurde abgesehen.]

Vierter Abschnitt
Verletzung der Aufsichtspflicht in Betrieben und Unternehmen

§ 130

(1) [1]Wer als Inhaber eines Betriebes oder Unternehmens vorsätzlich oder fahrlässig die Aufsichtsmaßnahmen unterläßt, die erforderlich sind, um in dem Betrieb oder Unternehmen Zuwiderhandlungen gegen Pflichten zu verhindern, die den Inhaber treffen und deren Verletzung mit Strafe oder Geldbuße bedroht ist, handelt ordnungswidrig, wenn eine solche Zuwiderhandlung begangen wird, die durch gehörige Aufsicht verhindert oder wesentlich erschwert worden wäre. [2]Zu den erforderlichen Aufsichtsmaßnahmen gehören auch die Bestellung, sorgfältige Auswahl und Überwachung von Aufsichtspersonen.

(2) Betrieb oder Unternehmen im Sinne des Absatzes 1 ist auch das öffentliche Unternehmen.

(3) [1]Die Ordnungswidrigkeit kann, wenn die Pflichtverletzung mit Strafe bedroht ist, mit einer Geldbuße bis zu einer Million Euro geahndet werden. [2]§ 30 Absatz 2 Satz 3 ist anzuwenden. [3]Ist die Pflichtverletzung mit Geldbuße bedroht, so bestimmt sich das Höchstmaß der Geldbuße wegen der Aufsichtspflichtverletzung nach dem für die Pflichtverletzung angedrohten Höchstmaß der Geldbuße. [4]Satz 3 gilt auch im Falle einer Pflichtverletzung, die gleichzeitig mit Strafe und Geldbuße bedroht ist, wenn das für die Pflichtverletzung angedrohte Höchstmaß der Geldbuße das Höchstmaß nach Satz 1 übersteigt.

Fünfter Abschnitt
Gemeinsame Vorschriften

§ 131

(1) [1]Verwaltungsbehörde im Sinne des § 36 Abs. 1 Nr. 1 ist

1. bei Ordnungswidrigkeiten nach § 112, soweit es sich um Verstöße gegen Anordnungen
   a) des Bundestages oder seines Präsidenten handelt, der Direktor beim Deutschen Bundestag,
   b) des Bundesrates oder seines Präsidenten handelt, der Direktor des Bundesrates,
2. bei Ordnungswidrigkeiten nach § 114 das Bundesamt für Infrastruktur, Umweltschutz und Dienstleistungen der Bundeswehr,
3. bei Ordnungswidrigkeiten nach § 124, soweit es sich um ein Wappen oder eine Dienstflagge des Bundes handelt, das Bundesministerium des Innern, für Bau und Heimat,
4. bei Ordnungswidrigkeiten nach den §§ 127 und 128, soweit es sich um
   a) Wertpapiere des Bundes oder seiner Sondervermögen handelt, die Bundesanstalt für Finanzdienstleistungsaufsicht,
   b) Geld oder Papier zur Herstellung von Geld handelt, die Deutsche Bundesbank,
   c) amtliche Wertzeichen handelt, das Bundesministerium, zu dessen Geschäftsbereich die Herstellung oder Ausgabe der Wertzeichen gehört.

[2]Satz 1 Nr. 4 Buchstaben a und c gilt auch bei Ordnungswidrigkeiten, die sich auf entsprechende Wertpapiere oder Wertzeichen eines fremden Währungsgebietes beziehen. [3]In den Fällen des Satzes 1 Nr. 3 und 4 Buchstabe c gilt § 36 Abs. 3 entsprechend.

(2) In den Fällen der §§ 122 und 130 wird die Ordnungswidrigkeit nur auf Antrag oder mit Ermächtigung verfolgt, wenn die im Rausch begangene Handlung oder die Pflichtverletzung nur auf Antrag oder mit Ermächtigung verfolgt werden könnte.

(3) Für die Verfolgung von Ordnungswidrigkeiten nach den §§ 116, 122 und 130 gelten auch die Verfahrensvorschriften entsprechend, die bei der Verfolgung der Handlung, zu der aufgefordert worden ist, der im Rausch begangenen Handlung oder der Pflichtverletzung anzuwenden sind oder im Falle des § 130 dann anzuwenden wären, wenn die mit Strafe bedrohte Pflichtverletzung nur mit Geldbuße bedroht wäre.

Vierter Teil
Schlußvorschriften

§ 132 Einschränkung von Grundrechten

Die Grundrechte der körperlichen Unversehrtheit (Artikel 2 Abs. 2 Satz 1 des Grundgesetzes), der Freiheit der Person (Artikel 2 Abs. 2 Satz 2 des Grundgesetzes) und der Unverletzlichkeit der Wohnung (Artikel 13 des Grundgesetzes) werden nach Maßgabe dieses Gesetzes eingeschränkt.

§ 133 Übergangsvorschriften

(1) Die Anwesenheit des Betroffenen in der Hauptverhandlung und das Verfahren bei seiner Abwesenheit richten sich nach dem Recht, das zu dem Zeitpunkt gilt, zu dem die erste Ladung des Betroffenen zur Hauptverhandlung abgesandt wird.

(2) Die Zulässigkeit und die Zulassung von Rechtsmitteln richten sich nach dem Recht, das zu dem Zeitpunkt gilt, zu dem ein Urteil verkündet wird oder ein Beschluß bei der Geschäftsstelle eingeht.

(3) Die Wiederaufnahme des Verfahrens richtet sich nach dem Recht, das zu dem Zeitpunkt gilt, zu dem ein Antrag bei Gericht eingeht.

(4) Im Verfahren der Verwaltungsbehörde werden Gebühren und Auslagen nach dem Recht erhoben, das zu dem Zeitpunkt gilt, in dem der Bußgeldbescheid erlassen ist.

(5) Für Dateien, die am 1. Oktober 2002 bestehen, ist § 49c erst ab dem 1. Oktober 2003 anzuwenden.

(6) [1]Wird die Anordnung der Einziehung des Wertes des Tatertrages wegen einer mit Geldbuße bedrohten Handlung, die vor dem 1. Juli 2017 begangen worden ist, nach diesem Zeitpunkt entschieden, ist § 29a in der Fassung des Gesetzes zur Reform der strafrechtlichen Vermögensabschöpfung vom 13. April 2017 (BGBl. I S. 872) anzuwenden. [2]In Verfahren, in denen bis zum 1. Juli 2017 bereits eine Entscheidung über den Verfall des Wertersatzes ergangen ist, ist § 29a in der bis zum 1. Juli 2017 geltenden Fassung anzuwenden.

§ 134 Übergangsregelung zum Gesetz zur Einführung der elektronischen Akte in Strafsachen und zur weiteren Förderung des elektronischen Rechtsverkehrs; Verordnungsermächtigungen

[1]Die Bundesregierung und die Landesregierungen können jeweils für ihren Bereich durch Rechtsverordnung bestimmen, dass die Einreichung elektronischer Dokumente abweichend von § 32a der Strafprozessordnung erst zum 1. Januar des Jahres 2019 oder 2020 möglich ist und § 110a in der am 31. Dezember 2017 geltenden Fassung bis jeweils zum 31. Dezember des Jahres 2018 oder 2019 weiter Anwendung findet. [2]Sie können die Ermächtigung nach Satz 1 durch Rechtsverordnung auf die zuständigen Bundes- oder Landesministerien übertragen.

§ 135

(Inkrafttreten)

H. Sonstige Verfahren

Das anwaltsgerichtliche Verfahren – eine Übersicht[1]

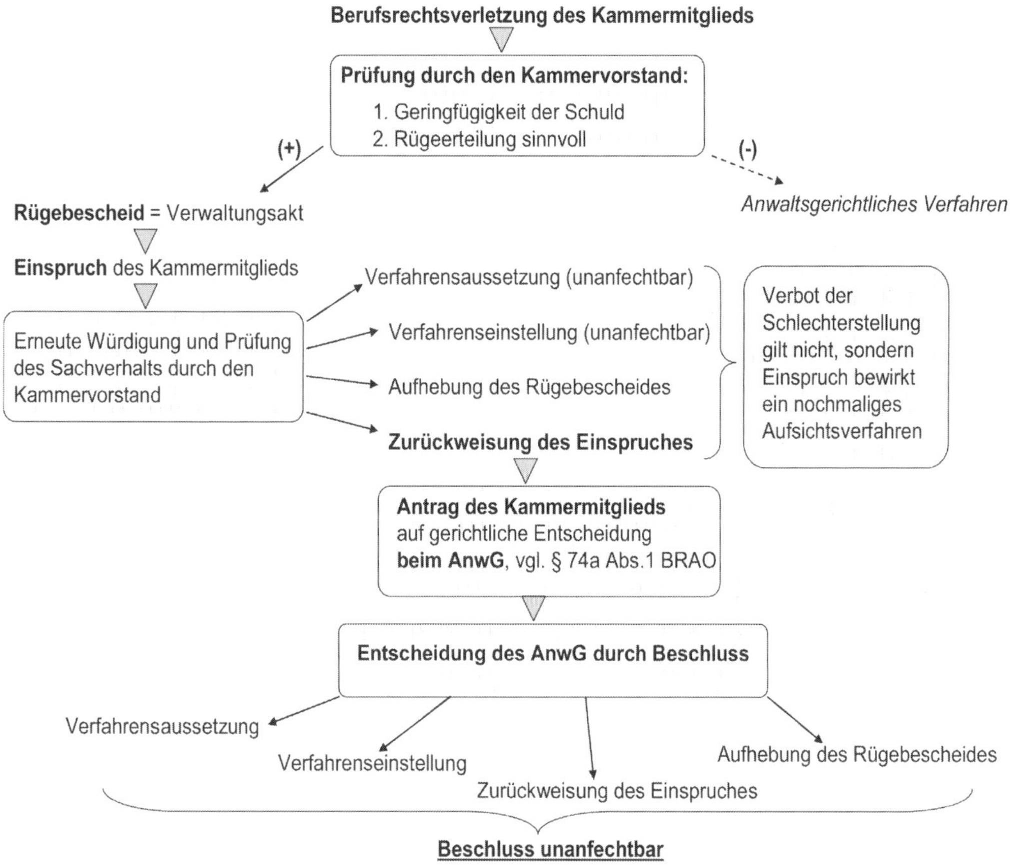

Schaubild 1: Das Rügeverfahren der Rechtsanwaltskammer (§ 74 BRAO)

1 Mit freundlicher Zustimmung der Verfasser übernommen aus dem Beitrag Huff/Terriuolo, KammerForum 2013, 53 ff.

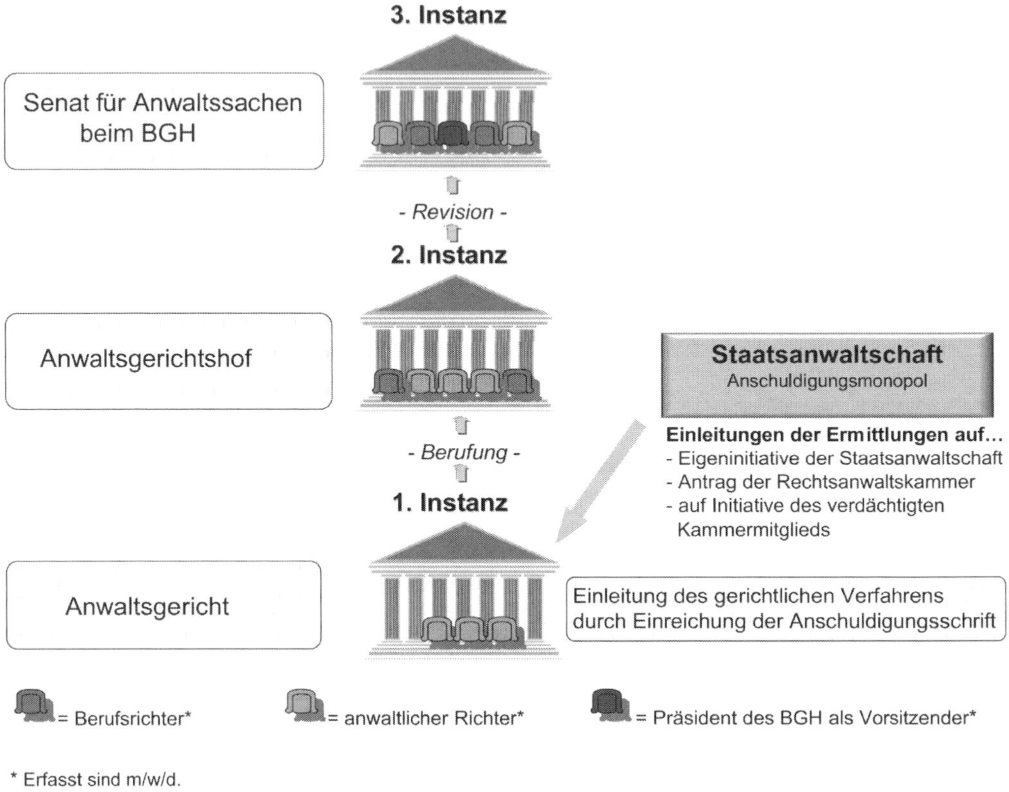

Schaubild 2: Das anwaltsgerichtliche Verfahren bei Anschuldigung durch die Generalstaatsanwaltschaft

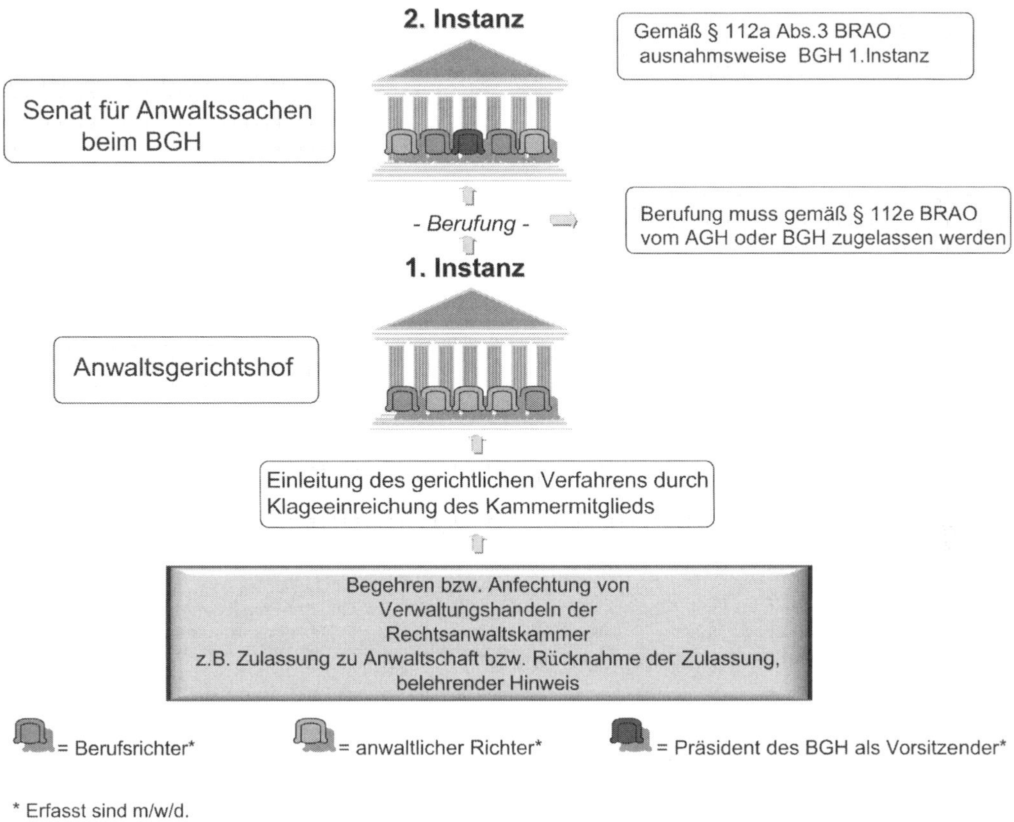

Schaubild 3: Das anwaltsgerichtliche Verfahren bei Verwaltungshandeln der Kammer

Satzung der Schlichtungsstelle der Rechtsanwaltschaft (§ 191f BRAO)[1]

Beschlossen am 9. Oktober 2009, zuletzt geändert in der Hauptversammlung der Bundesrechtsanwaltskammer vom 21. September 2024

Inhaltsübersicht

[von den Herausgebern eingefügt; nicht Teil der beschlossenen Satzung]

§ 1 Zuständigkeit und Besetzung

1. Die Schlichtungsstelle kann bei vermögensrechtlichen Streitigkeiten aus einem bestehenden oder beendeten Mandatsverhältnis angerufen werden, wenn die beauftragte Rechtsanwältin/der beauftragte Rechtsanwalt im Zeitpunkt des Eingangs des Schlichtungsantrages einer Rechtsanwaltskammer angehören.
2. Die Schlichtungsstelle besteht aus den Schlichterinnen und Schlichtern und der Geschäftsstelle. Diese unterstützt die Schlichterinnen und Schlichter bei ihrer Tätigkeit.

§ 2 Bestellung und Tätigkeit der Schlichter

1. Die Präsidentin/der Präsident der Bundesrechtsanwaltskammer bestellt die Schlichterinnen/die Schlichter, die allein oder als Kollegialorgan tätig werden. Das Kollegialorgan besteht aus drei Schlichterinnen/Schlichtern. Ihm muss eine Rechtsanwältin/ein Rechtsanwalt angehören. Vorschlagsberechtigt sind die Rechtsanwaltskammern und der gemäß § 3 dieser Satzung gebildete Beirat.

   Zur Schlichterin/zum Schlichter, die/der allein tätig wird, darf nicht bestellt werden, wer Rechtsanwältin/Rechtsanwalt ist oder in den letzten drei Jahren vor Amtsantritt war oder im Haupt- oder Nebenberuf bei der Bundesrechtsanwaltskammer, einer Rechtsanwaltskammer oder einem Verband der Rechtsanwaltschaft tätig ist oder in den letzten drei Jahren vor Amtsantritt tätig war. Ist nur eine Schlichterin/ein Schlichter bestellt, muss eine Vertreterin/ein Vertreter bestellt werden. Für die Vertreterin/den Vertreter gelten dieselben Regelungen wie für die Schlichterin/den Schlichter.

   Zum nichtanwaltlichen Mitglied des Kollegialorgans darf nur bestellt werden, wer in den letzten drei Jahren vor Amtsantritt nicht Rechtsanwältin/Rechtsanwalt war und weder im Haupt- noch im Nebenberuf bei der Bundesrechtsanwaltskammer, einer Rechtsanwaltskammer oder einem Verband der Rechtsanwaltschaft tätig ist oder in den letzten drei Jahren vor Amtsantritt tätig war.

   Zum anwaltlichen Mitglied des Kollegialorgans darf nicht bestellt werden, wer dem Vorstand einer Rechtsanwaltskammer oder eines Verbandes der Rechtsanwaltschaft angehört oder im Haupt- oder Nebenberuf bei der Bundesrechtsanwaltskammer, einer Rechtsanwaltskammer oder einem Verband der Rechtsanwaltschaft tätig ist.

1 Aus Gründen der Lesbarkeit wurde im Text die männliche Form gewählt, die Angaben beziehen sich aber auf alle Geschlechter.

2. Vor der Bestellung einer Schlichterin/eines Schlichters ist dem gemäß § 3 gebildeten Beirat Gelegenheit zur Stellungnahme innerhalb einer Frist von 2 Monaten zu geben. Ihm sind der Name und der berufliche Werdegang der als Schlichterin/Schlichter vorgesehenen Person mitzuteilen. Nach erfolgter Anhörung bestellt die Präsidentin/der Präsident der Bundesrechtsanwaltskammer die Schlichterin/ den Schlichter.
3. Jede Schlichterin/jeder Schlichter, die/der allein tätig sein soll, sowie die/der Vorsitzende des Kollegialorgans müssen die Befähigung zum Richteramt haben. Die Amtszeit beträgt vier Jahre. Eine einmalige Wiederbestellung ist zulässig.
4. Die Schlichterin/der Schlichter ist unabhängig und an Weisungen nicht gebunden. Sie/er kann von der Präsidentin/vom Präsidenten der Bundesrechtsanwaltskammer abberufen werden, wenn Tatsachen vorliegen, die eine unabhängige Schlichtertätigkeit nicht mehr erwarten lassen, wenn die Schlichterin/der Schlichter nicht nur vorübergehend an der Wahrnehmung ihres/seines Amtes gehindert ist oder ein anderer wichtiger Grund vorliegt.
5. Bei der Bestellung von mehreren Personen zu Schlichterinnen/Schlichtern legen diese die Geschäftsverteilung einschließlich Vertretungsregelung vor jedem Geschäftsjahr fest, und zwar für den Fall, dass die Schlichterin/der Schlichter allein oder als Kollegialorgan entscheiden. Die Regelung in § 5 Nr. 4 Satz 1 bleibt unberührt. Eine Änderung der Geschäftsverteilung ist während des Geschäftsjahres nur aus wichtigem Grund zulässig. Das Geschäftsjahr ist das Kalenderjahr.

§ 3 Bestellung und Aufgaben des Beirats

1. Die Schlichtungsstelle der Rechtsanwaltschaft erhält einen Beirat, der aus höchstens neun Personen besteht.
2. Dem Beirat gehören an mindestens jeweils eine Vertreterin/ein Vertreter der Bundesrechtsanwaltskammer, der Rechtsanwaltskammern, der Verbände der Rechtsanwaltschaft, der Verbände der Verbraucher und des Gesamtverbandes der Deutschen Versicherungswirtschaft. Andere Personen können in den Beirat berufen werden. Höchstens die Hälfte der Mitglieder des Beirates dürfen Rechtsanwältinnen/ Rechtsanwälte sein.
3. Die Mitglieder des Beirates werden vom Präsidium der Bundesrechts-anwaltskammer auf Vorschlag der Bundesrechtsanwaltskammer, der Rechtsanwaltskammern, des Deutschen Anwaltvereins, des Bundesverbandes für Verbraucherzentralen und Verbraucherverbände und des Gesamtverbandes der Deutschen Versicherungswirtschaft ausgewählt und von der Präsidentin/vom Präsidenten der Bundesrechtsanwaltskammer ernannt.

   Die Amtszeit beträgt vier Jahre. Eine einmalige Wiederbestellung ist zulässig. Der Beirat wählt aus seiner Mitte eine Vorsitzende/einen Vorsitzenden und deren /dessen Vertretung.

   Dem Beirat ist vor der Bestellung von Schlichterinnen/Schlichtern, vor Änderung der Satzung und vor Veröffentlichung des Tätigkeitsberichtes Gelegenheit zur Stellungnahme zu geben. Im Übrigen berät er die Schlichterinnen/Schlichter auf deren Anforderung in allen für das Schlichtungsverfahren wesentlichen Fragen. Der Beirat tritt mindestens einmal im Jahr zusammen.

§ 4 Ablehnung des Schlichtungsverfahrens

Die Durchführung eines Schlichtungsverfahrens soll abgelehnt werden, wenn

1. die Streitigkeit nicht in die Zuständigkeit der Schlichtungsstelle fällt;
2. der streitige Anspruch nicht zuvor gegenüber dem Antragsgegner geltend gemacht worden ist;
3. ein Gericht zu der Streitigkeit bereits eine Sachentscheidung getroffen hat oder die Streitigkeit bereits vor einem Gericht rechtshängig ist und das Verfahren nicht nach § 278a Abs. 2 ZPO ruht;
4. der Antrag offensichtlich ohne Aussicht auf Erfolg ist oder mutwillig erscheint, insbesondere weil

a) die Streitigkeit bereits beigelegt ist, z. B. durch einen Vergleich oder ein Anerkenntnis;

b) zu der Streitigkeit ein Antrag auf Prozesskostenhilfe abgewiesen wurde, weil die beabsichtigte Rechtsverfolgung keine Aussicht auf Erfolg bot oder mutwillig erschien;

c) der streitige Anspruch bei Antragstellung bereits verjährt war und der Antragsgegner sich auf die Verjährung beruft;

d) von einem an dem Schlichtungsverfahren Beteiligten Strafanzeige im Zusammenhang mit dem der Schlichtung zugrunde liegenden Sachverhalt erstattet wurde;

e) eine berufsrechtliche oder strafrechtliche Überprüfung des beanstandeten Verhaltens bei der zuständigen Rechtsanwaltskammer oder der Staatsanwaltschaft oder den Anwaltsgerichten anhängig und dieses Verfahren noch nicht abgeschlossen ist;

5. eine Verbraucherschlichtungsstelle bereits ein Verfahren zur Beilegung der Streitigkeit durchgeführt hat oder die Streitigkeit bei einer anderen Verbraucherschlichtungsstelle anhängig ist;

6. die Behandlung der Streitigkeit den effektiven Betrieb der Schlichtungsstelle ernsthaft beeinträchtigen würde, insbesondere weil

   a) die Schlichtungsstelle den Sachverhalt oder rechtliche Fragen nur mit einem unangemessenen Aufwand klären kann, z. B. durch die Einholung von Gutachten über Rechtsfragen;

   b) die Klärung des Sachverhalts eine Beweisaufnahme erfordert, es sei denn, der Beweis kann durch die Vorlage von Urkunden geführt werden;

   c) eine grundsätzliche Rechtsfrage, die für die Bewertung der Streitigkeit erheblich ist, nicht geklärt ist;

7. die Verbraucherin/der Verbraucher sowie der streitige Anspruch oder das Rechtsverhältnis, das den Gegenstand der Streitigkeit bildet, in das Klageregister nach § 609 ZPO zu einer Musterfeststellungsklage eingetragen sind, die noch rechtshängig ist;

8. einer der unter 2. bis 7. aufgeführten Gründe nachträglich eintritt.

§ 5 Verfahren

1. Der Antrag auf Durchführung der Schlichtung ist unter kurzer Schilderung des Sachverhaltes in Textform und Beifügung der für die Prüfung erforderlichen Unterlagen an die Schlichtungsstelle zu richten. Die Antragstellerin/der Antragsteller hat in dem von ihr/ihm gestellten Antrag zu versichern, dass keine Ablehnungsgründe vorliegen.

   Treten diese Gründe nach Einleitung des Schlichtungsverfahrens ein, hat sie/er hiervon die Schlichtungsstelle zu unterrichten.

2. Die Schlichtungsstelle prüft die Unterlagen und fordert die Antragstellerin/den Antragsteller gegebenenfalls unter Setzen einer angemessenen Frist auf, den Sachvortrag zu ergänzen und/oder fehlende Unterlagen nachzureichen. Sie ist befugt, die ihr notwendig erscheinenden Auskünfte einzuholen.

3. Macht die Schlichtungsstelle von ihrem Ablehnungsrecht Gebrauch, weist sie den Schlichtungsantrag zurück. Hiervon soll sie die Antragsgegnerin/den Antragsgegner unterrichten.

4. Liegt kein Ablehnungsgrund vor, entscheidet die Schlichterin/der Schlichter, ob sie/er allein oder das etwa eingerichtete Kollegialorgan tätig werden soll. Für das Kollegialorgan gelten die nachfolgenden Vorschriften entsprechend.

5. Die Schlichtungsstelle übermittelt der Antragsgegnerin/dem Antragsgegner den Antrag mit der Aufforderung, innerhalb einer angemessenen Frist hierzu Stellung zu nehmen. Davon wird die Antragstellerin/der Antragsteller unterrichtet.

6. Nach Vorlage der Stellungnahmen beider Beteiligten oder nach Fristablauf kann die Schlichtungsstelle eine ergänzende Stellungnahme der Beteiligten einholen, soweit sie eine weitere Aufklärung des Sachverhalts für notwendig hält. Eine mündliche Verhandlung findet nicht statt.

Die Schlichtungsstelle kann die Beteiligten in jedem Verfahrensstadium in ihr geeignet erscheinender Art und Weise und bei vorliegendem Einverständnis in Textform auch mittels Videokommunikation anhören, wenn sie der Überzeugung ist, dass hierdurch eine Einigung gefördert werden kann.

7. Die Schlichtungsstelle kann sämtliche von ihr gesetzte Fristen als Ausschlussfristen bestimmen.

§ 6 Schlichtungsvorschlag

1. Die Schlichtungsstelle unterbreitet nach Vorliegen der Stellungnahmen der Beteiligten einen Schlichtungsvorschlag in Textform. Hierzu ist sie in ihr geeignet erscheinenden Fällen auch dann berechtigt, aber nicht verpflichtet, wenn die Antragsgegnerin/der Antragsgegner eine Stellungnahme nicht abgegeben hat.

   Der Vorschlag muss zum Inhalt haben, wie der Streit der Beteiligten auf Grund der sich aus dem Sachvortrag und den vorgelegten Unterlagen ergebenden Sach- und Rechtslage angemessen beigelegt werden kann. Er ist kurz und verständlich zu begründen und den Beteiligten in Textform zu übermitteln.

2. Die Beteiligten sind darauf hinzuweisen, dass
   a) der Schlichtungsvorschlag von dem Ergebnis eines gerichtlichen Verfahrens abweichen kann;
   b) sie zur Annahme nicht verpflichtet sind und bei Nichtannahme beiden Beteiligten der Rechtsweg offen steht;
   c) der Schlichtungsvorschlag von den Beteiligten durch eine Mitteilung in Textform, die innerhalb einer von der Schlichtungsstelle gesetzten angemessenen Frist bei der Schlichtungsstelle eingegangen sein muss, angenommen werden kann und
   d) bei Annahme des Schlichtungsvorschlages von allen Beteiligten, diese vertraglich verpflichtet sind, den Schlichtungsvorschlag zu befolgen.

3. Nach Ablauf der Frist teilt die Schlichtungsstelle den Beteiligten das Ergebnis mit. Mit dieser Mitteilung ist das Schlichtungsverfahren beendet. Kommt es nicht zu einer Einigung, ist die Mitteilung als Bescheinigung über einen erfolglosen Einigungsversuch nach § 15 a) Abs. 3 Satz 3 EGZPO zu bezeichnen. In der Bescheinigung sind die Namen der Beteiligten und der Verfahrensgegenstand anzugeben.

§ 7 Vertraulichkeit

[1]Die Schlichterinnen/Schlichter und die Mitarbeiterinnen/Mitarbeiter der Schlichtungsstelle sind zur Verschwiegenheit verpflichtet. [2]Sie sind berechtigt, sich bei den in § 4 Ziffern 3 bis 5 aufgeführten Stellen zu vergewissern, ob dort Verfahren anhängig sind. [3]Im Übrigen sind sie nicht befugt, Informationen, von denen sie im Schlichtungsverfahren Kenntnis erhalten, Dritten zu offenbaren. [4]Dies gilt auch für die Zeit nach Beendigung der Tätigkeit bei der Schlichtungsstelle.

§ 8 Jahresbericht

Die Schlichtungsstelle veröffentlicht nach Ende des Geschäftsjahres einen Bericht in Textform über die Tätigkeit im abgelaufenen Geschäftsjahr und die dabei gewonnenen Erfahrungen.

§ 9 Kosten

1. Die Durchführung des Schlichtungsverfahrens ist kostenfrei. Auslagen werden von der Schlichtungsstelle nicht erstattet. Bei der Schlichtungsstelle eingereichte Kopien werden nicht zurückgesandt.
2. Jede Partei trägt die eigenen Kosten und Auslagen, es sei denn es wird Abweichendes vereinbart.

§ 10 Inkrafttreten

[1]Die Satzung tritt am Ersten des Monats in Kraft, der auf die Veröffentlichung in den BRAK-Mitteilungen folgt. [2]Diese Fassung gilt ab dem 01.01.2025.

Hinweispflichten zur alternativen Streitbeilegung und Widerrufsrecht bei Verbraucherverträgen

Hinweispflichten zur alternativen Streitbeilegung

Artikel 14 Verordnung (EU) Nr. 524/2013: Information der Verbraucher*

(1) [1]In der Union niedergelassene Unternehmer, die Online-Kaufverträge oder Online-Dienstleistungsverträge eingehen, und in der Union niedergelassene Online-Marktplätze stellen auf ihren Websites einen Link zur OS-Plattform ein. [2]Dieser Link muss für Verbraucher leicht zugänglich sein. [3]In der Union niedergelassene Unternehmer, die Online-Kaufverträge oder Online-Dienstleistungsverträge eingehen, geben zudem ihre E-Mail-Adressen an.

(2) [1]In der Union niedergelassene Unternehmer, die Online-Kaufverträge oder Online-Dienstleistungsverträge eingehen und sich verpflichtet haben oder verpflichtet sind, eine oder mehrere AS-Stellen für die Beilegung von Streitigkeiten mit Verbrauchern zu nutzen, informieren die Verbraucher über die Existenz der OS-Plattform und die Möglichkeit, diese für die Beilegung ihrer Streitigkeiten zu nutzen. [2]Sie stellen auf ihren Websites sowie, falls das Angebot über E-Mail erfolgt, in dieser E-Mail einen Link zu der OS-Plattform ein. [3]Diese Informationen sind gegebenenfalls auch in die allgemeinen Geschäftsbedingungen für Online-Kaufverträge oder Online-Dienstleistungsverträge aufzunehmen.

(3) Absätze 1 und 2 dieses Artikels gelten unbeschadet des Artikels 13 der Richtlinie 2013/11/EU und der in anderen Rechtsakten der Union enthaltenen Bestimmungen über die Information der Verbraucher über außergerichtliche Rechtsbehelfsverfahren, die zusätzlich zu diesem Artikel gelten.

(4) Die in Artikel 20 Absatz 5 der Richtlinie 2013/11/EU genannte Liste der AS-Stellen und ihre aktualisierten Fassungen werden auf der OS-Plattform veröffentlicht.

(5) Die Mitgliedstaaten sorgen dafür, dass AS-Stellen, die Zentren des Europäischen Netzes der Verbraucherzentren, die zuständigen Behörden im Sinne des Artikels 18 Absatz 1 der Richtlinie 2013/11/EU und gegebenenfalls die gemäß Artikel 14 Absatz 2 der Richtlinie 2013/11/EU bezeichneten Einrichtungen auf ihren Websites einen Link zu der OS-Plattform einstellen.

(6) Die Mitgliedstaaten empfehlen den einschlägigen Verbraucher- und Wirtschaftsverbänden, auf ihren Websites einen Link zu der OS-Plattform einzustellen.

(7) Unternehmer, die verpflichtet sind, Informationen gemäß den Absätzen 1 und 2 und den in Absatz 3 genannten Bestimmungen zu veröffentlichen, veröffentlichen diese Informationen möglichst gebündelt.

§ 36 Verbraucherstreitbeilegungsgesetz (VSBG)[1]: Allgemeine Informationspflicht

(1) Ein Unternehmer, der eine Webseite unterhält oder Allgemeine Geschäftsbedingungen verwendet, hat den Verbraucher leicht zugänglich, klar und verständlich

1. in Kenntnis zu setzen davon, inwieweit er bereit ist oder verpflichtet ist, an Streitbeilegungsverfahren vor einer Verbraucherschlichtungsstelle teilzunehmen, und
2. auf die zuständige Verbraucherschlichtungsstelle hinzuweisen, wenn sich der Unternehmer zur Teilnahme an einem Streitbeilegungsverfahren vor einer Verbraucherschlichtungsstelle verpflichtet hat oder wenn er auf Grund von Rechtsvorschriften zur Teilnahme verpflichtet ist; der Hinweis muss Angaben zu Anschrift und Webseite der Verbraucherschlichtungsstelle sowie

* Hinweis der Herausgeber: Die Verordnung (EU) Nr. 524/2013 ist mit Wirkung vom 20. Juli 2025 aufgehoben durch Artikel 1 der Verordnung (EU) 2024/3228.

1 Verbraucherstreitbeilegungsgesetz vom 19. Februar 2016 (BGBl. I S. 254, 1039), das zuletzt durch Artikel 16 des Gesetzes vom 8. Oktober 2023 (BGBl. I Nr. 272) geändert worden ist.

eine Erklärung des Unternehmers, an einem Streitbeilegungsverfahren vor dieser Verbraucherschlichtungsstelle teilzunehmen, enthalten.

(2) Die Informationen nach Absatz 1 müssen

1. auf der Webseite des Unternehmers erscheinen, wenn der Unternehmer eine Webseite unterhält,

2. zusammen mit seinen Allgemeinen Geschäftsbedingungen gegeben werden, wenn der Unternehmer Allgemeine Geschäftsbedingungen verwendet.

(3) Von der Informationspflicht nach Absatz 1 Nummer 1 ausgenommen ist ein Unternehmer, der am 31. Dezember des vorangegangenen Jahres zehn oder weniger Personen beschäftigt hat.

§ 37 Verbraucherstreitbeilegungsgesetz (VSBG): Informationen nach Entstehen der Streitigkeit

(1) [1]Der Unternehmer hat den Verbraucher auf eine für ihn zuständige Verbraucherschlichtungsstelle unter Angabe von deren Anschrift und Webseite hinzuweisen, wenn die Streitigkeit über einen Verbrauchervertrag durch den Unternehmer und den Verbraucher nicht beigelegt werden konnte. [2]Der Unternehmer gibt zugleich an, ob er zur Teilnahme an einem Streitbeilegungsverfahren bei dieser Verbraucherschlichtungsstelle bereit ist oder verpflichtet ist. [3]Ist der Unternehmer zur Teilnahme am Streitbeilegungsverfahren einer oder mehrerer Verbraucherschlichtungsstellen bereit oder verpflichtet, so hat er diese Stelle oder diese Stellen anzugeben.

(2) Der Hinweis muss in Textform gegeben werden.

Widerrufsrecht bei Verbraucherverträgen[1]

[2]§ 355 BGB Widerrufsrecht bei Verbraucherverträgen

(1) [1]Wird einem Verbraucher durch Gesetz ein Widerrufsrecht nach dieser Vorschrift eingeräumt, so sind der Verbraucher und der Unternehmer an ihre auf den Abschluss des Vertrags gerichteten Willenserklärungen nicht mehr gebunden, wenn der Verbraucher seine Willenserklärung fristgerecht widerrufen hat. [2]Der Widerruf erfolgt durch Erklärung gegenüber dem Unternehmer. [3]Aus der Erklärung muss der Entschluss des Verbrauchers zum Widerruf des Vertrags eindeutig hervorgehen. [4]Der Widerruf muss keine Begründung enthalten. [5]Zur Fristwahrung genügt die rechtzeitige Absendung des Widerrufs.

(2) [1]Die Widerrufsfrist beträgt 14 Tage. [2]Sie beginnt mit Vertragsschluss, soweit nichts anderes bestimmt ist.

(3) [1]Im Falle des Widerrufs sind die empfangenen Leistungen unverzüglich zurückzugewähren. [2]Bestimmt das Gesetz eine Höchstfrist für die Rückgewähr, so beginnt diese für den Unternehmer mit dem Zugang und für den Verbraucher mit der Abgabe der Widerrufserklärung. [3]Ein Verbraucher wahrt diese Frist durch die rechtzeitige Absendung der Waren. [4]Der Unternehmer trägt bei Widerruf die Gefahr der Rücksendung der Waren.

---

1 Zur Anwendung auf Anwaltsverträge wegen deren Qualifizierung als Fernabsatzverträge gemäß § 312c BGB siehe BGH, Urt. vom 19.11.2020, IX ZR 133/19.

2 Bürgerliches Gesetzbuch (BGB) in der Fassung der Bekanntmachung vom 2. Januar 2002 (BGBl. I S. 42, 2909; 2003 I S. 738), zuletzt geändert durch Artikel 4 des Gesetzes vom 7. April 2025 (BGBl. I Nr. 109).

Artikel 246a
EGBGB[1] Informationspflichten bei außerhalb von Geschäftsräumen geschlossenen Verträgen und Fernabsatzverträgen mit Ausnahme von Verträgen über Finanzdienstleistungen

§ 1 Informationspflichten

(1) [1]Der Unternehmer ist nach § 312d Absatz 1 des Bürgerlichen Gesetzbuchs verpflichtet, dem Verbraucher folgende Informationen zur Verfügung zu stellen:

1. die wesentlichen Eigenschaften der Waren oder Dienstleistungen in dem für das Kommunikationsmittel und für die Waren und Dienstleistungen angemessenen Umfang,
2. seine Identität, beispielsweise seinen Handelsnamen, sowie die Anschrift des Ortes, an dem er niedergelassen ist, sowie gegebenenfalls die Identität und die Anschrift des Unternehmers, in dessen Auftrag er handelt,
3. seine Telefonnummer, seine E-Mail-Adresse sowie gegebenenfalls andere von ihm zur Verfügung gestellte Online-Kommunikationsmittel, sofern diese gewährleisten, dass der Verbraucher seine Korrespondenz mit dem Unternehmer, einschließlich deren Datums und deren Uhrzeit, auf einem dauerhaften Datenträger speichern kann,
4. zusätzlich zu den Angaben gemäß den Nummern 2 und 3 die Geschäftsanschrift des Unternehmers und gegebenenfalls die Anschrift des Unternehmers, in dessen Auftrag er handelt, an die sich der Verbraucher mit jeder Beschwerde wenden kann, falls diese Anschrift von der Anschrift nach Nummer 2 abweicht,
5. den Gesamtpreis der Waren oder der Dienstleistungen, einschließlich aller Steuern und Abgaben, oder in den Fällen, in denen der Preis auf Grund der Beschaffenheit der Waren oder der Dienstleistungen vernünftigerweise nicht im Voraus berechnet werden kann, die Art der Preisberechnung,
6. gegebenenfalls den Hinweis, dass der Preis auf der Grundlage einer automatisierten Entscheidungsfindung personalisiert wurde,
7. gegebenenfalls alle zusätzlich zu dem Gesamtpreis nach Nummer 5 anfallenden Fracht-, Liefer- oder Versandkosten und alle sonstigen Kosten, oder in den Fällen, in denen diese Kosten vernünftigerweise nicht im Voraus berechnet werden können, die Tatsache, dass solche zusätzlichen Kosten anfallen können,
8. im Falle eines unbefristeten Vertrags oder eines Abonnement-Vertrags den Gesamtpreis; dieser umfasst die pro Abrechnungszeitraum anfallenden Gesamtkosten und, wenn für einen solchen Vertrag Festbeträge in Rechnung gestellt werden, ebenfalls die monatlichen Gesamtkosten; wenn die Gesamtkosten vernünftigerweise nicht im Voraus berechnet werden können, ist die Art der Preisberechnung anzugeben,
9. die Kosten für den Einsatz des für den Vertragsabschluss genutzten Fernkommunikationsmittels, sofern dem Verbraucher Kosten berechnet werden, die über die Kosten für die bloße Nutzung des Fernkommunikationsmittels hinausgehen,
10. die Zahlungs-, Liefer- und Leistungsbedingungen, den Termin, bis zu dem der Unternehmer die Waren liefern oder die Dienstleistung erbringen muss, und gegebenenfalls das Verfahren des Unternehmers zum Umgang mit Beschwerden,
11. das Bestehen eines gesetzlichen Mängelhaftungsrechts für die Waren oder die digitalen Produkte,

1 Einführungsgesetz zum Bürgerlichen Gesetzbuch in der Fassung der Bekanntmachung vom 21. September 1994 (BGBl. I S. 2494; 1997 I S. 1061), zuletzt geändert durch Artikel 15 des Gesetzes vom 23. Oktober 2024 (BGBl. I Nr. 323).

12. gegebenenfalls das Bestehen und die Bedingungen von Kundendienst, Kundendienstleistungen und Garantien,
13. gegebenenfalls bestehende einschlägige Verhaltenskodizes gemäß Artikel 2 Buchstabe f der Richtlinie 2005/29/EG des Europäischen Parlaments und des Rates vom 11. Mai 2005 über unlautere Geschäftspraktiken im binnenmarktinternen Geschäftsverkehr zwischen Unternehmen und Verbrauchern und zur Änderung der Richtlinie 84/450/EWG des Rates, der Richtlinien 97/7/EG, 98/27/EG und 2002/65/EG des Europäischen Parlaments und des Rates sowie der Verordnung (EG) Nr. 2006/2004 des Europäischen Parlaments und des Rates (ABl. L 149 vom 11.6.2005, S. 22; L 253 vom 25.9.2009, S. 18), die zuletzt durch die Richtlinie (EU) 2019/2161 (ABl. L 328 vom 18.12.2019, S. 7) geändert worden ist, und wie Exemplare davon erhalten werden können,
14. gegebenenfalls die Laufzeit des Vertrags oder die Bedingungen der Kündigung unbefristeter Verträge oder sich automatisch verlängernder Verträge,
15. gegebenenfalls die Mindestdauer der Verpflichtungen, die der Verbraucher mit dem Vertrag eingeht,
16. gegebenenfalls die Tatsache, dass der Unternehmer vom Verbraucher die Stellung einer Kaution oder die Leistung anderer finanzieller Sicherheiten verlangen kann, sowie deren Bedingungen,
17. gegebenenfalls die Funktionalität der Waren mit digitalen Elementen oder der digitalen Produkte, einschließlich anwendbarer technischer Schutzmaßnahmen,
18 gegebenenfalls, soweit wesentlich, die Kompatibilität und die Interoperabilität der Waren mit digitalen Elementen oder der digitalen Produkte, soweit diese Informationen dem Unternehmer bekannt sind oder bekannt sein müssen, und
19. gegebenenfalls, dass der Verbraucher ein außergerichtliches Beschwerde- und Rechtsbehelfsverfahren, dem der Unternehmer unterworfen ist, nutzen kann, und dessen Zugangsvoraussetzungen.

[2]Wird der Vertrag im Rahmen einer öffentlich zugänglichen Versteigerung geschlossen, können anstelle der Angaben nach Satz 1 Nummer 2 bis 4 die entsprechenden Angaben des Versteigerers zur Verfügung gestellt werden.

(2) [1]Steht dem Verbraucher ein Widerrufsrecht nach § 312g Absatz 1 des Bürgerlichen Gesetzbuchs zu, ist der Unternehmer verpflichtet, den Verbraucher zu informieren

1. über die Bedingungen, die Fristen und das Verfahren für die Ausübung des Widerrufsrechts nach § 355 Absatz 1 des Bürgerlichen Gesetzbuchs sowie das Muster-Widerrufsformular in der Anlage 2,
2. gegebenenfalls darüber, dass der Verbraucher im Widerrufsfall die Kosten für die Rücksendung der Waren zu tragen hat, und bei Fernabsatzverträgen zusätzlich über die Kosten für die Rücksendung der Waren, wenn die Waren auf Grund ihrer Beschaffenheit nicht auf dem normalen Postweg zurückgesendet werden können, und
3. darüber, dass der Verbraucher dem Unternehmer bei einem Vertrag über die Erbringung von Dienstleistungen, für die die Zahlung eines Preises vorgesehen ist, oder über die nicht in einem bestimmten Volumen oder in einer bestimmten Menge vereinbarte Lieferung von Wasser, Gas, Strom oder die Lieferung von Fernwärme einen angemessenen Betrag nach § 357a Absatz 2 des Bürgerlichen Gesetzbuchs für die vom Unternehmer erbrachte Leistung schuldet, wenn der Verbraucher das Widerrufsrecht ausübt, nachdem er auf Aufforderung des Unternehmers von diesem ausdrücklich den Beginn der Leistung vor Ablauf der Widerrufsfrist verlangt hat.

[2]Der Unternehmer kann diese Informationspflichten dadurch erfüllen, dass er das in der Anlage 1 vorgesehene Muster für die Widerrufsbelehrung zutreffend ausgefüllt in Textform übermittelt.

(3) Der Unternehmer hat den Verbraucher auch zu informieren, wenn

1. dem Verbraucher nach § 312g Absatz 2 Nummer 1, 2, 5 und 7 bis 13 des Bürgerlichen Gesetzbuchs ein Widerrufsrecht nicht zusteht, dass der Verbraucher seine Willenserklärung nicht widerrufen kann, oder
2. das Widerrufsrecht des Verbrauchers nach § 312g Absatz 2 Nummer 3, 4 und 6 sowie § 356 Absatz 4 und 5 des Bürgerlichen Gesetzbuchs vorzeitig erlöschen kann, über die Umstände, unter denen der Verbraucher ein zunächst bestehendes Widerrufsrecht verliert.

§ 2 Erleichterte Informationspflichten bei Reparatur- und Instandhaltungsarbeiten

(1) Hat der Verbraucher bei einem Vertrag über Reparatur- und Instandhaltungsarbeiten, der außerhalb von Geschäftsräumen geschlossen wird, bei dem die beiderseitigen Leistungen sofort erfüllt werden und die vom Verbraucher zu leistende Vergütung 200 Euro nicht übersteigt, ausdrücklich die Dienste des Unternehmers angefordert, muss der Unternehmer dem Verbraucher lediglich folgende Informationen zur Verfügung stellen:

1. die Angaben nach § 1 Absatz 1 Satz 1 Nummer 2 und 3 sowie
2. den Preis oder die Art der Preisberechnung zusammen mit einem Kostenvoranschlag über die Gesamtkosten.

(2) Ferner hat der Unternehmer dem Verbraucher folgende Informationen zur Verfügung zu stellen:

1. die wesentlichen Eigenschaften der Waren oder Dienstleistungen in dem für das Kommunikationsmittel und die Waren oder Dienstleistungen angemessenen Umfang,
2. gegebenenfalls die Bedingungen, die Fristen und das Verfahren für die Ausübung des Widerrufsrechts sowie das Muster-Widerrufsformular in der Anlage 2 und
3. gegebenenfalls die Information, dass der Verbraucher seine Willenserklärung nicht widerrufen kann, oder die Umstände, unter denen der Verbraucher ein zunächst bestehendes Widerrufsrecht vorzeitig verliert.

(3) Eine vom Unternehmer zur Verfügung gestellte Abschrift oder Bestätigung des Vertrags nach § 312f Absatz 1 des Bürgerlichen Gesetzbuchs muss alle nach § 1 zu erteilenden Informationen enthalten.

§ 3 Erleichterte Informationspflichten bei begrenzter Darstellungsmöglichkeit

[1]Soll ein Fernabsatzvertrag mittels eines Fernkommunikationsmittels geschlossen werden, das nur begrenzten Raum oder begrenzte Zeit für die dem Verbraucher zu erteilenden Informationen bietet, ist der Unternehmer verpflichtet, dem Verbraucher mittels dieses Fernkommunikationsmittels zumindest folgende Informationen zur Verfügung zu stellen:

1. die wesentlichen Eigenschaften der Waren oder Dienstleistungen,
2. die Identität des Unternehmers,
3. den Gesamtpreis oder in den Fällen, in denen der Preis auf Grund der Beschaffenheit der Waren oder Dienstleistungen vernünftigerweise nicht im Voraus berechnet werden kann, die Art der Preisberechnung,
4. gegebenenfalls die Bedingungen, die Fristen und das Verfahren für die Ausübung des Widerrufsrechts nach § 355 Absatz 1 des Bürgerlichen Gesetzbuchs und
5. gegebenenfalls die Vertragslaufzeit und die Bedingungen für die Kündigung eines Dauerschuldverhältnisses.

[2]Die weiteren Angaben nach § 1 hat der Unternehmer dem Verbraucher in geeigneter Weise unter Beachtung von § 4 Absatz 3 zugänglich zu machen.

§ 4 Formale Anforderungen an die Erfüllung der Informationspflichten

(1) Der Unternehmer muss dem Verbraucher die Informationen nach den §§ 1 bis 3 vor Abgabe von dessen Vertragserklärung in klarer und verständlicher Weise zur Verfügung stellen.

(2) [1]Bei einem außerhalb von Geschäftsräumen geschlossenen Vertrag muss der Unternehmer die Informationen auf Papier oder, wenn der Verbraucher zustimmt, auf einem anderen dauerhaften Datenträger zur Verfügung stellen. [2]Die Informationen müssen lesbar sein. [3]Die Person des erklärenden Unternehmers muss genannt sein. [4]Der Unternehmer kann die Informationen nach § 2 Absatz 2 in anderer Form zur Verfügung stellen, wenn sich der Verbraucher hiermit ausdrücklich einverstanden erklärt hat.

(3) [1]Bei einem Fernabsatzvertrag muss der Unternehmer dem Verbraucher die Informationen in einer den benutzten Fernkommunikationsmitteln angepassten Weise zur Verfügung stellen. [2]Soweit die Informationen auf einem dauerhaften Datenträger zur Verfügung gestellt werden, müssen sie lesbar sein, und die Person des erklärenden Unternehmers muss genannt sein. [3]Abweichend von Satz 1 kann der Unternehmer dem Verbraucher die in § 3 Satz 2 genannten Informationen in geeigneter Weise zugänglich machen.

Wesentliche Zeugnisverweigerungsrechte

[1]§ 53 StPO Zeugnisverweigerungsrecht der Berufsgeheimnisträger

(1) [1]Zur Verweigerung des Zeugnisses sind ferner berechtigt

1. Geistliche über das, was ihnen in ihrer Eigenschaft als Seelsorger anvertraut worden oder bekanntgeworden ist;
2. Verteidiger des Beschuldigten über das, was ihnen in dieser Eigenschaft anvertraut worden oder bekanntgeworden ist;
3. Rechtsanwälte und Kammerrechtsbeistände, Patentanwälte, Notare, Wirtschaftsprüfer, vereidigte Buchprüfer, Steuerberater und Steuerbevollmächtigte, Ärzte, Zahnärzte, Psychotherapeuten, Psychologische Psychotherapeuten, Kinder- und Jugendlichenpsychotherapeuten, Apotheker und Hebammen über das, was ihnen in dieser Eigenschaft anvertraut worden oder bekanntgeworden ist; für Syndikusrechtsanwälte (§ 46 Absatz 2 der Bundesrechtsanwaltsordnung) und Syndikuspatentanwälte (§ 41a Absatz 2 der Patentanwaltsordnung) gilt dies vorbehaltlich des § 53a nicht hinsichtlich dessen, was ihnen in dieser Eigenschaft anvertraut worden oder bekanntgeworden ist;

3a. Mitglieder oder Beauftragte einer anerkannten Beratungsstelle nach den §§ 3 und 8 Absatz 1 des Schwangerschaftskonfliktgesetzes über das, was ihnen in dieser Eigenschaft anvertraut worden oder bekanntgeworden ist;

3b. Berater für Fragen der Betäubungsmittelabhängigkeit in einer Beratungsstelle, die eine Behörde oder eine Körperschaft, Anstalt oder Stiftung des öffentlichen Rechts anerkannt oder bei sich eingerichtet hat, über das, was ihnen in dieser Eigenschaft anvertraut worden oder bekanntgeworden ist;

4. Mitglieder des Deutschen Bundestages, der Bundesversammlung, des Europäischen Parlaments aus der Bundesrepublik Deutschland oder eines Landtages über Personen, die ihnen in ihrer Eigenschaft als Mitglieder dieser Organe oder denen sie in dieser Eigenschaft Tatsachen anvertraut haben, sowie über diese Tatsachen selbst;
5. Personen, die bei der Vorbereitung, Herstellung oder Verbreitung von Druckwerken, Rundfunksendungen, Filmberichten oder der Unterrichtung oder Meinungsbildung dienenden Informations- und Kommunikationsdiensten berufsmäßig mitwirken oder mitgewirkt haben.

[2]Die in Satz 1 Nr. 5 genannten Personen dürfen das Zeugnis verweigern über die Person des Verfassers oder Einsenders von Beiträgen und Unterlagen oder des sonstigen Informanten sowie über die ihnen im Hinblick auf ihre Tätigkeit gemachten Mitteilungen, über deren Inhalt sowie über den Inhalt selbst erarbeiteter Materialien und den Gegenstand berufsbezogener Wahrnehmungen. [3]Dies gilt nur, soweit es sich um Beiträge, Unterlagen, Mitteilungen und Materialien für den redaktionellen Teil oder redaktionell aufbereitete Informations- und Kommunikationsdienste handelt.

(2) [1]Die in Absatz 1 Satz 1 Nr. 2 bis 3b Genannten dürfen das Zeugnis nicht verweigern, wenn sie von der Verpflichtung zur Verschwiegenheit entbunden sind. [2]Die Berechtigung zur Zeugnisverweigerung der in Absatz 1 Satz 1 Nr. 5 Genannten über den Inhalt selbst erarbeiteter Materialien und den Gegenstand entsprechender Wahrnehmungen entfällt, wenn die Aussage zur Aufklärung eines Verbrechens beitragen soll oder wenn Gegenstand der Untersuchung

1. eine Straftat des Friedensverrats und der Gefährdung des demokratischen Rechtsstaats oder des Landesverrats und der Gefährdung der äußeren Sicherheit (§§ 80a, 85, 87, 88, 95, auch in Verbindung mit § 97b, §§ 97a, 98 bis 100a des Strafgesetzbuches),

1 Strafprozessordnung (StPO) in der Fassung der Bekanntmachung vom 7. April 1987 (BGBl. I S. 1074, 1319), zuletzt geändert durch Artikel 2 des Gesetzes vom 7. November 2024 (BGBl. I Nr. 351).

2. eine Straftat gegen die sexuelle Selbstbestimmung nach den §§ 174 bis 174c, 176a, 176b, 177 Absatz 2 Nummer 1 des Strafgesetzbuches oder
3. eine Geldwäsche nach § 261 des Strafgesetzbuches, deren Vortat mit einer im Mindestmaß erhöhten Freiheitsstrafe bedroht ist,

ist und die Erforschung des Sachverhalts oder die Ermittlung des Aufenthaltsortes des Beschuldigten auf andere Weise aussichtslos oder wesentlich erschwert wäre. [3]Der Zeuge kann jedoch auch in diesen Fällen die Aussage verweigern, soweit sie zur Offenbarung der Person des Verfassers oder Einsenders von Beiträgen und Unterlagen oder des sonstigen Informanten oder der ihm im Hinblick auf seine Tätigkeit nach Absatz 1 Satz 1 Nr. 5 gemachten Mitteilungen oder deren Inhalts führen würde.

§ 53a StPO Zeugnisverweigerungsrecht der mitwirkenden Personen

(1) [1]Den Berufsgeheimnisträgern nach § 53 Absatz 1 Satz 1 Nummer 1 bis 4 stehen die Personen gleich, die im Rahmen

1. eines Vertragsverhältnisses einschließlich der gemeinschaftlichen Berufsausübung,
2. einer berufsvorbereitenden Tätigkeit oder
3. einer sonstigen Hilfstätigkeit

an deren beruflicher Tätigkeit mitwirken. [2]Über die Ausübung des Rechts dieser Personen, das Zeugnis zu verweigern, entscheiden die Berufsgeheimnisträger, es sei denn, dass diese Entscheidung in absehbarer Zeit nicht herbeigeführt werden kann.

(2) Die Entbindung von der Verpflichtung zur Verschwiegenheit (§ 53 Absatz 2 Satz 1) gilt auch für die nach Absatz 1 mitwirkenden Personen.

§ 160a StPO Maßnahmen bei zeugnisverweigerungsberechtigten Berufsgeheimnisträgern

(1) [1]Eine Ermittlungsmaßnahme, die sich gegen eine in § 53 Absatz 1 Satz 1 Nummer 1, 2 oder Nummer 4 genannte Person, einen Rechtsanwalt oder einen Kammerrechtsbeistand richtet und voraussichtlich Erkenntnisse erbringen würde, über die diese das Zeugnis verweigern dürfte, ist unzulässig. [2]Dennoch erlangte Erkenntnisse dürfen nicht verwendet werden. [3]Aufzeichnungen hierüber sind unverzüglich zu löschen. [4]Die Tatsache ihrer Erlangung und der Löschung der Aufzeichnungen ist aktenkundig zu machen. [5]Die Sätze 2 bis 4 gelten entsprechend, wenn durch eine Ermittlungsmaßnahme, die sich nicht gegen eine in Satz 1 in Bezug genommene Person richtet, von dieser Person Erkenntnisse erlangt werden, über die sie das Zeugnis verweigern dürfte.

(2) [1]Soweit durch eine Ermittlungsmaßnahme eine in § 53 Abs. 1 Satz 1 Nr. 3 bis 3b oder Nr. 5 genannte Person betroffen wäre und dadurch voraussichtlich Erkenntnisse erlangt würden, über die diese Person das Zeugnis verweigern dürfte, ist dies im Rahmen der Prüfung der Verhältnismäßigkeit besonders zu berücksichtigen; betrifft das Verfahren keine Straftat von erheblicher Bedeutung, ist in der Regel nicht von einem Überwiegen des Strafverfolgungsinteresses auszugehen. [2]Soweit geboten, ist die Maßnahme zu unterlassen oder, soweit dies nach der Art der Maßnahme möglich ist, zu beschränken. [3]Für die Verwertung von Erkenntnissen zu Beweiszwecken gilt Satz 1 entsprechend. [4]Die Sätze 1 bis 3 gelten nicht für Rechtsanwälte und Kammerrechtsbeistände.

(3) Die Absätze 1 und 2 sind entsprechend anzuwenden, soweit die in § 53a Genannten das Zeugnis verweigern dürften.

(4) [1]Die Absätze 1 bis 3 sind nicht anzuwenden, wenn bestimmte Tatsachen den Verdacht begründen, dass die zeugnisverweigerungsberechtigte Person an der Tat oder an einer Datenhehlerei, Begünstigung, Strafvereitelung oder Hehlerei beteiligt ist. [2]Ist die Tat nur auf Antrag oder nur mit Ermächtigung verfolgbar, ist Satz 1 in den Fällen des § 53 Abs. 1 Satz 1 Nr. 5 anzuwenden, sobald und soweit der Strafantrag gestellt oder die Ermächtigung erteilt ist.

(5) Die §§ 97, 100d Absatz 5 und § 100g Absatz 4 bleiben unberührt.

[1]§ 383 ZPO Zeugnisverweigerung aus persönlichen Gründen

(1) Zur Verweigerung des Zeugnisses sind berechtigt:

[...]

6. Personen, denen kraft ihres Amtes, Standes oder Gewerbes Tatsachen anvertraut sind, deren Geheimhaltung durch ihre Natur oder durch gesetzliche Vorschrift geboten ist, in Betreff der Tatsachen, auf welche die Verpflichtung zur Verschwiegenheit sich bezieht.

[...]

(3) Die Vernehmung der unter Nummern 4 bis 6 bezeichneten Personen ist, auch wenn das Zeugnis nicht verweigert wird, auf Tatsachen nicht zu richten, in Ansehung welcher erhellt, dass ohne Verletzung der Verpflichtung zur Verschwiegenheit ein Zeugnis nicht abgelegt werden kann.

[2]§ 46 ArbGG Grundsatz

(1) Das Urteilsverfahren findet in den in § 2 Abs. 1 bis 4 bezeichneten bürgerlichen Rechtsstreitigkeiten Anwendung.

(2) [1]Für das Urteilsverfahren des ersten Rechtszugs gelten die Vorschriften der Zivilprozeßordnung über das Verfahren vor den Amtsgerichten entsprechend, soweit dieses Gesetz nichts anderes bestimmt. [2]2 Die Vorschriften über den frühen ersten Termin zur mündlichen Verhandlung und das schriftliche Vorverfahren (§§ 275 bis 277 der Zivilprozessordnung), über das vereinfachte Verfahren (§ 495a der Zivilprozessordnung), über den Urkunden- und Wechselprozess (§§ 592 bis 605a der Zivilprozessordnung), über die Entscheidung ohne mündliche Verhandlung (§ 128 Absatz 2 der Zivilprozessordnung), über die Förderung von Videoverhandlungen bei Terminsänderungsanträgen (§ 227 Absatz 1 Satz 3 und Absatz 4 der Zivilprozessordnung), über die Verlegung von Terminen in der Zeit vom 1. Juli bis 31. August (§ 227 Absatz 3 Satz 1 der Zivilprozessordnung) und die Äußerung über Bedenken gegen eine Videoverhandlung in der Klageschrift und der Klageerwiderung (§ 253 Absatz 3 Nummer 4 und § 277 Absatz 1 Satz 2 Nummer 2 der Zivilprozessordnung) finden keine Anwendung. [3]3 § 127 Abs. 2 der Zivilprozessordnung findet mit der Maßgabe Anwendung, dass die sofortige Beschwerde bei Bestandsschutzstreitigkeiten unabhängig von dem Streitwert zulässig ist. [4]4 Abweichend von § 160 Absatz 1 Nummer 4 der Zivilprozessordnung enthält das Protokoll die Namen der erschienenen Parteien, Nebenintervenienten, Vertreter, Bevollmächtigten, Beistände, Zeugen und Sachverständigen sowie im Fall der §§ 50a und 58 Absatz 4 die Angabe, wer an der Verhandlung oder der Beweisaufnahme per Bild- und Tonübertragung teilnimmt.

[3]§ 98 VwGO

Soweit dieses Gesetz nicht abweichende Vorschriften enthält, sind auf die Beweisaufnahme §§ 358 bis 444 und 450 bis 494 der Zivilprozeßordnung entsprechend anzuwenden.

[4]§ 84 FGO

(1) Für das Recht zur Verweigerung des Zeugnisses und die Pflicht zur Belehrung über das Zeugnisverweigerungsrecht gelten die §§ 101 bis 103 der Abgabenordnung sinngemäß.

---

1 Zivilprozessordnung (ZPO) in der Fassung der Bekanntmachung vom 5. Dezember 2005 (BGBl. I S. 3202; 2006 I S. 431; 2007 I S. 1781), zuletzt geändert durch Artikel 1 des Gesetzes vom 24. Oktober 2024 (BGBl. I Nr. 328).

2 Arbeitsgerichtsgesetz (ArbGG) in der Fassung der Bekanntmachung vom 2. Juli 1979 (BGBl. I S. 853, 1036), zuletzt geändert durch Artikel 3 Absatz 1 des Gesetzes vom 24. Oktober 2024 (BGBl. I Nr. 328).

3 Verwaltungsgerichtsordnung (VwGO) in der Fassung der Bekanntmachung vom 19. März 1991 (BGBl. I S. 686), zuletzt geändert durch Artikel 5 des Gesetzes vom 24. Oktober 2024 (BGBl. I Nr. 328).

4 Finanzgerichtsordnung (FGO) in der Fassung der Bekanntmachung vom 28. März 2001 (BGBl. I S. 442, 2262; 2002 I S. 679), zuletzt geändert durch Artikel 6 des Gesetzes vom 24. Oktober 2024 (BGBl. I Nr. 328).

(2) Wer als Angehöriger zur Verweigerung des Zeugnisses berechtigt ist, kann die Ableistung des Eides verweigern.

[1]§ 102 AO Auskunftsverweigerungsrecht zum Schutz bestimmter Berufsgeheimnisse

(1) Die Auskunft können ferner verweigern:

[...]

3. a) Verteidiger,

   b) Rechtsanwälte, Patentanwälte, Notare, Steuerberater, Wirtschaftsprüfer, Steuerbevollmächtigte, vereidigte Buchprüfer,

[...]

über das, was ihnen in dieser Eigenschaft anvertraut worden oder bekannt geworden ist,

[...]

(2) [1]Den im Absatz 1 Nr. 1 bis 3 genannten Personen stehen ihre Gehilfen und die Personen gleich, die zur Vorbereitung auf den Beruf an der berufsmäßigen Tätigkeit teilnehmen. [2]Über die Ausübung des Rechts dieser Hilfspersonen, die Auskunft zu verweigern, entscheiden die im Absatz 1 Nr. 1 bis 3 genannten Personen, es sei denn, dass diese Entscheidung in absehbarer Zeit nicht herbeigeführt werden kann.

(3) [1]Die in Absatz 1 Nr. 3 genannten Personen dürfen die Auskunft nicht verweigern, wenn sie von der Verpflichtung zur Verschwiegenheit entbunden sind. [2]Die Entbindung von der Verpflichtung zur Verschwiegenheit gilt auch für die Hilfspersonen.

(4) [1]Die gesetzlichen Anzeigepflichten der Notare und die Mitteilungspflichten der in Absatz 1 Nr. 3 Buchstabe b bezeichneten Personen nach der Zinsinformationsverordnung vom 26. Januar 2004 (BGBl. I S. 128), die zuletzt durch Artikel 4 Abs. 28 des Gesetzes vom 22. September 2005 (BGBl. I S. 2809) geändert worden ist, in der jeweils geltenden Fassung bleiben unberührt. [2]Soweit die Anzeigepflichten bestehen, sind die Notare auch zur Vorlage von Urkunden und zur Erteilung weiterer Auskünfte verpflichtet. [3]Die Mitteilungspflichten der in Absatz 1 Nummer 3 Buchstabe b bezeichneten Personen hinsichtlich der in § 138f Absatz 3 Satz 1 Nummer 1 und 4 bis 9 bezeichneten Angaben bestehen auch dann, wenn mit diesen Angaben betroffene Nutzer identifizierbar sein sollten.

1 Abgabenordnung (AO) in der Fassung der Bekanntmachung vom 23. Januar 2025 (BGBl. I Nr. 24).

I. Gebührenrecht und Beratungshilfe

Gesetz über die Vergütung der Rechtsanwältinnen und Rechtsanwälte (RVG)

Vom 05. Mai 2004, BGBl. I, S. 718, 788

Neugefasst durch Bekanntmachung vom 15. März 2022, BGBl. I S. 610

Zuletzt geändert durch Artikel 11 des Gesetzes vom 7. April 2025, BGBl. I Nr. 109

Inhaltsübersicht

Abschnitt 1
Allgemeine Vorschriften

§ 1 Geltungsbereich

(1) [1]Die Vergütung (Gebühren und Auslagen) für anwaltliche Tätigkeiten der Rechtsanwältinnen und Rechtsanwälte bemisst sich nach diesem Gesetz. [2]Dies gilt auch für eine Tätigkeit als besonderer Vertreter nach den §§ 57 und 58 der Zivilprozessordnung, nach § 118e der Bundesrechtsanwaltsordnung, nach § 103b der Patentanwaltsordnung oder nach § 111c des Steuerberatungsgesetzes. [3]Andere Mitglieder einer Rechtsanwaltskammer, Partnerschaftsgesellschaften und sonstige Gesellschaften stehen einem Rechtsanwalt im Sinne dieses Gesetzes gleich.

(2) [1]Dieses Gesetz gilt nicht für eine Tätigkeit als Syndikusrechtsanwalt (§ 46 Absatz 2 der Bundesrechtsanwaltsordnung). [2]Es gilt ferner nicht für eine Tätigkeit als Vormund, Betreuer, Pfleger, Verfahrenspfleger, Verfahrensbeistand, Testamentsvollstrecker, Insolvenzverwalter, Sachwalter, Mitglied des Gläubigerausschusses, Restrukturierungsbeauftragter, Sanierungsmoderator, Mitglied des Gläubigerbeirats, Nachlassverwalter, Zwangsverwalter, Treuhänder oder Schiedsrichter oder für eine ähnliche Tätigkeit. [3]§ 1877 Absatz 3 des Bürgerlichen Gesetzbuchs und § 4 Absatz 2 des Vormünder- und Betreuervergütungsgesetzes bleiben unberührt.

(3) Die Vorschriften dieses Gesetzes über die Erinnerung und die Beschwerde gehen den Regelungen der für das zugrunde liegende Verfahren geltenden Verfahrensvorschriften vor.

§ 2 Höhe der Vergütung

(1) Die Gebühren werden, soweit dieses Gesetz nichts anderes bestimmt, nach dem Wert berechnet, den der Gegenstand der anwaltlichen Tätigkeit hat (Gegenstandswert).

(2) [1]Die Höhe der Vergütung bestimmt sich nach dem Vergütungsverzeichnis der Anlage 1 zu diesem Gesetz. [2]Gebühren werden auf den nächstliegenden Cent auf- oder abgerundet; 0,5 Cent werden aufgerundet.

§ 3 Gebühren in sozialrechtlichen Angelegenheiten

(1) [1]In Verfahren vor den Gerichten der Sozialgerichtsbarkeit, in denen das Gerichtskostengesetz nicht anzuwenden ist, entstehen Betragsrahmengebühren. [2]In sonstigen Verfahren werden die Gebühren nach dem Gegenstandswert berechnet, wenn der Auftraggeber nicht zu den in § 183 des Sozialgerichtsgesetzes genannten Personen gehört; im Verfahren nach § 201 Absatz 1 des Sozialgerichtsgesetzes werden die Gebühren immer nach dem Gegenstandswert berechnet. [3]In Verfahren wegen überlanger Gerichtsverfahren (§ 202 Satz 2 des Sozialgerichtsgesetzes) werden die Gebühren nach dem Gegenstandswert berechnet.

(2) Absatz 1 gilt entsprechend für eine Tätigkeit außerhalb eines gerichtlichen Verfahrens.

§ 3a Vergütungsvereinbarung

(1) [1]Eine Vereinbarung über die Vergütung bedarf der Textform. [2]Sie muss als Vergütungsvereinbarung oder in vergleichbarer Weise bezeichnet werden, von anderen Vereinbarungen mit Ausnahme der Auftragserteilung deutlich abgesetzt sein und darf nicht in der Vollmacht enthalten sein. [3]Sie hat einen Hinweis darauf zu enthalten, dass die gegnerische Partei, ein Verfahrensbeteiligter oder die Staatskasse im Falle der Kostenerstattung regelmäßig nicht mehr als die gesetzliche Vergütung erstatten muss. [4]Die Sätze 1 und 2 gelten nicht für eine Gebührenvereinbarung nach § 34.

(2) [1]In der Vereinbarung kann es dem Vorstand der Rechtsanwaltskammer überlassen werden, die Vergütung nach billigem Ermessen festzusetzen. [2]Ist die Festsetzung der Vergütung dem Ermessen eines Vertragsteils überlassen, so gilt die gesetzliche Vergütung als vereinbart.

(3) [1]Ist eine vereinbarte, eine nach Absatz 2 Satz 1 von dem Vorstand der Rechtsanwaltskammer festgesetzte oder eine nach § 4a für den Erfolgsfall vereinbarte Vergütung unter Berücksichtigung

aller Umstände unangemessen hoch, kann sie im Rechtsstreit auf den angemessenen Betrag bis zur Höhe der gesetzlichen Vergütung herabgesetzt werden. [2]Vor der Herabsetzung hat das Gericht ein Gutachten des Vorstands der Rechtsanwaltskammer einzuholen; dies gilt nicht, wenn der Vorstand der Rechtsanwaltskammer die Vergütung nach Absatz 2 Satz 1 festgesetzt hat. [3]Das Gutachten ist kostenlos zu erstatten.

(4) [1]Eine Vereinbarung, nach der ein im Wege der Prozesskostenhilfe beigeordneter Rechtsanwalt für die von der Beiordnung erfasste Tätigkeit eine höhere als die gesetzliche Vergütung erhalten soll, ist nichtig. [2]Die Vorschriften des bürgerlichen Rechts über die ungerechtfertigte Bereicherung bleiben unberührt.

§ 4 Unterschreitung der gesetzlichen Vergütung

(1) [1]In außergerichtlichen Angelegenheiten kann eine niedrigere als die gesetzliche Vergütung vereinbart werden. [2]Sie muss in einem angemessenen Verhältnis zu Leistung, Verantwortung und Haftungsrisiko des Rechtsanwalts stehen. [3]Ist Gegenstand der außergerichtlichen Angelegenheit eine Inkassodienstleistung (§ 2 Absatz 2 Satz 1 des Rechtsdienstleistungsgesetzes) oder liegen die Voraussetzungen für die Bewilligung von Beratungshilfe vor, gilt Satz 2 nicht und kann der Rechtsanwalt ganz auf eine Vergütung verzichten. [4]§ 9 des Beratungshilfegesetzes bleibt unberührt.

(2) Ist Gegenstand der Angelegenheit eine Inkassodienstleistung in einem der in § 79 Absatz 2 Satz 2 Nummer 4 der Zivilprozessordnung genannten Verfahren, kann eine niedrigere als die gesetzliche Vergütung vereinbart werden oder kann der Rechtsanwalt ganz auf eine Vergütung verzichten.

§ 4a Erfolgshonorar

(1) [1]Ein Erfolgshonorar (§ 49b Absatz 2 Satz 1 der Bundesrechtsanwaltsordnung) darf nur vereinbart werden, wenn

1. sich der Auftrag auf eine Geldforderung von höchstens 2 000 Euro bezieht,
2. eine Inkassodienstleistung außergerichtlich oder in einem der in § 79 Absatz 2 Satz 2 Nummer 4 der Zivilprozessordnung genannten Verfahren erbracht wird oder
3. der Auftraggeber im Einzelfall bei verständiger Betrachtung ohne die Vereinbarung eines Erfolgshonorars von der Rechtsverfolgung abgehalten würde.

[2]Eine Vereinbarung nach Satz 1 Nummer 1 oder 2 ist unzulässig, soweit sich der Auftrag auf eine Forderung bezieht, die der Pfändung nicht unterworfen ist. [3]Für die Beurteilung nach Satz 1 Nummer 3 bleibt die Möglichkeit, Beratungs- oder Prozesskostenhilfe in Anspruch zu nehmen, außer Betracht.

(2) In anderen als den in Absatz 1 Satz 1 Nummer 2 genannten Angelegenheiten darf nur dann vereinbart werden, dass für den Fall des Misserfolgs keine oder eine geringere als die gesetzliche Vergütung zu zahlen ist, wenn für den Erfolgsfall ein angemessener Zuschlag auf die gesetzliche Vergütung vereinbart wird.

(3) In eine Vereinbarung über ein Erfolgshonorar sind aufzunehmen:

1. die Angabe, welche Vergütung bei Eintritt welcher Bedingungen verdient sein soll,
2. die Angabe, ob und gegebenenfalls welchen Einfluss die Vereinbarung auf die gegebenenfalls vom Auftraggeber zu zahlenden Gerichtskosten, Verwaltungskosten und die von diesem zu erstattenden Kosten anderer Beteiligter haben soll,
3. die wesentlichen Gründe, die für die Bemessung des Erfolgshonorars bestimmend sind, und
4. im Fall des Absatzes 1 Satz 1 Nummer 3 die voraussichtliche gesetzliche Vergütung und gegebenenfalls die erfolgsunabhängige vertragliche Vergütung, zu der der Rechtsanwalt bereit wäre, den Auftrag zu übernehmen.

§ 4b Fehlerhafte Vergütungsvereinbarung

[1]Aus einer Vergütungsvereinbarung, die nicht den Anforderungen des § 3a Absatz 1 Satz 1 und 2 oder des § 4a Absatz 1 und 3 Nummer 1 und 4 entspricht, kann der Rechtsanwalt keine höhere als die gesetzliche Vergütung fordern. [2]Die Vorschriften des bürgerlichen Rechts über die ungerechtfertigte Bereicherung bleiben unberührt.

§ 5 Vergütung für Tätigkeiten von Vertretern des Rechtsanwalts

Die Vergütung für eine Tätigkeit, die der Rechtsanwalt nicht persönlich vornimmt, wird nach diesem Gesetz bemessen, wenn der Rechtsanwalt durch einen Rechtsanwalt, den allgemeinen Vertreter, einen Assessor bei einem Rechtsanwalt oder einen zur Ausbildung zugewiesenen Referendar vertreten wird.

§ 6 Mehrere Rechtsanwälte

Ist der Auftrag mehreren Rechtsanwälten zur gemeinschaftlichen Erledigung übertragen, erhält jeder Rechtsanwalt für seine Tätigkeit die volle Vergütung.

§ 7 Mehrere Auftraggeber

(1) Wird der Rechtsanwalt in derselben Angelegenheit für mehrere Auftraggeber tätig, erhält er die Gebühren nur einmal.

(2) [1]Jeder der Auftraggeber schuldet die Gebühren und Auslagen, die er schulden würde, wenn der Rechtsanwalt nur in seinem Auftrag tätig geworden wäre; die Dokumentenpauschale nach Nummer 7000 des Vergütungsverzeichnisses schuldet er auch insoweit, wie diese nur durch die Unterrichtung mehrerer Auftraggeber entstanden ist. [2]Der Rechtsanwalt kann aber insgesamt nicht mehr als die nach Absatz 1 berechneten Gebühren und die insgesamt entstandenen Auslagen fordern.

§ 8 Fälligkeit, Hemmung der Verjährung

(1) [1]Die Vergütung wird fällig, wenn der Auftrag erledigt oder die Angelegenheit beendet ist. [2]Ist der Rechtsanwalt in einem gerichtlichen Verfahren tätig, wird die Vergütung auch fällig, wenn eine Kostenentscheidung ergangen oder der Rechtszug beendet ist oder wenn das Verfahren länger als drei Monate ruht.

(2) [1]Die Verjährung der Vergütung für eine Tätigkeit in einem gerichtlichen Verfahren wird gehemmt, solange das Verfahren anhängig ist. [2]Die Hemmung endet mit der rechtskräftigen Entscheidung oder anderweitigen Beendigung des Verfahrens. [3]Ruht das Verfahren, endet die Hemmung drei Monate nach Eintritt der Fälligkeit. [4]Die Hemmung beginnt erneut, wenn das Verfahren weiter betrieben wird.

§ 9 Vorschuss

Der Rechtsanwalt kann von seinem Auftraggeber für die entstandenen und die voraussichtlich entstehenden Gebühren und Auslagen einen angemessenen Vorschuss fordern.

§ 10 Berechnung

(1) [1]Der Rechtsanwalt kann die Vergütung nur aufgrund einer von ihm oder auf seine Veranlassung dem Auftraggeber mitgeteilten Berechnung fordern; die Berechnung bedarf der Textform. [2]Der Lauf der Verjährungsfrist ist von der Mitteilung der Berechnung nicht abhängig.

(2) [1]In der Berechnung sind die Beträge der einzelnen Gebühren und Auslagen, Vorschüsse, eine kurze Bezeichnung des jeweiligen Gebührentatbestands, die Bezeichnung der Auslagen sowie die angewandten Nummern des Vergütungsverzeichnisses und bei Gebühren, die nach dem Gegen-

standswert berechnet sind, auch dieser anzugeben. [2]Bei Entgelten für Post- und Telekommunikationsdienstleistungen genügt die Angabe des Gesamtbetrags.

(3) Hat der Auftraggeber die Vergütung gezahlt, ohne die Berechnung erhalten zu haben, kann er die Mitteilung der Berechnung noch fordern, solange der Rechtsanwalt zur Aufbewahrung der Handakten verpflichtet ist.

§ 11 Festsetzung der Vergütung

(1) [1]Soweit die gesetzliche Vergütung, eine nach § 42 festgestellte Pauschgebühr und die zu ersetzenden Aufwendungen (§ 670 des Bürgerlichen Gesetzbuchs) zu den Kosten des gerichtlichen Verfahrens gehören, werden sie auf Antrag des Rechtsanwalts oder des Auftraggebers durch das Gericht des ersten Rechtszugs festgesetzt. [2]Getilgte Beträge sind abzusetzen.

(2) [1]Der Antrag ist erst zulässig, wenn die Vergütung fällig ist. [2]Vor der Festsetzung sind die Beteiligten zu hören. [3]Die Vorschriften der jeweiligen Verfahrensordnung über das Kostenfestsetzungsverfahren mit Ausnahme des § 104 Absatz 2 Satz 3 der Zivilprozessordnung und die Vorschriften der Zivilprozessordnung über die Zwangsvollstreckung aus Kostenfestsetzungsbeschlüssen gelten entsprechend. [4]Das Verfahren vor dem Gericht des ersten Rechtszugs ist gebührenfrei. [5]In den Vergütungsfestsetzungsbeschluss sind die von dem Rechtsanwalt gezahlten Auslagen für die Zustellung des Beschlusses aufzunehmen. [6]Im Übrigen findet eine Kostenerstattung nicht statt; dies gilt auch im Verfahren über Beschwerden.

(3) [1]Im Verfahren vor den Gerichten der Verwaltungsgerichtsbarkeit, der Finanzgerichtsbarkeit und der Sozialgerichtsbarkeit wird die Vergütung vom Urkundsbeamten der Geschäftsstelle festgesetzt. [2]Die für die jeweilige Gerichtsbarkeit geltenden Vorschriften über die Erinnerung im Kostenfestsetzungsverfahren gelten entsprechend.

(4) Wird der vom Rechtsanwalt angegebene Gegenstandswert von einem Beteiligten bestritten, ist das Verfahren auszusetzen, bis das Gericht hierüber entschieden hat (§§ 32, 33 und 38 Absatz 1).

(5) [1]Die Festsetzung ist abzulehnen, soweit der Antragsgegner Einwendungen oder Einreden erhebt, die nicht im Gebührenrecht ihren Grund haben. [2]Hat der Auftraggeber bereits dem Rechtsanwalt gegenüber derartige Einwendungen oder Einreden erhoben, ist die Erhebung der Klage nicht von der vorherigen Einleitung des Festsetzungsverfahrens abhängig.

(6) [1]Anträge und Erklärungen können ohne Mitwirkung eines Bevollmächtigten schriftlich eingereicht oder zu Protokoll der Geschäftsstelle abgegeben werden. [2]§ 129a der Zivilprozessordnung gilt entsprechend. [3]Für die Bevollmächtigung gelten die Regelungen der für das zugrunde liegende Verfahren geltenden Verfahrensordnung entsprechend.

(7) Durch den Antrag auf Festsetzung der Vergütung wird die Verjährung wie durch Klageerhebung gehemmt.

(8) [1]Die Absätze 1 bis 7 gelten bei Rahmengebühren nur, wenn die Mindestgebühren geltend gemacht werden oder der Auftraggeber der Höhe der Gebühren ausdrücklich zugestimmt hat. [2]Die Festsetzung auf Antrag des Rechtsanwalts ist abzulehnen, wenn er die Zustimmungserklärung des Auftraggebers nicht mit dem Antrag vorlegt.

§ 12 Anwendung von Vorschriften über die Prozesskostenhilfe

[1]Die Vorschriften dieses Gesetzes für im Wege der Prozesskostenhilfe beigeordnete Rechtsanwälte und für Verfahren über die Prozesskostenhilfe sind bei Verfahrenskostenhilfe und im Fall des § 4a der Insolvenzordnung entsprechend anzuwenden. [2]Der Bewilligung von Prozesskostenhilfe steht die Stundung nach § 4a der Insolvenzordnung gleich.

§ 12a Abhilfe bei Verletzung des Anspruchs auf rechtliches Gehör

(1) Auf die Rüge eines durch die Entscheidung nach diesem Gesetz beschwerten Beteiligten ist das Verfahren fortzuführen, wenn

1. ein Rechtsmittel oder ein anderer Rechtsbehelf gegen die Entscheidung nicht gegeben ist und
2. das Gericht den Anspruch dieses Beteiligten auf rechtliches Gehör in entscheidungserheblicher Weise verletzt hat.

(2) [1]Die Rüge ist innerhalb von zwei Wochen nach Kenntnis von der Verletzung des rechtlichen Gehörs zu erheben; der Zeitpunkt der Kenntniserlangung ist glaubhaft zu machen. [2]Nach Ablauf eines Jahres seit Bekanntmachung der angegriffenen Entscheidung kann die Rüge nicht mehr erhoben werden. [3]Formlos mitgeteilte Entscheidungen gelten mit dem vierten Tag nach Aufgabe zur Post als bekannt gemacht. [4]Die Rüge ist bei dem Gericht zu erheben, dessen Entscheidung angegriffen wird; § 33 Absatz 7 Satz 1 und 2 gilt entsprechend. [5]Die Rüge muss die angegriffene Entscheidung bezeichnen und das Vorliegen der in Absatz 1 Nummer 2 genannten Voraussetzungen darlegen.

(3) Den übrigen Beteiligten ist, soweit erforderlich, Gelegenheit zur Stellungnahme zu geben.

(4) [1]Das Gericht hat von Amts wegen zu prüfen, ob die Rüge an sich statthaft und ob sie in der gesetzlichen Form und Frist erhoben ist. [2]Mangelt es an einem dieser Erfordernisse, so ist die Rüge als unzulässig zu verwerfen. [3]Ist die Rüge unbegründet, weist das Gericht sie zurück. [4]Die Entscheidung ergeht durch unanfechtbaren Beschluss. [5]Der Beschluss soll kurz begründet werden.

(5) Ist die Rüge begründet, so hilft ihr das Gericht ab, indem es das Verfahren fortführt, soweit dies aufgrund der Rüge geboten ist.

(6) Kosten werden nicht erstattet.

§ 12b Elektronische Akte, elektronisches Dokument

[1]In Verfahren nach diesem Gesetz sind die verfahrensrechtlichen Vorschriften über die elektronische Akte und über das elektronische Dokument für das Verfahren anzuwenden, in dem der Rechtsanwalt die Vergütung erhält. [2]Im Fall der Beratungshilfe sind die entsprechenden Vorschriften des Gesetzes über das Verfahren in Familiensachen und in den Angelegenheiten der freiwilligen Gerichtsbarkeit anzuwenden.

§ 12c Rechtsbehelfsbelehrung

Jede anfechtbare Entscheidung hat eine Belehrung über den statthaften Rechtsbehelf sowie über das Gericht, bei dem dieser Rechtsbehelf einzulegen ist, über dessen Sitz und über die einzuhaltende Form und Frist zu enthalten.

Abschnitt 2
Gebührenvorschriften

§ 13 Wertgebühren

(1) [1]Wenn sich die Gebühren nach dem Gegenstandswert richten, beträgt bei einem Gegenstandswert bis 500 Euro die Gebühr 49 Euro. [2]Die Gebühr erhöht sich bei einem

Gegen-standswert bis ... Euro	für jeden angefangenen Betrag von weiteren ... Euro	um ... Euro
2 000	500	41,50
10 000	1 000	59,50
25 000	3 000	55,00
50 000	5 000	86,00
200 000	15 000	99,50
500 000	30 000	140,00
über 500 000	50 000	175,00

[3]Eine Gebührentabelle für Gegenstandswerte bis 500 000 Euro ist diesem Gesetz als Anlage 2 beigefügt.

(2) Bei der Geschäftsgebühr für eine außergerichtliche Inkassodienstleistung, die eine unbestrittene Forderung betrifft (Absatz 2 der Anmerkung zu Nummer 2300 des Vergütungsverzeichnisses), beträgt bei einem Gegenstandswert bis 50 Euro die Gebühr abweichend von Absatz 1 Satz 1 31,50 Euro.

(3) Der Mindestbetrag einer Gebühr ist 15 Euro.

§ 14 Rahmengebühren

(1) [1]Bei Rahmengebühren bestimmt der Rechtsanwalt die Gebühr im Einzelfall unter Berücksichtigung aller Umstände, vor allem des Umfangs und der Schwierigkeit der anwaltlichen Tätigkeit, der Bedeutung der Angelegenheit sowie der Einkommens- und Vermögensverhältnisse des Auftraggebers, nach billigem Ermessen. [2]Ein besonderes Haftungsrisiko des Rechtsanwalts kann bei der Bemessung herangezogen werden. [3]Bei Rahmengebühren, die sich nicht nach dem Gegenstandswert richten, ist das Haftungsrisiko zu berücksichtigen. [4]Ist die Gebühr von einem Dritten zu ersetzen, ist die von dem Rechtsanwalt getroffene Bestimmung nicht verbindlich, wenn sie unbillig ist.

(2) Ist eine Rahmengebühr auf eine andere Rahmengebühr anzurechnen, ist die Gebühr, auf die angerechnet wird, so zu bestimmen, als sei der Rechtsanwalt zuvor nicht tätig gewesen.

(3) [1]Im Rechtsstreit hat das Gericht ein Gutachten des Vorstands der Rechtsanwaltskammer einzuholen, soweit die Höhe der Gebühr streitig ist; dies gilt auch im Verfahren nach § 495a der Zivilprozessordnung. [2]Das Gutachten ist kostenlos zu erstatten.

§ 15 Abgeltungsbereich der Gebühren

(1) Die Gebühren entgelten, soweit dieses Gesetz nichts anderes bestimmt, die gesamte Tätigkeit des Rechtsanwalts vom Auftrag bis zur Erledigung der Angelegenheit.

(2) Der Rechtsanwalt kann die Gebühren in derselben Angelegenheit nur einmal fordern.

(3) Sind für Teile des Gegenstands verschiedene Gebührensätze anzuwenden, entstehen für die Teile gesondert berechnete Gebühren, jedoch nicht mehr als die aus dem Gesamtbetrag der Wertteile nach dem höchsten Gebührensatz berechnete Gebühr.

(4) Auf bereits entstandene Gebühren ist es, soweit dieses Gesetz nichts anderes bestimmt, ohne Einfluss, wenn sich die Angelegenheit vorzeitig erledigt oder der Auftrag endigt, bevor die Angelegenheit erledigt ist.

(5) [1]Wird der Rechtsanwalt, nachdem er in einer Angelegenheit tätig geworden ist, beauftragt, in derselben Angelegenheit weiter tätig zu werden, erhält er nicht mehr an Gebühren, als er erhalten würde, wenn er von vornherein hiermit beauftragt worden wäre. [2]Ist der frühere Auftrag seit mehr als zwei Kalenderjahren erledigt, gilt die weitere Tätigkeit als neue Angelegenheit und in diesem Gesetz bestimmte Anrechnungen von Gebühren entfallen. [3]Satz 2 gilt entsprechend, wenn ein Vergleich mehr als zwei Kalenderjahre nach seinem Abschluss angefochten wird oder wenn mehr als zwei Kalenderjahre nach Zustellung eines Beschlusses nach § 26 Absatz 3 Satz 1 des Kapitalanleger-Musterverfahrensgesetzes der Kläger einen Antrag nach § 26 Absatz 4 des Kapitalanleger-Musterverfahrensgesetzes auf Wiedereröffnung des Verfahrens stellt.

(6) Ist der Rechtsanwalt nur mit einzelnen Handlungen oder mit Tätigkeiten, die nach § 19 zum Rechtszug oder zum Verfahren gehören, beauftragt, erhält er nicht mehr an Gebühren als der mit der gesamten Angelegenheit beauftragte Rechtsanwalt für die gleiche Tätigkeit erhalten würde.

§ 15a Anrechnung einer Gebühr

(1) Sieht dieses Gesetz die Anrechnung einer Gebühr auf eine andere Gebühr vor, kann der Rechtsanwalt beide Gebühren fordern, jedoch nicht mehr als den um den Anrechnungsbetrag verminderten Gesamtbetrag der beiden Gebühren.

(2) [1]Sind mehrere Gebühren ganz oder teilweise auf dieselbe Gebühr anzurechnen, so ist der anzurechnende Betrag für jede anzurechnende Gebühr gesondert zu ermitteln. [2]Bei Wertgebühren darf der Gesamtbetrag der Anrechnung jedoch denjenigen Anrechnungsbetrag nicht übersteigen, der sich ergeben würde, wenn eine Gebühr anzurechnen wäre, die sich aus dem Gesamtbetrag der betroffenen Wertteile nach dem höchsten für die Anrechnungen einschlägigen Gebührensatz berechnet. [3]Bei Betragsrahmengebühren darf der Gesamtbetrag der Anrechnung den für die Anrechnung bestimmten Höchstbetrag nicht übersteigen.

(3) Ein Dritter kann sich auf die Anrechnung nur berufen, soweit er den Anspruch auf eine der beiden Gebühren erfüllt hat, wegen eines dieser Ansprüche gegen ihn ein Vollstreckungstitel besteht oder beide Gebühren in demselben Verfahren gegen ihn geltend gemacht werden.

Abschnitt 3
Angelegenheit

§ 16 Dieselbe Angelegenheit

Dieselbe Angelegenheit sind

1. das Verwaltungsverfahren auf Aussetzung oder Anordnung der sofortigen Vollziehung sowie über einstweilige Maßnahmen zur Sicherung der Rechte Dritter und jedes Verwaltungsverfahren auf Abänderung oder Aufhebung in den genannten Fällen;
2. das Verfahren über die Prozesskostenhilfe und das Verfahren, für das die Prozesskostenhilfe beantragt worden ist;
3. mehrere Verfahren über die Prozesskostenhilfe in demselben Rechtszug;

3a. das Verfahren zur Bestimmung des zuständigen Gerichts und das Verfahren, für das der Gerichtsstand bestimmt werden soll; dies gilt auch dann, wenn das Verfahren zur Bestimmung des zuständigen Gerichts vor Klageerhebung oder Antragstellung endet, ohne dass das zuständige Gericht bestimmt worden ist;

4. eine Scheidungssache oder ein Verfahren über die Aufhebung einer Lebenspartnerschaft und die Folgesachen;
5. das Verfahren über die Anordnung eines Arrests, zur Erwirkung eines Europäischen Beschlusses zur vorläufigen Kontenpfändung, über den Erlass einer einstweiligen Verfügung oder einstweiligen Anordnung, über die Anordnung oder Wiederherstellung der aufschiebenden Wirkung, über die Aufhebung der Vollziehung oder die Anordnung der sofortigen Vollziehung eines Verwaltungsakts und jedes Verfahren über deren Abänderung, Aufhebung oder Widerruf;
6. das Verfahren nach § 3 Absatz 1 des Gesetzes zur Ausführung des Vertrages zwischen der Bundesrepublik Deutschland und der Republik Österreich vom 6. Juni 1959 über die gegenseitige Anerkennung und Vollstreckung von gerichtlichen Entscheidungen, Vergleichen und öffentlichen Urkunden in Zivil- und Handelssachen in der im Bundesgesetzblatt Teil III, Gliederungsnummer 319-12, veröffentlichten bereinigten Fassung, das zuletzt durch Artikel 23 des Gesetzes vom 27. Juli 2001 (BGBl. I S. 1887) geändert worden ist, und das Verfahren nach § 3 Absatz 2 des genannten Gesetzes;
7. das Verfahren über die Zulassung der Vollziehung einer vorläufigen oder sichernden Maßnahme und das Verfahren über einen Antrag auf Aufhebung oder Änderung einer Entscheidung über die Zulassung der Vollziehung (§ 1041 der Zivilprozessordnung);
8. das schiedsrichterliche Verfahren und das gerichtliche Verfahren bei der Bestellung eines Schiedsrichters oder Ersatzschiedsrichters, über die Ablehnung eines Schiedsrichters oder über die Beendigung des Schiedsrichteramts, zur Unterstützung bei der Beweisaufnahme oder bei der Vornahme sonstiger richterlicher Handlungen;
9. das Verfahren vor dem Schiedsgericht und die gerichtlichen Verfahren über die Bestimmung einer Frist (§ 102 Absatz 3 des Arbeitsgerichtsgesetzes), die Ablehnung eines Schiedsrichters (§ 103 Absatz 3 des Arbeitsgerichtsgesetzes) oder die Vornahme einer Beweisaufnahme oder einer Vereidigung (§ 106 Absatz 2 des Arbeitsgerichtsgesetzes);
10. im Kostenfestsetzungsverfahren und im Verfahren über den Antrag auf gerichtliche Entscheidung gegen einen Kostenfestsetzungsbescheid (§ 108 des Gesetzes über Ordnungswidrigkeiten) einerseits und im Kostenansatzverfahren sowie im Verfahren über den Antrag auf gerichtliche Entscheidung gegen den Ansatz der Gebühren und Auslagen (§ 108 des Gesetzes über Ordnungswidrigkeiten) andererseits jeweils mehrere Verfahren über
    a) die Erinnerung,
    b) den Antrag auf gerichtliche Entscheidung,
    c) die Beschwerde in demselben Beschwerderechtszug;
11. das Rechtsmittelverfahren und das Verfahren über die Zulassung des Rechtsmittels; dies gilt nicht für das Verfahren über die Beschwerde gegen die Nichtzulassung eines Rechtsmittels;
12. das Verfahren über die Privatklage und die Widerklage und zwar auch im Fall des § 388 Absatz 2 der Strafprozessordnung und
13. das erstinstanzliche Prozessverfahren und der erste Rechtszug des Musterverfahrens nach dem Kapitalanleger-Musterverfahrensgesetz.

§ 17 Verschiedene Angelegenheiten

Verschiedene Angelegenheiten sind

1. das Verfahren über ein Rechtsmittel und der vorausgegangene Rechtszug, soweit sich aus § 19 Absatz 1 Satz 2 Nummer 10a nichts anderes ergibt,

1a. jeweils das Verwaltungsverfahren, das einem gerichtlichen Verfahren vorausgehende und der Nachprüfung des Verwaltungsakts dienende weitere Verwaltungsverfahren (Vorverfahren, Einspruchsverfahren, Beschwerdeverfahren, Abhilfeverfahren), das Verfahren über die Beschwerde und die weitere Beschwerde nach der Wehrbeschwerdeordnung, das Verwaltungsverfahren auf Aussetzung oder Anordnung der sofortigen Vollziehung sowie über einstweilige Maßnahmen zur Sicherung der Rechte Dritter und ein gerichtliches Verfahren,

2. das Mahnverfahren und das streitige Verfahren,
3. das vereinfachte Verfahren über den Unterhalt Minderjähriger und das streitige Verfahren,
4. das Verfahren in der Hauptsache und ein Verfahren
   a) auf Anordnung eines Arrests oder zur Erwirkung eines Europäischen Beschlusses zur vorläufigen Kontenpfändung,
   b) auf Erlass einer einstweiligen Verfügung oder einer einstweiligen Anordnung,
   c) über die Anordnung oder Wiederherstellung der aufschiebenden Wirkung, über die Aufhebung der Vollziehung oder über die Anordnung der sofortigen Vollziehung eines Verwaltungsakts sowie
   d) über die Abänderung, die Aufhebung oder den Widerruf einer in einem Verfahren nach den Buchstaben a bis c ergangenen Entscheidung,
5. der Urkunden- oder Wechselprozess und das ordentliche Verfahren, das nach Abstandnahme vom Urkunden- oder Wechselprozess oder nach einem Vorbehaltsurteil anhängig bleibt (§§ 596, 600 der Zivilprozessordnung),

5a. jeweils das Abhilfeverfahren, das Verfahren über die Erhöhung des kollektiven Gesamtbetrags und das Umsetzungsverfahren nach dem Verbraucherrechtedurchsetzungsgesetz,

6. das Schiedsverfahren und das Verfahren über die Zulassung der Vollziehung einer vorläufigen oder sichernden Maßnahme sowie das Verfahren über einen Antrag auf Aufhebung oder Änderung einer Entscheidung über die Zulassung der Vollziehung (§ 1041 der Zivilprozessordnung),
7. das gerichtliche Verfahren und ein vorausgegangenes
   a) Güteverfahren vor einer durch die Landesjustizverwaltung eingerichteten oder anerkannten Gütestelle (§ 794 Absatz 1 Nummer 1 der Zivilprozessordnung) oder, wenn die Parteien den Einigungsversuch einvernehmlich unternehmen, vor einer Gütestelle, die Streitbeilegung betreibt (§ 15a Absatz 3 des Einführungsgesetzes zur Zivilprozessordnung),
   b) Verfahren vor einem Ausschuss der in § 111 Absatz 2 des Arbeitsgerichtsgesetzes bezeichneten Art und
   c) Verfahren vor sonstigen gesetzlich eingerichteten Einigungsstellen, Gütestellen oder Schiedsstellen,
8. das Vermittlungsverfahren nach § 165 des Gesetzes über das Verfahren in Familiensachen und in den Angelegenheiten der freiwilligen Gerichtsbarkeit und ein sich anschließendes gerichtliches Verfahren,
9. das Verfahren über ein Rechtsmittel und das Verfahren über die Beschwerde gegen die Nichtzulassung des Rechtsmittels,
10. das strafrechtliche Ermittlungsverfahren und
    a) ein nachfolgendes gerichtliches Verfahren und
    b) ein sich nach Einstellung des Ermittlungsverfahrens anschließendes Bußgeldverfahren,
11. das Bußgeldverfahren vor der Verwaltungsbehörde und das nachfolgende gerichtliche Verfahren,
12. das Strafverfahren und das Verfahren über die im Urteil vorbehaltene Sicherungsverwahrung und
13. das Wiederaufnahmeverfahren und das wiederaufgenommene Verfahren, wenn sich die Gebühren nach Teil 4 oder 5 des Vergütungsverzeichnisses richten.

§ 18 Besondere Angelegenheiten

(1) Besondere Angelegenheiten sind

1. jede Vollstreckungsmaßnahme zusammen mit den durch diese vorbereiteten weiteren Vollstreckungshandlungen bis zur Befriedigung des Gläubigers; dies gilt entsprechend im Verwaltungszwangsverfahren (Verwaltungsvollstreckungsverfahren);
2. jede Vollziehungsmaßnahme bei der Vollziehung eines Arrests oder einer einstweiligen Verfügung (§§ 928 bis 934 und 936 der Zivilprozessordnung), die sich nicht auf die Zustellung beschränkt;
3. solche Angelegenheiten, in denen sich die Gebühren nach Teil 3 des Vergütungsverzeichnisses richten, jedes Beschwerdeverfahren, jedes Verfahren über eine Erinnerung gegen einen Kostenfestsetzungsbeschluss und jedes sonstige Verfahren über eine Erinnerung gegen eine Entscheidung des Rechtspflegers, soweit sich aus § 16 Nummer 10 nichts anderes ergibt;
4. das Verfahren über Einwendungen gegen die Erteilung der Vollstreckungsklausel, auf das § 732 der Zivilprozessordnung anzuwenden ist;
5. das Verfahren auf Erteilung einer weiteren vollstreckbaren Ausfertigung;
6. jedes Verfahren über Anträge nach den §§ 765a, 851a oder 851b der Zivilprozessordnung und jedes Verfahren über Anträge auf Änderung oder Aufhebung der getroffenen Anordnungen, jedes Verfahren über Anträge nach § 1084 Absatz 1, § 1096 oder § 1109 der Zivilprozessordnung, jedes Verfahren über Anträge auf Aussetzung der Vollstreckung nach § 44f des Internationalen Familienrechtsverfahrensgesetzes und über Anträge nach § 31 des Auslandsunterhaltsgesetzes;
7. das Verfahren auf Zulassung der Austauschpfändung (§ 811a der Zivilprozessordnung);
8. das Verfahren über einen Antrag nach § 825 der Zivilprozessordnung;
9. die Ausführung der Zwangsvollstreckung in ein gepfändetes Vermögensrecht durch Verwaltung (§ 857 Absatz 4 der Zivilprozessordnung);
10. das Verteilungsverfahren (§ 858 Absatz 5, §§ 872 bis 877, 882 der Zivilprozessordnung);
11. das Verfahren auf Eintragung einer Zwangshypothek (§§ 867, 870a der Zivilprozessordnung);
12. die Vollstreckung der Entscheidung, durch die der Schuldner zur Vorauszahlung der Kosten, die durch die Vornahme einer Handlung entstehen, verurteilt wird (§ 887 Absatz 2 der Zivilprozessordnung);
13. das Verfahren zur Ausführung der Zwangsvollstreckung auf Vornahme einer Handlung durch Zwangsmittel (§ 888 der Zivilprozessordnung);
14. jede Verurteilung zu einem Ordnungsgeld gemäß § 890 Absatz 1 der Zivilprozessordnung;
15. die Verurteilung zur Bestellung einer Sicherheit im Fall des § 890 Absatz 3 der Zivilprozessordnung;
16. das Verfahren zur Abnahme der Vermögensauskunft (§§ 802f und 802g der Zivilprozessordnung);
17. das Verfahren auf Löschung der Eintragung im Schuldnerverzeichnis (§ 882e der Zivilprozessordnung);
18. das Ausüben der Veröffentlichungsbefugnis;
19. das Verfahren über Anträge auf Zulassung der Zwangsvollstreckung nach § 17 Absatz 4 der Schifffahrtsrechtlichen Verteilungsordnung;
20. das Verfahren über Anträge auf Aufhebung von Vollstreckungsmaßregeln (§ 8 Absatz 5 und § 41 der Schifffahrtsrechtlichen Verteilungsordnung) und

21. das Verfahren zur Anordnung von Zwangsmaßnahmen durch Beschluss nach § 35 des Gesetzes über das Verfahren in Familiensachen und in den Angelegenheiten der freiwilligen Gerichtsbarkeit.

(2) Absatz 1 gilt entsprechend für

1. die Vollziehung eines Arrestes und
2. die Vollstreckung

nach den Vorschriften des Gesetzes über das Verfahren in Familiensachen und in den Angelegenheiten der freiwilligen Gerichtsbarkeit.

§ 19 Rechtszug; Tätigkeiten, die mit dem Verfahren zusammenhängen

(1) [1]Zu dem Rechtszug oder dem Verfahren gehören auch alle Vorbereitungs-, Neben- und Abwicklungstätigkeiten und solche Verfahren, die mit dem Rechtszug oder Verfahren zusammenhängen, wenn die Tätigkeit nicht nach § 18 eine besondere Angelegenheit ist. [2]Hierzu gehören insbesondere

1. die Vorbereitung der Klage, des Antrags oder der Rechtsverteidigung, soweit kein besonderes gerichtliches oder behördliches Verfahren stattfindet;

1a. die Einreichung von Schutzschriften und die Anmeldung von Ansprüchen oder Rechtsverhältnissen zum Verbandsklageregister sowie die Rücknahme der Anmeldung;

1b. die Verkündung des Streits (§ 72 der Zivilprozessordnung);

2. außergerichtliche Verhandlungen;

3. Zwischenstreite, die Bestellung von Vertretern durch das in der Hauptsache zuständige Gericht, die Ablehnung von Richtern, Rechtspflegern, Urkundsbeamten der Geschäftsstelle oder Sachverständigen, die Entscheidung über einen Antrag betreffend eine Sicherungsanordnung, die Wertfestsetzung, das Leitentscheidungsverfahren nach der Zivilprozessordnung, die Beschleunigungsrüge nach § 155b des Gesetzes über das Verfahren in Familiensachen und in den Angelegenheiten der freiwilligen Gerichtsbarkeit;

4. das Verfahren vor dem beauftragten oder ersuchten Richter;

5. das Verfahren
   a) über die Erinnerung (§ 573 der Zivilprozessordnung),
   b) über die Rüge wegen Verletzung des Anspruchs auf rechtliches Gehör,
   c) nach Artikel 18 der Verordnung (EG) Nr. 861/2007 des Europäischen Parlaments und des Rates vom 13. Juni 2007 zur Einführung eines europäischen Verfahrens für geringfügige Forderungen,
   d) nach Artikel 20 der Verordnung (EG) Nr. 1896/2006 des Europäischen Parlaments und des Rates vom 12. Dezember 2006 zur Einführung eines Europäischen Mahnverfahrens und
   e) nach Artikel 19 der Verordnung (EG) Nr. 4/2009 über die Zuständigkeit, das anwendbare Recht, die Anerkennung und Vollstreckung von Entscheidungen und die Zusammenarbeit in Unterhaltssachen;

6. die Berichtigung und Ergänzung der Entscheidung oder ihres Tatbestands;

7. die Mitwirkung bei der Erbringung der Sicherheitsleistung und das Verfahren wegen deren Rückgabe;

8. die für die Geltendmachung im Ausland vorgesehene Vervollständigung der Entscheidung und die Bezifferung eines dynamisierten Unterhaltstitels;

9. die Zustellung oder Empfangnahme von Entscheidungen oder Rechtsmittelschriften und ihre Mitteilung an den Auftraggeber, die Einwilligung zur Einlegung der Sprungrevision oder Sprungrechtsbeschwerde, der Antrag auf Entscheidung über die Verpflichtung, die Kosten zu

tragen, die nachträgliche Vollstreckbarerklärung eines Urteils auf besonderen Antrag, die Erteilung des Notfrist- und des Rechtskraftzeugnisses;

9a. die Ausstellung von Bescheinigungen, Bestätigungen oder Formblättern einschließlich deren Berichtigung, Aufhebung oder Widerruf nach

a) § 1079 oder § 1110 der Zivilprozessordnung,

b) § 39 Absatz 1 und § 48 des Internationalen Familienrechtsverfahrensgesetzes,

c) § 57, § 58 oder § 59 des Anerkennungs- und Vollstreckungsausführungsgesetzes,

d) § 14 des EU-Gewaltschutzverfahrensgesetzes,

e) § 71 Absatz 1 des Auslandsunterhaltsgesetzes,

f) § 27 des Internationalen Erbrechtsverfahrensgesetzes und

g) § 27 des Internationalen Güterrechtsverfahrensgesetzes;

10. die Einlegung von Rechtsmitteln bei dem Gericht desselben Rechtszugs in Verfahren, in denen sich die Gebühren nach Teil 4, 5 oder 6 des Vergütungsverzeichnisses richten; die Einlegung des Rechtsmittels durch einen neuen Verteidiger gehört zum Rechtszug des Rechtsmittels;

10a. Beschwerdeverfahren, wenn sich die Gebühren nach Teil 4, 5 oder 6 des Vergütungsverzeichnisses richten und dort nichts anderes bestimmt ist oder keine besonderen Gebührentatbestände vorgesehen sind;

11. die vorläufige Einstellung, Beschränkung oder Aufhebung der Zwangsvollstreckung, wenn nicht eine abgesonderte mündliche Verhandlung hierüber stattfindet;

12. die einstweilige Einstellung oder Beschränkung der Vollstreckung und die Anordnung, dass Vollstreckungsmaßnahmen aufzuheben sind (§ 93 Absatz 1 des Gesetzes über das Verfahren in Familiensachen und in den Angelegenheiten der freiwilligen Gerichtsbarkeit), wenn nicht ein besonderer gerichtlicher Termin hierüber stattfindet;

13. die erstmalige Erteilung der Vollstreckungsklausel, wenn deswegen keine Klage erhoben wird;

14. die Kostenfestsetzung und die Einforderung der Vergütung;

15. (weggefallen)

16. die Zustellung eines Vollstreckungstitels, der Vollstreckungsklausel und der sonstigen in § 750 der Zivilprozessordnung genannten Urkunden und

17. die Herausgabe der Handakten oder ihre Übersendung an einen anderen Rechtsanwalt.

(2) Zu den in § 18 Absatz 1 Nummer 1 und 2 genannten Verfahren gehören ferner insbesondere

1. gerichtliche Anordnungen nach § 758a der Zivilprozessordnung sowie Beschlüsse nach den §§ 90 und 91 Absatz 1 des Gesetzes über das Verfahren in Familiensachen und in den Angelegenheiten der freiwilligen Gerichtsbarkeit,

2. die Erinnerung nach § 766 der Zivilprozessordnung,

3. die Bestimmung eines Gerichtsvollziehers (§ 827 Absatz 1 und § 854 Absatz 1 der Zivilprozessordnung) oder eines Sequesters (§§ 848 und 855 der Zivilprozessordnung),

4. die Anzeige der Absicht, die Zwangsvollstreckung gegen eine juristische Person des öffentlichen Rechts zu betreiben,

5. die einer Verurteilung vorausgehende Androhung von Ordnungsgeld und

6. die Aufhebung einer Vollstreckungsmaßnahme.

§ 20 Verweisung, Abgabe

[1]Soweit eine Sache an ein anderes Gericht verwiesen oder abgegeben wird, sind die Verfahren vor dem verweisenden oder abgebenden und vor dem übernehmenden Gericht ein Rechtszug. [2]Wird eine Sache an ein Gericht eines niedrigeren Rechtszugs verwiesen oder abgegeben, ist das weitere Verfahren vor diesem Gericht ein neuer Rechtszug.

§ 21 Zurückverweisung, Fortführung einer Folgesache als selbständige Familiensache

(1) Soweit eine Sache an ein untergeordnetes Gericht zurückverwiesen wird, ist das weitere Verfahren vor diesem Gericht ein neuer Rechtszug.

(2) In den Fällen des § 146 des Gesetzes über das Verfahren in Familiensachen und in den Angelegenheiten der freiwilligen Gerichtsbarkeit, auch in Verbindung mit § 270 des Gesetzes über das Verfahren in Familiensachen und in den Angelegenheiten der freiwilligen Gerichtsbarkeit, bildet das weitere Verfahren vor dem Familiengericht mit dem früheren einen Rechtszug.

(3) Wird eine Folgesache als selbständige Familiensache fortgeführt, sind das fortgeführte Verfahren und das frühere Verfahren dieselbe Angelegenheit.

Abschnitt 4
Gegenstandswert

§ 22 Grundsatz

(1) In derselben Angelegenheit werden die Werte mehrerer Gegenstände zusammengerechnet.

(2) [1]Der Wert beträgt in derselben Angelegenheit höchstens 30 Millionen Euro, soweit durch Gesetz kein niedrigerer Höchstwert bestimmt ist. [2]Sind in derselben Angelegenheit mehrere Personen wegen verschiedener Gegenstände Auftraggeber, beträgt der Wert für jede Person höchstens 30 Millionen Euro, insgesamt jedoch nicht mehr als 100 Millionen Euro.

§ 23 Allgemeine Wertvorschrift

(1) [1]Soweit sich die Gerichtsgebühren nach dem Wert richten, bestimmt sich der Gegenstandswert im gerichtlichen Verfahren nach den für die Gerichtsgebühren geltenden Wertvorschriften. [2]In Verfahren, in denen Kosten nach dem Gerichtskostengesetz oder dem Gesetz über Gerichtskosten in Familiensachen erhoben werden, sind die Wertvorschriften des jeweiligen Kostengesetzes entsprechend anzuwenden, wenn für das Verfahren keine Gerichtsgebühr oder eine Festgebühr bestimmt ist. [3]Diese Wertvorschriften gelten auch entsprechend für die Tätigkeit außerhalb eines gerichtlichen Verfahrens, wenn der Gegenstand der Tätigkeit auch Gegenstand eines gerichtlichen Verfahrens sein könnte. [4]§ 22 Absatz 2 Satz 2 bleibt unberührt.

(2) [1]In Beschwerdeverfahren, in denen Gerichtsgebühren unabhängig vom Ausgang des Verfahrens nicht erhoben werden oder sich nicht nach dem Wert richten, ist der Wert unter Berücksichtigung des Interesses des Beschwerdeführers nach Absatz 3 Satz 2 zu bestimmen, soweit sich aus diesem Gesetz nichts anderes ergibt. [2]Der Gegenstandswert ist durch den Wert des zugrunde liegenden Verfahrens begrenzt. [3]In Verfahren über eine Erinnerung oder eine Rüge wegen Verletzung des rechtlichen Gehörs richtet sich der Wert nach den für Beschwerdeverfahren geltenden Vorschriften.

(3) [1]Soweit sich aus diesem Gesetz nichts anderes ergibt, gelten in anderen Angelegenheiten für den Gegenstandswert die Bewertungsvorschriften des Gerichts- und Notarkostengesetzes und die §§ 37, 38, 42 bis 45 sowie 99 bis 102 des Gerichts- und Notarkostengesetzes entsprechend. [2]Soweit sich der Gegenstandswert aus diesen Vorschriften nicht ergibt und auch sonst nicht feststeht, ist er nach billigem Ermessen zu bestimmen; in Ermangelung genügender tatsächlicher Anhaltspunkte für eine Schätzung und bei nichtvermögensrechtlichen Gegenständen ist der Gegenstandswert mit 5 000 Euro, nach Lage des Falles niedriger oder höher, jedoch nicht über 500 000 Euro anzunehmen.

§ 23a Gegenstandswert im Verfahren über die Prozesskostenhilfe

(1) Im Verfahren über die Bewilligung der Prozesskostenhilfe oder die Aufhebung der Bewilligung nach § 124 Absatz 1 Nummer 1 der Zivilprozessordnung bestimmt sich der Gegenstandswert nach dem für die Hauptsache maßgebenden Wert; im Übrigen ist er nach dem Kosteninteresse nach billigem Ermessen zu bestimmen.

(2) Der Wert nach Absatz 1 und der Wert für das Verfahren, für das die Prozesskostenhilfe beantragt worden ist, werden nicht zusammengerechnet.

§ 23b Gegenstandswert im Musterverfahren nach dem Kapitalanleger-Musterverfahrensgesetz

Im Musterverfahren nach dem Kapitalanleger-Musterverfahrensgesetz bestimmt sich der Gegenstandswert nach der Höhe des von dem Auftraggeber oder gegen diesen im Ausgangsverfahren geltend gemachten Anspruchs, soweit dieser Gegenstand des Musterverfahrens ist.

§ 24 Gegenstandswert im Umsetzungsverfahren nach dem Verbraucherrechtedurchsetzungsgesetz

Der Gegenstandswert im Umsetzungsverfahren nach dem Verbraucherrechtedurchsetzungsgesetz ist unter Berücksichtigung des wirtschaftlichen Interesses, das der Auftraggeber im Verfahren verfolgt, nach § 23 Absatz 3 Satz 2 zu bestimmen.

§ 25 Gegenstandswert in der Vollstreckung und bei der Vollziehung

(1) In der Zwangsvollstreckung, in der Vollstreckung, in Verfahren des Verwaltungszwangs und bei der Vollziehung eines Arrests oder einer einstweiligen Verfügung bestimmt sich der Gegenstandswert

1. nach dem Betrag der zu vollstreckenden Geldforderung einschließlich der Nebenforderungen; soll ein bestimmter Gegenstand gepfändet werden und hat dieser einen geringeren Wert, ist der geringere Wert maßgebend; wird künftig fällig werdendes Arbeitseinkommen nach § 850d Absatz 3 der Zivilprozessordnung gepfändet, sind die noch nicht fälligen Ansprüche nach § 51 Absatz 1 Satz 1 des Gesetzes über Gerichtskosten in Familiensachen und § 9 der Zivilprozessordnung zu bewerten; im Verteilungsverfahren (§ 858 Absatz 5, §§ 872 bis 877 und 882 der Zivilprozessordnung) ist höchstens der zu verteilende Geldbetrag maßgebend;
2. nach dem Wert der herauszugebenden oder zu leistenden Sachen; der Gegenstandswert darf jedoch den Wert nicht übersteigen, mit dem der Herausgabe- oder Räumungsanspruch nach den für die Berechnung von Gerichtskosten maßgeblichen Vorschriften zu bewerten ist;
3. nach dem Wert, den die zu erwirkende Handlung, Duldung oder Unterlassung für den Gläubiger hat, und
4. in Verfahren über die Erteilung der Vermögensauskunft (§ 802c der Zivilprozessordnung) sowie in Verfahren über die Einholung von Auskünften Dritter über das Vermögen des Schuldners (§ 802l der Zivilprozessordnung) nach dem Betrag, der einschließlich der Nebenforderungen aus dem Vollstreckungstitel noch geschuldet wird; der Wert beträgt jedoch höchstens 2 000 Euro.

(2) In Verfahren über Anträge des Schuldners ist der Wert nach dem Interesse des Antragstellers nach billigem Ermessen zu bestimmen.

§ 26 Gegenstandswert in der Zwangsversteigerung

In der Zwangsversteigerung bestimmt sich der Gegenstandswert

1. bei der Vertretung des Gläubigers oder eines anderen nach § 9 Nummer 1 und 2 des Gesetzes über die Zwangsversteigerung und die Zwangsverwaltung Beteiligten nach dem Wert des dem

Gläubiger oder dem Beteiligten zustehenden Rechts; wird das Verfahren wegen einer Teilforderung betrieben, ist der Teilbetrag nur maßgebend, wenn es sich um einen nach § 10 Absatz 1 Nummer 5 des Gesetzes über die Zwangsversteigerung und die Zwangsverwaltung zu befriedigenden Anspruch handelt; Nebenforderungen sind mitzurechnen; der Wert des Gegenstands der Zwangsversteigerung (§ 66 Absatz 1, § 74a Absatz 5 des Gesetzes über die Zwangsversteigerung und die Zwangsverwaltung), im Verteilungsverfahren der zur Verteilung kommende Erlös, sind maßgebend, wenn sie geringer sind;

2. bei der Vertretung eines anderen Beteiligten, insbesondere des Schuldners, nach dem Wert des Gegenstands der Zwangsversteigerung, im Verteilungsverfahren nach dem zur Verteilung kommenden Erlös; bei Miteigentümern oder sonstigen Mitberechtigten ist der Anteil maßgebend;
3. bei der Vertretung eines Bieters, der nicht Beteiligter ist, nach dem Betrag des höchsten für den Auftraggeber abgegebenen Gebots, wenn ein solches Gebot nicht abgegeben ist, nach dem Wert des Gegenstands der Zwangsversteigerung.

§ 27 Gegenstandswert in der Zwangsverwaltung

[1]In der Zwangsverwaltung bestimmt sich der Gegenstandswert bei der Vertretung des Antragstellers nach dem Anspruch, wegen dessen das Verfahren beantragt ist; Nebenforderungen sind mitzurechnen; bei Ansprüchen auf wiederkehrende Leistungen ist der Wert der Leistungen eines Jahres maßgebend. [2]Bei der Vertretung des Schuldners bestimmt sich der Gegenstandswert nach dem zusammengerechneten Wert aller Ansprüche, wegen derer das Verfahren beantragt ist, bei der Vertretung eines sonstigen Beteiligten nach § 23 Absatz 3 Satz 2.

§ 28 Gegenstandswert im Insolvenzverfahren

(1) [1]Die Gebühren der Nummern 3313, 3317 sowie im Fall der Beschwerde gegen den Beschluss über die Eröffnung des Insolvenzverfahrens der Nummern 3500 und 3513 des Vergütungsverzeichnisses werden, wenn der Auftrag vom Schuldner erteilt ist, nach dem Wert der Insolvenzmasse (§ 58 des Gerichtskostengesetzes) berechnet. [2]Im Fall der Nummer 3313 des Vergütungsverzeichnisses beträgt der Gegenstandswert jedoch mindestens 4 000 Euro.

(2) [1]Ist der Auftrag von einem Insolvenzgläubiger erteilt, werden die in Absatz 1 genannten Gebühren und die Gebühr nach Nummer 3314 nach dem Nennwert der Forderung berechnet. [2]Nebenforderungen sind mitzurechnen.

(3) Im Übrigen ist der Gegenstandswert im Insolvenzverfahren unter Berücksichtigung des wirtschaftlichen Interesses, das der Auftraggeber im Verfahren verfolgt, nach § 23 Absatz 3 Satz 2 zu bestimmen.

§ 29 Gegenstandswert im Verteilungsverfahren nach der Schifffahrtsrechtlichen Verteilungsordnung

Im Verfahren nach der Schifffahrtsrechtlichen Verteilungsordnung gilt § 28 entsprechend mit der Maßgabe, dass an die Stelle des Werts der Insolvenzmasse die festgesetzte Haftungssumme tritt.

§ 29a Gegenstandswert in Verfahren nach dem Unternehmensstabilisierungs- und -restrukturierungsgesetz

Der Gegenstandswert in Verfahren nach dem Unternehmensstabilisierungs- und -restrukturierungsgesetz ist unter Berücksichtigung des wirtschaftlichen Interesses, das der Auftraggeber im Verfahren verfolgt, nach § 23 Absatz 3 Satz 2 zu bestimmen.

§ 30 Gegenstandswert in gerichtlichen Verfahren nach dem Asylgesetz

(1) [1]In Klageverfahren nach dem Asylgesetz beträgt der Gegenstandswert 5 000 Euro, in den Fällen des § 77 Absatz 4 Satz 1 des Asylgesetzes 10 000 Euro, in Verfahren des vorläufigen Rechtsschutzes 2 500 Euro. [2]Sind mehrere natürliche Personen an demselben Verfahren beteiligt, erhöht

sich der Wert für jede weitere Person in Klageverfahren um 1 000 Euro und in Verfahren des vorläufigen Rechtsschutzes um 500 Euro.

(2) Ist der nach Absatz 1 bestimmte Wert nach den besonderen Umständen des Einzelfalls unbillig, kann das Gericht einen höheren oder einen niedrigeren Wert festsetzen.

§ 31 Gegenstandswert in gerichtlichen Verfahren nach dem Spruchverfahrensgesetz

(1) [1]Vertritt der Rechtsanwalt im Verfahren nach dem Spruchverfahrensgesetz einen von mehreren Antragstellern, bestimmt sich der Gegenstandswert nach dem Bruchteil des für die Gerichtsgebühren geltenden Geschäftswerts, der sich aus dem Verhältnis der Anzahl der Anteile des Auftraggebers zu der Gesamtzahl der Anteile aller Antragsteller ergibt. [2]Maßgeblicher Zeitpunkt für die Bestimmung der auf die einzelnen Antragsteller entfallenden Anzahl der Anteile ist der jeweilige Zeitpunkt der Antragstellung. [3]Ist die Anzahl der auf einen Antragsteller entfallenden Anteile nicht gerichtsbekannt, wird vermutet, dass er lediglich einen Anteil hält. [4]Der Wert beträgt mindestens 5 000 Euro.

(2) Wird der Rechtsanwalt von mehreren Antragstellern beauftragt, sind die auf die einzelnen Antragsteller entfallenden Werte zusammenzurechnen; Nummer 1008 des Vergütungsverzeichnisses ist insoweit nicht anzuwenden.

§ 31a Ausschlussverfahren nach dem Wertpapiererwerbs- und Übernahmegesetz

[1]Vertritt der Rechtsanwalt im Ausschlussverfahren nach § 39b des Wertpapiererwerbs- und Übernahmegesetzes einen Antragsgegner, bestimmt sich der Gegenstandswert nach dem Wert der Aktien, die dem Auftraggeber im Zeitpunkt der Antragstellung gehören. [2]§ 31 Absatz 1 Satz 2 bis 4 und Absatz 2 gilt entsprechend.

§ 31b Gegenstandswert bei Zahlungsvereinbarungen

Ist Gegenstand der Einigung eine Zahlungsvereinbarung (Gebühr 1000 Nummer 2 des Vergütungsverzeichnisses), beträgt der Gegenstandswert 50 Prozent des Anspruchs.

§ 32 Wertfestsetzung für die Gerichtsgebühren

(1) Wird der für die Gerichtsgebühren maßgebende Wert gerichtlich festgesetzt, ist die Festsetzung auch für die Gebühren des Rechtsanwalts maßgebend.

(2) [1]Der Rechtsanwalt kann aus eigenem Recht die Festsetzung des Werts beantragen und Rechtsmittel gegen die Festsetzung einlegen. [2]Rechtsbehelfe, die gegeben sind, wenn die Wertfestsetzung unterblieben ist, kann er aus eigenem Recht einlegen.

§ 33 Wertfestsetzung für die Rechtsanwaltsgebühren

(1) Berechnen sich die Gebühren in einem gerichtlichen Verfahren nicht nach dem für die Gerichtsgebühren maßgebenden Wert oder fehlt es an einem solchen Wert, setzt das Gericht des Rechtszugs den Wert des Gegenstands der anwaltlichen Tätigkeit auf Antrag durch Beschluss selbstständig fest.

(2) [1]Der Antrag ist erst zulässig, wenn die Vergütung fällig ist. [2]Antragsberechtigt sind der Rechtsanwalt, der Auftraggeber, ein erstattungspflichtiger Gegner und in den Fällen des § 45 die Staatskasse.

(3) [1]Gegen den Beschluss nach Absatz 1 können die Antragsberechtigten Beschwerde einlegen, wenn der Wert des Beschwerdegegenstands 200 Euro übersteigt. [2]Die Beschwerde ist auch zulässig, wenn sie das Gericht, das die angefochtene Entscheidung erlassen hat, wegen der grundsätzlichen Bedeutung der zur Entscheidung stehenden Frage in dem Beschluss zulässt. [3]Die Beschwerde ist nur zulässig, wenn sie innerhalb von zwei Wochen nach Zustellung der Entscheidung eingelegt wird.

(4) [1]Soweit das Gericht die Beschwerde für zulässig und begründet hält, hat es ihr abzuhelfen; im Übrigen ist die Beschwerde unverzüglich dem Beschwerdegericht vorzulegen. [2]Beschwerdegericht ist das nächsthöhere Gericht, in Zivilsachen der in § 119 Absatz 1 Nummer 1 des Gerichtsverfassungsgesetzes bezeichneten Art jedoch das Oberlandesgericht. [3]Eine Beschwerde an einen obersten Gerichtshof des Bundes findet nicht statt. [4]Das Beschwerdegericht ist an die Zulassung der Beschwerde gebunden; die Nichtzulassung ist unanfechtbar.

(5) [1]War der Beschwerdeführer ohne sein Verschulden verhindert, die Frist einzuhalten, ist ihm auf Antrag von dem Gericht, das über die Beschwerde zu entscheiden hat, Wiedereinsetzung in den vorigen Stand zu gewähren, wenn er die Beschwerde binnen zwei Wochen nach der Beseitigung des Hindernisses einlegt und die Tatsachen, welche die Wiedereinsetzung begründen, glaubhaft macht. [2]Ein Fehlen des Verschuldens wird vermutet, wenn eine Rechtsbehelfsbelehrung unterblieben oder fehlerhaft ist. [3]Nach Ablauf eines Jahres, von dem Ende der versäumten Frist an gerechnet, kann die Wiedereinsetzung nicht mehr beantragt werden. [4]Gegen die Ablehnung der Wiedereinsetzung findet die Beschwerde statt. [5]Sie ist nur zulässig, wenn sie innerhalb von zwei Wochen eingelegt wird. [6]Die Frist beginnt mit der Zustellung der Entscheidung. [7]Absatz 4 Satz 1 bis 3 gilt entsprechend.

(6) [1]Die weitere Beschwerde ist nur zulässig, wenn das Landgericht als Beschwerdegericht entschieden und sie wegen der grundsätzlichen Bedeutung der zur Entscheidung stehenden Frage in dem Beschluss zugelassen hat. [2]Sie kann nur darauf gestützt werden, dass die Entscheidung auf einer Verletzung des Rechts beruht; die §§ 546 und 547 der Zivilprozessordnung gelten entsprechend. [3]Über die weitere Beschwerde entscheidet das Oberlandesgericht. [4]Absatz 3 Satz 3, Absatz 4 Satz 1 und 4 und Absatz 5 gelten entsprechend.

(7) [1]Anträge und Erklärungen können ohne Mitwirkung eines Bevollmächtigten schriftlich eingereicht oder zu Protokoll der Geschäftsstelle abgegeben werden; § 129a der Zivilprozessordnung gilt entsprechend. [2]Für die Bevollmächtigung gelten die Regelungen der für das zugrunde liegende Verfahren geltenden Verfahrensordnung entsprechend. [3]Die Beschwerde ist bei dem Gericht einzulegen, dessen Entscheidung angefochten wird.

(8) [1]Das Gericht entscheidet über den Antrag durch eines seiner Mitglieder als Einzelrichter; dies gilt auch für die Beschwerde, wenn die angefochtene Entscheidung von einem Einzelrichter oder einem Rechtspfleger erlassen wurde. [2]Der Einzelrichter überträgt das Verfahren der Kammer oder dem Senat, wenn die Sache besondere Schwierigkeiten tatsächlicher oder rechtlicher Art aufweist oder die Rechtssache grundsätzliche Bedeutung hat. [3]Das Gericht entscheidet jedoch immer ohne Mitwirkung ehrenamtlicher Richter. [4]Auf eine erfolgte oder unterlassene Übertragung kann ein Rechtsmittel nicht gestützt werden.

(9) [1]Das Verfahren über den Antrag ist gebührenfrei. [2]Kosten werden nicht erstattet; dies gilt auch im Verfahren über die Beschwerde.

Abschnitt 5
Außergerichtliche Beratung und Vertretung

§ 34 Beratung, Gutachten und Mediation

(1) [1]Für einen mündlichen oder schriftlichen Rat oder eine Auskunft (Beratung), die nicht mit einer anderen gebührenpflichtigen Tätigkeit zusammenhängen, für die Ausarbeitung eines schriftlichen Gutachtens und für die Tätigkeit als Mediator soll der Rechtsanwalt auf eine Gebührenvereinbarung hinwirken, soweit in Teil 2 Abschnitt 1 des Vergütungsverzeichnisses keine Gebühren bestimmt sind. [2]Wenn keine Vereinbarung getroffen worden ist, erhält der Rechtsanwalt Gebühren nach den Vorschriften des bürgerlichen Rechts. [3]Ist im Fall des Satzes 2 der Auftraggeber Verbraucher, beträgt die Gebühr für die Beratung oder für die Ausarbeitung eines schriftlichen Gutachtens jeweils höchstens 250 Euro; § 14 Absatz 1 gilt entsprechend; für ein erstes Beratungsgespräch beträgt die Gebühr jedoch höchstens 190 Euro.

(2) Wenn nichts anderes vereinbart ist, ist die Gebühr für die Beratung auf eine Gebühr für eine sonstige Tätigkeit, die mit der Beratung zusammenhängt, anzurechnen.

§ 35 Hilfeleistung in Steuersachen

(1) Für die Hilfeleistung bei der Erfüllung allgemeiner Steuerpflichten und bei der Erfüllung steuerlicher Buchführungs- und Aufzeichnungspflichten gelten die §§ 23 bis 39 der Steuerberatervergütungsverordnung in Verbindung mit den §§ 10 und 13 der Steuerberatervergütungsverordnung entsprechend.

(2) [1]Sieht dieses Gesetz die Anrechnung einer Geschäftsgebühr auf eine andere Gebühr vor, stehen die Gebühren nach den §§ 23, 24 und 31 der Steuerberatervergütungsverordnung, bei mehreren Gebühren deren Summe, einer Geschäftsgebühr nach Teil 2 des Vergütungsverzeichnisses gleich. [2]Bei der Ermittlung des Höchstbetrags des anzurechnenden Teils der Geschäftsgebühr ist der Gegenstandswert derjenigen Gebühr zugrunde zu legen, auf die angerechnet wird.

§ 36 Schiedsrichterliche Verfahren und Verfahren vor dem Schiedsgericht

(1) Teil 3 Abschnitt 1, 2 und 4 des Vergütungsverzeichnisses ist auf die folgenden außergerichtlichen Verfahren entsprechend anzuwenden:

1. schiedsrichterliche Verfahren nach Buch 10 der Zivilprozessordnung und
2. Verfahren vor dem Schiedsgericht (§ 104 des Arbeitsgerichtsgesetzes).

(2) Im Verfahren nach Absatz 1 Nummer 1 erhält der Rechtsanwalt die Terminsgebühr auch, wenn der Schiedsspruch ohne mündliche Verhandlung erlassen wird.

Abschnitt 6
Gerichtliche Verfahren

§ 37 Verfahren vor den Verfassungsgerichten

(1) Die Vorschriften für die Revision in Teil 4 Abschnitt 1 Unterabschnitt 3 des Vergütungsverzeichnisses gelten entsprechend in folgenden Verfahren vor dem Bundesverfassungsgericht oder dem Verfassungsgericht (Verfassungsgerichtshof, Staatsgerichtshof) eines Landes:

1. Verfahren über die Verwirkung von Grundrechten, den Verlust des Stimmrechts, den Ausschluss von Wahlen und Abstimmungen,
2. Verfahren über die Verfassungswidrigkeit von Parteien,
3. Verfahren über Anklagen gegen den Bundespräsidenten, gegen ein Regierungsmitglied eines Landes oder gegen einen Abgeordneten oder Richter und
4. Verfahren über sonstige Gegenstände, die in einem dem Strafprozess ähnlichen Verfahren behandelt werden.

(2) [1]In sonstigen Verfahren vor dem Bundesverfassungsgericht oder dem Verfassungsgericht eines Landes gelten die Vorschriften in Teil 3 Abschnitt 2 Unterabschnitt 2 des Vergütungsverzeichnisses entsprechend. [2]Der Gegenstandswert ist unter Berücksichtigung der in § 14 Absatz 1 genannten Umstände nach billigem Ermessen zu bestimmen; er beträgt mindestens 5 000 Euro.

§ 38 Verfahren vor dem Gerichtshof der Europäischen Gemeinschaften

(1) [1]In Vorabentscheidungsverfahren vor dem Gerichtshof der Europäischen Gemeinschaften gelten die Vorschriften in Teil 3 Abschnitt 2 Unterabschnitt 2 des Vergütungsverzeichnisses entsprechend. [2]Der Gegenstandswert bestimmt sich nach den Wertvorschriften, die für die Gerichtsgebühren des Verfahrens gelten, in dem vorgelegt wird. [3]Das vorlegende Gericht setzt den Gegenstandswert auf Antrag durch Beschluss fest. [4]§ 33 Absatz 2 bis 9 gilt entsprechend.

(2) Ist in einem Verfahren, in dem sich die Gebühren nach Teil 4, 5 oder 6 des Vergütungsverzeichnisses richten, vorgelegt worden, sind in dem Vorabentscheidungsverfahren die Nummern 4130 und 4132 des Vergütungsverzeichnisses entsprechend anzuwenden.

(3) Die Verfahrensgebühr des Verfahrens, in dem vorgelegt worden ist, wird auf die Verfahrensgebühr des Verfahrens vor dem Gerichtshof der Europäischen Gemeinschaften angerechnet, wenn nicht eine im Verfahrensrecht vorgesehene schriftliche Stellungnahme gegenüber dem Gerichtshof der Europäischen Gemeinschaften abgegeben wird.

§ 38a Verfahren vor dem Europäischen Gerichtshof für Menschenrechte

[1]In Verfahren vor dem Europäischen Gerichtshof für Menschenrechte gelten die Vorschriften in Teil 3 Abschnitt 2 Unterabschnitt 2 des Vergütungsverzeichnisses entsprechend. [2]Der Gegenstandswert ist unter Berücksichtigung der in § 14 Absatz 1 genannten Umstände nach billigem Ermessen zu bestimmen; er beträgt mindestens 5 000 Euro.

§ 39 Von Amts wegen beigeordneter Rechtsanwalt

(1) Der Rechtsanwalt, der nach § 138 des Gesetzes über das Verfahren in Familiensachen und in den Angelegenheiten der freiwilligen Gerichtsbarkeit, auch in Verbindung mit § 270 des Gesetzes über das Verfahren in Familiensachen und in den Angelegenheiten der freiwilligen Gerichtsbarkeit, dem Antragsgegner beigeordnet ist, kann von diesem die Vergütung eines zum Prozessbevollmächtigten bestellten Rechtsanwalts und einen Vorschuss verlangen.

(2) Der Rechtsanwalt, der nach § 109 Absatz 3 oder § 119a Absatz 6 des Strafvollzugsgesetzes einer Person beigeordnet ist, kann von dieser die Vergütung eines zum Verfahrensbevollmächtigten bestellten Rechtsanwalts und einen Vorschuss verlangen.

§ 40 Als gemeinsamer Vertreter bestellter Rechtsanwalt

Der Rechtsanwalt kann von den Personen, für die er nach § 67a Absatz 1 Satz 2 der Verwaltungsgerichtsordnung bestellt ist, die Vergütung eines von mehreren Auftraggebern zum Prozessbevollmächtigten bestellten Rechtsanwalts und einen Vorschuss verlangen.

§ 41 Besonderer Vertreter

[1]Der Rechtsanwalt, der nach § 57 oder § 58 der Zivilprozessordnung, § 118e der Bundesrechtsanwaltsordnung, § 103b der Patentanwaltsordnung oder § 111c des Steuerberatungsgesetzes als besonderer Vertreter bestellt ist, kann von dem Vertretenen die Vergütung eines zum Prozessbevollmächtigten oder zum Verteidiger gewählten Rechtsanwalts verlangen. [2]Er kann von diesem keinen Vorschuss fordern. [3]§ 126 der Zivilprozessordnung ist entsprechend anzuwenden.

§ 41a Vertreter des Musterklägers

(1) [1]Für das erstinstanzliche Musterverfahren nach dem Kapitalanleger-Musterverfahrensgesetz kann das Oberlandesgericht dem Rechtsanwalt, der den Musterkläger vertritt, auf Antrag eine besondere Gebühr bewilligen, wenn sein Aufwand im Vergleich zu dem Aufwand der Vertreter der beigeladenen Kläger höher ist. [2]Bei der Bemessung der Gebühr sind der Mehraufwand sowie der Vorteil und die Bedeutung für die beigeladenen Kläger zu berücksichtigen. [3]Die Gebühr darf eine Gebühr mit einem Gebührensatz von 0,3 nach § 13 Absatz 1 nicht überschreiten. [4]Hierbei ist als Wert die Summe der in sämtlichen nach § 10 des Kapitalanleger-Musterverfahrensgesetzes ausgesetzten Verfahren geltend gemachten Ansprüche zugrunde zu legen, soweit diese Ansprüche von den Feststellungszielen des Musterverfahrens betroffen sind, höchstens jedoch 30 Millionen Euro. [5]Der Vergütungsanspruch gegen den Auftraggeber bleibt unberührt.

(2) [1]Der Antrag ist spätestens vor dem Schluss der mündlichen Verhandlung zu stellen. [2]Der Antrag und ergänzende Schriftsätze werden entsprechend § 16 Absatz 2 des Kapitalanleger-Musterverfahrensgesetzes bekannt gegeben. [3]Mit der Bekanntmachung ist eine Frist zur Erklärung zu setzen. [4]Die Landeskasse ist nicht zu hören.

(3) [1]Die Entscheidung kann mit dem Musterentscheid getroffen werden. [2]Die Entscheidung ist dem Musterkläger, den Musterbeklagten, den Beigeladenen sowie dem Rechtsanwalt mitzuteilen. [3]Die Mitteilung kann durch öffentliche Bekanntmachung im Musterverfahrensregister ersetzt werden. [4]Die Entscheidung ist unanfechtbar.

(4) [1]Die Gebühr ist einschließlich der anfallenden Umsatzsteuer aus der Landeskasse zu zahlen. [2]Ein Vorschuss kann nicht gefordert werden.

Abschnitt 7
Straf- und Bußgeldsachen sowie bestimmte sonstige Verfahren

§ 42 Feststellung einer Pauschgebühr

(1) [1]In Strafsachen, gerichtlichen Bußgeldsachen, Verfahren nach dem Gesetz über die internationale Rechtshilfe in Strafsachen, in Verfahren nach dem Deutsch-Schweizerischer-Polizeivertrag-Umsetzungsgesetz, in Verfahren nach dem IStGH-Gesetz, in Freiheitsentziehungs- und Unterbringungssachen sowie in Verfahren nach § 151 Nummer 6 und 7 des Gesetzes über das Verfahren in Familiensachen und in den Angelegenheiten der freiwilligen Gerichtsbarkeit stellt das Oberlandesgericht, zu dessen Bezirk das Gericht des ersten Rechtszugs gehört, auf Antrag des Rechtsanwalts eine Pauschgebühr für das ganze Verfahren oder für einzelne Verfahrensabschnitte durch unanfechtbaren Beschluss fest, wenn die in den Teilen 4 bis 6 des Vergütungsverzeichnisses bestimmten Gebühren eines Wahlanwalts wegen des besonderen Umfangs oder der besonderen Schwierigkeit nicht zumutbar sind. [2]Dies gilt nicht, soweit Wertgebühren entstehen. [3]Beschränkt sich die Feststellung auf einzelne Verfahrensabschnitte, sind die Gebühren nach dem Vergütungsverzeichnis, an deren Stelle die Pauschgebühr treten soll, zu bezeichnen. [4]Die Pauschgebühr darf das Doppelte der für die Gebühren eines Wahlanwalts geltenden Höchstbeträge nach den Teilen 4 bis 6 des Vergütungsverzeichnisses nicht übersteigen. [5]Für den Rechtszug, in dem der Bundesgerichtshof für das Verfahren zuständig ist, ist er auch für die Entscheidung über den Antrag zuständig.

(2) [1]Der Antrag ist zulässig, wenn die Entscheidung über die Kosten des Verfahrens rechtskräftig ist. [2]Der gerichtlich bestellte oder beigeordnete Rechtsanwalt kann den Antrag nur unter den Voraussetzungen des § 52 Absatz 1 Satz 1, Absatz 2, auch in Verbindung mit § 53 Absatz 1, stellen. [3]Der Auftraggeber, in den Fällen des § 52 Absatz 1 Satz 1 der Beschuldigte, ferner die Staatskasse und andere Beteiligte, wenn ihnen die Kosten des Verfahrens ganz oder zum Teil auferlegt worden sind, sind zu hören.

(3) [1]Der Senat des Oberlandesgerichts ist mit einem Richter besetzt. [2]Der Richter überträgt die Sache dem Senat in der Besetzung mit drei Richtern, wenn es zur Sicherung einer einheitlichen Rechtsprechung geboten ist.

(4) Die Feststellung ist für das Kostenfestsetzungsverfahren, das Vergütungsfestsetzungsverfahren (§ 11) und für einen Rechtsstreit des Rechtsanwalts auf Zahlung der Vergütung bindend.

(5) [1]Die Absätze 1 bis 4 gelten im Bußgeldverfahren vor der Verwaltungsbehörde entsprechend. [2]Über den Antrag entscheidet die Verwaltungsbehörde. [3]Gegen die Entscheidung kann gerichtliche Entscheidung beantragt werden. [4]Für das Verfahren gilt § 62 des Gesetzes über Ordnungswidrigkeiten.

§ 43 Abtretung des Kostenerstattungsanspruchs

[1]Tritt der Beschuldigte oder der Betroffene den Anspruch gegen die Staatskasse auf Erstattung von Anwaltskosten als notwendige Auslagen an den Rechtsanwalt ab, ist eine von der Staatskasse gegenüber dem Beschuldigten oder dem Betroffenen erklärte Aufrechnung insoweit unwirksam, als sie den Anspruch des Rechtsanwalts vereiteln oder beeinträchtigen würde. [2]Dies gilt jedoch nur, wenn zum Zeitpunkt der Aufrechnung eine Urkunde über die Abtretung oder eine Anzeige des Beschuldigten oder des Betroffenen über die Abtretung in den Akten vorliegt.

Abschnitt 8
Beigeordneter oder bestellter Rechtsanwalt, Beratungshilfe

§ 44 Vergütungsanspruch bei Beratungshilfe

[1]Für die Tätigkeit im Rahmen der Beratungshilfe erhält der Rechtsanwalt eine Vergütung nach diesem Gesetz aus der Landeskasse, soweit nicht für die Tätigkeit in Beratungsstellen nach § 3 Absatz 1 des Beratungshilfegesetzes besondere Vereinbarungen getroffen sind. [2]Die Beratungshilfegebühr (Nummer 2500 des Vergütungsverzeichnisses) schuldet nur der Rechtsuchende.

§ 45 Vergütungsanspruch des beigeordneten oder bestellten Rechtsanwalts

(1) Der im Wege der Prozesskostenhilfe beigeordnete oder zum besonderen Vertreter im Sinne des § 41 bestellte Rechtsanwalt erhält, soweit in diesem Abschnitt nichts anderes bestimmt ist, die gesetzliche Vergütung in Verfahren vor Gerichten des Bundes aus der Bundeskasse, in Verfahren vor Gerichten eines Landes aus der Landeskasse.

(2) Der Rechtsanwalt, der nach § 138 des Gesetzes über das Verfahren in Familiensachen und in den Angelegenheiten der freiwilligen Gerichtsbarkeit, auch in Verbindung mit § 270 des Gesetzes über das Verfahren in Familiensachen und in den Angelegenheiten der freiwilligen Gerichtsbarkeit, nach § 109 Absatz 3 oder § 119a Absatz 6 des Strafvollzugsgesetzes beigeordnet oder nach § 67a Absatz 1 Satz 2 der Verwaltungsgerichtsordnung bestellt ist, kann eine Vergütung aus der Landeskasse verlangen, wenn der zur Zahlung Verpflichtete (§ 39 oder § 40) mit der Zahlung der Vergütung im Verzug ist.

(3) [1]Ist der Rechtsanwalt sonst gerichtlich bestellt oder beigeordnet worden, erhält er die Vergütung aus der Landeskasse, wenn ein Gericht des Landes den Rechtsanwalt bestellt oder beigeordnet hat, im Übrigen aus der Bundeskasse. [2]Hat zuerst ein Gericht des Bundes und sodann ein Gericht des Landes den Rechtsanwalt bestellt oder beigeordnet, zahlt die Bundeskasse die Vergütung, die der Rechtsanwalt während der Dauer der Bestellung oder Beiordnung durch das Gericht des Bundes verdient hat, die Landeskasse die dem Rechtsanwalt darüber hinaus zustehende Vergütung. [3]Dies gilt entsprechend, wenn zuerst ein Gericht des Landes und sodann ein Gericht des Bundes den Rechtsanwalt bestellt oder beigeordnet hat.

(4) [1]Wenn der Verteidiger von der Stellung eines Wiederaufnahmeantrags abrät, hat er einen Anspruch gegen die Staatskasse nur dann, wenn er nach § 364b Absatz 1 Satz 1 der Strafprozessordnung bestellt worden ist oder das Gericht die Feststellung nach § 364b Absatz 1 Satz 2 der Strafprozessordnung getroffen hat. [2]Dies gilt auch im gerichtlichen Bußgeldverfahren (§ 85 Absatz 1 des Gesetzes über Ordnungswidrigkeiten).

(5) [1]Absatz 3 ist im Bußgeldverfahren vor der Verwaltungsbehörde entsprechend anzuwenden. [2]An die Stelle des Gerichts tritt die Verwaltungsbehörde.

§ 46 Auslagen und Aufwendungen

(1) Auslagen, insbesondere Reisekosten, werden nicht vergütet, wenn sie zur sachgemäßen Durchführung der Angelegenheit nicht erforderlich waren.

(2) [1]Wenn das Gericht des Rechtszugs auf Antrag des Rechtsanwalts vor Antritt der Reise feststellt, dass eine Reise erforderlich ist, ist diese Feststellung für das Festsetzungsverfahren (§ 55) bindend. [2]Im Bußgeldverfahren vor der Verwaltungsbehörde tritt an die Stelle des Gerichts die Verwaltungsbehörde. [3]Für Aufwendungen (§ 670 des Bürgerlichen Gesetzbuchs) gelten Absatz 1 und die Sätze 1 und 2 entsprechend; die Höhe zu ersetzender Kosten für die Zuziehung eines Dolmetschers oder Übersetzers ist auf die nach dem Justizvergütungs- und -entschädigungsgesetz zu zahlenden Beträge beschränkt.

(3) [1]Auslagen, die durch Nachforschungen zur Vorbereitung eines Wiederaufnahmeverfahrens entstehen, für das die Vorschriften der Strafprozessordnung gelten, werden nur vergütet, wenn der Rechtsanwalt nach § 364b Absatz 1 Satz 1 der Strafprozessordnung bestellt worden ist oder wenn

das Gericht die Feststellung nach § 364b Absatz 1 Satz 2 der Strafprozessordnung getroffen hat. [2]Dies gilt auch im gerichtlichen Bußgeldverfahren (§ 85 Absatz 1 des Gesetzes über Ordnungswidrigkeiten).

§ 47 Vorschuss

(1) [1]Wenn dem Rechtsanwalt wegen seiner Vergütung ein Anspruch gegen die Staatskasse zusteht, kann er für die entstandenen Gebühren und die entstandenen und voraussichtlich entstehenden Auslagen aus der Staatskasse einen angemessenen Vorschuss fordern. [2]Der Rechtsanwalt, der nach § 138 des Gesetzes über das Verfahren in Familiensachen und in den Angelegenheiten der freiwilligen Gerichtsbarkeit, auch in Verbindung mit § 270 des Gesetzes über das Verfahren in Familiensachen und in den Angelegenheiten der freiwilligen Gerichtsbarkeit, nach § 109 Absatz 3 oder § 119a Absatz 6 des Strafvollzugsgesetzes beigeordnet oder nach § 67a Absatz 1 Satz 2 der Verwaltungsgerichtsordnung bestellt ist, kann einen Vorschuss nur verlangen, wenn der zur Zahlung Verpflichtete (§ 39 oder § 40) mit der Zahlung des Vorschusses im Verzug ist.

(2) Bei Beratungshilfe kann der Rechtsanwalt aus der Staatskasse keinen Vorschuss fordern.

§ 48 Umfang des Anspruchs und der Beiordnung

(1) [1]Der Vergütungsanspruch gegen die Staatskasse ist auf die gesetzliche Vergütung gerichtet und bestimmt sich nach den Beschlüssen, durch die die Prozesskostenhilfe bewilligt und der Rechtsanwalt beigeordnet oder bestellt worden ist, soweit nichts anderes bestimmt ist. [2]Erstreckt sich die Beiordnung auf den Abschluss eines Vertrags im Sinne der Nummer 1000 des Vergütungsverzeichnisses oder ist die Beiordnung oder die Bewilligung der Prozesskostenhilfe hierauf beschränkt, so umfasst der Anspruch alle gesetzlichen Gebühren und Auslagen, die durch die Tätigkeiten entstehen, die zur Herbeiführung der Einigung erforderlich sind.

(2) [1]In Angelegenheiten, in denen sich die Gebühren nach Teil 3 des Vergütungsverzeichnisses bestimmen und die Beiordnung eine Berufung, eine Beschwerde wegen des Hauptgegenstands, eine Revision oder eine Rechtsbeschwerde wegen des Hauptgegenstands betrifft, wird eine Vergütung aus der Staatskasse auch für die Rechtsverteidigung gegen ein Anschlussrechtsmittel und, wenn der Rechtsanwalt für die Erwirkung eines Arrests, einer einstweiligen Verfügung oder einer einstweiligen Anordnung beigeordnet ist, auch für deren Vollziehung oder Vollstreckung gewährt. [2]Dies gilt nicht, wenn der Beiordnungsbeschluss ausdrücklich etwas anderes bestimmt.

(3) [1]Die Beiordnung in einer Ehesache erstreckt sich im Fall des Abschlusses eines Vertrags im Sinne der Nummer 1000 des Vergütungsverzeichnisses auf alle mit der Herbeiführung der Einigung erforderlichen Tätigkeiten, soweit der Vertrag

1. den gegenseitigen Unterhalt der Ehegatten,
2. den Unterhalt gegenüber den Kindern im Verhältnis der Ehegatten zueinander,
3. die Sorge für die Person der gemeinschaftlichen minderjährigen Kinder,
4. die Regelung des Umgangs mit einem Kind,
5. die Rechtsverhältnisse an der Ehewohnung und den Haushaltsgegenständen,
6. die Ansprüche aus dem ehelichen Güterrecht oder
7. den Versorgungsausgleich

betrifft. [2]Satz 1 gilt im Fall der Beiordnung in Lebenspartnerschaftssachen nach § 269 Absatz 1 Nummer 1 und 2 des Gesetzes über das Verfahren in Familiensachen und in den Angelegenheiten der freiwilligen Gerichtsbarkeit entsprechend.

(4) [1]Die Beiordnung in Angelegenheiten, in denen nach § 3 Absatz 1 Betragsrahmengebühren entstehen, erstreckt sich auf Tätigkeiten ab dem Zeitpunkt der Beantragung der Prozesskostenhilfe, wenn vom Gericht nichts anderes bestimmt ist. [2]Die Beiordnung erstreckt sich ferner auf die gesamte Tätigkeit im Verfahren über die Prozesskostenhilfe einschließlich der vorbereitenden Tätigkeit.

(5) [1]In anderen Angelegenheiten, die mit dem Hauptverfahren nur zusammenhängen, erhält der für das Hauptverfahren beigeordnete Rechtsanwalt eine Vergütung aus der Staatskasse nur dann, wenn er ausdrücklich auch hierfür beigeordnet ist. [2]Dies gilt insbesondere für

1. die Zwangsvollstreckung, die Vollstreckung und den Verwaltungszwang;
2. das Verfahren über den Arrest, den Europäischen Beschluss zur vorläufigen Kontenpfändung, die einstweilige Verfügung und die einstweilige Anordnung;
3. das selbstständige Beweisverfahren;
4. das Verfahren über die Widerklage oder den Widerantrag, ausgenommen die Rechtsverteidigung gegen den Widerantrag in Ehesachen und in Lebenspartnerschaftssachen nach § 269 Absatz 1 Nummer 1 und 2 des Gesetzes über das Verfahren in Familiensachen und in den Angelegenheiten der freiwilligen Gerichtsbarkeit.

(6) [1]Wird der Rechtsanwalt in Angelegenheiten nach den Teilen 4 bis 6 des Vergütungsverzeichnisses im ersten Rechtszug bestellt oder beigeordnet, erhält er die Vergütung auch für seine Tätigkeit vor dem Zeitpunkt seiner Bestellung, in Strafsachen einschließlich seiner Tätigkeit vor Erhebung der öffentlichen Klage und in Bußgeldsachen einschließlich der Tätigkeit vor der Verwaltungsbehörde. [2]Wird der Rechtsanwalt in einem späteren Rechtszug beigeordnet, erhält er seine Vergütung in diesem Rechtszug auch für seine Tätigkeit vor dem Zeitpunkt seiner Bestellung. [3]Werden Verfahren verbunden und ist der Rechtsanwalt nicht in allen Verfahren bestellt oder beigeordnet, kann das Gericht die Wirkungen des Satzes 1 auch auf diejenigen Verfahren erstrecken, in denen vor der Verbindung keine Beiordnung oder Bestellung erfolgt war.

§ 49 Wertgebühren aus der Staatskasse

Bestimmen sich die Gebühren nach dem Gegenstandswert, werden bei einem Gegenstandswert von mehr als 4 000 Euro anstelle der Gebühr nach § 13 Absatz 1 folgende Gebühren vergütet:

Gegenstands-wert bis ... Euro	Gebühr ... Euro		Gegenstands-wert bis ... Euro	Gebühr ... Euro
5.000	319,00		25.000	449,00
6.000	330,00		30.000	488,00
7.000	341,00		35.000	527,00
8.000	352,00		40.000	566,00
9.000	363,00		45.000	605,00
10.000	374,00		50.000	644,00
13.000	389,00		65.000	692,00
16.000	404,00		80.000	739,00
19.000	419,00			
22.000	434,00		über 80 000	786,00

§ 50 Weitere Vergütung bei Prozesskostenhilfe

(1) [1]Nach Deckung der in § 122 Absatz 1 Nummer 1 der Zivilprozessordnung bezeichneten Kosten und Ansprüche hat die Staatskasse über die auf sie übergegangenen Ansprüche des Rechtsanwalts hinaus weitere Beträge bis zur Höhe der Regelvergütung einzuziehen, wenn dies nach den Vorschriften der Zivilprozessordnung und nach den Bestimmungen, die das Gericht getroffen hat, zulässig ist. [2]Die weitere Vergütung ist festzusetzen, wenn das Verfahren durch rechtskräftige Ent-

scheidung oder in sonstiger Weise beendet ist und die von der Partei zu zahlenden Beträge beglichen sind oder wegen dieser Beträge eine Zwangsvollstreckung in das bewegliche Vermögen der Partei erfolglos geblieben ist oder aussichtslos erscheint.

(2) Der beigeordnete Rechtsanwalt soll eine Berechnung seiner Regelvergütung unverzüglich zu den Prozessakten mitteilen.

(3) Waren mehrere Rechtsanwälte beigeordnet, bemessen sich die auf die einzelnen Rechtsanwälte entfallenden Beträge nach dem Verhältnis der jeweiligen Unterschiedsbeträge zwischen den Gebühren nach § 49 und den Regelgebühren; dabei sind Zahlungen, die nach § 58 auf den Unterschiedsbetrag anzurechnen sind, von diesem abzuziehen.

§ 51 Festsetzung einer Pauschgebühr

(1) [1]In Strafsachen, gerichtlichen Bußgeldsachen, Verfahren nach dem Gesetz über die internationale Rechtshilfe in Strafsachen, in Verfahren nach dem Deutsch-Schweizerischer-Polizeivertrag-Umsetzungsgesetz, in Verfahren nach dem IStGH-Gesetz, in Freiheitsentziehungs- und Unterbringungssachen sowie in Verfahren nach § 151 Nummer 6 und 7 des Gesetzes über das Verfahren in Familiensachen und in den Angelegenheiten der freiwilligen Gerichtsbarkeit ist dem gerichtlich bestellten oder beigeordneten Rechtsanwalt für das ganze Verfahren oder für einzelne Verfahrensabschnitte auf Antrag eine Pauschgebühr zu bewilligen, die über die Gebühren nach dem Vergütungsverzeichnis hinausgeht, wenn die in den Teilen 4 bis 6 des Vergütungsverzeichnisses bestimmten Gebühren wegen des besonderen Umfangs oder der besonderen Schwierigkeit nicht zumutbar sind. [2]Dies gilt nicht, soweit Wertgebühren entstehen. [3]Beschränkt sich die Bewilligung auf einzelne Verfahrensabschnitte, sind die Gebühren nach dem Vergütungsverzeichnis, an deren Stelle die Pauschgebühr treten soll, zu bezeichnen. [4]Eine Pauschgebühr kann auch für solche Tätigkeiten gewährt werden, für die ein Anspruch nach § 48 Absatz 6 besteht. [5]Auf Antrag ist dem Rechtsanwalt ein angemessener Vorschuss zu bewilligen, wenn ihm insbesondere wegen der langen Dauer des Verfahrens und der Höhe der zu erwartenden Pauschgebühr nicht zugemutet werden kann, die Festsetzung der Pauschgebühr abzuwarten.

(2) [1]Über die Anträge entscheidet das Oberlandesgericht, zu dessen Bezirk das Gericht des ersten Rechtszugs gehört, und im Fall der Beiordnung einer Kontaktperson (§ 34a des Einführungsgesetzes zum Gerichtsverfassungsgesetz) das Oberlandesgericht, in dessen Bezirk die Justizvollzugsanstalt liegt, durch unanfechtbaren Beschluss. [2]Der Bundesgerichtshof ist für die Entscheidung zuständig, soweit er den Rechtsanwalt bestellt hat. [3]In dem Verfahren ist die Staatskasse zu hören. [4]§ 42 Absatz 3 ist entsprechend anzuwenden.

(3) [1]Absatz 1 gilt im Bußgeldverfahren vor der Verwaltungsbehörde entsprechend. [2]Über den Antrag nach Absatz 1 Satz 1 bis 3 entscheidet die Verwaltungsbehörde gleichzeitig mit der Festsetzung der Vergütung.

§ 52 Anspruch gegen den Beschuldigten oder den Betroffenen

(1) [1]Der gerichtlich bestellte Rechtsanwalt kann von dem Beschuldigten die Zahlung der Gebühren eines gewählten Verteidigers verlangen; er kann jedoch keinen Vorschuss fordern. [2]Der Anspruch gegen den Beschuldigten entfällt insoweit, als die Staatskasse Gebühren gezahlt hat.

(2) [1]Der Anspruch kann nur insoweit geltend gemacht werden, als dem Beschuldigten ein Erstattungsanspruch gegen die Staatskasse zusteht oder das Gericht des ersten Rechtszugs auf Antrag des Verteidigers feststellt, dass der Beschuldigte ohne Beeinträchtigung des für ihn und seine Familie notwendigen Unterhalts zur Zahlung oder zur Leistung von Raten in der Lage ist. [2]Ist das Verfahren nicht gerichtlich anhängig geworden, entscheidet das Gericht, das den Verteidiger bestellt hat.

(3) [1]Wird ein Antrag nach Absatz 2 Satz 1 gestellt, setzt das Gericht dem Beschuldigten eine Frist zur Darlegung seiner persönlichen und wirtschaftlichen Verhältnisse; § 117 Absatz 2 bis 4 der Zivilprozessordnung gilt entsprechend. [2]Gibt der Beschuldigte innerhalb der Frist keine Erklärung ab, wird vermutet, dass er leistungsfähig im Sinne des Absatzes 2 Satz 1 ist.

(4) [1]Gegen den Beschluss nach Absatz 2 ist die sofortige Beschwerde nach den Vorschriften der §§ 304 bis 311a der Strafprozessordnung zulässig. [2]Dabei steht im Rahmen des § 44 Satz 2 der Strafprozessordnung die Rechtsbehelfsbelehrung des § 12c der Belehrung nach § 35a Satz 1 der Strafprozessordnung gleich.

(5) [1]Der für den Beginn der Verjährung maßgebende Zeitpunkt tritt mit der Rechtskraft der das Verfahren abschließenden gerichtlichen Entscheidung, in Ermangelung einer solchen mit der Beendigung des Verfahrens ein. [2]Ein Antrag des Verteidigers hemmt den Lauf der Verjährungsfrist. [3]Die Hemmung endet sechs Monate nach der Rechtskraft der Entscheidung des Gerichts über den Antrag.

(6) [1]Die Absätze 1 bis 3 und 5 gelten im Bußgeldverfahren entsprechend. [2]Im Bußgeldverfahren vor der Verwaltungsbehörde tritt an die Stelle des Gerichts die Verwaltungsbehörde.

§ 53 Anspruch gegen den Auftraggeber, Anspruch des zum Beistand bestellten Rechtsanwalts gegen den Verurteilten

(1) Für den Anspruch des dem Privatkläger, dem Nebenkläger, dem Antragsteller im Klageerzwingungsverfahren oder des sonst in Angelegenheiten, in denen sich die Gebühren nach Teil 4, 5 oder 6 des Vergütungsverzeichnisses bestimmen, beigeordneten Rechtsanwalts gegen seinen Auftraggeber gilt § 52 entsprechend.

(2) [1]Der dem Nebenkläger, dem nebenklageberechtigten Verletzten oder dem Zeugen als Beistand bestellte Rechtsanwalt kann die Gebühren eines gewählten Beistands aufgrund seiner Bestellung nur von dem Verurteilten verlangen. [2]Der Anspruch entfällt insoweit, als die Staatskasse die Gebühren bezahlt hat.

(3) [1]Der in Absatz 2 Satz 1 genannte Rechtsanwalt kann einen Anspruch aus einer Vergütungsvereinbarung nur geltend machen, wenn das Gericht des ersten Rechtszugs auf seinen Antrag feststellt, dass der Nebenkläger, der nebenklageberechtigte Verletzte oder der Zeuge zum Zeitpunkt des Abschlusses der Vereinbarung allein auf Grund seiner persönlichen und wirtschaftlichen Verhältnisse die Voraussetzungen für die Bewilligung von Prozesskostenhilfe in bürgerlichen Rechtsstreitigkeiten nicht erfüllt hätte. [2]Ist das Verfahren nicht gerichtlich anhängig geworden, entscheidet das Gericht, das den Rechtsanwalt als Beistand bestellt hat. [3]§ 52 Absatz 3 bis 5 gilt entsprechend.

§ 53a Vergütungsanspruch bei gemeinschaftlicher Nebenklagevertretung

[1]Stellt ein Gericht gemäß § 397b Absatz 3 der Strafprozessordnung fest, dass für einen nicht als Beistand bestellten oder beigeordneten Rechtsanwalt die Voraussetzungen einer Bestellung oder Beiordnung vorgelegen haben, so steht der Rechtsanwalt hinsichtlich der von ihm bis zu dem Zeitpunkt der Bestellung oder Beiordnung eines anderen Rechtsanwalts erbrachten Tätigkeiten einem bestellten oder beigeordneten Rechtsanwalt gleich. [2]Der Rechtsanwalt erhält die Vergütung aus der Landeskasse, wenn die Feststellung von einem Gericht des Landes getroffen wird, im Übrigen aus der Bundeskasse.

§ 54 Verschulden eines beigeordneten oder bestellten Rechtsanwalts

Hat der beigeordnete oder bestellte Rechtsanwalt durch schuldhaftes Verhalten die Beiordnung oder Bestellung eines anderen Rechtsanwalts veranlasst, kann er Gebühren, die auch für den anderen Rechtsanwalt entstehen, nicht fordern.

§ 55 Festsetzung der aus der Staatskasse zu zahlenden Vergütungen und Vorschüsse

(1) [1]Die aus der Staatskasse zu gewährende Vergütung und der Vorschuss hierauf werden auf Antrag des Rechtsanwalts von dem Urkundsbeamten der Geschäftsstelle des Gerichts des ersten Rechtszugs festgesetzt. [2]Ist das Verfahren nicht gerichtlich anhängig geworden, erfolgt die Festsetzung durch den Urkundsbeamten der Geschäftsstelle des Gerichts, das den Verteidiger bestellt hat.

(2) In Angelegenheiten, in denen sich die Gebühren nach Teil 3 des Vergütungsverzeichnisses bestimmen, erfolgt die Festsetzung durch den Urkundsbeamten des Gerichts des Rechtszugs, solange das Verfahren nicht durch rechtskräftige Entscheidung oder in sonstiger Weise beendet ist.

(3) Im Fall der Beiordnung einer Kontaktperson (§ 34a des Einführungsgesetzes zum Gerichtsverfassungsgesetz) erfolgt die Festsetzung durch den Urkundsbeamten der Geschäftsstelle des Landgerichts, in dessen Bezirk die Justizvollzugsanstalt liegt.

(4) Im Fall der Beratungshilfe wird die Vergütung von dem Urkundsbeamten der Geschäftsstelle des in § 4 Absatz 1 des Beratungshilfegesetzes bestimmten Gerichts festgesetzt.

(5) [1]§ 104 Absatz 2 Satz 1 und 2 der Zivilprozessordnung gilt entsprechend. [2]Der Antrag hat die Erklärung zu enthalten, ob und welche Zahlungen der Rechtsanwalt bis zum Tag der Antragstellung erhalten hat. [3]Bei Zahlungen auf eine anzurechnende Gebühr sind diese Zahlungen, der Satz oder der Betrag der Gebühr und bei Wertgebühren auch der zugrunde gelegte Wert anzugeben. [4]Zahlungen, die der Rechtsanwalt nach der Antragstellung erhalten hat, hat er unverzüglich anzuzeigen.

(6) [1]Der Urkundsbeamte kann vor einer Festsetzung der weiteren Vergütung (§ 50) den Rechtsanwalt auffordern, innerhalb einer Frist von einem Monat bei der Geschäftsstelle des Gerichts, dem der Urkundsbeamte angehört, Anträge auf Festsetzung der Vergütungen, für die ihm noch Ansprüche gegen die Staatskasse zustehen, einzureichen oder sich zu den empfangenen Zahlungen (Absatz 5 Satz 2) zu erklären. [2]Kommt der Rechtsanwalt der Aufforderung nicht nach, erlöschen seine Ansprüche gegen die Staatskasse.

(7) [1]Die Absätze 1 und 5 gelten im Bußgeldverfahren vor der Verwaltungsbehörde entsprechend. [2]An die Stelle des Urkundsbeamten der Geschäftsstelle tritt die Verwaltungsbehörde.

§ 56 Erinnerung und Beschwerde

(1) [1]Über Erinnerungen des Rechtsanwalts und der Staatskasse gegen die Festsetzung nach § 55 entscheidet das Gericht des Rechtszugs, bei dem die Festsetzung erfolgt ist, durch Beschluss. [2]Im Fall des § 55 Absatz 3 entscheidet die Strafkammer des Landgerichts. [3]Im Fall der Beratungshilfe entscheidet das nach § 4 Absatz 1 des Beratungshilfegesetzes zuständige Gericht.

(2) [1]Im Verfahren über die Erinnerung gilt § 33 Absatz 4 Satz 1, Absatz 7 und 8 und im Verfahren über die Beschwerde gegen die Entscheidung über die Erinnerung § 33 Absatz 3 bis 8 entsprechend. [2]Das Verfahren über die Erinnerung und über die Beschwerde ist gebührenfrei. [3]Kosten werden nicht erstattet.

§ 57 Rechtsbehelf in Bußgeldsachen vor der Verwaltungsbehörde

[1]Gegen Entscheidungen der Verwaltungsbehörde im Bußgeldverfahren nach den Vorschriften dieses Abschnitts kann gerichtliche Entscheidung beantragt werden. [2]Für das Verfahren gilt § 62 des Gesetzes über Ordnungswidrigkeiten.

§ 58 Anrechnung von Vorschüssen und Zahlungen

(1) Zahlungen, die der Rechtsanwalt nach § 9 des Beratungshilfegesetzes erhalten hat, werden auf die aus der Landeskasse zu zahlende Vergütung angerechnet.

(2) [1]In Angelegenheiten, in denen sich die Gebühren nach Teil 3 des Vergütungsverzeichnisses bestimmen, sind Vorschüsse und Zahlungen, die der Rechtsanwalt vor oder nach der Beiordnung erhalten hat, zunächst auf die Vergütungen anzurechnen, für die ein Anspruch gegen die Staatskasse nicht oder nur unter den Voraussetzungen des § 50 besteht. [2]Ist eine Gebühr, für die kein Anspruch gegen die Staatskasse besteht, auf eine Gebühr anzurechnen, für die ein Anspruch gegen die Staatskasse besteht, so vermindert sich der Anspruch gegen die Staatskasse nur insoweit, als der Rechtsanwalt durch eine Zahlung auf die anzurechnende Gebühr und den Anspruch auf die ohne Anrechnung ermittelte andere Gebühr insgesamt mehr als den sich aus § 15a Absatz 1 ergebenden Gesamtbetrag erhalten würde.

(3) [1]In Angelegenheiten, in denen sich die Gebühren nach den Teilen 4 bis 6 des Vergütungsverzeichnisses bestimmen, sind Vorschüsse und Zahlungen, die der Rechtsanwalt vor oder nach der gerichtlichen Bestellung oder Beiordnung für seine Tätigkeit in einer gebührenrechtlichen Angelegenheit erhalten hat, auf die von der Staatskasse für diese Angelegenheit zu zahlenden Gebühren anzurechnen. [2]Hat der Rechtsanwalt Zahlungen empfangen, nachdem er Gebühren aus der Staatskasse erhalten hat, ist er zur Rückzahlung an die Staatskasse verpflichtet. [3]Die Anrechnung oder Rückzahlung erfolgt nur, soweit der Rechtsanwalt durch die Zahlungen insgesamt mehr als den doppelten Betrag der ihm ohne Berücksichtigung des § 51 aus der Staatskasse zustehenden Gebühren erhalten würde. [4]Sind die dem Rechtsanwalt nach Satz 3 verbleibenden Gebühren höher als die im Vergütungsverzeichnis vorgesehenen Höchstgebühren eines Wahlanwalts, ist auch der die Höchstgebühren übersteigende Betrag anzurechnen oder zurückzuzahlen.

§ 59 Übergang von Ansprüchen auf die Staatskasse

(1) [1]Soweit dem im Wege der Prozesskostenhilfe oder nach § 138 des Gesetzes über das Verfahren in Familiensachen und in den Angelegenheiten der freiwilligen Gerichtsbarkeit, auch in Verbindung mit § 270 des Gesetzes über das Verfahren in Familiensachen und in den Angelegenheiten der freiwilligen Gerichtsbarkeit, beigeordneten oder nach § 67a Absatz 1 Satz 2 der Verwaltungsgerichtsordnung bestellten Rechtsanwalt wegen seiner Vergütung ein Anspruch gegen die Partei oder einen ersatzpflichtigen Gegner zusteht, geht der Anspruch mit der Befriedigung des Rechtsanwalts durch die Staatskasse auf diese über. [2]Der Übergang kann nicht zum Nachteil des Rechtsanwalts geltend gemacht werden.

(2) [1]Für die Geltendmachung des Anspruchs sowie für die Erinnerung und die Beschwerde gelten die Vorschriften über die Kosten des gerichtlichen Verfahrens entsprechend. [2]Ansprüche der Staatskasse werden bei dem Gericht des ersten Rechtszugs angesetzt. [3]Ist das Gericht des ersten Rechtszugs ein Gericht des Landes und ist der Anspruch auf die Bundeskasse übergegangen, wird er insoweit bei dem jeweiligen obersten Gerichtshof des Bundes angesetzt.

(3) Absatz 1 gilt entsprechend bei Beratungshilfe.

§ 59a Beiordnung und Bestellung durch Justizbehörden

(1) [1]Für den durch die Staatsanwaltschaft bestellten Rechtsanwalt gelten die Vorschriften über den gerichtlich bestellten Rechtsanwalt entsprechend. [2]Ist das Verfahren nicht gerichtlich anhängig geworden, tritt an die Stelle des Gerichts des ersten Rechtszugs das Gericht, das für die gerichtliche Bestätigung der Bestellung zuständig ist.

(2) [1]Für den durch die Staatsanwaltschaft beigeordneten Zeugenbeistand gelten die Vorschriften über den gerichtlich beigeordneten Zeugenbeistand entsprechend. [2]Über Anträge nach § 51 Absatz 1 entscheidet das Oberlandesgericht, in dessen Bezirk die Staatsanwaltschaft ihren Sitz hat. [3]Hat der Generalbundesanwalt einen Zeugenbeistand beigeordnet, entscheidet der Bundesgerichtshof.

(3) [1]Für den nach § 87e des Gesetzes über die internationale Rechtshilfe in Strafsachen in Verbindung mit § 53 des Gesetzes über die internationale Rechtshilfe in Strafsachen und den nach § 5 des Deutsch-Schweizerischer-Polizeivertrag-Umsetzungsgesetzes durch das Bundesamt für Justiz bestellten Beistand gelten die Vorschriften über den gerichtlich bestellten Rechtsanwalt entsprechend. [2]An die Stelle des Urkundsbeamten der Geschäftsstelle tritt das Bundesamt. [3]Über Anträge nach § 51 Absatz 1 entscheidet das Bundesamt gleichzeitig mit der Festsetzung der Vergütung.

(4) [1]Gegen Entscheidungen der Staatsanwaltschaft und des Bundesamts für Justiz nach den Vorschriften dieses Abschnitts kann gerichtliche Entscheidung beantragt werden. [2]Zuständig ist das Landgericht, in dessen Bezirk die Justizbehörde ihren Sitz hat. [3]Bei Entscheidungen des Generalbundesanwalts entscheidet der Bundesgerichtshof.

Abschnitt 9
Übergangs- und Schlussvorschriften

§ 59b Bekanntmachung von Neufassungen

[1]Das Bundesministerium der Justiz kann nach Änderungen den Wortlaut des Gesetzes feststellen und als Neufassung im Bundesgesetzblatt bekannt machen. [2]Die Bekanntmachung muss auf diese Vorschrift Bezug nehmen und angeben

1. den Stichtag, zu dem der Wortlaut festgestellt wird,
2. die Änderungen seit der letzten Veröffentlichung des vollständigen Wortlauts im Bundesgesetzblatt sowie
3. das Inkrafttreten der Änderungen.

§ 60 Übergangsvorschrift

(1) [1]Für die Vergütung ist das bisherige Recht anzuwenden, wenn der unbedingte Auftrag zur Erledigung derselben Angelegenheit vor dem Inkrafttreten einer Gesetzesänderung erteilt worden ist. [2]Dies gilt auch für einen Vergütungsanspruch gegen die Staatskasse (§ 45, auch in Verbindung mit § 59a). [3]Steht dem Rechtsanwalt ein Vergütungsanspruch zu, ohne dass ihm zum Zeitpunkt der Beiordnung oder Bestellung ein unbedingter Auftrag desjenigen erteilt worden ist, dem er beigeordnet oder für den er bestellt wurde, so ist für diese Vergütung in derselben Angelegenheit bisheriges Recht anzuwenden, wenn die Beiordnung oder Bestellung des Rechtsanwalts vor dem Inkrafttreten einer Gesetzesänderung wirksam geworden ist. [4]Erfasst die Beiordnung oder Bestellung auch eine Angelegenheit, in der der Rechtsanwalt erst nach dem Inkrafttreten einer Gesetzesänderung erstmalig beauftragt oder tätig wird, so ist insoweit für die Vergütung neues Recht anzuwenden. [5]Das nach den Sätzen 2 bis 4 anzuwendende Recht findet auch auf Ansprüche des beigeordneten oder bestellten Rechtsanwalts Anwendung, die sich nicht gegen die Staatskasse richten. [6]Die Sätze 1 bis 5 gelten auch, wenn Vorschriften geändert werden, auf die dieses Gesetz verweist.

(2) Sind Gebühren nach dem zusammengerechneten Wert mehrerer Gegenstände zu bemessen, gilt für die gesamte Vergütung das bisherige Recht auch dann, wenn dies nach Absatz 1 nur für einen der Gegenstände gelten würde.

(3) In Angelegenheiten nach dem Pflegeberufegesetz ist bei der Bestimmung des Gegenstandswerts § 52 Absatz 4 Nummer 4 des Gerichtskostengesetzes nicht anzuwenden, wenn der unbedingte Auftrag zur Erledigung derselben Angelegenheit vor dem 15. August 2019 erteilt worden ist.

§ 61 Übergangsvorschrift aus Anlass des Inkrafttretens dieses Gesetzes

(1) [1]Die Bundesgebührenordnung für Rechtsanwälte in der im Bundesgesetzblatt Teil III, Gliederungsnummer 368-1, veröffentlichten bereinigten Fassung, zuletzt geändert durch Artikel 2 Absatz 6 des Gesetzes vom 12. März 2004 (BGBl. I S. 390), und Verweisungen hierauf sind weiter anzuwenden, wenn der unbedingte Auftrag zur Erledigung derselben Angelegenheit im Sinne des § 15 vor dem 1. Juli 2004 erteilt oder der Rechtsanwalt vor diesem Zeitpunkt gerichtlich bestellt oder beigeordnet worden ist. [2]Ist der Rechtsanwalt am 1. Juli 2004 in derselben Angelegenheit und, wenn ein gerichtliches Verfahren anhängig ist, in demselben Rechtszug bereits tätig, gilt für das Verfahren über ein Rechtsmittel, das nach diesem Zeitpunkt eingelegt worden ist, dieses Gesetz. [3]§ 60 Absatz 2 ist entsprechend anzuwenden.

(2) Auf die Vereinbarung der Vergütung sind die Vorschriften dieses Gesetzes auch dann anzuwenden, wenn nach Absatz 1 die Vorschriften der Bundesgebührenordnung für Rechtsanwälte weiterhin anzuwenden und die Willenserklärungen beider Parteien nach dem 1. Juli 2004 abgegeben worden sind.

§ 62 Verfahren nach dem Therapieunterbringungsgesetz

Die Regelungen des Therapieunterbringungsgesetzes zur Rechtsanwaltsvergütung bleiben unberührt.

Anlage 1 (zu § 2 Absatz 2) Vergütungsverzeichnis

Gliederung

Teil 1
Allgemeine Gebühren

Nr.	Gebührentatbestand	Gebühr oder Satz der Gebühr nach § 13 RVG
Vorbemerkung 1: Die Gebühren dieses Teils entstehen neben den in anderen Teilen bestimmten Gebühren oder einer Gebühr für die Beratung nach § 34 RVG.		
1000	Einigungsgebühr für die Mitwirkung beim Abschluss eines Vertrags	
	1. durch den der Streit oder die Ungewissheit über ein Rechtsverhältnis beseitigt wird	1,5
	2. durch den die Erfüllung des Anspruchs geregelt wird bei gleichzeitigem vorläufigem Verzicht auf seine gerichtliche Geltendmachung oder, wenn bereits ein zur Zwangsvollstreckung geeigneter Titel vorliegt, bei gleichzeitigem vorläufigem Verzicht auf Vollstreckungsmaßnahmen (Zahlungsvereinbarung)	0,7
	(1) Die Gebühr nach Nummer 1 entsteht nicht, wenn der Hauptanspruch anerkannt oder wenn auf ihn verzichtet wird. Im Privatklageverfahren ist Nummer 4147 anzuwenden. (2) Die Gebühr entsteht auch für die Mitwirkung bei Vertragsverhandlungen, es sei denn, dass diese für den Abschluss des Vertrags im Sinne dieser Vorschrift nicht ursächlich war. (3) Für die Mitwirkung bei einem unter einer aufschiebenden Bedingung oder unter dem Vorbehalt des Widerrufs geschlossenen Vertrag entsteht die Gebühr, wenn die Bedingung eingetreten ist oder der Vertrag nicht mehr widerrufen werden kann. (4) Bei Rechtsverhältnissen des öffentlichen Rechts entsteht die Gebühr, soweit über die Ansprüche vertraglich verfügt werden kann. Absatz 1 Satz 1 und Absatz 2 sind anzuwenden. (5) Die Gebühr entsteht nicht in Ehesachen und in Lebenspartnerschaftssachen (§ 269 Abs. 1 Nr. 1 und 2 FamFG). Wird ein Vertrag, insbesondere über den Unterhalt, im Hinblick auf die in Satz 1 genannten Verfahren geschlossen, bleibt der Wert dieser Verfahren bei der Berechnung der Gebühr außer Betracht. In Kindschaftssachen entsteht die Gebühr auch für die Mitwirkung an einer Vereinbarung, über deren Gegenstand nicht vertraglich verfügt werden kann. Absatz 1 Satz 1 ist entsprechend anzuwenden.	
1001	Aussöhnungsgebühr	1,5
	Die Gebühr entsteht für die Mitwirkung bei der Aussöhnung, wenn der ernstliche Wille eines Ehegatten, eine Scheidungssache oder ein Verfahren auf Aufhebung der Ehe anhängig zu machen, hervorgetreten ist und die Ehegatten die eheliche Lebensgemeinschaft fortsetzen oder die eheliche Lebensgemeinschaft wieder aufnehmen. Dies gilt entsprechend bei Lebenspartnerschaften.	
1002	Erledigungsgebühr, soweit nicht Nummer 1005 gilt	1,5

	Die Gebühr entsteht, wenn sich eine Rechtssache ganz oder teilweise nach Aufhebung oder Änderung des mit einem Rechtsbehelf angefochtenen Verwaltungsakts durch die anwaltliche Mitwirkung erledigt. Das Gleiche gilt, wenn sich eine Rechtssache ganz oder teilweise durch Erlass eines bisher abgelehnten Verwaltungsakts erledigt.	
1003	Über den Gegenstand ist ein anderes gerichtliches Verfahren als ein selbständiges Beweisverfahren anhängig: Die Gebühr 1000 Nr. 1 sowie die Gebühren 1001 und 1002 betragen	1,0
	(1) Dies gilt auch, wenn ein Verfahren über die Prozesskostenhilfe anhängig ist, soweit nicht lediglich Prozesskostenhilfe für ein selbständiges Beweisverfahren oder die gerichtliche Protokollierung des Vergleichs beantragt wird oder sich die Beiordnung auf den Abschluss eines Vertrags im Sinne der Nummer 1000 erstreckt (§ 48 Abs. 1 und 3 RVG). Die Anmeldung eines Anspruchs zum Musterverfahren nach dem KapMuG steht einem anhängigen gerichtlichen Verfahren gleich. Das Verfahren vor dem Gerichtsvollzieher steht einem gerichtlichen Verfahren gleich. (2) In Kindschaftssachen entsteht die Gebühr auch für die Mitwirkung am Abschluss eines gerichtlich gebilligten Vergleichs (§ 156 Abs. 2 FamFG) und an einer Vereinbarung, über deren Gegenstand nicht vertraglich verfügt werden kann, wenn hierdurch eine gerichtliche Entscheidung entbehrlich wird oder wenn die Entscheidung der getroffenen Vereinbarung folgt.	
1004	Über den Gegenstand ist ein Berufungs- oder Revisionsverfahren, ein Verfahren über die Beschwerde gegen die Nichtzulassung eines dieser Rechtsmittel oder ein Verfahren vor dem Rechtsmittelgericht über die Zulassung des Rechtsmittels anhängig: Die Gebühr 1000 Nr. 1 sowie die Gebühren 1001 und 1002 betragen	1,3
	(1) Dies gilt auch in den in den Vorbemerkungen 3.2.1 und 3.2.2 genannten Beschwerde- und Rechtsbeschwerdeverfahren. (2) Absatz 2 der Anmerkung zu Nummer 1003 ist anzuwenden.	
1005	Einigung oder Erledigung in einem Verwaltungsverfahren in sozialrechtlichen Angelegenheiten, in denen im gerichtlichen Verfahren Betragsrahmengebühren entstehen (§ 3 RVG): Die Gebühren 1000 und 1002 entstehen .... (1) Die Gebühr bestimmt sich einheitlich nach dieser Vorschrift, wenn in die Einigung Ansprüche aus anderen Verwaltungsverfahren einbezogen werden. Ist über einen Gegenstand ein gerichtliches Verfahren anhängig, bestimmt sich die Gebühr nach Nummer 1006. Maßgebend für die Höhe der Gebühr ist die höchste entstandene Geschäftsgebühr ohne Berücksichtigung einer Erhöhung nach Nummer 1008. Steht dem Rechtsanwalt ausschließlich eine Gebühr nach § 34 RVG zu, beträgt die Gebühr die Hälfte des in der Anmerkung zu Nummer 2302 genannten Betrags. (2) Betrifft die Einigung oder Erledigung nur einen Teil der Angelegenheit, ist der auf diesen Teil der Angelegenheit entfallende An-	in Höhe der Geschäftsgebühr

	teil an der Geschäftsgebühr unter Berücksichtigung der in § 14 Abs. 1 RVG genannten Umstände zu schätzen.	
1006	Über den Gegenstand ist ein gerichtliches Verfahren anhängig: Die Gebühr 1005 entsteht .... (1) Die Gebühr bestimmt sich auch dann einheitlich nach dieser Vorschrift, wenn in die Einigung Ansprüche einbezogen werden, die nicht in diesem Verfahren rechtshängig sind. Maßgebend für die Höhe der Gebühr ist die im Einzelfall bestimmte Verfahrensgebühr in der Angelegenheit, in der die Einigung erfolgt. Eine Erhöhung nach Nummer 1008 ist nicht zu berücksichtigen. (2) Betrifft die Einigung oder Erledigung nur einen Teil der Angelegenheit, ist der auf diesen Teil der Angelegenheit entfallende Anteil an der Verfahrensgebühr unter Berücksichtigung der in § 14 Abs. 1 RVG genannten Umstände zu schätzen.	in Höhe der Verfahrensgebühr
1007	(weggefallen)	
1008	Auftraggeber sind in derselben Angelegenheit mehrere Personen: Die Verfahrens- oder Geschäftsgebühr erhöht sich für jede weitere Person um	0,3 oder 30 % bei Festgebühren, bei Betragsrahmengebühren erhöhen sich der Mindest- und Höchstbetrag um 30 %
	(1) Dies gilt bei Wertgebühren nur, soweit der Gegenstand der anwaltlichen Tätigkeit derselbe ist. (2) Die Erhöhung wird nach dem Betrag berechnet, an dem die Personen gemeinschaftlich beteiligt sind. (3) Mehrere Erhöhungen dürfen einen Gebührensatz von 2,0 nicht übersteigen; bei Festgebühren dürfen die Erhöhungen das Doppelte der Festgebühr und bei Betragsrahmengebühren das Doppelte des Mindest- und Höchstbetrags nicht übersteigen. (4) Im Fall der Anmerkung zu den Gebühren 2300 und 2302 erhöht sich der Gebührensatz oder Betrag dieser Gebühren entsprechend.	
1009	Hebegebühr	
	1. bis einschließlich 2 500,00 €	1,0%
	2. von dem Mehrbetrag bis einschließlich 10 000,00 €	0,5%
	3. von dem Mehrbetrag über 10 000,00 € .... (1) Die Gebühr wird für die Auszahlung oder Rückzahlung von entgegengenommenen Geldbeträgen erhoben. (2) Unbare Zahlungen stehen baren Zahlungen gleich. Die Gebühr kann bei der Ablieferung an den Auftraggeber entnommen werden. (3) Ist das Geld in mehreren Beträgen gesondert ausgezahlt oder zurückgezahlt, wird die Gebühr von jedem Betrag besonders erhoben. (4) Für die Ablieferung oder Rücklieferung von Wertpapieren und Kostbarkeiten entsteht die in den Absätzen 1 bis 3 bestimmte Gebühr nach dem Wert. (5) Die Hebegebühr entsteht nicht, soweit Kosten an ein Gericht oder eine Behörde weitergeleitet oder eingezogene Kos-	0,25 % des aus- oder zurückgezahlten Betrags – mindestens 1,00 €

	ten an den Auftraggeber abgeführt oder eingezogene Beträge auf die Vergütung verrechnet werden.	
1010	Zusatzgebühr für besonders umfangreiche Beweisaufnahmen in Angelegenheiten, in denen sich die Gebühren nach Teil 3 richten und mindestens drei gerichtliche Termine stattfinden, in denen Sachverständige oder Zeugen vernommen werden .... Die Gebühr entsteht für den durch besonders umfangreiche Beweisaufnahmen anfallenden Mehraufwand.	0,3 oder bei Betragsrahmengebühren erhöhen sich der Mindest- und Höchstbetrag der Terminsgebühr um 30 %

Teil 2
Außergerichtliche Tätigkeiten einschließlich der Vertretung im Verwaltungsverfahren

Nr.	Gebührentatbestand	Gebühr oder Satz der Gebühr nach § 13 RVG
Vorbemerkung 2: (1) Die Vorschriften dieses Teils sind nur anzuwenden, soweit nicht die §§ 34 bis 36 RVG etwas anderes bestimmen. (2) Für die Tätigkeit als Beistand für einen Zeugen oder Sachverständigen in einem Verwaltungsverfahren, für das sich die Gebühren nach diesem Teil bestimmen, entstehen die gleichen Gebühren wie für einen Bevollmächtigten in diesem Verfahren. Für die Tätigkeit als Beistand eines Zeugen oder Sachverständigen vor einem parlamentarischen Untersuchungsausschuss entstehen die gleichen Gebühren wie für die entsprechende Beistandsleistung in einem Strafverfahren des ersten Rechtszugs vor dem Oberlandesgericht.		
Abschnitt 1 **Prüfung der Erfolgsaussicht eines Rechtsmittels**		
2100	Gebühr für die Prüfung der Erfolgsaussicht eines Rechtsmittels, soweit in Nummer 2102 nichts anderes bestimmt ist	0,5 bis 1,0
	Die Gebühr ist auf eine Gebühr für das Rechtsmittelverfahren anzurechnen.	
2101	Die Prüfung der Erfolgsaussicht eines Rechtsmittels ist mit der Ausarbeitung eines schriftlichen Gutachtens verbunden: Die Gebühr 2100 beträgt	1,3
2102	Gebühr für die Prüfung der Erfolgsaussicht eines Rechtsmittels in sozialrechtlichen Angelegenheiten, in denen im gerichtlichen Verfahren Betragsrahmengebühren entstehen (§ 3 RVG), und in den Angelegenheiten, für die nach den Teilen 4 bis 6 Betragsrahmengebühren entstehen	39,00 bis 419,00 €
	Die Gebühr ist auf eine Gebühr für das Rechtsmittelverfahren anzurechnen.	
2103	Die Prüfung der Erfolgsaussicht eines Rechtsmittels ist mit der Ausarbeitung eines schriftlichen Gutachtens verbunden: Die Gebühr 2102 beträgt	65,00 bis 719,00 €

Nr.	Gebührentatbestand	Gebühr oder Satz der Gebühr nach § 13 RVG
	Abschnitt 2 **Herstellung des Einvernehmens**	
2200	Geschäftsgebühr für die Herstellung des Einvernehmens nach § 28 EuRAG	in Höhe der einem Bevollmächtigten oder Verteidiger zustehenden Verfahrensgebühr
2201	Das Einvernehmen wird nicht hergestellt: Die Gebühr 2200 beträgt	0,1 bis 0,5 oder Mindestbetrag der einem Bevollmächtigten oder Verteidiger zustehenden Verfahrensgebühr
	Abschnitt 3 **Vertretung**	
	Vorbemerkung 2.3: (1) Im Verwaltungszwangsverfahren ist Teil 3 Abschnitt 3 Unterabschnitt 3 entsprechend anzuwenden. (2) Dieser Abschnitt gilt nicht für die in den Teilen 4 bis 6 geregelten Angelegenheiten. (3) Die Geschäftsgebühr entsteht für das Betreiben des Geschäfts einschließlich der Information und für die Mitwirkung bei der Gestaltung eines Vertrags. (4) Soweit wegen desselben Gegenstands eine Geschäftsgebühr für eine Tätigkeit im Verwaltungsverfahren entstanden ist, wird diese Gebühr zur Hälfte, bei Wertgebühren jedoch höchstens mit einem Gebührensatz von 0,75, auf eine Geschäftsgebühr für eine Tätigkeit im weiteren Verwaltungsverfahren, das der Nachprüfung des Verwaltungsakts dient, angerechnet. Bei einer Betragsrahmengebühr beträgt der Anrechnungsbetrag höchstens 225,00 €. Bei einer Wertgebühr erfolgt die Anrechnung nach dem Wert des Gegenstands, der auch Gegenstand des weiteren Verfahrens ist. (5) Absatz 4 gilt entsprechend bei einer Tätigkeit im Verfahren nach der Wehrbeschwerdeordnung, wenn darauf eine Tätigkeit im Beschwerdeverfahren oder wenn der Tätigkeit im Beschwerdeverfahren eine Tätigkeit im Verfahren der weiteren Beschwerde vor den Disziplinarvorgesetzten folgt. (6) Soweit wegen desselben Gegenstands eine Geschäftsgebühr nach Nummer 2300 entstanden ist, wird diese Gebühr zur Hälfte, jedoch höchstens mit einem Gebührensatz von 0,75, auf eine Geschäftsgebühr nach Nummer 2303 angerechnet. Absatz 4 Satz 3 gilt entsprechend.	
2300	Geschäftsgebühr, soweit in den Nummern 2302 und 2303 nichts anderes bestimmt ist	0,5 bis 2,5

Nr.	Gebührentatbestand	Gebühr oder Satz der Gebühr nach § 13 RVG
	(1) Eine Gebühr von mehr als 1,3 kann nur gefordert werden, wenn die Tätigkeit umfangreich oder schwierig war. (2) Ist Gegenstand der Tätigkeit eine Inkassodienstleistung, die eine unbestrittene Forderung betrifft, kann eine Gebühr von mehr als 0,9 nur gefordert werden, wenn die Inkassodienstleistung besonders umfangreich oder besonders schwierig war. In einfachen Fällen darf nur eine Gebühr von 0,5 gefordert werden; ein einfacher Fall liegt in der Regel vor, wenn die Forderung innerhalb von zwei Wochen nach der ersten Zahlungsaufforderung beglichen wird.	
2301	Der Auftrag beschränkt sich auf ein Schreiben einfacher Art: Die Gebühr 2300 beträgt	0,3
	Es handelt sich um ein Schreiben einfacher Art, wenn dieses weder schwierige rechtliche Ausführungen noch größere sachliche Auseinandersetzungen enthält.	
2302	Geschäftsgebühr in	
	1. sozialrechtlichen Angelegenheiten, in denen im gerichtlichen Verfahren Betragsrahmengebühren entstehen (§ 3 RVG), und	
	2. Verfahren nach der Wehrbeschwerdeordnung, wenn im gerichtlichen Verfahren das Verfahren vor dem Truppendienstgericht oder vor dem Bundesverwaltungsgericht an die Stelle des Verwaltungsrechtswegs gemäß § 82 SG tritt	65,00 bis 837,00 €
	Eine Gebühr von mehr als 391,00 € kann nur gefordert werden, wenn die Tätigkeit umfangreich oder schwierig war.	
2303	Geschäftsgebühr für	
	1. Güteverfahren vor einer durch die Landesjustizverwaltung eingerichteten oder anerkannten Gütestelle (§ 794 Abs. 1 Nr. 1 ZPO) oder, wenn die Parteien den Einigungsversuch einvernehmlich unternehmen, vor einer Gütestelle, die Streitbeilegung betreibt (§ 15a Abs. 3 EGZPO),	
	2. Verfahren vor einem Ausschuss der in § 111 Abs. 2 des Arbeitsgerichtsgesetzes bezeichneten Art und	
	3. Verfahren vor sonstigen gesetzlich eingerichteten Einigungsstellen, Gütestellen oder Schiedsstellen	1,5
	Abschnitt 4 *(weggefallen)*	
	Abschnitt 5 **Beratungshilfe**	
	Vorbemerkung 2.5: Im Rahmen der Beratungshilfe entstehen Gebühren ausschließlich nach diesem Abschnitt.	

Nr.	Gebührentatbestand	Gebühr oder Satz der Gebühr nach § 13 RVG
2500	Beratungshilfegebühr	15,00 €
	Neben der Gebühr werden keine Auslagen erhoben. Die Gebühr kann erlassen werden.	
2501	Beratungsgebühr	42,00€
	(1) Die Gebühr entsteht für eine Beratung, wenn die Beratung nicht mit einer anderen gebührenpflichtigen Tätigkeit zusammenhängt. (2) Die Gebühr ist auf eine Gebühr für eine sonstige Tätigkeit anzurechnen, die mit der Beratung zusammenhängt.	
2502	Beratungstätigkeit mit dem Ziel einer außergerichtlichen Einigung mit den Gläubigern über die Schuldenbereinigung auf der Grundlage eines Plans (§ 305 Abs. 1 Nr. 1 InsO): Die Gebühr 2501 beträgt	84,00 €
2503	Geschäftsgebühr	102,00 €
	(1) Die Gebühr entsteht für das Betreiben des Geschäfts einschließlich der Information oder die Mitwirkung bei der Gestaltung eines Vertrags. (2) Auf die Gebühren für ein anschließendes gerichtliches oder behördliches Verfahren ist diese Gebühr zur Hälfte anzurechnen. Auf die Gebühren für ein Verfahren auf Vollstreckbarerklärung eines Vergleichs nach den §§ 796a, 796b und 796c Abs. 2 Satz 2 ZPO ist die Gebühr zu einem Viertel anzurechnen.	
2504	Tätigkeit mit dem Ziel einer außergerichtlichen Einigung mit den Gläubigern über die Schuldenbereinigung auf der Grundlage eines Plans (§ 305 Abs. 1 Nr. 1 InsO): Die Gebühr 2503 beträgt bei bis zu 5 Gläubigern	324,00 €
2505	Es sind 6 bis 10 Gläubiger vorhanden: Die Gebühr 2503 beträgt	486,00 €
2506	Es sind 11 bis 15 Gläubiger vorhanden: Die Gebühr 2503 beträgt	647,00 €
2507	Es sind mehr als 15 Gläubiger vorhanden: Die Gebühr 2503 beträgt	810,00 €
2508	Einigungs- und Erledigungsgebühr	180,00 €
	(1) Die Anmerkungen zu Nummern 1000 und 1002 sind anzuwenden. (2) Die Gebühr entsteht auch für die Mitwirkung bei einer außergerichtlichen Einigung mit den Gläubigern über die Schuldenbereinigung auf der Grundlage eines Plans (§ 305 Abs. 1 Nr. 1 InsO).	

Teil 3
Zivilsachen, Verfahren der öffentlich-rechtlichen Gerichtsbarkeiten, Verfahren nach dem Strafvollzugsgesetz, auch in Verbindung mit § 92 des Jugendgerichtsgesetzes, und ähnliche Verfahren

Nr.	Gebührentatbestand	Gebühr oder Satz der Gebühr nach § 13 RVG
Vorbemerkung 3: (1) Gebühren nach diesem Teil erhält der Rechtsanwalt, dem ein unbedingter Auftrag als Prozess- oder Verfahrensbevollmächtigter, als Beistand für einen Zeugen oder Sachverständigen oder für eine sonstige Tätigkeit in einem gerichtlichen Verfahren erteilt worden ist. Der Beistand für einen Zeugen oder Sachverständigen erhält die gleichen Gebühren wie ein Verfahrensbevollmächtigter. (2) Die Verfahrensgebühr entsteht für das Betreiben des Geschäfts einschließlich der Information. (3) Die Terminsgebühr entsteht sowohl für die Wahrnehmung von gerichtlichen Terminen als auch für die Wahrnehmung von außergerichtlichen Terminen und Besprechungen, wenn nichts anderes bestimmt ist. Sie entsteht jedoch nicht für die Wahrnehmung eines gerichtlichen Termins nur zur Verkündung einer Entscheidung. Die Gebühr für außergerichtliche Termine und Besprechungen entsteht für 1. die Wahrnehmung eines von einem gerichtlich bestellten Sachverständigen anberaumten Termins und 2. die Mitwirkung an Besprechungen, die auf die Vermeidung oder Erledigung des Verfahrens gerichtet sind; dies gilt nicht für Besprechungen mit dem Auftraggeber. (4) Soweit wegen desselben Gegenstands eine Geschäftsgebühr nach Teil 2 entsteht, wird diese Gebühr zur Hälfte, bei Wertgebühren jedoch höchstens mit einem Gebührensatz von 0,75, auf die Verfahrensgebühr des gerichtlichen Verfahrens angerechnet. Bei Betragsrahmengebühren beträgt der Anrechnungsbetrag höchstens 225,00 €. Sind mehrere Gebühren entstanden, ist für die Anrechnung die zuletzt entstandene Gebühr maßgebend. Bei einer wertabhängigen Gebühr erfolgt die Anrechnung nach dem Wert des Gegenstands, der auch Gegenstand des gerichtlichen Verfahrens ist. (5) Soweit der Gegenstand eines selbstständigen Beweisverfahrens auch Gegenstand eines Rechtsstreits ist oder wird, wird die Verfahrensgebühr des selbstständigen Beweisverfahrens auf die Verfahrensgebühr des Rechtszugs angerechnet. (6) Soweit eine Sache an ein untergeordnetes Gericht zurückverwiesen wird, das mit der Sache bereits befasst war, ist die vor diesem Gericht bereits entstandene Verfahrensgebühr auf die Verfahrensgebühr für das erneute Verfahren anzurechnen. (7) Die Verfahrensgebühr für einen Urkunden- oder Wechselprozess wird auf die Verfahrensgebühr für das ordentliche Verfahren angerechnet, wenn dieses nach Abstandnahme vom Urkunden- oder Wechselprozess oder nach einem Vorbehaltsurteil anhängig bleibt (§§ 596 und 600 ZPO). (8) Die Vorschriften dieses Teils sind nicht anzuwenden, soweit Teil 6 besondere Vorschriften enthält.		

Nr.	Gebührentatbestand	Gebühr oder Satz der Gebühr nach § 13 RVG
Abschnitt 1 Erster Rechtszug		
Vorbemerkung 3.1: Die Gebühren dieses Abschnitts entstehen in allen Verfahren, für die in den folgenden Abschnitten dieses Teils keine Gebühren bestimmt sind.		
3100	Verfahrensgebühr, soweit in Nummer 3102 nichts anderes bestimmt ist	1,3
	(1) Die Verfahrensgebühr für ein vereinfachtes Verfahren über den Unterhalt Minderjähriger wird auf die Verfahrensgebühr angerechnet, die in dem nachfolgenden Rechtsstreit entsteht (§ 255 FamFG). (2) Die Verfahrensgebühr für ein Vermittlungsverfahren nach § 165 FamFG wird auf die Verfahrensgebühr für ein sich anschließendes Verfahren angerechnet.	
3101	1. Endigt der Auftrag, bevor der Rechtsanwalt die Klage, den ein Verfahren einleitenden Antrag oder einen Schriftsatz, der Sachanträge, Sachvortrag, die Zurücknahme der Klage oder die Zurücknahme des Antrags enthält, eingereicht oder bevor er einen gerichtlichen Termin wahrgenommen hat;	
	2. soweit Verhandlungen vor Gericht zur Einigung der Parteien oder der Beteiligten oder mit Dritten über in diesem Verfahren nicht rechtshängige Ansprüche geführt werden; der Verhandlung über solche Ansprüche steht es gleich, wenn beantragt ist, eine Einigung zu Protokoll zu nehmen oder das Zustandekommen einer Einigung festzustellen (§ 278 Abs. 6 ZPO), oder wenn eine Einigung dadurch erfolgt, dass die Beteiligten einen in der Form eines Beschlusses ergangenen Vorschlag schriftlich oder durch Erklärung zu Protokoll in der mündlichen Verhandlung gegenüber dem Gericht annehmen (§ 101 Abs. 1 Satz 2 SGG, § 106 Satz 2 VwGO); oder	
	3. soweit in einer Familiensache, die nur die Erteilung einer Genehmigung oder die Zustimmung des Familiengerichts zum Gegenstand hat, oder in einem Verfahren der freiwilligen Gerichtsbarkeit lediglich ein Antrag gestellt und eine Entscheidung entgegengenommen wird,	
	beträgt die Gebühr 3100	0,8
	(1) Soweit in den Fällen der Nummer 2 der sich nach § 15 Abs. 3 RVG ergebende Gesamtbetrag der Verfahrensgebühren die Gebühr 3100 übersteigt, wird der übersteigende Betrag auf eine Verfahrensgebühr angerechnet, die wegen desselben Gegenstands in einer anderen Angelegenheit entsteht. (2) Nummer 3 ist in streitigen Verfahren der freiwilligen Gerichtsbarkeit, insbesondere in Verfahren nach dem Gesetz über das gerichtliche Verfahren in Landwirtschaftssachen, nicht anzuwenden.	

Nr.	Gebührentatbestand	Gebühr oder Satz der Gebühr nach § 13 RVG
3102	Verfahrensgebühr für Verfahren vor den Sozialgerichten, in denen Betragsrahmengebühren entstehen (§ 3 RVG)	65,00 bis 719,00 €
3103	(weggefallen)	
3104	Terminsgebühr, soweit in Nummer 3106 nichts anderes bestimmt ist	1,2
	(1) Die Gebühr entsteht auch, wenn 1. in einem Verfahren, für das mündliche Verhandlung oder ein Erörterungstermin vorgeschrieben ist, im Einverständnis mit den Parteien oder Beteiligten oder gemäß § 307 oder § 495a ZPO oder § 77 Abs. 2 AsylG ohne mündliche Verhandlung oder Erörterung entschieden oder in einem solchen Verfahren mit oder ohne Mitwirkung des Gerichts ein Vertrag im Sinne der Nummer 1000 geschlossen wird oder eine Erledigung der Rechtssache im Sinne der Nummer 1002 eingetreten ist, 2. nach § 84 Abs. 1 Satz 1 VwGO oder § 105 Abs. 1 Satz 1 SGG durch Gerichtsbescheid entschieden wird und eine mündliche Verhandlung beantragt werden kann oder 3. das Verfahren vor dem Sozialgericht, für das mündliche Verhandlung vorgeschrieben ist, nach angenommenem Anerkenntnis ohne mündliche Verhandlung endet. (2) Sind in dem Termin auch Verhandlungen zur Einigung über in diesem Verfahren nicht rechtshängige Ansprüche geführt worden, wird die Terminsgebühr, soweit sie den sich ohne Berücksichtigung der nicht rechtshängigen Ansprüche ergebenden Gebührenbetrag übersteigt, auf eine Terminsgebühr angerechnet, die wegen desselben Gegenstands in einer anderen Angelegenheit entsteht. (3) Die Gebühr entsteht nicht, soweit lediglich beantragt ist, eine Einigung der Parteien oder der Beteiligten oder mit Dritten über nicht rechtshängige Ansprüche zu Protokoll zu nehmen. (4) Eine in einem vorausgegangenen Mahnverfahren oder vereinfachten Verfahren über den Unterhalt Minderjähriger entstandene Terminsgebühr wird auf die Terminsgebühr des nachfolgenden Rechtsstreits angerechnet.	
3105	Wahrnehmung nur eines Termins, in dem eine Partei oder ein Beteiligter nicht erschienen oder nicht ordnungsgemäß vertreten ist und lediglich ein Antrag auf Versäumnisurteil, Versäumnisentscheidung oder zur Prozess-, Verfahrens- oder Sachleitung gestellt wird: Die Gebühr 3104 beträgt	0,5
	(1) Die Gebühr entsteht auch, wenn 1. das Gericht bei Säumnis lediglich Entscheidungen zur Prozess-, Verfahrens- oder Sachleitung von Amts wegen trifft oder 2. eine Entscheidung gemäß § 331 Abs. 3 ZPO ergeht. (2) § 333 ZPO ist nicht entsprechend anzuwenden.	

Nr.	Gebührentatbestand	Gebühr oder Satz der Gebühr nach § 13 RVG
3106	Terminsgebühr in Verfahren vor den Sozialgerichten, in denen Betragsrahmengebühren entstehen (§ 3 RVG)	65,00 bis 665,00 €
	Die Gebühr entsteht auch, wenn 1. in einem Verfahren, für das mündliche Verhandlung vorgeschrieben ist, im Einverständnis mit den Parteien ohne mündliche Verhandlung entschieden oder in einem solchen Verfahren mit oder ohne Mitwirkung des Gerichts ein Vertrag im Sinne der Nummer 1000 geschlossen wird oder eine Erledigung der Rechtssache im Sinne der Nummer 1002 eingetreten ist, 2. nach § 105 Abs. 1 Satz 1 SGG durch Gerichtsbescheid entschieden wird und eine mündliche Verhandlung beantragt werden kann oder 3. das Verfahren, für das mündliche Verhandlung vorgeschrieben ist, nach angenommenem Anerkenntnis ohne mündliche Verhandlung endet. In den Fällen des Satzes 1 beträgt die Gebühr 90 % der in derselben Angelegenheit dem Rechtsanwalt zustehenden Verfahrensgebühr ohne Berücksichtigung einer Erhöhung nach Nummer 1008.	

Abschnitt 2
Berufung, Revision, bestimmte Beschwerden und Verfahren vor dem Finanzgericht

Vorbemerkung 3.2:
(1) Dieser Abschnitt ist auch in Verfahren vor dem Rechtsmittelgericht über die Zulassung des Rechtsmittels anzuwenden.
(2) Wenn im Verfahren auf Anordnung eines Arrests, zur Erwirkung eines Europäischen Beschlusses zur vorläufigen Kontenpfändung oder auf Erlass einer einstweiligen Verfügung sowie im Verfahren über die Aufhebung, den Widerruf oder die Abänderung der genannten Entscheidungen das Rechtsmittelgericht als Gericht der Hauptsache anzusehen ist (§ 943, auch i. V. m. § 946 Abs. 1 Satz 2 ZPO), bestimmen sich die Gebühren nach den für die erste Instanz geltenden Vorschriften. Dies gilt entsprechend im Verfahren der einstweiligen Anordnung und im Verfahren auf Anordnung oder Wiederherstellung der aufschiebenden Wirkung, auf Aussetzung oder Aufhebung der Vollziehung oder Anordnung der sofortigen Vollziehung eines Verwaltungsakts. Satz 1 gilt ferner entsprechend in Verfahren über einen Antrag nach § 169 Abs. 2 Satz 6 und 7, § 173 Abs. 1 Satz 3 oder nach § 176 GWB.

Unterabschnitt 1
Berufung, bestimmte Beschwerden und Verfahren vor dem Finanzgericht

Vorbemerkung 3.2.1:
Dieser Unterabschnitt ist auch anzuwenden in Verfahren
1. vor dem Finanzgericht,
2. über Beschwerden
   a) gegen die den Rechtszug beendenden Entscheidungen in Verfahren über Anträge auf Vollstreckbarerklärung ausländischer Titel oder auf Erteilung der Vollstreckungsklausel zu ausländischen Titeln sowie über Anträge auf Aufhebung oder Abänderung der Vollstreckbarerklärung oder der Vollstreckungsklausel,
   b) gegen die Endentscheidung wegen des Hauptgegenstands in Familiensachen und in den Angelegenheiten der freiwilligen Gerichtsbarkeit,
   c) gegen die den Rechtszug beendenden Entscheidungen im Beschlussverfahren vor den Gerichten für Arbeitssachen,

<table>
<tr><th>Nr.</th><th>Gebührentatbestand</th><th>Gebühr oder Satz der Gebühr nach § 13 RVG</th></tr>
<tr><td colspan="3">d) gegen die den Rechtszug beendenden Entscheidungen im personalvertretungsrechtlichen Beschlussverfahren vor den Gerichten der Verwaltungsgerichtsbarkeit,
e) nach dem GWB,
f) nach dem EnWG,
g) nach dem KSpG,
h) nach dem EU-VSchDG,
i) nach dem SpruchG,
j) nach dem WpÜG,
k) nach dem WRegG,
3. über Beschwerden
a) gegen die Entscheidung des Verwaltungs- oder Sozialgerichts wegen des Hauptgegenstands in Verfahren des vorläufigen oder einstweiligen Rechtsschutzes,
b) nach dem WpHG,
c) gegen die Entscheidung über den Widerspruch des Schuldners (§ 954 Abs. 1 Satz 1 ZPO) im Fall des Artikels 5 Buchstabe a der Verordnung (EU) Nr. 655/2014,
4. über Rechtsbeschwerden nach dem StVollzG, auch i. V. m. § 92 JGG.</td></tr>
<tr><td>3200</td><td>Verfahrensgebühr, soweit in Nummer 3204 nichts anderes bestimmt ist ....</td><td>1,6</td></tr>
<tr><td>3201</td><td>Vorzeitige Beendigung des Auftrags oder eingeschränkte Tätigkeit des Anwalts:
Die Gebühr 3200 beträgt ....</td><td>1,1</td></tr>
<tr><td></td><td>(1) Eine vorzeitige Beendigung liegt vor,
1. wenn der Auftrag endigt, bevor der Rechtsanwalt das Rechtsmittel eingelegt oder einen Schriftsatz, der Sachanträge, Sachvortrag, die Zurücknahme der Klage oder die Zurücknahme des Rechtsmittels enthält, eingereicht oder bevor er einen gerichtlichen Termin wahrgenommen hat, oder
2. soweit Verhandlungen vor Gericht zur Einigung der Parteien oder der Beteiligten oder mit Dritten über in diesem Verfahren nicht rechtshängige Ansprüche geführt werden; der Verhandlung über solche Ansprüche steht es gleich, wenn beantragt ist, eine Einigung zu Protokoll zu nehmen oder das Zustandekommen einer Einigung festzustellen (§ 278 Abs. 6 ZPO).
Soweit in den Fällen der Nummer 2 der sich nach § 15 Abs. 3 RVG ergebende Gesamtbetrag der Verfahrensgebühren die Gebühr 3200 übersteigt, wird der übersteigende Betrag auf eine Verfahrensgebühr angerechnet, die wegen desselben Gegenstands in einer anderen Angelegenheit entsteht.</td><td></td></tr>
<tr><td></td><td>(2) Eine eingeschränkte Tätigkeit des Anwalts liegt vor, wenn sich seine Tätigkeit
1. in einer Familiensache, die nur die Erteilung einer Genehmigung oder die Zustimmung des Familiengerichts zum Gegenstand hat, oder
2. in einer Angelegenheit der freiwilligen Gerichtsbarkeit
auf die Einlegung und Begründung des Rechtsmittels und die Entgegennahme der Rechtsmittelentscheidung beschränkt.</td><td></td></tr>
</table>

Nr.	Gebührentatbestand	Gebühr oder Satz der Gebühr nach § 13 RVG
3202	Terminsgebühr, soweit in Nummer 3205 nichts anderes bestimmt ist	1,2
	(1) Absatz 1 Nr. 1 und 3 sowie die Absätze 2 und 3 der Anmerkung zu Nummer 3104 gelten entsprechend. (2) Die Gebühr entsteht auch, wenn nach § 79a Abs. 2, § 90a oder § 94a FGO ohne mündliche Verhandlung durch Gerichtsbescheid entschieden wird.	
3203	Wahrnehmung nur eines Termins, in dem eine Partei oder ein Beteiligter, im Berufungsverfahren der Berufungskläger, im Beschwerdeverfahren der Beschwerdeführer, nicht erschienen oder nicht ordnungsgemäß vertreten ist und lediglich ein Antrag auf Versäumnisurteil, Versäumnisentscheidung oder zur Prozess-, Verfahrens- oder Sachleitung gestellt wird: Die Gebühr 3202 beträgt	0,5
	Die Anmerkung zu Nummer 3105 und Absatz 2 der Anmerkung zu Nummer 3202 gelten entsprechend.	
3204	Verfahrensgebühr für Verfahren vor den Landessozialgerichten, in denen Betragsrahmengebühren entstehen (§ 3 RVG)	78,00 bis 889,00 €
3205	Terminsgebühr in Verfahren vor den Landessozialgerichten, in denen Betragsrahmengebühren entstehen (§ 3 RVG)	65,00 bis 665,00 €
	Satz 1 Nr. 1 und 3 der Anmerkung zu Nummer 3106 gilt entsprechend. In den Fällen des Satzes 1 beträgt die Gebühr 75 % der in derselben Angelegenheit dem Rechtsanwalt zustehenden Verfahrensgebühr ohne Berücksichtigung einer Erhöhung nach Nummer 1008.	
	Unterabschnitt 2 *Revision, bestimmte Beschwerden und Rechtsbeschwerden*	
	Vorbemerkung 3.2.2: Dieser Unterabschnitt ist auch anzuwenden in Verfahren 1. über Rechtsbeschwerden a) in den in der Vorbemerkung 3.2.1 Nr. 2 genannten Fällen, b) nach § 23 KapMuG und c) nach § 1065 ZPO, 2. vor dem Bundesgerichtshof über Berufungen, Beschwerden oder Rechtsbeschwerden gegen Entscheidungen des Bundespatentgerichts und 3. vor dem Bundesfinanzhof über Beschwerden nach § 128 Abs. 3 FGO.	
3206	Verfahrensgebühr, soweit in Nummer 3212 nichts anderes bestimmt ist	1,6
3207	Vorzeitige Beendigung des Auftrags oder eingeschränkte Tätigkeit des Anwalts: Die Gebühr 3206 beträgt	1,1
	Die Anmerkung zu Nummer 3201 gilt entsprechend.	

Nr.	Gebührentatbestand	Gebühr oder Satz der Gebühr nach § 13 RVG
3208	Im Verfahren können sich die Parteien oder die Beteiligten nur durch einen beim Bundesgerichtshof zugelassenen Rechtsanwalt vertreten lassen: Die Gebühr 3206 beträgt	2,3
3209	Vorzeitige Beendigung des Auftrags, wenn sich die Parteien oder die Beteiligten nur durch einen beim Bundesgerichtshof zugelassenen Rechtsanwalt vertreten lassen können: Die Gebühr 3206 beträgt	1,8
	Die Anmerkung zu Nummer 3201 gilt entsprechend.	
3210	Terminsgebühr, soweit in Nummer 3213 nichts anderes bestimmt ist	1,5
	Absatz 1 Nr. 1 und 3 sowie die Absätze 2 und 3 der Anmerkung zu Nummer 3104 und Absatz 2 der Anmerkung zu Nummer 3202 gelten entsprechend.	
3211	Wahrnehmung nur eines Termins, in dem der Revisionskläger oder Beschwerdeführer nicht ordnungsgemäß vertreten ist und lediglich ein Antrag auf Versäumnisurteil, Versäumnisentscheidung oder zur Prozess-, Verfahrens- oder Sachleitung gestellt wird: Die Gebühr 3210 beträgt	0,8
	Die Anmerkung zu Nummer 3105 und Absatz 2 der Anmerkung zu Nummer 3202 gelten entsprechend.	
3212	Verfahrensgebühr für Verfahren vor dem Bundessozialgericht, in denen Betragsrahmengebühren entstehen (§ 3 RVG)	105,00 bis 1.151,00 €
3213	Terminsgebühr in Verfahren vor dem Bundessozialgericht, in denen Betragsrahmengebühren entstehen (§ 3 RVG)	105,00 bis 1.079,00 €
	Satz 1 Nr. 1 und 3 sowie Satz 2 der Anmerkung zu Nummer 3106 gelten entsprechend.	
	Abschnitt 3 Gebühren für besondere Verfahren	
	Unterabschnitt 1 Besondere erstinstanzliche Verfahren	
Vorbemerkung 3.3.1: Die Terminsgebühr bestimmt sich nach Abschnitt 1.		
3300	Verfahrensgebühr	
	1. für das Verfahren vor dem Oberlandesgericht nach § 129 VGG oder § 32 AgrarOLkG,	
	2. für das erstinstanzliche Verfahren vor dem Bundesverwaltungsgericht, dem Bundessozialgericht, dem Oberverwaltungsgericht (Verwaltungsgerichtshof) und dem Landessozialgericht sowie	
	3. für das Verfahren bei überlangen Gerichtsverfahren und strafrechtlichen Ermittlungsverfahren vor den Oberlandesgerichten, den Landessozialgerichten, den Oberverwaltungsgerichten, den Landes-	1,6

Nr.	Gebührentatbestand	Gebühr oder Satz der Gebühr nach § 13 RVG
	arbeitsgerichten oder einem obersten Gerichtshof des Bundes	
3301	Vorzeitige Beendigung des Auftrags: Die Gebühr 3300 beträgt	1,0
	Die Anmerkung zu Nummer 3201 gilt entsprechend.	
	Unterabschnitt 2 *Mahnverfahren*	
	Vorbemerkung 3.3.2: Die Terminsgebühr bestimmt sich nach Abschnitt 1.	
3305	Verfahrensgebühr für die Vertretung des Antragstellers	1,0
	Die Gebühr wird auf die Verfahrensgebühr für einen nachfolgenden Rechtsstreit angerechnet.	
3306	Beendigung des Auftrags, bevor der Rechtsanwalt den verfahrenseinleitenden Antrag oder einen Schriftsatz, der Sachanträge, Sachvortrag oder die Zurücknahme des Antrags enthält, eingereicht hat: Die Gebühr 3305 beträgt	0,5
3307	Verfahrensgebühr für die Vertretung des Antragsgegners	0,5
	Die Gebühr wird auf die Verfahrensgebühr für einen nachfolgenden Rechtsstreit angerechnet.	
3308	Verfahrensgebühr für die Vertretung des Antragstellers im Verfahren über den Antrag auf Erlass eines Vollstreckungsbescheids	0,5
	Die Gebühr entsteht neben der Gebühr 3305 nur, wenn innerhalb der Widerspruchsfrist kein Widerspruch erhoben oder der Widerspruch gemäß § 703a Abs. 2 Nr. 4 ZPO beschränkt worden ist. Nummer 1008 ist nicht anzuwenden, wenn sich bereits die Gebühr 3305 erhöht.	
	Unterabschnitt 3 *Vollstreckung und Vollziehung*	
	Vorbemerkung 3.3.3: (1) Dieser Unterabschnitt gilt für 1. die Zwangsvollstreckung, 2. die Vollstreckung, 3. Verfahren des Verwaltungszwangs und 4. die Vollziehung eines Arrestes oder einstweiligen Verfügung, soweit nachfolgend keine besonderen Gebühren bestimmt sind. Er gilt auch für Verfahren auf Eintragung einer Zwangshypothek (§§ 867 und 870a ZPO). (2) Im Verfahren nach der Verordnung (EU) Nr. 655/2014 werden Gebühren nach diesem Unterabschnitt nur im Fall des Artikels 5 Buchstabe b der Verordnung (EU) Nr. 655/2014 erhoben. In den Fällen des Artikels 5 Buchstabe a der Verordnung (EU) Nr. 655/2014 bestimmen sich die Gebühren nach den für Arrestverfahren geltenden Vorschriften.	
3309	Verfahrensgebühr	0,3

Nr.	Gebührentatbestand	Gebühr oder Satz der Gebühr nach § 13 RVG
3310	Terminsgebühr	0,3
	Die Gebühr entsteht für die Teilnahme an einem gerichtlichen Termin, einem Termin zur Abgabe der Vermögensauskunft oder zur Abnahme der eidesstattlichen Versicherung.	
	Unterabschnitt 4 *Zwangsversteigerung und Zwangsverwaltung*	
3311	Verfahrensgebühr	0,4
	Die Gebühr entsteht jeweils gesondert 1. für die Tätigkeit im Zwangsversteigerungsverfahren bis zur Einleitung des Verteilungsverfahrens; 2. im Zwangsversteigerungsverfahren für die Tätigkeit im Verteilungsverfahren, und zwar auch für eine Mitwirkung an einer außergerichtlichen Verteilung; 3. im Verfahren der Zwangsverwaltung für die Vertretung des Antragstellers im Verfahren über den Antrag auf Anordnung der Zwangsverwaltung oder auf Zulassung des Beitritts; 4. im Verfahren der Zwangsverwaltung für die Vertretung des Antragstellers im weiteren Verfahren einschließlich des Verteilungsverfahrens; 5. im Verfahren der Zwangsverwaltung für die Vertretung eines sonstigen Beteiligten im ganzen Verfahren einschließlich des Verteilungsverfahrens und 6. für die Tätigkeit im Verfahren über Anträge auf einstweilige Einstellung oder Beschränkung der Zwangsvollstreckung und einstweilige Einstellung des Verfahrens sowie für Verhandlungen zwischen Gläubiger und Schuldner mit dem Ziel der Aufhebung des Verfahrens.	
3312	Terminsgebühr	0,4
	Die Gebühr entsteht nur für die Wahrnehmung eines Versteigerungstermins für einen Beteiligten. Im Übrigen entsteht im Verfahren der Zwangsversteigerung und der Zwangsverwaltung keine Terminsgebühr.	
	Unterabschnitt 5 *Insolvenzverfahren, Verteilungsverfahren nach der Schifffahrtsrechtlichen Verteilungsordnung, Verfahren nach dem Unternehmensstabilisierungs- und -restrukturierungsgesetz*	
	Vorbemerkung 3.3.5: (1) Die Gebührenvorschriften gelten für die Verteilungsverfahren nach der SVertO und Verfahren nach dem StaRUG, soweit dies ausdrücklich angeordnet ist. (2) Bei der Vertretung mehrerer Gläubiger, die verschiedene Forderungen geltend machen, entstehen die Gebühren jeweils besonders. Das Gleiche gilt in Verfahren nach dem StaRUG, wenn mehrere Gläubiger verschiedene Rechte oder wenn mehrere am Schuldner beteiligte Personen Ansprüche aus ihren jeweiligen Beteiligungen geltend machen. (3) Für die Vertretung des ausländischen Insolvenzverwalters entstehen die gleichen Gebühren wie für die Vertretung des Schuldners.	

Nr.	Gebührentatbestand	Gebühr oder Satz der Gebühr nach § 13 RVG
3313	Verfahrensgebühr für die Vertretung des Schuldners im Eröffnungsverfahren	1,0
	Die Gebühr entsteht auch im Verteilungsverfahren nach der SVertO.	
3314	Verfahrensgebühr für die Vertretung des Gläubigers im Eröffnungsverfahren	0,5
	Die Gebühr entsteht auch im Verteilungsverfahren nach der SVertO.	
3315	Tätigkeit auch im Verfahren über den Schuldenbereinigungsplan: Die Verfahrensgebühr 3313 beträgt	1,5
3316	Tätigkeit auch im Verfahren über den Schuldenbereinigungsplan: Die Verfahrensgebühr 3314 beträgt	1,0
3317	Verfahrensgebühr für das Insolvenzverfahren	1,0
	Die Gebühr entsteht auch im Verteilungsverfahren nach der SVertO, in einem Verfahren nach dem StaRUG und im Verfahren über Anträge nach Artikel 36 Abs. 9 der Verordnung (EU) 2015/848.	
3318	Verfahrensgebühr für das Verfahren über einen Insolvenzplan	1,0
3319	Vertretung des Schuldners, der den Plan vorgelegt hat: Die Verfahrensgebühr 3318 beträgt	3,0
3320	Die Tätigkeit beschränkt sich auf die Anmeldung einer Insolvenzforderung: Die Verfahrensgebühr 3317 beträgt	0,5
	Die Gebühr entsteht auch im Verteilungsverfahren nach der SVertO.	
3321	Verfahrensgebühr für das Verfahren über einen Antrag auf Versagung oder Widerruf der Restschuldbefreiung	0,5
	(1) Das Verfahren über mehrere gleichzeitig anhängige Anträge ist eine Angelegenheit. (2) Die Gebühr entsteht auch gesondert, wenn der Antrag bereits vor Aufhebung des Insolvenzverfahrens gestellt wird.	
3322	Verfahrensgebühr für das Verfahren über Anträge auf Zulassung der Zwangsvollstreckung nach § 17 Abs. 4 SVertO	0,5
3323	Verfahrensgebühr für das Verfahren über Anträge auf Aufhebung von Vollstreckungsmaßregeln (§ 8 Abs. 5 und § 41 SVertO)	0,5
	Unterabschnitt 6 *Sonstige besondere Verfahren*	
	Vorbemerkung 3.3.6: Die Terminsgebühr bestimmt sich nach Abschnitt 1, soweit in diesem Unterabschnitt nichts anderes bestimmt ist. Im Verfahren über die Prozesskostenhilfe bestimmt sich die Terminsge-	

Nr.	Gebührentatbestand	Gebühr oder Satz der Gebühr nach § 13 RVG
bühr nach den für dasjenige Verfahren geltenden Vorschriften, für das die Prozesskostenhilfe beantragt wird.		
3324	Verfahrensgebühr für das Aufgebotsverfahren	1,0
3325	Verfahrensgebühr für Verfahren nach § 148 Abs. 1 und 2, nach § 246a des Aktiengesetzes (auch i. V. m. § 20 Abs. 3 Satz 4 SchVG), nach § 319 Abs. 6 des Aktiengesetzes (auch i. V. m. § 327e Abs. 2 des Aktiengesetzes) oder nach § 16 Abs. 3 UmwG	0,75
3326	Verfahrensgebühr für Verfahren vor den Gerichten für Arbeitssachen, wenn sich die Tätigkeit auf eine gerichtliche Entscheidung über die Bestimmung einer Frist (§ 102 Abs. 3 des Arbeitsgerichtsgesetzes), die Ablehnung eines Schiedsrichters (§ 103 Abs. 3 des Arbeitsgerichtsgesetzes) oder die Vornahme einer Beweisaufnahme oder einer Vereidigung (§ 106 Abs. 2 des Arbeitsgerichtsgesetzes) beschränkt	0,75
3327	Verfahrensgebühr für gerichtliche Verfahren über die Bestellung eines Schiedsrichters oder Ersatzschiedsrichters, über die Ablehnung eines Schiedsrichters oder über die Beendigung des Schiedsrichteramts, zur Unterstützung bei der Beweisaufnahme oder bei der Vornahme sonstiger richterlicher Handlungen anlässlich eines schiedsrichterlichen Verfahrens	0,75
3328	Verfahrensgebühr für Verfahren über die vorläufige Einstellung, Beschränkung, Aussetzung oder Aufhebung der Zwangsvollstreckung oder die einstweilige Einstellung oder Beschränkung der Vollstreckung und die Anordnung, dass Vollstreckungsmaßnahmen aufzuheben sind	0,5
	Die Gebühr entsteht nicht, wenn die Tätigkeit zum Rechtszug gehört (§ 19 Abs. 1 Satz 2 Nr. 12 RVG). Wird der Antrag beim Vollstreckungsgericht und beim Prozessgericht gestellt, entsteht die Gebühr nur einmal.	
3329	Verfahrensgebühr für Verfahren auf Vollstreckbarerklärung der durch Rechtsmittelanträge nicht angefochtenen Teile eines Urteils (§§ 537, 558 ZPO)	0,5
3330	Verfahrensgebühr für Verfahren über eine Rüge wegen Verletzung des Anspruchs auf rechtliches Gehör	in Höhe der Verfahrensgebühr für das Verfahren, in dem die Rüge erhoben wird, höchstens 0,5, bei Betragsrahmengebühren höchstens 280,00 €

Nr.	Gebührentatbestand	Gebühr oder Satz der Gebühr nach § 13 RVG
3331	Terminsgebühr in Verfahren über eine Rüge wegen Verletzung des Anspruchs auf rechtliches Gehör	in Höhe der Terminsgebühr für das Verfahren, in dem die Rüge erhoben wird, höchstens 0,5, bei Betragsrahmengebühren höchstens 280,00 €
3332	Terminsgebühr in den in Nummern 3324 bis 3329 genannten Verfahren	0,5
3333	Verfahrensgebühr für ein Verteilungsverfahren außerhalb der Zwangsversteigerung und der Zwangsverwaltung	0,4
	Der Wert bestimmt sich nach § 26 Nr. 1 und 2 RVG. Eine Terminsgebühr entsteht nicht.	
3334	Verfahrensgebühr für Verfahren vor dem Prozessgericht oder dem Amtsgericht auf Bewilligung, Verlängerung oder Verkürzung einer Räumungsfrist (§§ 721, 794a ZPO), wenn das Verfahren mit dem Verfahren über die Hauptsache nicht verbunden ist	1,0
3335	Verfahrensgebühr für das Verfahren über die Prozesskostenhilfe	in Höhe der Verfahrensgebühr für das Verfahren, für das die Prozesskostenhilfe beantragt wird, höchstens 1,0, bei Betragsrahmengebühren höchstens 550,00 €
3336	(weggefallen)	
3337	Vorzeitige Beendigung des Auftrags im Fall der Nummern 3324 bis 3327, 3334 und 3335: Die Gebühren 3324 bis 3327, 3334 und 3335 betragen höchstens	0,5
	Eine vorzeitige Beendigung liegt vor, 1. wenn der Auftrag endigt, bevor der Rechtsanwalt den das Verfahren einleitenden Antrag oder einen Schriftsatz, der Sachanträge, Sachvortrag oder die Zurücknahme des Antrags enthält,	

Nr.	Gebührentatbestand	Gebühr oder Satz der Gebühr nach § 13 RVG
	eingereicht oder bevor er einen gerichtlichen Termin wahrgenommen hat, oder 2. soweit lediglich beantragt ist, eine Einigung der Parteien oder der Beteiligten zu Protokoll zu nehmen oder soweit lediglich Verhandlungen vor Gericht zur Einigung geführt werden.	
3338	Verfahrensgebühr für die Tätigkeit als Vertreter des Anmelders eines Anspruchs zum Musterverfahren (§ 13 KapMuG)	0,8
3339	Verfahrensgebühr für das Umsetzungsverfahren nach dem VDuG .... Bei der Vertretung mehrerer Verbraucher, die verschiedene Ansprüche geltend machen, entsteht die Gebühr jeweils besonders.	0,5
	Abschnitt 4 **Einzeltätigkeiten**	
	Vorbemerkung 3.4: Für in diesem Abschnitt genannte Tätigkeiten entsteht eine Terminsgebühr nur, wenn dies ausdrücklich bestimmt ist.	
3400	Der Auftrag beschränkt sich auf die Führung des Verkehrs der Partei oder des Beteiligten mit dem Verfahrensbevollmächtigten: Verfahrensgebühr .... Die gleiche Gebühr entsteht auch, wenn im Einverständnis mit dem Auftraggeber mit der Übersendung der Akten an den Rechtsanwalt des höheren Rechtszugs gutachterliche Äußerungen verbunden sind.	in Höhe der dem Verfahrensbevollmächtigten zustehenden Verfahrensgebühr, höchstens 1,0, bei Betragsrahmengebühren höchstens 550,00 €
3401	Der Auftrag beschränkt sich auf die Vertretung in einem Termin im Sinne der Vorbemerkung 3 Abs. 3: Verfahrensgebühr	in Höhe der Hälfte der dem Verfahrensbevollmächtigten zustehenden Verfahrensgebühr
3402	Terminsgebühr in dem in Nummer 3401 genannten Fall	in Höhe der einem Verfahrensbevollmächtigten zustehenden Terminsgebühr
3403	Verfahrensgebühr für sonstige Einzeltätigkeiten, soweit in Nummer 3406 nichts anderes bestimmt ist .... Die Gebühr entsteht für sonstige Tätigkeiten in einem gerichtlichen Verfahren, wenn der Rechtsanwalt nicht zum Prozess- oder Verfah-	0,8

Nr.	Gebührentatbestand	Gebühr oder Satz der Gebühr nach § 13 RVG
	rensbevollmächtigten bestellt ist, soweit in diesem Abschnitt nichts anderes bestimmt ist.	
3404	Der Auftrag beschränkt sich auf ein Schreiben einfacher Art: Die Gebühr 3403 beträgt	0,3
	Die Gebühr entsteht insbesondere, wenn das Schreiben weder schwierige rechtliche Ausführungen noch größere sachliche Auseinandersetzungen enthält.	
3405	Endet der Auftrag	
	1. im Fall der Nummer 3400, bevor der Verfahrensbevollmächtigte beauftragt oder der Rechtsanwalt gegenüber dem Verfahrensbevollmächtigten tätig geworden ist,	
	2. im Fall der Nummer 3401, bevor der Termin begonnen hat: Die Gebühren 3400 und 3401 betragen	höchstens 0,5, bei Betragsrahmengebühren höchstens 275,00 €
	Im Fall der Nummer 3403 gilt die Vorschrift entsprechend.	
3406	Verfahrensgebühr für sonstige Einzeltätigkeiten in Verfahren vor Gerichten der Sozialgerichtsbarkeit, wenn Betragsrahmengebühren entstehen (§ 3 RVG)	39,00 bis 445,00 €
	Die Anmerkung zu Nummer 3403 gilt entsprechend.	
	Abschnitt 5 **Beschwerde, Nichtzulassungsbeschwerde und Erinnerung**	
	Vorbemerkung 3.5: Die Gebühren nach diesem Abschnitt entstehen nicht in den in den Vorbemerkungen 3.2.1 und 3.2.2 genannten Beschwerdeverfahren.	
3500	Verfahrensgebühr für Verfahren über die Beschwerde und die Erinnerung, soweit in diesem Abschnitt keine besonderen Gebühren bestimmt sind	0,5
3501	Verfahrensgebühr für Verfahren vor den Gerichten der Sozialgerichtsbarkeit über die Beschwerde und die Erinnerung, wenn in den Verfahren Betragsrahmengebühren entstehen (§ 3 RVG), soweit in diesem Abschnitt keine besonderen Gebühren bestimmt sind	26,00 bis 275,00 €
3502	Verfahrensgebühr für das Verfahren über die Rechtsbeschwerde	1,0
3503	Vorzeitige Beendigung des Auftrags: Die Gebühr 3502 beträgt	0,5
	Die Anmerkung zu Nummer 3201 ist entsprechend anzuwenden.	

Nr.	Gebührentatbestand	Gebühr oder Satz der Gebühr nach § 13 RVG
3504	Verfahrensgebühr für das Verfahren über die Beschwerde gegen die Nichtzulassung der Berufung, soweit in Nummer 3511 nichts anderes bestimmt ist	1,6
	Die Gebühr wird auf die Verfahrensgebühr für ein nachfolgendes Berufungsverfahren angerechnet.	
3505	Vorzeitige Beendigung des Auftrags: Die Gebühr 3504 beträgt	1,0
	Die Anmerkung zu Nummer 3201 ist entsprechend anzuwenden.	
3506	Verfahrensgebühr für das Verfahren über die Beschwerde gegen die Nichtzulassung der Revision oder über die Beschwerde gegen die Nichtzulassung einer der in der Vorbemerkung 3.2.2 genannten Rechtsbeschwerden, soweit in Nummer 3512 nichts anderes bestimmt ist	1,6
	Die Gebühr wird auf die Verfahrensgebühr für ein nachfolgendes Revisions- oder Rechtsbeschwerdeverfahren angerechnet.	
3507	Vorzeitige Beendigung des Auftrags: Die Gebühr 3506 beträgt	1,1
	Die Anmerkung zu Nummer 3201 ist entsprechend anzuwenden.	
3508	In dem Verfahren über die Beschwerde gegen die Nichtzulassung der Revision können sich die Parteien nur durch einen beim Bundesgerichtshof zugelassenen Rechtsanwalt vertreten lassen: Die Gebühr 3506 beträgt	2,3
3509	Vorzeitige Beendigung des Auftrags, wenn sich die Parteien nur durch einen beim Bundesgerichtshof zugelassenen Rechtsanwalt vertreten lassen können: Die Gebühr 3506 beträgt	1,8
	Die Anmerkung zu Nummer 3201 ist entsprechend anzuwenden.	
3510	Verfahrensgebühr für Beschwerdeverfahren vor dem Bundespatentgericht	
	1. nach dem Patentgesetz, wenn sich die Beschwerde gegen einen Beschluss richtet, a) durch den die Vergütung bei Lizenzbereitschaftserklärung festgesetzt wird oder Zahlung der Vergütung an das Deutsche Patent- und Markenamt angeordnet wird,	

Nr.	Gebührentatbestand	Gebühr oder Satz der Gebühr nach § 13 RVG
	b) durch den eine Anordnung nach § 50 Abs. 1 PatG oder die Aufhebung dieser Anordnung erlassen wird, c) durch den die Anmeldung zurückgewiesen oder über die Aufrechterhaltung, den Widerruf oder die Beschränkung des Patents entschieden wird,	
	2. nach dem Gebrauchsmustergesetz, wenn sich die Beschwerde gegen einen Beschluss richtet, a) durch den die Anmeldung zurückgewiesen wird, b) durch den über den Löschungsantrag entschieden wird,	
	3. nach dem Markengesetz, wenn sich die Beschwerde gegen einen Beschluss richtet, a) durch den über die Anmeldung einer Marke, einen Widerspruch oder einen Antrag auf Löschung oder über die Erinnerung gegen einen solchen Beschluss entschieden worden ist oder b) durch den ein Antrag auf Eintragung einer geographischen Angabe oder einer Ursprungsbezeichnung zurückgewiesen worden ist,	
	4. nach dem Halbleiterschutzgesetz, wenn sich die Beschwerde gegen einen Beschluss richtet, a) durch den die Anmeldung zurückgewiesen wird, b) durch den über den Löschungsantrag entschieden wird,	
	5. nach dem Designgesetz, wenn sich die Beschwerde gegen einen Beschluss richtet, a) durch den die Anmeldung eines Designs zurückgewiesen worden ist, b) durch den über den Löschungsantrag gemäß § 36 DesignG entschieden worden ist, c) durch den über den Antrag auf Feststellung oder Erklärung der Nichtigkeit gemäß § 34a DesignG entschieden worden ist,	
	6. nach dem Sortenschutzgesetz, wenn sich die Beschwerde gegen einen Beschluss des Widerspruchsausschusses richtet	1,3
3511	Verfahrensgebühr für das Verfahren über die Beschwerde gegen die Nichtzulassung der Berufung vor dem Landessozialgericht, wenn Betragsrahmengebühren entstehen (§ 3 RVG)	78,00 bis 889,00 €
	Die Gebühr wird auf die Verfahrensgebühr für ein nachfolgendes Berufungsverfahren angerechnet.	
3512	Verfahrensgebühr für das Verfahren über die Beschwerde gegen die Nichtzulassung der Revision vor dem Bundessozialgericht, wenn Betragsrahmengebühren entstehen (§ 3 RVG)	105,00 bis 1.151,00 €
	Die Gebühr wird auf die Verfahrensgebühr für ein nachfolgendes Revisionsverfahren angerechnet.	
3513	Terminsgebühr in den in Nummer 3500 genannten Verfahren	0,5

Nr.	Gebührentatbestand	Gebühr oder Satz der Gebühr nach § 13 RVG
3514	In dem Verfahren über die Beschwerde gegen die Zurückweisung des Antrags auf Anordnung eines Arrests, des Antrags auf Erlass eines Europäischen Beschlusses zur vorläufigen Kontenpfändung oder des Antrags auf Erlass einer einstweiligen Verfügung bestimmt das Beschwerdegericht Termin zur mündlichen Verhandlung: Die Gebühr 3513 beträgt	1,2
3515	Terminsgebühr in den in Nummer 3501 genannten Verfahren	26,00 bis 275,00 €
3516	Terminsgebühr in den in Nummern 3502, 3504, 3506 und 3510 genannten Verfahren	1,2
3517	Terminsgebühr in den in Nummer 3511 genannten Verfahren	65,00 bis 665,00 €
3518	Terminsgebühr in den in Nummer 3512 genannten Verfahren	78,00 bis 863,00 €

Teil 4
Strafsachen

Nr.	Gebührentatbestand	Gebühr oder Satz der Gebühr nach § 13 oder § 49 RVG	
		Wahlanwalt	gerichtlich bestellter oder beigeordneter Rechtsanwalt

Vorbemerkung 4:
(1) Für die Tätigkeit als Beistand oder Vertreter eines Privatklägers, eines Nebenklägers, eines Einziehungs- oder Nebenbeteiligten, eines Verletzten, eines Zeugen oder Sachverständigen und im Verfahren nach dem Strafrechtlichen Rehabilitierungsgesetz sind die Vorschriften dieses Teils entsprechend anzuwenden.
(2) Die Verfahrensgebühr entsteht für das Betreiben des Geschäfts einschließlich der Information.
(3) Die Terminsgebühr entsteht für die Teilnahme an gerichtlichen Terminen, soweit nichts anderes bestimmt ist. Der Rechtsanwalt erhält die Terminsgebühr auch, wenn er zu einem anberaumten Termin erscheint, dieser aber aus Gründen, die er nicht zu vertreten hat, nicht stattfindet. Dies gilt nicht, wenn er rechtzeitig von der Aufhebung oder Verlegung des Termins in Kenntnis gesetzt worden ist.
(4) Befindet sich der Beschuldigte nicht auf freiem Fuß, entsteht die Gebühr mit Zuschlag.
(5) Für folgende Tätigkeiten entstehen Gebühren nach den Vorschriften des Teils 3:
1. im Verfahren über die Erinnerung oder die Beschwerde gegen einen Kostenfestsetzungsbeschluss (§ 464b StPO) und im Verfahren über die Erinnerung gegen den Kostenansatz und im Verfahren über die Beschwerde gegen die Entscheidung über diese Erinnerung,
2. in der Zwangsvollstreckung aus Entscheidungen, die über einen aus der Straftat erwachsenen vermögensrechtlichen Anspruch oder die Erstattung von Kosten ergangen sind

Nr.	Gebührentatbestand	Gebühr oder Satz der Gebühr nach § 13 oder § 49 RVG	
		Wahlanwalt	gerichtlich bestellter oder beigeordneter Rechtsanwalt
(§§ 406b, 464b StPO), für die Mitwirkung bei der Ausübung der Veröffentlichungsbefugnis und im Beschwerdeverfahren gegen eine dieser Entscheidungen.			
Abschnitt 1 **Gebühren des Verteidigers**			
Vorbemerkung 4.1: (1) Dieser Abschnitt ist auch anzuwenden auf die Tätigkeit im Verfahren über die im Urteil vorbehaltene Sicherungsverwahrung und im Verfahren über die nachträgliche Anordnung der Sicherungsverwahrung. (2) Durch die Gebühren wird die gesamte Tätigkeit als Verteidiger entgolten. Hierzu gehören auch Tätigkeiten im Rahmen des Täter-Opfer-Ausgleichs, soweit der Gegenstand nicht vermögensrechtlich ist. (3) Kommt es für eine Gebühr auf die Dauer der Teilnahme an der Hauptverhandlung an, so sind auch Wartezeiten und Unterbrechungen an einem Hauptverhandlungstag als Teilnahme zu berücksichtigen. Dies gilt nicht für Wartezeiten und Unterbrechungen, die der Rechtsanwalt zu vertreten hat, sowie für Unterbrechungen von jeweils mindestens einer Stunde, soweit diese unter Angabe einer konkreten Dauer der Unterbrechung oder eines Zeitpunkts der Fortsetzung der Hauptverhandlung angeordnet wurden.			
Unterabschnitt 1 *Allgemeine Gebühren*			
4100	Grundgebühr	48,00 bis 432,00 €	192,00 €
	(1) Die Gebühr entsteht neben der Verfahrensgebühr für die erstmalige Einarbeitung in den Rechtsfall nur einmal, unabhängig davon, in welchem Verfahrensabschnitt sie erfolgt. (2) Eine wegen derselben Tat oder Handlung bereits entstandene Gebühr 5100 ist anzurechnen.		
4101	Gebühr 4100 mit Zuschlag	48,00 bis 540,00 €	235,00 €
4102	Terminsgebühr für die Teilnahme an		
	1. richterlichen Vernehmungen und Augenscheinseinnahmen,		
	2. Vernehmungen durch die Staatsanwaltschaft oder eine andere Strafverfolgungsbehörde,		
	3. Terminen außerhalb der Hauptverhandlung, in denen über die Anordnung oder Fortdauer der Untersuchungshaft oder der einstweiligen Unterbringung verhandelt wird,		
	4. Verhandlungen im Rahmen des Täter-Opfer-Ausgleichs sowie		

Nr.	Gebührentatbestand	Gebühr oder Satz der Gebühr nach § 13 oder § 49 RVG	
		Wahlanwalt	gerichtlich bestellter oder beigeordneter Rechtsanwalt
	5. Sühneterminen nach § 380 StPO	48,00 bis 360,00 €	163,00 €
	Mehrere Termine an einem Tag gelten als ein Termin. Die Gebühr entsteht im vorbereitenden Verfahren und in jedem Rechtszug für die Teilnahme an jeweils bis zu drei Terminen einmal.		
4103	Gebühr 4102 mit Zuschlag	48,00 bis 450,00 €	199,00 €
	Unterabschnitt 2 *Vorbereitendes Verfahren*		
	Vorbemerkung 4.1.2: Die Vorbereitung der Privatklage steht der Tätigkeit im vorbereitenden Verfahren gleich.		
4104	Verfahrensgebühr	48,00 bis 348,00 €	158,00 €
	Die Gebühr entsteht für eine Tätigkeit in dem Verfahren bis zum Eingang der Anklageschrift, des Antrags auf Erlass eines Strafbefehls bei Gericht oder im beschleunigten Verfahren bis zum Vortrag der Anklage, wenn diese nur mündlich erhoben wird.		
4105	Gebühr 4104 mit Zuschlag	48,00 bis 435,00 €	193,00 €
	Unterabschnitt 3 *Gerichtliches Verfahren*		
	Erster Rechtszug		
4106	Verfahrensgebühr für den ersten Rechtszug vor dem Amtsgericht	48,00 bis 348,00 €	158,00 €
4107	Gebühr 4106 mit Zuschlag	48,00 bis 435,00 €	193,00 €
4108	Terminsgebühr je Hauptverhandlungstag in den in Nummer 4106 genannten Verfahren	84,00 bis 576,00 €	264,00 €
4109	Gebühr 4108 mit Zuschlag	84,00 bis 719,00 €	321,00 €
4110	Der gerichtlich bestellte oder beigeordnete Rechtsanwalt nimmt mehr als 5 und bis 8 Stunden an der Hauptverhandlung teil: Zusätzliche Gebühr neben der Gebühr 4108 oder 4109		132,00 €

Nr.	Gebührentatbestand	Gebühr oder Satz der Gebühr nach § 13 oder § 49 RVG	
		Wahlanwalt	gerichtlich bestellter oder beigeordneter Rechtsanwalt
4111	Der gerichtlich bestellte oder beigeordnete Rechtsanwalt nimmt mehr als 8 Stunden an der Hauptverhandlung teil: Zusätzliche Gebühr neben der Gebühr 4108 oder 4109		264,00 €
4112	Verfahrensgebühr für den ersten Rechtszug vor der Strafkammer	60,00 bis 384,00 €	178,00 €
	Die Gebühr entsteht auch für Verfahren 1. vor der Jugendkammer, soweit sich die Gebühr nicht nach Nummer 4118 bestimmt, 2. im Rehabilitierungsverfahren nach Abschnitt 2 StrRehaG.		
4113	Gebühr 4112 mit Zuschlag	60,00 bis 480,00 €	216,00 €
4114	Terminsgebühr je Hauptverhandlungstag in den in Nummer 4112 genannten Verfahren	96,00 bis 671,00 €	307,00 €
4115	Gebühr 4114 mit Zuschlag	96,00 bis 839,00 €	374,00 €
4116	Der gerichtlich bestellte oder beigeordnete Rechtsanwalt nimmt mehr als 5 und bis 8 Stunden an der Hauptverhandlung teil: Zusätzliche Gebühr neben der Gebühr 4114 oder 4115		154,00 €
4117	Der gerichtlich bestellte oder beigeordnete Rechtsanwalt nimmt mehr als 8 Stunden an der Hauptverhandlung teil: Zusätzliche Gebühr neben der Gebühr 4114 oder 4115		307,00 €
4118	Verfahrensgebühr für den ersten Rechtszug vor dem Oberlandesgericht, dem Schwurgericht oder der Strafkammer nach den §§ 74a und 74c GVG	120,00 bis 827,00 €	379,00 €
	Die Gebühr entsteht auch für Verfahren vor der Jugendkammer, soweit diese in Sachen entscheidet, die nach den allgemeinen Vorschriften zur Zuständigkeit des Schwurgerichts gehören.		
4119	Gebühr 4118 mit Zuschlag	120,00 bis 1.034,00 €	462,00 €

Nr.	Gebührentatbestand	Gebühr oder Satz der Gebühr nach § 13 oder § 49 RVG	
		Wahlanwalt	gerichtlich bestellter oder beigeordneter Rechtsanwalt
4120	Terminsgebühr je Hauptverhandlungstag in den in Nummer 4118 genannten Verfahren	156,00 bis 1.115,00 €	508,00 €
4121	Gebühr 4120 mit Zuschlag	156,00 bis 1.394,00 €	620,00 €
4122	Der gerichtlich bestellte oder beigeordnete Rechtsanwalt nimmt mehr als 5 und bis 8 Stunden an der Hauptverhandlung teil: Zusätzliche Gebühr neben der Gebühr 4120 oder 4121		254,00 €
4123	Der gerichtlich bestellte oder beigeordnete Rechtsanwalt nimmt mehr als 8 Stunden an der Hauptverhandlung teil: Zusätzliche Gebühr neben der Gebühr 4120 oder 4121		508,00 €
	Berufung		
4124	Verfahrensgebühr für das Berufungsverfahren	96,00 bis 671,00 €	307,00 €
	Die Gebühr entsteht auch für Beschwerdeverfahren nach § 13 StrRehaG.		
4125	Gebühr 4124 mit Zuschlag	96,00 bis 839,00 €	374,00 €
4126	Terminsgebühr je Hauptverhandlungstag im Berufungsverfahren	96,00 bis 671,00 €	307,00 €
	Die Gebühr entsteht auch für Beschwerdeverfahren nach § 13 StrRehaG.		
4127	Gebühr 4126 mit Zuschlag	96,00 bis 839,00 €	374,00 €
4128	Der gerichtlich bestellte oder beigeordnete Rechtsanwalt nimmt mehr als 5 und bis 8 Stunden an der Hauptverhandlung teil: Zusätzliche Gebühr neben der Gebühr 4126 oder 4127		154,00 €
4129	Der gerichtlich bestellte oder beigeordnete Rechtsanwalt nimmt mehr als 8 Stunden an der Hauptverhandlung teil: Zusätzliche Gebühr neben der Gebühr 4126 oder 4127		307,00 €

Nr.	Gebührentatbestand	Gebühr oder Satz der Gebühr nach § 13 oder § 49 RVG	
		Wahlanwalt	gerichtlich bestellter oder beigeordneter Rechtsanwalt
	Revision		
4130	Verfahrensgebühr für das Revisionsverfahren	144,00 bis 1.331,00 €	590,00 €
4131	Gebühr 4130 mit Zuschlag	144,00 bis 1.664,00 €	723,00 €
4132	Terminsgebühr je Hauptverhandlungstag im Revisionsverfahren	144,00 bis 671,00 €	326,00 €
4133	Gebühr 4132 mit Zuschlag	144,00 bis 839,00 €	393,00 €
4134	Der gerichtlich bestellte oder beigeordnete Rechtsanwalt nimmt mehr als 5 und bis 8 Stunden an der Hauptverhandlung teil: Zusätzliche Gebühr neben der Gebühr 4132 oder 4133		163,00 €
4135	Der gerichtlich bestellte oder beigeordnete Rechtsanwalt nimmt mehr als 8 Stunden an der Hauptverhandlung teil: Zusätzliche Gebühr neben der Gebühr 4132 oder 4133		326,00 €
	Unterabschnitt 4 *Wiederaufnahmeverfahren*		
Vorbemerkung 4.1.4: Eine Grundgebühr entsteht nicht.			
4136	Geschäftsgebühr für die Vorbereitung eines Antrags .... Die Gebühr entsteht auch, wenn von der Stellung eines Antrags abgeraten wird.	in Höhe der Verfahrensgebühr für den ersten Rechtszug	
4137	Verfahrensgebühr für das Verfahren über die Zulässigkeit des Antrags	in Höhe der Verfahrensgebühr für den ersten Rechtszug	
4138	Verfahrensgebühr für das weitere Verfahren	in Höhe der Verfahrensgebühr für den ersten Rechtszug	
4139	Verfahrensgebühr für das Beschwerdeverfahren (§ 372 StPO)	in Höhe der Verfahrensgebühr für den ersten Rechtszug	
4140	Terminsgebühr für jeden Verhandlungstag	in Höhe der Terminsgebühr für den ersten Rechtszug	

Nr.	Gebührentatbestand	Gebühr oder Satz der Gebühr nach § 13 oder § 49 RVG	
		Wahlanwalt	gerichtlich bestellter oder beigeordneter Rechtsanwalt
	Unterabschnitt 5 *Zusätzliche Gebühren*		
4141	Durch die anwaltliche Mitwirkung wird die Hauptverhandlung entbehrlich:		
	Zusätzliche Gebühr	in Höhe der Verfahrensgebühr	
	(1) Die Gebühr entsteht, wenn 1. das Strafverfahren nicht nur vorläufig eingestellt wird oder 2. das Gericht beschließt, das Hauptverfahren nicht zu eröffnen oder 3. sich das gerichtliche Verfahren durch Rücknahme des Einspruchs gegen den Strafbefehl, der Berufung oder der Revision des Angeklagten oder eines anderen Verfahrensbeteiligten erledigt; ist bereits ein Termin zur Hauptverhandlung bestimmt, entsteht die Gebühr nur, wenn der Einspruch, die Berufung oder die Revision früher als zwei Wochen vor Beginn des Tages, der für die Hauptverhandlung vorgesehen war, zurückgenommen wird; oder 4. das Verfahren durch Beschluss nach § 411 Abs. 1 Satz 3 StPO endet. Nummer 3 ist auf den Beistand oder Vertreter eines Privatklägers entsprechend anzuwenden, wenn die Privatklage zurückgenommen wird. (2) Die Gebühr entsteht nicht, wenn eine auf die Förderung des Verfahrens gerichtete Tätigkeit nicht ersichtlich ist. Sie entsteht nicht neben der Gebühr 4147. (3) Die Höhe der Gebühr richtet sich nach dem Rechtszug, in dem die Hauptverhandlung vermieden wurde. Für den Wahlanwalt bemisst sich die Gebühr nach der Rahmenmitte. Eine Erhöhung nach Nummer 1008 und der Zuschlag (Vorbemerkung 4 Abs. 4) sind nicht zu berücksichtigen.		
4142	Verfahrensgebühr bei Einziehung und verwandten Maßnahmen	1,0	1,0
	(1) Die Gebühr entsteht für eine Tätigkeit für den Beschuldigten, die sich auf die Einziehung, dieser gleichstehende Rechtsfolgen		

Nr.	Gebührentatbestand	Gebühr oder Satz der Gebühr nach § 13 oder § 49 RVG	
		Wahlanwalt	gerichtlich bestellter oder beigeordneter Rechtsanwalt
	(§ 439 StPO), die Abführung des Mehrerlöses oder auf eine diesen Zwecken dienende Beschlagnahme bezieht. (2) Die Gebühr entsteht nicht, wenn der Gegenstandswert niedriger als 30,00 € ist. (3) Die Gebühr entsteht für das Verfahren des ersten Rechtszugs einschließlich des vorbereitenden Verfahrens und für jeden weiteren Rechtszug.		
4143	Verfahrensgebühr für das erstinstanzliche Verfahren über vermögensrechtliche Ansprüche (§ 403 StPO)	2,0	2,0
	(1) Die Gebühr entsteht auch, wenn der Anspruch erstmalig im Berufungsverfahren geltend gemacht wird. (2) Die Gebühr wird zu einem Drittel auf die Verfahrensgebühr, die für einen bürgerlichen Rechtsstreit wegen desselben Anspruchs entsteht, angerechnet.		
4144	Verfahrensgebühr im Berufungs- und Revisionsverfahren über vermögensrechtliche Ansprüche (§ 403 StPO)	2,5	2,5
4145	Verfahrensgebühr für das Verfahren über die Beschwerde gegen den Beschluss, mit dem nach § 406 Abs. 5 Satz 2 StPO von einer Entscheidung abgesehen wird	0,5	0,5
4146	Verfahrensgebühr für das Verfahren über einen Antrag auf gerichtliche Entscheidung oder über die Beschwerde gegen eine den Rechtszug beendende Entscheidung nach § 25 Abs. 1 Satz 3 bis 5, § 13 StrRehaG	1,5	1,5
4147	Einigungsgebühr im Privatklageverfahren bezüglich des Strafanspruchs und des Kostenerstattungsanspruchs: Die Gebühr 1000 entsteht	in Höhe der Verfahrensgebühr	
	Für einen Vertrag über sonstige Ansprüche entsteht eine weitere Einigungsgebühr nach Teil 1. Maßgebend für die Höhe der Gebühr ist die im Einzelfall bestimmte Verfahrensgebühr in der Angelegenheit, in der die Einigung erfolgt. Eine Erhöhung nach Nummer 1008		

Nr.	Gebührentatbestand	Gebühr oder Satz der Gebühr nach § 13 oder § 49 RVG	
		Wahlanwalt	gerichtlich bestellter oder beigeordneter Rechtsanwalt
	und der Zuschlag (Vorbemerkung 4 Abs. 4) sind nicht zu berücksichtigen.		
	Abschnitt 2 Gebühren in der Strafvollstreckung		
	Vorbemerkung 4.2: Im Verfahren über die Beschwerde gegen die Entscheidung in der Hauptsache entstehen die Gebühren besonders.		
4200	Verfahrensgebühr als Verteidiger für ein Verfahren über		
	1. die Erledigung oder Aussetzung der Maßregel der Unterbringung a) in der Sicherungsverwahrung, b) in einem psychiatrischen Krankenhaus oder c) in einer Entziehungsanstalt,		
	2. die Aussetzung des Restes einer zeitigen Freiheitsstrafe oder einer lebenslangen Freiheitsstrafe oder		
	3. den Widerruf einer Strafaussetzung zur Bewährung oder den Widerruf der Aussetzung einer Maßregel der Besserung und Sicherung zur Bewährung	72,00 bis 803,00 €	350,00 €
4201	Gebühr 4200 mit Zuschlag	72,00 bis 1.004,00 €	430,00 €
4202	Terminsgebühr in den in Nummer 4200 genannten Verfahren	72,00 bis 360,00 €	173,00 €
4203	Gebühr 4202 mit Zuschlag	72,00 bis 450,00 €	209,00 €
4204	Verfahrensgebühr für sonstige Verfahren in der Strafvollstreckung	36,00 bis 360,00 €	158,00 €
4205	Gebühr 4204 mit Zuschlag	36,00 bis 450,00 €	194,00 €
4206	Terminsgebühr für sonstige Verfahren	36,00 bis 360,00 €	158,00 €
4207	Gebühr 4206 mit Zuschlag	36,00 bis 450,00 €	194,00 €

Nr.	Gebührentatbestand	Gebühr oder Satz der Gebühr nach § 13 oder § 49 RVG	
		Wahlanwalt	gerichtlich bestellter oder beigeordneter Rechtsanwalt
	Abschnitt 3 Einzeltätigkeiten		
	Vorbemerkung 4.3: (1) Die Gebühren entstehen für einzelne Tätigkeiten, ohne dass dem Rechtsanwalt sonst die Verteidigung oder Vertretung übertragen ist. (2) Beschränkt sich die Tätigkeit des Rechtsanwalts auf die Geltendmachung oder Abwehr eines aus der Straftat erwachsenen vermögensrechtlichen Anspruchs im Strafverfahren, so erhält er die Gebühren nach den Nummern 4143 bis 4145. (3) Die Gebühr entsteht für jede der genannten Tätigkeiten gesondert, soweit nichts anderes bestimmt ist. § 15 RVG bleibt unberührt. Das Beschwerdeverfahren gilt als besondere Angelegenheit. (4) Wird dem Rechtsanwalt die Verteidigung oder die Vertretung für das Verfahren übertragen, werden die nach diesem Abschnitt entstandenen Gebühren auf die für die Verteidigung oder Vertretung entstehenden Gebühren angerechnet.		
4300	Verfahrensgebühr für die Anfertigung oder Unterzeichnung einer Schrift		
	1. zur Begründung der Revision,		
	2. zur Erklärung auf die von dem Staatsanwalt, Privatkläger oder Nebenkläger eingelegte Revision oder		
	3. in Verfahren nach den §§ 57a und 67e StGB	72,00 bis 803,00 €	350,00 €
	Neben der Gebühr für die Begründung der Revision entsteht für die Einlegung der Revision keine besondere Gebühr.		
4301	Verfahrensgebühr für		
	1. die Anfertigung oder Unterzeichnung einer Privatklage,		
	2. die Anfertigung oder Unterzeichnung einer Schrift zur Rechtfertigung der Berufung oder zur Beantwortung der von dem Staatsanwalt, Privatkläger oder Nebenkläger eingelegten Berufung,		
	3. die Führung des Verkehrs mit dem Verteidiger,		

Nr.	Gebührentatbestand	Gebühr oder Satz der Gebühr nach § 13 oder § 49 RVG	
		Wahlanwalt	gerichtlich bestellter oder beigeordneter Rechtsanwalt
	4. die Beistandsleistung für den Beschuldigten bei einer richterlichen Vernehmung, einer Vernehmung durch die Staatsanwaltschaft oder eine andere Strafverfolgungsbehörde oder in einer Hauptverhandlung, einer mündlichen Anhörung oder bei einer Augenscheinseinnahme,		
	5. die Beistandsleistung im Verfahren zur gerichtlichen Erzwingung der Anklage (§ 172 Abs. 2 bis 4, § 173 StPO) oder		
	6. sonstige Tätigkeiten in der Strafvollstreckung	48,00 bis 552,00 €	240,00 €
	Neben der Gebühr für die Rechtfertigung der Berufung entsteht für die Einlegung der Berufung keine besondere Gebühr.		
4302	Verfahrensgebühr für		
	1. die Einlegung eines Rechtsmittels,		
	2. die Anfertigung oder Unterzeichnung anderer Anträge, Gesuche oder Erklärungen oder		
	3. eine andere nicht in Nummer 4300 oder 4301 erwähnte Beistandsleistung	36,00 bis 348,00 €	154,00 €
4303	Verfahrensgebühr für die Vertretung in einer Gnadensache	36,00 bis 360,00 €	
	Der Rechtsanwalt erhält die Gebühr auch, wenn ihm die Verteidigung übertragen war.		
4304	Gebühr für den als Kontaktperson beigeordneten Rechtsanwalt (§ 34a EGGVG)		4.197,00 €

Teil 5
Bußgeldsachen

Nr.	Gebührentatbestand	Gebühr oder Satz der Gebühr nach § 13 oder § 49 RVG	
		Wahlanwalt	gerichtlich bestellter oder beigeordneter Rechtsanwalt
Vorbemerkung 5: (1) Für die Tätigkeit als Beistand oder Vertreter eines Einziehungs- oder Nebenbeteiligten, eines Zeugen oder eines Sachverständigen sind die Vorschriften dieses Teils entsprechend anzuwenden. (2) Die Verfahrensgebühr entsteht für das Betreiben des Geschäfts einschließlich der Information. (3) Die Terminsgebühr entsteht für die Teilnahme an gerichtlichen Terminen, soweit nichts anderes bestimmt ist. Der Rechtsanwalt erhält die Terminsgebühr auch, wenn er zu einem anberaumten Termin erscheint, dieser aber aus Gründen, die er nicht zu vertreten hat, nicht stattfindet. Dies gilt nicht, wenn er rechtzeitig von der Aufhebung oder Verlegung des Termins in Kenntnis gesetzt worden ist. (4) Für folgende Tätigkeiten entstehen Gebühren nach den Vorschriften des Teils 3: 1. für das Verfahren über die Erinnerung oder die Beschwerde gegen einen Kostenfestsetzungsbeschluss, für das Verfahren über die Erinnerung gegen den Kostenansatz, für das Verfahren über die Beschwerde gegen die Entscheidung über diese Erinnerung und für Verfahren über den Antrag auf gerichtliche Entscheidung gegen einen Kostenfestsetzungsbescheid und den Ansatz der Gebühren und Auslagen (§ 108 OWiG), dabei steht das Verfahren über den Antrag auf gerichtliche Entscheidung dem Verfahren über die Erinnerung oder die Beschwerde gegen einen Kostenfestsetzungsbeschluss gleich, 2. in der Zwangsvollstreckung aus Entscheidungen, die über die Erstattung von Kosten ergangen sind, und für das Beschwerdeverfahren gegen die gerichtliche Entscheidung nach Nummer 1.			
Abschnitt 1 **Gebühren des Verteidigers**			
Vorbemerkung 5.1: (1) Durch die Gebühren wird die gesamte Tätigkeit als Verteidiger entgolten. (2) Hängt die Höhe der Gebühren von der Höhe der Geldbuße ab, ist die zum Zeitpunkt des Entstehens der Gebühr zuletzt festgesetzte Geldbuße maßgebend. Ist eine Geldbuße nicht festgesetzt, richtet sich die Höhe der Gebühren im Verfahren vor der Verwaltungsbehörde nach dem mittleren Betrag der in der Bußgeldvorschrift angedrohten Geldbuße. Sind in einer Rechtsvorschrift Regelsätze bestimmt, sind diese maßgebend. Mehrere Geldbußen sind zusammenzurechnen.			
Unterabschnitt 1 *Allgemeine Gebühr*			
5100	Grundgebühr	36,00 bis 204,00 €	96,00 €
	(1) Die Gebühr entsteht neben der Verfahrensgebühr für die erstmalige Einarbeitung in den		

Nr.	Gebührentatbestand	Gebühr oder Satz der Gebühr nach § 13 oder § 49 RVG	
		Wahlanwalt	gerichtlich bestellter oder beigeordneter Rechtsanwalt
	Rechtsfall nur einmal, unabhängig davon, in welchem Verfahrensabschnitt sie erfolgt. (2) Die Gebühr entsteht nicht, wenn in einem vorangegangenen Strafverfahren für dieselbe Handlung oder Tat die Gebühr 4100 entstanden ist.		
	Unterabschnitt 2 *Verfahren vor der Verwaltungsbehörde*		
	Vorbemerkung 5.1.2: (1) Zu dem Verfahren vor der Verwaltungsbehörde gehört auch das Verwarnungsverfahren und das Zwischenverfahren (§ 69 OWiG) bis zum Eingang der Akten bei Gericht. (2) Die Terminsgebühr entsteht auch für die Teilnahme an Vernehmungen vor der Polizei oder der Verwaltungsbehörde.		
5101	Verfahrensgebühr bei einer Geldbuße von weniger als 80,00 €	24,00 bis 132,00 €	62,00 €
5102	Terminsgebühr für jeden Tag, an dem ein Termin in den in Nummer 5101 genannten Verfahren stattfindet	24,00 bis 132,00 €	62,00 €
5103	Verfahrensgebühr bei einer Geldbuße von 80,00 bis 5 000,00 €	36,00 bis 348,00 €	154,00 €
5104	Terminsgebühr für jeden Tag, an dem ein Termin in den in Nummer 5103 genannten Verfahren stattfindet	36,00 bis 348,00 €	154,00 €
5105	Verfahrensgebühr bei einer Geldbuße von mehr als 5 000,00 €	48,00 bis 360,00 €	163,00 €
5106	Terminsgebühr für jeden Tag, an dem ein Termin in den in Nummer 5105 genannten Verfahren stattfindet	48,00 bis 360,00 €	163,00 €
	Unterabschnitt 3 *Gerichtliches Verfahren im ersten Rechtszug*		
	Vorbemerkung 5.1.3: (1) Die Terminsgebühr entsteht auch für die Teilnahme an gerichtlichen Terminen außerhalb der Hauptverhandlung. (2) Die Gebühren dieses Unterabschnitts entstehen für das Wiederaufnahmeverfahren einschließlich seiner Vorbereitung gesondert; die Verfahrensgebühr entsteht auch, wenn von der Stellung eines Wiederaufnahmeantrags abgeraten wird.		
5107	Verfahrensgebühr bei einer Geldbuße von weniger als 80,00 €	24,00 bis 132,00 €	62,00 €
5108	Terminsgebühr je Hauptverhandlungstag in	24,00 bis 288,00 €	125,00 €

Nr.	Gebührentatbestand	Gebühr oder Satz der Gebühr nach § 13 oder § 49 RVG	
		Wahlanwalt	gerichtlich bestellter oder beigeordneter Rechtsanwalt
	den in Nummer 5107 genannten Verfahren		
5109	Verfahrensgebühr bei einer Geldbuße von 80,00 bis 5 000,00 €	36,00 bis 348,00 €	154,00 €
5110	Terminsgebühr je Hauptverhandlungstag in den in Nummer 5109 genannten Verfahren	48,00 bis 564,00 €	245,00 €
5111	Verfahrensgebühr bei einer Geldbuße von mehr als 5 000,00 €	60,00 bis 420,00 €	192,00 €
5112	Terminsgebühr je Hauptverhandlungstag in den in Nummer 5111 genannten Verfahren	96,00 bis 671,00 €	307,00 €
	Unterabschnitt 4 *Verfahren über die Rechtsbeschwerde*		
5113	Verfahrensgebühr	96,00 bis 671,00 €	307,00 €
5114	Terminsgebühr je Hauptverhandlungstag	96,00 bis 671,00 €	307,00 €
	Unterabschnitt 5 *Zusätzliche Gebühren*		
5115	Durch die anwaltliche Mitwirkung wird das Verfahren vor der Verwaltungsbehörde erledigt oder die Hauptverhandlung entbehrlich: Zusätzliche Gebühr	in Höhe der jeweiligen Verfahrensgebühr	
	(1) Die Gebühr entsteht, wenn 1. das Verfahren nicht nur vorläufig eingestellt wird oder 2. der Einspruch gegen den Bußgeldbescheid zurückgenommen wird oder 3. der Bußgeldbescheid nach Einspruch von der Verwaltungsbehörde zurückgenommen und gegen einen neuen Bußgeldbescheid kein Einspruch eingelegt wird oder		
	4. sich das gerichtliche Verfahren durch Rücknahme des Einspruchs gegen den Bußgeldbescheid oder der Rechtsbeschwerde des Betroffenen oder eines anderen Verfahrensbeteiligten erledigt; ist bereits ein Termin zur Hauptverhandlung bestimmt, entsteht die Gebühr nur, wenn der		

Nr.	Gebührentatbestand	Gebühr oder Satz der Gebühr nach § 13 oder § 49 RVG	
		Wahlanwalt	gerichtlich bestellter oder beigeordneter Rechtsanwalt
	Einspruch oder die Rechtsbeschwerde früher als zwei Wochen vor Beginn des Tages, der für die Hauptverhandlung vorgesehen war, zurückgenommen wird, oder 5. das Gericht nach § 72 Abs. 1 Satz 1 OWiG durch Beschluss entscheidet. (2) Die Gebühr entsteht nicht, wenn eine auf die Förderung des Verfahrens gerichtete Tätigkeit nicht ersichtlich ist. (3) Die Höhe der Gebühr richtet sich nach dem Rechtszug, in dem die Hauptverhandlung vermieden wurde. Für den Wahlanwalt bemisst sich die Gebühr nach der Rahmenmitte.		
5116	Verfahrensgebühr bei Einziehung und verwandten Maßnahmen	1,0	1,0
	(1) Die Gebühr entsteht für eine Tätigkeit für den Betroffenen, die sich auf die Einziehung oder dieser gleichstehende Rechtsfolgen (§ 46 Abs. 1 OWiG, § 439 StPO) oder auf eine diesen Zwecken dienende Beschlagnahme bezieht. (2) Die Gebühr entsteht nicht, wenn der Gegenstandswert niedriger als 30,00 € ist. (3) Die Gebühr entsteht nur einmal für das Verfahren vor der Verwaltungsbehörde und für das gerichtliche Verfahren im ersten Rechtszug. Im Rechtsbeschwerdeverfahren entsteht die Gebühr besonders.		
	Abschnitt 2 Einzeltätigkeiten		
5200	Verfahrensgebühr	24,00 bis 132,00 €	62,00 €
	(1) Die Gebühr entsteht für einzelne Tätigkeiten, ohne dass dem Rechtsanwalt sonst die Verteidigung übertragen ist. (2) Die Gebühr entsteht für jede Tätigkeit gesondert, soweit nichts anderes bestimmt ist. § 15 RVG bleibt unberührt. (3) Wird dem Rechtsanwalt die Verteidigung für das Verfahren übertragen, werden die nach dieser Nummer entstandenen Gebühren		

<table>
<tr><th rowspan="2">Nr.</th><th rowspan="2">Gebührentatbestand</th><th colspan="2">Gebühr
oder Satz der Gebühr nach § 13 oder § 49 RVG</th></tr>
<tr><th>Wahlanwalt</th><th>gerichtlich bestellter oder beigeordneter Rechtsanwalt</th></tr>
<tr><td></td><td>auf die für die Verteidigung entstehenden Gebühren angerechnet.
(4) Der Rechtsanwalt erhält die Gebühr für die Vertretung in der Vollstreckung und in einer Gnadensache auch, wenn ihm die Verteidigung übertragen war.</td><td></td><td></td></tr>
</table>

Teil 6
Sonstige Verfahren

<table>
<tr><th rowspan="2">Nr.</th><th rowspan="2">Gebührentatbestand</th><th colspan="2">Gebühr</th></tr>
<tr><th>Wahlverteidiger oder Verfahrensbevollmächtigter</th><th>gerichtlich bestellter oder beigeordneter Rechtsanwalt</th></tr>
<tr><td colspan="4">Vorbemerkung 6:
(1) Für die Tätigkeit als Beistand für einen Zeugen oder Sachverständigen in einem Verfahren, für das sich die Gebühren nach diesem Teil bestimmen, entstehen die gleichen Gebühren wie für einen Verfahrensbevollmächtigten in diesem Verfahren.
(2) Die Verfahrensgebühr entsteht für das Betreiben des Geschäfts einschließlich der Information.
(3) Die Terminsgebühr entsteht für die Teilnahme an gerichtlichen Terminen, soweit nichts anderes bestimmt ist. Der Rechtsanwalt erhält die Terminsgebühr auch, wenn er zu einem anberaumten Termin erscheint, dieser aber aus Gründen, die er nicht zu vertreten hat, nicht stattfindet. Dies gilt nicht, wenn er rechtzeitig von der Aufhebung oder Verlegung des Termins in Kenntnis gesetzt worden ist.</td></tr>
<tr><td colspan="4">Abschnitt 1
Verfahren nach dem Gesetz über die internationale Rechtshilfe in Strafsachen, Verfahren nach dem Deutsch-Schweizerischer-Polizeivertrag-Umsetzungsgesetz und Verfahren nach dem Gesetz über die Zusammenarbeit mit dem Internationalen Strafgerichtshof</td></tr>
<tr><td colspan="4">Unterabschnitt 1
Verfahren vor der Verwaltungsbehörde</td></tr>
<tr><td colspan="4">Vorbemerkung 6.1.1:
Die Gebühr nach diesem Unterabschnitt entsteht für die Tätigkeit gegenüber der Bewilligungsbehörde in Verfahren nach Abschnitt 2 Unterabschnitt 2 des Neunten Teils des Gesetzes über die internationale Rechtshilfe in Strafsachen oder dem Deutsch-Schweizerischer-Polizeivertrag-Umsetzungsgesetz.</td></tr>
<tr><td>6100</td><td>Verfahrensgebühr ....</td><td>60,00 bis 408,00 €</td><td>187,00 €</td></tr>
</table>

Nr.	Gebührentatbestand	Gebühr	
		Wahlverteidiger oder Verfahrensbevollmächtigter	gerichtlich bestellter oder beigeordneter Rechtsanwalt
	Unterabschnitt 2 *Gerichtliches Verfahren*		
6101	Verfahrensgebühr	120,00 bis 827,00 €	379,00 €
6102	Terminsgebühr je Verhandlungstag	156,00 bis 1.115,00 €	508,00 €
	Abschnitt 2 **Disziplinarverfahren, berufsgerichtliche Verfahren wegen der Verletzung einer Berufspflicht**		
	Vorbemerkung 6.2: (1) Durch die Gebühren wird die gesamte Tätigkeit im Verfahren abgegolten. (2) Für die Vertretung gegenüber der Aufsichtsbehörde außerhalb eines Disziplinarverfahrens entstehen Gebühren nach Teil 2. (3) Für folgende Tätigkeiten entstehen Gebühren nach Teil 3: 1. für das Verfahren über die Erinnerung oder die Beschwerde gegen einen Kostenfestsetzungsbeschluss, für das Verfahren über die Erinnerung gegen den Kostenansatz und für das Verfahren über die Beschwerde gegen die Entscheidung über diese Erinnerung, 2. in der Zwangsvollstreckung aus einer Entscheidung, die über die Erstattung von Kosten ergangen ist, und für das Beschwerdeverfahren gegen diese Entscheidung.		
	Unterabschnitt 1 *Allgemeine Gebühren*		
6200	Grundgebühr	48,00 bis 420,00 €	187,00 €
	Die Gebühr entsteht neben der Verfahrensgebühr für die erstmalige Einarbeitung in den Rechtsfall nur einmal, unabhängig davon, in welchem Verfahrensabschnitt sie erfolgt.		
6201	Terminsgebühr für jeden Tag, an dem ein Termin stattfindet	48,00 bis 444,00 €	197,00 €
	Die Gebühr entsteht für die Teilnahme an außergerichtlichen Anhörungsterminen und außergerichtlichen Terminen zur Beweiserhebung.		
	Unterabschnitt 2 *Außergerichtliches Verfahren*		
6202	Verfahrensgebühr	48,00 bis 348,00 €	158,00 €
	(1) Die Gebühr entsteht gesondert für eine Tätigkeit in einem dem gerichtlichen Verfahren vorausgehenden und der Überprüfung der Ver-		

Nr.	Gebührentatbestand	Gebühr	
		Wahlverteidiger oder Verfahrensbevoll-mächtigter	gerichtlich bestellter oder beigeordneter Rechtsanwalt
	waltungsentscheidung dienenden weiteren außergerichtlichen Verfahren. (2) Die Gebühr entsteht für eine Tätigkeit in dem Verfahren bis zum Eingang des Antrags oder der Anschuldigungsschrift bei Gericht.		
	Unterabschnitt 3 *Gerichtliches Verfahren*		
	Erster Rechtszug		
	Vorbemerkung 6.2.3: (1) Die nachfolgenden Gebühren entstehen für das Wiederaufnahmeverfahren einschließlich seiner Vorbereitung gesondert. (2) Kommt es für eine Gebühr auf die Dauer der Teilnahme an der Hauptverhandlung an, sind auch Wartezeiten und Unterbrechungen an einem Hauptverhandlungstag als Teilnahme zu berücksichtigen. Dies gilt nicht für Wartezeiten und Unterbrechungen, die der Rechtsanwalt zu vertreten hat, sowie für Unterbrechungen von jeweils mindestens einer Stunde, soweit diese unter Angabe einer konkreten Dauer der Unterbrechung oder eines Zeitpunkts der Fortsetzung der Hauptverhandlung angeordnet wurden.		
6203	Verfahrensgebühr	60,00 bis 384,00 €	178,00 €
6204	Terminsgebühr je Verhandlungstag	96,00 bis 671,00 €	307,00 €
6205	Der gerichtlich bestellte Rechtsanwalt nimmt mehr als 5 und bis 8 Stunden an der Hauptverhandlung teil: Zusätzliche Gebühr neben der Gebühr 6204		154,00 €
6206	Der gerichtlich bestellte Rechtsanwalt nimmt mehr als 8 Stunden an der Hauptverhandlung teil: Zusätzliche Gebühr neben der Gebühr 6204		307,00 €
	Zweiter Rechtszug		
6207	Verfahrensgebühr	96,00 bis 671,00 €	307,00 €
6208	Terminsgebühr je Verhandlungstag	96,00 bis 671,00 €	307,00 €
6209	Der gerichtlich bestellte Rechtsanwalt nimmt mehr als 5 und bis 8 Stunden an der Hauptverhandlung teil: Zusätzliche Gebühr neben der Gebühr 6208		154,00 €
6210	Der gerichtlich bestellte Rechtsanwalt nimmt		307,00 €

Nr.	Gebührentatbestand	Gebühr	
		Wahlverteidiger oder Verfahrensbevollmächtigter	gerichtlich bestellter oder beigeordneter Rechtsanwalt
	mehr als 8 Stunden an der Hauptverhandlung teil: Zusätzliche Gebühr neben der Gebühr 6208		
	Dritter Rechtszug		
6211	Verfahrensgebühr	144,00 bis 1.331,00 €	590,00 €
6212	Terminsgebühr je Verhandlungstag	144,00 bis 659,00 €	321,00 €
6213	Der gerichtlich bestellte Rechtsanwalt nimmt mehr als 5 und bis 8 Stunden an der Hauptverhandlung teil: Zusätzliche Gebühr neben der Gebühr 6212		160,00 €
6214	Der gerichtlich bestellte Rechtsanwalt nimmt mehr als 8 Stunden an der Hauptverhandlung teil: Zusätzliche Gebühr neben der Gebühr 6212		320,00 €
6215	Verfahrensgebühr für das Verfahren über die Beschwerde gegen die Nichtzulassung der Revision	84,00 bis 1.331,00 €	566,00 €
	Die Gebühr wird auf die Verfahrensgebühr für ein nachfolgendes Revisionsverfahren angerechnet.		
	Unterabschnitt 4 *Zusatzgebühr*		
6216	Durch die anwaltliche Mitwirkung wird die mündliche Verhandlung entbehrlich: Zusätzliche Gebühr	in Höhe der jeweiligen Verfahrensgebühr	
	(1) Die Gebühr entsteht, wenn eine gerichtliche Entscheidung mit Zustimmung der Beteiligten ohne mündliche Verhandlung ergeht oder einer beabsichtigten Entscheidung ohne Hauptverhandlungstermin nicht widersprochen wird. (2) Die Gebühr entsteht nicht, wenn eine auf die Förderung des Verfahrens gerichtete Tätigkeit nicht ersichtlich ist. (3) Die Höhe der Gebühr richtet sich nach dem Rechtszug, in dem die Hauptverhandlung vermieden wurde. Für den Wahlanwalt		

Nr.	Gebührentatbestand	Gebühr	
		Wahlverteidiger oder Verfahrensbevollmächtigter	gerichtlich bestellter oder beigeordneter Rechtsanwalt
	bemisst sich die Gebühr nach der Rahmenmitte.		
	Abschnitt 3 **Gerichtliche Verfahren bei Freiheitsentziehung, bei Unterbringung und bei sonstigen Zwangsmaßnahmen**		
6300	Verfahrensgebühr in Freiheitsentziehungssachen nach § 415 FamFG, in Unterbringungssachen nach § 312 FamFG und in Verfahren nach § 151 Nr. 6 und 7 FamFG	48,00 bis 564,00 €	245,00 €
	Die Gebühr entsteht für jeden Rechtszug.		
6301	Terminsgebühr in den Fällen der Nummer 6300	48,00 bis 564,00 €	245,00 €
	Die Gebühr entsteht für die Teilnahme an gerichtlichen Terminen.		
6302	Verfahrensgebühr in sonstigen Fällen	24,00 bis 360,00 €	154,00 €
	Die Gebühr entsteht für jeden Rechtszug des Verfahrens über die Verlängerung oder Aufhebung einer Freiheitsentziehung nach den §§ 425 und 426 FamFG oder einer Unterbringungsmaßnahme nach den §§ 329 und 330 FamFG.		
6303	Terminsgebühr in den Fällen der Nummer 6302	24,00 bis 360,00 €	154,00 €
	Die Gebühr entsteht für die Teilnahme an gerichtlichen Terminen.		
	Abschnitt 4 **Gerichtliche Verfahren nach der Wehrbeschwerdeordnung**		
	Vorbemerkung 6.4: (1) Die Gebühren nach diesem Abschnitt entstehen in Verfahren auf gerichtliche Entscheidung nach der WBO, auch i. V. m. § 42 WDO, wenn das Verfahren vor dem Truppendienstgericht oder vor dem Bundesverwaltungsgericht an die Stelle des Verwaltungsrechtswegs gemäß § 82 SG tritt. (2) Soweit wegen desselben Gegenstands eine Geschäftsgebühr nach Nummer 2302 für eine Tätigkeit im Verfahren über die Beschwerde oder über die weitere Beschwerde vor einem Disziplinarvorgesetzten entstanden ist, wird diese Gebühr zur Hälfte, höchstens jedoch mit einem Betrag von 207,00 €, auf die Verfahrensgebühr des gerichtlichen Verfahrens vor dem Truppendienstgericht oder dem Bundesverwaltungsgericht angerechnet. Sind mehrere Gebühren entstanden, ist für die Anrechnung die zuletzt entstandene Gebühr maßgebend.		
6400	Verfahrensgebühr für das Verfahren auf gerichtliche Entscheidung vor dem Truppendienstgericht	96,00 bis 815,00 €	

Nr.	Gebührentatbestand	Gebühr	
		Wahlverteidiger oder Verfahrensbevollmächtigter	gerichtlich bestellter oder beigeordneter Rechtsanwalt
6401	Terminsgebühr je Verhandlungstag in den in Nummer 6400 genannten Verfahren	96,00 bis 815,00 €	
6402	Verfahrensgebühr für das Verfahren auf gerichtliche Entscheidung vor dem Bundesverwaltungsgericht, im Verfahren über die Rechtsbeschwerde oder im Verfahren über die Beschwerde gegen die Nichtzulassung der Rechtsbeschwerde	120,00 bis 947,00 €	
	Die Gebühr für ein Verfahren über die Beschwerde gegen die Nichtzulassung der Rechtsbeschwerde wird auf die Gebühr für ein nachfolgendes Verfahren über die Rechtsbeschwerde angerechnet.		
6403	Terminsgebühr je Verhandlungstag in den in Nummer 6402 genannten Verfahren	120,00 bis 947,00 €	
	Abschnitt 5 **Einzeltätigkeiten und Verfahren auf Aufhebung oder Änderung einer Disziplinarmaßnahme**		
6500	Verfahrensgebühr	24,00 bis 360,00 €	154,00 €
	(1) Für eine Einzeltätigkeit entsteht die Gebühr, wenn dem Rechtsanwalt nicht die Verteidigung oder Vertretung übertragen ist. (2) Die Gebühr entsteht für jede einzelne Tätigkeit gesondert, soweit nichts anderes bestimmt ist. § 15 RVG bleibt unberührt. (3) Wird dem Rechtsanwalt die Verteidigung oder Vertretung für das Verfahren übertragen, werden die nach dieser Nummer entstandenen Gebühren auf die für die Verteidigung oder Vertretung entstehenden Gebühren angerechnet. (4) Eine Gebühr nach dieser Vorschrift entsteht jeweils auch für das Verfahren nach der WDO vor einem Disziplinarvorgesetzten auf Aufhebung oder Änderung einer Disziplinarmaßnahme und im gerichtlichen Verfahren vor dem Wehrdienstgericht.		

Teil 7
Auslagen

Nr.	Auslagentatbestand	Höhe
Vorbemerkung 7: (1) Mit den Gebühren werden auch die allgemeinen Geschäftskosten entgolten. Soweit nachfolgend nichts anderes bestimmt ist, kann der Rechtsanwalt Ersatz der entstandenen Aufwendungen (§ 675 i. V. m. § 670 BGB) verlangen. (2) Eine Geschäftsreise liegt vor, wenn das Reiseziel außerhalb der Gemeinde liegt, in der sich die Kanzlei oder die Wohnung des Rechtsanwalts befindet. (3) Dient eine Reise mehreren Geschäften, sind die entstandenen Auslagen nach den Nummern 7003 bis 7006 nach dem Verhältnis der Kosten zu verteilen, die bei gesonderter Ausführung der einzelnen Geschäfte entstanden wären. Ein Rechtsanwalt, der seine Kanzlei an einen anderen Ort verlegt, kann bei Fortführung eines ihm vorher erteilten Auftrags Auslagen nach den Nummern 7003 bis 7006 nur insoweit verlangen, als sie auch von seiner bisherigen Kanzlei aus entstanden wären.		
7000	Pauschale für die Herstellung und Überlassung von Dokumenten:	
	1. für Kopien und Ausdrucke a) aus Behörden- und Gerichtsakten, soweit deren Herstellung zur sachgemäßen Bearbeitung der Rechtssache geboten war, b) zur Zustellung oder Mitteilung an Gegner oder Beteiligte und Verfahrensbevollmächtigte aufgrund einer Rechtsvorschrift oder nach Aufforderung durch das Gericht, die Behörde oder die sonst das Verfahren führende Stelle, soweit hierfür mehr als 100 Seiten zu fertigen waren, c) zur notwendigen Unterrichtung des Auftraggebers, soweit hierfür mehr als 100 Seiten zu fertigen waren, d) in sonstigen Fällen nur, wenn sie im Einverständnis mit dem Auftraggeber zusätzlich, auch zur Unterrichtung Dritter, angefertigt worden sind:	
	für die ersten 50 abzurechnenden Seiten je Seite .... für jede weitere Seite .... für die ersten 50 abzurechnenden Seiten in Farbe je Seite .... für jede weitere Seite in Farbe	0,50 € 0,15 € 1,00 € 0,30 €
	2. Überlassung von elektronisch gespeicherten Dateien oder deren Bereitstellung zum Abruf anstelle der in Nummer 1 Buchstabe d genannten Kopien und Ausdrucke: je Datei	1,50 €
	für die in einem Arbeitsgang überlassenen, bereitgestellten oder in einem Arbeitsgang auf denselben Datenträger übertragenen Dokumente insgesamt höchstens	5,00 €
	(1) Die Höhe der Dokumentenpauschale nach Nummer 1 ist in derselben Angelegenheit und in gerichtlichen Verfahren in demselben Rechtszug einheitlich zu berechnen. Eine Übermittlung durch den Rechtsanwalt per Telefax steht der Herstellung einer Kopie gleich. (2) Werden zum Zweck der Überlassung von elektronisch gespeicherten Dateien Dokumente im Einverständnis mit dem Auftraggeber zuvor von der Papierform in die elektronische Form übertragen, beträgt die Dokumentenpauschale nach Nummer 2 nicht weniger, als die Dokumentenpauschale im Fall der Nummer 1 betragen würde.	

Nr.	Auslagentatbestand	Höhe
7001	Entgelte für Post- und Telekommunikationsdienstleistungen	in voller Höhe
	Für die durch die Geltendmachung der Vergütung entstehenden Entgelte kann kein Ersatz verlangt werden.	
7002	Pauschale für Entgelte für Post- und Telekommunikationsdienstleistungen	20 % der Gebühren – höchstens 20,00 €
	(1) Die Pauschale kann in jeder Angelegenheit anstelle der tatsächlichen Auslagen nach Nummer 7001 gefordert werden. (2) Werden Gebühren aus der Staatskasse gezahlt, sind diese maßgebend.	
7003	Fahrtkosten für eine Geschäftsreise bei Benutzung eines eigenen Kraftfahrzeugs für jeden gefahrenen Kilometer	0,42 €
	Mit den Fahrtkosten sind die Anschaffungs-, Unterhaltungs- und Betriebskosten sowie die Abnutzung des Kraftfahrzeugs abgegolten.	
7004	Fahrtkosten für eine Geschäftsreise bei Benutzung eines anderen Verkehrsmittels, soweit sie angemessen sind	in voller Höhe
7005	Tage- und Abwesenheitsgeld bei einer Geschäftsreise	
	1. von nicht mehr als 4 Stunden	30,00 €
	2. von mehr als 4 bis 8 Stunden	50,00 €
	3. von mehr als 8 Stunden	80,00 €
	Bei Auslandsreisen kann zu diesen Beträgen ein Zuschlag von 50 % berechnet werden.	
7006	Sonstige Auslagen anlässlich einer Geschäftsreise, soweit sie angemessen sind	in voller Höhe
7007	Im Einzelfall gezahlte Prämie für eine Haftpflichtversicherung für Vermögensschäden, soweit die Prämie auf Haftungsbeträge von mehr als 30 Mio. € entfällt	in voller Höhe
	Soweit sich aus der Rechnung des Versicherers nichts anderes ergibt, ist von der Gesamtprämie der Betrag zu erstatten, der sich aus dem Verhältnis der 30 Mio. € übersteigenden Versicherungssumme zu der Gesamtversicherungssumme ergibt.	
7008	Umsatzsteuer auf die Vergütung	in voller Höhe
	Dies gilt nicht, wenn die Umsatzsteuer nach § 19 Abs. 1 UStG unerhoben bleibt.	

Anlage 2 (zu § 13 Absatz 1 Satz 3)

Gegenstands-wert bis ... €	Gebühr ... €		Gegenstands-wert bis ... €	Gebühr ... €
500	51,50		**50 000**	1.357,00
1 000	93,00		**65 000**	1.456,50
1 500	134,50		**80 000**	1.556,00
2 000	176,00		**95 000**	1.655,50
3 000	235,50		**110 000**	1.755,00
4 000	295,00		**125 000**	1.854,50
5 000	354,50		**140 000**	1.954,00
6 000	414,00		**155 000**	2.053,50
7 000	473,50		**170 000**	2.153,00
8 000	533,00		**185 000**	2.252,50
9 000	592,50		**200 000**	2.352,00
10 000	652,00		**230 000**	2.492,00
13 000	707,00		**260 000**	2.632,00
16 000	762,00		**290 000**	2.772,00
19 000	817,00		**320 000**	2.912,00
22 000	872,00		**350 000**	3.052,00
25 000	927,00		**380 000**	3.192,00
30 000	1.013,00		**410 000**	3.332,00
35 000	1.099,00		**440 000**	3.472,00
40 000	1.185,00		**470 000**	3.612,00
45 000	1.271,00		**500 000**	3.752,00

Tabelle: Rechtsanwaltsgebühren nach § 13 RVG

Wertgebühren nach § 13 RVG (0,3 bis 1,0)

Wert bis ... €	1,0	0,3	0,5	0,75	0,8
500	51,50	15,45	25,75	38,63	41,20
1.000	93,00	27,90	46,50	69,75	74,40
1.500	134,50	40,35	67,25	100,88	107,60
2.000	176,00	52,80	88,00	132,00	140,80
3.000	235,50	70,65	117,75	176,63	188,40
4.000	295,00	88,50	147,50	221,25	236,00
5.000	354,50	106,35	177,25	265,88	283,60
6.000	414,00	124,20	207,00	310,50	331,20
7.000	473,50	142,05	236,75	355,13	378,80
8.000	533,00	159,90	266,50	399,75	426,40
9.000	592,50	177,75	296,25	444,38	474,00
10.000	652,00	195,60	326,00	489,00	521,60
13.000	707,00	212,10	353,50	530,25	565,60
16.000	762,00	228,60	381,00	571,50	609,60
19.000	817,00	245,10	408,50	612,75	653,60
22.000	872,00	261,60	436,00	654,00	697,60
25.000	927,00	278,10	463,50	695,25	741,60
30.000	1.013,00	303,90	506,50	759,75	810,40
35.000	1.099,00	329,70	549,50	824,25	879,20
40.000	1.185,00	355,50	592,50	888,75	948,00
45.000	1.271,00	381,30	635,50	953,25	1.016,80
50.000	1.357,00	407,10	678,50	1.017,75	1.085,60
65.000	1.456,50	436,95	728,25	1.092,38	1.165,20
80.000	1.556,00	466,80	778,00	1.167,00	1.244,80
95.000	1.655,50	496,65	827,75	1.241,63	1.324,40
110.000	1.755,00	526,50	877,50	1.316,25	1.404,00
125.000	1.854,50	556,35	927,25	1.390,88	1.483,60
140.000	1.954,00	586,20	977,00	1.465,50	1.563,20
155.000	2.053,50	616,05	1.026,75	1.540,13	1.642,80
170.000	2.153,00	645,90	1.076,50	1.614,75	1.722,40
185.000	2.252,50	675,75	1.126,25	1.689,38	1.802,00
200.000	2.352,00	705,60	1.176,00	1.764,00	1.881,60
230.000	2.492,00	747,60	1.246,00	1.869,00	1.993,60

Wert bis ... €	1,0	0,3	0,5	0,75	0,8
260.000	2.632,00	789,60	1.316,00	1.974,00	2.105,60
290.000	2.772,00	831,60	1.386,00	2.079,00	2.217,60
320.000	2.912,00	873,60	1.456,00	2.184,00	2.329,60
350.000	3.052,00	915,60	1.526,00	2.289,00	2.441,60
380.000	3.192,00	957,60	1.596,00	2.394,00	2.553,60
410.000	3.332,00	999,60	1.666,00	2.499,00	2.665,60
440.000	3.472,00	1.041,60	1.736,00	2.604,00	2.777,60
470.000	3.612,00	1.083,60	1.806,00	2.709,00	2.889,60
500.000	3.752,00	1.125,60	1.876,00	2.814,00	3.001,60
550.000	3.927,00	1.178,10	1.963,50	2.945,25	3.141,60
600.000	4.102,00	1.230,60	2.051,00	3.076,50	3.281,60
650.000	4.277,00	1.283,10	2.138,50	3.207,75	3.421,60
700.000	4.452,00	1.335,60	2.226,00	3.339,00	3.561,60
750.000	4.627,00	1.388,10	2.313,50	3.470,25	3.701,60
800.000	4.802,00	1.440,60	2.401,00	3.601,50	3.841,60
850.000	4.977,00	1.493,10	2.488,50	3.732,75	3.981,60
900.000	5.152,00	1.545,60	2.576,00	3.864,00	4.121,60
950.000	5.327,00	1.598,10	2.663,50	3.995,25	4.261,60
1.000.000	5.502,00	1.650,60	2.751,00	4.126,50	4.401,60

Wertgebühren nach § 13 RVG (1,0 bis 2,5)

Wert bis ... €	1,0	1,2	1,3	1,5	2,5
500	51,50	61,80	66,95	77,25	128,75
1.000	93,00	111,60	120,90	139,50	232,50
1.500	134,50	161,40	174,85	201,75	336,25
2.000	176,00	211,20	228,80	264,00	440,00
3.000	235,50	282,60	306,15	353,25	588,75
4.000	295,00	354,00	383,50	442,50	737,50
5.000	354,50	425,40	460,85	531,75	886,25
6.000	414,00	496,80	538,20	621,00	1.035,00
7.000	473,50	568,20	615,55	710,25	1.183,75
8.000	533,00	639,60	692,90	799,50	1.332,50
9.000	592,50	711,00	770,25	888,75	1.481,25
10.000	652,00	782,40	847,60	978,00	1.630,00
13.000	707,00	848,40	919,10	1.060,50	1.767,50

Wert bis ... €	1,0	1,2	1,3	1,5	2,5
16.000	762,00	914,40	990,60	1.143,00	1.905,00
19.000	817,00	980,40	1.062,10	1.225,50	2.042,50
22.000	872,00	1.046,40	1.133,60	1.308,00	2.180,00
25.000	927,00	1.112,40	1.205,10	1.390,50	2.317,50
30.000	1.013,00	1.215,60	1.316,90	1.519,50	2.532,50
35.000	1.099,00	1.318,80	1.428,70	1.648,50	2.747,50
40.000	1.185,00	1.422,00	1.540,50	1.777,50	2.962,50
45.000	1.271,00	1.525,20	1.652,30	1.906,50	3.177,50
50.000	1.357,00	1.628,40	1.764,10	2.035,50	3.392,50
65.000	1.456,50	1.747,80	1.893,45	2.184,75	3.641,25
80.000	1.556,00	1.867,20	2.022,80	2.334,00	3.890,00
95.000	1.655,50	1.986,60	2.152,15	2.483,25	4.138,75
110.000	1.755,00	2.106,00	2.281,50	2.632,50	4.387,50
125.000	1.854,50	2.225,40	2.410,85	2.781,75	4.636,25
140.000	1.954,00	2.344,80	2.540,20	2.931,00	4.885,00
155.000	2.053,50	2.464,20	2.669,55	3.080,25	5.133,75
170.000	2.153,00	2.583,60	2.798,90	3.229,50	5.382,50
185.000	2.252,50	2.703,00	2.928,25	3.378,75	5.631,25
200.000	2.352,00	2.822,40	3.057,60	3.528,00	5.880,00
230.000	2.492,00	2.990,40	3.239,60	3.738,00	6.230,00
260.000	2.632,00	3.158,40	3.421,60	3.948,00	6.580,00
290.000	2.772,00	3.326,40	3.603,60	4.158,00	6.930,00
320.000	2.912,00	3.494,40	3.785,60	4.368,00	7.280,00
350.000	3.052,00	3.662,40	3.967,60	4.578,00	7.630,00
380.000	3.192,00	3.830,40	4.149,60	4.788,00	7.980,00
410.000	3.332,00	3.998,40	4.331,60	4.998,00	8.330,00
440.000	3.472,00	4.166,40	4.513,60	5.208,00	8.680,00
470.000	3.612,00	4.334,40	4.695,60	5.418,00	9.030,00
500.000	3.752,00	4.502,40	4.877,60	5.628,00	9.380,00
550.000	3.927,00	4.712,40	5.105,10	5.890,50	9.817,50
600.000	4.102,00	4.922,40	5.332,60	6.153,00	10.255,00
650.000	4.277,00	5.132,40	5.560,10	6.415,50	10.692,50
700.000	4.452,00	5.342,40	5.787,60	6.678,00	11.130,00
750.000	4.627,00	5.552,40	6.015,10	6.940,50	11.567,50
800.000	4.802,00	5.762,40	6.242,60	7.203,00	12.005,00

Wert bis ... €	1,0	1,2	1,3	1,5	2,5
850.000	4.977,00	5.972,40	6.470,10	7.465,50	12.442,50
900.000	5.152,00	6.182,40	6.697,60	7.728,00	12.880,00
950.000	5.327,00	6.392,40	6.925,10	7.990,50	13.317,50
1.000.000	5.502,00	6.602,40	7.152,60	8.253,00	13.755,00

Vergütungsverordnung für Steuerberater, Steuerbevollmächtigte und Berufsausübungsgesellschaften (StBVV)

Vom 17. Dezember 1981, BGBl. I S. 1442

Zuletzt geändert durch Artikel 1 der Verordnung vom 31. März 2025, BGBl. I Nr. 105

Inhaltsübersicht

Eingangsformel

Auf Grund des § 64 des Steuerberatungsgesetzes in der Fassung der Bekanntmachung vom 4. November 1975 (BGBl. I S. 2735) wird nach Anhörung der Bundessteuerberaterkammer mit Zustimmung des Bundesrates verordnet:

Erster Abschnitt
Allgemeine Vorschriften

§ 1 Anwendungsbereich

(1) [1]Die Vergütung (Gebühren und Auslagenersatz) des Steuerberaters mit Sitz im Inland für seine im Inland selbständig ausgeübte Berufstätigkeit (§ 33 des Steuerberatungsgesetzes) bemisst sich nach dieser Verordnung. [2]Dies gilt für die Höhe der Vergütung nur, soweit nicht etwas anderes vereinbart wird.

(2) Für die Vergütung der Steuerbevollmächtigten und der Berufsausübungsgesellschaften gelten die Vorschriften über die Vergütung der Steuerberater entsprechend.

§ 2 Sinngemäße Anwendung der Verordnung

Ist in dieser Verordnung über die Gebühren für eine Berufstätigkeit des Steuerberaters nichts bestimmt, so sind die Gebühren in sinngemäßer Anwendung der Vorschriften dieser Verordnung zu bemessen.

§ 3 Auslagen

Mit den Gebühren werden auch die allgemeinen Geschäftskosten entgolten. Soweit im Dritten Abschnitt nichts anderes bestimmt ist, kann der Steuerberater Ersatz der entstandenen Aufwendungen (§ 675 in Verbindung mit § 670 des Bürgerlichen Gesetzbuchs) verlangen.

§ 4 Vergütungsvereinbarung

(1) [1]Eine Vereinbarung über die Vergütung bedarf der Textform. [2]Sie muss als Vergütungsvereinbarung oder in vergleichbarer Weise bezeichnet werden, von anderen Vereinbarungen mit Ausnahme der Auftragserteilung deutlich abgesetzt sein und darf nicht in der Vollmacht enthalten sein. [3]Art und Umfang des Auftrags nach Satz 2 sind zu bezeichnen. [4]Hat der Auftraggeber freiwillig und ohne Vorbehalt geleistet, kann er das Geleistete nicht deshalb zurückfordern, weil seine Erklärung den Vorschriften der Sätze 1 bis 3 nicht entspricht.

(2) Ist eine vereinbarte Vergütung unter Berücksichtigung aller Umstände unangemessen hoch, so kann sie im Rechtsstreit auf den angemessenen Betrag bis zur Höhe der sich aus dieser Verordnung ergebenden Vergütung herabgesetzt werden.

(3) Der Steuerberater hat den Auftraggeber in Textform darauf hinzuweisen, dass eine höhere oder niedrigere als die gesetzliche Vergütung in Textform vereinbart werden kann.

§ 4a Unterschreiten der gesetzlichen Vergütung

[1]In außergerichtlichen Angelegenheiten kann eine niedrigere als die gesetzliche Vergütung vereinbart werden. [2]Sie muss in einem angemessenen Verhältnis zu Leistung, Verantwortung und Haftungsrisiko des Steuerberaters stehen.

§ 4b Fehlerhafte Vergütungsvereinbarung

[1]Aus einer Vergütungsvereinbarung, die nicht den Anforderungen des § 4 Absatz 1 Satz 1 und Satz 2 entspricht, kann der Steuerberater keine höhere als die gesetzliche Vergütung fordern. [2]Die Vorschriften des bürgerlichen Rechts über die ungerechtfertigte Bereicherung bleiben unberührt.

§ 5 Mehrere Steuerberater

Ist die Angelegenheit mehreren Steuerberatern zur gemeinschaftlichen Erledigung übertragen, so erhält jeder Steuerberater für seine Tätigkeit die volle Vergütung.

§ 6 Mehrere Auftraggeber

(1) Wird der Steuerberater in derselben Angelegenheit für mehrere Auftraggeber tätig, so erhält er die Gebühren nur einmal.

(2) [1]Jeder Auftraggeber schuldet dem Steuerberater die Gebühren und Auslagen, die er schulden würde, wenn der Steuerberater nur in seinem Auftrag tätig geworden wäre. [2]Der Steuerberater kann aber insgesamt nicht mehr fordern als die nach Absatz 1 berechneten Gebühren und die insgesamt entstandenen Auslagen.

§ 7 Fälligkeit

Die Vergütung des Steuerberaters wird fällig, wenn der Auftrag erledigt oder die Angelegenheit beendigt ist.

§ 8 Vorschuß

Der Steuerberater kann von seinem Auftraggeber für die entstandenen und die voraussichtlich entstehenden Gebühren und Auslagen einen angemessenen Vorschuß fordern.

§ 9 Berechnung

(1) [1]Der Steuerberater kann die Vergütung nur aufgrund einer von ihm oder auf seine Veranlassung dem Auftraggeber mitgeteilten Berechnung fordern; die Berechnung bedarf der Textform. [2]Der Lauf der Verjährungsfrist ist von der Mitteilung der Berechnung nicht abhängig.

(2) [1]In der Berechnung sind die Beträge der einzelnen Gebühren und Auslagen, die Vorschüsse, eine kurze Bezeichnung des jeweiligen Gebührentatbestands, die Bezeichnung der Auslagen sowie die angewandten Vorschriften dieser Gebührenverordnung und bei Wertgebühren auch der Gegenstandswert anzugeben. [2]Nach demselben Stundensatz berechnete Zeitgebühren können zusammengefaßt werden. [3]Bei Entgelten für Post- und Telekommunikationsdienstleistungen genügt die Angabe des Gesamtbetrages.

(3) Hat der Auftraggeber die Vergütung gezahlt, ohne die Berechnung erhalten zu haben, so kann er die Mitteilung der Berechnung noch fordern, solange der Steuerberater zur Aufbewahrung der Handakten nach § 66 des Steuerberatungsgesetzes verpflichtet ist.

Zweiter Abschnitt
Gebührenberechnung

§ 10 Wertgebühren

(1) [1]Die Wertgebühren bestimmen sich nach den dieser Verordnung als Anlage beigefügten Tabellen A bis D. [2]Sie werden nach dem Wert berechnet, den der Gegenstand der beruflichen Tätigkeit hat. [3]Maßgebend ist, soweit diese Verordnung nichts anderes bestimmt, der Wert des Interesses.

(2) In derselben Angelegenheit werden die Werte mehrerer Gegenstände zusammengerechnet; dies gilt nicht für die in den §§ 24 bis 27, 30, 35 und 37 bezeichneten Tätigkeiten.

§ 11 Rahmengebühren

[1]Ist für die Gebühren ein Rahmen vorgesehen, so bestimmt der Steuerberater die Gebühr im Einzelfall unter Berücksichtigung aller Umstände, vor allem des Umfangs und der Schwierigkeit der beruflichen Tätigkeit, der Bedeutung der Angelegenheit sowie der Einkommens- und Vermögensverhältnisse des Auftraggebers, nach billigem Ermessen. [2]Ein besonderes Haftungsrisiko des Steuerberaters kann bei der Bemessung herangezogen werden. [3]Bei Rahmengebühren, die sich nicht nach dem Gegenstandswert richten, ist das Haftungsrisiko zu berücksichtigen. [4]Ist die Gebühr von einem Dritten zu ersetzen, ist die von dem Steuerberater getroffene Bestimmung nicht verbindlich, wenn sie unbillig ist.

§ 12 Abgeltungsbereich der Gebühren

(1) Die Gebühren entgelten, soweit diese Verordnung nichts anderes bestimmt, die gesamte Tätigkeit des Steuerberaters vom Auftrag bis zur Erledigung der Angelegenheit.

(2) Der Steuerberater kann die Gebühren in derselben Angelegenheit nur einmal fordern.

(3) Sind für Teile des Gegenstandes verschiedene Gebührensätze anzuwenden, so erhält der Steuerberater für die Teile gesondert berechnete Gebühren, jedoch nicht mehr als die aus dem Gesamtbetrag der Wertteile nach dem höchsten Gebührensatz berechneten Gebühr.

(4) Auf bereits entstandene Gebühren ist es, soweit diese Verordnung nichts anderes bestimmt, ohne Einfluß, wenn sich die Angelegenheit vorzeitig erledigt oder der Auftrag endigt, bevor die Angelegenheit erledigt ist.

(5) [1]Wird der Steuerberater, nachdem er in einer Angelegenheit tätig geworden war, beauftragt, in derselben Angelegenheit weiter tätig zu werden, so erhält er nicht mehr an Gebühren, als er erhalten würde, wenn er von vornherein hiermit beauftragt worden wäre. [2]Ist der frühere Auftrag seit mehr als zwei Kalenderjahren erledigt, gilt die weitere Tätigkeit als neue Angelegenheit.

(6) Ist der Steuerberater nur mit einzelnen Handlungen beauftragt, so erhält er nicht mehr an Gebühren, als der mit der gesamten Angelegenheit beauftragte Steuerberater für die gleiche Tätigkeit erhalten würde.

§ 13 Zeitgebühr

[1]Die Zeitgebühr ist zu berechnen

1. in den Fällen, in denen diese Verordnung dies vorsieht,
2. wenn keine genügenden Anhaltspunkte für eine Schätzung des Gegenstandswerts vorliegen; dies gilt nicht für Tätigkeiten nach § 23.

[2]Sie beträgt 16,50 bis 41 Euro je angefangene viertel Stunde.

§ 14 (weggefallen)

Dritter Abschnitt
Umsatzsteuer, Ersatz von Auslagen

§ 15 Umsatzsteuer

[1]Der Vergütung ist die Umsatzsteuer hinzuzurechnen, die nach § 12 des Umsatzsteuergesetzes auf die Tätigkeit entfällt. [2]Dies gilt nicht, wenn die Umsatzsteuer nach § 19 Abs. 1 des Umsatzsteuergesetzes unerhoben bleibt.

§ 16 Entgelte für Post- und Telekommunikationsdienstleistungen

[1]Der Steuerberater hat Anspruch auf Ersatz der bei der Ausführung des Auftrags für Post- und Telekommunikationsdienstleistungen zu zahlenden Entgelte. [2]Er kann nach seiner Wahl an Stelle der tatsächlich entstandenen Kosten einen Pauschsatz fordern, der 20 Prozent der sich nach dieser Verordnung ergebenden Gebühren beträgt, in derselben Angelegenheit jedoch höchstens 20 Euro.

§ 17 Dokumentenpauschale

(1) [1]Der Steuerberater erhält eine Dokumentenpauschale

1. für Ablichtungen
   a) aus Behörden- und Gerichtsakten, soweit deren Herstellung zur sachgerechten Bearbeitung der Angelegenheit geboten war,
   b) zur Mitteilung an Gegner oder Beteiligte und Verfahrensbevollmächtigte auf Grund einer Rechtsvorschrift oder nach Aufforderung durch das Gericht, die Behörde oder die sonst das Verfahren führende Stelle, soweit hierfür mehr als 100 Ablichtungen zu fertigen waren,
   c) zur notwendigen Unterrichtung des Auftraggebers, soweit hierfür mehr als 100 Ablichtungen zu fertigen waren,
   d) in sonstigen Fällen nur, wenn sie im Einverständnis mit dem Auftraggeber zusätzlich, auch zur Unterrichtung Dritter, angefertigt worden sind und
2. für die Überlassung elektronischer Dokumente an Stelle der in Nummer 1 Buchstabe d genannten Ablichtungen.

[2]Eine Übermittlung durch den Steuerberater per Telefax steht der Herstellung einer Ablichtung gleich.

(2) [1]Die Höhe der Dokumentenpauschale bemisst sich nach den für die Dokumentenpauschale im Vergütungsverzeichnis zum Rechtsanwaltsvergütungsgesetz bestimmten Beträgen. [2]Die Höhe der Dokumentenpauschale nach Absatz 1 Nr. 1 ist in derselben Angelegenheit und in gerichtlichen Verfahren in demselben Rechtszug einheitlich zu berechnen.

§ 18 Geschäftsreisen

(1) [1]Für Geschäftsreisen sind dem Steuerberater als Reisekosten die Fahrtkosten und die Übernachtungskosten zu erstatten; ferner erhält er ein Tage- und Abwesenheitsgeld. [2]Eine Geschäftsreise liegt vor, wenn das Reiseziel außerhalb der Gemeinde liegt, in der sich die Kanzlei oder die Wohnung des Steuerberaters befindet.

(2) Als Fahrtkosten sind zu erstatten:

1. bei Benutzung eines eigenen Kraftfahrzeugs zur Abgeltung der Anschaffungs-, Unterhaltungs- und Betriebskosten sowie der Abnutzung des Kraftfahrzeugs 0,42 Euro für jeden gefahrenen Kilometer zuzüglich der durch die Benutzung des Kraftfahrzeugs aus Anlaß der Geschäftsreise regelmäßig anfallenden baren Auslagen, insbesondere der Parkgebühren,
2. bei Benutzung anderer Verkehrsmittel die tatsächlichen Aufwendungen, soweit sie angemessen sind.

(3) [1]Als Tage- und Abwesenheitsgeld erhält der Steuerberater bei einer Geschäftsreise von nicht mehr als 4 Stunden 30 Euro, von mehr als 4 bis 8 Stunden 50 Euro und von mehr als 8 Stunden 80 Euro; bei Auslandsreisen kann zu diesen Beträgen ein Zuschlag von 50 Prozent berechnet werden. [2]Die Übernachtungskosten sind in Höhe der tatsächlichen Aufwendungen zu erstatten, soweit sie angemessen sind.

§ 19 Reisen zur Ausführung mehrerer Geschäfte

Dient eine Reise der Ausführung mehrerer Geschäfte, so sind die entstandenen Reisekosten und Abwesenheitsgelder nach dem Verhältnis der Kosten zu verteilen, die bei gesonderter Ausführung der einzelnen Geschäfte entstanden wären.

§ 20 Verlegung der beruflichen Niederlassung

Ein Steuerberater, der seine berufliche Niederlassung nach einem anderen Ort verlegt, kann bei Fortführung eines ihm vorher erteilten Auftrags Reisekosten und Abwesenheitsgelder nur insoweit verlangen, als sie auch von seiner bisherigen beruflichen Niederlassung aus entstanden wären.

Vierter Abschnitt
Gebühren für die Beratung und für die Hilfeleistung bei der Erfüllung allgemeiner Steuerpflichten

§ 21 Rat, Auskunft, Erstberatung

(1) [1]Für einen mündlichen oder schriftlichen Rat oder eine Auskunft, die nicht mit einer anderen gebührenpflichtigen Tätigkeit zusammenhängt, erhält der Steuerberater eine Gebühr in Höhe von 1 Zehntel bis 10 Zehntel der vollen Gebühr nach Tabelle A (Anlage 1). [2]Beschränkt sich die Tätigkeit nach Satz 1 auf ein erstes Beratungsgespräch und ist der Auftraggeber Verbraucher, so kann der Steuerberater, der erstmals von diesem Ratsuchenden in Anspruch genommen wird, keine höhere Gebühr als 190 Euro fordern. [3]Die Gebühr ist auf eine Gebühr anzurechnen, die der Steuerberater für eine sonstige Tätigkeit erhält, die mit der Raterteilung oder Auskunft zusammenhängt.

(2) [1]Wird ein Steuerberater mit der Prüfung der Erfolgsaussicht eines Rechtsmittels beauftragt, so ist für die Vergütung das Rechtsanwaltsvergütungsgesetz sinngemäß anzuwenden. [2]Die Gebühren bestimmen sich nach Teil 2 Abschnitt 1 des Vergütungsverzeichnisses zum Rechtsanwaltsvergütungsgesetz.

§ 22 Gutachten und Antrag auf verbindliche Auskunft

(1) Für die Ausarbeitung eines schriftlichen Gutachtens mit eingehender Begründung erhält der Steuerberater eine Gebühr von 10/10 bis 30/10 der vollen Gebühr nach Tabelle A (Anlage 1). Satz 1 gilt für einen Antrag auf verbindliche Auskunft entsprechend.

(2) Betreffen die Tätigkeiten nach Absatz 1 denselben Gegenstand, ist nur eine Tätigkeit maßgebend.

§ 23 Sonstige Einzeltätigkeiten

(1) [1]Die Gebühr beträgt für

1.	die Berichtigung einer Erklärung	2/10 bis 10/10
2.	einen Antrag auf Stundung	2/10 bis 8/10
3.	einen Antrag auf Anpassung der Vorauszahlungen	2/10 bis 8/10
4.	einen Antrag auf abweichende Steuerfestsetzung aus Billigkeitsgründen	2/10 bis 8/10

5.	einen Antrag auf Erlaß von Ansprüchen aus dem Steuerschuldverhältnis oder aus zollrechtlichen Bestimmungen	2/10 bis 8/10
6.	einen Antrag auf Erstattung (§ 37 Abs. 2 der Abgabenordnung)	2/10 bis 8/10
7.	einen Antrag auf Aufhebung oder Änderung eines Steuerbescheides oder einer Steueranmeldung	2/10 bis 10/10
8.	einen Antrag auf volle oder teilweise Rücknahme oder auf vollen oder teilweisen Widerruf eines Verwaltungsaktes	4/10 bis 10/10
9.	einen Antrag auf Wiedereinsetzung in den vorigen Stand außerhalb eines Rechtsbehelfsverfahrens	4/10 bis 10/10
10.	sonstige Anträge, soweit sie nicht in Steuererklärungen gestellt werden	2/10 bis 10/10

einer vollen Gebühr nach Tabelle A (Anlage 1). [2]Soweit Tätigkeiten nach den Nummern 1 bis 10 denselben Gegenstand betreffen, ist nur eine Tätigkeit maßgebend, und zwar die mit dem höchsten oberen Gebührenrahmen.

(2) [1]Für eine Mitteilung nach § 146a Absatz 4 der Abgabenordnung erhält der Steuerberater für das erste elektronische Aufzeichnungssystem einer Betriebsstätte 10 bis 30 Euro. [2]Für jedes weitere elektronische Aufzeichnungssystem derselben Betriebsstätte erhält der Steuerberater 5 bis 20 Euro. [3]Sofern mit der Mitteilung nach § 146a Absatz 4 der Abgabenordnung lediglich ein oder mehrere elektronische Aufzeichnungssysteme oder eine oder mehrere Betriebsstätten abgemeldet werden, erhält der Steuerberater hierfür nur eine Gebühr nach Satz 1 unabhängig davon, wie viele elektronische Aufzeichnungssysteme oder Betriebsstätten abgemeldet werden.

§ 24 Steuererklärungen

(1) Der Steuerberater erhält für die Anfertigung

1.	der Einkommensteuererklärung ohne Ermittlung der einzelnen Einkünfte einer vollen Gebühr nach Tabelle A (Anlage 1); Gegenstandswert ist die Summe der positiven Einkünfte, jedoch mindestens 8 000 Euro;	1/10 bis 6/10
2.	der Erklärung zur gesonderten Feststellung der Einkünfte ohne Ermittlung der Einkünfte einer vollen Gebühr nach Tabelle A (Anlage 1); Gegenstandswert ist die Summe der positiven Einkünfte, jedoch mindestens 8 000 Euro;	1/10 bis 5/10
3.	der Körperschaftsteuererklärung einer vollen Gebühr nach Tabelle A (Anlage 1); Gegenstandswert ist das Einkommen vor Berücksichtigung eines Verlustabzugs, jedoch mindestens 16 000 Euro; bei der Anfertigung einer Körperschaftsteuererklärung für eine Organgesellschaft ist das Einkommen der Organgesellschaft vor Zurechnung maßgebend; das entsprechende Einkommen ist bei der Gegenstandswertberechnung des Organträgers zu kürzen;	2/10 bis 8/10
4.	der Mindeststeuererklärung einer vollen Gebühr nach Tabelle A (Anlage 1); Gegenstandswert ist 1 Prozent des Mindeststeuer-Gewinns oder des Mindeststeuer-Verlusts im Sinne des § 15 des Mindeststeuergesetzes, jedoch mindestens 16.000 Euro;	1/10 bis 8/10

5.	der Erklärung zur Gewerbesteuer einer vollen Gebühr nach Tabelle A (Anlage 1); Gegenstandswert ist der Gewerbeertrag vor Berücksichtigung des Freibetrags und eines Gewerbeverlustes, jedoch mindestens 8 000 Euro;	1/10 bis 6/10
6.	der Gewerbesteuerzerlegungserklärung einer vollen Gebühr nach Tabelle A (Anlage 1); Gegenstandswert sind 10 Prozent der als Zerlegungsmaßstab erklärten Arbeitslöhne, jedoch mindestens 4 000 Euro;	1/10 bis 6/10
7.	der Umsatzsteuer-Voranmeldung sowie hierzu ergänzender Anträge und Meldungen einer vollen Gebühr nach Tabelle A (Anlage 1); Gegenstandswert sind 10 Prozent der Summe aus dem Gesamtbetrag der Entgelte und der Entgelte, für die der Leistungsempfänger Steuerschuldner ist, jedoch mindestens 650 Euro;	1/10 bis 6/10
8.	der Umsatzsteuererklärung für das Kalenderjahr einschließlich ergänzender Anträge und Meldungen einer vollen Gebühr nach Tabelle A (Anlage 1); Gegenstandswert sind 10 Prozent der Summe aus dem Gesamtbetrag der Entgelte und der Entgelte, für die der Leistungsempfänger Steuerschuldner ist, jedoch mindestens 8 000 Euro;	1/10 bis 8/10
9.	(weggefallen)	
10.	der Vermögensteuererklärung oder der Erklärung zur gesonderten Feststellung des Vermögens von Gemeinschaften einer vollen Gebühr nach Tabelle A (Anlage 1); Gegenstandswert ist das Rohvermögen, jedoch bei natürlichen Personen mindestens 12 500 Euro und bei Körperschaften, Personenvereinigungen und Vermögensmassen mindestens 25 000 Euro;	1/20 bis 18/20
11.	der Erklärung zur Feststellung nach dem Bewertungsgesetz oder dem Erbschaftsteuer- und Schenkungsteuergesetz, vorbehaltlich der Nummer 11a, einer vollen Gebühr nach Tabelle A (Anlage 1); Gegenstandswert ist der erklärte Wert, jedoch mindestens 25 000 Euro;	1/20 bis 18/20
11a.	der Erklärung zur Feststellung oder Festsetzung für Zwecke der Grundsteuer im Rahmen des ab dem Jahr 2025 anzuwendenden Grundsteuerrechts einer vollen Gebühr nach Tabelle A (Anlage 1); Gegenstandswert ist der Grundsteuerwert oder, sofern dessen Feststellung nicht vorgesehen ist, der jeweilige Grundsteuermessbetrag dividiert durch die Grundsteuermesszahl nach § 15 Absatz 1 Nummer 2 Buchstabe a des Grundsteuergesetzes, jedoch jeweils mindestens 25 000 Euro;	1/20 bis 9/20
12.	der Erbschaftsteuererklärung ohne Ermittlung der Zugewinnausgleichsforderung nach § 5 des Erbschaftsteuer- und Schenkungsteuergesetzes einer vollen Gebühr nach Tabelle A (Anlage 1); Gegenstandswert ist der Wert des Erwerbs von Todes wegen vor Abzug der Schulden und Lasten, jedoch mindestens 16 000 Euro;	2/10 bis 10/10

13.	der Schenkungsteuererklärung einer vollen Gebühr nach Tabelle A (Anlage 1); Gegenstandswert ist der Rohwert der Schenkung, jedoch mindestens 16 000 Euro;	2/10 bis 10/10
14.	der Kapitalertragsteueranmeldung sowie für jede weitere Erklärung in Zusammenhang mit Kapitalerträgen einer vollen Gebühr nach Tabelle A (Anlage 1); Gegenstandswert ist die Summe der kapitalertragsteuerpflichtigen Kapitalerträge, jedoch mindestens 4 000 Euro;	1/20 bis 6/20
15.	der Lohnsteuer-Anmeldung einer vollen Gebühr nach Tabelle A (Anlage 1); Gegenstandswert sind 20 Prozent der Arbeitslöhne einschließlich sonstiger Bezüge, jedoch mindestens 1 000 Euro;	1/20 bis 6/20
16.	von Steuererklärungen auf dem Gebiet der Einfuhr- und Ausfuhrabgaben, und der Verbrauchsteuern, die als Einfuhrabgaben erhoben werden, einer vollen Gebühr nach Tabelle A (Anlage 1); Gegenstandswert ist der Betrag, der sich bei Anwendung der höchsten in Betracht kommenden Abgabensätze auf die den Gegenstand der Erklärung bildenden Waren ergibt, jedoch mindestens 1 000 Euro;	1/10 bis 3/10
17.	von Anmeldungen oder Erklärungen auf dem Gebiete der Verbrauchsteuern, die nicht als Einfuhrabgaben geschuldet werden, einer vollen Gebühr nach Tabelle A (Anlage 1); Gegenstandswert ist für eine Steueranmeldung der angemeldete Betrag und für eine Steuererklärung der festgesetzte Betrag, jedoch mindestens 1 000 Euro;	1/10 bis 3/10
18.	von Anträgen auf Gewährung einer Verbrauchsteuervergütung oder einer einzelgesetzlich geregelten Verbrauchsteuererstattung, sofern letztere nicht in der monatlichen Steuererklärung oder Steueranmeldung geltend zu machen ist, einer vollen Gebühr nach Tabelle A (Anlage 1); Gegenstandswert ist die beantragte Vergütung oder Erstattung, jedoch mindestens 1 000 Euro;	1/10 bis 3/10
19.	von Anträgen auf Gewährung einer Investitionszulage einer vollen Gebühr nach Tabelle A (Anlage 1); Gegenstandswert ist die Bemessungsgrundlage;	1/10 bis 6/10
20.	von Anträgen auf Steuervergütung nach § 4a des Umsatzsteuergesetzes einer vollen Gebühr nach Tabelle A (Anlage 1); Gegenstandswert ist die beantragte Vergütung;	1/10 bis 6/10
21.	von Anträgen auf Vergütung der abziehbaren Vorsteuerbeträge einer vollen Gebühr nach Tabelle A (Anlage 1); Gegenstandswert ist die beantragte Vergütung, jedoch mindestens 1 300 Euro;	1/10 bis 6/10
22.	von Anträgen auf Erstattung von Kapitalertragsteuer und Vergütung der anrechenbaren Körperschaftsteuer einer vollen Gebühr nach Tabelle A (Anlage 1); Gegenstandswert ist die beantragte Erstattung, jedoch mindestens 1 000 Euro;	1/10 bis 6/10

23. von Anträgen nach Abschnitt X des Einkommensteuergesetzes 2/10 bis 10/10 einer vollen Gebühr nach Tabelle A (Anlage 1); Gegenstandswert ist das beantragte Jahreskindergeld;

24. (weggefallen)

25. der Anmeldung über den Steuerabzug von Bauleistungen 1/10 bis 6/10

    einer vollen Gebühr nach Tabelle A (Anlage 1); Gegenstandswert ist der angemeldete Steuerabzugsbetrag (§§ 48 ff. des Einkommensteuergesetzes), jedoch mindestens 1 000 Euro;

26. sonstiger Steuererklärungen

    einer vollen Gebühr nach Tabelle A (Anlage 1); Gegenstandswert ist die jeweilige Bemessungsgrundlage, jedoch mindestens 8 000 Euro. 1/10 bis 6/10

(2) Entsteht im Fall des Absatzes 1 Nummer 4 zusätzlich eine Gebühr für die Anfertigung eines Mindeststeuer-Berichts derselben Unternehmensgruppe, ist die Gebühr für die Anfertigung eines Mindeststeuer-Berichts bis zur Hälfte der Gebühr für die Anfertigung der Mindeststeuererklärung auf die Gebühr für die Anfertigung der Mindeststeuererklärung anzurechnen.

(3) Für die Ermittlung der Zugewinnausgleichsforderung nach § 5 des Erbschaftsteuer- und Schenkungsteuergesetzes erhält der Steuerberater 5 Zehntel bis 15 Zehntel einer vollen Gebühr nach Tabelle A (Anlage 1); Gegenstandswert ist der ermittelte Betrag, jedoch mindestens 12 500 Euro.

(4) Für einen Antrag auf Lohnsteuer-Ermäßigung (Antrag auf Eintragung von Freibeträgen) erhält der Steuerberater 1/20 bis 4/20 einer vollen Gebühr nach Tabelle A (Anlage 1); Gegenstandswert ist der voraussichtliche Jahresarbeitslohn; er beträgt mindestens 4 500 Euro.

(5) Der Steuerberater erhält die Zeitgebühr für

1. die Anfertigung einer Mitteilung nach § 138 Absatz 2 der Abgabenordnung,
2. Arbeiten zur Feststellung des verrechenbaren Verlustes nach § 15a des Einkommensteuergesetzes,
3. die Berechnung des Begünstigungsgewinns im Sinne des § 34a Absatz 1 Satz 1 des Einkommensteuergesetzes (Begünstigung der nicht entnommenen Gewinne),
4. einen sonstigen Antrag und eine sonstige Meldung nach dem Einkommensteuergesetz,
5. die Anfertigung eines Mindeststeuer-Berichts nach den §§ 75 und 76 des Mindeststeuergesetzes,
6. die Überwachung und Meldung der Lohnsumme im Sinne des § 13a Absatz 3 in Verbindung mit Absatz 7 Satz 1 des Erbschaftsteuer- und Schenkungsteuergesetzes sowie der Behaltensfrist im Sinne des § 13a Absatz 6 in Verbindung mit Absatz 7 Satz 2 des Erbschaftsteuer- und Schenkungsteuergesetzes,
7. eine Anzeige nach § 30 des Erbschaftsteuer- und Schenkungsteuergesetzes,
8. eine Meldung nach der Fahrzeuglieferungs-Meldepflichtverordnung.

§ 25 Ermittlung des Überschusses der Betriebseinnahmen über die Betriebsausgaben

(1) [1]Die Gebühr für die Ermittlung des Überschusses der Betriebseinnahmen über die Betriebsausgaben bei den Einkünften aus Land- und Forstwirtschaft, Gewerbebetrieb oder selbständiger Arbeit beträgt 5 bis 30 Zehntel einer vollen Gebühr nach Tabelle B (Anlage 2). [2]Gegenstandswert ist der jeweils höhere Betrag, der sich aus der Summe der Betriebseinnahmen oder der Summe der Betriebsausgaben ergibt, jedoch mindestens 17 500 Euro.

(2) Für Vorarbeiten, die über das übliche Maß erheblich hinausgehen, erhält der Steuerberater die Zeitgebühr.

(3) Sind bei mehreren Einkünften aus derselben Einkunftsart die Überschüsse getrennt zu ermitteln, so erhält der Steuerberater die Gebühr nach Absatz 1 für jede Überschußrechnung.

(4) [1]Für die Aufstellung eines schriftlichen Erläuterungsberichts zur Ermittlung des Überschusses der Betriebseinnahmen über die Betriebsausgaben erhält der Steuerberater 2/10 bis 12/10 einer vollen Gebühr nach Tabelle B (Anlage 2). [2]Der Gegenstandswert bemisst sich nach Absatz 1 Satz 2.

§ 26 Ermittlung des Gewinns aus Land- und Forstwirtschaft nach Durchschnittsätzen

(1) [1]Die Gebühr für die Ermittlung des Gewinns nach Durchschnittsätzen beträgt 5 Zehntel bis 20 Zehntel einer vollen Gebühr nach Tabelle B (Anlage 2). [2]Gegenstandswert ist der Durchschnittssatzgewinn nach § 13a Abs. 3 Satz 1 des Einkommensteuergesetzes.

(2) Sind für mehrere land- und forstwirtschaftliche Betriebe desselben Auftraggebers die Gewinne nach Durchschnittsätzen getrennt zu ermitteln, so erhält der Steuerberater die Gebühr nach Absatz 1 für jede Gewinnermittlung.

§ 27 Ermittlung des Überschusses der Einnahmen über die Werbungskosten

(1) [1]Die Gebühr für die Ermittlung des Überschusses der Einnahmen über die Werbungskosten bei den Einkünften aus nichtselbständiger Arbeit, Kapitalvermögen, Vermietung und Verpachtung oder sonstigen Einkünften beträgt 1 Zwanzigstel bis 12 Zwanzigstel einer vollen Gebühr nach Tabelle A (Anlage 1). [2]Gegenstandswert ist der jeweils höhere Betrag, der sich aus der Summe der Einnahmen oder der Summe der Werbungskosten ergibt, jedoch mindestens 8 000 Euro.

(2) Beziehen sich die Einkünfte aus Vermietung und Verpachtung auf mehrere Grundstücke oder sonstige Wirtschaftsgüter und ist der Überschuß der Einnahmen über die Werbungskosten jeweils getrennt zu ermitteln, so erhält der Steuerberater die Gebühr nach Absatz 1 für jede Überschußrechnung.

(3) Für Vorarbeiten, die über das übliche Maß erheblich hinausgehen, erhält der Steuerberater die Zeitgebühr.

§ 28 Prüfung von Steuerbescheiden

Für die Prüfung eines Steuerbescheids erhält der Steuerberater die Zeitgebühr.

§ 29 Teilnahme an Prüfungen und Nachschauen

Der Steuerberater erhält

1. für die Teilnahme an einer Prüfung, insbesondere an einer Außenprüfung, einer Zollprüfung oder einer Nachschau einschließlich der Schlussbesprechung und der Prüfung des Prüfungsberichts, für die Teilnahme an einer Ermittlung der Besteuerungsgrundlagen (§ 208 der Abgabenordnung) oder für die Teilnahme an einer Maßnahme der Steueraufsicht (§§ 209 bis 217 der Abgabenordnung) die Zeitgebühr;
2. für schriftliche Einwendungen gegen den Prüfungsbericht 5 Zehntel bis 10 Zehntel einer vollen Gebühr nach Tabelle A (Anlage 1).

§ 30 Selbstanzeige

(1) Für die Tätigkeit im Verfahren der Selbstanzeige (§§ 371 und 378 Absatz 3 der Abgabenordnung) einschließlich der Ermittlungen zur Berichtigung, Ergänzung oder Nachholung der Angaben erhält der Steuerberater 10/10 bis 30/10 einer vollen Gebühr nach Tabelle A (Anlage 1).

(2) Der Gegenstandswert bestimmt sich nach der Summe der berichtigten, ergänzten und nachgeholten Angaben, er beträgt jedoch mindestens 8 000 Euro.

§ 31 Besprechungen

(1) Für Besprechungen mit Behörden oder mit Dritten in abgaberechtlichen Sachen erhält der Steuerberater 5/10 bis 10/10 einer vollen Gebühr nach Tabelle A (Anlage 1).

(2) [1]Die Besprechungsgebühr entsteht, wenn der Steuerberater an einer Besprechung über tatsächliche oder rechtliche Fragen mitwirkt, die von der Behörde angeordnet ist oder im Einverständnis mit dem Auftraggeber mit der Behörde oder mit einem Dritten geführt wird. [2]Der Steuerberater erhält diese Gebühr nicht für die Beantwortung einer mündlichen oder fernmündlichen Nachfrage der Behörde.

Fünfter Abschnitt
Gebühren für die Hilfeleistung bei der Erfüllung steuerlicher Buchführungs- und Aufzeichnungspflichten

§ 32 Einrichtung einer Buchführung

Für die Hilfeleistung bei der Einrichtung einer Buchführung im Sinne der §§ 33 und 34 erhält der Steuerberater die Zeitgebühr.

§ 33 Buchführung

(1)	Für die Buchführung oder das Führen steuerlicher Aufzeichnungen einschließlich des Kontierens der Belege beträgt die Monatsgebühr	2/10 bis 12/10
	einer vollen Gebühr nach Tabelle C (Anlage 3).	
(2)	Für das Kontieren der Belege beträgt die Monatsgebühr	1/10 bis 6/10
	einer vollen Gebühr nach Tabelle C (Anlage 3).	
(3)	Für die Buchführung oder das Führen steuerlicher Aufzeichnungen nach vom Auftraggeber kontierten Belegen oder erstellten Kontierungsunterlagen beträgt die Monatsgebühr	1/10 bis 6/10
	einer vollen Gebühr nach Tabelle C (Anlage 3).	

(4) Für die Buchführung oder das Führen steuerlicher Aufzeichnungen nach vom Auftraggeber erstellten Eingaben für die Datenverarbeitung und mit beim Auftraggeber eingesetzten Datenverarbeitungsprogrammen des Steuerberaters erhält der Steuerberater neben der Vergütung für die Datenverarbeitung und für den Einsatz der Datenverarbeitungsprogramme eine Monatsgebühr von 1/20 bis 10/20 einer vollen Gebühr nach Tabelle C (Anlage 3).

(5)	Für die laufende Überwachung der Buchführung oder der steuerlichen Aufzeichnungen des Auftraggebers beträgt die Monatsgebühr	1/10 bis 6/10
	einer vollen Gebühr nach Tabelle C (Anlage 3).	

(6) Gegenstandswert ist der jeweils höchste Betrag, der sich

1. in den Fällen der Gewinnermittlung nach § 4 Absatz 1, auch in Verbindung mit § 5 Absatz 1, des Einkommensteuergesetzes aus der Summe des Aufwands oder aus dem Jahresumsatz ergibt, wobei Jahresumsatz die Summe der Umsatzerlöse zuzüglich sonstiger betrieblicher Erträge, sonstiger Zinsen und vergleichbarer Erträge ist,
2. in den Fällen der Gewinnermittlung nach § 4 Absatz 3 des Einkommensteuergesetzes aus der Summe der Betriebseinnahmen oder der Summe der Betriebsausgaben ergibt, oder
3. in den Fällen der Überschussermittlung nach § 2 Absatz 2 Nummer 2 des Einkommensteuergesetzes aus der Summe der Einnahmen oder der Summe der Werbungskosten ergibt.

(7) Für die Hilfeleistung bei sonstigen Tätigkeiten im Zusammenhang mit der Buchführung oder dem Führen steuerlicher Aufzeichnungen erhält der Steuerberater die Zeitgebühr.

(8) Mit der Gebühr nach den Absätzen 1, 3 und 4 sind die Gebühren für die Umsatzsteuervoranmeldung (§ 24 Abs. 1 Nr. 7) abgegolten.

§ 34 Lohnbuchführung

(1) Für die erstmalige Einrichtung von Lohnkonten und die Aufnahme der Stammdaten erhält der Steuerberater eine Gebühr von 6 bis 19 Euroje Arbeitnehmer.

(2) Für die Führung von Lohnkonten und die Anfertigung der Lohnabrechnung erhält der Steuerberater eine Gebühr von 6 bis 30 Euro je Arbeitnehmer und Abrechnungszeitraum.

(3) Für die Führung von Lohnkonten und die Anfertigung der Lohnabrechnung nach vom Auftraggeber erstellten Buchungsunterlagen erhält der Steuerberater eine Gebühr von 2,50 bis 9,50 Euro je Arbeitnehmer und Abrechnungszeitraum.

(4) Für die Führung von Lohnkonten und die Anfertigung der Lohnabrechnung nach vom Auftraggeber erstellten Eingaben für die Datenverarbeitung und mit beim Auftraggeber eingesetzten Datenverarbeitungsprogrammen des Steuerberaters erhält der Steuerberater neben der Vergütung für die Datenverarbeitung und für den Einsatz der Datenverarbeitungsprogramme eine Gebühr von 1,20 bis 4,20 Euro je Arbeitnehmer und Abrechnungszeitraum.

(5) Für die Hilfeleistung bei sonstigen Tätigkeiten im Zusammenhang mit dem Lohnsteuerabzug und der Lohnbuchführung erhält der Steuerberater die Zeitgebühr.

(6) Mit der Gebühr nach den Absätzen 2 bis 4 sind die Gebühren für die Lohnsteueranmeldung (§ 24 Abs. 1 Nr. 15) abgegolten.

§ 35 Abschlußarbeiten

(1) Die Gebühr beträgt für

1. a) die Aufstellung eines Jahresabschlusses (Bilanz und Gewinn- und Verlustrechnung) 10/10 bis 40/10

   b) die Erstellung eines Anhangs 2/10 bis 12/10

   c) (weggefallen)
2. die Aufstellung eines Zwischenabschlusses oder eines vorläufigen Abschlusses (Bilanz und Gewinn- und Verlustrechnung) 10/10 bis 40/10
3. a) die Ableitung des steuerlichen Ergebnisses aus dem Handelsbilanzergebnis 2/10 bis 10/10

   b) die Entwicklung einer Steuerbilanz aus der Handelsbilanz 5/10 bis 12/10
4. die Aufstellung einer Eröffnungsbilanz 5/10 bis 12/10
5. die Aufstellung einer Auseinandersetzungsbilanz 5/10 bis 20/10
6. den schriftlichen Erläuterungsbericht zu Tätigkeiten nach den Nummern 1 bis 5 2/10 bis 12/10
7. a) die beratende Mitwirkung bei der Aufstellung eines Jahresabschlusses (Bilanz und Gewinn- und Verlustrechnung) 2/10 bis 10/10

   b) die beratende Mitwirkung bei der Erstellung eines Anhangs 2/10 bis 4/10

   c) die beratende Mitwirkung bei der Erstellung eines Lageberichts 2/10 bis 4/10
8. (weggefallen)

einer vollen Gebühr nach Tabelle B (Anlage 2).

(2) [1]Gegenstandswert ist

1. in den Fällen des Absatzes 1 Nummer 1 bis 3 und 7 das Mittel zwischen der berichtigten Bilanzsumme und der betrieblichen Jahresleistung;
2. in den Fällen des Absatzes 1 Nr. 4 und 5 die berichtigte Bilanzsumme;
3. in den Fällen des Absatzes 1 Nr. 6 der Gegenstandswert, der für die dem Erläuterungsbericht zugrunde liegenden Abschlußarbeiten maßgeblich ist.

[2]Die berichtigte Bilanzsumme ergibt sich aus der Summe der Posten der Aktivseite der Bilanz zuzüglich Privatentnahmen und offener Ausschüttungen, abzüglich Privateinlagen, Kapitalerhöhungen durch Einlagen und Wertberichtigungen. [3]Die betriebliche Jahresleistung umfaßt Umsatzerlöse, sonstige betriebliche Erträge, Erträge aus Beteiligungen, Erträge aus anderen Wertpapieren und Ausleihungen des Finanzanlagevermögens, sonstige Zinsen und ähnliche Erträge, Veränderungen des Bestands an fertigen und unfertigen Erzeugnissen, andere aktivierte Eigenleistungen sowie außerordentliche Erträge. [4]Ist der betriebliche Jahresaufwand höher als die betriebliche Jahresleistung, so ist dieser der Berechnung des Gegenstandswerts zugrunde zu legen. [5]Betrieblicher Jahresaufwand ist die Summe der Betriebsausgaben einschließlich der Abschreibungen. [6]Bei der Berechnung des Gegenstandswerts ist eine negative berichtigte Bilanzsumme als positiver Wert anzusetzen. [7]Übersteigen die betriebliche Jahresleistung oder der höhere betriebliche Jahresaufwand das 5fache der berichtigten Bilanzsumme, so bleibt der übersteigende Betrag bei der Ermittlung des Gegenstandswerts außer Ansatz. [8]Der Gegenstandswert besteht nur aus der berichtigten Bilanzsumme, wenn die betriebliche Jahresleistung geringer als 3 000 Euro ist. [9]Der Gegenstandswert besteht nur aus der betrieblichen Jahresleistung, wenn die berichtigte Bilanzsumme geringer als 3 000 Euro ist.

(3) Für die Anfertigung oder Berichtigung von Inventurunterlagen und für sonstige Abschlußvorarbeiten bis zur abgestimmten Saldenbilanz erhält der Steuerberater die Zeitgebühr.

§ 36 Steuerliches Revisionswesen

(1) Der Steuerberater erhält für die Prüfung einer Buchführung, einzelner Konten, einzelner Posten des Jahresabschlusses, eines Inventars, einer Überschussrechnung oder von Bescheinigungen für steuerliche Zwecke und für die Berichterstattung hierüber die Zeitgebühr.

(2) Der Steuerberater erhält

1. für die Prüfung einer Bilanz, einer Gewinn- und Verlustrechnung, eines Anhangs, eines Lageberichts oder einer sonstigen Vermögensrechnung für steuerliche Zwecke 2/10 bis 10/10 einer vollen Gebühr nach Tabelle B (Anlage 2) sowie die Zeitgebühr; der Gegenstandswert bemisst sich nach § 35 Absatz 2;
2. für die Berichterstattung über eine Tätigkeit nach Nummer 1 die Zeitgebühr.

§ 37 Vermögensstatus, Finanzstatus für steuerliche Zwecke

[1]Die Gebühr beträgt für

1.	die Erstellung eines Vermögensstatus oder Finanzstatus	5/10 bis 15/10
2.	die Erstellung eines Vermögensstatus oder Finanzstatus aus übergebenen Endzahlen (ohne Vornahme von Prüfungsarbeiten)	2/10 bis 6/10
3.	den schriftlichen Erläuterungsbericht zu den Tätigkeiten nach Nummer 1	1/10 bis 6/10

einer vollen Gebühr nach Tabelle B (Anlage 2). [2]Gegenstandswert ist für die Erstellung eines Vermögensstatus die Summe der Vermögenswerte, für die Erstellung eines Finanzstatus die Summe der Finanzwerte.

§ 38 Erteilung von Bescheinigungen

(1) [1]Der Steuerberater erhält für die Erteilung einer Bescheinigung über die Beachtung steuerrechtlicher Vorschriften in Vermögensübersichten und Erfolgsrechnungen 1 Zehntel bis 6 Zehntel einer vollen Gebühr nach Tabelle B (Anlage 2). [2]Der Gegenstandswert bemißt sich nach § 35 Abs. 2.

(2) Der Steuerberater erhält für die Mitwirkung an der Erteilung von Steuerbescheinigungen die Zeitgebühr.

§ 39 Buchführungs- und Abschlußarbeiten für land- und forstwirtschaftliche Betriebe

(1) Für Angelegenheiten, die sich auf land- und forstwirtschaftliche Betriebe beziehen, gelten abweichend von den §§ 32, 33, 35 und 36 die Absätze 2 bis 7.

(2) [1]Die Gebühr beträgt für

1.	laufende Buchführungsarbeiten oder für das Führen steuerlicher Aufzeichnungen einschließlich Kontieren der Belege jährlich	3/10 bis 20/10
2.	die Buchführung oder für das Führen steuerlicher Aufzeichnungen nach vom Auftraggeber kontierten Belegen oder erstellten Kontierungsunterlagen jährlich	3/20 bis 20/20
3.	die Buchführung oder für das Führen steuerlicher Aufzeichnungen nach vom Auftraggeber erstellten Datenträgern oder anderen Eingabemitteln für die Datenverarbeitung neben der Vergütung für die Datenverarbeitung und für den Einsatz der Datenverarbeitungsprogramme jährlich	1/20 bis 16/20
4.	die laufende Überwachung der Buchführung oder für das Führen steuerlicher Aufzeichnungen jährlich	1/10 bis 6/10

einer vollen Gebühr nach Tabelle D (Anlage 4). [2]Die volle Gebühr ist die Summe der Gebühren nach Tabelle D Teil a und Tabelle D Teil b.

(3) [1]Die Gebühr beträgt für

1.	die Abschlußvorarbeiten	1/10 bis 5/10
2.	die Aufstellung eines Abschlusses	3/10 bis 10/10
3.	die Entwicklung eines steuerlichen Abschlusses aus dem betriebswirtschaftlichen Abschluß oder aus der Handelsbilanz oder die Ableitung des steuerlichen Ergebnisses vom Ergebnis des betriebswirtschaftlichen Abschlusses oder der Handelsbilanz	3/20 bis 10/20
4.	die beratende Mitwirkung bei der Erstellung eines Abschlusses	1/20 bis 10/20
5.	die Prüfung eines Abschlusses für steuerliche Zwecke	1/10 bis 8/10
6.	den schriftlichen Erläuterungsbericht zum Abschluß	1/10 bis 8/10

einer vollen Gebühr nach Tabelle D (Anlage 4). [2]Die volle Gebühr ist die Summe der Gebühren nach Tabelle D Teil a und Tabelle D Teil b.

(4) Die Gebühr beträgt für

1.	die Hilfeleistung bei der Einrichtung einer Buchführung oder dem Führen steuerlicher Aufzeichnungen	1/10 bis 6/10
2.	die Erfassung der Anfangswerte bei Buchführungsbeginn	3/10 bis 15/10

einer vollen Gebühr nach Tabelle D Teil a (Anlage 4).

(5) [1]Gegenstandswert ist für die Anwendung der Tabelle D Teil a die Betriebsfläche. [2]Gegenstandswert für die Anwendung der Tabelle D Teil b ist der Jahresumsatz zuzüglich der Privateinlagen, mindestens jedoch die Höhe der Aufwendungen zuzüglich der Privatentnahmen. [3]Im Falle des Absatzes 3 vermindert sich der 100 000 Euro übersteigende Betrag auf die Hälfte.

(6) Bei der Errechnung der Betriebsfläche (Absatz 5) ist

1.	bei einem Jahresumsatz bis zu 1 000 Euro je Hektar	das Einfache,
2.	bei einem Jahresumsatz über 1 000 Euro je Hektar	das Vielfache,
	das sich aus dem durch 1 000 geteilten Betrag des Jahresumsatzes je Hektar ergibt,	
3.	bei forstwirtschaftlich genutzten Flächen	die Hälfte,
4.	bei Flächen mit bewirtschafteten Teichen	die Hälfte,
5.	bei durch Verpachtung genutzten Flächen	ein Viertel

der tatsächlich genutzten Flächen anzusetzen.

(7) Mit der Gebühr nach Absatz 2 Nr. 1, 2 und 3 ist die Gebühr für die Umsatzsteuervoranmeldungen (§ 24 Abs. 1 Nr. 7) abgegolten.

Sechster Abschnitt
Vergütung für die Vertretung in außergerichtlichen Rechtsbehelfsverfahren, gerichtlichen und anderen Verfahren

§ 40 Anwendung des Rechtsanwaltsvergütungsgesetzes

[1]Die Vorschriften des Rechtsanwaltsvergütungsgesetzes finden auf die Vergütung von Steuerberatern für die Vertretung in außergerichtlichen Rechtsbehelfsverfahren vor den Verwaltungsbehörden, in Verwaltungsvollstreckungsverfahren, in Verfahren vor den Gerichten der Finanzgerichtsbarkeit, der Sozialgerichtsbarkeit und der Verwaltungsgerichtsbarkeit, in Strafverfahren, in berufsgerichtlichen Verfahren, in Bußgeldverfahren und in Gnadensachen sinngemäße Anwendung. [2]Dies gilt auch für die Vergütung des im Wege der Prozesskostenhilfe beigeordneten Steuerberaters.

Siebenter Abschnitt
Übergangsvorschrift

§ 41 Berechnung der Vergütung bei Änderungen dieser Verordnung

[1]Die Vergütung ist nach bisherigem Recht zu berechnen, wenn der Auftrag zur Erledigung der Angelegenheit vor dem Inkrafttreten einer Änderung dieser Verordnung erteilt worden ist. [2]Hat der Steuerberater mit dem Auftraggeber in Textform eine Vereinbarung über auszuführende Tätigkeiten mit einer Geltungsdauer von mindestens einem Jahr getroffen und tritt während der Geltungsdauer dieser Vereinbarung eine Änderung dieser Verordnung in Kraft, so ist die Vergütung abweichend von Satz 1 nur bis zum Ablauf des Jahres, in dem die Änderung der Verordnung in Kraft getreten ist, nach bisherigem Recht zu berechnen. [3]Die Sätze 1 und 2 gelten auch, wenn Vorschriften geändert werden, auf die diese Verordnung verweist.

Anlage 1 Tabelle A (Beratungstabelle)

Gegenstandswert bis ... Euro	Volle Gebühr (10/10) Euro
300	31
600	56
900	81
1 200	106
1 500	130
2 000	166
2 500	200
3 000	235
3 500	270
4 000	305
4 500	340
5 000	375
6 000	422
7 000	467
8 000	514
9 000	560
10 000	605
13 000	655
16 000	705
19 000	755
22 000	805
25 000	854
30 000	946
35 000	1.036
40 000	1.125
45 000	1.215
50 000	1.304
65 000	1.399
80 000	1.496
95 000	1.592
110 000	1.689
125 000	1.784
140 000	1.879
155 000	1.976

Gegenstandswert bis ... Euro	Volle Gebühr (10/10) Euro
170 000	2.071
185 000	2.168
200 000	2.264
230 000	2.412
260 000	2.559
290 000	2.705
320 000	2.859
350 000	2.926
380 000	2.990
410 000	3.055
440 000	3.115
470 000	3.175
500 000	3.234
550 000	3.320
600 000	3.404
vom Mehrbetrag bis 5 000 000 Euro je angefangene 50 000 Euro	149
vom Mehrbetrag über 5 000 000 Euro bis 25 000 000 Euro je angefangene 50 000 Euro	112
vom Mehrbetrag über 25 000 000 Euro je angefangene 50 000 Euro	88

Anlage 2 Tabelle B (Abschlusstabelle)

Gegenstandswert bis ... Euro	Volle Gebühr (10/10) Euro
3.000	49
3.500	57
4.000	68
4.500	76
5.000	86
6.000	96
7.000	105
8.000	116
9.000	121
10.000	127

Gegenstandswert bis ... Euro	Volle Gebühr (10/10) Euro
12.500	134
15.000	151
17.500	166
20.000	178
22.500	191
25.000	201
37.500	215
50.000	263
62.500	303
75.000	338
87.500	353
100.000	369
125.000	423
150.000	471
175.000	512
200.000	548
225.000	582
250.000	613
300.000	641
350.000	696
400.000	746
450.000	791
500.000	832
625.000	871
750.000	968
875.000	1.050
1.000.000	1.126
1.250.000	1.194
1.500.000	1.324
1.750.000	1.438
2.000.000	1.542
2.250.000	1.635
2.500.000	1.718
3.000.000	1.797
3.500.000	1.951

Gegenstandswert bis ... Euro	Volle Gebühr (10/10) Euro
4.000.000	2.089
4.500.000	2.214
5.000.000	2.328
7.500.000	2.720
10.000.000	3.162
12.500.000	3.520
15.000.000	3.819
17.500.000	4.074
20.000.000	4.293
22.500.000	4.573
25.000.000	4.831
30.000.000	5.315
35.000.000	5.759
40.000.000	6.172
45.000.000	6.558
50.000.000	6.923
vom Mehrbetrag bis 125 000 000 Euro je angefangene 5 000 000 Euro	273
vom Mehrbetrag über 125 000 000 Euro bis 250 000 000 Euro je angefangene 12 500 000 Euro	477
vom Mehrbetrag über 250 000 000 Euro je angefangene 25 000 000 Euro	681

Anlage 3 Tabelle C (Buchführungstabelle)

Gegenstandswert bis ... Euro	Volle Gebühr (10/10) Euro
15.000	72
17.500	80
20.000	88
22.500	93
25.000	101
30.000	108
35.000	117
40.000	122
45.000	129

Gegenstandswert bis ... Euro	Volle Gebühr (10/10) Euro
50.000	138
62.500	145
75.000	158
87.500	174
100.000	188
125.000	209
150.000	230
200.000	275
250.000	317
300.000	359
350.000	404
400.000	441
450.000	475
500.000	512
vom Mehrbetrag über 500 000 Euro je angefangene 50 000 Euro	36

Anlage 4 Tabelle D

Teil a (Landwirtschaftliche Tabelle – Betriebsfläche)

Betriebsfläche bis ... Hektar	Volle Gebühr (10/10) Euro
40	369
45	395
50	420
55	444
60	467
65	489
70	508
75	527
80	545
85	562
90	576
95	589
100	601
110	631

Betriebsfläche bis ... Hektar	Volle Gebühr (10/10) Euro
120	659
130	687
140	714
150	742
160	769
170	793
180	818
190	842
200	865
210	888
220	911
230	932
240	952
250	972
260	992
270	1.011
280	1.028
290	1.046
300	1.062
320	1.097
340	1.131
360	1.166
380	1.198
400	1.229
420	1.262
440	1.293
460	1.323
480	1.352
500	1.379
520	1.409
540	1.436
560	1.463
580	1.488
600	1.515
620	1.540

Betriebsfläche bis ... Hektar	Volle Gebühr (10/10) Euro
640	1.564
660	1.587
680	1.610
700	1.630
750	1.681
800	1.726
850	1.764
900	1.797
950	1.822
1.000	1.843
2.000 je ha	1,69 mehr
3.000 je ha	1,53 mehr
4.000 je ha	1,38 mehr
5.000 je ha	1,22 mehr
6.000 je ha	1,07 mehr
7.000 je ha	0,92 mehr
8.000 je ha	0,76 mehr
9.000 je ha	0,60 mehr
10.000 je ha	0,46 mehr
11.000 je ha	0,30 mehr
12.000 je ha	0,16 mehr
ab 12.000 je ha	0,16 mehr

Teil b
(Landwirtschaftliche Tabelle – Jahresumsatz)

Jahresumsatz im Sinne von § 39 Absatz 5 bis ... Euro	Volle Gebühr (10/10) Euro
40.000	384
42.500	403
45.000	422
47.500	442
50.000	459
55.000	497
60.000	533
65.000	571
70.000	605

Jahresumsatz im Sinne von § 39 Absatz 5 bis ... Euro	Volle Gebühr (10/10) Euro
75.000	642
80.000	678
85.000	713
90.000	748
95.000	782
100.000	817
105.000	850
110.000	883
115.000	918
120.000	951
125.000	983
130.000	1.017
135.000	1.048
140.000	1.081
145.000	1.114
150.000	1.146
155.000	1.178
160.000	1.209
165.000	1.242
170.000	1.273
175.000	1.304
180.000	1.336
185.000	1.366
190.000	1.397
195.000	1.428
200.000	1.459
205.000	1.490
210.000	1.520
215.000	1.550
220.000	1.580
225.000	1.611
230.000	1.640
235.000	1.670
240.000	1.699
245.000	1.728

Jahresumsatz im Sinne von § 39 Absatz 5 bis ... Euro	Volle Gebühr (10/10) Euro
250.000	1.755
255.000	1.785
260.000	1.815
265.000	1.842
270.000	1.871
275.000	1.898
280.000	1.926
285.000	1.953
290.000	1.980
295.000	2.008
300.000	2.034
305.000	2.060
310.000	2.086
315.000	2.110
320.000	2.136
325.000	2.160
330.000	2.186
335.000	2.209
340.000	2.233
345.000	2.257
350.000	2.278
355.000	2.302
360.000	2.325
365.000	2.346
370.000	2.368
375.000	2.390
380.000	2.404
385.000	2.432
390.000	2.452
395.000	2.472
400.000	2.492
410.000	2.531
420.000	2.569
430.000	2.609
440.000	2.645

Jahresumsatz im Sinne von § 39 Absatz 5 bis ... Euro	Volle Gebühr (10/10) Euro
450.000	2.682
460.000	2.718
470.000	2.752
480.000	2.787
490.000	2.817
500.000	2.848
vom Mehrbetrag über 500 000 Euro je angefangene 50 000 Euro	165

Gesetz über Rechtsberatung und Vertretung für Bürger mit geringem Einkommen (BerHG)

Vom 18. Juni 1980, BGBl. I S. 689

Zuletzt geändert durch Artikel 2 des Gesetzes vom 15. Juli 2024, BGBl. I Nr. 237

Inhaltsübersicht

§ 1 Voraussetzungen

(1) Hilfe für die Wahrnehmung von Rechten außerhalb eines gerichtlichen Verfahrens und im obligatorischen Güteverfahren nach § 15a des Gesetzes betreffend die Einführung der Zivilprozessordnung (Beratungshilfe) wird auf Antrag gewährt, wenn

1. Rechtsuchende die erforderlichen Mittel nach ihren persönlichen und wirtschaftlichen Verhältnissen nicht aufbringen können,
2. keine anderen Möglichkeiten für eine Hilfe zur Verfügung stehen, deren Inanspruchnahme den Rechtsuchenden zuzumuten ist,
3. die Inanspruchnahme der Beratungshilfe nicht mutwillig erscheint.

(2) [1]Die Voraussetzungen des Absatzes 1 Nummer 1 sind gegeben, wenn den Rechtsuchenden Prozeßkostenhilfe nach den Vorschriften der Zivilprozeßordnung ohne einen eigenen Beitrag zu den Kosten zu gewähren wäre. [2]Die Möglichkeit, sich durch einen Rechtsanwalt unentgeltlich oder gegen Vereinbarung eines Erfolgshonorars beraten oder vertreten zu lassen, ist keine andere Möglichkeit der Hilfe im Sinne des Absatzes 1 Nummer 2.

(3) [1]Mutwilligkeit liegt vor, wenn Beratungshilfe in Anspruch genommen werden soll, obwohl Rechtsuchende, die nach ihren persönlichen und wirtschaftlichen Verhältnissen keine Beratungshilfe beanspruchen können, bei verständiger Würdigung aller Umstände der Rechtsangelegenheit davon absehen würden, sich auf eigene Kosten rechtlich beraten oder vertreten zu lassen. [2]Bei der Beurteilung der Mutwilligkeit sind die Kenntnisse und Fähigkeiten der Rechtsuchenden sowie ihre besondere wirtschaftliche Lage zu berücksichtigen.

§ 2 Gegenstand der Beratungshilfe

(1) [1]Die Beratungshilfe besteht in Beratung und, soweit erforderlich, in Vertretung. [2]Eine Vertretung ist erforderlich, wenn Rechtsuchende nach der Beratung angesichts des Umfangs, der Schwierigkeit oder der Bedeutung, die die Rechtsangelegenheit für sie hat, ihre Rechte nicht selbst wahrnehmen können.

(2) [1]Beratungshilfe nach diesem Gesetz wird in allen rechtlichen Angelegenheiten gewährt. [2]In Angelegenheiten des Strafrechts und des Ordnungswidrigkeitenrechts wird nur Beratung gewährt.

(3) Beratungshilfe nach diesem Gesetz wird nicht gewährt in Angelegenheiten, in denen das Recht anderer Staaten anzuwenden ist, sofern der Sachverhalt keine Beziehung zum Inland aufweist.

§ 3 Gewährung von Beratungshilfe

(1) [1]Die Beratungshilfe wird durch Rechtsanwälte und durch Rechtsbeistände, die Mitglied einer Rechtsanwaltskammer sind, gewährt. [2]Im Umfang ihrer jeweiligen Befugnis zur Rechtsberatung wird sie auch gewährt durch

1. Steuerberater und Steuerbevollmächtigte,
2. Wirtschaftsprüfer und vereidigte Buchprüfer sowie
3. Rentenberater.

[3]Sie kann durch die in den Sätzen 1 und 2 genannten Personen (Beratungspersonen) auch in Beratungsstellen gewährt werden, die auf Grund einer Vereinbarung mit der Landesjustizverwaltung eingerichtet sind.

(2) Die Beratungshilfe kann auch durch das Amtsgericht gewährt werden, soweit dem Anliegen durch eine sofortige Auskunft, einen Hinweis auf andere Möglichkeiten für Hilfe oder die Aufnahme eines Antrags oder einer Erklärung entsprochen werden kann.

§ 4 Verfahren

(1) [1]Über den Antrag auf Beratungshilfe entscheidet das Amtsgericht, in dessen Bezirk die Rechtsuchenden ihren allgemeinen Gerichtsstand haben. [2]Haben Rechtsuchende im Inland keinen allgemeinen Gerichtsstand, so ist das Amtsgericht zuständig, in dessen Bezirk ein Bedürfnis für Beratungshilfe auftritt.

(2) [1]Der Antrag kann vor der Geschäftsstelle zu Protokoll erklärt oder schriftlich gestellt werden; § 130a der Zivilprozessordnung und auf dessen Grundlage erlassene Rechtsverordnungen gelten entsprechend. [2]Der Sachverhalt, für den Beratungshilfe beantragt wird, ist anzugeben.

(3) [1]Dem Antrag sind beizufügen:

1. eine Erklärung der Rechtsuchenden über ihre persönlichen und wirtschaftlichen Verhältnisse, insbesondere Angaben zu Familienstand, Beruf, Vermögen, Einkommen und Lasten, sowie entsprechende Belege und
2. eine Versicherung der Rechtsuchenden, dass ihnen in derselben Angelegenheit Beratungshilfe bisher weder gewährt noch durch das Gericht versagt worden ist, und dass in derselben Angelegenheit kein gerichtliches Verfahren anhängig ist oder war.

[2]In geeigneten Fällen kann die Geschäftsstelle Erklärungen und Versicherungen nach Satz 1 auch zu Protokoll aufnehmen.

(4) [1]Das Gericht kann verlangen, dass Rechtsuchende ihre tatsächlichen Angaben glaubhaft machen, und kann insbesondere auch die Abgabe einer Versicherung an Eides statt fordern. [2]Es kann Erhebungen anstellen, insbesondere die Vorlegung von Urkunden anordnen und Auskünfte einholen. [3]Zeugen und Sachverständige werden nicht vernommen.

(5) Haben Rechtsuchende innerhalb einer von dem Gericht gesetzten Frist Angaben über ihre persönlichen und wirtschaftlichen Verhältnisse nicht glaubhaft gemacht oder bestimmte Fragen nicht oder ungenügend beantwortet, so lehnt das Gericht die Bewilligung von Beratungshilfe ab.

(6) In den Fällen nachträglicher Antragstellung (§ 6 Absatz 2) können die Beratungspersonen vor Beginn der Beratungshilfe verlangen, dass die Rechtsuchenden ihre persönlichen und wirtschaftlichen Verhältnisse belegen und erklären, dass ihnen in derselben Angelegenheit Beratungshilfe bisher weder gewährt noch durch das Gericht versagt worden ist, und dass in derselben Angelegenheit kein gerichtliches Verfahren anhängig ist oder war.

§ 5 Anwendbare Vorschriften

[1]Für das Verfahren gelten die Vorschriften des Gesetzes über das Verfahren in Familiensachen und in den Angelegenheiten der freiwilligen Gerichtsbarkeit entsprechend, soweit in diesem Gesetz nichts anderes bestimmt ist. [2]§ 185 Abs. 3 und § 189 Abs. 3 des Gerichtsverfassungsgesetzes gelten entsprechend.

§ 6 Berechtigungsschein

(1) Sind die Voraussetzungen für die Gewährung von Beratungshilfe gegeben und wird die Angelegenheit nicht durch das Amtsgericht erledigt, stellt das Amtsgericht Rechtsuchenden unter genauer Bezeichnung der Angelegenheit einen Berechtigungsschein für Beratungshilfe durch eine Beratungsperson ihrer Wahl aus.

(2) [1]Wenn sich Rechtsuchende wegen Beratungshilfe unmittelbar an eine Beratungsperson wenden, kann der Antrag auf Bewilligung der Beratungshilfe nachträglich gestellt werden. [2]In diesem Fall ist der Antrag spätestens vier Wochen nach Beginn der Beratungshilfetätigkeit zu stellen.

§ 6a Aufhebung der Bewilligung

(1) Das Gericht kann die Bewilligung von Amts wegen aufheben, wenn die Voraussetzungen für die Beratungshilfe zum Zeitpunkt der Bewilligung nicht vorgelegen haben und seit der Bewilligung nicht mehr als ein Jahr vergangen ist.

(2) [1]Beratungspersonen können die Aufhebung der Bewilligung beantragen, wenn Rechtsuchende auf Grund der Beratung oder Vertretung, für die ihnen Beratungshilfe bewilligt wurde, etwas erlangt haben. [2]Der Antrag kann nur gestellt werden, wenn die Beratungspersonen

1. noch keine Beratungshilfevergütung nach § 44 Satz 1 des Rechtsanwaltsvergütungsgesetzes beantragt haben und
2. die Rechtsuchenden bei der Mandatsübernahme auf die Möglichkeit der Antragstellung und der Aufhebung der Bewilligung sowie auf die sich für die Vergütung nach § 8a Absatz 2 ergebenden Folgen in Textform hingewiesen haben.

[3]Das Gericht hebt den Beschluss über die Bewilligung von Beratungshilfe nach Anhörung der Rechtsuchenden auf, wenn diese auf Grund des Erlangten die Voraussetzungen hinsichtlich der persönlichen und wirtschaftlichen Verhältnisse für die Bewilligung von Beratungshilfe nicht mehr erfüllen.

§ 7 Rechtsbehelf

Gegen den Beschluss, durch den der Antrag auf Bewilligung von Beratungshilfe zurückgewiesen oder durch den die Bewilligung von Amts wegen oder auf Antrag der Beratungsperson wieder aufgehoben wird, ist nur die Erinnerung statthaft.

§ 8 Vergütung

(1) [1]Die Vergütung der Beratungsperson richtet sich nach den für die Beratungshilfe geltenden Vorschriften des Rechtsanwaltsvergütungsgesetzes. [2]Die Beratungsperson, die nicht Rechtsanwalt ist, steht insoweit einem Rechtsanwalt gleich.

(2) [1]Die Bewilligung von Beratungshilfe bewirkt, dass die Beratungsperson gegen Rechtsuchende keinen Anspruch auf Vergütung mit Ausnahme der Beratungshilfegebühr (§ 44 Satz 2 des Rechtsanwaltsvergütungsgesetzes) geltend machen kann. [2]Dies gilt auch in den Fällen nachträglicher Antragstellung (§ 6 Absatz 2) bis zur Entscheidung durch das Gericht.

§ 8a Folgen der Aufhebung der Bewilligung

(1) [1]Wird die Beratungshilfebewilligung aufgehoben, bleibt der Vergütungsanspruch der Beratungsperson gegen die Staatskasse unberührt. [2]Dies gilt nicht, wenn die Beratungsperson

1. Kenntnis oder grob fahrlässige Unkenntnis davon hatte, dass die Bewilligungsvoraussetzungen im Zeitpunkt der Beratungshilfeleistung nicht vorlagen, oder
2. die Aufhebung der Beratungshilfe selbst beantragt hat (§ 6a Absatz 2).

(2) [1]Die Beratungsperson kann von Rechtsuchenden Vergütung nach den allgemeinen Vorschriften verlangen, wenn sie

1. keine Vergütung aus der Staatskasse fordert oder einbehält und
2. die Rechtsuchenden bei der Mandatsübernahme auf die Möglichkeit der Aufhebung der Bewilligung sowie auf die sich für die Vergütung ergebenden Folgen hingewiesen hat.

[2]Soweit Rechtsuchende die Beratungshilfegebühr (Nummer 2500 der Anlage 1 des Rechtsanwaltsvergütungsgesetzes) bereits geleistet haben, ist sie auf den Vergütungsanspruch anzurechnen.

(3) Wird die Bewilligung der Beratungshilfe aufgehoben, weil die persönlichen und wirtschaftlichen Voraussetzungen hierfür nicht vorgelegen haben, kann die Staatskasse von den Rechtsuchenden Erstattung des von ihr an die Beratungsperson geleisteten und von dieser einbehaltenen Betrages verlangen.

(4) [1]Wird im Fall nachträglicher Antragstellung Beratungshilfe nicht bewilligt, kann die Beratungsperson von den Rechtsuchenden Vergütung nach den allgemeinen Vorschriften verlangen, wenn sie diese bei der Mandatsübernahme hierauf hingewiesen hat. [2]Absatz 2 Satz 2 gilt entsprechend.

§ 9 Kostenersatz durch den Gegner

[1]Ist der Gegner verpflichtet, Rechtsuchenden die Kosten der Wahrnehmung ihrer Rechte zu ersetzen, hat er für die Tätigkeit der Beratungsperson die Vergütung nach den allgemeinen Vorschriften zu zahlen. [2]Der Anspruch geht auf die Beratungsperson über. [3]Der Übergang kann nicht zum Nachteil der Rechtsuchenden geltend gemacht werden.

§ 10 Streitsachen mit grenzüberschreitendem Bezug

(1) Bei Streitsachen mit grenzüberschreitendem Bezug nach der Richtlinie 2003/8/EG des Rates vom 27. Januar 2003 zur Verbesserung des Zugangs zum Recht bei Streitsachen mit grenzüberschreitendem Bezug durch Festlegung gemeinsamer Mindestvorschriften für die Prozesskostenhilfe in derartigen Streitsachen (ABl. EG Nr. L 26 S. 41, ABl. EU Nr. L 32 S. 15) wird Beratungshilfe gewährt

1. für die vorprozessuale Rechtsberatung im Hinblick auf eine außergerichtliche Streitbeilegung,
2. für die Unterstützung bei einem Antrag nach § 1077 der Zivilprozessordnung, bis das Ersuchen im Mitgliedstaat des Gerichtsstands eingegangen ist.

(2) § 2 Absatz 3 findet keine Anwendung.

(3) Für die Übermittlung von Anträgen auf grenzüberschreitende Beratungshilfe gilt § 1077 der Zivilprozessordnung entsprechend.

(4) [1]Für eingehende Ersuchen um grenzüberschreitende Beratungshilfe ist das in § 4 Absatz 1 Satz 2 bezeichnete Amtsgericht zuständig. [2]§ 1078 Absatz 1 Satz 2, Absatz 2 Satz 2 und Absatz 3 der Zivilprozessordnung gilt entsprechend.

§ 10a Grenzüberschreitende Unterhaltssachen

(1) Bei Unterhaltssachen nach der Verordnung (EG) Nr. 4/2009 des Rates vom 18. Dezember 2008 (ABl. L 7 vom 10.1.2009, S. 1) erfolgt die Gewährung der Beratungshilfe in den Fällen der Artikel 46 und 47 Absatz 2 dieser Verordnung unabhängig von den persönlichen und wirtschaftlichen Verhältnissen der Rechtsuchenden.

(2) [1]Für ausgehende Anträge in Unterhaltssachen auf grenzüberschreitende Beratungshilfe nach § 10 Absatz 1 ist das Amtsgericht am Sitz des Oberlandesgerichts, in dessen Bezirk die Rechtsuchenden ihren gewöhnlichen Aufenthalt haben, zuständig. [2]Für eingehende Ersuchen ist das in § 4 Absatz 1 Satz 2 bezeichnete Gericht zuständig.

§ 11 Verordnungsermächtigung

Das Bundesministerium der Justiz und für Verbraucherschutz wird ermächtigt, zur Vereinfachung und Vereinheitlichung des Verfahrens durch Rechtsverordnung mit Zustimmung des Bundesrates Formulare für den Antrag auf Gewährung von Beratungshilfe und auf Zahlung der Vergütung der Beratungsperson nach Abschluß der Beratungshilfe einzuführen und deren Verwendung vorzuschreiben.

§ 12 Länderklauseln

(1) In den Ländern Bremen und Hamburg tritt die eingeführte öffentliche Rechtsberatung an die Stelle der Beratungshilfe nach diesem Gesetz, wenn und soweit das Landesrecht nichts anderes bestimmt.

(2) Im Land Berlin haben Rechtsuchende die Wahl zwischen der Inanspruchnahme der dort eingeführten öffentlichen Rechtsberatung und Beratungshilfe nach diesem Gesetz, wenn und soweit das Landesrecht nichts anderes bestimmt.

(3) Die Länder können durch Gesetz die ausschließliche Zuständigkeit von Beratungsstellen nach § 3 Absatz 1 zur Gewährung von Beratungshilfe bestimmen.

(4) Personen, die im Rahmen der öffentlichen Rechtsberatung beraten und über die Befähigung zum Richteramt verfügen, sind in gleicher Weise wie ein beauftragter Rechtsanwalt zur Verschwiegenheit verpflichtet und mit schriftlicher Zustimmung der Rechtsuchenden berechtigt, Auskünfte aus Akten zu erhalten und Akteneinsicht zu nehmen.

J. Ausbildung der Fachangestellten/Fachwirtinnen und Fachwirte

Verordnung über die Berufsausbildungen zum Rechtsanwaltsfachangestellten und zur Rechtsanwaltsfachangestellten, zum Notarfachangestellten und zur Notarfachangestellten, zum Rechtsanwalts- und Notarfachangestellten und zur Rechtsanwalts- und Notarfachangestellten sowie zum Patentanwaltsfachangestellten und zur Patentanwaltsfachangestellten (ReNoPatAusbV)

Vom 29. August 2014, BGBl. I S. 1490 (Nr. 43)

Zuletzt geändert durch Artikel 10 des Gesetzes vom 24. Juni 2022, BGBl. I S. 959

Inhaltsübersicht

Eingangsformel*

Auf Grund des § 4 Absatz 1 des Berufsbildungsgesetzes, der durch Artikel 232 Nummer 1 der Verordnung vom 31. Oktober 2006 (BGBl. I S. 2407) geändert worden ist, in Verbindung mit § 1 Absatz 2 des Zuständigkeitsanpassungsgesetzes vom 16. August 2002 (BGBl. I S. 3165) und dem Organisationserlass vom 17. Dezember 2013 (BGBl. I S. 4310) verordnet das Bundesministerium der Justiz und für Verbraucherschutz im Einvernehmen mit dem Bundesministerium für Bildung und Forschung:

* Diese Rechtsverordnung ist eine Ausbildungsordnung im Sinne des § 4 des Berufsbildungsgesetzes. Die Ausbildungsordnung und der damit abgestimmte, von der Ständigen Konferenz der Kultusminister der Länder in der Bundesrepublik Deutschland beschlossene Rahmenlehrplan für die Berufsschule werden demnächst im amtlichen Teil des Bundesanzeigers veröffentlicht.

§ 1 Staatliche Anerkennung der Ausbildungsberufe

Die Ausbildungsberufe Rechtsanwaltsfachangestellter und Rechtsanwaltsfachangestellte, Notarfachangestellter und Notarfachangestellte, Rechtsanwalts- und Notarfachangestellter und Rechtsanwalts- und Notarfachangestellte sowie Patentanwaltsfachangestellter und Patentanwaltsfachangestellte werden nach § 4 Absatz 1 des Berufsbildungsgesetzes staatlich anerkannt.

§ 2 Dauer der Berufsausbildungen

Die Berufsausbildungen dauern jeweils drei Jahre.

§ 3 Ausbildungsrahmenplan

(1) Gegenstand der Berufsausbildungen sind mindestens die im Ausbildungsrahmenplan (Anlage) genannten Fertigkeiten, Kenntnisse und Fähigkeiten (berufliche Handlungsfähigkeit).

(2) Eine vom Ausbildungsrahmenplan abweichende Organisation der Berufsausbildungen ist insbesondere dann zulässig, wenn betriebspraktische Besonderheiten die Abweichung erfordern.

§ 4 Struktur der Berufsausbildungen, Ausbildungsberufsbilder

(1) Die Berufsausbildungen gliedern sich in

1. berufsübergreifende berufsprofilgebende Fertigkeiten, Kenntnisse und Fähigkeiten,
2. weitere berufsprofilgebende Fertigkeiten, Kenntnisse und Fähigkeiten des jeweiligen Ausbildungsberufes sowie
3. berufsübergreifende integrative Fertigkeiten, Kenntnisse und Fähigkeiten.

(2) Berufsübergreifende berufsprofilgebende Fertigkeiten, Kenntnisse und Fähigkeiten sind

1. Mandanten- oder Beteiligtenbetreuung
   a) Mandanten- oder beteiligtenorientierte Kommunikation und serviceorientierte Betreuung
   b) Konferenz- und Besprechungsmanagement
   c) Fachbezogene Anwendung der englischen Sprache
2. Büro- und Arbeitsorganisation
   a) Betriebs- und Arbeitsabläufe; Qualitätssicherung
   b) Büro- und Verwaltungsarbeiten; Aktenverwaltung und Dokumentation
   c) Fristen- und Terminmanagement
   d) Arbeiten im Team
   e) Textgestaltung
   f) Informations- und Kommunikationssysteme
   g) Elektronischer Rechtsverkehr
   h) Datenschutz und Datensicherheit
3. Rechnungswesen und -kontrolle
   a) Rechnungs- und Finanzwesen; Zahlungsverkehr
   b) Aktenbuchhaltung
4. Gesetze und Verordnungen in der Rechtspflege
   a) Handhabung von Gesetzen und Verordnungen; Europarecht
   b) Zivilrecht
      aa) Allgemeiner Teil des bürgerlichen Rechts

bb) Schuld- und Sachenrecht

cc) Handels- und Gesellschaftsrecht

c) Zivilverfahrensrecht; Zwangsvollstreckungsrecht.

(3) Weitere berufsprofilgebende Fertigkeiten, Kenntnisse und Fähigkeiten im Ausbildungsberuf Rechtsanwaltsfachangestellter und Rechtsanwaltsfachangestellte sind

1. Zivilrechtliches Mandat
   a) Rechtsanwendung im Bereich des bürgerlichen Rechts
   b) Rechtsanwendung in den Bereichen des Wirtschafts- und Europarechts
   c) Rechtsanwendung im Bereich des Zivilprozesses
2. Zwangsvollstreckungsrechtliches Mandat
3. Vergütung und Kosten im zivilrechtlichen Mandat
   a) Vergütungsgrundsätze
   b) Vergütung im Zivilprozess
   c) Vergütung in Prozesskosten- und Beratungshilfeverfahren
   d) Vergütung in der Zwangsvollstreckung
   e) Kostentragung und Kostenfestsetzung
   f) Gerichtskosten
4. Zahlungsverkehr.

(4) Weitere berufsprofilgebende Fertigkeiten, Kenntnisse und Fähigkeiten im Ausbildungsberuf Notarfachangestellter und Notarfachangestellte sind

1. Notariatsgeschäfte
   a) Rechtsanwendung in den Bereichen des bürgerlichen Rechts und des Zivilverfahrensrechts
   b) Rechtsanwendung im Bereich des Liegenschaftsrechts
   c) Rechtsanwendung in den Bereichen des Familien- und Erbrechts
   d) Rechtsanwendung in den Bereichen des Handels- und Gesellschaftsrechts
2. Notarielles Berufs- und Verfahrensrecht
   a) Stellung und Amtspflichten des Notars
   b) Urkundswesen
   c) Verwahrungsgeschäfte
3. Kostenrecht
4. Elektronischer Rechtsverkehr im Notariat.

(5) Weitere berufsprofilgebende Fertigkeiten, Kenntnisse und Fähigkeiten im Ausbildungsberuf Rechtsanwalts- und Notarfachangestellter und Rechtsanwalts- und Notarfachangestellte sind

1. Rechtsanwendung in den Bereichen des bürgerlichen Rechts sowie des Handels- und Gesellschaftsrechts
2. Rechtsanwendung in den Bereichen des Zivilprozesses und der Zwangsvollstreckung
3. Notariatsgeschäfte
   a) Rechtsanwendung im Bereich des Liegenschaftsrechts
   b) Rechtsanwendung in den Bereichen des Familien- und Erbrechts
   c) Rechtsanwendung im Bereich des Registerrechts

4. Vergütung und Kosten
   a) Anwaltsvergütung
   b) Notarkosten
   c) Gerichtskosten
5. Elektronischer Rechts- und Zahlungsverkehr
6. Notarielles Berufs- und Verfahrensrecht.

(6) Weitere berufsprofilgebende Fertigkeiten, Kenntnisse und Fähigkeiten im Ausbildungsberuf Patentanwaltsfachangestellter und Patentanwaltsfachangestellte sind

1. Grundlagen des Rechts des geistigen Eigentums
2. Nationaler gewerblicher Rechtsschutz
   a) Nationale gesetzliche Vorschriften
   b) Anmeldung nationaler gewerblicher Schutzrechte
   c) Erteilungs- und Eintragungsverfahren
   d) Rechtsmittel und Rechtsbehelfe
3. Internationaler, regionaler und europäischer gewerblicher Rechtsschutz
   a) Internationale Zusammenarbeit
   b) Anmeldung gewerblicher Schutzrechte auf Grund internationaler, regionaler und europäischer Verträge und Abkommen
   c) Anmeldung gewerblicher Schutzrechte im Ausland
   d) Erteilungs- und Eintragungsverfahren
   e) Rechtsmittel und Rechtsbehelfe
4. Büro- und Verwaltungsaufgaben im gewerblichen Rechtsschutz
   a) Fristenmanagement
   b) Aufrechterhaltung und Umschreibung von Schutzrechten
5. Verfahren nach Erteilung oder Eintragung von Schutzrechten
   a) Erstinstanzliche Verfahren
   b) Rechtsmittel und Rechtsbehelfe
6. Vergütungs- und Kostenrecht.

(7) Berufsübergreifende integrative Fertigkeiten, Kenntnisse und Fähigkeiten sind

1. Stellung des Ausbildungsbetriebes im Rechtswesen und im Wirtschaftssystem
2. Aufbau, Organisationsstruktur und Rechtsform des Ausbildungsbetriebes
3. Berufsbildung, Arbeits-, Sozial- und Tarifrecht
4. Sicherheit und Gesundheitsschutz bei der Arbeit; Maßnahmen der Gesundheitsförderung
5. Umweltschutz.

§ 5 Durchführung der Berufsausbildungen

(1) [1]Die in dieser Verordnung genannten Fertigkeiten, Kenntnisse und Fähigkeiten sollen so vermittelt werden, dass die Auszubildenden zur Ausübung einer qualifizierten beruflichen Tätigkeit im Sinne des § 1 Absatz 3 des Berufsbildungsgesetzes befähigt werden, was insbesondere selbständiges Planen, Durchführen und Kontrollieren einschließt. [2]Diese Befähigung ist auch in den Prüfungen nach den §§ 6 bis 10 nachzuweisen.

(2) Die Ausbildenden haben unter Zugrundelegung des Ausbildungsrahmenplans für die Auszubildenden einen Ausbildungsplan zu erstellen.

(3) [1]Die Auszubildenden haben einen schriftlichen Ausbildungsnachweis zu führen. [2]Ihnen ist Gelegenheit zu geben, den schriftlichen Ausbildungsnachweis während der Ausbildungszeit zu führen. [3]Die Ausbildenden haben den schriftlichen Ausbildungsnachweis regelmäßig durchzusehen.

§ 6 Zwischenprüfung

(1) [1]Zur Ermittlung des Ausbildungsstandes ist eine Zwischenprüfung durchzuführen. [2]Sie soll am Anfang des zweiten Ausbildungsjahres stattfinden.

(2) Die Zwischenprüfung erstreckt sich auf

1. die in der Anlage Abschnitt A für das erste Ausbildungsjahr genannten berufsübergreifenden berufsprofilgebenden Fertigkeiten, Kenntnisse und Fähigkeiten,
2. die in der Anlage Abschnitt F genannten berufsübergreifenden integrativen Fertigkeiten, Kenntnisse und Fähigkeiten sowie
3. den im Berufsschulunterricht zu vermittelnden Lehrstoff, soweit er für die Berufsausbildung wesentlich ist.

(3) Die Zwischenprüfung findet in den folgenden Prüfungsbereichen statt:

1. Kommunikation und Büroorganisation sowie
2. Rechtsanwendung.

(4) Für den Prüfungsbereich Kommunikation und Büroorganisation bestehen folgende Vorgaben:

1. der Prüfling soll nachweisen, dass er in der Lage ist,
   a) Arbeitsaufgaben zu planen, durchzuführen und zu kontrollieren,
   b) Post zu bearbeiten und Akten zu verwalten,
   c) Vorschriften des Datenschutzes zu beachten,
   d) Konferenzen und Besprechungen zu managen,
   e) Fristen und Termine zu überwachen,
   f) Mandanten oder Beteiligte serviceorientiert zu empfangen und zu betreuen;
2. der Prüfling soll fallbezogene Aufgaben schriftlich bearbeiten;
3. die Prüfungszeit beträgt 60 Minuten.

(5) Für den Prüfungsbereich Rechtsanwendung bestehen folgende Vorgaben:

1. der Prüfling soll nachweisen, dass er in der Lage ist,
   a) Stellung und Hauptpflichten des Rechtsanwalts, des Notars und des Patentanwalts im Rechtssystem zu beachten,
   b) Gesetze und Verordnungen zu handhaben,
   c) Entstehung und Wirksamkeit von Rechtsgeschäften zu prüfen,
   d) Leistungsstörungen beim Kaufvertrag festzustellen,
   e) Arten von Kaufleuten und Unternehmensformen zu unterscheiden,
   f) Mahnschreiben zu erstellen;
2. der Prüfling soll fallbezogene Aufgaben schriftlich bearbeiten;
3. die Prüfungszeit beträgt 60 Minuten.

§ 7 Abschlussprüfung für den Ausbildungsberuf Rechtsanwaltsfachangestellter und Rechtsanwaltsfachangestellte

(1) Die Abschlussprüfung erstreckt sich auf

1. die in der Anlage Abschnitt A genannten berufsübergreifenden berufsprofilgebenden Fertigkeiten, Kenntnisse und Fähigkeiten,
2. die in der Anlage Abschnitt B genannten weiteren berufsprofilgebenden Fertigkeiten, Kenntnisse und Fähigkeiten,
3. die in der Anlage Abschnitt F genannten berufsübergreifenden integrativen Fertigkeiten, Kenntnisse und Fähigkeiten sowie
4. den im Berufsschulunterricht zu vermittelnden Lehrstoff, soweit er für die Berufsausbildung wesentlich ist.

(2) Die Abschlussprüfung besteht aus den Prüfungsbereichen

1. Geschäfts- und Leistungsprozesse,
2. Mandantenbetreuung,
3. Rechtsanwendung im Rechtsanwaltsbereich,
4. Vergütung und Kosten sowie
5. Wirtschafts- und Sozialkunde.

(3) Für den Prüfungsbereich Geschäfts- und Leistungsprozesse bestehen folgende Vorgaben:

1. der Prüfling soll nachweisen, dass er in der Lage ist,
   a) arbeitsorganisatorische Prozesse zu planen, durchzuführen und zu kontrollieren,
   b) zur Qualitätsverbesserung betrieblicher Prozesse beizutragen,
   c) Büro- und Verwaltungsaufgaben zu planen, durchzuführen und zu kontrollieren,
   d) elektronischen Rechtsverkehr zu nutzen,
   e) Auskünfte aus Registern einzuholen und zu verarbeiten,
   f) Aktenbuchhaltung zu führen,
   g) Aufgaben im Bereich des Rechnungs- und Finanzwesens auszuführen;
2. der Prüfling soll fallbezogene Aufgaben schriftlich bearbeiten;
3. die Prüfungszeit beträgt 60 Minuten.

(4) Für den Prüfungsbereich Mandantenbetreuung bestehen folgende Vorgaben:

1. der Prüfling soll nachweisen, dass er in der Lage ist,
   a) Mandanten serviceorientiert zu betreuen,
   b) Anliegen von Mandanten zu erfassen,
   c) Gespräche mit Mandanten adressatenorientiert zu führen,
   d) Auskünfte einzuholen und zu erteilen,
   e) Konfliktsituationen zu bewältigen;
2. für die Prüfung wählt der Prüfungsausschuss eines der folgenden Gebiete aus:
   a) zivilrechtliches Mandat,
   b) zwangsvollstreckungsrechtliches Mandat,
   c) Vergütung und Kosten im zivilrechtlichen Mandat oder
   d) Zahlungsverkehr;

3. mit dem Prüfling soll ein fallbezogenes Fachgespräch geführt werden;
4. die fachbezogene Anwendung der englischen Sprache ist zu berücksichtigen;
5. die Prüfungszeit beträgt 15 Minuten.

(5) Für den Prüfungsbereich Rechtsanwendung im Rechtsanwaltsbereich bestehen folgende Vorgaben:

1. der Prüfling soll nachweisen, dass er in der Lage ist,
   a) Sachverhalte, insbesondere in den Bereichen des bürgerlichen Rechts sowie des Gesellschafts-, Wirtschafts- und Europarechts, rechtlich zu erfassen und zu beurteilen,
   b) Maßnahmen im Zivilprozess- und Zwangsvollstreckungsrecht vorzubereiten, durchzuführen und zu kontrollieren,
   c) fachkundliche Texte zu formulieren und zu gestalten;
2. der Prüfling soll fallbezogene Aufgaben schriftlich bearbeiten;
3. die fachbezogene Anwendung der englischen Sprache ist zu berücksichtigen;
4. die Prüfungszeit beträgt 150 Minuten.

(6) Für den Prüfungsbereich Vergütung und Kosten bestehen folgende Vorgaben:

1. der Prüfling soll nachweisen, dass er in der Lage ist,
   a) Werte, Gebühren und Auslagen für Vergütungsrechnungen zu ermitteln,
   b) Vergütungsrechnungen im außergerichtlichen und gerichtlichen Bereich sowie im Zwangsvollstreckungsverfahren zu erstellen,
   c) Kostenfestsetzungsanträge und Anträge auf Vergütung im Prozesskostenhilfeverfahren zu erstellen,
   d) Gerichtskostenvorschüsse zu berechnen und Gerichtskostenrechnungen zu kontrollieren;
2. der Prüfling soll fallbezogene Aufgaben schriftlich bearbeiten;
3. die Prüfungszeit beträgt 90 Minuten.

(7) Für den Prüfungsbereich Wirtschafts- und Sozialkunde bestehen folgende Vorgaben:

1. der Prüfling soll nachweisen, dass er in der Lage ist, allgemeine wirtschaftliche und gesellschaftliche Zusammenhänge der Berufs- und Arbeitswelt darzustellen und zu beurteilen;
2. der Prüfling soll fallbezogene Aufgaben schriftlich bearbeiten;
3. die Prüfungszeit beträgt 60 Minuten.

(8) Die einzelnen Prüfungsbereiche sind wie folgt zu gewichten:

1. Geschäfts- und Leistungsprozesse mit 15 Prozent,
2. Mandantenbetreuung mit 15 Prozent,
3. Rechtsanwendung im Rechtsanwaltsbereich mit 30 Prozent,
4. Vergütung und Kosten mit 30 Prozent,
5. Wirtschafts- und Sozialkunde mit 10 Prozent.

(9) Die Abschlussprüfung ist bestanden, wenn die Leistungen wie folgt bewertet worden sind:

1. im Gesamtergebnis mit mindestens „ausreichend",
2. im Prüfungsbereich Rechtsanwendung im Rechtsanwaltsbereich mit mindestens „ausreichend",
3. in mindestens drei weiteren Prüfungsbereichen mit mindestens „ausreichend",

4. in keinem Prüfungsbereich mit „ungenügend".

(10) [1]Auf Antrag des Prüflings ist die Prüfung in einem der Prüfungsbereiche „Geschäfts- und Leistungsprozesse", „Rechtsanwendung im Rechtsanwaltsbereich", „Vergütung und Kosten" oder „Wirtschafts- und Sozialkunde" durch eine mündliche Prüfung von etwa 15 Minuten zu ergänzen, wenn

1. der Prüfungsbereich schlechter als mit „ausreichend" bewertet worden ist und
2. die mündliche Ergänzungsprüfung für das Bestehen der Abschlussprüfung den Ausschlag geben kann.

[2]Bei der Ermittlung des Ergebnisses für diesen Prüfungsbereich sind das bisherige Ergebnis und das Ergebnis der mündlichen Ergänzungsprüfung im Verhältnis 2:1 zu gewichten.

§ 8 Abschlussprüfung für den Ausbildungsberuf Notarfachangestellter und Notarfachangestellte

(1) Die Abschlussprüfung erstreckt sich auf

1. die in der Anlage Abschnitt A genannten berufsübergreifenden berufsprofilgebenden Fertigkeiten, Kenntnisse und Fähigkeiten,
2. die in der Anlage Abschnitt C genannten weiteren berufsprofilgebenden Fertigkeiten, Kenntnisse und Fähigkeiten,
3. die in der Anlage Abschnitt F genannten berufsübergreifenden integrativen Fertigkeiten, Kenntnisse und Fähigkeiten sowie
4. den im Berufsschulunterricht zu vermittelnden Lehrstoff, soweit er für die Berufsausbildung wesentlich ist.

(2) Die Abschlussprüfung besteht aus den Prüfungsbereichen

1. Geschäfts- und Leistungsprozesse,
2. Beteiligtenbetreuung,
3. Rechtsanwendung im Notarbereich,
4. Kosten sowie
5. Wirtschafts- und Sozialkunde.

(3) Für den Prüfungsbereich Geschäfts- und Leistungsprozesse bestehen folgende Vorgaben:

1. der Prüfling soll nachweisen, dass er in der Lage ist,
   a) arbeitsorganisatorische Prozesse zu planen, durchzuführen und zu kontrollieren,
   b) zur Qualitätsverbesserung betrieblicher Prozesse beizutragen,
   c) Büro- und Verwaltungsaufgaben zu planen, durchzuführen und zu kontrollieren,
   d) elektronischen Rechtsverkehr zu nutzen,
   e) Auskünfte aus Registern einzuholen und zu verarbeiten,
   f) Aktenbuchhaltung zu führen,
   g) Aufgaben im Bereich des Rechnungs- und Finanzwesens auszuführen;
2. der Prüfling soll fallbezogene Aufgaben schriftlich bearbeiten;
3. die Prüfungszeit beträgt 60 Minuten.

(4) Für den Prüfungsbereich Beteiligtenbetreuung bestehen folgende Vorgaben:

1. der Prüfling soll nachweisen, dass er in der Lage ist,
   a) Beteiligte serviceorientiert zu betreuen,
   b) Anliegen von Beteiligten zu erfassen,

c) Gespräche mit Beteiligten adressatenorientiert zu führen,
d) Auskünfte einzuholen und zu erteilen,
e) Konfliktsituationen zu bewältigen;

2. für die Prüfung wählt der Prüfungsausschuss eines der folgenden Gebiete aus:
   a) Notariatsgeschäfte,
   b) notarielles Berufs- und Verfahrensrecht,
   c) Kostenrecht oder
   d) elektronischer Rechtsverkehr im Notariat;
3. mit dem Prüfling soll ein fallbezogenes Fachgespräch geführt werden;
4. die fachbezogene Anwendung der englischen Sprache ist zu berücksichtigen;
5. die Prüfungszeit beträgt 15 Minuten.

(5) Für den Prüfungsbereich Rechtsanwendung im Notarbereich bestehen folgende Vorgaben:

1. der Prüfling soll nachweisen, dass er in der Lage ist,
   a) Sachverhalte, insbesondere in den Bereichen des bürgerlichen Rechts sowie des Handels-, Gesellschafts- und Registerrechts, rechtlich zu erfassen und zu beurteilen,
   b) Notariatsgeschäfte unter Berücksichtigung des Beurkundungs- und Berufsrechts einschließlich des dazugehörigen materiellen Rechts vorzubereiten, durchzuführen und zu kontrollieren,
   c) fachkundliche Texte zu formulieren und zu gestalten;
2. der Prüfling soll fallbezogene Aufgaben schriftlich bearbeiten;
3. die fachbezogene Anwendung der englischen Sprache ist zu berücksichtigen;
4. die Prüfungszeit beträgt 150 Minuten.

(6) Für den Prüfungsbereich Kosten bestehen folgende Vorgaben:

1. der Prüfling soll nachweisen, dass er in der Lage ist,
   a) Kosten zu ermitteln und Kostenberechnungen unter Berücksichtigung der Geschäftswert- und Gebührenvorschriften zu erstellen,
   b) die Kosteneinziehung unter Berücksichtigung der Fälligkeits- und Verjährungsvorschriften vorzubereiten und zu kontrollieren;
2. der Prüfling soll fallbezogene Aufgaben schriftlich bearbeiten;
3. die Prüfungszeit beträgt 90 Minuten.

(7) Für den Prüfungsbereich Wirtschafts- und Sozialkunde bestehen folgende Vorgaben:

1. der Prüfling soll nachweisen, dass er in der Lage ist, allgemeine wirtschaftliche und gesellschaftliche Zusammenhänge der Berufs- und Arbeitswelt darzustellen und zu beurteilen;
2. der Prüfling soll fallbezogene Aufgaben schriftlich bearbeiten;
3. die Prüfungszeit beträgt 60 Minuten.

(8) Die einzelnen Prüfungsbereiche sind wie folgt zu gewichten:

1. Geschäfts- und Leistungsprozesse mit 15 Prozent,
2. Beteiligtenbetreuung mit 15 Prozent,
3. Rechtsanwendung im Notarbereich mit 30 Prozent,
4. Kosten mit 30 Prozent,
5. Wirtschafts- und Sozialkunde mit 10 Prozent.

(9) Die Abschlussprüfung ist bestanden, wenn die Leistungen wie folgt bewertet worden sind:

1. im Gesamtergebnis mit mindestens „ausreichend“,
2. im Prüfungsbereich Rechtsanwendung im Notarbereich mit mindestens „ausreichend“,
3. in mindestens drei weiteren Prüfungsbereichen mit mindestens „ausreichend“,
4. in keinem Prüfungsbereich mit „ungenügend“.

(10) [1]Auf Antrag des Prüflings ist die Prüfung in einem der Prüfungsbereiche „Geschäfts- und Leistungsprozesse“, „Rechtsanwendung im Notarbereich“, „Kosten“ oder „Wirtschafts- und Sozialkunde“ durch eine mündliche Prüfung von etwa 15 Minuten zu ergänzen, wenn

1. der Prüfungsbereich schlechter als mit „ausreichend“ bewertet worden ist und
2. die mündliche Ergänzungsprüfung für das Bestehen der Abschlussprüfung den Ausschlag geben kann.

[2]Bei der Ermittlung des Ergebnisses für diesen Prüfungsbereich sind das bisherige Ergebnis und das Ergebnis der mündlichen Ergänzungsprüfung im Verhältnis 2:1 zu gewichten.

§ 9 Abschlussprüfung für den Ausbildungsberuf Rechtsanwalts- und Notarfachangestellter und Rechtsanwalts- und Notarfachangestellte

(1) Die Abschlussprüfung erstreckt sich auf

1. die in der Anlage Abschnitt A genannten berufsübergreifenden berufsprofilgebenden Fertigkeiten, Kenntnisse und Fähigkeiten,
2. die in der Anlage Abschnitt D genannten weiteren berufsprofilgebenden Fertigkeiten, Kenntnisse und Fähigkeiten,
3. die in der Anlage Abschnitt F genannten berufsübergreifenden integrativen Fertigkeiten, Kenntnisse und Fähigkeiten sowie
4. den im Berufsschulunterricht zu vermittelnden Lehrstoff, soweit er für die Berufsausbildung wesentlich ist.

(2) Die Abschlussprüfung besteht aus den Prüfungsbereichen

1. Geschäfts- und Leistungsprozesse,
2. Mandanten- und Beteiligtenbetreuung,
3. Rechtsanwendung im Rechtsanwalts- und Notarbereich,
4. Vergütung und Kosten sowie
5. Wirtschafts- und Sozialkunde.

(3) Für den Prüfungsbereich Geschäfts- und Leistungsprozesse bestehen folgende Vorgaben:

1. der Prüfling soll nachweisen, dass er in der Lage ist,
   a) arbeitsorganisatorische Prozesse zu planen, durchzuführen und zu kontrollieren,
   b) zur Qualitätsverbesserung betrieblicher Prozesse beizutragen,
   c) Büro- und Verwaltungsaufgaben zu planen, durchzuführen und zu kontrollieren,
   d) elektronischen Rechtsverkehr zu nutzen,
   e) Auskünfte aus Registern einzuholen und zu verarbeiten,
   f) Aktenbuchhaltung zu führen,
   g) Aufgaben im Bereich des Rechnungs- und Finanzwesens auszuführen;
2. der Prüfling soll fallbezogene Aufgaben schriftlich bearbeiten;
3. die Prüfungszeit beträgt 60 Minuten.

(4) Für den Prüfungsbereich Mandanten- und Beteiligtenbetreuung bestehen folgende Vorgaben:

1. der Prüfling soll nachweisen, dass er in der Lage ist,
   a) Mandanten und Beteiligte serviceorientiert zu betreuen,
   b) Anliegen von Mandanten und Beteiligten zu erfassen,
   c) Gespräche mit Mandanten und Beteiligten adressatenorientiert zu führen,
   d) Auskünfte einzuholen und zu erteilen,
   e) Konfliktsituationen zu bewältigen;
2. für die Prüfung wählt der Prüfungsausschuss eines der folgenden Gebiete aus:
   a) Rechtsanwendung in den Bereichen des bürgerlichen Rechts sowie des Handels- und Gesellschaftsrechts,
   b) Rechtsanwendung in den Bereichen des Zivilprozesses und der Zwangsvollstreckung,
   c) Notariatsgeschäfte,
   d) Vergütung und Kosten,
   e) elektronischer Rechts- und Zahlungsverkehr oder
   f) notarielles Berufs- und Verfahrensrecht;
3. mit dem Prüfling soll ein fallbezogenes Fachgespräch geführt werden;
4. die fachbezogene Anwendung der englischen Sprache ist zu berücksichtigen;
5. die Prüfungszeit beträgt 15 Minuten.

(5) Für den Prüfungsbereich Rechtsanwendung im Rechtsanwalts- und Notarbereich bestehen folgende Vorgaben:

1. der Prüfling soll nachweisen, dass er in der Lage ist,
   a) Sachverhalte, insbesondere in den Bereichen des bürgerlichen Rechts sowie des Handels-, Gesellschafts- und Registerrechts, rechtlich zu erfassen und zu beurteilen,
   b) Maßnahmen im Zivilprozess- und Zwangsvollstreckungsrecht vorzubereiten, durchzuführen und zu kontrollieren,
   c) Notariatsgeschäfte unter Berücksichtigung des Beurkundungs- und Berufsrechts einschließlich des dazugehörigen materiellen Rechts vorzubereiten, durchzuführen und zu kontrollieren,
   d) fachkundliche Texte zu formulieren und zu gestalten;
2. der Prüfling soll fallbezogene Aufgaben schriftlich bearbeiten;
3. die fachbezogene Anwendung der englischen Sprache ist zu berücksichtigen;
4. die Prüfungszeit beträgt 150 Minuten.

(6) Für den Prüfungsbereich Vergütung und Kosten bestehen folgende Vorgaben:

1. der Prüfling soll nachweisen, dass er in der Lage ist,
   a) Werte, Gebühren und Auslagen für Vergütungsrechnungen und Kostenberechnungen zu ermitteln,
   b) Vergütungsrechnungen und Kostenberechnungen zu erstellen,
   c) Kostenfestsetzungsanträge und Anträge auf Vergütung im Prozesskostenhilfeverfahren zu erstellen,
   d) die Kosteneinziehung vorzubereiten und zu kontrollieren,
   e) Gerichtskostenvorschüsse zu berechnen und Gerichtskostenrechnungen zu kontrollieren;

2. der Prüfling soll fallbezogene Aufgaben schriftlich bearbeiten;
3. die Prüfungszeit beträgt 90 Minuten.

(7) Für den Prüfungsbereich Wirtschafts- und Sozialkunde bestehen folgende Vorgaben:

1. der Prüfling soll nachweisen, dass er in der Lage ist, allgemeine wirtschaftliche und gesellschaftliche Zusammenhänge der Berufs- und Arbeitswelt darzustellen und zu beurteilen;
2. der Prüfling soll fallbezogene Aufgaben schriftlich bearbeiten;
3. die Prüfungszeit beträgt 60 Minuten.

(8) Die einzelnen Prüfungsbereiche sind wie folgt zu gewichten:

1. Geschäfts- und Leistungsprozesse mit 15 Prozent,
2. Mandanten- und Beteiligtenbetreuung mit 15 Prozent,
3. Rechtsanwendung im Rechtsanwalts- und Notarbereich mit 30 Prozent,
4. Vergütung und Kosten mit 30 Prozent,
5. Wirtschafts- und Sozialkunde mit 10 Prozent.

(9) Die Abschlussprüfung ist bestanden, wenn die Leistungen wie folgt bewertet worden sind:

1. im Gesamtergebnis mit mindestens „ausreichend“,
2. im Prüfungsbereich Rechtsanwendung im Rechtsanwalts- und Notarbereich mit mindestens „ausreichend“,
3. in mindestens drei weiteren Prüfungsbereichen mit mindestens „ausreichend“,
4. in keinem Prüfungsbereich mit „ungenügend“.

(10) [1]Auf Antrag des Prüflings ist die Prüfung in einem der Prüfungsbereiche „Geschäfts- und Leistungsprozesse“, „Rechtsanwendung im Rechtsanwalts- und Notarbereich“, „Vergütung und Kosten“ oder „Wirtschafts- und Sozialkunde“ durch eine mündliche Prüfung von etwa 15 Minuten zu ergänzen, wenn

1. der Prüfungsbereich schlechter als mit „ausreichend“ bewertet worden ist und
2. die mündliche Ergänzungsprüfung für das Bestehen der Abschlussprüfung den Ausschlag geben kann.

[2]Bei der Ermittlung des Ergebnisses für diesen Prüfungsbereich sind das bisherige Ergebnis und das Ergebnis der mündlichen Ergänzungsprüfung im Verhältnis 2:1 zu gewichten.

§ 10 Abschlussprüfung für den Ausbildungsberuf Patentanwaltsfachangestellter und Patentanwaltsfachangestellte

(1) Die Abschlussprüfung erstreckt sich auf

1. die in der Anlage Abschnitt A genannten berufsübergreifenden berufsprofilgebenden Fertigkeiten, Kenntnisse und Fähigkeiten,
2. die in der Anlage Abschnitt E genannten weiteren berufsprofilgebenden Fertigkeiten, Kenntnisse und Fähigkeiten,
3. die in der Anlage Abschnitt F genannten berufsübergreifenden integrativen Fertigkeiten, Kenntnisse und Fähigkeiten sowie
4. den im Berufsschulunterricht zu vermittelnden Lehrstoff, soweit er für die Berufsausbildung wesentlich ist.

(2) Die Abschlussprüfung besteht aus den Prüfungsbereichen

1. Geschäfts- und Leistungsprozesse,
2. Mandantenbetreuung,

3. Rechtsanwendung im Bereich des internationalen, regionalen und europäischen gewerblichen Rechtsschutzes,
4. Rechtsanwendung im Bereich des nationalen gewerblichen Rechtsschutzes sowie
5. Wirtschafts- und Sozialkunde.

(3) Für den Prüfungsbereich Geschäfts- und Leistungsprozesse bestehen folgende Vorgaben:

1. der Prüfling soll nachweisen, dass er in der Lage ist,
   a) arbeitsorganisatorische Prozesse zu planen, durchzuführen und zu kontrollieren,
   b) zur Qualitätsverbesserung betrieblicher Prozesse beizutragen,
   c) Büro- und Verwaltungsaufgaben zu planen, durchzuführen und zu kontrollieren,
   d) elektronischen Rechtsverkehr zu nutzen,
   e) Auskünfte aus Registern einzuholen und zu verarbeiten,
   f) Aktenbuchhaltung zu führen,
   g) Aufgaben im Bereich des Rechnungs- und Finanzwesens auszuführen;
2. der Prüfling soll fallbezogene Aufgaben schriftlich bearbeiten;
3. die Prüfungszeit beträgt 60 Minuten.

(4) Für den Prüfungsbereich Mandantenbetreuung bestehen folgende Vorgaben:

1. der Prüfling soll nachweisen, dass er in der Lage ist,
   a) Mandanten serviceorientiert zu betreuen,
   b) Anliegen von Mandanten zu erfassen,
   c) Gespräche mit Mandanten adressatenorientiert zu führen,
   d) Auskünfte einzuholen und zu erteilen,
   e) Konfliktsituationen zu bewältigen;
2. für die Prüfung wählt der Prüfungsausschuss eines der folgenden Gebiete aus:
   a) nationaler gewerblicher Rechtsschutz oder
   b) internationaler, regionaler und europäischer gewerblicher Rechtsschutz;
3. mit dem Prüfling soll ein fallbezogenes Fachgespräch geführt werden;
4. die fachbezogene Anwendung der englischen Sprache ist zu berücksichtigen;
5. die Prüfungszeit beträgt 15 Minuten.

(5) Für den Prüfungsbereich Rechtsanwendung im Bereich des internationalen, regionalen und europäischen gewerblichen Rechtsschutzes bestehen folgende Vorgaben:

1. der Prüfling soll nachweisen, dass er in der Lage ist,
   a) Schutzrechtsanmeldungen vorzubereiten und vorzunehmen,
   b) den Rechtsweg zur Erlangung, Verteidigung und Vernichtung von Schutzrechten zu ermitteln und Verfahren zu betreiben,
   c) Rechtsmittel und Rechtsbehelfe auszuwählen,
   d) Fristen zu berechnen,
   e) Kosten der Behörden und Gerichte zu unterscheiden und zu berechnen,
   f) fachkundliche Texte zu formulieren und zu gestalten;
2. der Prüfling soll fallbezogene Aufgaben schriftlich bearbeiten;
3. die fachbezogene Anwendung der englischen Sprache ist zu berücksichtigen;

4. die Prüfungszeit beträgt 105 Minuten.

(6) Für den Prüfungsbereich Rechtsanwendung im Bereich des nationalen gewerblichen Rechtsschutzes bestehen folgende Vorgaben:

1. der Prüfling soll nachweisen, dass er in der Lage ist,
   a) Schutzrechtsanmeldungen vorzubereiten und vorzunehmen,
   b) den Rechtsweg zur Erlangung, Verteidigung und Vernichtung von Schutzrechten zu ermitteln und Verfahren zu betreiben,
   c) Rechtsmittel und Rechtsbehelfe auszuwählen,
   d) Fristen zu berechnen,
   e) Vergütung und Kosten der Patentanwälte, Behörden und Gerichte zu unterscheiden und zu berechnen,
   f) fachkundliche Texte zu formulieren und zu gestalten;
2. der Prüfling soll fallbezogene Aufgaben schriftlich bearbeiten;
3. die Prüfungszeit beträgt 135 Minuten.

(7) Für den Prüfungsbereich Wirtschafts- und Sozialkunde bestehen folgende Vorgaben:

1. der Prüfling soll nachweisen, dass er in der Lage ist, allgemeine wirtschaftliche und gesellschaftliche Zusammenhänge der Berufs- und Arbeitswelt darzustellen und zu beurteilen;
2. der Prüfling soll fallbezogene Aufgaben schriftlich bearbeiten;
3. die Prüfungszeit beträgt 60 Minuten.

(8) Die einzelnen Prüfungsbereiche sind wie folgt zu gewichten:

1. Geschäfts- und Leistungsprozesse mit 15 Prozent,
2. Mandantenbetreuung mit 15 Prozent,
3. Rechtsanwendung im Bereich des internationalen, regionalen und europäischen gewerblichen Rechtsschutzes mit 30 Prozent,
4. Rechtsanwendung im Bereich des nationalen gewerblichen Rechtsschutzes mit 30 Prozent,
5. Wirtschafts- und Sozialkunde mit 10 Prozent.

(9) Die Abschlussprüfung ist bestanden, wenn die Leistungen wie folgt bewertet worden sind:

1. im Gesamtergebnis mit mindestens „ausreichend“,
2. in mindestens vier Prüfungsbereichen mit mindestens „ausreichend“,
3. in keinem Prüfungsbereich mit „ungenügend“.

(10) [1]Auf Antrag des Prüflings ist die Prüfung in einem der Prüfungsbereiche „Geschäfts- und Leistungsprozesse“, „Rechtsanwendung im Bereich des internationalen, regionalen und europäischen gewerblichen Rechtsschutzes“, „Rechtsanwendung im Bereich des nationalen gewerblichen Rechtsschutzes“ oder „Wirtschafts- und Sozialkunde“ durch eine mündliche Prüfung von etwa 15 Minuten zu ergänzen, wenn

1. der Prüfungsbereich schlechter als mit „ausreichend“ bewertet worden ist und
2. die mündliche Ergänzungsprüfung für das Bestehen der Abschlussprüfung den Ausschlag geben kann.

[2]Bei der Ermittlung des Ergebnisses für diesen Prüfungsbereich sind das bisherige Ergebnis und das Ergebnis der mündlichen Ergänzungsprüfung im Verhältnis 2:1 zu gewichten.

§ 11 Bestehende Berufsausbildungsverhältnisse

Berufsausbildungsverhältnisse, die bei Inkrafttreten dieser Verordnung bestehen, können unter Anrechnung der bisher zurückgelegten Ausbildungszeit nach den Vorschriften dieser Verordnung fortgesetzt werden, wenn die Vertragsparteien dies vereinbaren und noch keine Zwischenprüfung abgelegt wurde.

§ 12 Inkrafttreten, Außerkrafttreten

[1]Diese Verordnung tritt am 1. August 2015 in Kraft. [2]Gleichzeitig tritt die ReNoPat-Ausbildungsverordnung vom 23. November 1987 (BGBl. I S. 2392), die zuletzt durch Artikel 35 des Gesetzes vom 23. Juli 2013 (BGBl. I S. 2586) geändert worden ist, außer Kraft.

Anlage (zu § 3 Absatz 1) Ausbildungsrahmenplan für die Berufsausbildungen zum Rechtsanwaltsfachangestellten und zur Rechtsanwaltsfachangestellten, zum Notarfachangestellten und zur Notarfachangestellten, zum Rechtsanwalts- und Notarfachangestellten und zur Rechtsanwalts- und Notarfachangestellten sowie zum Patentanwaltsfachangestellten und zur Patentanwaltsfachangestellten

(Fundstelle: BGBl. I 2014, 1498 - 1513, zuletzt geändert durch Art. 10 G v. 24.6.2022 BGBl. I 959)

Abschnitt A: berufsübergreifende berufsprofilgebende Fertigkeiten, Kenntnisse und Fähigkeiten

Lfd. Nr.	Teil des Ausbildungsberufsbildes	Zu vermittelnde Fertigkeiten, Kenntnisse und Fähigkeiten	Zeitliche Richtwerte in Wochen im	
			1. bis 12. Monat	13. bis 36. Monat
(1)	(2)	(3)	(4)	
1	Mandanten- oder Beteiligtenbetreuung (§ 4 Absatz 2 Nummer 1)			
1.1	Mandanten- oder beteiligtenorientierte Kommunikation und serviceorientierte Betreuung (§ 4 Absatz 2 Nummer 1 Buchstabe a)	a) eigene Rolle als Dienstleister und die kommunikativen Anforderungen an den Mandanten- oder Beteiligtenkontakt verstehen b) Gespräche unter Anwendung verbaler und nonverbaler Kommunikationsformen und -techniken adressatenorientiert führen, auf Mandanten- oder Beteiligtenverhalten angemessen reagieren c) Telefonate serviceorientiert führen und nachbereiten d) Wertschätzung und Vertrauensbildung als Grundlage erfolgreicher Kommunikation begreifen und umsetzen e) aus mündlichen und schriftlichen Informationen den wesentlichen Sachverhalt ermitteln und weitere Handlungsschritte einleiten	3	

Lfd. Nr.	Teil des Ausbildungsberufsbildes	Zu vermittelnde Fertigkeiten, Kenntnisse und Fähigkeiten	Zeitliche Richtwerte in Wochen im	
			1. bis 12. Monat	13. bis 36. Monat
(1)	(2)	(3)	(4)	
		f) Mandanten oder Beteiligte empfangen und unter Berücksichtigung ihrer persönlichen Situation und ihres soziokulturellen Hintergrundes, ihrer Erwartungen und Wünsche serviceorientiert betreuen		
		g) Beschwerden entgegennehmen und Lösungsmöglichkeiten anbieten h) Konflikte identifizieren, thematisieren und versachlichen i) durch situationsgerechtes Verhalten zur Konfliktlösung beitragen		2
1.2	Konferenz- und Besprechungsmanagement (§ 4 Absatz 2 Nummer 1 Buchstabe b)	a) externe und interne Konferenzen und Besprechungen planen, vorbereiten und bei der Durchführung mitwirken b) Konferenz- und Besprechungsergebnisse aufzeichnen c) Konferenzen und Besprechungen nachbereiten	2	
1.3	Fachbezogene Anwendung der englischen Sprache (§ 4 Absatz 2 Nummer 1 Buchstabe c)	a) Auskünfte erteilen und einholen b) Informationen aufgabenbezogen auswerten	2	
		c) kurze Standardschreiben verfassen		2
2	Büro- und Arbeitsorganisation (§ 4 Absatz 2 Nummer 2)			
2.1	Betriebs- und Arbeitsabläufe; Qualitätssicherung (§ 4 Absatz 2 Nummer 2 Buchstabe a)	a) bei Planung, Organisation und Gestaltung von Betriebsabläufen mitwirken und zu deren Optimierung beitragen b) Arbeits- und Organisationsmittel aufgabenorientiert auswählen und effektiv und effizient einsetzen	2	
		c) eigene Arbeit systematisch, inhaltlich und zeitlich strukturieren, zielgerecht organisieren, rationell gestalten und qualitätsbewusst kontrollieren d) qualitätssichernde Maßnahmen im eigenen Verantwortungsbereich durchführen, kontrollieren und bewerten e) Methoden des Selbst- und Zeitmanagements nutzen, insbesondere Prioritäten setzen bei der zeitlichen Planung von Ar-		2

Lfd. Nr.	Teil des Ausbildungsberufsbildes	Zu vermittelnde Fertigkeiten, Kenntnisse und Fähigkeiten	Zeitliche Richtwerte in Wochen im	
			1. bis 12. Monat	13. bis 36. Monat
(1)	(2)	(3)	(4)	
		beitsabläufen und bei deren Durchführung f) Zusammenhänge von Selbst- und Zeitmanagement, Leistungssteigerung und Stress beachten		
2.2	Büro- und Verwaltungsarbeiten; Aktenverwaltung und Dokumentation (§ 4 Absatz 2 Nummer 2 Buchstabe b)	a) eingehende und ausgehende Post unter Berücksichtigung rechtlicher und betrieblicher Vorgaben bearbeiten b) Informationen beschaffen, auswerten, weiterleiten und archivieren c) Ordnungs- und Ablagesysteme für Schriftgut- und Aktenverwaltung einsetzen d) Dokumente und Unterlagen ordnen, sicher verwahren und Aufbewahrungsfristen beachten e) Akten anlegen, führen und archivieren f) Materialbedarf ermitteln, Waren unter Berücksichtigung wirtschaftlicher Aspekte bestellen g) Waren annehmen, kontrollieren und lagern	3	
		h) Schriftverkehr selbständig und nach Anweisung führen, Anlagen und Dokumente zusammenstellen und beifügen		2
2.3	Fristen- und Terminmanagement (§ 4 Absatz 2 Nummer 2 Buchstabe c)	a) Verfahrenstermine notieren und kontrollieren b) betriebliche Termine planen, notieren und koordinieren c) Fristen nach Eingang unter Berücksichtigung gesetzlicher und betrieblicher Vorgaben berechnen, notieren; Einhaltung der Fristen kontrollieren d) Termin- und Fristenkalender führen und verwalten	4	
2.4	Arbeiten im Team (§ 4 Absatz 2 Nummer 2 Buchstabe d)	a) Aufgaben im Team planen und bearbeiten b) Teamentwicklung mitgestalten c) Kritik konstruktiv annehmen und äußern d) Teambesprechungen vorbereiten und mitgestalten	2	

Lfd. Nr.	Teil des Ausbildungsberufsbildes	Zu vermittelnde Fertigkeiten, Kenntnisse und Fähigkeiten	Zeitliche Richtwerte in Wochen im	
			1. bis 12. Monat	13. bis 36. Monat
(1)	(2)	(3)	(4)	
2.5	Textgestaltung (§ 4 Absatz 2 Nummer 2 Buchstabe e)	a) fachkundliche Texte formulieren und gestalten b) fachkundliche Textbausteine und Formulare entwickeln c) Textverarbeitungssysteme und -programme wirtschaftlich und aufgabenorientiert einsetzen	4	
2.6	Informations- und Kommunikationssysteme (§ 4 Absatz 2 Nummer 2 Buchstabe f)	a) Informations- und Kommunikationssysteme einsetzen; branchen- und betriebsspezifische Software anwenden b) Informationen beschaffen, aufbereiten und nutzen; fachspezifische Datenbanken anwenden c) Möglichkeiten des internen und externen Datenaustausches über unterschiedliche Kommunikationsnetze nutzen d) Auskünfte aus Registern und Datenbanken abrufen	3	
2.7	Elektronischer Rechtsverkehr (§ 4 Absatz 2 Nummer 2 Buchstabe g)	a) rechtliche Voraussetzungen zur Teilnahme am elektronischen Rechtsverkehr beachten b) elektronisches Postfach für Kommunikation mit Gerichten und Verwaltung nutzen	2	
2.8	Datenschutz und Datensicherheit (§ 4 Absatz 2 Nummer 2 Buchstabe h)	a) gesetzliche, berufsspezifische und betriebliche Vorschriften zum Datenschutz anwenden b) Daten sichern und verwahren	2	
3	Rechnungswesen und -kontrolle (§ 4 Absatz 2 Nummer 3)			
3.1	Rechnungs- und Finanzwesen; Zahlungsverkehr (§ 4 Absatz 2 Nummer 3 Buchstabe a)	a) Rechnungen nach steuerrechtlichen Vorgaben entwerfen und eingehende Rechnungen auf diese Vorgaben hin prüfen b) betriebliche Berechnungen unter Berücksichtigung des kaufmännischen Rechnens durchführen, insbesondere Prozent- und Zinsberechnungen	2	
		c) Sach- und Finanzkonten unterscheiden und einrichten d) betriebliche Geschäftsvorfälle unter Berücksichtigung von Buchführungspflich-		4

Lfd. Nr.	Teil des Ausbildungsberufsbildes	Zu vermittelnde Fertigkeiten, Kenntnisse und Fähigkeiten	Zeitliche Richtwerte in Wochen im	
			1. bis 12. Monat	13. bis 36. Monat
(1)	(2)	(3)	(4)	
		ten nach Handels- und Steuerrecht buchen e) Zahlungsvorgänge abwickeln und überwachen f) Arten der betriebsrelevanten Steuern unterscheiden und deren Termine und Fristen überwachen g) Vorarbeiten zur Einnahmenüberschussrechnung und zum Jahresabschluss durchführen		
3.2	Aktenbuchhaltung (§ 4 Absatz 2 Nummer 3 Buchstabe b)	a) gesetzliche und betriebliche Pflichten bei der Aufzeichnung von Zahlungsvorgängen in den Akten und im Aktenkonto berücksichtigen b) gesetzliche und betriebliche Pflichten im Umgang mit Fremdgeld und Anderkonten berücksichtigen		2
4	Gesetze und Verordnungen in der Rechtspflege (§ 4 Absatz 2 Nummer 4)			
4.1	Handhabung von Gesetzen und Verordnungen; Europarecht (§ 4 Absatz 2 Nummer 4 Buchstabe a)	a) Aufbau und Struktur von Gesetzen und Verordnungen erfassen sowie die entsprechenden Vorschriften auffinden; Inhalts- und Sachverzeichnisse verwenden b) Gesetze, Verordnungen, Rechtsprechung, Literatur und Zeitschriften sowie deren Fundstellen mit den üblichen Abkürzungen bezeichnen, unterscheiden und zuordnen c) Grundlagen des grenzüberschreitenden Rechtsverkehrs unterscheiden und berücksichtigen	3	
4.2	Zivilrecht (§ 4 Absatz 2 Nummer 4 Buchstabe b)			

Lfd. Nr.	Teil des Ausbildungsberufsbildes	Zu vermittelnde Fertigkeiten, Kenntnisse und Fähigkeiten	Zeitliche Richtwerte in Wochen im	
			1. bis 12. Monat	13. bis 36. Monat
(1)	(2)	(3)	(4)	
4.2.1	Allgemeiner Teil des bürgerlichen Rechts (§ 4 Absatz 2 Nummer 4 Buchstabe b Doppelbuchstabe aa)	a) Bücher des BGB und ihre Rechtsgebiete, insbesondere Schuld- und Sachenrecht, unterscheiden b) Rechtsbegriffe, insbesondere die der Personen und Sachen, bei der Lösung von berufsbezogenen Aufgaben berücksichtigen c) Unterschiede der gesetzlichen und rechtsgeschäftlichen Vertretung beachten d) Voraussetzung und Wirkung der Verjährung überprüfen e) Voraussetzungen für die Entstehung, Wirksamkeit und Durchführung von Rechtsgeschäften prüfen, insbesondere Arten von Willenserklärungen sowie einseitige und mehrseitige Rechtsgeschäfte erläutern, Formerfordernisse prüfen sowie Nichtigkeit und Anfechtbarkeit unterscheiden	4	
4.2.2	Schuld- und Sachenrecht (§ 4 Absatz 2 Nummer 4 Buchstabe b Doppelbuchstabe bb)	a) vertragliche und gesetzliche Schuldverhältnisse unterscheiden b) Leistungsstörungen bei der Erfüllung des Kaufvertrages feststellen und Rechtsfolgen beachten c) Formen des vertraglichen und gesetzlichen Eigentumserwerbs unterscheiden und bei der Bearbeitung von Fachaufgaben berücksichtigen	4	
4.2.3	Handels- und Gesellschaftsrecht (§ 4 Absatz 2 Nummer 4 Buchstabe b Doppelbuchstabe cc)	a) Arten der Kaufleute und Unternehmensformen unterscheiden und deren rechtlichen Haftungs- und Vertretungsumfang ermitteln b) Aufbau und Inhalte der Register unterscheiden und die daraus gewonnenen Informationen bei der Erledigung berufsspezifischer Aufgaben nutzen	3	
4.3	Zivilverfahrensrecht; Zwangsvollstreckungsrecht (§ 4 Absatz 2 Nummer 4 Buchstabe c)	a) Strukturen und Verfahrensabläufe in der ordentlichen Gerichtsbarkeit beachten b) Voraussetzungen der Zwangsvollstreckung prüfen und Vollstreckungsmaßnahmen veranlassen	2	

Abschnitt B: weitere berufsprofilgebende Fertigkeiten, Kenntnisse und Fähigkeiten im Ausbildungsberuf Rechtsanwaltsfachangestellter und Rechtsanwaltsfachangestellte

Lfd. Nr.	Teil des Ausbildungsberufsbildes	Zu vermittelnde Fertigkeiten, Kenntnisse und Fähigkeiten	Zeitliche Richtwerte in Wochen im	
			1. bis 12. Monat	13. bis 36. Monat
(1)	(2)	(3)	(4)	
1	Zivilrechtliches Mandat (§ 4 Absatz 3 Nummer 1)			
1.1	Rechtsanwendung im Bereich des bürgerlichen Rechts (§ 4 Absatz 3 Nummer 1 Buchstabe a)	a) Ansprüche aus Kauf-, Miet-, Darlehens-, Dienst- und Werkvertrag begründen b) Mahn- und Kündigungsschreiben entwerfen c) Ansprüche aus unerlaubter Handlung und ungerechtfertigter Bereicherung unterscheiden d) Arten, Erwerb, Belastung und Untergang von Besitz und Eigentum an beweglichen und unbeweglichen Sachen unterscheiden und bei der Bearbeitung von Fachaufgaben berücksichtigen e) Ansprüche aus Erb- und Unterhaltsrecht prüfen		12
1.2	Rechtsanwendung in den Bereichen des Wirtschafts- und Europarechts (§ 4 Absatz 3 Nummer 1 Buchstabe b)	a) Haftungs- und Vertretungsumfang der Kaufleute und Unternehmensformen bei der Prüfung und Durchsetzung von Ansprüchen berücksichtigen b) Gesellschaftsverträge für Personen- und Kapitalgesellschaften vorbereiten c) Besonderheiten des Handelskaufs, auch im europäischen Bezug, berücksichtigen d) Kreditarten nach Verwendungsmöglichkeiten und Sicherheiten unterscheiden e) europäisches Mahnverfahren anwenden		8
1.3	Rechtsanwendung im Bereich des Zivilprozesses (§ 4 Absatz 3 Nummer 1 Buchstabe c)	a) Voraussetzungen für das Mahnverfahren prüfen sowie Anträge auf Erlass von Mahn- und Vollstreckungsbescheiden entwerfen und einreichen b) Zuständigkeiten der Gerichte bei verschiedenen Klagearten prüfen	3	
		c) außergerichtliches Aufforderungsschreiben unter Berücksichtigung der Ziele und Folgen formulieren, auch in englischer Sprache		15

Lfd. Nr.	Teil des Ausbildungsberufsbildes	Zu vermittelnde Fertigkeiten, Kenntnisse und Fähigkeiten	Zeitliche Richtwerte in Wochen im	
			1. bis 12. Monat	13. bis 36. Monat
(1)	(2)	(3)	(4)	
		d) Anträge auf Bewilligung der Prozesskosten- und Beratungshilfe fertigen; Beschluss prüfen e) Klageschrift entwerfen f) den Mandanten den Ablauf eines zivilrechtlichen Verfahrens erläutern, auch in englischer Sprache, und entsprechende Maßnahmen einleiten g) Folgen gerichtlicher Endentscheidungen einschließlich Rechtsmittel und Rechtsbehelfe prüfen und entsprechende Maßnahmen einleiten h) Verfahrensfristen erfassen, berechnen und kontrollieren sowie Fristverlängerungs- und Terminverlegungsanträge entwerfen i) Rechtsmittel- und Rechtsbehelfsschrift erstellen j) Anträge auf einstweiligen Rechtsschutz vorbereiten		
2	Zwangsvollstreckungsrechtliches Mandat (§ 4 Absatz 3 Nummer 2)	a) Verfahren der Zwangsvollstreckung unterscheiden; Organe, Arten und Voraussetzungen der Zwangsvollstreckung ermitteln b) Zwangsvollstreckung wegen einer Geldforderung in das bewegliche und unbewegliche Vermögen des Schuldners einleiten c) sonstige Vollstreckungsanträge entwerfen d) Auszüge aus Schuldnerverzeichnissen einholen e) Anträge auf Abgabe der Vermögensauskunft sowie auf Haft stellen f) Einwendungen in der Zwangsvollstreckung unterscheiden, Fristen berechnen und Anträge erstellen, insbesondere sofortige Beschwerde und Erinnerung g) Zwangsvollstreckung aus europäischen Titeln einleiten; deutsche Titel im europäischen Ausland vollstrecken		20

Lfd. Nr.	Teil des Ausbildungsberufsbildes	Zu vermittelnde Fertigkeiten, Kenntnisse und Fähigkeiten	Zeitliche Richtwerte in Wochen im	
			1. bis 12. Monat	13. bis 36. Monat
(1)	(2)	(3)	(4)	
3	Vergütung und Kosten im zivilrechtlichen Mandat (§ 4 Absatz 3 Nummer 3)			
3.1	Vergütungsgrundsätze (§ 4 Absatz 3 Nummer 3 Buchstabe a)	a) Unterschiede zwischen gesetzlichen Gebühren und Vergütungsvereinbarungen gegenüber Mandanten erläutern	2	
		b) Vergütungsvereinbarungen entwerfen und Honorare abrechnen c) Gegenstandswerte bestimmen, Wertfestsetzung beantragen und gesetzliche Gebühren und Auslagen unter Berücksichtigung der Anrechnungsvorschriften berechnen, auch für mehrere Auftraggeber		5
3.2	Vergütung im Zivilprozess (§ 4 Absatz 3 Nummer 3 Buchstabe b)	a) Gebühren und Auslagen berechnen, dabei Vorschriften über dieselben und verschiedene Angelegenheiten berücksichtigen b) Wertänderungen im Verfahrensverlauf beachten c) Gebühren und Auslagen in Rechtsbehelfs- und Rechtsmittelverfahren ermitteln und berechnen		10
3.3	Vergütung in Prozesskosten- und Beratungshilfeverfahren (§ 4 Absatz 3 Nummer 3 Buchstabe c)	a) Mandanten über die Risiken eines Prozesskostenhilfeverfahrens aufklären b) Anträge auf Erstattung der Vergütung nach bewilligter Prozesskostenhilfe erstellen c) Beratungshilfe abrechnen		4
3.4	Vergütung in der Zwangsvollstreckung (§ 4 Absatz 3 Nummer 3 Buchstabe d)	a) Zwangsvollstreckungsmaßnahmen unter Berücksichtigung besonderer Angelegenheiten abrechnen b) Gegenstandswerte für Vollstreckungsmaßnahmen ermitteln		5
3.5	Kostentragung und Kostenfestsetzung (§ 4 Absatz 3 Nummer 3 Buchstabe e)	a) Kostenanträge entwerfen b) Kostenfestsetzungs- und Kostenausgleichungsanträge erstellen c) Festsetzung der Vergütung gegen den Mandanten beantragen		5

Lfd. Nr.	Teil des Ausbildungsberufsbildes	Zu vermittelnde Fertigkeiten, Kenntnisse und Fähigkeiten	Zeitliche Richtwerte in Wochen im	
			1. bis 12. Monat	13. bis 36. Monat
(1)	(2)	(3)	(4)	
3.6	Gerichtskosten (§ 4 Absatz 3 Nummer 3 Buchstabe f)	a) Gerichtskostenvorschüsse zu verschiedenen Verfahrensarten berechnen b) Gerichtskostenrechnungen kontrollieren		3
4	Zahlungsverkehr (§ 4 Absatz 3 Nummer 4)	a) Zahlungsvorgänge abwickeln, überwachen, kontrollieren und dokumentieren b) elektronischen Zahlungsverkehr mit Gerichten und Mandanten durchführen		3

Abschnitt C: weitere berufsprofilgebende Fertigkeiten, Kenntnisse und Fähigkeiten im Ausbildungsberuf Notarfachangestellter und Notarfachangestellte

Lfd. Nr.	Teil des Ausbildungsberufsbildes	Zu vermittelnde Fertigkeiten, Kenntnisse und Fähigkeiten	Zeitliche Richtwerte in Wochen im	
			1. bis 12. Monat	13. bis 36. Monat
(1)	(2)	(3)	(4)	
1	Notariatsgeschäfte (§ 4 Absatz 4 Nummer 1)			
1.1	Rechtsanwendung in den Bereichen des bürgerlichen Rechts und des Zivilverfahrensrechts (§ 4 Absatz 4 Nummer 1 Buchstabe a)	a) Vertragsarten unterscheiden, insbesondere Kauf-, Tausch-, Schenkungs-, Miet-, Pacht- und Darlehensvertrag sowie Bürgschaft und Schuldversprechen, und bei der Vorbereitung notarieller Urkunden berücksichtigen	3	
		b) Formerfordernisse von Rechtsgeschäften prüfen c) Übertragung von Rechten und Ansprüchen prüfen und fallbezogen aufbereiten d) Voraussetzungen von Rechtsbehelfen prüfen und entsprechende Maßnahmen einleiten		4
1.2	Rechtsanwendung im Bereich des Liegenschaftsrechts (§ 4 Absatz 4 Nummer 1 Buchstabe b)	a) Aufbau und Inhalt des Grundbuchs erfassen, Grundstücksbegriffe unterscheiden, Einsicht in das Grundbuch nehmen b) Lasten und Beschränkungen an Grundstücken bewerten, insbesondere Dienstbarkeit, Wohnungsrecht, Nießbrauch, Reallast, Hypothek und Grundschuld, einschließlich Abtretung, Rangänderung, Nachverpfändung, Pfandentlassung, Lö-		30

Lfd. Nr.	Teil des Ausbildungsberufsbildes	Zu vermittelnde Fertigkeiten, Kenntnisse und Fähigkeiten	Zeitliche Richtwerte in Wochen im 1. bis 12. Monat	13. bis 36. Monat
(1)	(2)	(3)	(4)	
		schung, und unter Berücksichtigung der Formerfordernisse anwenden c) Sicherungswirkung der Vormerkung berücksichtigen d) Erklärungen für Eintragungen und Löschungen im Grundbuch sowie Berichtigungsanträge entwerfen e) Besitz von Eigentum abgrenzen, Voraussetzungen für den Eigentumsübergang bei beweglichen und unbeweglichen Sachen ermitteln und unter Berücksichtigung der Formerfordernisse bei der Vertragsgestaltung anwenden f) Grundstückskaufverträge und Überlassungsverträge entwerfen und abwickeln, insbesondere Genehmigungen, Zustimmungen und Zeugnisse zum Vollzug einholen sowie gesetzliche Anzeigepflichten beachten g) Grundschuldbestellungen entwerfen und abwickeln, Erfordernisse der Zwangsvollstreckungsunterwerfung prüfen und berücksichtigen h) Aufteilungen in Wohnungs- und Teileigentum und Bestellungen von Erbbaurechten sowie Veräußerung dieser Rechte vorbereiten i) Grundbuchvollzug überwachen		
1.3	Rechtsanwendung in den Bereichen des Familien- und Erbrechts (§ 4 Absatz 4 Nummer 1 Buchstabe c)	a) Familien- und Güterstand bei der Vorbereitung von Urkunden prüfen b) betreuungs- und familiengerichtliche Genehmigungen bei Vorbereitung und Vollzug von Urkunden berücksichtigen c) familienrechtliche Verträge unter Beachtung der Formerfordernisse entwerfen d) Annahme Minderjähriger und Volljähriger unterscheiden, hierzu erforderliche Erklärungen und Anträge vorbereiten sowie Anzeigepflichten beachten e) gesetzliche und gewillkürte Erbfolge unterscheiden und bei der Vorbereitung von Urkunden beachten f) erbrechtliche Verfügungen in Testamenten und Erbverträgen unter Beachtung der Formerfordernisse entwerfen, insbe-		16

Lfd. Nr.	Teil des Ausbildungsberufsbildes	Zu vermittelnde Fertigkeiten, Kenntnisse und Fähigkeiten	Zeitliche Richtwerte in Wochen im	
			1. bis 12. Monat	13. bis 36. Monat
(1)	(2)	(3)	(4)	
		sondere Erbeinsetzung, Vermächtnis und Auflage g) Pflichtteilsberechtigung prüfen, Erb- und Pflichtteilsverzicht unterscheiden h) Anträge auf Erteilung eines Erbscheins und eines Europäischen Nachlasszeugnisses verfassen i) Erklärungen für die Ausschlagung der Erbschaft vorbereiten und Fristen beachten		
1.4	Rechtsanwendung in den Bereichen des Handels- und Gesellschaftsrechts (§ 4 Absatz 4 Nummer 1 Buchstabe d)	a) Einsicht in Register und Registerakten nehmen, Informationen aufbereiten, Bescheinigungen entwerfen b) GmbH-Gesellschaftsverträge, Beschlüsse der Gesellschafterversammlung einer GmbH, Geschäftsanteilsabtretungsverträge sowie Liste der Gesellschafter unter Beachtung der Formerfordernisse entwerfen, vollziehen und steuerliche Beistandspflichten erfüllen c) Anmeldungen zum Handels-, Genossenschafts- und Vereinsregister entwerfen und einreichen d) Registervollzug überwachen		10
2	Notarielles Berufs- und Verfahrensrecht (§ 4 Absatz 4 Nummer 2)			
2.1	Stellung und Amtspflichten des Notars (§ 4 Absatz 4 Nummer 2 Buchstabe a)	a) Stellung und Unparteilichkeit des Notars bei der Betreuung von Beteiligten berücksichtigen	2	
		b) Vorschriften des notariellen Berufs-, Verfahrens- und Dienstrechts anwenden c) gesetzliche Anzeigen und Mitteilungen vornehmen		2
2.2	Urkundswesen (§ 4 Absatz 4 Nummer 2 Buchstabe b)	a) Bücher, Verzeichnisse und Akten führen, Aufbewahrungsfristen beachten b) Urschrift, Ausfertigung und beglaubigte Abschrift unterscheiden und bei der Vorbereitung von Ausfertigungen, beglaubigten Abschriften und Vermerkblättern beachten		6

Lfd. Nr.	Teil des Ausbildungsberufsbildes	Zu vermittelnde Fertigkeiten, Kenntnisse und Fähigkeiten	Zeitliche Richtwerte in Wochen im	
			1. bis 12. Monat	13. bis 36. Monat
(1)	(2)	(3)	(4)	
		c) Unterschriftsbeglaubigungen entwerfen		
2.3	Verwahrungsgeschäfte (§ 4 Absatz 4 Nummer 2 Buchstabe c)	a) Verwahrungs- und Massenbuch nebst Namensverzeichnis sowie Anderkontenliste führen; Dokumentations- und Mitteilungspflichten beachten b) Hinterlegungsanweisungen entwerfen		4
3	Kostenrecht (§ 4 Absatz 4 Nummer 3)	a) Kosten gegenüber den Beteiligten erläutern b) Kostenberechnungen auf der Grundlage der Geschäftswert- und Gebührenvorschriften erstellen c) Kosten unter Berücksichtigung der Fälligkeits- und Verjährungsvorschriften einziehen d) Gerichtskosten ermitteln		12
4	Elektronischer Rechtsverkehr im Notariat (§ 4 Absatz 4 Nummer 4)	a) elektronisch beglaubigte Abschriften, beglaubigte Ausdrucke und andere elektronische Dokumente vorbereiten b) strukturierte Datensätze erzeugen c) Dienste der Bundesnotarkammer nutzen, insbesondere Vorsorgeurkunden im Zentralen Vorsorgeregister und erbfolgerelevante Urkunden im Zentralen Testamentsregister der Bundesnotarkammer registrieren		6

Abschnitt D: weitere berufsprofilgebende Fertigkeiten, Kenntnisse und Fähigkeiten im Ausbildungsberuf Rechtsanwalts- und Notarfachangestellter und Rechtsanwalts- und Notarfachangestellte

Lfd. Nr.	Teil des Ausbildungsberufsbildes	Zu vermittelnde Fertigkeiten, Kenntnisse und Fähigkeiten	Zeitliche Richtwerte in Wochen im	
			1. bis 12. Monat	13. bis 36. Monat
(1)	(2)	(3)	(4)	
1	Rechtsanwendung in den Bereichen des bürgerlichen Rechts sowie des Handels- und Gesellschaftsrechts (§ 4 Absatz 5 Nummer 1)	a) Vertragsarten unterscheiden, Übertragung von Rechten und Ansprüchen aus Kauf-, Tausch-, Schenkungs-, Miet-, Pacht- und Darlehensvertrag sowie Bürgschaft und Schuldversprechen prüfen und fallbezogen aufbereiten	2	
		b) Formerfordernisse von Rechtsgeschäften prüfen c) Mahn- und Kündigungsschreiben entwerfen d) Arten, Erwerb, Belastung und Untergang von Besitz und Eigentum an beweglichen und unbeweglichen Sachen unterscheiden und bei der Bearbeitung von Fachaufgaben berücksichtigen e) Haftungs- und Vertretungsumfang der Kaufleute und Unternehmensformen bei der Prüfung und Durchsetzung von Ansprüchen berücksichtigen f) Gesellschaftsverträge für Personengesellschaften vorbereiten g) GmbH-Gesellschaftsverträge, Beschlüsse der Gesellschafterversammlung einer GmbH, Geschäftsanteilsabtretungsverträge sowie Liste der Gesellschafter unter Beachtung der Formerfordernisse entwerfen, vollziehen und steuerliche Beistandspflichten erfüllen		20
2	Rechtsanwendung in den Bereichen des Zivilprozesses und der Zwangsvollstreckung (§ 4 Absatz 5 Nummer 2)	a) Voraussetzungen für das Mahnverfahren prüfen sowie Anträge auf Erlass von Mahn- und Vollstreckungsbescheiden entwerfen und einreichen b) Zuständigkeiten der Gerichte bei verschiedenen Klagearten prüfen	3	
		c) außergerichtliches Aufforderungsschreiben unter Berücksichtigung der Ziele und Folgen formulieren, auch in englischer Sprache		18

Lfd. Nr.	Teil des Ausbildungsberufsbildes	Zu vermittelnde Fertigkeiten, Kenntnisse und Fähigkeiten	Zeitliche Richtwerte in Wochen im	
			1. bis 12. Monat	13. bis 36. Monat
(1)	(2)	(3)	(4)	
		d) Anträge auf Bewilligung der Prozesskosten- und Verfahrenskostenhilfe fertigen; Beschluss prüfen e) Klageschrift entwerfen f) den Mandanten Ablauf eines zivilrechtlichen Verfahrens erläutern, auch in englischer Sprache g) Folgen gerichtlicher Endentscheidungen einschließlich Rechtsmittel und Rechtsbehelfe prüfen und Maßnahmen einleiten h) Verfahrensfristen erfassen, berechnen und kontrollieren sowie Fristverlängerungs- und Terminverlegungsanträge entwerfen i) Verfahren der Zwangsvollstreckung unterscheiden; Organe, Arten und Voraussetzungen der Zwangsvollstreckung ermitteln j) Zwangsvollstreckung wegen einer Geldforderung in das bewegliche und unbewegliche Vermögen des Schuldners einleiten k) Anträge auf Abgabe der Vermögensauskunft sowie auf Haft stellen l) Einwendungen in der Zwangsvollstreckung unterscheiden, Fristen berechnen		
3	Notariatsgeschäfte (§ 4 Absatz 5 Nummer 3)			
3.1	Rechtsanwendung im Bereich des Liegenschaftsrechts (§ 4 Absatz 5 Nummer 3 Buchstabe a)	a) Aufbau und Inhalt des Grundbuchs erfassen, Grundstücksbegriffe unterscheiden, Einsicht in das Grundbuch nehmen b) Lasten und Beschränkungen an Grundstücken bewerten, insbesondere Vormerkung, Dienstbarkeit, Wohnungsrecht, Nießbrauch, Reallast, Hypothek und Grundschuld, einschließlich Abtretung, Rangänderung, Nachverpfändung, Pfandentlassung, Löschung, und unter Berücksichtigung der Formerfordernisse anwenden c) Erklärungen für Eintragungen und Löschungen im Grundbuch sowie Berichtigungsanträge entwerfen		11

Lfd. Nr.	Teil des Ausbildungsberufsbildes	Zu vermittelnde Fertigkeiten, Kenntnisse und Fähigkeiten	Zeitliche Richtwerte in Wochen im	
			1. bis 12. Monat	13. bis 36. Monat
(1)	(2)	(3)	(4)	
		d) Grundstückskaufverträge und Überlassungsverträge entwerfen und abwickeln, insbesondere Genehmigungen, Zustimmungen und Zeugnisse zum Vollzug einholen sowie gesetzliche Anzeigepflichten beachten e) Grundschuldbestellungen entwerfen und abwickeln, Erfordernisse der Zwangsvollstreckungsunterwerfung prüfen und berücksichtigen f) Grundbuchvollzug überwachen		
3.2	Rechtsanwendung in den Bereichen des Familien- und Erbrechts (§ 4 Absatz 5 Nummer 3 Buchstabe b)	a) Familien- und Güterstand bei der Vorbereitung von Urkunden prüfen b) gesetzliche und gewillkürte Erbfolge unterscheiden und bei der Vorbereitung von Urkunden beachten c) Testamente entwerfen		7
		d) Anträge auf Erteilung eines Erbscheins verfassen e) Erklärungen für die Ausschlagung der Erbschaft vorbereiten und Fristen beachten		
3.3	Rechtsanwendung im Bereich des Registerrechts (§ 4 Absatz 5 Nummer 3 Buchstabe c)	a) Einsicht in Register und Registerakten nehmen, Informationen aufbereiten, Bescheinigungen entwerfen b) Anmeldungen zum Handels-, Genossenschafts- und Vereinsregister entwerfen und einreichen c) Registervollzug überwachen d) Voraussetzungen für Rechtsbehelfe prüfen und entsprechende Maßnahmen einleiten		3
4	Vergütung und Kosten (§ 4 Absatz 5 Nummer 4)			
4.1	Anwaltsvergütung (§ 4 Absatz 5 Nummer 4 Buchstabe a)	a) Unterschiede zwischen gesetzlichen Gebühren und Vergütungsvereinbarungen gegenüber Mandanten erläutern b) Gegenstandswerte bestimmen, Wertfestsetzung beantragen und gesetzliche Gebühren und Auslagen unter Berücksichtigung der Anrechnungsvorschriften		12

Lfd. Nr.	Teil des Ausbildungsberufsbildes	Zu vermittelnde Fertigkeiten, Kenntnisse und Fähigkeiten	Zeitliche Richtwerte in Wochen im	
			1. bis 12. Monat	13. bis 36. Monat
(1)	(2)	(3)	(4)	
		berechnen, auch für mehrere Auftraggeber c) Gebühren und Auslagen berechnen, dabei Vorschriften über dieselben und verschiedene Angelegenheiten berücksichtigen d) Wertänderungen im Verfahrensverlauf beachten e) Gebühren und Auslagen in Rechtsbehelfs- und Rechtsmittelverfahren ermitteln und berechnen f) Anträge auf Erstattung der Vergütung nach bewilligter Prozesskosten- und Verfahrenskostenhilfe erstellen g) Zwangsvollstreckungsmaßnahmen unter Berücksichtigung besonderer Angelegenheiten abrechnen h) Gegenstandswerte für Vollstreckungsmaßnahmen ermitteln i) Kostenfestsetzungs- und Kostenausgleichungsanträge erstellen		
4.2	Notarkosten (§ 4 Absatz 5 Nummer 4 Buchstabe b)	a) Notarkosten gegenüber Beteiligten erläutern b) Kostenberechnungen auf der Grundlage der Geschäftswert- und Gebührenvorschriften erstellen c) Kosten unter Berücksichtigung der Fälligkeits- und Verjährungsvorschriften einziehen		10
4.3	Gerichtskosten (§ 4 Absatz 5 Nummer 4 Buchstabe c)	a) Gerichtskostenvorschüsse zu verschiedenen Verfahrensarten berechnen b) Gerichtskostenrechnungen kontrollieren c) Gerichtskosten in Prozessverfahren und in der freiwilligen Gerichtsbarkeit berechnen		4
5	Elektronischer Rechts- und Zahlungsverkehr (§ 4 Absatz 5 Nummer 5)	a) Zahlungsvorgänge abwickeln, überwachen, kontrollieren und dokumentieren b) elektronisch beglaubigte Abschriften, beglaubigte Ausdrucke und andere elektronische Dokumente vorbereiten		3
		c) strukturierte Datensätze erzeugen d) Dienste der Bundesnotarkammer nutzen, insbesondere Vorsorgeurkunden im Zentralen Vorsorgeregister und erbfolge-		

Lfd. Nr.	Teil des Ausbildungsberufsbildes	Zu vermittelnde Fertigkeiten, Kenntnisse und Fähigkeiten	Zeitliche Richtwerte in Wochen im	
			1. bis 12. Monat	13. bis 36. Monat
(1)	(2)	(3)	(4)	
		relevante Urkunden im Zentralen Testamentsregister der Bundesnotarkammer registrieren		
6	Notarielles Berufs- und Verfahrensrecht (§ 4 Absatz 5 Nummer 6)	a) Vorschriften des notariellen Berufs-, Verfahrens- und Dienstrechts anwenden b) Bücher, Verzeichnisse und Akten führen, Aufbewahrungsfristen beachten c) Urschrift, Ausfertigung und beglaubigte Abschrift unterscheiden und bei der Vorbereitung von Ausfertigungen, beglaubigten Abschriften und Vermerkblättern beachten d) Unterschriftsbeglaubigungen entwerfen e) Verwahrungs- und Massenbuch nebst Namensverzeichnis sowie Anderkontenliste führen; Dokumentations- und Mitteilungspflichten beachten		2

Abschnitt E: weitere berufsprofilgebende Fertigkeiten, Kenntnisse und Fähigkeiten im Ausbildungsberuf Patentanwaltsfachangestellter und Patentanwaltsfachangestellte

Lfd. Nr.	Teil des Ausbildungsberufsbildes	Zu vermittelnde Fertigkeiten, Kenntnisse und Fähigkeiten	Zeitliche Richtwerte in Wochen im	
			1. bis 12. Monat	13. bis 36. Monat
(1)	(2)	(3)	(4)	
1	Grundlagen des Rechts des geistigen Eigentums (§ 4 Absatz 6 Nummer 1)	a) Voraussetzungen für die Schutzfähigkeit gewerblicher Schutzrechte und sich aus der Priorität ergebende Rechte und Verpflichtungen berücksichtigen b) Schutzrechtsmöglichkeiten für Datenverarbeitungsprogramme voneinander abgrenzen	5	
		c) Grundbegriffe, insbesondere „Erfindung", „Diensterfindung", „freie Erfindung", „ergänzende Schutzzertifikate", „Pflanzenzüchtungen" und „technischer Verbesserungsvorschlag", unterscheiden und gesetzliche Vorschriften über technische Schutzrechte anwenden d) Grundbegriffe, insbesondere „Design", „Marke für Waren", „Marke für Dienstleis-		8

Lfd. Nr.	Teil des Ausbildungsberufsbildes	Zu vermittelnde Fertigkeiten, Kenntnisse und Fähigkeiten	Zeitliche Richtwerte in Wochen im	
			1. bis 12. Monat	13. bis 36. Monat
(1)	(2)	(3)	(4)	
		tungen" und „Kollektivmarke", unterscheiden und gesetzliche Vorschriften über nichttechnische Schutzrechte anwenden		
2	Nationaler gewerblicher Rechtsschutz (§ 4 Absatz 6 Nummer 2)			
2.1	Nationale gesetzliche Vorschriften (§ 4 Absatz 6 Nummer 2 Buchstabe a)	a) Vorschriften über den nationalen gewerblichen Rechtsschutz bei der vorgangsbezogenen Sachbearbeitung anwenden b) Vorschriften über Arbeitnehmererfindungen bei der Erledigung berufsspezifischer Aufgaben nutzen		3
2.2	Anmeldung nationaler gewerblicher Schutzrechte (§ 4 Absatz 6 Nummer 2 Buchstabe b)	a) Anmeldung von Patenten, ergänzenden Schutzzertifikaten, Gebrauchsmustern, Topografien von mikroelektronischen Halbleitererzeugnissen, Marken, Designs und Sorten vorbereiten b) Anmeldetexte schreiben, Anlagen zusammenstellen, Vollmachten und Erfinderbenennungen beschaffen c) Anmeldungsunterlagen für Patente, Gebrauchsmuster, Marken und Designs, auch in elektronischer Form, einreichen und Fristen überwachen d) amtliche Gebühren und Auslagen berechnen und einzahlen e) Auftraggeber über Verfahrensabläufe im Anmeldeverfahren unterrichten		8
2.3	Erteilungs- und Eintragungsverfahren (§ 4 Absatz 6 Nummer 2 Buchstabe c)	a) Stand der Erteilungs- und Eintragungsverfahren nationaler gewerblicher Schutzrechte feststellen und den Auftraggeber unterrichten b) Einspruchsschriftsätze vorbereiten und einreichen c) förmliche Widersprüche gegen nationale Marken und internationale Marken mit nationalem Schutzanteil entwerfen und einreichen d) Einspruchs- und Widerspruchsverfahren begleiten		8

Lfd. Nr.	Teil des Ausbildungsberufsbildes	Zu vermittelnde Fertigkeiten, Kenntnisse und Fähigkeiten	Zeitliche Richtwerte in Wochen im	
			1. bis 12. Monat	13. bis 36. Monat
(1)	(2)	(3)	(4)	
2.4	Rechtsmittel und Rechtsbehelfe (§ 4 Absatz 6 Nummer 2 Buchstabe d)	a) Rechtsmittel und Rechtsbehelfe unterscheiden und Folgen feststellen b) Schriftsätze zur Einlegung von Rechtsmitteln und Rechtsbehelfen vorbereiten		6
3	Internationaler, regionaler und europäischer gewerblicher Rechtsschutz (§ 4 Absatz 6 Nummer 3)			
3.1	Internationale Zusammenarbeit (§ 4 Absatz 6 Nummer 3 Buchstabe a)	a) Gesetze, Verordnungen, Abkommen und sonstige Vorschriften über gewerbliche Schutzrechte anwenden b) fachbezogene Korrespondenz mit Mandanten, Korrespondenzanwälten und Behörden in englischer Sprache führen		4
3.2	Anmeldung gewerblicher Schutzrechte auf Grund internationaler, regionaler und europäischer Verträge und Abkommen (§ 4 Absatz 6 Nummer 3 Buchstabe b)	a) Einreichung von Schutzrechtsanmeldungen vorbereiten, zuständige Behörde ermitteln, amtliche Anmeldeformulare ausfüllen, Anmeldetexte schreiben und Anlagen beschaffen b) Anmeldungen, auch in elektronischer Form, einreichen c) amtliche Gebühren berechnen und einzahlen d) Auftraggeber über Verfahrensabläufe im Anmeldeverfahren unterrichten		8
3.3	Anmeldung gewerblicher Schutzrechte im Ausland (§ 4 Absatz 6 Nummer 3 Buchstabe c)	a) Informationen über Verfahrensvoraussetzungen und -abläufe beschaffen und berücksichtigen b) nationale Anmeldungen im Ausland vorbereiten, Anlagen zusammenstellen und die Einreichung veranlassen		
		c) Validierungen und Umwandlungen veranlassen, regionale und nationale Phasen einleiten d) Aufträge an Rechtsvertreter im Ausland zur Erfüllung der Formvorschriften vor den nationalen Patentämtern nach der Veröffentlichung der Erteilung von europäischen Patenten vorbereiten, erstellen und an Rechtsvertreter im Ausland absenden; Anlagen beschaffen und zusammenstellen		8

Lfd. Nr.	Teil des Ausbildungsberufsbildes	Zu vermittelnde Fertigkeiten, Kenntnisse und Fähigkeiten	Zeitliche Richtwerte in Wochen im	
			1. bis 12. Monat	13. bis 36. Monat
(1)	(2)	(3)	(4)	
		e) Unterlagen, Vollmachten und Erklärungen fristgemäß beschaffen und in Abhängigkeit vom Verfahren bearbeiten f) Auftraggeber über Verfahrensabläufe im Anmeldeverfahren unterrichten		
3.4	Erteilungs- und Eintragungsverfahren (§ 4 Absatz 6 Nummer 3 Buchstabe d)	a) Verfahrensstand feststellen und den Auftraggeber unterrichten b) Einspruchsschriftsätze vorbereiten und einreichen c) förmliche Widersprüche gegen Gemeinschaftsmarken und internationale Marken mit Gemeinschaftsmarkenschutzanteil entwerfen und einreichen, Widerspruchsgebühren einzahlen d) Einspruchs- und Widerspruchsverfahren verfolgen und erforderliche Maßnahmen veranlassen		6
3.5	Rechtsmittel und Rechtsbehelfe (§ 4 Absatz 6 Nummer 3 Buchstabe e)	a) Rechtsmittel und Rechtsbehelfe unterscheiden und Folgen feststellen b) Schriftsätze zur Einlegung von Rechtsmitteln und Rechtsbehelfen vorbereiten		4
4	Büro- und Verwaltungsaufgaben im gewerblichen Rechtsschutz (§ 4 Absatz 6 Nummer 4)			
4.1	Fristenmanagement (§ 4 Absatz 6 Nummer 4 Buchstabe a)	a) Fristen berechnen sowie Fristabläufe überwachen b) Voraussetzungen für Weiterbehandlung und Wiedereinsetzung in den vorigen Stand bei Versäumung von Fristen prüfen, Weiterbehandlungs- und Wiedereinsetzungsanträge stellen und versäumte Handlung nachholen		8
4.2	Aufrechterhaltung und Umschreibung von Schutzrechten (§ 4 Absatz 6 Nummer 4 Buchstabe b)	a) Fälligkeit von Gebühren für die Aufrechterhaltung berechnen, überwachen, anmahnen und einzahlen b) Umschreibung gewerblicher Schutzrechte im In- und Ausland vorbereiten, veranlassen und erforderliche Unterlagen beschaffen		3

Lfd. Nr.	Teil des Ausbildungsberufsbildes	Zu vermittelnde Fertigkeiten, Kenntnisse und Fähigkeiten	Zeitliche Richtwerte in Wochen im	
			1. bis 12. Monat	13. bis 36. Monat
(1)	(2)	(3)	(4)	
5	Verfahren nach Erteilung oder Eintragung von Schutzrechten (§ 4 Absatz 6 Nummer 5)			
5.1	Erstinstanzliche Verfahren (§ 4 Absatz 6 Nummer 5 Buchstabe a)	a) Schriftsätze in Nichtigkeits-, Löschungs- und Verletzungsverfahren vorbereiten, Unterlagen zusammenstellen b) Verfahrensabläufe bei Angriffen auf die Rechtsbeständigkeit von Schutzrechten verfolgen und erforderliche Maßnahmen veranlassen		6
5.2	Rechtsmittel und Rechtsbehelfe (§ 4 Absatz 6 Nummer 5 Buchstabe b)	a) Rechtsmittel und Rechtsbehelfe unterscheiden und Folgen feststellen b) Schriftsätze zur Einlegung von Rechtsmitteln und Rechtsbehelfen vorbereiten		4
6	Vergütungs- und Kostenrecht (§ 4 Absatz 6 Nummer 6)	a) Vergütung und Kosten der Patentanwälte, Behörden und Gerichte unterscheiden und berechnen b) Gerichtskostenrechnungen kontrollieren c) amtliche Kosten an Patentämter und sonstige Behörden wirksam einzahlen d) Kostenverzeichnisse anwenden e) Vergütungsvereinbarung entwerfen f) Vergütungs- und Kostenerstattungsanspruch des Patentanwalts unterscheiden, Kostenfestsetzungs- und Kostenausgleichungsanträge stellen sowie Beschlüsse kontrollieren g) Rechtsfolgen, Rechtsbehelfe und Rechtsmittel auf Grund der Beschlüsse prüfen h) Erstattungsanträge für Verfahrens- und Prozesskostenhilfe erstellen		6

Abschnitt F: berufsübergreifende integrative Fertigkeiten, Kenntnisse und Fähigkeiten

Lfd. Nr.	Teil des Ausbildungsberufsbildes	Zu vermittelnde Fertigkeiten, Kenntnisse und Fähigkeiten	Zeitliche Richtwerte in Wochen im 1. bis 12. Monat	Zeitliche Richtwerte in Wochen im 13. bis 36. Monat
(1)	(2)	(3)	(4)	
1	Stellung des Ausbildungsbetriebes im Rechtswesen und im Wirtschaftssystem (§ 4 Absatz 7 Nummer 1)	a) Aufbau des Rechtssystems erklären sowie Aufgaben, Struktur und Organe der Rechtspflege beschreiben, Zweige der Gerichtsbarkeit unterscheiden b) Stellung und Bedeutung von Rechtsanwälten, Notaren und Patentanwälten in der Rechtspflege darlegen und die berufsrechtlichen Anforderungen an sie und ihre Beschäftigten erläutern c) Verschwiegenheitspflicht als Grundlage der Berufsausübung einhalten d) betriebswirtschaftliche Vorgänge erklären und in volkswirtschaftliche Zusammenhänge einordnen, insbesondere zu Angebot und Nachfrage, Preisbildung und Wettbewerb e) Anforderungen an eine dienstleistungsorientierte Berufsausübung in der Rechtspflege bei der eigenen Aufgabenerfüllung berücksichtigen f) Entwicklung und Umsetzung der Außendarstellung unter Beachtung von berufsrechtlichen Vorschriften mitgestalten		
2	Aufbau, Organisationsstruktur und Rechtsform des Ausbildungsbetriebes (§ 4 Absatz 7 Nummer 2)	a) Rechtsform des Ausbildungsbetriebes darstellen b) Organisationsstruktur des Ausbildungsbetriebes mit seinen Tätigkeitsbereichen und ihrem Zusammenwirken erklären c) Aufgaben und Arbeitsabläufe im Betrieb unter Berücksichtigung der betrieblichen Organisationsanweisungen darstellen		
		d) Kooperationsbeziehungen erläutern e) Kammerstrukturen für Rechtsanwälte, Notare und Patentanwälte darstellen		
3	Berufsbildung, Arbeits-, Sozial- und Tarifrecht (§ 4 Absatz 7 Nummer 3)	a) Rechte und Pflichten aus dem Ausbildungsvertrag feststellen, Dauer und Beendigung erläutern und Aufgaben der Beteiligten im dualen System beschreiben b) den betrieblichen Ausbildungsplan mit der Ausbildungsordnung vergleichen und zu seiner Umsetzung beitragen	während der gesamten Ausbildung zu vermitteln	

Lfd. Nr.	Teil des Ausbildungsberufsbildes	Zu vermittelnde Fertigkeiten, Kenntnisse und Fähigkeiten	Zeitliche Richtwerte in Wochen im	
			1. bis 12. Monat	13. bis 36. Monat
(1)	(2)	(3)	(4)	
		c) im Ausbildungsbetrieb geltende Regelungen über Vollmachten und Weisungsbefugnisse beachten d) arbeitsrechtliche Vorschriften, insbesondere zum Jugendarbeitsschutz, zum Mutterschutz, zum Urlaub, zur Arbeitszeit und zur Entgeltfortzahlung, sowie tarifrechtliche Vorschriften für den Ausbildungsbetrieb erläutern e) Positionen der eigenen Entgeltabrechnung verstehen und sozialversicherungs- und steuerrechtliche Abzüge erklären f) wesentliche Inhalte eines Arbeitsvertrages erklären g) lebensbegleitendes Lernen als Voraussetzung für berufliche und persönliche Entwicklung begreifen und nutzen sowie berufsbezogene Fortbildungsmöglichkeiten ermitteln		
4	Sicherheit und Gesundheitsschutz bei der Arbeit; Maßnahmen der Gesundheitsförderung (§ 4 Absatz 7 Nummer 4)	a) Sicherheits- und Gesundheitsvorschriften am Arbeitsplatz anwenden und Maßnahmen zur Vermeidung von Gefährdungen ergreifen b) Arbeitsplatz unter Berücksichtigung ergonomischer Anforderungen einrichten und pflegen c) stressauslösende Situationen im Beruf erkennen und bewältigen d) Arbeitsschutz- und Unfallverhütungsvorschriften anwenden e) Verhaltensweisen bei Unfällen beschreiben sowie erste Maßnahmen einleiten f) Vorschriften des vorbeugenden Brandschutzes anwenden; Verhaltensweisen bei Bränden beschreiben und Maßnahmen der Brandbekämpfung ergreifen		
5	Umweltschutz (§ 4 Absatz 7 Nummer 5)	zur Vermeidung betriebsbedingter Umweltbelastungen im beruflichen Einwirkungsbereich beitragen, insbesondere a) mögliche Umweltbelastungen durch den Ausbildungsbetrieb und seinen Beitrag zum Umweltschutz an Beispielen erklären		

Lfd. Nr.	Teil des Ausbildungsberufsbildes	Zu vermittelnde Fertigkeiten, Kenntnisse und Fähigkeiten	Zeitliche Richtwerte in Wochen im	
			1. bis 12. Monat	13. bis 36. Monat
(1)	(2)	(3)	(4)	
		b) für den Ausbildungsbetrieb geltende Regelungen des Umweltschutzes anwenden c) Möglichkeiten der wirtschaftlichen und umweltschonenden Energie- und Materialverwendung nutzen d) Abfälle vermeiden; Stoffe und Materialien einer umweltschonenden Entsorgung zuführen		

Verordnung über die Prüfung zum anerkannten Abschluss Geprüfter Rechtsfachwirt/Geprüfte Rechtsfachwirtin (RechtsfachwPrV)

Vom 23. August 2001, BGBl. I S. 2250

Zuletzt geändert durch Artikel 19 der Verordnung vom 9. Dezember 2019, BGBl. I 2153

Inhaltsübersicht

Eingangsformel

Auf Grund des § 46 Abs. 2 und des § 21 Abs. 1 des Berufsbildungsgesetzes vom 14. August 1969 (BGBl. I S. 1112), die zuletzt durch Artikel 35 der Verordnung vom 21. September 1997 (BGBl. I S. 2390) geändert worden sind, in Verbindung mit Artikel 56 des Zuständigkeitsanpassungs-Gesetzes vom 18. März 1975 (BGBl. I S. 705) und dem Organisationserlass vom 27. Oktober 1998 (BGBl. I S. 3288), verordnet das Bundesministerium für Bildung und Forschung nach Anhörung des Ständigen Ausschusses des Bundesinstitutes für Berufsbildung und im Einvernehmen mit dem Bundesministerium der Justiz:

§ 1 Ziel der Prüfung und Bezeichnung des Abschlusses

(1) Zum Nachweis von Kenntnissen, Fertigkeiten und Erfahrungen, die durch die berufliche Fortbildung zum Geprüften Rechtsfachwirt/zur Geprüften Rechtsfachwirtin erworben wurden, kann die zuständige Stelle Prüfungen nach den §§ 2 bis 8 durchführen.

(2) [1]Durch die Prüfung ist festzustellen, ob die zu prüfende Person die notwendigen Qualifikationen besitzt, die sie zur Verwaltung, Organisation und Leitung der Kanzlei eines Rechtsanwaltsbüros befähigen. [2]Dabei soll sie das nichtanwaltliche Aufgabenfeld eines Rechtsanwaltsbüros beherrschen und qualifizierte Sachbearbeitung im anwaltlichen Aufgabenfeld leisten können. [3]Insbesondere kann sie folgende Aufgaben wahrnehmen:

1. Organisation des Büroablaufs, Überwachung der Kommunikationssysteme;
2. betriebswirtschaftliche Problemanalysen, Leitung des Rechnungswesens;
3. eigenverantwortlicher Personaleinsatz sowie Personalführung, Berufsausbildung, dienstleistungsorientierter Umgang mit Mandanten und Dritten;
4. Betreuung des gesamten Kostenwesens der Kanzlei, Vorbereitung von Rechtsmitteln und Rechtsbehelfen;
5. eigenverantwortliche Bearbeitung sämtlicher Vollstreckungsangelegenheiten unter Berücksichtigung des jeweiligen materiellen Rechts.

(3) Die erfolgreich abgelegte Prüfung führt zum anerkannten Abschluss „Geprüfter Rechtsfachwirt/Geprüfte Rechtsfachwirtin".

§ 2 Zulassungsvoraussetzungen

(1) [1]Zur schriftlichen Prüfung gemäß § 3 Abs. 2 ist zuzulassen, wer

1. eine mit Erfolg abgelegte Abschlussprüfung als Rechtsanwaltsfachangestellter/Rechtsanwaltsfachangestellte oder Rechtsanwalts- und Notarfachangestellter/Rechtsanwalts- und Notarfachangestellte oder Notarfachangestellter/Notarfachangestellte oder Patentanwaltsfachangestellter/Patentanwaltsfachangestellte bestanden hat und danach eine mindestens zweijährige Berufspraxis oder
2. eine mindestens sechsjährige Berufspraxis nachweist.

[2]Die Berufspraxis im Sinne des Satzes 1 muss inhaltlich wesentliche Bezüge zu den in § 1 Abs. 2 genannten Aufgaben im Rechtsanwaltsbüro haben.

(2) Zur mündlichen Prüfung gemäß § 3 Abs. 3 ist zuzulassen, wer den erfolgreichen Abschluss des schriftlichen Prüfungsteils gemäß § 3 Abs. 2, der nicht länger als fünf Jahre zurückliegt, nachweist.

(3) Abweichend von § 1 kann zur schriftlichen Prüfung gemäß § 3 Abs. 2 auch zugelassen werden, wer durch Vorlage von Zeugnissen und anderer Weise glaubhaft macht, dass er Kenntnisse, Fertigkeiten und Erfahrungen erworben hat, die die Zulassung zur Prüfung rechtfertigen.

§ 3 Gliederung und Durchführung der Prüfung

(1) Die Prüfung gliedert sich in die Handlungsbereiche:

a) Büroorganisation und -verwaltung,

b) Personalwirtschaft und Mandantenbetreuung,

c) Mandatsbetreuung im Kosten-, Gebühren- und Prozessrecht,

d) Mandatsbetreuung in der Zwangsvollstreckung und im materiellen Recht.

(2) [1]Die schriftliche Prüfung wird in den Handlungsbereichen gemäß § 4 Abs. 1 bis 4 aus unter Aufsicht zu bearbeitenden praxisorientierten Aufgaben durchgeführt und soll je Handlungsbereich mindestens zwei, höchstens vier Zeitstunden, jedoch insgesamt nicht länger als zwölf Stunden dauern. [2]Sind in der schriftlichen Prüfung die Prüfungsleistungen in bis zu zwei Handlungsbereichen mit mangelhaft und die übrigen Handlungsbereiche mit mindestens ausreichend bewertet worden, so ist der zu prüfenden Person in den mit mangelhaft bewerteten Handlungsbereichen eine mündliche Ergänzungsprüfung anzubieten. [3]Deren Dauer soll je Handlungsbereich 20 Minuten nicht überschreiten. [4]Bei der Ermittlung der Note sind die Ergebnisse der schriftlichen Arbeit und der mündlichen Ergänzungsprüfung im Verhältnis 2:1 zu gewichten.

(3) [1]Die mündliche Prüfung besteht aus einem praxisorientierten Situationsgespräch. [2]Die zu prüfende Person soll dabei auf der Grundlage eines von zwei ihr zur Wahl gestellten übergreifenden praxisbezogenen Fällen nachweisen, dass sie in der Lage ist,

- Sachverhalte systematisch zu analysieren, zielorientiert zu bearbeiten und darzustellen sowie
- Gespräche situationsbezogen vorzubereiten und durchzuführen.

[3]Der Präsentation der Lösung der gestellten Aufgabe schließt sich ein Fachgespräch an. [4]Die Gesamtdauer der mündlichen Prüfung beträgt 30 Minuten. [5]Der zu prüfenden Person sind 20 Minuten Vorbereitungszeit zu gewähren.

§ 4 Prüfungsinhalte

(1) [1]Im Handlungsbereich „Büroorganisation und Verwaltung" soll die zu prüfende Person nachweisen, dass sie in der Lage ist, ein Anwaltsbüro im nichtanwaltlichen Bereich eigenverantwortlich, systematisch und betriebswirtschaftlich orientiert zu führen. [2]In diesem Rahmen können geprüft werden:

1. Organisationsmittel, Büroablauforganisation,
2. Bearbeitung und Kontrolle der Fristen und Termine,
3. Post- und Dokumentenmanagement,
4. Planung, Organisation und Einsatz der Datenverarbeitungs- und Telekommunikationssysteme,
5. Rechtsdatenbanken, Datenschutz,
6. betriebliches Rechnungswesen einschließlich Aufzeichnungspflichten, betriebliche Steuerung, Kosten-Nutzen-Analyse,
7. Materialverwaltung,
8. Verkehr mit Gerichten, Behörden und Dritten.

(2) [1]Im Handlungsbereich „Personalwirtschaft und Mandantenbetreuung" soll die zu prüfende Person nachweisen, dass sie Vorgänge auf der Basis betriebswirtschaftlicher und arbeitsrechtlicher Grundlagen interpretieren, analysieren und bearbeiten kann. [2]Sie soll in der Lage sein, Praxisziele, Organisations- und Kooperationsformen im Zusammenspiel von Mitarbeitern, Mandanten und anderer Beteiligter einzuschätzen und zu berücksichtigen. [3]In diesem Zusammenhang können geprüft werden:

1. Personalwirtschaft
   a) Arbeitsvertragsgestaltung und versicherungstechnische Absicherung von Risiken unter Berücksichtigung internationaler Vorschriften,
   b) Berufsbildungs- und Jugendschutzrecht,
   c) Arbeitsschutzvorschriften,
   d) praxisbezogene Schwerpunkte des Sozialversicherungsrechts,
   e) Arbeitsrecht,
   f) Personalführung und -entwicklung.
2. Mandantenbetreuung
   a) Sachstandsaufnahme, Kollisionskontrolle,
   b) mündliche und schriftliche Terminsberichte,
   c) Verkehr mit dem anwaltlich nicht vertretenen Beteiligten, insbesondere Schuldnern,
   d) Schwerpunkte des Berufsrechts der Rechtsanwälte.

(3) [1]Im Handlungsbereich „Mandatsbetreuung im Kosten, Gebühren- und Prozessrecht" soll die zu prüfende Person nachweisen, dass sie Vorgänge des Gebührenrechts, der Festsetzung und Erstattung der Gebühren bearbeiten kann sowie die dazugehörigen Regelungen des Prozessrechts interpretieren und anwenden kann. [2]Dabei können geprüft werden:

1. Kosten und Gebührenrecht

   Das Recht

   a) des Rechtsanwaltsvergütungsgesetzes,
   b) des Gerichtskostengesetzes,
   c) des Gesetzes über Gerichtskosten in Familiensachen,

d) des Gerichts- und Notarkostengesetzes,

e) der Verfahrensgesetze zur Berechnung der Vergütung, der Gebühren und der Auslagen sowie der Gegenstandswerte, für Anträge auf Festsetzung, Erstattung und Ausgleich, für die Leistung von Prozesskostensicherheiten und -vorschüssen, Beratungs- und Prozesskostenhilfe.

2. Prozessrecht

a) Das gesamte gerichtliche Mahnverfahren und seine Überleitung in das Streitverfahren;

b) in praxisbezogenen Schwerpunkten die Regelungen

aa) der Zivilprozessordnung über die Zuständigkeit und die Vorbereitung der Klage, über Verfahrensanträge, Rechtsmittel und Rechtsbehelfe, über besondere Verfahrensarten und den vorläufigen Rechtsschutz und der entsprechenden Landesgesetze bezüglich der außergerichtlichen Streitbeilegung, Mediation,

bb) des Gerichtsverfassungsgesetzes;

c) Grundzüge des Gesetzes über das Verfahren in Familiensachen und in den Angelegenheiten der freiwilligen Gerichtsbarkeit in Nachlass-, Kindschaftssachen;

d) Grundzüge des Gesetzes über das Wohnungseigentum und das Dauerwohnrecht (Wohnungseigentumsgesetz);

e) Grundzüge des Betreuungsrechts;

f) Besonderheiten der fachgerichtlichen Verfahren;

g) praxisbezogene Schwerpunkte der Regelungen der Strafprozessordnung und des Gesetzes über Ordnungswidrigkeiten über Verfahrensanträge, Rechtsmittel und Rechtsbehelfe, insbesondere über das Strafbefehlsverfahren.

(4) [1]Im Handlungsbereich „Mandatsbetreuung in der Zwangsvollstreckung und im materiellen Recht" soll die zu prüfende Person nachweisen, dass sie in der Lage ist, titulierte Forderungen in jeglicher Hinsicht durchzusetzen, die entsprechenden Anträge zu stellen sowie die zugrunde liegenden Rechtsverhältnisse einzuordnen und dazugehörige einfache Rechtsfragen richtig beurteilen zu können. [2]In diesem Rahmen können geprüft werden:

1. Zwangsvollstreckung

a) Das Recht der Zwangsvollstreckung wegen Geldforderungen in das bewegliche Vermögen, zur Erwirkung der Herausgabe von Sachen und zur Erwirkung von Handlungen oder Unterlassungen, einschließlich der Grundsätze und von Strategien sowie des Vollstreckungsschutzes und der Vollstreckungsabwehr aus der Sicht des Gläubigers, Schuldners, des Drittschuldners und Dritter zur Vorbereitung von Anträgen und Aufträgen;

b) das Recht der Sicherungsvollstreckung und der eidesstattlichen Versicherung und der Haft; die Vorbereitung von Anträgen, Aufträgen und Gesuchen;

c) das Recht der Zwangsvollstreckung in das unbewegliche Vermögen, insbesondere Zwangsversteigerung, praxisbezogene Schwerpunkte des Insolvenzverfahrens.

2. Materielles Recht

a) Umfassender Überblick über die Systematik des öffentlichen und des privaten Rechts, über seine Fundstellen und deren Erreichbarkeit sowie über die Fundstellen von Rechtsprechung;

b) umfassende Kenntnisse des bürgerlichen Rechts über die Personen, die Rechtsgeschäfte, die Verjährung, die Schuldverhältnisse, insbesondere über Leistungsstörungen, über Besitz und Eigentum und über unerlaubte Handlungen;

c) praxisbezogene Schwerpunktkenntnisse des Sachen-, Familien- und Erbrechts, des Handels- und Gesellschaftsrechts, des Rechts an Grundstücken und grundstücksgleichen Rechten, des Strafrechts, des Straßenverkehrsrechts sowie der Verkehrsunfallregulierung.

§ 5 Befreiung von einzelnen Prüfungsbestandteilen

[1]Wird die zu prüfende Person nach § 56 Absatz 2 des Berufsbildungsgesetzes von der Ablegung einzelner Prüfungsbestandteile befreit, bleiben diese Prüfungsbestandteile für die Anwendung der §§ 6 und 7 außer Betracht. [2]Für die übrigen Prüfungsbestandteile erhöhen sich die Anteile nach § 7 Absatz 3 entsprechend ihrem Verhältnis zueinander. [3]Allein diese Prüfungsbestandteile sind den Entscheidungen des Prüfungsausschusses zugrunde zu legen.

§ 6 Bewerten der Prüfungsleistungen

(1) Jede Prüfungsleistung ist nach Maßgabe der Anlage 1 mit Punkten zu bewerten.

(2) In der schriftlichen Prüfung nach § 3 Absatz 2 sind die Prüfungsleistungen einzeln zu bewerten.

(3) Als mündliche Prüfung ist das praxisorientierte Situationsgespräch nach § 3 Absatz 3 zu bewerten.

§ 7 Bestehen der Prüfung, Gesamtnote

(1) Die Prüfung ist bestanden, wenn ohne Rundung in den folgenden Prüfungsleistungen jeweils mindestens 50 Punkte erreicht worden sind:

1. in allen Prüfungsleistungen der schriftlichen Prüfung nach § 3 Absatz 2 sowie
2. in der mündlichen Prüfung nach § 3 Absatz 3.

(2) Ist die Prüfung bestanden, ist die Bewertung in den Handlungsbereichen, in denen eine mündliche Ergänzungsprüfung nach § 3 Absatz 2 durchgeführt wurde, kaufmännisch auf eine ganze Zahl zu runden.

(3) Den Bewertungen für die Prüfungsleistungen in der schriftlichen Prüfung und der Bewertung für die mündliche Prüfung ist nach Anlage 1 die jeweilige Note als Dezimalzahl zuzuordnen.

(4) [1]Für die Bildung einer Gesamtnote ist als Gesamtpunktzahl das arithmetische Mittel aus den Bewertungen der Prüfungsleistungen in der schriftlichen Prüfung und der Bewertung in der mündlichen Prüfung zu berechnen. [2]Die Gesamtpunktzahl ist kaufmännisch auf eine ganze Zahl zu runden. [3]Der gerundeten Gesamtpunktzahl wird nach Anlage 1 die Note als Dezimalzahl und die Note in Worten zugeordnet. [4]Die zugeordnete Note ist die Gesamtnote.

§ 8 Zeugnisse

(1) Wer die Prüfung nach § 7 Absatz 1 bestanden hat, erhält von der zuständigen Stelle zwei Zeugnisse nach Maßgabe der Anlage 2 Teil A und B.

(2) [1]Auf dem Zeugnis mit den Inhalten nach Anlage 2 Teil B sind die Noten als Dezimalzahlen mit einer Nachkommastelle und die Gesamtnote als Dezimalzahl mit einer Nachkommastelle und in Worten anzugeben. [2]Jede Befreiung nach § 5 ist mit Ort, Datum und der Bezeichnung des Prüfungsgremiums der anderen vergleichbaren Prüfung anzugeben.

(3) Die Zeugnisse können zusätzliche nicht amtliche Bemerkungen zur Information (Bemerkungen) enthalten, insbesondere

1. über den erworbenen Abschluss oder
2. auf Antrag der geprüften Person über während oder anlässlich der Fortbildung erworbene besondere oder zusätzliche Fertigkeiten, Kenntnisse und Fähigkeiten.

§ 9 Wiederholung der Prüfung

(1) Ist die Prüfung nicht bestanden, kann sie zweimal wiederholt werden.

(2) [1]Mit dem Antrag auf Wiederholung der Prüfung wird die zu prüfende Person von einzelnen Prüfungsleistungen befreit, wenn sie darin mindestens ausreichende Leistungen erzielte und sie sich

innerhalb von zwei Jahren, gerechnet vom Tage der Beendigung der nicht bestandenen Prüfung an, zur Wiederholungsprüfung angemeldet hat. [2]Die zu prüfende Person kann beantragen, auch bestandene Prüfungsleistungen zu wiederholen. [3]In diesem Fall ist das letzte Ergebnis für das Bestehen zu berücksichtigen.

§ 10 Übergangsvorschriften

(1) Die bei Inkrafttreten dieser Verordnung laufenden Prüfungsverfahren können nach den bisherigen Vorschriften zu Ende geführt werden.

(2) Die zuständige Stelle kann auf Antrag des Prüfungsteilnehmers eine Wiederholungsprüfung gemäß dieser Verordnung durchführen; § 7 Abs. 2 findet insoweit keine Anwendung.

§ 11 Ausbildereignung

Wer die Prüfung zum Geprüften Rechtsfachwirt/zur Geprüften Rechtsfachwirtin nach dieser Verordnung bestanden hat, ist vom schriftlichen Teil der Prüfung nach der aufgrund des Berufsbildungsgesetzes erlassenen Ausbilder-Eignungsverordnung befreit.

§ 12 Inkrafttreten

Diese Verordnung tritt am Tage nach der Verkündung in Kraft.

Anlage 1 (zu den §§ 6 und 7) Bewertungsmaßstab und -schlüssel

(Fundstelle: BGBl. I 2019, 2221 - 2222, zuletzt geändert durch Art. 19 VO v. 9.12.2019 BGBl. I 2153)

Punkte	Note als Dezimalzahl	Note in Worten	Definition
100	1,0	sehr gut	eine Leistung, die den Anforderungen in besonderem Maß entspricht
98 und 99	1,1		
96 und 97	1,2		
94 und 95	1,3		
92 und 93	1,4		
91	1,5	gut	eine Leistung, die den Anforderungen voll entspricht
90	1,6		
89	1,7		
88	1,8		
87	1,9		
85 und 86	2,0		
84	2,1		
83	2,2		
82	2,3		
81	2,4		

Punkte	Note als Dezimalzahl	Note in Worten	Definition
79 und 80	2,5	befriedigend	eine Leistung, die den Anforderungen im Allgemeinen entspricht
78	2,6		
77	2,7		
75 und 76	2,8		
74	2,9		
72 und 73	3,0		
71	3,1		
70	3,2		
68 und 69	3,3		
67	3,4		
65 und 66	3,5	ausreichend	eine Leistung, die zwar Mängel aufweist, aber im Ganzen den Anforderungen noch entspricht
63 und 64	3,6		
62	3,7		
60 und 61	3,8		
58 und 59	3,9		
56 und 57	4,0		
55	4,1		
53 und 54	4,2		
51 und 52	4,3		
50	4,4		
48 und 49	4,5	mangelhaft	eine Leistung, die den Anforderungen nicht entspricht, jedoch erkennen lässt, dass gewisse Grundkenntnisse noch vorhanden sind
46 und 47	4,6		
44 und 45	4,7		
42 und 43	4,8		
40 und 41	4,9		
38 und 39	5,0		
36 und 37	5,1		
34 und 35	5,2		
32 und 33	5,3		
30 und 31	5,4		

Punkte	Note als Dezimalzahl	Note in Worten	Definition
25 bis 29	5,5	ungenügend	eine Leistung, die den Anforderungen nicht entspricht und bei der selbst Grundkenntnisse fehlen
20 bis 24	5,6		
15 bis 19	5,7		
10 bis 14	5,8		
5 bis 9	5,9		
0 bis 4	6,0		

Anlage 2 (zu § 8) Zeugnisinhalte

(Fundstelle: BGBl. I 2019, 2222 - 2223, zuletzt geändert durch Art. 19 VO v. 9.12.2019 BGBl. I 2153)

Teil A – Zeugnis ohne Prüfungsergebnisse:

1. Bezeichnung der ausstellenden Behörde,
2. Name und Geburtsdatum der geprüften Person,
3. Datum des Bestehens der Prüfung,
4. Bezeichnung des erworbenen Fortbildungsabschlusses nach § 1 Absatz 3,
5. Bezeichnung und Fundstelle dieser Fortbildungsordnung nach den Angaben im Bundesgesetzblatt unter Berücksichtigung erfolgter Änderungen dieser Verordnung,
6. Datum der Ausstellung des Zeugnisses samt Unterschrift der zuständigen Stelle.

Teil B – Zeugnis mit Prüfungsergebnissen:

Alle Angaben des Teils A sowie zusätzlich:

1. Benennung der Handlungsbereiche der schriftlichen Prüfung und Bewertung als Note,
2. Benennung des praxisorientierten Situationsgesprächs und Bewertung als Note,
3. die errechnete Gesamtpunktzahl für die gesamte Prüfung,
4. die Gesamtnote als Dezimalzahl,
5. die Gesamtnote in Worten,
6. Befreiungen nach § 5,
7. Bescheinigung der Befreiung vom schriftlichen Teil der Prüfung nach der Ausbilder-Eignungsverordnung nach § 11.

K. Supranationale Regelungen

Charta der Rechte des Mandanten[1]

Der Mandant hat

1. das Recht auf anwaltlichen Beistand eines von ihm frei gewählten Anwalts seines Vertrauens zu jeder Zeit, auch wenn er nicht über ausreichende Mittel verfügt,
2. das Recht auf einen persönlichen und wirtschaftlich, auch von staatlicher Gewalt unabhängigen Anwalt,
3. das Recht auf einen Anwalt, der von Weisungen und Einflüssen Dritter frei ist,
4. das Recht auf einen der absoluten Verschwiegenheit – auch gegenüber Gerichten und Behörden – verpflichteten Anwalt, dessen Vertraulichkeit im persönlichen, telefonischen und schriftlichen Verkehr gewährleistet ist,
5. das Recht auf einen Anwalt, der sorgfältig und ausschließlich die Interessen des Mandanten und keine widerstreitenden Interessen vertritt,
6. das Recht auf vollständige Berücksichtigung des Vorbringens seines Anwalts,
7. das Recht auf einen qualifizierten und fachlich geprüften Anwalt, der für fehlerhafte Dienstleistungen haftet,
8. das Recht auf eine prüfbare Abrechnung der anwaltlichen Dienstleistung.

1 Verabschiedet auf der 90. Hauptversammlung der Bundesrechtsanwaltskammer am 26. Oktober 2001 in München.

Charter of core principles of the European legal profession[1]

„In a society founded on respect for the rule of law the lawyer fulfils a special role. The lawyer's duties do not begin and end with the faithful performance of what he or she is instructed to do so far as the law permits. A lawyer must serve the interests of justice as well as those whose rights and liberties he or she is trusted to assert and defend and it is the lawyer's duty not only to plead the client's cause but to be the client's adviser. Respect for the lawyer's professional function is an essential condition for the rule of law and democracy in society."

– the CCBE's Code of Conduct for European Lawyers, article 1.1

There are core principles which are common to the whole European legal profession, even though these principles are expressed in slightly different ways in different jurisdictions. The core principles underlie the various national and international codes which govern the conduct of lawyers. European lawyers are committed to these principles, which are essential for the proper administration of justice, access to justice and the right to a fair trial, as required under the European Convention of human rights. Bars and Law Societies, courts, legislators, governments and international organisations should seek to uphold and protect the core principles in the public interest.The core principles are, in particular:

(a) the independence of the lawyer, and the freedom of the lawyer to pursue the client's case;

(b) the right and duty of the lawyer to keep clients' matters confidential and to respect professional secrecy;

(c) avoidance of conflicts of interest, whether between different clients or between the client and the lawyer;

(d) the dignity and honour of the legal profession, and the integrity and good repute of the individual lawyer;

(e) loyalty to the client;

(f) fair treatment of clients in relation to fees;

(g) the lawyer's professional competence;

(h) respect towards professional colleagues;

(i) respect for the rule of law and the fair administration of justice; and

(j) the self-regulation of the legal profession.

1 Verabschiedet auf der CCBE-Vollversammlung vom 24.11.2006. Siehe dazu auch die Kommentare des CCBE veröffentlicht auf den Seiten des CCBE, zuletzt in der 2019 edition (in englischer und französicher Sprache), zu finden auf den Seiten des CCBE unter www.ccbe.eu im Bereich Documents/Publications/CCBE Code of Conduct.

Convention for the Protection of the Profession of Lawyer

Der Europarat hat am 12. März 2025 die „Konvention zum Schutz der Anwaltschaft" („Convention for the protection of the profession of lawyer") beschlossen – damit die Konvention in Kraft tritt, muss sie nun noch von mindestens 8 Staaten ratifiziert werden; die Auslegung für die Ratifizierung hat am 13. Mai 2025 begonnen.

Nähere Informationen zu dieser Konvention finden Sie auf den Seiten des „European Committee on Legal Co-operation" hier:

www.coe.int/cdcj

Der vollständige Text und detaillierte Informationen, einschließlich des Stands der Unterschriften und Ratifikation, sind in den „Details of Treaty No.226" des „Treaty Office" zu finden: https://www.coe.int/en/web/conventions/full-list?module=treaty-detail&treatynum=226.

Wir werden den Text der Konvention in diese Sammlung aufnehmen, sobald die Konvention in Kraft getreten ist.

Berufsregeln für Europäische Rechtsanwälte (CCBE)[1]

Ursprünglich angenommen von der CCBE-Vollversammlung am 28. Oktober 1988, geändert durch die CCBE-Vollversammlungen vom 28. November 1998, vom 6. Dezember 2002 und vom 19. Mai 2006. Den Änderungen der CCBE-Statuten, die förmlich auf einer außerordentlichen Vollversammlung am 20. August 2007 verabschiedet wurden, wird in den vorliegenden Berufsregeln ebenfalls Rechnung getragen.

Inhaltsübersicht

---

1 Die CCBE-Regeln waren früher in die Berufsordnung inkorporiert (§29 BORA a.F.). Stattdessen gelten jetzt §§ 29a/b BORA (siehe dort). Die CCBE-Regeln sind damit als solche nicht mehr Teil des deutschen Berufsrechts; denn die Satzungsversammlung hat keine Kompetenz, für die grenzüberschreitende Tätigkeit eine in sich abgeschlossene anwaltliche Berufsordnung zu erlassen, sondern kann nur bei der einzelnen Berufspflicht an die Spezifika grenzüberschreitender Tätigkeit anknüpfen. Zur Klarstellung hat die Satzungsversammlung auf ihrer Sitzung am 15.4.2013 durch Beschluss festgestellt, „dass alle Fragen, die in den einzelnen Bestimmungen des CCBE Code of Conduct behandelt sind, im deutschen Berufsrecht entweder gesetzlich bzw. durch Satzung geregelt oder durch die Rechtsprechung der Gerichte geklärt sind". Siehe zu den Berufsregeln auch das „Explanatory Memorandum", veröffentlicht auf den Seiten des CCBE, zuletzt in der 2019 edition (in englischer und französischer Sprache), zu finden auf den Seiten des CCBE unter www.ccbe.eu im Bereich Documents/Publications/CCBE Code of Conduct.

1. Vorspruch

1.1. Der Rechtsanwalt in der Gesellschaft

[1]In einer auf die Achtung des Rechtes gegründeten Gesellschaft hat der Rechtsanwalt eine besonders wichtige Funktion. [2]Seine Aufgabe beschränkt sich nicht auf die gewissenhafte Ausführung eines Auftrages im Rahmen des Gesetzes. [3]Der Rechtsanwalt hat dafür Sorge zu tragen, dass sowohl der Rechtsstaat als auch die Interessen des Rechtsuchenden, dessen Rechte und Freiheiten er vertritt, gewahrt werden. [4]Der Rechtsanwalt ist verpflichtet, nicht nur für die Sache seines Mandanten einzutreten, sondern auch der Berater seines Mandanten zu sein. [5]Die Achtung der mit dem Rechtsanwaltsberuf verbundenen Funktion ist eine unabdingbare Voraussetzung für einen Rechtsstaat und eine demokratische Gesellschaft.

[6]Bei der Ausführung seines Auftrages unterliegt der Rechtsanwalt daher zahlreichen gesetzlichen und berufsrechtlichen Pflichten, (die zum Teil zueinander in Widerspruch zu stehen scheinen), gegenüber:

- dem Mandanten.
- Gerichten und Behörden, denen gegenüber der Rechtsanwalt seinem Mandanten beisteht und ihn vertritt,
- seinem Berufsstand im Allgemeinen und jedem Kollegen im Besonderen,
- der Gesellschaft, für die ein freier, unabhängiger und durch sich selbst auferlegte Regeln integerer Berufsstand ein wesentliches Mittel zur Verteidigung der Rechte des Einzelnen gegenüber dem Staat und gegenüber Interessengruppen ist.

1.2. Gegenstand des Berufsrechtes

1.2.1. [1]Die freiwillige Unterwerfung unter die Berufsregeln all jener, auf die diese Anwendung finden, dient dem Zweck, die ordnungsgemäße Wahrnehmung seiner für die Gemeinschaft unerlässlichen Aufgaben durch den Rechtsanwalt sicherzustellen. [2]Beachtet der Rechtsanwalt die Berufsregeln nicht, kann dies schließlich zu Disziplinarmaßnahmen führen.

1.2.2. [1]Jede Anwaltschaft hat eigene auf ihrer besonderen Tradition beruhende Regeln. [2]Diese entsprechen der Organisation des Berufsstandes und dem anwaltlichen Tätigkeitsbereich, dem Verfahren vor den Gerichten und Behörden sowie den Gesetzen des betreffenden Mitgliedstaates. [3]Es ist weder möglich noch wünschenswert, sie aus diesem Zusammenhang herauszureißen oder Regeln zu verallgemeinern, die dafür nicht geeignet sind. [4]Die einzelnen Berufsregeln jeder Anwaltschaft beruhen jedoch auf den gleichen Grundwerten und sind ganz überwiegend Ausdruck einer gemeinsamen Grundüberzeugung.

1.3. Ziel und Zweck der Europäischen Berufsregeln

1.3.1. [1]Durch die Entwicklung der Europäischen Union und des Europäischen Wirtschaftsraumes und die im Rahmen des Europäischen Wirtschaftsraumes immer stärker werdende grenzüberschreitende Tätigkeit des Rechtsanwaltes ist es im Interesse der Rechtsuchenden notwendig geworden, für diese grenzüberschreitende Tätigkeit einheitliche, auf jeden Rechtsanwalt des Europäischen Wirtschaftsraumes anwendbare Regeln festzulegen, unabhängig davon, welcher Anwaltschaft der Rechtsanwalt angehört. [2]Die Aufstellung solcher Berufsregeln hat insbesondere zum Ziel, die sich aus der konkurrierenden Anwendung mehrerer Berufsrechte – die insbesondere in den Artikeln 4 und 7.2 der Richtlinie Nr. 77/249/EWG sowie in den Artikeln 6 und 7 der Richtlinie Nr. 98/5/EG vorgesehen ist – ergebenden Schwierigkeiten zu verringern.

1.3.2. [1]Die im CCBE zusammengeschlossenen, den anwaltlichen Berufsstand repräsentierenden Organisationen sprechen den Wunsch aus, dass die nachstehenden Berufsregeln

- bereits jetzt als Ausdruck der Übereinkunft aller Anwaltschaften der Europäischen Union und des Europäischen Wirtschaftsraumes anerkannt werden,
- in kürzester Zeit durch nationales und/oder EWR – Recht für die grenzüberschreitende Tätigkeit des Rechtsanwaltes in der Europäischen Union und dem Europäischen Wirtschaftsraum verbindlich erklärt werden,
- bei jeder Reform des nationalen Berufsrechtes im Hinblick auf dessen allmähliche Harmonisierung berücksichtigt werden.

[2]Sie verbinden damit weiter den Wunsch, dass die nationalen Berufsregeln soweit wie möglich in einer Weise ausgelegt und angewendet werden, die mit den Europäischen Berufsregeln in Einklang steht.

[3]Wenn die Europäischen Berufsregeln hinsichtlich der grenzüberschreitenden anwaltlichen Tätigkeit verbindlich geworden sind, untersteht der Rechtsanwalt weiter den Berufsregeln der Anwaltschaft, der er angehört, soweit diese zu den Europäischen Berufsregeln nicht in Widerspruch stehen.

1.4. Persönlicher Anwendungsbereich

Die nachstehenden Berufsregeln sind auf alle Rechtsanwälte im Sinne der Richtlinie Nr. 77/249/EWG und der Richtlinie Nr. 98/5/EG sowie auf die Rechtsanwälte in den CCBE-Mitgliedsländern mit Beobachterstatus anwendbar.

1.5. Sachlicher Anwendungsbereich

[1]Unbeschadet des Zieles einer allmählichen Vereinheitlichung des innerstaatlich geltenden Berufsrechtes sind die nachstehenden Berufsregeln auf die grenzüberschreitende Tätigkeit des Rechtsanwaltes innerhalb der Europäischen Union und des Europäischen Wirtschaftsraumes anwendbar. [2]Als grenzüberschreitende Tätigkeit gilt:

a) jede Tätigkeit gegenüber Rechtsanwälten anderer Mitgliedstaaten anlässlich anwaltlicher Berufsausübung,

b) die berufliche Tätigkeit eines Rechtsanwaltes in einem anderen Mitgliedstaat, gleichgültig ob er dort anwesend ist oder nicht.

1.6. Definitionen

[1]Für die nachstehenden Berufsregeln haben folgende Ausdrücke folgende Bedeutung:

[2]„Mitgliedstaat" bezeichnet einen Mitgliedstaat der EU oder jeden anderen Staat, dessen Anwaltschaft unter Artikel 1.4 fällt.

[3]„Herkunftsstaat" bezeichnet den Mitgliedstaat, in dem der Rechtsanwalt das Recht zur Führung seines Berufstitels erworben hat.

K. Supranationale Regelungen

[4]„Aufnahmestaat" bezeichnet den Mitgliedstaat, in dem der Rechtsanwalt eine grenzüberschreitende Tätigkeit verrichtet.

[5]„Zuständige Stelle" bezeichnet die berufsspezifischen Organisationen oder Behörden der Mitgliedstaaten, die für die Erlassung von Berufsregeln und Disziplinaraufsicht zuständig sind.

[6]„Richtlinie Nr. 77/249/EWG" bezeichnet die Richtlinie 77/249/EWG des Rates vom 22. März 1977 zur Erleichterung der tatsächlichen Ausübung des freien Dienstleistungsverkehrs der Rechtsanwälte.

[7]„Richtlinie Nr. 98/5/EG" bezeichnet die Richtlinie 98/5/EG des Europäischen Parlaments und des Rates vom 16. Februar 1998 zur Erleichterung der ständigen Ausübung des Rechtsanwaltsberufs in einem anderen Mitgliedstaat als dem, in dem die Qualifikation erworben wurde.

2.
Allgemeine Grundsätze

2.1. Unabhängigkeit

2.1.1. [1]Die Vielfältigkeit der dem Rechtsanwalt obliegenden Pflichten setzt seine Unabhängigkeit von sachfremden Einflüssen voraus; dies gilt insbesondere für die eigenen Interessen des Rechtsanwaltes und die Einflussnahme Dritter. [2]Diese Unabhängigkeit ist für das Vertrauen in die Justiz ebenso wichtig wie die Unparteilichkeit des Richters. [3]Der Rechtsanwalt hat daher Beeinträchtigungen seiner Unabhängigkeit zu vermeiden und darf nicht aus Gefälligkeit gegenüber seinem Mandanten, dem Richter oder einem Dritten das Berufsrecht außer acht lassen.

2.1.2. [1]Die Wahrung der Unabhängigkeit ist für die außergerichtliche Tätigkeit ebenso wichtig wie für die Tätigkeit vor Gericht. [2]Der anwaltliche Rat verliert für den Mandanten an Wert, wenn er aus Gefälligkeit, aus persönlichem Interesse oder unter dem Druck dritter Personen erteilt wird.

2.2. Vertrauen und Würde

[1]Das Vertrauensverhältnis setzt voraus, dass keine Zweifel über die Ehrenhaftigkeit, die Unbescholtenheit und die Rechtschaffenheit des Rechtsanwaltes bestehen. [2]Diese traditionellen Werte des Anwaltsstandes sind für den Rechtsanwalt gleichzeitig Berufspflichten.

2.3. Berufsgeheimnis

2.3.1. [1]Es gehört zum Wesen der Berufstätigkeit des Rechtsanwaltes, dass sein Mandant ihm Geheimnisse anvertraut und er sonstige vertrauliche Mitteilungen erhält. [2]Ist die Vertraulichkeit nicht gewährleistet, kann kein Vertrauen entstehen. [3]Aus diesem Grund ist das Berufsgeheimnis gleichzeitig ein Grundrecht und eine Grundpflicht des Rechtsanwaltes von besonderer Bedeutung.

[4]Die Pflicht des Rechtsanwaltes zur Wahrung des Berufsgeheimnisses dient dem Interesse der Rechtspflege ebenso wie dem Interesse des Mandanten. [5]Daher verdient sie besonderen Schutz durch den Staat.

2.3.2. Der Rechtsanwalt hat die Vertraulichkeit aller Informationen zu wahren, die ihm im Rahmen seiner beruflichen Tätigkeit bekannt werden.

2.3.3. Die Pflicht zur Wahrung des Berufsgeheimnisses ist zeitlich unbegrenzt.

2.3.4. Der Rechtsanwalt achtet auf die Wahrung der Vertraulichkeit durch seine Mitarbeiter und alle Personen, die bei seiner beruflichen Tätigkeit mitwirken.

2.4. Achtung des Berufsrechtes anderer Anwaltschaften

[1]Bei grenzüberschreitender Tätigkeit, kann der Rechtsanwalt verpflichtet sein, das Berufsrecht eines Aufnahmestaates zu beachten. [2]Der Rechtsanwalt hat die Pflicht, sich über die bei Ausübung einer bestimmten Tätigkeit anwendbaren berufsrechtlichen Regeln zu informieren.

[3]Die Mitgliedsorganisationen des CCBE sind verpflichtet, ihre Berufsregeln im Sekretariat des CCBE zu hinterlegen, so dass jeder Rechtsanwalt die Möglichkeit hat, eine Kopie der geltenden Berufsregeln bei dem Sekretariat anzufordern.

2.5. Unvereinbare Tätigkeiten

2.5.1. Damit die erforderliche Unabhängigkeit des Rechtsanwaltes und seine Pflicht zur Mitwirkung bei der Rechtspflege nicht beeinträchtigt werden, kann dem Rechtsanwalt die Ausübung bestimmter Berufe und Tätigkeiten verboten werden.

2.5.2. Bei der Vertretung oder Verteidigung eines Mandanten vor den Gerichten oder Behörden eines Aufnahmestaates beachtet der Rechtsanwalt die für Rechtsanwälte dieses Staates geltenden Regeln über die Unvereinbarkeit des Berufes des Rechtsanwaltes mit anderen Berufen oder Tätigkeiten.

2.5.3. Beabsichtigt der in einem Aufnahmestaat niedergelassene Rechtsanwalt, dort unmittelbar eine kaufmännische oder sonstige vom Beruf des Rechtsanwaltes verschiedene Tätigkeit auszuüben, so ist er dabei auch verpflichtet, die für die Rechtsanwälte dieses Staates geltenden Regeln über die Unvereinbarkeit des Berufes des Rechtsanwalts mit anderen Berufen oder Tätigkeiten zu beachten.

2.6. Persönliche Werbung

2.6.1. Der Rechtsanwalt darf die Öffentlichkeit über seine Dienste informieren unter der Voraussetzung, dass die Information korrekt und nicht irreführend ist und die Verschwiegenheitspflicht und andere Grundwerte der Anwaltschaft gewahrt bleiben.

2.6.2. Persönliche Werbung des Rechtsanwalts über jegliche Art von Medien wie Presse, Radio, Fernsehen, durch elektronische kommerzielle Kommunikation oder auf andere Weise ist insoweit gestattet, als dies den in 2.6.1. gestellten Anforderungen entspricht.

2.7. Interesse der Mandanten

Vorbehaltlich der strikten Einhaltung der gesetzlichen und berufsrechtlichen Vorschriften ist der Rechtsanwalt verpflichtet, seinen Mandanten immer in solcher Weise zu vertreten und/oder zu verteidigen, dass das Mandanteninteresse dem Interesse des Rechtsanwaltes oder der Kollegen vorgeht.

2.8. Begrenzung der Haftung des Rechtsanwaltes gegenüber seinem Mandanten

In dem von dem Recht des Herkunftsstaates und des Aufnahmestaates zulässigen Umfang und in Übereinstimmung mit den berufsrechtlichen Bestimmungen, denen er unterliegt, kann der Rechtsanwalt seine Haftung gegenüber seinem Mandanten begrenzen.

3.
Das Verhalten gegenüber den Mandanten

3.1. Beginn und Ende des Mandats

3.1.1. [1]Der Rechtsanwalt darf nur im Auftrag seines Mandanten tätig werden. [2]Der Rechtsanwalt darf jedoch auch in einer Angelegenheit tätig werden, wenn er von einem anderen den Mandanten vertretenden Rechtsanwalt beauftragt oder der Fall ihm durch eine sachlich zuständige Stelle übertragen wird.

[3]Der Rechtsanwalt sollte sich bemühen, die Identität, Zuständigkeit und Befugnis der ihn beauftragenden Person oder Stelle festzustellen, wenn die spezifischen Umstände zeigen, dass Identität, Zuständigkeit und Befugnis unklar sind.

3.1.2. [1]Der Rechtsanwalt berät und vertritt seinen Mandanten unverzüglich, gewissenhaft und sorgfältig. [2]Er ist für die Ausführung des ihm erteilten Mandats persönlich verantwortlich und unterrichtet seinen Mandanten vom Fortgang der ihm übertragenen Angelegenheit.

3.1.3. [1]Der Rechtsanwalt hat ein Mandat abzulehnen, wenn er weiß oder wissen muss, dass es ihm an den erforderlichen Kenntnissen fehlt, es sei denn, er arbeitet mit einem Rechtsanwalt zusammen, der diese Kenntnisse besitzt.

[2]Der Rechtsanwalt darf ein Mandat nur annehmen, wenn er die Sache im Hinblick auf seine sonstigen Verpflichtungen unverzüglich bearbeiten kann.

3.1.4. Der Rechtsanwalt darf sein Recht zur Mandatsniederlegung nur derart ausüben, dass der Mandant in der Lage ist, ohne Schaden den Beistand eines anderen Kollegen in Anspruch zu nehmen.

3.2. Interessenkonflikt

3.2.1. Der Rechtsanwalt darf mehr als einen Mandanten in der gleichen Sache nicht beraten, vertreten oder verteidigen, wenn ein Interessenkonflikt zwischen den Mandanten oder die ernsthafte Gefahr eines solchen Konfliktes besteht.

3.2.2. Der Rechtsanwalt muss das Mandat gegenüber zwei oder allen betroffenen Mandanten niederlegen, wenn es zu einem Interessenkonflikt zwischen diesen Mandanten kommt, wenn die Gefahr der Verletzung der Berufsverschwiegenheit besteht oder die Unabhängigkeit des Rechtsanwaltes beeinträchtigt zu werden droht.

3.2.3. Der Rechtsanwalt darf ein neues Mandat dann nicht übernehmen, wenn die Gefahr der Verletzung der Verschwiegenheitspflicht bezüglich der von einem früheren Mandanten anvertrauten Information besteht oder die Kenntnis der Angelegenheit eines früheren Mandanten dem neuen Mandanten zu einem ungerechtfertigten Vorteil gereichen würde.

3.2.4. Üben Rechtsanwälte ihren Beruf gemeinsam aus, so sind die Bestimmungen der Artikel 3.2.1. bis 3.2.3. auf die Sozietät und alle ihre Mitglieder anzuwenden.

3.3. Quota-litis-Vereinbarung

3.3.1. Der Rechtsanwalt darf hinsichtlich seines Honorars keine quota-litis-Vereinbarung abschließen.

3.3.2. Quota-litis-Vereinbarung im Sinne dieser Bestimmung ist ein vor Abschluss der Rechtssache geschlossener Vertrag, der das an den Rechtsanwalt zu zahlende Honorar ausschließlich von dem Ergebnis abhängig macht und in dem sich der Mandant verpflichtet, dem Anwalt einen Teil des Ergebnisses zu zahlen.

3.3.3. Eine quota-litis-Vereinbarung liegt dann nicht vor, wenn die Vereinbarung die Berechnung des Honorars aufgrund des Streitwertes vorsieht und einem amtlichen oder von der für den Rechtsanwalt zuständigen Stelle genehmigten Tarif entspricht.

3.4. Honorarabrechnung

Der Rechtsanwalt hat seinem Mandanten die Grundlagen seiner gesamten Honorarforderungen offen zu legen; der Betrag des Honorars muss angemessen sein, den gesetzlichen Vorschriften und den Berufsregeln entsprechen, denen der Rechtsanwalt unterworfen ist.

3.5. Vorschuss auf Honorar und Kosten

[1]Verlangt der Rechtsanwalt einen Vorschuss auf seine Kosten und/oder sein Honorar, darf dieser nicht über einen unter Berücksichtigung der voraussichtlichen Höhe des Honorars und der Kosten angemessenen Betrag hinausgehen. [2]Wird der Vorschuss nicht gezahlt, kann der Rechtsanwalt das Mandat niederlegen oder ablehnen, unbeschadet der Vorschrift des Artikels 3.1.4.

3.6. Honorarteilung mit anderen Personen als Anwälten

3.6.1. Vorbehaltlich der nachstehenden Regel ist es dem Rechtsanwalt verboten, sein Honorar mit einer Person zu teilen, die nicht selbst Rechtsanwalt ist, es sei denn, die gemeinschaftliche Berufsausübung ist vom Gesetz und nach den Berufsregeln, denen der Rechtsanwalt unterworfen ist, gestattet.

3.6.2. Artikel 3.6.1. gilt nicht für Zahlungen oder Leistungen eines Anwaltes an die Erben eines verstorbenen Kollegen oder an einen früheren Rechtsanwalt als Vergütung für die Übernahme einer Praxis.

3.7. Prozess- und Beratungskostenhilfe

3.7.1. Der Rechtsanwalt sollte immer danach trachten, den Streitfall des Mandanten so kostengünstig wie möglich zu lösen und sollte den Mandanten zum geeigneten Zeitpunkt dahingehend beraten, ob es wünschenswert ist, eine Streitbeilegung zu versuchen oder auf ein alternatives Streitbeilegungsverfahren zu verweisen.

3.7.2. Hat der Mandant Anspruch auf Prozess- oder Beratungskostenhilfe, so hat der Rechtsanwalt ihn darauf hinzuweisen.

3.8. Mandantengelder

3.8.1. [1]Werden dem Rechtsanwalt zu irgendeinem Zeitpunkt Gelder anvertraut, die für seine Mandanten oder Dritte bestimmt sind (nachstehend „Mandantengelder"), müssen diese Gelder immer auf ein Konto (nachstehend „Anderkonto") bei einem Kreditinstitut oder einer ähnlichen Einrichtung, die öffentlicher Aufsicht unterliegt, eingezahlt werden. [2]Ein Anderkonto muss getrennt von allen anderen Konten des Rechtsanwaltes geführt werden. [3]Alle von einem Rechtsanwalt empfangenen Mandantengelder sind auf ein solches Konto einzuzahlen, es sei denn, der Eigentümer dieser Gelder hat eine andere Verwendung genehmigt.

3.8.2. [1]Der Rechtsanwalt hat über alle die Mandantengelder betreffenden Vorgänge vollständig und genau Buch zu führen, wobei Mandantengelder von sonstigen Guthaben des Rechtsanwaltes zu trennen sind. [2]Die Buchführung muss über einen den nationalen Vorschriften entsprechenden Zeitraum aufbewahrt werden.

3.8.3. [1]Anderkonten dürfen nicht belastet werden, es sei denn, es liegt ein Ausnahmefall vor, wo dies gemäß den nationalen Vorschriften ausdrücklich erlaubt ist, oder es handelt sich um Bankgebühren, auf die der Rechtsanwalt keinen Einfluss hat. [2]Ein Anderkonto darf in keinem Fall als Garantie oder als Sicherheit verwendet werden. [3]Zwischen einem Anderkonto und einem weiteren Bankkonto sind weder Ausgleichszahlungen, noch ist eine Zusammenlegung gestattet und ebenso wenig dürfen Mandantengelder von einem Anderkonto zur Zahlung von Bankschulden des Rechtsanwaltes verwendet werden.

3.8.4. Mandantengelder sind an die Eigentümer dieser Gelder schnellstmöglich oder gemäß den Bedingungen zu überweisen, die mit ihnen vereinbart wurden.

3.8.5. Der Rechtsanwalt kann keine Gelder von einem Anderkonto als Honorarzahlung oder Kostenersatz auf sein eigenes Konto transferieren, ohne den Mandanten davon schriftlich zu informieren.

3.8.6. Die zuständigen Stellen der Mitgliedstaaten sind berechtigt, alle Unterlagen bezüglich Mandantengelder unter Wahrung der Berufsverschwiegenheit einzusehen und zu überprüfen.

3.9. Berufshaftpflichtversicherung

3.9.1. Der Rechtsanwalt muss gegen Berufshaftpflicht in einer Weise versichert sein, die nach Art und Umfang den durch rechtsanwaltliche Tätigkeit entstehenden Risiken angemessen ist.

3.9.2. Ist dies nicht möglich, hat der Rechtsanwalt den Mandanten über die Situation sowie über die Folgen zu informieren.

4.
Das Verhalten gegenüber den Gerichten

4.1. Auf die Prozesstätigkeit anwendbares Berufsrecht

Der vor einem Gericht eines Mitgliedstaates auftretende oder an einem vor einem solchen Gericht anhängigen Verfahren beteiligte Rechtsanwalt hat die vor diesem Gericht geltenden Berufsregeln zu beachten.

4.2. Wahrung der Chancengleichheit im Prozess

Der Rechtsanwalt hat jederzeit auf eine faire Verfahrensführung zu achten.

4.3. Achtung des Gerichtes

Im Rahmen der dem Richteramt gebührenden Achtung und Höflichkeit hat der Rechtsanwalt die Interessen seines Mandanten gewissenhaft und furchtlos, ungeachtet eigener Interessen und/ oder ihm oder anderen Personen entstehenden Folgen zu vertreten.

4.4. Mitteilung falscher oder irreführender Tatsachen

Der Rechtsanwalt darf dem Gericht niemals vorsätzlich unwahre oder irreführende Angaben machen.

4.5. Anwendung auf Schiedsrichter und Personen mit ähnlichen Aufgaben

Die Vorschriften über das Verhältnis des Rechtsanwaltes zum Richter gelten auch für sein Verhältnis zu Schiedsrichtern oder sonstigen Personen, die dauernd oder auch nur gelegentlich richterliche oder quasi-richterliche Funktionen ausüben.

5.
Das Verhalten gegenüber den Kollegen

5.1. Kollegialität

5.1.1. [1]Im Interesse des Mandanten und zur Vermeidung unnötiger Streitigkeiten und anderen Verhaltens, das das Ansehen des Berufsstandes schädigen könnte, setzt Kollegialität ein Vertrauensverhältnis und Bereitschaft zur Zusammenarbeit zwischen Rechtsanwälten voraus. [2]Kollegialität darf jedoch unter keinen Umständen dazu führen, die Interessen der Anwälte denen des Mandanten entgegenzustellen.

5.1.2. Jeder Rechtsanwalt hat Rechtsanwälte eines anderen Mitgliedstaates als Kollegen anzuerkennen und ihnen gegenüber fair und höflich aufzutreten.

5.2. Zusammenarbeit von Anwälten aus verschiedenen Mitgliedstaaten

5.2.1. Der Rechtsanwalt, an den sich ein Kollege aus einem anderen Mitgliedstaat wendet, ist verpflichtet, in einer Sache nicht tätig zu werden, wenn er nicht hinreichend qualifiziert ist; er hat in diesem Fall seinem Kollegen dabei behilflich zu sein, einen Rechtsanwalt zu finden, der in der Lage ist, die erwartete Leistung zu erbringen.

5.2.2. Arbeiten Rechtsanwälte aus verschiedenen Mitgliedstaaten zusammen, haben beide die sich möglicherweise aus den verschiedenen Rechtssystemen, Berufsorganisationen, Zuständigkeiten und Berufspflichten ergebenden Unterschiede zu berücksichtigen.

5.3. Korrespondenz unter Rechtsanwälten

5.3.1. Der Rechtsanwalt, der an einen Kollegen aus einem anderen Mitgliedstaat Mitteilungen senden möchte, die nach dem Willen des Absenders vertraulich oder „ohne Präjudiz" sein sollen, muss diesen seinen Willen vor Absendung der ersten dieser Mitteilungen klar zum Ausdruck bringen.

5.3.2. Ist der zukünftige Empfänger der Mitteilungen nicht in der Lage, diese als vertraulich oder „ohne Präjudiz" im vorstehenden Sinne zu behandeln, so hat er den Absender unverzüglich entsprechend zu unterrichten.

5.4. Vermittlungshonorar

5.4.1. Es ist dem Rechtsanwalt untersagt, von einem anderen Rechtsanwalt oder einem sonstigen Dritten für die Namhaftmachung oder Empfehlung des Rechtsanwaltes an einen Mandanten ein Honorar, eine Provision oder jede andere Gegenleistung zu verlangen oder anzunehmen.

5.4.2. Der Rechtsanwalt darf niemand für die Vermittlung eines Mandanten ein Honorar, eine Provision oder eine sonstige Gegenleistung gewähren.

5.5. Umgehung des Gegenanwaltes

Es ist dem Rechtsanwalt untersagt, sich bezüglich einer bestimmten Sache mit einer Person in Verbindung zu setzen, von der er weiß, dass sie einen Rechtsanwalt mit ihrer Vertretung beauftragt oder seinen Beistand in Anspruch genommen hat, es sei denn, dieser Rechtsanwalt hat zugestimmt und er hält ihn unterrichtet.

5.6. (Gestrichen per Beschluss der CCBE-Vollversammlung am 6. Dezember 2002 in Dublin)

5.7. Haftung für Honorarforderungen unter Kollegen

[1]Im beruflichen Verkehr zwischen Rechtsanwälten verschiedener Mitgliedstaaten ist der Rechtsanwalt, der sich nicht darauf beschränkt, seinem Mandanten einen ausländischen Kollegen zu benennen oder das Mandat zu vermitteln, sondern eine Angelegenheit einem ausländischen Kollegen überträgt oder diesen um Rat bittet, persönlich dann zur Zahlung des Honorars, der Kosten und der Auslagen des ausländischen Kollegen verpflichtet, selbst wenn Zahlung von dem Mandanten nicht erlangt werden kann. [2]Die betreffenden Rechtsanwälte können jedoch zu Beginn ihrer Zusammenarbeit anderweitige Vereinbarungen treffen. [3]Der beauftragende Rechtsanwalt kann ferner zu jeder Zeit seine persönliche Verpflichtung auf das Honorar und die Kosten und Auslagen beschränken, die bis zu dem Zeitpunkt angefallen sind, in welchem er seinem ausländischen Kollegen mitteilt, dass er nicht mehr haften werde.

5.8. Fortbildung

Rechtsanwälte müssen ihre beruflichen Kenntnisse und Fähigkeiten aufrechterhalten und ausbauen unter Berücksichtigung der europäischen Dimension ihres Berufes.

5.9. Streitschlichtung zwischen Kollegen aus verschiedenen Mitgliedstaaten

5.9.1. Ist ein Rechtsanwalt der Auffassung, dass ein Kollege aus einem anderen Mitgliedstaat gegen das Berufsrecht verstoßen hat, hat er diesen darauf hinzuweisen.

5.9.2. Kommt es zwischen Rechtsanwälten aus verschiedenen Mitgliedstaaten zum Streit in Fragen der Berufsausübung, haben sie sich zunächst um eine gütliche Regelung zu bemühen.

5.9.3. Der Rechtsanwalt, der beabsichtigt, gegen einen Kollegen aus einem anderen Mitgliedstaat wegen Angelegenheiten, auf die Artikel 5.9.1. oder 5.9.2. Bezug nehmen, ein Verfahren einzuleiten, hat davon zuvor seine und seines Kollegen Berufsorganisationen zu benachrichtigen, damit diese sich um eine gütliche Regelung bemühen können.

Richtlinie des Rates vom 22. März 1977 zur Erleichterung der tatsächlichen Ausübung des freien Dienstleistungsverkehrs der Rechtsanwälte (77/249/EWG)

(ABl. Nr. L 78 S. 17)

Zuletzt geändert durch RL 2013/25/EU des Rates vom 13. Mai 2013 (ABl. Nr. L 158 S. 368, 375)

DER RAT DER EUROPÄISCHEN GEMEINSCHAFTEN -

gestützt auf den Vertrag zur Gründung der Europäischen Wirtschaftsgemeinschaft, insbesondere auf die Artikel 57 und 66,

auf Vorschlag der Kommission,

nach Stellungnahme des Europäischen Parlaments,

nach Stellungnahme des Wirtschafts- und Sozialausschusses,

in Erwägung nachstehender Gründe:

Nach dem Vertrag ist jegliche Beschränkung des freien Dienstleistungsverkehrs, die sich auf die Staatsangehörigkeit oder auf das Erfordernis eines Wohnsitzes gründet, seit Ablauf der Übergangszeit untersagt.

Diese Richtlinie betrifft nur die Maßnahmen zur Erleichterung der tatsächlichen Ausübung der Rechtsanwalttätigkeiten im freien Dienstleistungsverkehr. Eingehendere Maßnahmen werden erforderlich sein, um die tatsächliche Ausübung der Niederlassungsfreiheit zu erleichtern.

Die tatsächliche Ausübung der Rechtsanwaltstätigkeiten im freien Dienstleistungsverkehr setzt voraus, daß der Aufnahmestaat die Personen, die diesen Beruf in den einzelnen Mitgliedstaaten ausüben, als Rechtsanwälte anerkennt.

Da die vorliegende Richtlinie nur den Dienstleistungsverkehr betrifft und Vorschriften über die gegenseitige Anerkennung der Diplome noch nicht erlassen worden sind, hat der von der Richtlinie Begünstigte die Berufsbezeichnung des Mitgliedstaats zu verwenden, in dem er niedergelassen ist und der im folgenden als „Herkunftsstaat" bezeichnet wird -

HAT FOLGENDE RICHTLINIE ERLASSEN:

Artikel 1

(1) [1] Diese Richtlinie gilt innerhalb der darin festgelegten Grenzen und unter den darin vorgesehenen Bedingungen für die in Form der Dienstleistung ausgeübten Tätigkeiten der Rechtsanwälte.

[2]Unbeschadet der Bestimmungen dieser Richtlinie können die Mitgliedstaaten die Abfassung förmlicher Urkunden, mit denen das Recht auf Verwaltung des Vermögens verstorbener Personen verliehen oder mit denen ein Recht an Grundstücken geschaffen oder übertragen wird, bestimmten Gruppen von Rechtsanwälten vorbehalten.

(2) [1] Unter „Rechtsanwalt" ist jede Person zu verstehen, die ihre beruflichen Tätigkeiten unter einer der folgenden Bezeichnungen auszuüben berechtigt ist:

Belgien:	Avocat / Advocaat
Dänemark:	Advokat
Deutschland:	Rechtsanwalt
Frankreich:	Avocat
Irland:	Barrister Solicitor

Italien:	Avvocato
Luxemburg:	Avocat-avoué
Niederlande:	Advocaat
Vereinigtes Königreich:	Advocate Barrister Solicitor.
Griechenland:	Δικηγόρος.
Spanien:	Abogado
Portugal:	Advogado
Österreich:	Rechtsanwalt
Finnland:	AsianajajaAdvokat
Schweden:	Advokat
Tschechische Republik:	Advokát
Estland:	Vandeadvokaat
Zypern:	Δικηγόρος
Lettland:	Zvērināts advokāts
Litauen:	Advokatas
Ungarn:	Ügyvéd
Malta:	Avukat/Prokuratur Legali
Polen:	Adwokat/Radca prawny
Slowenien:	Odvetnik/Odvetnica
Slowakei:	Advokát/Komerčný právnik.
Bulgarien:	АДВОКАТ
Rumänien:	Avocat.
Kroatien:	Odvjetnik/Odvjetnica.

Artikel 2

Jeder Mitgliedstaat erkennt für die Ausübung der in Artikel 1 Absatz 1 genannten Tätigkeiten alle unter Artikel 1 Absatz 2 fallenden Personen als Rechtsanwalt an.

Artikel 3

Jede unter Artikel 1 fallende Person verwendet die in der Sprache oder in einer der Sprachen des Herkunftsstaats gültige Berufsbezeichnung unter Angabe der Berufsorganisation, deren Zuständigkeit sie unterliegt, oder des Gerichtes, bei dem sie nach Vorschriften dieses Staates zugelassen ist.

Artikel 4

(1) Die mit der Vertretung oder der Verteidigung eines Mandanten im Bereich der Rechtspflege oder vor Behörden zusammenhängenden Tätigkeiten des Rechtsanwalts werden im jeweiligen Aufnahmestaat unter den für die in diesem Staat niedergelassenen Rechtsanwälte vorgesehenen

Bedingungen ausgeübt, wobei jedoch das Erfordernis eines Wohnsitzes sowie das der Zugehörigkeit zu einer Berufsorganisation in diesem Staat ausgeschlossen sind.

(2) Bei der Ausübung dieser Tätigkeit hält der Rechtsanwalt die Standesregeln des Aufnahmestaats neben den ihm im Herkunftsstaat obliegenden Verpflichtungen ein.

(3) [1]Bei der Ausübung dieser Tätigkeiten im Vereinigten Königreich sind unter den „Standesregeln des Aufnahmestaats" die Standesregeln der „solicitors" zu verstehen, wenn die gesamten Tätigkeiten nicht den „barristers" oder den „advocates" vorbehalten sind. [2]Andernfalls finden die Standesregeln der letztgenannten Berufsstände Anwendung. [3]„Barristers" aus Irland unterliegen jedoch immer den Standesregeln der „barristers" oder „advocates" im Vereinigten Königreich. [4]Bei der Ausübung dieser Tätigkeiten in Irland sind unter den „Standesregeln des Aufnahmestaats", soweit sie die mündliche Vertretung eines Falles vor Gericht regeln, die Standesregeln der „barristers" zu verstehen. [5]In allen anderen Fällen finden die Standesregeln der „sollicitors" Anwendung. [6]„Barristers" und „advocates" aus dem Vereinigten Königreich unterliegen jedoch immer den Standesregeln der „barristers" in Irland.

(4) [1]Für die Ausübung anderer als der in Absatz 1 genannten Tätigkeiten bleibt der Rechtsanwalt den im Herkunftsstaat geltenden Bedingungen und Standesregeln unterworfen ; daneben hält er die im Aufnahmestaat geltenden Regeln über die Ausübung des Berufes, gleich welchen Ursprungs, insbesondere in bezug auf die Unvereinbarkeit zwischen den Tätigkeiten des Rechtsanwalts und anderen Tätigkeiten in diesem Staat, das Berufsgeheimnis, die Beziehungen zu Kollegen, das Verbot des Beistands für Parteien mit gegensätzlichen Interessen durch denselben Rechtsanwalt und die Werbung ein. [2]Diese Regeln sind nur anwendbar, wenn sie von einem Rechtsanwalt beachtet werden können, der nicht in dem Aufnahmestaat niedergelassen ist, und nur insoweit, als ihre Einhaltung in diesem Staat objektiv gerechtfertigt ist, um eine ordnungsgemäße Ausübung der Tätigkeiten des Rechtsanwalts sowie die Beachtung der Würde des Berufes und der Unvereinbarkeiten zu gewährleisten.

Artikel 5

Für die Ausübung der Tätigkeiten, die mit der Vertretung und der Verteidigung von Mandanten im Bereich der Rechtspflege verbunden sind, kann ein Mitgliedstaat den unter Artikel 1 fallenden Rechtsanwälten als Bedingung auferlegen,

- daß sie nach den örtlichen Regeln oder Gepflogenheiten beim Präsidenten des Gerichtes und gegebenenfalls beim zuständigen Vorsitzenden der Anwaltskammer des Aufnahmestaats eingeführt sind;
- daß sie im Einvernehmen entweder mit einem bei dem angerufenen Gericht zugelassenen Rechtsanwalt, der gegebenenfalls diesem Gericht gegenüber die Verantwortung trägt, oder mit einem bei diesem Gericht tätigen „avoué" oder „procuratore" handeln.

Artikel 6

Jeder Mitgliedstaat kann die im Gehaltsverhältnis stehenden Rechtsanwälte, die durch einen Arbeitsvertrag an ein staatliches oder privates Unternehmen gebunden sind, von der Ausübung der Tätigkeiten der Vertretung und Verteidigung im Bereich der Rechtspflege für dieses Unternehmen insoweit ausschließen als die in diesem Staat ansässigen Rechtsanwälte diese Tätigkeiten nicht ausüben dürfen.

Artikel 7

(1) Die zuständige Stelle des Aufnahmestaats kann von dem Dienstleistungserbringer verlangen, daß er seine Eigenschaft als Rechtsanwalt nachweist.

(2) [1]Bei Verletzung der im Aufnahmestaat geltenden Verpflichtungen im Sinne des Artikels 4 entscheidet die zuständige Stelle des Aufnahmestaats nach den eigenen Rechts- und Verfahrensregeln über die rechtlichen Folgen dieses Verhaltens ; sie kann zu diesem Zweck Auskünfte berufli-

cher Art über den Dienstleistungserbringer einholen. [2]Sie unterrichtet die zuständige Stelle des Herkunftsstaats von jeder Entscheidung, die sie getroffen hat. [3]Diese Unterrichtung berührt nicht die Pflicht zur Geheimhaltung der Auskünfte.

Artikel 8

(1) Die Mitgliedstaaten treffen die erforderlichen Maßnahmen, um dieser Richtlinie binnen zwei Jahren nach ihrer Bekanntgabe nachzukommen, und setzen die Kommission unverzüglich davon in Kenntnis.

(2) Die Mitgliedstaaten teilen der Kommission den Wortlaut der wichtigsten innerstaatlichen Rechtsvorschriften mit, die sie auf dem unter diese Richtlinie fallenden Gebiet erlassen.

Artikel 9

Diese Richtlinie ist an die Mitgliedstaaten gerichtet.

Richtlinie 98/5/EG des europäischen Parlaments und des Rates vom 16. Februar 1998 zur Erleichterung der ständigen Ausübung des Rechtsanwaltsberufs in einem anderen Mitgliedstaat als dem, in dem die Qualifikation erworben wurde

(ABl. Nr. L 77 S. 36)

Zuletzt geändert durch RL 2013/25/EU des Rates vom 13. Mai 2013 (ABl. Nr. L 158 S. 368, 375)

DAS EUROPÄISCHE PARLAMENT UND DER RAT DER EUROPÄISCHEN UNION –

gestützt auf den Vertrag zur Gründung der Europäischen Gemeinschaft, insbesondere auf Artikel 49 und Artikel 57 Absatz 1 und Absatz 2 Sätze 1 und 3, auf Vorschlag der Kommission,

nach Stellungnahme des Wirtschafts- und Sozialausschusses, gemäß dem Verfahren des Artikels 189b des Vertrags,

in Erwägung nachstehender Gründe:

(1) Nach Artikel 7a des Vertrags umfaßt der Binnenmarkt einen Raum ohne Binnengrenzen. Nach Artikel 3 Buchstabe c) des Vertrags ist die Beseitigung der Hindernisse für den freien Personen- und Dienstleistungsverkehr zwischen den Mitgliedstaaten eines der Ziele der Gemeinschaft. Für die Angehörigen der Mitgliedstaaten bedeutet die Beseitigung dieser Hindernisse insbesondere, daß sie als Selbständige oder als abhängig Beschäftigte die Möglichkeit haben, einen Beruf in einem anderen Mitgliedstaat als dem auszuüben, in dem sie ihre berufliche Qualifikation erworben haben.

(2) Ein in einem Mitgliedstaat voll qualifizierter Rechtsanwalt kann aufgrund der Richtlinie 89/48/EWG des Rates vom 21. Dezember 1988 über eine allgemeine Regelung zur Anerkennung der Hochschuldiplome, die eine mindestens dreijährige Berufsausbildung abschließen (4), bereits die Anerkennung seines Diploms beantragen, um sich in einem anderen Mitgliedstaat zwecks Ausübung des Rechtsanwaltsberufs unter der Berufsbezeichnung dieses Mitgliedstaats niederzulassen. Zweck der genannten Richtlinie ist die Integration des Rechtsanwalts in den Berufsstand des Aufnahmestaats. Sie zielt weder darauf ab, daß die dort geltenden Berufs- und Standesregeln geändert werden, noch daß der betreffende Anwalt ihrer Anwendung entzogen wird.

(3) Während sich einige Rechtsanwälte insbesondere durch erfolgreiche Ablegung der in der Richtlinie 89/48/EWG vorgesehenen Eignungsprüfung rasch in den Berufsstand des Aufnahmestaats integrieren können, sollten andere vollständig qualifizierte Rechtsanwälte diese Integration nach einem bestimmten Zeitraum der Berufsausübung im Aufnahmestaat unter ihrer ursprünglichen Berufsbezeichnung erreichen oder aber ihre Tätigkeit unter der ursprünglichen Berufsbezeichnung fortsetzen können.

(4) Dieser Zeitraum soll dem Rechtsanwalt die Eingliederung in den Berufsstand im Aufnahmestaat ermöglichen, wenn nachgeprüft wurde, daß er Berufserfahrung in diesem Mitgliedstaat erworben hat.

(5) Ein Tätigwerden auf Gemeinschaftsebene ist nicht nur gerechtfertigt, weil damit den Rechtsanwälten neben der allgemeinen Anerkennungsregelung eine leichtere Möglichkeit der Eingliederung in den Berufsstand des Aufnahmestaats geboten wird, sondern auch weil dadurch, daß ihnen ermöglicht wird, ihren Beruf ständig unter ihrer ursprünglichen Berufsbezeichnung in einem Aufnahmestaat auszuüben, gleichzeitig den Erfordernissen der Rechtsuchenden entsprochen wird, die aufgrund des zunehmenden Geschäftsverkehrs insbesondere im Zuge der Verwirklichung des Binnenmarktes einer Beratung bei grenzübergreifenden Transaktionen bedürfen, bei denen das internationale Recht, das Gemeinschaftsrecht und nationale Rechtsordnungen häufig miteinander verschränkt sind.

(6) Ein Tätigwerden auf Gemeinschaftsebene ist auch deswegen gerechtfertigt, weil bisher erst einige Mitgliedstaaten gestatten, daß Rechtsanwälte aus anderen Mitgliedstaaten unter ihrer ur-

sprünglichen Berufsbezeichnung eine Anwaltstätigkeit in anderer Form denn als Dienstleistung in ihrem Gebiet ausüben. In den Mitgliedstaaten, in denen diese Möglichkeit gegeben ist, gelten sehr unterschiedliche Modalitäten, beispielsweise was das Tätigkeitsfeld und die Pflicht zur Eintragung bei den zuständigen Stellen betrifft. Solche unterschiedlichen Situationen führen zu Ungleichheiten und Wettbewerbsverzerrungen im Verhältnis zwischen den Rechtsanwälten der Mitgliedstaaten und bilden ein Hindernis für die Freizügigkeit. Nur durch eine Richtlinie zur Regelung der Bedingungen, unter denen Rechtsanwälte, die unter ihrer ursprünglichen Berufsbezeichnung tätig sind, ihren Beruf in anderer Form denn als Dienstleistung ausüben dürfen, können diese Probleme gelöst und in allen Mitgliedstaaten den Rechtsanwälten und Rechtsuchenden die gleichen Möglichkeiten geboten werden.

(7) Diese Richtlinie sieht entsprechend ihrer Zielsetzung davon ab, rein innerstaatliche Situationen zu regeln, und berührt die nationalen Berufsregeln nur insoweit, als dies notwendig ist, damit sie ihren Zweck tatsächlich erreichen kann. Insbesondere berührt diese Richtlinie nicht die nationalen Regelungen für den Zugang zum Rechtsanwaltsberuf und für die Ausübung dieses Berufs unter der Berufsbezeichnung des Aufnahmestaats.

(8) Für die unter diese Richtlinie fallenden Rechtsanwälte ist eine Pflicht zur Eintragung bei der zuständigen Stelle des Aufnahmestaats vorzusehen, damit sich diese Stelle vergewissern kann, daß die Rechtsanwälte die Berufs- und Standesregeln des Aufnahmestaats beachten. Die Wirkung dieser Eintragung bezüglich der Gerichtsbezirke und der Stufen und Arten der Gerichtsbarkeit, für die die Rechtsanwälte zugelassen sind, richtet sich nach dem für die Rechtsanwälte des Aufnahmestaats geltenden Recht.

(9) Die Rechtsanwälte, die nicht in den Berufsstand des Aufnahmestaats integriert sind, sind gehalten, ihre Anwaltstätigkeit in diesem Mitgliedstaat unter ihrer ursprünglichen Berufsbezeichnung auszuüben, damit die Information der Verbraucher gesichert ist und eine Unterscheidung von den Rechtsanwälten des Aufnahmestaats, die unter der Berufsbezeichnung dieses Mitgliedstaats tätig sind, ermöglicht wird.

(10) Den unter diese Richtlinie fallenden Rechtsanwälten ist zu gestatten, Rechtsberatung insbesondere im Recht des Herkunftsstaats, im Gemeinschaftsrecht, im internationalen Recht und im Recht des Aufnahmestaats zu erteilen. Diese Möglichkeit war für die Dienstleistung bereits mit der Richtlinie 77/249/EWG des Rates vom 22. März 1977 zur Erleichterung der tatsächlichen Ausübung des freien Dienstleistungsverkehrs der Rechtsanwälte (5) eröffnet worden. Wie in der Richtlinie 77/249/EWG ist indessen die Möglichkeit vorzusehen, bestimmte grundstücks- und erbschaftsrechtliche Handlungen aus dem Tätigkeitsbereich der Rechtsanwälte, die im Vereinigten Königreich und in Irland unter ihrer ursprünglichen Berufsbezeichnung tätig sind, auszuschließen. Die vorliegende Richtlinie berührt nicht die Vorschriften, mit denen in jedem Mitgliedstaat bestimmte Tätigkeiten anderen Berufen als dem des Rechtsanwalts vorbehalten sind. Auch ist aus der Richtlinie 77/249/EWG die Bestimmung zu übernehmen, wonach der Aufnahmestaat verlangen kann, daß der unter seiner ursprünglichen Berufsbezeichnung tätige Rechtsanwalt für die Vertretung und Verteidigung von Mandanten vor Gericht im Einvernehmen mit einem einheimischen Rechtsanwalt handelt. Die Verpflichtung zum einvernehmlichen Handeln gilt entsprechend der diesbezüglichen Auslegung durch den Gerichtshof der Europäischen Gemeinschaften, insbesondere in dessen Urteil vom 25. Februar 1988 in der Rechtssache 427/85 (Kommission gegen Deutschland) (6).

(11) Um das ordnungsgemäße Funktionieren der Rechtspflege sicherzustellen, muß den Mitgliedstaaten die Möglichkeit belassen werden, den Zugang zu den höchsten Gerichten im Rahmen besonderer Vorschriften spezialisierten Rechtsanwälten vorzubehalten, ohne dadurch die Integration der Rechtsanwälte der Mitgliedstaaten zu behindern, die die geforderten Voraussetzungen hierfür erfuellen.

(12) Der im Aufnahmestaat unter seiner ursprünglichen Berufsbezeichnung eingetragene Rechtsanwalt muß bei der zuständigen Stelle des Herkunftsstaats eingetragen bleiben, um seinen Status als Rechtsanwalt zu behalten und diese Richtlinie in Anspruch nehmen zu können. Aus diesem

Grund ist eine enge Zusammenarbeit zwischen den zuständigen Stellen, insbesondere bei etwaigen Disziplinarverfahren, unerläßlich.

(13) Die unter diese Richtlinie fallenden Rechtsanwälte können unabhängig davon, ob sie im Herkunftsstaat als abhängig Beschäftigte oder als Selbständige tätig sind, im Aufnahmestaat als abhängig Beschäftigte praktizieren, sofern der betreffende Aufnahmestaat den eigenen Rechtsanwälten diese Möglichkeit bietet.

(14) Wenn diese Richtlinie es den Rechtsanwälten gestattet, in einem anderen Mitgliedstaat unter der ursprünglichen Berufsbezeichnung tätig zu sein, soll ihnen dadurch auch erleichtert werden, die Berufsbezeichnung des Aufnahmestaats zu erlangen. Aufgrund der Artikel 48 und 52 des Vertrags in der Auslegung durch den Gerichtshof ist der Aufnahmestaat stets verpflichtet, in seinem Gebiet erworbene Berufserfahrung zu berücksichtigen. Nach dreijähriger effektiver und regelmäßiger Tätigkeit im Aufnahmestaat im Recht dieses Mitgliedstaats, einschließlich des Gemeinschaftsrechts, darf angenommen werden, daß der betreffende Rechtsanwalt die erforderliche Eignung erworben hat, um sich voll in den Berufsstand des Aufnahmestaats zu integrieren. Am Ende dieses Zeitraums muß der Rechtsanwalt, sofern er – vorbehaltlich einer Überprüfung – den Nachweis der beruflichen Befähigung im Aufnahmestaat erbringen kann, die Befugnis zur Führung der Berufsbezeichnung dieses Mitgliedstaats erhalten können. War der betreffende Rechtsanwalt während der mindestens dreijährigen effektiven und regelmäßigen Tätigkeit nur während eines kürzeren Zeitraums im Recht des Aufnahmestaats tätig, so hat die Stelle alle seine sonstigen Kenntnisse in diesem Recht zu berücksichtigen; sie kann diese in einem Gespräch überprüfen. Wird der Nachweis der Erfuellung dieser Voraussetzungen nicht erbracht, so muß die Entscheidung der zuständigen Stelle des Aufnahmestaats, die Zuerkennung der Berufsbezeichnung dieses Mitgliedstaats nach den mit diesen Voraussetzungenverbundenen erleichterten Modalitäten zu verweigern, begründet werden; gegen diese Entscheidung kann ein gerichtliches Rechtsmittel nach dem innerstaatlichen Recht eingelegt werden.

(15) Die Wirtschafts- und Berufsentwicklung in der Gemeinschaft zeigt, daß die Möglichkeit der gemeinsamen Ausübung des Rechtsanwaltsberufs – auch in Form eines Zusammenschlusses – eine Realität wird. Es muß vermieden werden, daß die Ausübung des Rechtsanwaltberufs in einer Gruppe im Herkunftsstaat als Vorwand benutzt wird, um die Niederlassung der zu dieser Gruppe gehörenden Rechtsanwälte im Aufnahmestaat zu verhindern oder zu erschweren. Die Mitgliedstaaten müssen indessen geeignete Maßnahmen treffen können, um das legitime Ziel der Wahrung der Unabhängigkeit des Berufsstands zu erreichen. In allen Mitgliedstaaten, die die gemeinsame Berufsausübung erlauben, sind bestimmte Garantien vorzusehen –

HABEN FOLGENDE RICHTLINIE ERLASSEN:

Inhaltsübersicht

Artikel 1 Gegenstand, Anwendungsbereich und Begriffsbestimmungen

(1) Diese Richtlinie soll die ständige Ausübung des Rechtsanwaltsberufs als Selbständiger oder abhängig Beschäftigter in einem anderen Mitgliedstaat als dem, in dem die Berufsqualifikation erworben wurde, erleichtern.

(2) Für die Zwecke dieser Richtlinie bezeichnet

a) „Rechtsanwalt" jede Person, die Angehörige eines Mitgliedstaats ist und ihre beruflichen Tätigkeiten unter einer der folgenden Berufsbezeichnungen auszuüben berechtigt ist:

Belgien:	Avocat/Advocaat/Rechtsanwalt
Bulgarien:	АДВОКАТ
Tschechische Republik:	Advokát
Dänemark:	Advokat
Deutschland:	Rechtsanwalt
Estland:	Vandeadvokaat
Griechenland:	Δικηγόρος
Spanien:	Abogado/Advocat/Avogado/Abokatu
Frankreich:	Avocat
Kroatien:	Odvjetnik/Odvjetnica
Irland:	Barrister/Solicitor
Italien:	Avvocato
Zypern:	Δικηγόρος
Lettland:	Zvērināts advokāts
Litauen:	Advokatas
Luxemburg:	Avocat
Ungarn:	Ügyvéd
Malta:	Avukat/Prokuratur Legali
Niederlande:	Advocaat
Österreich:	Rechtsanwalt
Polen:	Adwokat/Radca prawny
Portugal:	Advogado
Rumänien:	Avocat
Slowenien:	Odvetnik/Odvetnica
Slowakei:	Advokát/Komerčný právnik
Finnland:	Asianajaja/Advokat
Schweden:	Advokat
Vereinigtes Königreich:	Advocate/Barrister/Solicitor;

b) „Herkunftsstaat" den Mitgliedstaat, in dem der Rechtsanwalt vor Ausübung der Anwaltstätigkeit in einem anderen Mitgliedstaat das Recht erworben hat, eine der unter Buchstabe a) genannten Berufsbezeichnungen zu führen;

c) „Aufnahmestaat" den Mitgliedstaat, in dem der Rechtsanwalt seinen Beruf gemäß den Bestimmungen dieser Richtlinie ausübt;

d) „ursprüngliche Berufsbezeichnung" die Berufsbezeichnung des Mitgliedstaats, in dem der Rechtsanwalt vor Ausübung der Anwaltstätigkeit im Aufnahmestaat das Recht erworben hat, diese Bezeichnung zu führen;

e) „Gruppe" jeden nach dem Recht eines Mitgliedstaats errichteten Zusammenschluß mit oder ohne Rechtspersönlichkeit, in dem Rechtsanwälte ihre Berufstätigkeit gemeinsam und unter einem gemeinsamen Namen ausüben;

f) „jeweilige Berufsbezeichnung" oder „jeweiliger Beruf" jede Berufsbezeichnung oder jeden Beruf, die in den Aufgabenbereich der zuständigen Stelle fallen, bei der sich der Rechtsanwalt gemäß Artikel 3 hat eintragen lassen, und „zuständige Stelle" diese Stelle.

(3) Diese Richtlinie gilt sowohl für selbständige als auch für abhängig beschäftigte Rechtsanwälte, die im Herkunftsstaat und vorbehaltlich des Artikels 8 im Aufnahmestaat eine Rechtsanwaltstätigkeit ausüben.

(4) Die Ausübung des Rechtsanwaltsberufs im Sinne dieser Richtlinie berührt nicht die Erbringung von Dienstleistungen, die unter die Richtlinie 77/249/EWG fallen.

Artikel 2 Recht auf Berufsausübung unter der ursprünglichen Berufsbezeichnung

[1]Jeder Rechtsanwalt hat das Recht, die in Artikel 5 genannten Anwaltstätigkeiten auf Dauer in jedem anderen Mitgliedstaat unter seiner ursprünglichen Berufsbezeichnung auszuüben.

[2]Die Eingliederung in den Berufsstand des Aufnahmestaats wird in Artikel 10 geregelt.

Artikel 3 Eintragung bei der zuständigen Stelle

(1) Jeder Rechtsanwalt, der seinen Beruf in einem anderen Mitgliedstaat ausüben möchte als dem, in dem er seine Berufsqualifikation erworben hat, hat sich bei der zuständigen Stelle dieses Mitgliedstaats eintragen zu lassen.

(2) [1]Die zuständige Stelle des Aufnahmestaats nimmt die Eintragung des Rechtsanwalts anhand einer Bescheinigung über dessen Eintragung bei der zuständigen Stelle des Herkunftsstaats vor. [2]Sie kann verlangen, daß diese von der zuständigen Stelle des Herkunftsstaats erteilte Bescheinigung im Zeitpunkt ihrer Vorlage nicht älter als drei Monate ist. [3]Sie setzt die zuständige Stelle des Herkunftsstaats von der Eintragung in Kenntnis.

(3) Für die Anwendung von Absatz 1:

- im Vereinigten Königreich und in Irland trägt sich der Rechtsanwalt, der unter einer anderen Berufsbezeichnung als denjenigen des Vereinigten Königreichs oder Irlands tätig ist, entweder bei der für den Beruf des „barrister" oder „advocate" zuständigen Stelle oder bei der für den Beruf des „solicitor" zuständigen Stelle ein;
- im Vereinigten Königreich ist die für einen irischen „barrister" zuständige Stelle die Stelle für den Beruf des „barrister" oder „advocate" und die für einen irischen „solicitor" zuständige Stelle die Stelle für den Beruf des „solicitor";
- in Irland ist die für einen „barrister" oder einen „advocate" aus dem Vereinigten Königreich zuständige Stelle die Stelle für den Beruf des „barrister" und die für einen „solicitor" aus dem Vereinigten Königreich zuständige Stelle die Stelle für den Beruf des „solicitor".

(4) Veröffentlicht die zuständige Stelle des Aufnahmestaats die Namen der bei ihr eingetragenen Rechtsanwälte, so veröffentlicht sie auch die Namen der gemäß dieser Richtlinie eingetragenen Rechtsanwälte.

Artikel 4 Ausübung der Anwaltstätigkeit unter der ursprünglichen Berufsbezeichnung

(1) Der im Aufnahmestaat unter seiner ursprünglichen Berufsbezeichnung tätige Rechtsanwalt hat diese Berufsbezeichnung in der Amtssprache oder in einer der Amtssprachen des Herkunftsstaats zu führen; die Bezeichnung muß verständlich und so formuliert sein, daß keine Verwechslung mit der Berufsbezeichnung des Aufnahmestaats möglich ist.

(2) [1]Für die Anwendung von Absatz 1 kann der Aufnahmestaat verlangen, daß der unter seiner ursprünglichen Berufsbezeichnung tätige Rechtsanwalt zusätzlich die Berufsorganisation, der er im Herkunftsstaat angehört, oder das Gericht angibt, bei dem er nach den Vorschriften des Herkunftsstaats zugelassen ist. [2]Der Aufnahmestaat kann auch verlangen, daß der unter seiner ursprünglichen Berufsbezeichnung tätige Rechtsanwalt die Eintragung bei der zuständigen Stelle dieses Mitgliedstaats angibt.

Artikel 5 Tätigkeitsfeld

(1) [1]Vorbehaltlich der Absätze 2 und 3 übt der unter seiner ursprünglichen Berufsbezeichnung tätige Rechtsanwalt die gleichen beruflichen Tätigkeiten wie der unter der jeweiligen Berufsbezeichnung des Aufnahmestaats niedergelassene Rechtsanwalt aus und kann insbesondere Rechtsberatung im Recht seines Herkunftsstaats, im Gemeinschaftsrecht, im internationalen Recht und im Recht des Aufnahmestaats erteilen. [2]Er hat in jedem Fall die vor den nationalen Gerichten geltenden Verfahrensvorschriften einzuhalten.

(2) Mitgliedstaaten, die in ihrem Gebiet einer bestimmten Gruppe von Rechtsanwälten die Abfassung von Urkunden gestatten, mit denen das Recht auf Verwaltung des Vermögens verstorbener Personen verliehen oder Rechte an Grundstücken begründet oder übertragen werden und die in anderen Mitgliedstaaten anderen Berufen als dem des Rechtsanwalts vorbehalten sind, können den unter seiner ursprünglichen Berufsbezeichnung tätigen Rechtsanwalt aus einem dieser anderen Mitgliedstaaten von diesen Tätigkeiten ausschließen.

(3) [1]Für die Ausübung der Tätigkeiten, die mit der Vertretung und der Verteidigung von Mandanten vor Gerichten verbunden sind, kann der Aufnahmestaat, soweit er diese Tätigkeiten den unter der Berufsbezeichnung des Aufnahmestaats tätigen Rechtsanwälten vorbehält, den unter ihrer ursprünglichen Berufsbezeichnung tätigen Rechtsanwälten als Bedingung auferlegen, daß sie im Einvernehmen mit einem bei dem angerufenen Gericht zugelassenen Rechtsanwalt, der gegebenenfalls diesem Gericht gegenüber die Verantwortung trägt, oder mit einem bei diesem Gericht tätigen „avoué" handeln.

[2]Um das ordnungsgemäße Funktionieren der Rechtspflege sicherzustellen, können die Mitgliedstaaten jedoch besondere Regeln für den Zugang zu den höchsten Gerichten vorsehen und zum Beispiel nur spezialisierte Rechtsanwälte zulassen.

Artikel 6 Berufs- und Standesregeln

(1) Der unter seiner ursprünglichen Berufsbezeichnung tätige Rechtsanwalt unterliegt neben den im Herkunftsstaat geltenden Berufs- und Standesregeln hinsichtlich aller Tätigkeiten, die er im Aufnahmestaat ausübt, den gleichen Berufs- und Standesregeln wie die Rechtsanwälte, die unter der jeweiligen Berufsbezeichnung des Aufnahmestaats praktizieren.

(2) [1]Für die unter ihrer usprünglichen Berufsbezeichnung tätigen Rechtsanwälte ist eine angemessene Vertretung in den Berufsorganisationen des Aufnahmestaatssicherzustellen. [2]Diese Vertretung umfaßt mindestens das aktive Wahlrecht bei der Wahl der Organe dieser Berufsorganisationen.

(3) [1]Der Aufnahmestaat kann dem unter seiner ursprünglichen Berufsbezeichnung tätigen Rechtsanwalt zur Auflage machen, nach den Regeln, die er für die in seinem Gebiet ausgeübten Berufstätigkeiten festlegt, entweder eine Berufshaftpflichtversicherung abzuschließen oder einer Berufsgarantiekasse beizutreten. [2]Der unter seiner ursprünglichen Berufsbezeichnung tätige Rechtsanwalt ist von dieser Verpflichtung jedoch befreit, wenn er eine nach den Regeln des Herkunftsstaats ge-

schlossene Versicherung oder Garantie nachweist, die hinsichtlich der Modalitäten und des Deckungsumfangs gleichwertig ist. [3]Bei nur partieller Gleichwertigkeit kann die zuständige Stelle des Aufnahmestaats den Abschluß einer Zusatzversicherung oder einer ergänzenden Garantie zur Abdeckung der Teile verlangen, die nicht durch die nach den Regeln des Herkunftsstaats geschlossene Versicherung oder Garantie abgedeckt sind.

Artikel 7 Disziplinarverfahren

(1) Verletzt der unter seiner ursprünglichen Berufsbezeichnung tätige Rechtsanwalt die im Aufnahmestaat geltenden Verpflichtungen, so sind die in diesem Mitgliedstaat geltenden Bestimmungen über Verfahren, Ahndung und Rechtsmittel anwendbar.

(2) [1]Vor Einleitung eines Disziplinarverfahrens gegen den unter seiner ursprünglichen Berufsbezeichnung tätigen Rechtsanwalt setzt die zuständige Stelle des Aufnahmestaats unverzüglich die zuständige Stelle des Herkunftsstaats unter Angabe aller zweckdienlichen Einzelheiten davon in Kenntnis.

[2]Unterabsatz 1 gilt entsprechend, wenn die zuständige Stelle des Herkunftsstaats ein Disziplinarverfahren einleitet; diese setzt die zuständige Stelle des oder der Aufnahmestaaten davon in Kenntnis.

(3) [1]Unbeschadet ihrer Entscheidungsbefugnis arbeitet die zuständige Stelle des Aufnahmestaats während der gesamten Dauer des Disziplinarverfahrens mit der zuständigen Stelle des Herkunftsstaats zusammen. [2]Insbesondere trifft der Aufnahmestaat die notwendigen Vorkehrungen, damit sich die zuständige Stelle des Herkunftsstaats vor den Rechtsmittelinstanzen Gehör verschaffen kann.

(4) Die zuständige Stelle des Herkunftsstaats entscheidet nach den eigenen Rechts- und Verfahrensregeln über die Folgen der von der zuständigen Stelle des Aufnahmestaats gegen den unter seiner ursprünglichen Berufsbezeichnung tätigen Rechtsanwalt getroffenen Entscheidung.

(5) Die zeitweilige oder endgültige Rücknahme der Genehmigung zur Berufsausübung seitens der zuständigen Stelle des Herkunftsstaats zieht für den betreffenden Rechtsanwalt automatisch das einstweilige oder endgültige Verbot nach sich, seine Anwaltstätigkeit im Aufnahmestaat unter seiner ursprünglichen Berufsbezeichnung auszuüben; sie ist jedoch keine Vorbedingung für die Entscheidung der zuständigen Stelle des Aufnahmestaats.

Artikel 8 Berufsausübung im abhängigen Beschäftigungsverhältnis

Der im Aufnahmestaat unter seiner ursprünglichen Berufsbezeichnung eingetragene Rechtsanwalt kann als abhängig Beschäftigter eines anderen Rechtsanwalts, eines Zusammenschlusses von Anwälten oder einer Anwaltssozietät oder eines öffentlichen oder privaten Unternehmens tätig sein, wenn der Aufnahmestaat dies für die unter der Berufsbezeichnung dieses Mitgliedstaats eingetragenen Rechtsanwälte gestattet.

Artikel 9 Begründung und Rechtsmittel

[1]Entscheidungen über die Verweigerung der Eintragung nach Artikel 3 oder über die Rücknahme dieser Eintragung sowie Entscheidungen zur Verhängung von Disziplinarstrafen müssen begründet werden.

[2]Gegen diese Entscheidungen kann ein gerichtliches Rechtsmittel nach dem innerstaatlichen Recht eingelegt werden.

Artikel 10 Gleichstellung mit den Rechtsanwälten des Aufnahmestaats

(1) [1]Der Rechtsanwalt, der unter seiner ursprünglichen Berufsbezeichnung tätig ist und eine mindestens dreijährige effektive und regelmäßige Tätigkeit im Aufnahmestaat im Recht dieses Mitgliedstaats, einschließlich des Gemeinschaftsrechts, nachweist, wird für den Zugang zum Rechtsanwaltsberuf im Aufnahmestaat von den in Artikel 4 Absatz 1 Buchstabe b) der Richtlinie 89/48/

EWG vorgesehenen Voraussetzungen freigestellt. [2]Unter „effektiver und regelmäßiger Tätigkeit" ist die tatsächliche Ausübung des Berufs ohne Unterbrechung zu verstehen; Unterbrechungen aufgrund von Ereignissen des täglichen Lebens bleiben außer Betracht.

[3]Den Nachweis einer mindestens dreijährigen effektiven und regelmäßigen Tätigkeit im Recht des Aufnahmestaats hat der betreffende Rechtsanwalt bei der zuständigen Stelle dieses Mitgliedstaats zu erbringen. [4]Hierzu

a) legt er der zuständigen Stelle des Aufnahmemitgliedstaats alle zweckdienlichen Informationen und Dokumente, insbesondere über die Zahl und die Art der von ihm bearbeiteten Rechtssachen, vor;

b) kann die zuständige Stelle des Aufnahmestaats überprüfen, ob die Tätigkeit effektiv und regelmäßig ausgeübt wurde, und den Rechtsanwalt erforderlichenfalls auffordern, in mündlicher oder schriftlicher Form zusätzliche klärende oder präzisierende Angaben zu den unter Buchstabe a) genannten Informationen und Dokumenten zu machen.

[5]Die Entscheidung der zuständigen Stelle des Aufnahmestaats, die Freistellung nicht zu gewähren, wenn der Nachweis nicht erbracht wurde, daß die in Unterabsatz 1 genannten Anforderungen erfuellt sind, muß begründet werden; gegen diese Entscheidung kann ein gerichtliches Rechtsmittel nach dem innerstaatlichen Recht eingelegt werden.

(2) Der in einem Aufnahmestaat unter seiner ursprünglichen Berufsbezeichnung tätige Rechtsanwalt kann jederzeit die Anerkennung seines Diploms nach der Richtlinie 89/48/EWG beantragen, um zum Rechtsanwaltsberuf im Aufnahmestaat zugelassen zu werden und ihn unter der entsprechenden Berufsbezeichnung dieses Mitgliedstaats auszuüben.

(3) [1]Der unter seiner ursprünglichen Berufsbezeichnung tätige Rechtsanwalt, der den Nachweis einer mindestens dreijährigen effektiven und regelmäßigen Tätigkeit im Aufnahmestaat erbringt, im Recht des Aufnahmestaats jedoch nur während eines kürzeren Zeitraums tätig war, kann bei der zuständigen Stelle dieses Mitgliedstaats die Zulassung zum Rechtsanwaltsberuf im Aufnahmestaat und das Recht erlangen, diesen unter der entsprechenden Berufsbezeichnung dieses Mitgliedstaats auszuüben, ohne daß die Voraussetzungen der Richtlinie 89/48/EWG Artikel 4 Absatz 1 Buchstabe b) auf ihn Anwendung finden. [2]Dafür gilt folgendes:

a) Die zuständige Stelle des Aufnahmestaats berücksichtigt die effektive und regelmäßige Tätigkeit während des genannten Zeitraums sowie sämtliche Kenntnisse und Berufserfahrungen im Recht des Aufnahmestaats, ferner die Teilnahme an Kursen und Seminaren über das Recht des Aufnahmestaats einschließlich des Berufs- und Standesrechts.

b) Der Rechtsanwalt legt der zuständigen Stelle des Aufnahmestaats alle zweckdienlichen Informationen und Unterlagen, insbesondere über die von ihm bearbeiteten Rechtssachen vor. Ob er seine Tätigkeit im Aufnahmestaat effektiv und regelmäßig ausgeübt hat und ob er imstande ist, diese Tätigkeit weiterhin auszuüben, wird in einem Gespräch mit der zuständigen Stelle des Aufnahmestaats überprüft.

[3]Die Entscheidung der zuständigen Stelle des Aufnahmestaats, die Genehmigung nicht zu erteilen, wenn der Nachweis nicht erbracht wurde, daß die in Unterabsatz 1 genannten Anforderungen erfuellt sind, muß begründet werden; gegen diese Entscheidung kann ein gerichtliches Rechtsmittel nach dem innerstaatlichen Recht eingelegt werden.

(4) Die zuständige Stelle des Aufnahmestaats kann durch begründete Entscheidung, gegen die ein gerichtliches Rechtsmittel nach dem innerstaatlichen Recht eingelegt werden kann, einem Rechtsanwalt die Inanspruchnahme der Bestimmungen dieses Artikels verweigern, wenn sie den Eindruck hat, daß sonst insbesondere aufgrund von Disziplinarverfahren, Beschwerden oder Zwischenfällen die öffentliche Ordnung beeinträchtigt würde.

(5) Die mit der Prüfung des Antrags befaßten Vertreter der zuständigen Stelle gewährleisten die Vertraulichkeit der erlangten Informationen.

(6) Der Rechtsanwalt, der im Aufnahmestaat gemäß den Absätzen 1, 2 und 3 zum Rechtsanwaltsberuf zugelassen wird, ist berechtigt, neben der Berufsbezeichnung, die dem Rechtsanwaltsberuf

im Aufnahmestaat entspricht, auch die ursprüngliche Berufsbezeichnung in der Amtssprache oder einer der Amtssprachen des Herkunftsstaats zu führen.

Artikel 11 Gemeinsame Ausübung des Rechtsanwaltberufs

Sofern die gemeinsame Berufsausübung für Rechtsanwälte, die unter der jeweiligen Berufsbezeichnung tätig sind, im Aufnahmestaat gestattet ist, gelten die folgenden Bestimmungen für Rechtsanwälte, die unter dieser Berufsbezeichnung tätig bleiben wollen oder sich bei der zuständigen Stelle eintragen lassen:

1. [1]Ein oder mehrere in einem Aufnahmestaat unter ihrer ursprünglichen Berufsbezeichnung tätige Rechtsanwälte, die Mitglied ein und derselben Gruppe im Herkunftsstaat sind, können ihre beruflichen Tätigkeiten im Rahmen einer Zweigstelle oder Niederlassung ihrer Gruppe im Aufnahmestaat ausüben. [2]Sind die für diese Gruppe im Herkunftsstaat geltenden grundlegenden Regeln jedoch mit den grundlegenden Regeln nach den Rechts- und Verwaltungsvorschriften des Aufnahmestaats unvereinbar, so finden letztere Vorschriften Anwendung, soweit ihre Beachtung im allgemeinen Interesse zum Schutz der Mandanten und Dritter gerechtfertigt ist.
2. [1]Jeder Mitgliedstaat bietet zwei oder mehr Rechtsanwälten, die ein und derselben Gruppe angehören oder aus ein und demselben Herkunftsstaat kommen und unter ihrer ursprünglichen Berufsbezeichnung in seinem Gebiet tätig sind, die Möglichkeit des Zugangs zu einer Form der gemeinsamen Berufsausübung. [2]Stellt der Aufnahmestaat seinen Rechtsanwälten verschiedene Formen der gemeinsamen Berufsausübung zur Verfügung, so müssen diese auch den in Satz 1 genannten Rechtsanwälten zugänglich sein. [3]Die Modalitäten, nach denen diese Rechtsanwälte ihre Tätigkeiten im Aufnahmestaat gemeinsam ausüben, richten sich nach den Rechts- und Verwaltungsvorschriften dieses Mitgliedstaats.
3. [1]Der Aufnahmestaat trifft die erforderlichen Maßnahmen, um auch eine gemeinsame Berufsausübung
   a) mehrerer unter ihrer ursprünglichen Berufsbezeichnung tätigen Rechtsanwälte aus verschiedenen Mitgliedstaaten,
   b) eines oder mehrerer Rechtsanwälte im Sinne von Buchstabe a) und eines oder mehrerer Rechtsanwälte des Aufnahmestaats

   zu gestatten.

   [2]Die Modalitäten, nach denen diese Rechtsanwälte ihre Tätigkeiten im Aufnahmestaat gemeinsam ausüben, richten sich nach den Rechts- und Verwaltungsvorschriften dieses Mitgliedstaats.
4. Der Rechtsanwalt, der unter seiner ursprünglichen Berufsbezeichnung tätig sein möchte, setzt die zuständige Stelle des Aufnahmestaats davon in Kenntnis, daß er Mitglied einer Gruppe in seinem Herkunftsstaat ist, und erteilt alle zweckdienlichen Auskünfte über diese Gruppe.
5. [1]Abweichend von den Nummern 1 bis 4 kann der Aufnahmestaat in jenem Ausmaß, in dem er Rechtsanwälten, die unter ihrer jeweiligen Berufsbezeichnung tätig sind, die Ausübung des Rechtsanwaltsberufs in einer Gruppe untersagt, der standesfremde Personen angehören, einem unter seiner ursprünglichen Berufsbezeichnung eingetragenen Rechtsanwalt das Recht verweigern, sich im Aufnahmestaat als Mitglied seiner Gruppe zu betätigen. [2]Eine Gruppe gilt als Gruppe, der standesfremde Personen angehören, wenn Personen, die nicht die Qualifikation eines Rechtsanwalts gemäß Artikel 1 Absatz 2 besitzen,
   - ganz oder teilweise das Kapital dieser Gruppe halten oder
   - die Bezeichnung, unter der die Gruppe tätig ist, benutzen oder
   - de facto oder de jure die Entscheidungsbefugnis darin ausüben.

   [3]Sind die für eine solche Gruppe von Rechtsanwälten im Herkunftsstaat geltenden grundlegenden Regeln entweder mit denen des Aufnahmestaats oder mit Unterabsatz 1 unvereinbar, so

K. Supranationale Regelungen

kann der Aufnahmestaat ohne die Einschränkungen nach Nummer 1 die Eröffnung einer Zweigstelle oder Niederlassung auf seinem Hoheitsgebiet ablehnen.

Artikel 12 Bezeichnung der Gruppe

[1]Unabhängig von den Einzelheiten der Ausübung ihrer Tätigkeit können die im Aufnahmestaat unter ihrer ursprünglichen Berufsbezeichnung tätigen Rechtsanwälte die Bezeichnung der Gruppe angeben, der sie im Herkunftsstaat angehören.

[2]Der Aufnahmestaat kann verlangen, daß neben der Bezeichnung der Gruppe nach Unterabsatz 1 auch deren Rechtsform im Herkunftsstaat und/oder die Namen der im Aufnahmestaat tätigen Mitglieder der Gruppe angegeben werden.

Artikel 13 Zusammenarbeit zwischen den zuständigen Stellen des Aufnahme- und des Herkunftsstaats und Vertraulichkeit

[1]Die zuständige Stelle des Aufnahmestaats und die zuständige Stelle des Herkunftsstaats arbeiten eng zusammen und leisten einander Amtshilfe, um die Anwendung dieser Richtlinie zu erleichtern und zu vermeiden, daß die Bestimmungen dieser Richtlinie gegebenenfalls zwecks Umgehung der im Aufnahmestaat geltenden Regeln mißbräuchlich angewendet werden.

[2]Sie gewährleisten die Vertraulichkeit der Informationen, die sie austauschen.

Artikel 14 Benennung der zuständigen Stellen

[1]Die Mitgliedstaaten benennen spätestens am 14. März 2000 die zuständigen Stellen, die befugt sind, die in dieser Richtlinie genannten Anträge entgegenzunehmen und die in dieser Richtlinie vorgesehenen Entscheidungen zu treffen. [2]Sie setzen die übrigen Mitgliedstaaten und die Kommission davon in Kenntnis.

Artikel 15 Bericht der Kommission

[1]Spätestens zehn Jahre nach Inkrafttreten dieser Richtlinie erstattet die Kommission dem Europäischen Parlament und dem Rat über den Stand der Anwendung dieser Richtlinie Bericht.

[2]Nach Durchführung der erforderlichen Anhörungen legt sie bei dieser Gelegenheit ihre Schlußfolgerungen sowie Vorschläge für etwaige Änderungen an dem geltenden System vor.

Artikel 16 Umsetzung

(1) [1]Die Mitgliedstaaten erlassen die erforderlichen Rechts- und Verwaltungsvorschriften, um dieser Richtlinie spätestens am 14. März 2000 nachzukommen. [2]Sie setzen die Kommission unverzüglich davon in Kenntnis.

[3]Wenn die Mitgliedstaaten derartige Vorschriften erlassen, nehmen sie in den Vorschriften selbst oder durch einen Hinweis bei der amtlichen Veröffentlichung auf diese Richtlinie Bezug. [4]Die Mitgliedstaaten regeln die Einzelheiten dieser Bezugnahme.

(2) Die Mitgliedstaaten teilen der Kommission den Wortlaut der wichtigsten innerstaatlichen Rechtsvorschriften mit, die sie auf dem unter diese Richtlinie fallenden Gebiet erlassen.

Artikel 17 [Inkafttreten]

Diese Richtlinie tritt am Tag ihrer Veröffentlichung im Amtsblatt der Europäischen Gemeinschaften in Kraft.

Artikel 18 Adressaten

Diese Richtlinie ist an die Mitgliedstaaten gerichtet.

L. Anhang

Verordnung über Informationspflichten für Dienstleistungserbringer (DL-InfoV)

Vom 12. März 2010, BGBl. I S. 267

Zuletzt geändert durch Art. 2 Abs. 2 der Verordung vom 12. November 2021, BGBl. I S. 4921

Inhaltsübersicht

Eingangsformel

Auf Grund des § 6c in Verbindung mit § 146 Absatz 2 Nummer 1 der Gewerbeordnung, die durch Artikel 1 des Gesetzes vom 17. Juli 2009 (BGBl. I S. 2091) eingefügt worden sind, verordnet die Bundesregierung:

§ 1 Anwendungsbereich

(1) Diese Verordnung gilt für Personen, die Dienstleistungen erbringen, die in den Anwendungsbereich des Artikels 2 der Richtlinie 2006/123/EG des Europäischen Parlaments und des Rates vom 12. Dezember 2006 über Dienstleistungen im Binnenmarkt (ABl. L 376 vom 27.12.2006, S. 36) fallen.

(2) Die Verordnung findet auch Anwendung, wenn im Inland niedergelassene Dienstleistungserbringer unter Inanspruchnahme der Dienstleistungsfreiheit in einem anderen Mitgliedstaat der Europäischen Union oder einem anderen Vertragsstaat des Abkommens über den Europäischen Wirtschaftsraum tätig werden.

(3) Die Verordnung findet keine Anwendung, wenn in einem anderen Mitgliedstaat der Europäischen Union oder einem anderen Vertragsstaat des Abkommens über den Europäischen Wirtschaftsraum niedergelassene Dienstleistungserbringer unter Inanspruchnahme der Dienstleistungsfreiheit im Inland tätig werden.

(4) [1]Die nach dieser Verordnung zur Verfügung zu stellenden Informationen sind in deutscher Sprache zu erbringen. [2]Das gilt nicht für Informationen nach Absatz 2.

§ 2 Stets zur Verfügung zu stellende Informationen

(1) Unbeschadet weiter gehender Anforderungen aus anderen Rechtsvorschriften muss ein Dienstleistungserbringer einem Dienstleistungsempfänger vor Abschluss eines schriftlichen Vertrages oder, sofern kein schriftlicher Vertrag geschlossen wird, vor Erbringung der Dienstleistung folgende Informationen in klarer und verständlicher Form zur Verfügung stellen:

1. seinen Familien- und Vornamen, bei rechtsfähigen Personengesellschaften und juristischen Personen die Firma unter Angabe der Rechtsform,

2. die Anschrift seiner Niederlassung oder, sofern keine Niederlassung besteht, eine ladungsfähige Anschrift sowie weitere Angaben, die es dem Dienstleistungsempfänger ermöglichen, schnell und unmittelbar mit ihm in Kontakt zu treten, insbesondere eine Telefonnummer und eine E-Mail-Adresse oder Faxnummer,
3. falls er in ein solches eingetragen ist, das Handelsregister, Genossenschaftsregister, Gesellschaftsregister, Partnerschaftsregister oder Vereinsregister unter Angabe des Registergerichts und der Registernummer,
4. bei erlaubnispflichtigen Tätigkeiten Name und Anschrift der zuständigen Behörde oder der einheitlichen Stelle,
5. falls er eine Umsatzsteuer-Identifikationsnummer nach § 27a des Umsatzsteuergesetzes besitzt, die Nummer,
6. falls die Dienstleistung in Ausübung eines reglementierten Berufs im Sinne von Artikel 3 Absatz 1 Buchstabe a der Richtlinie 2005/36/EG des Europäischen Parlaments und des Rates vom 7. September 2005 über die Anerkennung von Berufsqualifikationen (ABl. L 255 vom 30.9.2005, S. 22) erbracht wird, die gesetzliche Berufsbezeichnung, den Staat, in dem sie verliehen wurde und, falls er einer Kammer, einem Berufsverband oder einer ähnlichen Einrichtung angehört, deren oder dessen Namen,
7. die von ihm gegebenenfalls verwendeten allgemeinen Geschäftsbedingungen,
8. von ihm gegebenenfalls verwendete Vertragsklauseln über das auf den Vertrag anwendbare Recht oder über den Gerichtsstand,
9. gegebenenfalls bestehende Garantien, die über die gesetzlichen Gewährleistungsrechte hinausgehen,
10. die wesentlichen Merkmale der Dienstleistung, soweit sich diese nicht bereits aus dem Zusammenhang ergeben,
11. falls eine Berufshaftpflichtversicherung besteht, Angaben zu dieser, insbesondere den Namen und die Anschrift des Versicherers und den räumlichen Geltungsbereich.

(2) Der Dienstleistungserbringer hat die in Absatz 1 genannten Informationen wahlweise

1. dem Dienstleistungsempfänger von sich aus mitzuteilen,
2. am Ort der Leistungserbringung oder des Vertragsschlusses so vorzuhalten, dass sie dem Dienstleistungsempfänger leicht zugänglich sind,
3. dem Dienstleistungsempfänger über eine von ihm angegebene Adresse elektronisch leicht zugänglich zu machen oder
4. in alle von ihm dem Dienstleistungsempfänger zur Verfügung gestellten ausführlichen Informationsunterlagen über die angebotene Dienstleistung aufzunehmen.

§ 3 Auf Anfrage zur Verfügung zu stellende Informationen

(1) Unbeschadet weiter gehender Anforderungen aus anderen Rechtsvorschriften muss der Dienstleistungserbringer dem Dienstleistungsempfänger auf Anfrage folgende Informationen vor Abschluss eines schriftlichen Vertrages oder, sofern kein schriftlicher Vertrag geschlossen wird, vor Erbringung der Dienstleistung in klarer und verständlicher Form zur Verfügung stellen:

1. falls die Dienstleistung in Ausübung eines reglementierten Berufs im Sinne von Artikel 3 Absatz 1 Buchstabe a der Richtlinie 2005/36/EG des Europäischen Parlaments und des Rates vom 7. September 2005 über die Anerkennung von Berufsqualifikationen (ABl. L 255 vom 30.9.2005, S. 22) erbracht wird, eine Verweisung auf die berufsrechtlichen Regelungen und dazu, wie diese zugänglich sind,
2. Angaben zu den vom Dienstleistungserbringer ausgeübten multidisziplinären Tätigkeiten und den mit anderen Personen bestehenden beruflichen Gemeinschaften, die in direkter Verbindung

zu der Dienstleistung stehen und, soweit erforderlich, zu den Maßnahmen, die er ergriffen hat, um Interessenkonflikte zu vermeiden,

3. die Verhaltenskodizes, denen er sich unterworfen hat, die Adresse, unter der diese elektronisch abgerufen werden können, und die Sprachen, in der diese vorliegen, und
4. falls er sich einem Verhaltenskodex unterworfen hat oder einer Vereinigung angehört, der oder die ein außergerichtliches Streitschlichtungsverfahren vorsieht, Angaben zu diesem, insbesondere zum Zugang zum Verfahren und zu näheren Informationen über seine Voraussetzungen.

(2) Der Dienstleistungserbringer stellt sicher, dass die in Absatz 1 Nummer 2, 3 und 4 genannten Informationen in allen ausführlichen Informationsunterlagen über die Dienstleistung enthalten sind.

§ 4 Erforderliche Preisangaben

(1) Der Dienstleistungserbringer muss dem Dienstleistungsempfänger vor Abschluss eines schriftlichen Vertrages oder, sofern kein schriftlicher Vertrag geschlossen wird, vor Erbringung der Dienstleistung, folgende Informationen in klarer und verständlicher Form zur Verfügung stellen:

1. sofern er den Preis für die Dienstleistung im Vorhinein festgelegt hat, diesen Preis in der in § 2 Absatz 2 festgelegten Form,
2. sofern er den Preis der Dienstleistung nicht im Vorhinein festgelegt hat, auf Anfrage den Preis der Dienstleistung oder, wenn kein genauer Preis angegeben werden kann, entweder die näheren Einzelheiten der Berechnung, anhand derer der Dienstleistungsempfänger die Höhe des Preises leicht errechnen kann, oder einen Kostenvoranschlag.

(2) Absatz 1 findet keine Anwendung auf Dienstleistungsempfänger, die Verbraucher im Sinne des § 13 des Bürgerlichen Gesetzbuchs sind.

§ 5 Verbot diskriminierender Bestimmungen

[1]Der Dienstleistungserbringer darf keine Bedingungen für den Zugang zu einer Dienstleistung bekannt machen, die auf der Staatsangehörigkeit oder dem Wohnsitz des Dienstleistungsempfängers beruhende diskriminierende Bestimmungen enthalten. [2]Dies gilt nicht für Unterschiede bei den Zugangsbedingungen, die unmittelbar durch objektive Kriterien gerechtfertigt sind.

§ 6 Ordnungswidrigkeiten

Ordnungswidrig im Sinne des § 146 Absatz 2 Nummer 1 der Gewerbeordnung handelt, wer vorsätzlich oder fahrlässig

1. entgegen § 2 Absatz 1, § 3 Absatz 1 oder § 4 Absatz 1 eine Information nicht, nicht richtig, nicht vollständig, nicht in der vorgeschriebenen Weise oder nicht rechtzeitig zur Verfügung stellt,
2. entgegen § 3 Absatz 2 nicht sicherstellt, dass eine dort genannte Information in jeder ausführlichen Informationsunterlage enthalten ist, oder
3. entgegen § 5 Satz 1 Bedingungen bekannt macht.

§ 7 Inkrafttreten

Diese Verordnung tritt zwei Monate nach der Verkündung in Kraft.

Schlussformel

Der Bundesrat hat zugestimmt.

Digitale-Dienste-Gesetz (DDG)

Vom 6. Mai 2024, BGBl. I Nr. 149*

Inhaltsübersicht

---

* Hinweis der Herausgeber: Mit Inkrafttreten dieses Gesetzes ist das Telemediengesetz (TMG) außer Kraft getreten.

Teil 1
Allgemeine Vorschriften

§ 1 Anwendungsbereich, Begriffsbestimmungen

(1) [1]Dieses Gesetz gilt für alle Diensteanbieter nach Absatz 4 Nummer 5, sofern in diesem Gesetz nichts anderes bestimmt ist. [2]Abweichend von Satz 1 gelten die Vorschriften dieses Gesetzes zur Durchsetzung der Verordnung (EU) 2019/1150 des Europäischen Parlaments und des Rates vom 20. Juni 2019 zur Förderung von Fairness und Transparenz für gewerbliche Nutzer von Online-Vermittlungsdiensten (ABl. L 186 vom 11.7.2019, S. 57) für Anbieter von Online-Vermittlungsdiensten nach Artikel 2 Nummer 2 und 3 sowie für Anbieter von Online-Suchmaschinen nach Artikel 2 Nummer 5 und 6 dieser Verordnung. [3]Dieses Gesetz gilt nicht für Rundfunk im Sinne der medienrechtlichen Bestimmungen der Länder.

(2) [1]Die inhalts- und vielfaltsbezogenen Anforderungen an digitale Dienste und die hierfür zuständigen Aufsichtsbehörden ergeben sich aus den medienrechtlichen Bestimmungen der Länder. [2]Die Vorschriften des Gesetzes gegen Wettbewerbsbeschränkungen einschließlich dessen §§ 19 bis 20 sowie der Regelungen zu den Aufgaben, Befugnissen und Zuständigkeiten der Kartellbehörden bleiben unberührt.

(3) Dieses Gesetz trifft weder Regelungen im Bereich des internationalen Privatrechts noch regelt es die Zuständigkeit der Gerichte.

(4) Im Sinne dieses Gesetzes ist oder sind

1. „digitaler Dienst“ ein Dienst im Sinne des Artikels 1 Absatz 1 Buchstabe b der Richtlinie (EU) 2015/1535 des Europäischen Parlaments und des Rates vom 9. September 2015 über ein Informationsverfahren auf dem Gebiet der technischen Vorschriften und der Vorschriften für die Dienste der Informationsgesellschaft (ABl. L 241 vom 17.9.2015, S. 1);
2. „Koordinierungsstelle für digitale Dienste“ der nationale Koordinator für digitale Dienste im Sinne des Artikels 49 Absatz 2 der Verordnung (EU) 2022/2065 des Europäischen Parlaments und des Rates vom 19. Oktober 2022 über einen Binnenmarkt für digitale Dienste und zur Änderung der Richtlinie 2000/31/EG (Gesetz über digitale Dienste) (ABl. L 277 vom 27.10.2022, S. 1; L 310 vom 1.12.2022, S. 17);
3. „drahtloses lokales Netzwerk“ ein Drahtloszugangssystem mit geringer Leistung und geringer Reichweite sowie mit geringem Störungsrisiko für weitere, von anderen Nutzern in unmittelbarer Nähe installierte Systeme dieser Art, das nicht exklusive Grundfrequenzen nutzt;
4. „audiovisuelle Mediendienste“
   a) audiovisuelle Mediendienste auf Abruf (Nummer 6) und
   b) die audiovisuelle kommerzielle Kommunikation (Nummer 7);
5. „Diensteanbieter“ Anbieter digitaler Dienste;
6. „audiovisuelle Mediendienste auf Abruf“ nichtlineare audiovisuelle Mediendienste, bei denen der Hauptzweck des Dienstes oder eines trennbaren Teils des Dienstes darin besteht, unter der redaktionellen Verantwortung eines Anbieters von audiovisuellen Mediendiensten der Allgemeinheit Sendungen zur Information, Unterhaltung oder Bildung zum individuellen Abruf zu einem vom Nutzer gewählten Zeitpunkt bereitzustellen;

7. „audiovisuelle kommerzielle Kommunikation" jede Form der Kommunikation mit Bildern mit oder ohne Ton, die einer Sendung oder einem nutzergenerierten Video gegen Entgelt oder gegen eine ähnliche Gegenleistung oder als Eigenwerbung beigefügt oder darin enthalten ist, wenn die Kommunikation der unmittelbaren oder mittelbaren Förderung des Absatzes von Waren und Dienstleistungen oder der Förderung des Erscheinungsbilds natürlicher oder juristischer Personen, die einer wirtschaftlichen Tätigkeit nachgehen, dient, einschließlich Sponsoring und Produktplatzierung;
8. „Videosharingplattform-Dienste"
   a) digitale Dienste, bei denen der Hauptzweck oder eine wesentliche Funktion darin besteht, Sendungen oder nutzergenerierte Videos, für die der Diensteanbieter keine redaktionelle Verantwortung trägt, der Allgemeinheit bereitzustellen, wobei der Diensteanbieter die Organisation der Sendungen und der nutzergenerierten Videos, auch mit automatischen Mitteln, bestimmt,
   b) trennbare Teile digitaler Dienste, wenn für den trennbaren Teil der in Buchstabe a genannte Hauptzweck vorliegt;
9. „Videosharingplattform-Anbieter" ein Diensteanbieter, der Videosharingplattform-Dienste betreibt;
10. „redaktionelle Verantwortung" die Ausübung einer wirksamen Kontrolle hinsichtlich der Zusammenstellung der Sendungen und ihrer Bereitstellung mittels eines Katalogs;
11. „Sendung" eine Abfolge von bewegten Bildern mit oder ohne Ton, die unabhängig von ihrer Länge Einzelbestandteil eines von einem Diensteanbieter erstellten Sendeplans oder Katalogs ist;
12. „nutzergeneriertes Video" eine von einem Nutzer erstellte Abfolge von bewegten Bildern mit oder ohne Ton, die unabhängig von ihrer Länge einen Einzelbestandteil darstellt und die von diesem Nutzer oder einem anderen Nutzer auf einen Videosharingplattform-Dienst hochgeladen wird;
13. „Mitgliedstaat" jeder Mitgliedstaat der Europäischen Union und jeder andere Vertragsstaat des Abkommens über den Europäischen Wirtschaftsraum, für den die Richtlinie 2010/13/EU des Europäischen Parlaments und des Rates vom 10. März 2010 zur Koordinierung bestimmter Rechts- und Verwaltungsvorschriften der Mitgliedstaaten über die Bereitstellung audiovisueller Mediendienste (Richtlinie über audiovisuelle Mediendienste) (ABl. L 95 vom 15.4.2010, S. 1; L 263 vom 6.10.2010, S. 15), die durch die Richtlinie (EU) 2018/1808 (ABl. L 303 vom 28.11.2018, S. 69) geändert worden ist, gilt;
14. „Drittstaat" jeder Staat, der nicht Mitgliedstaat ist;
15. „Mutterunternehmen" ein Unternehmen, das ein oder mehrere Tochterunternehmen kontrolliert;
16. „Tochterunternehmen" ein Unternehmen, das unmittelbar oder mittelbar von einem Mutterunternehmen kontrolliert wird;
17. „Gruppe" die Gesamtheit eines Mutterunternehmens und seiner Tochterunternehmen sowie aller anderen mit dem Mutterunternehmen und seinen Tochterunternehmen wirtschaftlich und rechtlich verbundenen Unternehmen.

§ 2 Europäisches Sitzland

(1) Sitzland des Diensteanbieters innerhalb des Geltungsbereichs der Richtlinie 2000/31/EG des Europäischen Parlaments und des Rates vom 8. Juni 2000 über bestimmte rechtliche Aspekte der Dienste der Informationsgesellschaft, insbesondere des elektronischen Geschäftsverkehrs, im Binnenmarkt (Richtlinie über den elektronischen Geschäftsverkehr) (ABl. L 178 vom 17.7.2000, S. 1), die zuletzt durch die Verordnung (EU) 2022/2065 (ABl. L 277 vom 27.10.2022, S. 1; L 310 vom

1.12.2022, S. 17) geändert worden ist, ist der Mitgliedstaat, in dessen Hoheitsgebiet der Diensteanbieter niedergelassen ist.

(2) [1]Abweichend von Absatz 1 gilt bei audiovisuellen Mediendiensten im Anwendungsbereich der Richtlinie 2010/13/EU derjenige Mitgliedstaat als Sitzland des Anbieters von audiovisuellen Mediendiensten, in dem die Hauptverwaltung des Diensteanbieters liegt und in dem die redaktionellen Entscheidungen über den audiovisuellen Mediendienst getroffen werden. [2]Werden die redaktionellen Entscheidungen über den audiovisuellen Mediendienst in einem anderen Mitgliedstaat als in dem des Sitzes der Hauptverwaltung getroffen, so gilt als Sitzland des Diensteanbieters

1. derjenige dieser beiden Mitgliedstaaten, in dem ein erheblicher Teil des Personals des Diensteanbieters, das mit der Durchführung der programmbezogenen Tätigkeiten des audiovisuellen Mediendienstes betraut ist, tätig ist,
2. derjenige dieser beiden Mitgliedstaaten, in dem die Hauptverwaltung des Diensteanbieters liegt, wenn ein erheblicher Teil des Personals des Anbieters audiovisueller Mediendienste, das mit der Ausübung der sendungsbezogenen Tätigkeiten betraut ist, in beiden Mitgliedstaaten tätig ist, oder
3. derjenige dieser beiden Mitgliedstaaten, in dem der Diensteanbieter zuerst mit seiner Tätigkeit nach Maßgabe des Rechts dieses Mitgliedstaats begonnen hat, sofern
   a) eine dauerhafte und tatsächliche Verbindung mit der Wirtschaft dieses Mitgliedstaats fortbesteht und
   b) ein erheblicher Teil des Personals des Anbieters von audiovisuellen Mediendiensten, das mit der Ausübung der sendungsbezogenen Tätigkeiten betraut ist, in keinem der beiden Mitgliedstaaten tätig ist.

[3]Werden die redaktionellen Entscheidungen über den audiovisuellen Mediendienst in einem Drittstaat getroffen, so gilt derjenige Mitgliedstaat als Sitzland, in dem die Hauptverwaltung des Diensteanbieters liegt. [4]Liegt die Hauptverwaltung des Diensteanbieters in einem Drittstaat und werden die redaktionellen Entscheidungen über den audiovisuellen Mediendienst in einem Mitgliedstaat getroffen, gilt der Mitgliedstaat als Sitzland, in dem ein erheblicher Teil des mit der Bereitstellung des audiovisuellen Mediendienstes betrauten Personals tätig ist.

(3) [1]Für Anbieter von audiovisuellen Mediendiensten, die nicht bereits aufgrund ihrer Niederlassung der Rechtshoheit eines Mitgliedstaats unterliegen, gilt derjenige Mitgliedstaat als Sitzland, in dem sie

1. eine dort gelegene Satelliten-Bodenstation für die Aufwärtsstrecke nutzen oder
2. zwar keine dort gelegene Satelliten-Bodenstation für die Aufwärtsstrecke, aber eine diesem Mitgliedstaat zugewiesene Übertragungskapazität eines Satelliten nutzen.

[2]Liegt keines dieser beiden Kriterien vor, gilt derjenige Mitgliedstaat, in dem der Anbieter von audiovisuellen Mediendiensten gemäß den Artikeln 49 bis 55 des Vertrages über die Arbeitsweise der Europäischen Union niedergelassen ist, auch als Sitzland für diesen Anbieter von audiovisuellen Mediendiensten.

(4) Ist ein Videosharingplattform-Anbieter im Anwendungsbereich der Richtlinie 2010/13/EU nicht im Hoheitsgebiet eines Mitgliedstaats niedergelassen, so gilt abweichend von Absatz 1 derjenige Mitgliedstaat als Sitzland, in dessen Hoheitsgebiet

1. ein Mutterunternehmen oder ein Tochterunternehmen des Videosharingplattform-Anbieters niedergelassen ist oder
2. ein anderes Unternehmen einer Gruppe, von der der Videosharingplattform-Anbieter ein Teil ist, niedergelassen ist.

(5) Sind in den Fällen des Absatzes 4 das Mutterunternehmen, das Tochterunternehmen oder die anderen Unternehmen der Gruppe jeweils in verschiedenen Mitgliedstaaten niedergelassen, so gilt der Videosharingplattform-Anbieter als in dem Mitgliedstaat niedergelassen, in dem

1. sein Mutterunternehmen niedergelassen ist,
2. mangels einer Niederlassung nach Nummer 1 sein Tochterunternehmen niedergelassen ist oder
3. mangels einer Niederlassung nach Nummer 2 das oder die anderen Unternehmen der Gruppe niedergelassen ist oder sind.

(6) [1]Gibt es mehrere Tochterunternehmen und ist jedes dieser Tochterunternehmen in einem anderen Mitgliedstaat niedergelassen, so gilt der Videosharingplattform-Anbieter als in dem Mitgliedstaat niedergelassen, in dem eines der Tochterunternehmen zuerst seine Tätigkeit aufgenommen hat. [2]Voraussetzung ist, dass eine dauerhafte und tatsächliche Verbindung zwischen dem Tochterunternehmen und der Wirtschaft dieses Mitgliedstaats besteht.

(7) [1]Gibt es mehrere andere Unternehmen, die Teil der Gruppe sind und von denen jedes in einem anderen Mitgliedstaat niedergelassen ist, so gilt der Videosharingplattform-Anbieter als in dem Mitgliedstaat niedergelassen, in dem eines dieser Unternehmen zuerst seine Tätigkeit aufgenommen hat. [2]Voraussetzung ist, dass eine dauerhafte und tatsächliche Verbindung zwischen dem Unternehmen und der Wirtschaft dieses Mitgliedstaats besteht.

(8) Treten zwischen der zuständigen inländischen Behörde und einer Behörde eines anderen Mitgliedstaats Meinungsverschiedenheiten darüber auf, welcher Mitgliedstaat Sitzland des Diensteanbieters nach den Absätzen 2 bis 7 ist oder als solcher gilt, so bringt die zuständige inländische Behörde diese Meinungsverschiedenheiten der Europäischen Kommission unverzüglich zur Kenntnis.

§ 3 Herkunftslandprinzip

(1) Diensteanbieter und ihre digitalen Dienste, die nach § 2 in Deutschland niedergelassen sind, unterliegen den Anforderungen des deutschen Rechts auch dann, wenn die digitalen Dienste innerhalb des Geltungsbereichs der Richtlinie 2000/31/EG und der Richtlinie 2010/13/EU in einem anderen Mitgliedstaat geschäftsmäßig angeboten oder verbreitet werden, soweit nicht die Verordnung (EU) 2022/2065 unmittelbar gilt.

(2) Der freie Verkehr von digitalen Diensten, die innerhalb des Geltungsbereichs der Richtlinien 2000/31/EG und 2010/13/EU in Deutschland von Diensteanbietern, die in einem anderen Mitgliedstaat niedergelassen sind, geschäftsmäßig angeboten oder verbreitet werden, wird vorbehaltlich der Absätze 5 bis 7 nicht eingeschränkt.

(3) Von den Absätzen 1 und 2 bleiben unberührt:

1. die Freiheit der Rechtswahl,
2. die Vorschriften für vertragliche Schuldverhältnisse in Bezug auf Verbraucherverträge,
3. gesetzliche Vorschriften über die Form des Erwerbs von Grundstücken und grundstücksgleichen Rechten sowie über die Form der Begründung, Übertragung, Änderung oder Aufhebung von dinglichen Rechten an Grundstücken und grundstücksgleichen Rechten und
4. das für den Schutz personenbezogener Daten geltende Recht.

(4) Die Absätze 1 und 2 gelten nicht für

1. die Tätigkeit von Notaren sowie von Angehörigen anderer Berufe, soweit diese ebenfalls hoheitlich tätig sind,
2. die Vertretung von Mandanten und die Wahrnehmung ihrer Interessen vor Gericht,
3. die Zulässigkeit nicht angeforderter kommerzieller Kommunikationen durch elektronische Post,
4. Gewinnspiele mit einem einen Geldwert darstellenden Einsatz bei Glücksspielen, einschließlich Lotterien und Wetten,
5. die Anforderungen an Verteildienste,

6. das Urheberrecht, verwandte Schutzrechte, Rechte im Sinne der Richtlinie 87/54/EWG des Rates vom 16. Dezember 1986 über den Rechtsschutz der Topographien von Halbleitererzeugnissen (ABl. L 24 vom 27.1.1987, S. 36) und der Richtlinie 96/9/EG des Europäischen Parlaments und des Rates vom 11. März 1996 über den rechtlichen Schutz von Datenbanken (ABl. L 77 vom 27.3.1996, S. 20) sowie für gewerbliche Schutzrechte,
7. die Ausgabe elektronischen Geldes durch Institute, die gemäß Artikel 8 Absatz 1 der Richtlinie 2000/46/EG des Europäischen Parlaments und des Rates vom 18. September 2000 über die Aufnahme, Ausübung und Beaufsichtigung der Tätigkeit von E-Geld-Instituten (ABl. L 275 vom 27.10.2000, S. 39) von der Anwendung einiger oder aller Vorschriften dieser Richtlinie und von der Anwendung der Richtlinie 2000/12/EG des Europäischen Parlaments und des Rates vom 20. März 2000 über die Aufnahme und Ausübung der Tätigkeit der Kreditinstitute (ABl. L 126 vom 25.5.2000, S. 1) freigestellt sind,
8. Vereinbarungen oder Verhaltensweisen, die dem Kartellrecht unterliegen,
9. Bereiche, die erfasst sind von den §§ 39, 57 bis 59, 61 bis 65, 146, 241 bis 243b, 305 und 306 des Versicherungsaufsichtsgesetzes vom 1. April 2015 (BGBl. I S. 434), das zuletzt durch Artikel 9 des Gesetzes vom 31. Mai 2023 (BGBl. 2023 I Nr. 140) geändert worden ist, für Bereiche, die erfasst sind von den Vorschriften der Versicherungsberichterstattungs-Verordnung vom 19. Juli 2017 (BGBl. I S. 2858), die durch Artikel 7 des Gesetzes vom 17. August 2017 (BGBl. I S. 3214) geändert worden ist, für die Regelungen über das auf Versicherungsverträge anwendbare Recht sowie für Bedingungen, die für das Angebot und den Abschluss von Versicherungen zur Erfüllung einer in einem Mitgliedstaat vorgeschriebenen Versicherungspflicht gelten.

(5) [1]Das Angebot von digitalen Diensten, bei denen es sich nicht um audiovisuelle Mediendienste handelt, durch einen Diensteanbieter, der in einem anderen Mitgliedstaat niedergelassen ist, darf durch Maßnahmen auf Grundlage des deutschen Rechts eingeschränkt werden, sofern

1. dies dazu dient, folgende Schutzziele vor Beeinträchtigungen oder ernsthaften und schwerwiegenden Gefahren zu schützen:
   a) die öffentliche Sicherheit und Ordnung, einschließlich des Jugendschutzes, insbesondere im Hinblick auf
      aa) die Verhütung, Ermittlung, Aufklärung, Verfolgung und Vollstreckung von Straftaten und Ordnungswidrigkeiten,
      bb) die Bekämpfung der Verunglimpfung aus Gründen der Rasse, des Geschlechts, des Glaubens oder der Nationalität,
      cc) Verletzungen der Menschenwürde einzelner Personen oder
      dd) die Wahrung nationaler Sicherheits- und Verteidigungsinteressen,
   b) die öffentliche Gesundheit oder
   c) die Interessen der Verbraucher und die Interessen von Anlegern und
2. die Maßnahmen, die auf der Grundlage des deutschen Rechts in Betracht kommen, in einem angemessenen Verhältnis zu den Schutzzielen nach Nummer 1 stehen.

[2]Maßnahmen nach Satz 1 Nummer 2 sind nur zulässig, wenn die gemäß Artikel 3 Absatz 4 Buchstabe b und Absatz 5 der Richtlinie 2000/31/EG erforderlichen Verfahren eingehalten werden; davon unberührt bleiben gerichtliche Verfahren einschließlich etwaiger Vorverfahren und die Verfolgung von Straftaten einschließlich der Strafvollstreckung und von Ordnungswidrigkeiten.

(6) Der freie Empfang und die Weiterverbreitung von audiovisuellen Mediendiensten aus anderen Mitgliedstaaten darf abweichend von Absatz 2 vorübergehend beeinträchtigt werden, wenn diese audiovisuellen Mediendienste

1. in offensichtlicher, ernsthafter und schwerwiegender Weise Folgendes enthalten:

a) eine Aufstachelung zu Gewalt oder Hass gegen eine Gruppe von Personen oder gegen ein Mitglied einer Gruppe von Personen aus einem der in Artikel 21 der Charta der Grundrechte der Europäischen Union (ABl. C 364 vom 18.12.2000, S. 1) genannten Gründe,

b) eine öffentliche Aufforderung zur Begehung einer terroristischen Straftat gemäß Artikel 5 der Richtlinie (EU) 2017/541 des Europäischen Parlaments und des Rates vom 15. März 2017 zur Terrorismusbekämpfung und zur Ersetzung des Rahmenbeschlusses 2002/475/JI des Rates und zur Änderung des Beschlusses 2005/671/JI des Rates (ABl. L 88 vom 31.3.2017, S. 6),

c) einen Verstoß gegen die Vorgaben zum Schutz von Minderjährigen nach Artikel 6a Absatz 1 der Richtlinie 2010/13/EU oder

2. eine Beeinträchtigung oder eine ernsthafte und schwerwiegende Gefahr der Beeinträchtigung darstellen für

a) die öffentliche Gesundheit,

b) die öffentliche Sicherheit oder

c) die Wahrung nationaler Sicherheits- und Verteidigungsinteressen.

(7) [1]Das Angebot von digitalen Diensten kann durch Anordnungen zum Vorgehen gegen rechtswidrige Inhalte nach Artikel 9 der Verordnung (EU) 2022/2056 und zur Bereitstellung von Informationen nach Artikel 10 der Verordnung (EU) 2022/2065 eingeschränkt werden. [2]Diese Anordnungen unterliegen nicht den Anforderungen der Absätze 5 und 6.

§ 4 Zulassungsfreiheit

Das Anbieten von digitalen Diensten ist im Rahmen der Gesetze zulassungs- und anmeldefrei.

Teil 2
Informationspflichten

§ 5 Allgemeine Informationspflichten

(1) Diensteanbieter haben für geschäftsmäßige, in der Regel gegen Entgelt angebotene digitale Dienste folgende Informationen, die leicht erkennbar und unmittelbar erreichbar sein müssen, ständig verfügbar zu halten:

1. den Namen und die Anschrift, unter der sie niedergelassen sind, bei juristischen Personen zusätzlich die Rechtsform, den Vertretungsberechtigten und, sofern Angaben über das Kapital der Gesellschaft gemacht werden, das Stamm- oder Grundkapital sowie, wenn nicht alle in Geld zu leistenden Einlagen eingezahlt sind, der Gesamtbetrag der ausstehenden Einlagen,
2. Angaben, die eine schnelle elektronische Kontaktaufnahme und eine unmittelbare Kommunikation mit ihnen ermöglichen, einschließlich der Adresse für die elektronische Post,
3. soweit der Dienst im Rahmen einer Tätigkeit angeboten oder erbracht wird, die der behördlichen Zulassung bedarf, Angaben zur zuständigen Aufsichtsbehörde,
4. die Angabe des Handelsregisters oder ähnlicher Register, in das sie eingetragen sind, und die entsprechende Registernummer,
5. soweit der Dienst angeboten oder erbracht wird in Ausübung eines Berufs im Sinne von Artikel 1 Buchstabe d der Richtlinie 89/48/EWG des Rates vom 21. Dezember 1988 über eine allgemeine Regelung zur Anerkennung der Hochschuldiplome, die eine mindestens dreijährige Berufsausbildung abschließen (ABl. L 19 vom 24.1.1989, S. 16), oder im Sinne von Artikel 1 Buchstabe f der Richtlinie 92/51/EWG des Rates vom 18. Juni 1992 über eine zweite allgemeine Regelung zur Anerkennung beruflicher Befähigungsnachweise in Ergänzung zur Richtlinie 89/48/EWG (ABl. L 209 vom 24.7.1992, S. 25; L 17 vom 25.1.1995, S. 20), die zuletzt durch die Richtlinie 2006/100/EG (ABl. L 363 vom 20.12.2006, S. 141) geändert worden ist, Angaben über

a) die Kammer, der die Diensteanbieter angehören,

b) die gesetzliche Berufsbezeichnung und den Staat, in dem die Berufsbezeichnung verliehen worden ist,

c) die Bezeichnung der berufsrechtlichen Regelungen und die Angabe, wie diese Regelungen zugänglich sind,

6. in Fällen, in denen sie eine Umsatzsteueridentifikationsnummer nach § 27a Absatz 1 Satz 1, 2 oder 3 des Umsatzsteuergesetzes oder eine Wirtschafts-Identifikationsnummer nach § 139c Absatz 1 der Abgabenordnung besitzen, die Angabe dieser Nummer,

7. bei Aktiengesellschaften, Kommanditgesellschaften auf Aktien und Gesellschaften mit beschränkter Haftung, die sich in Abwicklung oder Liquidation befinden, die Angabe hierüber,

8. bei Anbietern von audiovisuellen Mediendiensten die Angabe

a) des Mitgliedstaats, der für sie Sitzland ist oder als Sitzland gilt sowie

b) der zuständigen Regulierungs- und Aufsichtsbehörden.

(2) Weitergehende Informationspflichten nach anderen Rechtsvorschriften bleiben unberührt.

§ 6 Besondere Pflichten bei kommerziellen Kommunikationen

(1) Diensteanbieter haben bei kommerziellen Kommunikationen, die digitale Dienste oder Bestandteile von digitalen Diensten sind, mindestens zu beachten, dass

1. kommerzielle Kommunikationen klar als solche zu erkennen sein müssen,

2. die natürliche oder juristische Person, in deren Auftrag kommerzielle Kommunikationen erfolgen, klar identifizierbar sein muss,

3. Angebote zur Verkaufsförderung wie Preisnachlässe, Zugaben und Geschenke klar als solche erkennbar sein müssen und die Bedingungen für ihre Inanspruchnahme leicht zugänglich sein sowie klar und unzweideutig angegeben werden müssen und

4. Preisausschreiben oder Gewinnspiele mit Werbecharakter klar als solche erkennbar sein müssen und die Teilnahmebedingungen leicht zugänglich sein sowie klar und unzweideutig angegeben werden müssen.

(2) [1]Werden kommerzielle Kommunikationen per elektronischer Post versandt, darf in der Kopf- und in der Betreffzeile weder der Absender noch der kommerzielle Charakter der Nachricht verschleiert oder verheimlicht werden. [2]Ein Verschleiern oder Verheimlichen liegt dann vor, wenn die Kopf- oder die Betreffzeile absichtlich so gestaltet ist, dass der Empfänger vor Einsichtnahme in den Inhalt der Kommunikation keine oder irreführende Informationen über die tatsächliche Identität des Absenders oder den kommerziellen Charakter der Nachricht erhält.

(3) Videosharingplattform-Anbieter müssen eine Funktion bereitstellen, mit der Nutzer, die nutzergenerierte Videos hochladen, erklären können, ob diese Videos audiovisuelle kommerzielle Kommunikation enthalten.

(4) Videosharingplattform-Anbieter sind verpflichtet, audiovisuelle kommerzielle Kommunikation, die Nutzer auf den Videosharingplattform-Dienst hochgeladen haben, als solche zu kennzeichnen, sofern sie nach Absatz 3 oder anderweitig Kenntnis von dieser erlangt haben.

(5) Die Vorschriften des Gesetzes gegen den unlauteren Wettbewerb und der Preisangabenverordnung bleiben unberührt.

Teil 3
Rechtsverletzungen von Nutzern

§ 7 Beschränkte Verantwortlichkeit

(1) Die Artikel 4 bis 8 der Verordnung (EU) 2022/2065 gelten für alle Diensteanbieter einschließlich der öffentlichen Stellen unabhängig davon, ob für die Nutzung ein Entgelt erhoben wird.

(2) [1]Diensteanbieter, die Nutzern einen Internetzugang über ein drahtloses lokales Netzwerk zur Verfügung stellen, dürfen von einer Behörde nicht verpflichtet werden,

1. vor Gewährung des Zugangs
   a) die persönlichen Daten von Nutzern zu erheben und zu speichern (Registrierung) oder
   b) die Eingabe eines Passworts zu verlangen oder
2. das Anbieten des Dienstes dauerhaft einzustellen.

[2]Diensteanbieter können jedoch auf freiwilliger Basis die Nutzer identifizieren, eine Passworteingabe verlangen oder andere freiwillige Maßnahmen ergreifen.

(3) [1]Haften Diensteanbieter nach Artikel 4 der Verordnung (EU) 2022/2065 nicht, so können sie auch nicht wegen einer rechtswidrigen Handlung eines Nutzers auf Schadensersatz oder Beseitigung oder Unterlassung einer Rechtsverletzung in Anspruch genommen werden; dasselbe gilt hinsichtlich aller Kosten für die Geltendmachung und Durchsetzung dieser Ansprüche. [2]Satz 1 ist nicht anzuwenden, wenn der Diensteanbieter absichtlich mit einem Nutzer seines Dienstes zusammenarbeitet, um rechtswidrige Handlungen zu begehen.

(4) Die Absätze 2 und 3 sind auf Diensteanbieter auch dann anzuwenden, wenn der Dienst unentgeltlich oder durch eine öffentliche Stelle erbracht wird.

L. Anhang

§ 8 Anspruch auf Sperrung bei Rechtsverletzung

(1) Wurde ein digitaler Dienst, der darin besteht, von einem Nutzer bereitgestellte Informationen in einem Kommunikationsnetz zu übermitteln oder den Zugang zu einem Kommunikationsnetz zu vermitteln, von einem Nutzer in Anspruch genommen, um das Recht am geistigen Eigentum eines anderen zu verletzen, und besteht für den Inhaber des Rechts keine andere Möglichkeit, der Verletzung seines Rechts abzuhelfen, so kann der Inhaber des Rechts von dem betroffenen Diensteanbieter die Sperrung der Nutzung von Informationen verlangen, um die Wiederholung der Rechtsverletzung zu verhindern.

(2) Die Sperrung muss zumutbar und verhältnismäßig sein.

(3) Ein Anspruch gegen den Diensteanbieter auf Erstattung der vor- und außergerichtlichen Kosten für die Geltendmachung und Durchsetzung des Anspruchs nach Absatz 1 besteht nicht, es sei denn, der Diensteanbieter arbeitet absichtlich mit einem Nutzer seines Dienstes zusammen, um das geistige Eigentum eines anderen zu verletzen.

(4) [1]Die Absätze 1 bis 3 gelten auch dann, wenn der Dienst unentgeltlich oder durch öffentliche Stellen erbracht wird. [2]Verpflichtungen zur Entfernung von Informationen oder zur Sperrung der Nutzung von Informationen nach den allgemeinen Gesetzen aufgrund von gerichtlichen oder behördlichen Anordnungen bleiben auch im Fall einer beschränkten Verantwortlichkeit des Diensteanbieters nach den Artikeln 4 bis 6 der Verordnung (EU) 2022/2065 und des § 7 unberührt.

Teil 4
Vorschriften für Anbieter von audiovisuellen Mediendiensten und für Videosharingplattform-Anbieter

§ 9 Listen der Anbieter von audiovisuellen Mediendiensten und der Videosharingplattform-Anbieter

(1) [1]Die nach Landesrecht zuständige Behörde erstellt jeweils eine Liste der Anbieter von audiovisuellen Mediendiensten und der Videosharingplattform-Anbieter, deren Sitzland Deutschland ist oder für die Deutschland als Sitzland gilt. [2]In der Liste sind zu jedem audiovisuellen Mediendiensteanbieter und Videosharingplattform-Anbieter die maßgeblichen Kriterien nach § 2 Absatz 2 bis 7 anzugeben.

(2) Die nach Landesrecht zuständige Behörde übermittelt die Listen der Anbieter von audiovisuellen Mediendiensten und der Videosharingplattform-Anbieter sowie alle Aktualisierungen dieser Listen der für Kultur und Medien zuständigen obersten Bundesbehörde.

(3) Die für Kultur und Medien zuständige oberste Bundesbehörde leitet die ihr übermittelten Listen der Anbieter von audiovisuellen Mediendiensten und Videosharingplattform-Anbietern sowie alle Aktualisierungen dieser Listen an die Europäische Kommission weiter.

§ 10 Auskunftsverlangen der nach Landesrecht zuständigen Behörde

(1) Anbieter von audiovisuellen Mediendiensten und Videosharingplattform-Anbieter sind verpflichtet, der nach Landesrecht zuständigen Behörde auf Verlangen Auskünfte über die in § 2 Absatz 2 bis 7 genannten Kriterien zu erteilen, soweit dies für die Erfüllung der Aufgaben nach § 9 Absatz 1 Satz 2 und Absatz 2 erforderlich ist.

(2) [1]Anbieter von audiovisuellen Mediendiensten und Videosharingplattform-Anbieter können die Auskunft auf solche Fragen verweigern, deren Beantwortung sie selbst oder einen der in § 383 Absatz 1 Nummer 1 bis 3 der Zivilprozessordnung bezeichneten Angehörigen der Gefahr der Verfolgung wegen einer Straftat oder einer Ordnungswidrigkeit aussetzen würde. [2]Sie sind über ihr Recht zur Auskunftsverweigerung zu belehren. [3]Die Tatsache, auf die der Anbieter von audiovisuellen Mediendiensten oder der Videosharingplattform-Anbieter die Verweigerung der Auskunft nach Satz 1 stützt, ist auf Verlangen glaubhaft zu machen. [4]Es genügt die eidliche Versicherung des Anbieters von audiovisuellen Mediendiensten oder des Videosharingplattform-Anbieters.

§ 11 Vertragliche Nutzungsverbote

(1) Videosharingplattform-Anbieter sind verpflichtet, mit ihren Nutzern wirksam zu vereinbaren, dass diese auf der Videosharingplattform keine unzulässige audiovisuelle kommerzielle Kommunikation verbreiten dürfen.

(2) Unzulässige audiovisuelle kommerzielle Kommunikation im Sinne dieser Vorschrift ist audiovisuelle kommerzielle Kommunikation, die gegen folgende Vorschriften verstößt:

1. § 20 des Tabakerzeugnisgesetzes vom 4. April 2016 (BGBl. I S. 569), das zuletzt durch Artikel 2 Absatz 5 des Gesetzes vom 20. Dezember 2022 (BGBl. I S. 2752) geändert worden ist, oder
2. § 10 des Heilmittelwerbegesetzes in der Fassung der Bekanntmachung vom 19. Oktober 1994 (BGBl. I S. 3068), das zuletzt durch Artikel 6 des Gesetzes vom 11. Juli 2022 (BGBl. I S. 1082) geändert worden ist.

Teil 5
Durchführung der Verordnung (EU) 2022/2065

Abschnitt 1
Zuständige Behörden und Koordinierungsstelle für digitale Dienste

Unterabschnitt 1
Zuständige Behörden

§ 12 Zuständige Behörden nach Artikel 49 Absatz 1 der Verordnung (EU) 2022/2065

(1) Die Bundesnetzagentur für Elektrizität, Gas, Telekommunikation, Post und Eisenbahnen (Bundesnetzagentur) ist vorbehaltlich der Absätze 2 und 3 zuständige Behörde nach Artikel 49 Absatz 1 der Verordnung (EU) 2022/2065.

(2) [1]Die Bundeszentrale für Kinder- und Jugendmedienschutz ist zuständige Behörde für die Durchsetzung von Artikel 14 Absatz 3 und für die Durchsetzung von strukturellen Vorsorgemaßnahmen nach Artikel 28 Absatz 1 der Verordnung (EU) 2022/2065, soweit diese nicht Maßnahmen nach dem Jugendmedienschutz-Staatsvertrag in der Fassung vom 14. Dezember 2021 betreffen. [2]Für diese Maßnahmen sowie für konkrete Einzelmaßnahmen nach dem Jugendmedienschutz-Staatsvertrag sind die nach den medienrechtlichen Bestimmungen der Länder benannten Stellen zuständige Behörden. [3]Zur Durchsetzung und Überwachung der Verordnung (EU) 2022/2065 wird in der Bundeszentrale für Kinder- und Jugendmedienschutz eine Stelle zur Durchsetzung von Kinderrechten in digitalen Diensten mit Sitz in Bonn eingerichtet. [4]Auf die Stelle zur Durchsetzung von Kinderrechten in digitalen Diensten sind folgende Regelungen entsprechend anzuwenden:

1. hinsichtlich der Ausstattung § 14 Absatz 2,
2. hinsichtlich der Unabhängigkeit § 15 und
3. hinsichtlich der Leitung § 16 Absatz 1, 3 und 5 Satz 5 und 6 sowie Absatz 6.

[5]Die Direktorin oder der Direktor der Bundeszentrale für Kinder- und Jugendmedienschutz tritt an die Stelle der Präsidentin oder des Präsidenten der Bundesnetzagentur. [6]Die Leiterin oder der Leiter der Stelle zur Durchsetzung von Kinderrechten in digitalen Diensten wird von der Direktorin oder dem Direktor der Bundeszentrale für Kinder- und Jugendmedienschutz ernannt.

(3) Der Bundesbeauftragte für den Datenschutz und die Informationsfreiheit ist zuständige Behörde für die Durchsetzung von Artikel 26 Absatz 3 und Artikel 28 Absatz 2 und 3 der Verordnung (EU) 2022/2065.

(4) Im Übrigen bleiben die für die Beaufsichtigung von Diensteanbietern bestehenden gesetzlichen Zuständigkeiten unberührt.

(5) Das Deutsche-Welle-Gesetz und die medienrechtlichen Bestimmungen der Länder bleiben unberührt.

§ 13 Meldung des Verdachts auf Straftaten gemäß Artikel 18 der Verordnung (EU) 2022/2065 an das Bundeskriminalamt

[1]Das Bundeskriminalamt nimmt als Zentralstelle Informationen nach Artikel 18 Absatz 1 und 2 der Verordnung (EU) 2022/2065 entgegen, verarbeitet diese Informationen im Rahmen seiner gesetzlichen Aufgaben nach dem Bundeskriminalamtgesetz und leitet die Informationen an die jeweils zuständige Strafverfolgungsbehörde weiter. [2]Die Bundesregierung legt dem Bundestag jährlich, erstmals zum 30. Juni 2025, einen Bericht vor über die Art und Anzahl der dem Bundeskriminalamt nach dieser Vorschrift gemeldeten Straftaten.

Unterabschnitt 2
Koordinierungsstelle für digitale Dienste

§ 14 Errichtung und Ausstattung

(1) Zur Durchsetzung und Überwachung der Verordnung (EU) 2022/2065 wird eine Koordinierungsstelle für digitale Dienste in der Bundesnetzagentur mit Sitz in Bonn eingerichtet.

(2) Der Koordinierungsstelle für digitale Dienste ist für die Erfüllung ihrer Aufgaben die notwendige Personal- und Sachausstattung zur Verfügung zu stellen.

(3) Eine angemessene finanzielle Ausstattung nach Absatz 2 umfasst auch einen Forschungsetat, den die Koordinierungsstelle für digitale Dienste insbesondere für Kooperationen mit Forschungseinrichtungen verwenden kann.

§ 15 Unabhängigkeit

[1]Die Koordinierungsstelle für digitale Dienste handelt bei der Wahrnehmung der ihr durch die Verordnung (EU) 2022/2065 zugewiesenen Aufgaben und Befugnisse völlig unabhängig. [2]Sie unterliegt weder direkter noch indirekter Beeinflussung von außen und ersucht weder um Weisungen noch nimmt sie Weisungen entgegen, sofern diese Weisungen den fachlichen Bereich der unabhängigen Aufgabenerfüllung betreffen.

§ 16 Leitung der Koordinierungsstelle für digitale Dienste

(1) Die Leiterin oder der Leiter der Koordinierungsstelle für digitale Dienste trifft die von der Verordnung (EU) 2022/2065 vorgesehenen Entscheidungen.

(2) [1]Die Leiterin oder der Leiter der Koordinierungsstelle für digitale Dienste vertritt die Bundesrepublik Deutschland im Europäischen Gremium für digitale Dienste nach Artikel 61 der Verordnung (EU) 2022/2065 und übt das Stimmrecht aus. [2]Die Leiterin oder der Leiter der Koordinierungsstelle für digitale Dienste kann sich hierbei gemäß Artikel 62 Absatz 1 Satz 1 der Verordnung (EU) 2022/2065 vertreten lassen. [3]Die zuständigen Behörden nach § 12 Absatz 2 und 3 können sich nach Maßgabe ihrer spezifischen Zuständigkeiten an der Arbeit des Gremiums nach Artikel 62 Absatz 1 Satz 3 der Verordnung (EU) 2022/2065 beteiligen.

(3) [1]Die Leiterin oder der Leiter der Koordinierungsstelle für digitale Dienste steht in einem Beamtenverhältnis auf Zeit. [2]Die Amtszeit beträgt fünf Jahre. [3]Eine einmalige Verlängerung um fünf Jahre ist zulässig.

(4) Die Leiterin oder der Leiter der Koordinierungsstelle für digitale Dienste muss zur Erfüllung ihrer oder seiner Aufgaben und zur Ausübung ihrer oder seiner Befugnisse über die erforderliche Qualifikation, Erfahrung und Sachkunde insbesondere im Bereich der Geschäftsmodelle digitaler Dienste und über Kenntnisse des Rechtsrahmens digitaler Dienste verfügen.

(5) [1]Die Leiterin oder der Leiter der Koordinierungsstelle für digitale Dienste wird nach öffentlicher Ausschreibung von der Präsidentin oder dem Präsidenten der Bundesnetzagentur gegenüber dem Bundesministerium für Wirtschaft und Klimaschutz vorgeschlagen. [2]Bei der Ausübung seines Vorschlagsrechts handelt die Präsidentin oder der Präsident der Bundesnetzagentur unabhängig. [3]Die Ernennung der Leiterin oder des Leiters erfolgt durch die Bundespräsidentin oder den Bundespräsidenten. [4]Bis zur Ernennung der Leiterin oder des Leiters der Koordinierungsstelle für digitale Dienste nimmt der Präsident oder die Präsidentin der Bundesnetzagentur geschäftsführend die Aufgaben der Leitung wahr, sofern nicht durch die bisherige Leiterin oder den bisherigen Leiter der Koordinierungsstelle für digitale Dienste eine Stellvertretung der Leiterin oder des Leiters bestimmt wurde. [5]Wird eine Bundesbeamtin oder ein Bundesbeamter zur Leiterin oder zum Leiter ernannt, ruhen für die Dauer des Beamtenverhältnisses auf Zeit die in dem Beamtenverhältnis auf Lebenszeit begründeten Rechte und Pflichten. [6]Davon ausgenommen sind die Pflicht zur Verschwiegenheit und das Verbot, Belohnungen oder Geschenke oder sonstige Vorteile anzunehmen.

(6) Die Leiterin oder der Leiter der Koordinierungsstelle für digitale Dienste darf weder ein Unternehmen der Digitalwirtschaft innehaben noch leiten noch darf sie oder er Mitglied des Vorstandes oder des Aufsichtsrates eines Unternehmens der Digitalwirtschaft sein noch darf sie oder er einer Regierung oder einer gesetzgebenden Körperschaft des Bundes oder eines Landes angehören.

§ 17 Tätigkeitsbericht

(1) Die Koordinierungsstelle für digitale Dienste legt den nach Artikel 55 der Verordnung (EU) 2022/2065 jährlich zu erstellenden Tätigkeitsbericht den gesetzgebenden Körperschaften des Bundes vor.

(2) Der Tätigkeitsbericht enthält insbesondere folgende Angaben der Koordinierungsstelle für digitale Dienste und der weiteren nach § 12 Absatz 2 und 3 für die Durchsetzung der Verordnung (EU) 2022/2065 zuständigen Behörden:

1. die Anzahl der eingegangenen Beschwerden gemäß Artikel 53 der Verordnung (EU) 2022/2065 und eine Übersicht über die aufgrund der Beschwerden eingeleiteten Maßnahmen,
2. die Anzahl und den Gegenstand der Anordnungen zum Vorgehen gegen rechtswidrige Inhalte und der Auskunftsanordnungen, die gemäß den Artikeln 9 und 10 der Verordnung (EU) 2022/2065 von den nationalen Justiz- oder Verwaltungsbehörden erlassen wurden,
3. die Anzahl und den Gegenstand der Ausführungen der in Nummer 2 genannten Anordnungen, wie sie der Koordinierungsstelle für digitale Dienste gemäß den Artikeln 9 und 10 der Verordnung (EU) 2022/2065 mitgeteilt wurden,
4. Angaben zu den eingesetzten personellen und finanziellen Ressourcen,
5. Anzahl der Gespräche, aufgeschlüsselt nach Datum und Namen der Organisation, die die Koordinierungsstelle für digitale Dienste mit Vertreterinnen und Vertretern von Unternehmen, Verbänden oder sonstigen Interessenvertretern im Zusammenhang mit den ihr gesetzlich zugewiesenen Aufgaben zur Durchsetzung der Verordnung (EU) 2022/2065 geführt hat,
6. Anzahl und Gegenstand der festgestellten Verstöße gegen die Verordnung (EU) 2022/2065 sowie
7. Anzahl eingeleiteter Ordnungswidrigkeitenverfahren nach § 33 und weiterer eingeleiteter Maßnahmen nach § 27 sowie die Höhe der festgesetzten Buß- und Zwangsgelder.

(3) Die Koordinierungsstelle für digitale Dienste veröffentlicht den Tätigkeitsbericht zeitgleich mit der Vorlage nach Absatz 1 in elektronischer Form und in einem für Menschen mit Behinderungen barrierefreien Format auf ihrer Internetseite.

(4) Die nach § 12 Absatz 2 und 3 zuständigen Behörden teilen der Koordinierungsstelle für digitale Dienste alle Informationen gemäß Absatz 2 mit, die für die Erstellung erforderlich sind.

§ 18 Zusammenarbeit der Koordinierungsstelle für digitale Dienste mit den zuständigen Behörden, Verwaltungsvereinbarung

(1) [1]Die nach § 12 Absatz 2 und 3 für die Durchsetzung der Verordnung (EU) 2022/2065 zuständigen Behörden und die Koordinierungsstelle für digitale Dienste arbeiten zur Erfüllung ihrer Aufgaben im Rahmen ihrer jeweiligen Zuständigkeiten kooperativ und vertrauensvoll zusammen. [2]Sie teilen einander Beobachtungen und Feststellungen mit, die für die Erfüllung der beiderseitigen Aufgaben von Bedeutung sein können.

(2) [1]Die Einzelheiten der Zusammenarbeit nach Absatz 1 können in einer Verwaltungsvereinbarung näher geregelt werden. [2]In der Verwaltungsvereinbarung kann insbesondere Folgendes geregelt werden:

1. eine Koordinierung des Daten- und Informationsaustausches nach Absatz 3,
2. eine Verfahrensweise zur Entgegennahme und Weiterleitung von Beschwerden nach § 20.

(3) [1]Soweit es zur Aufsicht und Sanktionierung im Rahmen der Durchsetzung der Verordnung (EU) 2022/2065 sowie zur Durchführung der Aufgabe der Koordinierungsstelle für digitale Dienste als zentrale Informationsstelle nach § 20 erforderlich ist, dürfen die zuständigen Behörden nach § 12 Absatz 2 und 3 und die Koordinierungsstelle für digitale Dienste einander folgende Inhalte und Daten einschließlich personenbezogener Daten übermitteln:

1. Internetinhalte sowie die zugehörigen Bestands- und Nutzungsdaten des Nutzerkontos eines digitalen Dienstes sowie
2. Nutzerbeschwerden und die jeweils zugehörige Kommunikation mit Beschwerdeführern.

[2]Die Koordinierungsstelle für digitale Dienste und die zuständigen Behörden nach § 12 Absatz 2 und 3 dürfen die ihnen übermittelten Inhalte und Daten in ihren Aufsichts- und Sanktionsverfahren verwerten. [3]Beweisverwertungsverbote bleiben unberührt.

§ 19 Zusammenarbeit mit anderen Behörden, Einrichtung von Verbindungsschnittstellen, Verwaltungsvereinbarung

(1) Sofern Aufgaben der Koordinierungsstelle für digitale Dienste die Prüfung der Einhaltung der Verordnung (EU) 2016/679 des Europäischen Parlaments und des Rates vom 27. April 2016 zum Schutz natürlicher Personen bei der Verarbeitung personenbezogener Daten, zum freien Datenverkehr und zur Aufhebung der Richtlinie 95/46/EG (Datenschutz-Grundverordnung) (ABl. L 119 vom 4.5.2016, S. 1) und sonstiger Vorschriften über den Datenschutz berühren, entscheidet die Koordinierungsstelle für digitale Dienste im Benehmen mit der zuständigen Datenschutzaufsichtsbehörde.

(2) [1]Im Rahmen ihrer jeweiligen Zuständigkeiten arbeiten die Koordinierungsstelle für digitale Dienste und die nach § 12 Absatz 2 Satz 1 und Absatz 3 zuständigen Behörden mit dem Bundeskartellamt und mit der Bundesnetzagentur, soweit ihre sonstigen Aufgabenbereiche unabhängig von der Koordinierungsstelle für digitale Dienste betroffen sind, kooperativ und vertrauensvoll zusammen. [2]Die in Satz 1 genannten Behörden können unabhängig von der jeweils gewählten Verfahrensart untereinander Informationen einschließlich Betriebs- und Geschäftsgeheimnissen austauschen, soweit dies zur Erfüllung ihrer jeweiligen Aufgaben erforderlich ist, sowie diese Informationen in ihren Verfahren verwerten. [3]Soweit es zur Erfüllung der Aufgaben nach diesem Gesetz, nach dem Terroristische-Online-Inhalte-Bekämpfungs-Gesetz oder nach dem Gesetz gegen Wettbewerbsbeschränkungen erforderlich ist, können die in Satz 1 genannten Behörden im Rahmen des Austausches nach Satz 2 auch personenbezogene Daten austauschen und in den betreffenden Verfahren verwerten. [4]Beweisverwertungsverbote bleiben unberührt.

(3) [1]Im Rahmen ihrer jeweiligen Zuständigkeiten nach diesem Gesetz arbeitet die Koordinierungsstelle für digitale Dienste zur Wahrnehmung der Aufgaben nach der Verordnung (EU) 2022/2065 mit dem Bundeskriminalamt zusammen. [2]Die Koordinierungsstelle für digitale Dienste und das Bundeskriminalamt dürfen einander Internetinhalte sowie die zugehörigen Bestands- und Nutzungsdaten des Nutzerkontos eines digitalen Dienstes sowie auf eine Meldung bezogene Verwaltungsdaten, jeweils einschließlich personenbezogener Daten übermitteln, soweit dies zur Aufsicht und Sanktionierung durch die Koordinierungsstelle für digitale Dienste im Rahmen der Durchsetzung der Verordnung (EU) 2022/2065 erforderlich ist. [3]Die Koordinierungsstelle für digitale Dienste darf die ihr übermittelten Daten in ihren Aufsichts- und Sanktionsverfahren verwenden. [4]Beweisverwertungsverbote bleiben unberührt.

(4) [1]Die Koordinierungsstelle für digitale Dienste und die nach § 12 Absatz 2 und 3 zuständigen Behörden arbeiten mit den weiteren für die Beaufsichtigung von Diensteanbietern zuständigen nationalen Behörden nach § 12 Absatz 4 und mit nach Absatz 5 eingerichteten Verbindungsschnittstellen zur Erfüllung ihrer Aufgaben im Rahmen ihrer jeweiligen Zuständigkeiten kooperativ und vertrauensvoll zusammen. [2]Die in Satz 1 genannten Behörden teilen einander Beobachtungen und Feststellungen mit, die für die Erfüllung der beiderseitigen Aufgaben von Bedeutung sein können.

(5) [1]Bundesministerien können innerhalb ihrer Zuständigkeitsbereiche Verbindungsschnittstellen einrichten, die bei ihnen eingehende Beschwerden an die jeweils zuständigen Behörden weiterlei-

ten. [2]Zur Wahrnehmung der Aufgabe als Verbindungsschnittstelle dürfen diese Nutzerbeschwerden, die einen Bereich betreffen, nach dem nach § 12 Absatz 4 die gesetzliche Zuständigkeit von Landesbehörden unberührt bleibt, einschließlich enthaltener personenbezogener Daten, entgegennehmen und an die jeweils zuständige Behörde weiterleiten.

(6) [1]Die Einzelheiten der Zusammenarbeit der Koordinierungsstelle für digitale Dienste und der nach § 12 Absatz 2 und 3 zuständigen Behörden mit den Behörden nach § 12 Absatz 4 und mit den Verbindungsschnittstellen nach Absatz 5 können in Verwaltungsvereinbarungen näher geregelt werden. [2]In den Verwaltungsvereinbarungen kann insbesondere Folgendes geregelt werden:

1. die Art und Weise der Zusammenarbeit,
2. die Art und Weise des Informationsaustausches nach Absatz 4 Satz 2 und
3. die Übermittlung von Anordnungen durch eine für die Beaufsichtigung von Diensteanbietern zuständige nationale Justiz- oder Verwaltungsbehörde an den Koordinator für digitale Dienste nach Artikel 9 Absatz 3 und Artikel 10 Absatz 3 der Verordnung (EU) 2022/2065.

§ 20 Zentrale Beschwerdestelle

(1) [1]Unbeschadet der Vorgaben des Artikels 53 der Verordnung (EU) 2022/2065 ist die Koordinierungsstelle für digitale Dienste über den gesamten Zeitraum des Beschwerdeverfahrens wegen einer Zuwiderhandlung gegen die Verordnung (EU) 2022/2065 Ansprechpartnerin des Beschwerdeführers (zentrale Beschwerdestelle). [2]Die Koordinierungsstelle für digitale Dienste ist über den gesamten Zeitraum des Beschwerdeverfahrens auch zentrale Beschwerdestelle im Fall einer Weiterleitung an eine gemäß § 12 Absatz 2 und 3 zuständige Behörde, sofern der Beschwerdeführer nicht diese Behörde als Ansprechpartnerin benennt. [3]Unbeschadet der Informationspflichten zu personenbezogenen Daten nach der Verordnung (EU) 2016/679 ist der Beschwerdeführer unverzüglich nach Feststellung der Zuständigkeit einer nach § 12 Absatz 2 und 3 zuständigen Behörde für eine Beschwerde über Folgendes zu informieren:

1. über die Funktion der zentralen Beschwerdestelle als Ansprechpartnerin des Beschwerdeführers auch für den Fall, dass eine andere Behörde nach § 12 Absatz 2 und 3 für die konkrete Beschwerde zuständig ist,
2. über die Weiterleitung und den Austausch seiner Beschwerde und der folgenden Kommunikation,
3. über das Verfahren der Weiterleitung und des Austausches zwischen der zentralen Beschwerdestelle und den zuständigen Behörden nach § 12 Absatz 2 und 3,
4. über die Möglichkeit, die gemäß § 12 Absatz 2 und 3 zuständige Behörde als Ansprechpartnerin zu benennen.

(2) Zur Erfüllung ihrer Aufgaben als zentrale Beschwerdestelle hat die Koordinierungsstelle für digitale Dienste das Recht, sich von der gemäß § 12 Absatz 2 und 3 zuständigen Behörde auf Nachfrage des Beschwerdeführers jederzeit angemessen über den Stand der Beschwerde unterrichten zu lassen.

(3) Zur Erfüllung ihrer Aufgaben als zentrale Beschwerdestelle richtet die Koordinierungsstelle für digitale Dienste ein Beschwerdemanagementsystem ein, das leicht zugänglich und benutzerfreundlich ist und die Einreichung hinreichend präziser und angemessen begründeter Beschwerden ermöglicht.

§ 21 Beirat

(1) Bei der Koordinierungsstelle für digitale Dienste wird ein Beirat eingerichtet.

(2) [1]Der Beirat besteht aus den folgenden 16 Mitgliedern:

1. vier Vertreterinnen und Vertreter der Wissenschaft,

L. Anhang

2. acht Vertreterinnen und Vertreter der Zivilgesellschaft, einschließlich Verbraucherverbänden, und
3. vier Vertreterinnen und Vertreter von Wirtschaftsverbänden.

[2]Unternehmen können nicht Mitglieder des Beirats sein. [3]Die Vertreterinnen und Vertreter sollen hinsichtlich der Art und Weise der Tätigkeit digitaler Dienste über besondere rechtliche, wirtschaftswissenschaftliche, sozialpolitische oder technologische Erfahrungen oder über ausgewiesene einschlägige wissenschaftliche Kenntnisse verfügen.

(3) Der Beirat hat die Aufgabe,

1. die Koordinierungsstelle für digitale Dienste und die weiteren zuständigen Behörden nach § 12 Absatz 2 und 3 in grundsätzlichen Fragen der Anwendung und Durchsetzung der Verordnung (EU) 2022/2065 zu beraten,
2. der Koordinierungsstelle für digitale Dienste und den weiteren zuständigen Behörden nach § 12 Absatz 2 und 3 allgemeine Empfehlungen zur wirkungsvollen und einheitlichen Durchführung der Verordnung (EU) 2022/2065 vorzuschlagen und
3. wissenschaftliche Fragestellungen, insbesondere auch zum Umgang mit Daten, an die Koordinierungsstelle für digitale Dienste und die weiteren zuständigen Behörden nach § 12 Absatz 2 und 3 heranzutragen.

(4) [1]Die Mitglieder des Beirats werden vom Deutschen Bundestag vorgeschlagen und für die Dauer der Wahlperiode des Deutschen Bundestages vom Bundesministerium für Wirtschaft und Klimaschutz im Einvernehmen mit dem Bundesministerium für Digitales und Verkehr berufen. [2]Sie bleiben nach Beendigung der Wahlperiode des Deutschen Bundestages noch so lange im Amt, bis die neuen Mitglieder berufen worden sind. [3]Die Mitglieder des Beirats können auf ihre Mitgliedschaft verzichten. [4]Der Verzicht ist gegenüber dem Bundesministerium für Wirtschaft und Klimaschutz schriftlich oder elektronisch zu erklären. [5]Hierüber ist das Bundesministerium für Digitales und Verkehr vom Bundesministerium für Wirtschaft und Klimaschutz zu unterrichten. [6]Scheidet ein Mitglied vorzeitig aus, so ist unverzüglich an seiner Stelle ein neues Mitglied zu berufen.

(5) Die Mitglieder des Beirats sind in der Ausübung ihrer Tätigkeit im Beirat unabhängig, unterliegen keinen Weisungen und sind ausschließlich dem öffentlichen Interesse verpflichtet.

(6) Der Beirat gibt sich eine Geschäftsordnung.

(7) Der Beirat wählt nach Maßgabe seiner Geschäftsordnung aus seiner Mitte ein vorsitzendes und ein stellvertretendes vorsitzendes Mitglied.

(8) [1]Für den Beirat unterhält die Bundesnetzagentur eine Geschäftsstelle. [2]Diese Geschäftsstelle muss angemessen ausgestattet werden.

(9) Die Mitglieder des Beirats erhalten Ersatz von Reisekosten und ein angemessenes Sitzungsgeld, das das Bundesministerium für Wirtschaft und Klimaschutz im Benehmen mit dem Bundesministerium für Digitales und Verkehr festsetzt.

(10) [1]Der Beirat soll mindestens einmal im Vierteljahr zu einer Sitzung zusammentreten. [2]Sitzungen sind anzuberaumen, wenn die Koordinierungsstelle für digitale Dienste oder mindestens drei Mitglieder die Einberufung beantragen. [3]Die oder der Vorsitzende des Beirats kann jederzeit eine Sitzung anberaumen. [4]Der Beirat kann andere Einrichtungen und Gruppen im Rahmen seiner Tätigkeit in geeigneter Form einbeziehen.

(11) [1]Die Sitzungen sind öffentlich, soweit der Beirat nach Maßgabe seiner Geschäftsordnung nichts anderes beschließt. [2]Die schriftlichen Dokumente des Beirats wie Berichte, Empfehlungen, Gutachten und Positionspapiere sind entsprechend den Vorgaben für die Koordinierungsstelle für digitale Dienste nach § 17 Absatz 3 frei zugänglich auf der Internetseite der Koordinierungsstelle für digitale Dienste zu veröffentlichen, soweit Betriebs- und Geschäftsgeheimnisse von betroffenen Unternehmen gewahrt werden und die Dokumente keine vertraulichen Informationen oder Informationen aus laufenden Verfahren betreffen.

(12) [1]Die Leiterin oder der Leiter der Koordinierungsstelle für digitale Dienste oder die Stellvertretung nimmt an den Sitzungen teil. [2]Sie oder er muss während der Sitzung jederzeit gehört werden. [3]Der Beirat kann die Anwesenheit der Leiterin oder des Leiters der Koordinierungsstelle für digitale Dienste verlangen, wenn die Stellvertretung der Leiterin oder des Leiters verhindert ist.

(13) Der Beirat berichtet dem Deutschen Bundestag jährlich über seine Tätigkeit nach Absatz 3 sowie im Hinblick auf die Zusammenarbeit mit der Koordinierungsstelle für digitale Dienste und den anderen zuständigen Behörden nach § 12 Absatz 2 und 3.

(14) [1]Die Koordinierungsstelle für digitale Dienste und die anderen zuständigen Behörden nach § 12 Absatz 2 Satz 1 und 3 informieren den Beirat auf Verlangen über den Tätigkeitsbericht nach § 17 hinaus über ihre Tätigkeiten. [2]Dabei sind das Berufsgeheimnis nach Artikel 84 der Verordnung (EU) 2022/2065 sowie Betriebs- und Geschäftsgeheimnisse zu wahren. [3]Die Information erfolgt in der Regel in den Sitzungen des Beirats.

Teil 6
Sonstige Zuständigkeiten

§ 22 Durchsetzung der Verordnung (EU) 2019/1150

(1) [1]Die Bundesnetzagentur ist zuständige Behörde für die Durchsetzung der Verordnung (EU) 2019/1150, wenn Anbieter ihre Online-Vermittlungsdienste oder Online-Suchmaschinen gewerblichen Nutzern oder Nutzern mit Unternehmenswebseite bereitstellen oder zur Bereitstellung anbieten, die ihre Niederlassung oder ihren Wohnsitz in der Bundesrepublik Deutschland haben und die über diese Online-Vermittlungsdienste oder Online-Suchmaschinen Waren oder Dienstleistungen Verbrauchern, die sich in der Europäischen Union befinden, anbieten. [2]Satz 1 gilt unabhängig vom Niederlassungsort oder Sitz der Anbieter dieser Dienste und unabhängig vom ansonsten anzuwendenden Recht.

(2) Die Bundesnetzagentur ist befugt, Organisationen, Verbände und öffentliche Stellen mit Sitz in Deutschland nach Artikel 14 der Verordnung (EU) 2019/1150 zu benennen.

(3) [1]Die Bundesnetzagentur und das Bundeskartellamt arbeiten kooperativ und vertrauensvoll zusammen. [2]Auf Anfrage übermitteln sie im Rahmen der jeweils geltenden Rechtsvorschriften einander Informationen, die für die Erfüllung ihrer jeweiligen Aufgaben erforderlich sind.

§ 23 Verbindungsstelle nach Artikel 19 Absatz 2 der Richtlinie 2000/31/EG

Die Bundesnetzagentur ist zuständige Verbindungsstelle nach Artikel 19 Absatz 2 der Richtlinie über den elektronischen Geschäftsverkehr.

Teil 7
Befugnisse und Verfahren

§ 24 Ermittlungen

(1) Im Rahmen der Ausübung der Befugnisse gemäß Artikel 51 Absatz 1 der Verordnung (EU) 2022/2065 dürfen die Koordinierungsstelle für digitale Dienste und die nach § 12 Absatz 2 Satz 1 und Absatz 3 zuständigen Behörden alle Ermittlungen führen und alle Beweise erheben, die erforderlich sind.

(2) [1]Für den Beweis durch Augenschein, Zeugen und Sachverständige sind § 372 Absatz 1, die §§ 376 bis 378, 380 bis 387, 390, 395 bis 397, 398 Absatz 1 und die §§ 401, 402, 404, 404a, 406 bis 409, 411 bis 414 der Zivilprozessordnung entsprechend anzuwenden; Haft darf nicht verhängt werden. [2]Für die Entscheidung über die Beschwerde ist das Oberlandesgericht zuständig.

(3) [1]Über die Aussagen der Zeuginnen und Zeugen sowie über die Aussagen der Sachverständigen soll ein Protokoll erstellt werden. [2]Das Protokoll ist von der ermittelnden Person der zuständigen Behörde und, wenn ein Urkundsbeamter zugezogen ist, auch von diesem zu unterschreiben.

L. Anhang

[3]Das Protokoll soll Ort und Tag der Verhandlung sowie die Namen der Mitwirkenden und Beteiligten enthalten. [4]Das Protokoll ist den Zeuginnen und Zeugen sowie den Sachverständigen zur Genehmigung vorzulesen oder zur eigenen Durchsicht vorzulegen. [5]Die erteilte Genehmigung ist zu vermerken und von den Betreffenden zu unterschreiben. [6]Unterbleibt die Unterschrift, so ist der Grund hierfür anzugeben.

(4) [1]Die Koordinierungsstelle für digitale Dienste und die nach § 12 Absatz 2 Satz 1 und Absatz 3 zuständigen Behörden können das Amtsgericht um die Beeidigung von Zeuginnen und Zeugen ersuchen, wenn sie die Beeidigung zur Herbeiführung einer wahrheitsgemäßen Aussage für notwendig erachten. [2]Über die Beeidigung entscheidet das Gericht.

(5) Sofern die Ermittlungen ergeben haben, dass ein Anbieter von Vermittlungsdiensten gegen Auflagen oder Anordnungen der Koordinierungsstelle für digitale Dienste oder der nach § 12 Absatz 2 Satz 1 und Absatz 3 zuständigen Behörden verstoßen hat, hat der Anbieter der Koordinierungsstelle für digitale Dienste oder den nach § 12 Absatz 2 Satz 1 und Absatz 3 zuständigen Behörden die Aufwendungen für diese Ermittlungen einschließlich ihrer Auslagen für Sachverständige zu erstatten.

§ 25 Auskunftserteilung und Durchsuchungen

(1) [1]Die in Artikel 51 Absatz 1 Buchstabe a und c der Verordnung (EU) 2022/2065 genannten Personen sind verpflichtet, auf Verlangen der Koordinierungsstelle für digitale Dienste oder der nach § 12 Absatz 2 Satz 1 und Absatz 3 zuständigen Behörden die betreffenden Informationen zur Verfügung zu stellen. [2]Die in Artikel 51 Absatz 1 Buchstabe b der Verordnung (EU) 2022/2065 genannten Personen sind verpflichtet, die Prüfung der geschäftlichen Unterlagen sowie das Betreten der in Artikel 51 Absatz 1 Buchstabe b der Verordnung (EU) 2022/2065 genannten Räumlichkeiten während der üblichen Geschäftszeiten zu dulden. [3]Bei juristischen Personen, Gesellschaften oder nicht rechtsfähigen Vereinen gelten die Verpflichtungen nach den Sätzen 1 und 2 für die nach Gesetz oder Satzung zur Vertretung berufenen Personen.

(2) Die nach Absatz 1 zur Information Verpflichteten können die Auskunft auf solche Fragen verweigern, deren Beantwortung sie selbst oder Personen nach § 383 Absatz 1 Nummer 1 bis 3 der Zivilprozessordnung der Gefahr strafgerichtlicher Verfolgung oder eines Verfahrens nach dem Gesetz über Ordnungswidrigkeiten aussetzen würde.

(3) [1]Personen, die mit der Durchführung von Nachprüfungen beauftragt werden, dürfen die Büro- und Geschäftsräume von Unternehmen sowie von Vereinigungen von Unternehmen während der üblichen Geschäftszeiten betreten. [2]Durchsuchungen dürfen nur auf Anordnung des Amtsgerichts, in dessen Bezirk die Durchsuchungen erfolgen sollen, vorgenommen werden. [3]Auf die Anfechtung einer solchen Anordnung sind die §§ 306 bis 310 und § 311a der Strafprozessordnung entsprechend anzuwenden. [4]Bei Gefahr im Verzug dürfen die Personen, die die Nachprüfung durchführen, während der Geschäftszeit die erforderlichen Durchsuchungen ohne richterliche Anordnung vornehmen. [5]An Ort und Stelle ist von ihnen ein Protokoll über die Durchsuchung und ihr wesentliches Ergebnis zu erstellen, aus dem sich, falls keine richterliche Anordnung ergangen ist, auch die Tatsachen ergeben, die zur Annahme einer Gefahr im Verzug geführt haben. [6]Das Grundrecht auf Unverletzlichkeit der Wohnung (Artikel 13 Absatz 1 des Grundgesetzes) wird insoweit eingeschränkt.

§ 26 Beschlagnahme

(1) [1]Die Koordinierungsstelle für digitale Dienste oder die nach § 12 Absatz 2 Satz 1 und Absatz 3 zuständigen Behörden können Gegenstände, die als Beweismittel für die Ermittlung von Bedeutung sein können, beschlagnahmen. [2]Die Beschlagnahme ist den davon Betroffenen unverzüglich bekannt zu geben. [3]Die Koordinierungsstelle für digitale Dienste oder die nach § 12 Absatz 2 Satz 1 und Absatz 3 zuständigen Behörden haben innerhalb von drei Tagen die gerichtliche Bestätigung des Amtsgerichts, in dessen Bezirk die Beschlagnahme stattgefunden hat, zu beantragen, wenn bei der Beschlagnahme

1. weder der davon Betroffene noch ein erwachsener Angehöriger des Betroffenen anwesend war oder
2. der Betroffene und im Fall seiner Abwesenheit ein erwachsener Angehöriger des Betroffenen gegen die Beschlagnahme ausdrücklich Widerspruch erhoben hat.

(2) [1]Der Betroffene kann jederzeit eine gerichtliche Entscheidung beantragen. [2]Hierüber ist er zu belehren. [3]Über den Antrag entscheidet das nach Absatz 1 Satz 3 zuständige Gericht. [4]Gegen die gerichtliche Entscheidung ist die Beschwerde zulässig. [5]Die §§ 306 bis 310 und § 311a der Strafprozessordnung gelten entsprechend.

§ 27 Durchsetzung von Verpflichtungen

(1) Für die Ausübung der Befugnisse gemäß Artikel 51 Absatz 2 der Verordnung (EU) 2022/2065 durch die Koordinierungsstelle für digitale Dienste und die nach § 12 Absatz 2 Satz 1 und Absatz 3 zuständigen Behörden gelten die Maßgaben der Absätze 2 und 3.

(2) [1]Stellt die Koordinierungsstelle für digitale Dienste oder eine nach § 12 Absatz 2 Satz 1 und Absatz 3 zuständige Behörde fest, dass ein Anbieter von Vermittlungsdiensten seine Verpflichtungen nach der Verordnung (EU) 2022/2065 oder nach § 25 Absatz 1 nicht erfüllt, so fordert sie den Anbieter von Vermittlungsdiensten auf,

1. innerhalb einer angemessenen Frist zur Nichterfüllung der Verpflichtung Stellung zu nehmen und
2. innerhalb einer angemessenen Frist oder unverzüglich der Nichterfüllung der Verpflichtung abzuhelfen.

[2]Das Abhilfeverlangen nach Satz 1 Nummer 2 kann nur gleichzeitig mit der Anordnung nach Absatz 3 angefochten werden.

(3) [1]Die Koordinierungsstelle für digitale Dienste oder die nach § 12 Absatz 2 Satz 1 und Absatz 3 zuständigen Behörden können die erforderlichen Maßnahmen anordnen, um die Einhaltung der Verpflichtungen sicherzustellen, wenn der Anbieter von Vermittlungsdiensten dem Abhilfeverlangen nach Absatz 2 Nummer 2 nicht innerhalb der gesetzten Frist nachkommt. [2]Bei der Anordnung ist dem Anbieter von Vermittlungsdiensten eine angemessene Frist zu setzen, um den Maßnahmen entsprechen zu können.

(4) Zur Durchsetzung der Anordnungen der Koordinierungsstelle für digitale Dienste und der nach § 12 Absatz 2 Satz 1 und Absatz 3 zuständigen Behörden nach Artikel 51 Absatz 2 und 3 der Verordnung (EU) 2022/2065 in Verbindung mit den Absätzen 1 und 2 kann nach Maßgabe des Verwaltungsvollstreckungsgesetzes ein Zwangsgeld von bis zu 5 Prozent des durchschnittlichen weltweiten Tagesumsatzes oder der durchschnittlichen weltweiten Tageseinnahmen des Diensteanbieters im vorangegangenen Geschäftsjahr, berechnet ab dem in der Androhung genannten Datum, festgesetzt werden.

§ 28 Information der Öffentlichkeit

(1) [1]Die Koordinierungsstelle für digitale Dienste und die nach § 12 Absatz 2 Satz 1 und Absatz 3 zuständigen Behörden können der Öffentlichkeit fortlaufend über ihre Tätigkeit sowie über die Lage und Entwicklung auf ihrem Aufgabengebiet berichten. [2]Dazu können sie auf ihrer Internetseite und in sonstiger Weise jegliche Informationen über ihre Tätigkeit veröffentlichen, die insbesondere für Verbraucher oder sonstige Marktteilnehmer Bedeutung haben können.

(2) Sofern die Koordinierungsstelle für digitale Dienste und die nach § 12 Absatz 2 Satz 1 und Absatz 3 zuständigen Behörden über von ihnen geführte Verfahren oder über getroffene Anordnungen, Maßnahmen oder Bußgeldentscheidungen informieren, kann die Information Einzelheiten zum festgestellten Verstoß sowie Angaben zu den Beteiligten des Verfahrens enthalten, soweit davon keine personenbezogenen Daten betroffen sind.

L. Anhang

(3) Die Absätze 1 und 2 gelten entsprechend für die Bundesnetzagentur, sofern diese nach § 22 zuständig ist.

§ 29 Maßnahmen nach Artikel 51 Absatz 3 der Verordnung (EU) 2022/2065

(1) [1]Zuständige Justizbehörde nach Artikel 51 Absatz 3 Unterabsatz 1 Buchstabe b der Verordnung (EU) 2022/2065 ist das Amtsgericht, in dessen Bezirk die Koordinierungsstelle für digitale Dienste ihren Sitz hat. [2]Sofern in diesem Gesetz oder in der Verordnung (EU) 2022/2065 nicht etwas Abweichendes bestimmt ist, sind die allgemeinen Vorschriften des Gesetzes über das Verfahren in Familiensachen und in den Angelegenheiten der freiwilligen Gerichtsbarkeit anzuwenden.

(2) Die §§ 49 bis 57 des Gesetzes über das Verfahren in Familiensachen und in den Angelegenheiten der freiwilligen Gerichtsbarkeit sind nicht anzuwenden.

(3) [1]Maßnahmen nach Artikel 51 Absatz 3 Unterabsatz 1 Buchstabe b der Verordnung (EU) 2022/2065 darf das Gericht nur auf Antrag der Koordinierungsstelle für digitale Dienste oder der nach § 12 Absatz 2 Satz 1 und Absatz 3 dieses Gesetzes zuständigen Behörden anordnen. [2]Der Antrag ist zu begründen. [3]Die Begründung hat folgende Angaben zu enthalten:

1. Angaben über das Vorliegen der Voraussetzungen einer Anordnung nach Artikel 51 Absatz 3 Unterabsatz 1 Buchstabe b der Verordnung (EU) 2022/2065,
2. Angaben über die begehrte Einschränkung, insbesondere, ob eine Einschränkung des Zugangs oder die Einschränkung der Online-Schnittstelle begehrt wird,
3. die Angabe, ob der Antrag auf Verlangen der Europäischen Kommission gestellt wird,
4. gegebenenfalls die Angabe, weshalb begehrt wird, den Geltungszeitraum von vier Wochen durch die antragstellende Behörde für eine Höchstzahl von weiteren Zeiträumen nach Artikel 51 Absatz 3 Unterabsatz 3 der Verordnung (EU) 2022/2065 verlängern zu dürfen.

[4]Die Angaben nach Satz 3 Nummer 1 sind glaubhaft zu machen.

§ 30 Befugnisse der Bundesnetzagentur

Für die Wahrnehmung der Befugnisse der Bundesnetzagentur als zuständige Behörde nach § 22 gelten § 202 Absatz 1, 2, 4 und 5 (Durchsetzung von Verpflichtungen), § 203 Absatz 1 Satz 1, Absatz 2 Satz 1 und Absatz 6 Satz 1 und 3 bis 6 (Auskunftsverlangen und weitere Untersuchungsrechte; Übermittlungspflichten), die §§ 204 bis 207 (Auskunftserteilung, Ermittlungen, Beschlagnahme und Vorläufige Anordnungen) des Telekommunikationsgesetzes entsprechend.

§ 31 Rechtsbehelfe

(1) Widerspruch und Anfechtungsklagen gegen Verwaltungsakte der Koordinierungsstelle für digitale Dienste und der nach § 12 Absatz 2 Satz 1 und Absatz 3 zuständigen Behörden zum Vollzug der Verordnung (EU) 2022/2065 haben keine aufschiebende Wirkung.

(2) Absatz 1 gilt entsprechend für die Bundesnetzagentur, sofern diese nach § 22 zuständig ist.

§ 32 Verwaltungsverfahren

(1) [1]Entscheidungen der Koordinierungsstelle für digitale Dienste und Entscheidungen der nach § 12 Absatz 2 Satz 1 und Absatz 3 zuständigen Behörden sind zu begründen. [2]Sie sind mit der Begründung und einer Belehrung über den zulässigen Rechtsbehelf den Beteiligten bekannt zu geben.

(2) [1]Entscheidungen der Koordinierungsstelle für digitale Dienste und Entscheidungen der nach § 12 Absatz 2 Satz 1 und Absatz 3 zuständigen Behörden in Form von Allgemeinverfügungen sind öffentlich bekannt zu geben. [2]Die öffentliche Bekanntgabe wird dadurch bewirkt, dass

1. die vollständige Entscheidung auf der Internetseite der Koordinierungsstelle für digitale Dienste oder der jeweils anderen nach § 12 Absatz 2 Satz 1 und Absatz 3 zuständigen Behörde veröffentlicht wird und
2. Folgendes im elektronischen Bundesanzeiger bekannt gemacht wird:
   a) der verfügende Teil der Allgemeinverfügung,
   b) die Rechtsbehelfsbelehrung und
   c) ein Hinweis auf die Veröffentlichung der vollständigen Entscheidung auf der jeweiligen Internetseite.

(3) Die Absätze 1 und 2 gelten entsprechend für die Bundesnetzagentur, sofern diese nach § 22 zuständig ist.

Teil 8
Bußgeldvorschriften

§ 33 Bußgeldvorschriften

(1) Ordnungswidrig handelt, wer absichtlich entgegen § 6 Absatz 2 Satz 1 den Absender oder den kommerziellen Charakter der Nachricht verschleiert oder verheimlicht.

(2) Ordnungswidrig handelt, wer vorsätzlich oder fahrlässig

1. entgegen § 5 Absatz 1 eine Information nicht, nicht richtig oder nicht vollständig verfügbar hält,
2. entgegen § 10 Absatz 1 eine Auskunft nicht, nicht richtig, nicht vollständig oder nicht rechtzeitig erteilt,
3. entgegen
   a) § 25 Absatz 1 Satz 1, auch in Verbindung mit Satz 3, oder
   b) § 30 in Verbindung mit § 203 Absatz 1 Satz 1 des Telekommunikationsgesetzes

   eine Information nicht, nicht richtig, nicht vollständig oder nicht rechtzeitig zur Verfügung stellt oder
4. entgegen
   a) § 25 Absatz 1 Satz 2, auch in Verbindung mit Satz 3, oder
   b) § 30 in Verbindung mit § 204 Absatz 1 Satz 1 Nummer 3 des Telekommunikationsgesetzes

   eine dort genannte Prüfung oder ein dort genanntes Betreten nicht duldet.

(3) Ordnungswidrig handelt, wer gegen die Verordnung (EU) 2019/1150 des Europäischen Parlaments und des Rates vom 20. Juni 2019 zur Förderung von Fairness und Transparenz für gewerbliche Nutzer von Online-Vermittlungsdiensten (ABl. L 186 vom 11.7.2019, S. 57) verstößt, indem er vorsätzlich oder fahrlässig

1. entgegen Artikel 3 Absatz 5 nicht sicherstellt, dass die dort genannte Identität erkennbar ist,
2. entgegen Artikel 4 Absatz 1 oder Absatz 2, jeweils in Verbindung mit Artikel 4 Absatz 5, eine Begründung nicht, nicht richtig, nicht vollständig, nicht in der vorgeschriebenen Weise oder nicht rechtzeitig übermittelt,
3. entgegen Artikel 4 Absatz 3 Satz 1 oder Artikel 5 Absatz 4 eine dort genannte Möglichkeit nicht, nicht richtig, nicht vollständig oder nicht rechtzeitig bietet,
4. entgegen Artikel 4 Absatz 3 Satz 2 einen gewerblichen Nutzer nicht, nicht richtig, nicht vollständig oder nicht rechtzeitig einsetzt,
5. entgegen Artikel 4 Absatz 4 Unterabsatz 2 eine Begründung nicht, nicht richtig, nicht vollständig, nicht in der vorgeschriebenen Weise oder nicht rechtzeitig zur Verfügung stellt,

6. entgegen Artikel 5 Absatz 2 Satz 1 in Verbindung mit Artikel 5 Absatz 3 oder Absatz 5 einen Hauptparameter oder die Gewichtung der Hauptparameter nicht richtig darstellt,
7. entgegen Artikel 5 Absatz 2 Satz 2 in Verbindung mit Artikel 5 Absatz 3 oder Absatz 5 nicht dafür sorgt, dass eine Beschreibung aktuell ist,
8. entgegen Artikel 7 Absatz 2 in Verbindung mit Artikel 7 Absatz 3 eine dort genannte Erläuterung nicht, nicht richtig oder nicht vollständig vornimmt,
9. entgegen Artikel 11 Absatz 1 Unterabsatz 1 in Verbindung mit Unterabsatz 2 ein internes System nicht, nicht richtig, nicht vollständig oder nicht spätestens mit dem Anbieten des Online-Vermittlungsdienstes einrichtet,
10. entgegen Artikel 11 Absatz 2 Buchstabe a eine Prüfung nicht oder nicht unverzüglich nach Kenntnisnahme durchführt,
11. entgegen Artikel 11 Absatz 2 Buchstabe b eine Bearbeitung nicht oder nicht unverzüglich nach der Feststellung, dass eine Bearbeitung erforderlich ist, durchführt,
12. entgegen Artikel 11 Absatz 2 Buchstabe c eine Unterrichtung nicht oder nicht unverzüglich nach Beendigung der Bearbeitung durchführt,
13. entgegen Artikel 11 Absatz 4 Unterabsatz 1 Satz 1 eine Information nicht oder nicht spätestens mit der Einrichtung des Beschwerdesystems verfügbar macht,
14. entgegen Artikel 11 Absatz 4 Unterabsatz 1 Satz 2 eine Information nicht oder nicht rechtzeitig überprüft oder nicht oder nicht rechtzeitig aktualisiert oder
15. entgegen Artikel 12 Absatz 6 eine Information nicht, nicht richtig, nicht vollständig oder nicht rechtzeitig bereitstellt.

(4) Ordnungswidrig handelt, wer entgegen Artikel 16 Absatz 6 Satz 1 der Verordnung (EU) 2022/2065 des Europäischen Parlaments und des Rates vom 19. Oktober 2022 über einen Binnenmarkt für digitale Dienste und zur Änderung der Richtlinie 2000/31/EG (Gesetz über digitale Dienste) (ABl. L 277 vom 27.10.2022, S. 1; L 310 vom 1.12.2022, S. 17) eine Entscheidung nicht frei von Willkür oder nicht objektiv trifft und eine solche Handlung wiederholt.

(5) Ordnungswidrig handelt, wer gegen die Verordnung (EU) 2022/2065 verstößt, indem er vorsätzlich oder fahrlässig

1. entgegen Artikel 9 Absatz 1 oder Absatz 5 Satz 1, Artikel 10 Absatz 1, Artikel 14 Absatz 2 oder Artikel 32 Absatz 1 eine Information nicht, nicht richtig, nicht vollständig oder nicht rechtzeitig gibt,
2. entgegen Artikel 11 Absatz 1, Artikel 12 Absatz 1 oder Artikel 13 Absatz 1 in Verbindung mit Artikel 13 Absatz 2 eine Kontaktstelle oder eine Person nicht, nicht richtig oder nicht spätestens mit Anbieten des Vermittlungsdienstes benennt,
3. entgegen Artikel 11 Absatz 2 Satz 1 in Verbindung mit Artikel 11 Absatz 3 oder Artikel 12 Absatz 2 Satz 1 eine Information nicht oder nicht spätestens mit Anbieten des Vermittlungsdienstes veröffentlicht,
4. entgegen Artikel 13 Absatz 4 Satz 1 eine Meldung nicht, nicht richtig, nicht vollständig oder nicht spätestens mit Anbieten des Vermittlungsdienstes macht,
5. entgegen Artikel 13 Absatz 4 Satz 2 nicht dafür sorgt, dass eine dort genannte Angabe aktuell ist,
6. entgegen Artikel 14 Absatz 3 eine Erläuterung nicht, nicht richtig oder nicht vollständig vornimmt,
7. entgegen Artikel 15 Absatz 1 Satz 1 in Verbindung mit Satz 2, jeweils auch in Verbindung mit Artikel 24 Absatz 1, einen Bericht nicht, nicht richtig, nicht vollständig, nicht in der vorgeschriebenen Weise oder nicht rechtzeitig zur Verfügung stellt,

8. entgegen Artikel 16 Absatz 1 Satz 1 in Verbindung mit Satz 2 oder Artikel 16 Absatz 2 ein Meldeverfahren nicht, nicht richtig, nicht vollständig, nicht in der vorgeschriebenen Weise oder nicht spätestens mit Anbieten des Hostingdienstes einrichtet,
9. entgegen Artikel 16 Absatz 5, auch in Verbindung mit Artikel 16 Absatz 6 Satz 2, eine Mitteilung nicht, nicht richtig, nicht vollständig oder nicht rechtzeitig macht oder einen Hinweis nicht, nicht richtig, nicht vollständig oder nicht rechtzeitig gibt,
10. entgegen Artikel 17 Absatz 1 in Verbindung mit Artikel 17 Absatz 2 Unterabsatz 1 Satz 2, Absatz 3 oder Absatz 4 eine Begründung nicht, nicht richtig, nicht vollständig oder nicht rechtzeitig vorlegt,
11. entgegen Artikel 20 Absatz 1 in Verbindung mit Artikel 20 Absatz 2 oder Absatz 3 einen Zugang zu einem Beschwerdemanagementsystem nicht, nicht richtig, nicht vollständig, nicht in der vorgeschriebenen Weise oder nicht für die vorgeschriebene Dauer gewährt,
12. entgegen Artikel 20 Absatz 4 Satz 2 eine Entscheidung nicht oder nicht rechtzeitig rückgängig macht,
13. entgegen Artikel 20 Absatz 5 eine Mitteilung nicht, nicht richtig, nicht vollständig oder nicht rechtzeitig macht,
14. entgegen Artikel 20 Absatz 6 nicht sicherstellt, dass eine Entscheidung in dort genannter Weise getroffen wird,
15. entgegen Artikel 21 Absatz 1 Unterabsatz 2 nicht sicherstellt, dass eine dort genannte Information zugänglich ist,
16. entgegen Artikel 22 Absatz 1 eine Maßnahme nicht oder nicht spätestens mit Anbieten der Online-Plattform ergreift,
17. entgegen Artikel 24 Absatz 3 Satz 1 oder Absatz 5 Satz 1 eine Information nicht, nicht richtig, nicht vollständig oder nicht rechtzeitig übermittelt,
18. entgegen Artikel 24 Absatz 5 Satz 2 nicht sicherstellt, dass eine dort genannte Information personenbezogene Daten nicht enthält,
19. entgegen Artikel 25 Absatz 1 eine Online-Schnittstelle konzipiert, organisiert oder betreibt,
20. entgegen Artikel 26 Absatz 1 nicht sicherstellt, dass ein Nutzer in der Lage ist, eine dort genannte Angabe zu erkennen,
21. entgegen Artikel 26 Absatz 2 Unterabsatz 1 eine Funktion nicht oder nicht richtig bietet,
22. entgegen Artikel 26 Absatz 2 Unterabsatz 2 nicht sicherstellt, dass ein Nutzer einen dort genannten Sachverhalt feststellen kann,
23. entgegen Artikel 26 Absatz 3 Werbung anzeigt,
24. entgegen Artikel 27 Absatz 1 in Verbindung mit Artikel 27 Absatz 2 einen Parameter nicht, nicht richtig, nicht vollständig oder nicht in der vorgeschriebenen Weise darlegt,
25. entgegen Artikel 27 Absatz 3 Satz 1 in Verbindung mit Satz 2 eine Funktion nicht, nicht richtig oder nicht in der vorgeschriebenen Weise zugänglich macht,
26. entgegen Artikel 28 Absatz 2 Werbung darstellt,
27. entgegen Artikel 30 Absatz 1 nicht sicherstellt, dass ein Unternehmer eine Online-Plattform nur unter einer dort genannten Voraussetzung nutzen kann,
28. entgegen Artikel 30 Absatz 3 Unterabsatz 1 eine Aufforderung nicht, nicht richtig oder nicht rechtzeitig vornimmt,
29. entgegen Artikel 30 Absatz 5 Satz 1 eine Information nicht oder nicht mindestens sechs Monate speichert,
30. entgegen Artikel 30 Absatz 6 eine Information weitergibt,

31. entgegen Artikel 30 Absatz 7 eine Information nicht, nicht richtig, nicht vollständig, nicht in der vorgeschriebenen Weise oder nicht spätestens mit Anbieten der Online-Plattform zur Verfügung stellt,
32. entgegen Artikel 31 Absatz 1 Unterabsatz 1 oder Absatz 2 nicht sicherstellt, dass eine Online-Schnittstelle in dort genannter Weise konzipiert oder organisiert ist, oder
33. entgegen Artikel 32 Absatz 2 eine Information nicht, nicht richtig, nicht vollständig, nicht in der vorgeschriebenen Weise oder nicht unverzüglich nach Kenntnisnahme zugänglich macht.

(6) Die Ordnungswidrigkeit kann geahndet werden

1. in den Fällen der
   a) Absätze 1 und 3 Nummer 1, 3, 4, 9, 10 und 11 und
   b) Absätze 4 und 5 Nummer 8, 10 bis 12, 14, 16, 18, 20 bis 30 und 32

   mit einer Geldbuße bis zu dreihunderttausend Euro,
2. in den Fällen des
   a) Absatzes 3 Nummer 2, 5 bis 8, 12 bis 14 und 15 und
   b) Absatzes 5 Nummer 1 bis 7, 9, 13, 15, 17, 19, 31 und 33

   mit einer Geldbuße bis zu hunderttausend Euro und
3. in den Fällen des Absatzes 2 mit einer Geldbuße bis zu fünfzigtausend Euro.

(7) Bei einer juristischen Person oder Personenvereinigung mit einem Jahresumsatz von mehr als

1. 5 Millionen Euro kann abweichend von Absatz 6 Nummer 1 Buchstabe b eine dort genannte Ordnungswidrigkeit mit einer Geldbuße bis zu 6 Prozent,
2. 10 Millionen Euro kann abweichend von Absatz 6 Nummer 2 Buchstabe b eine dort genannte Ordnungswidrigkeit mit einer Geldbuße bis zu 1 Prozent

des Jahresumsatzes geahndet werden, der von der juristischen Person oder Personenvereinigung weltweit in dem Geschäftsjahr erzielt wurde, das der Behördenentscheidung vorausgeht.

(8) Verwaltungsbehörde im Sinne des § 36 Absatz 1 Nummer 1 des Gesetzes über Ordnungswidrigkeiten ist in den Fällen

1. des Absatzes 2 Nummer 3 Buchstabe a und Nummer 4 Buchstabe a und des Absatzes 5 Nummer 1 bis 5, 7 bis 22, 24, 25 und 27 bis 33 die Koordinierungsstelle für digitale Dienste,
2. des Absatzes 2 Nummer 3 Buchstabe b und Nummer 4 Buchstabe b und des Absatzes 3 die Bundesnetzagentur,
3. des Absatzes 5 Nummer 6 die Bundeszentrale für Kinder- und Jugendmedienschutz, soweit sie nach § 12 Absatz 2 Satz 1 für die Durchsetzung des Artikels 14 Absatz 3 der Verordnung (EU) 2022/2065 zuständig ist,
4. des Absatzes 5 Nummer 23 und 26 der Bundesbeauftragte für den Datenschutz und die Informationsfreiheit.

Teil 9
Übergangs- und Schlussvorschriften

§ 34 Evaluierung

[1]Die Bundesregierung wird fünf Jahre nach Inkrafttreten dieses Gesetzes die in den §§ 18 und 19 enthaltenen Regelungen über die Zusammenarbeit der Koordinierungsstelle für digitale Dienste mit den zuständigen Behörden sowie die Zusammenarbeit mit anderen Behörden evaluieren und dabei insbesondere prüfen, ob die Ausgestaltung der Verfahren zwischen den zuständigen Behör-

den geeignet ist, die Verordnung (EU) 2022/2065 effektiv durchzusetzen. [2]Über das Ergebnis wird sie dem Bundestag Bericht erstatten.

Sozialgesetzbuch (SGB) Sechstes Buch (VI) – Gesetzliche Rentenversicherung
– Auszug –

Vom 18. Dezember 1989, BGBl. I S. 2261, 1337

Neugefasst durch Bekanntmachung vom 19. Februar 2002, BGBl. I S. 754, 1404, 3384

Zuletzt geändert durch Artikel 11 des Gesetzes vom 18. Dezember 2024, BGBl. I Nr. 423

§ 6 Befreiung von der Versicherungspflicht

(1) [1]Von der Versicherungspflicht werden befreit

1. Beschäftigte und selbständig Tätige für die Beschäftigung oder selbständige Tätigkeit, wegen der sie aufgrund einer durch Gesetz angeordneten oder auf Gesetz beruhenden Verpflichtung Mitglied einer öffentlich-rechtlichen Versicherungseinrichtung oder Versorgungseinrichtung ihrer Berufsgruppe (berufsständische Versorgungseinrichtung) und zugleich kraft gesetzlicher Verpflichtung Mitglied einer berufsständischen Kammer sind, wenn
   a) am jeweiligen Ort der Beschäftigung oder selbständigen Tätigkeit für ihre Berufsgruppe bereits vor dem 1. Januar 1995 eine gesetzliche Verpflichtung zur Mitgliedschaft in der berufsständischen Kammer bestanden hat,
   b) für sie nach näherer Maßgabe der Satzung einkommensbezogene Beiträge unter Berücksichtigung der Beitragsbemessungsgrenze zur berufsständischen Versorgungseinrichtung zu zahlen sind und
   c) aufgrund dieser Beiträge Leistungen für den Fall verminderter Erwerbsfähigkeit und des Alters sowie für Hinterbliebene erbracht und angepasst werden, wobei auch die finanzielle Lage der berufsständischen Versorgungseinrichtung zu berücksichtigen ist,
2. Lehrer oder Erzieher, die an nicht-öffentlichen Schulen beschäftigt sind, wenn ihnen nach beamtenrechtlichen Grundsätzen oder entsprechenden kirchenrechtlichen Regelungen Anwartschaft auf Versorgung bei verminderter Erwerbsfähigkeit und im Alter sowie auf Hinterbliebenenversorgung gewährleistet und die Erfüllung der Gewährleistung gesichert ist und wenn diese Personen die Voraussetzungen nach § 5 Abs. 1 Satz 2 Nr. 1 und 2 erfüllen,
3. nichtdeutsche Besatzungsmitglieder deutscher Seeschiffe, die ihren Wohnsitz oder gewöhnlichen Aufenthalt nicht in einem Mitgliedstaat der Europäischen Union, einem Vertragsstaat des Abkommens über den Europäischen Wirtschaftsraum oder der Schweiz haben,
4. Gewerbetreibende in Handwerksbetrieben, wenn für sie mindestens 18 Jahre lang Pflichtbeiträge gezahlt worden sind.

[2]Die gesetzliche Verpflichtung für eine Berufsgruppe zur Mitgliedschaft in einer berufsständischen Kammer im Sinne des Satzes 1 Nr. 1 gilt mit dem Tag als entstanden, an dem das die jeweilige Kammerzugehörigkeit begründende Gesetz verkündet worden ist. [3]Wird der Kreis der Pflichtmitglieder einer berufsständischen Kammer nach dem 31. Dezember 1994 erweitert, werden diejenigen Pflichtmitglieder des berufsständischen Versorgungswerks nicht nach Satz 1 Nr. 1 befreit, die nur wegen dieser Erweiterung Pflichtmitglieder ihrer Berufskammer geworden sind. [4]Für die Bestimmung des Tages, an dem die Erweiterung des Kreises der Pflichtmitglieder erfolgt ist, ist Satz 2 entsprechend anzuwenden. [5]Personen, die nach bereits am 1. Januar 1995 geltenden versorgungsrechtlichen Regelungen verpflichtet sind, für die Zeit der Ableistung eines gesetzlich vorgeschriebenen Vorbereitungs- oder Anwärterdienstes Mitglied einer berufsständischen Versorgungseinrichtung zu sein, werden auch dann nach Satz 1 Nr. 1 von der Versicherungspflicht befreit, wenn eine gesetzliche Verpflichtung zur Mitgliedschaft in einer berufsständischen Kammer für die Zeit der Ableistung des Vorbereitungs- oder Anwärterdienstes nicht besteht. [6]Satz 1 Nr. 1 gilt nicht für die in Satz 1 Nr. 4 genannten Personen.

L. Anhang

(1a) [1]Personen, die nach § 2 Satz 1 Nr. 9 versicherungspflichtig sind, werden von der Versicherungspflicht befreit

1. für einen Zeitraum von drei Jahren nach erstmaliger Aufnahme einer selbständigen Tätigkeit, die die Merkmale des § 2 Satz 1 Nr. 9 erfüllt,
2. nach Vollendung des 58. Lebensjahres, wenn sie nach einer zuvor ausgeübten selbständigen Tätigkeit erstmals nach § 2 Satz 1 Nr. 9 versicherungspflichtig werden.

[2]Satz 1 Nr. 1 gilt entsprechend für die Aufnahme einer zweiten selbständigen Tätigkeit, die die Merkmale des § 2 Satz 1 Nr. 9 erfüllt. [3]Eine Aufnahme einer selbständigen Tätigkeit liegt nicht vor, wenn eine bestehende selbständige Existenz lediglich umbenannt oder deren Geschäftszweck gegenüber der vorangegangenen nicht wesentlich verändert worden ist.

(1b) [1]Personen, die eine geringfügige Beschäftigung nach § 8 Absatz 1 Nummer 1 oder § 8a in Verbindung mit § 8 Absatz 1 Nummer 1 des Vierten Buches ausüben, werden auf Antrag von der Versicherungspflicht befreit. [2]Der schriftliche oder elektronische Befreiungsantrag ist dem Arbeitgeber zu übergeben. [3]§ 8 Absatz 2 des Vierten Buches ist mit der Maßgabe anzuwenden, dass eine Zusammenrechnung mit einer nicht geringfügigen Beschäftigung nur erfolgt, wenn diese versicherungspflichtig ist. [4]Der Antrag kann bei mehreren geringfügigen Beschäftigungen nur einheitlich gestellt werden und ist für die Dauer der Beschäftigungen bindend. [5]Satz 1 gilt nicht für Personen, die im Rahmen betrieblicher Berufsbildung, nach dem Jugendfreiwilligendienstegesetz, nach dem Bundesfreiwilligendienstgesetz oder nach § 1 Satz 1 Nummer 2 bis 4 beschäftigt sind oder von der Möglichkeit einer stufenweisen Wiederaufnahme einer nicht geringfügigen Tätigkeit (§ 74 des Fünften Buches) Gebrauch machen.

(2) [1]Die Befreiung erfolgt auf Antrag des Versicherten, in den Fällen des Absatzes 1 Nr. 2 und 3 auf Antrag des Arbeitgebers. [2]In den Fällen des Absatzes 1 Satz 1 Nummer 1 hat der Versicherte den Antrag elektronisch über die zuständige berufsständische Versorgungseinrichtung zu stellen. [3]Diese leitet den Antrag durch Datenübertragung an den Träger der Rentenversicherung zusammen mit den Bestätigungen über das Vorliegen einer Pflichtmitgliedschaft in einer berufsständischen Versorgungseinrichtung, über das Bestehen einer Pflichtmitgliedschaft in der berufsständischen Kammer und über die Pflicht zur Zahlung einkommensbezogener Beiträge zur Entscheidung unverzüglich weiter. [4]Der Träger der Rentenversicherung teilt seine Entscheidung dem Antragsteller in Textform und der den Antrag weiterleitenden berufsständischen Versorgungseinrichtung elektronisch mit. [5]Der Rentenversicherungsträger informiert den Arbeitgeber elektronisch über das Ergebnis seiner Entscheidung. [6]Der Eingang des Antrags bei der berufsständischen Versorgungseinrichtung ist für die Wahrung der in Absatz 4 bestimmten Frist maßgeblich. [7]Der Datenaustausch erfolgt über die Annahmestelle der berufsständischen Versorgungseinrichtungen und die Datenstelle der Rentenversicherung. [8]Die technische Ausgestaltung des Verfahrens regeln die Deutsche Rentenversicherung Bund und die Arbeitsgemeinschaft berufsständischer Versorgungseinrichtungen e. V. in gemeinsamen Grundsätzen, die vom Bundesministerium für Arbeit und Soziales zu genehmigen sind.

(3) [1]Über die Befreiung entscheidet der Träger der Rentenversicherung. [2]Abweichend von Satz 1 entscheidet in den Fällen des Absatzes 1 Satz 1 Nummer 1 und 2 die Deutsche Rentenversicherung Bund, nachdem das Vorliegen der Voraussetzungen bestätigt worden ist

1. in den Fällen des Absatzes 1 Satz 1 Nummer 1 von der für die berufsständische Versorgungseinrichtung zuständigen obersten Verwaltungsbehörde und
2. in den Fällen des Absatzes 1 Satz 1 Nummer 2 von der obersten Verwaltungsbehörde desjenigen Landes, in dem der Arbeitgeber seinen Sitz hat.

[3]In den Fällen des Absatzes 1b gilt die Befreiung als erteilt, wenn die nach § 28i Satz 5 des Vierten Buches zuständige Einzugsstelle nicht innerhalb eines Monats nach Eingang der Meldung des Arbeitgebers nach § 28a des Vierten Buches dem Befreiungsantrag des Beschäftigten widerspricht. [4]Die Vorschriften des Zehnten Buches über die Bestandskraft von Verwaltungsakten und über das Rechtsbehelfsverfahren gelten entsprechend.

(4) [1]Die Befreiung wirkt vom Vorliegen der Befreiungsvoraussetzungen an, wenn sie innerhalb von drei Monaten beantragt wird, sonst vom Eingang des Antrags an. [2]In den Fällen des Absatzes 1b wirkt die Befreiung bei Vorliegen der Befreiungsvoraussetzungen nach Eingang der Meldung des Arbeitgebers nach § 28a des Vierten Buches bei der zuständigen Einzugsstelle rückwirkend vom Beginn des Monats, in dem der Antrag des Beschäftigten dem Arbeitgeber zugegangen ist, wenn der Arbeitgeber den Befreiungsantrag der Einzugsstelle mit der ersten folgenden Entgeltabrechnung, spätestens aber innerhalb von sechs Wochen nach Zugang, gemeldet und die Einzugsstelle innerhalb eines Monats nach Eingang der Meldung des Arbeitgebers nicht widersprochen hat. [3]Erfolgt die Meldung des Arbeitgebers später, wirkt die Befreiung vom Beginn des auf den Ablauf der Widerspruchsfrist nach Absatz 3 folgenden Monats. [4]In den Fällen, in denen bei einer Mehrfachbeschäftigung die Befreiungsvoraussetzungen vorliegen, hat die Einzugsstelle die weiteren Arbeitgeber über den Zeitpunkt der Wirkung der Befreiung unverzüglich durch eine Meldung zu unterrichten.

(5) [1]Die Befreiung ist auf die jeweilige Beschäftigung oder selbständige Tätigkeit beschränkt. [2]Sie erstreckt sich in den Fällen des Absatzes 1 Nr. 1 und 2 auch auf eine andere versicherungspflichtige Tätigkeit, wenn diese infolge ihrer Eigenart oder vertraglich im Voraus zeitlich begrenzt ist und der Versorgungsträger für die Zeit der Tätigkeit den Erwerb einkommensbezogener Versorgungsanwartschaften gewährleistet.

§ 231 Befreiung von der Versicherungspflicht

(1) [1]Personen, die am 31. Dezember 1991 von der Versicherungspflicht befreit waren, bleiben in derselben Beschäftigung oder selbständigen Tätigkeit von der Versicherungspflicht befreit. [2]Personen, die am 31. Dezember 1991 als

1. Angestellte im Zusammenhang mit der Erhöhung oder dem Wegfall der Jahresarbeitsverdienstgrenze,
2. Handwerker oder
3. Empfänger von Versorgungsbezügen

von der Versicherungspflicht befreit waren, bleiben in jeder Beschäftigung oder selbständigen Tätigkeit und bei Wehrdienstleistungen von der Versicherungspflicht befreit.

(2) Personen, die aufgrund eines bis zum 31. Dezember 1995 gestellten Antrags spätestens mit Wirkung von diesem Zeitpunkt an nach § 6 Abs. 1 Nr. 1 in der zu diesem Zeitpunkt geltenden Fassung von der Versicherungspflicht befreit sind, bleiben in der jeweiligen Beschäftigung oder selbständigen Tätigkeit befreit.

(3) Mitglieder von berufsständischen Versorgungseinrichtungen, die nur deshalb Pflichtmitglied ihrer berufsständischen Kammer sind, weil die am 31. Dezember 1994 für bestimmte Angehörige ihrer Berufsgruppe bestehende Verpflichtung zur Mitgliedschaft in einer berufsständischen Kammer nach dem 31. Dezember 1994 auf weitere Angehörige der jeweiligen Berufsgruppe erstreckt worden ist, werden bei Vorliegen der übrigen Voraussetzungen nach § 6 Abs.1 von der Versicherungspflicht befreit, wenn

1. die Verkündung des Gesetzes, mit dem die Verpflichtung zur Mitgliedschaft in einer berufsständischen Kammer auf weitere Angehörige der Berufsgruppe erstreckt worden ist, vor dem 1. Juli 1996 erfolgt und
2. mit der Erstreckung der Verpflichtung zur Mitgliedschaft in einer berufsständischen Kammer auf weitere Angehörige der Berufsgruppe hinsichtlich des Kreises der Personen, die der berufsständischen Kammer als Pflichtmitglieder angehören, eine Rechtslage geschaffen worden ist, die am 31. Dezember 1994 bereits in mindestens der Hälfte aller Bundesländer bestanden hat.

(4) Mitglieder von berufsständischen Versorgungseinrichtungen, die nur deshalb Pflichtmitglied einer berufsständischen Versorgungseinrichtung sind, weil eine für ihre Berufsgruppe am 31. Dezember 1994 bestehende Verpflichtung zur Mitgliedschaft in der berufsständischen Versorgungseinrichtung nach dem 31. Dezember 1994 auf diejenigen Angehörigen der Berufsgruppe erstreckt

worden ist, die einen gesetzlich vorgeschriebenen Vorbereitungs- oder Anwärterdienst ableisten, werden bei Vorliegen der übrigen Voraussetzungen nach § 6 Abs. 1 von der Versicherungspflicht befreit, wenn

1. die Änderung der versorgungsrechtlichen Regelungen, mit der die Verpflichtung zur Mitgliedschaft in der berufsständischen Versorgungseinrichtung auf Personen erstreckt worden ist, die einen gesetzlich vorgeschriebenen Vorbereitungs- oder Anwärterdienst ableisten, vor dem 1. Juli 1996 erfolgt und
2. mit der Erstreckung der Verpflichtung zur Mitgliedschaft in der berufsständischen Versorgungseinrichtung auf Personen, die einen gesetzlich vorgeschriebenen Vorbereitungs- oder Anwärterdienst ableisten, hinsichtlich des Kreises der Personen, die der berufsständischen Versorgungseinrichtung als Pflichtmitglieder angehören, eine Rechtslage geschaffen worden ist, die für die jeweilige Berufsgruppe bereits am 31. Dezember 1994 in mindestens einem Bundesland bestanden hat.

(4a) Die Änderungen der Bundesrechtsanwaltsordnung und der Patentanwaltsordnung durch Artikel 1 Nummer 3 und Artikel 6 des Gesetzes zur Neuordnung des Rechts der Syndikusanwälte und zur Änderung der Finanzgerichtsordnung vom 21. Dezember 2015 (BGBl. I S. 2517) gelten nicht als Änderungen, mit denen der Kreis der Pflichtmitglieder einer berufsständischen Kammer im Sinne des § 6 Absatz 1 Satz 3 erweitert wird.

(4b) [1]Eine Befreiung von der Versicherungspflicht als Syndikusrechtsanwalt oder Syndikuspatentanwalt nach § 6 Absatz 1 Satz 1 Nummer 1, die unter Berücksichtigung der Bundesrechtsanwaltsordnung in der ab dem 1. Januar 2016 geltenden Fassung oder der Patentanwaltsordnung in der ab dem 1. Januar 2016 geltenden Fassung erteilt wurde, wirkt auf Antrag vom Beginn derjenigen Beschäftigung an, für die die Befreiung von der Versicherungspflicht erteilt wird. [2]Sie wirkt auch vom Beginn davor liegender Beschäftigungen an, wenn während dieser Beschäftigungen eine Pflichtmitgliedschaft in einem berufsständischen Versorgungswerk bestand. [3]Die Befreiung nach den Sätzen 1 und 2 wirkt frühestens ab dem 1. April 2014. [4]Die Befreiung wirkt jedoch auch für Zeiten vor dem 1. April 2014, wenn für diese Zeiten einkommensbezogene Pflichtbeiträge an ein berufsständisches Versorgungswerk gezahlt wurden. [5]Die Sätze 1 bis 4 gelten nicht für Beschäftigungen, für die eine Befreiung von der Versicherungspflicht als Syndikusrechtsanwalt oder Syndikuspatentanwalt auf Grund einer vor dem 4. April 2014 ergangenen Entscheidung bestandskräftig abgelehnt wurde. [6]Der Antrag auf rückwirkende Befreiung nach den Sätzen 1 und 2 kann nur bis zum Ablauf des 1. April 2016 gestellt werden.

(4c) [1]Eine durch Gesetz angeordnete oder auf Gesetz beruhende Verpflichtung zur Mitgliedschaft in einer berufsständischen Versorgungseinrichtung im Sinne des § 6 Absatz 1 Satz 1 Nummer 1 gilt als gegeben für Personen, die

1. nach dem 3. April 2014 auf ihre Rechte aus der Zulassung zur Rechtsanwaltschaft oder Patentanwaltschaft verzichtet haben und
2. bis zum Ablauf des 1. April 2016 die Zulassung als Syndikusrechtsanwalt oder Syndikuspatentanwalt nach der Bundesrechtsanwaltsordnung in der ab dem 1. Januar 2016 geltenden Fassung oder der Patentanwaltsordnung in der ab dem 1. Januar 2016 geltenden Fassung beantragen.

[2]Satz 1 gilt nur, solange die Personen als Syndikusrechtsanwalt oder Syndikuspatentanwalt zugelassen sind und als freiwilliges Mitglied in einem Versorgungswerk einkommensbezogene Beiträge zahlen. [3]Satz 1 gilt nicht, wenn vor dem 1. Januar 2016 infolge eines Ortswechsels der anwaltlichen Tätigkeit eine Pflichtmitgliedschaft in dem neu zuständigen berufsständischen Versorgungswerk wegen Überschreitens einer Altersgrenze nicht mehr begründet werden konnte.

(4d) [1]Tritt in einer berufsständischen Versorgungseinrichtung, in der am 1. Januar 2016 eine Altersgrenze für die Begründung einer Pflichtmitgliedschaft bestand, eine Aufhebung dieser Altersgrenze bis zum Ablauf des 31. Dezember 2018 in Kraft, wirkt eine Befreiung von der Versicherungspflicht bei Personen, die infolge eines Ortswechsels eine Pflichtmitgliedschaft in einer solchen berufsständischen Versorgungseinrichtung bisher nicht begründen konnten und Beiträge als freiwillige Mitglieder entrichtet haben, auf Antrag vom Beginn des 36. Kalendermonats vor Inkrafttreten der Aufhebung der Altersgrenze in der jeweiligen berufsständischen Versorgungseinrichtung. [2]Der Antrag kann nur bis zum Ablauf von drei Kalendermonaten nach Inkrafttreten der Aufhebung der Altersgrenze gestellt werden.

(5) [1]Personen, die am 31. Dezember 1998 eine selbständige Tätigkeit ausgeübt haben, in der sie nicht versicherungspflichtig waren, und danach gemäß § 2 Satz 1 Nr. 9 versicherungspflichtig werden, werden auf Antrag von dieser Versicherungspflicht befreit, wenn sie

1. vor dem 2. Januar 1949 geboren sind oder
2. vor dem 10. Dezember 1998 mit einem öffentlichen oder privaten Versicherungsunternehmen einen Lebens- oder Rentenversicherungsvertrag abgeschlossen haben, der so ausgestaltet ist oder bis zum 30. Juni 2000 oder binnen eines Jahres nach Eintritt der Versicherungspflicht so ausgestaltet wird, dass
   a) Leistungen für den Fall der Invalidität und des Erlebens des 60. oder eines höheren Lebensjahres sowie im Todesfall Leistungen an Hinterbliebene erbracht werden und
   b) für die Versicherung mindestens ebensoviel Beiträge aufzuwenden sind, wie Beiträge zur Rentenversicherung zu zahlen wären, oder
3. vor dem 10. Dezember 1998 eine vergleichbare Form der Vorsorge betrieben haben oder nach diesem Zeitpunkt bis zum 30. Juni 2000 oder binnen eines Jahres nach Eintritt der Versicherungspflicht entsprechend ausgestalten; eine vergleichbare Vorsorge liegt vor, wenn
   a) vorhandenes Vermögen oder
   b) Vermögen, das aufgrund einer auf Dauer angelegten vertraglichen Verpflichtung angespart wird,

insgesamt gewährleisten, dass eine Sicherung für den Fall der Invalidität und des Erlebens des 60. oder eines höheren Lebensjahres sowie im Todesfall für Hinterbliebene vorhanden ist, deren wirtschaftlicher Wert nicht hinter dem einer Lebens- oder Rentenversicherung nach Nummer 2 zurückbleibt. [2]Satz 1 Nr. 2 gilt entsprechend für eine Zusage auf eine betriebliche Altersversorgung, durch die die leistungsbezogenen und aufwandsbezogenen Voraussetzungen des Satzes 1 Nr. 2 erfüllt werden. [3]Die Befreiung ist binnen eines Jahres nach Eintritt der Versicherungspflicht zu beantragen; die Frist läuft nicht vor dem 30. Juni 2000 ab. [4]Die Befreiung wirkt vom Eintritt der Versicherungspflicht an.

(6) [1]Personen, die am 31. Dezember 1998 eine nach § 2 Satz 1 Nr. 1 bis 3 oder § 229a Abs. 1 versicherungspflichtige selbständige Tätigkeit ausgeübt haben, werden auf Antrag von dieser Versicherungspflicht befreit, wenn sie

1. glaubhaft machen, dass sie bis zu diesem Zeitpunkt von der Versicherungspflicht keine Kenntnis hatten, und
2. vor dem 2. Januar 1949 geboren sind oder
3. vor dem 10. Dezember 1998 eine anderweitige Vorsorge im Sinne des Absatzes 5 Satz 1 Nr. 2 oder Nr. 3 oder Satz 2 für den Fall der Invalidität und des Erlebens des 60. oder eines höheren Lebensjahres sowie im Todesfall für Hinterbliebene getroffen haben; Absatz 5 Satz 1 Nr. 2 und 3 und Satz 2 sind mit der Maßgabe anzuwenden, dass an die Stelle des Datums 30. Juni 2000 jeweils das Datum 30. September 2001 tritt.

[2]Die Befreiung ist bis zum 30. September 2001 zu beantragen; sie wirkt vom Eintritt der Versicherungspflicht an.

(7) Personen, die nach § 6 Abs. 1 Satz 1 Nr. 2 in der bis zum 31. Dezember 2008 geltenden Fassung von der Versicherungspflicht befreit waren, bleiben in dieser Beschäftigung von der Versicherungspflicht befreit.

(8) Personen, die die Voraussetzungen für eine Befreiung von der Versicherungspflicht nach § 6 Abs. 1 Satz 1 Nr. 2 in der bis zum 31. Dezember 2008 geltenden Fassung erfüllen, nicht aber die

L. Anhang

Voraussetzungen nach § 6 Abs. 1 Satz 1 Nr. 2 in der ab 1. Januar 2009 geltenden Fassung, werden von der Versicherungspflicht befreit, wenn ihnen nach beamtenrechtlichen Grundsätzen oder entsprechenden kirchenrechtlichen Regelungen Anwartschaft auf Versorgung bei verminderter Erwerbsfähigkeit und im Alter sowie auf Hinterbliebenenversorgung durch eine für einen bestimmten Personenkreis geschaffene Versorgungseinrichtung gewährleistet ist und sie an einer nichtöffentlichen Schule beschäftigt sind, die vor dem 13. November 2008 Mitglied der Versorgungseinrichtung geworden ist.

(9) § 6 Absatz 1b gilt bis zum 31. Dezember 2014 nicht für Personen, die am 31. Dezember 2012 in einer mehr als geringfügigen Beschäftigung nach § 8 Absatz 1 Nummer 1 oder § 8a in Verbindung mit § 8 Absatz 1 Nummer 1 des Vierten Buches versicherungspflichtig waren, die die Merkmale einer geringfügigen Beschäftigung nach diesen Vorschriften in der ab dem 1. Januar 2013 geltenden Fassung erfüllt, solange das Arbeitsentgelt aus dieser Beschäftigung 400 Euro monatlich übersteigt.

(10) [1]Personen, die vor dem 1. Januar 2023 nach § 3 Satz 1 Nummer 2b versicherungspflichtig waren und die vor dem 1. Januar 2023 nach § 186 in einer berufsständischen Versorgungseinrichtung nachversichert wurden, werden auf Antrag mit Wirkung vom Beginn der Versicherungspflicht nach § 3 Satz 1 Nummer 2b befreit. [2]Der Antrag ist bis zum 31. Juli 2023 bei der Deutschen Rentenversicherung Bund zu stellen.

§ 286f Erstattung zu Unrecht gezahlter Pflichtbeiträge an die berufsständische Versorgungseinrichtung

[1]Pflichtbeiträge, die auf Grund einer Befreiung nach § 231 Absatz 4b und 4d zu Unrecht entrichtet wurden, werden abweichend von § 211 und abweichend von § 26 Absatz 3 des Vierten Buches von dem zuständigen Träger der Rentenversicherung beanstandet und unmittelbar an die zuständige berufsständische Versorgungseinrichtung erstattet. [2]Zinsen nach § 27 Absatz 1 des Vierten Buches sind nicht zu zahlen. [3]Sind Beiträge nach Maßgabe der Sätze 1 und 2 erstattet worden, scheidet eine Erstattung nach den allgemeinen Vorschriften aus.

Allgemeine Bedingungen für die Rechtsschutzversicherung (ARB 94) – Auszug –

§ 18 Schiedsgutachten bei Ablehnung des Rechtsschutzes durch den Versicherer

(1) Lehnt der Versicherer den Rechtsschutz ab,

a) weil der durch die Wahrnehmung der rechtlichen Interessen voraussichtlich entstehende Kostenaufwand unter Berücksichtigung der berechtigten Belange der Versichertengemeinschaft in einem groben Mißverhältnis zum angestrebten Erfolg steht oder

b) weil in den Fällen des § 2 a) bis g) die Wahrnehmung der rechtlichen Interessen keine hinreichende Aussicht auf Erfolg hat,

ist dies dem Versicherungsnehmer unverzüglich unter Angabe der Gründe schriftlich mitzuteilen.

(2) [1]Mit der Mitteilung über die Rechtsschutzablehnung ist der Versicherungsnehmer darauf hinzuweisen, daß er, soweit er der Auffassung des Versicherers nicht zustimmt und seinen Anspruch auf Rechtsschutz aufrechterhält, innerhalb eines Monats die Einleitung eines Schiedsgutachterverfahrens vom Versicherer verlangen kann. [2]Mit diesem Hinweis ist der Versicherungsnehmer aufzufordern, alle nach seiner Auffassung für die Durchführung des Schiedsgutachterverfahrens wesentlichen Mitteilungen und Unterlagen innerhalb der Monatsfrist dem Versicherer zuzusenden. [3]Außerdem ist er über die Kostenfolgen des Schiedsgutachterverfahrensgemäß Absatz 5 und über die voraussichtliche Höhe dieser Kosten zu unterrichten.

(3) [1]Verlangt der Versicherungsnehmer die Durchführung eines Schiedsgutachterverfahrens, hat der Versicherer dieses Verfahren innerhalb eines Monats einzuleiten und den Versicherungsnehmer hierüber zu unterrichten. [2]Sind zur Wahrnehmung der rechtlichen Interessen des Versicherungsnehmers Fristen zu wahren und entstehen hierdurch Kosten, ist der Versicherer verpflichtet, diese Kosten in dem zur Fristwahrung notwendigen Umfang bis zum Abschluß des Schiedsgutachterverfahrens unabhängig von dessen Ausgang zu tragen. [3]Leitet der Versicherer das Schiedsgutachterverfahren nicht fristgemäß ein, gilt seine Leistungspflicht in dem Umfang, in dem der Versicherungsnehmer den Rechtsschutzanspruch geltend gemacht hat, als festgestellt.

(4) [1]Schiedsgutachter ist ein seit mindestens fünf Jahren zur Rechtsanwaltschaft zugelassener Rechtsanwalt, der von dem Präsidenten der für den Wohnsitz des Versicherungsnehmers zuständigen Rechtsanwaltskammerbenannt wird. [2]Dem Schiedsgutachter sind vom Versicherer alle ihm vorliegenden Mitteilungen und Unterlagen, die für die Durchführung des Schiedsgutachterverfahrens wesentlich sind, zur Verfügung zu stellen. [3]Er entscheidet im schriftlichen Verfahren; seine Entscheidung ist für den Versicherer bindend.

(5) [1]Die Kosten des Schiedsgutachterverfahrens trägt der Versicherer, wenn der Schiedsgutachter feststellt, daß die Leistungsverweigerung des Versicherers ganz oder teilweise unberechtigt war. [2]War die Leistungsverweigerung nach dem Schiedsspruch berechtigt, trägt der Versicherungsnehmer seine Kosten und die des Schiedsgutachters. [3]Die dem Versicherer durch das Schiedsgutachterverfahren entstehenden Kosten trägt dieser in jedem Falle selbst.

Mediationsgesetz (MediationsG)

Vom 21. Juli 2012, BGBl. I S. 1577

Zuletzt geändert durch Artikel 135 der Verordnung vom 31. August 2015, BGBl. I S. 1474

Inhaltsübersicht

§ 1 Begriffsbestimmungen

(1) Mediation ist ein vertrauliches und strukturiertes Verfahren, bei dem Parteien mithilfe eines oder mehrerer Mediatoren freiwillig und eigenverantwortlich eine einvernehmliche Beilegung ihres Konflikts anstreben.

(2) Ein Mediator ist eine unabhängige und neutrale Person ohne Entscheidungsbefugnis, die die Parteien durch die Mediation führt.

§ 2 Verfahren; Aufgaben des Mediators

(1) Die Parteien wählen den Mediator aus.

(2) Der Mediator vergewissert sich, dass die Parteien die Grundsätze und den Ablauf des Mediationsverfahrens verstanden haben und freiwillig an der Mediation teilnehmen.

(3) [1]Der Mediator ist allen Parteien gleichermaßen verpflichtet. [2]Er fördert die Kommunikation der Parteien und gewährleistet, dass die Parteien in angemessener und fairer Weise in die Mediation eingebunden sind. [3]Er kann im allseitigen Einverständnis getrennte Gespräche mit den Parteien führen.

(4) Dritte können nur mit Zustimmung aller Parteien in die Mediation einbezogen werden.

(5) [1]Die Parteien können die Mediation jederzeit beenden. [2]Der Mediator kann die Mediation beenden, insbesondere wenn er der Auffassung ist, dass eine eigenverantwortliche Kommunikation oder eine Einigung der Parteien nicht zu erwarten ist.

(6) [1]Der Mediator wirkt im Falle einer Einigung darauf hin, dass die Parteien die Vereinbarung in Kenntnis der Sachlage treffen und ihren Inhalt verstehen. [2]Er hat die Parteien, die ohne fachliche Beratung an der Mediation teilnehmen, auf die Möglichkeit hinzuweisen, die Vereinbarung bei Bedarf durch externe Berater überprüfen zu lassen. [3]Mit Zustimmung der Parteien kann die erzielte Einigung in einer Abschlussvereinbarung dokumentiert werden.

§ 3 Offenbarungspflichten; Tätigkeitsbeschränkungen

(1) [1]Der Mediator hat den Parteien alle Umstände offenzulegen, die seine Unabhängigkeit und Neutralität beeinträchtigen können. [2]Er darf bei Vorliegen solcher Umstände nur als Mediator tätig werden, wenn die Parteien dem ausdrücklich zustimmen.

(2) [1]Als Mediator darf nicht tätig werden, wer vor der Mediation in derselben Sache für eine Partei tätig gewesen ist. [2]Der Mediator darf auch nicht während oder nach der Mediation für eine Partei in derselben Sache tätig werden.

(3) [1]Eine Person darf nicht als Mediator tätig werden, wenn eine mit ihr in derselben Berufsausübungs- oder Bürogemeinschaft verbundene andere Person vor der Mediation in derselben Sache für eine Partei tätig gewesen ist. [2]Eine solche andere Person darf auch nicht während oder nach der Mediation für eine Partei in derselben Sache tätig werden.

(4) Die Beschränkungen des Absatzes 3 gelten nicht, wenn sich die betroffenen Parteien im Einzelfall nach umfassender Information damit einverstanden erklärt haben und Belange der Rechtspflege dem nicht entgegenstehen.

(5) Der Mediator ist verpflichtet, die Parteien auf deren Verlangen über seinen fachlichen Hintergrund, seine Ausbildung und seine Erfahrung auf dem Gebiet der Mediation zu informieren.

§ 4 Verschwiegenheitspflicht

[1]Der Mediator und die in die Durchführung des Mediationsverfahrens eingebundenen Personen sind zur Verschwiegenheit verpflichtet, soweit gesetzlich nichts anderes geregelt ist. [2]Diese Pflicht bezieht sich auf alles, was ihnen in Ausübung ihrer Tätigkeit bekannt geworden ist. [3]Ungeachtet anderer gesetzlicher Regelungen über die Verschwiegenheitspflicht gilt sie nicht, soweit

1. die Offenlegung des Inhalts der im Mediationsverfahren erzielten Vereinbarung zur Umsetzung oder Vollstreckung dieser Vereinbarung erforderlich ist,
2. die Offenlegung aus vorrangigen Gründen der öffentlichen Ordnung (ordre public) geboten ist, insbesondere um eine Gefährdung des Wohles eines Kindes oder eine schwerwiegende Beeinträchtigung der physischen oder psychischen Integrität einer Person abzuwenden, oder
3. es sich um Tatsachen handelt, die offenkundig sind oder ihrer Bedeutung nach keiner Geheimhaltung bedürfen.

[4]Der Mediator hat die Parteien über den Umfang seiner Verschwiegenheitspflicht zu informieren.

§ 5 Aus- und Fortbildung des Mediators; zertifizierter Mediator

(1) [1]Der Mediator stellt in eigener Verantwortung durch eine geeignete Ausbildung und eine regelmäßige Fortbildung sicher, dass er über theoretische Kenntnisse sowie praktische Erfahrungen verfügt, um die Parteien in sachkundiger Weise durch die Mediation führen zu können. [2]Eine geeignete Ausbildung soll insbesondere vermitteln:

1. Kenntnisse über Grundlagen der Mediation sowie deren Ablauf und Rahmenbedingungen,
2. Verhandlungs- und Kommunikationstechniken,
3. Konfliktkompetenz,
4. Kenntnisse über das Recht der Mediation sowie über die Rolle des Rechts in der Mediation sowie
5. praktische Übungen, Rollenspiele und Supervision.

(2) Als zertifizierter Mediator darf sich bezeichnen, wer eine Ausbildung zum Mediator abgeschlossen hat, die den Anforderungen der Rechtsverordnung nach § 6 entspricht.

(3) Der zertifizierte Mediator hat sich entsprechend den Anforderungen der Rechtsverordnung nach § 6 fortzubilden.

§ 6 Verordnungsermächtigung

[1]Das Bundesministerium der Justiz und für Verbraucherschutz wird ermächtigt, durch Rechtsverordnung ohne Zustimmung des Bundesrates nähere Bestimmungen über die Ausbildung zum zertifizierten Mediator und über die Fortbildung des zertifizierten Mediators sowie Anforderungen an Aus- und Fortbildungseinrichtungen zu erlassen. [2]In der Rechtsverordnung nach Satz 1 können insbesondere festgelegt werden:

1. nähere Bestimmungen über die Inhalte der Ausbildung, wobei eine Ausbildung zum zertifizierten Mediator die in § 5 Absatz 1 Satz 2 aufgeführten Ausbildungsinhalte zu vermitteln hat, und über die erforderliche Praxiserfahrung;
2. nähere Bestimmungen über die Inhalte der Fortbildung;
3. Mindeststundenzahlen für die Aus- und Fortbildung;
4. zeitliche Abstände, in denen eine Fortbildung zu erfolgen hat;
5. Anforderungen an die in den Aus- und Fortbildungseinrichtungen eingesetzten Lehrkräfte;
6. Bestimmungen darüber, dass und in welcher Weise eine Aus- und Fortbildungseinrichtung die Teilnahme an einer Aus- und Fortbildungsveranstaltung zu zertifizieren hat;
7. Regelungen über den Abschluss der Ausbildung;
8. Übergangsbestimmungen für Personen, die bereits vor Inkrafttreten dieses Gesetzes als Mediatoren tätig sind.

§ 7 Wissenschaftliche Forschungsvorhaben; finanzielle Förderung der Mediation

(1) Bund und Länder können wissenschaftliche Forschungsvorhaben vereinbaren, um die Folgen einer finanziellen Förderung der Mediation für die Länder zu ermitteln.

(2) [1]Die Förderung kann im Rahmen der Forschungsvorhaben auf Antrag einer rechtsuchenden Person bewilligt werden, wenn diese nach ihren persönlichen und wirtschaftlichen Verhältnissen die Kosten einer Mediation nicht, nur zum Teil oder nur in Raten aufbringen kann und die beabsichtigte Rechtsverfolgung oder Rechtsverteidigung nicht mutwillig erscheint. [2]Über den Antrag entscheidet das für das Verfahren zuständige Gericht, sofern an diesem Gericht ein Forschungsvorhaben durchgeführt wird. [3]Die Entscheidung ist unanfechtbar. [4]Die Einzelheiten regeln die nach Absatz 1 zustande gekommenen Vereinbarungen zwischen Bund und Ländern.

(3) Die Bundesregierung unterrichtet den Deutschen Bundestag nach Abschluss der wissenschaftlichen Forschungsvorhaben über die gesammelten Erfahrungen und die gewonnenen Erkenntnisse.

§ 8 Evaluierung

(1) [1]Die Bundesregierung berichtet dem Deutschen Bundestag bis zum 26. Juli 2017, auch unter Berücksichtigung der kostenrechtlichen Länderöffnungsklauseln, über die Auswirkungen dieses Gesetzes auf die Entwicklung der Mediation in Deutschland und über die Situation der Aus- und Fortbildung der Mediatoren. [2]In dem Bericht ist insbesondere zu untersuchen und zu bewerten, ob aus Gründen der Qualitätssicherung und des Verbraucherschutzes weitere gesetzgeberische Maßnahmen auf dem Gebiet der Aus- und Fortbildung von Mediatoren notwendig sind.

(2) Sofern sich aus dem Bericht die Notwendigkeit gesetzgeberischer Maßnahmen ergibt, soll die Bundesregierung diese vorschlagen.

§ 9 Übergangsbestimmung

(1) Die Mediation in Zivilsachen durch einen nicht entscheidungsbefugten Richter während eines Gerichtsverfahrens, die vor dem 26. Juli 2012 an einem Gericht angeboten wird, kann unter Fortführung der bisher verwendeten Bezeichnung (gerichtlicher Mediator) bis zum 1. August 2013 weiterhin durchgeführt werden.

(2) Absatz 1 gilt entsprechend für die Mediation in der Verwaltungsgerichtsbarkeit, der Sozialgerichtsbarkeit, der Finanzgerichtsbarkeit und der Arbeitsgerichtsbarkeit.

Verordnung über die Aus- und Fortbildung von zertifizierten Mediatoren (ZMediatAusbV)

Vom 21. August 2016, BGBl. I S. 1994

Zuletzt geändert durch Artikel 1 der Verordnung vom 11. Juli 2023, BGBl. I Nr. 185

Inhaltsübersicht

Eingangsformel

Auf Grund des § 6 des Mediationsgesetzes, der durch Artikel 135 der Verordnung vom 31. August 2015 (BGBl. I S. 1474) geändert worden ist, verordnet das Bundesministerium der Justiz und für Verbraucherschutz:

§ 1 Anwendungsbereich

Diese Verordnung regelt

1. die Ausbildung zum zertifizierten Mediator,
2. die Fortbildung des zertifizierten Mediators sowie
3. Anforderungen an die Einrichtungen zur Aus- und Fortbildung nach den Nummern 1 und 2.

§ 2 Ausbildung zum zertifizierten Mediator

(1) Als zertifizierter Mediator darf sich nur bezeichnen, wer eine Ausbildung zum zertifizierten Mediator abgeschlossen hat und über die nach Absatz 6 ausgestellte Bescheinigung verfügt.

(2) Die Ausbildung zum zertifizierten Mediator setzt sich zusammen aus einem Ausbildungslehrgang und fünf supervidierten Mediationen, die der Ausbildungsteilnehmende jeweils als Mediator oder Co-Mediator durchgeführt hat.

(3) Der Ausbildungslehrgang muss die in der Anlage aufgeführten Inhalte vermitteln und auch praktische Übungen und Rollenspiele umfassen.

(4) [1]Der Umfang des Ausbildungslehrgangs beträgt mindestens 130 Präsenzzeitstunden. [2]Die jeweiligen Inhalte des Ausbildungslehrgangs müssen mindestens die in Spalte III der Anlage aufgeführten Zeitstunden umfassen. [3]Bis zu vierzig Prozent der Präsenzzeitstunden können in virtueller Form durchgeführt werden, sofern neben der Anwesenheitsprüfung auch die Möglichkeit der persönlichen Interaktion der Lehrkräfte mit den Ausbildungsteilnehmenden sowie der Ausbildungsteilnehmenden untereinander sichergestellt ist.

(5) [1]Ausbildungsteilnehmende müssen die fünf supervidierten Mediationen spätestens drei Jahre nach Beendigung des Ausbildungslehrgangs durchgeführt haben. [2]Die Supervisionen sind vom jeweiligen Supervisor zu bestätigen.

(6) [1]Über den Abschluss der Ausbildung ist von der Ausbildungseinrichtung eine Bescheinigung auszustellen. [2]Die Bescheinigung darf erst ausgestellt werden, wenn der Ausbildungslehrgang be-

endet ist und die fünf supervidierten Mediationen bestätigt sind. [3]Die Bescheinigung muss enthalten:

1. Name, Vornamen und Geburtsdatum der Absolventin oder des Absolventen,
2. Name und Anschrift der Ausbildungseinrichtung,
3. Datum und Ort der Ausbildung,
4. gemäß Anlage vermittelte Inhalte des Ausbildungslehrgangs und die jeweils darauf verwendeten Zeitstunden,
5. Datum und Ort der durchgeführten Supervisionen,
6. Name und Anschrift des Supervisors sowie
7. anonymisierte Angaben zu in den Supervisionen besprochenen Mediationen.

§ 3 Fortbildung des zertifizierten Mediators

(1) [1]Der zertifizierte Mediator hat nach Abschluss der Ausbildung regelmäßig an Fortbildungsveranstaltungen teilzunehmen. [2]Der Umfang der Fortbildungsveranstaltungen beträgt alle vier Jahre mindestens 40 Zeitstunden. [3]Erfüllt der zertifizierte Mediator seine Verpflichtungen nicht, so entfällt seine Berechtigung zur Führung der Bezeichnung „zertifizierter Mediator". [4]Die Vierjahresfrist beginnt erstmals mit Ausstellung der Bescheinigung nach § 2 Absatz 6 zu laufen.

(2) Ziel der Fortbildungsveranstaltungen ist

1. eine Vertiefung und Aktualisierung einzelner in der Anlage aufgeführter Inhalte oder
2. eine Vertiefung von Kenntnissen und Fähigkeiten in besonderen Bereichen der Mediation.

(3) [1]Über die Teilnahme an einer Fortbildungsveranstaltung ist von der Fortbildungseinrichtung eine Bescheinigung auszustellen. [2]Die Bescheinigung muss enthalten:

1. Name, Vornamen und Geburtsdatum der oder des Teilnehmenden,
2. Name und Anschrift der Fortbildungseinrichtung,
3. Datum und Ort der Fortbildungsveranstaltung sowie
4. vermittelte Fortbildungsinhalte und Dauer der Fortbildungsveranstaltung in Zeitstunden.

(4) [1]Der zertifizierte Mediator hat sich spätestens zum Ablauf der Frist des Absatzes 1 Satz 4 die Teilnahme an den Fortbildungsveranstaltungen von seiner Ausbildungseinrichtung bescheinigen zu lassen. [2]Die Bescheinigung muss neben den Angaben nach Absatz 3 Satz 2 auch die Bestätigung enthalten, dass die Frist des Absatzes 1 Satz 4 gewahrt wurde.

§ 4 (weggefallen)

§ 5 Anforderungen an Aus- und Fortbildungseinrichtungen

(1) Eine Ausbildung nach § 2 oder eine Fortbildung nach § 3 darf nur durchführen, wer sicherstellt, dass die dafür eingesetzten Lehrkräfte

1. über einen berufsqualifizierenden Abschluss einer Berufsausbildung oder eines Hochschulstudiums verfügen und
2. über die jeweils erforderlichen fachlichen Kenntnisse verfügen, um die in der Anlage aufgeführten oder sonstige Inhalte der Aus- oder Fortbildung zu vermitteln.

(2) Sofern eine Lehrkraft nur eingesetzt wird, um bestimmte Aus- oder Fortbildungsinhalte zu vermitteln, müssen sich ihre fachlichen Kenntnisse nur darauf beziehen.

§ 6 Gleichwertige im Ausland erworbene Qualifikation

Als zertifizierter Mediator darf sich auch bezeichnen, wer

1. im Ausland eine Ausbildung zum Mediator im Umfang von mindestens 90 Zeitstunden abgeschlossen hat und
2. anschließend als Mediator oder Co-Mediator mindestens vier Mediationen durchgeführt hat.

§ 7 Übergangsbestimmungen

(1) Als zertifizierter Mediator darf sich bezeichnen, wer vor dem 26. Juli 2012 eine Ausbildung zum Mediator im Umfang von mindestens 90 Zeitstunden abgeschlossen und anschließend als Mediator oder Co-Mediator mindestens vier Mediationen durchgeführt hat.

(2) [1]Als zertifizierter Mediator darf sich auch bezeichnen, wer vor dem 1. September 2017 einen den Anforderungen des § 2 Absatz 3 und 4 in der am 1. September 2017 geltenden Fassung genügenden Ausbildungslehrgang erfolgreich beendet hat und bis zum 1. Oktober 2018 an einer Einzelsupervision im Anschluss an eine als Mediator oder Co-Mediator durchgeführte Mediation teilgenommen hat. [2]Wird die Einzelsupervision erst nach dem 1. September 2017 durchgeführt, ist entsprechend § 4 Absatz 2 in der am 1. September 2017 geltenden Fassung eine Bescheinigung auszustellen.

(3) [1]In den Fällen der Absätze 1 und 2 beginnen die Fristen des § 3 Absatz 1 Satz 3 und des § 4 Absatz 1 in der am 1. September 2017 geltenden Fassung am 1. September 2017 zu laufen. [2]Im Fall des Absatzes 2 Satz 2 beginnen die Fristen abweichend von Satz 1 mit Ausstellen der Bescheinigung zu laufen.

(4) [1]Als zertifizierter Mediator darf sich ferner bezeichnen, wer nach den §§ 2 und 4 dieser Verordnung in der bis einschließlich 29. Februar 2024 geltenden Fassung

1. die Ausbildung abgeschlossen und die Fortbildung absolviert hat oder
2. die Ausbildung begonnen hat und diese sowie die Fortbildung bis einschließlich 29. Februar 2028 abschließt.

[2]Satz 1 gilt jedoch nur, wenn der Mediator zusätzlich die Vorgaben zur regelmäßigen Fortbildungspflicht nach § 3 Absatz 1 bis 3 in der ab 1. März 2024 geltenden Fassung erfüllt.

§ 8 Hemmung von Fristen

War jemand ohne sein Verschulden gehindert, eine in dieser Verordnung genannte Frist einzuhalten, so ist der Lauf dieser Frist für die Dauer des Hindernisses, höchstens jedoch für die Hälfte der jeweils einzuhaltenden Frist, gehemmt.

Anlage (zu § 2 Absatz 3) Inhalte des Ausbildungslehrgangs

(Fundstelle: BGBl. 2023 I Nr. 185, 4 - 5)

Nummer	Inhalt des Ausbildungslehrgangs	Stundenzahl (Zeitstunden)
I	II	III
1.	Einführung und Grundlagen der Mediation a) Grundlagen der Mediation aa) Überblick über Prinzipien, Verfahrensablauf und Phasen der Mediation bb) Überblick über Kommunikations- und Arbeitstechniken in der Mediation	18 Stunden

L. Anhang

Nummer	Inhalt des Ausbildungslehrgangs	Stundenzahl (Zeitstunden)
I	II	III
	b) Abgrenzung der Mediation zum streitigen Verfahren und zu anderen alternativen Konfliktbeilegungsverfahren c) Überblick über die Anwendungsfelder der Mediation	
2.	Ablauf und Rahmenbedingungen der Mediation a) Einzelheiten zu den Phasen der Mediation aa) Mediationsvertrag bb) Stoffsammlung cc) Interessenerforschung dd) Sammlung und Bewertung von Optionen ee) Abschlussvereinbarung b) Besonderheiten unterschiedlicher Settings in der Mediation aa) Einzelgespräche bb) Co-/Teammediation, Mehrparteienmediation, Shuttle-Mediation cc) Einbeziehung Dritter dd) Online-Mediation, Digitalkompetenz c) Weitere Rahmenbedingungen aa) Vor- und Nachbereitung von Mediationsverfahren bb) Dokumentation/Protokollführung	40 Stunden
3.	Verhandlungstechniken und -kompetenz a) Grundlagen der Verhandlungsanalyse b) Verhandlungsführung und Verhandlungsmanagement: intuitives Verhandeln, Verhandlung nach dem Harvard-Konzept/integrative Verhandlungstechniken, distributive Verhandlungstechniken	12 Stunden
4.	Gesprächsführung, Kommunikationstechniken a) Grundlagen der Kommunikation b) Kommunikationstechniken (z. B. aktives Zuhören, Paraphrasieren, Fragetechniken, Verbalisieren, Reframing, verbale und nonverbale Kommunikation) c) Techniken zur Entwicklung und Bewertung von Lösungen (z. B. Brainstorming, Mindmapping, sonstige Kreativitätstechniken, Risikoanalyse) d) Visualisierungs- und Moderationstechniken e) Umgang mit schwierigen Situationen (z. B. Blockaden, Widerstände, Eskalationen, Machtungleichgewichte)	18 Stunden
5.	Konfliktkompetenz a) Konflikttheorie (Konfliktfaktoren, Konfliktdynamik und Konfliktanalyse; Eskalationsstufen; Konflikttypen) b) Erkennen von Konfliktdynamiken c) Interventionstechniken	12 Stunden
6.	Recht der Mediation a) Rechtliche Rahmenbedingungen: Mediatorvertrag, Berufsrecht, Verschwiegenheit, Vergütungsfragen, Haftung und Versicherung b) Einbettung in das Recht des jeweiligen Grundberufs c) Grundzüge des Rechtsdienstleistungsgesetzes	6 Stunden

Nummer	Inhalt des Ausbildungslehrgangs	Stundenzahl (Zeitstunden)
I	II	III
7.	Recht in der Mediation a) Rolle des Rechts in der Mediation b) Abgrenzung von zulässiger rechtlicher Information und unzulässiger Rechtsberatung in der Mediation durch den Mediator c) Rolle des Mediators in Abgrenzung zu den Aufgaben des Parteianwalts d) Sensibilisierung für das Erkennen von rechtlich relevanten Sachverhalten bzw. von Situationen, in denen den Medianden die Inanspruchnahme externer rechtlicher Beratung zu empfehlen ist, um eine informierte Entscheidung zu treffen e) Mitwirkung externer Berater in der Mediation f) Rechtliche Besonderheiten der Mitwirkung des Mediators bei der Abschlussvereinbarung g) Rechtliche Bedeutung und Durchsetzbarkeit der Abschlussvereinbarung unter Berücksichtigung der Vollstreckbarkeit	12 Stunden
8.	Persönliche Kompetenz, Haltung und Rollenverständnis a) Rollendefinition, Rollenkonflikte b) Aufgabe und Selbstverständnis des Mediators (insbesondere Wertschätzung, Respekt und innere Haltung) c) Allparteilichkeit, Neutralität und professionelle Distanz zu den Medianden und zum Konflikt d) Macht und Fairness in der Mediation e) Umgang mit eigenen Gefühlen f) Selbstreflexion (z. B. Bewusstheit über die eigenen Grenzen aufgrund der beruflichen Prägung und Sozialisation)	12 Stunden
Gesamt:		130 Stunden

Stichwortverzeichnis

Bitte nutzen Sie die Volltextsuche in der Datenbank:

https://login.reguvis.de/anwaltliches-berufsrecht/